Anna Wahlgren
Das KinderBuch

*Mit herzlichstem Dank
an
viele, viele Mütter und Väter,
und an unsere besten Lehrmeister:
die Kinder*

Anna Wahlgren

Das KinderBuch

Wie kleine Menschen groß werden

Ins Deutsche übertragen
von Lone Rasmussen-Otten

Mit Zeichnungen
von Gunnar Haglund

Titel der schwedischen Originalausgabe:
Barnaboken
© 2004 by Anna Wahlgren
First published by Bonnier*Carlsen* Bokförlag, Stockholm, 1983
Vollständig überarbeitete Neuausgabe: 2004

Das Werk und seine Teile sind urheberrechtlich geschützt. Jede Nutzung in anderen als den gesetzlich zugelassenen Fällen bedarf der vorherigen schriftlichen Einwilligung des Verlages. Hinweis zu § 52a UrhG: Weder das Werk noch seine Teile dürfen ohne eine solche Einwilligung eingescannt und in ein Netzwerk eingestellt werden. Dies gilt auch für Intranets von Schulen und sonstigen Bildungseinrichtungen.

www.beltz.de

Alle Rechte der deutschsprachigen Ausgabe:
© 2004 Beltz Verlag · Weinheim und Basel
Umschlaggestaltung: Federico Luci, Köln
Umschlagillustration: © Gunnar Haglund
Foto Anna Wahlgren (U4): © Anne Mette Welling
Innenillustrationen: © Beltz Verlag · Weinheim und Basel
Satz: Mediapartner Satz und Repro GmbH, Hemsbach
Druck und Bindung: Druckhaus Beltz, Hemsbach
Printed in Germany

ISBN 3 407 85787 X

»Der Mensch sollte umsorgt werden
von Menschen, die ihn lieben.«
Lars Danius (1907–1996)

Das KinderBuch

Erster Teil
Schwangerschaft und
Geburt
Seite 13–92

Zweiter Teil
Säuglingspflege – Gedanken,
Theorie & Praxis
Seite 93–252

Dritter Teil
Kleine Menschenkinder –
Eine praktische Anleitung
Seite 253–401

Vierter Teil
Aus klein wird groß:
1–16 Jahre
Seite 403–606

Fünfter Teil
Erziehung
Seite 607–809

Inhalt

Erster Teil
Schwangerschaft und Geburt

Vorwort 15
An meine lieben Kinder 18

Die Schwangerschaft 21
1. Woher weißt du, dass du schwanger bist? 21
2. Ein Mensch entsteht 23
3. Worauf musst du achten? 26
4. Weltmeisterin im Gebären – Trainiere! 34
5. Der Mann schwanger? 42

Die Geburt 48
1. Jetzt geht es los! 48
2. Die Eröffnungsphase – der Weg wird bereitet 52
3. Die Austreibungsphase – ein Kind wird geboren 54
4. Die Nachgeburt – der Lebensbaum 57
5. Danach 58

Und dann? 62
1. Dein Körper 62
2. Das Stillen 65

Wieder zu Hause! 69
1. Was brauchst du? 69
2. Was musst du tun? 73
3. Der Vater 86

Allein gebären 90

Zweiter Teil
Säuglingspflege – Gedanken, Theorie & Praxis

Einleitung
Unsere Gedanken waren schon richtig, aber dann lief alles schief 95

Die Pflege des Neugeborenen 104
1. Die Nahrung 112
   Wenn etwas schief läuft: Das Neugeborene weigert sich zu essen 126

2. Der Schlaf. 131
   Wenn etwas schief läuft: Das Neugeborene weigert sich zu schlafen 145
3. Das seelische Wohlbefinden 154
   Wenn etwas schief läuft: Das Neugeborene ist unglücklich. 168
4. Die Entwicklung – Kinder werden unfertig geliefert 192
   Wenn etwas schief läuft: Das Kind ist nicht »normal« 199
5. Jeder Schrei eines jeden Kindes ist eine Frage 207
   Wenn etwas schief läuft: Kolik?. 214

Drei Wochen 222
1. Baden!. 222
2. Der Schnuller: Wann und wie lange? 226

Zwei Monate 229
1. Es wird wieder Alltag! 229
2. Der kleine Hugo, zweieinhalb Monate 236

Dritter Teil
Kleine Menschenkinder – Eine praktische Anleitung

ABC für kleine Menschenkinder 255
Liebe, Routine, soziale Beteiligung. 255

Drei und vier Monate 259
Neuigkeiten in der Routine
1. Feste Nahrung. 263
2. Durchschlafen. 266
3. Das Spielen allein am Morgen. 272
4. Die systematisierte soziale Beteiligung 278
5. Ein Tag mit Sofie, vier Monate 283
6. Ist der Alltag aus den Fugen geraten? 291

Fünf und sechs Monate. 301
Ein Stern wird geboren. 305
Neuigkeiten in der Routine
1. Heraus aus dem Schlafzimmer 309
2. Weg mit dem Schnuller 311
3. Baden in der großen Badewanne. 312
4. Mehr Nahrung – und wie! 316

Charaktere aus dem Theater des wirklichen Lebens:
Der Forscher. 322
Der Arbeiter 326
Der Charmeur. 332

Das Krabbelkind 336
Vorkehrungen 336
Drei Regeln: Das Kind nicht zurückhalten, Enttäuschungen vorbeugen,
als Werkzeug und Berater zur Verfügung stehen 341

Acht Monate und neun Monate 356
Das Fremdeln des acht Monate alten Kindes – *zu einem Ich geboren* 356
Die Kinder heiraten – oder sie aufs Leben vorbereiten? 363
Topftraining? 373

Elf Monate – ein Jahr 380
Gute Gewohnheiten werden beibehalten 380

Vierter Teil
Aus klein wird groß: 1–16 Jahre

Aus meinem Leben – Theorien zum Trost 405
Das Leben – ein Kreislauf 417
Etwas über die Entwicklung 417
Etwas über die Persönlichkeit 426
Ein Jahr: Das gute Leben 443
Das Haus der Geborgenheit 449
Zwei Jahre: Der König des Lebens 451
Der Zweijährige und das Leben 457
Das Trotzalter: Ich will, ich will nicht! 459
Drei Jahre: Der Humorist 498
Ein kurzer Moment unter der Sonne 503
Vier Jahre: Unterwegs 505
Das Lächeln eines Sommertages 510
Fünf Jahre: Die Lilie des Friedens 512
Gehe sanft mit der Mutter um! 517
Sechs Jahre: Das hässliche Entlein 519
Das Kind mit dem guten Herzen 523
Sieben Jahre: Das Schulkind 525
Münzen und Poesie 530
Acht Jahre: Der Magier 532
Hirngymnastik im Schleudergang 536

Neun Jahre: Der Suchende 539
Krank vor Sorge 543
Zehn Jahre: Oben auf! 545
Die klassische Frage 549
Elf Jahre: Der Manipulator 552
Die Veränderung 556
Zwölf Jahre: Der Beziehungsforscher 558
Von Wärme umgeben 563
Dreizehn Jahre: Die Ernsthaftigkeit 566
Tage voller Lachen 572
Vierzehn Jahre: Die Einsamkeit 574
Das Licht 579
Fünfzehn Jahre: Erwachsen – oder was? 581
Die Kinder, unser Reichtum 590
Sechzehn Jahre: Die Integrität 592
Lied für einen Sohn 597
Jungs sind Jungs, oder nicht? Etwas über die Geschlechterrollen ... 599
Jungen und Menschen 599
Ein Junge bei der Hausarbeit 605

Fünfter Teil
Erziehung

Eltern sein: Das Geschenk der Liebe 609
Wie man es macht. Richtlinien zu deiner Anregung 617
Autoritär oder liberal? Die goldene Mitte 618
Regeln: Einhaltung und Konsequenzen 627
Die verdammte Schuld 640
Respekt 650
Ein verwöhntes Gör? 652
Grenzen 656
Strafe 659
Masturbation und Sex 663
Vertrauen 668
Hüte deine erwachsene Zunge 670
Die Stimme der Überzeugung 673
Zum guten Ende 682

Kinder und Gewalt	683
Wir weinen in unseren Herzen	687
Drei Tipps mit auf den Weg	691
1. Besser essen	691
2. Besser schlafen	709
3. Beschäftigung: *So klappt es besser*	733
Zwei Eltern um ein und dasselbe Kind	751
Geschwister	764
Nein, keine Eifersucht!	766
Einige Ratschläge zum Alltagsleben	784
Der böse und gemeine Paul	784
Das Geschenk	796
Märchen aus der zivilisierten Welt	798
Das tapfere Schneiderlein	798
Die Zweifachgeschichte vom Kalle	801
Isadora und der Mond. Ein kleiner Blick in die Kindheit	805
Epilog	807
Liebe, geliebte Kinder!	807
Die Erde	808
Register	810

Erster Teil
Schwangerschaft und Geburt

In diesem Teil liest du:

Vorwort 15

An meine lieben Kinder 18

Die Schwangerschaft 21
1. Woher weißt du, dass du schwanger bist? 21
2. Ein Mensch entsteht 23
3. Worauf musst du achten? 26
4. Weltmeisterin im Gebären – Trainiere! 34
5. Der Mann schwanger? 42

Die Geburt 48
1. Jetzt geht es los! 48
2. Die Eröffnungsphase – der Weg wird bereitet 52
3. Die Austreibungsphase – ein Kind wird geboren 54
4. Die Nachgeburt – der Lebensbaum 57
5. Danach 58

Und dann? 62
1. Dein Körper 62
2. Das Stillen 65

Wieder zu Hause! 69
1. Was brauchst du? 69
2. Was musst du tun? 73
3. Der Vater 86

Allein gebären 90

Vorwort

Mit neunzehn Jahren und ganz frisch verheiratet wurde ich das erste Mal schwanger. Das war 1961. Ich sollte neun Kinder bekommen. Damals hätte ich mir das noch gar nicht vorstellen können. Allein der Gedanke daran hätte mir einen Schlag versetzt.

Ich wusste nichts über Kinder. Ich kann mich nicht daran erinnern, jemals einen Säugling im Arm gehalten zu haben, bevor ich selbst einen bekam. Niemand hätte unwissender als ich sein können, als ich damals Mutter werden sollte.

Sobald die Schwangerschaft festgestellt worden war, fragte ich: »Und was muss ich tun?« Die Hebamme sah mich erstaunt an. »Was Sie tun müssen?« – »Ja, wenn das Kind kommt!« Besänftigend meinte sie: »Hier im Krankenhaus haben wir zig Entbindungen im Jahr. Da werden wir Ihre auch noch schaffen.«

Aber ich war jung und trotzig. Ich wollte Bescheid wissen. Ich wollte nicht wie jemand behandelt werden, die man öffnet wie ein passives Paket. Ich wollte gebären.

Auf einem Büchertisch vor einem großen Kaufhaus fand ich dann ein sehr passendes Buch: »Gebären ohne Schmerz«. Ich las es und lernte danach. Und es hat funktioniert, es war phantastisch: Ich gebar ohne Schmerz! (Aber nicht ohne Arbeit!) Und danach war mein spontaner Ausruf zu einem jungen Pärchen, das mit schwarzen Rändern unter den Augen stundenlang im Zimmer nebenan gewartet hatte: »Das würde ich jeden Tag wieder tun, wenn es nur möglich wäre!« Sie sahen aus, als würden sie mir kein Wort glauben. Aber es war die Wahrheit.

Das hatte also geklappt. Aber wie um alles in der Welt sollte ich mich nun um das kleine Kind kümmern?

Auch darüber gab es Bücher. Ich begann zu lesen. Und machte die Entdeckung, die viele Eltern vor mir auch gemacht haben: Je mehr man in ihnen liest, desto größer ist das Entsetzen darüber, dass man wahrscheinlich alles falsch machen wird. Von lauter Komplikationen war die Rede, und davon, was alles schief gehen könnte. Und auf diese Weise wird natürlich nur das schlechte Gewissen gestärkt. In Wirklichkeit ist man als Mutter also nicht nur geradezu unfähig, sondern direkt schädlich! Das Kind jedenfalls wird bestimmt dauernden Schaden davontragen!

Aber ich widersetzte mich dem, was man mir vorsetzte. Und ich habe meinem Trotz viel zu verdanken. Ich habe es abgelehnt, mich vom Ohnmachtsgefühl, das ich gegenüber den tiefenpsychologischen Zeigefingern empfand, überwältigen zu lassen. Ich dachte: »Das Kind ist doch wohl aus demselben Stoff wie ich gemacht, oder?«

Und wer mir am meisten geholfen hat, war das Kind, mein kleines Mädchen. Sie war da, quicklebendig, ich konnte sie buchstäblich mit den Händen greifen. Sie ließ sich beobachten. Man konnte sie verstehen. Sie wurde mein Lehrmeister. Und was sie mir gab, war nicht weniger als ein ständiger, faszinierender Einblick in die Entwicklung der Menschheit, die ich verfolgen durfte, – durch Millionen von Jahren! – vom Kaulquappenstadium bis zum selbstständig denkenden Wesen auf zwei Beinen, auch Mensch genannt.

Die Liebe hatte sich an mich herangepirscht. Und die unmittelbare Beobachtung mit dem Zweck, nicht nur über kleine Kinder, sondern über den Menschen überhaupt zu lernen und ihn zu verstehen – das war es, was mich angespornt hat.

Ich habe dieses Buch für meine Kinder geschrieben und natürlich auch für jeden Menschen, der daraus Nutzen ziehen kann. Eigentlich habe ich genau das Buch geschrieben, das ich damals, als ich das erste Mal schwanger war, so dringend gebraucht hätte.

Es war vielleicht ein bisschen vermessen von mir, aber ich musste dieses Buch einfach schreiben. Ich bin auf diesem Gebiet sicherlich nicht der »Profi«, von dem immer wieder die Rede ist, denn ich habe keine pädagogische oder psychologische Ausbildung und fühle mich auch nicht als große Literatin. Aber ich bin Mutter und ich kann schreiben. Und weil ich 35 Jahre lang tagein, tagaus mit kleinen und großen Kindern zusammengelebt und zusammengearbeitet habe, traue ich mich nun, meine persönlichen Erfahrungen offen zu präsentieren. Meine persönlichen und praktischen Erfahrungen aus einem Alltag (und den Nächten dazu!) mit so vielen kleinen und großen Kindern bilden für mich einen einzigartigen Hintergrund, der in unserer westlichen Kultur heutzutage übrigens immer seltener wird.

Ich weiß noch, was ich am Anfang suchte. Etwas in der Art des Entbindungsbuches, eine reine Gebrauchsanweisung: »So macht man es!« Ich stand ja da mit diesem neugeborenen Bündel auf dem Arm und hatte keine Ahnung, wie ich es handhaben sollte. »Das wirst du bald wie am Schnürchen können«, wurde mir gesagt. Aber wo sollte es so plötzlich herkommen, das, was man auf einmal wie am Schnürchen können sollte? »Du wirst bald die verschiedenen Arten des Schreiens unterscheiden können«, wurde mir versichert. Aber wie sollte ich dann gegebenenfalls auf die verschiedenen Arten des Schreiens reagieren?

Ich war schon ein Kind der neuen Zeit. Es war Anfang der 60er-Jahre und ich hatte kein Vertrauen in irgendeinen angeborenen Mutterinstinkt. Dazu kam, dass ich sehr jung war. Als junger Mensch ist man ziemlich egoistisch. Kein Kind sollte mein Leben dominieren! Niemals! Die Kleine musste also ihren Platz neben mir einnehmen und mit mir leben – nicht auf mir lasten. Und mich nicht kleinkriegen!

Gerade diese Auffassung hat sich als der Schlüssel zum Erfolg erwiesen. Mein erstes Kind war – und ist – ein starkes Kind. Ich habe ihr den Widerstand gegeben, den sie brauchte, und ich ließ sie an meinem Leben teilhaben. Das Ergebnis war ein Alltag, in dem die tägliche Routine nie in Zweifel gezogen wurde (habe ich in den Tag hineingelebt, wurde der Alltag bald unerträglich), in dem unsere Gemeinsamkeit (auch in praktischen Dingen!) bald zu einem natürlichen Teil unseres Lebens wurde und in dem die kindliche Integrität mir heilig war.

So bildete sich allmählich mein Modell, mein Prinzip der Kindererziehung. Ganz einfach ausgedrückt: keine Nachlässigkeiten bei den praktischen Sachen, die einfach gemacht werden müssen, aber dabei immer das Kind *Kind* sein lassen, es als eigenständigen Menschen respektieren, weshalb mein erstes Kind auch nicht – wie manche seiner Generation – zum Versuchskaninchen wurde!

Es waren vor allem die Worte meiner Tochter als Siebzehnjährige, die mich dazu gebracht haben, ein Buch über Kinder zu schreiben. Sie fragte: »Wenn ich Kinder bekomme, möchte ich, dass sie so werden wie ich. Was muss ich tun?«

Mit diesem Buch versuche ich eine Antwort zu geben.

An alle Eltern: Habt Selbstvertrauen!

An alle Kinder: Bewahrt euch eure Unschuldigkeit!

Anna Wahlgren   *Gastsjön, Jamtland, Schweden, im September 2003*

An meine lieben Kinder

Liebstes Kind, ich schreibe dieses Buch für dich, für euch alle! Das heißt nicht, dass ich finde, ihr wäret alle gleich. Genauso wenig wie ich glaube, dass alle kleinen Kinder, die möglicherweise mit Hilfe dieses Buches gepflegt und erzogen werden, genau gleich wären. Aber was ich im Sinn habe, ist nicht das besonders Einmalige, sondern das, was ihr alle gemeinsam habt.

Wenn du mein Buch liest, möchte ich, dass du so reagierst, wie du es immer getan hast. Ich, deine Mutter, trete deutlich hervor, als die, die ich bin, mit dem, wofür ich stehe. Du nimmst teil. Behalte, was du gebrauchen kannst! Verwirf, was du nicht haben willst!

Es wird Zeiten geben in deinem Leben, in denen du dich unschlüssig fühlst. Dann denke daran, dass die Saat des Sinnens und Trachtens in der Unsicherheit ruht. Die Unsicherheit zwingt dich dazu, auf deine eigene innere Überzeugung zu horchen und dementsprechend zu überlegen und zu handeln. Lass die Unsicherheit zu. Sie lässt dich wachsen. Damit werden die unangenehmen Seiten der Unsicherheit zwar nicht gelöscht, aber vielleicht erscheinen sie dir ein bisschen weniger beängstigend.

Deine Kindheit wurde von Trennungen geprägt. Du wurdest von einer Schule zur anderen geschleppt. Veränderungen und Aufbrüche wechselten sich durch deine ganze Kindheit und Jugend hindurch miteinander ab. Aber äußere Veränderungen müssen einen Menschen innerlich nicht zerreißen. Du selbst bist das beste Beispiel dafür.

Ich kann nicht wissen, was dich am tiefsten berührt hat. Aber was ich in dir sehe und was alle in deiner Umgebung in dir sehen, ist ein starker Mensch mit einer deutlich erkennbaren Persönlichkeit, unerschrocken und ganz darauf eingestellt, die Prüfungen des Lebens in Angriff zu nehmen.

Die Anpassungsfähigkeit des Menschen ist enorm. Unser eigenes, inneres Streben nach Gleichgewicht ist in hohem Maße unsere eigene Heilung.

Du lebst in einer Kultur, die in vielen Bereichen die grundlegenden Bedürfnisse des Menschen nach Nähe und Gemeinsamkeit außer Acht lässt. Die Generationen sind getrennt worden. Im Namen des Fortschritts wird der Mensch eher wie ein Produktionsfaktor gesehen und nicht als das rätselhafte, lebendige Wesen, das er in Wirklichkeit ist. In einer solchen Kultur werden Kinder zu einem Hindernis, allen schönen Worten zum Trotz.

Ich möchte dieses Missverhältnis näher beschreiben, indem ich von einem schicksalhaften Wendepunkt in meinem Lebens berichte.

Nach meiner ersten Scheidung stand ich alleine da mit den beiden ältesten von euch. Ich hatte weder eine ausreichende Ausbildung noch Arbeit. Deshalb bekam ich eine Zeit lang Unterhalt von dem Vater der beiden Kleinen. Dank seiner Unterstützung hatte ich ein Jahr Atempause: In diesem Jahr hätte ich zusehen müssen, dass ich eine Ausbildung bekomme, die mich für einen gut bezahlten Job qualifiziert. Ich musste ja das Haus, in dem wir eingezogen waren, abbezahlen, uns drei versorgen und jemanden, der auf die Kleinen aufpassen konnte, bezahlen.

Ich habe aber den Sinn nicht verstanden. Es war für mich paradox. Warum sollte ich für etwas, was ich eigentlich nicht haben wollte, arbeiten gehen? Auch wenn ich mich innerhalb eines Jahres ausreichend für eine gut bezahlte Arbeit qualifiziert hätte, wäre die Folge doch, dass ich die meiste Zeit von euch Kindern getrennt gewesen wäre! Das erste Mal in meinem Leben habe ich am Sinn bestimmter gesellschaftlicher Strukturen gezweifelt.

Einige verzweifelte Notlösungen wurden versucht. Zum Schluss habe ich das getan – immer noch politisch unbewusst –, wofür ich mich auch heute noch einsetze: Ich habe einfach Prioritäten gesetzt. Alles andere musste sich nach dem einen richten: Ich wollte die Kinder bei mir haben.

Das Ergebnis war, dass ich in einer alten, undichten Hütte auf dem Lande saß und versuchte, Kurzgeschichten zu schreiben. Indem ich meinen hochgeschraubten Lebensstandard abgesenkt habe, konnte ich nun mit meinen Kindern zusammen leben und wirken. Der Alltag war, milde ausgedrückt, primitiv, aber den Kindern ging es gut. Was noch dazukommt: Ich war frei! Ich hatte meine Wahl getroffen. Ich lebte ein Leben, für das ich geradestehen konnte. Und das machte es einfacher, an eiskalten Morgen den Ofen anzuheizen und sich im kleinen Häuschen mit dem Herzen in der Tür den Hintern blau zu frieren.

Es gibt ein grundlegendes Streben im Menschen, das beim kleinen Kind deutlich hervortritt. Es ist ein Streben danach, die Wirklichkeit, die Umstände, die Welt zu erforschen, zu verstehen und nach und nach zu verändern.

Oft genug wirst du gegen eine Gesellschaft, die dieses Streben nur zu gerne lähmt, ankämpfen müssen.

Unterdrücke dein Streben nicht! Lasse keine Lähmung zu! Bewahre dieses Streben in dir und bewahre es deinen Kindern!

Sieh die Stärke, die in der Unsicherheit liegt. Dort ist das Suchen deiner Seele und ist die Tiefe deiner Gedanken aufbewahrt.

Verkaufe deine Seele nicht! Die Wahrheit ist deine eigene.

Ich liebe dich.

Mama

Die Schwangerschaft

1. Woher weißt du, dass du schwanger bist?

Du hast mit jemandem geschlafen. Es gibt Kerle, die versichern, dass ein Mal kein Mal ist, aber sei versichert, dass dieses eine Mal ausreichend sein kann!

Du kannst jederzeit befruchtet werden. Es gibt keine »sicheren Tage«. Das habe ich früh genug gelernt: In meiner Hochzeitsnacht habe ich meine Regel bekommen (etwas peinlich in der Situation!), und nach den Berechnungen meines Frauenarztes ist das Kind in dieser Nacht oder kurz danach entstanden.

Das klassische Zeichen ist, dass die Regel ausbleibt. Aber sie kann aus vielen Gründen verspätet sein, nicht zuletzt aus Angst vor der ausbleibenden Regel. Wenn die Regel überfällig ist, kannst du einen Schwangerschaftstest machen. Du kannst ihn selber machen – in der Apotheke einen kaufen oder zum Frauenarzt gehen.

Egal wie du reagierst, nachdem du dich mit dem Gedanken, Mutter zu werden, vertraut gemacht und dich dazu entschlossen hast, das Kind auch wirklich zu bekommen, wirst du nun zu einer Reise in einen ganz neuen Abschnitt deines Lebens aufbrechen. Ich bin stolz und glücklich, dass ich dich auf dieser Reise zum neuen Leben begleiten darf!

Als Nächstes werden jetzt deine Brüste schmerzempfindlicher und ein bisschen größer werden. Innerhalb der nächsten Monate können deine Brüste eine Art weißbläuliche oder klare Vormilch produzieren. Schon lange bevor ich meinen ersten großen Bauch hatte, lief mein Busen, der Proportionen à la Anita Ekberg annahm, über. (Noch eine peinliche Geschichte: Ich besuchte die Theaterschule und stand schwülstig deklamierend auf der Bühne, als zwei dunkle, runde Flecken sich langsam auf meinem Kleid ausbreiteten.)

Dann wächst der Bauch allmählich. Wie viel, das ist sehr unterschiedlich. Vielleicht brauchst du bis zum Ende der neun Monate nur eine Sicherheitsnadel als Verlängerung des Hosenbundes. Oder du musst schon im dritten Monat Umstandskleidung tragen, und im fünften überlegen die Leute bereits, ob es denn nicht bald so weit sei …?

Als Schwangere fährst du sowohl körperlich als auch seelisch in einer Achterbahn. Vielleicht musst du dich jeden Morgen jämmerlich übergeben. Es gibt Menschen, die behaupten, es sei ein Zeichen dafür, dass das Kind unerwünscht sei und dass die Mutter es erbrechen wolle … Das ist natürlich kompletter Unsinn. Körper und Seele müssen eben eine große Umstellung durchmachen. Es wäre doch sonderbar, wenn du nicht darauf reagieren würdest. Aber deswegen gleich das Kind zu verwünschen …

Am Anfang weinst du vielleicht ohne ersichtlichen Grund, du wirst vom Nichtstun müde, hast an nichts Interesse und überhaupt keine Lust zu gar nichts. Deine seelische Verfassung wird sich aber mit der Zeit stabilisieren. Genau diese Launenhaftigkeit kann übrigens das allererste Zeichen deiner Schwangerschaft sein.

Deine Schwangerschaft ist vielleicht gerade festgestellt worden, und schon musst du eine Fehlgeburt erleben – einen so genannten spontanen Abort. Das ist in der Tat nichts Außergewöhnliches gerade im zweiten Monat. Mutter Natur hat sich verkalkuliert – und sich auf natürliche Weise korrigiert. Versuche, nicht zusammenzubrechen! Du wirst bald wieder schwanger werden. Mindestens eine von zehn – wahrscheinlich sogar eine von fünf oder vier oder gar drei – Schwangerschaften endet mit einer Fehlgeburt. Man kann dies nicht genau wissen, weil unzählige spontane Aborte passieren, ohne dass die Frau es bemerkt. Ich habe es selber zweimal erlebt. Einige blutige Klümpchen – und dann eine normale Regelblutung. Das eine Mal wurde ich kurz danach wieder schwanger, das andere Mal hat es etwas länger gedauert.

Du bist vielleicht vollkommen sicher, dass du ein Kind erwartest, und dann kommt eine Blutung. Sie bedeutet nicht immer eine Fehlgeburt. Man kann während der ganzen Schwangerschaft kleinere Blutungen haben. Normalerweise genau dann, wenn die Regelblutung aufgetreten wäre, oder zu dem Zeitpunkt des monatlichen Eisprungs (normalerweise genau zwischen zwei Regelblutungen). Du musst aber darauf achten, wie viel du blutest. Es müssen kleine Blutungen sein – wirklich nur ein paar kleine Fleckchen. Wenn auf einmal eine starke Blutung auftritt – sofort ab ins Krankenhaus! Das Kind kann vielleicht noch gerettet werden.

Ein anderes klassisches Zeichen der Schwangerschaft ist die Abneigung bestimmten Sachen und Gerüchen gegenüber – z.B. Tabaksqualm, Kaffee – oder eine wahnsinnige Lust auf bestimmte Speisen – z.B. Himbeerbonbons, Salz, Gurken oder was auch immer. Ich habe echt ausgefallene Vorlieben gehabt. Einige waren sehr teuer: geräucherter Lachs, Krebse … andere waren billiger, wie Toastbrot mit Käse und Ketchup, acht bis zehn Scheiben auf einmal! Während einer meiner Schwangerschaften konnte ich unmöglich den Tag beginnen, ohne sofort nach dem Aufwachen eine ganze Tüte Lakritzkonfekt in mich reingestopft und mit Limonade runtergespült zu haben.

Du kannst sauer, unwirsch, überdreht lustig, todmüde, lüstern und eiskalt sein – und alles in rasanter Reihenfolge –, du fühlst dich einfach topfit oder aber total elend.

Vor der Geburt meines ersten Kindes bin ich in den Keller gezogen, habe die Tür verriegelt, einen Wäschekorb für das Kind zurechtgemacht und mich geweigert, den Vater des Kindes auch nur zu sehen.

Was auch passiert: Es geht vorüber!

2. Ein Mensch entsteht

Unglaublich aber wahr: Ein einziger Fingerhut voll Spermien reicht völlig aus, um Erzeuger der ganzen heutigen Weltbevölkerung zu sein! Und das geben die »Herren der Schöpfung« öfters von sich …

Bei der Frau wird monatlich nur *ein* Ei produziert – etwa so groß wie der Kopf einer Stecknadel, lebensfähig für die Dauer von etwa zwölf Stunden, und das nur während einer begrenzten Zeit ihres Lebens.

Es werden umfassende Vorbereitungen getroffen, um dieses Ei zu empfangen, wenn es befruchtet wird. Die Regelblutung nennt man manchmal die »Tränen der Gebärmutter«. Ihre Bemühungen waren umsonst; sie musste das schon gemachte Bett wieder ausstoßen.

Der Mann bestimmt das Geschlecht des Kindes. Männliche Spermien sind schneller, aber leben kürzere Zeit, weibliche Spermien sind langsamer, dafür aber langlebiger. (Na, sieh mal einer an!) Wenn sich ein Ei also zum Zeitpunkt des Geschlechtsverkehrs im Eileiter befindet, wird es ein Junge; erscheint das Ei erst am nächsten Tag im Eileiter, sind alle männlichen Spermen bereits weg und nur die weiblichen noch bei guter Gesundheit. Dann wird es ein Mädchen.

Feine Mechanismen arbeiten im dunklen Inneren deines Körpers.

Das, was mal ein Mensch sein wird, verbringt seine ersten Tage im Eileiter. Die Zellteilung beginnt sofort nach der Befruchtung. Die Reise bis zur Gebärmutter dauert etwa eine Woche. Das Ziel ist die Gebärmutterschleimhaut. Nahrung wird herangeleitet. Eine primitive Plazenta (Mutterkuchen) mit Eihaut und Nabelschnur entsteht.

Schon vier Wochen nach der Befruchtung ist der kleine Embryo ganze sechs Millimeter lang. So klein er auch ist, er hat schon Arm- und Beinknospen, und das Herz steckt ihm, wörtlich genommen, im Halse. Und er hat auch einen kleinen Schwanz – wie eine Kaulquappe.

Der Embryo wächst rasend schnell. Innerhalb einer Woche hat sich die Länge auf 11 bis 12 mm verdoppelt. Das Gehirn wächst heran. Die Punkte, die zu Augen werden, sind nun erkennbar. Anderthalb Monate nach der Befruchtung – und nun wirst du sicherlich schon vermuten, dass du schwanger bist – hat der kleine Menschenkeimling eine beeindruckende Länge von anderthalb Zentimetern erreicht. Die Leber ist schon voll damit beschäftigt, Blutkörperchen zu produzieren. Aber das Knochengerüst ist immer noch nur eine Andeutung.

Nun bist du im zweiten Monat, auf der Schwelle zum dritten. Die Schwangerschaft wird vom ersten Tag der letzten Regel berechnet: acht Wochen. Aber der Embryo begann sein Leben bei der Befruchtung und ist erst etwa sechs Wochen alt. Nach weiteren zwei Wochen ist der Embryo kein Embryo mehr, sondern ein Fötus. Alle Organe und Anlagen haben sich ausgebildet. Jetzt muss der Fötus sich nur weiterentwickeln und wachsen. Das Herz schlägt schon seit einem ganzen Monat!

In einem Alter von neun Wochen ist der Fötus fünf Zentimeter lang. Die Gebärmutter ist so groß wie eine dicke, runde Birne geworden. Man kann das Geschlecht des Kindes deutlich erkennen.

Um die 11. Woche ist das Herz fertig. Der Kopf nimmt ein Drittel der Länge des kleinen Wesens ein und das Gesicht zeigt menschliche Züge. Er oder sie da drinnen sieht allmählich wie ein Kind aus – mit gerundeter Stirn, einem kleinen Kinn und einer Stupsnase. Das Gewicht aber ist nicht gerade überwältigend: nur ca. 20g. So viel, wie ein normaler Brief wiegt.

Mitte des fünften Schwangerschaftsmonats ist der Fötus 15 cm lang geworden und nur zwei Wochen später hat das kleine Wesen noch 10 cm zugelegt. Das ist dann schon die Hälfte der Körperlänge eines Neugeborenen.

Nun sind die Arme und Beine so weit entwickelt und die Bewegungen so kräftig, dass du sie durch deine Bauchdecke spüren kannst.

Der kleine Fötus hört ganz ausgezeichnet. Deine Stimme, dein Husten, dein Lachen … Für dich und dein Baby ist dies der Anfang des gegenseitigen Kennenlernens.

Dort drinnen in deinem Bauch lebt es sich sehr behaglich, obwohl der Platz zum Schluss etwas knapp wird. Es wird am Daumen gelutscht, das Baby wendet und dreht sich, wie es gerade lustig ist, und es macht sogar Turnübungen! Der Fötus trainiert das Greifen, zum Beispiel nach der Nabelschnur oder nach seinen Füßen. Er leidet nie Hunger. Die Nahrungszufuhr ist konstant, und Sauerstoff bekommt er auch, und er hört die vertrauten, beruhigenden Geräusche von Herz und Lunge der Mutter, von der Plazenta, von der Welt draußen – Sausen, Brausen und Klopfen in einem angenehmen Rhythmus, während er, umgeben von warmem Wasser, schaukelnd Mamas Bewegungen mitmacht.

Ab dem siebten Schwangerschaftsmonat kann das Kind in der Regel eine Frühgeburt überleben. Aber erst neun Monate und eine Woche (40 Wochen) nach dem ersten Tag deiner letzten Regel wird das Kind als ausgetragen betrachtet.

Das Kleine liegt jetzt seit einigen Wochen auf dem Bauch mit dem Kopf nach unten. Das, was während dieser letzten Zeit noch passiert, ist pures Make-up: ein paar ansprechende Rundungen hier und da, ein Finish der Gesichtszüge. Es sieht so aus, als hätte die Mutter Natur es so geplant, dass die Herzen der Eltern dahinschmelzen, damit das Kind gute Pflege und viel Aufmerksamkeit bekommt.

Außerdem bekommt der Vater eine Bestätigung, dass er wirklich der Vater ist: Die meisten Neugeborenen sehen in der Regel in einem oder mehreren charakteristischen Zügen dem Vater ähnlich. Oft bis zur Karikatur … welches dann mit der Zeit, von einer taktvollen Mutter Natur, etwas zurückgenommen wird.

Dein Körper bereitet sich auf die Geburt vor. Die Scheide muss aufs Äußerste gedehnt werden, was eine große Hormonzufuhr erfordert, von der übrigens auch das Kind einen Teil abbekommen wird. Deshalb werden alle Kinder mit übergroßen, geschwollenen Geschlechtsteilen geboren. Und schließlich wird die Käseschmiere es dem kleinen Körper einfacher machen, durch den engen Geburtskanal hindurchzugleiten.

3. Worauf musst du achten?

Du musst auf dich selbst Rücksicht nehmen. Du musst gut zu dir sein!

Es kann sein, dass es dir besser geht als je zuvor. In dem Fall kannst du nur dankbar und glücklich sein! Aber es kann auch sein, dass es dir nicht so gut geht, besonders am Anfang und am Ende deiner Schwangerschaft. Große Veränderungen geschehen in deinem Körper und sie spiegeln sich in deiner Seele wider.

Du hast keine alleinige Kontrolle mehr über deinen Körper. Du musst versuchen, damit zurechtzukommen, so gut es geht. Dein Körper konzentriert seine ganze Kraft auf das Leben, das in dir heranwächst. Du bist jetzt auch eine Herberge geworden, eine Hülse, eine Nahrungsmaschine. Darin liegt auch etwas Wunderbares: Als Frau darfst du nun erleben, dass der Körper endlich dafür verwendet wird, wozu er doch auch von der Natur gemacht worden ist. Dieses Gefühl kann eine tiefe Harmonie in dir auslösen, ein Erlebnis bewirken, dass sich etwas, was in dir angelegt ist, vollendet.

Ganz sicher wird dir die Müdigkeit ein Schnippchen schlagen. Spontan kommen dir die Tränen, da bin ich mir sicher. In der ersten Zeit weinst du vielleicht ohne Grund. Und es kann passieren, dass du auf einmal schimpfst, mit Sachen um dich schmeißt, fuchsteufelswild wirst – und danach stehst du da und starrst dich im Spiegel an: »Was bin ich bloß für ein Monster?«

Es geht dir durch den Kopf, dass du eigentlich über das werdende Kind, auf das du dich schon seit Jahren gefreut hast, unendlich glücklich sein solltest – und dabei fühlst du nichts als Abscheu und Widerstand. Sei nachsichtig mit dir selbst! Wie jämmerlich du dich auch fühlst, wie enttäuscht du auch von dir selbst sein magst, es ist nichts Neues unter der Sonne: Viele, viele werdende

Mütter empfinden wie du. Aus dem Ganzen wird trotzdem ein Kind, ein kleines Wesen, das glücklich und zufrieden sein wird, egal welche schrecklichen Gedanken du in diesen Monaten gehabt hast. Darauf kannst du dich verlassen.

Aber trotz allem: Es ist auch einfach schön, ein Kind zu erwarten. Wenn die ersten Monate vergangen sind und du dich nach und nach an den Gedanken, Mutter zu werden, gewöhnt hast, würdest du am liebsten gleich Umstandskleidung anziehen. Du wirst dich selbst dabei erwischen, mit genau dem seligen Lächeln auf den Lippen herumzulaufen, das die Leute schon immer dazu veranlasst hat, Prophezeiungen über gesegnete Umstände abzugeben. Und wenn der kleine Mensch in deinem Bauch dann auf einmal da drinnen so haust, dass es spürbar wird, dann bildet ihr eine wahre Gemeinschaft, du und dein Baby. Dann stehst du da, überwältigt von all deiner Zärtlichkeit und freudiger Erwartung. Alles was mit deinem Körper passiert, hat auf einmal einen Zweck. Danach wirst du die Monate, die Wochen, die Tage bis zur Geburt zählen. Ein Kind wird zur Welt kommen, und DU schenkst ihr oder ihm dieses Leben. Du spürst die Kindsbewegungen und fängst an davon zu träumen, wie das Kind aussieht und was es da drinnen gerade macht. Du legst die Hand auf deinen Bauch aus Freundschaft, Zärtlichkeit und Freude.

Auf der ganzen Welt sind Frauen mit dir zusammen in demselben bemerkenswerten Zustand, mit einem keimenden Leben unter dem Herzen. Mehr als einmal pro Sekunde wird ein kleines Menschenkind geboren.

Vielleicht, ja sicherlich, wirst du gegen Ende der Schwangerschaft von Ängstlichkeit erfasst. In was für eine Welt wirst du dein Kind gebären? Wirst du deinem Kind eine gute Mutter sein können? Was für ein Leben wirst du deinem Kind bieten können? Du hast ja kaum dein eigenes immer im Griff … Die großen Fragen des Lebens schwirren in deinem Kopf umher, und dazu kommen noch all die praktischen Probleme, sie lassen dir keine Ruhe. Versuche daran zu denken, dass sehr viel deiner Unruhe ein Teil der natürlichen Vorbereitung auf die Mutterschaft ist: Du kannst ja die Verantwortung nicht auf dich nehmen, bevor du dir darüber im Klaren bist, um welche Verantwortung es hier eigentlich geht.

Die letzte Zeit über wirst du ungeduldig. Die Tage vergehen sooo langsam. Du hast das Warten einfach satt. Der Bauch ist ständig im Wege. Du kennst deine wenigen noch passenden Kleidungsstücke auswendig. Du sehnst dich danach, wieder so zu werden wie früher. Deine Umgebung verschlimmert deine Ungeduld, indem sie sich unaufhörlich erkundigt, wann es denn losgehen soll. »Bist du immer noch nicht in der Klinik?« Das ist wohl deutlich erkennbar, da du ja direkt vor dem Fragenden stehst!

Wenn sich der Stichtag nähert, hat man das Schwangersein meistens total satt, und es ist anzunehmen, dass die Natur auch hier ihre Finger im Spiel hat. Das Kind muss geboren werden. Sowohl die Mutter als auch das Kind müssen darauf vorbereitet werden, diesen Zustand, der so lange gedauert hat, bald abzubrechen.

Wenn du den Zeitpunkt der Entbindung berechnest, achte darauf, dass du dich nicht auf ein bestimmtes Datum fixierst! Jedem Tag um den errechneten Entbindungstermin herum wird dann zu viel Bedeutung beigemessen. Vergiss nicht, dass die Berechnung nach einem normalen Monatszyklus gemacht wird – nach einer Regelblutung, die alle vier Wochen kommt. Wenn du längere Intervalle hast, musst du Zeit dazurechnen. Außerdem gibt es viele kleine Menschenkinder, die es einfach nicht eilig haben. Ich selbst bin immer mindestens drei Wochen über die Zeit gewesen, einmal sogar sechs Wochen, das ist wirklich wahr! Zum Schluss glaubt man gar nicht mehr daran, dass das Kind jemals herauskommen wird. Eine Nachbarin hat mich einmal aus meiner Verzweiflung gerettet mit der lakonischen Bemerkung: »Man hat ja schließlich noch nie davon gehört, dass das Kind für immer drinbleibt!«

Für die meisten Frauen heißt die Schwangerschaft eine körperliche und seelische Berg-und-Tal-Fahrt. Du kannst dir zu mehr Stabilität verhelfen, indem du versuchst, gute Gewohnheiten beizubehalten. Vernünftig essen, jeden Tag spazieren gehen, dich mit Sachen beschäftigen, die du wirklich gerne machst, und schlafen – du musst, wenn nötig, darauf bestehen, dass dir genügend Schlaf zugestanden wird! Es erscheint einem, als könnte man nie genug Schlaf bekommen.

Vernünftig essen ist viel einfacher gesagt als getan. Die alten Ammenmärchen von den schwangeren Frauen, die unbedingt sofort dies oder das essen müssen, haben ihren soliden Hintergrund in der Wirklichkeit. Es gibt Leute, die versuchen diese wilden Begierden zu rechtfertigen: Der Körper braucht mehr Kalzium, deshalb stopfen sich die Mütter mit »Kreide« voll ... Und vielleicht ist es ja tatsächlich so. Aber es gibt werdende Mütter, die nie nach irgendwas Verlangen verspüren, sondern nur Widerwillen z.B. gegen den Rauch von Zigaretten empfinden.

Wenn es so ist, dass du dich täglich mit Süßigkeiten, mit Kuchen oder mit weißem Toast mit viel Käse oder tellerweise Pommes voll stopfst, dann versuche wenigstens, dazu noch etwas Gesundes zu essen! Gemüse, Obst, eisenhaltige Nahrungsmittel. Falls du zu viel zunimmst, tröste dich: Ich habe jedes Mal zwischen 22 und 26 Kilo zugenommen. Die Kinder waren zuerst groß und pummelig, aber mit der Zeit wurden sie (fast alle) doch dünn wie Spargel. Und ich selbst bin meine Kilos wieder losgeworden. (Wie? Siehe im Abschnitt »Danach«, auf Seite 58.) Ich werde natürlich niemandem zu Übergewicht raten. Aber man muss nicht wegen ein paar Kilo zu viel verzweifelt sein. Auch in der Schwangerenvorsorge wird viel gejammert, und davon hast du jetzt, mit Recht, die Nase voll.

Als Schwangere kann man keine warnenden Zeigefinger ausstehen, und von der Sorte gibt es natürlich reichlich, gerade wenn es um die Umstände der Schwangerschaft geht: Du darfst nicht rauchen und auf keinen Fall trinken. Wenn man raucht, bekommt man untergewichtige und zu früh geborene Kinder, und trinkt man auch nur den kleinsten Schluck Alkohol, wird man irreparable Schäden am Nachkömmling verursachen.

Es hört sich vielleicht provozierend an, aber ich kann mich wirklich über diese Unkenrufe aufregen. Es ist ja so einfach, die Schuld auf die Mütter zu schieben – während man sorgfältig verschweigt, dass die Forschung 60 % aller Entwicklungsfehler und Behinderungen der Föten ratlos gegenübersteht. Man hat keine Ahnung, wodurch sie ausgelöst werden. Sogar der plötzliche Säuglingstod wird oft damit erklärt, dass die Mutter während der Schwangerschaft ein ungesundes Leben geführt hat. Diese Anschuldigungen sind so abscheulich wie auch schamlos.

Die Mutter, nicht die Besserwisser, muss mit dem geschädigten Kind oder mit der Trauer um ihr gestorbenes Kind leben. Die Mutter wird sich fortwährend selbst anklagen: »Ist es passiert, weil ich geraucht habe, obwohl ich ja wirklich versucht habe, meinen Zigarettenkonsum zu reduzieren …? – Oder war es der Alkohol auf dem Fest; als ich noch gar nicht wusste, dass ich schwanger war …?«

Es ist schon hart genug, ein behindertes Kind zu bekommen. Und ein Kind zu verlieren ist unmöglich. Es gibt kein anderes Wort dafür.

Eine Stimme, die wir nur selten oder nie zu hören bekommen, ist einfach die Stimme der Vernunft: Wenn es der Mutter während der Schwangerschaft gut geht, wird dasselbe wahrscheinlich auch für ihr Kind der Fall sein. Das Wohlbefinden der Mutter muss vorrangig sein. Außerdem – so traurig es auch ist – bekommen auch gesundheitlich überaus bewusste Familien manchmal Kinder mit angeborenen Schäden, wenn das deine schweren Selbstvorwürfe vielleicht etwas mildern kann.

Du kannst dich nicht vor Unglück und Tod schützen. Es ist ein Teil des Lebens, unser aller Leben.

Das Leben erlaubt keine hundertprozentige Kontrolle. Ein gutes Ergebnis einer Fruchtwasseruntersuchung beispielsweise ist keine Garantie dafür, dass das Kind gesund – oder lebendig – zur Welt kommt. Zu allen Zeiten, in allen Kulturen, in jeder Gesellschaft und unter allen Formen von Lebensbedingungen hat es Kinder gegeben, die geschädigt auf die Welt gekommen sind, und genau so lange haben wir versucht, die Hintergründe dafür herauszubekommen. Man kann nicht für alles eine Erklärung finden, und wir können nur demütig dem gegenüberstehen, was außerhalb der Grenzen unseres Verstehens liegt.

In einem solchen Zustand der Demut sollte keine Mutter für ihre Lebensweise verdammt werden – wenigstens nicht, solange sie für ihr eigenes Wohlbefinden geradestehen kann.

Dass das Rauchen zu kleine und zu früh geborene Kinder verursachen soll, bezweifle ich kraft meiner eigenen privaten Statistik. Ich habe während aller meiner neun Schwangerschaften geraucht – etwas, das ich keiner Frau empfehlen möchte, ganz im Gegenteil. Trotzdem sind meine Kinder zwischen drei und sechs Wochen nach (!) dem Stichtag zur Welt gekommen und sie hatten alle ein Geburtsgewicht von etwa neun Pfund. Wenn die Forschung der Meinung ist, dies lasse sich durch erbliche Vorbelastungen oder andere dunkle Umstände erklären, müsste sie auch alle untergewichtigen und zu früh geborenen Kinder nach entsprechenden Prinzipien untersuchen.

Auch mit dem Alkohol verhält es sich eigenartig. Natürlich sollte niemand sich mit Alkohol voll laufen lassen; was immer eine Gefährdung der Gesundheit bedeutet. Aber wenn es stimmen soll, dass die regelmäßige Zufuhr von gutem Wein Missbildungen verursacht, müssten Heerscharen von Kindern in den Mittelmeerländern missgebildet sein. Schwangere trinken dort immer noch Wein zum Essen – wenn auch oft mit Wasser verdünnt.

Nach alledem möchte ich, dass du darin Vertrauen hast, dass jetzt alles so ist, wie es sein soll. Und sollte es sich irgendwann herausstellen, dass doch irgendetwas schief gegangen ist – ja, dann musst du zu gegebener Zeit dazu Stellung nehmen. Nicht jetzt!

Die ganze Last der Schuld muss von den Schultern der werdenden Mütter genommen werden!

Wir wollen uns ein paar statistische Zahlen ansehen: Auf fast jede Geburt geht eine zusätzliche Schwangerschaft, die nicht vollendet wird. Um insgesamt 100.000 Geburten zusammenzubekommen, muss unser imaginärer Geburtenfabrikant beim Kalkulieren mit 170.000 Schwangerschaften anfangen.

In einem sehr frühen Stadium verringert sich diese Zahl um 20.000 spontane Fehlgeburten. Zusätzlich 10.000 frühe Abbrüche werden registriert: Davon sind 8.000 Fehlgriffe der Natur – wobei es sich bei etwa 60 % um Chromosomenfehler handelt. Zirka 10.000 späte Fehlgeburten kommen noch dazu. Übrig bleiben 130.000 Schwangerschaften. 30.000 davon enden mit einem legalen Schwangerschaftsabbruch.

Von den 100.000 vollendeten Schwangerschaften werden 300 Kinder nicht lebendig zur Welt kommen. 2.000 gelten später als »behindert« – und darin ist alles mitgerechnet, selbst die kleinsten Abweichungen vom absolut Perfekten.

Die übrigen fast 98.000 Kinder sind in jeder Hinsicht perfekt.

Dein Körper

Rissen in der Haut, Schwangerschaftsstreifen am Bauch und an der Brust kannst du vorbeugen, indem du dich mit einer sehr fetthaltigen Creme einreibst. Ich und viele andere mit mir wissen, dass es etwas bringt, auch wenn manche Wissenschaftler etwas anderes behaupten. Creme dich ein und massiere deine Haut jeden Abend von dem Tag an, an dem die erste Schwellung an deinem Bauch, die kleinste Vergrößerung deiner Brust erkennbar sind. Auch die Brustwarzen müssen eingerieben werden. Sie werden während der Stillzeit einer großen Belastung ausgesetzt.

Geschwollenen Beinen und Krämpfen kannst du wirksam vorbeugen, indem du insgesamt zehn Minuten täglich mit durchgestrecktem Körper auf Zehenspitzen gehst. *Vergiss diese Übung nicht!* Sie ist einfach, gibt dir ein angenehmes Körpergefühl und die Wirkung ist wunderbar!

In der ersten und der letzten Zeit wirst du andauernd zur Toilette rennen, um dort nur ein paar Tropfen loszuwerden. Die Blase wird, wie alle deine armen inneren Organe, zusammengepresst. Gegen Ende der Schwangerschaft verspürst du vielleicht öfters Atemnot. Die Rippen haben nun weniger Spielraum. Tiefes Einatmen vor offenem Fenster hilft.

Wenn du dich morgens übergeben musst, wird es nach den ersten drei Monaten vorübergehen. Vor dem Aufstehen etwas Leichtes essen! Gegen Ende der Schwangerschaft kannst du von Sodbrennen geplagt werden. Mineralwasser hilft.

Nächtliche Krämpfe in den Beinen: aufstehen, eine Weile umhergehen und der Krampf verschwindet.

Müdigkeit ist oft die größte Belastung. Achte auf deine Blutwerte und achte auf eisenhaltige Nahrung! In akuten Fällen kann man so genannte Eisenspritzen bekommen, die ausgezeichnet helfen. Von allen anderen Medikamenten solltest du dich fern halten. Alles muss in Frage gestellt werden.

Warnung vor Röteln! Kontrolliere, ob du, eventuell durch Impfung, immun bist.

Lass die Urinwerte öfters kontrollieren. Eiweißspuren in Verbindung mit aufgedunsenem Körper und zu hohem Blutdruck können eine Schwangerschaftsvergiftung andeuten – eine solche ist nicht außergewöhnlich und kann therapiert werden.

Zum Thema anschwellende Fingerglieder: Nimm deine Ringe rechtzeitig ab!

Achte darauf, dass du keine Infektionskrankheiten bekommst; gegen Ende der Schwangerschaft kann eine Infektion Probleme bei der Entbindung hervorrufen.

Während der Schwangerschaft ist es schwierig, selbst eine einfache Erkältung wieder loszuwerden. Und es ist kein angenehmes Gefühl, mit einem Kind im Bauch ständig husten zu müssen. Dem kannst du durch die Einnahme von Vitamin C in täglichen Dosen von 10g in Wasser aufgelöst vorbeugen.

Auch der Rücken wird müde. Wenn du Schmerzen hast, musst du nicht versuchen dein Hohlkreuz aufzurichten. Lass die unteren Muskeln der Gebärmutter beim »Heben« deiner schweren Bürde behilflich sein. Es gibt auch keinen Grund dafür, wie eine Ente durch die Gegend zu watscheln. Sorge für einen aufrechten Gang!

Der fünfte Monat ist schwierig. Du musst jetzt sehr vorsichtig sein! Es gibt Bewegungen, die eine Fehlgeburt auslösen könnten: Springen, Stoßen, Heben von schweren Gegenständen. Ich selbst habe während der ersten Schwangerschaft klassisches Ballett getanzt (ich wollte natürlich so weiterleben wie bisher!), und eine Tanzlektion wurde immer durch eine Reihe kleiner, schneller Sprünge in den verschiedenen Positionen beendet. Nach einem solchen Training bekam ich plötzlich stechende Schmerzen. Eine Fehlgeburt drohte. Eine ganze Woche musste ich vollkommen still liegen, mit Morphium ruhig gestellt. Das Kind wurde gerettet – entgegen der Befürchtung meines Arztes!

Die Hände über den Kopf zu strecken und gleichzeitig ein gewisses Gewicht hochzuheben – wie beim Gardinenaufhängen – ist äußerst gefährlich. Dasselbe gilt für Reiten, Joggen; alles, was mit harten, stoßenden Bewegungen und dem Heben von schweren Gegenständen verbunden ist.

Du kannst einen harten Stuhlgang bekommen. Lass das Experimentieren mit Abführmitteln! Halte dich fern von Milch und schwarzem Tee (aber Sauermilchprodukte, wie Yoghurt Naturell, wirken lindernd). Trink Mineralwasser und abgekochtes Wasser. Iss Vollkornbrot, am besten dunkles Roggenbrot, statt Weißbrot. Iss Obst, außer Bananen, und wenn du magst, Pflaumenmus (der aus den Babygläsern wirkt hervorragend).

Krampfadern sind normal. Mir sind sie, glaube ich, erspart geblieben, weil ich konsequent zehn Minuten am Tag auf Zehenspitzen umhergelaufen bin. Nach der Entbindung verschwinden die Krampfadern ganz oder teilweise.

Eine Sache ist bemerkenswert: Der Schwerpunkt deines Körpers wird verschoben, wenn du einen schweren Bauch mit dir herumträgst, aber irgendwie kapiert dein Gehirn diese Tatsache nicht. Wenn du beispielsweise eine Treppe hinuntergehst, berechnest du instinktiv, wo du die Füße platzieren musst, aber diese Berechnungen werden anscheinend nach deinem Normalkörper vorgenommen. Und ganz schnell fällst du, was ja nicht sein muss. Mache dir deshalb zur Gewohnheit, dich am Geländer festzuhalten, wenn du eine Treppe hoch- oder runtergehst, auch wenn es nur einzelne Stufen sind! Trage keine hochhackigen Schuhe. Trägst du sie doch, musst du gehen wie auf dünnem Eis: sehr, sehr vorsichtig!

Achte auf Muskelverspannungen. Ziehe die Schultern nicht hoch, fixiere nicht den Hals in einer nach hinten gebogenen Haltung. Mache kleine Entspannungsübungen: Schultern rollen, Kopf langsam rollen. Eine Übung, die du während der Schwangerschaft dagegen nie machen darfst, ist die bauchmuskelstärkende Übung, bei der man die Füße zum Beispiel unter einen Schrank klemmt und dann den Oberkörper vom Boden hebt. Diese Übung ist gefährlich.

Du kannst Pigmentflecken an den Händen und im Gesicht bekommen. Einige verschwinden wieder, andere nicht.

Das Haar wird selten schöner. Einnahme von Vitamin B kann helfen! Haarausfall kommt vor. Es wird nach der Entbindung nachwachsen, aber es dauert seine Zeit.

Du kannst schlechte Zähne bekommen, aber nicht, weil der Fötus das Kalzium raubt, sondern weil man in der Regel ständig kleine Mahlzeiten und Süßigkeiten zu sich nimmt. Oft Zähne putzen und reinigen!

Und sorge für Bewegung! Alle leichteren Formen von körperlichen Übungen sind gut für dich: tanzen, Rad fahren, schwimmen, wandern … Bis zum 5. Monat kannst du alles machen, was dir gefällt.

Plötzlich bist du herrlich scharf auf Sex (jetzt ist »es« ja sowieso passiert), oder du interessierst dich überhaupt nicht mehr dafür (die »Sache« ist ja schon geregelt, oder?). Es ist okay, solange du dich dabei wohl fühlst, und denke daran: Nichts bleibt, wie es ist. Lass die Veränderungen zu.

Dein Partner kann auch etwas komisch reagieren. Entgegen seinen üblichen Gewohnheiten traut er sich nicht mehr, mit dir zu schlafen. Die Erektion bleibt vielleicht aus oder der Orgasmus wird unerreichbar. Umgekehrt kann er auch durch deinen schwellenden Körper euphorisch inspiriert werden und er kann gar nicht genug von dir bekommen. Ihr könnt bis zum Schluss Geschlechtsverkehr haben.

In der Öffnung des Gebärmutterhalses sitzt die beste Bereitschaftswache, die es gibt: der Schleimpfropf. Dessen Außenseite ist voll von Bakterien, aber auf der Innenseite ist alles vollkommen rein. Du kannst also vollkommen beruhigt sein: Nichts gelangt an das Ungeborene heran.

Ab Mitte der Schwangerschaft, im fünften Monat, wird es Zeit, dass du mit dem Geburtstraining anfängst.

4. Weltmeisterin im Gebären – Trainiere!

Vom ganzen Herzen möchte ich dich dazu inspirieren, mit einem äußerst wirkungsvollen Training anzufangen. Deshalb vergleiche ich das Gebären auch mit einer Weltmeisterschaft im Marathonlauf. Und niemand würde an einer Weltmeisterschaft teilnehmen, ohne vorher hart trainiert zu haben. Zwingt man jemanden, an einem Marathonlauf teilzunehmen, ohne vorher trainiert zu haben, würde er oder sie am ganzen Körper Schmerzen bekommen, starker Muskelkater würde die Folge sein und das Wiedererlangen der Kräfte sehr lange dauern. Die Geburt fordert gleichermaßen Training, wenn die Belastungen nicht zu gewaltig werden sollen.

Ein trainierter Läufer läuft schneller als ein untrainierter und er kommt ohne Verletzungen davon. Eine trainierte Mutter gebärt schneller als eine untrainierte und sie kommt ebenfalls ohne Verletzungen davon. Sie braucht keine

Betäubung, sie muss nicht genäht werden und die Nachwehen bleiben ihr erspart. Und schließlich wird sie auch viel schneller wieder fit sein.

Eine Geburt ist ebenso anstrengend wie ein Marathonlauf. Dass die Frau nachher erschöpft ist, heißt nicht, dass sie Schmerzen hatte. Wenn der Läufer die Ziellinie erreicht, ist er auch völlig erschöpft, doch keiner glaubt deshalb, er hätte während des Laufens Schmerzen gehabt.

Kinder ohne Schmerzen zu gebären heißt nicht, ohne Arbeit zu entbinden. Unter großen Anstrengungen zu gebären heißt nicht, dass das Gebären schmerzvoll ist. Es waren vermutlich Männer, die unsere Bibel schrieben. Du musst deine Kinder also *nicht* unter Schmerzen zur Welt bringen!

Der Marathonläufer vertraut nicht nur seiner Entscheidungskraft und seinem starken Willen: »Ich muss nur die Zähne zusammenbeißen und das hier durchstehen. Ich möchte ja so gern gewinnen, deshalb wird es mir sicherlich auch gelingen.« Er weiß genau, dass er trainieren muss. Besonders, wenn er der Beste sein will. Er glaubt ebenfalls nicht daran, dass, sobald der Startschuss gefallen ist, ein anderer den Lauf für ihn absolvieren wird. Aber viele Mütter verlassen sich einfach auf ihren guten Willen: »Ich werde einfach die Zähne zusammenbeißen und die Geburt hinter mich bringen. Wenn ich mir das Kind ganz doll wünsche, wird bei der Geburt bestimmt auch alles gut gehen!« Und um den Vergleich weiterzuführen: Manch eine Mutter glaubt, dass, wenn sich erst einmal die Eingangstür zum Kreißsaal hinter ihr geschlossen hat, eine andere die Geburt schon für sie durchstehen wird. Es ist eine schmerzvolle Tatsache, dass eine passiv durchlittene Geburt zu einem traumatischen Schock führen kann. Für das Kind ist die Geburt ein Fegefeuer, welches nicht unnötig verlängert werden sollte.

Bist du gut trainiert, kannst du die Geburtszeit um mindestens ein Drittel verkürzen. Die Austreibungsphase, die für das Kind unglaublich anstrengend ist und in der die Gefahr des Sauerstoffmangels immer vorhanden ist, kann von der üblichen Stunde (oder vielen Stunden!) auf etwa eine Viertelstunde reduziert werden.

Die eine oder andere Form der Betäubung wird heutzutage fast überall verabreicht. Jede Form der Betäubung birgt eine Gefahr für das Kind. Wenn du trainiert hast, brauchst du überhaupt keine Betäubungsmittel.

Die psychoprophylaktische *Lamaze-Methode* baut auf dem Prinzip der bedingten Reflexe, untersucht von dem Russen Pawlow, auf. (Pawlow war der mit den Hunden: Mit der Glocke läuten und schon sabbert der Hund nach seinem Futter.)

Der französische Arzt Lamaze hatte seine Zweifel an den Berichten aus

Russland über Frauen, die ohne Schmerzen gebaren. Er fuhr nach Russland, um es mit eigenen Augen zu sehen, und kehrte begeistert zurück. Er konnte von Frauen erzählen, die lächelnd, entspannt, stolz – ohne Schmerz, ohne Betäubung, aber strahlend glücklich – ihre Kinder zur Welt brachten. Lamaze starb im Jahre 1953. Seine Ambitionen, die Psychoprophylaxe an die französischen Mütter weiterzugeben, wurden vor allem von Dr. Pierre Vellay und seiner Frau Aline übernommen, und sie schrieben ein Buch darüber: *Gebären ohne Schmerz* (»Témoignages sur l'accouchement sans doleur«, Les Editions du Seuil 1956). Dieses Buch habe ich damals unter den Sonderangeboten im Bücherladen gefunden. Heutzutage ist die Psychoprophylaxe in der ganzen Welt bekannt – zumindest haben die meisten schon mal davon gehört.

Wenn ich dir jetzt das Trainingsprogramm erkläre, verstoße ich auf gröbste Weise gegen die Idee der Psychoprophylaxe. Ich unterminiere die gesamtheitliche Methode Vellays, wovor er ganz besonders warnt. Die Methode könnte in Verruf geraten und werdende Mütter deshalb davon abhalten, sie zu verlangen.

Aber ich möchte dir unbedingt zeigen, wie wenig eigentlich erforderlich ist, wie einfach die Übungen sind und wie wenig Zeit sie beanspruchen. Ich möchte dich dazu bringen, deinen eventuellen Widerwillen zu überwinden und dich dazu ermutigen, etwas dazuzulernen. Versuche es einfach, dir selbst und deinem ungeborenen Kind zuliebe!

Die Geburt umfasst drei Phasen: die Eröffnungsphase, die Austreibungsphase und die Nachgeburt. Du wirst während der ersten beiden Phasen aktiv mitarbeiten.

Im ersten – und längsten – Stadium der Eröffnungsphase wirst du verhältnismäßig »passiv« sein; du musst dich nur entspannen. Während des letzten Stadiums der Eröffnungsphase wirst du »aktiv«, d.h., du wirst dich konzentrieren und dich anstrengen, um richtig zu atmen, weil du damit die Arbeit der Gebärmutter erleichterst und unterstützt. Dadurch wirst du Schmerzen vermeiden.

Die Austreibungsphase wirst du hervorragend schaffen, indem du die richtige Technik einsetzt, die auf dem Training der bedingten Reflexe basiert und die du bis dahin trainiert und gelernt haben wirst.

Zuerst trainierst du dich zu entspannen

Liegend gehst du von Körperteil zu Körperteil, entspannst Muskel für Muskel. Alle Muskeln müssen bedacht werden: erst die Gesichtsmuskeln, dann die

Halsmuskeln, die Arme, entspanne alle Muskeln von Kopf bis Fuß (am Anfang wirst du wahrscheinlich dabei einschlafen). Danach spannst du einen Muskel nach dem anderen an und entspannst sie wieder – anspannen und entspannen – anspannen und entspannen – durch deinen ganzen Körper. Und bald merkst du den Unterschied zwischen angespannten und entspannten Muskeln. Schließlich wirst du während der Geburt automatisch reagieren, wenn du dich irgendwie verkrampfen solltest.

Diese Entspannung brauchst du während der Eröffnungsphase zusammen mit einer langsamen und ruhigen Atmung. Du wirst die Entspannung nutzen, sobald du die ersten Kontraktionen spürst (das Wort »Wehen« kommt in der Psychoprophylaxe nicht vor). Ganz ruhig wirst du dich entspannen. Und du wirst dich weder verkrampfen noch dich jammernd mit gespannten Muskeln zusammenkrümmen – eine Reaktion, die die Arbeit der Gebärmutter und damit die Geburt ernsthaft behindern und verzögern würde.

Zweitens trainierst du das Hecheln – eine leichte und oberflächliche Atmung

Wenn du normal – oder tief – atmest, senkt sich das Zwerchfell, das ja auch ein Muskel ist. Dieser Muskel kollidiert nun mit der selbstständigen Muskelarbeit der Gebärmutter und erzeugt dadurch Schmerzen. Die leichte und oberflächliche Atmung hält das Zwerchfell praktisch unbewegt und lässt die Gebärmutter ungehindert arbeiten. Dadurch wird das letzte Stadium der Eröffnungsphase wesentlich verkürzt. Das Hecheln musst du so lange üben, bis es wie von selbst funktioniert.

Lege dich hin, entspanne dich (oder ruhe halbliegend in einem bequemen Sessel). Sieh auf die Uhr. Du stellst dir nun eine Kontraktion, eine Zusammenziehung deiner Gebärmutter vor. Jetzt fängt sie – in unserer Vorstellung – an. Atme tief durch. Halte den Mund geschlossen. Durch die Nase atmest du nun leicht und oberflächlich; die Lunge darf nicht voll und nicht leer sein. Beim Hecheln bleibt dein Zwerchfell so unbewegt wie möglich. Nach 30 Sekunden ist der Höhepunkt – immer noch in unserer Vorstellung – erreicht: Atme noch schneller, noch oberflächlicher. Bloß fünf Sekunden lang musst du ganz intensiv hecheln. Dann ebbt die Kontraktion ab. Du atmest weiter leicht und oberflächlich und lässt dein Zwerchfell weiter so unbewegt wie nur möglich. Und schon bald, nach weiteren 30 Sekunden, hört die Kontraktion ganz auf. Eine Kontraktion dauert selten länger als eine Minute. Atme danach ein paar Mal tief durch, um Sauerstoff und neue Kraft zu tanken.

Am Anfang wird dir beim Üben des Hechelns schwindelig werden. Vielleicht schaffst du noch keine ganze Minute (+ 5 Sekunden), sondern musst nach etwa 20 Sekunden schon wieder tief Luft holen. Gib die Hoffnung nicht auf! Nach und nach wirst du das Schwindelgefühl überwinden. Und bald wirst du beim Üben nicht bloß eine Minute, sondern anderthalb hechelnd durchhalten. Das ist genau unser Ziel, um auf Nummer sicher zu gehen. Nach der »Kontraktion« ruhst du dich kurz aus und dann wiederholst du die Übung. Halte den Mund geschlossen, die Augen offen und den Körper ganz entspannt und wiederhole dann die Prozedur.

Eine Trainingsdauer von zehn Minuten am Tag ist völlig ausreichend. Du kannst auch zwei »Trainingseinheiten« von jeweils fünf Minuten absolvieren, wenn es dir lieber ist. Die Hauptsache ist, dass du deine Übungen konsequent und gründlich durchführst. Die Regelmäßigkeit wird zur Gewohnheit und die Gewohnheit ist die Voraussetzung für deine erwünschten, bedingten Reflexe. Dann läuft das Hecheln zum Schluss automatisch und du besiegst damit die schwierigste Phase der Geburt.

Drittens trainierst du die Technik des Pressens

Zuerst stellst du fest, welche Muskeln gebraucht werden. Danach stärkst du sie. Durch tägliches Trainieren werden diese Muskeln während der Austreibungsphase automatisch arbeiten; während alle anderen Muskeln sich – auch dank deines konsequenten Trainings – entspannen. Und so erreichst du die optimale Effektivität deiner Muskelarbeit, wenn es dann so weit ist.

Lege dich auf den Rücken mit gebeugten Knien, leicht gespreizt und entspannt. Der Kopf ruht auf einem Kissen. Die Arme liegen bequem an deinen Seiten. Die Handflächen zeigen nach oben. Alle Muskeln ruhen. Keine Verspannungen am Hals, an den Schultern oder den Oberschenkeln. Der Unterleib ist vollkommen entspannt. Vor allem die Gegend um die Mündung der Harnröhre und des Afters ist entspannt.

Stelle dir nun vor, dass vor dir eine brennende Kerze steht. Du musst die Flamme vorsichtig anpusten. Die Kerze darf nicht ausgehen, die Flamme soll nur stetig flackern.

So fängst du an: einatmen, ausatmen, dann gleichmäßig und langsam pusten, bis die Lunge ganz leer ist.

Stelle fest, welche Muskeln dabei arbeiten! Genau diese wirst du gebrauchen, wenn du dein Kind gebärst.

Hat sich das Kind bewegt? Dann hast du die Übung korrekt und mit aller

Sorgfalt durchgeführt. (Kein Grund zur Besorgnis. Das Kind wird nicht herauskommen, bevor es so weit ist.) Du hast eben die Gebärmutter von oben und von den Seiten unter Druck gesetzt.

Atme ein paar Mal tief durch zur Sauerstoffaufnahme. Danach wiederholst du das Pusten – genau wie vorher. Kontrolliere, dass alle Muskeln unterhalb deines Bauches völlig entspannt sind: besonders die Umgebung der Scheide, des Afters und die Oberschenkel.

Du spürst, wie du selbst den vorsichtigen, ruhigen, ständigen Druck der Muskeln steuern kannst. Allmählich kannst du die Muskelarbeit kontrollieren. Auf diese Weise wirst du auch das Voranschreiten der Geburt kontrollieren können. Genau so wirst du während der Entbindung pressen. Die Anstrengung wird auch dann nicht größer sein.

Wenn du »die Kerze« drei Mal angepustet hast, machst du es – zum Vergleich – einmal *ganz falsch*. Atme ein, spanne deinen Körper an und presse, so viel du kannst, als wenn du auf der Toilette sitzen und harten Stuhlgang haben würdest. Du wirst den Unterschied sofort merken. Andere Muskeln arbeiten jetzt, und sie arbeiten stur, da der Druck hart und statisch ist. Die Gebärmutter wird quer und besonders von unten zusammengedrückt. Die Scheide wird zusammengeklemmt und geschlossen. Mit dieser Technik des Pressens bekommt das Kind einen gewaltigen Widerstand, den es überwinden muss, anstatt der Hilfe, die es beim Herauskommen gut gebrauchen könnte.

Für die gebärende Mutter sind die Folgen Schmerzen und Risse.

Nach diesem Experiment machst du sicherlich mit Vergnügen wieder eine korrekte Pressübung. So musst du dich bei der Entbindung verhalten (um die Sache nicht zu komplizieren, gehen wir einfach davon aus, dass du dabei auf dem Rücken liegen möchtest):

1. Auf den Rücken legen, mit gebeugten und gespreizten Knien. Die Augen bleiben offen, der Kopf unten, die Handflächen nach oben und der ganze Körper vollkommen entspannt.
2. Jetzt tun wir so, als würde eine Geburtskontraktion sich nähern. Atme tief ein mit geschlossenem Mund. Atme kräftig aus, mit offenem Mund. Atme wieder ein, mit geschlossenem Mund, und halte den Atem an.
3. Hebe den Kopf und lege dein Kinn auf die Brust. Schließe die Hände um zwei gedachte Griffe.
4. Presse leicht und vorsichtig mit den Muskeln, die du durch das Kerzenpusten kontrollieren kannst. Steuere den Druck behutsam von oben nach unten. Die Umgebung der Scheide, des Afters, der Leiste ist vollkommen entspannt. Presse sanft weiter, bis du wieder Luft holen musst.

5. Durch den Mund ausatmen und sofort wieder einatmen. Behalte deine Körperstellung bei. Presse dann wieder ganz leicht, solange du deinen Atem kontrollieren kannst.
6. Der Druck ist vorüber. Die Kontraktion klingt ab und die Gebärmutter wird wieder weich. Löse deinen Griff um die gedachten Griffe, und lege deinen Kopf auf das Kissen und atme einige Male tief durch.

Jetzt hast du anderthalb bis zwei Minuten zum Ausruhen, bis die nächste Kontraktion folgt. Nach dieser Pause wiederholst du die Übung.

Wie du merkst, ist die Anstrengung nicht besonders groß (obwohl dir die ersten paar Male schwindelig werden wird). Es gibt Mütter, die so hart pressen, dass die Blutäderchen im Weißen des Auges platzen – der Aufforderung »Presse, als wenn du auf Toilette bist« folgend –, aber gerade so darfst du es nicht machen. Nicht *die Kraft* der Muskelarbeit, sondern *die Richtung* des Muskeldruckes ist wichtig.

Deine Gebärmutter wird später übrigens eine hervorragende Mitarbeiterin sein. Insofern ist deine jetzige Pressübung anstrengender, als das tatsächliche Pressen während der Entbindungsarbeit sein wird. Da brauchst du nur ein bisschen nachzuhelfen – im Prinzip ist es ausreichend, das Kinn auf die Brust zu legen, weil die Kontraktion bedingte Reflexe bei dir auslöst: Nach dem vielen täglichen Training wirst du dich automatisch am ganzen Körper entspannen und nur von dem Muskeldruck, den du durch das Kerzenpusten kontrollieren kannst, Gebrauch machen.

Wenn es dann so weit ist, wirst du auch wissen, in welcher Position du gebären möchtest. Manche Frauen gehen dabei in die Hocke, andere stehen oder hängen an ihrem Partner – heutzutage kannst du deine Wünsche frei äußern. Und egal, wie deine Wahl auch ausfällt, ich hoffe, dass du darin unterstützt und dir richtig geholfen werden wird.

Viele Frauen ziehen es immer noch vor, auf dem Rücken liegend zu gebären, obwohl diese Stellung in der Tat eine Erfindung der kontrollierenden Männerwelt ist – es ist also keine uralte Frauenweisheit. Trotzdem empfehle ich dir diese Position, weil man sich auf dem Rücken liegend am besten entspannen kann.

Ein kleines Memo

- Ab Mitte der Schwangerschaft trainierst du 15–20 Minuten täglich. Du kannst es morgens und/oder abends machen – im Bett liegend. Das Programm umfasst die Entspannung, die leichte und oberflächliche Atemtechnik und das »Kerzenpusten«.
- Ab und an machst du zusätzlich eine reguläre Pressübung. Einmal wöchentlich ist ausreichend. Übe immer konzentriert – in aller Ruhe, während du aufmerksam deine körperlichen und seelischen Reaktionen wahrnimmst.
- Nehmen wir an, die Geburt deines Kindes wird 12 Stunden dauern. Deine aktive Mitarbeit beschränkt sich in dem Fall auf etwa 2 Stunden (es sind ja sehr lange Intervalle zwischen den Kontraktionen, währenddessen nichts Spürbares passiert).
- Die Entspannungsübung wirst du in den ersten sechs bis acht Stunden – während der Eröffnungsphase – praktizieren. Dabei musst du nicht liegen. Du kannst dich auch im Stehen entspannen.
- Die schnelle, oberflächliche Atmung wird dir während des letzten Stadiums der Eröffnungsphase von Nutzen sein, bis die Austreibungsphase beginnt. Diese Übergangsphase wird dir die meiste Arbeit und Anstrengung abverlangen. Deshalb solltest du das Hecheln besonders gründlich trainieren.
- Von deinen 15–20 täglichen Trainingsminuten sollte mindestens die Hälfte für das Üben des Hechelns verwendet werden.
- Das »Kerzenpusten« bereitet dich auf die Geburt selbst vor, und sie wird kurz sein: 10 bis 20 Minuten.
- Wenn die Zeit endlich reif ist, werden die verschiedenen Phasen der Geburt ein rein reflektorisches Verhalten bei dir auslösen.
- Bei einer untrainierten Mutter werden dagegen ganz andere Reflexe ausgelöst: Sie wehrt sich instinktiv gegen die Geschehnisse in ihrem Körper, die sie nicht kontrollieren kann, und sie bekommt Angst. Die Kombination von Angst und Widerstand ist gefährlich. Das Kind wird trotzdem zur Welt kommen – aber mit Gewalt.

Noch einmal: Ich habe gegen die Idee der Psychoprophylaxe verstoßen, indem ich nur einen Teil des Trainingsprogrammes erläutert habe. Wie der Name schon sagt, ist die Methode nicht nur auf physische Übungen konzentriert. Ich empfehle dir mehr darüber zu lernen, Kurse zu belegen, Trainingsgruppen zu besuchen, oder was auch immer in deiner Nähe zur Lamaze-Methode angeboten wird. Vellays Buch – wenn du es irgendwie auftreiben kannst – wird dich auf besondere Weise dazu befähigen, Weltmeisterin im Gebären zu werden!

5. Der Mann schwanger?

Nach vier Mädchen bekam ich meinen ersten kleinen Jungen. Er wurde so sehnsüchtig erwartet, wie ein Mädchen nach vier Jungen eben erwartet wird. Immer wieder habe ich unter der Windel nachgeschaut, um zu sehen, ob es auch wirklich stimmt. Ein Junge!

Meine schönsten Phantasien, meine schönsten Träume über die Zukunft dieses kleinen, babyweichen Kerls waren: Er möge eines Tages ein großer, starker Mann werden, mit Haaren auf der Brust und einer tiefen Stimme und *Vater*!

Damit wende ich mich an dich, mein Sohn, und damit an alle Männer, denen diese Zeilen vielleicht nützlich sein können.

Du bist in einer Zeit aufgewachsen, in der eine geschlossene Frauenwelt für die Männer geöffnet wurde. Kannst du dir vorstellen, dass Anfang der 1960er-Jahre – als deine älteste Schwester geboren wurde – ein Mann, der einen Kinderwagen schob, als lächerlich angesehen wurde?

Heute nimmt der Mann an der Schwangerschaft und der Geburt teil und die neuen Väter sind in die Pflege und Versorgung ihrer neugeborenen Kinder stark eingebunden. Viele Länder sind dem schwedischen Vorbild gefolgt: Erziehungsurlaub ist heutzutage auch für Väter nichts Ungewöhnliches mehr. Und obwohl immer noch sehr wenige Väter diese Möglichkeit vollständig nutzen, wird es – hoffe ich – bald sogar von den Karrieremachern als peinlich angesehen werden, diese Möglichkeit zum Ausleben der größten Liebe ihres Lebens nicht wahrzunehmen.

Die Struktur in der Familie hat sich geändert. Die Grundfesten der heutigen Kernfamilie sind Grundfesten der Gefühle. Du lebst mit deiner Frau zusammen, weil du es möchtest, nicht weil du es musst. Ihr seid (meistens) voneinander finanziell unabhängig, und deine Frau wird in den meisten Fällen nicht mittellos dastehen, wenn du sie verlassen solltest oder sie dich. Die Ehe ist keine Versorgungsinstitution mehr. Euer Kind bedeutet auch keine Versicherung mehr für das Alter. Ihr müsst keine Kinder bekommen, um eure Zukunft abzusichern. Es geht um Gefühle; um Liebe, hoffe ich. Liebe, Freundschaft und das tägliche Zusammenleben verbinden dich und deine Frau. Und es ist ganz klar, dass ein kleines Kind, das zur Welt kommen wird in einer Gemeinschaft, die auf Gefühle baut und von Gefühlen lebt, einen zentralen Platz einnimmt.

Die Liebe wünscht sich Kinder. Das Kind ist eine Bestätigung eurer Liebe. Das Kind ist eure gemeinsame Aussage, ein Zeichen eures Zusammenhaltes. Und du kannst dich nicht daneben stellen und sagen, dass es dich nichts angeht. Es ist eine große Sache, Vater zu werden. Bist du der Meinung, dass du diese Verantwortung nie auf dich nehmen könntest, musst du sie *vorher* ausschließen. Ich finde nicht, dass es die Aufgabe einer Frau ist, dafür zu sorgen, dass du nicht Vater wirst. Für eine so große Sache musst du die Verantwortung schon selbst tragen. Die Schwangerschaft ist nun mal nicht nur eine Angelegenheit deiner Frau; sie hat sich ja auch nicht selbst befruchtet, oder?

Du wirst an der Schwangerschaft teilhaben. Du wirst an der Geburt teilnehmen und dich mit deiner Frau zusammen darauf vorbereiten, damit du ihr beim Gebären helfen kannst. Und du wirst an der Pflege des Neugeborenen teilnehmen und ab und zu für es auch alleine die Verantwortung übernehmen. Du hast nicht weniger als 20 Jahre Vaterschaft, Erziehung und Fürsorge vor dir … Siehe den Tatsachen in die Augen und glaube an dich selbst! So, wie ich an dich glaube.

Kann ein Mann schwanger werden? Wahrscheinlich wirst du es. Nicht körperlich – das geht nicht; leider, muss ich schon sagen –, aber gefühlsmäßig. Genau wie deine schwangere Frau wirst du zwischen Freude und Verängstigung hin und her schwanken. Es kann sein, dass du findest, alles sei ganz wunderbar und einfach zum Freuen. Dann sei dankbar und unbesorgt. Mit dir ist alles in Ordnung!

Es kann auch sein, dass du partout nicht begreifen kannst, was da eigentlich vor sich geht, dass ein Kind zur Welt kommen wird! Du stellst fest, dass deine Frau immer runder wird, und du spürst, wie sich das Kind in ihrem Bauch bewegt, aber es nützt nichts: Du kannst es überhaupt nicht fassen. Keine Angst, das wird sich ändern! Eines Tages wird dir ein Licht aufgehen, egal wie unbegreiflich dir im Moment alles erscheinen mag.

Es wird dir immer klarer, dass deine Frau große Veränderungen durchmacht. Ihre Launen sind sehr wechselhaft, und sie wird ihre Launenhaftigkeit an dir auslassen, denn DU bist ja für sie da. Vorher warst du der geliebte (Ehe-)Mann und Freund, nun fühlst du dich immer öfter als irgendetwas, was die Katze ins Haus geschleppt hat. Sei auf das Schlimmste vorbereitet, zähle bis zehn und versuche durchzuhalten!

Du kannst Unbehagen, Angst und Widerwillen empfinden. Du hast das vage Gespür, dass etwas in deinem Leben nun endgültig vorbei sein wird, etwas, dass nie zurückkommen wird: die Zeit in deinem Leben, in der du nur DU warst. In Zukunft wirst du nicht nur Christian (oder Peter oder Klaus oder Jürgen …) sein, du wirst auch Vater sein. Das Gefühl schleicht sich an dich heran, dass du nie wieder der Christian von früher sein wirst. Und gerade in diesem Moment scheint dir nichts wichtiger, als genau dieser zu sein und es auch bleiben zu können, für immer. Es gibt Männer, die eine Sehnsucht nach der Vaterschaft verkünden, um am nächsten Tag – nach Feststellung der Schwangerschaft – einen Abbruch wärmstens zu empfehlen. Sei beherzt!

Obwohl dein Kind dich sein ganzes Leben lang als seinen Vater betrachten wird, wirst du für alle anderen immer noch der gute, alte Christian sein. Du musst dich nicht für immer und ewig von deinem eigenen, unabhängigen Selbst verabschieden.

Schwach – oder deutlich bis zu physischen Symptomen – spürst du vielleicht, dass du nicht dazu bereit bist, einen so deutlichen Abdruck deiner Existenz, das ein Kind wirklich ist, zu geben. Das Kind ist eine handfeste Verlängerung deines Lebens, ein konkretes Zeichen deines Lebens, von dir geprägt. Viele Väter sind von der Endgültigkeit dieser Gedanken erschrocken, nicht nur du. Ein Kind ist etwas, für das du die Verantwortung auf dich nehmen musst. Hab Vertrauen zu dir selbst. Das Kind wird dir zu der Reife, die dir noch fehlt, verhelfen. Das Kind wird dich in eine tiefe, dauernde Gemeinschaft hineinziehen. Es sind gerade solche tiefen und dauernden Beziehungen, die den Menschen reifen und wachsen lassen. Oberflächliche Beziehungen machen oberflächliche Menschen. Das Kind wird es ablehnen, eine oberflächliche Beziehung zu akzeptieren. Sei dankbar dafür.

Und das Kind wird nicht nur fordernd sein. Es wird auch dein Freund werden, ein selbstständiger, kleiner Mensch, der dich wirklich liebt – ohne Vorbehalte. Das hört sich doch gut an, oder?

Du kannst eine Menge seltsamer, körperlicher Empfindungen erleben, die von deinem gefühlsmäßigen Engagement herrühren. Männer berichten heutzutage – sogar in den Medien – von ihren Schwangerschaftssymptomen; wegen solcher Aussagen wären sie früher an Ort und Stelle in eine Zwangsjacke gesteckt und abgeführt worden. Sie haben sich in den ersten Schwangerschaftsmonaten ihrer Frauen unwohl gefühlt und haben sich morgens übergeben. Sie haben Spannungen in der Brust verspürt. Sie haben, wenn es dann so weit war, Kontraktionen in der nicht vorhandenen Gebärmutter gespürt ... Vielleicht wird die klassische Witzkarikatur vom werdenden Vater, der in einem verqualmten Wartezimmer mit graugrünem Gesicht hin und her schreitet und auf die beruhigende Mitteilung der Krankenschwester wartet, von einer neuen ersetzt: ein wild pressender Vater, der Luft aus seinem geschwollenen Bauch ausstößt.

Solltest du körperliche Reaktionen bei dir wahrnehmen, musst du nicht glauben, dass du dabei bist, das Geschlecht zu wechseln. Du versetzt dich eben so stark in alles, was mit dem erwarteten Kind zu tun hat, dass es sehr wohl denkbar ist, dass die Natur auch dich – sogar körperlich – auf das Kommende vorbereitet, genau wie sie deine Frau vorbereitet.

Bereite dich darauf vor, dass mit dir, mit deiner Frau und mit eurer Gemeinschaft alles passieren kann! Was auch geschieht, es wird nicht von Dauer sein. Eine noch so ersehnte, lang erwartete Schwangerschaft kann Widerwillen, Konflikte und Streitigkeiten hervorrufen. Es ist bitter und traurig, aber nicht merkwürdig. Ihr seid beide aus dem Gleichgewicht geraten. Deine Beziehung zu deiner Frau kann sich während der ganzen Schwangerschaft von einem Tag zum anderen ändern. Und von einer Nacht zur anderen.

Du kannst dich unbewusst als Außenstehender fühlen, von Beginn an eifersüchtig. Du wehrst dich dagegen, dich deiner Frau sexuell zu nähern. Die Eifersucht kann dich auch in die entgegengesetzte Richtung treiben: Du machst Liebe mit ihr wie ein Wilder in dem Versuch, dich ihrer zu bemächtigen, damit sie sich dir wieder hingibt und zu dir »zurückkommt«.

Eine vage Vorstellung davon, dass sie sich in gesegneten Umständen befindet und zu einer Madonna erhoben worden ist, kann bewirken, dass du vom großen Zittern ergriffen wirst und es nicht wagst, sie zu »besudeln«.

Wie du siehst, haben alle möglichen Merkwürdigkeiten hier ihren Platz; und du kannst sie nicht kontrollieren. Du findest deine Frau überaus attraktiv, wirst wahnsinnig erregt und liebst sie wie ein Neuverliebter – und dann wird dein Orgasmus ein jämmerlicher Fehlschuss. Oder der Samenerguss bleibt ganz aus. Oder die Erektion lässt nach, obwohl deine Lust riesengroß ist.

Alles kann auch noch weniger lustig werden, weil auch deine Frau ihr eigenes Krisenregister hat. Sie kann dich ablehnen, als würde sie sich schon vor dem Gedanken an eine Umarmung ekeln. Sie kann sich ganz tief im Inneren von der Schwangerschaft überwältigt fühlen und dir dafür die »Schuld« geben. Sie kann eiskalt werden. Der Geschlechtsverkehr dient ja der Fortpflanzung und das wäre immerhin geregelt. Warum dann noch miteinander schlafen?

Sie kann auch total wild und verrückt nach dir werden. Jetzt ist »es« ja sowieso passiert, jetzt können wir richtig loslegen!

Sie kann übertrieben schmusig und fordernd werden. Du musst ständig beweisen, dass du sie liebst. Sie will sich vergewissern, dass du nicht daran denkst, sie zu verlassen, jetzt wo sie euer Kind erwartet.

Sie kann auch körperlich so schlecht drauf sein, dass sie es einfach nicht schafft, an Sex zu denken. Genauso wenig wie du kann sie ihre Reaktionen kontrollieren.

Wenn nicht schon früher wird sich euer Sexleben nach der ersten Hälfte der Schwangerschaft stabilisieren. Ihr müsst dann die meistverwendete Stellung aufgeben und andere, die euch passen, ausprobieren. Im letzten Monat darfst du nicht mehr allzu hart stoßen.

Du musst praktisch und konkret versuchen, deine Frau in jeder Weise zu unterstützen. Vor allem muss es ihr erlaubt werden, viel zu schlafen! Lese »Worauf musst du achten?« (Seite 26 bis 34) und unterstütze sie in ihrem Bemühen, sich selbst zu schonen (dafür wird sie auch gut zu dir sein). Während des Geburtstrainings wirst du für sie besonders wichtig. Du solltest das Training nicht nur verfolgen, sondern auch aufmunternd sein und zum Teil die Führung übernehmen. Lese »Weltmeisterin im Gebären – Trainiere!« (Seite 34 bis 42).

Du wirst die imaginären Kontraktionen ankündigen, wenn deine Frau üben muss, du wirst sagen, wann der Höhepunkt der Kontraktion erreicht ist und wann sie wieder abklingt. Du kontrollierst ihre Arbeit und machst selber mit. Du wirst es ihr leichter machen, die kurze, oberflächliche Atmung zu beherrschen, indem du diese Atmung mit ihr zusammen praktizierst. Diese Atmungstechnik wird während der schwierigsten Phase der Geburt (des letzten Teiles der Eröffnungsphase) überaus nützlich werden.

Kinder zu gebären ist eine Arbeit, auf die man sich nicht gründlich genug vorbereiten kann und die Vorbereitung ist eine ernst zu nehmende Sache. Das Training geht dich genauso an wie deine Frau, aber vor allem betrifft es euer Kind.

Eine gute Geburt, ohne Schmerz und ohne Betäubungsmittel, aber mit deiner Hilfe und Unterstützung erheblich verkürzt, gibt eurem Kind einen souveränen Start ins Leben. Die schreckliche Belastung, der es ausgesetzt wird – die Geburt ist für das Kind wie ein Fegefeuer –, wird gelindert. Eine wirklich spürbare Linderung. Du wirst es selbst sehen können: Direkt nach der Geburt schreit das Kind spontan, nimmt seine Lunge in Gebrauch und wird dann still – ganz ruhig und friedlich. Es ist wunderbar, dies zu sehen.

Kein Kind kann erzählen, wie es ist, ohne Gewalt geboren zu werden. Gib deinem Kind die Möglichkeit, dies zu erleben! Führe den stillen Kampf deines Kindes gegen die Gewalt, die man ihm womöglich antut, an. Es lohnt sich.

Während der Geburt bist du so aktiv wie jetzt im Training. Du wirst gebraucht werden, das kannst du mir glauben. Falls und wenn du dich jetzt als Außenstehender fühlst, zur Seite geschubst, weil sich alles um das Kind dreht, musst du wissen, dass du, wenn es so weit ist, für deine Frau die wichtigste Person auf der ganzen Welt bist. Durchaus wichtiger als das Kind.

Deine Eifersucht, dein Gefühl, ein Außenstehender zu sein, wird abklingen. Du wirst deine große Bedeutung verspüren, wenn du dich nur traust. Und du wirst dich trauen. Du wirst Vater werden.

Was du jetzt erlebst, ist etwas Einzigartiges. Wie es auch sein wird, es wird sich nie wieder in genau dieser Weise wiederholen. Sieh es als ein spannendes Erlebnis an – und sollte es nötig sein, dann beruhige dich mit dem Gedanken, dass es schon mal vorgekommen ist, dass Leute Kinder bekommen haben. Und auf geht's – ins Abenteuer deines Lebens!

Viel Glück, kleiner großer Junge.

Die Geburt

1. Jetzt geht es los!

Eines der folgenden Anzeichen lässt dich erkennen, dass die Geburt sich nähert:
1. Fruchtwasser tritt aus.
2. Der Schleimpfropf löst sich.
3. Du spürst regelmäßige und sich in immer kürzeren Abständen wiederholende Kontraktionen.

Diese Anzeichen können alle auf einmal auftreten oder zwei der Zeichen treten zusammen auf, aber in der Regel wird der Geburtsanfang durch die Kontraktionen der Gebärmuttermuskeln angekündigt. Seit etwa einem Monat hast du sicherlich kleine Wehen, Senkwehen, gehabt, die auch trügerisch sein können, weil regelmäßig und nicht gerade schwach. Dann packst du deine Tasche und bist dir deiner Sache ganz sicher – bis sie wieder verschwinden...

»Richtige« Kontraktionen treten regelmäßig auf, vielleicht alle 20 Minuten in den ersten zwei bis drei Stunden, und nehmen dann zu, bis die Intervalle sich auf zwei oder drei Minuten verkürzt haben.

Du spürst ein Ziehen genau über dem Schambein. Du kannst einen leicht drückenden Schmerz in der Lendengegend verspüren, fast wie Regelschmerzen. Die Kontraktion breitet sich dann nach unten aus bis zur Leiste und kriecht über die ganze Gebärmutter, bis dein Bauch ganz hart wird. Nach einem Höhepunkt, bei dem der Bauch so hart wird, dass er fast spitz wirkt, nimmt die Kontraktion ab, ebbt ab und verschwindet. Das Ganze dauert normalerweise eine bis anderthalb Minuten. Danach passiert erst einmal nichts. Der Bauch ist weich, und du musst dich nicht länger darauf konzentrieren, dich zu entspannen.

Wenn du vermutest, dass die einleitende Phase der Geburt begonnen hat, notierst du dir die Zeiten der Kontraktionen. In dieser Weise werden die immer kürzeren Intervalle überschaubar.

Es kann passieren, dass die Gebärmutter sich zusammenzieht, ohne dass du es überhaupt merkst. Vielleicht spürst du nur einen leicht irritierenden Druck im unteren Rückenbereich und legst dich ein bisschen hin. Oder du meinst, du hättest etwas Falsches gegessen, das dir nicht bekommen ist. Es ist in der Tat vorgekommen, dass Babys aus der Toilette gefischt worden sind... Jedenfalls: Wenn du trainiert hast und damit gut vorbereitet bist, wie ich doch hoffe, weißt du, wie den Kontraktionen begegnet werden soll. Du wirst dann keine Angst bekommen und dich nicht zusammenkrümmen. Denke daran: Angst verursacht den halben Schmerz! Widerstand verursacht den restlichen.

Wenn du durchtrainiert und vorbereitet bist, wirst du dich nicht überrumpelt fühlen, auch seelisch nicht. Du verspürst nur Erwartung und Freude und musst diskret versuchen, die Personen in deiner Umgebung zu beruhigen, die von dem großen Zittern gepackt werden und die dich anstarren und stottern: »Meinst du, dass es so weit ist ... aber, du arme ... tut es sehr weh?«

Bringe, jetzt, während der Anfangsphase, die Atemtechnik bis zur Perfektion! (Das Hecheln brauchst du zwar noch nicht, aber es wirkt stimulierend, zu spüren, wie effektiv es ist. Es zeigt dir, dass du die Kontraktionen im Griff hast, so als könntest du sie voll und ganz kontrollieren.)

Die Kontraktionen sollen den Gebärmuttermund öffnen und Stück für Stück den Gebärmutterhals hochziehen, damit das Kind durch die Scheide und weiter in die große, weite Welt dringen kann. Im Gebärmutterhals sitzt der Schleimpfropf als wirksamer Filter gegen Bakterien, und er löst sich, wenn der Gebärmutterhals sich weitet. In der Regel passiert das irgendwann während der Geburtsarbeit – ohne dass du es bemerkst, aber es kann auch das erste Zeichen sein. In diesem Fall findest du ein schleimiges und blutiges Klümpchen in deinem Slip.

Die Kontraktionen üben einen starken Druck auf die Gebärmutter aus, und das Kind wird, in der Eihaut eingeschlossen, nach unten gedrückt. (Du hast im letzten Monat gespürt, wie das Kind allmählich nach unten gesunken ist.) Die Eihaut kann jetzt reißen – und das Fruchtwasser stürzt förmlich heraus. Wenn das passiert, darfst du dich so wenig wie möglich bewegen! Aber im Allgemeinen bekommt die Eihaut nur einen kleinen Riss und das Fruchtwasser sickert langsam heraus. Es entstehen kleine Pfützen von klarem oder leicht unklarem Wasser im Höschen oder auf dem Bettlaken, und am Geruch erkennst du, dass es sich nicht um gewöhnlichen Ausfluss handelt. Jetzt weißt du, dass die Geburt ihren Anfang genommen hat, und innerhalb der nächsten Stunden wirst du die ersten Kontraktionen spüren.

Die Geburt nähert sich manchmal im Schneckentempo – vielleicht hat die Eröffnungsphase schon vor Stunden angefangen und du hast es noch gar nicht mitbekommen. Nur eines ist sicher: Keine zwei Geburten sind gleich – egal wie viele Kinder du über die Jahre gebären wirst.

Für mich war die erste Geburt die beste. (Dies zur Versicherung gegen die, die dir erzählen: »Warte nur ab – dies ist nur der Anfang! Das erste Mal ist immer am schlimmsten.«)

Morgens am 5. April wurde ich wach und entdeckte einen kleinen nassen Fleck auf dem Bettlaken. Der Stichtag war am 16. März gewesen. Wartezeiten konnten mir also nichts mehr anhaben, und ich bezweifelte sogar, dass überhaupt ein Kind geboren werden würde.

Ich habe mich angezogen und mich durch einen ganz normalen, deprimierenden Vormittag gequält. Um etwa 13 Uhr bin ich zur Toilette gegangen und habe einen neuen nassen Fleck in meinem Slip gefunden. Ich habe daran geschnuppert. Könnte es Fruchtwasser sein?

Kurz darauf habe ich etwas gespürt: ein Ziehen in der Lendengegend. Der Bauch ist ein bisschen hart geworden. Könnte man das eine Kontraktion nennen? Ich habe nicht daran geglaubt. Im Laufe des Nachmittags wurde der Bauch in regelmäßigen Abständen hart. Erst alle 20 Minuten, dann alle Viertelstunde. Ich habe immer noch gezweifelt. Gegen Abend habe ich methodisch die Zeit der Intervalle gemessen. Der Bauch ist alle zehn Minuten hart geworden, dann alle sieben Minuten und endlich alle fünf Minuten. Ich bin zu dem Schluss gekommen, dass es sich wohl doch um Kontraktionen handelte, obwohl ich es nicht glauben konnte.

Gegen 20.30 Uhr bin ich in der Entbindungsstation des Krankenhauses angekommen. Ich bin nach allen Regeln der Kunst angemeldet worden und habe die Hebamme andauernd gefragt: »Geht es jetzt wirklich los?«

»Das müssen Sie uns doch sagen«, lautete die Erwiderung.

»Wie soll ich das denn wissen?«, war meine säuerliche Antwort. »Ich habe doch keine Ahnung, wie sich so etwas anfühlt!«

»Sagen Sie Bescheid, wenn die nächste Wehe kommt«, sagte die Hebamme und hat weitergeschrieben.

Ich wurde wütend, weil sie es Wehen nannte. Was auch los war, es hat nicht wehgetan. Als der Bauch dann wieder hart wurde, habe ich es der Hebamme gesagt. Sie kam zu mir herüber und hat den Bauch abgetastet. Zu meiner Verwunderung war sie wirklich beeindruckt.

»Geht es nun los?«, fragte ich eifrig.

»Das kann man wohl sagen«, antwortete sie.

Sie hat mich untersucht, und es hat sich herausgestellt, dass der Muttermund halb geöffnet war. Und zwei Stunden später war das Kind geboren.

Das also war die perfekteste meiner Geburten. Durch das konsequente Training waren meine Reaktionen fest verankert. Sie liefen als Reflexe ab und haben mir – das Gefühl hatte ich – die ganze Arbeit abgenommen. Es war ein phantastisches Erlebnis.

Ich hatte mich so in das, was ich gelernt hatte, eingelebt, dass ich mich sogar während des Pressens mit der Hebamme gezankt habe. Sie hat mich dazu aufgefordert, so zu pressen, als würde ich auf der Toilette sitzen. Ich konnte nicht fassen, dass sie, die doch sogar Hebamme war, nicht einmal wusste, dass ein Kind nicht auf diesem Wege geboren wird. Ich sah es als meine Aufgabe an, sie eines Besseren zu belehren.

Vielleicht hat meine Naivität zu dem glücklichen Ergebnis beigetragen. Warum sollten Geburten nicht gemütlich sein und wie konnten sie anders ablaufen als nach der Lamaze-Methode? Der Vater des Kindes, der dabei sein durfte, war genauso begeistert wie ich.

Danach war ich in Topform, ohne Nachwehen, ohne Nähen und ohne Nachwirkungen einer Betäubung, da ich ja keine gebraucht hatte.

Und dem Kind ging es blendend.

Auf der Entbindungsstation musste ich mittlerweile einsehen, dass man das Leiden, das die meisten Frauen beim Gebären ihrer Kinder durchstehen, nicht unbedingt in Zweifel ziehen sollte. Genähte Mütter mit Luftringen zum bequemeren Sitzen übertrumpften einander beim Erzählen ihrer Leidensgeschichten. Meinem eifrigen Kommentar: »Aber es muss ja gar nicht wehtun!«, und meiner Präsentation des Vellay-Buches wurde mit Stillschweigen und Misstrauen begegnet. Ich kam mir durch und durch wie eine Verräterin vor.

Mit der Zeit wurde ich einsichtiger. Geburtsschmerzen sind für viele Frauen einfach etwas Legitimes. Sie glauben fest daran, dass es wehtun muss. Also darf man sich auch beklagen. Das legitime Leiden gehört zum Gebären einfach dazu.

Was auch das abwartende Interesse, das der echten Psychoprophylaxe heute immer noch entgegengebracht wird, erklärt. Eine weit verbreitete und richtige

Psychoprophylaxe kann nur zustande kommen, wenn wir Frauen darauf aufmerksam machen, wenn wir sie erwarten und verlangen.

2. Die Eröffnungsphase – der Weg wird bereitet

Die Gebärmutter hat die Form einer großen, umgedrehten Birne: Sie wird nach unten schmaler bis zum Gebärmutterhals und endet im Gebärmuttermund. Der Zweck der Eröffnungsphase ist es, den Gebärmutterhals so weit nach oben zu ziehen, dass die Birne zum Schluss nicht mehr wie eine Birne aussieht, sondern wie ein geöffneter Apfel – wenn du dir so eine fruchtige Gestalt überhaupt vorstellen kannst. Der Gebärmutterhals (der Cervix) ist in die Gebärmutter übergegangen und nicht mehr zu erkennen. Der Weg ist nun frei für das Kind.

Die Gebärmutter arbeitet langsam, aber sicher. Jede Kontraktion erweitert den Gebärmuttermund um ein kleines Stück. Wenn eine Kontraktion abebbt, zieht sich der Gebärmutterhals wieder etwas zusammen, alles nach dem Prinzip: Zwei Schritte vor und einen zurück.

Längs und quer führende Muskeln sind bei der Arbeit. Die längs führenden bemühen sich, den Gebärmutterhals nach oben zu ziehen. Die quer führenden üben einen Druck auf den oberen Teil der Gebärmutter (der Fundus) aus, damit das Kind, von der Eihaut umschlossen, nach unten gepresst wird.

Während der ersten Hälfte der Eröffnungsphase spürst du den Druck der längs führenden Muskelfasern am stärksten. Der Druck kommt wie von unten, kriecht nach außen zu den Seiten und nach hinten zum Rücken und breitet sich dann über den Bauch, der hart wird, aus. Drinnen ist das Kind einem großen Druck ausgesetzt und die Herzaktivität beschleunigt sich.

Wenn die Geburt sich über 12 Stunden hinzieht, dauert der erste Teil der Eröffnungsphase davon vielleicht schon neun Stunden. Während dieser Zeit verhältst du dich eher passiv, entspannst dich in aller Ruhe. In dieser Weise unterstützt du am besten die Arbeit der Gebärmutter. Du musst dich nicht hinlegen, bevor dir wirklich danach ist. Du musst nur innehalten und dich darauf konzentrieren, dich zu entspannen – wie du es eingeübt hast –, solange die Kontraktionen andauern. Deine Aufgabe in den langen Pausen zwischen den Kontraktionen ist es, tief durchzuatmen, damit du reichlich Sauerstoff aufnimmst, und dich im Übrigen wie sonst auch zu verhalten.

Während der zweiten Hälfte der Eröffnungsphase spürst du die quer führenden Muskelfasern deutlicher. Sie drücken das Kind nach unten, es drängt sich förmlich auf. Es kommt dir vor, als würde das Kind schon geboren werden. So ist es nicht – noch nicht. Diese Muskeln drücken die obere Hälfte der Gebärmutter immer stärker zusammen, um das Kind, immer noch innerhalb der Eihaut, nach unten zu verlagern.

Die zweite Hälfte der Eröffnungsphase verläuft viel schneller als die erste. Deine Kontraktionen kommen nun etwa alle drei Minuten, und du kannst damit rechnen, dass dein Kind innerhalb der nächsten zwei bis drei Stunden zur Welt kommen wird.

Während dieser kürzeren, schnelleren Hälfte der Eröffnungsphase spürst du, wie der Druck nach unten stetig zunimmt. Jetzt machst du vom Hecheln Gebrauch. Das erleichtert und verkürzt die Arbeit der Gebärmutter. Durch diese leichte, oberflächliche Atmung bleiben deine Rippen flexibel. Dadurch entsteht kein Kollisionsdruck vom Zwerchfell gegen die selbstständige Muskelarbeit der Gebärmutter. Das Ergebnis: Es entsteht kein Schmerz, weil es keinen Widerstand gibt.

Wenn der Muttermund sich halb geöffnet hat, sind die Kontraktionen am stärksten und am häufigsten. Stärker werden sie jetzt nicht mehr und die Intervalle werden auch nicht wieder kürzer werden.

Im Allgemeinen reißt die Eihaut, wenn der Muttermund halb geöffnet ist. Die quer führenden Muskelfasern pressen sie die ganze Zeit nach unten und sie wölbt sich in Richtung Scheidengegend aus. Schließlich hält sie dem Druck nicht mehr stand. Aber vielleicht ist die Eihaut sehr stark und zäh. Es kann sein, dass sie nicht nachgibt. Dann wird die Hebamme oder der Arzt nachhelfen – die Eihaut anpieken. Das spürst du nicht.

Schließlich, am Ende der Eröffnungsphase, wenn das Hecheln dich am stärksten in Anspruch nimmt, wirst du – endlich! – Impulse zum Pressen verspüren. Du darfst aber nicht nachgeben, noch nicht! Atme weiter – leicht und oberflächlich, während mindestens zwei weiterer Kontraktionen. Das wird dir durch diese schwierige Übergangsphase hindurchhelfen.

3. Die Austreibungsphase – ein Kind wird geboren

Der Übergang zwischen der Eröffnungsphase und der Austreibungsphase ist schwierig. Er ist nur kurz, kann aber zu Verletzungen führen. Jetzt musst du unbedingt einen klaren Kopf behalten und dein Wissen nutzen.

Leider entsteht der Impuls zum Pressen meist, bevor der Gebärmuttermund sich ganz zurückgezogen hat. Es ist fast unmöglich, der Versuchung, mit dem Pressen anzufangen, zu widerstehen, aber genau das musst du jetzt tun, denn du bist noch nicht ganz offen. Fängst du zu früh mit dem Pressen an, wird das Baby zwar heil herauskommen, aber du würdest dabei reißen, und müsstest wahrscheinlich genäht werden, sowohl innen wie außen.

Nur während zweier Kontraktionen *musst* du noch weiterhecheln! Denn solange deine Rippen bewegt werden, finden sie keinen Halt, und dadurch ist es dir auch nicht möglich, zu pressen. Halte durch, so lange wie nur möglich! Schaffst du noch eine Kontraktion, ist es gut, schaffst du zwei, ist es noch besser. Bei der dritten wirst du wahrscheinlich nachgeben. Aber dann ist die Krise auch schon überstanden.

Sieh auf die Uhr, wenn du mit dem Pressen anfängst. Es ist schön, später zu wissen, wie lange es gedauert hat.

Wenn jetzt die Pressarbeit beginnt, wirst du erstaunt sein, wie gut die Arbeit von alleine läuft, allein durch die Tatsache, dass du keinen Widerstand leistest. Du sollst nicht alle Kräfte, die du besitzt, aufbringen. Die Richtung deines Druckes ist wichtiger als die Kraft. Deine eingeübten, bedingten Reflexe werden dir das Gefühl geben, dass dein Einsatz minimal ist, während die Gebärmutter dir die Richtung deines Pressens diktiert. Solltest du also hockend, stehend oder an jemandem oder etwas »hängend« gebären, wird allein die Schwerkraft dir eine große Hilfe sein. Höre auf deine Gefühle: Du weißt schon selbst am besten, ob du sitzen, stehen oder liegen möchtest!

Der Impuls zum Pressen ist jetzt da. Du atmest durch die Nase ein und kräftig aus durch den Mund, du atmest wieder ein, lässt den Mund geschlossen und hältst die Luft an. Dann legst du dein Kinn auf die Brust – leicht und sanft – und dirigierst den Druck vorsichtig von oben nach unten und von den Seiten nach innen, genau wie beim »Kerzenpusten« (siehe »Weltmeisterin im Gebären«, Seite 34). Wenn du erneut Luft holen musst, bleibst du in der Körperstellung, holst einmal schnell tief Luft und arbeitest noch ein bisschen weiter. Lass die Augen offen! Wenn du dazu aufgefordert wirst, noch ein wenig weiter zu pressen, nachdem die Kontraktion vorüber ist, dann tu es. Danach holst du mehrmals tief Luft, um neue Kraft und Sauerstoff zu tanken, und ruhst dich aus!

Nun kann man sehr bald den Kopf des Kindes sehen, wenn er nach unten gedrückt wird. Nach der Kontraktion wird der Kopf vielleicht ein Stückchen zurückrutschen, aber das Kind bahnt sich seinen Weg immer weiter vor. Da der Druck so ungeheuer groß ist, kann es vorkommen, dass eine erschreckend geschwollene Blutader auf dem Kindskopf hervortritt. Der Vater sollte darauf vorbereitet sein, dass das Erste, was vom Kind sichtbar wird, kaum ein goldener Haarschopf sein wird.

Die Arbeit schreitet voran. Du arbeitest sanft und aufmerksam, nicht hart. Bald ist das Kind am Beckenboden vorbei und wird sich herausdrängen – vermutlich nach drei oder vier Kontraktionen (bei jeder Kontraktion zwei Runden pressen). Jetzt erlebst du ein Gefühl, als würdest du gleich platzen. Der Druck ist enorm. Das Gewebe in der Scheide und um die Scheidenöffnung ist bis zum Äußersten gedehnt. Dieses Gewebe ist sehr dehnbar und sollte nicht reißen. Aber es reißt, wenn du es jetzt auch nur ein bisschen anspannst. Man kann nicht etwas dehnen, was angespannt ist. Wenn der Kopf deines Kindes auf dem Weg nach draußen ist, darfst du deshalb nicht pressen. Das gute alte Hecheln bewahrt dich vorm Pressen. Eine tüchtige Hebamme oder der Arzt wird dich sicherlich dazu auffordern, dich hinzulegen und dich zu entspannen. Atme leicht und oberflächlich! So bekommen die Rippen keinen festen Halt. Es dreht sich nur um Sekunden, dann ist der Kopf durch. Die Arbeit wird ohne deine Hilfe gemacht.

Indem er mit dir zusammen atmet, kann der Vater zu diesem Zeitpunkt sehr hilfreich sein. Wenn er das Training verfolgt hat, kann er dich durch diesen kurzen, aber wichtigen Moment leiten.

Wenn der Kopf da ist, fasst die Hebamme oder der Arzt die kleine Schulter und zieht einen Arm hervor. Danach folgt der Körper – manchmal wie ein Korken aus der Champagnerflasche. Oder das Baby gleitet elegant heraus – wie eine kleine Robbe ins Wasser.

Wenn deine Geburtsarbeit, besonders am Ende der Eröffnungsphase, sehr anstrengend gewesen ist, ist dies gar nichts, verglichen mit dem Stress, dem das Kind ausgesetzt war. Die Sauerstoff- und Nahrungszufuhr wurden unterbrochen. Es gibt kein Zurück von dieser Reise, die sowohl brutal wie auch endgültig ist. Während das Baby sich unter den Geburtskontraktionen halbwegs um sich selbst drehte, wurde es buchstäblich nach unten geschraubt, bis der Kopf seine Endposition erreichte; daraufhin wurde das kleine Gesicht nach oben und hinaus ins Licht gedrückt. Heraus kommt ein erschöpftes, zusammengequetschtes, kleines Wesen, das gerade eine unvorstellbare Qual durchlitten hat. Ein zusätzlicher Schock erwartet es schon: Die noch unbenutzte Lunge muss sich ausweiten und Luft aufnehmen, welche das Baby in einem Schrei wieder hinausstößt.

Nach der psychoprophylaktischen Methode von Lamaze zu gebären heißt nicht nur, dass du ohne Schmerzen gebärst. Du wirst es einem kleinen, leidenden Menschen auch leichter machen, sich seinen Weg von der Dunkelheit hinaus ins Leben zu bahnen.

Nach dem ersten Schrei wird dein Baby an deine nackte, warme Brust gelegt, von einem Tuch bedeckt.

Wie unendlich leer dein Körper nun ist, schweigend und still. Es ist eine merkwürdige Leere. Das Leben vieler Monate dort drinnen ist fort. Gewaltige Kräfte, die eben noch dort in Bewegung waren, sind verschwunden. Jetzt ist nur noch eine große, stumme Blase am Bauch unterhalb des Bauchnabels übrig und es passiert nichts mehr.

Du kannst auf verschiedenste Weise reagieren. Große Freude – Mattheit – ein Wasserfall von Tränen – Gleichgültigkeit. Du warst vielleicht so sehr darauf eingestellt, zu arbeiten, und gut zu arbeiten, dass du erst jetzt langsam erkennst, dass das Resultat deiner Arbeit ein Kind ist. Oder vielleicht hast du so intensiv an das kleine Wesen gedacht und dir so viele Vorstellungen gemacht, dass du jetzt erstaunt feststellst, dass ein fremdes Kind an deiner Brust liegt. Deine erste Reaktion ist chaotisch. Das ändert sich aber bald. Du hast eine große Arbeit geleistet. Wenn du jetzt vor allem hören möchtest, wie gut du warst, und nicht jede Menge Lobeshymnen über das wunderbare Kind, dann ist das nicht verwunderlich. Du bist immer noch mehr daran interessiert, was mit *dir* passiert ist. Sei interessiert und rede darüber!

Die Nabelschnur wurde durchtrennt – vom Vater des Kindes, hoffe ich.

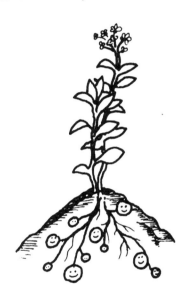

4. Die Nachgeburt – der Lebensbaum

Eine kurze Weile nach der Geburt des Kindes löst sich der Mutterkuchen von der Gebärmutterwand. Du presst ihn mit einem leichten Drücken heraus, während die Hebamme oder der Arzt vorsichtig an der Nabelschnur zieht. Du darfst dann selber nachschauen und kontrollieren, ob der Mutterkuchen noch ganz ist, damit nichts davon in deinem Körper zurückbleibt.

Wie ein Baum des Lebens sieht er aus, der Mutterkuchen zusammen mit der Eihaut. Die Nabelschnur, die den Mutterkuchen mit dem Kind verband, verzweigt sich dort wie ein feines Netz aus Baumwurzeln.

Es ist ein Wunder, was du hier siehst. Durch die Fürsorge des Mutterkuchens, der Plazenta, hat dein kleines Kind neun Monate lang Sauerstoff und Nahrung bekommen. Die Plazenta hat über dein Kind Wache gehalten wie die vereinten Mütter der ganzen Welt, und das rund um die Uhr. Kannst du die Eihaut sehen? Sie hat dein Kind geschützt. Und die Nabelschnur, bläulich, knotig, gewunden: Sie war die Verbindung zum neuen Leben selbst.

Für mich waren es wehmütige Augenblicke. Die Arbeit der Plazenta war vollbracht. Eine Episode ist für immer vorbei. Fürsorge und Mühe haben ein Ende gefunden: Ein Wunder der Natur hat ausgedient. Beim Anblick der Plazenta habe ich wiederholt eingesehen, dass ich tatsächlich ein Kind bekommen habe und dass ich jetzt die Verantwortung dafür auf mich nehmen muss.

Die Plazenta hinterlässt eine Wunde in der Gebärmutterwand. Deshalb wirst du noch einige Wochen bluten. Dadurch bist du für Infektionen empfänglich und du solltest deshalb auf Geschlechtsverkehr verzichten. Diese Blutung hört auf, wenn die Gebärmutter sich auf ihre normale Größe wieder zusammengezogen hat, nach drei bis sechs Wochen.

Nun, nachdem du die Plazenta mit Eihaut herausgedrückt hast, ist die Geburt mit ihren drei Stadien vollendet: die Eröffnungsphase, die Austreibungsphase und die Nachgeburt.

Dein Körper gehört dir wieder ganz allein: Er ist jetzt leer!

5. Danach

Ein kleines Kind ist geboren. Vielleicht ist es ein kleines Mädchen. Sie sieht keinem Kind in der ganzen Welt ähnlich. Und sie ruft sofort eine wunderliche Wirkung in ihrer Umgebung hervor. Es gibt keine Hebammen und auch keine Ärzte, die so abgehärtet und routiniert sind, dass sie nicht in diesem Moment lächeln. Ein seltsames Gefühl von munterer Feierlichkeit breitet sich in jedem Kreißsaal aus, wenn eine Geburt stattgefunden hat. Jedes neue Menschenkind wird als das empfunden und begrüßt, was es auch ist: Ein Wunder! Ein lebendiges, neues Leben!

Du hast ihr das Leben geschenkt. Diesen Moment wirst du nie, nie vergessen, solange du lebst.

Du bist müde, matt und hungrig. Eine große Anstrengung ist vorbei. Dein Körper reagiert. Vielleicht frierst du auf einmal ganz stark. Vielleicht bebst und zitterst du. Vielleicht kicherst du hemmungslos oder vergießt Tränen in

Strömen, oder du liegst einfach platt da – schwach und vergessen, wie eine Rose von gestern.

Aber auf deiner Brust liegt nun ein Kind, und sie gehört dir; sie ist das kleine Baby, das in deinem Bauch lag. Es wird eine Weile dauern, bevor du es begreifen kannst.

Vielleicht sucht die Kleine jetzt zum ersten Mal deine Brustwarze. Sie hebt ihren großen, schweren Kopf und sucht eifrig schnüffelnd mit ihrem Mündchen nach deiner Brustwarze.

Sie kratzt über deine Haut mit ihren kleinen Händchen, die sich öffnen und schließen, öffnen und schließen … ein drolliges Gefühl. Es ist ein Augenblick der Verwirrung, aber du wirst deine Hand beruhigend auf den Kopf deines Kindes legen.

Die Augen sind wahrscheinlich blau: Siehst du es? Alle hellhäutigen Kinder werden mit blauen Augen geboren. Die endgültige Farbe – blau, braun, grün, grau – wird später zum Vorschein kommen. Dunkelhäutige Babys haben meistens von Anfang an braune Augen.

Die Haare sind dunkel oder hell und flaumig oder sie fehlen ganz und gar. Das »richtige« Haar wächst erst später nach.

Zehn kleine Finger, zehn kleine Zehen und die schönsten Nägel der Welt. Weiches, weißes Fett (Käseschmiere) bedeckt hier und da die Haut. Fettpölsterchen vielleicht, wenn es ein kleines Pummelchen ist. Das Gewicht wirst du bald erfahren. Zwischen drei und vier Kilo, vermutlich. Die Länge beträgt ungefähr einen halben Meter.

Sei nicht besorgt wegen der unregelmäßigen Atmung! Es dauert lange, bis sie sich stabilisiert. Diese kleinen Würmchen können keuchen, als würden sie nach Luft ringen, und es kann dir richtig Angst machen. Manchmal sehen sie aus, als würden sie gar nicht atmen.

Und der Vater des Kindes ist bei dir – hoffe ich. Nie ist ein Mann schöner als in diesem Augenblick, wenn er sein Kind das erste Mal sieht.

Oft bekommst du einen Streifen um das Handgelenk, der dem Streifen am Handgelenk deines Kindes entspricht. Kontrolliere selbst, dass Namen/Nummern übereinstimmen, bevor das Kind aus dem Raum getragen wird!

Manchmal werden auch größere Babys für kurze Zeit in den Brutkasten gelegt, um sie warm zu halten. Mach dir deswegen keine Sorgen.

Du wirst gewaschen. Man drückt ab und zu auf deinen Bauch. Da du noch liegst, sammelt sich Blut von der Wunde in der Gebärmutter und es muss heraus. Die Gebärmutter fängt sofort an, sich wieder zusammenzuziehen; etwas, das laufend überwacht wird. Unmittelbar nach der Geburt bekommst du möglicherweise eine Spritze, die dieses Zusammenziehen beschleunigt. Du bekommst eine Binde und wirst in ein normales Bett gelegt.

Nun wird es dir und dem Vater des Kindes erlaubt sein, euch in aller Ruhe zu besinnen und das kleine Neugeborene zu bewundern. Sollte das kleine Menschenkind weinen, hindert dich nichts daran, ihn oder sie an die Brust zu legen. Ganz im Gegenteil. Viel zu essen wirst du noch nicht zu bieten haben, aber vielleicht ein paar Tropfen Vormilch; und dieses »Kolostrum« ist sehr nahrhaft und stärkend. Und die warme Hautberührung nahe dem wohlbekannten Herzen der Mutter ist auch nicht zu verachten.

Diese schöne Zeit ist eure ganz eigene, du und der Vater bei eurem Kind.

Zum Schluss wirst du allein sein. Und vielleicht fühlst du dich in diesem Moment nicht besonders großartig oder besonders mütterlich. Das, was passiert ist, ist einfach zu viel gewesen und zu verwirrend für dich.

Vielleicht empfindest du das Kind nicht als dein eigenes, sondern als ein Kind der Entbindungsstation – da sich hier ja alle um alles kümmern. Du kannst reagieren, als würde das alles nicht dich betreffen. Wenn jemand dir gratuliert, kannst du sogar verstört antworten: »Wozu denn?«

Du brauchst Schlaf, aber vielleicht kannst du überhaupt nicht schlafen. Du solltest froh und glücklich sein, und vielleicht warst du in deinem Leben noch nie so traurig wie jetzt.

Sei auf alles vorbereitet! Nichts wird von Dauer sein.

Was du in diesem Moment auch fühlen magst, am dritten oder vierten Tag nach der Geburt wirst du mit größter Wahrscheinlichkeit von einer tiefen Depression überfallen. Vor und nach diesem Tief wirst du dir stark wie ein Ochse vorkommen und schlafen wirst du wie ein Murmeltier.

Vergiss nicht, dass in deinem Körper eine enorme Veränderung stattgefunden hat. Solche Veränderungen können nicht eintreten, ohne von seelischen

Schwankungen begleitet zu werden. Widersprüchliche Reaktionen sind nicht nur erklärlich, sondern notwendig. Es wird ein halbes Jahr dauern, bevor dein Körper wieder ganz dir gehört, und du wieder zu dir selbst findest.

Du bist Mutter geworden. Auch wenn die Beziehung zu deinen eigenen Eltern bisher nicht gerade gut gewesen ist, wirst du ihnen trotzdem nur schwer vergeben können, sollten sie dir und deinem Kind jetzt keine Zuneigung zeigen. In dieser Stunde des Lebens bekommen Beziehungen, die in die Brüche gegangen sind, eine zweite Chance.

Ähnlich ist auch der Vater des Kindes mit seiner Unterstützung und seiner Nähe unerlässlich. Jetzt seid ihr euch so nah, wie es nur geht – wenn du es bloß zulässt. Das kleine, neue Leben wirft von Anfang an ein neues Licht auf seine Umgebung, ein Licht der Hoffnung, der Versöhnung und des Vertrauens. Man kann auf einmal die großen Linien im Leben erkennen, quer durch den Alltag. Es ist ein überaus wertvolles Geschenk für viele, viele Jahre und für jeden in der näheren Umgebung des Kindes – wenn sie nur die Augen dafür offen haben. Und du wirst die Erste sein, die es sieht.

Alle kleinen Menschenkinder werden mit einem Zauberstab in der Hand geboren.

Und dann?

1. Dein Körper

Nach einigen Stunden wird man dich darum bitten, wieder aufzustehen. Sei vorsichtig beim ersten Mal. Du könntest hinfallen.

Jetzt torkelst du zum Badezimmer, um zu duschen und auf die Toilette zu gehen. Der Stuhlgang kann etwas träge sein oder es kommt einfach noch nichts. Das erste Duschbad ist herrlich. Du blutest und der blutige Ausfluss riecht nicht gerade angenehm. Du bist verschwitzt und fühlst dich klebrig und unsauber. So weit ist alles o.k. Aber dein Körper ...

Das erste Mal war ich schockiert. Mein Bauch war nicht flach. Er sah aus, als wäre ich noch schwanger. Die Schamlippen hingen herunter wie Flügeltüren, und es hat sich angefühlt, als könnten Kinder ohne Ende wie aus einer Fähre hinausrollen (Das haben sie ja dann in gewissem Sinne auch getan ...). Ich war erst 19 Jahre alt und musste nun so aussehen!

Ich habe mich dazu entschlossen, mich richtig einzuwickeln. Bei meiner Hochzeit hatte ich ein Korsett und Ballettröckchen nach der Wespentaillenmode, die Anfang der Sechzigerjahre »in« war, getragen. Ich ließ das Korsett von zu Hause abholen, und es war mir egal, wie es mir wohl gelingen sollte, mich da hineinzuquetschen. Im Dunkel der Nacht habe ich beinahe einen Blutsturz erlitten, aber es ist mir gelungen.

Danach habe ich mich jedes Mal zwei oder drei Tage nach der Entbindung geschnürt – in ein altmodisches und bewährtes Korsett mit Haken und Ösen und Stahlstützen. Etwa einen Monat lang habe ich tagein, tagaus dieses Korsett getragen. Die Haken und Stützen kratzten und zwickten, und deshalb habe ich mich nach jedem Duschen erstens dick eingecremt und zweitens ein abgeschnittenes T-Shirt aus dünner Baumwolle zwischen Haut und Korsett angezogen.

Nach neun riesengroßen Bäuchen – ich habe jedes Mal zwischen 22 und 26 Kilo zugenommen – habe ich zwar eine faltige Haut, aber keine Risse und auch keine Fettkissen am Bauch.

Mein Rezept für eine wiedererlangte Taille und einen flachen Bauch lautet also: fette Creme während der Schwangerschaft, Schnüren nach der Entbindung und ein bisschen Gymnastik (siehe unten). Nicht alle nehmen so viel zu wie ich. Und auch nicht alle haben Probleme damit, die überflüssigen Pfunde wieder loszuwerden. Ganz im Gegenteil, es gibt viele Mütter, die während der Stillzeit sehr viel abnehmen und zu mager werden. Wenn du zu dieser Gruppe gehörst, sollst du wissen, dass sich dein Gewicht wieder stabilisiert und dass es bis zu einem Jahr dauern kann.

Häufiger kommt es allerdings vor, dass bei der Entbindung und dem Aufenthalt in der Klinik zwischen fünf und acht Kilo verschwinden, danach noch drei oder vier Kilo in dem ersten Monat zu Hause und dann etwa fünf Kilo übrig bleiben, mit denen du noch zu kämpfen haben wirst. Diese fünf Kilo können dann die Grundlage einer bleibenden Gewichtszunahme werden, und du musst zusehen, dass du sie wieder loswirst – besonders wenn du noch mehr Kinder planst. Sonst würdest du nämlich eine Gewichtszunahme von fünf Kilo pro Kind riskieren.

Das Stillen trägt zur Restitution deines Körpers bei, aber es bewirkt an sich keine Gewichtsreduzierung. Weil du während der Stillzeit körperlich und seelisch instabil bist – man sagt ja auch: »Das Kind saugt mit der Milch die ganze Kraft aus einem heraus« – und da es ein halbes Jahr dauert, bevor dein Körper und damit auch deine seelische Balance wiederhergestellt sind, ist es besser, diese sechs Monate nach der Geburt abzuwarten, bevor du eine Diät anfängst. Aber dann wird es auch Zeit. Sonst läufst du Gefahr, nie wieder deine alte Form zu erlangen.

Meine Methode ist einfach. Ich hatte keine Lust, irgendeinem großen Abmagerungsprojekt zu folgen, und ich glaube nicht an irgendwelche Wundermittel. Deshalb ließ ich mir einige Monate Zeit. In dieser Zeit ließ ich die Mahlzeit, die ich am besten entbehren konnte, weg und trank stattdessen einen halben bis einen ganzen Liter lauwarmes (vorzugsweise abgekochtes) Wasser mit Zitrone. (Es ist schwierig, so große Mengen kaltes Wasser zu trinken, wenn man keinen Durst hat, und außerdem ist temperiertes Wasser besser für deinen Körper.) Es hört sich nicht nach etwas Besonderem an, aber es vermittelt ein gutes Sättigungsgefühl. Bei der Mahlzeit, bei der ich den größten Hunger verspürte, aß ich mich proppenvoll mit selbst zubereitetem Essen. Bei der dritten Mahlzeit aß ich dann ein bisschen weniger, das heißt: Ich aß normal – nur kein Weißbrot und auch keinen Zucker (das war gar nicht so einfach, weil die meisten Nahrungsmittel, die man im Supermarkt holt, sehr viel überflüssigen Zucker enthalten – »das weiße Gift« könnte man es nennen).

Auf diese Art braucht man nicht zu hungern. Man lässt nur jegliche Zwischenmahlzeiten wegfallen und wird nicht ständig von dem Gedanken ans Essen – oder an das fehlende Essen – gequält (ein Phänomen, das – glaube ich –

viele Diäten kaputtmacht). Die Wirkung ist gut, etwa acht Kilo in zwei Monaten. Ich bin dabei nicht auf die Waage gestiegen, sondern habe einfach gewartet, bis ich gemerkt habe, dass meine alten Klamotten wieder passten.

Ein paar Tage nach der Geburt wirst du vielleicht schon im Krankenhaus dazu aufgefordert werden, an gymnastischen Übungen teilzunehmen. Die notwendigste dieser Übungen ist einfach, hat keine äußere Wirkung und kann jederzeit ausgeübt werden: die Kneifübung. Du kneifst die Muskeln in der Scheidengegend mehrmals hintereinander so hart zusammen, wie du nur kannst, und du wiederholst die Übung mehrmals täglich! Es wirkt Wunder. Deine Gebärmutter ist noch groß und schwer, und sie ruht auf zwei knorpeligen »Händen« im Becken, einem schwächlichen Fundament. Es besteht die Gefahr, dass die Gebärmutter sich eines Tages in die Scheide herunterdrücken könnte (Gebärmuttervorfall); nicht jetzt sofort, aber nach einigen Kindern und einigen Jahren. Die Kneifübung ist der beste Weg, um dieses Risiko zu minimieren.

Die Scheide zieht sich während der Übung immer mehr zusammen und die Schamlippen schließen sich. Mit regelmäßigem Kneifen wird deine Scheide so eng wie vor der Entbindung. Es wird für den Mann, der mit dir Liebe machen wird, sicherlich sehr schön sein, dass er nicht ganz in dir verschwindet!

Übungen, die für deine Beine und Füße – welche eine schwere Zeit durchgemacht haben – nützlich sind, sind wichtig. Und auch die Bauchmuskeln müssen aufgepäppelt werden. Zu Hause, wenn du nach einem Monat das Korsett wegpackst, schlage ich vor, dass du kreisende Körperbewegungen machst, um mit dieser Übung deine Taille zu schmälern. Drei Minuten jeden Morgen! Aber kein Hüpfen und Springen in den ersten sechs Monaten.

Im Übrigen solltest du die Unterstützung und Fürsorge, die das Krankenhauspersonal dir bietet, genießen und so viel schlafen, wie du nur kannst.

Notiere dir alle Fragen, die vor der abschließenden Nachkontrolle auftauchen mögen. In der Regel vergisst man die Hälfte und denkt erst wieder daran, wenn man wieder zu Hause ist.

2. Das Stillen

Am dritten Tag nach der Geburt wird normalerweise die Milch einschießen. Höchstwahrscheinlich wird deine Brust am Anfang öfters »überlaufen«. Dann nimmst du Stilleinlagen – gekaufte oder aus einem kleinen Stückchen weichen Frottees selbst gemachte. Die Brust wird gespannt und sehr empfindlich und sie wird sich reichlich vergrößern. Diese Anschwellung wird wieder zurückgehen. Wenn das Stillen sich nach ein paar Wochen stabilisiert hat, sind die Brüste wieder ganz weich (bleiben aber groß). Die Milch wird am Anfang wässerig sein, aber darauf folgt gelbliche, dickere Milch.

Uralte Frauenweisheiten raten dir Folgendes:
- Halte deine Brust warm.
- Sitze nie in Zugluft – nah am Fenster – vor dem oder beim Stillen.
- Trinke viel: Wasser, Milch, Malzbier, alkoholfreies Bier.
- Wasche deine Brustwarzen vor jedem Stillen, mit Seife und Wasser – oder einfach nur mit Wasser.

Fühlst du kleine, druckempfindliche Knoten in deiner Brust (Milchstau), musst du sie leicht massieren, vorzugsweise vor irgendeiner Wärmequelle (ein Föhn reicht völlig aus); danach verpackst du deine Brust in ein Tuch aus weicher Baumwolle.

Wunde Brustwarzen brauchen Erholung. Als Erste-Hilfe-Maßnahme wäschst du sie und lässt sie an der Luft trocknen. Deine Muttermilch ist an sich ein gutes Hilfsmittel: Drücke oder pumpe ein wenig Milch heraus und schmiere deine Brustwarzen damit ein. Pumpst du Milch mit der Hand ab, nimmst du deine Brust in die Hand und drückst vom Rand des Warzenvorhofes zur Brustwarze hin. Melke nach der altbekannten Methode, die auch bei Kühen genutzt wird. Die Milch spritzt aus sechs bis acht winzigen Löchern und bildet dabei eine faszinierende Fontäne! Ist die Brust sehr straff und voll, musst du ein wenig herausmelken – ein paar Mal ziehen reicht – bevor dein Baby die Brustwarze richtig zu fassen bekommt.

Der Impuls zum Saugen wird beim Kind geweckt, indem du dessen Wange mit der Brustwarze streichelnd berührst. Du kannst den Reiz auch mit deinem Finger auslösen.

Die ganze Brustwarze und ein Teil des Warzenvorhofes müssen im Mund des Kleinen verschwinden.

Bald wirst du die für dich behaglichste Stellung zum Stillen gefunden haben, sitzend oder liegend. Du musst nur darauf achten, dass die kleine Nase nicht von deiner großen, weichen Brust umschlossen wird. Das Kind muss beim Trinken frei atmen können. Lass die kleine Hand um einen deiner Finger greifen. Der Griff des kleinen Händchens wird rührend fest sein. Das kleine Kind saugt sehr kräftig. Bei diesem Saugen reagiert die Gebärmutter, indem sie sich zusammenzieht. Wenn du ohne Schmerz entbunden hast, werden sich auch die Nachwehen eher wie ein fester, liebevoller Händedruck anfühlen.

Lausche: Die Kleine saugt eifrig und schluckt regelmäßig. Dann hören die glucksenden Geräusche auf; das Baby arbeitet weiter, um neue Milch heranzusaugen. Die Milch läuft also ruckweise und während der Intervalle muss das Kind an einer leeren Brust saugen. Die Milch läuft wieder vor, du kannst es spüren. Und dann wieder die glucksenden Geräusche, wenn das Kind die Milch herunterschluckt. Aus purem Genuss – und aus Anstrengung – wird die Kleine ihre Augen zumachen. Die Augen rollen selig unter den geschlossenen Lidern. Unterbrich das Stillen nicht, auch wenn der Milchstrom so stark ist, dass das Baby kaum schnell genug schlucken kann. Wenn es keine Luft bekommt, macht es von selbst eine Pause.

Kleine Neugeborene müssen so viel essen, wie sie nur können – und noch ein bisschen dazu. Man kann ihnen nie zu viel geben. Es würde gegebenenfalls am einen oder anderen Ende wieder herauskommen.

Schon auf der Entbindungsstation gibt es sowohl Krankenschwestern als auch Mütter, die Bauchweh und Koliken befürchten, sobald das Kind schreit. Aber in dieser Phase schreien alle Kinder ohne Ausnahme aus Überlebensangst. Es gibt nur einen Weg, diese Angst zu lindern: das Kind füttern.

Schläft die Kleine, wenn du sie füttern möchtest, streichelst du sie leicht am Kopf, bevor du sie hochnimmst, und dann legst du sie an die Brust. Sie wird schön futtern, auch wenn es aussieht, als würde sie noch schlafen. Deine kleine

Neugeborene kann sich an deiner Brust richtig festsaugen, auch wenn sie gar nicht trinkt. Das entstandene Vakuum entfernst du, indem du nur leicht an der kleinen Wange ziehst, damit am Mundwinkel Luft einströmt und sie deine Brustwarze wieder freigibt.

Sei nicht beunruhigt, wenn du beim Stillen deines Kindes eine Art sinnlicher Stimulation empfindest! Du bist auf keinen Fall unnormal, und du bist auch nicht dabei, eine inzestuöse Verbindung zu deinem kleinen, unschuldigen Kind aufzubauen. Um der Fortpflanzung Willen hat die Natur dich mit Sexualität ausgerüstet und das Stillen ist ein Teil davon. So wie auch dein Kind ein Teil davon ist. Das Ziel der menschlichen Sexualität liegt nun einmal darin, dass sich die Menschen fortpflanzen. Weder sind wir Menschen als Masochisten geboren noch liegt unsere Lebensbestimmung darin, anderen etwas anzutun. Die führende Kraft unserer Spezies ist die Lust am Leben. Dein Genuss beim Stillen bekommt vielleicht ab und an einen sexuellen Anstrich. Das ist vollkommen in Ordnung – obwohl wir dies, zivilisiert, wie wir sind, als abstoßend empfinden können, weil wir uns eben gerne als zu kultiviert betrachten, um derart »tierische« Neigungen zu verspüren.

Meine eigenen ersten, unsicheren Versuche als stillende Mutter waren tragikomisch. Früher wurde das Kind vor und nach jeder Mahlzeit gewogen und die getrunkene Menge notiert. Es gab (und gibt immer noch) spezielle Listen über die Milchmengen, die ein Kind in den verschiedenen Altersstufen braucht. Um ganz sicher zu sein, habe ich also eine Waage gemietet. Meine kleine Tochter bekam so viel Nahrung, wie sie der Liste zufolge brauchte, und nach den damaligen Vorschriften habe ich mich dann pflichtbewusst hingesetzt und die restliche Milch abgemolken – mit der Hand, wie es damals üblich war. Die Milch lief, meine Finger wurden klebrig und klamm, mit der Zeit roch meine ganze Garderobe nach saurer Milch. Die Milch habe ich dann in abgekochte Flaschen gefüllt und im Krankenhaus abgegeben. Kranke oder zu früh geborene Kinder sollten meine Milch bekommen, das gab mir ein gutes Gefühl.

Das Schlimme daran war, dass mein eigenes Kind wie am Spieß schrie. Sie schrie und schrie. Tage und Nächte lang. Sie hörte gar nicht mehr auf. Der Vater und ich haben uns abgewechselt und sind mit dem Kind auf dem Arm durch die Wohnung oder auch draußen hin und her spaziert, im Auto umhergefahren oder haben die Kleine einfach im Kinderwagen durch die Wohnung vor und wieder zurück geschaukelt. Ab und zu kam die Großmutter zur Hilfe, legte die Kleine über die Knie und klopfte ihr leicht auf den Rücken. Es ist ihr manchmal gelungen, das Kind auf diese Weise zum Schlafen zu bringen. Die Kleine schlief dann mit einem Gesichtsausdruck, als hätte sie alle Hoffnung aufgegeben. Und wir Eltern schleppten uns aus dem Haus, um neue Energie für kommende Qualen zu sammeln.

Schließlich war ich mit meiner Geduld am Ende. Ich war jung und ungeduldig und hatte keine Lust, mein Leben einem Säugling, der sich nicht trösten ließ, zu opfern. Könnte die Waage falsch wiegen? Wir haben eine neue Waage gemietet. Es stellte sich heraus, dass das Kind in den zwei Wochen, seitdem wir nach Hause gekommen waren, nicht zugenommen, sondern abgenommen hatte! Dann habe ich alles, was mit Waagen und Gewichtstabellen zu tun hatte, abgeschafft. Ich erlaubte meiner Tochter, so viel zu trinken, wie sie überhaupt hinunterkriegen konnte: Und der Frieden kehrte wieder ein in unserem Haus. In den folgenden Wochen hat meine Kleine nur getrunken und geschlafen, getrunken und geschlafen und keinen Ton von sich gegeben.

Schließlich hat sie mir ihr erstes, strahlendes Lächeln geschenkt: »Endlich hast du es also kapiert, du Dummkopf! War es denn so schwer?« Damit war ich auf dem richtigen Weg. Und von da ab habe ich bei allen meinen Kindern am selben Prinzip festgehalten: Füttern, nochmals füttern, noch ein bisschen füttern und noch einmal füttern!

Du kannst ein Neugeborenes nicht überfüttern.

Du kannst auch nie zu viel tun, um die quälende Überlebensangst deines Kindes zu lindern.

Wieder zu Hause!

1. Was brauchst du?

Man könnte denken, dass das kleine Ding jetzt Unmengen an Babysachen und an Babyausstattung braucht. Egal, ob in Zeitschriften, in Schaufenstern von Kindergeschäften oder bei anderen Eltern mit kleinen Kindern, überall scheint dieser Eindruck bestätigt zu werden.

Manche werdenden Eltern machen so viel Aufhebens davon, dass sie sich eine Ausstattung anschaffen, die für zehn Babys und für zehn Jahre reichen würde. Andere Eltern wiederum machen vor der Geburt überhaupt keine Anstalten, etwas zu kaufen, und besorgen sich nicht einmal ein kleines Bettchen.

Egal wie du es siehst, du solltest erst einkaufen gehen, nachdem du dir alles gründlich überlegt hast. Denn die mit der Pflege und Fürsorge verbundene Ausstattung sollte vor allem einem praktischen Zweck dienen: dir die Säuglingspflege zu erleichtern. Im Grunde geht es nur darum, das kleine Kind sauber, warm und satt zu halten.

Nach alledem entscheidest du dich dann vielleicht nur für den Kauf von Babykleidung zum zwei- bis dreimaligen Wechseln, schließlich kannst du sie jeden Abend mit der Hand waschen. Wenn dir das nicht reicht, kannst du dir natürlich auch einen ganzen Schrank voll kaufen – und gleich Waschmaschine und Trockner dazu.

Du kannst einen Wickeltisch mit Schubkästen und Schränkchen mit Regalen für den späteren Gebrauch als Schreibtisch kaufen – oder du hast gar keinen Wickeltisch, sondern nimmst ganz einfach ein Frotteehandtuch als Unterlage auf einem Bett.

Du kannst eine Babybadewanne mit Badethermometer und Babybadetücher mit Kapuze kaufen – oder du badest das kleine Kind im Waschbecken (Vorsicht! Wasser und Wasserhahn können heiß sein!) und das Kind wickelst du danach in ein normales Badehandtuch ein.

Dem Kind, das eine sparsame Ausstattung bekommt, geht es nicht schlechter als einem Kind, das alles, was man sich nur vorstellen kann, bekommt. Nichts ist »richtig« oder »falsch« – denn es geht hier um ein kleines Menschenkind, das genau dieselben Bedürfnisse hat wie du.

Du hast sicherlich schon einiges: geerbte Sachen, etwas Hübsches, das du geschenkt bekommen hast oder an dem du einfach nicht vorbeigehen konntest und das du kaufen musstest, weil es ja soo niedlich war. Zusätzlich empfehle ich dir, dass du die folgenden Sachen für dein kleines Neugeborenes besorgst:

Kleidung

- Kuscheldecken aus Baumwolle, etwa sechs Stück.
- Wickelhemden aus Baumwolle, sechs Stück (Neugeborene mögen keine Hemden, die über den Kopf gezogen werden müssen – sie möchten wohl nicht an die Reise durch den engen Geburtskanal erinnert werden).
- Höschen, sechs Stück. Lang, schmal und dehnbar. Kaufe gute Qualität, es lohnt sich. Gute Höschen können jahrelang halten.
- Strampelanzüge mit Füßchen, drei Stück. Eventuell mit Ärmeln.
- Eine Mütze oder einen Sonnenhut, zum Schutz vor Zugluft und direkter Sonneneinstrahlung (durch das ganze erste Jahr hindurch).
- Kleine Socken/Schühchen, zwei Paar.
- Einen Pullover und/oder eine Strickjacke.
- Baumwoll- oder Wollfäustlinge für draußen, je nach Jahreszeit.

Pflege

- Windeln, Wegwerfwindeln für Neugeborene. (Baumwollwindeln sind in der ersten Zeit zu umständlich. Sie kommen aber billiger und sind umweltfreundlicher.)
- Zwei kleine Waschschüsseln: eine fürs Gesicht und eine für den Körper.
- Waschlappen. Ein Tipp: Kaufe dir Frotteestoff in Meterware und schneide kleine Stücke zurecht. Diese eignen sich hervorragend als Waschlappen, Minihandtücher und kleine Lätzchen. Du brauchst sie nur mit kaltem Wasser durchspülen und kannst sie wieder verwenden.
- Milde Seife.
- Weiche Haarbürste, um damit hübsche Frisuren zu kreieren ...
- Babycreme oder Vaseline.
- Babyöl (zur Behandlung von trockener Haut und zum Lösen von Milchschorf).
- Desinfektionsmittel und Watte (zur Reinigung des Bauchnabels, nachdem der Rest der Nabelschnur abgefallen ist).
- Badehandtücher, zwei.

- Kleine Handtücher, drei oder vier.
- Wickelunterlage (aus plastiküberzogenem Schaumstoff) für den Wickeltisch – vor dem Wickeln legst du ein Handtuch oder ein Stück Frottee drauf.
- Eine Nuckelflasche und Muttermilchersatz (hauptsächlich zur psychologischen Absicherung).
- Schnuller, vorzugsweise gaumengerecht geformt (für den Fall, dass das Stillen den Saugbedarf des Kindes nicht vollkommen befriedigt).
- Ein buntes Stofftier mit großen, schwarzen Augen.
- Hygiene! Halte euer Zuhause sauber, besonders den Fußboden.
- Wasche immer deine Hände, bevor du dein Neugeborenes anfasst, und fordere andere auf, dasselbe zu tun!

Bettzeug

- Babytragetasche, stabil und geräumig mit buntem Innenbezug, am besten mit einem hellen Muster.
- Korb (geflochtener »Moseskorb«), Wiege oder Bettchen. Ein Gitterbett kann von Anfang an benutzt werden, Schutzpolster (Nestchen) ist notwendig. Babys lieben es, gewiegt zu werden. Eine schwedische Mutter hat eine tolle Erfindung gemacht: Kufen (elastische Ringe) aus Metall mit Gummi bezogen. Sie werden unter den Beinen des Bettes befestigt, und schon hat man eine Wiege, die man mit einem Finger (oder mit einem Zeh!) in jede Richtung wiegen kann. Eine effektive Methode, um dem kleinen Kind dabei zu helfen, zur Ruhe zu kommen. Mit der Zeit wird das Kleine übrigens ganz alleine die »Wiege« in Bewegung bringen können.
- Gummierter Baumwollstoff als »Matratzenschoner« fürs Bett, drei Stück.
- Bettlaken, Babygröße, zehn Stück. Spezielle Babybettlaken sind teuer. Du kannst ein Bettlaken von normaler Größe in passende Stücke teilen. Umnähen ist nicht unbedingt erforderlich.
- Ein Bettlaken legst du über die Matratze, ein zweites unter die Zudecke. Ein drittes wird dreimal gefaltet und am Kopfende seitlich fest gestopft. Es dient als »Kissen« und wird an Ort und Stelle bleiben, wenn das Kind den Kopf hin und her dreht. Es ist auch für dich sehr praktisch, weil du einfach eine saubere Seite hervorfalten kannst, wenn das Baby sabbert oder ein bisschen Milch wieder herauspuckt.
- Babykissenbezüge, zwei. Für die allerersten Tage braucht das Kleine ein flaches Kissen, um die Höhe auszugleichen, wenn es auf der Seite schläft. Ein gefaltetes Handtuch im Kissenbezug reicht völlig aus.

- Gehäkelte Decken, Babyzudecken, evtl. wattierte Deckchen, zwei oder drei.
- Etwas Lustiges zum Beobachten für das Kind. Ein Mobile, beispielsweise über dem Bett, dem Wickeltisch und/oder der Tragetasche. Bunte Bilder auf die Innenseiten des Bettchens geklebt. Ein zusätzliches Bild am Kopfende wird den kleinen »Kopfheber« inspirieren, wenn er auf dem Bauch liegt.
- Kleine Menschenkinder bevorzugen klare und helle Farben in kunstvollen Mustern. Ganz offen gesagt, mögen sie nicht immer, was unsereins geschmackvoll findet. Dies ist genau die Zeit, um alte, glänzende Weihnachtskarten und alte, schrecklich bunte T-Shirts wieder hervorzukramen. Alles wird angenommen, sogar alte Krawatten, Gardinen und Tischdecken, die so schlimm aussehen, dass einem die Augen fast wehtun.
Lass diesen Unterhaltungskram für den ersten Monat an seinem festen Platz.
Eine kleine Welt für einen kleinen Menschen!
- Baby-Überwachungsgerät. Du kannst eines mieten oder auch kaufen. Die Atmung eines Neugeborenen ist unregelmäßig. Bis zu vierzig Sekunden kann eine Atempause andauern – wenige Erwachsene können ihren Atem so lange anhalten! Wie du wissen wirst, können Babys in Ausnahmefällen, so traurig es auch ist, während ihrer tiefsten Schlafphasen einfach aufhören zu atmen. Ein Überwachungsgerät, das durch das erste Lebensjahr deines Babys hindurch zum Einsatz kommt, kann dir die Furcht vor dem plötzlichen Säuglingstod ersparen. Es ist mit einer Sensorplatte ausgestattet, die unter die Matratze gelegt wird, dazu kommt das Alarmgerät. Wenn das Baby aufhört zu atmen, wirst du einen durchdringenden Signalton hören (vergleichbar mit einem Haushaltsfeuermelder). Das Baby wird dann bei der leichtesten Berührung sofort weiteratmen. (Die Benutzung von Überwachungsgeräten ist in Deutschland aber nicht die Regel und wird nur nahe gelegt, wenn es in der Krankheitsgeschichte des Säuglings oder der Familie ernsthafte Anzeichen für mögliche Komplikationen gibt.)
Statistiken zeigen, dass der plötzliche Säuglingstod zahlenmäßig deutlich zurückgegangen ist, nachdem Eltern dazu geraten wurde, ihre Babys auf dem Rücken schlafen zu lassen.
Das Problem aber ist, dass kleine Menschenkinder es ganz einfach vorziehen, flach auf dem Bauch zu schlafen. Meiner Meinung nach ist der Rückgang des plötzlichen Säuglingstodes darauf zurückzuführen, dass ein Baby, das auf dem Rücken schläft, einen leichteren und oberflächlicheren Schlaf hat (das heißt: einen schlechteren Schlaf!). Das Baby-Überwachungsgerät wird dich beruhigen und dem Kind erlauben, auf dem Bauch liegend fest zu

schlafen. Außer den vielen, süßen Träumen, die das Kind dadurch bekommt, dass es schlafen kann, wie es will, wird auch die Erstickungsgefahr durch Erbrechen eliminiert.

2. Was musst du tun?

Wenn du nach Hause kommst – falls du dein Kind im Krankenhaus geboren hast –, kannst du die festen Essenszeiten getrost wieder vergessen. Nun lässt du die Kleine oder den Kleinen entscheiden, wann gegessen wird.

Vielleicht weint die Kleine schon auf dem Nachhauseweg – dann kannst du nichts Besseres tun, als die Brust hervorzuholen. Dasselbe gilt, wenn du, zu Hause angelangt, zur Tür hereinkommst. Wenn der Hunger sich meldet, müssen Familie und Freunde, die dort gewartet haben, erst einmal weiterwarten; du suchst dir schnell eine ruhige Ecke für eine kleine Zwischenmahlzeit. Wenn der Hunger gestillt ist und die Kleine ein Bäuerchen gemacht hat, kannst du ihr die warmen Sachen ausziehen; und dann darf auch die Umgebung das kleine Wunder näher kennen lernen.

Sollte dein Baby auf dem Weg nach Hause und auch bei der Ankunft schlafen, dann lass sie weiterschlafen. Sorge nur dafür, dass ihr nicht zu warm wird: Schlage die Zudecke zurück oder entferne sie ganz; du kannst eventuell auch das Jäckchen ausziehen. Sei aber stets bereit. Beim ersten Ton von der Kleinen holst du sofort deine Brust hervor, wäschst die Brustwarze und lässt die Kleine trinken.

Du hast das Kinderbett sicher schon fertig. Und die Wohnung oder das Haus ist blitzsauber. Bei uns zu Hause gab es selten Frühjahrs- oder Herbstputz, aber immer Großreinemachen, wenn ein Baby sich ankündigte. Zwar ist das Kleine durch die Muttermilch gegen Infektionen bei Neugeborenen gut geschützt. Aber die Welt ist etwas anderes als das, was es kannte, und voll von Bakterien, Staub und merkwürdigen Stoffen. Wenn ein kleines Neugeborenes eine Erkältung und damit einen Schnupfen bekommt, können Probleme beim Stillen entstehen, die dich bedrücken.

Wenn du dich jetzt hinsetzt oder hinlegst, um dein Baby das erste Mal zu Hause zu stillen, suchst du dir den bequemsten Ort im ganzen Haus, wo du dich in entspannter Körperhaltung und in aller Ruhe dem Füttern widmen kannst. Du wirst eine Stütze brauchen für deinen Arm, in dem das Kindchen liegt, denn du musst den schweren Kopf und den schwachen, kleinen Rücken deines Kindes stützen. Sorge dabei dafür, dass deine Schultern und auch deine Arme entspannt sind, denn das Stillen wird seine Zeit dauern. Wenn du meinst, dass es dir gut tun würde, dann lies noch einmal den Abschnitt über das Stillen, ab Seite 65.

Lass dein Kind ungestört essen. Sucht sie Blickkontakt, antwortest du ihr mit einem Lächeln, aber du brauchst nichts zu sagen.

Du bist keine Rabenmutter, wenn du beim Stillen ein Buch liest oder dich mit jemandem unterhältst oder den Fernseher anmachst. Sorge aber möglichst dafür, dass die Kleine beim Trinken nicht einschläft. Jedes Mal, wenn sie mit dem Saugen aufhört, bewegst du deine Brustwarze in ihrem Mund hin und her, um sie zum Weitersaugen zu stimulieren. Sie sollte so viel essen, wie sie überhaupt gewillt ist anzunehmen. Danach lässt du sie – gegen deine Schulter gelehnt – ein Bäuerchen machen.

Dein kleiner Liebling schläft vielleicht schon ganz tief. Es könnte dir so vorkommen, als wäre sie proppensatt. Aber wenn du sie jetzt ins Bettchen legst, wird sie innerhalb der nächsten dreißig Minuten wieder aufwachen. Vielleicht auch schon nach fünfzehn Minuten. Oder nach fünf.

Um zu vermeiden, dass die Kleine in einen tiefen Schlaf fällt, legst du sie nach dem Bäuerchen auf den Rücken vor dich hin (vergiss nicht, sie in ihre Decke einzukuscheln!). Kein Neugeborenes mag flach und ausgestreckt auf dem Rücken liegen – es ist eine so ungewohnte Lage und so anders als »früher« in der Gebärmutter. Nur Kinder, die vollkommen satt sind, können in dieser Lage schlafen. Alle anderen wachen nach kürzester Zeit wieder auf.

Nun servierst du die nächste Portion aus derselben Brust. Vielleicht ist die getrunkene Menge jetzt sehr klein, aber es sind wertvolle Tropfen. Wahrscheinlich musst du das Kindchen ein bisschen zum Trinken drängeln, aber wenn du dir Mühe gibst, wird sie bestimmt noch ein Schlückchen trinken. Das folgende Bäuerchen kann auf sich warten lassen. Geh ein wenig umher, mit der Kleinen gegen deine Schulter gelehnt, und knuffe dabei mit der Faust leicht gegen den kleinen Po, von unten nach oben. Dieses »Knuffen« muss rhythmisch und nicht übervorsichtig sein.

Diese erste Runde – zwei Portionen mit einem Bäuerchen dazwischen und einem danach – wird etwa eine halbe Stunde dauern. Und nun hast du ein kleines, zufriedenes Mäuschen vor dir, das darauf wartet, gewickelt zu werden.

Ein kleines Memo, bevor du anfängst

- Saubere, warme Hände. Ein warmer, zugfreier Raum.
- Das Kind ist nicht so zerbrechlich, wie es dir erscheinen mag! Deine Handgriffe sollten vorsichtig, aber fest sein. Alle Neugeborenen fürchten sich vor dem Fallen. Sie werden deshalb unruhig, wenn man sie zu vorsichtig und zögerlich behandelt.
- Wie kleine Katzenbabys recken und strecken sich auch die kleinen Menschenkinder von Zeit zu Zeit. Hebe das kleine Ding nicht hoch und drehe es nicht um, wenn es gerade dabei ist, seine Streckübungen zu machen. Warte ab!
- Respektiere, wenn das Kleine sich plötzlich nach innen von der Welt abzukehren scheint. Es wird diese Momente geben – während des Wickelns oder wenn du dein Baby im Arm hältst, ja, es kann jederzeit passieren: Deine Kleine wird vollkommen still und hält in ihren Bewegungen inne. Etwas bewegt sich in ihren Gedanken oder in ihrer Seele. Es ist, als würde die Erde aufhören, sich zu drehen, als würde die Zeit plötzlich stillstehen. Respektiere diese Momente, indem du sie nicht unterbrichst.
Aber was ist es? Ich habe keine Ahnung. Vielleicht kannst du es mit Gefühlserlebnissen vergleichen, die du manchmal beim Lesen eines guten Buches verspürst. Du liest und auf einmal wirst du von einem Gedanken oder einer Idee bis tief in deinem Herzen ergriffen. Du legst das Buch langsam hin und deine Gedanken schweben ab in tiefere Gefilde. Wenn jemand dich anspricht, hörst du ihn einfach nicht. Und würde jemand verlangen, dass du ihm jetzt Aufmerksamkeit schenken sollst, fühltest du dich gestört und irritiert. Von Anfang an wird das Baby viele Male am Tag in eine solche, in sich gekehrte, grübelnde Stille verfallen. Etwas wird dich dazu anhalten, es nicht zu stören.

Lege dein Kind vor dich hin. Damit die Kleine bequem liegt, legst du sie auf eine weiche Decke – und um Wäsche zu sparen, legst du ein Stück Frottee oder ein kleines Handtuch darauf. Ziehe ihr alles aus, bis auf das Hemdchen. Dann entfernst du die Windel.

Der Stuhlgang ist bei Brustkindern flockig, locker und gelb. Er riecht süßsauer. (Er kann mit einer Andeutung grünschwarzer Masse, Mekonium, vermischt sein – Mekonium ist der erste Stuhl des Neugeborenen, der noch von der Schwangerschaft im Darm geblieben ist.) Den »Haufen« entfernst du mit einer trockenen Ecke der Windel und wischst mit einem weichen Papiertuch nach. Jetzt wird der Po mit lauwarmem Wasser aus einer kleinen Schüssel gewaschen. Nimm ein Stückchen weiches Frottee – oder deine Hand – als Waschlappen, und milde Seife, wenn nötig. Hebe den Po vorsichtig an, indem du die Kleine um die Knöchelchen fasst, um so auch an die untere Seite zu gelangen.

Kleine Mädchen haben große Schamlippen, noch angeschwollen von den mütterlichen Geburtshormonen. Die öffnest du vorsichtig. Dort findest du wahrscheinlich einen großen weißen Klumpen: eine Mischung aus hauteigener Käseschmiere und Creme, die auf der Entbindungsstation aufgetragen wurde. Es muss nicht alles entfernt werden, nur wenn der Klumpen sehr groß ist, kannst du mit einem feuchten Waschlappen etwa die Hälfte wegwischen. Der Rest wird innerhalb der nächsten Tage verschwinden. Dann sollte es dort sauber und frei sein. Man sollte immer dafür sorgen, dass dort keine Reste von alter Creme oder Stuhlgang zurückbleiben. Nimm aber für die Scheidengegend keine Seife, sondern nur Wasser. Die äußeren Schamlippen und die Gegend darum, besonders die Leistenfurchen, werden mit einem Handtuch trocken getupft. Nie Babypuder auf die Geschlechtsteile eines kleinen Mädchens!

Bei den Jungs sieht es anders aus. Es kann vorkommen, dass noch keine Kügelchen im Hodensack gelandet sind. Sie kommen schon; es kann noch eine Weile dauern. Die Vorhaut kann noch nicht zurückgeschoben werden. Versuche es erst gar nicht. Die Jungen sind leichter sauber zu machen als die kleinen Mädchen, hebe einfach das kleine Säckchen hoch, um zu kontrollieren, ob sich Reste vom Stuhlgang in den Fältchen angesammelt haben. Nach dem Waschen wird die Haut trocken getupft. Auch keinen Puder bei den kleinen Jungs! (Babypuder ist nicht notwendig, auch wenn er gut riecht. Wenn er überhaupt von Nutzen ist, dann in den Halsfalten und unter den Armen.)

Soll dein kleiner Junge beschnitten werde, wird das Krankenhauspersonal dich über die Nachsorgebehandlung aufklären.

Egal ob Junge oder Mädchen, nun ist der kleine Po sauber, und Vaseline – oder Kokosbutter oder eine gute Babycreme – wird ganz dünn, aber gründlich über die ganze Hautfläche der kleinen Pobacken, dort, wo die neue Windel aufliegen wird, verteilt.

Hebe den kleinen Po hoch, indem du das Kind wieder an den Füßen und Knöcheln fest hältst, und schiebe die Windel unter den Po. Die vordere Kante wird nach innen gefaltet. Löse die Selbstklebestreifen und befestige sie auf beiden Seiten. Du kannst die Windel ruhig etwas stramm befestigen. Danach kontrollierst du mit einem Finger, dass die Kante der Windel nicht irgendwo störende Falten gebildet hat. Und sorge dafür, dass die Beine ganz frei sind. Es wird eine Zeit dauern, bis die Technik sitzt. Gib die Hoffnung nicht auf. Sieh nur das Baby an! In sattem Zustand wird das Kind ruhig und zufrieden vor dir liegen und dir so viel Zeit geben, wie du brauchst. Die Windel sollte den Stumpf der Nabelschnur nicht berühren – falls er noch nicht abgefallen ist, wird dies sehr bald geschehen. Um dir das Anziehen deines Kindchens zu erleichtern, kannst du die Nabelgegend mit einem sterilen Kompressenverband abdecken. Weitere Behandlungsmaßnahmen sind jetzt nicht zu empfehlen. Nach der Windel kommt ein Höschen drüber. Socken sind notwendig – die kleinen Füße sind oft eiskalt. Die Blutzirkulation ist noch nicht ganz perfekt.

Vielleicht hat die Kleine ein bisschen gespuckt (es ist nichts Ernstes, aber man sollte natürlich mit einem Kind, das gerade den Magen voll hat, vorsichtig umgehen). Sie braucht also ein frisches Hemdchen. Du fasst das Kind mit deinen warmen Händen an beiden Seiten an und rollst es – ohne es hochzuheben – auf den Bauch. Der Kopf folgt schon von alleine. Beim Rollen entfernst du den Frotteestoff, der beim Saubermachen als Unterlage gedient hat. Schleife aufmachen, zurückrollen, ausziehen. Wasche den Hals leicht mit einem weichen, feuchten Waschlappen, danach trocken tupfen. Du kannst auch gleich das Gesicht waschen – das erfrischt die Kleinen wie die Großen. Dazu führst du mit leichter Hand den Waschlappen von oben nach unten über das Gesicht. Das Kind wird automatisch die Augen zumachen. Das Gesicht an der Luft trocknen lassen.

Jetzt wird das frische Hemdchen angezogen. Stecke drei Finger (Daumen inklusive) durch den kleinen Ärmel, umfasse die kleine Hand ganz – auch das Däumchen! Arbeite über Kreuz. Deine rechte Hand, die rechte Hand des Kindes. Deine linke, die linke des Kindes. Ziehe den kleinen Arm durch und führe das Hemd über die kleine Schulter. Und dann den anderen Arm. Die Ärmel des Hemdchens sind sicherlich zu lang. Einfach aufkrempeln. Auch der vordere Teil wird hochgekrempelt. Alles wird geglättet und das Höschen wird bis zu den Achselhöhlen über das Hemd gezogen. Dann wird das kleine Paket wieder rollend umgedreht – mit einem festen Griff auf Kind und Klamotten – die Sachen sollen ja nicht zerknüllen. Dann bindest du das Hemdchen auf dem Rücken mit einer Halbschleife. Nicht zu lose, sonst wickelt sich alles sofort wieder auf. Am Rücken glätten und auch hier das Höschen ganz hoch ziehen. Und das Kind wieder auf den Rücken drehen.

Nimm eine Baumwolldecke und lege ein Drittel oder mehr um. Lege die gefaltete Decke glatt über den Bauch des Kindes bis zu den Achselhöhlen, und zwar so, dass auf der einen Seite ein kurzes und auf der anderen ein längeres Stück von der Decke übersteht.

Hebe das Kind vorsichtig an den Beinchen an und führe das kürzere Ende der Decke unter den Rücken durch, so dass es auf der anderen Seite erscheint. Ziehe das Ende über den Bauch – unter das andere Ende der Decke – und halte es dort mit einer Hand fest. Dann wird das längere Ende um das Kind gewickelt – nicht zu locker! Jetzt hast du ein gutes und festes Paket, das leicht zu handhaben ist.

Man kann das Baby aber auch ganz locker in die Decke einpacken. Dazu legt man die Decke diagonal, legt die obere Ecke nach unten als »Kopfkissen«, das Kind wird darauf gelegt. Die untere Ecke wird nach oben und die Seitenteile locker um das Kind gelegt. Das Kind ist warm und fühlt sich wohl in der weichen Decke, solange du sie zusammenhältst. Aber für die, die noch nicht so viel Erfahrung haben, ist es einfacher, mit einem eng gewickelten Kind umzugehen.

In jedem Fall musst du immer eine Baumwolldecke um das Kind legen, sobald es aus dem Bett genommen wird, auch beim Stillen.

Kleine Kinder kühlen leicht aus. Richtiger ausgedrückt: Sie können sich noch nicht selbst warm halten. Bei einer normalen Zimmertemperatur besteht keine Gefahr, dass sich das Neugeborene unterkühlen könnte. Aber es ist eine Tatsache, dass Kinder, die kurz vor dem Erfrieren sind, keinen Ton des Protestes von sich geben. Sie brauchen ihre ganze Energie, um warm zu bleiben, und vergeuden nichts beim Schreien. Jedes Kind sollte von einer derartigen Mühe verschont bleiben.

In der Gebärmutter herrscht eine Temperatur von 37 Grad Celsius vor – und plötzlich ist es 15 Grad kühler. Das ist ein erheblicher Temperaturunterschied. Also: Die Decke nicht vergessen!

Nimm das kleine Paket jetzt zu dir und setze dich irgendwo hin, von Angesicht zu Angesicht mit der Kleinen, deren Kopf in deinen Händen ruht. Dies nennt man Beisammensein, und diese echte Begegnung wird dir und deinem Kind gut tun und viel Freude bereiten, auch wenn das Kindchen vielleicht gerade erst ein paar Stunden alt ist (eine Voraussetzung ist nur, dass das Baby keinen Hunger verspürt!). Versuche Augenkontakt zu bekommen. Mache deine Augen ganz groß. Achte darauf, dass das Licht auf dein Gesicht fällt. Sag etwas, »hallo« ist ausgezeichnet oder »kukuck« oder was dir geradeso einfällt – und solltest du dir lächerlich vorkommen, dann denke daran, dass das Kind es auf keinen Fall so empfindet. Beobachte es genau! Der Blick der Kleinen wandert kreuz und quer, aber früher oder später wird sie es schaffen, ihren Blick auf dich zu fixieren.

Neugeborene sehen. Sie sind zwar kurzsichtig, aber auf einer Entfernung von ca. 20 cm sehen sie ganz deutlich. Und deine Urinstinkte sind noch nicht ganz erloschen: Ohne es zu beachten, sitzt du in diesem Moment mit deinem Gesicht genau 20 cm von dem des Kindes entfernt. Wenn du seinen Blick einfängst, dann lächle mit großen Augen und wiederhole deine Begrüßung: »Hallo!« Das Kind wird antworten. Ohne einen Ton von sich zu geben, formt das Kind seine Lippen wie zum Sprechen. Die kleine Zunge fährt raus und rein, die Lippen öffnen und schließen sich, der »Worte« sind viele und alle sehr kompliziert – und was es nicht alles zu erzählen gibt, wenn man gerade geboren ist!

Sieh in die ausdrucksvollen Augen …

Das nenne ich eine Begegnung!

Es ist wirklich ein »Gespräch« auf höchstem Niveau.

Die Begegnung wird abgebrochen, wenn das Kind ermüdet, weil es für den kleinen Rücken zu anstrengend wird oder es auf einmal unglücklich wirkt. Dann ist es Zeit zum Nachtanken. Jetzt die andere Brust. Endete die Begegnung, weil die Kleine schläfrig wurde, wird sie fürs Trinken sicherlich noch fit genug sein.

Neugeborene möchten beim Essen nicht gestört werden, bewege dich also langsam und vorsichtig! Aber nichts hindert dich daran, dich beim Stillen auch einmal zu drehen, falls du noch irgendetwas brauchst. Du kannst dich nach allen möglichen Sachen strecken, solange deine Brustwarze im Mund der Kleinen bleibt. Und mit der Zeit wirst du eine richtige Still-Akrobatin.

Wenn das Kind mit dem Saugen nachlässt, ermunterst du es zum Trinken, bis es keinen Tropfen mehr hinunterkriegt. Dabei ziehst du deine Brustwarze ein klitzekleines Stückchen zurück und wartest auf die Reaktion des Kindes.

Lässt es die Brustwarze los, macht die Augen zu und verschließt den kleinen Mund ganz fest (es können sogar kleine »Saugbläschen« an der Oberlippe entstanden sein), dann wird es wohl satt sein.

Aber du versuchst es trotzdem noch einmal! Führe deine Brustwarze über das kleine Mündchen. Was darauf folgt, ist sehr faszinierend: Der Gesichtsausdruck des Kleinen zeigt überaus deutlich, dass es sich derart ekelt, als wäre die Brustwarze das abscheulichste Ding in der ganzen Welt. Ich vermute, dass auch du dasselbe Gesicht aufsetzen würdest, wenn dein Gastgeber dir nach einem Sieben-Gänge-Gourmet-Menü eine Schüssel mit kaltem Haferbrei hinstellte.

So muss ein satter Säugling aussehen!

Und ist es nicht der Fall, kannst du sehr wohl noch eine kleine Portion verabreichen.

Rülpschen!

Nun war der Hunger gegen Ende der Mahlzeit nicht mehr besonders groß, und das Kind hat ohne Eile getrunken und kaum Luft heruntergeschluckt. Deshalb kann das Bäuerchen auf sich warten lassen oder gar ganz ausbleiben. Du musst keine Ewigkeit darauf warten. Wenn das Baby auf dem Bauch oder auf der Seite schläft, kann es nicht in Erbrochenem ersticken. Und auch ein frisch geborenes Kind kann den Kopf heben und drehen. Es ist gut, daran zu denken, wenn das Kleine mal seinen Kopf tief in die Bettwäsche hineinkuschelt.

Einige kleine Kinderchen finden diesen Zeitpunkt genau richtig, um ihr »großes Geschäft« zu erledigen. Dann musst du drei Dinge tun: wieder wickeln, wieder einen kleinen Schlaftrunk geben und wieder ein Bäuerchen machen lassen.

Nun ruht die Kleine gegen deine Schulter, auf dem Weg ins Land der Träume. Du wirst jetzt so aussehen wie alle Eltern von kleinen Säuglingskindern: Milchflecken auf der linken Schulter deiner ganzen Garderobe.

Sollte die Kleine wider Erwarten noch nicht eingeschlafen sein, bietest du ihr noch einen kleinen Schluck aus der Brust, die zuletzt dran war. Das wird sie umhauen.

Es hat keinen Sinn, ein neugeborenes Kind ins Bett zu packen, wenn es noch nicht schläft. Und sollte die Kleine beim Hinlegen aufwachen, braucht sie einen letzten Mund voll – nur ein paar kleine Tröpfchen, die sie sich durch zwei- bis dreimal Saugen holt. Dann wird sie schlafen wie ein Murmeltier.

Wann brauche ich denn einen Schnuller?, fragst du dich vielleicht. Der Schnuller, den ich eigentlich lieber Sauger nennen möchte, ist praktisch bei Säuglingen, die einen so starken Saugbedarf haben, dass er beim Stillen nicht befriedigt wird. Diese Kinder weigern sich einzuschlafen, egal wie satt und müde sie sind. Sie wollen saugen, spucken aber die Brustwarze wieder heraus, wenn die Milch fließt. Diese Kleinen brauchen bei dieser speziellen Gelegenheit einen Schnuller (aber bitte nur dann!).

Ein Tipp: Wenn es dir ab und zu nicht möglich ist, die Brust sofort anzubieten, oder die Flasche noch nicht fertig ist, bietest du dem Kleinen stattdessen den Knöchel deines kleinen Fingers oder deine Unterlippe! Deine Haut ist ein warmer Ersatz für ein hungriges Baby, während ein Plastikschnuller die reinste Enttäuschung ist.

In den ersten zwei Wochen ihres Lebens muss deine kleine Maus sehr warm gehalten werden. Am Anfang wird sie sich wohl fühlen, wenn sie auf der Seite schlafen kann, eingepackt in ihrer Kuscheldecke unter der Zudecke. So kann sie zusammengerollt in ihrer Fötusstellung schlafen. Und so kann sie richtig tief schlafen! Ziehe ihren unteren Arm ein wenig hervor und stütze ihren kleinen Rücken mit einer zusammengerollten Decke. Die Decke wird dich daran erinnern, auf welcher Seite sie zuletzt geschlafen hat.

Du kannst dein Baby aber auch von Anfang an auf dem Bauch schlafen lassen. Der Stumpen von der Nabelschnur wird sie nicht stören. Stopfe die Kuscheldecke – über den Rücken gelegt – an beiden Seiten zurecht, aber nicht unter den Bauch. Dann wird die Zudecke darüber gelegt.

Und zuletzt ziehst du Kuscheldecke und Zudecke bis zum kleinen Öhrchen hoch! Dieses kleine Wesen ist nicht so hilflos, dass es nicht in der Wiege oder dem Bettchen mit größter Kraft nach vorne robben kann – so weit es nur geht –, dabei die Zudecke und auch die Kuscheldecke hinter sich lassend. Es ist rührend, zu sehen, wie diese kleinen Fröschlein sich kriechend bis in die oberste Ecke – meist die linke – des ozeangroßen Bettes bewegen.

Schalte, falls vorhanden und notwendig, nun das Baby-Überwachungsgerät ein.

Und dann: Tschüss! – Bis nachher! – Schlaf schön!

Und keine falsche Rücksichtnahme: Du musst nicht auf Zehenspitzen gehen, wenn du jetzt den Wickeltisch aufräumst. Ein lebendiges Haus ist voller Geräusche und Licht. Das Telefon. Der Staubsauger. Die Türklingel. Der Fernseher. Stimmen. Das alles hat die Kleine gehört, seit sie Ohren bekam – in deinem

Bauch. Nur der Hunger wird das Kind aufwecken, d.h. die Überlebensangst, schließlich wird sie nicht durch Stille gestillt. Gewöhne das Kind nicht an eine Ruhe, die einzuhalten für die Familie zur Belastung werden könnte.

Jetzt hast du dich in etwa die letzten anderthalb Stunden ganz den Bedürfnissen deines Kindes gewidmet. Und danach wird sie jetzt ungefähr zweieinhalb Stunden schlafen (die Frischgeborenen schlafen aber noch etwas länger, und bleiben nicht so lange wach). So sieht der Plan im Prinzip aus: Auf anderthalb Stunden Wachzeit folgen zweieinhalb Stunden Schlaf.

Mahlzeiten-Memo, tagsüber

1. Trinken, so viel das Kind möchte, ohne Unterbrechung. Bäuerchen.
2. Mehr trinken aus derselben Brust. Freundliches Drängeln zum Weitertrinken. Bäuerchen.
3. Wickeln.
4. Begegnung.
5. Nachfütterung aus der anderen Brust. Bäuerchen.
6. Extraschluck aus derselben Brust.
7. Schlafen.

Abends kommt dann das Großreinemachen (kleine Babys sollten nicht gebadet werden, bevor der Bauchnabel ganz abgeheilt ist, welches nach etwa einem Monat der Fall ist, siehe Seite 222). Nach den ersten beiden Runden Trinken und einem Bäuerchen ziehst du das Kind aus. Den nackten Körper deckst du sofort mit der Kuscheldecke ab.

Nimm einen feuchten, lauwarmen Waschlappen, Seife ist unnötig. Zuerst das Gesicht. Die Augen können etwas verklebt sein. Vorsichtig waschen, von außen nach innen zur Nase hin. Wische das ganze Gesicht sauber, hinter den Ohren, unter dem Kinn und in jeder Falte am Hals. Mit einem weichen Handtuch trocken tupfen. Dann Kopf und Haare waschen: mit dem Waschlappen über den kleinen, runden Kopf streichen. Trocken tupfen und Haare, wenn welche da sind, mit einer weichen Babybürste bürsten.

Der Bauch, die Achselhöhlen, die Hände – zwischen den Fingern und in den Falten der Handfläche – werden dann mit ein wenig Babyseife gründlich gewaschen. Trocken tupfen. Die Decke wird nach und nach verschoben, um ständig die nackten und nun sauberen Körperteile warm zu halten. Dann die Hüfte, die Beine, die Füße waschen – Fusseln zwischen den Zehen gefunden? Dann wird der kleine »Braten« umgedreht, der Rücken, der Nacken und der

Po werden gewaschen. Nackenfalten und Kniekehlenfalten beachten! Und wieder umdrehen.

Anschließend schmierst du ein wenig Babycreme in alle Falten. Ich denke da besonders an die Armfalten, die Falten an den Handgelenken, die Haut hinter den Ohren (die leicht trocken wird), die Kniekehlenfalten, die Hals- bzw. Nackenfalten und die Falten an den Fußgelenken. Und natürlich den Po, wie sonst auch: über die runden Backen und die Leistenfalte.

Ein kleiner Streifen von einem Fingernagel ist vielleicht fast ganz abgegangen. Beiße den Rest ab. Die Babynägel sind noch ganz weich, durch das Schneiden würden sie schon bald hart werden. Dein Neugeborenes wird sich selbst kratzen und harte Fingernägel würden die zarte Haut verletzen.

Wie gewöhnlich anziehen: sauberes Wickelhemd, Windel und Höschen oder ein langärmeliger Strampelanzug – was du für die Nacht am besten findest. Und wieder fest in die Decke wickeln. Das hat doch alles gut geklappt, oder?

Danach wird die Mahlzeit beendet: Nachfüllen aus der zweiten Brust und eine kleine Begegnung. Diesmal musst du euer »Gespräch« wohl ein wenig verkürzen. Das große Saubermachen hat seine Zeit gedauert und das kleine Ding ist sicherlich schon etwas müde. Lass das Kind entscheiden, wann Schluss ist! Noch ein Schluck zum Dessert beendet den Tag. Bäuerchen machen und dann ist Schlafenszeit für kleine Mäuschen. Gute Nacht! Die Tür bleibt angelehnt.

Das Baby schläft nun fest, aber noch nicht die ganze Nacht hindurch. Beliebte Zeiten zum Wachwerden sind für diese kleinen Schläfer aus unerklärlichen Gründen etwa um 1 Uhr und dann wieder um 4 Uhr.

Du musst mit zwei nächtlichen Mahlzeiten rechnen. Dabei gehst du anders vor als tagsüber. Statt einer Dauer von anderthalb Stunden versuchst du die Mahlzeit innerhalb von 20 Minuten zu beenden. Diese Zeit brauchst du zum ersten Stillen, Bäuerchen, schnellen Wickeln und nochmaligen Stillen – aus der anderen Brust, in der die Milch schon in reichlicher Menge eingeschossen ist. Noch mal ein Bäuerchen und dann weiterschlafen. Nachts lässt du das zweite Mal Trinken aus der ersten Brust weg, und auch das gemütliche Beisammensein wird gestrichen, und beim Wickeln wird nicht gewaschen (außer wenn das Kleine Stuhlgang hatte). Deine Mühe bei den langen Tagesmahlzeiten wird durch sehr kurze Nachtmahlzeiten belohnt.

Neugeborene können in Nullkommanichts schreiend in Panik geraten. Ihre Überlebensangst ist für sie ein Alptraum. *Deshalb sollte ein Neugeborenes niemals auf sein Essen warten müssen.*

Vielen Müttern wird dazu geraten, ihre Babys in einem eigenen Zimmer schlafen zu lassen. So würden sie selbst die Ruhe bekommen, die sie so sehr gebrauchen können. Aber für das Neugeborene ist diese Trennung eine Katastrophe: Wenn keiner in der Nähe ist, der das schreiende Baby hört, oder wenn du erst nach einer Weile darauf reagierst, ist das Kind schon in fürchterliche Angst versetzt worden. Und du wirst viel Zeit brauchen, um das verzweifelte, kleine Ding wieder zu beruhigen.

Deshalb: Lass dein Baby nachts in deinem Schlafzimmer schlafen, so dass du auf seinen ersten Schrei reagieren und sofort füttern kannst! Somit werden die Nachtmahlzeiten kurz, behaglich und friedlich sein.

Dadurch werden die Nächte auch nicht so anstrengend. Trotzdem wirst du bald merken, dass du seit der Geburt deines Kindes nicht eine ganze Nacht durchschlafen konntest. Schlafmangel ist für jeden Menschen eine große Belastung. Die Verlockung ist groß: Vielleicht wirst du das Kind zu dir ins Bett holen, es dort anlegen und dabei werdet ihr beide einschlafen. Auch wenn es behauptet wird, dass der Mutterinstinkt eine Frau daran hindert, ihr eigenes Kind zu ersticken, ist es leider schon mal vorgekommen.

Wenn du dich beim nächtlichen Stillen einfach nicht wach halten kannst, solltest du das Risiko des Erstickens so minimieren: Lege das Kind auf die Seite mit deinem Kissen im Rücken. Lege dann deinen Arm gebogen unter deinen Kopf, so wird die Brust für das Kind frei und gut zu erreichen sein. Dann die Brustwarze in den kleinen Mund stecken. Strecke schließlich dein oberes Bein nach hinten. Du musst das Gefühl haben, dass du gleich nach hinten umkippst; als würde nur das Saugen des Kindes dich daran hindern, auf den Rücken zu rollen.

Wenn ihr beide einschlaft, wirst du auf den Rücken rollen und das Kind auf den Bauch. Beim Aufwachen wirst du unter dem Kind einen nassen Fleck finden: weil beim Bäuerchen ein bisschen Milch herauslief.

Mahlzeiten-Memo, nachts

1. Die Mahlzeit beginnt, sobald das Kind sich meldet.
2. Bäuerchen.
3. Wickeln.
4. Trinken aus der anderen Brust.
5. Bäuerchen und wieder schlafen.

Was ich dir hier präsentiert habe, ist die Methode, die ich auf der Basis meiner persönlichen, oft erprobten Erfahrungen entwickelt habe. Ich nenne sie das Standardmodell (ausführliche Beschreibung im Abschnitt »Die Nahrung«, Seite 112; 117). Das Standardmodell befriedigt am Tag alle Bedürfnisse deines Kindes und nachts die Grundbedürfnisse. Nimm es als eine praktische Anleitung! Mit der Zeit wirst du deine eigene Methode finden, mit der du diese kleine Persönlichkeit neben dir am besten versorgen kannst.

Wenn es beispielsweise um das Wickeln geht, entwickeln alle Eltern innerhalb von wenigen Wochen ihre ganz eigene Methode. Einige wickeln ihr Baby am liebsten auf dem eigenen Schoß. Andere lieber am Wickeltisch. Einige wickeln ihr Kind immer auf einem Bett. Andere wieder kniend auf dem Fußboden. Einige Mütter stillen im Sitzen. Andere liegen lieber. Aber fast alle Eltern in der ganzen Welt haben eines gemeinsam: Sie halten ihr Kind in ihren Armen immer auf der linken Körperseite.

Vielleicht gefällt dir die folgende Idee nicht – aber ich habe immer einen Wickelplatz in der Küche eingerichtet. Dort waren Wasser und auch der Mülleimer in Reichweite. Ich konnte einen Küchenschrank nutzen, um dort die nötigsten Sachen fürs Baby unterzubringen. Ich konnte Mobiles oder Ähnliches an den Griffen der Hängeschränke befestigen. Auch die Höhe der Arbeitsfläche war genau richtig. Und außerdem ist die Küche das Herz des ganzen Hauses. So fanden meine Babys von Anfang an ihren Platz mitten im Geschehen.

Zum Schluss: Wenn die Mutterliebe nicht sofort in dir hochsteigt, dann glaube nicht, dass mit dir irgendetwas nicht stimmt! Menschen brauchen Zeit, um sich kennen zu lernen, und nicht alle verlieben sich auf den ersten Blick.

Dafür kannst du dich auf etwas leichter Erfassbares verlassen: die Neugierde. Was du vor dir siehst, ist, was du selbst einmal warst. Jeder Mensch, von einer Frau geboren, war einmal so klein, so hilflos, so hungrig. Was du vor dir siehst, ist ein Wesen, das vor deinen Augen die Entwicklung der ganzen Menschheit durch Millionen von Jahren beschreiben wird. Die kleine Kaulquappe, die in den Gezeiten deiner Gebärmutter umherschwamm, wird wachsen und sich zu einem selbstständigen, denkenden Wesen auf zwei Beinen entwickeln – zu dem Menschen, der sich zum Herrn der Welt gemacht hat oder es auf jeden Fall versucht hat. Wie ist das alles passiert? Du darfst dem Weg des Entstehens, der Entwicklung folgen. Es ist ein Märchen, so faszinierend, wie es nur sein kann. Du stehst vor der einzigartigen Gelegenheit deines Lebens, zu lernen, nicht nur über dein Kind, sondern über den Menschen an sich – und über dich selbst.

Und solltest du dich über etwas wundern, was ich hier beschrieben habe – wie und warum du dies und jenes so oder so machen solltest und was du machen kannst, wenn es doch nicht funktioniert –, dann wirst du im zweiten Teil dieses Buches eingehende Erklärungen, Theorien und praktische Ratschläge in einem größeren Zusammenhang finden.

3. Der Vater

Wenn dein Kind einen Vater hat, der dir zur Seite steht, dann versuche lieb zu ihm zu sein! Sei darauf vorbereitet, dass merkwürdige Sachen passieren können, wenn du jetzt mit dem Kind nach Hause kommst.

Als frisch gebackene Mutter fühlst du dich deinem Kind gegenüber vielleicht vollkommen fremd, hilflos und unwissend. Aber kommt der Vater dann an und möchte das Kind auf seinen Arm nehmen, wirst du auf einmal von einem starken Eigentumsgefühl überwältigt und reißt ihm das Kind weg, als hättest du Angst, er könnte es misshandeln (oder zumindest fallen lassen). Ganz plötzlich wirst du hundertprozentig Mutter. Dein eigenes, unerwartetes Verhalten kann dich überrumpeln.

Vielleicht bist du ja im tiefsten Inneren doch nur ein einfältiger Höhlenmensch. Der Kerl soll nicht hier herumhängen, er muss doch auf die Jagd gehen, damit ihr – jetzt eine richtige Familie – etwas zu futtern habt! Viele Frauen hindern die Väter viel zu oft und viel zu viel daran, sich um das Kind zu kümmern. Zu einem späteren Zeitpunkt werden sie diese Kurzsichtigkeit bitter bereuen.

Die erste Reaktion kann auch genau umgekehrt sein: Du glaubst, dass der Vater kein Interesse an seinem Kind hat, nur weil er es nicht sofort bewundernd anhimmelt. Und dann wird das neue Familienleben mit Weinen und Zähneknirschen begonnen. »Du hättest mir ja wenigstens sagen können, dass du kein Kind haben wolltest!«

Es ist nicht einfach, Vater zu werden (siehe »Der Mann schwanger?«, Seite 42). Fällt es dir schwer, zu verstehen, dass du Mutter geworden bist, dann ist es für den Vater wahrscheinlich noch schwieriger, zu begreifen, dass er Vater geworden ist. Der bloße Anblick dieses neuen, unbekannten Menschen kann bei ihm die unterschiedlichsten Gefühle auslösen – oder vielleicht vorerst gar keine.

Du hast einen Vorsprung. Du hast das Kind geboren, nachdem du es ausgetragen hast, und du hast auf der Entbindungsstation größeren Kontakt gehabt und mehr gelernt als er. Du stillst. Du hast eine Verbindung zum Kind aufgebaut, welche für eine dritte Person unantastbar erscheinen kann. Dieser Vorsprung ist nicht aus der Welt zu schaffen. Obwohl dieses kleine Wesen dir selbst noch ganz fremd erscheint und du keine Ahnung hast, was du tun musst, wirst du für alle anderen, den Vater des Kindes mit eingeschlossen, als Expertin dastehen. In ihren Augen bist du die, die alles weiß, auf alles eine Antwort hat und sowieso schon immer in Sachen Babys Bescheid wusste.

Egal wie eifrig der Vater deines Kindes an der Schwangerschaft und der Geburt teilgenommen hat, jetzt wird er ein Außenseiter sein. Dass er seines Sexuallebens beraubt worden ist, macht die Sache im Übrigen nicht besser. Er darf eine ganze Ewigkeit nicht mit dir schlafen. Und wer ist daran schuld? Hier liegt der Keim von Eifersucht und weniger edlen Gefühlen dir und dem Kind gegenüber.

Du musst versuchen ihm in seinem Dasein als Außenseiter eine Brücke zu bauen, was nicht einfach, aber der Mühe wert ist.

Erstens musst du auch in sexueller Hinsicht an ihn denken! Es kann sein, dass dir schlecht wird, wenn du nur an Sex denkst, dann musst du dich natürlich nicht dazu verpflichtet fühlen. Aber jeder Versuch, eure körperlich Intimität langsam wieder zu beleben, bedeutet, dass es für ihn einfacher wird, das Kind anzunehmen. Es ist eine Investition für euch alle.

Zweitens musst du ihm öfters das Kind überlassen und ihm darin vertrauen, dass er es auch ohne deine Hilfe schafft! Es ist nicht so einfach, wie es sich anhört. Es ist vielleicht komisch, aber Kindergeschrei ist viel leichter zu hören und kommt einem viel alarmierender vor, wenn eine andere Person sich um das Kind kümmert. In solchen Fällen musst du stark sein! Du musst dich wirklich bemühen, *nicht* hinzuhören, *nicht* hineinzustürzen und zu »helfen«. Du darfst nicht sofort wieder die Führung übernehmen.

Dies kann nicht deutlich genug gesagt werden. Überlege doch mal: Du stehst selbst irgendeiner Aufgabe gegenüber, von der du überhaupt keine Ahnung hast und müsstest dich so langsam an die Sache herantasten. Und ehe du dich versiehst, kommt schon ein anderer hinzu und weist dich unter viel Gejammer und Gezeter zurecht. In dem Moment würde das bisschen Selbstvertrauen, das du gerade aufgebaut hattest, sich in Luft auflösen. Und nicht wiederkehren. Du würdest dein Vorhaben aufgeben. Nicht nur für heute, sondern vielleicht für immer.

Lass den Papa mal ran! Ansonsten wirst du nach etwa einem Monat, wenn du wie alle Mütter müde und erschöpft bist, dich mit der Verantwortung allein und mehr oder weniger im Stich gelassen fühlen. Und dann wirst du dem Vater vorwerfen, er sei dir nicht behilflich. So etwas kann in den besten Familien vorkommen.

Am Anfang ist es einfach lustig und aufregend, das Kind zu pflegen und mit ihm zusammen zu sein. Es ist für dich nicht leicht, hinauszugehen und die Tür zuzumachen … du könntest ja etwas verpassen! Aber genau das musst du tun. Lass den Papa doch mal mit seinem Kind in Ruhe! Du musst ihm erlauben, seine ganz eigene Beziehung zu seinem neugeborenen Kind aufzubauen. Schaue ihm nicht über die Schulter, kommentiere nicht, was er tut oder nicht tut. Stehe auch nicht schweigend und lächelnd da, während du die große Papa-Kind-Liebe bewunderst, obwohl es so schön und so wunderbar ist. Du würdest ihn nur nervös machen. Geh raus und mach die Tür hinter dir zu! Die Zeit wird bald kommen, wo ihr euch zu dritt amüsieren könnt.

Der Papa verhält sich, was das Stillen angeht, logischerweise passiv. Er wird sich kaum trauen, dir das Kind wegzunehmen, sobald es die Brustwarze losgelassen hat. Also gibst du ihm das Kind! Wenn er hilflos und überrumpelt erscheint, sagst du ihm einfach, dass du dich unbedingt ausruhen musst – und er hat ja sicherlich nichts dagegen, das Kind zu wickeln – oder was gerade auf dem Programm des Babys steht. Und dann gehst du, bevor er irgendwelche Einwände hervorbringen kann.

Du wirst eine Gänsehaut bekommen, wenn das Kind nur ein kleines bisschen wimmert, und du wirst mit der Hand auf dem Türgriff dastehen, bereit zum Eingreifen. Tu es nicht! Du bist zwar die Mutter des Kindes, aber der dort drinnen ist der Vater. Und es geht hier nicht nur um das Recht des Vaters auf sein Kind. Es ist nicht nur, um zuvorkommend zu sein und deine hohe Moral zu zeigen, dass du zurückhaltend sein solltest. Du musst vorausschauend sein und deine eigene Zukunft berücksichtigen. Der Vater des Kindes wird dich zu einem späteren Zeitpunkt wahrscheinlich nicht entlasten, wenn du ihn jetzt von dem Kind fern hältst! Du wirst nicht für immer stillen. Bald werdet ihr das Kind, die Verantwortung, die Arbeit teilen. Denke an die Zukunft! Du bist nicht nett und lieb, wenn du das Kind in die Obhut seines Vaters gibst: Du bist klug.

Der Vater kann das Bäuerchen, das Wickeln und/oder das gemütliche Beisammensein übernehmen. Zieht er sich zurück und meint, es wäre besser, du würdest es machen, weil du es so viel besser kannst, dann lässt du die beiden einfach wegen irgendeiner erfundenen Erledigung zurück – und *verschwindest* tatsächlich.

Das große Saubermachen, das herrliche Baden am Abend kann zum Beispiel Papas Job werden. Sein Einsatz sollte nicht im Nachhinein kommentiert werden, kein Lob, keine Kritik. Es ist möglich, dass er dasteht, verschwitzt und mit einem roten Kopf, und dir ein Kind überreicht, das nicht gerade perfekt angezogen ist und zudem auch sehr aufgeregt. Trotzdem musst du versuchen so zu tun, als wäre alles in bester Ordnung. Du kannst ihn fragen, ob er es nicht lustig fand, ob er vielleicht auch wie du selbst Schwierigkeiten mit der Windel hatte oder etwas in der Art. Wenn du unbedingt darüber reden musst, dann *stelle nur Fragen* – und höre dir seine Antworten an.

Gib ihm von Anfang an eine feste Zeit, zu der er jeden Tag allein für das Kind sorgt. Aus Regelmäßigkeit wird Gewohnheit. Gewohnheit prägt den Alltag. Der Vater wird sich bald daran gewöhnen, zu einer bestimmten Zeit täglich mit dem Kind allein zurechtzukommen, und dadurch entsteht die Grundlage für eine wertvolle Beziehung.

Dann hat das Kind einen Vater bekommen!

Allein gebären

Als ich über den Kindesvater geschrieben habe, den Mann an deiner Seite, der einen Teil der Verantwortung auf sich nimmt und sich während der Schwangerschaft und der Geburt mit dir freut, häusliche Vorbereitungen trifft und sich um das Kleine kümmert, sind schmerzliche Erinnerungen wieder aufgetaucht, von denen ich dir erzählen möchte. Es sind Erinnerungen an Momente und an Jahre, in denen ich mit der Schwangerschaft, der Geburt, der Pflege und der Erziehung meiner Kinder allein zurechtkommen musste.

Aus verschiedenen Gründen gebären immer mehr Frauen ihre Kinder allein, und sie sorgen auch allein für sie, sind allein erziehend. Aber egal welche Gründe du haben magst und egal wie sehr du dir wünschst, dein Kind allein zu bekommen und zu erziehen, es werden Zeiten kommen, wo du dich vollkommen verlassen fühlst. In diesen Momenten werden deine Entschlossenheit, deine Freude und deine fröhliche Erwartung von Bitterkeit überschattet werden. Obwohl du gerade von ihm, dem Kindesvater, nichts wissen willst, ist das Bedürfnis nach Liebe, Fürsorge, Zärtlichkeit und Aufmerksamkeit so stark, dass die Einsamkeit zur Trauer wird. Du wirst dich zeitweise selbst wie ein verlassenes und einsames Kind fühlen. Es ist, so scheint mir, als hätte die Mutter Natur für die Zeit der Schwangerschaft und der Geburt ein besonders starkes Bedürfnis nach Geborgenheit und Verständnis in uns Frauen wachsen lassen. Hast du während der langen Wartezeit auf dein Kind keinen Mann, der dir zur Seite steht, dann wird die bittere Einsamkeit dich erwischen. Sobald das Kind da ist, kommt es einem zunächst übrigens einfacher vor, die Sache allein durchzustehen.

Auch das Schicksal kann das erwartete Glück vernichten. Ein geliebter Ehemann kann plötzlich weggerissen werden. Er lebt in eurem Kind, aber die entsetzliche Leere, die er in dir hinterlassen hat, lässt sich nicht verdrängen. Man kann nur wünschen, dass Familie und Freunde alles tun werden, um dich mit Liebe und Wärme für das neue Leben zu unterstützen, das schon bald das Licht der Welt erblicken wird.

Vielleicht aber hast du dir ein Leben als Alleinerziehende auch für dich selbst gewählt. Tausende von Frauen entschließen sich für das Kind – mutig, auf das Beste hoffend, aber manchmal auch etwas hoffnungslos. Sie wählen nicht die Abtreibung, obwohl sie wissen, dass sie mit dem Vater des Kindes nie zusammenleben können oder wollen.

Kinder werden unter den verschiedensten Umständen geboren. Kinder können zur Abhilfe eines Gefühls der Einsamkeit und der Sinnlosigkeit geboren werden. Kinder können als ein Ausdruck der Sehnsucht geboren werden. Kinder können als Zeichen trotzigen Bestehens auf Selbstständigkeit und Selbstverwirklichung geboren werden oder als Antwort auf ein Bedürfnis. Kinder kommen zur Welt als Kompensation für einen Verlust, eine unglückliche Liebe oder um einem einsamen Erstgeborenen ein Geschwisterchen zu schenken. Und Kinder können durch reinen Zufall zur Welt kommen.

Es gibt keinen Grund dazu, über die endlosen Möglichkeiten und verschiedenen Gründe eine Moralpredigt abzuhalten. Der Mensch ist kein rationales Wesen und unter allen Umständen muss er sich fortpflanzen.

Nach der langen Wartezeit wird das Kind auf jeden Fall da sein: ein sehr konkretes, kleines Wesen mit einem eigenen selbstständigen Leben, um das man sich kümmern muss. Und dafür wird das Fegefeuer der Einsamkeit durchlitten.

Ja, es ist möglich, allein zu gebären. Es ist möglich, allein mit dem Kind nach Hause zu gehen. Es ist möglich, es allein zu versorgen. Es ist möglich, allein erziehende Mutter zu sein. Aber es ist hart. Bilde dir nichts anderes ein, egal wie sehr du dir das Kind auch wünschst, egal wie entschlossen du bist, es allein zu schaffen.

Bist du allein, musst du dich darauf vorbereiten: Allein ist nicht immer stark. Allein ist nicht besonders klug. Allein ist, an manchen Tagen, in mancher Nacht, zum Verzweifeln. Aber hast du dich entschlossen, allein zu gebären und in diesem Entschluss stark zu sein, darfst du deine Verzweiflung nicht mit Reue verwechseln! Die Verzweiflung braucht ihre Zeit.

Dein Kind wird auf die Welt kommen, es wird zu dir kommen. Es wird dir eine Gemeinschaft geben, die viel tiefer sein wird, als du es dir in diesem Moment sehnlichst wünschst – und zuweilen auch fürchtest.

Früher gab es in unserer westlichen Kultur Frauen, die sich mehr als alles andere ein Kind wünschten und eine unmögliche Ehe in Kauf nahmen, nur um sich diesen Wunsch zu erfüllen. Andere mussten gegen ihren Willen lebenslange Kinderlosigkeit akzeptieren, weil sie nicht »verheiratet wurden«. Heute gibt es für die Frauen der zivilisierten Welt diese Hindernisse nicht.

Eine allein stehende Mutter wird nicht mehr aus der Gesellschaft verstoßen. Ganz im Gegenteil. Sie wird unterstützt. Sie wird in sozialer Hinsicht respektiert. Ihr Kind wird in keiner Weise abgestempelt. Es bekommt die gleichen Voraussetzungen wie alle anderen Kinder auch. Kein Kind muss heutzutage in der Schule oder während der späteren Ausbildung leiden, weil es keinen Vater hat. Keine Frau wird moralisch verdammt, weil sie nicht verheiratet ist. Es ist ein großer Schritt nach vorne, wenn man überlegt, wie es früher war.

Die allgemeine Einstellung hat sich in dieser Hinsicht also geändert – vielleicht weniger, weil die Auffassung des Einzelnen liberaler geworden ist, sondern eher, weil sich die Gesellschaftsstruktur verändert hat. Frauen arbeiten wie die Männer auch. Dadurch, dass die Frau auf dem Arbeitsmarkt gebraucht wird, ist sie von der Unterdrückung befreit, die in finanzieller Abhängigkeit ihre Wurzeln hatte: eine Abhängigkeit, die sich im Namen männlicher Machtansprüche schnell auf die meisten Bereiche des Lebens ausbreiten konnte und die die Frau in einem Netz aus moralischen Normen festhielt.

Der Mann kann keine Kinder bekommen, aber die Frau kann. Heute ist es ihre Stärke, nicht ihre Schwäche. Aber glaube bloß nicht, dass diese Stärke dich der Einsamkeit gegenüber so erhaben sein lässt, dass du sie nicht mehr spürst.

Es ist bitter, aber zur Einsamkeit gehört unausweichlich die vernichtende Überzeugung, dass dein Leben für immer so bleiben wird, wie es im Moment ist: »Ich werde diese Einsamkeit nie loswerden und das Kind wird mich eher darin festhalten als mich davon befreien!« Aber so ist es nicht. Warte nur ab. Und denke daran: Alles zu seiner Zeit! Keine von deinen schweren Gedanken und Gefühlen werden für immer fortdauern.

Ich war während einer meiner Schwangerschaften und bei dreien meiner Entbindungen allein und viele Jahre allein erziehend. Ich habe die Verantwortung für unseren Alltag allein getragen. Ich habe schmerzvolle Erinnerungen, aber ich möchte sie nicht missen. Sie verstärken die riesige Freude über die Kinder. Sie geben dem Licht einen Schatten. Sie lassen das Licht klarer hervortreten.

Ganz schwirig ist es, mit der Freude allein dazustehen. Wenn keiner an deiner Seite steht und das kleine Kind sieht und es die ersten Worte sagen hört, den ersten wackeligen Schritten folgt, die kleinen ausgestreckten Arme zur ersten Umarmung sieht. Dann schneidet die Einsamkeit tief und wird zum Schmerz – auch um des Kindes willen. Man kann niemandem sagen: »Hast du gesehen? Hast du gehört? Sieh nur, was sie alles kann!«

Geteilte Freude ist doppelte Freude. Ich habe auf viele dieser ganz großen Freuden verzichten müssen. Aber ich bin durch das Alleinsein auch stark geworden.

Eine tiefe, eine demütige Stärke entsteht in jeder allein erziehenden Frau, in jedem allein erziehenden Vater.

Zweiter Teil
Säuglingspflege

Gedanken, Theorie & Praxis

In diesem Teil liest du:

Einleitung
Unsere Gedanken waren schon richtig, aber dann lief alles schief   95

Die Pflege des Neugeborenen   104
1. Die Nahrung   112
   Wenn etwas schief läuft: Das Neugeborene weigert sich zu essen   126
2. Der Schlaf   131
   Wenn etwas schief läuft: Das Neugeborene weigert sich zu schlafen   145
3. Das seelische Wohlbefinden   154
   Wenn etwas schief läuft: Das Neugeborene ist unglücklich   168
4. Die Entwicklung – Kinder werden unfertig geliefert   192
   Wenn etwas schief läuft: Das Kind ist nicht »normal«   199
5. Jeder Schrei eines jeden Kindes ist eine Frage   207
   Wenn etwas schief läuft: Kolik?   214

Drei Wochen   222
1. Baden!   222
2. Der Schnuller: Wann und wie lange?   226

Zwei Monate   229
1. Es wird wieder Alltag!   229
2. Der kleine Hugo, zweieinhalb Monate   236

Einleitung

Unsere Gedanken waren schon richtig, aber dann lief alles schief

Eine Mutter:

»Wir haben wirklich von diesem Kind geträumt. Wir waren so glücklich und konnten es gar nicht glauben, als wir erfuhren, dass wir eine Tochter bekommen würden. Aber aus all unseren Erwartungen, aus all unseren Träumen vom Glück, die jetzt in Erfüllung gehen sollten, wurde etwas, das mit nur einem Wort beschrieben werden kann: die Hölle.«

Ein Vater:

»Ich werde langsam verrückt. Ich weiß nicht, was ich machen soll. Jede Nacht ist die Hölle. Unser ganzes Leben dreht sich nur noch um das Kind. Wir haben keine Zeit mehr füreinander oder für andere Sachen. Das Schlimmste ist, dass unsere Beziehung schwer darunter leidet. Wir können die Belastungen einfach nicht aushalten. Wir dachten daran, zwei oder vielleicht drei Kinder zu bekommen. Jetzt sieht es eher nach einer Scheidung aus …«

Die Liebe wünscht sich Kinder. Die Menschheit will überleben. Aber in unserer Wohlstandsgesellschaft bezeichnet man das, was auf das gesegnete Glück, ein Kind zu bekommen, folgt, immer öfter als *die Hölle*. Irgendetwas ist schief gelaufen. Aber was?

Nach dem 2. Weltkrieg verbreitete sich im neutralen Schweden, meiner Heimat, eine Art Goldgräbermentalität. Wir fanden in dem vom Krieg verwüsteten Europa einen optimalen Markt für unsere Produkte. Das Geld floss nur so zu uns herein. Es lief wie geschmiert: Die Menschen kauften Autos und Häuser und alle liefen mit strahlenden Augen umher. Die Zukunft schien grenzenlos zu sein. Zukunftsträume schossen nur so aus dem Boden: rollende Bürgersteige, jedem sein eigener Hubschrauber usw. Schweden wurde reich. Ich glaube, es war damals das reichste Land der Welt.

Arbeit gab es mehr als genug. Die Frauen, die – mehr oder weniger zufrieden – zu Hause auf die Kinder und auf die Älteren aufpassten, wurden als versteckte Arbeitskraft entdeckt. Jetzt, in diesen goldenen Zeiten, mit der ständig ansteigenden Produktion, sollte diese Arbeitskraft mobilisiert werden.

Operation »Verleumdung« wurde eingeleitet. Da die Versprechungen der Konsumgesellschaft sie nicht locken konnten – die Hausfrauen haben gespart und gewirtschaftet wie sonst auch, und außerdem herrschte die allgemeine Auffassung, dass die Mutter zu Hause gebraucht werde, solange die Kinder klein sind –, wurden die Mütter jetzt die »Schmarotzer der Gesellschaft« genannt. Sie seien nutzlose »Fossilien« (ein populärer Ausdruck der Sechzigerjahre), geistig beschränkt und außerdem den gesellschaftlichen Aufgaben gegenüber illoyal. Der Todesstoß: Plötzlich hieß es, sie seien geradezu schädlich für ihre eigenen Kinder, die durch das permanente Zusammensein mit ihren unbegabten Müttern zweifellos verblöden würden.

Operation »Verleumdung« war erfolgreich: Die »Nur-Hausfrauen« verloren ihr Selbstvertrauen. Mit oder gegen ihren Willen wurden sie auf den Arbeitsmarkt gejagt – um »sich selbst zu realisieren«, welches vorzugsweise an einem Fließband oder einer Registrierkasse im Supermarkt geschah.

Im Namen schöner Begriffe wie Zeiteinsparung, Bequemlichkeit, Entspannung und Effektivität hat Big Brother eine ganz neue Gesellschaft aufgebaut: eine Lebensmittelindustrie, die uns mit teuren Fertigprodukten versorgte, große Ghettos aus Beton, in denen wir in der Nähe der Fließbänder leben konnten, und ein Netz von Institutionen, die mehr und mehr die Aufgaben der Familie übernahmen.

Big Brothers Philosophie war einfach und von einer als unantastbar empfundenen Entwicklung in der Arbeitswelt geprägt: Es zählen nur die Menschen, die arbeiten; die, die nicht arbeiten, zählen nicht.

Kindertagesstätten und Pflegeheime – wie rationelle Großbetriebe aufgebaut – haben die Kinder und die Alten übernommen. Die Schule wurde zur Mischung aus einer Lehranstalt und einem Zuhause, in der das Personal sich um die Sorgen kümmert, die von den Eltern aus Zeitmangel oder Erschöpfung vernachlässigt werden (keiner glaubte mehr daran, dass die Eltern die familiäre

Problemlösung hinbekommen würden). Die Familie stand kurz davor, ganz abgeschafft zu werden: Sie war praktisch nicht mehr nötig. Mit der finanziellen Unabhängigkeit der Frauen fiel auch die Kontrolle der Männer und unzählige Ehen wurden geschieden. Die Frauen lebten nun »frei«. Das »sündige« Leben in Schweden wurde eine Weltattraktion.

Für die Kinder hatte das 20. Jahrhundert eine Zeit der Befreiung werden sollen. Die Kinderarbeit wurde abgeschafft. »Kindheit« wurde zu einem Begriff. Der Jugendkult blühte. Die Fünfzigerjahre sind sagenumwoben: Das Leben lächelte die Menschen an im Schatten des kalten Krieges und jung zu sein war einfach das Höchste! Mit einem Schlag zerbrach die Verbindung zwischen Vergangenheit und Zukunft. Nur das Jetzt allein zählte. Und Big Brother saß zufrieden da und zählte schon mal das Geld.

Während unser materieller Überfluss und äußerer Wohlstand immer weiter wuchsen, machte sich eine neue Volkskrankheit breit: die Einsamkeit. Menschen wurden entwurzelt, um in eine groß angelegte, zentralisierte Produktion eingefügt zu werden. Familien und Beziehungen wurden auseinander gerissen. Die Symptome der Verunsicherung wurden für die, die sie zu sehen wagten, deutlich erkennbar. Die Jugendlichen – sich selbst und einander überlassen – schlossen sich in Banden zusammen. Die Probleme des Drogen- und Alkoholmissbrauchs wurden immer größer. Berater, Therapeuten und Psychologen schossen wie Pilze aus dem Boden. Den Menschen ging es nicht gut.

Big Brother hat lange so getan, als würde er nichts sehen. Ging etwas schief, musste es an den Menschen liegen und nicht an seiner »schönen, neuen Welt«!

Aber wenn die Kinder und Jugendlichen kein Fünkchen Hoffnung mehr besitzen und sich irgendwann weigern, in die Konsumgesellschaft einzutreten – dann wird es gefährlich. Dann muss Big Brother reagieren. Dann steht die geheiligte Wohlfahrt – und damit buchstäblich die Macht und die Herrlichkeit – auf dem Spiel.

In diesem Fall benimmt er sich wie jeder Familienvater, der eine Niederlage einstecken muss: Er schimpft die Familie aus. »Ihr seid schuld!«, ruft Big Brother den Eltern zu. Die Eltern müssen sich mehr um ihre Kinder kümmern! Sie müssen sich engagieren! Elternausbildung sollte obligatorisch sein! »Ihr müsst lernen, eure Kinder richtig zu erziehen«, donnert Big Brother. Dass er selbst es war, der dies praktisch unmöglich gemacht hat, eine Familie auch nur annähernd als Familie funktionieren zu lassen, verschweigt er.

Und seine Predigt war erfolgreich. Es gibt heutzutage kaum eine Mutter oder einen Vater, die/der nicht mit einem schlechten Gewissen herumläuft.

Wer sich nicht ausreichend um seine Kinder kümmert, liebt sie nicht genug! Das Liebesevangelium des Big Brothers legt sich wie Mehltau, wie ein Schuldspruch auf uns; es ist kein Lobesgesang daraus geworden.

Wie kam es, dass die Leute früher problemlos und ganz ohne besondere Ausbildung für ihre Kinder sorgen und sie erziehen konnten? Oder konnten sie es nicht? Werden wir endlich, nach Jahrhunderten der Heuchelei, die Wahrheit darüber erfahren?

Ist es nicht merkwürdig? In den letzten Jahrzehnten ist uns allen die Bedeutung der Kindheit eigentlich immer bewusster geworden; wir haben uns alle zu kleinen Hauspsychologen entwickelt; in einigen Ländern ist die körperliche Züchtigung per Gesetz verboten worden; das zwanzigste Jahrhundert sollte das Jahrhundert des Kindes werden. Sollten unsere Kinder dann nicht wenigstens ein bisschen glücklicher sein, als die Kinder es früher waren? Sind sie das? Sollten sie nicht wenigstens glücklicher sein und glücklicher aussehen als die Kinder aus den Ländern, in denen die Menschen kaum ein Dach über dem Kopf und keine Ahnung von Kinderpsychologie haben? Was ist, wenn es gar nichts nützt, dass wir als Eltern förmlich ausgebildet werden und uns nach Empfehlung des Big Brothers mehr für die Kinder engagieren und uns immer mehr Sorgen machen? Wir befinden uns mitten in einem Dilemma, das der Wohlfahrtsstaat angerichtet hat.

Der Mensch – ob groß oder klein – muss das Gefühl haben, dass er gebraucht wird. Dass er gebraucht wird, heißt nicht nur, dass er rein gefühlsmäßig gebraucht wird – das ist meiner Meinung nach die weniger wichtige Seite des Problems. Dass er gebraucht wird, heißt, dass er eine Aufgabe hat. Es heißt, ein Teil eines größeren Zusammenhangs zu sein. Es heißt, eine Funktion zu erfüllen, die für die anderen von Bedeutung ist. Es heißt, sich selbst sagen zu können: »*Die anderen sind ohne mich schlechter dran!*«

Wenn wir nicht gebraucht werden – in konkreter Weise und für uns selbst unverkennbar –, können wir Menschen keinen tieferen Sinn in unserem Leben erfahren.

Liebe mildert die Sinnlosigkeit, aber die Liebe kann den Sinn, den man im Leben sieht, nicht völlig – oder auf Dauer – ersetzen. Auch wenn zehn Menschen dir in endloser Abfolge Tag und Nacht ihre Liebe zeigen würden, dich umarmen, dir zuhören, dich liebkosen würden – es wäre nicht genug. Du würdest ihnen wahrscheinlich nicht einmal glauben. Du musst tief in deinem Inneren wissen, dass du eine Aufgabe hast, dass du einen Beitrag leistest – groß oder klein, mehr oder weniger bedeutungsvoll –, der über dich selbst hinausgeht: »Ich werde gebraucht. Ich bin Teil eines Zusammenhangs. Die anderen würden ohne mich schlechter zurechtkommen – egal ob sie mich lieben oder nicht!«

In einer Gesellschaft, in der die Familie von der Produktion streng getrennt worden ist, werden die Kinder und Alten im strengen Sinne nicht gebraucht. Die Alten werden zur Seite geschoben; die Kinder werden für den späteren Gebrauch aufbewahrt.

An jedem einzigen Tag versuchen Kinder in den reichsten Ländern der Welt sich das Leben zu nehmen. Viel zu viele schaffen es.

Ist es Mangel an Liebe, der in diesen Kindern den Wunsch zum Sterben weckt? Auf ein so tragisches Mysterium gibt es keine einfachen Antworten. Aber ich glaube, dass die Sinnlosigkeit eine ihrer schwersten Bürden ist.

Im Namen der zeitlich begrenzten Ökonomisierung aller Lebensbereiche hat man eine Gesellschaft aufgebaut, in der man die Kinder nicht braucht, in der die Kinder auch gar nicht gebraucht werden sollen. Ihre einzige Aufgabe – wenn sie überhaupt eine haben – besteht darin, glückliche Verbraucher zu sein.

Wenn z.B. ein paar Kinder morgens in der Kindertagesstätte krankgemeldet werden, wird das Personal so reagieren: »Toll, dann haben wir heute zwei Kinder weniger.« Diese Reaktion zeigt nicht, dass das Personal böse oder gemein ist, dass ihm die Kinder egal sind oder dass die Betreuerinnen für ihre Arbeit nicht geeignet sind. Sie zeigt nur, dass die beiden Kinder in der Institution nicht gebraucht werden. Wäre es so, dass die Kinder dort von Nutzen wären, würde die Reaktion ganz anders lauten: »Ach nein! Wie sollen wir es nur schaffen, wenn die beiden nun nicht kommen?«

»Die anderen kommen ohne uns schlechter zurecht« trifft für diese kleinen Kinder also nicht zu – was nicht ausschließt, dass sie in der Kindertagesstätte oder Vorschule ihren Spaß haben können.

Im industrialisierten Teil der Welt ist eine Kindheit, die für die Weltgeschichte einzigartig ist, entstanden:

Eltern besuchen ihre Kinder in deren Welt, wenn die Erwachsenen gerade Zeit oder Lust haben, anstatt die Kinder in ihre eigene Welt mit einzubeziehen, sobald die Kinder dies können und wollen.

Das Herz der Kindheit wurde aus uns herausgerissen.

Lasst uns zu der unglücklichen Mutter und dem verzweifelten Vater zurückkehren, die durch das Kinderkriegen »die Hölle durchleiden«. Alle Eltern von kleinen Säuglingen, die sich in Entwicklungspsychologie kundig gemacht haben und mit endloser Geduld ihren Kindern Tag und Nacht Liebe und Trost spenden, wissen, dass hier irgendetwas nicht stimmt. Das Kind reagiert ja nicht mit Ruhe und Zufriedenheit. Ganz im Gegenteil, das Kleine wird immer widerspenstiger in seinem Protest. Oft entstehen neue Sorgen anstelle des erhofften Friedens.

Arme Mama, armer Papa – was tun sie nicht alles für das Kind, und doch machen sie anscheinend etwas falsch, denn es ist so offensichtlich, dass es dem Kind irgendwie nicht gefällt.

Sie nehmen ihren Mutterschutz und Erziehungsurlaub. Sie bleiben abwechselnd zu Hause – in Schweden bis zu einem ganzen Jahr –, um sich um das kleine Kind zu kümmern. Dadurch treten sie aus ihrer eigenen sozialen Gemeinschaft aus. Sie lassen ihre eigene soziale Beteiligung hinter sich. Sie sind zu Hause – nicht weil es für sie notwendig ist (im Kampf ums Überleben), sondern ausschließlich, weil sie ein Kind bekommen haben. Das Kind wird dadurch nicht zu einem Teil eines Zusammenhanges, der vor seiner Ankunft existierte. Das Kind wird nicht in eine Wirklichkeit, die vor dessen Geburt da war, mit einbezogen. Stattdessen bildet das Kind sozusagen eine ganz neue Wirklichkeit und wird so zum Mittelpunkt der elterlichen Existenz. Bereits in den eigenen vier Wänden der Familie entsteht auf diese Weise eine künstliche Kinderwelt.

Solange Beruf, Gesellschaft und Produktion von der Familie getrennt sind, werden die Erwachsenen in der Welt der Kinder – außerhalb der sozialen Gemeinschaft – immer nur zu Gast sein, weit weg vom Kampf um die eigentliche Existenz. Das herausgerissene Herz der Kindheit ist zur blutenden Tatsache geworden. Gegenseitige Unsicherheit ist die Folge. Für das Kind kann diese existenzielle Unsicherheit zur Katastrophe werden. Die Sinnlosigkeit droht: »Ich werde hier nicht gebraucht. Die anderen kommen ohne mich genauso gut zurecht. – Vielleicht würden sie sogar ohne mich besser klarkommen!«

Auch wenn die Gedanken richtig waren, lief trotzdem alles schief: Der Erziehungsurlaub ist der erste Schritt zur Verbannung des Kindes aus der sozialen Gemeinschaft. Die Verbannung wird in den Kindertagesstätten – man könnte sie auch Kinderparkplätze nennen – fortgesetzt und die Grundschule ist im Grunde genommen nichts anderes als eine riesige Tagesstätte. Zwischen den verschiedenen Kategorien von Menschen sind wasserdichte Schotten errichtet worden: Kinder für sich, Alte für sich und darüber die produktiv tätigen Erwachsenen für sich – für sich in dem eigentlichen Leben, dem Leben nämlich, in dem die Erwachsenen um das Überleben und den Fortbestand der »Herde«, der Familie, der Gesellschaft kämpfen.

Wenn Eltern heutzutage nicht wissen, wie sie mit ihren Säuglingen und Kindern umgehen sollen – ihre Probleme in Bezug auf Nahrung, Schlaf und Beschäftigung ihrer Kleinen sind enorm –, ist es nicht, weil sie blöd sind, eine Art Elternausbildung brauchen oder zu wenig lieben. Der Grund ist die verschobene Grundlage des familiären Zusammenseins.

Es sind nicht die Menschen, mit denen irgendetwas nicht stimmt. Es ist diese »schöne neue Welt«, die die natürlichen Bedürfnisse des Menschen gelähmt hat: das Bedürfnis nach einer sozialen Gemeinschaft im täglichen, gemeinsamen Kampf ums Überleben. Hätten die verzweifelte Mutter und der deprimierte Vater während des Erziehungsurlaubes etwas zu tun gehabt, das für sie notwendig gewesen wäre und eine Voraussetzung zum Überleben darstellt, etwas, dem sich alle – inklusive des Kindes – hätten beugen müssen, dann wären sie ihrer »Hölle« entkommen. Früher haben Eltern sich nicht über eine zu erwartende »Hölle« beklagt, wenn ein zusätzliches Kind erwartet wurde. Sie hatten vielleicht schon sieben oder mehr Kinder, dazu noch 18 Kühe, die gemolken werden wollten, und Felder, die bestellt werden mussten. Und worunter ihre Kinder auch gelitten haben mögen, es war auf keinen Fall Sinnlosigkeit.

Eltern landen mit ihren Säuglingen und Kleinkindern in einer »Hölle«, weil sie statt sozialer Beteiligung ihren Kindern »nur« Liebe und Aufmerksamkeit geben, anstatt beides miteinander zu verbinden. Ihr Alltag ist nicht den Bedingungen unterworfen, die vor der Geburt des Kindes Gültigkeit hatten, und genau das müsste an erster Stelle stehen. Das Kind versucht verzweifelt den Alltag der Eltern zu begreifen: Wie ist er strukturiert? Wie hängt alles zusammen? Wie kann man daran teilhaben? Während die Eltern aus fehlgeleitetem Wohlwollen und missverstandener »Liebe« darauf beharren, dass es keinen solchen Alltag gibt. Es gibt keinen gemeinsamen Kampf ums Überleben. »Wir sind nur hier, weil du geboren wurdest.« Das kann das Kind einfach nicht akzeptieren.

Die menschliche Ökologie ist gestört worden. Im Namen des Profits ist das natürliche Ökosystem unserer Erde ernsthaft – ja vielleicht tödlich – verletzt worden.

Nur wenige revolutionäre Gesellschaftsveränderungen kommen von oben. Die wichtigsten Veränderungen setzen sich von unten durch, durch den Kampf der ganz gewöhnlichen Menschen. Wir können keine Revolution von oben, von den Leuten der Macht, erwarten; von dort wird es keine Revolution geben, die unsere Kinder glücklicher, umgänglicher und fröhlicher machen würde. Aber wir können uns weigern, eine kinderfeindliche Gesellschaftseinstellung im Alltag zu praktizieren, eine Einstellung, die die Verbannung der Kinder aus der sozialen Gemeinschaft festschreibt und für gültig erklärt, und das schon zu Hause in der eigenen Familie.

Benötigen wir Eltern unsere Kinder für unser Überleben in jedweder Hinsicht und verleihen ihnen einen Sinn in Übereinstimmung mit dem, was sie selbst möchten und können, dann werden wir allmählich den schon bedrohlich erschütterten Zustand unserer Gesellschaft verändern können.

Sehen wir uns einmal an, wie ein kleines, zweijähriges Kind seinen eigenen revolutionären Kampf – buchstäblich von ganz unten – in Angriff nimmt: Mama versucht eine Mahlzeit zuzubereiten. Klein Magnus hängt an ihrem Rockzipfel und möchte auf den Arm. Er steht mitten in einem Haufen Spielzeug, das ihn überhaupt nicht interessiert. Er jammert und weint und schreit. Mama seufzt und flucht, bis sie letztlich auch selbst weint. Es ist ihr einfach alles zu viel und sie schafft überhaupt nichts.

Aber nun geschieht etwas: Mama nimmt den Kleinen resolut hoch, setzt ihn auf die Arbeitsfläche neben dem Herd. Sie gibt ihm eine Wurst in die Hand, hält die Pfanne zu ihm hin und bittet Magnus freundlich, die Wurst in die Pfanne zu legen. Magnus lässt die Wurst in die Pfanne plumpsen. Mama dankt ihm herzlich für seine Hilfe.

Die Wirkung zeigt sich sofort und sie ist kolossal. Magnus strahlt wie eine kleine Sonne. Er sieht seine Mutter triumphierend an: »Siehst du wohl«, würde er sagen, wenn er es könnte, »du brauchst mich! Ohne mich würdest du das Mittagessen nie fertig kriegen.«

Mehr bedarf es nicht. So einfach ist es, Magnus das Gefühl der sozialen Beteiligung zu vermitteln, er wird sich seines Wertes bewusst: Er ist nützlich und erlebt eine tiefe Zufriedenheit, weil er spürt, dass er gebraucht wird. Er hat etwas geleistet, das *für die anderen* notwendig ist (für das gemeinsame Überleben der »Herde«). Und danach kann er Urlaub machen. Er ruht sich aus und entspannt sich. Jetzt spielt er schön mit seinen Spielsachen. Jetzt macht ihm das Spielen wieder Spaß – in seiner Freizeit!

Noch einmal: So einfach ist es. Das Prinzip ist so alt wie die Menschheit selbst: *Lasst die Kinder teilhaben und lernen.* Zu allen Zeiten haben die Menschen sich beim gemeinsamen Arbeiten kennen gelernt, sie sind einander nützlich gewesen, haben einander gebraucht, ja, sogar lieben gelernt.

So wenig, wie sich Magnus nur für sehr kurze Zeit mit immer mehr Spielsachen zufrieden gibt oder damit, dass die Mutter die Vorbereitung des Essens kurz unterbricht, um einen Moment mit ihm zu spielen, genauso wenig lässt sich ein kleines Baby zufrieden stellen, auch und obwohl es immer mehr Liebe und Aufmerksamkeit, immer mehr Zärtlichkeit und Trost bekommt und durch immer mehr Herumtragen in eine symbiotisch-emotionale Beziehung eingebunden wird. Natürlich sollten wir mit dem Kind nicht gleichgültiger umgehen. *Stattdessen muss man ihm einen Platz in der Wirklichkeit bereiten, die für die Familie Gültigkeit hat, und allmählich muss es dort nach seinem Willen und seinen wachsenden Fähigkeiten in die alltäglichen Aufgaben eingebunden werden.*

Dies ist machbar hier und jetzt – wenigstens in kleinerem Umfang, wenigstens zu Hause in unseren Familien. Damit könnte sich die große Revolution von unten ausbreiten mit Hilfe derjenigen, die schon einen steten Kampf führen: unsere Kinder.

Die große Gesellschaftsrevolution würde die Frauen nicht nach Hause an den Herd jagen. Sie würde sie auch nicht von zu Hause auf den Arbeitsmarkt – weg von den Kindern – jagen. Nein, sie würde die Arbeit an die Familie zurückgeben. An die ganze Familie.

Die Pflege des Neugeborenen

Im ersten Teil von *Das KinderBuch* habe ich dir eine kleine Gebrauchsanweisung für die primäre Pflege des Neugeborenen gegeben. Es ist natürlich einfach, zu sagen: »So musst du es machen!« Anständigerweise möchte ich dir auch erklären, *warum* es sinnvoll wäre, es so oder so zu machen, und was passiert, wenn du es nicht so oder so machst, und warum. In diesem zweiten Teil werde ich meine Ratschläge mit Theorien, Gedanken und Beispielen untermauern. Wir werden auch verschiedene Gründe behandeln, die mit unseren Sorgen um das Kind oder die Kinder zu tun haben: Wie werde ich meine Sorgen los? Wo kommen sie her?

In meiner Einleitung »Unsere Gedanken waren schon richtig, aber dann lief alles schief«, habe ich versucht, den gesellschaftlichen und politischen Hintergrund darzustellen, um damit zu erklären, warum du dich nun, nach Hause zurückgekehrt von der Entbindungsstation, um selbst für dein Kind zu sorgen, vermutlich von einer undefinierbaren, aber starken Liebeserwartung überfordert fühlst. (Der Papa möchte doch bitte entschuldigen, dass ich ihn hier theoretisch wegzaubere; auf der anderen Seite könnte es ja auch ein allein erziehender Vater sein, der diese Seiten liest.)

Du hast das Gefühl, dass das Weh und Wohl dieses kleinen Wesens auf deiner Fähigkeit, ihm Liebe zu geben, beruht. Vielleicht plagt dich das Gefühl, dass du deinem Kind nicht genug Liebe geben kannst. Du hast Angst, dass du nicht gut genug bist. Dass du nicht gut genug sein kannst. Der Erziehungsurlaub gibt dir unendlich viel Zeit, um deinem Kind alles zu geben, was es braucht. Aber trotzdem hast du Angst. Schon bevor du deine neue Karriere als Mutter beginnst, fürchtest du, dass du es nicht schaffst.

Mit der Einleitung möchte ich das schuldbeladene Liebesevangelium des Big Brothers aus der Welt räumen, das eine kompensatorische Liebe fordert, eine Liebe *an Stelle von* der nicht existierenden, sozialen Beteiligung; eine kompensatorische Liebe, die sagt: »Du kannst an meinem eigentlichen Leben nicht teilhaben – aber ich liebe dich grenzenlos, wenn ich frei habe!«

Und das, was ich »das eigentliche Leben« nenne, ist der gemeinsame Kampf ums Überleben – der Kampf, der innerhalb der »Herde« (die Familie, die Einheit, du und dein Kind) gemeinsam gekämpft werden sollte, aber von dem das Kind ausgeschlossen wird. Jetzt, während des Erziehungsurlaubes bist du selbst von deiner sozialen Gemeinschaft ausgeschlossen. Zu der wirst du später zurückkehren, aber ohne dein Kind. Dein Gefühl der Unzulänglichkeit kommt zum größten Teil davon, dass du instinktiv weißt, dass irgendetwas hier nicht stimmt. Deshalb lautet das erste Gebot der Säuglingspflege: Du musst dich selbst und dein Kind davon überzeugen, dass du zu Hause bist, weil es *für dich notwendig ist* (aus irgendeinem Grund, egal welchem – als würde es um den Kampf ums Überleben gehen), und *nicht, weil du ein Kind bekommen hast.*

Es hört sich vielleicht paradox an. Aber wenn du es aus deiner eigenen Perspektive siehst, verstehst du vielleicht, was ich meine. Dir würde es auch nicht gefallen, wenn jemand dir seine ganze Zeit schenken würde, nur weil du nun mal existierst.

Schieben wir aber nun diese Sorgen erst einmal zur Seite! Du hast ein Baby bekommen; vor euch liegt eine Zeit, in der das kleine Kind in dieser Welt empfangen werden soll und in der du wirklich das Kind ins Zentrum deines Lebens setzen, es genießen und alles andere in den Hintergrund treten lassen solltest. Diese ersten Wochen nenne ich die Baby-Flitterwochen, und du wirst sehen, es gibt dafür sehr gute Gründe!

Wozu ich dich in diesem Abschnitt überreden möchte, ist eine handfeste, undramatische, sichere und vernünftige Säuglingspflege, frei von der angespannten (weil kompensatorischen) Liebeserwartung.

Zuerst musst du begreifen, dass das Kind nicht dein Kritiker ist. Es ist zu dir gekommen, um zu leben und zu lernen, nicht um sich die eine oder andere Meinung von dir zu bilden.

Wir nehmen wieder an, dass du ein kleines Mädchen bekommen hast.

Auch wenn du nie zuvor ein Neugeborenes gesehen hättest, würdest du wissen, dass deine Kleine vor allem Nahrung braucht. Du hast eben auch deine Instinkte. Die Zivilisation hat es nicht geschafft, sie ganz zu zerstören.

Du hast sicherlich schon mal ein Vogelnest gesehen, mit jämmerlich piepsenden Vogelbabys. Die Eltern rackern sich ab wie die Sklaven, um sie mit Futter zu versorgen. Und kaum haben die Kleinen das gebrachte Fressen heruntergeschluckt, fangen sie schon wieder mit dem hungrigen Piepsen an. Ihr Geschrei ist angsterfüllt. Es ist die Überlebensangst.

Oder vielleicht hast du auch mal ein kleines Kätzchen gefunden, das von seiner Mutter verlassen wurde. Du würdest nie versuchen, dieses Kätzchen zum Spielen aufzufordern oder es zu streicheln, bevor du wenigstens ein paar Tropfen Milch in das kleine Wesen eingeflößt hast, vielleicht mit einer Puppennuckelflasche. Du würdest das Kätzchen nicht hochnehmen, damit umherlaufen und versuchen es zu trösten. Du weißt, dass es ums Überleben geht. Das Kätzchen soll und muss vor allem Nahrung zu sich nehmen.

In derselben Weise wird das neugeborene Menschenkind von der Überlebensangst geplagt. Nur Nahrung kann diese Angst lindern. Wie viel du auch tröstest, wiegst, schaukelst, singst und trägst, es nützt alles nichts. Die Kleine muss essen, bevor sie die schönen Seiten des Lebens genießen kann.

Du kannst sie füttern. Du kannst ihre Angst lindern. Du hast einen großen Vorteil: Auch wenn deine Brüste leer sein sollten oder wenn du ein Mann bist – du kannst sie füttern. Du kannst das Überleben deines Kindes garantieren.

Nicht alle Eltern dieser Welt können das.

Du kannst einem neugeborenen Säugling nie zu viel Essen geben. Egal wie oft man dir gegenüber das Gegenteil behauptet, bitte ich dich: Glaube nicht daran!

Versetze dich in die Situation deines Kindes hinein! Wenn du am Verhungern wärest – und ein neugeborenes Kind, das aus der Gebärmutter getrieben wurde, weil die Nahrungszufuhr beendet worden ist, muss in der Tat kämpfen, um nicht vor Hunger zu sterben –, dann würden sich alle deine Gedanken um die Frage drehen, wie du diesen Hunger stillen könntest.

Der Wille zum Überleben ist unser stärkster Wille.

Wenn du Hunger hast, deine Speisekammer leer ist, der Supermarkt außer verstaubten Regalen nichts mehr bietet und du kein Geld hast und auch keine Ahnung, woher du etwas zu essen bekommen sollst – dann bist du, glaube mir, ganz und gar nicht an Liebe, Trost, sauberen Klamotten und Zärtlichkeit interessiert. Dann geht es um Wichtigeres, um das Wichtigste überhaupt: ums Überleben. Du würdest an nichts anderes denken können! Und hast du erst Nahrung gefunden und weißt, dass du diesen Tag überstehen wirst, dann werden deine Gedanken sofort zum nächsten Problem wandern: Wie sollst du es nur schaffen, den morgigen Tag zu überleben? Erst wenn du weißt, dass dein Überleben gesichert ist, wirst du zur Ruhe kommen können. Vorher bist du außerstande, an etwas anderes zu denken.

In einer solchen Angst lebt dein Neugeborenes. Überleben – oder nicht? Und wenn – für wie lange? Es gibt jetzt Essen – aber danach?

Deine erste Aufgabe als Mutter oder als Vater ist es, diese Angst deines Kindes zu lindern, ihm durch dein Handeln zu versichern: »Ja, du wirst überleben. Dafür werde ich sorgen. Darauf kannst du dich verlassen.« Und es gibt nur eine Methode, um diese Aussage zu vermitteln: füttern, mehr füttern, noch mehr füttern und nochmals füttern.

So wenig wie du möchtest – oder es überhaupt aushalten könntest –, dass man dich zu trösten oder zu beruhigen versucht, wenn du gerade hysterisch, mit dem Hunger drohend im Nacken, nach Nahrung suchst, genauso wenig kann deiner kleinen Neugeborenen damit gedient sein, getragen, getröstet oder in irgendeiner Weise umsorgt zu werden, solange die Angst ums Überleben an ihr nagt. Das Kind muss essen, sofort und so viel es überhaupt hinunterkriegen kann. Erst *danach* kommt dann die Zeit für all das andere.

Wahrscheinlich wird dir das vollkommen selbstverständlich vorkommen. Nichtsdestotrotz werden gerade auf diesem Gebiet viele Fehler gemacht. Die Schreie der Überlebensangst werden falsch verstanden: Das Kind wird als »Kolik-Kind« abgestempelt. »Bauchweh« – in Wahrheit eine Beleidigung der Natur! Statt Nahrung bekommen kleine Neugeborene Wasser und tropfenweise Medizin, in der Tat eine magere Kost. Und das Ergebnis kann nur eines sein: eine Verstärkung der Überlebensangst.

Eine andere »Weisheit« lautet, man solle das Kind erst wickeln, damit es nach der Mahlzeit satt und zufrieden einschlafen kann. Das Windelwechseln bedeutet Wartezeit, Geschrei und vergrößerte Angst, und es kann zu einem schrecklichen Alptraum werden für diese kleinen Kinder und ebenso für die Erwachsenen.

Wenn die Kleinen dann endlich gewickelt worden sind, haben sie schon alle Hoffnung auf Nahrung aufgegeben. Die Angst hat sie fertig gemacht. Sie reißen an der Brust und saugen gierig, als würde es ums Überleben gehen – was ja auch wirklich so ist. Mit der Milch wird dadurch sehr viel Luft mit heruntergeschluckt. Danach schlafen sie, erschöpft, wie sie sind – aber nur, um sehr bald wieder aufzuwachen. Sie haben nicht genug getrunken, vor allem wurden sie in keiner Weise davon überzeugt, dass sie nicht immer noch jeden Moment vor Hunger sterben könnten.

Und da stehst du dann und fragst dich, ob die Kleine denn wirklich schon wieder Hunger haben kann – es ist ja nicht mehr als eine halbe Stunde vergangen, seitdem sie gefüttert wurde. Und du nimmst sie hoch und versuchst sie zu trösten.

Das Hochgenommenwerden veranlasst das Kind zu glauben, dass es etwas zu essen bekommen könnte – aber nichts kommt. Die Verzweiflung wächst. Schließlich, wenn die Angst ihm zu groß wird, schläft es aus barmherziger Erschöpfung ein. Um verzweifelt wieder aufzuwachen, sobald es wieder hingelegt wird, weil die Hoffnung auf Nahrung sich damit ganz verflüchtigt.

In dieser Weise kann man innerhalb weniger Tage eine echte Kolik verursachen. Die ungelinderte Überlebensangst wird sich bald in körperlichen Symptomen äußern. Bauchschmerzen, wirkliche Schmerzen, werden zur Tatsache. Aber auch ein Kind, das über längere Zeit unter Koliken gelitten hat, wird in dem Augenblick geheilt, in dem die Überlebensangst gelindert wird. Wir werden später darauf zurückkommen (siehe »Wenn etwas schief läuft: Kolik?«, Seite 214).

Außer dem Nahrungsbedarf, der für das Überleben steht, hat das kleine Neugeborene natürlich auch alle anderen allgemeinen, menschlichen Bedürfnisse, aber sie sind sämtlich zweitrangig. Dies gilt für die Zugehörigkeit, die Geborgenheit, die Körperpflege, die soziale Beteiligung und die Freude.

Weitere Bedürfnisse, die ich hier hervorheben möchte, sind Liebe, Trost und Ruhe.

Fangen wir mit der Liebe an ...
- **Liebe** gehört einfach dazu. Sie kann nicht künstlich herbeigeführt werden. Es gibt sie nicht fix und fertig zu kaufen. Die Liebe wächst aus einem gemeinsamen Leben hervor, aus der Zusammengehörigkeit, und später auch aus der Zusammenarbeit. Mache dich deshalb frei von jeglicher Liebeserwartung. Das Kind erwartet sie nicht von dir. Lass die Liebe wachsen. Die Natur hat dein Baby sowieso total unwiderstehlich gemacht.
Deine erste und dringendste Aufgabe ist es, die Überlebensangst deines Kindes zu beseitigen. Nicht nur, damit das Kind die anderen schönen Dinge des Lebens genießen kann, sondern auch, damit du es selbst kannst. Wenn deine kleine Tochter deine Liebe nicht empfangen kann – und das kann sie nicht, solange sie von Überlebensangst geplagt wird –, kann deine Liebe sich in Hass verwandeln, in Hass auf das Kind.

- Zum Thema **Trost** möchte ich, dass du dir selbst ein paar Gedanken machst. Aus welchem Grund sollte ein kleines Baby Trost brauchen? Warum sollte das Baby unglücklich sein? Ist es vielleicht unglücklich auf die Welt gekommen? Haben wir Menschen so viele andere Arten von Lebewesen überlebt, weil wir unglücklich sind? Haben wir uns geweigert auszusterben, obwohl wir nur Mitleid erwecken? *Will* das Neugeborene leben, oder lebt es, obwohl es unglücklich und schwach ist? Wird es zum Leben getrieben oder vielleicht gezwungen?
Meiner Meinung nach leben wir aus Lust, Willen und Kraft. Aber wie gesagt, überleg doch mal selbst!

Gelingt es dir, das hartnäckige Gefühl, dein Kind trösten zu müssen, zu bekämpfen, dann wirst du endgültig die Angst los, dein Kind könnte unglücklich sein, wenn es schreit. Dann wirst du das Schreien als eine Frage verstehen, und es liegt an dir, diese Frage zu beantworten. »Werde ich überleben?« – »Ja, du wirst überleben!« Und da Wörter bei diesen kleinen Menschen keine große Wirkung zeigen, sprichst du durch Handlungen.

Mit dieser Einstellung wirst du auch nicht so oft daran zweifeln, ob du eine gute Mutter oder ein guter Vater bist – und auch nicht daran, ob das Kind dich mag oder nicht, usw.

Jeder Schrei eines jeden Kindes ist eine Frage, und es ist deine Aufgabe, diese Fragen zu beantworten.

- Die **Ruhe** schließlich ist eine Erfindung, die durch Unruhe und Unsicherheit entstanden ist und an der niemand – am allerwenigsten das Kind – sich erfreuen kann. Alle Geräusche von einem Neugeborenen fern zu halten ist genauso schlimm, wie alles Licht auszuschalten. Natürlich würde niemand ein Neugeborenes mit einer Lampe blenden wollen, und so sollte man das Kind auch vor lauten, schrillen Geräuschen schützen; insofern ist etwas Rücksicht angebracht, wie wir sie gegenseitig voneinander erwarten.

Nun hoffe ich, dass ich dir die größten deiner Sorgen genommen habe: ob du genug lieben kannst, ob du genug trösten kannst, ob du für ausreichend Ruhe sorgen kannst, damit deine Kleine nicht wach wird.

Wenn du dich von diesen Sorgen befreit hast, wirst du sehen, dass es gar nicht so schwer ist, ein Neugeborenes zu pflegen!

Ein neugeborenes Kind hat nur wenig Bedürfnisse, die für dich bald leicht erkennbar und einfach zu erfüllen sein werden.

Erst kommt das Bedürfnis nach Nahrung. Danach erst einmal nichts und nochmals nichts … und dann:
- Die **Zugehörigkeit** ist schon da. Du brauchst sie nur zu bestätigen. Du bist es – oder ihr seid es –, die das Überleben des Kindes in ihren Händen hat, und das Kleine hat ein angeborenes Vertrauen in dich. Die Zugehörigkeit des Kindes ist schon festgelegt. Um das Vertrauen muss man sich gar nicht kümmern, es ist schon vorhanden.

Das Bedürfnis nach Zugehörigkeit erfüllst du, indem du in einem gemeinsamen, festen Rahmen (in der »Herde«, in eurem Zuhause) immer für das kleine, neue Mitglied erreichbar bist; du solltest dein Kind auf keinen Fall ausschließen und es nicht sich selbst und der Hilflosigkeit überlassen. Das Überleben hängt von der Zugehörigkeit ab, und diese Lebensregel ist dem Kind schon von Geburt an bewusst – jeder Mensch, auch ein ganz kleiner, braucht einen Ort, wo er hingehört, eine Gruppe, von der er ein Teil ist. Wir brauchen alle einen festen Punkt auf diesem Planeten, an dem wir uns sozusagen fest halten können.

Ohne einen festen Punkt in deinem Leben bist du hilflos – obwohl du, im Erwachsenenalter, auch ohne eine feste Bezugsgröße überleben kannst. Der feste Punkt ist nicht nur ein Mensch, es ist auch ein Zuhause, ein Platz auf der Erde: alles, was ich in den Begriff »Herde« mit einbeziehen möchte. Und das Kind ist aus demselben Stoff wie du gemacht.

- Die **Geborgenheit** steht für deine Anleitung, deine Antworten, deine Ruhe, deine Bestätigung.

Deine kleine Neugeborene ist nicht nur in dem Sinne hilflos, dass sie nicht allein für ihre Nahrung sorgen kann. Sie ist auch hilflos, weil sie sich nicht selbst schützen kann. Ein kleines, neugeborenes Menschenkind würde draußen in der Nacht unter wilden Tieren nicht lange überleben, auch nicht, wenn es einen vollen Bauch hätte.

Die Sicherheit, mit der du deine kleine Tochter umgibst, wird ihr zeigen, dass sie ganz beruhigt sein kann, dass sie gegen Gefahren geschützt ist und dass die »Herde« sie immer bewacht und sie umsorgen wird, bis sie groß genug ist, allein in der Welt zurechtzukommen.

Damit die Kleine sich trauen kann, diese Überzeugung zu erlangen, darfst du keine Zweifel daran aufkommen lassen. Deine Haltung sollte dem Kind jederzeit zeigen, dass alles in schönster Ordnung ist. Das Kind wird davon überzeugt sein, dass du alles im Griff hast, auf alles vorbereitet bist und ständig voraussehen kannst, was auf euch zukommt, damit alle Gefahren rechtzeitig abgewendet werden können. So wird das Kind eine innere Ruhe erlangen – weil es weiß, *dass du Bescheid weißt*.

Dies erfordert ab und zu ein gewisses Maß an schauspielerischem Talent. *Es wird noch viele Jahre dauern, bevor dein Kind deine Unruhe, Unsicherheit, Zweifel und Verzweiflung annehmen kann, ohne gleich Gefahr zu wittern.*

Wenn du gerade eine lautstarke Auseinandersetzung mit deinem Partner gehabt oder ein aufregendes Telefongespräch geführt hast oder du aus Sorge und Angst in völlige Verzweiflung geraten bist und dir nur zum Heulen zumute ist, musst du – in dem Moment, in dem das Kind aufwacht und nach

Essen verlangt – deine eigene Aufregung verstecken, indem du ein geistiges »Rollo« herunterlässt.

Du atmest ein paar Mal tief durch, wappnest dich mit allen Reserven von Ruhe und Entschlossenheit, setzt ein Lächeln auf, gehst zu deinem Kind hinein und nimmst es hoch! Je natürlicher und selbstsicherer dein Auftreten ist, desto größer wird die Ruhe des Kindes.

Das ist Geborgenheit: Keine Gefahr droht.

- **Die Körperpflege** haben wir im ersten Teil unseres Buches (»Was musst du tun?«, ab Seite 75 ff.) behandelt und wir werden später nochmals darauf zurückkommen. Beispielsweise in »Baden!«, Seite 222.

- **Die soziale Beteiligung** wird später ausführlich behandelt.

- **Die Freude** schließlich ist schon beinahe unter den Teppich der endlosen Klagen gekehrt worden: »Das Leben mit Kindern ist ja sooo anstrengend!« Welch eine Freude, diese kleinen Kinder! Kleine Kinder sollte man genießen! Und hast du erst die Pflege und Versorgung deines Neugeborenen im Griff – hier ist das Lösungswort FÜTTERN, mehr füttern, noch mehr füttern und nochmals füttern –, ja, dann macht es einfach Spaß, das verspreche ich dir. Die Finesse dabei ist, dass das Kind es auch so empfindet. Denn das Menschenkind will ja leben. Es will leben und findet es lustig, aufregend, faszinierend, herausfordernd, wunderschön, ein Geschenk des Himmels und einfach riesig.

Kleine Kinder begrüßen die Welt mit einem Lächeln – egal ob sich jemand bemüht, es hervorzulocken oder nicht. Die Kleinen lächeln aus purer Lebensfreude. Wenn die Überlebensangst überwunden ist, kommt die Freude. Und die Neugier. Und die Freude am Spielen. Wie bei einem kleinen Kätzchen.

Und alle kleinen, neugeborenen Menschenkinder brauchen eine Bestätigung dieser Lebensfreude. Sonst könnte sie mit der Zeit erlöschen.

Darum: Du solltest einen Säugling immer anlächeln, wenn eure Blicke sich treffen!

Vielleicht musst du auch hier ein bisschen schauspielern – es kann sein, dass es dir gar unmöglich erscheint, zu lächeln, weil du einfach nicht gut drauf bist. Aber Hand aufs Herz: Du lebst, weil du es willst und das Leben magst – habe ich nicht Recht? Das bin nicht ich, die diese Frage stellt, sondern dein kleines Kind, ein Mensch ganz genau wie du!

1. Die Nahrung

Nahrung bedeutet Überleben.
Du hast die Nahrung.
Du stehst buchstäblich fürs Überleben.

Sehr bald schon wird dein kleines Neugeborenes einsehen, dass DU, und nur DU, die Speisekammer bist. DU hast die Brüste! Hier hat jede Mutter einen unanfechtbaren Vorsprung: ihren Busenstatus.

Daraus folgend wirst du dir in der nächsten Zeit oft wie eine umherwandelnde Speisekammer vorkommen. Sicherlich wirst du es nicht immer als sehr lustig empfinden. Nicht du gehst mit deinem Busen spazieren, sondern dein Busen mit dir. Du wirst benutzt. Wer du bist, was du fühlst, wie dein Seelenleben auch aussehen mag – wen interessiert das? Du bist die Nahrungslieferantin. Dein Leben dreht sich *erstens* um deine Brüste und *zweitens* um das Kind. Darauf kannst du dich jetzt schon einstellen!

Die ersten zwei Monate nach der Entbindung habe ich selbst immer als verlängerte Schwangerschaft angesehen. Das kann ganz praktisch sein. Man verfällt dann nicht in den Glauben, dass alles für immer so bleiben wird, wie es jetzt ist.

Es dauert etwa zwei Monate, bevor das Stillen reibungslos abläuft (wenn es überhaupt zu Problemen kommt). Es dauert auch etwa zwei Monate, bis der Wochenfluss ganz aufhört. Es dauert genau so lange, bis du ganz verheilt bist und du dein Sexleben wieder aufnehmen kannst. Und es dauert zwei Monate, bevor dein Körper wieder nach etwas aussieht, das dir menschlich erscheint, und auch seelisch fühlst du dich dann – nach den von der Geburt verursachten Umwälzungen – wieder wie ein normaler Mensch. Und es dauert zwei Monate, bevor du einen regelmäßigen Ablauf der Versorgung deines Kindes aufgebaut hast; dann nimmt der Alltag wieder Form an und du wirst wieder Zeit und Kraft für andere Beschäftigungen finden.

Die Zweimonatsgrenze ist auch in Bezug auf das Kind sehr markant. Zu diesem Zeitpunkt wird die Kleine vieles von dem kapieren, was ihr jetzt noch als großes Rätsel erscheint. Sie wird die Funktionen ihres Körpers kennen – oder wird sich wenigstens an sie gewöhnt haben. Sie wird ihre Umgebung kennen gelernt haben. Wenn sie immer reichlich Nahrung bekommen hat, wird ihre Überlebensangst jetzt überwunden sein, und sie wagt es, zu glauben, dass sie das Leben schaffen wird. Sie fängt an, sich immer mehr Annehmlichkeiten und Spaß zu erlauben, und sie lässt sich vertrauensvoll in den Alltag, der deiner ist, eingliedern – unter den Voraussetzungen, die für dich (für die »Herde«) Bestand haben.

Aber der Weg bis zur Zweimonatsgrenze kann manchmal etwas holprig sein. Damit du jeden Tag so nehmen kannst, wie er kommt, kann es von Nutzen sein, die Schwangerschaft im Geiste einfach auf eine Dauer von elf Monaten auszudehnen. Dann wirst du auch die erste Zeit als eine Art von Baby-Flitterwochen betrachten können und sie in vollen Zügen genießen.

Deine kleine Neugeborene ist in den besten, oder sagen wir, privilegiertesten Teil der Welt hineingeboren worden. Aber dieses Glück ist ihr nicht bewusst. Sie hat überhaupt keine Ahnung davon, dass die ganze Maschinerie der Wohlfahrtsgesellschaft mit ihrer selbst geschaffenen Geborgenheit ihr das angeborene Recht auf Leben garantiert. Sie weiß nicht, dass es in diesem Land Unmengen von Nahrung gibt. Deine kleine Neugeborene weiß nur, dass es auf jeden Fall ums Überleben geht und dass sie auf eigene Faust keine Chance hat.

Wie du erkennen wirst, entsteht eine direkte Verbindung zwischen dem Kind und deinen Brüsten. Wenn das Kind schreit, fängt die Milch an zu laufen, egal ob ihr im selben Raum seid oder nicht. Innerhalb von ein paar Wochen bist du – oder korrekter ausgedrückt: deine Brust – zeitlich programmiert. Auch wenn du vom Kind weit entfernt bist, glaubt die Brust, du müsstest jetzt stillen, weil es zeitlich so weit ist. Es spielt keine Rolle, ob du vorher ordentlich abgepumpt und zu Hause eine Flasche in den Kühlschrank gestellt hast. Dein Busen ist nun dein eigentliches Ich. Der Rest ist nur Anhang.

Wie dein Körper und deine Gebärmutter das Kind vom Augenblick der Befruchtung bis zur »Lieferung« annahmen, so werden deine Brüste jetzt die Versorgung des Kindes übernehmen.

Das Prinzip ist ganz einfach. Deine Brüste produzieren die Nahrung, die genau auf dein Kind abgestimmt ist. Sie muss in Form von Milch herausgesaugt werden. Und das Kind seinerseits ist mit einem sehr starken Saugreflex ausgestattet. Das Kleine saugt an allem. Finger, Lippen, Ohrläppchen … und wie es saugt! Es muss nicht nur die Milch herunterschlucken, es muss sie auch heraussaugen. Und je größer das Kind wird, desto größere Mengen muss es hervorsaugen.

Die Milch läuft nicht in einem gleichmäßigen Strom während der ganzen Mahlzeit. Sie kommt stoßweise. Erst läuft sie wie ein Fluss. Das Kind trinkt schnell, um mitzuhalten. Es gluckst herrlich, und das Kleine sieht aus, als würde es von dem vielen Manna, das wie vom Himmel regnet, gleich in Ohnmacht fallen. Dann wird der Strom unterbrochen. Das Kind saugt eifrig weiter, ohne Milch zu bekommen. Allmählich läuft eine neue Portion zu und das Kind schluckt wieder regelmäßig. Zuletzt, wenn die Brust leer wird, saugt das Kind die allerfetteste Milch hervor.

Dieser unregelmäßige, stoßweise Zufluss von Milch verleitet viele Mütter zu dem Glauben, dass die erste Portion Milch – die das Kind in etwa fünf Minuten ausgetrunken hat – ausreichend sei und dass der Rest nur pure Lust am Saugen wäre. So ist es *nicht*, nach meinen besten Erfahrungen.

Du musst eine Trinkdauer von 20 Minuten einrechnen, damit das Kind eine Chance bekommt, satt zu werden. Die Mahlzeit darf nicht unterbrochen werden. Das Kind saugt immer weiter, bis es eine neue Portion zustande gebracht hat, und die sollte es auch noch bekommen. Nachdem das Kind dann genügend Zeit für sein Bäuerchen hatte, darf es noch eine Weile aus derselben Brust trinken, um dann zum Abschluss eine Portion aus der anderen Brust zu trinken.

Wenn die Kleine danach für eine Weile aus purer Lust weitersaugt, dann erlaube es ihr! Das Kind wird von derselben Überlebensangst geplagt wie die verzweifelt piepsenden Vogelbabys in ihrem Nest. Auch das Leben des Kindes hängt am selben dünnen Faden. Die Nahrung, die du deinem Kind gibst, muss das Kind nicht nur am Leben halten. Sie soll auch die Überlebensangst lindern. Die Nahrungszufuhr sollte sowohl ausreichend als auch überströmend – im buchstäblichen Sinne des Wortes – sein.

Vergleiche doch einmal deine eigenen Essgewohnheiten – obwohl du weißt, dass du überleben wirst, werden sie sicherlich auch etwas üppiger ausfallen, als es notwendig wäre: Die erste Portion isst du, weil du ein Loch im Bauch hast – du hast ganz einfach Hunger. Die zweite Portion isst du, damit du einen kleinen Vorrat hast und die Zeit bis zur nächsten Mahlzeit problemlos überstehen kannst. Die dritte, kleine Portion – ein leckerer Nachtisch vielleicht? – isst du aus purem Vergnügen. Dasselbe Prinzip gilt auch für Babymahlzeiten.

Die Milch läuft also nicht in einem regelmäßigen Strom während der ganzen Mahlzeit – und genauso instabil ist auch die Art und Weise, wie die Milch nach dem wachsenden Bedarf des Kindes produziert wird. Das Kind muss sich eine neue Portion Milch hervorsaugen, wenn die erste Portion ausgetrunken ist; und genauso muss es eine erhöhte Milchproduktion hervorsaugen, wenn die alte Menge nicht mehr ausreicht, weil das Kind größer geworden ist. Und das dauert eine Weile.

Du kannst drei dieser Übergangsphasen erwarten. Sie können kritisch werden. Es braucht Zeit, bis die Brust sozusagen den Befehl empfangen und ausgeführt hat.

Diese Übergangsphasen müssen nicht problematisch werden. Es kann sein, dass sie dir gar nicht auffallen. Wenn du aber Probleme bekommst, dann glaube bitte nicht, dass deine Zeit als (stillende) Mutter schon zu Ende geht! Lass das Kind saugen, saugen und noch mehr saugen! Schlimmstenfalls kannst du noch zufüttern. Das Wohlbefinden des Kindes ist ja die Hauptsache, und denke daran: Das Stillen hat mit Prestige überhaupt nichts zu tun.

Die *erste Umstellungsphase* beginnt etwa eine Woche nach der Geburt. Du musst dich darauf vorbereiten, sehr lange mit dem Kind an der Brust sitzen – oder liegen – zu müssen, bevor es richtig satt wird.

Eine allgemeine Erklärung dieser nicht ausreichenden Milchproduktion – die in der Tat keinen Rückgang in der Produktion darstellt, sondern nur zeigt, dass die Produktion nicht so schnell nachkommt, wie es die wachsende Nachfrage wünschen lässt – ist, dass die Mutter aufgrund der ganzen Veränderungen, die nach der Heimkehr aus der Klinik anstehen, ihr seelisches Gleichgewicht verliert. Zwar ist es richtig, dass man erst richtig begreift, was es heißt, ein Kind bekommen zu haben, wenn man wieder zu Hause ist. Aber diese Veränderungen – die größere Verantwortung etc. – haben keine direkte oder negative Wirkung auf das Stillen. Wenn die Produktion der Brust mit dem steigenden Nahrungsbedarf des Kindes nicht mitkommt, könntest du vielleicht zu dem Schluss kommen, dass du doch nicht stillen kannst, weil du seelisch aus dem Gleichgewicht geraten bist; weil deine Probleme immer zahlreicher werden (Probleme hat man doch immer, oder nicht?) und dass du deshalb eine schlechte Mutter bist – eine Mutter, die nicht einmal stillen kann!

Wenn derartige Sorgen dich plagen sollten, dann denke an die Mütter in den Ländern, in denen Kriege toben und in denen der Alltag wirklich von Problemen überhäuft ist, wo die Not vor der Tür steht und niemand an eine Zukunft glauben mag – nicht einmal an morgen. Glaubst du, dass diese Mütter nicht stillen können? Es ist anzunehmen, dass deine Schwestern dort von dem Risiko, die Milchproduktion könne zurückgehen, noch nie gehört haben. Mit anderen Worten: Du kannst alles, was du darüber gehört haben magst, getrost vergessen.

Die *zweite Übergangsphase* kommt dann etwa drei Wochen nach der Geburt. Jetzt sprechen wir wieder von längeren Mahlzeiten. Du musst das Kind mehr zum Saugen drängen, es wird mehr Anstrengung und mehr Einsatz von beiden Seiten verlangt. Du musst versuchen, die Verzweiflung zu überwinden, wenn du merkst, dass fast keine Milch mehr kommt. Versuche stattdessen, dieses kleine, tapfere Wesen zu bewundern. Es versucht so unermüdlich deine konservativen Brüste davon zu überzeugen, dass die Zeiten sich geändert haben!

Wenn die Kleine nach kürzerer Zeit als gewöhnlich aufwacht und nach Essen verlangt, musst du ihr Nahrung geben. Sie hat nicht genug bekommen, obwohl sie eine ganze Stunde lang, oder vielleicht sogar anderthalb, an der Brust lag. Weil die Milch nicht – noch nicht – in ausreichender Menge vorhanden war. Aber bald wird sie wieder in größeren Mengen hervorsprudeln.

Schon morgen kann die Milch wieder problemlos zulaufen – und sogar wieder überlaufen. Und ist die Milchfabrik endlich mit der Produktion nachgekommen, werden die Portionen in Zukunft ausreichend und stabil bleiben.

Nach sieben bis acht Wochen werden die Portionen aber wieder zu klein sein. Dann beginnt die *dritte Umstellungsphase*. Wenn du auch diese Runde überstehst, kehrt Ruhe ein in deinem Leben. Nach zwei Monaten werden Nachfrage und Produktion auf demselben Niveau bleiben. Das Kind wird die Trinkmenge nicht mehr erhöhen, es nimmt jetzt etwa 200g durchschnittlich pro Mahlzeit zu sich (fünf Mahlzeiten pro Tag). Diese Ration wird nun ausreichend sein, solange du stillst. Die Zufütterung von anderer Nahrung kommt dann später in Form von Obstpüree, Brei und Ähnlichem.

Wie gesagt wirst du diese Umstellungsphasen, in denen das Kind eine vollere Speisekammer fordert, vielleicht gar nicht bemerken. In dem Fall freue ich mich für dich! Aber diese Phasen können auch sehr kritisch werden. Und vielleicht wirst du bei der ersten, zweiten oder dritten Phase das Stillen aufgeben. Wer das Stillen aufgibt, tut es selten aus Faulheit, aus irgendeiner Laune heraus oder aus Gleichgültigkeit.

Zwei Monate stillen ist besser als gar nicht. Zwei Wochen auch.

Im ersten Teil dieses Buches habe ich dir mein Mahlzeitenprogramm vorgestellt, ich nenne es das Standardmodell (siehe »Was musst du tun?«, Seite 73ff.). Das Modell baut auf meinen eigenen, wohlerprobten Erfahrungen auf. Es ist das Rückgrat der Säuglingspflege. Ich habe die natürliche Weise des Fütterns so umschrieben: Es ist Zeit zum Füttern, wenn das Kind Hunger hat! Und es bedarf einer bestimmten Handlungsabfolge.

Eine komplette Mahlzeit mit allem drum und dran – Füttern, mehr Füttern, Wickeln, Beisammensein und ein (oder mehrmals) Nachfüttern, so lange, wie die Kleine Lust und Energie hat – dauert etwa anderthalb Stunden, mit einem

Spielraum von etwa einer Viertelstunde in beiden Richtungen. Und danach wird das Kind zweieinhalb Stunden schlafen; auch hier mit einer gewissen Variationsbreite (obwohl man bei einigen Kindern tatsächlich die Uhr danach stellen könnte).

Ganz kleine, neugeborene Kinder schlafen etwas mehr. Sie sind noch von der Geburt erschöpft und können noch nicht ganz so lange aufbleiben. Die erste Woche zu Hause läuft meistens sehr friedlich ab, das Kind trinkt und schläft, trinkt und schläft. Du wirst die Mahlzeiten vielleicht etwas verkürzen (20 bis 30 Minuten Mahlzeiten) und alle sind zufrieden. Aber das rächt sich, schon bald könnte es zu einem nicht besonders erträglichen Nachtbetrieb kommen. Wenn du von Anfang an nach dem Standardmodell vorgehst, mit vier großen Mahlzeiten am Tag, werden deine Nächte relativ ruhig bleiben!

Das Standardmodell ist ein Kompromiss zwischen dem alten, traditionellen Vier-Stunden-Plan und der unregelmäßigen, konturlosen Eigenrhythmus-Methode. Anderthalb Stunden Mahlzeit und zweieinhalb Stunden Schlaf sind insgesamt vier Stunden. Das Kind isst also alle vier Stunden – d.h., dass alle vier Stunden eine neue Mahlzeit mit allem, was dazugehört, beginnt.

Fängt deine Kleine eine Mahlzeit beispielsweise um 12 Uhr an, ist sie um halb zwei fertig mit dem Essen und um vier Uhr fängt dann die nächste Mahlzeit an.

Eine Mahlzeit nach dem Standardmodell umfasst zwei große und eine (oder zwei) kleinere Portionen. Das Kind stillt nicht nur seinen Hunger, sondern speichert auch eine Reserve, die bis zur nächsten Mahlzeit ausreicht. Und der kleine Schluck zum Abschluss ist gut fürs Wohlbefinden.

Die Überlebensangst des Kindes wird damit gelindert – nicht nur im »Nachhinein«, sondern auch vorbeugend, weil das Kind durch die letzte Nachfütterung eine gute Reserve bekommt. Mit dieser Reserve kann das Kind richtig schön schlafen. (Nach dem traditionellen Vier-Stunden-Plan bekam das kleine Kind nur *eine* Portion Milch, *nachdem* es gewickelt worden war, und dann hieß es wieder gute Nacht!)

Mit dem Standardmodell gewinnst du viele Vorteile: Du weißt, was zu tun ist. Du weißt, was als Nächstes kommt. Du kannst die langen Schlafphasen nutzen, weil du so ungefähr weißt, wie lange sie dauern werden. Du hast die Sache im Griff und das gibt dir eine wohltuende Sicherheit. Der größte Vorteil ist aber, dass du ein ruhiges und zufriedenes Kind haben wirst. Und damit ist die beste Grundlage für gegenseitige Freude, gemeinsames Genießen und ein schönes Leben für euch beide gegeben!

Das Standardmodell beschreibt eine Methode und keinen Zeitplan, der sklavisch eingehalten werden muss. Während der ersten Zeit, der Baby-Flitterwochen, sollte die Kleine das Sagen haben. Sobald sie aufwacht, muss sie gefüttert werden, d.h. sofort beim ersten Weinen (Neugeborene werden oft wach, ohne dass sie Hunger haben – sie sind aber in diesem Fall ruhig und müssen dann auch nicht gleich aus den Federn gezogen werden).

Wird dann das ganze Programm absolviert, mit zwei Runden Trinken, Wickeln, Beisammensein und Nachfütterung(en), wird das kleine Neugeborene danach für eine längere Zeit schlafen, in der Regel etwa zweieinhalb Stunden. Aber der Schlaf kann sich auch auf drei Stunden, manchmal sogar auf vier, verlängern.

Es kann auch vorkommen, dass die Mahlzeit verkürzt werden muss, weil das kleine Kind einfach zu müde ist und nach dem Wickeln zu weinen anfängt – in diesem Fall kannst du dir das gemütliche Beisammensein getrost streichen und direkt zur Nachfütterung übergehen. Die ganze Mahlzeit dauert dann vielleicht nur eine Stunde oder auch nur 50 Minuten.

Denke immer daran, dass das Kind entscheidet. Du selbst benutzt nur ein Modell, das dir vorgibt, wie die Mahlzeit ablaufen sollte, damit die Bedürfnisse des Kindes bei jeder Mahlzeit gestillt werden.

Auch die Nächte können unterschiedlich ablaufen. Da der Tag »falsch« eingerichtet ist – man kann vier große Mahlzeiten am Tag und zwei kleine Nachtmahlzeiten nie genau an 24 Stunden anpassen –, werden sich die Essenszeiten ständig verschieben. Das bewirkt, dass man ab und zu drei kurze, nächtliche Mahlzeiten geben muss, wenn man nicht schon um fünf Uhr aufstehen und mit dem großen Tagesprogramm von Anderthalb-Stunden-Mahlzeiten anfangen möchte. Andererseits sollte man immer danach streben, wirklich vier große Mahlzeiten am Tag zu schaffen! Drei reichen nicht aus.

Später, wenn die »Baby-Flitterwochen« zu Ende gehen, streichst du eine Nachtmahlzeit (die, welche um etwa 1 Uhr angesagt wäre).

Im Übrigen wird auch im zweiten Monat alles so weiterlaufen wie bisher: Das Kind bestimmt den Tagesablauf. Nur wird sich jetzt ein deutlicher Rhythmus langsam herauskristallisieren. Wenn das Kind zwei Monate alt ist, kannst du dich auf den Rhythmus festlegen, den das Kind selbst für sich gefunden hat. Was noch an Veränderungen auf euch beide zukommen wird, werden wir später behandeln.

Ein kleines Memo

1. Vier große Mahlzeiten am Tage, nach dem kompletten Programm des Standardmodells.
2. Zwei Nachtmahlzeiten von jeweils etwa 20 Minuten nach dem verkürzten Programm.
3. Immer sofort füttern, wenn das Kind anfängt zu weinen!
4. Flexibilität! Das Kind entscheidet. Zwischen den Mahlzeiten möglichst immer ausschlafen lassen. Ab und zu eine Nachtmahlzeit mehr oder eine weniger, aber vorzugsweise nie weniger als vier große Mahlzeiten am Tag.
5. Nicht mit der Uhr in der Hand vorgehen: Das neugeborene Baby ist deine Uhr!

Es ist spannend, zu beobachten, welche Essenszeiten das Kind sich aussucht, wann es wach wird, wie lange es wach ist und wann es danach einschläft, und diese Daten dann schließlich zu vergleichen, Tag für Tag und Nacht für Nacht. Hier wird ein gewisser Rhythmus langsam erkennbar. Es gibt die kleinen »Frühaufsteher«, die kleinen »Nachteulen« und die »Mittagsschlafmützen«; es gibt Kinder, die vormittags schlapp machen und dafür nachmittags putzmunter sind; und Kinder, die unbedingt die Nacht zum Tage machen möchten und die man tagsüber kaum wach bekommt. (Für die letztgenannten Kinder ist das Standardmodell ein besonders erfolgreiches Rezept, weil man mit ihm diese Gewohnheit leicht ändern kann, siehe »Der Schlaf«, Seite 150.)

Gehe immer davon aus, dass ein schreiendes Neugeborenes Nahrung braucht!

Hunger ist ein unbekanntes und erschreckendes Gefühl, das in schmerzhafter Weise den stärksten Trieb des kleinen Menschen auslöst: den Überlebenstrieb. Deine kleine Neugeborene weiß sehr wohl, dass sie sich selbst nicht ernähren kann. Sie ist einer unangenehmen Ungewissheit ausgesetzt und verspürt Angst. »Wird jemand mein Weinen hören? Wird gegebenenfalls dieser jemand mir etwas zu essen geben? Werde ich dann vom dem, was ich bekomme, überleben können?«

Diese Fragen beantwortest du so:
1. Du nimmst das Kind sofort hoch = »Ich habe dich weinen hören«
2. Du fütterst es sofort = »Ich weiß, was du brauchst«
3. Du gibst dem Kind so viel Nahrung, wie es annehmen kann = »Du wirst überleben«
4. Du gibst dem Kind eine Extraportion Milch – oder zwei – nach dem Wickeln und dem Beisammensein = »Siehst du, es gibt noch mehr davon, du kannst jetzt ruhig schlafen«

Mit diesen handlungsbezogenen Antworten wirst du die Überlebensangst deines Kindes so gut wie nur möglich lindern. Gegen Ende des zweiten Monats kannst du dann ein festes Mahlzeitenschema aufstellen, denn bis dahin wirst du wissen, wann deine Kleine wieder Hunger haben wird. Und dann fügst du den fünften Punkt hinzu:

5. Du weißt, wann das Kind wach wird, und nimmst es kurz vorher hoch. Damit sagst du: »Ich weiß, was du brauchst. Ich wahre deine Interessen. Dein Überleben ist garantiert. Du kannst dein Leben in vollen Zügen genießen, dich entwickeln und wachsen, denn du wirst nie wieder deine Energie darauf verschwenden müssen, Angst zu haben.«

Wenn das Hungerschreien aufhört, gibt es nicht mehr viel Geschrei – das verspreche ich dir; bei einem Zwei-Monate-Baby höchstens fünf Minuten insgesamt über den ganzen Tag verteilt!

Du kannst jetzt mit dem Zufüttern beginnen oder du kannst ganz und gar auf Muttermilchersatz umsteigen.

Keine Frau wird das Stillen ohne triftigen Grund aufgeben; wenige verzichten freiwillig; die meisten nur gezwungenermaßen. Ich werde dir deshalb auch keine Empfehlungen geben oder die beiden Möglichkeiten des Fütterns miteinander vergleichen.

Das Saugen des Kindes stimuliert die Milchproduktion. Wenn du zufütterst, aber gleichzeitig weiterstillen möchtest, musst du dir die Sache sehr gut überlegen! Der Mensch ist von Natur aus ein bequemes Wesen. Gewöhnt sich das Kind an eine anstrengungslose Nahrungsaufnahme, wird es sich eventuell weigern, aus der Brust zu trinken, es sei denn, die Milch läuft ohne Unterbrechungen.

Wenn du dich für eine Zufütterung entscheidest, kann es sein, dass deine Milchproduktion auf dem erreichten Niveau stehen bleibt. Auf diesem Stand kannst du dann bleiben: soundsoviel Muttermilch, soundsoviel Muttermilchersatz. Aber wenn es deine Absicht ist, dem Kind nur gelegentlich eine Zufütterung zu geben – z.B. in den kritischen Übergangsphasen, die wir schon behandelt haben –, dann musst du immer noch jeden Tag davon ausgehen, dass die Brustmilch ausreichend ist und die Flaschennahrung nur eine Notlösung darstellt. Gewöhnst du dich an die Flasche, wird auch das Kind sich daran gewöhnen.

Du kannst dem Kind das Trinken aus der Flasche erschweren, indem du einen Sauger mit sehr kleinen Löchern wählst – aber es ist auch hier strengstens verboten, die Mahlzeit zu unterbrechen.

Ich habe immer gestillt, bis die Sache für uns beide zu anstrengend wurde. Es ist mir nie gelungen, die dritte und letzte Krise, die sieben oder acht Wochen nach der Geburt eintritt, zu überstehen. Es ist zwar schade, aber man kann nun mal nur sein Bestes tun. Wenn es irgendwann mehr Tränen als Milch gab, war es für mich Zeit zum Aufgeben. Jede Mahlzeit hatte dann schon bis zu drei Stunden gedauert, bis das Kind ausreichend gesättigt war, und die Zeit zum Wickeln und für das gemütliche Beisammensein wurden dadurch auf ein Minimum beschränkt.

Wenn ich mich entschlossen hatte, mit dem Stillen aufzuhören, bin ich ganz und gar zur Flasche übergegangen. Die Brust wurde ab diesem Tag freiwillig nicht mehr hervorgeholt. Abends und am nächsten Morgen entstand jedoch ein großes Spannungsgefühl in der Brust – dann habe ich das Kind angelegt, bis eine gewisse Erleichterung spürbar wurde. So bin ich weiter vorgegangen: Ich gab Flaschennahrung, aber legte ab und zu eine – oder eine halbe – Brustmahlzeit ein, wenn der Milchdruck in meiner Brust zu groß wurde.

Diese Methode ist unkompliziert und gut. Die Brustmilch geht langsam zur Neige und das Kind bekommt über einen längeren Zeitraum ein wenig Muttermilch zwischendurch. Der Übergang ist weich. Von da an waren wir – mein Kind und ich – seelisch auf die Flasche eingestellt. Die Flasche wurde die Hauptnahrungsquelle und die Muttermilch die Ausnahme.

Genau umgekehrt musst du handeln, wenn du zufütterst, aber das Stillen nicht aufgeben möchtest. Dann ist die Brustmilch immer noch die Hauptnahrungsquelle, die Zufütterung bleibt die Ausnahme und wird nicht mit einkalkuliert – die Flasche ist nur für Momente da, in denen ein akuter Bedarf besteht.

Reguläre Flaschennahrung erfordert eine entsprechende Ausrüstung, die gelegentliche Zufütterung auch. Um es uns einfacher zu machen, gehen wir davon aus, dass dein Kind zu jeder Mahlzeit Flaschennahrung bekommt.

Jetzt brauchst du fünf Flaschen und fünf Sauger. Glasflaschen halten die Wärme länger; Plastikflaschen gehen nicht kaputt. Die Löcher in den Saugern sollten klein, aber auch nicht zu klein sein. Mach die Probe, indem du selbst ein paar Tropfen hervorsaugst. Du musst ziemlich kräftig saugen müssen, um überhaupt etwas herauszubekommen. Dann brauchst du einen großen Kochtopf zum Auskochen der Flaschen und eine Holzgabel, um die Flaschen damit aus dem Wasser zu holen. Du brauchst noch einen kleinen Topf, in dem das Wasser für das Milchpulver gekocht wird, eine Plastikschüssel mit Ausgießtülle und einen Schneebesen.

Dies alles ist nur für das Baby gedacht und sollte nicht im täglichen Haushalt benutzt werden.

Säuglinge sind empfänglich für Infektionen. Die Muttermilch schützt ziemlich wirksam gegen Infektionen, was beim Muttermilchersatz nicht der Fall ist. Deshalb sollte man *immer* auf die Hygiene achten!

Es gibt viele verschiedene Sorten Milchnahrung. Sie sind alle teuer, aber die teuersten sind nicht immer die besten. Ich habe viele Produkte ausprobiert, aber immer die Entscheidung dem Kind überlassen. Wenn das Kind die Sorte, die ich serviert habe, nicht mochte, wurde der ganze Flascheninhalt wieder ausgespuckt, meistens wenn die Mahlzeit gerade beendet war. Dann habe ich einfach ein anderes Produkt gekauft.

Du musst natürlich darauf achten, dass das gekaufte Pulver für die Altersgruppe deines Babys geeignet ist. Befolge die Gebrauchsanleitung ganz genau. Die Messlöffel müssen wirklich nur gestrichen voll sein. Man darf nicht »ein bisschen mehr« nehmen, das kann der kleine Bauch nicht vertragen. Wenn du beim Abmessen der Babynahrung gestört wirst, weißt du vielleicht nicht mehr, ob du nun sechs oder sieben Messlöffel genommen hast. Geh auf Nummer sicher: Pulver zurück und von vorn anfangen. Lieber gibst du eine zu dünne Mischung als eine zu dicke.

Beim Füttern probierst du dann verschiedene Sauger aus. Du wirst bald feststellen, dass ein paar davon besser sind als die anderen. Auch das Kind merkt das. Nimmst du von da an nur diese Sauger, oder noch schlimmer nur einen einzigen Sauger, wirst du Schwierigkeiten bekommen, wenn er ausgetauscht werden muss. Das Kind könnte sich gegen einen neuen Sauger wehren. Deshalb solltest du immer mehrere Sauger in Gebrauch haben. Wirf sie dann weg, wenn sie anfangen, klebrig zu werden.

So bereitest du die Flaschennahrung zu:
1. Die Flaschen abkochen. Lege alle Flaschen in den großen Topf und lass das Wasser aufkochen. Die Schraubringe der Flaschen nun mit in den Topf legen. 10–15 Minuten kochen lassen. Danach die Kochplatte ausschalten. Jetzt legst du die Sauger, den Schneebesen und die Holzgabel dazu (nur die Griffe nicht ins Wasser legen).
2. Die Flaschen mit der Holzgabel herausholen. Die Gabel wird dazu in den Flaschenhals gesteckt und die Flasche auf den Kopf gedreht, damit das Wasser ausläuft. Dann die Flaschen mit der Öffnung nach unten auf ein sauberes Tuch stellen.
3. Die Anleitung auf der Packung lesen – wie viel braucht ein Kind, das so alt ist wie deines, pro Mahlzeit? Dazu rechnest du 50g (die Portionen, die in den Tabellen angegeben sind, sind immer zu klein). Du berechnest z.B. 150g pro Mahlzeit – für ein Neugeborenes – mal die fünf abgekochten, bereitstehenden Flaschen. Es sind 750g; diese 7,5 dl Wasser gießt du in den kleinen Topf und kochst es auf.
4. Reinige die saubere Plastikschüssel mit heißem Wasser aus dem großen Topf; kurz trocknen lassen.
5. Die Pulvermenge genau abmessen und in die Schüssel tun. Die Messlöffel werden genauestens nach Packungsanleitung abgezählt. Mit dem Messlöffel vorsichtig umgehen – er darf nicht schmutzig werden, weil er nicht abgekocht werden kann.
6. Nimm das in dem kleinen Topf kochende Wasser vom Herd. Auf das Pulver gießen und mit dem Schneebesen gründlich durchschlagen.
7. Die Flaschen werden mit der fertigen Milchnahrung aufgefüllt. An der letzten Flasche erkennst du, ob etwas fehlt. Ein wenig Wasser kann beim Kochen verdampft sein. Sind es nur fünf oder zehn Gramm, kochst du ein bisschen Wasser auf und füllst die letzte Flasche bis zum Maßstrich nach. Fehlt aber mehr, musst du den Inhalt aller Flaschen wieder in die Plastikschüssel kippen, das fehlende Wasser aufkochen, unterrühren und die Flaschen neu füllen. Das verdampfte Wasser muss ersetzt werden – sonst wird die Mischung zu stark.
8. Den großen Topf zur Hälfte mit kaltem Wasser füllen. Stelle die noch offenen, warmen Flaschen in das Wasser. Um ein schnelleres Abkühlen zu bewirken, stellst du den großen Topf mitsamt den vollen Flaschen in die Spüle und lässt kaltes Wasser drumherum laufen. Dieses schnelle Abkühlen ist sehr wichtig.
9. Die Sauger werden in die Ringe gedrückt und locker aufgeschraubt. Die

Ringe erst später festdrehen, sonst könnte es schwierig werden, sie wieder abzudrehen.
10. Die Flaschen in den Kühlschrank stellen, sobald die Milch abgekühlt ist. Fertig gemischte Milchnahrung ist ein ausgezeichneter Nährboden für Bakterien. Wird die Milch sofort abgekühlt und in den Kühlschrank gestellt, ist sie jedoch die nächsten 24 Stunden haltbar.

Gehst du auf Reisen, musst du beachten, dass die fertig gemischte Milch bei Raumtemperatur nur eine Stunde haltbar ist. Statt fertiger Milchmahlzeiten füllst du das Pulver in die Flaschen und das kochend heiße Wasser in saubere Thermosflaschen. Das Wasser wird dann zur Essenszeit in die Flasche gegossen und das Ganze gründlich geschüttelt.

Wenn du die Milchflasche aus dem Kühlschrank holst, wärmst du sie in einem kleinen Topf, der halb voll Wasser ist. Wenn das Wasser leicht zu kochen anfängt und die Flasche anfängt, gegen den Topfboden zu klicken, ist meistens eine passende Temperatur erreicht.

Nimm die Flasche hoch, und zwar ohne den Sauger zu berühren, drehe den Ring fest und drehe dann die Flasche um – Boden nach oben. Du lässt durch leichtes Klopfen ein paar Tropfen auf deinen Handrücken fallen. Wenn du nichts spürst, ist die Milch o.k.: Sie hat Körpertemperatur. Aber lieber ein wenig zu kalt als zu warm.

Einem Kind oder Neugeborenen, das vor Hunger in katastrophale Panik geraten ist, kann man ausnahmsweise die Flasche direkt aus dem Kühlschrank geben: Das neugeborene Kind akzeptiert tatsächlich die eiskalte Milch. Es ist immer gut, zu wissen, dass diese Notlösung möglich ist.

Du kannst die Flasche auch unter heißem Wasser aus der Leitung aufwärmen, während die Kleine an Mamas Kleinen-Finger-Knöchel oder an der Unterlippe nuckelt.

Die Milchflasche wird so serviert, als würdest du stillen. Sitze bequem und gib dem Kind genügend Halt für seinen Rücken und Nacken. Vergiss die Kuscheldecke nicht!

Wahrscheinlich wird die Flasche mal tropfen, dafür hast du ein Lätzchen oder etwas Papier bereit; drehe die Flasche ein wenig hin und her, um die richtige Stellung zu finden. Der Sauger muss immer voll – nicht nur halb voll – sein. Biete der kleinen Hand einen Finger als Halt an. Unterbreche die Mahlzeit nicht.

Nach der ersten Runde und dem darauf folgenden Bäuerchen gibst du die zweite Portion. Die Flasche muss nicht zwischendurch aufgewärmt werden. Es ist auch nicht notwendig, die Flasche nach dem Wickeln und dem Beisammensein vor dem abschließenden Trinken nochmals zu erwärmen, aber man kann die Flasche natürlich unter dem warmen Wasserhahn ein wenig aufwärmen.

Reicht der Flascheninhalt nicht aus, kannst du ein wenig Milch aus der nächsten Flasche nachfüllen – ohne die leer getrunkene Flasche vorher sauber zu machen und zu sterilisieren. Aber bleibt von der Mahlzeit etwas über, muss es weggegossen werden!

Sollte die Flasche aber halb voll oder noch fast voll sein, kannst du sie, so schnell wie möglich, in den Kühlschrank stellen und sie für die nächste Mahlzeit aufbewahren. Das würde ich aber nicht empfehlen, wenn dein Kind noch ein Neugeborenes ist. Unter allen Umständen darfst du die Milchnahrung höchstens zwei Mal aufwärmen. Die leere Flasche wird sofort nach Beendigung der Mahlzeit mit kaltem Wasser aufgefüllt und der Sauger umgedreht hineingesteckt. Einmal am Tag machst du Flaschen und Sauger gründlich sauber und sterilisierst sie wieder durch Abkochen.

Schon in einem Alter von drei bis vier Wochen nähert sich der Verbrauch bis zu 200g pro Mahlzeit – bei den großen Tagesmahlzeiten. Nachts ist das Programm reduziert und die Kleine isst dann weniger. Die gesamte Milchmenge eines ganzen Tages beträgt etwa 1 Liter.

Wenn das Kind vier Wochen alt ist, streichst du – oder das Kind tut es von sich aus – die eine Nachtmahlzeit. Und die zweite wird mit der Zeit mit der Abend- oder Morgenmahlzeit zusammenfallen. Hier musst du darauf achten, dass die Milchnahrungsmenge insgesamt gleich bleibt: etwa 1 Liter pro Tag. Wenn dann beide Nachtmahlzeiten wegfallen, musst du folglich die Flaschen mit 225g statt 200g auffüllen.

Aber was ist, wenn das kleine Kind schon bei der ersten Fütterung die Flasche ablehnt? Das wird nicht passieren. Es geht hier immer noch ums Überleben.

Wenn du dich aber dem Kind mit dem Gedanken näherst: »Es könnte etwas schief gehen …« oder »Sie möchte bestimmt nicht …«, begehst du einen schwerwiegenden Fehler. Du überträgst deine Besorgnis und deine Unsicherheit auf das Kind. Es wird dein Signal empfangen: »*Alarm! Alarm!* Mama gefällt es nicht! Ist Papa in Gefahr? Hier passiert irgendetwas ga-a-nz Merkwürdiges, vor dem ich mich besser in Acht nehme!«

Und dann streikt das Kind.

Du wirst während der ganzen Kindheit deiner Nachkommenschaft diese Feinfühligkeit miterleben: Kinder verspüren sehr schnell eine lauernde Gefahr, wenn die Eltern Angst haben oder unsicher und besorgt sind.

Die erste Flasche servierst du deshalb ohne Zögern. Hinein mit dem Sauger in den kleinen Mund! Lächle aufmunternd. Nimm eine selbstverständliche und natürliche Haltung ein.

Es ist nicht das Kind, das dir mit seinem lauten Schmatzen erzählen sollte, dass das Essen vorzüglich ist und dass du ihm gerne mehr geben darfst.

Du bist es, die mit deiner natürlichen Ruhe und deiner Sicherheit dem Kind erzählst, dass das Essen gut ist und dass es ruhig noch mehr essen kann.

Ein Tipp:

Sollte das Kind immer noch stur ablehnen, obwohl du dich sicher fühlst und die Flasche mit viel Zuversicht anbietest, kannst du das Kleine »überlisten«, indem du ihr die Flasche gibst, während sie gerade einschläft oder aufwacht.

Und zum Schluss: Verhält es sich so, dass du dich selbst als schlechte Mutter abgestempelt hast, weil du nicht stillen kannst und es als eine Niederlage betrachtest, die Flasche zu geben, musst du versuchen, dich selbst besser zu erziehen! Du musst deine Sorgen und dein Gefühl der Unzulänglichkeit woanders unterbringen – am besten so weit weg, wie du nur kannst. Du darfst nichts davon auf dein Kind übertragen.

Es ist deine Aufgabe, die Überlebensangst deines Kindes zu lindern. Und das ist viel wichtiger, ob das Kind nun Brustmilch oder Muttermilchersatz trinkt. Das Kind braucht vor allem deine sichere Führung.

Man kann einem Neugeborenen nie zu viel Nahrung geben. Sie würde schon an dem einen oder anderen Ende wieder herauskommen.

Wenn etwas schief läuft: Das Neugeborene weigert sich zu essen

Es gibt Kinder, die schon auf der Entbindungsstation vom Kurs abweichen. Oder korrekter ausgedrückt: Sie haben den richtigen nie gefunden. Sie kapieren das mit der Nahrungsaufnahme nicht. Sie saugen ein paar Mal, werden unruhig und fangen an zu schreien. Ihre Überlebensangst ist so stark, dass sie es nicht schaffen, in Ruhe herauszufinden, wie man diese Angst mit Essen lindert.

Es ist schrecklich, diese Qual der Kinder ansehen zu müssen, sie leiden zu sehen.

Ihre Mütter leiden deshalb mit ihnen.

So kommt es vor, dass Kinder schon in der Klinik als »Kolik-Kinder« abgestempelt werden – besonders wenn die Familie schon vorher ein so genanntes »Kolik-Kind« hatte und Angst davor hat, noch ein zweites zu bekommen.

Aber Kinder werden nicht mit einer Kolik geboren. Es gibt keine Kolik-Kinder. Es gibt Koliken genau wie andere psychosomatische Störungen, die mit der Zeit sehr wohl physisch real werden können. Aber Kolik-Kinder gibt es nicht und dieser Stempel sollte keinem neugeborenen Kind aufgedrückt werden.

Ich möchte es so formulieren: Es gibt Kinder, die eine größere Überlebensangst haben als andere. Und es gibt nur eine Möglichkeit, die Angst dieser Kinder zu lindern, und das ist füttern. Das Experimentieren mit Wasser, Tropfen und Trost hat keinen Sinn. Den Kindern fehlt nichts. Sie haben nur nicht verstanden, dass das Essen der Weg zum Überleben und zum Leben ist, und ihnen muss einfach nur geholfen werden, genau das zu kapieren. Sie können es nur durch Erfahrung lernen. Und Erfahrung bekommt man nicht während einer kurzen Kaffeepause oder bei einer einzigen Brustmahlzeit. Es erfordert Zeit und Mühe. Es erfordert viel harte und systematische Arbeit, bevor ein kleiner Mensch – oder ein großer – seine eigenen Erfahrungen gemacht hat.

Der Tag wird kommen, an dem das kleine, angstgeplagte Kind langsam begreift, dass es am *Essen* liegt; dass die Nahrung, die aus der Brust kommt, die Milch, die das Kind mühevoll in sich hereinsaugt, zum Überleben und zum Wohlbefinden führt. An genau diesem Tag hat das Kind die wichtigste Erfahrung seines jungen Lebens gemacht.

Der Weg, der dort hinführt, ist methodisch. Du musst deinem Kind helfen zu verstehen, worum es geht, und das nicht nur einmal, sondern immer und immer wieder. Mit Ruhe, Sicherheit und Überzeugung musst du versuchen, das Kind davon zu überzeugen, dass es überleben wird, und zu dieser Überzeugung kann es nur durchs Essen gelangen. Wenn das Kind endlich das Essen und das Überleben miteinander verbindet, wenn das Kind schließlich versteht, dass das Essen der Weg zum Leben ist – dann, aber auch erst dann, kann es sich in Ruhe anderen Sachen widmen: schmusen, spielen, genießen.

Ein neugeborenes Kind, das nur ein paar Mal kurz an der Brust saugt und dann in ein hysterisches Schreien ausbricht – die Nahrungsaufnahme also schlichtweg *verweigert* –, hat den Zusammenhang zwischen Essen und Leben nicht verstanden.

Das kleine Kind benimmt sich nicht so, weil es vielleicht Bauchschmerzen oder eine Kolik hat.

Das Kind ist mit einem Saugreflex ausgerüstet und saugt, aber es versteht nicht, dass das Saugen zum Sattwerden und damit zum Wohlbefinden führt. Das Kind empfindet die Nahrung, die Milch, mit der sein Mund gefüllt wird, offensichtlich als eine Verstärkung der Angst und nicht als die gewünschte Linderung. Schon die Brustwarze im Mund kann eine Panik beim Kind auslösen, weil sie das Kind am Schreien hindert. Und das Schreien ist das Einzige, was es in seiner Angst kann und tun muss; der ganze Körper, die ganze Seele des Kindes sind ein einziger großer Schrei.

Vor kurzem noch lag die Kleine in deinem Bauch und bekam ihre Nahrung ohne die kleinste Mühe. Sie kannte den Hunger nicht. Der Mutterkuchen hat sie mit allem versorgt und sie hat nie einen Mangel empfunden. Es war so, als würde sie durch eine Sonde gefüttert. Nie musste sie saugen, nie wurde der Mund mit Milch gefüllt, nie musste sie runterschlucken. Die Überlebensangst gab es nicht – nicht vor der Geburt.

Die Geburt war ein Fegefeuer. Bevor das kleine Kind sich davon erholen konnte, wartete ein schrecklicher Schock. Alles war anders. Nichts war wie vorher. Der ganze kleine Körper – und die Seele sicherlich auch – schrie nach dem, was nicht mehr da war: das sichere Leben.

Wie sollte das Kind auch sofort begreifen können, dass es die Milch ist – an die man nur durchs Saugen herankommt –, die das sichere Leben wieder herstellt? Und die Milch stellt es ja nicht einmal wieder her, sie ist nur ein Ersatz für das sichere Leben in der Gebärmutter. Und ist dieses neue Leben nun genauso sicher?

Für das Kind kann das Stillen zu einer rätselhaften und unbegreiflichen Angelegenheit werden, und es wird überwältigt von der Angst, die sogar von diesem komischen Trinkprozess, dessen Sinn das Kind nicht begreift, verstärkt werden kann.

Ein kleines Menschenkind, das von einer kaum zu ertragenden Angst geplagt wird, kann nicht essen. Es muss zuerst beruhigt werden.

Dieses Beruhigen sollte nicht mit Trostspenden verwechselt werden. Die Beruhigung hat nämlich einen bestimmten Zweck: das Kind in einen Zustand zu versetzen, in dem es trinken kann. Ein undefinierter Trost, bei dem du mit dem Kind in deinen Armen umhergehst, um es im Allgemeinen zu trösten, ohne ein genaues Ziel zu haben, führt bald dazu, dass du selbst Opfer der Verzweiflung, der Machtlosigkeit und der Ängstlichkeit wirst. Das weiß jeder, der es mal erlebt hat. Das ist auch kein Wunder. Das Kind *will* ja etwas, braucht etwas. Das kleine Kind weint nicht, weil es traurig ist, und deshalb ist das Trösten sinnlos.

So kannst du ein hysterisches Neugeborenes, das wegen seiner Überlebensangst ganz außer sich ist, beruhigen:
- Stehe auf und drücke das Kind fest an dich (vergiss die Kuscheldecke nicht!).
- Halte den kleinen Körper so dicht an dich gedrückt, wie du nur kannst.
- Kopf und Wange sollen an deiner Wange liegen und dort fest gehalten werden.
- Dann *gehst* du, während du laut sprichst.
  Gehe mit zielsicheren Schritten, als würdest du zu einem bestimmten Ort (zum Essen) gehen. Man kann in jedem noch so kleinen Raum umhergehen. Mit großen, festen Schritten: Du weißt, wo du hinwillst. Du hast jetzt die Initiative ergriffen und bestimmst, wo ihr hingeht. Und das Kind folgt dir. Deine Haltung muss von Sicherheit geprägt sein. Halte das kleine Kind fest.
- *Rede* ohne Unterbrechung, während du gehst. Sprich so laut, dass du das Schreien des Kindes übertönst. Du hast das Ohr des Kindes dicht an deinem Mund und deshalb brauchst du nicht zu schreien. Die Stimme sollte tief sein, nicht schrill, aber kräftig und deutlich. Das Kind bekommt vom eigenen Schreien noch mehr Angst und deshalb sollte deine Stimme lauter sein. Es ist egal, was du sagst, nur keine Pause machen. Rede ohne Ende. Versuche einen Rhythmus in deiner Rede zu finden, eine immer wiederholte Betonung: »*So*, und nun werden wir uns *schön* beruhigen, alles wird gleich wieder *gut*, und du bekommst gleich dein *Essen*, und das Wetter ist *schön*, und Oma kommt bald zu *Besuch*, und und und …«
  Die Stimme und der Rhythmus sind natürlich wichtiger als das, was du sagst. Du kannst Kochrezepte herunterleiern oder gar alte, eheliche Streitereien; es ist vollkommen egal! Ändere deine Körperhaltung nicht. Der Körper des Kindes ist gespannt und wehrt sich, aber halte ihn fest an dich gedrückt. Sieh das Kind nicht an. Rede und gehe ununterbrochen.

- Sobald du die kleinste Entspannung in dem kleinen Körper spürst, fängst du an, das Kind zu schaukeln, immer noch fest an dich gedrückt. Es sollen kleine, schnelle, schaukelnde Bewegungen sein; leicht und dicht an deinem Körper, so dass der Körper des Kindes vibriert. Rede und gehe weiter wie bisher. Einige Kinder brauchen nur wenige Sekunden, bis sie sich nach dieser Methode beruhigt haben. Andere brauchen Minuten. Was du brauchst, ist Geduld. Und du hast die ganze Zeit nur ein Ziel vor Augen: dem Kind das Essen zu ermöglichen. Dadurch bewahrst du die eigene Ruhe und gerätst nicht in Verzweiflung.
- Wenn das hysterische Schreien sich in ein müdes Weinen verwandelt, setzt du dich hin (als hättest du dein Ziel jetzt erreicht), und legst das Kind an die Brust, schnell und fest mit wenigen, sicheren Griffen. Es darf keine Pause entstehen, kein Zögern. Rede weiter wie bisher: mit Überzeugung und Nachdruck. Schau optimistisch, wenn du das Kind ansiehst. *Alles ist in Ordnung*, ist deine Mitteilung. Rede, bis das Kind mit dem Saugen anfängt. Dann schweigst du und lässt dein Kind in Ruhe essen.
- Wenn das Kind dann ruhig isst, musst du nur daran denken, es zur nächsten Mahlzeit hochzunehmen, *bevor es wach wird*. Damit wird der Teufelskreis unterbrochen sein.

Sollte das Kind aber die Brustwarze wieder loslassen und erneut zu schreien anfangen, stellst du sofort die Redemaschine an, während du das Kind leicht auf deinem Schoß schaukelst – ändere deine Körperstellung nicht, lass das kleine Kind an der Brust.

Rede, schaukle und stimuliere den Saugreflex deines Kindes durch das Berühren der kleinen Wange (die zu dir gewandt ist) mit deiner Brustwarze, oder führe die Brustwarze über den kleinen Mund, bis das Kleine – hoffentlich – wieder saugt. Dann schweigst du wieder und hältst inne.

Sollte das Kind sich immer noch weigern und eine erneute Paniksituation heraufbeschwören, musst du die ganze Beruhigungsprozedur wiederholen: mit dem Kind gehen, reden usw. Dann legst du das Kind so schnell wie nur möglich an die Brust und beruhigst wieder, legst wieder an die Brust und beruhigst wieder, usw. Halte durch! Setze, wenn nötig, die Methode fort, bis die Mahlzeit beendet ist. Das erste Mal ist es am schlimmsten, aber du schaffst es! Und dein Kind wird es – schließlich – auch schaffen. Euer beider Leben wird wieder leichter. Was ich hier beschrieben habe, ist das reinste Elend – ein Neugeborenes, das *sich weigert zu essen*. So schlimm ist es wirklich selten.

Wonach du streben musst, wenn du ein Kind mit überaus großer Überlebensangst hast, ist, den Teufelskreis zu durchbrechen. Es darf nie so weit kommen, dass große Panik entsteht. Hysterie muss in jedem Fall vermieden werden – das gilt für kleine und auch für große Menschen. Ist ein Neugeborenes erst hysterisch geworden, darfst du es *nicht* sich selbst überlassen, sondern du musst es beruhigen – mit all der Sicherheit, über die du verfügst.

Ein stark beunruhigtes Kind, das man nur durch Anwendung der oben genannten Methode zum Essen bringen kann, wird unruhig und erschöpft schlafen, weil es noch von Angst geplagt ist. Du unterbrichst den Teufelskreis, indem du das Kind schon nach einer Stunde – oder auch weniger – wieder hochnimmst, am besten wenn es tief und anscheinend friedlich schläft. Streichle dem Kind über den Kopf, wickle den kleinen Körper in die Kuscheldecke und hebe das Kind mit zärtlichen Händen hoch. Lege das kleine Kind liebevoll und sanft an die Brust und sorge dafür, dass du mit der Kleinen allein im Zimmer bist und dass Ruhe herrscht. Lächle, versuche zärtlich und sanft zu sein – jede Beunruhigung ist natürlich strengstens verboten.

Natürlich wird es dir schwer fallen, deine kleine Neugeborene aus dem Schlaf zu »reißen«, wenn sie gerade nach vielleicht stundenlangem Schreien, Angst und Aufregung schön schläft. Aber hier geht es darum, das Leiden der Kleinen zu lindern und ihr den Weg ins Leben zu zeigen.

Nachdem die Kleine gerade eine Stunde geschlafen hat, wird sie keinen großen Hunger haben. Das heißt: Ihre Überlebensangst wird sich in Grenzen halten, wodurch es ihr auch möglich ist, zu essen. Und das Verhalten der Kleinen wird deine Belohnung sein. Obwohl sie tief schläft, wenn du sie hochnimmst, wird sie essen – ruhig, entspannt und endlich mit einem friedlichen Gesichtsausdruck.

Einen schöneren Anblick gibt es nicht!

2. Der Schlaf

Neugeborene haben einen wunderbaren Schlaf. Auf jeden Fall ist es wunderschön, sie im Schlaf zu beobachten. Du kannst mit einem schlafenden Neugeborenen fast so umgehen, wie du willst, es wird trotzdem nicht aufwachen.

Ein wunderbarer Schlaf – und doch irgendwie erschreckend. Der tiefste Schlaf eines Neugeborenen ist nicht sehr weit von der Bewusstlosigkeit entfernt.

Die Geburt war ein erschreckendes Erlebnis für das Kind. Das Leben hing buchstäblich an einem dünnen Faden. Der kleine Körper wurde zusammengequetscht. Die Schädelknochen wurden vielleicht sogar übereinander geschoben. Das Kind wurde dazu gezwungen, herauszukommen, um zu überleben. Deine Kleine hat schon im Mutterleib die Überlebensangst zu spüren bekommen. Die Welt, in die sie herauskam, war ein Alptraum. Der Schutz, die Wärme, das weiche Wasser, all die wohl bekannten Geräusche von Herz und Lunge der Mutter, von der pulsierenden, rauschenden Geborgenheit waren auf einmal weg. Das Kind wurde in eine fremde, kalte und unbekannte Welt getrieben, mit nur dem einen Wissen: Ich *muss* überleben!

Und das Leben wartete. Nicht in Form lächelnder Ruhe, sondern als harter Kampf. Das Leben wurde dem Kind nicht geschenkt. Das Leben muss erobert werden – nicht nur einmal, sondern immer und immer wieder.

Im Schlaf kann die Kleine den anstrengenden Kampf für eine Weile hinter sich lassen. Der Schlaf befreit sie von dieser neuen Welt, genau wie die Bewusstlosigkeit sich über einen Menschen senkt, der einer größeren Belastung ausgesetzt ist, als er ertragen kann. Der Schlaf des Neugeborenen ist barmherzig. Aber nicht einmal der tiefste Schlaf ist frei von Mühe: Das Kind muss atmen. Das Kind musste auf dem Geburtslager zum ersten Mal seine Lunge mit Luft füllen, und hat sie mit einem Schrei wieder herausgestoßen. Die Nahrungszufuhr durch die Plazenta war beendet worden, und das Kind musste herauskommen, um zu überleben, aber auch die Sauerstoffzufuhr wurde unterbrochen – und das Kind war dazu gezwungen, seine Lunge in Gebrauch zu nehmen, um auf eigene Faust Sauerstoff aufzunehmen. Auch dies war sicherlich ein Schock.

Es dauert viele Wochen, manchmal bis zu drei Monaten, bis ein kleines Menschenkind sich traut, daran zu glauben, dass es überleben wird (siehe auch die Dreimonatskolik, bei der die Überlebensangst schließlich von den neuen Erfahrungen besiegt wird), und so wird es auch drei Monate oder länger dauern, bis die Atmung automatisch läuft.

Bis dahin ist sie ein Kampf. Und es gibt Kinder, die aufgeben. Ich glaube, dass der so genannte, unerklärliche Säuglingstod hiermit erklärt werden kann. In ihrem tiefsten Schlaf hören diese Kinder auf zu atmen. Und sterben.

Ein Mensch wird nicht mit einer natürlichen Fähigkeit zum Atmen geboren. Auch die Kunst des Luftholens muss erlernt werden.

Damit ist der Tod dieser Kinder nicht völlig sinnlos. Er dient einem großen und sehr wichtigen Zweck: höheren Respekt für den Kampf zu zollen, den das Leben in der Tat darstellt. Mit einem solchen Respekt sollte jedes Kind aufwachsen, in Ehrerbietung für das Leben, für welches das Kind immer und immer wieder kämpft und das es ständig wieder neu erobert.

Die unregelmäßige Atmung wird dich beunruhigen. Mal hechelt das Kind. Mal hast du das Gefühl, dass es gar nicht mehr atmet. Wenn das Kind nach Luft schnappt, heißt das nicht, dass es am Ersticken ist. Es gehört zum Kampf des Kleinen beim Erlernen des Atmens.

Liegt das Kind vollkommen still, ohne dass du eine Erweiterung des Brustkorbs erkennen oder einen Atemzug verspüren kannst – wie dicht du auch deine Wange oder deine Hand an den Mund und die Nase des Kindes heranhalten magst –, kannst du dich davon überzeugen, dass alles in Ordnung ist, indem du einen der kleinen Finger hochhebst oder die Handfläche des Kindes berührst. Dann bekommst du eine Reflexbewegung als Antwort.

Und Neugeborene träumen.

Wer glaubt, dass der Mensch als unbeschriebenes Blatt geboren wird, kann das ja tun; ich kann es nicht.

Deine kleine Neugeborene hat erschütternde Erlebnisse hinter sich und ein langes, vorgeburtliches Leben, in dem das Bewusstsein langsam geweckt worden sein muss. Die Eindrücke der neuen Welt sind zweifellos sehr stark; das neugeborene Kind reagiert auf alles, mit weit geöffneten Sinnen. Es kommt mir unwahrscheinlich vor, dass diese Sensibilität sich erst in dem Moment der Geburt eingefunden haben soll, als hätte jemand einen Knopf gedrückt: »Ab jetzt wirst du fühlen und reagieren!«

Kleine Rucke, unruhige Änderungen der Körperstellung, Zittern und hektische Bewegungen der Augen unter den geschlossenen Lidern zeugen von einem Traumleben, das wahrscheinlich dem kleinen Kind dazu dient, das traumatische Erlebnis der Geburt zu überwinden und das alte, sichere Leben, das alles war, was das Kind bisher kannte, hinter sich zu lassen.

Das Kind kann auch im Schlaf Geräusche von sich geben: kleine kurze, stoßweise Töne, ein Grunzen und Fiepen wie ein kleiner Welpe. Und auch das muss vom reichen Innenleben des kleinen Kindes herrühren! Nicht nur das Vergangene, sondern auch das überwältigende Jetzt muss vom Kind verarbeitet werden, sich auflösen und langsam auf den Boden sinken.

Dazu kommen die eigenen Körperfunktionen, die vorher unbekannt waren. Diese müssen jetzt langsam vertrauter werden. Das geschieht nicht im Handumdrehen. Ein erwachsener Blinder, der nach einem halben Leben sein Augenlicht wiederbekommen hat, oder ein sportlicher Mensch, der plötzlich im Rollstuhl sitzen muss, oder einer, der nach einer Operation mit einem Plastikbeutel am Bauch leben muss, sie alle können etwas von der dramatischen Umstellung, die das gesamte Leben beeinflusst, erzählen – und ähnlich wird es dem neugeborenen Kind ergehen.

Der Schlaf bringt Ruhe, aber auch Anstrengung.

Vielleicht ist der Mensch kurz nach seiner Geburt mutiger, stärker und kühner als zu jedem anderen Zeitpunkt seines Lebens. Auf jeden Fall ist deine kleine Neugeborene, dieses scheinbar hilflose Wesen, einfach nur bewundernswert.

Wenn das Neugeborene wach ist, wird es sehr oft nur so vor sich hindösen. Dieses Dösen ist süß und rührend, und man könnte unendlich lange bei einem solchen, dösenden Kind sitzen bleiben.

Meiner Meinung nach ähnelt dieser Zustand fast einem Koma. Das Kind entzieht sich der Welt, schirmt seine Sinne ab, gleitet in eine Leere, die das Unvermeidbare auf Distanz halten soll: die Konfrontation mit dem Leben, wie es *jetzt* ist. Neugeborene, die dösen, sind nicht wach, schlafen aber auch nicht und erreichen dadurch auch nicht das auslöschende Dunkel des Schlafes, in dem das Kind völlige Ruhe und neue Kräfte erlangen würde. Ein Neugeborenes, das geschlafen hat, wird mit erneuerter Kraft – sowohl körperlicher als auch seelischer – aufwachen. Aber ein Neugeborenes, das gedöst hat – wenn es sich auch um Stunden handeln mag –, zeigt keine Zeichen der Erholung.

Diese Zustände müssen unterbrochen werden: Du solltest in jedem Fall eine Unterbrechung anstreben. Und das gilt selbstverständlich bei jedem Menschen. Ein Neugeborenes, das döst, sollte man sofort schlafen legen und, wenn notwendig, schaukeln oder im Wagen umherfahren, bis der Schlaf sich einfindet. Sollte das Kind nicht richtig satt sein, wird es wieder aufwachen, anstatt einzuschlafen, und es wird wieder quicklebendig und aufmerksam sein. Das Dösen ist unterbrochen.

Die Regel ist ganz einfach. *Man sollte nie mit einem dösenden Kind sitzen bleiben.* Man sollte es entweder schlafen legen oder es aufwecken.

Das Aufwachen nach dem tiefen Schlaf geht nicht so schnell, wie man vielleicht vermuten würde. Viele Schritte müssen auf dem Weg zum Wachsein zurückgelegt werden.

Vielleicht beginnt deine Kleine die Prozedur, indem sie den Kopf von einer Seite zur anderen dreht (falls sie auf dem Bauch liegt), um ihn dann zehn Minuten später wieder zurückzudrehen.

Danach passiert eine Weile gar nichts.

Dann wird ein Arm, der beim Schlafen angewinkelt war, zur Seite heruntergbewegt. Der kleine Po wird in die Höhe geschoben, und die Beine werden wie bei einem kleinen Frosch hochgezogen, um gleich wieder ausgestreckt zu werden. Gleichzeitig bohrt das Neugeborene sein Gesicht tief in die Unterlage und zeigt dabei seinen Nacken (oft sehr rot). Es sieht etwas riskant aus, ist es aber nicht. Das Kind wird sich seine Luft schon holen. Der Kopf wird wieder zur Seite gedreht, der Körper bleibt still und es passiert wieder eine Weile nichts. Schließlich wird ein Auge aufgemacht, oder auch zwei. Und wieder zugemacht. Und aufgemacht und zugemacht.

Dann wieder für lange Zeit gar nichts.

Dann fängt vielleicht eine kleine Hand an zu kratzen, mit den winzigen Fingernägeln gegen das Bettlaken. Und dann wird wieder alles still.

Nun verändert sich die Mimik: Der kleine Mund schmollt, das Kind gähnt innerlich so, dass du meinst, der kleine Kiefer müsste aushaken. Und dann wird wieder ein bisschen geschlafen. Und dann: Päng!

Wie von innen kommend, erwächst der Schrei nach Nahrung hervor, aus der Angst ums Überleben, die an der Seele des Kindes nagt, und es ist, als würde dieser erste Schrei sagen: »Nein – ich kann nicht mehr – ich will leben!« Es ist, als wäre das Kind auf einmal an die schrecklichen Umstände, die jetzt gelten, erinnert worden – an die Angst, an den Kampf. Im Schlaf hat die Kleine vielleicht geglaubt, sie sei noch in der ständig zufriedenstellenden, sanften Welt, ohne Hunger, in der das Leben leicht und sicher war. Brutal wird sie jetzt an die Tatsachen erinnert. Die Panik kann sie innerhalb einer halben Minute überwältigen.

Beim Aufwachen sollte das Kind nicht gestört werden. Sowohl nachts als auch während der Schlafenszeiten am Tage wirst du bemerken, dass das Kind dir oft hellwach erscheint: Die Augen sind geöffnet, das Kind kann sogar den Kopf heben und dort für längere Zeit halten. Auch verschiedene Geräusche von dem Kind können dich dazu verleiten, das Kind hochzunehmen in dem Glauben, dass es wach ist.

Aber so wenig, wie du gestört werden möchtest, bevor du richtig wach bist – auch wenn du im Schlaf reden und dich gar hinsetzen solltest, vielleicht sogar mit offenen Augen, und jemand dich deshalb anspricht –, genauso wenig möchte ein Neugeborenes, das noch leicht schläft, mit Essen und anderen Angelegenheiten in seiner Umwelt konfrontiert werden, bevor es so weit ist. Lass dem Aufwachen also seinen Lauf. Warte den Schrei ab – und sei bereit.

Du wirst bald merken, welche Zeichen – bei genau diesem kleinen Kind und keinem anderen – einem Aufwachen vorausgehen und den Schrei ankündigen. Dann wirst du dem Schrei im richtigen Moment zuvorkommen können.

Nichtsdestotrotz kann es passieren, dass du einen schlafenden Säugling hochnehmen musst. Dies gilt besonders für Neugeborene, die von einer so großen Angst geplagt werden, dass sie sich weigern zu essen – ich bin im vorangegangenen Kapitel darauf eingegangen –, und bei denen der Teufelskreis unterbrochen werden muss. Aber auch bei Kindern, die ihre Mahlzeiten fein annehmen und die Essenszeiten einhalten, muss man ab und zu aus praktischen Gründen die Mahlzeiten verschieben.

In dem Fall wählst du einen Zeitpunkt, in dem das Kind tief schläft und mit friedlichem Gesicht vollkommen ruhig liegt. Es ist einfacher – und besser –, ein Neugeborenes aus dem Tiefschlaf zu holen und es anzulegen, als das langsame Aufwachen des Kindes zu unterbrechen. *Gib einem schlafenden Neugeborenen immer eine Vorwarnung*, indem du dem Kind mit deiner warmen Hand über Kopf und Stirn streichelst, bevor du es in eine Decke wickelst und hochnimmst.

Der Schlaf des Neugeborenen ist gut und notwendig. Er stellt sich aus der Notwendigkeit zum Ruhen ein und kommt nicht, weil die Umgebung zum Schlafen einlädt. Das Kind wird einschlafen, weil es erschöpft ist. Es spielt keine Rolle, ob das Kind von Lärm, Licht, Stimmen, Musik oder absoluter Stille umgeben ist. So wenig wie du den tiefen Schlaf eines Neugeborenen durch Sprechen, Lachen oder Umhertragen unterbrechen kannst, genauso wenig kannst du ihm zum Einschlafen oder Weiterschlafen verhelfen, indem du vollkommene Ruhe verordnest.

Ein neugeborenes Kind ist so rührend klein und scheint so hilflos und schwach, dass man leicht zu dem Gedanken verleitet wird, es sogar im Schlaf nur mit Glacéhandschuhen anfassen zu dürfen. Viele Eltern schalten die Türklingel ab, legen schalldämpfenden Schaumstoff unter das Telefon, gehen auf Zehenspitzen und flüstern. (Ich hoffe, dass das, was ich in Bezug auf Störungen des kindlichen Aufwachens gesagt habe, niemanden dazu verleitet, seine Vorsicht zu übertreiben; das, was stört, ist das zu frühe Hochnehmen des Kindes – eine Unterbrechung des kindlichen Vorhabens –, nicht die Geräusche.)

Diese ganzen Vorsichtsmaßnahmen sind, wie ich leider sagen muss, verfehlte Rücksichtnahme und zeigen nicht die gewünschte Wirkung.

Am Anfang hat die übertriebene Stille noch keinen Einfluss auf den Schlaf des Neugeborenen, aber nach ein paar Monaten kann das reinste Elend entstehen, weil das Kleine sich daran gewöhnt hat, nur bei totaler Stille zu schlafen, und nun beim kleinsten Geräusch wach wird. Der Schlaf wird immer wieder gestört und besonders die Abende entwickeln sich zum Alptraum: Alle Mitglieder der Familie bewegen sich wie Gefangene im eigenen Zuhause und trauen sich nicht, die Toilettenspülung zu bedienen oder gar den Wasserhahn aufzudrehen, um Kaffee oder Tee aufzusetzen.

Lass Stille und Lärm in einer natürlichen Weise wechseln, damit keines von beiden dem Kind bedrohlich vorkommt!

Ich kann aus eigener Erfahrung bezeugen, dass es auch ganz anders kommen kann: Wenn mein erstes Baby, das ein paar Wochen alt war, gegessen hatte, gewickelt worden war und einen letzten Schluck zum Einschlafen bekommen hatte, habe ich es im Kinderwagen, der im Haus stand, schlafen gelegt. Meistens schob ich den Wagen in eine Ecke des Wohnzimmers. Dann habe ich mir was gegönnt: Musik. Ich war jung und legte gerne eine Platte auf, während ich in der Küche arbeitete. Am liebsten hörte ich klassische Musik, richtige »Donner«-Sinfonien, gerne die etwas pathetischen. Diese kamen auf der Superstereoanlage, die der Vater des Kindes besorgt hatte, richtig zur Geltung. Die Lautsprecher waren meterhoch. Der Effekt war enorm.

Erst als das Kind etwa drei Monate alt war, bemerkte ich, wo ich tatsächlich die ganze Zeit den Kinderwagen hingestellt hatte … genau neben einen der Lautsprecher!

Aus dem Baby ist jetzt eine erwachsene Frau geworden, mit ausgeprägtem Sinn für klassische Musik und mit einem besonders gesunden Schlaf.

Wie gesagt – Neugeborene schlafen, egal wo, egal wann. Sind sie erst eingeschlafen, kann nichts sie aufwecken, bevor der Hunger und die Überlebensangst wieder einsetzen. In der ersten Zeit besteht keine Gefahr, dass das kleine Kind herunterfallen könnte, wenn du es auf ein Bett oder etwas Ähnliches schlafen gelegt hast. Aber nur für kurze Zeit: etwa für zwei Wochen. Dann wird es Zeit, einen festen Schlafplatz für das Kind zu finden, wenn du nicht schon einen hast: ein Gitterbett, eine Wiege oder einen Kinderwagen mit hohem Rand. Auch beim Wickeln und bei der Körperpflege musst du vorsichtig sein: Du kannst das Kind nicht mehr allein lassen, nicht einmal für eine Sekunde. Man weiß nie, wann das Kind sich das erste Mal umdreht oder sich einfach über den Rand »arbeitet«. Ein Baby darf nie in Gefahr geraten, herunterzufallen. Musst du den Raum für einen Moment verlassen, dann lege das Kind auf den Fußboden!

Die Wahl des Schlafplatzes erfordert einige Überlegungen: Wiegen und Körbchen sind niedlich, werden aber bald zu kurz sein. Das Schlimmste ist, dass die meisten Wiegen, die im Handel erhältlich sind, in der Regel zu kurze Kufen haben, und man deshalb die Kinder darin gar nicht richtig wiegen kann. Aber süß sind sie, und sie können vererbt werden oder später als Bett für Puppen und Teddys dienen.

Das Gitterbett wird für eine längere Zeit genutzt werden. Es lohnt sich deshalb, eine gute Qualität zu kaufen! Das erste halbe Jahr brauchst du ein Nestchen (Schutzpolster), damit das kleine Kind auf keinen Fall seinen Kopf durch die Gitterstäbe stecken kann. Auch geflochtene Korbwiegen müssen gepolstert werden, damit das Kind sich nicht den Kopf an dem Geflochtenen aufkratzen kann.

Der Kinderwagen kann sehr gut als Schlafplatz genutzt werden, aber man holt dabei jede Menge Schmutz von draußen mit herein. In jedem Fall ist der Kinderwagen sehr nützlich, falls das Kind in der ersten Zeit etwas Schlafhilfe braucht, nachdem eine Nachtmahlzeit weggelassen wurde. Mit dem Kinderwagen wiegt es sich besser als mit der besten Wiege, weil die Längsbewegungen effektiver sind als die seitlichen.

Neugeborene schlafen zwischen 16 und 20 Stunden pro Tag. Oft eher 20 Stunden als 16 Stunden. Zum Schlaf zählt die gesamte Zeit, in der das Kind nicht hellwach ist.

Die meisten Eltern, die mit Schreckensgeschichten darüber beunruhigt worden sind, wie schwierig das Leben mit Kindern sei, werden in der ersten Woche – vielleicht auch in den beiden ersten Wochen nach der Geburt – sicherlich positiv überrascht sein. Das Kind schläft und isst, schläft und isst; die übrige Zeit über herrscht friedliche Ruhe in der neuen Familie.

Das Bild wird sich am Ende der zweiten oder Anfang der dritten Lebenswoche ändern. (Alle Altersangaben in diesem Buch gelten für ausgetragene Kinder mit Normalgewicht. Zu früh geborene Kinder sollten altersmäßig nach dem Zeitpunkt, zu dem sie hätten geboren werden sollen, eingestuft werden – das gilt für mindestens ein Jahr.) Das kleine Kind, das tagsüber so friedlich schläft, veranstaltet nachts plötzlich einen Riesenlärm (im nächsten Abschnitt werden wir besprechen, wie dieses Problem gelöst wird: »Wenn etwas schief läuft: Das Neugeborene weigert sich zu schlafen«, Seite 145).

Die Grenze zwischen der zweiten und der dritten Lebenswoche ist sehr markant. Ich habe eine Theorie darüber, dass die Entwicklung der Schwangerschaft sozusagen wiederholt wird, und zwar in der Entwicklung des geborenen Kindes. Ich glaube, dass die Zeit, die das befruchtete Ei gebraucht hat, um durch den Eileiter zu wandern und sich in der Gebärmutter einzunisten, die gleiche Zeit ist, die das neugeborene Kind braucht, um aus der Gebärmutter zu »wandern« und – nach dem traumatischen Geburtsschock – seinen Platz da draußen zu finden, ein eigenes Leben zu führen. Jetzt, aber erst jetzt, ist das Kind dazu bereit, mit dem Leben anzufangen, sich der neuen Welt zuzuwenden und ein Teil davon zu werden – kurz ausgedrückt: die Gebärmutter für immer zu verlassen.

Der Appetit wird größer (die erste Umstellungsphase beim Stillen). Das Schlafmuster ändert sich. Die ersten, sozialen Regungen zeigen sich. Die Wirkungen der mütterlichen Hormone lassen nach: Eventuelle Milchabsonderungen der kindlichen Brust verschwinden, die Schwellung der Geschlechtsorgane geht zurück. Das Kind »funktioniert« aus eigener Kraft.

Das Aussehen verändert sich, was – wenn nicht auf andere Weise – an den Reaktionen der Umwelt erkennbar wird: Ein Neugeborenes lädt mit seinem Ausdruck der introvertierten und ernsten Weisheit zur Ehrerbietung ein. Ein paar Wochen später lockt dasselbe Baby gerührte, begeisterte Reaktionen in seiner Umgebung hervor. Dass die Menschen ein drei Wochen altes Baby oft ganz spontan auf dem Arm halten möchten, aber dem Neugeborenen gegenüber schweigend stehen bleiben wie in Andacht, beruht sicherlich nicht nur auf den drei Wochen Altersunterschied.

Vielleicht habe ich ja Recht mit meiner Theorie von der *eigentlichen* Geburt in der dritten Lebenswoche (ich werde später zusätzliche Parallelen ziehen) – jedenfalls ist es immer nützlich, der kommenden Veränderung rechtzeitig entgegenzusehen.

Wieder verändert sich das Schlafmuster, der Schlaf dient jetzt nicht mehr ausschließlich dem Auslöschen der traumatischen Phase nach der Geburt und der Erholung von akuten Anstrengungen. Eine neue Form des Schlafes entsteht: der Schlaf, den wir alle brauchen, nicht nur, um Durchgestandenes verarbeiten zu können, sondern auch, um für Kommendes gerüstet zu sein. Wer sich schlafen legt – um den so genannten »normalen Schlaf« zu schlafen –, muss nicht nur müde, sondern auch einigermaßen ruhig und entspannt sein. Wer dagegen aus purer Erschöpfung einschläft, weil Körper und Seele es einfach nicht mehr schaffen – der schläft den Schlaf eines Neugeborenen.

Das Neugeborene kann aus Erschöpfung einschlafen, auch wenn es nach einer nur knappen Ration von Nahrung und Kontakt geschieht. Das drei Wochen alte Baby kann das nicht. Jetzt – wenn nicht schon eher – muss das Kind so viel Nahrung wie nur möglich aufnehmen und bei jeder Mahlzeit so lange aufbleiben, wie seine Energie es überhaupt zulässt. Das Kind sollte ruhig und zufrieden gestellt einschlafen und nicht aus Erschöpfung. Nun spielen ganz andere Anstrengungen eine Rolle, wobei man ein drei Wochen altes Baby kaum überfordern kann: Das Kind fordert seine Nahrung – in größeren Mengen –, und es fordert soziale Beteiligung, es möchte wach sein und teilhaben an der Welt, gegen die es sich bisher verschlossen hat. Und das Kind besitzt ungeahnte Ressourcen beim Stellen seiner Forderungen. Vor allem hat es Ausdauer.

In dieser Zeit, die ich die eigentliche Geburt nenne, können Probleme auftauchen. Die »Paket«-Zeit ist vorbei. Behandelst du deine Kleine weiterhin wie ein neugeborenes, kleines Paket, wird sie sich in der Regel tagsüber damit abfinden, sich dafür aber nachts revanchieren.

Der Schlafbedarf eines drei Wochen alten Babys ist auf 15–16 Stunden am Tag gesunken. Das ist eine große Veränderung, aber es ist auch ein anderer Schlaf: gesünder, vermutlich auch schöner, »normaler«.

Nun kannst du die Kleine schlafen legen, *bevor* sie eingeschlafen ist, was bisher so ziemlich unmöglich war. Es kann natürlich Proteste geben, und wie gewöhnlich musst du dann erst einmal kontrollieren, ob du vielleicht doch noch ein paar Tropfen Milch in das Kind hineinbekommen kannst! Wenn nicht, musst du deinem Kind zu der Ruhe, die eine Voraussetzung für den »normalen« Schlaf ist, verhelfen. Der Zustand des Kindes entspricht in diesem Moment dem Zustand, in dem du dich befindest, wenn du schläfrig bist, schlafen möchtest, solltest, aber nicht richtig zur Ruhe kommen kannst, obwohl du nicht besorgt bist oder den Kopf voller Gedanken hast.

Hier kannst du eine Methode anwenden, die ich die »Knuffmethode« nenne. Du setzt dich an die linke Seite deines Kindes, auf einen Stuhl oder hockst dich davor. Das Kind liegt auf dem Bauch in seinem Bett. Mit der rechten Hand knuffst du leicht den kleinen Windel-Po des Kindes. Dies sollte durch die Decke, von unten nach oben, mit festem, aber gleichzeitig sanftem Knuffen geschehen. Man schlägt nicht, man klopft auch nicht, sondern die Bewegung soll ruhig sein – ohne Spur von Heftigkeit. Du knuffst mit derselben Kraft und in demselben Takt, als würdest du dich daranmachen, ein Bund Petersilie zu hacken (man möge mir den Vergleich erlauben): Man hält die Messerspitze an einem Punkt fest und steuert die hackende Bewegung vom Schaft her.

Während du das Kind fest, aber einfühlsam am Po von unten her knuffst, so dass der kleine Körper bei jedem Knuff ein wenig schaukelt, legst du deine linke Hand über den kleinen Rücken (immer noch über der Zudecke). Bei jedem vierten Knuff drückst du, es ist fast ein Pressen, die linke Hand gegen den

Rücken des Kindes und hebst sie gleich wieder. Der Druck ist sanft und fest, und er ist rhythmisch: ein Druck bei jedem vierten Knuff. Übe diese Technik an deinen eigenen Oberschenkeln – als wäre die Außenseite deines rechten Oberschenkels der Po des Kindes und die Oberseite deines linken Oberschenkels dessen Rücken. Es ist nicht so schwirig, wie es sich anhört, wenn man erst einmal den Rhythmus draufhat.

Das Knuffen ist eine gute Methode zur »Dämpfung« von sogar laut brüllenden und schreienden Kindern und bei Kindern, die versuchen, aus dem Bett zu kriechen. Meinen persönlichen Rekord stellte ich auf bei einem acht Monate alten Baby, das bei uns zu Besuch war. Dessen Eltern hatten alle Hoffnung verloren und erwägten nun, sowohl ein Beruhigungsmedikament zu geben als auch einen Klinikaufenthalt für ihren kleinen Sohn. Ich habe mich durch eine ganze Wochenzeitschrift, die ich bei der »Arbeit« las, geknufft und es hat geklappt.

Du solltest beim Knuffen nicht sprechen, außer das Kind ist in einem panischen Zustand, und in jedem Fall mit beruhigender Stimme; beim Knuffen größerer Kinder sollte der Raum dunkel sein.

Ein kleines Baby im Alter von drei Wochen, das schon auf dem Weg ins Land der Träume ist, wird in nur ein paar Minuten zur Ruhe geknufft, auch wenn es drumherum hell und laut ist.

Das Drei-Wochen-Baby – nun endgültig aus der Gebärmutter ausgezogen – hat nicht das gleiche Bedürfnis danach oder Interesse daran, sehr warm und sehr eng eingepackt zu liegen wie ein Neugeborenes. Die Blutzirkulation ist besser geworden. Das Kind kann sich besser warm halten. Und vor allem hat das Kind sich an die Temperatur, die normalerweise in seinem Zuhause herrscht, gewöhnt, auch wenn sie etwa 18 Grad niedriger ist als die in der Gebärmutter.

Nun, nach den ersten zwei Wochen (bei normalgewichtigen, ausgetragenen Kindern), wird es Zeit, die Kuscheldecke unter der Zudecke zu entfernen. Das Kind muss aber immer noch sofort in eine Decke gewickelt werden, wenn du es hochnimmst. Jetzt kann auch die Raumtemperatur in dem Zimmer, in dem das Kind schläft, niedriger gestellt werden und das Fenster wird nachts aufgemacht. Eine vorsichtige Abhärtung beginnt.

In den ersten beiden Lebenswochen sollte man es vermeiden, das Kind bei Regen, Wind oder auch, wenn es sehr kalt ist, mit nach draußen zu nehmen. Ist das Wetter einigermaßen schön, kannst du dein Kind schon am ersten Tag nach eurer Heimkehr aus der Klinik mit nach draußen nehmen. Das Kind muss dann warm angezogen und gut zugedeckt werden! Sogar im Hochsommer sollte ein Neugeborenes immer gut eingepackt sein.

Das Drei-Wochen-Baby dagegen kann und sollte bei jedem Wetter draußen schlafen. Während mindestens einer der Schlafphasen am Tage sollte deine Kleine draußen schlafen. Sie wird so angezogen, wie du dich selbst anziehen würdest, wenn du draußen schlafen wolltest! Und sie wird mit der gleichen Anzahl Decken zugedeckt, mit der du dich selbst zudecken würdest. Sollte es sehr kalt sein, kannst du den Boden unter der dünnen Matratze des Kinderwagens mit Zeitungen oder mit einer dicken Decke isolieren; oder lege ein Schaffell auf die Matratze. Aus alter Gewohnheit kann man das drei Wochen alte Kind leicht zu dick einpacken; man betrachtet das Kleine immer noch als ein Neugeborenes, neu in dieser kalten Welt. Aber das Drei-Wochen-Baby hat sich schon akklimatisiert. Wenn es um Kleidung und Bettausstattung geht, solltest du ab jetzt konsequent von dir selbst ausgehen.

Das Verdeck des Kinderwagens muss nun nicht mehr aufgeschlagen sein – ich habe es meistens ganz und gar entfernt – außer bei Schnee, Regen oder sehr starkem Wind. Das Verdeck ist kein geeigneter Sonnenschutz. Im Inneren des Wagens wird es so heiß wie in einer Sauna. Im Sommer muss der Wagen im Schatten stehen. Ich empfehle, zumindest auf dem Lande, ein Mückennetz. Eine Wespe könnte sonst eine Katastrophe verursachen.

Babys sollten in ihrem ersten Lebensjahr immer eine Mütze tragen, egal zu welcher Jahreszeit.

Die Abhärtung, die ab der dritten Lebenswoche beginnt, ist für das Kind von großem Nutzen. Hab keine Angst: Das Kind verträgt sie. Und sie ist für die allgemeine Gesundheit und die Widerstandskraft des Kindes notwendig. Es ist eine Tatsache, dass Kinder bei niedrigeren Temperaturen deutlich besser schlafen, genau wie Erwachsene auch – vorausgesetzt sie sind richtig angezogen und zugedeckt: so wie die Erwachsenen. Nur das Zimmer, *nicht das Kind*, sollte kühl sein.

Das Drei-Wochen-Baby wird bald einen Monat alt sein, und eine Nachtmahlzeit – die zu der unchristlichsten Zeit – sollte nun von der Bildfläche verschwinden.

Viele vier Wochen alte Kinder lassen von ganz allein eine Nachtmahlzeit weg. Es klappt eine Nacht, es klappt noch eine Nacht; in der dritten Nacht wird das Kind wieder wach und möchte essen; und so geht es weiter. Die Nachtmahlzeit wird selten von einer Nacht zur anderen ganz und gar wegfallen. Man muss mit gelegentlichen Rückfällen rechnen. Viele Kinder schlafen mit einem Monat aber nicht von allein durch. Ich glaube, dies sind die meisten. Und sie brauchen Hilfe.

Eltern, die versuchen, ihre kleinen Kinder zum Durchschlafen zu bringen, und ihnen den Unterschied zwischen Tag und Nacht begreiflich machen wollen – wenn das Kind ihn noch nicht selber entdeckt hat –, bekommen heutzutage leicht ein schlechtes Gewissen. Sie meinen, sie seien egoistisch und grausam. Sie verteidigen sich damit, dass sie ihren eigenen Schlaf brauchen, um ihrer Arbeit nachkommen zu können. Unausgesprochen: Die Kinder tun ihnen Leid.

Aber diese Kinder brauchen kein Mitleid. Auf der anderen Seite sollte es uns Leid tun um die Kinder, deren Nachtschlaf ständig unterbrochen wird. Es ist unfair, den Säuglingen und Kleinkindern ihren Schlaf vorzuenthalten; gerade sie brauchen ihn so sehr, weil ihre Entwicklung so überaus rasant verläuft.

Kinder leiden genau wie Erwachsene, wenn sie nicht genügend oder keinen zusammenhängenden Schlaf bekommen. Vermutlich leiden sie noch mehr. Ihre Eindrücke sind ungefiltert und stark. Ihre Anstrengungen und ihr Wachstum sind unverdrossen. Ein Erwachsener ist ein alter, erfahrener Krieger. Für das Kind ist alles neu und ohne mildernde Perspektive.

Nur während der »Baby-Flitterwochen« dürfen – und sollten – die Nächte von Unterbrechungen geprägt sein, weil die Überlebensangst des Kindes sofort und ständig gelindert werden muss. *Aber im Alter von einem Monat ist ein normalgewichtiges Kind sehr wohl dazu im Stande, nachts sieben bis acht Stunden durchzuschlafen* – vorausgesetzt dass es den ganzen Tag über nach dem Standardmodell mit einem Überfluss an Nahrung und im Übrigen mit zufrieden stellendem Inhalt in den Stunden des Wachseins versorgt worden ist.

Nach einem weiteren Monat wird die letzte Nachtmahlzeit mit der Abend- oder der Morgenmahlzeit zusammengelegt und der Nachtschlaf beträgt dann etwa neun Stunden. Nach drei, spätestens vier Monaten kannst du damit rechnen, dass dein Kind 12 Stunden pro Nacht schläft. Darauf werden wir bei den entsprechenden Altersgruppen wieder zurückkommen.

In der Zeit um die erste Monatsgrenze wartest du ab, ob das Kind von sich aus ein nächtliches Durchschlafen ankündigt. Wenn nicht, entscheidest du dich für eine bestimmte Nacht, in der die erste Nachtmahlzeit dann ausfallen soll. Du solltest deine Entscheidung morgens treffen, damit der Tag in jeder Hinsicht ausgefüllt und zufrieden stellend sein wird!

Abends legst du dein Kind im Kinderwagen schlafen statt in der Wiege oder im Bett. Wenn das Kind nachts wach wird, beginnst du sofort den Wagen hin- und herzuschieben. Sage nichts und berühre das Kind nicht.

Schiebe mit langen, ruhigen Zügen, vor und zurück, vor und zurück. Du musst die volle Länge deines Armes nutzen. Es sind also keine kleinen, kurzen oder vorsichtigen Bewegungen! Am Ende jeder Bewegung gibst du dem Wagen einen Ruck, ungefähr so, als würdest du den Wagen schnell zurückhalten, um zu verhindern, dass er einen Abhang hinunterrollt. Es wird eine Weile dauern, bevor die Kleine wieder einschläft, da sie noch nie in ihrem langen, kleinen Leben erlebt hat, dass sie kein Essen bekommt, wenn sie darum bittet. Ihre Verwunderung ist größer als der Hunger.

Der Wagen rollt weiter – in langen Zügen – vor und zurück, immer in einem festen Rhythmus. Geduld, Geduld! Es wird dir ins Herz schneiden! Aber denke daran, dass ein Kind, das im Alter von einem Monat nicht durchschläft, es später höchstwahrscheinlich auch nicht tun wird. Die Nachtgeschichten werden bis zur Unendlichkeit andauern, weil das Kind immer noch auf deine Unterstützung wartet.

Nach etwa 20 Minuten – beim allerersten Mal – schläft die Kleine wieder. Und du hast schon kurz vorher mit dem Schieben aufgehört. Beende die Bewegungen ganz sanft und schließe mit einem leichten Wippen ab! Dann kannst du wieder ins Bett huschen und du wirst nun ein, zwei Stunden Ruhe haben.

Die erste Nacht wirst du mindestens zwei, wahrscheinlich drei Mal aufstehen und den Kinderwagen schieben müssen. Am Morgen danach fühlst du dich wie eine Rabenmutter, aber das Kind strahlt, als wäre nichts passiert. *Das Kind* beklagt sich nicht.

In der zweiten Nacht musst du mindestens ein, vermutlich zwei Mal aufstehen und den Wagen schieben.

Die dritte Nacht nur ein einziges Mal. Oder vielleicht auch gar nicht.

Danach ist Ruhe.

Ein kleines Memo: Die Drei-Nächte-Tour

- Den ganzen Tag hindurch gehst du nach dem kompletten Standardmodell vor – mit möglichst zwei Stunden Wachzeit bei jeder Mahlzeit (statt anderthalb). Um schlafen zu können, muss das Baby müde und zufrieden sein, sowohl körperlich als auch seelisch.
- Beim allerersten Schrei des Kindes fängst du an, den Kinderwagen hin- und herzurollen. Wenn du erst abwartest in der Hoffnung, dass die Kleine von allein wieder einschläft, wird die Überlebensangst sie packen, und jeder neue Versuch, ihren Nachtschlaf auszudehnen, wird nur noch mehr Zeit und Geduld erfordern. Deshalb: Reagiere ohne Zögern auf den ersten Ruf deines Kindes!
- Sieh ihr Weinen als eine Frage an! Es ist deine Aufgabe, deinem Kind mitzuteilen: »Nachts schlafen wir.« Dein kleines Mädchen wird die Botschaft nicht sofort verstehen, aber mit der Zeit wird es dahinter kommen.
- Wenn du die Technik richtig draufhast, wird sie nach nur zwei Minuten mit dem Weinen aufhören.
- Wenn du das Gefühl hast, dass du das Weinen deiner Kleinen nicht mehr aushalten kannst, und deshalb die Schlafkur in der ersten oder zweiten Nacht unterbrichst, wird dein nächster Versuch sieben bis zehn Tage – oder gar mehr – in Anspruch nehmen anstatt drei. Wenn du also deinem Kind eine widersprüchliche Botschaft vermittelst, wird es nicht mehr wissen, was es glauben soll. Widersprüchliche Mitteilungen werden das Vertrauen und die Sicherheit deines Kindes nur untergraben.

Es ist nicht schade um die Eltern, die ihren Schlaf nicht bekommen. Es ist schade um die Kinder, die nicht zum Durchschlafen gebracht werden.

Wenn etwas schief läuft: Das Neugeborene weigert sich zu schlafen

Es gibt Kinder, die nur sehr schwer zur Ruhe kommen.

In der gleichen Weise, wie es Kinder gibt, die den Zusammenhang zwischen Essen und Überleben nicht begreifen – und es können wirklich schwerwiegende Fälle sein (siehe »Wenn etwas schief läuft: Das Neugeborene weigert sich zu essen«, Seite 126) –, so gibt es auch Kinder, die von einer Überlebensangst, die fast an Todesangst grenzt, geplagt werden. Und nicht einmal in dem fast bewusstlosen Schlaf, der sich sonst über ein angstgeplagtes Kind zu senken pflegt, sind sie davon befreit. Die Überlebensangst dieser Kinder muss gelindert werden. Da gibt es nur eine Lösung: Füttern, mehr füttern und noch mehr füttern – und danach noch ein bisschen mehr füttern.

Es scheint dir vielleicht völlig unmöglich, dass deine Kleine wirklich wieder Hunger haben könnte: Sie hat ja gerade gegessen, sie isst praktisch die ganze Zeit, isst nur und schreit, isst und schreit … Ist das Kind vielleicht krank? Hat es Bauchschmerzen, oder gar eine Kolik? Nein. Das Kind ist nicht krank. Gehe immer davon aus, dass ein Neugeborenes, das schreit, Nahrung braucht. Essen ist der einzige Weg ins Leben.

Ein Kind, das von Überlebensangst bis hin zur Todesangst geplagt wird, befindet sich wahrscheinlich noch in dem traumatischen, schrecklichen Moment der Geburt, als das Leben buchstäblich an einem Faden hing. Und der Faden wurde durchtrennt.

Du musst dich vor allem darauf einstellen, deinem Kind viel zu essen zu geben, auch wenn du vielleicht selbst nicht begreifen kannst, dass dein kleines Kind so viel Nahrung benötigt. Ein Paar Vogeleltern, die unaufhörlich wie aufgezogene Uhrwerke mit Würmern und Insekten zu den Jungen ins Nest fliegen, finden es sicherlich auch unbegreiflich, dass die Jungen solche Unmengen an Nahrung brauchen – wenn sie überhaupt die Zeit zum Überlegen finden.

Lese die Kapitel »Was musst du tun?« (Seite 73) und »Die Nahrung« (Seite 112). Folge dann dem dort beschriebenen Standardmodell. Ein kleines Neugeborenes, das sich weigert zu schlafen, wird sich durch eine einzige Mahlzeit nach dem Standardmodell nicht beruhigen lassen. Das Schema mit anderthalb Stunden Mahlzeit und zweieinhalb Stunden Schlaf wird nicht sofort klappen. Eine Überlebensangst, die so stark ist, dass sie fast einer Todesangst gleicht, lässt sich nicht durch eine einzige Mahlzeit lindern, auch wenn du das Programm von Anfang bis zum Ende ganz genau befolgst (und das musst du tun, um überhaupt eine Chance auf Erfolg zu haben). Du musst Geduld haben. Du darfst es nicht nur ein einziges Mal versuchen, um dann gleich aufzugeben, nur weil das Kind nach anderthalb Stunden nicht augenblicklich einschläft.

Stelle dir vor, du wärest selbst am Verhungern, in Todesangst, und jemand bietet dir eine Festmahlzeit an; würde das ausreichen, um dem Leben auch *nach* der Mahlzeit zu vertrauen?

Nach einer vollen Mahlzeit nach dem Standardmodell wird deine kleine

Neugeborene ruhig sein. Auch wenn sie wach ist. Und das ist schon viel wert. Deine Festmahlzeit würde dir auch eine solche Ruhepause bringen. Genieße diese Ruhe! Lass das Kind wach sein, aber in entspannter Weise. Du solltest mit dem Kind nicht herumtollen, es nicht umhertragen. Betrachte die Mahlzeit – mit dem gemütlichen Beisammensein und allem Drum und Dran – als abgeschlossen, auch wenn das Kind noch nicht schläft.

Fahre sie eine Runde mit dem Kinderwagen spazieren und lass deine Kleine in Ruhe den Himmel beobachten, ohne ihre Aufmerksamkeit zu fordern.

Oder erlaube ihr (wie immer in eine Decke eingewickelt), zu Hause auf einem Bett zu liegen bzw. auf einem weichen Teppichboden. Also an einem Ort, an dem du sie, ohne sie zu stören, im Auge behalten kannst. Da sie noch ganz wach ist, legst du sie auf den Rücken. Platziere irgendetwas Schönes in ihre Nähe, damit sie etwas zu schauen hat: ein Buch mit strahlend buntem Umschlag (aufgestellt oder geöffnet), eine Vase mit Blumen (am besten rote und gelbe – die Lieblingsfarben der Neugeborenen), oder hänge eine hübsch gemusterte Bluse oder Tischdecke über einen Stuhl, der neben der Kleinen steht. Dein Baby kann auf diese Weise lange liegen bleiben und nur beobachten. Du machst nichts, bevor das Kind etwas macht!

Entweder schläft die Kleine ein. Dann lass sie dort auf dem Rücken liegend schlafen. Vielleicht deckst du sie noch mit einer Decke zu. Sei aber sehr wachsam. Das Risiko des Erstickens durch Erbrochenes ist immer gegenwärtig, wenn ein Neugeborenes auf dem Rücken liegt.

Es kann auch sein, dass die Kleine nach einer Weile unruhig wird und wieder anfängt zu weinen. Du hörst am Weinen, wie müde dein kleines Mädchen ist. Geh sofort hin, nimm sie ganz ruhig hoch und leg sie an deine Brust. Du nimmst die Brust, die dir am vollsten vorkommt.

Lass das Kind ohne Unterbrechung trinken. Sitze (oder liege), ohne dich zu bewegen, und sage nichts. Versuch dich sicher und sanft zu fühlen. Jetzt wird alles gut werden! Wie du bemerkt haben wirst, bekommt die Kleine diese Portion Milch ganz außer der Reihe der Standardmodell-Mahlzeiten. Es ist sozusagen eine Krisenfütterung! Die Kleine macht die Augen zu. Und isst weiter. Langsam vielleicht. Stimuliere zum Weitertrinken, indem du deine Brustwarze in ihrem kleinen Mund vorsichtig hin und her bewegst. Lass die kleine Hand sich an deinem Finger fest halten. Sorge dafür, dass das Kind in der Decke schön warm eingepackt ist.

Endlich kommt der Schlaf. Das Kind lässt die Brustwarze los, die schließlich aus dem kleinen Mund gleitet. Lege das Kind sehr vorsichtig an die Schulter und lass es ein Bäuerchen machen.

Wenn du die Kleine wieder herunternimmst und sie in deinen Armen hältst, wirst du sehen, wie wunderbar tief sie schläft. Wie du sie auch bewegst oder hinlegst, sie wird weiterschlafen. Nichts in der Welt wird sie nun wecken können, bevor die Überlebensangst zurückkehrt.

Lege sie auf den Bauch zum Schlafen und decke sie gut zu, oben locker, aber unten am kleinen Körper ganz fest. Nun ist das Haus von Frieden erfüllt. Trotz alledem wird das Kind nicht lange schlafen, das muss ich dir leider sagen. Ein neugeborenes, von Todesangst geplagtes Kind traut sich nicht lange zu schlafen, obwohl die Überlebensangst im Moment nicht so akut ist.

Du selbst würdest dich nach einem solchen Festessen sicherlich auch völlig satt und schläfrig fühlen. Aber du würdest die Augen trotzdem nur für wenige Minuten schließen. Eine Ausnahme macht ja nicht gleich die Regel!

Egal ob das Kind zum Schluss auf dem Bett, im Wagen, ohne zusätzliches Essen oder nach einer Krisenfütterung, eingeschlafen ist, kommt der nächste Schrei verhältnismäßig bald: nach einer Stunde oder weniger. (Und sollte es doch länger dauern: Sei dankbar – vielleicht hast du die Sache jetzt schon im Griff.) Und nun ziehst du wieder das volle Programm durch.

Sobald du den ersten Schrei hörst, wird das Kind an die Brust gelegt, und eine frische Mahlzeit nach dem Standardmodell wird eingeleitet, mit allem Drum und Dran, durch das ganze Programm hindurch: also anderthalb Stunden. Und auch wenn du es als verrückt, ja, es als gar unmöglich empfindest, dem kleinen Kind so viel zu essen zu geben und es dann so lange wach zu halten, obwohl es ja schon riesige Mengen getrunken hat und stundenlang wach war (das kleine Nickerchen ausgenommen), musst du mir trotzdem glauben: Es ist der einzige Weg – und es ist ein guter Weg –, die Angst zu lindern, die ein kleines Menschenkind dermaßen plagt, dass es glaubt, es müsse sterben.

Nachdem diese Todesangst sich in eine sozusagen »normalere« Überlebensangst verwandelt hat, die fortlaufend verringert wird, wird auch dieses kleine Menschenkind sich trauen, ruhig zu schlafen. Und gut zu schlafen.

In »Der Schlaf« (Seite 131), haben wir von den kleinen »Nachteulen« gesprochen, die die Nacht zum Tage machen. Sie müssen dazu gebracht werden, den normalen Tagesrhythmus einzuhalten.

Klein Magnus, zwei Wochen alt, ist ein musterhaftes Baby: Er schläft und isst, schläft und isst. Das Stillen dauert höchstens eine halbe Stunde. Papa oder Mama wechselt seine Windel vor oder nach der Mahlzeit und dann schläft Magnus tüchtig weiter. So ein Schwachsinn – diese Geschichten, nach denen das Leben mit einem Baby fast unerträglich sein soll! Mama und Papa und alle, die den kleinen Magnus kennen lernen, sind vollkommen hingerissen von seiner »Tüchtigkeit«. Die Nächte sind ein wenig unregelmäßig, aber das ist nicht so schlimm. Manchmal bekommt Magnus zwei, manchmal auch drei nächtliche Mahlzeiten. Aber tüchtig, wie er ist, schläft er nach der Mahlzeit immer schön weiter! Bis er drei Wochen alt wird.

Jetzt nähert sich die erste Gewitterwolke. Tagsüber schläft der kleine Magnus wie ein Engelchen, aber nachts fängt er an, immer lebendiger zu werden. Sein guter Schlaf ist wie weggeblasen. Er wacht immer wieder auf und muss dann wieder gefüttert werden; dann schläft er eine halbe Stunde und schreit anschließend zwei Stunden lang. Er weigert sich, wieder einzuschlafen. Und bald hat sich ein neues Muster entwickelt: Magnus benutzt jetzt seine Mama als Schnuller und trotzdem ist er nicht zufrieden.

Mama und Papa sind halbtot vor Müdigkeit. Aber Magnus ist hellwach, und niemand unterhält sich mit ihm, niemand macht das Licht an und präsentiert ihm die Welt. Also hat man ja nicht viele andere Möglichkeiten, als loszubrüllen, scheint er zu denken. Jetzt weigert er sich nicht nur zu schlafen, er will auch nicht mehr essen, er schreit und schreit und schreit. Und da haben wir den Salat: Mama oder Papa nehmen ihn abwechselnd hoch und tragen ihn umher, stundenlang, und dem kleinen Magnus gefällt das natürlich. Bis jemand versucht, ihn wieder hinzulegen.

Magnus wird den Tagesrhythmus nicht von allein finden. Er muss dazu gebracht werden, seine sozialen Aktivitäten auf die Tagesstunden zu verlegen, denn genau das ist Magnus geworden: *sozial*.

Das Streben des Kindes nach Gemeinschaft ist sowohl sehr zielbewusst als auch faszinierend. Nicht nur die Menschen, sondern auch die Dinge, die Welt, die Kultur, die Zeit, die Wirklichkeit, die ganze Skala der Dimensionen und Begriffe versucht das Kind mutig kennen zu lernen und zu verstehen. Dieses menschliche Streben lässt sich schon im allerfrühesten Säuglingsalter erkennen – gegen Ende der zweiten Woche oder Anfang der dritten, zu dem Zeitpunkt, den ich die »eigentliche« Geburt nenne. Der angeborene, unermüdliche Trieb nach sozialer Gemeinsamkeit kommt zum Vorschein, und er ist sicherlich genauso stark wie der Überlebenstrieb. Denn der Mensch ist ein Herdentier. Bis wir auf eigene Faust zurechtkommen, hängen unsere Überlebenschancen von der Zugehörigkeit zur »Herde« ab, von der Aufnahme in die Gruppe, in der wir Schutz und Anleitung in der Kunst des Überlebens bekommen. Meiner Meinung nach sucht Magnus nicht nur »Gesellschaft«. Nein, er fängt jetzt an zu leben: will dieses Leben *kennen lernen*. Deshalb können Mama und Papa keine Anleitung von *ihm* erwarten. Er ist es, der ihre Anweisungen braucht und erwartet. Ohne Protest von seiner Seite werden die Eltern die Führung übernehmen können, wenn sie es nur wollen.

Jeder Schrei eines jeden Kindes ist eine Frage. Und Magnus' Eltern können ihm nun die erste Antwort geben: »Nachts schläft man hier in dieser Welt. Unsere sozialen Aktivitäten finden am Tage statt.«

Die Methode ist das übliche, unfehlbare Standardmodell. Die Eltern fangen an einem festgelegten Morgen an und verfolgen dann den ganzen Tag hindurch das Standardmodell – mit allen Kniffen und Ideen, die dazu beitragen, Magnus während des ganzen Programms wach zu halten, und das bei jeder Mahlzeit. Und zweimal schaffen sie es sogar, dass er länger als die gewöhnlichen anderthalb Stunden wach bleibt, obwohl er so schrecklich müde ist, dass er fast einnickt. Sie bieten ihm volle Unterhaltung beim gemütlichen Beisammensein, fokussieren ihn im direkten Kontakt. Sie präsentieren ihm die Welt: Spiegel, Fenster und Lampen. Und die wunderbare Welt außerhalb des Hauses. Sie reden, lachen und schmusen.

Wenn die Nacht kommt, gibt es keinen Pardon. *Nachts wird geschlafen.*

Magnus wird in den Kinderwagen gelegt. Wenn er überhaupt wach wird während seines Nachtschlafes, der sieben bis acht Stunden dauern sollte, wird er mit festen Zügen hin- und hergeschoben, bis er wieder einschläft (zur Technik der Abgewöhnung nächtlicher Mahlzeiten in »Der Schlaf«, Seite 131). Ist der kleine Magnus jünger als einen Monat, sollte er eine Nachtmahlzeit bekommen, aber nur als schnelles Auffüllen vor dem sofortigen Weiterschlafen.

Die großen Mahlzeiten, die über den Tag gegeben werden, sollten ihm wirklich alles geben, was er überhaupt an Nahrung, Eindrücken und Begegnungen annehmen kann – das alles kann ihn dermaßen beanspruchen, dass er so übermüdet ist, dass er keine Ruhe finden kann. Dann muss er eine Weile geknufft werden (siehe »Der Schlaf«, Seite 140).

Spätestens nach einer Kur von drei Tagen (und Nächten) mit dem »Standardmodell« werden die Nachtgeschichten nur noch Legende sein.

Es gibt auch abends Probleme, über die etwas gesagt werden sollte, selbst wenn sie nicht unbedingt zur Kategorie der Kinder gehören, die sich wirklich weigern zu schlafen. Kinder, die abends nicht einschlafen wollen, müssen einfach dazu gebracht werden, ein kleines Nickerchen zu machen.

Die Abendquengelei, wie ich und viele andere Mütter es nennen, ist völlig normal und hängt mit dem mühevollen Streben nach sozialer Gemeinschaft vonseiten des Kindes zusammen. Die Quengelei am Abend wird manchmal »Abendkolik« genannt. Darüber kann ich nur den Kopf schütteln. Dass ein kleines, neugeborenes Menschenkind – das auf diese Welt gekommen ist, um mit einer unglaublichen Entschlossenheit in eine Gemeinschaft aufgenommen zu werden und dort zu lernen, wie das Leben gelebt wird – gegen Abend übermüdet sein wird, dürfte wohl verständlich sein. Du und ich würden doch auch als Erwachsene nach der Wanderung im Vatikanmuseum, die einen ganzen Tag lang gedauert hat, total kaputt sein, nachdem wir hunderte von Sälen durchwandert haben und mit Eindrücken bombardiert worden sind, die für uns völlig unbekannt waren und die wir mit weit geöffneten Sinnen versucht haben in uns aufzunehmen – in einem unaufhörlichen Streben, alles zu begreifen, auch wenn wir vielleicht vorher keine Ahnung hatten, ja, nicht einmal die geringsten Kenntnisse von Kunst, Kultur und Geschichte besaßen. Am Ende der Tageswanderung erreichen wir erschöpft den Ausgang, und dann fragt jemand: »Du hast wohl eine Kolik, was?«

Die Abendquengelei kann wie folgt aussehen: Das Neugeborene hat den ganzen Tag das Programm befolgt, hat seine Stunden geschlafen, war zu den festen Zeiten wach und glücklich, und dann nähert sich die Abendmahlzeit. Sie beginnt. Das Kind isst, wird gewickelt, bekommt sozialen Kontakt, gute »Unterhaltung«, wie gewöhnlich. Eine Stunde ist vergangen, anderthalb vielleicht, wenn das Kleine auch noch gebadet wird. Und dann ist die abschließende Nachfütterung dran – wie im Programm vorgesehen.

Panikartige Weigerung. Was nun? Verwirrung. Man drängt und versucht. Weigerung!

Das Kind kann jederzeit im Laufe des späten Nachmittags oder abends anfangen zu streiken: mitten in einer Mahlzeit, beim Baden, während des Wickelns, während der gemütlichen Unterhaltung. Und Füttern bringt dann *nichts*. Wenn neun von zehn Schreien Überlebensangst bedeuten, bedeutet der zehnte Schrei Überanstrengung. Was hier gebraucht wird, ist ein kleines Schläfchen.

Das Schläfchen – eine Viertelstunde oder 20 Minuten reichen völlig aus – entspricht dem »mentalen« Nickerchen, das ein Erwachsener sich normalerweise gönnt, wenn er von allem einfach zu viel bekommen hat. »Ich brauche ein bisschen Zeit für mich ganz allein«, sagt man und zieht sich zurück. Man legt sich vielleicht aufs Bett und starrt mit leerem Blick an die Decke oder lehnt sich – allein und völlig in Gedanken versunken – gegen eine geschlossene Tür und macht die Augen zu. Oder man flüchtet auf die Toilette mit einer Zeitung oder in den Garten, unter irgendeinem Vorwand. Nach einer solchen Pause fühlt man sich, wenn auch nicht ausgeruht, aber doch bereit, wieder an den Geschehnissen in der Umgebung teilzunehmen. Man ist gefasst und hat sich praktisch wieder auf null gestellt.

Der Säugling kann sich eine solche mentale Ruhe nicht so einfach gönnen. Ihm fehlen die Fluchtwege; er kennt nicht wie ein Erwachsener die kleinen Kniffe, die er bei Übermüdung nutzen könnte. Man muss das Kind also dazu bringen, eine kleine Weile zu schlafen. Dadurch wird es seine mentale Pause bekommen.

Es ist in diesem Fall nicht empfehlenswert, das kleine Kind ins Bett oder in die Wiege zu legen. Ist das Kind groß genug, um sein Bett mit dem Schlafen in Verbindung zu bringen, könnte die Verzweiflung noch größer werden. Das Kind will nicht schlafen. Das Kind will *dabei* sein. Der Wunsch nach Gemeinschaft ist genauso stark wie notwendig. Aber in diesem Augenblick kann es einfach nicht mehr. Der starke Trieb steht den aufgebrauchten Kraftreserven gegenüber.

Leg das Kind stattdessen auf eine Decke auf den Fußboden oder wo du gerade bist. Verweigere dem Kind die soziale Beteiligung nicht! Lass es im Zentrum des Geschehens verweilen. Verhelfe dem Kind zum Schlafen, indem du es knuffst (siehe Seite 140). Sprich beruhigend mit ihm, wenn es sich so sehr aufgeregt hat, dass der Körper ganz angespannt ist.

Wie immer solltest du versuchen zu verhindern, dass das Kind sich bis zur Hysterie »festschreit«, und *vorher* eingreifen. Nur wenige Kinder, die abends quengelig werden, sind angespannt – in der Regel sind sie sowohl körperlich als auch seelisch erschöpft und meistens sind sie mehr als dankbar für eine kleine Ruhepause. Knuffe weiter, ruhig und sicher, unaufhörlich.

Decke das Kind zu, wenn es eingeschlafen ist, und schau auf die Uhr. Sollte das Kind nicht innerhalb von 20 Minuten wieder aufwachen, weckst du es! (Wahrscheinlich wird es aber von allein wach werden.) Das Kleine sollte nicht länger als eine Viertelstunde oder 20 Minuten schlafen. Schläft es doch länger, wird es für den Rest des Abends Stress geben und ihr werdet beide aus dem Tritt geraten.

Wenn die Pause vorbei ist, streichelst du deine Kleine leicht über den Kopf, wickelst sie in eine Decke und nimmst sie hoch. Dann fahrt ihr dort wieder fort, wo ihr gerade stehen geblieben wart (nach vollem Programm). Du wirst eine komplette Veränderung feststellen: Das kleine Kind, das vorher so erschöpft war, ist wieder fröhlich, munter und neugierig in seinem einzigartigen Streben danach, am Leben teilzuhaben.

Selbstverständlich wird die Abendmahlzeit auf diese Weise etwas verlängert. Die Kleine hat neue Kraft geschöpft, und dies kann eine größere Verlängerung als die 20 Minuten, die beim kleinen Nickerchen weggefallen sind, bedeuten. Sehr viel Essen wird nun gierig angenommen. Und deshalb ist diese verlängerte Mahlzeit überaus dazu geeignet, als Abschluss des Tages zu dienen.

Du kannst natürlich auch mit einem Kind, das abends quengelig wird, umhergehen und es auf dem Arm oder auf dem Schoß einschlafen lassen – oder dich hinsetzen und das Kind dicht an deinem Körper schlafen lassen. Aus zwei Gründen bin ich aber der Meinung, dass dies keine so gute Idee ist.

Erstens läufst du Gefahr, dich selbst in ein wandelndes – oder sitzendes – Bett zu verwandeln, und das immer häufiger auf unbestimmte Zeit.

Zweitens läufst du Gefahr, das kindliche Streben nach einem eigenständigen Leben, nun ganz von der Gebärmutter abgelöst, zu behindern, und dadurch erschwerst du dem Kind den Schritt in die Welt, in der es nun leben wird. Auf diese Weise wird eine Symbiose verlängert, die bei der »eigentlichen« Geburt – wenn das Kind drei Wochen alt ist – unterbrochen wurde, oder zumindest unterbrochen sein sollte.

Und deine Kleine sehnt sich zurück. Selbstverständlich möchte sie am liebsten in deinen Armen schlafen. Deine Bewegungen, deine Wärme, die Schläge deines Herzens erinnern sie an das wohl bekannte Leben in der Gebärmutter, das sie sehnlichst vermisst. Aber es gibt keinen Weg zurück. Und das Kind weiß es. Sein kindliches Streben nach sozialer Beteiligung ist mutig und unerbittlich. Gäbe es ein Zurückkehren zum Bekannten und Geborgenen, würde es in schwachen Momenten sicherlich diesen Weg wählen – genau wie wir alle, wenn wir unsicher und verängstigt sind, uns vor einer neuen Herausforderung verstecken möchten, um so ihre Annahme zu umgehen. Aber wir müssen die Herausforderung annehmen, wenn wir wachsen, uns entwickeln und lernen wollen.

Verstehe mich nicht falsch – ich meine natürlich *nicht*, dass du dein Kind nie umhertragen und es nie an dich drücken solltest. Aber ich glaube, dass man es nur in drei Situationen tun sollte, und tatsächlich nur in diesen drei Situationen – ausgenommen sind natürlich die Gelegenheiten, bei denen man ein kleines Kind, das sich wehgetan hat oder einfach traurig ist, tröstet:
1. Wenn man die Absicht hat, das Kind in einen Zustand zu versetzen, in dem

es essen oder einschlafen kann. (Im letzteren Fall ist das Kind so aufgeregt und hysterisch, dass es vor dem Zu-Bett-Legen dieselbe Beruhigung braucht, die man einem Kind zuteil werden lässt, das nicht essen will, siehe »Wenn etwas schief läuft: Das Neugeborene weigert sich zu essen«, Seite 126).
2. Wenn man das Kind von einem Ort zum anderen transportiert.
3. Aus reinem Vergnügen, zum Schmusen und Spielen.

In diesem Fall ist das Umhertragen eine Gemeinschaftshandlung, die voraussetzt, dass der Erwachsene das Kind tragen möchte und sich nicht aus irgendeinem Grund dazu gezwungen fühlt. Dies ist ein Zusammentreffen, das beide wollen, brauchen und genießen. Es ist ein Geben und Nehmen. Hier entstehen Zärtlichkeit und liebevolle Berührung. Hier treffen sich zwei Menschen, die neugierig aufeinander sind, Erwartung verspüren und sich zusammen freuen. Und dies ist eine Begegnung, bei der, meine ich, sowohl der kleine als auch der große Mensch vollkommen wach sein sollten. Weil es sich einfach für beide lohnt!

3. Das seelische Wohlbefinden

Klein ist das Menschenkind, wenn es geboren wird, hilflos und nackt. Wenn niemand es erwarten und versorgen würde, würde es höchstens ein paar Tage überleben. Vielleicht nicht mal einen einzigen Tag.
　Als Reaktion auf die Hilflosigkeit des Neugeborenen entsteht bei beiden Elternteilen ein Schutzinstinkt. Ein Vater erzählt:
　»Dann plötzlich – ein Schrei, so durchdringend, er hat mich in irgendeiner Weise wachgerüttelt. Es war nicht ihr Schrei, sondern der Schrei des Kindes! So was hatte ich noch nie vorher gehört … So unglaublich schwach und hilf-

los, wie ein Anflehen. Für sie war es hart gewesen, das hatte ich sehr wohl begriffen, und ich selbst hatte zu kämpfen gehabt, aber das Kind … Das Kind hat am meisten gelitten, leuchtete es mir auf einmal ein. Und gleichzeitig wurde ich von einem Gefühl überrumpelt – neu und unbekannt –, von dem ich nicht geahnt hatte, dass es in mir war. Ein Gefühl der Verantwortung und des Bedürfnisses, diesem kleinen, hilflosen Wesen sofort helfen zu müssen; es um jeden Preis schützen zu wollen. Dort lag ein Mensch in totaler Abhängigkeit, ausgeliefert, ungeschützt – und er schrie verzweifelt, als wäre ihm seine eigene Hilflosigkeit schon beim ersten Atemzug bewusst geworden. ›Ein Junge!‹ sagte der Arzt und lächelte, daran erinnere ich mich genau, aber gedacht habe ich: ›Es ist viel, viel mehr als das.‹ Die Geburt meines Sohnes hatte mich total erschüttert. Sie wurde eine Art Wendepunkt in meinem Leben. Meine Welt bekam eine neue Dimension, wurde tiefer … Von dem Moment an habe ich meine Vaterschaft jede Minute getragen. Es ist keine schwere Last, aber ich habe sie mit einem Gefühl des Ernstes angenommen.«

Den Mann kann die Schwangerschaft seiner Frau gleichgültig lassen, aber er wird nie vermeiden können, beim Anblick seines eigenen Kindes bei der Geburt in seinem tiefsten Inneren berührt zu werden. Die Mutter ist mit Körper und Seele darauf vorbereitet, das Kind zu empfangen, das aus ihrer Gebärmutter geboren wird.

Aber nicht nur dein Beschützerinstinkt wird geweckt, sondern auch Freude und Stolz. Eine Mutter, die ihr Kind vorzeigt, oder ein Vater, der auf die Geburt seines Nachkommen eine Runde ausgibt, fühlen nicht nur eine ergreifende Zärtlichkeit und Verantwortung. Ein Kind bekommen zu haben heißt auch: »Ich habe verdammt noch mal etwas *geleistet*!« Und das Resultat muss vorgezeigt werden. Egal wie zivilisiert und vorurteilsfrei wir auch geworden sind, gibt es sicherlich in jedem von uns kleine Urwaldwesen, die jetzt in die Lüfte springen und sich vor die Brust schlagen: »Ich habe es geschafft! Ich habe es geschafft! Ich kann zum Fortbestand der Menschheit beitragen! Ich bin stark genug, um in meinem Kind weiterzuleben!«

Man kann dazu stehen, wie man will, aber die Begeisterung über ein neugeborenes Kind ist für die Eltern – die »Herde« – sehr real und für uns alle so offensichtlich. Man kann sich nur wünschen, dass sie erhalten bleibt.

Aber warum besteht diese Begeisterung nicht immer fort? Ein ganz natürlicher Grund ist, dass ein Neugeborenes uns sehr fordert. Man kann das kleine Menschenkind nicht allein lassen, der Bedarf an Nahrung ist groß und kontinuierlich, und der Bedarf an Schutz gegen Gefahren ist konstant. Aber besonders in unserer heutigen Zeit, in unserer Kultur, macht sich das Gefühl der Unzulänglichkeit schon sehr früh bei den Eltern breit. So paradox es auch klingen mag. Denn gerade in unserer Zeit, unserer Kultur, mit den vielen Errungenschaften des Wohlfahrtstaates können wir unseren Neugeborenen das garantieren, was sie brauchen: Nahrung und Schutz. Auf dieses Paradox werden wir später noch zurückkommen.

Das neugeborene Menschenkind sucht sofort seine *Zugehörigkeit*, genau wie jedes neugeborene Tierjunge, das in seinem frühesten Leben beschützt und gepflegt werden muss, seine Mutter und seine »Herde« sucht. Das Leben des neugeborenen Kindes hängt von dessen Zugehörigkeit zur Gruppe ab. Die Zugehörigkeit garantiert Nahrung und auch Schutz. Das Menschenkind ist von beiden abhängig. Für sehr lange Zeit.

Alle wissen, wie wichtig es ist, dass der neugeborene Mensch Liebe, Zärtlichkeit und Geborgenheit bekommt. Wir sind alle zu der Erkenntnis gekommen, dass die ersten Jahre, ja, vielleicht die ersten Monate oder gar die allerersten Augenblicke nach der Geburt für das seelische Wohlbefinden des Kindes von entscheidender Bedeutung sein können. Dies ist eine Bürde der Verantwortung, unter der man sehr wohl zusammenbrechen kann, und viele Eltern werden von Panik ergriffen, schon bevor das Kind geboren ist: Wie sollen sie die Erwartungen je erfüllen können? Wie sollen sie ihrem Kind alles, was es an gefühlsmäßigem Kontakt braucht, jemals geben können?

Ich wünschte, ich könnte dir diese Angst nehmen, mit einem Mal. Weil das, was du geben kannst, schon in dir ist, es wunderbar groß ist und du sicher sein kannst, dass es da ist. Niemand sollte dieses Zittern verspüren müssen. Alle Eltern sollten ausschließlich Freude und natürlichen Stolz empfinden.

Du kannst dem Kind Nahrung geben und du kannst ihm Schutz gewähren: Du bringst deinem Kind das Gefühl, *dazuzugehören*. Und genau diese Zugehörigkeit sucht das kleine Menschenkind.

Und daraus wächst die Liebe hervor.

Es ist nicht schwer, sich seelisch an ein Neugeborenes zu binden. Mutter Natur hat gründliche Vorarbeit geleistet. Aber man müsste fast ein Heiliger oder wenigstens übermenschlich gut sein, um diese Begeisterung für ein Kind zu bewahren, das ständig schreit. Es gibt nicht viele unter uns Eltern, die in Bezug auf die lieben Kleinen nicht schon mal mörderische Gedanken gehegt haben. Ohnmacht, Erschöpfung und Verzweiflung – die Reaktionskette ist lang, aber schließlich kommt der Selbsterhaltungstrieb ins Spiel und man verspürt nur noch eine einzige große *Weigerung*. Und das Kind schreit. Und schreit. Und schreit.

Deshalb ist mein erster Rat an dich, wenn du dich um das seelische Wohlbefinden deines Kindes kümmerst: Du musst an erster Stelle für das körperliche Wohl deiner Kleinen sorgen. Du musst sie füttern, mehr füttern und dann noch einmal füttern! Genauso wenig, wie du in den Stunden, in denen dein Kind unaufhörlich schreit, Freude und Stolz – oder Liebe – empfinden kannst, genauso wenig kann die Kleine in den Stunden, in denen die Überlebensangst sie am stärksten quält, deine Liebe empfangen und in sich aufnehmen. Füttern! Füttern, bis zu dem Punkt, an dem das Kind sich weigert, noch mehr zu essen – nicht nur bis zu dem Punkt, an dem *du* dich weigerst weiterzufüttern.

Dann stellt sich das körperliche Wohlbefinden ein. Und dann ist auch das seelische Wohlbefinden möglich. Aber erst dann. Und auch dein eigenes seelisches Wohlbefinden wird jetzt eine Chance bekommen, kaum eher. Man muss kein Heiliger und auch kein Übermensch sein, um mit allen Sinnen offen ein kleines Neugeborenes, das ruhig und zufrieden ist, an sich zu nehmen. Es wäre ja fast eine übermenschliche Leistung, sich nicht Hals über Kopf zu verlieben …

Der erste Punkt auf der Liste: das Essen. Danach: der Schutz, die Pflege und die persönliche Bindung. Zum Programm des Standardmodells gehört ein Punkt, den ich die Begegnung nenne, es ist das gemütliche Beisammensein, das »Gespräch« auf höchstem Niveau.

Die Begegnung beschreibt den direkten Kontakt zwischen dir und deinem Kind, welcher die Zusammengehörigkeit bestätigt – diese lebenswichtige Verbundenheit des Kindes mit der »Herde«, in die es hineingeboren worden ist.

Heute noch kann ich trotz (oder wegen) all der Jahre als Mutter von Säuglingen es nicht lassen, bei jedem Zusammentreffen mit Neugeborenen, den Versuch zu starten, genau diese Begegnung entstehen zu lassen. Diese Gespräche mit Neugeborenen bezeichnen die Höhepunkte in meinem Leben. Es mag sich vielleicht kitschig anhören, aber so ist es bestimmt nicht gemeint. Es gibt gewisse Momente im Leben, an die man sich immer erinnert – in denen man die Verbundenheit der eigenen Seele mit der eines anderen Menschen verspürt hat, in einem Gespräch, einem Blick, einem Gefühl. Diese Begegnungen sind vielleicht ganz flüchtig, aber unvergesslich, weil sie rein, unbelastet und nicht gestellt sind und weil sie ein tiefes Gefühl der Gemeinsamkeit vermitteln. Einem Neugeborenen zu begegnen heißt, einem Menschen auf genau diese Art zu begegnen – mit einer Seele, die dem anderen gegenüber weit geöffnet ist, bis zur inneren Verbundenheit der beiden Seelen im Hier und Jetzt. Es ist möglich, den Blick eines Neugeborenen einzufangen, auch bei einem ganz frisch Geborenen, obwohl es Zeit und Mühe kosten mag. Aber was für ein Blick ist das!

Die Augen rollen erst, wohin sie wollen – die Augenmuskulatur lässt sich noch nicht so leicht steuern –, aber sind die Augen dann koordiniert und fängst du den Blick und hast das Glück, ihn fest zu halten, dann steht die Zeit still. Und sagst du dann etwas, egal was, eine Frage, eine Begrüßung oder auch nur einen Ton, und drückst dabei ein kleines Lächeln aus und legst Wärme in deine Stimme, dann passiert das Wunder. Du bekommst eine Antwort. Auch wenn du nichts sagst und nur den Blick fest hältst, wird das kleine Kind mit dir »reden«.

Dieses Beisammensein, *die Begegnung*, ist die Bestätigung der Zugehörigkeit.

Ein kleiner Mensch, der sich wohl fühlt, sollte auch ein bisschen Spaß im Leben haben und das erfordert ein paar kleine Vorbereitungen.

Nun glaube ich, dass wir Menschen, von der Überlebensangst einmal abgesehen, mit Lust am Leben geboren werden und auch mit dieser Lust leben; wir mögen das Leben und erwarten, dass es schön und vergnüglich wird. Und es bedarf so wenig, um kleine Kinder zu amüsieren! Deshalb brauchst du dir keine große Mühe zu machen, um die Lebenslust zu wecken, da sie ja schon da ist. Du musst nur dafür sorgen, dass deine Kleine nicht in einer Tristesse endet, die die Spitze ihrer Lebenslust stutzen würde.

Lächle ein kleines Kind immer an, wenn du in direktem Kontakt mit ihm bist, egal in welcher Laune du selber in dem Moment sein magst!

Sorge dafür, dass das Bett so steht, dass die Kleine hinausschauen kann und nicht nur eine langweilige Wand anstarren muss.

Mach es dir nicht zur Gewohnheit, das Verdeck des Kinderwagens hochzuklappen. Klapp es herunter oder entferne es ganz, sobald das Wetter es zulässt. Obwohl ein Neugeborenes dann nicht viel mehr als nur den Himmel sehen kann – wenn es auf dem Rücken liegt –, ist ein freier Blick auf einen endlos weiten Himmel interessanter, als wenn die Sicht mitten im Blickfeld vom Verdeck abgeschnitten ist. Ein Neugeborenes, das auf dem Bauch liegt, wird sich sehr bald bemühen, über den Rand des Kinderwagens zu schauen. Es sind rührende, zielbewusste Anstrengungen, die in jedem Fall unterstützt werden sollten.

Der Wagen, und auch die Wiege oder das Bett, sollte mit buntem Stoff und/ oder mit Klebebildern dekoriert sein. (Die klassischen Disneyfiguren werden von Neugeborenen immer sehr bewundert, einfach weil sie so große Augen und so bunte Farben haben.) Auch an beiden Seiten des Wickelplatzes sollte es etwas zum Bestaunen geben. Schön bunte Postkarten oder Buchumschläge, in passender Höhe; damit das Kind etwas zum Anschauen hat, wenn es den Kopf von einer Seite zur anderen dreht. Diese Bilder zu betrachten ist anfangs eine große Herausforderung für das kleine Kind und sie sollten in den ersten vier Wochen möglichst nicht ausgetauscht werden, danach gerne öfters!

Neugeborene mögen die Farben Gelb und Rot. Und große Augen. Sie lieben meistens Kuscheltiere mit großen Augen und klaren Farben, vorausgesetzt du kannst das Tierchen so anbringen, dass dessen »Blick« den des Kindes trifft. Eines meiner Kinder bekam schon in der Klinik ein Frotteekaninchen mit langen Ohren, langem Körper und riesigen Augen. Der Körper war rot, die Arme gelb und die Augen schwarz wie Ebenholz. Ich dachte bei mir: »Naja, dafür ist sie wohl noch ein bisschen zu klein.« Als ich nach Hause kam, habe ich das Kaninchen gegen die Gitterstäbe am Kopfende des Kinderbettes gesetzt. »Hier kann es erstmal sitzen bleiben«, dachte ich und habe es dann gänzlich vergessen. Ich habe also nicht bemerkt, als es herunterfiel und auf dem Fußboden landete.

Aber das Kind hat es bemerkt. Sie war einen Monat alt, und an dem Abend, an dem das Kaninchen herunterfiel, hat sie eine Stunde lang geschrien.

Ich habe alles versucht: Ich habe sie gefüttert, habe sie wieder hingelegt und wieder hochgenommen, sie gewickelt, habe es mit mehr Essen versucht und wurde zum Schluss fast verrückt. Ich spürte, dass ich mich kurz verdrücken musste, um wieder Luft zu bekommen und bis zehn zu zählen. Mit einem Gefühl der Ohnmacht legte ich das Kind wieder hin und entdeckte dabei plötzlich ein Kaninchenohr, das unter dem Bett hervorguckte. Meine ohnmächtige Enttäuschung wurde an diesem armen Tierchen ausgelassen. »Du dämliches, lächerliches Stofftier, als wenn du mir hier helfen könntest!« Wütend habe ich das höhnisch lächelnde Kaninchen wieder auf seinen Platz gesetzt. In diesem Moment hörte die Kleine auf zu schreien. Sie lag lange Zeit mit angehobenem Kopf und hat das Kaninchen angesehen. Und dann hat sie sich ganz ruhig hingelegt und geschlafen.

Die Welt muss klein sein, bevor sie groß werden kann.

Das Streben des Kindes, sich in dieser Welt zu orientieren und zu lernen, zu erkennen und zu verstehen, ist bewundernswert, unaufhörlich, anstrengend und unerbittlich. Die Überanstrengung ist fast vorprogrammiert und äußert sich in einem neuerlichen Weinen, welches nun zum Weinen aus Überlebensangst hinzukommt: das Weinen aus Übermüdung, das man meistens abends hört (»Abendquengelei«). Die Gefahr der Übermüdung kann etwas verringert werden, wenn du das Kind Schritt für Schritt langsam an die Welt heranführst und es nicht sofort mit einem ganzen Vatikanmuseum überlastest.

Gib deinem Kind ein paar feste Ausgangspunkte in seinem neuen Zuhause: das Bett – oder die Wiege –, das dort stehen bleibt, wo es steht; den Wickelplatz, der auch bleibt, wo er ist oder eine Ecke auf dem Sofa; einen Ort, an dem du in der Regel stillst, einen festen Punkt, an dem eure Begegnungen meistens stattfinden, dann noch einen Platz auf einer Decke auf dem Fußboden, wo das Kind mal ein kleines Nickerchen macht, wenn es abends quengelig sein sollte (siehe »Wenn etwa schief läuft: Das Neugeborene weigert sich zu schlafen«, Seite 145). Wenn das Kind einen Monat alt ist, noch einen festen Ort im Haus, an dem es täglich auf einer Decke liegt und schaut und wach ist. Feste, wiedererkennbare Orte, die immer und regelmäßig wiederkommen, bringen nach und nach eine ausgewogene Vertrautheit. Und natürlich sorgst du dafür, dass es an diesen Orten gemütlich ist und freudig zugeht – verlege sie also nicht unnötigerweise!

Mit dieser Erklärung als Hintergrund wirst du verstehen, was ich meine, wenn ich behaupte, dass es für das kleine Kind weniger belastend ist, in den ersten Wochen – vor der »eigentlichen Geburt« – zu Freunden und Bekannten geschleppt zu werden, als später, wenn es richtig anfängt, die Eindrücke aus seiner Umwelt in sich aufzunehmen.

Eure Welt sollte also, wenn es machbar ist, im zweiten Lebensmonat deines Kindes einigermaßen unverändert bleiben.

Die seelische Bindung ist lebenswichtig für das psychische Wohlbefinden des Kindes. Viele dieser Bindungen sind schon da: Das Kind wird von seiner Mutter gestillt, und im ersten Monat seines Lebens, besonders vor der Drei-Wochen-Grenze, steht das kleine Menschenkind bildlich gesehen nicht nur mit einem Bein, sondern mit seinem ganzen Vertrauen noch in der Gebärmutter. Es ist immer noch ein Teil von dem Körper, den es schon verlassen hat. Die Bindung ist da, unauflösbar.

Nach der »eigentlichen Geburt« braucht das Kind eine stetige Bestätigung dieser Bindung. Diese bekommt es, wenn es gestillt wird, aber auch während des Beisammenseins, bei *der Begegnung*. Und es bekommt sie in den Stunden der Zärtlichkeit, des Schmusens, die immer mehr und immer wohltuender werden, je mehr die Überlebensangst des Kleinen, die du fortlaufend linderst, abklingt. Man darf unterdessen nicht übersehen, dass das Kind selbst in seiner Umgebung Kontakte aufbaut. Es wird mit einem starken Trieb dazu geboren und sucht sozusagen die Bindung an seine »Herde« mit allem, was dazugehört, an diesen Ort, den es nun bewohnt – an seine Festung.

Das Gefühl der Zugehörigkeit hängt nicht nur mit Personen zusammen. Deine eigene Zugehörigkeit ist ja auch nicht an nur eine Person oder zwei oder mehrere gebunden. Du hast ein Zuhause. Du bist von Sachen umgeben, die bestätigen, dass du hierher gehörst. Du hast deinen eigenen Platz auf der Erde. Auch wenn du allein bist und selber deine »Herde« bildest, hast du ein »Nest«, einen festen Punkt in deinem Leben. Du kannst dein »Nest« an einen anderen Ort verlegen – genau wie Büros oder Fabriken sich an einem anderen Ort niederlassen können –, aber die Sachen, die dir persönlich gehören, kommen mit. An solche Gegenstände und Merkmale in seiner nächsten Umgebung wird auch das Kind sich binden – und diese Bindung ist so lebenswichtig wie die Bindung an Personen.

Die Gefahr auf mich nehmend, respektlos zu klingen, möchte ich behaupten, dass die Menschen, die um das Kind herum sind, die Menschen in seinem Zuhause, die Mitglieder seiner »Herde«, in den Augen des Kindes auch nur eine Art eingeprägter Bezugspunkte sind. Die Zugehörigkeit umfasst das Ganze: die Menschen *und* das Zuhause. Alles zusammen bildet die »Herde« und diese Herde gibt dem Kind seine Zugehörigkeit.

Mit diesen Worten im Hintergrund möchte ich, dass du deine Besorgnis über deine eventuelle Unzulänglichkeit vergisst. Du wirst nie ganz allein die Zugehörigkeit des Kindes, die Geborgenheit und das Gefühl des Zu-Hause-Seins ausmachen. Und so möchte ich auch, dass du dich von einer Vorstellung, die heute leider weit verbreitet ist, befreist. Von der Vorstellung nämlich, dass du und nur du für das Kind von Bedeutung bist: »Jetzt wird alles wieder gut – jetzt kommt *Mama*!«

Innerhalb eurer Festung, innerhalb der »Herde«, können auch andere Personen als du dem Kind seine Zugehörigkeit bestätigen. Das soll natürlich nicht heißen, dass man das Kind einem ständig wechselnden Strom von Menschen aussetzen sollte, die das Kind abwechselnd für einen Tag, sozusagen im »Nest« der Herde, hüten. Man sollte aber auch nicht Mutter und Kind aus dem »Nest« herausholen und sie dazu veranlassen, ständig verschiedene »Herden« in verschiedenen Umgebungen in täglichem Wechsel ohne eigentliche Zugehörigkeit abzuklappern. In beiden Fällen setzt man unweigerlich das seelische Wohlbefinden des Kindes aufs Spiel.

Lass die Welt klein sein, bevor sie groß wird – sowohl was den Menschen als auch was die Umgebung betrifft! Je fester und unveränderlicher die Basis ist, desto größer und sicherer wird der Operationsradius. Das Kind sucht seine Zugehörigkeit und die Bindung muss nur bestätigt werden.

Jedes Kind kommt mit einem angeborenen Vertrauen in die Welt, das im Grunde nur bestätigt und nicht extra aus dem Nichts aufgebaut werden muss. Dieses Vertrauen zu bestätigen heißt, sich des Vertrauens des Kindes würdig zu erweisen. Das Kind stellt keine unmäßigen Forderungen: Das Kleine sucht eine Garantie für sein Überleben und es sucht Schutz. Wenn es größer wird, sucht es auch Anleitung: »Wie lebt man hier? Was muss ich lernen, um hier so gut wie möglich zurechtzukommen?«

Dieses Vertrauen aufs Spiel zu setzen heißt, das Kind zu verraten, es im Stich zu lassen. Ein Kind so zu behandeln bedeutet, es abzuweisen. Aber das Urvertrauen ist so stark und eine Bestätigung dafür zu bekommen ist so lebensnotwendig für das Kind, dass es keine Mühe scheut, die Liebe, Aufmerksamkeit und die Fürsorge der Eltern zu gewinnen, vor allem von der Mutter, mit der es seine primäre Bindung erlebt. Du musst das Urvertrauen deines Kindes nicht nur einmal, sondern Tag für Tag neu bestätigen. Andererseits kann solches Vertrauen auch nicht mit einem Mal verspielt werden. Als der jämmerliche Papa oder die jämmerliche Mama, als der arme, sündige Mensch, der du vielleicht manchmal bist, hast du in der Tat einen sehr großzügigen Spielraum. Das Kind wird dir immer wieder eine neue Chance geben. Mit unverdrossener Großzügigkeit reicht das Kind seinen Eltern die Hand, nicht nur ein Mal, sondern hunderte, tausende, zehntausende Male durch die ganze Kindheit und Jugend hindurch.

Das wohldokumentierte Harlow-Experiment zeigt, wie Affenbabys sich verhalten, wenn sie versuchen, den Kontakt zu ihrer Mutter, die konsequent abweisend ist, aufzubauen – zu einer Mutter, die selbst unter Mangel an mütterlichem Kontakt gelitten hat und deshalb ihrem eigenen Baby gegenüber gleichgültig oder gar gewalttätig ist:

»Eine Sache, die das Herz des Versuchsleiters sehr stark berührt hat, waren die verzweifelten Versuche dieser Babys, den Kontakt zur unnormalen Mutter aufzubauen. Sie haben ihre Jungen geschlagen, sie weggestoßen. Die Kleinen haben immer und immer wieder versucht, Kontakt zu bekommen. Die Mütter haben die Gesichter der Kleinen gegen den Boden gedrückt. Die Kleinen haben sich freigekämpft und haben sofort noch einmal versucht, den Kontakt herzustellen. Die Stärke, die Beharrlichkeit und die Mühe, die in den Forderungen der Jungen lagen, und die darauf folgende Strafe haben auf die nicht eben zimperlichen männlichen Versuchsleiter einen dermaßen tiefen Eindruck gemacht, dass sie es kaum ausgehalten haben, dieses unnatürliche Verhalten weiter zu beobachten. Die Jungen haben allmählich eine Technik entwickelt, mit der sie erst hinter die Mutter gegangen und dann auf ihren Rücken geklettert sind. Von da aus haben sie sich langsam auf ihre Vorderseite bewegt« – so erzählt Harlow.

Nicht mit Ablehnung, sondern mit Entgegenkommen, Umarmungen und Begegnungen erwidert man das Vertrauen, bestätigt die Zugehörigkeit und erhält die Bindung. Auf diese Weise kümmerst du dich um das seelische Wohlbefinden eines Kindes.

Ein undefinierbares Gefühl der Unzulänglichkeit schleicht sich sehr früh in die Elternschaft unserer Zeit und unserer Kultur ein. In der Einleitung habe ich in »Unsere Gedanken waren schon richtig, aber dann lief alles schief« (Seite 95), von der überspannten Liebesforderung gesprochen, in der ich die Liebe als nur kompensatorisch verstehe – Kompensation für die elterliche Verbannung aus der sozialen Gemeinschaft. Eine Mutter oder ein Vater, die oder der während des Mutterschutzes oder des Erziehungsurlaubes zu Hause beim Kind geblieben ist, muss also den Widerspruch, der durch das bloße Prinzip des »Elternurlaubes« vorprogrammiert ist, überwinden. Da man selbst die Verbannung aus der sozialen Gemeinschaft erlebt, indem man, unfreiwillig oder selbst gewählt, zu Hause bleibt, erkennt man, dass das Kind in diese Gemeinschaft nicht aufgenommen werden wird. Kinder sind dort nicht erlaubt. Die »Herde« wird auseinander getrieben, sie verarmt; der Kampf ums Überleben, der gemeinsame Sache sein sollte, wird nie gemeinsam gekämpft werden. Gewisse Mitglieder der Herde werden ausgeschlossen, während der große Kampf weiterläuft. Sie dürfen nur außerhalb des Kampfes teilnehmen. Man könnte zum Menschenkind sagen: »Im Kampf ums Überleben habe ich keinen Platz für

163

dich, ich habe für dich keinen Gebrauch, ich brauche dich nicht. Aber ich liebe dich so sehr, wenn ich frei habe.«

So entsteht eine verkehrte Welt: Erwachsene spielen Gäste in der Welt des Kindes, wenn die Erwachsenen es gerade wünschen und können, anstatt die Kinder mit in ihre eigene Welt hineinzunehmen, wenn die Kinder es wünschen und können. Die überspannte Liebesforderung soll als Kompensation für dieses Missverhältnis dienen, das meiner Meinung nach völlig im Gegensatz zur Natur steht.

Deshalb ist – ich wiederhole, was in »Die Pflege des Neugeborenen« (ab Seite 104) gesagt wurde – das erste Gebot einer guten Säuglingspflege, *dass es dir gelingen mag, sowohl dich selbst als auch das Kind davon zu überzeugen, dass du zu Hause bist, weil es für dich notwendig ist, und nicht, weil du ein Kind bekommen hast.*

Keine noch so vollkommene Liebe kann eine Kompensation für die Verbannung des Kindes aus der sozialen Gemeinschaft sein und irgendwo tief in deinem Inneren weißt du es.

Nun wollen wir mal sehen, wie Kinder sich anstellen, wenn sie das Bügeln erlernen!
1. Sie schauen zu, wenn ein Erwachsener bügelt.
2. Sie versuchen es selber.
3. Es gelingt ihnen.
4. Sie werden gefordert, wenn gebügelt wird, d.h., sie bügeln, was gebügelt werden muss, für alle Familienmitglieder. Sie haben eine Aufgabe innerhalb der »Herde« (»*Man kommt ohne mich schlechter zurecht!*«).
5. Sie finden wahrscheinlich ihre eigene Methode beim Bügeln. Sie erfinden vielleicht sogar irgendwann ein besseres Bügeleisen! Sie werden auf jeden Fall die Kunst des Bügelns beherrschen und sie »vererben« können; eine Fähigkeit, die sie individuell aus der eigenen Erfahrung heraus entwickelt haben.

Dies bedeutet soziale Beteiligung. Es ist eines von tausenden Beispielen der kindlichen Methodik, der Methodik des Menschen, der Methodik der Menschheit. Kinder werden geboren, um die Wirklichkeit, die Umstände, die Welt zu erforschen, zu beherrschen und allmählich zu verändern. Es ist schwierig, eine Welt, von der man ausgeschlossen ist, zu erforschen. Noch schwieriger ist es, sie zu beherrschen, und ganz und gar unmöglich, sie zu verändern.

Und zum Ausgleich dieser planmäßigen Verbannung der Kinder aus der sozialen Gemeinschaft gibt man den Kindern Spielzeugbügeleisen, mit denen sie ihre Puppenkleider bügeln können. Auch die Eltern gehen nicht leer aus: Sie bekommen sofort ein schlechtes Gewissen, wenn sie auch nur daran denken, die Kinder zum »Mithelfen« zu »zwingen«! Und während das Spiel die Wirklichkeit ersetzt, wird die Liebe zum Ersatz für das soziale Leben, anstatt eine gleich große Bedeutung Seite an Seite mit der Beteiligung am sozialen Geschehen zu bekommen.

Viele Eltern bleiben zu Hause bei ihren Kindern, obwohl sie eigentlich berufstätig sein möchten und in der Tat auch sein müssen, um die Familie finanziell über die Runden zu bringen.

Ich glaube nicht, dass sie es tun, weil sie ihre Kinder so sehr lieben, dass sie es nicht aushalten, sie zu verlassen. Ich glaube auch nicht, dass sie es tun, weil sie immer und prinzipiell anderen Aufsichtsformen misstrauen. Ich glaube, sie tun es hauptsächlich, weil sie es als falsch empfinden würden, die Kinder aus einer Wirklichkeit zu verbannen, die ihre eigene ist. Und deshalb wird diese Wirklichkeit verlegt, ihre eigene Tätigkeit wird auf das Zuhause verlegt, in ein Leben, in dem das Kind auch seinen Platz hat und in dem das Kind nach und nach seine Nützlichkeit zeigen kann, wenn es das Verlangen nach sozialer Beteiligung verspürt. Sie wollen dem Kind die Erwachsenenwelt zugänglich machen, obwohl sie isoliert ist; sie errichten eine eigene kleine »Herde«, in der das Menschenkind sowohl beschützt als auch *gebraucht* wird. So können sie ihrem Kind nach und nach soziale Beteiligung geben, wenn das Kind sie selbst wünscht – und das tut es schon sehr früh.

Das Zuhause ist einer der übrig gebliebenen Arbeitsplätze, an dem man seinen Kindern die soziale Beteiligung geben kann, dort können sie gebraucht werden, können sie notwendig sein (*»Man kommt ohne mich schlechter zurecht.«*). Die Arbeit, die dort gemacht wird, ist zwar begrenzt – hauptsächlich reproduzierend, erhaltend und nicht produktiv –, aber die Arbeit wird für alle gemacht und sie ist für alle notwendig. Es geht um die gemeinsame Existenz der »Herde«. Wir sprechen hier von der Wirklichkeit, nicht von einer therapeutischen Aufgabe. Man *muss* sauber machen, kochen, waschen, egal ob man Lust dazu hat oder nicht.

Alle Institutionen, die eine kindliche Fürsorge anbieten, müssen einen Widerspruch, der bereits in der eigenen Struktur liegt, überwinden. Die Erwachsenen, die dort arbeiten, müssten irgendetwas erfinden, das für sie selbst notwendig ist, um den Kindern die soziale Beteiligung daran anbieten zu können. Die soziale Gemeinschaft muss vorhanden sein, bevor man sie den Kindern geben kann. Die Kinder können die soziale Beteiligung nicht aus dem Nichts entstehen lassen.

Es ist schwierig, eine solche Gemeinschaft aufrechtzuerhalten. Eine Hausfrau oder ein Hausmann, die/der gerne zu Hause arbeitet und diese Arbeit als wirtschaftlich vertretbar, besser noch, als notwendig betrachtet, kann von Glück reden und die Aufgabe ohne viel Überlegung durchziehen. Das, was er oder sie tut, macht er oder sie nicht nur für das Kind, sondern auch für sich selbst und für alle anderen in der »Herde«, im gemeinsamen Kampf ums Überleben. Damit wird es ganz selbstverständlich, dass das Kind zweckmäßig eingesetzt wird. Das Kind ist notwendig. Und das Kind wird in die soziale Gemeinschaft der »Herde« aufgenommen.

Dies gelingt einem Elternteil, der sich mehr oder weniger dazu zwangsverbannt fühlt, zu Hause zu bleiben, nicht so gut. Am schlechtesten wird es leider den Institutionsmitarbeitern gelingen, denen es per Dekret von oben verboten worden ist, irgendetwas zu tun, das für sie selbst notwendig ist. Auch wenn es ihr Beruf ist, sind sie doch nur gastierende Erwachsene in einer riesengroßen Kinderwelt. Die Sozialisierung, die sie den Kindern bieten können, ist so gering, dass sie kaum von Bedeutung ist.

So wie ich es sehe, werden wir Menschen mit drei primären Trieben geboren, die unser Streben von der ersten Stunde an bis zum Lebensende diktieren:
1. dem Überlebenstrieb,
2. dem Streben nach sozialer Beteiligung (Zugehörigkeit zur Herde im gemeinsamen Kampf ums Überleben),
3. dem Streben nach Weiterentwicklung.

Was den ersten Punkt angeht, werden in unserer neuen, »perfekten« Welt keine Sünden begangen. Unsere Kinder überleben. In Bezug auf den dritten Punkt wird auch nicht gesündigt – wenn man von gewissen Einschränkungen und Steuerungen absieht. Bei dem zweiten Punkt dagegen wird prinzipiell und mit öffentlicher Unterstützung gesündigt. Unter ideologischem Jubel werden die Kinder aus der »Herde« verbannt. Sie werden in eine isolierte Kinderwelt gesetzt. Ihnen wird jegliche Aufgabe im Kampf ums Überleben, die alle »Herdenmitglieder« gemeinsam bewältigen sollten, vorenthalten. Stattdessen werden sie wie Freizeitartikel hervorgeholt, um dann konzentrierte Liebe als Kompensation zu bekommen.

Mit dem Einzug der Industrialisierung wurde die Arbeit von der Freizeit getrennt, der Arbeitsplatz von dem Zuhause, die Produktiven von den Nichtproduktiven. Diese Trennung hatte eine sowohl logische als auch bizarre Konsequenz: Man hat die Gefühlsgemeinschaft von der Arbeitsgemeinschaft getrennt: »Wir lieben hier und arbeiten dort.«

Nun, wir Menschen sind ja konstruktive und anpassungsfähige Tiere. Wenn wir den Begriff »Gemeinschaft« in einen gefühlsmäßigen Teil und einen Teil, der die Arbeit betrifft, trennen, denken wir, dass durch Verstärkung des einen Teils der andere vernachlässigt werden kann, ohne dass es irgendwelche negativen Auswirkungen hätte. In dieser Trennung hat man dem Ausdruck »man wird gebraucht« eine ausschließlich gefühlsmäßige Bedeutung beimessen wollen – der sich *nur auf die Kinder bezieht*. Es ist eine Folge des Fortschreitens der Industrialisierung, dass die Botschaft über die Notwendigkeit der Liebe zu den Kindern immer stärker und unter immer stärkerer medialer Begleitmusik hinausposaunt wird. Aber eine Gemeinschaft bedeutet nicht nur, zu lieben und geliebt zu werden. An einer Gemeinschaft teilzuhaben heißt auch, dass man ganz konkret gebraucht wird, dass man in Sachen des gemeinsamen Wohlergehens eine Aufgabe hat.

Jeder erwachsene Mensch weiß, dass die gefühlsmäßige Gemeinschaft nicht ausreichend ist. Wäre sie ausreichend, würde eine Mutter oder ein Vater während des Erziehungsurlaubes zu Hause beim Kind vollkommen zufrieden sein – für das Kind da sein, das Kind lieben und von ihm geliebt werden, und sonst gar nichts. Auch das Kind wäre ganz zufrieden, von der Mutter oder dem Vater, die/der immer in der Nähe ist, geliebt zu werden und sie oder ihn zu lieben. Aber das Kind ist nicht zufrieden. Die gefühlsmäßige Gemeinschaft reicht nicht aus. Das Streben nach sozialer Beteiligung fordert mehr als das.

Eine übertriebene Gefühlsduselei ist nutzlos. Die Kinder müssen in die Gemeinschaft aufgenommen werden. Die Grenzen der Gesellschaft müssen durchbrochen werden.

Und wir, die Eltern, die ganz normalen Menschen, werden sie durchbrechen. Wegen unseres stärksten Strebens – des Überlebenstriebs – werden wir sie durchbrechen. Wir müssen unser Leben zurückerobern. Wir wollen ein Leben, in dem auch unsere Kinder Platz haben.

Das Kind sollte einen Platz mitten im Zentrum des Geschehens bekommen.
Aber das Kind sollte nicht selbst das Zentrum des Geschehens sein.

Wenn etwas schief läuft: Das Neugeborene ist unglücklich

Eine Mutter hat mir Folgendes geschrieben:

»Als frisch gebackene Mutter muss ich oftmals an dich denken – schließlich hast du neun Kinder geboren und es nicht nur geschafft, sie großzuziehen, sondern auch noch die Zeit gefunden, darüber zu schreiben und in den Medien zu berichten. Ich habe deshalb so oft an dich denken müssen, weil ich mich als Mutter ratlos fühle und glaube, dass mir alles misslingt.

Marcus, unser Sohn, ist jetzt vier Monate alt, ein wunderbarer, kleiner Junge; aber ich habe eine wahnsinnige Angst, ihm – seelisch – wehzutun und damit alles zu vermasseln.

Marcus war geplant und sehnlichst erwartet (ich bin 35), und ich hatte mich darauf gefreut, bei ihm zu Hause zu bleiben und für ihn zu sorgen.

Zwei Monate lang ist alles gut gelaufen, trotz Koliken und langer Nächte. Aber von Anfang an verspürte ich diese innere Unruhe. Ich machte – mache – mir solche Sorgen, dass ich etwas falsch machen könnte. Ich möchte ja, dass es Marcus gut geht, ich mag ihn so sehr und möchte ihn nie im Stich lassen.

Viele Tage und Nächte und an mehreren Wochenenden war ich allein mit ihm. Mein Mann muss dienstlich oft verreisen und meine Mutter und Schwiegermutter leben beide nicht in der Nähe.

Nach zwei Monaten hat mich die ganz große Angst überfallen. Alles wurde rabenschwarz. Ich musste mich wirklich zusammenreißen, um mich um Marcus zu kümmern. Alles schien auf einmal so schwierig zu sein. Es wurde zur

Hölle. Meine Mutter und meine Schwiegermutter sind mir dann zu Hilfe geeilt und ich hatte mich schließlich auch fast erholt. Aber als ich wieder mit Marcus allein war, kehrten die Angst und die schlaflosen Nächte zurück.

Mein Zustand wird medizinisch ›Post-partum-Neurose‹ genannt und ist wohl nichts Außergewöhnliches. Aber nicht alle enden wie ich in einer psychiatrischen Klinik. Wie du sicherlich verstehen wirst, grübele ich jede wache Stunde darüber nach, warum es so gekommen ist. Einer der Gründe liegt wohl darin, dass ich mir um Marcus große Sorgen mache und paradoxerweise kann es mit meinem Beruf zusammenhängen. Ich bin Erzieherin …

Ich habe gelernt, dass man ständig ein offenes Ohr für das Kind haben muss, dass das Kind nicht weinen soll. Ich habe alles gelesen, was ich an Material über Kinderpflege und Erziehung in die Hände bekommen konnte, und das hat meine Ratlosigkeit nur gesteigert. Schließlich sah ich Marcus dann nur noch als ein riesiges Problem. Ich traue mich einfach nicht – ich will keine Verantwortung für ihn übernehmen. Ich will ihn nicht – aus lauter Angst. Es ist ein schreckliches Gefühl. Mein Wunschtraum ist aber immer noch, eine ausgeglichene Mutter für Marcus zu werden. Aber wie? Vielleicht werde ich hier geheilt. Die Prognosen scheinen günstig zu sein …«

Es ist gut und notwendig, sich um ein Kind Sorgen zu machen. Aber das Wort hat auch eine negative Besetzung. Wir sollten es vielleicht durch etwas ersetzen wie »auf der Suche sein«. Gäbe es solchermaßen suchende Besorgnis nicht, würden unsere Sinne allmählich abstumpfen.

Die Sorge, unter der viele Eltern, wie die Mutter von Marcus, zusammenbrechen, ist ein Gefühl, das notwendig ist und das man haben muss – aber man sollte nicht darunter leiden. Sie ist eine konstruktive Kraft. Sie ist der Neugierde, dem Willen zum Lernen, der Notwendigkeit, sich weiterzuentwickeln, sehr ähnlich. Ohne diese Besorgnis, dieses Suchen, wäre der Mensch als Lebensform sicherlich ausgestorben.

Durch diese Sorge um das Kind wird das Verantwortungsgefühl geweckt. Die Schwangerschaft ist ein seelischer Umbruch. Sie bedeutet nicht nur, dass der Bauch immer größer wird und zum Schluss ein Kind freigibt. Die Verantwortung für einen anderen Menschen zu übernehmen ist eine große Aufgabe, die kein Mensch so ohne weiteres auf sich nimmt. Eltern tun es freiwillig. Dahinter liegt ein durchgreifender Vorbereitungsprozess unserer Mutter Natur.

Warum ist es dann so schwierig geworden, Kinder zu haben?

Familien mit Kindern sind einem riesigen Druck ausgesetzt und sogar ein neugeborenes Kind wird ihn zu spüren bekommen. Die Eltern – und besonders die Mutter, die immer noch diejenige ist, die für den Zusammenhalt der Familie sorgen muss – übertragen die eigene Einstellung »Das Leben ist hart« auf die Kinder, und zwar im Sinne von: »Hier zu Hause aber könnt ihr glücklich sein. Eure Mutter wird euch vor allem Bösen beschützen.« Dieser Druck, der auf der Mutter liegt, ist schwer zu ertragen. Kein Mensch kann allein das Glück eines anderen garantieren. Die Gemeinschaft, die soziale Zugehörigkeit, das Leben selbst müssen auch das Ihre dazutun. Ein Mann kann seine Frau ja auch nicht in einen Turm aus Elfenbein sperren und erwarten, dass sie glücklich ist, nur weil er ihr tagein, tagaus seine Liebe beteuert.

Und oft können Mütter diesem Druck nicht standhalten. Marcus' Mutter war so verzweifelt über ihre Unzulänglichkeit, dass das Einzige, was notwendig gewesen wäre, ihr nicht mehr gelang: einfach für Marcus *zugänglich* zu sein. Diese einfache Erreichbarkeit innerhalb der »Herde« – ihre Anwesenheit bei ihrem Kind, ihre Anwesenheit in ihrem gemeinsamen Leben – wurde durch die völlig übertriebenen Liebes- und Glücksforderungen verhindert. Und auch das Kind kann solchem Druck nicht mehr standhalten.

Die moderne Familie ist hauptsächlich eine reproduzierende Einrichtung: Man verbraucht, erhält sich am Leben und erholt sich. Aber die Familie bringt weiterhin Kinder hervor. Dazu tun sich die Eltern in einer Gemeinschaft zusammen, die viel mehr umfasst als die emotionale Gemeinschaft, weil sie sich hinsichtlich der Kinder buchstäblich auf *alles* bezieht (über die Aufteilung unserer Gesellschaft in einen emotionalen Teil und einen arbeitenden Teil, siehe »Das seelische Wohlbefinden«, Seite 154). Somit wird das Kind auf einzigartige Weise ins Zentrum der Familie gerückt. Es hat seine Vorteile, das wissen wir alle: Kinder werden umjubelt, ihnen wird zugehört, man respektiert sie. Auf der anderen Seite, da die Funktionen, die mit der Arbeit ums Überleben zu tun haben, innerhalb der Familie keine Rolle mehr spielen, wird die soziale Beteiligung des Kindes so stark begrenzt, dass eine Sozialisierung kaum zustande kommen kann. Die soziale Gemeinschaft befindet sich außerhalb der

Familie. Das Kind bekommt darin keinen Platz und auch keine eigene Aufgabe. Damit ist die einzige Aufgabe des Kindes, in seinem Zuhause mit seiner Familie glücklich zu sein. Es wird erwartet, dass Kinder in ihren »Herden« glücklich sind, obwohl sie dort nicht gebraucht werden, obwohl sie keine Leistungen, die für andere notwendig oder einfach gut sind, vollbringen (in dem gemeinsamen Kampf ums Überleben: »Man kommt ohne mich schlechter zurecht«).

Und weil das Kind buchstäblich das Einzige ist, was die Familie hervorgebracht hat, wird es *deren Mittelpunkt*; letztendlich kann es das Kind sein, das für die familiäre Gemeinschaft selbst stehen muss. Viele Eltern halten nur wegen ihrer Kinder eine tote Ehe zusammen. Was nicht unbedingt falsch sein muss; aber man muss verstehen, wie groß die Bürde für die kleinen Kinder ist, wenn sie die ganze Familie auf ihren schmalen Schultern tragen müssen.

Nun noch einige Hinweise, für dich persönlich:
- Mache dein Kind nicht zum fortwährenden Mittelpunkt.
- Habe kein Mitleid mit deinem Kind, weil es in diese schreckliche Welt hineingeboren worden ist! Gehe nicht davon aus, dass das Kind Trost braucht.
- Du bist das Mittel, nicht das Ziel. Das Kind ist auch nicht das Ziel. Wir sind alle Menschen, die in eine gemeinsame Welt geboren sind.
- Die Welt ist da, um erforscht, beherrscht und verändert zu werden:
- Das Erste bietest du deinem Kind an.
- Das Zweite lässt du zu.
- Das Dritte überlässt du dem Kind.

Dass man der übertriebenen Liebesforderung gegenüber kritisch sein sollte, heißt nicht, dass die Liebe zwischen Eltern und Kindern, die in dem Bedürfnis nach Nähe, Berührung, Wärme, Fürsorge, in Umsicht und Interesse zum Ausdruck kommt, unnötig wäre oder dass es möglich wäre, sie zu entbehren.

Die lebensnotwendige Liebe ist eine andere als die kompensatorische. Echte Liebe ist etwas, das wir alle brauchen, und wir leiden, wenn wir ohne sie sind. Aber sie ist nicht sofort da, wenn wir einem unbekannten Menschen begegnen; sie wird nicht zusammen mit dem Kind vom Storch geliefert. Die Liebe ist nicht immer automatisch und sofort da. Sie wächst heran, in eurem Alltagsleben und aus der gemeinsamen Aufgabe heraus; nicht weil sie gefordert, gewollt oder erwartet wird. Das neugeborene Kind braucht – außer Nahrung natürlich – physische Wärme, sanfte Berührung und eine *Verbundenheit*, mit der Mutter und mit der »Herde«. Daraus wird die Liebe allmählich heranwachsen. Auch wenn diese Liebe ihre Zeit fordert – während die Zugehörigkeit sofort da ist –, so muss man sich nun wirklich keine Gedanken darüber machen, ob sie etwas taugt, wenn sie sich erst im Herzen des Kindes eingenistet hat. Die Liebe der Kinder zu ihren Eltern ist unglaublich stark. Wir Eltern können nie und nimmer von anderen Erwachsenen dieselbe unverbrüchliche Loyalität, dieselbe vorurteilslose Hingabe, dieselbe treue Liebe erwarten, die wir von unseren Kindern bekommen! Leider sehen wir ihre Liebe oft als gegeben an und sehen nicht, welch ein Geschenk, welch eine wunderbare Quelle des Reichtums sie in unserem Leben ist. Aber nun wollen wir das Thema »übertriebene Liebeserwartungen« verlassen. Wir lassen die Liebe mit der Zeit heranwachsen. Jetzt wollen wir versuchen zu verstehen, was der Begriff »Zugehörigkeit« bedeuten kann. Während die Liebe allmählich entsteht, muss das Gefühl der Zugehörigkeit sofort da sein. Einem unglücklichen Säugling fehlt es an positiver Bindung.

Stell dir vor, du landest in einer dir unbekannten Welt. In einem Beduinenlager vielleicht. Du müsstest von jetzt an dort leben. Du hast nie zuvor ein Beduinenlager gesehen und hast keine Ahnung, wie man dort lebt. Du weißt nur, dass du dort leben musst. Du hast keine Wahl. So ist es für dich entschieden worden. Du musst dein altes Leben hinter dir lassen, für immer. Du würdest natürlich Angst haben, aber auch neugierig sein. Und da du keine Wahl hast, kannst du genauso gut versuchen, das Beste daraus zu machen. Du hast den Wunsch, zu leben. Eine andere Möglichkeit gibt es nicht. Also liegt es an dir, das Beduinenleben so gut wie nur möglich kennen zu lernen.

Wer würde dich empfangen, wenn du dort ankommst? Es wird sicherlich irgendjemand für dich da sein. Wir nennen ihn – aus Gründen der Einfachheit – deinen Kontaktmann. Jemand muss dich einweisen und dir helfen. Wie würdest du sonst zurechtkommen? Würdest du überhaupt in das Lager hineingelassen werden, wenn es ihn nicht gäbe? Du brauchst jemanden, den du fragen kannst – der dir das eine oder andere erklären kann. Du weißt ja noch gar nichts: Du siehst nur eine Menge fremder Menschen in seltsamer Kleidung. Du kennst ihre Sprache nicht, du kennst ihre Gewohnheiten und Bräuche nicht. Und vom Leben dort, in ihren Zelten, hast du gar keine Ahnung. Wie kann man überhaupt in der Wüste überleben? Klar ist dir nur, dass dein Leben jetzt dort stattfinden wird. Eine andere Alternative stellt sich gar nicht.

Sagen wir, du hättest keinen Kontaktmann. Keiner würde dich in Empfang nehmen, keiner dich an die Hand nehmen. Du würdest dort alleine stehen, vor dem Zelt, und dein Warten würde vergeblich sein. Letztlich würden die Beduinen weiterziehen und dich in der Wüste zurücklassen. Natürlich würdest du ihnen hinterherlaufen – du hättest keine andere Wahl. Denn du weißt, dass du stirbst, würde man dich dort einfach allein zurücklassen. Was also, wenn sie dich nicht aufnehmen? Was, wenn sie dich nicht mitkommen lassen? Was, wenn sie dich von sich stoßen? Selbst wenn du überlebst – du würdest nicht dort *leben* können. Du würdest nie einer von ihnen werden; du würdest nie zu diesen anderen Menschen gehören. Und die Neugier, die du am Anfang verspürt hast, würde sich in eine tiefe und verzweifelte Depression verwandeln. Du wärest allein. Und diese Einsamkeit würde deinen sicheren Tod bedeuten. Denn isoliert von allen anderen hättest du keine Chance, in der Wüste zu überleben. Und das wüsstest du.

Es gibt Forscher, die davon überzeugt sind, dass alle Depressionen auf die Säuglingsdepressionen zurückzuführen sind. Wir waren alle einmal hilflos. Wir wurden alle von der Angst, nicht zu überleben, geplagt. Wir haben alle in einem ohnmächtigen Abhängigkeitsverhältnis zu einem Erwachsenen gestanden, der uns unser Leben schenken sollte: und zwar vom ersten Lebenstag als Fötus bis zu dem Tag, an dem wir selbst dazu imstande waren, für unser eigenes Überleben zu sorgen.

Lass uns zum Beduinenlager zurückkehren! Jetzt nehmen wir an, dass der Kontaktmann dich tatsächlich erwartet. Er heißt dich willkommen. Er zeigt dir das Zelt. Er stellt dir alle Bewohner des Lagers vor. Er führt dich herum und du begrüßt sie. Er zeigt dir die Schlafplätze, die Küchengerätschaft, die Nahrungsvorräte und was es dort sonst noch gibt. Er zeigt dir, was du anziehen kannst, wenn dir nachts kalt wird, und er zeigt dir, wo du schlafen sollst.

Außerhalb des Zeltes zeigt er dir die Kamele, was sie fressen, wo sie ihren Platz haben. Auf einem davon darfst du sogar reiten. Er hilft dir beim Aufsitzen, hält dich und das Kamel fest und ihr lacht.

Es wird Abend, und man erlaubt dir, an dem teilzunehmen, was jetzt passiert. Die Frauen flicken Kleidungsstücke und Decken, deren Herstellungsart und Anwendung du nicht kennst; man zeigt sie dir. Du verlässt den Kontaktmann und nimmst zwischen den Frauen Platz. Du siehst ihnen bei der Arbeit zu. Sie weisen dich in die Arbeit ein und lächeln dabei.

Die ganze Zeit hast du deinen Kontaktmann in greifbarer Nähe. Er ist der

Einzige, der ein bisschen von deiner Sprache versteht. Ihm kannst du so ungefähr erklären, was du meinst. Vor allem liegt ihm sehr viel daran, dich zu verstehen und dir zu helfen. Er ist es, der dich zu dem Ort gebracht hat. Es ist vor allem seine Aufgabe, dafür zu sorgen, dass du lernst, so zu leben wie die anderen im Beduinenlager, und dass du dich wohl fühlst und fröhlich bist. Und er ist stolz auf das, was er dir zu zeigen hat. Er findet, dass sein Leben ein schönes Leben ist. Zwar mangelt es an vielem, aber damit belastet er dich zurzeit noch nicht. Er möchte dich zuerst mit allem, was gut ist, vertraut machen. Damit wird es für dich leichter sein, dich wohl zu fühlen. Die Schwierigkeiten wirst du früh genug kennen lernen, meint er und hofft, dass du zu gegebener Zeit genug Erfahrungen gesammelt haben wirst, um sie zu verstehen und selbst etwas dagegen zu unternehmen.

Alle Mitglieder des Beduinenlagers tun wirklich alles, damit du dich bei ihnen ganz besonders aufgehoben fühlst und deine erste Zeit dort als angenehm erlebst. Und dahinter steht dein Kontaktmann.

Dies ist eine positive Bindung.

Zum Vergleich würde eine negative Zugehörigkeit so aussehen: Du hast einen Kontaktmann. Er zeigt aber nicht sehr viel Interesse an dir. O.K., er hat dich hierher gebracht, aber er steht nicht richtig hinter dir. Er findet, dass er mehr oder weniger dazu gezwungen ist, sich um dich zu kümmern. Man hat dich ihm einfach so angedreht. Er war nur gerade an der Reihe, sich um einen Neuankömmling zu kümmern. Er betrachtet dich offen gesagt als eine Bürde. Er hat anderes vorgehabt. Aber wenn es nun nicht anders geht, muss er ja ran. Er führt dich herum, er begleitet dich, und er hilft dir, dich zurechtzufinden. Aber er tut es ohne sonderliche Begeisterung. Wenn du ihn aufsuchst, um ihn etwas zu fragen oder eine Erklärung zu bekommen, dann hat er nicht immer Zeit für dich. Und vor allem hat er kein Interesse daran, seine Zeit mit dir zu verbringen. Du störst ihn. Du bist im Wege. Du bist eine Belastung. Und du spürst es. Er versucht auch nicht, es zu verbergen. Er stöhnt und seufzt, und zum Schluss wirst du Angst davor haben, ihn irgendetwas zu fragen. Und es wird sehr lange dauern, bevor du lernst, dich im Lager zurechtzufinden – wenn überhaupt. Du bist oft traurig und fühlst dich einsam, abgewiesen, überflüssig und unerwünscht. Am Ende versuchst du dich so wenig bemerkbar wie nur möglich zu machen. Du wünschst, du könntest ganz und gar verschwinden. Es wäre für alle das Beste, meinst du.

Dein Überleben, dein physisches, faktisches Überleben, ist nicht bedroht. Es gibt genug zu essen und natürlich darfst du essen wie alle anderen auch. Aber deine Lebenslust und deine Lebenskraft sind in Gefahr.

Deine Depressionen werden immer tiefer und treten immer häufiger auf. Letztlich werden sie vielleicht sogar chronisch. Du schaffst es nicht mehr, deine Depression zu überwinden. Niemand lächelt dich an, niemand umarmt dich. Du bist nicht buchstäblich allein, aber trotzdem bist du so einsam, wie ein Mensch es nur sein kann. Dein Leben hat keinen Sinn. Du hast mit dem ganzen Lager nichts zu tun. Du gehörst dort nicht hin.

Und es kann passieren, dass du schließlich fortgehst, hinaus in die Wüste, weg von allem, hinein in die Dunkelheit, die schon von Anfang an wie eine dunkle Wolke über dir gehangen hat. Aber nun gehst du, um zu sterben.

Ein Säugling, der in dieser Weise eine negative Bindung erfährt, wird sich in sich selbst kehren und in eine tiefe Depression versinken. Egal wie perfekt das Kind auch körperlich versorgt wird, wird es die Lebenslust verlieren – und die Lebenslust ist die Kraft des Lebens. Säuglinge können Selbstmord begehen. Verlieren sie ihre Lust am Leben, hören sie auf zu essen. Sie essen vielleicht, aber behalten die Nahrung nicht bei sich oder verwerten sie nicht richtig. Sie siechen dahin und am Ende sterben sie.

Säuglingsdepressionen mit tödlichem Ausgang waren noch vor einigen Jahren nichts Außergewöhnliches in manchen Kinderheimen, auch bei uns in Europa. Und es sollte allen klar sein, dass Säuglingsdepressionen tödlich enden können, auch wenn die äußeren Umstände durchaus zufrieden stellend sind: mit hohem materiellem und hygienischem Standard und Zugang zu ärztlicher Versorgung. Dasselbe gilt auch für uns Erwachsene: Wenn ich des Lebens müde bin und meine Lebenslust verloren habe, werden alle Güter und ärztliche Hilfe der Welt mir nicht mehr helfen können.

Es wird erzählt, dass in einem Kinderheim einmal etwas Merkwürdiges geschah. Die Säuglingssterberate war hoch, was als ganz normal angesehen wurde. Die Kinder schliefen in einem großen Saal. Das Besondere daran war, dass das Kind, das den Schlafplatz neben der Eingangstür bekam, immer überlebte. Das nächste Kind, das in dieses Bett gelegt wurde, überlebte auch – und das nächste auch und das nächste. Was war das Besondere an genau diesem Bett?

Eine Nacht hat man ein wenig spioniert. Und es hat sich herausgestellt, dass eine kleine, junge Putzfrau dieses Wunder verursacht hatte. Wenn sie den Fußboden im Saal abends, wenn die Kinder alle schon schliefen, gefeudelt hatte, setzte sie sich für eine Weile neben genau jenes Bett, um sich ein bisschen auszuruhen. Und während sie dort saß, nahm sie das Kind auf den Schoß, hat mit ihm geschmust und es zärtlich an sich gedrückt. Und wenn ihr der Rücken nicht mehr wehtat, hat sie das Kind geküsst, es wieder hingelegt und ist dann wieder weggegangen.

So hat sie das Leben des kleinen Kindes, das in dem Bett neben der Tür lag, gerettet.

Wenn man Depressionen bei Erwachsenen, bei sich selbst zum Beispiel, betrachtet, ist das Gefühl, das alle anderen bestimmt, immer die Einsamkeit. Obwohl die Einsamkeit gar nicht konkret vorhanden ist, ist sie sehr wohl eine Realität für einen unglücklichen Menschen. Die gut gemeinten Ratschläge aus der Umgebung sind wie ein leerer Widerhall in dem angsterfüllten Raum der Einsamkeit, in dem man sich befindet. Es ist schwierig, an einen Menschen heranzukommen, der unter einer tiefen Depression leidet. Und genauso schwierig ist es für eine tief deprimierte Person, sich anderen Personen zuzuwenden.

Es ist sehr wahrscheinlich, dass die Säuglingsdepression – wie die der Erwachsenen – aus einem Gefühl der Einsamkeit, das ja auch eine Bedrohung des eigenen Überlebens bedeutet, entsteht. Säuglinge können es in der Tat nicht alleine schaffen, sie würden allein nicht überleben, genauso wenig, wie du in unserem Wüstenexperiment von vorhin allein überleben könntest. Der Säugling weiß – genau wie du es wüsstest –, dass die Möglichkeit eines Lebens auf eigene Faust für ihn nicht besteht.

Von der ersten Stunde an, sobald der akute Geburtsschock sich gelegt hat, sucht das neugeborene Kind die Zugehörigkeit, die sein Überleben garantieren soll. Und wir Menschen setzen unser Suchen fort, durch unser ganzes Leben hindurch, um irgendwo dazuzugehören, einer von *ihnen* werden – einer von uns.

Und wie du mit Vertrauen in den Kontaktmann, der dich ins Beduinenlager gebracht hat, dort ankommen würdest – mit dem Vertrauen darauf, dass er sich auch wirklich um dich kümmern wird –, so wird das Kind mit einem Urvertrauen geboren, dass die »Herde«, in die es hineingeboren worden ist, es auch aufnehmen wird. Das Kind ist davon überzeugt. Das Kind möchte weiterleben, es möchte sofort mit dem *Leben* loslegen, aus Neugier und aus Freude.

Vielleicht wird dasselbe Urvertrauen in uns Erwachsenen wiedererweckt, wenn wir uns verlieben und uns dazu bereit erklären, mit unserem Geliebten das Leben zu teilen. Wir setzen uns nicht hin und verlangen irgendwelche schriftlich niedergelegten Versprechen. Wir *glauben*, dass der/die Geliebte nur unser Bestes will. Wir vertrauen ihm/ihr. Die Liebe ermöglicht es uns, unserem Geliebten endloses Vertrauen und Verständnis zu schenken. Es muss schon etwas sehr Schlimmes passieren, um dieses Vertrauen zu erschüttern. Wir sind in sehr weitem Umfang dazu bereit, zu verstehen und zu lieben, zu vergeben und neu anzufangen.

Dazu ist auch das Kind bereit. Das Urvertrauen kann viele harte Schläge vertragen, bevor es anfängt, zu bröckeln. Das Kind vergibt, es versteht. Dieses grundlegende Vertrauen ist angeboren. Eine normale »Verlassenheit« – weil Mama und Papa kurz verschwinden, um später wieder aufzutauchen – stört dieses Urvertrauen nicht im Geringsten. Dein Kontaktmann im Beduinenlager könnte mehrere Tage hintereinander fort sein; du würdest dein Vertrauen in ihn trotzdem nicht verlieren. Du vermisst ihn, aber du schaffst es. Du weißt, dass er irgendwo da draußen ist. Du weißt, dass er zurückkommt. Es verlangt sehr viel stärkeres Geschütz, um das Urvertrauen zu zerstören.

Es ist schwierig, wenn nicht gar unmöglich, vorauszusagen, was einem Kind wirklich schadet (von Extrembeispielen abgesehen). Wohingegen man im Nachhinein Erklärungen dafür suchen kann, warum es so geworden ist, wie es ist. Aber auch diese Erklärungen können unzulänglich oder fehlerhaft sein. Man kann sich nie ganz sicher sein. Beispielsweise kann man ein Kind, das seine Mutter verloren hat, nicht mit einem Kind, das seine Mutter *nicht* verloren hat, vergleichen. *Mittlerweile scheint es aber unbestreitbar, dass es für jedes neugeborene Kind notwendig ist, sofort eine Zugehörigkeit, eine Bindung zu finden*, wenn es in diese merkwürdige und unbekannte Welt gelangt, um hier zu leben. Und diese Bindung sollte natürlich positiv sein.

Ohne bestätigende Bindung wird das Kind nicht überleben. Eine negative Bindung ist schädlich für das Kind. So viel zumindest lässt sich voraussagen.

Der Kontaktmann im Lager muss dich mit gutem Willen, mit Begeisterung und Freude empfangen. Ohne ein solches Bindungsangebot, ohne positive Einstellung des Kontaktmanns dir gegenüber, würde dir dein ganzes Leben im Beduinenlager völlig aussichtslos vorkommen – und voller Feinde, weil das Unbekannte immer beängstigend ist. Du würdest in einer tiefen Depression versinken; in einer Einsamkeit, die so stark ist, dass sie sogar deinen Überlebenstrieb selbst besiegen würde.

In dieser Weise wird ein Säugling in einer negativen Bindung oder ganz ohne Bindung in eine Depression geraten. Sie ist bei einem Säugling genauso gefährlich, wie es für dich gefährlich wäre, allein in der Wüste zurückzubleiben, weil auch die Depression den Überlebenstrieb angreift und ihn ganz und gar auslöschen kann.

Säuglinge, die unter einer Depression leiden, verhalten sich wie depressive Erwachsene. Wir stellen uns nicht auf den Marktplatz und schreien. Wir rufen nicht laut um Hilfe. Wir fordern nicht unser Recht. Stattdessen isolieren wir uns. Wir ziehen uns zurück in die Einsamkeit. Wir denken nach, grübeln, verschließen uns. Wir suchen eventuell Trost in Dingen, die die Wirklichkeit ausschließen können: Alkohol, Beruhigungsmittel, Drogen. Wir versuchen den

Schutz, den eine Bindung uns geben sollte, durch einen falschen Schutz, den man auf eigene Faust erlangen kann, zu ersetzen.

Ein depressives Baby versinkt in eine »träumende« Dösigkeit, wird still und verblasst allmählich in der Seele und im Blick. Ein Baby, das ständig schreit und weint, ist selten depressiv. Ganz im Gegenteil. Die gefährlichste Depression ist zugleich auch die leiseste. Ein Säugling, der anfängt, seine Lebenslust zu verlieren, mag nichts essen oder er isst, ohne sein Gewicht zu erhöhen. Er schreit nicht, sondern jammert vielleicht nur ganz leise. Er schließt sich in seine Einsamkeit ein, bis man ihn nicht mehr erreichen kann und eine totale Kontaktlosigkeit entstanden ist. Sehr grobe Vernachlässigung, sehr liebloser Umgang, vollkommene Gleichgültigkeit vonseiten der Umgebung rufen diesen Zustand hervor. Er ist das Ergebnis einer totalen Ablehnung.

Es ist sehr selten, dass eine Mutter oder ein Vater, wie lieblos sie oder er sich dem Kind gegenüber auch immer verhalten mag, das Kind *ganz und gar* ablehnt. Und das Kind wird über lange Zeit noch dazu bereit sein, diese Bindung einzugehen, die so notwendig ist und um die es schon so lange und so hartnäckig gekämpft hat, bevor es schließlich aufgibt und in einer Depression versinkt. Auch danach besteht immer noch die Möglichkeit, den Schaden wieder zu beheben. Darüber werden wir uns später in diesem Kapitel unterhalten.

Musst du deine eigenen Schwierigkeiten und deine persönlichen Probleme vollkommen im Griff haben, um deinem Neugeborenen eine positive Bindung geben zu können?

Meine Antwort lautet: Nein.

Bevor wir tiefer in dieses Thema hineintauchen, hier ein paar aufschlussreiche Fallbeschreibungen eines Kinderpsychologen:

»Eine Mutter hat mich aufgesucht. Ihr drei Monate alter Sohn litt unter Verdauungsstörungen. Das Kind hat nur widerwillig die Flasche angenommen und die Milch immer wieder ausgespuckt. Er hat viel geschrien und zu wenig geschlafen. Der Kinderarzt hat für diese Störungen keine körperliche Ursache finden können.

Die Mutter war eine verschlossene, gefühlskalte Frau, die nur widerwillig über ihr Verhältnis zum Kind und zu dessen Vater sprach. Es stellte sich heraus, dass die Ehe nur wegen des erwarteten Kindes geschlossen worden war. Nichts hat diese junge Frau gefühlsmäßig an ihren Mann oder an ihr Kind gebunden. Sie hatte vor der Ehe als kompetente Buchhalterin gearbeitet und wäre am liebsten in ihrem Beruf geblieben. Jeder Versuch, an ihr Muttergefühl zu appellieren und eine Gemeinschaft in der Ehe aufzubauen, scheiterte völlig an ihrer abweisenden Einstellung.

Deshalb musste eine Notlösung gefunden werden. Eine tüchtige Kinderfrau hat die Betreuung des Kleinen übernommen und die Mutter ist an ihre Arbeit zurückgekehrt. Einige Tage nach dieser Veränderung war das Kind ohne Symptome. Der Kleine hat ohne Schwierigkeiten gegessen, die Verdauung war normal und der Schlaf friedlich. Bei seiner Pflegerin fand das Kind die lebensnotwendige Geborgenheit.«

Was hier als »lebensnotwendige Geborgenheit« beschrieben wird, hat seinen Grund in einer *positiven Bindung*. Die Kinderfrau hat das Kind nicht abgelehnt. Da das Kind sich bei ihr wohl fühlte, war sie sicherlich sehr gut auf ihrem Gebiet. Wahrscheinlich war sie gerne Kinderpflegerin. Wohingegen die Mutter das Kind abgelehnt hatte, weil es sie daran hinderte, zu ihrem Arbeitsplatz zurückzukehren. Das Kind hat sie daran gehindert, ihren geliebten Beruf auszuüben. Also hat sie das Kind abgewiesen und ihm somit nur eine negative Bindung vermitteln können.

»Eine andere Mutter hatte ihr Kind vier Monate lang gestillt, ohne dass irgendwelche Schwierigkeiten aufgetreten waren. Plötzlich konnte sie nicht mehr stillen. Gleichzeitig wurde das Benehmen des Kindes etwas seltsam: Es schrie oft, war unruhig und zeigte mit der Zeit körperliche Symptome. Diese Schwierigkeiten hielten einige Wochen an, bis die junge Mutter sich dazu entschloss, auf den Rat einer Freundin zu hören und einen Psychologen aufzusuchen.

Sie hat sich mir anvertraut und musste erkennen, dass sie genau an dem Tag, an dem die Krise begonnen hatte, herausgefunden hatte, dass ihr Mann sie betrog. Aus Angst um ihn und um die Familie konnte sie sich nicht mit ihm aussprechen. Ich habe das Ehepaar zu mir bestellt und dafür gesorgt, dass sie nicht nur offen miteinander sprachen, sondern auch, dass die Untreue beendet wurde. Kurze Zeit darauf hatten Mutter und Kind ihr seelisches Gleichgewicht wieder gefunden. Die Ursache lag in der mütterlichen Krise – ihre innere Harmonie war dermaßen gestört worden, dass auch das Kind sein seelisches Gleichgewicht verloren hatte.«

Der Psychologe schildert einen weiteren Fall:

»Ein Arzt hat mir von einem Säugling erzählt, der von Zeit zu Zeit unter Erbrechen litt, das mehrere Tage andauern konnte. Es wurde keine organische Krankheit festgestellt. Dann stellte sich heraus, dass das Kind auf diese Weise darauf reagierte, dass sein Vater trank und deshalb häufig wegblieb. Aus Sorge und Bitterkeit war die Mutter an diesen Tagen deprimiert und verhielt sich dem Kind gegenüber ablehnend.«

Seine Schlussfolgerung:

»Man braucht wohl kaum zu erklären, dass man bei einem solchen Kind keine erfolgreiche Behandlung erwarten kann, solange die Eltern ihre eigenen Schwierigkeiten nicht in den Griff bekommen.«

Mit allem Respekt für den Psychologen, der sicherlich viel Liebe und Respekt für die Kinder empfindet, möchte ich mich doch gegen seine Schlussfolgerung wenden.

In Übereinstimmung mit unserem Zeitgeist und den gesellschaftspolitischen Missverhältnissen belastet er letztlich ausschließlich die Mutter und die Familie mit Schuld. Er fordert ein wirklichkeitsfremdes Glück zwischen Mutter und Kind, in dem das Wohlbefinden des Kindes von dem der Mutter und der übrigen Familie abhängig sein müsse. Diese Forderung nach Liebe und Glück, meine ich, ist *für das Kind* nicht relevant. Das Kind verlangt nicht, dass Mutter und Vater in strahlender, perfekter Idylle zusammenleben und glückliche, problemfreie Menschen sein sollen. Das seelische Wohlbefinden des Kindes steht und fällt mit der lebenserhaltenden, *positiven Bindung*. Eine solche kann man sehr wohl herstellen, auch wenn man selbst nicht besonders glücklich ist. Das weiß nicht nur ich aus eigener Erfahrung.

Zurück zum Beduinenlager, wo du gerade dein neues Leben beginnst: Forderst du, dass dein Kontaktmann ein wunderbar harmonischer Mensch sein soll, der seine persönlichen Probleme völlig im Griff hat? Muss er glücklich sein? Oder reicht es, dass er einigermaßen zufrieden und fröhlich ist, *wenn er sich mit dir beschäftigt*? Du weißt nichts von seinen Problemen, und ich bezweifle, dass sie dir besonders wichtig vorkommen würden. Jedoch wünschst du dir und bist entsprechend davon überzeugt, dass er dich in die für dich unverständliche Beduinenwelt einführen möge, dass er es *gerne* tut und dass er *dich* mag. Denn so ermöglicht er es dir, seine Anleitungen entgegenzunehmen, ohne das Gefühl zu haben, dass du ihm etwas schuldig bist oder in irgendeiner Weise sein Leben durcheinander bringst, denn das möchtest du auf keinen Fall. In den Stunden, in denen er sich mit dir beschäftigt, möchtest du, dass er auf *dich* eingestellt ist und *dir* hilft und dass er es gerne macht. Was er darüber hinaus noch an Problemen haben mag – ob er glücklich ist oder nicht, ob seine Frau ihn betrügt (man weiß ja nicht, wie sich das Leben in einem Beduinenlager so abspielt!) oder ob er ein Kamel verloren hat –, ja, was ihm auch Sorgen machen könnte, es wird ihn in dem Moment, wo er mit dir zu tun hat, nicht so sehr belasten. Er wird dich nicht ablehnen, nur weil er ein paar persönliche Probleme hat.

Kinder können ja, wie wir wissen, unter den schwierigsten Umständen ein glückliches, »normales« Leben führen. Im Krieg, unter den schwersten sozialen Verhältnissen und Entbehrungen, im reinsten Elend können sie lachen, nachts ruhig schlafen und mit gutem Appetit essen. Sie können buchstäblich zwischen Bomben und Ruinen spielen und für sich eine Welt aufrechterhalten, die »normal« ist. Aber das alles könnten sie nicht, wenn die Erwachsenen sie ablehnen oder sie im Stich lassen würden.

In allen oben angeführten Fällen war es die abweisende Haltung der Mutter, die die Schwierigkeiten der Kinder verursachte. Dies musst du auseinander halten: Persönliches Glück ist nicht dasselbe wie eine positive Bindung zum Kind; persönliche Probleme müssen nicht zu einer negativen Bindung führen; das Glück deines Kindes steht und fällt nicht mit deinem eigenen.

Ich sage es noch einmal: Diese ganzen Schuldgefühle müssen den Müttern von den Schultern genommen werden!

In den vielen Jahren als Mutter war ich ein disharmonischer, angsterfüllter Mensch. Ich war selbst ein abgewiesenes, verlassenes Kind. Mein Seelenleben war kein Rosengarten. Einsamkeit, tiefe Depressionen, Selbstmordgedanken haben mich geplagt, und die Angstzustände waren manchmal so stark, dass ich mich bis zur Bewusstlosigkeit habe voll laufen lassen, um ein bisschen Ruhe zu finden.

Meine Angst hat erst allmählich abgenommen, als ich in einem arabischen Land bei Bauern ein fast mittelalterliches Leben führte – was sich gut mit dem Beduinenlager vergleichen lässt. Im Leben dort ging es um das Grundlegende. Zum Beispiel darum, eine ganze Woche lang von morgens bis abends zu versuchen, ein Stück Seife aufzutreiben, bis man endlich einen Händler findet, der tatsächlich ein Stück Seife zu einem Wucherpreis anbietet. Man stürzt mit der Seife unter dem Kleid fest an den Körper gedrückt nach Hause und versteckt es dort unter der Matratze, damit niemand es stiehlt. Man ist glücklich, und zwar einfach deswegen, weil man ein Stück Seife besitzt. Im tatsächlichen Lebenskampf verschwindet auch die Angst.

Obwohl ich ein disharmonischer Mensch gewesen bin, habe ich meinen Kindern eine positive Bindung geben können. Das weiß ich, und alle können es – meine ich – an der warmherzigen Offenheit meiner Kinder erkennen. Ich habe meinen Kindern nie eine Komödie vorgespielt, habe sie nie hinters Licht geführt. Ich bin nur von ihnen ausgegangen anstatt von mir selbst, wenn ich mich mit ihnen beschäftigt habe. Genau wie der Kontaktmann im Beduinenlager habe ich eingesehen, dass es meine Pflicht ist, die Kinder mit Wohlwollen und Freude in einer positiven und inspirierenden Weise in die Welt einzuführen, damit sie sich in dieser Welt gut zurechtfinden und sich auch in ihr wohl fühlen können. So einfach ist es, und ich glaube nicht, dass das Kind mehr verlangt.

Deshalb möchte ich ein für alle Mal festhalten, dass du als Mutter oder Vater nicht selber glücklich sein musst, um deinen Kindern einen guten Start ins Leben zu geben. Du darfst sie nur *nicht ablehnen*; du musst versuchen, sie zu verstehen, und du musst sie *gerne* anleiten und schützen, während du es tust.

Ich bin durch so viele Scheidungen gegangen, habe so viele Kinder bekommen, die ich mehr oder weniger allein versorgt habe; ich weiß, vielleicht besser als die meisten, dass nur wenige Anklagen einer Mutter ein größeres Schuldgefühl geben als die unverblümte Äußerung: »Du bist keine gute Mutter, weil du nicht glücklich bist!« Ich weiß, dass man eine gute Mutter sein kann, auch wenn man unglücklich ist.

Das Kind erwartet, dass du halbwegs im Stande bist, zu leben – und das bist du doch offensichtlich. Das Kind begibt sich ins Leben hinaus wie in ein spannendes Abenteuer – was es ja auch ist! Die Voraussetzungen für den Beginn dieses Abenteuers sind, dass das Kind das Leben wie ein Abenteuer angehen darf, dass der »Kontaktmann« und die »Herde« dem Kind diese Möglichkeit einräumen und sie das Kind gleichzeitig schützend aufnehmen.

Die Erwartungen des Kindes sind positiv. Eine positive Bindung sagt: »Leg los, mein Kleines, hier bist du herzlich willkommen!«

Eine negative Bindung sagt: »Na ja, ich weiß nicht so richtig. Ich habe eigentlich keine Lust, dir etwas zu zeigen. Ich finde es auch nicht besonders lustig, dich zu beschützen. Ich tue es nur, weil ich es tun muss.«

Und auch wenn du – mit den Worten unseres Kinderpsychologen – zurzeit außerstande bist, deine eigenen Schwierigkeiten in den Griff zu bekommen, kannst du als »Kontaktmann« für dein Kind funktionieren und ihm Schutz geben, *wenn du es nur gerne möchtest, während du es tust* – und das möchtest du doch sicherlich. Denn obwohl das Leben im Lager für den Beduinen schwierig ist, ist er stolz, dass er es dem Neuankömmling zeigen kann. Er verfügt über Fertigkeiten, die er gerne weiterreicht. Er kann versuchen, seine Welt mit *deinen* interessierten Augen zu sehen, als eine Quelle der Bereicherung in seinem eigenen Leben.

Darüber hinaus möchte ich auch darauf hinweisen, dass das eine Kind aus den oben angeführten Fallbeschreibungen, das von einer Kinderpflegerin betreut wurde, symptomfrei wurde und offensichtlich nicht unter der Trennung von seiner Mutter litt. Es war also nicht die Mutter an sich, die das Kind suchte und vor allem brauchte. Das Kind suchte eine positive Bindung, und diese konnte die Kinderpflegerin – ohne gefühlsmäßig besonders engagiert zu sein – dem Kind vorübergehend geben. Die Kinderpflegerin hat mit ihrer Einstellung und durch ihr Handeln dem Kind mitgeteilt: »Hier bist du herzlich willkommen!« Und damit war das akute Bedürfnis des Kindes gedeckt.

Ohne dieses »Ja, du bist willkommen! Ich werde dir die Welt zeigen, leg los, erforsche deine neue Welt!« und ohne den wärmenden Schutz, ohne die Zugehörigkeit, die der positiven Erwartung und dem Urvertrauen des Kindes entspricht, wird der Säugling in einem schrecklichen Niemandsland enden. Das heißt nicht, dass sich das Kind sofort zum Sterben hinlegen wird. Säuglinge haben ihre Schutzmechanismen, suchen – genau wie wir Erwachsenen – Trost. Sie schaffen sich eine Traumwelt, in die sie vor der Wirklichkeit flüchten.

In der Zeit, in der das Kind sich hinter seinem Schutzschild verkriecht, hat der Erwachsene, der »Kontaktmann«, noch Zeit, um einzugreifen. Es ist noch nicht zu spät. Es ist lange möglich, einen Säugling zu erreichen, der anfängt, in eine Depression zu versinken. Ebenso kann ein Erwachsener, der für lange Zeit im Dunkeln verweilt hat, wieder ins Leben zurückkehren. Die Macht der Liebe kennt keine Grenzen. Die Depression wird erst gefährlich, wenn sie statisch wird, wenn sie so tief geworden ist, dass die Seele selbst erstarrt ist.

Leichtere Depressionen sind bei Säuglingen nicht ungewöhnlich. Sie können in verschiedenster Weise zum Ausdruck kommen. Wir sahen in einem der Beispiele, wie das Kind mit Erbrechen und Verzweiflung auf die Sauftouren des alkoholkranken Vaters reagierte. Kinder sind empfindlich und reagieren auf alles, was passiert, sogar, *bevor* es passiert. Ein Beispiel: Wenn die Familie nächste Woche umziehen wird, kann der Säugling zwei Tage vorher unruhig werden. Einer kommenden Veränderung gegenüber verhält sich ein Säugling wie ein Tier, er spürt einfach, dass etwas passieren wird.

Eine kurzfristige Depression, wenn dein kleines Kind für ein, zwei Tage teilnahmslos, schlapp und schwieriger zu erreichen ist als sonst, solltest du nicht zu ernst nehmen. Säuglinge brauchen, genau wie Erwachsene, mal eine »Pause« und ziehen sich zurück. An solchen Tagen ist es wichtig, dass du dir mit deinem Kleinen besonders viel Mühe gibst – um ihm im direkten Kontakt so lächelnd und so positiv eingestellt wie möglich zu begegnen, voller Freude und natürlicher Zärtlichkeit! Dadurch bekommt das Kind eine Bestätigung dafür, dass du dir keine Sorgen machst, sondern da bist und *ruhig abwartest*. Hier ist die so genannte Begegnung, die ein Teil des Standardmodells ist, eine ausgezeichnete vorbeugende Maßnahme. Wie immer ist es einfacher und besser, vorzubeugen, anstatt im Nachhinein zu reparieren.

Geht es aber um schwere Säuglingsdepressionen, die aus völligem Mangel an Zugehörigkeit oder aus einer durch und durch negativen Bindung resultiert, muss man sofort handeln.

Es gibt abweisende Mütter. Man kann ihnen bereits auf der Entbindungsstation begegnen. Schon dort lehnen sie ihre Kinder ab. Sie sehen sie nicht an oder wollen sie gar nicht sehen. Sie kümmern sich im Großen und Ganzen nur um sie, weil sie es tun müssen, und man fragt sich, wie es nach dem Verlassen der Klinik weitergehen soll, wenn sie nicht länger unter dem Druck der Umgebung mit ihren beobachtenden Blicken stehen.

Was ich mit meinem etwas später folgenden Bericht über eines meiner Kinder sagen möchte, ist, dass jede Mutter unter den merkwürdigsten Umständen davon betroffen werden kann. Die Vernunft vermag nicht immer die Weigerung, das Abstandnehmen, unter denen man als abweisende Mutter genauso leidet wie das Kind, zu besiegen. Alle Mütter und alle Väter können zu irgendeinem Zeitpunkt in ihrem Leben ihrem eigenen Kind gegenüber abweisend werden, *auch wenn sie es wirklich gar nicht wollen*. In diesem Fall muss man den Platz einer oder einem anderen überlassen.

Wieder zurück zum Beduinenlager: Du bist da, und es stellt sich heraus, dass der, von dem du geglaubt und erwartet hattest, dass er dein Kontaktmann werden würde, es aus irgendeinem Grund nicht will oder kann. Dann muss eine andere Person seine Rolle übernehmen (und sie übernehmen wollen). Du kannst das Vertrauen, das du sozusagen im Gepäck mitgebracht hast, auf eine neue Kontaktperson übertragen. Du kannst deine Erwartung und dein Vertrauen auf sie richten, obwohl du eigentlich darauf eingestellt warst, es deiner ersten Kontaktperson entgegenzubringen. Und bekommst du, was wir doch hoffen, die Wahl, dann begibst du dich natürlich in die Hände der neuen Kontaktperson, die dich fröhlich und freundlich empfängt, anstatt dich von einem Kontaktmann herumschleppen zu lassen, der von dir sowieso nichts wissen will.

Es ist wichtiger, dass die erste Bindung schnell hergestellt wird, dass sie positiv ist und nicht in Enttäuschung endet, als dass du persönlich für diese Bindung stehst.

Eine positive Bindung, in der das Urvertrauen gewahrt und bestätigt wird, kann später auf andere Personen übertragen werden. Wenn du und dein Kontaktmann ein gutes und vertrauensvolles Verhältnis zueinander habt, wirst du mit der Zeit auch anderen Mitgliedern der »Herde« mit demselben Vertrauen, mit derselben Hingabe, begegnen. Du wirst mit ihnen zusammenarbeiten und deine Zugehörigkeit zur Gruppe erweitern, bis du »eine von uns« wirst. Dann bist du in die soziale Gemeinschaft aufgenommen, als ein vollwertiges Mitglied, vollauf dazu im Stande, mitzuarbeiten, mitzuwirken und einzuwirken – und zu lieben.

Endet die Verbindung zu deinem Kontaktmann dagegen in einer Enttäuschung, weil er dich ablehnt und dich im Stich lässt, nachdem er dich zuerst angenommen und dein Vertrauen bestätigt hat, wird dein Vertrauen in ihn einen ernsthaften Riss bekommen. Dein Urvertrauen ist gebrochen. Die nächste Person, die zu dir eine Bindung aufbauen möchte, wird sehr viel mehr Zeit brauchen, bevor es ihr gelingen wird, als sie benötigt hätte, wenn deine Verbindung zu deinem ersten Kontaktmann *nicht* in einer Enttäuschung geendet hätte.

Deine eigenen Versuche, eine neue Bindung innerhalb des Lagers zu finden, wären nach deiner Enttäuschung sehr zögernd und schreckhaft. Du würdest es eher vorziehen, die Initiative eines anderen abzuwarten. Derjenige müsste dann sehr viel Zeit und Geduld aufbringen, um dein Vertrauen, das enttäuscht worden ist, wieder aufzubauen. Du würdest sicherlich von Anfang an seinen guten Willen auf die Probe stellen, indem du ihn erst einmal deutlich ablehnst. Du würdest alles tun, um dich in Zukunft vor neuen Enttäuschungen zu schützen.

So wird auch die Entwicklung des Säuglings sehr darunter leiden, wenn das Urvertrauen zerstört wird. Und wir sind viele, die in dieser Weise Schaden davon getragen haben.

Wenn du also als Vater oder Mutter unter einer so tiefen Depression leidest, dass du praktisch nicht in der Lage bist, dein Kind anzunehmen und ihm die lebensnotwendige positive Bindung zu geben, musst du einer anderen Person die Möglichkeit geben, sie zu etablieren und zu bestätigen. Das heißt nicht, dass du dein Kind für immer verlieren wirst. Die positive Bindung lässt sich übertragen, ich habe es selbst miterlebt. Und es kommt öfter vor, als man glaubt.

Das kindliche Urvertrauen sucht zuallererst seine Bestätigung in dem Menschen, der physisch und psychisch für das Überleben des Kindes steht. Mit der Zeit wird das Vertrauen wachsen. Wird es nicht durch Enttäuschungen gebremst, ist es schließlich grenzenlos. Die Voraussetzung ist eine grundlegend positive Zugehörigkeit.

Hast du selbst das Gefühl, dass du eine schlechte Mutter oder ein schlechter Vater bist und dass du trotz allen guten Willens das neugeborene Kind, das in deiner Obhut gelandet ist, wirklich nicht lieben kannst, oder wenn du dich so gleichgültig dem Kind gegenüber verhältst, dass es dich selbst erschrickt, und du der Meinung bist, dass du der schlechteste Mensch auf der ganzen Welt bist – dann setze dich über den zu erwartenden Prestigeverlust hinweg und denke ganz vernünftig an das Kind als Menschen! Dieser kleine Mensch braucht seine lebensnotwendige Bindung. Du kannst sie ihm nicht geben. Dann überlasse es einem anderen. Wende dich an den anderen Elternteil des Kindes. Oder frage deine Eltern. Suche, bis du findest. Hör auf, dich selbst zu verurteilen. Sieh dein Kind, wie du dich selbst sehen würdest. Das Kind ist ein Mensch genau wie du. Das Kind braucht seine Zugehörigkeit, genau wie du. Das Kind möchte leben, genau wie du, und es sucht die Freude, genau wie du.

Dieser Schritt ist nicht endgültig. Du verlierst dein Kind nicht. Bekommt das Urvertrauen des Kindes einen Fixpunkt, wird es auch dir gegenüber Vertrauen empfinden. Und das Kind wird dir ständig neue Chancen geben. Vergiss deine Schuldgefühle. Erhalte die Lebenskraft deines Kindes!

Eines meiner Kinder konnte ich nur sehr schwer annehmen, und zwar aus dem einfachen Grund, weil das Kind das genaue Ebenbild eines Menschen war, den ich inniglich verabscheute (nicht den Vater des Kindes, möchte ich hier hinzufügen). Wenn ich das neugeborene Baby betrachtete, versuchte ich zwar auf die Stimme der Vernunft zu hören, die mir sagte, ich sei nicht ganz richtig im Kopf, aber das hat meine Gefühle für das Kind auch nicht ändern können. Nachdem ich von der Entbindungsstation nach Hause gekommen war, versuchte ich manchmal einfach wegzusehen, wenn ich mein kleines Mädchen wickelte, wobei man sich leicht vorstellen kann, wie viel Erfolg ich damit hatte. Dieses Baby war nicht besonders hübsch, aber keines meiner Kinder war kurz nach der Geburt bildhübsch. Doch nicht aus ästhetischen, sondern aus gefühlsmäßigen Gründen war es für mich sehr schwierig, das Kind anzunehmen. Ich sah nur den Menschen, den ich verabscheute: Die Augen, den Mund dieser Person; und ich erwartete sogar, dass die gleichen Abscheulichkeiten aus dem kleinen Mund des armen, unschuldigen Säuglings hervortreten würden wie aus dem Mund seines vermeintlichen Ebenbildes.

Dies alles hing mit einer persönlichen Krise zusammen. Ich stand kurz vor meiner ersten Scheidung. Ich war noch sehr jung, und – um eine lange Geschichte kurz zu machen – es war eben alles einfach schief gelaufen.

Dieses Kind bekam also eine schwache und verhältnismäßig negative Bindung während der ersten Monate der Säuglingszeit vermittelt. Die Kleine hatte sehr wenig freudige Erlebnisse und unsere »Gespräche« mit lächelndem Augenkontakt waren selten. Ich sah ein, dass ich mich ihr gegenüber ablehnend verhielt. Ich versuchte mich zu zügeln und mich selbst zurechtzuweisen. Ich merkte, dass das Kind litt. Und ich selbst litt mit ihr. Aber ich hatte einen Fehler, der größer als alle anderen zusammen war und der in meinem *Stolz* bestand. Ich und kein anderer sollte für dieses Kind sorgen. Ich war zu jung und zu trotzig, um zu verstehen, dass der Vater des Kindes das erste Bindungerlebnis hätte voll und ganz aufbauen können. Da es zwischen uns nur noch krachte, habe ich ihn abgewiesen. Er war aber klug genug, um sich dazwischenzudrängeln, und ich habe ihn nicht daran gehindert. Ich habe ihm freie Hand gelassen. Aber ich habe nicht gesehen, oder wollte nicht sehen, wie viel genau *diese* Bindung dem Kind bedeutete.

Die Kleine ist in Deckung gegangen. Sehr früh hat sie sich eine Traumwelt erschaffen, in der sie immer zufrieden schien, aber nur dalag und vor sich hindöste. Sobald sie groß genug geworden war, um ein Kissen mit sich herumzuschleppen, legte sie dieses Kissen in eine Sofaecke oder auf den Teppichboden und legte sich dort hin, träumend und isoliert. Sie schlief unnatürlich viel und döste viel zu viel vor sich hin.

In Verbindung mit der endgültigen Scheidung wurde das Elend vollkommen. Ich habe das Kind für eine Zeit verlassen. Vorsorglich geplante Treffen und regelmäßige Besuche haben bei ihr so gut wie gar keine Reaktion ausgelöst.

In dieser Zeit wurde ich, nach dem Scheitern meiner Ehe, von einer weiteren schrecklichen Trauer befallen. Ich hatte mir einfach nicht vorstellen können, wie sehr ich meine Kinder, die Kleine und ihre große Schwester, vermissen würde. Ich hatte mich selbst bisher nicht als Mutter gesehen. Ich war Anna. Sie waren kleine Menschen. Jetzt war ich ohne sie und meine Welt brach zusammen. Gleichzeitig trauerte ich, wie gesagt, meiner gescheiterten Ehe nach, stand ohne Schutz und ohne Geborgenheit in einer Welt, die mir Angst machte. Ich litt unter einer nervösen Nahrungsverweigerung und bin total durcheinander geraten. Eine gewaltige Angst verdarb mir meine Nächte, und ich ging ruhelos durch die Straßen und heulte nur noch.

Bei einer bestimmten Gelegenheit, als die Kleine an einem Wochenende bei mir war, wurde mir ein Schreck versetzt, der mich alarmierte: In all meiner eigenen Trauer und Verzweiflung erkannte ich plötzlich die Angst der Kleinen. Sie war jetzt anderthalb Jahre, und wir saßen zusammen am Tisch und wollten essen. Aber sie wollte nichts haben. Ich forderte sie zum Essen auf. Keine Reaktion. Ich versuchte sie zu füttern. Keine Reaktion. Der Mund – das Kind selbst – war verschlossen. Ich fasste sie an den Schultern und versuchte ihren Blick einzufangen. Aber sie starrte nur durch mich hindurch. Ihr Blick war tot.

Ich bekam schreckliche Angst. Die Tränen strömten meine Wangen hinunter, als ich ihren Namen rief. Ich habe sie geschüttelt. Keine Reaktion. Mit meiner Machtlosigkeit stieg auch die Wut in mir hoch, und ich schrie sie an, ganz außer mir vor Wut und Verzweiflung. Keine Reaktion. Ich weiß nicht, wie lange dies gedauert hat. Schließlich nahm ich sie in meine Arme und saß lange mit ihr da, sehr lange! Ich weinte, wiegte sie und meine Verzweiflung war grenzenlos.

So begann unser langer, schwieriger Weg zurück zum Vertrauen. Sehr lange hat sie sich ihre eigene Traumwelt und ihr schützendes Dösen bewahrt. Als sie mit der Zeit zu mir, ihrer Mutter, zurückkam, gab es zweierlei Dinge, die es mir ermöglichten, ihr wieder näher zu kommen. Zum einen wollte ich einfach nicht akzeptieren, dass ich sie nicht erreichen konnte. Ich habe gerufen, sie angeschrien, sie geschüttelt, sie dazu gezwungen, mich anzusehen, sobald sie sich in ihren Schutzraum verkriechen und ihre imaginären Rollos herunterziehen wollte. Ich stand draußen und habe an ihre schweigende Tür gehämmert, ich wollte rein, ich *musste* rein. Dies hat manchmal im Laufe der Jahre groteske Formen angenommen, und es kam nicht selten vor, dass ich meine Beherrschung verlor. Aber genau in diesen Momenten konnte ich mittlerweile eine Art Befriedigung bei ihr feststellen. Sie reagierte. Sie bekam eine Bestätigung, dass sie mir etwas bedeutete, aber es bestätigte auch, dass sie ihre Umgebung beeinflussen konnte. Sie war *jemand*!

Die zweite Sache, die unser Zusammenkommen ermöglichte, war das Lachen. Der Humor. Vielleicht bekamen wir Menschen das Lachen von unserem Schöpfer geschenkt – als rettende Heilung der eigenen Seele. Die Bedeutung des Lachens wird in unserer Kultur völlig unterschätzt. Wer lachen kann, kann nie sterben, sein ganzes Leben lang! Lachen ist mehr als Gesundheit. Lachen ist Lebenslust. Und die wiederum ist Lebenskraft.

In einer Beziehung, wie ich sie zu diesem Kind hatte, entstehen starke Schuldgefühle und Gefühle der Verzweiflung. Die ständigen Kämpfe, um an das Kind heranzukommen, sind mir oft misslungen, und sie haben schließlich Enttäuschung und Widerwillen bei mir ausgelöst, die ich zum großen Teil gegen das Kind gerichtet habe. Ich habe mich dann über dieses Kind aufgeregt, das so voller Misstrauen war. Es ist nicht leicht, jemandem die eigene Liebe aufzuzwingen, wenn der andere so offensichtlich dagegen ist. Meine Liebe verwandelte sich ab und an in Hass. Aber der Humor, das lebenserweckende Lachen, fegt alle Schuld und Verzweiflung der Welt weg. Die Enttäuschung, die Erschöpfung und die Resignation weichen dem Lachen. Denn jedes noch so kleine Lachen bringt ein bisschen Sonnenschein hinter den Wolken hervor, und eines schönen Tages wird die Sonne so hell scheinen, dass einem die Augen wehtun – ob man es glaubt oder nicht.

Jedes kleine Kind ist ein Humorist. Wir Menschen werden mit einem gesunden Sinn für Humor geboren – danach müssen wir ihn uns nur durch die Kraft der Gewohnheit wahren!

Dieses kleine Kind, das bis zum Schulalter hin und wieder in seiner Traumwelt verschwand und unerreichbar wurde, konnte unter keinen Umständen an seinem Säuglingsdösen festhalten, wenn es lachte. Ich habe kein Mittel gescheut, um die Kleine zum Lachen zu bringen. Ich habe sie gekitzelt, komische Gesichter gemacht – zwei Gewohnheiten, die ich mir durch all die Jahre bei allen Kindern bewahrt habe – und habe mich einfach vollkommen danebenbenommen. Fratzen machen, nachahmen, sich selbst für dumm verkaufen, sich wie ein kleines, trotziges Kind benehmen, schreien wie am Spieß, übertrieben schmollen, sich auf beste Komikerart blöd stellen, in vollkommen normalen Situationen die große »Überraschung« vortäuschen – all dies ist das A und O im Umgang mit Kindern, die traurig und deprimiert sind. Und oftmals ist es leichter, ein Kind zum Lachen zu bringen, statt immer die geduldige, nie enttäuschende Liebe zu präsentieren, was man in seiner menschlichen Zerbrechlichkeit eben nicht immer schafft.

Kontakt ist das Losungswort.
Zärtlichkeit ist der Weg.
Freude ist das Ziel.

Der kleine Marcus, den wir schon am Anfang dieses Kapitels kennen gelernt haben, war offensichtlich nicht der, der am meisten gelitten hat, obwohl die so genannte Kolik und die schlaflosen Nächte von seiner starken Überlebensangst zeugten. Seine Mutter war deprimiert. Mit ihren enttäuschten Erwartungen, starken Schuldgefühlen und einem angsterfüllten Gefühl der Unzulänglichkeit hat sie sich selbst zu einer unausgeglichenen Mutter verurteilt und befürchtete deshalb, dass sie ihrem Sohn schaden, ihn »ruinieren« könnte.

Marcus' Mutter wurde zum Opfer der übertriebenen Liebesforderung. Den »Fehler« hatte sie bei sich selbst gesucht, und ihr Fehlurteil, ihre »Krankheit«, wurde in der Klinik, als der Institution unserer Gesellschaft, bei der sie Hilfe suchte, bestätigt. (Wenigstens bekam sie eine »gute Prognose«.)

Soviel ich weiß, kam sie nach einiger Zeit wieder nach Hause zu ihrem Sohn, hoffentlich mit geringeren und realistischeren Anforderungen sowohl an sich selbst wie auch an ihr Alltagsleben überhaupt. Und hoffentlich kann ihr Leben nun weitergehen in einer Weise, die zu ihr passt, so dass der Kleine nicht länger ständig das Zentrum ihrer Existenz sein muss.

Lass uns doch noch einmal zum Gleichnis des Beduinenlagers zurückkehren: Dein Kontaktmann empfing dich im Lager. Er kam aus seinem Zelt heraus und hieß dich willkommen. Danach nahm er dich mit ins Zelt und zeigte dir das Leben dort: Er stellte dir die Menschen vor, zeigte dir die Gegenstände, die sie benutzen, und die Tätigkeiten, die sie ausüben. Und Schritt für Schritt führte er dich in die Arbeit ein und du bekamst die Möglichkeit, daran teilzunehmen. Natürlich durftest du auch an den Erholungspausen und an dem Vergnügen teilnehmen und du konntest dich auch mal in Ruhe entspannen. Du hast den normalen Ablauf des Lebens dort kennen gelernt, und nach einigen Monaten (oder Jahren, da du ja erwachsen bist), warst du sozialisiert. Du warst »eine von ihnen« geworden.

Aber was hat dein Kontaktmann *nicht* getan? Er ist nicht herausgekommen und hat dich empfangen, um sich dann mit dir in den Sand zu setzen mit dem Rücken zum Zelt, zu seinem Leben und zu seiner Arbeit. Er ist nicht tagein, tagaus mit dir dort sitzen geblieben, ohne weiterhin am Leben im Lager teilzunehmen, welches sonst auch nicht länger sein eigenes wäre.

Was würdest du tun, wenn er das getan hätte?

Du würdest protestieren. Du bist ja gekommen, um etwas zu lernen. Du wolltest »eine von ihnen« werden. Wie solltest du das werden können, dort draußen im Sand sitzend, auf einen Kontaktmann angewiesen, der zwar fröhlich aussieht und nett zu dir ist, aber nicht mehr sein normales Leben lebt? Du würdest mit dem Finger auf das Lager zeigen und dort hineinwollen, du würdest alles unternehmen, damit er versteht, dass du dort sein solltest und nicht davor, dass du ihn brauchst: als deinen Mittelsmann, deinen Lehrer, als deinen Schlüssel, der die abgeschlossene Tür zum unbekannten Leben öffnen soll!

Auch der Säugling protestiert und fordert soziale Beteiligung. Wie sehr du dein Kind auch liebst, dort draußen im Sand sitzend und zur vollen Verfügung des Neuankömmlings, es wird sich einfach nicht damit zufrieden geben – nicht, solange das Zelt verschlossen bleibt.

Die »Baby-Flitterwochen« sind die Zeit des Empfangens, des Willkommenheißens. Danach möchte das Kind weiterkommen, in das Zelt hinein: Es möchte sehen und lernen, versuchen und verstehen und sich allmählich nützlich machen. Schaffst du es nicht, ihm diesen dringenden Wunsch zu erfüllen, besteht die Gefahr, dass du eine Mutter oder ein Vater wirst, die oder der das Zusammenleben mit dem Kind als eine »Hölle« beschreibt.

Auch du wärest sicherlich ein sehr schwieriges »Kind« dort draußen im Sand, wo du rufend und schreiend auf das Zelt zeigen würdest und unbedingt dort hineinwolltest, während der Kontaktmann seine Mühe hätte, dich zurückzuhalten …

Zum Abschluss dieses Kapitels über unglückliche Neugeborene eine kleine Geschichte, die sehr wohl wahr sein kann: Es war einmal ein Kalif, der in Bagdad lebte. Er war ein mächtiger und wissbegieriger Mann, und er grübelte andauernd darüber nach, welche Sprache die ursprüngliche Sprache des Menschen sei. Würde man vielleicht die Antwort auf diese Frage bekommen, überlegte er, wenn man beobachtet, welche Sprache neugeborene Kinder entwickeln, ohne dass vorher jemand mit ihnen gesprochen hat?

So gedacht, so getan. Der Kalif ließ eine große Anzahl Neugeborene einsammeln und in seinem Palast unterbringen. Sie sollten dort die denkbar beste

Pflege bekommen. Die besten Ärzte und Kinderpflegerinnen im ganzen Land sorgten für sie und auch die Nahrung war natürlich perfekt.

Es wurden klare Vorschriften zum Umgang mit den kleinen Kindern gegeben. Natürlich durfte niemand mit den Kindern sprechen. Die Kinder sollten ja mit der Zeit ihre eigene Sprache entwickeln – die ursprüngliche Sprache des Menschen. Auch durfte niemand mit den Kindern schmusen oder spielen; es wäre ja schwierig, in einer solchen Situation nichts zu sagen. Der körperliche Kontakt sollte auf die tägliche Pflege eingeschränkt werden.

Und dann wartete der Kalif von Bagdad gespannt auf eine Antwort auf die Frage, über die er so lange gegrübelt hatte.

Aber er bekam nie eine Antwort. Keines der Kinder lebte lange genug, um das Alter zu erreichen, in der Kinder normalerweise mit dem Sprechen anfangen.

Ihr Plaudern verstummte. Alle starben.

4. Die Entwicklung – Kinder werden unfertig geliefert

Dieses Kapitel nimmt für sich keine Vollkommenheit in Anspruch. Wichtig ist mir, dass du lernst, Geduld zu haben und abzuwarten, damit du dir nicht zu früh und unnötigerweise Sorgen machst.

Neugeborene sind nicht ganz fertig, wenn sie auf die Welt kommen. Vieles wird sich ändern und vieles wird sich nochmals ändern. Du solltest ein halbes Jahr abwarten, bevor du irgendwelche Schlüsse ziehst und glaubst, dass irgendetwas nicht stimmt!

Das kleine Kind wird mit einer Kraftreserve geboren. Die Natur schützt das Kind in der ersten Zeit. Es werden in den ersten Lebenswochen kaum Probleme entstehen.

Dann reagiert die Haut.

Die Haut lag bis zur Geburt des Kindes im Fruchtwasser. Zwar ist sie durch die Käseschmiere geschützt worden, aber außer dieser Fettschicht ist die Haut nur mit Wasser in Berührung gekommen. Wenn die Haut später der Luft und auch trockener – oder auch nasser – Kleidung ausgesetzt wird, reagiert sie. Die Anpassungszeit ist lang, sie kann sich über Monate hinziehen (selten aber mehr als drei).

Kleine Wärmepickel werden bei den meisten Säuglingen auftreten, vorzugsweise auf der Brust und an den Wangen.

Großer roter, rauer, wundenähnlicher Hautausschlag kann im Gesicht auftreten und sich lange Zeit halten. Der kleine Po wird vom ätzenden Urin und Stuhl irritiert und wunde Stellen können entstehen. Die besten Mittel gegen Hautreizungen aller Art sind Sauberkeit und Luft. Bade das Kind in lauwarmem Wasser, ohne zu reiben und zu rubbeln, weil das wehtun könnte, und lass die Haut an der Luft trocknen. Eine dünne Schicht Babycreme tut dem kleinen Po gut. Kokosnussbutter ist zu empfehlen.

Hautausschläge im Gesicht können sehr hartnäckig sein und man kann dagegen nicht viel mehr tun, als die Haut sauber zu halten. Ich creme die Gesichtshaut eines Babys normalerweise nicht ein, es sei denn, sie ist extrem trocken. Und ich sorge dafür, dass die Unterlage, auf der das Kind schläft, sauber und sehr weich ist. Ausgespuckte Milch ruft Hautirritationen hervor.

Neugeborene bekommen auch von gewissen Nahrungsmitteln, die durch die Muttermilch auf das Kind übertragen werden, Hautausschlag. Dazu gehören Schokolade, Erdbeeren und Eier. Solche Ausschläge deuten aber keine Lebensmittelallergie an, sie stören das Kind nicht und verschwinden ganz schnell wieder.

Einige Hautunregelmäßigkeiten sind bei der Geburt schon da: Muttermale – rote, braune oder schwarze, die alle möglichen Formen haben können. Sie können groß und dunkel sein, einen ganzen Oberschenkel oder die Hälfte des Bauches bedecken; oder kleine, hellere Flecken – und der »Storchenbiss«: rote Flecken an der Stirn und/oder im Nacken (eben dort, wo der Storch das Kind beim Transport fest gehalten hat, wie man früher erzählte). Sowohl Muttermale als auch »Storchenbisse« werden mit der Zeit verblassen, obwohl es Jahre dauern kann, bis sie ganz verschwunden sind.

Einige Muttermale verschwinden nicht und können zu einem späteren Zeitpunkt entfernt werden; es gibt aber keinen Grund, sich während des ersten halben Jahres darüber Sorgen zu machen!

Hautausschläge, die aussehen, als hätten sie sich entzündet – mit Bläschen in der Mitte –, müssen nicht entzündet sein. Die Bläschen werden aufgehen, und du meinst vielleicht, dein Kind wird nun ernsthaft krank; aber es ist alles ganz normal. Die Poren der Haut funktionieren noch nicht optimal. Diese Ausschläge sollten an der Luft trocknen, und dann heißt es: Erstmal abwarten! Es kann ein paar Wochen dauern, bevor die Haut wieder schön und weich ist.

Kleine Infektionen, auch Nagelbettinfektionen u.Ä., können vorkommen. Sie sind nicht gefährlich. Neugeborene Kinder können sich leicht infizieren, aber genauso leicht heilen die Infektionen wieder ab. Deswegen sollten Neugeborene nicht zu voreilig Antibiotika verordnet bekommen! Denn fängt man erst einmal an, einem Neugeborenen Penizillin o.Ä. zu geben, können Behandlungen mit Antibiotika zur Routine und immer wieder notwendig werden. Die natürliche Widerstandskraft des Kindes, die sich noch im Aufbau befindet, wird behindert.

Also *kein Antibiotikum für Kinder unter einem Jahr*, wenn es nicht um sehr ernsthafte Krankheiten geht! Genauso zurückhaltend sollte man bei Salben sein, die desinfizierende Stoffe enthalten.

Raue, sich pellende Haut ist bei Neugeborenen nicht außergewöhnlich und beruht auf der riesigen Umstellung nach der Geburt. Anfällige Stellen sind Bauch, Brust, der obere Rücken sowie die vielen Hautfältchen. Ein wenig Babyöl macht die Haut wieder weich!

Es können hinter den Ohren, zwischen den Fingern und den Zehen kleine wunde Stellen entstehen. Nach dem Waschen und Baden gründlich trocknen und Wunden mit einer guten Babycreme einreiben.

Schorf auf der Kopfhaut ist nicht ungewöhnlich. Er kann allerdings mit der Zeit richtig hässlich aussehen: Große, gelbe Krusten bilden eine immer dicker werdende Schicht. So lange wie möglich nur ganz normal waschen. Wenn überhaupt, nur milde Seife nehmen. Gründlich abspülen und genauso gründlich abtrocknen. Wird der Schorf immer dicker, machst du an einem Abend eine Sonderbehandlung: Du massierst eine große Menge Babyöl in die vorher gewaschene Kopfhaut und lässt sie über Nacht einweichen. Am nächsten Morgen müsstest du alles mit einem Kamm entfernen können.

Über die unregelmäßige Atmung, die dich vielleicht beunruhigt, kannst du in »Der Schlaf« (Seite 131) nachlesen.

Etwas Grundsätzliches über den Körper des Babys und sein Aussehen:

Die Kopfform kann sehr merkwürdig sein – spitz oder gar schief; eine Folge des starken Druckes bei der Geburt. Im Laufe von weniger als zwei Wochen wird der Kopf wieder schön und rund werden.

Der Schädel besteht aus zwei Hälften, die, wenn es erforderlich wird, bei der Geburt übereinander geschoben werden. Genau über der Stirn, die ungeteilt ist, sieht man eine offene Stelle an der Trennlinie der beiden Hälften des Schädels: die Fontanelle. Die Stelle fühlt sich sehr zart und ungeschützt an, sie ist aber von sehr starken Häutchen bedeckt (sie sollten glatt, nicht faltig aussehen). Dort kann man ab und zu den Pulsschlag des Kindes erkennen. Alles ganz o.k.

Wenn Neugeborene überhaupt Haare auf dem Kopf haben, sind sie meistens dunkel. Blonde Haare kommen auch vor, meistens nur ein dünner Flaum. Die Haare erneuern sich mit der Zeit. Einige Kinder verlieren die ersten Haare ganz und werden als kleine Glatzköpfe viele Monate warten müssen, bevor sie eine beständigere Haarpracht bekommen. Andere bekommen in demselben Tempo, wie die ersten ausfallen, allmählich neue Haare und man merkt die Veränderung kaum.

Kleine Kinder, die auf der Seite oder auf dem Rücken schlafen, scheuern sich einen Teil ihrer Haare ab und können für längere Zeit einen kahlen Fleck am Hinterkopf haben. Kinder, die auf dem Bauch schlafen und den Kopf von einer Seite zur anderen drehen, können an den Schläfen kahle Stellen bekommen. Wenn nicht bereits vorher, wachsen neue, bleibende Haare gegen Ende des ersten Lebensjahres nach.

Alle hellhäutigen Kinder werden mit nachtblauen Augen geboren. Die endgültige, bleibende Augenfarbe kann man erst nach zwei, drei Monaten erahnen. Die Augen, d.h. die Regenbogenhaut, ist das Einzige beim Menschen, das schon bei der Geburt die endgültige Größe hat. Deshalb scheint es einem auch, als hätte das neugeborene Menschenkind riesige Augen.

Kleine Neugeborene ähneln meistens dem Vater oder einem männlichen Mitglied seiner Familie. Man könnte fast annehmen, dass die Mutter Natur dem Vater dadurch seine Vaterschaft bestätigen will. Die Ohren sind ganz die des Papas, allerdings in Miniaturausführung!

Wenn der Vater deines Kindes nicht gerade der schönste Mann auf Erden ist, kannst du dich damit trösten, dass deine eigenen Züge irgendwann dominieren werden – wenn nicht schon vorher, dann im dritten Lebensjahr des Kindes. Bis dahin musst du dich mit einem ermunternden Kompromiss zufrieden geben! Und danach findet das Kind langsam zu einem eigenen, höchst persönlichen Aussehen.

»Alle Neugeborenen sehen sich ähnlich!«, sagen viele beleidigend – selten aber die, die selbst Kinder haben. Wie auch immer, die Gesichtszüge verändern sich sehr schnell. Vor allem wird das kleine Gesicht schon bald glatter. Die grimmige, väterliche Falte zwischen den Augenbrauen, die großväterlichen, nach unten gezogenen Mundwinkel, die grübelnde Stirnfalte vom Vetter Bertram – alles verschwindet innerhalb der ersten Wochen und das Babygesicht wird rosig und glatt.

Das Neugeborene hat fast keinen Hals. Der Kopf ist noch viel zu groß – und zu schwer – für den kleinen Körper.

Vor sieben Monaten, als das Kleine erst zwei Monate in der Gebärmutter verbracht hatte, machte der Kopf die Hälfte seiner Länge aus, der Rest war

Körper. Beim Neugeborenen macht der Kopf ein Viertel der Gesamtlänge aus. Beim Erwachsenen müsste man bis zu den Brustwarzen herunter messen, um ein Viertel der gesamten Körperlänge zu erfassen; der Kopf eines Erwachsenen macht nur ein Achtel seiner Körpergröße aus.

Die Schultern des Neugeborenen sind weich und biegsam, die Brust ist etwas erhöht, der Bauch rund und die Hüfte schmal. Das Neugeborene hat sehr ausgeprägte X-Beine – man könnte sie fast zu einem Knoten zusammenbinden. Das Knochengerüst ist noch für lange Zeit mehr Knorpel als Knochen. Der Bauch kann angespannt wie ein Trommelfell sein und sich seitlich wölben. Das ist vollkommen normal.

Die Geschlechtsorgane sind nach der Geburt noch angeschwollen, so, wie auch das Gesicht etwas geschwollen sein kann. Letztgenannte Schwellung kommt vom Druck während der Entbindung und wird im Laufe von ein bis zwei Tagen zurückgehen; erstgenannte rührt von den Geschlechtshormonen her, die die Mutter vor der Geburt produziert. Diese Schwellung geht nach etwa zwei bis drei Wochen zurück.

Kinder, die mit dem Gesicht zuerst auf die Welt kommen, weisen eher Schwellungen im Gesicht auf. Ein bemerkenswertes Detail: Diese Kinder werden viele Jahre mit rückwärts gebogenem Kopf schlafen! Stur arbeitet sich der kleine Kopf nach hinten und nach oben auf dem Kopfkissen – und das jede Nacht, bis das Kind etwa sechs Jahre alt ist.

Mamas Geschlechtshormone können eine minimale Milchproduktion in den kleinen Brüsten des Kindes verursachen, die so genannte Hexenmilch – auch bei kleinen Jungen. Die Hexenmilch sowie die Schwellung der Brüste verschwinden innerhalb von wenigen Wochen.

Ein neugeborener Junge kann einen Hodensack von einer Größe haben, die eher zu einem pubertären Jungen passen würde, aber es ist trotzdem nicht sicher, dass die Hoden ihren Platz bereits gefunden haben. Ein Hoden oder auch beide können noch im Unterleib verblieben sein. Sie werden mit der Zeit nach unten rutschen. Es muss in den ersten ein bis zwei Jahren keine Kontrolluntersuchung in dieser Richtung gemacht werden.

Die Vorhaut kann nicht zurückgeschoben werden. Versuche es erst gar nicht! Das ist vollkommen normal. Und Don Juan trainiert schon früh: Neugeborene Jungen haben oft Erektionen.

Kleine Mädchen können in den ersten Lebenswochen Ausfluss, sogar blutigen, haben. Auch normal.

Ein Nabelbruch ist nichts Außergewöhnliches. Die Haut schwillt an der einen oder an beiden Seiten des Nabels an und die ganze Bauchnabelgegend kann zu einem richtigen Knoten werden. Ein Nabelbruch ist aber nicht so schlimm, wie es sich anhört. Nicht dass er beim Neugeborenen einfach »dazugehört« – und so gehört er auch nicht zu den verschiedenen Variationen des Aussehens beim Neugeborenen. Aber in der Regel verschwindet der Nabelbruch bei Säuglingen von allein. Warte nur ab, du wirst schon sehen!

Die kleinen Hände und besonders die kleinen Füße sind oft eiskalt. Halte sie warm! Es hapert noch ein bisschen mit der Durchblutung.

Auch die Augenmuskulatur braucht ihre Zeit, um in Topform zu kommen. Der Blick schwebt in alle Richtungen, die Augen wandern kreuz und quer, und es erfordert etwas Zeit und Anstrengung, bevor das Kind sie koordinieren kann. Keine Sorge – alles o.k.

Der kleine Mund muss sich ebenfalls den neuen Umständen anpassen. All dieses Saugen verursacht bei den meisten Neugeborenen kleine Bläschen an den Lippen. Diese verschwinden schon bald wieder.

Die Zunge kann oft weiß wie Kreide erscheinen. Auch normal.

Das Wachstum ist rasant. Wenn das Kind einen Monat alt ist, ist es schon aus seiner ersten Garderobe herausgewachsen. Das Herz funktioniert nun fast perfekt. Die Atmung wird immer regelmäßiger. Die Blutzirkulation ist nun zuverlässig. Und die Muskeln arbeiten: Ein Baby von einem Monat spannt die Muskeln an und bereitet sich darauf vor, hochgenommen zu werden, wenn man es anfasst. Und während das Neugeborene noch lautlos spricht, wird ein vier Wochen altes Baby schon Töne von sich geben und mit einer Zunge, die willig ist, verschiedene Geräusche hervorbringen.

Für sämtliche inneren Organe gilt, dass eine ziemlich lange Zeitspanne zur Anpassung und Weiterentwicklung erforderlich ist, bevor man sagen kann, dass das Kind »fertig« ist. Mache es deshalb zu einer Regel, das erste halbe Jahr als eine Fortsetzung der Arbeit, die unsere Mutter Natur während der Zeit im Bauch der Mama geleistet hat, anzusehen – eine Arbeit, die noch nicht ganz vollbracht ist! Auch dein eigener Körper befindet sich noch in einer Phase der Veränderungen, auch bei dir selbst musst du sechs Monate abwarten, bevor du damit rechnen kannst, dich wieder ganz normal zu fühlen.

Kinder werden unfertig geliefert. Was noch passieren wird, ist schon vorprogrammiert: Zu einem gewissen Zeitpunkt werden die Zähne herauskommen, genauso, wie später einmal die Regelblutung einsetzt, der Bartwuchs usw. … Mutter Natur weiß, was sie tut. Es ist ein Wunder, das man nur mit Erstaunen und Bewunderung betrachten kann – ohne Sorge, ohne Misstrauen!

Kinder werden mit Reflexen geboren.

Den Handgreifreflex kennst du schon. Der Griff ist hart und sehr kräftig.

Man könnte ein Neugeborenes an den Händen an einer Stange aufhängen und es würde sein ganzes Eigengewicht tragen können! Man sollte damit aber nicht experimentieren: Dieses Können verschwindet von einem Tag zum anderen und man kann nie wissen, wann. Nach einigen Wochen ist dieser angeborene Reflex auf jeden Fall verschwunden.

Ein anderer Reflex wird ausgelöst, wenn man mit dem Finger an der Fußsohle des Kindes längs streicht. All die kleinen Zehen werden augenblicklich wie der schönste Fächer weit auseinander gespreizt. Dieser Reflex hält lange an, acht bis neun Monate. Danach reagiert das Kind wie ein Erwachsener: Es krümmt die Zehen zusammen, anstatt sie zu spreizen.

Der Gehreflex ist faszinierend. Es ist nicht zu übersehen, dass der Mensch ein aufrecht gehendes Tier ist! Nicht dass das Neugeborene etwa den eigenen Kopf halten kann, aber laufen kann es schon! Hältst du das Kind unter den Achseln und lässt es die Füße auf einer festen, ebenen Unterlage aufsetzen, wirst du sehen, wie das kleine Kind mit den hübschesten Gehbewegungen, die man sich überhaupt vorstellen kann, nach vorne schreitet. Der Gehreflex wird sich nur ein paar Monate halten.

Den Saugreflex haben wir schon besprochen: Er wird aktiviert, wenn du die Wange oder die Lippen deines Kindes mit der Brustwarze oder einem Finger berührst. Möchtest du wissen, wie hart dein Kind saugen kann, dann biete ihm deine Unterlippe an. Nach kurzer Zeit wird sie eine ganz neue Form bekommen haben, das verspreche ich dir!

Der Klammerreflex ist rührend. Bei einem plötzlichen, lauten Geräusch wird das Kind seine Arme und Beine in einem verzweifelten Ausruf von sich werfen: »Hilfe, halte mich fest!« Es ist eine herzergreifende Bewegung. Das Kind sucht mit dem ganzen Körper das mütterliche Fell – oder was es auch sein mag –, um sich daran fest zu halten. Nach etwa drei Monaten ist dieser Reflex verschwunden.

Was kann ein Neugeborenes?

Es kann seinen Kopf heben und drehen. Es kann Krabbelbewegungen machen. Neugeborene, die im Brutkasten auf dem Bauch liegen, sehen aus, als wollten sie herausrobben.

Es kann sehen. Neugeborene sind kurzsichtig, aber sehen ausgezeichnet in einem Abstand von etwa 20 cm. Wenn die Augen erstmal einigermaßen koordiniert arbeiten, können die Kleinen auch bei größeren Abständen gut sehen.

Es kann hören. Viele Geräusche sind noch aus der Zeit in der Gebärmutter vertraut. Kein Neugeborenes zuckt beim Geräusch eines klingelnden Telefons –

ein ziemlich lautes und plötzliches Geräusch – erschrocken zusammen. Dieser Ton ist ihm schon bekannt. Das Geräusch eines klopfenden Herzens ist beliebt. Herztöne, auf einem Band aufgenommen, können unruhige Säuglinge beruhigen. Man hat ja nicht umsonst monatelang unter einem klopfenden Herzen gelegen – in Sausen und Brausen, beruhigt von der Blutzirkulation und vom Zischen der Lungen. In diesen Sachen kennen sich Neugeborene eben sehr gut aus!

Und außerdem hat das Neugeborene viele Fähigkeiten, von denen wir nicht viel Ahnung haben. Ich glaube nicht, dass der Mensch wie ein leeres Blatt auf die Welt kommt, das dann von jemandem, der schon da ist, beschrieben werden kann. Ich glaube, dass der Mensch, wenn er geboren wird, noch mit einer Welt, mit einer Dimension, vertraut ist, die uns allen bekannt war, die wir aber im Laufe des Lebens vergessen haben und die wir erst, wenn es allmählich zu Ende geht, wieder entdecken.

Eine Mutter schrieb darüber:

»Ich habe etwas ganz Besonderes erlebt, als sie zur Welt kam, etwas, das ich nicht beim Namen nennen kann: ein Gefühl, dass etwas Langsames stehen geblieben war, ein Stillstand in Zeit und in Raum und in allem. Es war nicht wegen der Hilflosigkeit des Neugeborenen, nicht wegen des unweigerlichen Bedarfs nach Schutz und nach Pflege, nicht wegen der in jeder Hinsicht wehrlosen, zarten Nacktheit – auch nicht wegen der rührenden Niedlichkeit, von der man immer behauptet, sie solle an die Mutterinstinkte appellieren und ein Gefühl des Stolzes und der Kontinuität hervorrufen und so weiter. Es war etwas ganz anderes, etwas vollkommen Unerwartetes. Es war ihre Klugheit. Ja, ich möchte sagen, ihre Weisheit. Es war ein Geheimnis, das sie mit sich trug. Es kam mir vor, als würde sie die Lösung des Rätsels kennen, die Erklärung Gottes, den Sinn des Lebens – alles. In ihre Augen zu sehen war, als würde ich in das gesamte Wesen der ganzen Menschheit schauen – und von da in die Göttlichkeit hinein.

Für mich hatte die Welt sich in Luft aufgelöst. Ich sah gerade hindurch in das Unerklärliche.«

Wenn etwas schief läuft: Das Kind ist nicht »normal«

Besonders wenn man das erste Mal Mutter oder Vater geworden ist, ist man bis zur Absurdität so aufmerksam, feinfühlig und hellhörig, dass es an Überempfindlichkeit grenzt – oder gar die Grenze überschreitet. Kein Kommentar, der dein Kind betrifft, keine Bemerkung, wie unüberlegt sie auch gemacht worden ist, entgehen dir. Jedes kleine Wort schlägt Wurzeln. Und wächst.

Durch die vorbereitende Prozedur der Mutter Natur, die dich zur Elternschaft für alles, was sie an Verantwortung, Schutz und Verständnis mit sich bringt, bereitmachte, bist du empfänglich (und empfindlich) geworden – für Gutes sowie auch für Schlechtes. Die Sortiermaschine der Vernunft funktioniert auf einmal nicht mehr. Du nimmst einfach alles, was an unüberlegten und unmöglichen Bemerkungen auch fallen mag, in dir auf.

Und es gibt sehr viele Menschen, die einen mit solchen Dummheiten voll stopfen. Es sind nicht nur unbedachte Verwandte, die finden, das Kind habe eine »sehr niedrige Stirn«, »komische Augen … ist das wirklich normal?«, oder die Kommentare abgeben wie »Es sieht mir wie eine Hasenscharte aus« und die im selben Moment schon wieder vergessen haben, was sie gesagt haben. Auch weißgekittelte Menschen können sehr gedankenlos, ja, manchmal direkt verantwortungslos sein.

»Das Kind hat viel zu viel zugenommen«, könnte die ärztliche Feststellung lauten oder »Es darf auf keinen Fall so schnell zunehmen«. Aha. Und was macht man dagegen? Soll man das Kind vielleicht auf Diät setzen?

»Sein Kopf ist viel zu groß«, hat eine Freundin von mir über ihren Sohn zu hören bekommen. Und was macht man dann? Operieren? Ein Stück abschneiden?

Der ebengenannte, kleine Junge durfte nun nicht mehr so viel essen, wie er wollte. Er hatte »zu viel« zugenommen. Soundso viel Milch sollte er nun bekommen und sonst nur abgekochtes Wasser aus der Flasche.

Geplagt von Überlebensangst hat das Kind dann ständig geschrien und wurde als »Kolikkind« abgetan. Verordnung des Arztes: noch weniger Nahrung. In einem Alter von drei Monaten wurde das Kind auf Hungerdiät gesetzt, 150g pro Mahlzeit.

Und die Zeit verging. Die Krankenhausmaschinerie lief nun auf vollen Touren, nur weil jemand den Kopf des Kindes als zu groß bezeichnet hatte. Nach verschiedenen Untersuchungen bekam die Mutter folgende Information am Telefon: »Ja, wir sind den Krankenbericht ihres Sohnes durchgegangen und vermuten, dass er entweder entwicklungsgestört ist oder dass er abnorme Wassereinlagerungen im Kopf hat.« Jeder kann sich die schlaflosen Nächte, die Angst und die Tränen der Mutter vorstellen.

Nun folgte eine Reihe von Röntgenuntersuchungen des Schädels unter Einsatz von Kontrastmitteln und viele andere Untersuchungen über einen längeren Zeitraum. Zum Schluss hat der Kleine geschrien, wenn er nur einen weißen Kittel gesehen hat. Und was noch schlimmer war: Er hatte jetzt ständig Durchfall. Ärztliche Verordnung: Fastenkur.

Als der kleine Junge anderthalb Jahre alt wurde, war er immer noch nicht mit normalem Essen in Berührung gekommen. Ein chirurgischer Eingriff wurde in Erwägung gezogen. Die Ärzte hatten vor, einen Teil des Darmes abzutrennen, um so herauszubekommen, was mit dem Kind los war.

Hier hat die Mutter – von der Angst der letzten zwei Jahre am Boden zerstört – endgültig Stopp gesagt. Sie hat dem Krankenhaus den Rücken gekehrt. Es ist mir gelungen, sie dazu zu überreden, ihm einfach ganz normale Frikadellen, Kartoffeln und Wurst zu geben, und das, *so viel er nur wollte*. Am nächsten Tag hatte er keinen Durchfall mehr. Nach ein paar kleineren Rückfällen hat der Darm dann ganz normal gearbeitet.

Und der kleine Junge, dem es nun endlich erlaubt wurde, richtig zu essen – und zwar so viel er nur mochte –, hat sich über die Leckereien hergemacht und wurde richtig schön pummelig! Im Alter von zwei Jahren hatte er immer noch nur das Essen im Kopf. Erst nach seinem dritten Geburtstag hat ihn die Überlebensangst endlich ganz und gar losgelassen. Erst dann fing er an, daran zu glauben, dass er überleben würde; dass das Essen, das heute serviert wurde, nicht sofort wieder verschwinden würde, sondern dass es mehr davon geben wird, jeden Tag und immer wieder. Dann hat er sich getraut, den Tisch zu verlassen, ohne vorher jeden Krümel aufgegessen und mit ängstlicher Stimme nach mehr gefragt zu haben.

Er ist nun nicht mehr dick. Seitdem er den weißen Kitteln entkommen konnte, eine ruhige Mutter und normales Essen bekam, ist er auch ein sehr vertrauensvolles und fröhliches Kind geworden. Und der damals zu große Kopf passt nun ausgezeichnet zu seinem Körper.

Ein Kind einer anderen Freundin hatte als Neugeborenes mehrmals Krämpfe bekommen. Das ist nichts Außergewöhnliches, es sieht aber erschreckend aus.

Die Mutter hat sich erschrocken, ist schnell mit dem Kind zum Krankenhaus gefahren, und dort hat man ihr erzählt, dass die Krämpfe auf Entwicklungsstörungen hindeuten könnten. »Aber wir können nicht genau sagen, ob er entwicklungsgestört ist oder nicht; das werden wir erst in ein paar Jahren mit Sicherheit feststellen können.«

Die Mutter wurde blass bei dem Gedanken, dass diese Angst machende Ungewissheit nun »ein paar Jahre« andauern sollten. Der Arzt meinte entschuldigend: »Es tut mir Leid. Ich sehe, dass ich Sie im Moment nicht beruhigen kann.« Und damit war die Konsultation beendet.

Wenn man mit einem neugeborenen Kind zu tun hat, wird das ganze Dasein von Mangel an Routine und Erfahrungen geprägt. Jeder Tag ist neu, lang, schwierig und ungewiss. Kein Tag ist wie der andere. Man rechnet nicht in Monaten. Man denkt nicht in Viertel- oder halben Jahren. Man denkt in Tagen und Nächten, allerhöchstens in Wochen. Mehr nicht. Mehr ist so unendlich wie das All.

Dem kleinen Jungen fehlte nichts.

Es ist nicht mein Ansinnen, die Ärzte für unfähig zu erklären, aber ich möchte ihnen und ihrem Personal gerne ein warnendes Wort zukommen lassen. Ihre Neigung, mit unbestätigten Vermutungen um sich zu werfen, wirkt zerstörend. Mit der feinfühligen und offenen Seele einer frisch gebackenen Mutter oder eines frisch gebackenen Vaters nimmt man jedes Wort mit einer Angst auf, die so stark ist, dass man sich schließlich wünscht, das Kind sei tatsächlich entwicklungsgestört, damit man wenigstens diese unerträgliche Ungewissheit los wäre.

Es ist äußerst schwierig, wenn nicht gar unmöglich, mit Vernunft und Skepsis die Saat der Unruhe wieder loszuwerden, die von manchen Ärzten und manchem Krankenhauspersonal so unbedacht in die Erde, die so empfänglich und fruchtbar bereitliegt, gepflanzt werden.

Ein paar Ratschläge:
1. **Sei skeptisch gegenüber jeder Aussage, die dein Kind betrifft!** Gehst du zu einem Arzt oder in eine medizinische Einrichtung, weil du dich über irgendetwas erkundigen möchtest, was dich beunruhigt, musst du damit rechnen, noch unruhiger wieder nach Hause zu gehen.
2. **Suche nicht nach Fehlern.** Sollte wirklich etwas nicht in Ordnung sein, wird dein Instinkt dich schon alarmieren. In dem Fall wird das Wort des Arztes nur eine Bestätigung dessen, was du schon wusstest.
3. **Dein Instinkt und deine Vernunft kommen an erster Stelle, eine medizinische Hypothese an zweiter.** Nur wenige Entwicklungsstörungen können diagnostiziert werden, bevor das Kind zu laufen und zu sprechen anfängt. Hab Vertrauen in unsere Mutter Natur! Es gibt so unendlich viele Variationen in der kindlichen Entwicklung.
4. **Weise jegliche Schuld von dir.** Das Leben hat immer seinen Wert – für den, der es lebt.

5. **Hole dir immer eine Zweitmeinung bei einem oder mehreren anderen Ärzten.** Gib nie den Krankenbericht des ersten Arztes in die Hand des zweiten. Lass jeden Arzt sich ohne Anhaltspunkte seine Meinung bilden, so lange, bis du selbst von der Diagnose überzeugt bist!

Die endgültige Nachricht über eine Störung oder eine Behinderung bei deinem Kind wird in jedem Fall einen riesigen Schock bei dir auslösen.

Du wirst dich dagegen wehren. Du reagierst wie bei einer Todesnachricht. In tiefster Verzweiflung weigerst du dich, das Unaushaltbare zu verstehen; um schließlich, nach einer Zeit der Apathie, mentaler Lähmung und verzweifelter Hoffnungen, die unabwendbare Tatsache zu akzeptieren. Und du erreichst eine Versöhnung mit dem Unversöhnlichen, auch wenn der Weg dorthin sehr bitter und entsetzlich lang ist.

Du wirst häufig mit dem Krankenhaus zu tun haben. Ärzte sind Menschen, aber bei ihrer Ausbildung gelingt es nicht immer, ihnen Demut und Behutsamkeit beizubringen. Es ist einfacher, einen gebrochenen Finger zu heilen als eine blutende Seele. Und auch die Ärzte wehren sich: »Nehmen Sie meinen Rat an, und geben Sie Ihr Kind in eine gute Institution und vergessen Sie die ganze Sache!« Krankheit und Tod machen kaum einem Arzt Angst. Aber das Leid der betroffenen Menschen erschreckt auch sie.

Triffst du auf einen behutsamen Arzt, einen Menschen, der dem Leiden nicht ausweicht, sondern es anerkennt und mit dir teilen kann, ohne von einem Gefühl der Ohnmacht ergriffen zu werden, dann halte an ihm oder ihr fest. Er oder sie wird alles tun, um dir zu helfen. Versuche mit Geduld einen solchen Menschen zu finden, der dein Kind behandeln und ihm helfen kann!

Nochmals: immer eine zweite Meinung einholen. Suche Spezialisten auf, die keinen Zugang zu vorausgegangenen Krankenberichten haben. Ist das Kind einmal abgestempelt worden, wird der neue Arzt von diesem Bericht ausgehen. Genau wie du selbst einen Menschen anders behandelst, wenn dir erzählt worden ist, der Betreffende sei z.B. Alkoholiker; es wird dir passieren, egal ob er nun Alkoholiker ist oder nicht. Es erfordert sehr viel Zeit und sehr viel Mühe, eine einmal gebildete Auffassung zu revidieren. Lass dich überzeugen, nicht, indem du einem Arzt vertraust, sondern indem du viele konsultierst!

Suche auch den Kontakt zu Eltern, die in derselben Situation sind wie du.

Letztendlich können nur sie dich wirklich verstehen. Nur sie können dir wirklich helfen. Schon zu wissen, dass du mit deinem Problem nicht allein bist, weckt konstruktive Kräfte in dir, gibt dir neue Hoffnung und lässt dir deine Situation in einem anderen, helleren Licht erscheinen. Du leidest unter einem Zustand, den andere mit dir teilen oder schon durchgestanden haben. Wenn Menschen sich zusammentun und dasselbe Ziel zusammen erreichen wollen, passieren wunderbare Dinge. Durch das Krankenhaus kannst du erfahren, wo deine Leidensschwestern und -brüder zu finden sind. Oder du erreichst sie übers Internet oder indem du auf dich aufmerksam machst, du kannst z.B. eine Suchanzeige in die Zeitung setzen. Du kannst mit ihrer Hilfe – vielleicht schon dadurch, dass du von ihrer Existenz erfährst – deiner Ohnmacht entkommen, die dich an dem vollen Wert des Lebens deines Kindes zweifeln lässt.

Das Leben hat immer seinen Wert. Nur wer das Leben lebt, kann dessen Wert ermessen.

Eine Mutter hat mir geschrieben:
»Ich wurde schwanger und wir freuten uns sehr auf unser Baby. Wir bekamen einen kleinen Sohn, aber als er drei Wochen alt war, begann der Alptraum, in dem ich mich jetzt befinde. Er wurde ernsthaft krank und wir haben ihn ins Krankenhaus gebracht. Dort hat man einen schweren Herzfehler festgestellt. Seitdem sind wir im Krankenhaus ein und aus gegangen und es wurde eine schlimme Krankheit nach der anderen diagnostiziert.

Den größten Teil seines Lebens – er ist jetzt zehn Monate alt – hat er im Krankenhaus verbracht. Wir pflegen ihn zu Hause ein paar Wochen am Stück, um ihn dann wieder ins Krankenhaus zu geben, zu Routineuntersuchungen und neuen Tests, und damit wir selbst ein wenig Erholung bekommen.

Er ist unheilbar behindert, und wir wissen nicht, wie lange er noch leben wird. Mein größtes Problem ist, dass ich einen so schlechten seelischen Kontakt zu ihm habe. Ich habe Schwierigkeiten, zu begreifen, dass er wirklich mein Sohn ist! Oft habe ich das Gefühl, er hätte mein Leben ruiniert. Ich weiß, es ist gemein, so zu denken, aber wäre er nicht geboren worden, hätte ich mit meinem wunderbaren Mann ein glückliches Leben führen können. Diese Gedanken geben mir sehr starke Schuldgefühle. Und ich bin todmüde. Ich nehme Tabletten, um nachts schlafen zu können, und tagsüber nehme ich andere Tabletten, um überhaupt zu funktionieren.

Trotz alledem mag ich ihn sehr. Er ist wunderbar, und er zeigt deutlich, dass er mich auch mag. Aber meine Liebe zu ihm ist zu sehr mit Ohnmacht, Erschöpfung und Verzweiflung vermischt.

Kannst du mir einen Rat geben, wie ich mich auf meinen kleinen Jungen und seine Behinderung einstellen soll? Wie kann ich mich darauf vorbereiten, ihn zu verlieren?
Ich lebe mit dem Tod, Tag für Tag.
Es hat mich sehr viel Mühe gekostet, diese Zeilen zu formulieren.«

Ich habe versucht, der Mutter zu antworten:
»Das Leben selbst hat dich betrogen. Dein Kind muss sterben. Wie solltest du etwas anderes als Ohnmacht, Erschöpfung und Verzweiflung fühlen können?

Wenn eine Frau ein Kind erwartet und gebärt, ist sie dazu bereit, für das Überleben dieses Kindes zu sorgen. Nun ist diese Bereitschaft bei dir verworfen worden. Du kannst nichts tun, um ein Überleben deines Kindes zu garantieren. Die Natur hat ihrer eigenen Ordnung Gewalt angetan.

Deine schwere Enttäuschung muss sich gegen irgendetwas richten. Dein Sohn ist die konkrete Gestalt für dein Gefühl der Sinnlosigkeit. Er ist Gegenstand deiner Enttäuschung.

Du musst keine Schuld empfinden! Das Leben hat dich in die Knie gezwungen. Du musst zurückschlagen, um dich selbst wieder aufrichten zu können. Den Tod eines Kindes abzuwarten muss das Schlimmste sein, was es überhaupt gibt. Viele Eltern mit dir haben sich gewünscht, dass es schon vorbei wäre. Es ist nicht auszuhalten. Das Kind leidet, es hat Schmerzen; und alles ist so sinnlos. Du trägst das Leiden deines Kindes neben deinem eigenen Schmerz.

Du blockierst deine Hingabe zum Kind, ob du es willst oder nicht. Du fragst dich: ›Wie kann ich mich darauf vorbereiten, ihn zu verlieren?‹ Genau das tust du schon. Weil du weißt, dass du ihn verlieren wirst, traust du dich nicht, ihn zu lieben. Alles in allem ist es nicht dein Fehler, dass du ein sterbendes Kind nicht lieben kannst. Die Natur ist schuld, sie hat dir deinen Selbsterhaltungstrieb gegeben.

Der Tod kann nie dein Freund werden. Wir leben, um zu leben, nicht um zu sterben. Aber wenn man mit dem Tod in unmittelbarer Nähe lebt, geschieht doch etwas sehr Großes: Der Tag wird kommen, an dem du dich mit dem Schicksal deines Sohnes und deinem eigenen versöhnen wirst. An dem Tag wirst du ihn zu dir nehmen können im Schatten des Todes.

Ein sehr kranker Mensch – ein kleines Kind oder auch ein alter Mensch – besitzt die Fähigkeit, eine neue und vergessene Dimension zu öffnen – für uns andere, die hier und jetzt unser Wirken haben, in unserem Alltag mit seinen einfachen Werten. Jeder Mensch, der im Grenzland des Todes lebt, auch ein kleines Kind, weiß – bewusst oder nicht –, dass er sterben wird. In diesem

Grenzland wird der Mensch von einer tieferen Liebe berührt als der irdischen, und es geschieht eine Versöhnung, die alles in den Schatten stellt. Du wirst dich deinem Sohn nähern können. Vielleicht nicht mit der Liebe einer Mutter, aber doch mit zwischenmenschlichem Respekt und Ehrfurcht für das, was außerhalb deiner Fähigkeit, zu verstehen, liegt.

Dein Sohn sucht dich. Du fühlst dich betrogen. Aber jenseits deines Gefühls von Schuld und lähmender Verbitterung wirst du ihm entgegenkommen.

Er wartet auf dich und er wird dich bereichern.«

Zum Schluss möchte ich noch zwei Mirakelkuren erwähnen, deren Wirkung wissenschaftlich belegt worden ist: Die eine Kur ist Vitamin C. Die andere ist das Lachen.

Der Nobelpreisträger Linus Pauling ist in dem, was er lange behauptet hat, bestätigt worden: Große Mengen an Vitamin C können eine ganze Reihe von schweren Krankheiten heilen oder zumindest lindern. Es hat sich z.B. herausgestellt, dass manche Frauen mit Brustkrebs und auch Lungenkrebspatienten einen sehr niedrigen Gehalt an Vitamin C im Blut aufweisen.

Pauling hat ferner darauf hingewiesen, dass todgeweihte Patienten, die täglich große Mengen Vitamin C (Ascorbinsäure) eingenommen haben, mit der schweren Krankheit länger gelebt haben, weil dadurch die Krankheit in Schach gehalten und der tödliche Verlauf verzögert wird.

Im Gegensatz zu dem, was für andere Vitamine gilt, die in großen Mengen giftig werden, ist eine Einnahme von großen Mengen Vitamin C nicht mit irgendwelchen Gefahren verbunden. Es gibt nichts zu verlieren – aber vieles noch Unerkanntes zu gewinnen!

Daneben weiß man heute, dass ein gesundes Lachen das Leben wirklich verlängert und dass dieser Umstand eben mehr als nur eine Redewendung ist.

Der Fall von Norman Cousins ist bekannt. Cousins war so schwer erkrankt, dass man ihm nur eine Überlebenschance von 1 zu 500 einräumen wollte. Dem Tode geweiht, hat er sich in ein Hotelzimmer zurückgezogen. Er war fest entschlossen, für den Rest seines Lebens nur noch Spaß zu haben, und so las er lustige Bücher und sah sich Comedyfilme an. Nach kurzer Zeit stellte er fest, dass das Lachen wie ein Schmerzmittel wirkte. Er konnte seinen Verbrauch an Medikamenten reduzieren und er konnte wieder schlafen.

Cousins wurde gesund. Nach ein paar Jahren war er ganz und gar geheilt, was zu einem systematisierten »Verschreiben« von Humor in vielen anderen Fällen von schwerer Krankheit führte.

Ein kleines, schizophrenes Mädchen wurde geheilt, nachdem sie über einen Clown gelacht hatte. Bei einem anderen Patienten fing ein lebensbedrohendes

Geschwür an zu schrumpfen – ohne eine andere Behandlung als das Lachen –, und verschwand schließlich ganz. Es gibt eine ganze Reihe von viel versprechenden Beispielen. Nochmals: Es gibt alles zu gewinnen – und nichts zu verlieren!

Wenn du dein kleines Kind nur durch Kitzeln zum Lachen bringen kannst, weil du selbst vom Lachen so weit entfernt bist wie das Leben vom Tod, hat das Lachen trotzdem eine wohltuende Wirkung. »Es erfordert so wenig, um ein Kind zum Lachen zu bringen …« – Eltern haben das immer gewusst. Sie schaukeln und wiegen ihre Kinder, pusten ihnen auf den Bauch, machen komische Gesichter und spielen den Affen; und das sprudelnde Lachen der Kinder ist so wunderschön, dass allein diese Laute die medizinische Wissenschaft dazu veranlassen sollten, vor dem Lachen den Hut zu ziehen.

Ein lachendes Kind ist ein glückliches Kind. Ein glücklicher Mensch ist ein gesunder Mensch – oder hat wenigstens eine gute Chance, gesund zu werden!

5. Jeder Schrei eines jeden Kindes ist eine Frage

Kinder schreien. Ein Neugeborenes, das nie schreit, sollte mehr Grund zur Besorgnis geben als ein Neugeborenes, das ständig schreit. Ein schreiendes Kind ist selten in ernster Gefahr, oder überhaupt in Gefahr.

Als frisch gebackene Mutter habe ich verschiedene Bücher über Kinderpflege gelesen. Ich habe mich immer zuerst über das hergemacht, was über das Schreien geschrieben wurde. Diese Taktik verfolge ich immer noch, und so habe ich im Laufe der Jahre eine ganze Menge an Vergleichsmaterial gesammelt …

Anfang der Sechzigerjahre gab es, wie auch heute, Aufstellungen oder Listen über die am häufigsten vorkommenden Ursachen des Schreiens. Als Erstes wurde genannt: *zu wenig Nahrung*.

30 Jahre später stand an erster Stelle: *zu viel Nahrung*.

Die Reihenfolge wechselt je nach den Trends der Zeit.

Das Einzige, das im Wechsel der Zeit, im Wechsel der Trends im Rahmen politischer Veränderungen sowie täglich neuer aktueller, aus der Gewohnheit entstehender Vorstellungen unverändert bleibt, ist das Kind selbst.

Das neugeborene Menschenkind wird wie alle anderen neugeborenen Lebewesen von der Überlebensangst geplagt. Diese Angst ist sowohl eine positive als auch eine negative Kraft. Der Trieb zum Überleben ist uns allen eine Notwendigkeit, die lustvoll und gleichzeitig erschreckend ist. Wir sollen und müssen überleben, buchstäblich und um jeden Preis.

Der Schrei eines Neugeborenen entspringt aus Angst, aber er führt zum Leben: Ein Kind, das schreit, wird gefüttert. Die Angst formuliert im Schrei eine Frage: »Werde ich überleben?« Das Essen gibt die Antwort: »Ja.«

Wir haben früher in diesem Buch die Menschenkinder mit den kleinen, frisch ausgebrüteten Vogeljungen verglichen. Es ist ein Piepsen und Fiepen im Nest, dass man kein Ornithologe sein muss, um eine starke Angst in dem Schreien wahrzunehmen. Die Vogeleltern hetzen hin und her und holen Futter, und trotzdem scheint es, als würden die Jungen nie satt werden. In der gleichen Weise schreit auch das neugeborene Menschenkind, und seine Überlebensangst kann nur in der gleichen Weise gestillt werden – mit Nahrung, Nahrung und noch mehr Nahrung.

Kinder in den industrialisierten Ländern von heute werden vermutlich in eine der besten Welten hineingeboren. Aber sie wissen nicht, wie glücklich sie sich schätzen können. Sie kennen nicht die Essenspyramiden der Ernährungsspezialisten, wissen nicht, dass sie in einem Land leben, in dem niemand mehr verhungern muss. Ihre Überlebensangst wird nur durch Erfahrung und deren Wiederholung gelindert.

Einem Neugeborenen, das wegen seiner Überlebensangst schreit, hilft nur eines – *Nahrung* – und sonst nichts. Umgekehrt kann man, obwohl es natürlich nicht empfehlenswert ist, ein schreiendes Baby, das mit durchnässter und sogar voller Windel sowie mit verrutschter Kleidung daliegt, hochnehmen, es füttern und danach in derselben Windel wieder hinlegen – das Kind wird wieder einschlafen.

Nach meiner Erfahrung schreien neun von zehn Babys, weil sie die Überlebensangst plagt. Das zehnte schreit, weil es übermüdet ist. Der zehnte Schrei beinhaltet die verzweifelte Frage: »Ist das Leben zu anstrengend? Werde ich es nicht schaffen?« Und die Antwort lautet: »Doch. Ich werde dir helfen, zur Ruhe zu kommen, bis du es selbst schaffst, genauso wie ich für dein Überleben sorgen werde, bis du es selbst kannst. Ich wahre deine Interessen.«

Es gibt »Schreikinder« und es gibt »ruhige« Kinder. Ich benutze Anführungszeichen, weil wir uns in Acht nehmen und kein Kind abstempeln sollten. Sagen wir also stattdessen, dass es Kinder gibt, die mehr Fragen stellen als andere!

Jeder Schrei eines jeden Kindes ist eine Frage.

Es gibt sicherlich auch mal ein oder zwei Vogelbabys unter vielen Geschwistern, die nicht so viel schreien wie die anderen und die deswegen ab und zu von den Eltern vergessen werden – aber sie überleben trotzdem. Und es gibt sicherlich auch eines oder zwei unter den Vogeljungen, die sich vordrängen und immer vor ihren Geschwistern die dicksten Würmer abkriegen.

Der Mensch kommt nicht »brav« oder »gierig« auf die Welt. Aber im Kampf ums Überleben entwickeln wir manchmal Züge, die für unsere Mitbrüder und -schwestern weniger angenehm sind. Der Überlebenstrieb ist eben der stärkste von unseren Trieben, und kein Neugeborenes schreit bloß, um jemanden zu ärgern oder um schamlose Forderungen zu stellen und um mehr zu bekommen, als ihm eigentlich zusteht. Das neugeborene Menschenkind schreit aus purer Überlebensangst und wir Erwachsene sollten die darin liegende Berechtigung nicht in Frage stellen. Wir haben die Aufgabe, dem Kind das Überleben zu garantieren und dadurch seine Überlebensangst zu lindern. Ein Neugeborenes kann man nicht »verwöhnen«!

Ein Ernährungsspezialist würde sicherlich ausrechnen können, dass die Vogeljungen im Nest, die so verzweifelt schreien, nicht so viel Nahrung brauchen, um zu überleben, sondern nur eine gewisse Menge. Er – oder sie – würde damit sicherlich auch Recht haben.

Aber das tatsächliche Überleben und die gelinderte Überlebensangst sind nicht immer dasselbe.

Unsere »Nesthocker« piepsen verzweifelt überall um uns herum, und wir servieren nach Befehl von oberster Stelle gekochtes Wasser und krampflösende Tropfen, nachdem das Kleine genau soviel Nahrung bekommen hat, wie der kleine Körper zum Überleben braucht – und dann beschweren wir uns, dass unsere Babys so anstrengend sind und dass sie nur schreien – Tag und Nacht.

Wie sollten sie sich anders verhalten können? Woher das Wissen nehmen, dass sie bis zum nächsten Morgen überleben werden?

Jeder Schrei eines jeden Kindes ist eine Frage.

Das neugeborene Menschenkind fragt: »Werde ich überleben?« Du kennst die Antwort.

Es wird den armen Vogeleltern kaum Aufschub gewährt, um sich von ihren Jungen erholen zu können. Auch die Mescheneltern bekommen kaum eine Pause. Ein Neugeborenes kann dreimal pro Stunde essen und das rund um die Uhr.

Eine Mahlzeit nach dem beschriebenen Standardmodell bietet vier, manchmal fünf Portionen während ein und derselben Mahlzeit, die dann etwa anderthalb Stunden dauert. Besonders den »schreienden« Kindern, denen, die mehr und besorgtere Fragen als die »ruhigen« Kinder stellen, tut es gut, nach dem Standardmodell gefüttert zu werden, weil die Methode *vorbeugend* wirkt.

Das Standardmodell umfasst bei jeder Mahlzeit alles, was das Kind braucht: Nahrung, viel Nahrung, noch mehr Nahrung und dann noch einmal Nahrung; dann das Wickeln und die Körperpflege, die Begegnung mit dem lebenswichtigen Element der positiven Bindung und abschließend eine letzte Fütterung, eine kleine Reserve, damit das Kind beruhigt schlafen kann. Was das Kind zusätzlich noch braucht, ist frische Luft und die kann es draußen beim Schlafen im Kinderwagen bekommen.

Das Prinzip des Standardmodells ist Folgendes: Es ist einfacher und besser, vorzubeugen, statt im Nachhinein reparieren zu müssen. Die Bedürfnisse des Kindes werden ständig gestillt, und das, noch bevor sie akut werden, oder besser formuliert, bevor ein *Mangel* an Zufriedenheit eintritt.

Du wartest ja selbst auch nicht mit dem Essen, bis du dem Verhungern nahe bist oder dich vor Hunger richtig krank fühlst. Du isst beispielsweise um zwölf Uhr, weil du es gewohnt bist, zu diesem Zeitpunkt etwas zu essen, weil du weißt, dass du Nahrung brauchst, und weil es jetzt Essen gibt. Du isst etwas, auch wenn du nicht gerade von nagendem Hunger geplagt wirst. Die Erfahrung hat dich gelehrt, dass der Hunger dich um ein Uhr plagen wird, wenn du um zwölf Uhr nichts gegessen hast; um zwei Uhr bekommst du Bauchschmerzen, um drei Uhr wird dir schwarz vor Augen, um vier Uhr wird dir schlecht, um fünf Uhr kannst du nicht mehr arbeiten, und um sechs Uhr verspürst du keinen Hunger mehr, du bist dann nur müde und total erschöpft. Dann kannst du vielleicht gar nicht mehr essen, auch wenn man dir etwas anbieten würde.

So funktioniert es auch beim Neugeborenen. Kinder sind aus demselben

Stoff gemacht wie wir Erwachsenen! Dasselbe Prinzip gilt auch für die übrigen Bedürfnisse des kleinen Kindes.

Die Liste über die Ursachen des Schreiens, die ich ablehne, solange das Einleuchtende nicht an der ersten Stelle steht, nämlich dass das Kind Nahrung braucht, führt – wie du sicherlich weißt – auch einige andere Punkte auf: »Es fehlt dem Kind an Kontakt«, »Das Kind braucht Gesellschaft« usw. Das Standardmodell umfasst unter anderem auch die lebenswichtige Begegnung, bei der die positive Bindung geknüpft und bestätigt wird und bei der ein interessantes, wenn auch wortloses Gespräch seinen Anfang nimmt. Wenn das Kind kontinuierlich die Begegnung erlebt, bevor ein akutes Bedürfnis oder gar ein akuter Mangel nach Kontakt entsteht, passiert mit ihm genau dasselbe wie mit dir selbst, wenn du tagtäglich mit netten und lieben Menschen zusammen bist. Du bist zufrieden und hast Spaß am Leben. Hat die Einsamkeit dagegen schon ihre Klauen in dich geschlagen und ihr krankmachendes Werk begonnen, wird es immer schwieriger für dich, die Freundlichkeit der anderen Menschen, die dir Kontakt bieten, anzunehmen. Es wird dann immer schwieriger für dich, die lustige Seite des Lebens zu entdecken. So verhält es sich auch beim kleinen, neugeborenen Menschenkind.

Kontakt, Zärtlichkeit, Nähe, Liebe und »Unterhaltung« werden vom Neugeborenen viel leichter angenommen, wenn sie ihm spontan und vorbeugend angeboten werden, als wenn bereits ein akuter Mangel daran besteht. Folgst du dem Standardmodell, dann wartest du also *nicht*, bis das Kind schreit, um es dann mit verschiedenen Gegenmaßnahmen zu versuchen, bis du hoffentlich irgendwann die richtige erwischst. Du erfüllst stattdessen die Bedürfnisse deines Kindes fortlaufend und vorbeugend.

Damit werden die Fragen des Kindes beantwortet, schon bevor sie gestellt worden sind. Und das Kind hört auf zu schreien.

Diese Methode hat ihre Vorteile, nicht nur für das Kind. Für dich bedeuten die langen, zusammenhängenden Schlafenszeiten zwischen den Mahlzeiten, dass du den Tagesablauf einigermaßen planen kannst. Der Nachtschlaf wird kaum gestört. Wenn im Laufe des Tages alle Bedürfnisse des Kindes vorbeugend und in reichlichem Maße gedeckt wurden, kannst du nachts mit gutem Gewissen davon absehen, sie zu stillen – außer vom Bedürfnis nach Nahrung. Eine oder zwei kurze nächtliche Fütterungen von jeweils etwa 20 Minuten sind aber auszuhalten.

Zusätzliche Vorteile zeigen sich mit der Zeit. Und sie sind wirklich sehr wertvoll.

Erstens bekommst du als Mutter – oder Vater – von Anfang an eine Sicherheit im Umgang mit deinem Kind, die bald zur eigenen Triebkraft wird.

Wenn du weißt, dass das Kind fortlaufend und vorbeugend alles bekommt, was es braucht, wirst du nicht beunruhigt sein, sollte das Kind auch mal in der herzzerreißenden Weise schreien, wie es alle Säuglinge ab und zu tun – genauso, wie wir Erwachsene mal schmollen, wenn uns alles einfach keinen Spaß macht und wir nicht vernünftig genug sind, uns einfach mit einem guten Buch hinzulegen, sondern stattdessen andere Leute mit unserer schlechten Laune plagen.

Weißt du selbst, dass du die Bedürfnisse des Kindes ausreichend gedeckt hast und nicht nur einmal, sondern bei jeder einzelnen Mahlzeit, und das Kind schreit trotzdem, dann kannst du die Tür zumachen und aus dem Raum gehen – sauer oder traurig oder wütend je nach Temperament –, und siehe da! – das Kind schläft. *Du traust dich, dein Kind sich selbst zu überlassen.* Dieses Vorgehen ist gut gegen die Unsicherheit, die man trotz allem verspürt und die bei allen frisch gebackenen Müttern und Vätern vorhanden sein sollte: die Unsicherheit, die zur Verantwortung, zur Feinfühligkeit und zum Verständnis führt.

Diese Sicherheit im Umgang mit dem Kind bedeutet auch, dass du dem Kind Vertrauen schenkst: »Ich gebe dir alles, was du brauchst. Das Übrige wirst du schon allein hinkriegen.«

Niemand kann das ganze Glück eines anderen Menschen sein. Kleine Kinder – und auch große Menschen – können viel mehr, als wir glauben, und ihnen ist nicht damit gedient, entmündigt zu werden. Wenn die Bedürfnisse eines Menschen, ob groß oder klein, gedeckt wurden, kann er aus eigener Kraft sein Leben genießen, und man sollte ihn dazu ermutigen, falls er selbst daran zweifeln sollte.

Den anderen Vorteil, der sich mit der Zeit zeigt, kannst du während deiner ganzen Karriere als Mutter oder als Vater gebrauchen: Es ist die Gewohnheit vorzubeugen, den Blick und die Gedanken nach vorne zu richten, sich in die Situation des Kindes, gestützt durch die eigenen Erfahrungen, hineinzuversetzen. Kurz gesagt: immer einen Schritt voraus zu sein.

Die Bedürfnisse bleiben. Sie sind für alle Menschen gleich. Werden sie nicht erfüllt, entsteht ein Mangel. Es ist schwieriger, einen Mangel zu beheben, als ein Bedürfnis zu befriedigen, und das »normale«, latente Bedürfnis ist leichter zufrieden zu stellen als das akute.

Das Standardmodell ist, wie du siehst, strukturiert. Was passiert nun, wenn man als Mutter oder als Vater von einem Neugeborenen überhaupt nichts strukturiert?

Dann könnte das Muster so aussehen: Das kleine Kind wird wach, schreit und bekommt etwas zu essen. Du bringst das Kind dazu, ein Bäuerchen zu machen, wickelst es und danach bleibst du vielleicht eine kleine, stille Weile mit dem Kind auf dem Schoß sitzen. Das Kind döst schön vor sich hin und es schläft ein. Du legst es schlafen.

Nach einer halben, vielleicht nach einer Stunde, wird das Kind wieder wach, schreit erneut und braucht mehr Nahrung. Es hatte genug getrunken, um den schlimmsten Hunger zu stillen, aber es ist keine Reserve für einen längeren Schlaf vorhanden. Nun ist der Brennstoff verbraucht. Das Kind muss wieder aufgetankt werden.

Erneut Fütterung, wickeln, wenn nötig, ein kleines Bäuerchen, und ihr sitzt wieder eine kleine Weile zusammen. Das Kind schläft ein und wird wieder hingelegt.

Nach vielleicht nur 20 Minuten ist es wieder so weit.

Oder das Kind schreit, ohne die Brust anzunehmen. Irgendetwas fehlt. Aber was?

Das Risiko bei der ganz freien Fütterung ist, dass dieses monotone Muster »Essen-schlafen-essen« dem Kind zu wenig Wachzeiten und gemütliches Beisammensein bietet. Außerdem kann die Mutter, die bei den häufigen Forderungen sehr gebunden ist, die Situation als unerträglich empfinden.

Das freie Modell – bei dem das Kind eine Viertelstunde isst, eine halbe Stunde schläft, wieder eine Viertelstunde isst, eine Stunde schläft, dann eine Stunde lang schreit, ab und zu gewickelt wird, und wieder 15 Minuten isst – kann während der »Baby-Flitterwochen« (die dann auch wirklich eine Art Erholungsurlaub sein sollten, und keine unendliche Verzweiflung!) funktionieren, wird aber für eine unerfahrene Mutter schnell unüberschaubar. Es verläuft nach dem Prinzip, dass man nach und nach die Bedürfnisse befriedigt, die zuvor deutlich vernachlässigt wurden oder die nun akut entstehen.

Das Kind schreit, du reagierst, und das Kind muss dir nun durch sein Verhalten mitteilen, ob du das Richtige getan hast. Du bist sozusagen die ganze Zeit einen Schritt hinterher. Zudem wird das Kind zum Schreien gezwungen: Es lernt, dass es schreien muss, damit überhaupt etwas passiert.

Eine Strukturierung ist also nützlich sowohl für die Mutter als auch für das Kind. Zusammenfassend kann man sagen, dass *du sehr viel Sicherheit besitzen musst, um die ganz freie Fütterung zu praktizieren.*

Vielleicht erinnerst du dich an das Gleichnis mit dem Beduinenlager (Seite 172 ff.). Es ist absurd, die Verantwortung dafür, wie der Ablauf des Alltages aussehen wird, auf das Neugeborene abzuwälzen. Dies wäre fast so, als würdest du völlig unwissend in einem Beduinenlager landen, und auf einmal musst du entscheiden, wie nun alles laufen soll. Alle Beduinen würden im Sand dasitzen und von dir erwarten, dass *du* die Führung übernimmst, und das gleich nach deiner Ankunft.

Nun werden sich die meisten Neugeborenen, die nach der ganz freien, improvisierenden Methode gefüttert und gepflegt werden, gegen Ende des ersten Monats ihre eigene Struktur suchen. Aber nur die wenigsten brauchen dabei überhaupt keine Hilfe oder Unterstützung. Dann wird sich zeigen, wie groß deine innere Sicherheit ist. Früher oder später wirst du die Führung übernehmen müssen, ob du es willst oder nicht. Dein Kind fordert es von dir.

Jeder Schrei eines jeden Kindes ist eine Frage. Es ist deine Aufgabe, die Antworten zu geben!

Darüber, wie man ein Kind beruhigt, das so überstrapaziert ist, dass es nicht essen kann, oder aus irgendeinem Grund hysterisch wird, kannst du in »Wenn etwas schief läuft: Das Neugeborene weigert sich zu essen« (Seite 126) nachlesen.

Das so genannte Knuffen, das einem Neugeborenen – und auch größeren Säuglingen – hilft, sich wieder zu beruhigen, ist in dem Abschnitt »Der Schlaf« (Seite 140 f.) beschrieben. Dort werden auch Anleitungen dazu gegeben, wie man das Kind mit Erfolg durch einfaches Wiegen beruhigen kann.

Wenn etwas schief läuft: Kolik?

Was ist eine Kolik?

Das Kind schreit aus vollem Halse und dies kann stundenlang dauern. Der Bauch ist gespannt, der Körper zieht sich krampfartig zusammen, das Kind hat starke Blähungen und die Anfälle sind offensichtlich sehr schlimm. Danach schnieft, zuckt und zittert das kleine Kind. Es umherzutragen hilft nur für sehr kurze Zeit.

Koliken treten hauptsächlich abends oder nachts auf. Sie können vorkommen, bis das Kind etwa drei Monate alt geworden ist, und verschwinden dann.

Es gibt viele Theorien darüber, wie eine Kolik entsteht, und ich möchte im Folgenden einige aufzählen.

Angeblich soll eine Kolik auf Folgendem beruhen: zu viel Nahrung und demzufolge zu große Gasbildung im Darm; zu seltene Bäuerchen; verschiedene denkbare Krankheiten; falsche Ernährung der stillenden Mutter und vor allem ihre nervösen Probleme; in erster Linie ihre Unruhe.

Gegen Koliken werden Tropfen verschrieben, die die Gasbildung im Darm mindern sollen, und dazu kommt manchmal noch eine krampflösende Arznei. Einige Eltern glauben, dass die Medikamente helfen, während andere sie als nutzlos abtun. Viele fühlen sich allein durch den Gedanken beruhigt, dass sie *irgendetwas* für das Kind tun können, und die Tropfen vermitteln ihnen dann einen gewissen Optimismus, der das Leben aller Beteiligten leichter macht. Die nervöse Unruhe ist immer ein Schurke in der Kinderpflege. Kann man die Unruhe mildern, kann man auch eine entsprechende Besserung der Situation erwarten.

Die Kolik wurde lange als ein psychosomatisches Leiden bezeichnet, doch allmählich lässt sich ein gewisser Meinungswandel beobachten. Heute ist sie zu etwas geworden, mit dem ein Kind geboren werden kann: Eltern bekommen ein »Kolikkind«. Besorgte schwangere Frauen erzählen, dass sie schon ein »Kolikkind« hatten und nun Angst haben, dass sie noch eines »bekommen« könnten. Es gilt die vorherrschende Meinung unter den Eltern, dass man gegen die Kolik nichts machen kann. Man erwartet eine dreimonatige Plage, an der man nichts ändern kann.

Mir erscheint es einleuchtend, dass *die Kolik eine nicht gelinderte Überlebensangst ist*. Kein Kind wird mit einer Kolik geboren. Es gibt keine Kolikkinder, genauso wenig, wie es Magengeschwürmänner oder Kopfschmerzfrauen gibt. Kinder *bekommen* die Kolik. Sobald aber die Überlebensangst gestillt wird, hört auch die Kolik auf. Wenn du das Buch bei diesem Kapitel aufgeschlagen hast, weil dein Kind eine Kolik hat, möchte ich dich erst einmal auf das grundlegende Kapitel »Die Pflege des Neugeborenen« (ab Seite 104) aufmerksam machen, dort wird die Kolik als Reaktion auf die Überlebensangst behandelt.

Man spricht von Dreimonatskolik und von Abendkolik. Die so genannte Abendkolik hat nichts mit einer wirklichen Kolik zu tun. Sie ist die Auswirkung von Überanstrengung, von psychischer Erschöpfung. Ich und auch viele andere Mütter nennen es einfach die »Abendquengelei«. (Warum Säuglinge manchmal abends quengelig werden und wie man dieser Belastung entgegenwirkt, wird ab der Seite 151 in diesem Buch behandelt.)

Die Dreimonatskolik kann dagegen sehr real werden, d.h. mit echten körperlichen Schmerzen und deutlichen Symptomen einhergehen; genau wie bei anderen psychosomatischen Leiden, z.B. bei einem Magengeschwür, sind es tatsächliche, körperliche Symptome und man darf sie nicht als etwas Eingebildetes abtun.

Meistens hören die Koliken in einem Alter von etwa drei Monaten auf, manchmal auch schon etwas früher. Meistens entstehen sie in Verbindung mit der so genannten »eigentlichen Geburt«, wenn das Kind etwa drei Wochen alt ist, das Geburtstrauma überstanden hat und sich der Welt zuwendet, hungrig ist – in allen Schattierungen dieses Wortes. Nach drei Monaten hat das Kind nach schmerzvoll errungener – aber doch eigener und wiederholter – Erfahrung eingesehen, dass es tatsächlich überleben wird, Tag für Tag. Diese wiederholte Erfahrung lindert schließlich die Überlebensangst. Auch andere Tatsachen bewirken, dass das Kind sich allmählich beruhigt: In einem Alter von drei Monaten kann das Kind andere Nahrung bekommen – Obst- und Gemüsepüree –, nicht mehr nur Muttermilch oder Muttermilchersatz, welche bis jetzt die einzigen Formen der Nahrung des kleinen Kindes waren, und die in viel zu kleinen Mengen gegeben wurden. Außerdem kann das Kind nun mit anderen Mitteln als dem Schreien die Aufmerksamkeit der Umgebung auf sich lenken. Das kleine Kind kann etwas tun, etwas zeigen, die Banane gurgelnd anstarren und zum Beispiel versuchen, nach ihr zu greifen. Die totale Hilflosigkeit ist bitter für jeden, der von Überlebensangst geplagt wird. Ein kleiner Mensch im Alter von drei Monaten ist nicht mehr ganz so hilflos.

Nicht alles, was Kolik genannt wird, ist auch eine Kolik: Körperliche Symptome und Schmerzen treten nicht immer auf. Die symptomfreie Kolik entsteht ganz einfach aus Hunger und bei einem Neugeborenen sind Hunger und Überlebensangst ein und dieselbe Sache. Diese »Kolik« kann man sofort heilen. Alles, was du tun musst, ist, das Kind zu füttern, *ihm also so viel Nahrung zu geben, wie es überhaupt aufnehmen kann.* Und du musst damit aufhören, mit Wasser oder Medikamenten herumzuexperimentieren. Du wirst kaum deinen eigenen Augen trauen, wenn du siehst, wie viel Nahrung ein Neugeborenes, das sich endlich satt futtern darf, bei einer solchen »Futter-Kur« zu sich nehmen kann.

Wenn die bisherige Trinkmenge nach Listen und Tabellen bei 120g liegt, kann das Kind nun während *einer* Mahlzeit die doppelte Menge trinken. Danach schläft der kleine Mensch, total k.o. vom vielen Essen.

Im Laufe der nächsten 24 Stunden wird das Kind bei jeder Mahlzeit etwa das Doppelte vom »Normalen« zu sich nehmen und zwischen den Mahlzeiten wird geschlafen.

Am zweiten Tag wird die Trinkmenge dann wieder etwas kleiner, aber die einzelnen Portionen sind immer noch viel größer als die in den Tabellen angegebenen Durchschnittsmengen – d.h. als die empfohlene Menge, um den Hunger zu stillen. Die Wachzeiten werden länger, aber nun ist das Kind ruhig und zufrieden. Die Zeit des Schreiens, die »Kolik«, ist vorüber.

Ein Säugling, der sich eine »echte« Kolik zugezogen hat, ist in seiner Überlebensangst sich selbst überlassen worden, so dass das Kind fast ständig von ihr geplagt worden ist. Es dürfte einleuchtend sein, dass es schwieriger ist, eine solche Angst zu lindern, als sie gar nicht erst entstehen zu lassen. Ein Säugling mit tatsächlicher, körperlicher Kolik hat außerdem Schmerzen, die man berücksichtigen muss. Du musst dich mit Entschlossenheit, Vorsicht, Behutsamkeit und einer vertrauenserweckenden Haltung wappnen, damit du das Kind zur Ruhe bringen kannst, bevor du damit anfängst, die Kolik zu behandeln. Im ersten Moment geht es darum, das Kind in eine solche Verfassung zu bringen, dass es essen kann, denn ein Kind mit fortgeschrittener Kolik wird augenblicklich protestieren.

Ein Kind mit echter Kolik wird dermaßen von Überlebensangst geplagt, dass sie alle Grenzen der Vernunft sprengt. Das Kind wird wiederholt von Panik ergriffen, und dies auch beim Trinken. Es kann das wohltuende Gefühl, das beim Trinken entstehen sollte, nicht genießen – die Überlebensangst *erlaubt* es ihm nicht. Durch die Anspannung und den Widerstand in dem kleinen Körper werden die Bauchschmerzen wieder verstärkt. Unterbreche deshalb die Mahlzeit und mache der Panik ein Ende. Beruhige das Kind nach der Methode, die im Abschnitt »Wenn etwas schief läuft: Das Neugeborene weigert sich zu essen« auf Seite 126 beschrieben wird.

Dieses Beruhigen soll das Kind in einen Zustand versetzen, in dem es essen kann. Sobald der kleine Körper sich entspannt und die Schreie ihre Kraft verlieren, legst du das Kind wieder an die Brust oder gibst die Flasche, und dies ohne zu zögern.

Sollte es notwendig werden, musst du die Mahlzeiten in einem Wechsel von Beruhigung und Fütterung durchführen – beruhigen, füttern, beruhigen, füttern. Das Kind muss essen. Nichts als Nahrung, viel Nahrung und dann noch mehr Nahrung kann das Kind schließlich davon überzeugen, dass es überleben wird. (O.K. – auch die Zeit heilt eine solche Kolik, aber drei Monate sind eine lange Zeit!)

Halte durch!

Das Kind schreit, als hätte es Schmerzen und es *hat* Schmerzen. Aber der Schmerz hat seinen Ursprung in der Überlebensangst, die bis zur Unerträglichkeit angewachsen ist.

Du kannst die Symptome nicht sofort beseitigen. Aber du kannst das Übel an der Wurzel packen und die Angst lindern!

Ein Kind mit einer Kolik sollte sehr behutsam behandelt werden; das Vertrauen muss methodisch, Schritt für Schritt, aufgebaut werden. Die Panik lauert noch unter der Oberfläche. Feierst du einen verfrühten Sieg, kann die Kolik wieder zum Vorschein kommen, mit Schmerzen, Blähungen, Krämpfen, Schreien – als wäre sie nie weg gewesen.

Hast du ein Kind mit fortgeschrittener Kolik, solltest du deshalb das Problem methodisch mit einer kleinen »Kur« von zwei oder drei Tagen angehen. Ein Mensch, ob groß oder klein, der über längere Zeit in einem Zustand von praktisch ständiger Angst gelebt hat, lässt sich nicht sofort beruhigen. Er wird noch für lange Zeit misstrauisch sein. Verständlicherweise wird er noch für eine ganze Weile seine negativen Erwartungen in sich tragen. Nach der Kur versuchst du dann die Bedürfnisse des Kleinen *vorbeugend* zufrieden zu stellen (siehe »Jeder Schrei eines jeden Kindes ist eine Frage«, Seite 207).

Fange die »Kur« am frühen Morgen an, wenn deine kleine Neugeborene – auch die mit einer Kolik – noch fest schläft. Dann streichelst du als vorbereitende Maßnahme die Kleine über den Kopf, wickelst sie in eine Decke und nimmst sie fest in deine Arme. Lege sie zärtlich, aber bestimmt an die Brust oder gib ihr die Flasche. Sieh ihr in die Augen und lächle.

Wenn nötig, stimulierst du den Saugreflex, indem du die kleine Wange (die zu dir gewandt ist) mit deiner Brustwarze oder mit dem Finger oder dem Flaschensauger berührst. Sorge dafür, dass du bequem sitzt, sei darauf vorbereitet, dass du lange sitzen wirst. Halte die kleine Hand.

Sorge auch dafür, dass die Kleine keine Stöße und keine Zugluft abbekommt. Halte sie gut eingewickelt in ihrer Kuscheldecke. Dem kleinsten Protest begegnest du mit deiner Ruhe. Versuche sie zum Trinken zu bringen, während du mit sicherer und überzeugender Stimme sprichst.

Wird die Kleine nun von Panik ergriffen, stehst du, mit dem Kind dicht an deinen Körper gedrückt, auf und beruhigst es (siehe »Wenn etwas schief läuft: Das Neugeborene weigert sich zu essen«, Seite 126). Kehre so schnell wie nur möglich zur Mahlzeit zurück.

Es muss erwähnt werden, dass es anstrengend und mühsam werden kann, die Brustwarze überhaupt in den kleinen Mund hineinzukriegen – das Kind kann sie ablehnen und dann seid ihr *beide* nicht weit von der Panik entfernt.

Überprüfe, ob der Vorhof deiner Brustwarze nicht so sehr gespannt ist, dass das Kind die Warze gar nicht fassen kann. Drücke die erste Milch mit der Hand heraus. Überzeuge dich auch davon, dass die Milch schon in die Brust geschossen und sofort trinkbereit ist. Ein Kind, das unter einer Kolik leidet, gibt schnell jede Hoffnung auf, wenn das Essen nicht auf Anhieb da ist. Und die Milch ist ja nicht sofort da, wenn man sie erst hervorsaugen muss. »Sauge« die Milch also eventuell hervor, indem du mit der Hand eine Weile vormelkst.

Währenddessen legst du deine Kleine bäuchlings auf deine Knie und schaukelst sie. Versuche sie dann wieder zum Trinken zu bringen und wiederhole dies beharrlich, wenn erforderlich.

Wirst du selbst von Unruhe gepackt, dann stehe auf und gehe eine Weile mit dem Kind auf dem Arm umher. Denke dabei an etwas ganz anderes, bis du die Situation wieder im Griff zu haben glaubst. Jetzt bis du es, die du beruhigen musst. Nimm dir die Zeit, die du dafür brauchst!

Lege das Kind wieder an. Wirklich sture und schwierige Kinder nehmen eher die Brustwarze, wenn du mit der freien Hand Nacken und Hinterkopf des Kindes fest hältst und den kleinen Mund direkt in einem Winkel von 90 Grad zur Brustwarze führst. Wenn das Kind dann trinkt, kannst du deinen Griff wieder lockern. Sorge dafür, dass deine weiche Brust nicht die kleine Nase versperrt.

Lass die Kleine jetzt so lange und so viel trinken, wie sie nur kann und möchte. Die Mahlzeit darf auf keinen Fall unterbrochen werden.

Die Milch läuft stoßweise, nicht in einem fließenden Strom. Zwischendurch muss das Kind immer wieder für eine Weile saugen, ohne etwas herauszubekommen, also ohne herunterzuschlucken. Das darf dich nicht dazu verleiten, zu glauben, dass das Kind schon satt und die Mahlzeit damit vorüber ist. Das Kind ist damit beschäftigt, noch eine Portion Milch hervorzusaugen.

Sollte das Kind müde werden und mit der Brustwarze im Mund zu dösen beginnen, dann stimuliere es zum Weitertrinken, indem du die Brustwarze im Mund hin und her bewegst oder vorsichtig daran ziehst, bis das Kind sie wieder packt und weitersaugt. Du kannst ein müdes Kind auch kitzeln, indem du unter dem Ohr leicht am Kiefer längs streichst. Wenn das Kind definitiv nichts mehr haben will, die Brustwarze loslässt und den Mund zusammenkneift, die Augen zumacht und so aussieht, als wäre es einer Ohnmacht nahe, bringst du es dazu, schön viele Bäuerchen zu machen.

Folge danach dem ganzen Programm des Standardmodells. Die Mahlzeit sollte insgesamt etwa anderthalb Stunden dauern, gerne länger, wenn das Kind es schafft (in dem Fall werden das gemütliche Beisammensein und die reichlichen Nachfütterungen verlängert).

Danach folgt eine Schlafperiode, die du nach etwa zwei Stunden unterbrechen solltest. Du streichelst das kleine Kind wieder vorsichtig über den Kopf, wickelst es in seine Decke und fängst von vorne an: mit einer kompletten Mahlzeit nach dem Standardmodell.

Die erste Nacht wird wahrscheinlich ruhig werden, wenn du den ganzen Tag zielgerichtet und *vorbeugend* in der beschriebenen Weise vorgegangen bist. Aber die Macht der Gewohnheit ist groß. Sollte das Kind gegen Abend oder irgendwann mitten in der Nacht wieder mit der traurigen Quengelei beginnen, stehen dir zwei Alternativen zur Verfügung.

Während der Abendquengelei »knuffst« du das Kind, bis es mitten im Zentrum des Geschehens ein kleines Nickerchen macht – so bekommt es sozusagen eine mentale Pause (siehe Seite 140). Danach gehst du dort im Programm weiter, wo du die Mahlzeit unterbrochen hast. Sie wird dadurch ein bisschen verlängert, und eine zusätzliche Nachfütterung kann notwendig werden, die dann aber auch einen guten, langen Nachtschlaf einleitet.

Im Laufe der Nacht gibst du eine oder zwei kurze Mahlzeiten. Lege deine Kleine in den Kinderwagen zum Schlafen. Nimm sie hoch und füttere sie, sobald sie wach wird. Wickeln nur, wenn es notwendig sein sollte, nachfüttern, Bäuerchen machen lassen und wieder in den Kinderwagen legen. Das alles dauert lediglich 20 Minuten, da du alle anderen Punkte des Programms ausfallen lässt.

Wenn die Kleine unruhig sein sollte, fährst du mit dem Wagen hin und her. Benutze die effektive Wiegemethode, die unter »Der Schlaf«, Seite 131, beschrieben wird.

Eine, höchstens zwei solcher kurzen Nachtmahlzeiten geben dem Kindchen alles, was es nachts braucht. Wenn die Kleine doch noch schreien sollte, fährst du sie im Wagen hin und her, bis sie wieder einschläft. Nimm sie nicht hoch, und trage sie nicht umher!

Am nächsten Morgen setzt du die »Kur« fort, indem du den ganzen Tag nach dem Standardmodell vorgehst. Die Schlafperioden zwischen den »Mahlzeiten« sollten nicht länger als zwei Stunden sein (mit einem Spielraum von 15 Minuten in beiden Richtungen).

Opferst du zwei bis drei volle Tage einer solchen, sehr gründlichen und methodischen »Kur«, wird selbst die schlimmste Kolik verschwinden. Pflegst du auch danach deine Kleine konsequent nach dem Standardmodell, dessen Hauptbestandteil und Grundprinzip Nahrung, viel Nahrung und dann noch mehr Nahrung ist, wirst du den Bedürfnissen deines Kindes gerecht und die Überlebensangst wird so gut wie nur möglich gelindert.

Und Friede kehrt in euer Haus ein.

Solltest du aus Ohnmacht und Verzweiflung so fertig sein, dass du es nicht einmal schaffst, an die Durchführung einer solchen Kur zu denken, fühlst du dich, als hätte das Kind mit seinem Schreien deinen Kopf zum Platzen gebracht, und kannst du für das, was du tust, nicht mehr die Verantwortung übernehmen – dann musst du deinen Stolz vergessen und jemanden um Hilfe bitten!

Du allein machst nicht die ganze Welt deines Kindes aus. Du bist die Garantie für sein Überleben, oder solltest es nach Möglichkeit sein. Kannst du diese Aufgabe aber nicht bewältigen, aus welchem Grund auch immer, musst du dein Kind einem anderen überlassen. Als Person bist du, auch wenn du es vielleicht nicht so gerne wahrhaben willst, in der Tat weniger wichtig für das Kind als sein Gedanke ans Überleben.

Es gibt schließlich noch andere Menschen. Du *musst* nicht alles allein schaffen. Das Kind hat einen Vater, es hat Verwandte, es gibt Freunde oder wenigstens Bekannte. Nutze sie! Jemand wird dem Kind ein paar Tage opfern können. Ein Wochenende vielleicht. Auch eine heilende Kur – mit wunderbarer Wirkung!

Und du kannst dann in aller Ruhe zurückkommen und die Früchte ernten.

Ist deine Kleine erst einmal von ihrer Überlebensangst, soweit dies nur geht, befreit, wird sie mit ihrem Urvertrauen die ganze Welt umarmen, mit dem Vertrauen, das nun endlich bestätigt worden ist – und ganz besonders dich, weil sie nun weiß, dass sie sich auf dich verlassen kann.

Hast du vielleicht Medikamente für dein Kind verschrieben bekommen, kannst du sie nun unbesorgt wegwerfen.

Die Fälle von Kolik, die ich hier beschrieben habe, gehören zu den schwierigsten und schlimmsten – so schlimm wird es selten. Alle so genannten Kolikkinder, denen ich über die Jahre begegnet bin – und es sind nicht wenige – sind geheilt worden. Ohne Ausnahme. Mit Nahrung.

Drei Wochen

1. Baden!

Das erste Bad steht an, wenn der Bauchnabel ganz abgeheilt ist. Es dauert normalerweise etwa drei Wochen, bis das Endchen der Nabelschnur abgefallen ist. Du siehst dir den Nabel genau an und kontrollierst, dass kein getrocknetes (oder frisches!) Blut mehr anhaftet. Alles muss trocken und fein rosa aussehen. Warte dann noch ein paar Tage mit dem Baden, um ganz sicherzugehen.

Das erste Bad ist eine große Sache. Natürlich ist es schön für dich, den ziemlich umständlichen abendlichen Reinigungsprozess jetzt durch ein Wannenbad zu ersetzen, aber auch für das Kind ist das Erlebnis riesig und sehr aufregend.

Wasser ist das Element, mit dem wir Menschen seit unserem Ursprung vertraut sind und mit dem wir auch in Zukunft vertraut bleiben sollten. Ich glaube nicht, dass wir Erwachsenen ausschließlich baden, um uns sauber zu halten. Der Mensch, besonders der neugeborene, braucht sicherlich auch das Baden zur Unterstützung seines Wohlbefindens. Obwohl die Haut des Säuglings oft trocken ist – mit *und* ohne tägliches Baden –, gibt es wahrscheinlich eine Erklärung dafür, dass der kleine Körper etwas Flüssigkeit auch von außen gut gebrauchen kann, nicht nur in Form von getrunkener Milch. Und vielleicht nicht *obwohl* die Haut trocken ist, sondern vielleicht gerade deswegen.

Das tägliche Bad schafft außerdem die Grundlage für eine gute Gewohnheit. Denn es wird ganz selbstverständlich für das heranwachsende Kind, täglich zu duschen oder zu baden. Und das allabendliche Bad wird mit dem Nachtschlaf verbunden, d. h., deine Kleine wird schon bald diese Verbindung herstellen.

Denke daran, was wir zum Thema Abendquengelei besprochen haben (»Wenn etwas schief läuft: Das Neugeborene weigert sich zu schlafen«, Seite 145): Das kleine Nickerchen während des abendlichen Quengelns bewirkt, dass die letzte Mahlzeit verlängert wird. Und damit bildet sie den Anfang eines langen und zusammenhängenden Nachtschlafes. Du kannst mit Vorteil das Baden auf die-

se Zeit des Abends verlegen. In dem Fall wird das Programm der großen Abendmahlzeit so aussehen:
1. Trinken, Bäuerchen und dann mehr trinken, aus derselben Brust.
2. Die Begegnung (Wickeln weglassen, da das Kind gleich baden wird).
3. Passive, soziale Beteiligung, was bedeutet, dass das kleine Kind, nun etwa einen Monat alt, auf einer Decke auf dem Fußboden oder sonst wo liegen darf, wo es sich im Zentrum des Geschehens befindet.
4. Die Abendquengelei: plötzliche Verzweiflung. Das Kleine wird auf den Bauch gelegt, immer noch im Zentrum des Geschehens, und wird in den Schlaf »geknufft« (siehe Seite 140) – für ein kleines, mentales Nickerchen, das ungefähr 20 Minuten dauert.
5. Wecken oder Aufwachen – und sofort füttern. Die andere Brust, eine Runde reicht.
6. Ausziehen und baden.
7. Anziehen für die Nacht.
8. Nachfütterung aus derselben Brust wie vor dem Baden. Bäuerchen.
9. Die Begegnung, gemütliches Beisammensein, solange das Kind noch munter ist.
10. Ein letztes Schlückchen, wenn die kleine Blume so langsam den Kopf hängen lässt. Nachtschlaf.

Zum Baden wird das Wasser eingelassen, kontrolliere, dass die Temperatur angemessen ist; als Ausgangspunkt nimmst du die Temperatur, die du selbst für ein Bad wählen würdest (natürlich nur, wenn du nicht immer dampfende Bäder nach japanischer Art nimmst – daran müsstest du dein Kind langsam und über längere Zeit gewöhnen!). Deine Hand kann unempfindlich sein, deshalb nimmst du am besten deinen Ellbogen als Thermometer. Oder tauche den ganzen Unterarm ins Wasser.

Die Badewanne sollte hochgestellt werden, damit du dich nicht bücken musst, denn du musst ja für längere Zeit so stehen können (natürlich kann man auch dabei sitzen). Die Wanne sollte fast bis zum Rand voll sein; keine kleine Pfütze, in der nur der kleine Po unter Wasser ist!

Rüste dich mit einem Badehandtuch und milder Seife, und vielleicht mit einem Waschlappen, deine Hand tut es aber auch.

Ziehe die Kleine aus und trage sie zum Ort der großen Begebenheit. Halte sie an der Achselhöhle fest, so dass der kleine Kopf auf deinem Handgelenk liegt. Die andere Hand legst du um das Hinterteil und die Oberschenkel – mit einem festen Griff. Sieh ihr in die Augen, lächle. Senke sie ganz langsam ins

Wasser mit dem kleinen Po zuerst. Löse den Griff um die Oberschenkel, damit die Beine sich frei bewegen können. Wahrscheinlich wird sie bei der ersten Berührung mit dem Wasser etwas nach Luft schnappen, sie wird dich überrascht anschauen und vielleicht erschreckte Fragezeichen in den Augen haben. Antworte, indem du ermunternd und sicher den Blick erwiderst.

Stehe ganz still. Wasche die Kleine noch nicht. Lass sie sich langsam an dieses vertraute Element erinnern, das sie verlassen, verloren und nun wieder gefunden hat. Bewahre die Stille, solange das Kind still ist.

Sollte das Kind wider Erwarten beginnen zu schreien, wenn du es ins Wasser senkst, dann lass dich nicht beunruhigen. Du solltest dann ruhig weitermachen, es ins Wasser senken, waschen und dann wieder hochnehmen. Sprich beruhigend, damit du das Schreien übertönst, und denke daran, dass jeder Schrei eine Frage ist! Reißt du das Kind sofort wieder hoch, bestätigst du die Frage des kindlichen Schreies: »Ja, du hast vollkommen Recht, es ist sehr gefährlich, zu baden, dieser Gefahr wollen wir dich auf keinen Fall aussetzen!« Wiederhole das schnelle, aber ruhige Bad Abend für Abend, dann hören die Proteste bald auf.

Wenn das Kind nicht länger stillhält und anfängt, sich im Wasser zu bewegen, wäschst du es sanft und vorsichtig. Du kannst das Gesicht mit der Hand abspülen oder einen Waschlappen ohne Seife dafür verwenden: Halte den Kopf dazu etwas höher, damit kein Wasser in die Nase laufen kann, und fülle dann ein paar Mal deine hohle Handfläche mit Wasser und lass es über das kleine Gesicht laufen. Es hört sich schlimmer an, als es ist – das Kind wird nicht erschrocken reagieren, sondern instinktiv die Augen zumachen. Kinder, die von Anfang an so ihr Gesicht gewaschen bekommen, werden in Zukunft ein ganz natürliches Verhältnis zum Wasser haben.

Dann wäschst du den kleinen Körper, unter Wasser, mit deiner vorher eingeseiften Hand. Vergiss nicht die kleinen Finger und Zehen, dort können sich besonders gut Fussel ansammeln. Ich möchte dir hier noch einen wirklich guten Tipp geben: Weiche die kleinen Ohren ein!

Beim ersten Baden meiner ältesten Tochter dachte ich, dass ihre Erinnerungen an das Leben im Mutterleib deutlicher werden müssten, wenn auch ihre Ohren unter Wasser wären. Ich habe es ausprobiert. Nur ihr Gesicht war noch über Wasser. Und die Kleine wurde ganz still, als würde sie horchen. Dann fing ich an zu sprechen, ziemlich laut, lange Tiraden; ich stellte mir vor, meine Stimme würde sich so gedämpft und diffus anhören, als wenn das Kind noch im Bauch wäre. Die Kleine hat mich unverwandt angesehen, und es kam mir vor, als könnte ich eine sanfte Befriedigung in ihrem kleinen Gesicht erkennen. Es war faszinierend und entsprechend lange wurden die Ohren eingeweicht!

Und nun glaube ich, dass das, was ich bei allen neun Kindern praktizierte, genau die richtige Behandlung von kleinen Kinderohren ist, denn keines von meinen Kindern bekam jemals Schwierigkeiten mit seinen Ohren.

Jedenfalls könnte es einen Versuch wert sein!

Das Bad sollte beendet werden, bevor das Kind sich zu beklagen beginnt. Erwarte nie einen Fingerzeig von einem Neugeborenen!

Bist du allein mit dem Kind, breitest du das Badehandtuch über deine Brust aus, nimmst die Kleine hoch, legst sie mit dem Rücken gegen das Handtuch und wickelst sie darin ein. Sollte die Kleine nun plötzlich sehr unzufrieden sein, hindert dich nichts daran, eine kleine Zwischenmahlzeit einzulegen! Halte das Kind in der Zwischenzeit warm, indem du noch die Kuscheldecke um das Handtuch legst. Dann legst du deine kleine Maus auf den Wickeltisch – oder wo du den Wickelplatz eingerichtet hast – und reibst sie trocken. Es ist einfach herrlich, mit dem Handtuch den Bauch gerubbelt zu bekommen!

Dann bekommt sie eine Windel um und wird wieder angezogen, nachdem du auf die strategischen Stellen ein wenig Creme aufgetragen hast. Und schließlich wickelst du dein Kindchen in die Kuscheldecke. Fertig! Duftend und sauber ist die Kleine nun reif fürs Abendessen!

Ein Wort zur Warnung:

Neugeborene ertrinken nicht. Sie schließen unter Wasser instinktiv augenblicklich die Atemwege. Auch Kinder, die mehrere Monate alt sind, können beispielsweise in Schwimmhallen tauchen – wie es heutzutage beim populär gewordenen Babyschwimmen durchgeführt wird –, ohne Wasser in die Lunge zu bekommen. Aber schon im Alter von etwa einem Jahr ist dieser schützende Instinkt verschwunden – und mit ihm leider auch ein großer Teil des Selbsterhaltungstriebes. Ich habe 18 Monate alte Kinder gesehen, die in der Badewanne unters Wasser gerutscht und dort liegen geblieben sind, ohne sich auch nur mit der kleinsten Bewegung zur Wehr zu setzen – obwohl sie eigentlich so groß sind, dass sie sich leicht wieder hinsetzen könnten. Die Katastrophe kann innerhalb von wenigen Minuten eintreten, ohne dass auch nur irgendein Plätschern hörbar wäre. Das Kind bleibt einfach still liegen. Kleinkinder können in Gewässern mit einer Tiefe von weniger als 20 cm ertrinken: in Pfützen, niedrigen Wassergräben, kleinen Bächen, Brunnen, aufblasbaren Kinderplanschbecken, weniger als halb vollen Babybadewannen usw.

Also: Gib Acht!

2. Der Schnuller: Wann und wie lange?

Der Gebrauch des Schnullers wurde im ersten Teil dieses Buches schon kurz behandelt (siehe »Was musst du tun«, Seite 80f.). Heutzutage hat der Schnuller einen weiteren Zweck bekommen, er dient nicht mehr nur der Befriedigung des starken Saugbedarfes, der nicht an der Brust gestillt werden kann. Oft genug funktioniert der Schnuller wie ein Stöpsel.

Hier eine typische Szene, die ich an einem Bahnhof erlebte: Ein Mädchen von drei bis vier Jahren fiel auf dem gepflasterten Bahnsteig hin und hatte sich so wehgetan, dass es zu weinen anfing. Ihr Vater steckte ihr schnell den Schnuller in den Mund. Das Kind hat ihn wieder ausgespuckt und weitergeheult. Dann hat der Vater, der sich in dieser Situation sichtlich unwohl fühlte, ihn schnell wieder reingestopft. Und das Kind hat ihn wieder ausgespuckt und der Vater hat ihn wieder reingestopft. So ging es dann zehn Minuten lang. Was konnte er denn sonst tun? Der Schnuller tröstet – das sagen ja schon Namen wie »Trösterchen« usw., die man für ihn verwendet. Also sollte sein Kind ihn doch annehmen. Aber die Kleine wollte ihren Schmerz hinausschreien, und sie wollte getröstet werden, weil sie sich gestoßen hatte – aber nicht vom Schnuller, sondern von ihrem Papa, der seine Fähigkeiten diesbezüglich leider unterschätzte.

Du darfst und solltest einem Säugling einen Schnuller geben, wenn sein Saugbedarf so groß ist, dass er beim Stillen nicht zufrieden gestellt werden kann. Wie du den Saugbedarf einschätzen kannst, siehe Seite 80. Und du gibst den Schnuller dann kurz vor dem Einschlafen, aber nie als »Trost«.

Der Schnuller sollte auch nicht vor einer Mahlzeit gegeben werden – für ein hungriges Kind ist er ja die reinste Enttäuschung. (Wenn du nicht sofort die Brust oder die Flasche anbieten kannst, ist der Knöchel deines kleinen Fingers oder deine Lippe ein viel besserer Ersatz, während man aufs Essen wartet.) Die besten Schnuller sind die anatomisch korrekt geformten, sie rutschen nicht so leicht wieder aus dem Mund heraus. Der Schnuller eines Neugeborenen sollte täglich in kochendem Wasser sterilisiert werden und man sollte immer zwei oder drei Schnuller im Gebrauch haben. Du testest sie regelmäßig, indem du am Gummisauger kräftig ziehst. Sollte der Schnuller mal auf den Fußboden fallen, kannst du ihn zur Not selber sauber lutschen. Spätestens wenn das Kind sechs Monate alt ist, wird der Schnuller abgeschafft, für immer (Wie? Siehe »Weg mit dem Schnuller« im 3. Teil dieses Buches).

Ein kleines Memo

Die allerersten Wochen sind selten schwierig, wenn das Kind nur so viel Nahrung bekommt, wie es braucht. Aber vielleicht taucht die eine oder andere Frage auf, wenn die »eigentliche Geburt«, nach meiner Theorie gegen Ende der zweiten oder am Anfang der dritten Lebenswoche, stattfindet. Zusammenfassend möchte ich dir ein kleines Memo geben.

Die »eigentliche Geburt« bewirkt, dass das Geburtstrauma des Kindes weicht. Das Neugeborene wendet sich der Außenwelt zu, es ist jetzt dazu bereit, mit dem Leben anzufangen. Die Zeit, in der das Kind nur ein kleines »Paket« war – wenn ich mich so respektlos ausdrücken darf –, ist vorbei. Die ersten Anzeichen des kindlichen Strebens nach sozialer Beteiligung werden erkennbar. Und dieses Streben sollte unterstützt werden. Deshalb:
1. Verweise dein Baby nicht länger in die Isolation und die Stille, wenn du das bisher getan haben solltest!
2. Vergrößere die Welt deines Kindes. Achte darauf, dass die kindliche Welt sich nicht auf ein einziges Zimmer beschränkt.
3. Sorge dafür, dass das Kind sich in jedem Moment des Wachseins etwas Interessantes anschauen und am besten auch anhören kann.
4. Erweitere das Standardprogramm mit einem neuen Programmpunkt: auf dem Boden liegen, oder auch – gesichert – weiter oben!
5. Und noch ein neuer Punkt: *dabei sein.*

In der Zeit des Geburtstraumas hast du deinem Kind Schutz und Wärme gegeben. Du warst wie eine schützende Hülle um das Kind, ganz so, wie es dein Körper vor einigen Wochen noch ganz buchstäblich war.

Nun reicht dies nicht mehr aus. Dein Kind möchte mehr vom Leben haben. Und behandelst du es weiterhin wie ein kleines, hilfloses Paket – und dieses Risiko besteht, weil das Kind ja noch so klein ist –, werden die Zeichen von Missvergnügen und Unzufriedenheit nicht lange auf sich warten lassen. Du solltest deinem Kind deshalb unbesorgt die Welt mit Gepolter und Getöse präsentieren!

Musik. Stimmen. Gelächter. Geräusche. Licht. Menschen! Das ist das Leben und das Kind möchte mit dabei sein. Trenne die Nacht vom Tag: Nachts herrscht Ruhe, es ist dunkel oder halbdunkel und still. Tagsüber sollten Leben und Bewegung herrschen, ständig etwas zum Schauen und etwas zum Hören, Licht und Geräusche. Jetzt kann das Kind auf deinem Schoß sitzen, nicht nur dir zugewandt wie bei der lebenswichtigen Begegnung, sondern auch von dir in die neue Welt hineinguckend. Zum Beispiel, wenn du dich mit jemandem unterhältst. Und du wirst sehen: Wenn du sprichst, lachst, dich drehst und wendest, gestikulierst, alles mit dem Kind auf dem Schoß, ist das kleine Kind dabei so zufrieden, dass du es *spüren* kannst. Nun kann und sollte das Kind neben dir liegen, während du arbeitest. Und nicht nur auf dem Fußboden, sondern auch auf der Arbeitsfläche in der Küche, oder auf einem Tisch, genau neben dir. Aber auch Momente allein auf einer Decke auf dem Fußboden sollten im täglichen Programm ihren Platz finden; und es sollte immer etwas zum Beobachten und zum Lauschen geben. Nimm keine missverstandene Rücksicht! Lass das Radio laut spielen, so dass die Musik wirklich hörbar ist und nicht nur eine Hintergrundkulisse bildet. Wenn du es noch nicht getan hast, dann bombardiere jetzt den Wickelplatz und die Umgebung des Bettes mit fröhlichen, lustigen Sachen zum Bestaunen. Mobiles, die herunterhängen und sich bewegen, sind fast eine Notwendigkeit in diesem Lebensabschnitt!

Die Wachzeit wird immer länger, wie du feststellen wirst, und möchtest du keinen Nachtclub haben, musst du die Mahlzeiten dementsprechend tagsüber verlängern! Wo die Mahlzeiten bisher nach dem Standardmodell mit allem, was dazugehört, etwa anderthalb Stunden dauerten, gefolgt von etwa zweieinhalb Stunden Schlaf, stellst du dich jetzt auf »Mahlzeiten« ein, die zwei Stunden dauern. Du folgst dem Programm wie vorher, aber füllst die letzte halbe Stunde mit Unterhaltung auf, mit allem, was deine Phantasie nur zu bieten hat! Und diese Unterhaltung ist nicht nur an dich als Person geknüpft, sondern auch an die Umwelt und das Leben, das sich um euch beide herum abspielt.

Wie man in Skandinavien früher zu sagen pflegte: *Das Beste, was Mutter hat, stellt sie auf den Tisch!*

Zwei Monate

1. Es wird wieder Alltag!

Nur du weißt, wie dein Alltag aussieht.
　Vielleicht erkennst du in dem neuen Leben mit deinem Kind keinen Alltag.
　Vielleicht kommt dir jeder einzelne Tag neu und unvorhersehbar vor.
　Vielleicht ist dein ganzes Dasein chaotisch und in dieser Perspektive erscheint dir die Zukunft erschreckend und unfassbar.
　Vielleicht ist dein Alltag aber auch ruhig und gemütlich. Du freust dich und verspürst Dankbarkeit für dein Leben, das nun voller neuer Erfahrungen ist.
　Vielleicht ist der Himmel wolkenlos. Und es gibt keine Probleme.
　Aber vielleicht kommt dir jede Kleinigkeit unüberwindbar vor. Vielleicht sitzt du nur da und weinst, völlig erschöpft von all den Geschehnissen der letzten Zeit.
　Vielleicht bist du stärker als je zuvor, selbstsicherer und fröhlicher.
　Vielleicht hast du das Kind in dir wieder entdeckt und bist munter, voller Erwartung und ganz ohne Sorgen!
　Vielleicht lastet die Verantwortung so schwer auf dir, dass du bezweifelst, sie je tragen zu können.
　Vielleicht ist dir klar geworden, dass alles gut werden wird; da ja bis jetzt auch alles gut gelaufen ist!
　Vielleicht fällst du aber auch in ein Loch, schwärzer, als du es je für möglich gehalten hattest. Wie die Mutter von dem kleinen Marcus (Seite 168), die nach zwei Monaten aufgab. Sie sagte: »Alles wurde rabenschwarz. Ich musste mich regelrecht zusammenreißen, wenn ich Marcus versorgte. Alles bereitete mir so viel Mühe. Es war die Hölle.«
　Was du auch fühlen magst, du bist mit deinen Gefühlen nicht allein. Es gibt immer andere, welche die gleiche Stille erleben, die gleichen Fragen haben, die gleiche Freude, die gleiche Müdigkeit verspüren, die gleiche Hoffnung und die gleiche Verzweiflung empfinden wie du.
　Ein Kind zu bekommen bedeutet eine riesige Veränderung in deinem Leben. Was es beinhaltet, versteht man erst, wenn man selbst eins bekommen hat. Ein Kind zu bekommen geht einem durch und durch. Es berührt das ganze Leben,

heute und für immer. Nur dies gilt für alle Eltern: Egal was man vorher erwartet hatte, es wird alles ganz anders werden.

Wie es auch geworden ist, jetzt stehst du mittendrin. Du trägst die Verantwortung für einen kleinen Menschen, der vor einem Jahr noch gar nicht existierte. Du bist nicht mehr allein und nicht mehr nur dir selbst gegenüber verantwortlich. Und wenn du auf die andere Seite der Welt reisen würdest, du könntest dieses Kind nie aus deinem Bewusstsein ausradieren. Zwischen euch gibt es ein Band, das euch aneinander knüpft, egal wo du auch hingehen magst. So lange du lebst, wird dieses Kind neben dir hergehen, wenn auch vielleicht unsichtbar.

Es ist ausgeschlossen, dass etwas, das mit so riesigen Veränderungen verbunden ist, unbemerkt vorübergehen könnte. Es wäre absurd, zu denken, du könntest dein Leben weiterleben, als wäre nichts passiert. Trotzdem *musst du versuchen, genau das zu tun.*

Denn es gibt einen kleinen Menschen, der es nicht ertragen kann, dass dein Leben auf den Kopf gestellt worden ist. Es gibt einen kleinen Menschen, der es nicht aushalten kann, zu erfahren, dass alles sich verändert hat, dass du nicht mehr die bist, die du vorher warst, und dass du nicht das Leben lebst, das du eigentlich leben wolltest. Dieser kleine Mensch ist dein Kind.

Das Kind ist in derselben Situation, in der du sein würdest, wenn du als Fremde in das Beduinenlager in der Wüste (Seite 172 ff.) kommen und feststellen würdest, dass dein Kontaktmann dort seinen eigenen Alltag im Lager zurückgelassen hat, um sich mit dir in den Sand außerhalb des Lagers zu setzen, anstatt dich mit in sein Zelt zu nehmen.

Die Tatsache, dass er sein vorheriges Leben verlassen hat, um es für dich zu opfern, würde dir wehtun. Es würde dich bedrücken wie eine schwere Last, dass du ihm für all das, was er durch dich verloren hat, Ersatz sein sollst: für seine gewohnte Zugehörigkeit, seinen normalen Alltag, seine Gemeinschaft mit den anderen.

Was würdest du tun? Würdest du deinen Kontaktmann lieben? Ja, und ebenso würde er dich lieben, hoffe ich. Aber was noch? Du bist ja in das Lager gekommen, um das Leben der Beduinen kennen zu lernen, selbst so zu leben und an ihrem Kampf ums Überleben teilzunehmen. Wie solltest du aber jemals lernen, als Beduine zu leben, wenn du nicht einmal das Lager und das Zelt betreten dürftest?

Eines schönen Tages würdest du nicht mehr besonders nett und lieb sein, dort draußen im Sand, nein, du würdest immer größere Forderungen stellen. Vielleicht würdest du versuchen, mit Gewalt in das Zelt hineinzukommen, deinem Kontaktmann gegenüber aggressiv werden, weil er dich abgeschirmt hat, anstatt dir wirklichen Kontakt zu vermitteln. »Warum bist du denn nicht glücklich?«, wird er vielleicht fragen, »mein ganzes Leben hier draußen im Sand dreht sich doch nur um dich!«

»Weil du mich im Stich lässt«, wirst du wütend antworten. »Du bringst mir ja gar nicht bei, wie man hier lebt. Du zeigst mir nicht einmal, wie dein eigenes Leben aussieht! Wie soll ich dann lernen, mich hier zurechtzufinden?«

Wir haben von der übersteigerten Liebesforderung gesprochen, bei der die Liebe die Kompensation für die kindliche Verbannung aus dem sozialen Leben sein soll. Wir haben davon gesprochen, dass der Mensch einen unüberwindbaren Trieb zur sozialen Beteiligung besitzt, der sich schon bei der »eigentlichen Geburt« des etwa drei Wochen alten Kindes zeigt. Wir haben von der Sozialisierung der Kinder gesprochen, die ein Dasein voraussetzt, das für den Erwachsenen Gültigkeit hat (der gemeinsame Kampf der »Herde« ums Überleben).

Nun, zwei Monate nach der Geburt deines Kindes, drängen sich diese Fragen in den Vordergrund.

Das Kind sollte jetzt das Zentrum deines Handelns und Wirkens verlassen und dem pulsierenden Leben, das nun in seiner Reichweite ist, zugeführt werden.

Der Kontaktmann hat dich in Empfang genommen, dich willkommen geheißen. Nun ist es an der Zeit, dass es dir erlaubt wird, zu lernen, so zu leben, wie er lebt, damit sein Leben auch dein Leben werden kann.

Als Mutter oder als Vater hast du dein kleines Kind empfangen. Nun muss es ihm oder ihr erlaubt werden, das Leben kennen zu lernen, das euer gemeinsames Leben sein wird.

Wenn du, um bei der Bildersprache zu bleiben, das Zelt nicht öffnest und im Sand sitzen bleibst – ganz und gar zur Verfügung des Kindes, mit all der Liebe, die du aufbringen kannst, aber ohne dem Kind die soziale Beteiligung anzubieten –, werden sich im Laufe der nächsten Monate ein oder mehrere von den folgenden, nicht außergewöhnlichen Phänomenen bemerkbar machen:

1. Das Kind fordert immer mehr von dir. Es wird immer schwieriger, es zufrieden zu stellen; es scheint die ganze Zeit irgendetwas zu suchen. Es weint viel, möchte ständig getragen werden, zeigt Unruhe. Es spielt nicht gerne allein und entwickelt keine ausgeprägte Selbstständigkeit. Es kämpft gegen das Einschlafen an, verbringt die Nächte vielleicht am mütterlichen Busen und scheint trotzdem nicht zufrieden zu sein.
2. Du selbst wirst feststellen, dass es ein Ganztagsjob ist, einen Säugling zu haben. »Lustig, aber anstrengend!« Es ist ausgeschlossen, noch Zeit zu finden, um an ein weiteres Kind zu denken, wie du es eigentlich geplant hattest. Alles, was vielleicht für den Mutterschaftsurlaub geplant war, scheint wie eine ferne Illusion im Nebel zu verschwinden.
3. Du wirst mit dir selbst unzufrieden sein, Gewissensbisse und seelische Erschöpfung werden dich quälen. Du fühlst dich wie »ausgesaugt«, bewältigst kaum die laufenden Aufgaben des Alltages. Du wirst von Schuldgefühlen geplagt. Die Liebe zum Kind, oder das Kind selbst, sollte doch Kompensation genug sein für das, worauf du verzichten musst. Aber so ist es nicht. Du fühlst dich egoistisch und schlecht.

Das Verhalten des Kindes, wie ich es hier beschrieben habe, zeigt deutlich seine Unzufriedenheit. Warum ist die Kleine denn nicht zufrieden, egal wie viel Aufmerksamkeit und »Trost« sie bekommt, wie lange sie umhergetragen wird oder wie ausgedehnt die Nachtmahlzeiten sind und die Eltern sich für ihr kindliches Glück »aufopfern«? Sie ist nicht zufrieden, weil sie die soziale Beteiligung sucht! Sie sucht den Zugang zum Leben, das für die Erwachsenen, für die »Herde«, gilt. Sie möchte ins Zelt hinein.

Eltern erzählen gern, wie viel leichter alles mit dem zweiten Kind wurde. Ich glaube nicht, dass es ausschließlich daher kommt, dass sie in der Elternrolle sicherer geworden sind und sich mit der Zeit aus der Gewohnheit und Erfahrung heraus weniger Sorgen machen. Ein nicht unwichtiges Element, das hier eine Rolle spielt, ist, dass das zweite Kind in *eine Wirklichkeit hineingeboren wird, die bereits ihre Gültigkeit hat*, weil das erste Kind schon da ist.

Das zweite Kind wird in ein bestehendes Muster eingefügt. Die Bedingungen sind schon gegeben. Sie können angepasst werden, aber sie sind schon da. Das Leben wird nicht auf den Kopf gestellt wegen des zweiten Kindes. Das Leben muss weitergehen und in dem gemeinsamen Alltag für *alle* funktionieren. Damit wird dem zweiten Kind automatisch soziale Beteiligung geboten. Und genauso automatisch werden viele und auch große Probleme verschwinden oder gar nicht erst auftauchen.

Wie aber soll man eine soziale Gemeinschaft herstellen, die es gar nicht gibt?

Wenn du jemals vorhattest, in die Landwirtschaft überzuwechseln, nach Alaska auszuwandern, um auf Goldsuche zu gehen, oder eine Imbissbude aufzumachen, dann ist jetzt die Zeit gekommen!

Schluss mit lustig. Dem Kind muss beigebracht werden, dass du jetzt ein Leben lebst, das mit oder ohne Kind seine Gültigkeit hat.

Das Kind möchte teilhaben an dem Leben, welches deines ist, und zwar unter den Bedingungen, die für dich gelten – am Anfang die passive Beteiligung, später die aktive. Dieser Prozess ist unausweichlich. Nach zwei Monaten lässt er sich unter keinen Umständen weiterhin unterdrücken. Und natürlich auch nicht in der weiteren Zukunft (mehr zu diesem Thema siehe »Die systematisierte soziale Beteiligung« im 3. Teil des Buches, Seite 278).

Das Kind erwartet, dass du in einer sozialen Gemeinschaft lebst. Gibt es diese nicht, musst du eine aufbauen. Der Kampf ums Überleben dreht sich nicht um das Kind. Der Kampf ums Überleben wird hier und jetzt geführt, und es ist deine Aufgabe, deine Nachkommen in diesem Kampf zu schützen und zu leiten, bis sie groß genug sind, um auf eigene Faust zurechtzukommen. Kein Säugling akzeptiert es, das ausschließliche Zentrum in deinem Leben zu sein (außer in den allerersten Wochen). Das Kind wird sich nicht damit abfinden, dass du mit ihm im Sand sitzt, während das Zelt, in dem ihr beide leben solltet, geschlossen bleibt.

Was kannst du tun?

Du kannst das Haus renovieren, studieren, Bilder malen, Mobiles basteln, eine Heimarbeit suchen, einen Secondhandladen aufbauen, mit anderen zusammenarbeiten – das tun, was du *willst* und was möglich ist. Lass es absolut wichtig für dich, für dein Leben sein, auch wenn es vielleicht nicht wirklich wichtig ist!

Nur du selbst kannst eine Antwort darauf geben, was für dich das Richtige wäre. Nur du kannst herausfinden, wie du deinen Alltag, dein Leben, heute und in Zukunft, formen willst. Damit es etwas beinhaltet, was für dich wichtig ist und in dem du einen Platz für dein Kind einrichten kannst, erst passiv, später aktiv.

Es scheint mir, dass das wachsende Bedürfnis des Säuglings nach sozialer Beteiligung zu einem Zeitpunkt – nach etwa zwei Monaten – akut wird, wenn auch die Mutter unweigerlich wieder den Wunsch verspürt, zu ihrer normalen

Routine zurückzukehren, zu einem Dasein, das sich nicht nur um das Kind dreht, aber von dem das Kind einen ganz natürlichen Teil darstellt.

Meiner Theorie von der »umgekehrten« Schwangerschaft folgend (siehe Seite 138f.) ziehe ich nun gewisse Parallelen: In den ersten beiden Monaten der Schwangerschaft ergeben sich für die werdende Mutter sehr große Veränderungen. Unwohlsein und seelisches Ungleichgewicht sind die häufigsten Symptome. Frühe spontane Fehlgeburten passieren nicht selten gegen Ende des zweiten Schwangerschaftsmonats. Wenn die schwangere Frau in den dritten Schwangerschaftsmonat kommt, findet eine körperliche und seelische Stabilisierung statt. Sie gewöhnt sich an ihren Zustand. Meistens verschwindet das Unwohlsein, und die Frau gewöhnt sich allmählich an den Gedanken, dass sie Mutter werden wird. In dieser Weise scheint auch das zwei Monate alte Kind die es überwältigenden Veränderungen der ersten Zeit verkraftet zu haben und es hat nun eine grundlegende Vertrautheit mit seiner neuen Welt und den eigenen Körperfunktionen aufgebaut. Das Kind fängt an, sich nach den geltenden Regeln des Lebens zu richten.

Beide, Mutter und Kind, suchen eine neue Stabilität im Leben. Der Alltag läuft wieder seinen »gewohnten« Gang für die Mutter wie auch für das Kind – oder zumindest streben sie beide danach.

Das zwei Monate alte Kind ist ein kleines Gewohnheitstier, das für ein fast unveränderliches Dasein dankbar ist. Die Mutter auf der anderen Seite sehnt sich danach, wieder »sie selbst« zu werden und »so wie früher« zu leben.

Wenn du dieses Gefühl in dir spürst, meine ich, dass die Erklärung dafür ganz einfach in der Ordnung der Natur zu finden ist. Du solltest deshalb diese Gefühle respektieren, sie akzeptieren und dich nicht selbst dafür verurteilen!

Versuch einen Alltag und ein Leben zu planen, in dem du von deinen eigenen Bedürfnissen ausgehst. Finde etwas, das du machen möchtest, kannst und »unbedingt tun musst«. Versuch ein Leben aufzubauen, in dem das Kind sich im Zentrum des Geschehens befinden kann, ohne selbst dieses Zentrum zu sein.

Versuch eine Tätigkeit zu finden, die für dich notwendig ist und bei der das Kind dabei sein kann, an der es später teilnehmen und für dich nützlich sein kann: »*zu der es gebraucht wird*«.

Und was ist, wenn du später wieder zur Arbeit gehst und dein Leben gar nicht mit dem Kind teilen kannst, außer abends und an den Wochenenden? Es besteht die Gefahr, dass sich bei dir durch dieses Wissen eine unbewusste Blockade bildet. Du lässt zwar die passive soziale Beteiligung deines Kindes zu, aber nicht die aktive. Du verweist das Kind früh und systematisch in eine isolierte Kinderwelt, und das bereits innerhalb der eigenen vier Wände, weil du weißt, dass der Trieb deines Kindes nach sozialer Beteiligung sowieso nicht zufrieden gestellt werden wird. Und du wirst darin in hohem Maße von einer gesellschaftspolitisch organisierten Ideologie unterstützt.

Kein Buch in der ganzen Welt wird wohl jemals eine Gesellschaft revolutionieren, auch dieses nicht. Ich kann nur an dich appellieren: Versuche wenigstens die ersten drei Jahre zu retten!

Setze Prioritäten! Und setze wieder neue Prioritäten! Gib deinem Kind die Möglichkeit, mit dir und euch zu leben und gemeinsam mit euch zu wirken – in der »Herde«, in die dieses kleine Menschenkind hineingeboren wurde!

Ein kleines Memo

1. Ein zwei Monate altes Kind ist durchaus dazu im Stande, sich für längere Zeit selbst zu beschäftigen, wenn es nur ausreichend zu essen und innigen Kontakt bekommen hat und wenn es etwas Schönes zum Anschauen (und zum Hören) gibt. Auch kleine Menschen brauchen es, mal in Ruhe gelassen zu werden.
2. Ein zwei Monate altes Kind mag ganz offensichtlich das Leben – wenn nur die Umgebung einigermaßen positiv ist und nicht an Nahrung und Lächeln gespart wird. Kein Mensch braucht »Trost« wegen eines Lebens, das so schön ist!
3. Ein zwei Monate altes Kind akzeptiert nicht nur, sondern erwartet Aktivitäten um sich herum, die auch stattfinden würden, wenn das Kind nicht da wäre.
    Kinder akzeptieren immer das, was für die Erwachsenen notwendig ist (es gehört zum Kampf ums Überleben der »Herde«).
4. Ein zwei Monate altes Kind eignet sich alle Routinen an, wenn diese seine elementaren Bedürfnisse zufrieden stellen und wenn sie in einer Atmosphäre der Selbstverständlichkeit eingeführt und beibehalten werden.
5. Ein zwei Monate altes Kind akzeptiert nicht, das ausschließliche Zentrum im Leben der Erwachsenen, der »Herde«, zu sein.

2. Der kleine Hugo, zweieinhalb Monate

Hugo wurde in eine kinderreiche Familie hineingeboren. Fünf Brüder, vom Teenager bis zum Vorschulkind, erwarteten ihn. Hugos Mutter arbeitet zu Hause und hat dies schon immer getan. Sie hat viel Erfahrung, wenn es um Kinder und Kinderpflege geht. Ich habe sie darum gebeten zu erzählen, wie sie für den kleinen Hugo sorgt und wie sein Alltag aussieht.

Montag

1. Hugo wird um **7.30 Uhr** wach.
   Er wird sofort gefüttert und trinkt 25 Minuten lang. Hugo wird gestillt.
   Nach dem Wickeln, der Begegnung und einer Runde Schmusen wird er um 9.30 Uhr wieder schlafen gelegt. Er schläft 50 Minuten.
   Zwei Stunden war er bei dieser ersten Mahlzeit wach und danach schlief er knapp eine Stunde.
2. Um **10.20 Uhr** ist es wieder Essenszeit. Nun trinkt Hugo 35 Minuten lang.
   Um 11.30 Uhr wird er wieder schlafen gelegt, nachdem er bei dieser Mahlzeit eine Stunde und zehn Minuten wach war.
   Nun schläft er zweieinhalb Stunden, bis genau 14 Uhr.
3. Um **14.00 Uhr** trinkt er eine halbe Stunde lang und ist dann bis 16.20 Uhr wach, danach wird er wieder hingelegt.
   Hugo war dieses Mal zwei Stunden und 20 Minuten wach und danach schlief er eine Stunde.
4. Um **17.20 Uhr** trinkt er wieder, diesmal 35 Minuten lang. Er ist dann noch bis 19.00 Uhr auf.
   Er war bei der letzten Mahlzeit eine Stunde und 40 Minuten lang wach. Danach folgte der Nachtschlaf, der um **1.00 Uhr** unterbrochen wurde, weil seine Mutter ihn zu einer nächtlichen Mahlzeit weckte.

In diesen ersten 24 Stunden war Hugo insgesamt sieben Stunden und zehn

Minuten wach. Die Schlafperioden am Tag waren kurz, da Hugos Tag ja auch kurz war. Er fand offensichtlich, dass der Tag schon um 19.00 Uhr ausklingen konnte. Nach der ersten Mahlzeit schlief er nicht mal eine Stunde und nach der dritten auch gerade mal eine ganze Stunde. Es gab keine Abendquengelei.

Seine Mutter weckte ihn nachts, weil sie glaubte, er würde es nicht schaffen, eine ganze Nacht mit der Nahrungsmenge durchzuhalten, die er im Laufe des Tages zu sich genommen hatte. Obwohl er jedes Mal, wenn er gestillt wurde, mindestens eine halbe Stunde lang trank.

An diesem Tag war Hugo bei den ersten drei Mahlzeiten aktiv und munter. Den Rekord hat er bei der dritten aufgestellt, da war er für eine Dauer von sage und schreibe zwei Stunden und 20 Minuten hellwach. Bei der vierten Mahlzeit wurde er mittlerweile schon nach anderthalb Stunden müde. Und die Nachtmahlzeit war schnell überstanden.

Dienstag

1. Heute wird Hugo um **6.00 Uhr** wach.
   Er trinkt eine halbe Stunde lang und ist bis 8.30 Uhr auf; also war er zweieinhalb Stunden lang wach. Danach schlief er anderthalb Stunden.
2. Die zweite Mahlzeit wird um **10.00 Uhr** serviert. Hugo trinkt 45 Minuten lang. Er ist bis 12.00 Uhr auf. Zu diesem Zeitpunkt ist er zwei Stunden wach gewesen. Anschließend macht er ein kurzes Nickerchen – nur eine halbe Stunde.
3. Um **13.00 Uhr** möchte er wieder trinken. Er trinkt eine halbe Stunde lang und bleibt noch eine Stunde auf. Danach wird er im Kinderwagen draußen zum Schlafen gelegt, aber er kommt nicht richtig zur Ruhe – er ist noch zu wach. Erst um 15.00 Uhr schläft er richtig ein und dann schläft er bis 17 Uhr.
4. Die vierte Mahlzeit wird um **17.00 Uhr** serviert, und Hugo schläft schon eine Stunde später wieder ein.
   Nun schläft er die ganze Nacht, bis zum nächsten Morgen um 6.00 Uhr – und da wird er sogar geweckt. Er hätte offensichtlich noch ein bisschen länger schlafen können.
   Von diesen 24 Stunden war Hugo insgesamt siebeneinhalb Stunden wach. Er ist morgens früher wach geworden als gestern, dafür hat er dann nach der ersten Mahlzeit länger geschlafen. Nach der zweiten Mahlzeit war er inzwischen putzmunter und hat dann nur eine halbe Stunde geschlafen. Das war wohl etwas wenig, denn bei der dritten Mahlzeit ist er ein bisschen aus dem

Tritt geraten. Es hat lange gedauert, bevor er richtig schlief, und er war unzufrieden. Nach der vierten Mahlzeit schlief er sofort wie ein kleines Murmeltier, und seine Mutter ließ es zu, dass er schon mit seinem Nachtschlaf begann. Obwohl Hugo eigentlich noch etwas zu klein ist, um eine ganze Nacht nach vier Tagesmahlzeiten durchzuschlafen, ließ sie ihn weiterschlafen und es ist ja auch gut gegangen.

Mittwoch

1. Hugo wird um **6.00 Uhr** zur ersten Mahlzeit geweckt, er ist anderthalb Stunden wach und schläft um 7.30 wieder ein. Er schläft genauso lange, wie er wach war: anderthalb Stunden.
2. Die zweite Mahlzeit wird um **10.00 Uhr** serviert. Da war Hugo aber schon seit einer Stunde wach. Er ist nun so groß, dass er auf sein Essen warten kann, ohne unruhig zu werden.
   Nach 30 Minuten Stillen und dann Wickeln, Reden und Schmusen wird er um 12.00 Uhr wieder schlafen gelegt. Zu dem Zeitpunkt ist er insgesamt schon drei Stunden wach gewesen, er schläft aber trotzdem nur eine Stunde.
3. Um **13.00 Uhr** hat er wieder Hunger. Aber erst wird ein bisschen geschmust. Um 13.20 Uhr beginnt die eigentliche Mahlzeit, welche 40 Minuten dauert. Nach dem Essen fährt Hugo mit seiner Mutter in die Stadt. Er ist in Verbindung mit dieser Mahlzeit wieder drei Stunden lang wach – und schläft wie bei der zweiten danach nur eine Stunde.
4. Um **17.00 Uhr** wird die vierte Mahlzeit serviert.
   Hugo ist noch bis 18.30 auf, also anderthalb Stunden.
   Er schläft fünfeinhalb Stunden, bis **1.00 Uhr** nachts, und bekommt dann eine kleine Nachtmahlzeit.

An diesem dritten Tag war Hugo insgesamt neun Stunden wach. Das ist viel. Trotzdem wurde er von selbst mitten in der Nacht wach und wollte mehr essen. Man sollte meinen, er könnte nach einem so langen Tag die ganze Nacht durchschlafen, aber hier spielt die vorige Nacht eine Rolle. Da schlief Hugo 12 Stunden durch und hat deshalb jetzt keine Reserve gespeichert. Wäre er letzte Nacht von seiner Mutter geweckt worden, hätte er stattdessen wahrscheinlich diese Nacht durchgeschlafen. Und dann gäbe es noch eine Nahrungsreserve – statt der Schlafreserve.

Wie gestern schlief Hugo auch heute nach der ersten Morgenmahlzeit anderthalb Stunden, aber er war bei den nächsten zwei Mahlzeiten noch länger – sogar drei Stunden hindurch – wach. Die vierte Mahlzeit war so problemlos wie sonst auch. Es ist deutlich zu erkennen, dass Hugo der Meinung ist, anderthalb Stunden Beteiligung am Gesellschaftsleben seien am Abend ausreichend. Es sieht so aus, als wären späte Abendstunden für ihn ganz und gar uninteressant.

Donnerstag

1. Nach der Nachtmahlzeit schläft Hugo friedlich bis **7.30 Uhr**.
   Nun fordert das sehr soziale Leben von gestern seinen Tribut und er schläft sofort nach dem Essen wieder ein. Er war bei dieser Mahlzeit nur eine halbe Stunde wach und schläft dann weiter bis 9 Uhr.
2. Die zweite Morgenmahlzeit wird um **10.20 Uhr** serviert.
   Zu diesem Zeitpunkt ist Hugo seit neun Uhr wach und zufrieden gewesen. Er trinkt eine halbe Stunde lang und um 12.00 Uhr wird er wieder schlafen gelegt. Nun war Hugo insgesamt drei Stunden wach. Und nach dieser Mahlzeit schläft er nur eine Stunde.
3. Um **13.00 Uhr** wird er wieder gefüttert und trinkt 40 Minuten lang.
   Nach dem Wickeln und der Begegnung schläft er um 15.00 Uhr wieder ein. Er ist zwei Stunden auf gewesen. Die Schlafdauer danach beträgt eine Stunde.
4. Um **16.00 Uhr** wird Hugo wach und hat Hunger, er trinkt und bleibt anderthalb Stunden wach. Danach macht er ein Nickerchen von nur einer halben Stunde.
5. Um **18.00 Uhr** ist er wieder wach und hat Hunger. Mehr Essen – und nach anderthalb Stunden Beisammensein schläft er um 20.00 Uhr ein für die Nacht.

Die beiden letzten Mahlzeiten waren eigentlich keine zwei vollwertigen Mahlzeiten, sondern es gab etwas weniger. Zusammengerechnet war Hugo fast vier Stunden lang wach, hatte aber zwischendurch ein kleines Nickerchen gemacht. Der folgende Nachtschlaf betrug diesmal zehneinhalb Stunden. Auch an diesem Tag war Hugo insgesamt neun Stunden wach. Dies ist eine ziemlich lange Zeit für ein so kleines Kind. Nun, da Hugo seine fünf Mahlzeiten – oder viereinhalb – bekommen hat, schläft er die ganze lange Nacht, fast 12 Stunden durch. Einen so langen Nachtschlaf kann man normalerweise nicht von einem Kind erwarten, das erst gut zwei Monate alt ist. (Hugo ist an diesem Donnerstag zwei Monate und 10 Tage alt.)

An diesem Tag hat Hugo die Zeit zwischen der zweiten und der vierten Mahlzeit am längsten ausgehalten: drei Stunden bzw. vier Stunden. Vielleicht ist er hier ein wenig gegen den eigenen Rhythmus angegangen, denn bei der vierten

Mahlzeit war er ausnahmsweise ein bisschen quengelig. Er musste dann auch ein kleines Nickerchen machen, um den restlichen Abend durchzustehen.

Freitag

1. Nach seinem langen Nachtschlaf wacht Hugo um **6.30 Uhr** mit einem riesigen Hunger auf. Er trinkt 45 Minuten lang. Um 7.30 Uhr schläft er dann wieder ein.
Er war eine Stunde wach und schläft nun anderthalb Stunden.
2. Es ist 9.00 Uhr, als er wieder aufwacht. Die nächste Mahlzeit wird um **10.00 Uhr** serviert. Auch diesmal trinkt er eine Dreiviertelstunde lang. Er ist bis 12.00 Uhr auf. Er war drei Stunden wach und schläft danach anderthalb Stunden.
3. Um **13.30 Uhr** ist es wieder Essenszeit. Hugo trinkt eine halbe Stunde lang und ist bis 15.30 Uhr auf. Die Wachzeit betrug diesmal zwei Stunden. Danach schläft er zweieinhalb Stunden.
4. Um **18.00 Uhr** wird die vierte Mahlzeit serviert, und Hugo ist bis 19.30 Uhr – also anderthalb Stunden – wach.
Er schläft dann zwar ein, aber nicht die ganze Nacht durch. Er wird um **24.00 Uhr** wieder wach. Nach einer schnellen Nachtmahlzeit schläft er dann bis 6.00 Uhr am nächsten Morgen.

An diesem Tag war Hugo nur insgesamt siebeneinhalb Stunden wach. Anscheinend fand er, dass er doch etwas zu wenig getrunken hatte, und wurde deshalb um Mitternacht wieder wach. Da hat er sich die fünfte Mahlzeit geholt, die er am Tage nicht geschafft hatte.

Ansonsten waren der frühe Morgen und auch die Abendmahlzeit friedlich wie immer. Bei der zweiten und dritten Mahlzeit war Hugo – auch wie gewöhnlich – am aktivsten und für längere Zeit wach.

Aktivität am Tage, ruhige Morgen- und Abendstunden sind ganz deutlich Hugos Muster.

Samstag

1. Um **6.00 Uhr** wird Hugo wach, und nun ist er so quicklebendig, dass er nach dem Essen bis 8.30 Uhr wach bleibt – also zweieinhalb Stunden. Danach folgen anderthalb Stunden Schlaf.
2. Die zweite Mahlzeit nimmt er um **10.00 Uhr** ein. Er trinkt eine halbe Stunde lang. Danach ist er noch bis 11.30 Uhr auf.

Nachdem er anderthalb Stunden wach war, schläft er zwei Stunden, bis 13.30 Uhr.

3. Die dritte Mahlzeit wird um **14.00 Uhr** serviert. Hugo war zu dem Zeitpunkt schon eine halbe Stunde wach gewesen, er wurde gewickelt und bekam jede Menge Aufmerksamkeit. Er trinkt nun eine halbe Stunde lang und setzt das soziale Leben bis 15.30 Uhr fort. Zwei Stunden war er bei dieser Mahlzeit wach und nun schläft er anderthalb Stunden.

4. Das nächste Mal wird Hugo um 17.00 Uhr wach, aber er trinkt erst um **18.00 Uhr**. Nach der Mahlzeit macht er ein kleines Nickerchen.

   Danach nehmen Vater und Mutter Hugo zu einer Einladung zum Abendessen mit. Und Hugo wird quengelig. Er ist – ausnahmsweise – bis 22.30 Uhr wach, aufgeregt von all dem, was um ihn herum geschieht. Und das wird natürlich zu viel für den neugierigen, aber abendmüden Hugo.

5. Um **22.00 Uhr** wird er gestillt und schläft danach endlich ein. Doch nicht für die Nacht, wie wir gleich sehen werden. Fast vier Stunden lang war Hugo in Verbindung mit der Abendmahlzeit wach und darauf schlief er nicht mehr als anderthalb Stunden.

   Um **24.00 Uhr** wird er wieder gefüttert. Damit hat er sich an diesem Tag auf sechs Mahlzeiten gesteigert – ganz außergewöhnlich für ihn. Nun kommt er endlich zur Ruhe. Er schläft bis 7.00 Uhr am nächsten Morgen.

Elfeinhalb Stunden war er an diesem Samstag insgesamt wach. Das ist viel. Viel zu viel. Sein Muster wurde gestört, als Hugo an der Abendparty teilnahm. Offensichtlich war er übermüdet. Es lohnt sich in diesem Fall, zu bemerken, dass er trotzdem nicht besonders lange schläft, obwohl man annehmen könnte, dass er es brauchen würde. Ein übermüdetes Kind schläft nie dadurch länger oder besser, weil es übermüdet ist. Ganz im Gegenteil.

Sonntag

1. Um **7.00 Uhr** wird Hugo wach und hat sein fröhliches Ego wieder gefunden. Er trinkt und bleibt anderthalb Stunden wach.

   Er ist immer noch ziemlich müde nach den Strapazen des gestrigen Abends und schläft nach dieser Mahlzeit zweieinhalb Stunden lang, bis 11 Uhr.

2. Um **11.00 Uhr** ist es wieder Essenszeit und Hugo trinkt eine halbe Stunde lang. Er ist zweieinhalb Stunden wach, bis 13.30 Uhr. Nun hat er seine Kräfte anscheinend wiedergewonnen. Danach schläft er anderthalb Stunden.

3. Um **15.00 Uhr** wird er gefüttert und bleibt bis 17.00 Uhr auf.

Er ist bei dieser Mahlzeit zwei Stunden wach und schläft danach zwei Stunden.

4. Um **19.00 Uhr** wird die vierte Mahlzeit serviert. Schon eine Stunde später schläft Hugo ein. Um Mitternacht wird er von seiner Mutter geweckt, sie gibt ihm eine kleine Extrafütterung.

An diesem Sonntag war Hugo insgesamt nur sieben Stunden wach. Er war sicherlich etwas erschöpft nach der Feier gestern Abend. In der Nacht musste er geweckt werden. Seine Mutter glaubte, er hätte zu wenig getrunken und wäre zu wenig auf gewesen, um eine ganze Nacht durchschlafen zu können. Ansonsten war das Muster wieder wie an den vorausgegangenen Tagen: Hugo war um die Mittagszeit und Nachmittags länger wach, während die Morgen- und Abendmahlzeiten ganz still und friedlich verliefen.

Die Aufzeichnungen der Mutter zeigen, dass Hugo ein abendmüder kleiner Mann ist, der dafür aber am Morgen ziemlich frisch ist. Die meiste Aktivität zeigt er mitten am Tag sowie am Nachmittag. Nachts schläft er ausgezeichnet. Er macht schon Anstalten, ganze 12 Stunden durchschlafen zu wollen.

Außerdem haben wir es hier mit einem kleinen Kerl zu tun, der nicht weiß, was Abendquengelei ist. Sollte er mal quengelig werden, passiert es – ganz selten – am Nachmittag. Dann könnte es nämlich zur Übermüdung kommen.

Er kann auf sein Essen warten. Seine Überlebensangst ist offensichtlich stark gemildert. Die Erfahrung hat ihn gelehrt, dass es Nahrung gibt, viel Nahrung und dann noch mehr Nahrung. Es wird ihm außerdem immer erlaubt, so lange zu essen, wie er es möchte.

Wie wir erkennen können, versucht seine Mutter einen Vier-Stunden-Rhythmus einzuhalten, obwohl sie sich nicht an ein festes Schema hält. Wird Hugo morgens um 7.00 Uhr wach, werden die folgenden Mahlzeiten ungefähr um 11, 15 und 19 Uhr fällig. Wird er dagegen um 6.00 Uhr morgens wach, erreichen wir in etwa die klassischen Essenszeiten: um 6, 10, 14 und 18 Uhr.

Das Problem – wenn man es überhaupt ein Problem nennen kann – ist, dass kaum Platz für eine fünfte Mahlzeit gefunden werden kann, obwohl Hugo diese eigentlich noch braucht. Hugo möchte schon nach der vierten Mahlzeit mit seinem Nachtschlaf beginnen und durchschlafen. Dazu ist er aber noch zu klein. Seine Mutter weckt ihn deshalb etwa jede zweite Nacht.

Würde es von Vorteil sein, Hugo nach einem »festen« Plan zu füttern?

Ja, für eine *unerfahrene* Mutter – oder einen unerfahrenen Vater – wäre dies schon einfacher. Wir sind auf diese Frage im Abschnitt »Jeder Schrei eines jeden Kindes ist eine Frage« (Seite 207) eingegangen. Dort sagte ich zusammenfassend, dass man *sehr sicher* sein sollte – genau wie Hugos Mutter –, um mit Erfolg diese ganz freie Verteilung der Mahlzeiten zu praktizieren, bei der sozusagen alles schon intuitiv in den Fingern sitzen muss.

Nun wollen wir einmal sehen, wie ein festes Programm für Hugo aussehen könnte! Ich möchte ihn mir nur kurz »ausleihen«, weil wir ihn schon ein bisschen kennen, nachdem wir ihm eine ganze Woche lang gefolgt sind:
1. Das feste Programm sollte fünf Mahlzeiten beinhalten.
2. Die Gefahr der Übermüdung am Nachmittag sollte ausgeschaltet werden.
3. Man sollte auf die Vorhaben und Zeitpläne der übrigen Familie Rücksicht nehmen.

Dies sind die Voraussetzungen, von denen man bei der Aufstellung eines festen Planes ausgehen sollte. Und natürlich: Alle Bedürfnisse von Hugo sollten laufend und vorbeugend befriedigt werden – z.B. nach dem Programm des Standardmodells.

Die Überlegungen zur Festlegung eines Schemas können wie folgt aussehen:

Erst werden die Mahlzeiten festgelegt. Sollen fünf Mahlzeiten im Tagesplan ihren Platz finden, muss man früh anfangen. Um 6.00 Uhr vielleicht? Mit Intervallen von 4 Stunden fällt die letzte Mahlzeit dann auf 22.00 Uhr abends. Dies wäre im Falle Hugo aber nicht so schön. Er ist ja, wie wir wissen, abends müde und macht gute Anstalten, die ganze Nacht durchschlafen zu wollen. Die letzte Mahlzeit sollte deshalb vorverlegt werden.

Dann vielleicht um 6.00, 10.00, 14.00, 17.00 und 20.00 Uhr? Das hört sich schon besser an.

Aber die Zeitspanne von 6.00 bis 10.00 Uhr morgens ist doch etwas lang. Die Aufzeichnungen zeigen, dass Hugo gerne die zweite Mahlzeit etwa drei Stunden nach der ersten einnimmt. Auf der anderen Seite kann er auch schon auf sein Essen warten. 9.30 Uhr? Wir haben festgestellt, dass der kleine Bursche am späten Vormittag und in der Regel auch am frühen Nachmittag putzmunter und lebendig ist. Es kommt vor, dass er zu lange aufbleibt. Wäre ein schöner Mittagsschlaf dann nicht genau das Richtige? Mit einem solchen hinter sich würde Hugo den Nachmittag mit neuen Kräften bewältigen können.

Außerdem wäre eine angewöhnte, erholsame Ruhezeit mitten am Tage sicherlich auch für die kommenden Jahre sehr nützlich. Dieser kleine Junge zeigt sich von Natur aus am Tage sehr aktiv und wird es sicherlich auch in Zukunft sein. Deshalb könnte er eine Mittagspause gut gebrauchen. Ein paar Stunden. Zweieinhalb?

Um so lange schlafen zu können, ist es natürlich erforderlich, dass er bei den ersten beiden Mahlzeiten ausreichend lange aufbleiben darf und dass er in dieser Zeit viel Spaß hat. Wird die erste Mahlzeit also um 6.00 Uhr serviert und ist er zwei Stunden lang wach, folgt die zweite Mahlzeit um 9.30 Uhr. Ist er wieder zwei Stunden wach, dann müsste er um die Mittagszeit reif für eine lange Ruhepause sein.

Der Mittagsschlaf sollte in diesem Falle zwischen 11.30 Uhr und 14.00 Uhr gelegt werden.

Um 14.00 Uhr würde dann die dritte Mahlzeit dran sein.

Soll die nächste Mahlzeit dann um 17.00 Uhr folgen und die letzte um 20.00 Uhr, wird er zwischen diesen beiden Mahlzeiten nicht viel schlafen. Das passt ja auch gut. Nach dem langen Mittagsschlaf ist Hugo frisch und ausgeschlafen, und nach der letzten Mahlzeit ist er »fertig« und kann seinen Nachtschlaf beginnen. Deshalb ist es ausreichend, nach der 14.00 Uhr Mahlzeit, eine kurze Schlafperiode von etwa anderthalb Stunden einzuplanen. Bei dieser Mahlzeit sollte Hugo etwa zwei Stunden wach und aktiv sein. Das müsste zu seiner Gewohnheit passen, ohne eine Überanstrengung zu verursachen.

Die vierte Mahlzeit wird also um 17.00 Uhr serviert, nachdem er anderthalb Stunden geschlafen hat; und nun ist es denkbar, dass Hugo bis zur letzten Mahlzeit um 20 Uhr wach bleiben kann, wenn er nur zwischendurch ein kleines Nickerchen (oder auch zwei) von etwa 20 Minuten machen kann. Hier muss man flexibel sein. Jedes Schema sollte so festgelegt werden, dass man zu beiden Seiten einen Spielraum von einer halben Stunde hat.

Die letzte Mahlzeit muss aber spätestens um 20.00 Uhr anfangen – vielleicht lieber ein bisschen früher; sagen wir um 19.30 Uhr. Wenn man die abendlichen Gewohnheiten von Hugo kennt, wird es um 21.00 Uhr höchste Zeit, Hugo für die Nacht schlafen zu legen.

Wie viele Stunden wird Hugo somit wach sein und wie viele Stunden wird er am Tage schlafen?

Die Nacht dauert von 21.00 Uhr bis 6.00 Uhr: Das sind 9 Stunden. Können wir einen zusammenhängenden Nachtschlaf von 9 Stunden von einem zwei Monate alten Baby verlangen? Ja, das können wir – vorausgesetzt der Kleine hat im Laufe des Tages genügend Nahrung und Aktivität bekommen.

Wir haben einen Mittagsschlaf von zweieinhalb Stunden geplant. Außerdem ein Schläfchen von anderthalb Stunden am Vormittag und einen Nachmittagsschlaf von anderthalb Stunden, und am späten Nachmittag oder frühen Abend ein Nickerchen oder zwei von jeweils 20 Minuten. Sechs bis sechseinhalb Stunden würde er also am Tage schlafen. Insgesamt schläft er 15 bis 16 Stunden. Und den Aufzeichnungen zufolge hatte Hugo ein Schlafbedürfnis von 15 bis 16 Stunden pro Tag.

Die Wachzeit von Hugo würde nach diesem Schema insgesamt 8 bis 8,5 Stunden betragen. Unser Schema passt also schon ganz gut, was Schlaf- und Wachzeiten angeht.

Zusätzlich zu den Punkten des Standardmodells muss Hugo auch noch an die frische Luft und er muss gebadet werden. Wo im Schema könnten diese Punkte eingeplant werden?

Er kann seinen Mittagsschlaf außerhalb des Hauses machen. Er ist groß und robust genug, um jede Wetterlage zu vertragen, wenn er nur dementsprechend angezogen ist. Aber er muss auch raus, um die Außenwelt zu erleben und kennen zu lernen.

Das würde vielleicht vormittags gut passen, nach der Mahlzeit um 9.30 Uhr, vor dem Mittagsschlaf? Dann wird er aber sicherlich etwas Beschäftigung brauchen, um aktiv und interessiert zu bleiben – damit er nicht einnickt, bevor sein Mittagsschlaf fällig ist.

Und zu welcher Mahlzeit wird das Baden durchgeführt? Bei der letzten Mahlzeit ist es im Haus ziemlich ruhig. Alle haben gegessen. Bei der Mahlzeit um 17.00 Uhr ist noch mehr Leben im Haus, das Essen wird vorbereitet und die Familienmitglieder kommen nach Hause. Auf der anderen Seite ist Hugo zu diesem Zeitpunkt vielleicht lebendiger als abends, wenn sein Tag zu Ende geht. Ein Bad als Abschluss des Tages ist aber eine gute Gewohnheit und wird sehr bald mit dem Nachtschlaf verbunden.

Das Schema findet langsam seine endgültige Form. Die Zeiten sind schon festgelegt. Nun wird auch der Inhalt der einzelnen Punkte bestimmt: Es muss Platz und Zeit sowohl für die soziale Beteiligung als auch für »einsame Stunden« geben, während deren der Kleine sich mit sich selbst beschäftigt und allein spielt (eine detaillierte Beschreibung findest du in »Das Spielen allein am Morgen« im 3. Teil dieses Buches).

Die Spielzeit wird am besten auf den Vormittag gelegt. Klein Hugo ist nach einem langen Schlaf und einem guten Frühstück frisch und munter, und er möchte sich sicherlich gerne eine Weile allein beschäftigen, wenn er nur etwas Schönes zum Bestaunen und vielleicht noch zum Lauschen hat.

Die soziale Beteiligung, bei der Hugo sich im Zentrum des Geschehens befinden sollte, ohne selbst dieses Zentrum zu bilden, könnte man bei der vierten Mahlzeit zwischen 17.00 Uhr und 18.30 Uhr in das Programm aufnehmen. Das ist die Zeit, zu der das Haus vor Aktivität nur so summt.

Hierbei liegt er dann mitten im Geschehen auf einer Decke auf dem Fußboden; er nimmt passiv am Leben um ihn herum teil, indem er alles beobachten kann, und aktiv, indem er von Arm zu Arm weitergereicht wird. Er kann auch auf dem Tisch und auf der Arbeitsfläche in der Küche liegen und dort herumgucken, brabbeln und dabei sein, wo wirklich etwas los ist.

Nun ist das Schema endlich festgelegt, schriftlich festgehalten und an die Wand gehängt, so dass alle, die sich um Hugo kümmern, es sehen und befolgen können.

Und so sieht das Schema aus:
Um   6.00 Uhr: Essen, Wickeln, Begegnung.
Um   7.00 Uhr: Spielen allein.
Um   8.00 Uhr: Schlafen.
Um   9.30 Uhr: Essen etc. Spielen und Schmusen, Begegnung.
             Nach draußen, wach.
Um 11.30 Uhr: Im Kinderwagen draußen schlafen.
Um 14.00 Uhr: Essen, Wickeln, Begegnung. Auf der Decke liegen.
             Reden und Erleben.
Um 15.30 Uhr: Schlafen.
Um 17.00 Uhr: Essen, Begegnung. Unterhaltung im Haus!
             Soziale Beteiligung.
Um 18.30 Uhr oder wenn es notwendig wird:
             Ein kleines Nickerchen (oder zwei).
Um 19.30 Uhr: Essen, Baden, Begegnung, Essen.
Um 21.00 Uhr: Schlafen für die Nacht.

Würde Hugo bei der Einführung eines solchen Schemas mitmachen?

Die ersten Tage würde er sicherlich Hilfe brauchen, um während der langen Mittagsruhe auch zu schlafen, weil er es noch nicht gewohnt ist. Hier müsste man ihn wohl ab und zu im Wagen hin- und herschieben.

Außerdem müsste man ihn wahrscheinlich um die letzte Mahlzeit um 19.30 Uhr herum mit verschiedenen Vergnügungen unterhalten. Er würde sicherlich ab und zu glauben, es sei bereits nach der vierten Mahlzeit, um 17.00 Uhr und Zeit für den Nachtschlaf. Man müsste ihm deshalb wirklich etwas bieten, damit es sich für ihn lohnt, wach zu bleiben. Und das Nickerchen (oder zwei) wird ihm dazu die nötige Energie verschaffen.

Alles in allem sollte dieses Schema keine Probleme verursachen. Es baut auf dem eigenen Rhythmus von Hugo auf, womit angestrebt wird, seine Bedürfnisse so gut wie nur möglich zu befriedigen. Er ist nun auch schon so groß, dass er auf sein Essen warten kann, und das macht die Sache etwas einfacher.

Ein festes Schema sollte so lange ziemlich streng eingehalten werden, bis man herausfindet, wie es für alle Beteiligten funktioniert. Man benötigt einen Zeitraum von etwa drei Tagen, um das Schema einzuführen und es lässt sich dann in ein, zwei Wochen festigen!

Stellt sich heraus, dass etwas nicht ganz so gut klappt, passt man das Schema einfach neu an.

Mit der Zeit und mit den veränderten Bedürfnissen des Kindes muss man sich natürlich nach und nach den neuen Forderungen stellen. Bei allen Anpassungen und Veränderungen muss man bedenken, dass es notwendig ist, dem Kind Zeit zu lassen, damit es sich an die neue »Regelung« gewöhnen kann.

Die nachfolgenden, größeren Veränderungen betreffen den Schlaf. Erst fällt der Nachmittagsschlaf weg; im Schema lag er zwischen 15.30 und 17.00 Uhr. Danach verschwinden die Nickerchen um die letzten beiden Mahlzeiten. Und allmählich im Laufe der nächsten Monate wird aus diesen beiden Mahlzeiten eine Abendmahlzeit und der Nachtschlaf erweitert sich damit auf 12 Stunden (hierüber später mehr).

Der Mittagsschlaf wird dagegen beibehalten und das Spielen allein am Morgen wird verlängert (auch hierüber später mehr).

Das Spielen allein ist in dem Sinne sehr praktisch, dass die kleinen Mäuschen so selbst entscheiden können, wann und ob sie ihr kurzes Vormittagsschläfchen halten wollen. Sonst kann später das Alter um die anderthalb Jahre herum ja etwas schwierig sein, weil das Kind noch ein Vormittagsnickerchen braucht, aber eigentlich schon zu groß dafür ist. Kinder, die an das Spielen allein gewöhnt sind, regeln diese Sache ganz ohne Hilfe. (Es ist natürlich praktisch, ein wenig vorausschauend zu sein, wenn man ein solches Schema aufbaut.)

Schließlich – aber das geschieht erst, wenn das Kind schon anderthalb oder fast zwei Jahre alt ist – fällt auch das Vormittagsschläfchen zwischen der ersten und zweiten Mahlzeit weg. Am Mittagsschlaf wird – wie erwähnt – festgehalten und an der freien Luft ist er gut für die Gesundheit – später zieht man es vielleicht vor, das Kind drinnen bei offenem Fenster schlafen zu lassen, welches der Anfang einer guten Gewohnheit sein kann. Und das abendliche Baden entwickelt die Gewohnheit der persönlichen Hygiene.

Das Spielen allein gibt dir, der oder dem Erwachsenen, eine erfrischende Zeit, um in aller Ruhe wach zu werden – aber es beinhaltet auch, dass du dem Kind Respekt erweist und ihm etwas zutraust.

Ein strukturierter, organisierter Tag lässt schließlich Freiräume für sonstige geplante Aktivitäten zu. Und das Schema bedeutet, dass der Tag zu einem festgelegten Zeitpunkt sein Ende findet.

Wir haben uns erst in einer wirklichen und dann in einer »schematisierten« Version mit Hugo beschäftigt. Ich habe seine Mutter darum gebeten, uns noch mehr über ihn zu erzählen:

»Hugo ist jetzt zweieinhalb Monate alt und wiegt 6230g. Als er zwischen 6 Wochen und 2 Monate alt war, fing er an, seine Hände und Arme zu entdecken. Erst hat er sie ganz zufällig bemerkt, wenn sie vor seinen Augen hin und her segelten. Nun hält er zielbewusst einen Arm hoch, um ihn dann lange und gründlich zu untersuchen. Er war genau zwei Monate alt, als er anfing, Sachen, die in seiner Nähe waren, zu berühren, z.B. ein Gesicht, das ganz nah herankam, ein Spielzeug am Bettrand, das er bisher nur bestaunt hatte.

Er liebt es, umhergetragen zu werden, und schaut sich dabei eifrig seine Umgebung an. Er kann schon ziemlich weit gucken. Wenn jemand an seinem Bett vorbeigeht, verfolgt er ihn mit den Augen. Er erkennt meine Brüste aus zwei Metern Abstand wieder und zeigt seine große, freudige Erwartung mit Armen und Beinen.«

»Wenn du dich daran wagen solltest, seine Persönlichkeit zu beschreiben, was für eine Sorte Mensch ist er dann deiner Meinung nach?«

»Er ist klug und verständnisvoll, liebevoll und hat viel Humor ...«

»Hast du Liebe verspürt, als du ihn das erste Mal sahst?«

»Ja.«

»Was glaubst du, empfindet er für dich?«

»Vertrauen.«

»Was mag er? Und was mag er nicht?«

»Er mag es, wenn man viel mit ihm redet. Er strengt den ganzen Körper an, wenn er mit langen, brabbelnden Tiraden antwortet. Er mag es nicht, in einer nassen Windel zu liegen. Dann macht er mit einem ganz besonderen Schrei darauf aufmerksam. Er mag es auch nicht, wenn das Stillen oder das Wickeln ganz plötzlich abgebrochen wird. Ich gehe z.B. nie ans Telefon, während ich stille; und schenke ich einer Sache keine Beachtung, lässt er sich durch sie auch nicht stören.«

»Gibt es vielleicht irgendwelche Besonderheiten bei Hugo, die du mit der Zeit in den Griff bekommen hast?«

»Er schläft am längsten und am ruhigsten auf dem Bauch, aber manchmal und besonders, wenn er gerade gegessen hat, möchte er auf dem Rücken schlafen. Dann drehe ich ihn meistens um, wenn er tief schläft. Wird er wach oder unruhig und wühlt herum, gebe ich ihm für eine kleine Weile den Schnuller.«

»Du hast mit Säuglingen große Erfahrung. Folgst du einem bestimmten Muster?«

»Das Füttern und das Wickeln bilden ja an sich schon ein gewisses Muster und ich habe keine festen Zeiten für das Baden oder für einen Spaziergang. Nun, wo er zweieinhalb Monate alt ist, haben sich die Mahlzeiten und die Zeiten für das Wickeln sowie das Beisammensein schon ziemlich eingepegelt – mit bis zu einer Stunde Abweichung –, und dann kommt es auf das Wetter an, wann wir nach draußen gehen. Auch die Badezeiten sind unterschiedlich. Hat er morgens eine volle Windel, baden wir. Wird es am Tage zeitlich etwas knapp mit dem Baden, badet er stattdessen abends. Als er noch ganz klein war, hat er sogar manchmal nachts gebadet, in aller Ruhe und ohne dass ich auf die Uhr schielen musste.«

»Wie verläuft eine Mahlzeit?«

»Wenn ich ihn hochnehme, halte ich ihn erstmal eine Weile ganz dicht an mich und wir schmusen ein bisschen. Die Freude am Wiedersehen ist groß. Danach kommt es darauf an, wie viel Hunger er hat und wie nass er ist. Je nachdem wickele oder stille ich dann zuerst.

Beim Wickeln erzähle ich ihm die ganze Zeit von dem, was ich gerade mache. ›Schön, diese Windel loszuwerden … nun creme ich dich ein bisschen ein, fühlt es sich kalt an?‹ usw. Nach dem Essen unterhalten wir uns ein wenig, sitzen ganz ruhig da, und er macht seine Bäuerchen, ruht sich aus.

Danach bleibt er noch eine Weile auf, bei mir, in seinem Wippstuhl oder auf einem Bett. Er ist mit seinen Brüdern zusammen, beobachtet mich beim Bügeln oder sieht mir in der Küche zu …

Wenn ich nach einer halben bis einer ganzen Stunde merke, dass er langsam müde wird, lege ich ihn ins Bett, wo er dann meistens schnell einschläft.«

»Wie viel schreit Hugo insgesamt im Laufe eines Tages? Und in der Nacht?«

»Hochgerechnet schreit er vielleicht insgesamt fünf Minuten am Tag. Und in der Nacht schreit er nicht mehr.«

»Wie sind seine Nächte von seiner Geburt an gewesen? Hast du ihm geholfen, den Nachtschlaf zu verlängern?«

»Nun, Hugo war so clever, dass er schon auf der Entbindungsstation durchschlief, und damit machte er auch hier zu Hause weiter. Aber es kam vor, dass er *bei der späten Abendmahlzeit gegen 24.00 Uhr bis zu zwei Stunden lang quengelig sein konnte (Wiegen – Essen, Wiegen – Essen – Bäuerchen, Wickeln, in den Schlaf wiegen); danach schlief er bis 5.00 oder 6.00 Uhr. Als er einen Monat alt war, hörte er mit der nächtlichen Quengelei auf und schlief fast jede Nacht von 23.00 oder 24.00 Uhr bis 5.00 Uhr am nächsten Morgen. Nun ist er zweieinhalb Monate alt, und ich wecke ihn für die späte Abendmahlzeit (dabei trinkt er nicht so lange wie bei den übrigen Mahlzeiten), und er schläft meistens schon tief, wenn ich ihn wieder ins Bett lege. Danach schläft er so bis 6.00, bis 7.00 Uhr. Er hat selbst seinen Nachtschlaf verlängert. Hätte er das nicht getan, hätte ich die letzte Abendmahlzeit auf noch später verlegt. Wäre er dann trotzdem um 2.00 oder 3.00 Uhr in der Nacht wach geworden, hätte ich gegen Ende des zweiten Monats versucht, ihn durch Wiegen und mit Hilfe eines Schnullers wieder zum Schlafen zu bringen. Am besten dann auf dem Bauch liegend, in eine warme Decke gekuschelt.«*

»Wie lange stillst du normalerweise?«

»Das ist sehr unterschiedlich. Zwischen sechs Wochen und sechs Monaten. Je nach meinem Willen, meinen Kräften und den jeweiligen ›Trends‹. Als mein zweites Kind zur Welt kam, habe ich es nur sechs Wochen voll gestillt, u.a. weil sein großer Bruder von anderthalb Jahren sehr viel Aufmerksamkeit und Zeit forderte. Außerdem hatte man damals eine andere Einstellung zum Stillen. Wollte man damit unbedingt weitermachen, dann bitte schön, niemand hat es verhindert; aber die Flasche sei genau so gut, und dann kann man auch sehen, wie viel das Kind trinkt ...«

»Gibt es überhaupt irgendwelche Schwierigkeiten, die man beim Stillen beachten muss?«

»Wenn man der Natur vertraut, darauf, dass eine Brust an Milch produziert, wie das Kind braucht, dann klappt es mit dem Stillen. Aber es gibt vieles, wogegen man ankämpfen muss, sowohl zu Hause als auch in Bezug auf das, was man in verschiedenen Broschüren liest. Sobald das Kind schreit, gehen alle davon aus, dass das Kind Hunger hat, weil ich, die stillende Mutter, zu wenig Milch produziere. Eine unbedachte Bemerkung in den ersten Wochen der Stillzeit kann das Selbstvertrauen ins Wanken bringen und Störungen beim Stillen verursachen.

Es ist mein Rat, dass man rechtzeitig vor der Geburt den Partner und die Leute in der Umgebung darauf aufmerksam macht, dass man während der Stillzeit Unterstützung und Aufmunterung brauchen wird, dass es Zeiten geben wird, in denen man – wie routiniert man auch sein mag – glaubt, dass man nicht mehr als 50g produziert hat, obwohl es doch 150g sein sollten und dass das Kind nun verhungern wird ... Einmal, als ich erschöpft war und an meiner Milchmenge zwei-

felte, habe ich abgemolken und den Kleinen stattdessen mit der Flasche gefüttert, nur um mit eigenen Augen sehen zu können, dass er auf keinen Fall am Verhungern war.

Man bekommt ja viele Informationen zum Thema Stillen auf der Entbindungsstation und das ist auch gut; aber warum gehen alle davon aus, dass es unheimlich schwierig ist, zu stillen? Eine Broschüre heißt z.B. ›Wie wird das Stillen einfacher?‹ Also denkt man, es muss ja schwierig sein, zu stillen. Dann blättert man weiter: ›Der Anlaufreflex kann leicht gestört werden‹, heißt es unter anderem … ›und das kann schon der Anfang des Teufelskreises sein‹.«

»Wie pflegst du deine Brust, vor und nach der Geburt?«

»*Ich massiere meine Brustwarzen und ziehe daran – als ›Probesaugen‹ – jeden Tag im letzten Monat vor der Geburt. Nach der Entbindung ist es wichtig, dass man in den ersten Tagen das Kind nicht zu lange saugen lässt. Tut man das, bekommt man leicht Risse, die über Wochen hinweg zur Plage werden können.*«

»Wonach richtest du dich bei der Säuglingspflege?«

»*Nach meinem Einfühlungsvermögen. Ich folge den Reaktionen des Kindes und, nicht zu vergessen, meiner Intuition …*«

»Wonach richtet sich, deiner Meinung nach, der Vater des Kindes, dein Mann?«

»*Meistens danach, was er beobachtet und wie das Kind reagiert.*«

»Meinst du, dass man ein Baby verwöhnen kann?«

»*Nein. Man sollte alles tun für einen Säugling, damit es ihm in jeder Hinsicht gut geht. Das hat meiner Meinung nach nichts mit Verwöhnen zu tun, sondern ist das natürliche Recht eines jeden Kindes.*«

»Was findest du am allerschönsten bei der Babypflege?«

»*Da zu sein für die ersten wichtigen Kontakte, die das kleine Kind in seinem Leben knüpft …*«

»Was lernst du bei der Pflege eines Säuglings?«

»*Die Welt mit anderen Augen zu sehen … mich in eine andere Person hineinzuversetzen, um herauszufinden, was er/sie möchte … Begeisterung.*«

»Kannst du etwas in der heutigen Säuglingspflege nennen, woran du glaubst und das ›früher‹, sagen wir vor 15 Jahren, ganz anders war?«

»*Dass die Mahlzeiten in der ersten Zeit nicht festgelegt werden, nicht einmal auf der Entbindungsstation. Heutzutage kannst du einen kleinen Schluck geben, wenn das Kind ihn braucht, zur Beruhigung oder um die Nähe der Mutter spüren zu können oder einfach weil es wieder Hunger hat.*«

»Warum, meinst du, beklagen sich heutzutage so viele Eltern von Säuglingen darüber, dass es so schwierig sei, mit Kindern zurechtzukommen?«

»Es ist der Konflikt Arbeit/Kind. Und die Isolation während des Erziehungsurlaubes. Allzu große Konzentration auf das Kind während der Zeit zu Hause. Ich glaube, es wäre viel einfacher, wenn die Leute schon von Anfang an ihr ›eigenes‹ Leben weiterführen würden, so weit es nur möglich ist und so weit sie es schaffen. Und wenn sie sich selbst aufraffen und regelmäßig einen Babysitter besorgen würden, damit sie auch mal sich selbst etwas Gutes tun können.«

»Was hast du für dich dabei gewonnen, Kinder in die Welt zu setzen?«

»Ich bin reich geworden. Ich bin an Gefühlen reich geworden. Ich habe mich weiterentwickelt, bin reifer geworden.«

»Was hast du dabei verloren?«

»Ich habe die Freiheit verloren, immer tun zu können, was ich will und wann ich will, aber wozu braucht man diese Freiheit überhaupt?! Außerdem habe ich aufgehört, immer so penibel zu sein, und ich habe meine allzu große Angst vor Bazillen abgelegt ...«

»Du hast sechs Kinder. Warum so viele?«

»Weil ich an viele enge und unterschiedliche Beziehungen glaube. Ich glaube, Geschwister sind ein guter Start ins Leben und können einem ein großes Gefühl der Geborgenheit geben, übrigens auch dadurch, dass die Kinder mit vielen anderen Menschen zusammen aufwachsen, die sich gegenseitig gern haben.«

»Welche Eigenschaften haben sich bei dir dadurch, dass du Mutter geworden bist, herausgebildet? Und welche Eigenschaften hätten sich entwickelt, wärest du nicht Mutter geworden?«

»Ich bin sanfter geworden, liebevoller, demütiger dem Leben gegenüber. Die Eigenschaft, die sich vor allem entwickelt hätte, wenn ich nicht Mutter geworden wäre, ist wohl die Selbstgefälligkeit.«

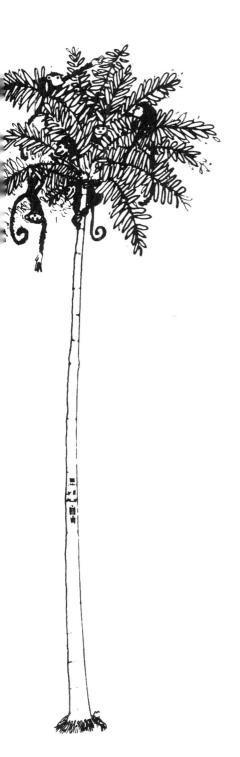

Dritter Teil

Kleine Menschenkinder –

Eine praktische Anleitung

In diesem Teil liest du:

ABC für kleine Menschenkinder 255
Liebe, Routine, soziale Beteiligung 255

Drei und vier Monate 259
Neuigkeiten in der Routine
1. Feste Nahrung 263
2. Durchschlafen 266
3. Das Spielen allein am Morgen 272
4. Die systematisierte soziale Beteiligung 278
5. Ein Tag mit Sofie, vier Monate 283
6. Ist der Alltag aus den Fugen geraten? 291

Fünf und sechs Monate 301
Ein Stern wird geboren 305
Neuigkeiten in der Routine
1. Heraus aus dem Schlafzimmer 309
2. Weg mit dem Schnuller 311
3. Baden in der großen Badewanne 312
4. Mehr Nahrung – und wie! 316

**Charaktere aus dem Theater des wirklichen Lebens:
der Forscher, der Arbeiter und der Charmeur** 322
Der Forscher 322
Der Arbeiter 326
Der Charmeur 332

Das Krabbelkind 336
Vorkehrungen 336
Drei Regeln: Das Kind nicht zurückhalten, Enttäuschungen vorbeugen,
als Werkzeug und Berater zur Verfügung stehen 341

Acht und neun Monate 356
Das Fremdeln des acht Monate alten Kindes – zu einem Ich geboren 356
Die Kinder heiraten – oder sie aufs Leben vorbereiten? 363
Topftraining? 373

Elf Monate – ein Jahr 380
Gute Gewohnheiten werden beibehalten 380

ABC für kleine Menschenkinder

Liebe, Routine, soziale Beteiligung

Ein grundlegendes ABC für Säuglinge kann man aus den drei Komponenten, die im Alltag vorherrschen, zusammensetzen. Dabei handelt es sich um die Liebe, die Routine und die soziale Beteiligung.

Die Liebe bezeichnet den direkten Kontakt zwischen dem Erwachsenen und dem Kind, die eine vollkommene Begegnung, eine absolute Aufmerksamkeit, eine totale Präsenz im Hier und Jetzt beinhaltet.

Die Routine bezeichnet den praktischen Teil: die Pflege, die Gewohnheiten, die festen Zeiten; alle täglichen Zeremonien, die sich um das Kind drehen.

Die soziale Beteiligung bezeichnet die Aktivitäten in der »Herde«, in einer Wirklichkeit, die – mit oder ohne Kind – ihre Gültigkeit hat.

Die soziale Beteiligung des Kindes ist anfangs anscheinend ausschließlich passiver Art.

Hugos Mutter hat erzählt, wie eine Mahlzeit ablaufen kann (Seite 236): »*Wenn ich ihn hochnehme, halte ich ihn erstmal eine Weile ganz dicht an mich, und wir schmusen ein bisschen. Die Freude des Wiedersehens.*« Das ist die Liebe.

»*Danach kommt es darauf an, wie viel Hunger er hat und wie nass er ist. Je nachdem wickle oder stille ich dann zuerst.*« Das ist die Routine.

»*… danach bleibt er noch eine Weile auf, bei mir, auf seinem Wippstuhl oder auf einem Bett. Er ist mit seinen Brüdern zusammen, beobachtet mich beim Bügeln oder sieht mir in der Küche zu …*« Das ist die (noch passive) soziale Beteiligung.

Aber es sind Schurken in diesem einfachen ABC aufgetaucht. Es sind die sozialpolitischen Schurken, von denen wir im zweiten Teil dieses Buches gesprochen haben (Seite 95 ff.).

Einer der Schurken setzt sich rittlings auf A und B und bringt sie durcheinander. Ein anderer Schurke fällt über C her und verschlingt es.

Der erste Schurke hat zu der Verwirrung beigetragen, die zu einer Verwechslung von Liebe und Routine führt: Wenn ich mein Kind liebe, kann ich nicht entscheiden, wann der Tag zu Ende und es Zeit zum »Zu-Bett-Gehen« ist. Wenn ich mein Kind liebe, kann ich nicht sagen: »Nein, du darfst meine Brust nicht die ganze Nacht als Schnuller benutzen.« Wenn ich mein Kind liebe, kann ich ihm keine rote Jacke anziehen, wenn es lieber eine blaue anziehen würde oder vielleicht Netzstrümpfe oder gar nichts.

Wir kennen alle eine ganze Reihe von diesen Beispielen. Und für alle gilt, dass die Auffassungen von Routine bzw. von Liebe ganz falsch verstanden und miteinander verbunden werden. Wenn man das Kind dazu »zwingt«, sich nach gewissen routinemäßigen Gewohnheiten zu richten, unterdrückt man den Willen des Kindes, behauptet der Schurke, und man behindert die kindliche Selbstständigkeit. Was beweist, dass du dein Kind nicht liebst und dass du autoritär bist. Im Namen der Konsequenz müsste eine Person an ihrem Arbeitsplatz also dann weniger respektiert und in ihrer Arbeit als unterdrückt betrachtet werden, weil sie dazu gezwungen ist, um 9.00 Uhr anzufangen und zu keinem anderen Zeitpunkt. Die Arbeit eines Journalisten müsste schlechter werden, weil er dazu gezwungen ist, tagein, tagaus an ein und demselben Computer zu arbeiten, anstatt sich je nach Lust und Laune vor irgendeinen Computer zu setzen. Ein Landwirt müsste als unselbstständig und unterdrückt gelten, weil er unweigerlich den Jahreszeiten folgen muss.

Die Routine ist ein Werkzeug. Nach gewissen Routinen zu arbeiten und zu leben bedeutet für die Persönlichkeit und deren Entwicklung nichts anderes, als dass etwas Energie frei gemacht wird für vielleicht wichtigere Sachen als die ständigen Überlegungen, ob man nun essen soll oder vielleicht schlafen, ob man überhaupt essen oder schlafen soll; und wo soll man schlafen und was essen, und warum nicht etwas anderes essen, und warum nicht in einem anderen Bett schlafen, und warum gerade unter einer weißen Bettdecke, und warum nicht von einem eckigen Teller essen?

Ein Baby besitzt keine Routine. Du solltest sie als Erwachsene/r auf selbstverständliche Weise einführen.

Der andere Schurke griff C an und verschlang die soziale Beteiligung. Leider ist schon der Erziehungsurlaub eine verräterische Konstruktion (siehe »Unsere Gedanken waren schon richtig, aber dann lief alles schief«, Seite 95).

Der Elternteil im Erziehungsurlaub wird isoliert, in sein Zuhause verbannt. Immerhin gibt es dort aber viele Aufgaben, bei denen du deinem Kind soziale Beteiligung vermitteln kannst, und das solltest du ausnutzen, denn diese Wirklichkeit ist für lange Zeit noch ausreichend für das Kind. Die Welt muss klein sein, bevor sie groß werden kann.

Aber die/der Erwachsene weiß, dass dein eigenes soziales Leben nur unter Verbannung des Kindes möglich ist. Deshalb trennen Eltern heutzutage schon sehr bald die Welt des Kindes von ihrer eigenen Wirklichkeit. Schon innerhalb der eigenen vier Wände wird eine Kinderwelt errichtet, in der die Erwachsenen als Gäste funktionieren – ganz in Übereinstimmung mit unserer Gesellschaftsstruktur. Das Kind wird nie in ihre Arbeit miteinbezogen, nie »in Gebrauch genommen«.

Die Kinder von heute sind schon innerhalb der eigenen Herde »unnütz«.

In der Regel dürfen die Kinder nur so weit dabei sein, wie die *passive* Beteiligung es zulässt. Danach ist Schluss. Die Wirklichkeit wird durch Spielzeuge repräsentiert, um nicht zu sagen »ersetzt«. Von den notwendigen Vorhaben und den Aufgaben der Erwachsenen werden die Kinder ausgeschlossen.

Stattdessen machen die Erwachsenen Spiele mit den Kindern, lesen Märchen und krabbeln auf dem Fußboden. Damit ist nicht gesagt, dass es falsch ist, auf dem Fußboden herumzukrabbeln. Es macht ja Spaß, zu spielen. Aber es ist nicht notwendig. Spielen können Kinder allein, ohne die Erwachsenen. Die Kinder können aber ohne die Hilfe der Erwachsenen keine soziale Beteiligung aufbauen.

Keine Liebe, egal wie viel Aufmerksamkeit sie einem bringt, kann einen mangelnden Sinn im Leben ersetzen. Wenn du nicht in deinem innersten Inneren weißt, dass du gebraucht wirst – *»die anderen kommen ohne mich schlechter zurecht«* –, stehst du schon bald am Rande der Vernichtung deines Selbstwertgefühls.

Vielleicht sieht es so aus, als wäre all dies im Zusammenhang mit einem Kind im Alter von nur zwei oder drei Monaten irrelevant. Ich bin aber der Meinung, dass es sehr wohl relevant ist. Denn genau zu diesem Zeitpunkt, genau jetzt, werden diese drei Komponenten, wird dieses einfache ABC erkennbar.

Als Mutter oder als Vater legst du selbst fest, was du tust: Du verfolgst eine gewisse Routine. Du erlebst Momente der Liebe bei den intensiven Begegnungen mit deinem Baby. Und du hast Aufgaben im Haus, bei denen es dir ganz natürlich erscheint, wenn dein kleines Kind neben dir liegt und sehen kann, was du machst, weil du es gerne in deinem Blickfeld hast, während du arbeitest.

Wenn du es als frisch gebackene/r Mutter bzw. Vater zulässt, dass diese drei Komponenten Seite an Seite weiter existieren, wenn die erste nicht mit der zweiten vermischt wird und die dritte nicht unterbunden wird, wenn die Liebe stark sein darf und die Routine wie ein Werkzeug bereitsteht und *wenn die passive Beteiligung auch zur aktiven werden darf,* dann ist dein Kind ein beneidenswertes Kind.

Und damit bist *du* dabei, eine Art von Revolution in der Gesellschaft voranzutreiben!

Drei und vier Monate

Lass uns sehen, was in den vergangenen Monaten alles passiert ist!

Im Laufe der allerersten zwei, drei Wochen, der Zeit des Geburtstraumas, hast du deinem neugeborenen Kind als Mutter einen behutsamen und dauerhaften Schutz geboten. Du warst wie eine warme Hülle um dein Kind, so wie dein Körper es während der Schwangerschaft wortwörtlich war. Du hast deinem Kind den Übergang von der weichen, dunklen Welt in deinem Bauch zu einer hellen, kalten Welt an der Luft erleichtert. Etwa in einem Alter von drei Wochen hat dein Kind sich seiner Außenwelt zugewandt, bereit dazu, mit dem Leben anzufangen.

Die ganze Zeit warst du für dein Kind da, Tag und Nacht, und hast dein Kleines allmählich mit immer mehr Orten, an denen sich das Leben abspielt, bekannt gemacht: eine kurze Zeit auf dem Fußboden, eine längere Zeit auf dem Wickeltisch, verlängerte Gespräche und mehr gemütliches Beisammensein, wobei du nicht nur die liebe Beschützerin, sondern auch eine neugierige Partnerin warst – eine Partnerin von Mensch zu Mensch, auch wenn der Größenunterschied unverkennbar ist.

Angekommen bei der Zweimonatsgrenze, wirst du sicherlich eine Veränderung festgestellt haben: Das Vertrauen des Kindes in seine Umwelt wurde allmählich spürbar, gleichzeitig hast du selbst den Drang verspürt, zu deinem gewohnten Alltag zurückzukehren (und gab es keinen geordneten Alltag, hast du hoffentlich einen aufgebaut; siehe »Es wird wieder Alltag«, Seite 229).

Du folgst jetzt einem mehr oder weniger festen Programm, bei dem die Bedürfnisse deines Kindes kontinuierlich und vorbeugend zufrieden gestellt werden, und hast zusätzlich für dich selbst einen Alltag gefunden, in dem du *eine für dich notwendige Tätigkeit* ausführst (oder du tust wenigstens so als ob). Und genau diese für dich wichtige Tätigkeit wird nun für das Kind außerordentlich interessant.

Deine Kleine hat mittlerweile in einem Alter von drei, vier Monaten so in etwa gelernt, wie diese Welt aussieht, wie sie sich anhört und anfühlt. Das, was nun ins Zentrum ihres kindlichen Interesses rückt, ist das, zu dem diese Welt genutzt wird – was macht man hier, was ist hier los? Es ist der unabwendbare Trieb des Kindes danach, in die soziale Gemeinschaft aufgenommen und dort gebraucht zu werden, der dieses Interesse diktiert, in einem unbeugsamen Streben danach, zu lernen und zu verstehen.

Man könnte sagen, dass ein kleines Menschenkind in seinen ersten Wochen auf dieser Erde sich so verhält, wie du oder ich oder sonst jemand, wenn wir gerade am ersten Arbeitstag an einem neuen Arbeitsplatz angekommen sind. Die erste Zeit müssen wir lernen, uns zurechtzufinden. Dann lernen wir etwas über den Arbeitsablauf. Als Hilfe haben wir die Anleitung der Arbeitskollegen und/oder eine theoretische Einweisung, dazu kommen die eigene Ausbildung und Erfahrung. Wir lernen viel, indem wir unseren Arbeitskollegen bei der Arbeit zuschauen.

Das kleine Menschenkind besitzt noch keine Erfahrung. Es lernt, indem es beobachtet, wie du handelst, und es lernt durch deine Anleitung. Das Menschenkind wird geboren, um die Wirklichkeit zu erforschen, zu beherrschen und allmählich zu verändern. Damit ein Kind die Wirklichkeit erforschen und später beherrschen kann, ist es erforderlich, dass es eine Wirklichkeit kennen lernt, die auch ohne das Kind ihre Gültigkeit hätte.

Nur wenn das Unternehmen schon *existiert* und funktioniert, kann ein neuer Mitarbeiter dort lernen, seine Arbeit zu beherrschen und seine Aufgaben zu erledigen. Nur wenige Menschen beginnen ganz ohne Vorkenntnisse eine neue Arbeit. Aber nicht einmal die Qualifiziertesten würden auf den Gedanken kommen, auf der Stelle damit anzufangen, den Arbeitsplatz zu verändern und alle festen Routinen über Bord zu werfen.

Ein Säugling, der durch seine bloße Existenz »das Unternehmen verändert« und keine Routine vorfindet, reagiert mit Unruhe, Verwirrung und Unzufriedenheit.

Das Kind folgt dir und lernt von dir, ob du es willst oder nicht. Übernimm die Führung und habe keine Angst davor! Du gibst deinem Kind damit eine Geborgenheit, die in keiner Weise mit deiner Liebe zum Kind konkurrieren oder für die Liebe deines Kindes zu dir bedrohlich werden könnte.

Folgst du stattdessen dem Kind, dann wird es protestieren. Genau so, wie du oder ich als neue Arbeitskraft protestieren würden, wenn der Chef sofort die ganze Verantwortung in unsere Hände legen würde.

Zeige dem Kind deine Welt – liebevoll und instruierend!

Und findest du vielleicht, dass es nicht viel zum Vorzeigen gibt, dann bedenke: Auch eine langweilige und einsame Tätigkeit ist ein Teil unserer Wirklichkeit! Deine Wirklichkeit, deine *für dich* notwendige Tätigkeit ist für das Kind gleichzusetzen mit dem Kampf der »Herde« ums Überleben.

Darin liegt die soziale Beteiligung des Kindes. Dort liegen seine Möglichkeit und seine Fähigkeit, die Wirklichkeit, in die es hineingeboren wurde, zu erforschen, zu beherrschen und allmählich zu verändern.

Das drei bis vier Monate alte Baby ist eine nach außen gekehrte, neugierige und einnehmende Persönlichkeit. Es hat zwei vorherrschende Interessen: die Verwendung der neuen Welt und das eigene faszinierende Können.

Der Körper ist rund und gut und fest. Er ist ein Werkzeug, mit dem man spielen und in dem man sich wohl fühlen kann, obwohl man in dem Alter noch gar keinen richtigen Begriff davon hat, wo er anfängt und wo er endet, oder gar, dass er einem selber gehört. Das ist egal. Man kann ihn schaukeln, ihn winden und biegen, und man kann stehen, wenn man nur jemanden findet, der einen an den Armen hält. Man kann sich auch umdrehen. Ist man sehr energisch, dann kann man sich vom Rücken auf den Bauch drehen. Aus der Bauchlage wieder auf den Rücken zu gelangen ist dann keine Kunst; das hat man ganz schnell drauf. Und die Eltern sollen aufpassen, dass man dann nicht mehr in der Nähe eines »Abgrundes« liegt!

Das Kind hat nun zwei, drei Kilo oder mehr zum Geburtsgewicht zugelegt. Die Augen haben ihre endgültige Farbe bekommen. Für alle kleinen Glatzköpfe gilt, dass bald bessere Zeiten kommen werden – aber es kann noch eine Weile dauern.

Die Konversation findet nicht länger lautlos statt. Ganz im Gegenteil. Der Wortschatz umfasst die wunderschönsten Vokale. Als Eltern kann man in den Genuss kommen, am frühen Morgen die schönsten Gesänge aus den Tiefen des Babybettes zu hören, ein unwiderstehlicher Singsang, der vom prächtigen Gedeihen des Kindes zeugt. Vielleicht hat der Mensch sogar vor langer Zeit jeden Tag mit Gesang begonnen, als Ausdruck von Glück …

Die Überlebensangst hat sich gelegt. Kleine Menschenkinder können in diesem Alter schon auf ihr Essen warten. Wenn man mal warten muss, kann man in der Zwischenzeit ja mit den eigenen Fingern spielen, diesen fliegenden Schwalben, die manchmal im Blickfeld vor einem auftauchen – und ab und zu auch im Mund landen.

Das drei bis vier Monate alte Baby ist stark und geduldig, munter und quicklebendig und zwischendurch auch mal von Langeweile geplagt. Wenn man nun schon so ungefähr weiß, wie diese Welt aussieht, ist es ja eine Strafe, sie nicht nutzen zu können! Ein dritter Schrei (zusätzlich zu dem Schrei des Hungers und der Übermüdung, der Schmerzensschrei nicht dazugerechnet) erscheint jetzt im kindlichen Repertoire, das Schreien aus Langeweile.

Gegen Langeweile helfen bekanntlich angenehme Beschäftigungen und verschiedene Formen der Unterhaltung. Für Menschen in diesem jungen Alter bedeutet dies in der Regel die Beschäftigung mit *Gegenständen*.

Bald ist das Baby total auf Gegenstände fixiert. Noch ist dieses Fixieren nicht vollständig entwickelt, aber es wird sehr bald so weit sein. Die Neigung zeigt sich immer deutlicher: Gegenstände zum Begucken, Sachen zum Üben des Greifens, Dinge zum Dagegenhauen. Gegenstände, die man mit den Augen verfolgen kann. Sachen, die man nachdenklich studieren kann, und Dinge, über die man schmunzeln oder laut lachen kann; und Sachen, mit denen man reden kann. Dinge, die man hören kann. Gegenstände, an denen man lutschen kann. Sachen zum Anbeißen für den zahnlosen Kiefer, den man noch hat. Dinge zum Wiedererkennen, Gegenstände, denen man etwas vorsingen kann, und Sachen, die langweilig sind. Sachen, die man entdecken kann, immer wieder und immer noch einmal. Gegenstände, die man begrüßen kann: »Aaah.« Wie z.B. die Lampe in der Küche, der man ganz viel zu erzählen hat. *Sobald ein Kind greifen kann, sollte es immer wieder einmal etwas in den Händen halten.*

Die Abendquengelei – wenn es sie gab – ist nun verschwunden (hoffen wir; siehe sonst »Wenn etwas schief läuft: Das Neugeborene weigert sich zu schlafen«, Seite 145). Die Abende werden kürzer und stattdessen werden die Wachzeiten im Laufe des Tages immer länger. Aber der Bedarf an Schlaf ist ungefähr gleich geblieben. Ein Baby von drei bis vier Monaten schläft praktisch genau so lange wie eines von zwei Monaten: zwischen 14 und 16 Stunden pro Tag. Das macht eine Wachzeit von insgesamt acht bis zehn Stunden.

Und im Laufe dieser acht bis zehn Stunden bietet einem das Kind in diesem Alter sehr oft dieses wunderbare Lächeln, das sich so schön über das ganze Gesicht ausbreitet und das einen zum Schmelzen bringt. Kein Herz ist so kalt, dass es diesem Lächeln widerstehen kann!

Neuigkeiten in der Routine

1. Feste Nahrung

Pürierte Nahrung, bestehend aus Gemüse und Obst, wird nach drei Monaten neben der Muttermilch oder der Ersatznahrung auf dem Speiseplan eingeführt. Diese wird am Vormittag oder frühen Nachmittag gegeben. Dabei wird zuerst der Brei serviert und dann die Milch. In der Regel habe ich mit Bananenbrei angefangen. Der ist meistens verlockend genug. Auf einem sauberen Teller püriert man mit einer sauberen Gabel ein Drittel Banane zu einem fast flüssigen Brei. Mit dem Kind auf dem Schoß, dem Teller auf dem Tisch und einem (großen) Lappen in der Nähe stürzt ihr beide euch dann in das große und aufregende Erlebnis!

Der kleine Löffel ist halb voll und wird in den kleinen Mund hineingeschoben. Du streichst den Brei gegen den kleinen Oberkiefer ab. Aus dem einen oder anderen Mundwinkel wird dann das meiste wieder hervorquellen und dies unter dem sehr erstaunten Blick eines kleinen Fräuleins oder Männleins, das oder der zum ersten Mal mit dem Löffel gefüttert wird. Dann sammelst du das, was eigentlich in den Mund gehört, wieder auf den Löffel und füllst es noch einmal hinein.

Das Kind erkundigt sich voller Erstaunen und mit großen Augen, ob all dies auch seine Richtigkeit hat. Dann solltest du unbedingt aufmunternd und bejahend aussehen; nicht in einem verräterischen Ton sagen oder auch nur denken: »Um Gottes Willen, wie soll das nur gut gehen! Und was ist, wenn meine kleine Maus keine Banane mag?« Dein Mäuschen wird nicht zur Bestätigung nicken, es wird dich nicht unterstützen: »Uhm, Mama, weißt du was, das ist ja wirklich lecker. Die Banane ist hiermit akzeptiert. Ich möchte jeden Tag um 14.00 Uhr Banane essen!«

Mit sicherer Hand servierst du ohne zu zögern die Banane und teilst dem Kind dadurch mit, dass die Banane zu den wirklich schönsten Sachen dieser Welt gehört, die übrigens seit jeher von Menschen gegessen worden ist.

Ein und dieselbe Portion muss vielleicht noch viele Male in den kleinen Mund geschaufelt werden. Darüber musst du dir keine Sorgen machen. Das bedeutet nicht, dass deine kleine Maus keine Banane mag. Es gibt so vieles, mit dem das Kind zum ersten Mal konfrontiert wird: der Löffel, das Essen an sich, die neue Konsistenz der Nahrung, das ruckweise Servieren, die fehlende Brust oder Flasche. Die Kleine hat sich zu diesem Zeitpunkt noch gar keine

Meinung darüber gebildet, ob sie Banane mag oder auch nicht. Sie ist voll damit beschäftigt, zu versuchen, etwas Neues zu erlernen.

Du kannst danach für zwei oder drei Tage zur gleichen Tagesmahlzeit weiterhin Bananenbrei servieren.

Die nächsten Geschmacksproben können Apfelmus oder Tomatenmus sein, beide sichere Gewinner. Auch Blaubeermus mögen die meisten Babys. (Dabei kannst du berücksichtigen, dass Blaubeermus bei zu flüssigem Stuhlgang festigend wirkt, Pflaumenmus wirkt dagegen abführend.) Möhren sind nicht immer ein Hit, aber Blumenkohl wird meistens angenommen.

Es kann klug sein, mit den sicheren Sachen anzufangen. Am Anfang wird alles angenommen, da alles gleich neu ist, aber nach wenigen Wochen bilden sich gewisse Geschmacksrichtungen heraus. Sämtliche Obstpürees werden gern gegessen. Birne und Pfirsich scheinen besonders lecker zu sein; wenn man mit Muttermilch groß geworden ist, ist man ja süße Sachen gewöhnt.

Fertigpürees aus dem Glas müssen nicht aufgewärmt werden, solange sie ungeöffnet waren. Die erste Portion kann direkt aus dem Glas oder von einer Untertasse serviert werden. In den ersten Tagen sind drei bis vier Löffel ausreichend. Das Kind wird bald auf den Geschmack kommen und dann die Hälfte des Glasinhaltes wegputzen. Du solltest die Grenze bei einem halben Glas setzen, sonst wird nicht mehr viel Platz für Mutter- oder Flaschenmilch übrig bleiben. Ein ganzes Glas gibst du erst, wenn du mit dem Abstillen begonnen hast.

Ein offenes Glas Babynahrung sollte innerhalb von vier Tagen aufgebraucht werden. Am 5. Tag musst du den Inhalt des Glases wegwerfen, auch wenn du vielleicht nur einen Löffel voll entnommen hast.

Ist das Glas erst einmal offen, muss es mit geschlossenem Deckel in den Kühlschrank. Wenn du es dann am nächsten Tag wieder hervorholst, kannst du je nach Konsistenz des Pürees entscheiden, ob du es aufwärmst oder nicht. Die Fruchtpürees bleiben flüssig genug und können auch kalt gegeben werden, bis das Glas leer ist. Gemüsepürees werden bei Kälte hart. Sie müssen vor dem Essen aufgewärmt werden. Du kannst eine passende Portion auf einen Teller geben und diesen über einem Topf mit kochendem Wasser platzieren; umrühren und vom Topf nehmen, nachdem das Gemüsepüree die passende, weiche Konsistenz angenommen hat. Die Temperatur misst du am besten mit dem Knöchel deines Zeigefingers. Bitte sei vorsichtig und pass gut auf, dass das erwärmte Essen nicht zu heiß ist! Sicherheitshalber solltest du es im 1. Lebensjahr deines Kindes vermeiden, die Babynahrung in der Mikrowelle aufzuwärmen.

Ich habe nur gute Erfahrungen mit Fertigbabynahrung gemacht, außer dass sie teuer ist. Möchtest du Pürees selbst herstellen, musst du die Nahrung nur kochen und pürieren und, wenn nötig, durch ein Sieb passieren. Es gibt spezielle Kochbücher zu diesem Thema. Man muss natürlich sehr auf gute Zutaten und Hygiene achten.

Säuglingsnahrung sollte nicht gesalzen sein.

Zucker sollte die ersten zwei Jahre ganz und gar verboten sein, nicht nur den Zähnen zuliebe.

Man muss mit Roter Bete vorsichtig sein – und daran denken, dass sie den Stuhl völlig rot (wie Blut) färben.

Persönlich habe ich das ganze erste Jahr folgende Nahrungsmittel vermieden: Erdbeeren, Rote Bete, Eier in allen Formen und Schokolade (Kakao). Bis zu einem Alter von sechs Monaten habe ich auch keine Kuhmilch gegeben. Stattdessen kann man ein wenig Obstsaft nehmen.

Ein Kind von drei bis vier Monaten braucht normalerweise nichts anderes zu trinken als die Muttermilch oder Ersatznahrung, außer an ganz heißen Sommertagen. Dann ist abgekochtes, abgekühltes Wasser ausreichend. Die Gefahr der Überhitzung und des Austrocknens ist bei Säuglingen immer besonders groß. Säuglinge und Wärme sind eine Kombination, die rote Signallampen zum Leuchten bringen sollte. Man muss in der Hinsicht sehr aufmerksam sein, den Schatten aufsuchen und ausreichend Flüssigkeit zu trinken geben!

Beim Füttern braucht der kleine Mund übrigens nicht leer zu sein, bevor der nächste Löffel serviert wird. Es ist nicht Sinn der Sache, dass die Mahlzeit eine Ewigkeit dauert. Das Kind lernt bald die angebotene Nahrung herunterzuschlucken.

Es ist ein zeitraubender und überflüssiger Weg, wenn man zulässt, dass das Kind das Püree vom Löffel lutscht, indem man den Löffel genau vor den kleinen Mund hält und nur die Lippen des Kindes berührt. Es ist besser, dem Kind schon von Anfang an die richtige Methode der Nahrungsaufnahme zu präsentieren! Das Kind ist groß genug, um das zu schaffen.

Hab keine Angst, die Führung zu übernehmen, du musst nur aussehen, als wüsstest du genau, wie die Sache geregelt wird! Genau das erwartet das Kind nämlich von dir.

Sollte jede Löffelfüllung so schnell wieder herauskommen, wie sie hineingelangt, musst du wenigstens eine Löffelportion so oft wieder hineinfüllen, bis das Kind diese annimmt. Dann kannst du aufhören. Am nächsten Tag versuchst du es wieder mit der gleichen Sorte Püree.

Man sollte nicht voreilig zu dem Schluss kommen, dass das Kind das Essen nicht mag oder nicht vertragen kann. Es ist die Nahrungsaufnahme an sich, die noch problematisch ist. Du kannst dir ja denken, wie du dich selbst verhalten würdest, wenn du das ganze Leben nur von flüssiger Nahrung gelebt hättest und dann plötzlich Hackbraten essen müsstest. Du wusstest ja nicht einmal, dass es Hackbraten überhaupt gibt, und zum *Geschmack* würdest du erst sehr viel später Stellung nehmen!

Wenn du mit dem Füttern fertig bist, gehst du direkt zur Brust- oder Flaschenmahlzeit über, immer noch mit der Haltung, alles sei in bester Ordnung.

Du solltest zwischen den verschiedenen Obst- und Gemüsesorten wechseln und eine Auswahl von sechs bis sieben verschiedenen Sorten auf dem Menüplan haben. In Bezug auf die Temperatur sollte man auch ständig abwechseln. Das Kind sollte nicht nur lauwarmes Essen kennen, sondern auch kaltes und warmes! Die feste Nahrung sollte jedoch täglich zur gleichen Zeit gegeben werden.

2. Durchschlafen

Sehr oft brauchen kleine Kinder Hilfe, um eine ganze Nacht (also 12 Stunden) durchzuschlafen. Bestimme, wann du damit anfängst. In der Regel habe ich im Alter von vier Monaten begonnen. Es ist aus zwei Gründen ein guter Zeitpunkt. Erstens ist es eine Tatsache, dass ein gesundes und normalgewichtiges Baby von vier Monaten problemlos 12 Stunden durchschlafen kann. Zweitens, falls dein Kind Flaschennahrung bekommt, rückt der dickere Brei nun ins Zentrum der Aufmerksamkeit. Er ist sättigend und gut und wirkt oft wie »ein Schlag mit der Keule«, jedenfalls in der ersten Zeit. Wenn du stillst, kannst du tagsüber Muttermilch geben und abends den Brei servieren.

Die Voraussetzung dafür, dass deine Kleine die ganze Nacht durchschlafen kann, ist, dass sie tagsüber ausreichend Nahrung bekommen hat und dass es im Laufe des Tages ausreichend Wachzeit und Aktivität gegeben hat. Du entscheidest dich also für den Starttag des Durchschlafens, und an diesem Tag sorgst du dafür, dass die Bedürfnisse deines Kindes im Übermaß zufrieden gestellt werden.

Für die kommende Zeit wirst du das Schema, das du bisher mehr oder weniger fest verfolgt hast, ändern müssen. Da sowohl Essen als auch Wachzeit am späten Abend nun wegfallen, musst du im Laufe des Tages dafür Kompensation schaffen. Die Gesamtzahl an Schlafstunden sollte die gleiche wie vorher bleiben (vermutlich zwischen 14 und 16 Stunden pro Tag). Wenn das Kind nachts 12 Stunden schläft, bleiben zwei, höchstens vier übrig. Diese sollten auf einen längeren Mittagsschlaf, einen kürzeren Vormittagsschlaf und ein Nachmittagsnickerchen verteilt werden.

Sagen wir, du hast die Zeiten, zu denen du gefüttert hast, bisher nach einem Schema eingeteilt, das in etwa so aussah:

5.00, 9.00, 13.00, 17.00 und 21.00 Uhr.

Morgens hat die Kleine sicherlich noch einmal geschlafen; zwischen der zweiten und der dritten Mahlzeit hat die eigentliche Aktivität stattgefunden; nach der dritten Mahlzeit hat sie ihren Mittagsschlaf gemacht und schließlich sind die vierte und die fünfte Mahlzeit immer näher zusammengerückt mit nur einem kurzen Nickerchen von vielleicht 20 Minuten dazwischen. Hierbei hat die Kleine am Leben um sie herum teilgenommen, ist an den Aktivitäten in der Familie beteiligt worden und hat dann noch gebadet.

Dies ist ein ganz normales Muster. Oft aber wird der Mittagsschlaf auch vorverlegt und die dritte Mahlzeit erst um 14.00 Uhr gegeben. Die letzte Abendmahlzeit wird bereits um 21.00 Uhr beendet, anstatt dann anzufangen; normalerweise zeigt sich schon am Anfang des dritten Lebensmonats die Tendenz zu einer Zusammenlegung der letzten beiden Mahlzeiten.

Nun ist die Zeit gekommen, um etwas an der Sache zu ändern und ein neues Schema mit nur vier Mahlzeiten festzulegen (und einen kleinen Nachttrunk, siehe unten). Lege den neuen Plan schriftlich fest.

Die Zeiten können wie folgt aussehen: 5.00, 9.00, 14.00 und 18.00 Uhr, und – wie ich vorschlagen möchte – mit einem guten, langen Mittagsschlaf zwischen 12.00 und 14.00 Uhr.

Vielleicht passt es dir besser mit 6.00, 10.00, 14.00 und 18.00 Uhr? Und wer findet, dass eine längere Pause mitten am Tage vorzuziehen ist, wenn der Abend dafür mit Gesellschaft und Aktivität gefüllt ist, dem ist es nicht so wichtig, ob der Nachtschlaf nun genau 12 Stunden beträgt, und wählt stattdessen die folgenden Zeiten: 6.00, 10.00, 15.00 und 19.00 Uhr. Der Mittagsschlaf kann ungefähr drei Stunden dauern, also von 12.00 bis 15.00 Uhr und die Abendmahlzeit kann sich bis 20.00 oder 21.00 Uhr hinziehen. Danach beträgt der Nachtschlaf nur noch neun oder zehn Stunden.

Die Pointe ist, dass ein Säugling in diesem Alter – das drei bis vier Monate alte Baby ist ein richtiges Gewohnheitstier – sich gütig in jedes Schema integrieren lässt, wenn es nur einigermaßen regelmäßig eingehalten wird (am besten *sehr* regelmäßig). Man könnte sogar den Nachtschlaf von Mitternacht bis zwölf Uhr mittags legen, wenn man es wollte!

Legen wir uns erst einmal auf die Zeiten 5.00, 9.00, 13.00 und 17.00 Uhr fest.

Sagen wir, du möchtest, dass die letzte Mahlzeit um 18.00 Uhr beendet ist. Mit einem Nachtschlaf von 12 Stunden – wir nehmen an, dass du an ihm festhältst – bedeutet das, dass der Tag ab jetzt nicht mehr um 5.00, sondern um 6.00 Uhr beginnt.

Erste Anpassung: 6.00, 9.00, 13.00 und 17.00 Uhr.

Nun rechnen wir die gesamte Schlafzeit aus. In unserem Beispiel sind es zwölf Stunden nachts und etwa zwei Stunden Mittagsschlaf, zusammen 14 Stunden. Wahrscheinlich wird deine Kleine noch etwa eine Stunde Schlaf zusätzlich brauchen. Wie lange darf der Vormittagsschlaf dauern – und das Nachmittagsnickerchen? Wie du siehst, bleibt nicht viel Zeit übrig. Wenn die Kleine daran gewöhnt ist, nach der ersten Morgenmahlzeit noch mal eine gute Runde zu schlafen, bleibt fast nichts für das Nachmittagsnickerchen übrig. Vielleicht entscheidest du dich dafür, das Nachmittagsnickerchen im Hinblick auf den langen Nachtschlaf, der folgen soll, wegfallen zu lassen.

Nächste Anpassung: 6.00, 9.00, 13.00 und 16.00 Uhr. Diese Zeiten mögen vielleicht merkwürdig erscheinen, aber die letzte Mahlzeit *beginnt* zwar um 16 Uhr, endet aber erst um 18 Uhr. Und jetzt bist du bereit für den großen Tag!

Der festgelegte Starttag beginnt wie gewöhnlich um 5 Uhr. Achte danach auf die Zeit, damit der Morgenschlaf nach der ersten Mahlzeit nicht zu lang wird. An diesem besonderen Tag musst du alles präsentieren, was du an lustiger Unterhaltung, sozialer Beteiligung, guten Lachtouren und normaler Aktivität nur so aufbringen kannst. Außerdem solltest du den Tag mit ganz, ganz viel Nahrung und frischer Luft krönen!

Verlängere dem neuen Schema entsprechend die Vormittagsmahlzeit und die Nachmittagsmahlzeit, (d.h. die Wachzeit; das Essen an sich mit seinen 2–3 Runden dauert nun höchstens 1 Stunde) und sorge dafür, dass der Mittagsschlaf nicht länger dauert als geplant. Kleine Menschenkinder in diesem Alter können, wie du weißt, geweckt werden, ohne auch nur im Geringsten ungnädig zu werden. (Es klappt besonders gut, wenn man auf das klassische Schlafmuster achtet: Der Schlaf ist leichter nach genau 5 min, 20 min, 1,5 Std, 2 Std, 3 Std).

Bei der letzten Mahlzeit am späten Nachmittag/frühen Abend ist die Zeit reif für deinen größten Einsatz. Alles, was die Kleine an Nahrung überhaupt in sich hineinbekommen kann, und alles, was sie an Gesellschaftsleben und sozialer Beteiligung nur so aufnehmen kann, sollte ihr jetzt – bei heiterer Stimmung – angeboten werden. Jede Anstrengung lohnt sich! Bedenke, dass ein kleines Kind, das fast den ganzen Tag geschlafen und dazu noch einen halbleeren Bauch hat, niemals 12 Stunden am Stück schlafen kann – dass könntest du auch nicht.

Nach dem Baden bekommt das Kind einen letzten Schluck, unter liebevollem, aber sturem Drängeln, wenn notwendig. Dann legst du sie auf den Bauch in den Kinderwagen und stellst ihn an einen dunklen Ort, an dem es still und kühl ist. Öffne das Fenster: Frische Luft fördert den Schlaf.

Du legst die Zudecke gut um dein Kind und entscheidest, dass die Nacht jetzt beginnt. Ordnungshalber entscheidest du auch, wann die Nacht wieder zu Ende ist. Danach änderst du die so festgelegte Zeit nicht mehr! Hast du dich für 6.00 Uhr entschieden, wird der Tag um 6.00 Uhr anfangen.

Genau wie bei dem einen Monat alten Baby, das lernen musste eine Nachtmahlzeit zu überspringen, kannst du dich nun auf eine Nacht, vielleicht zwei oder höchstens drei unruhige Nächte gefasst machen, bis die neue Gewohnheit sich gefestigt hat.

Du gehst genauso vor wie (eventuell) damals (siehe »Der Schlaf«, Seite 144, dort ist eine effektive Technik zum Wiegen im Kinderwagen beschrieben). Wenn das Kind also wach werden sollte, und du stellst fest, dass es 23.00 Uhr abends ist, 1.00 Uhr nachts, 3.00 Uhr oder welche Zeit auch immer, aber eben nicht 6.00 Uhr morgens, dann stehst du sofort auf und fährst das Baby im Wagen hin und her. Sprich nicht und berühre das Kind nicht. Du darfst deine Anwesenheit nicht preisgeben. Bewege den Wagen mit der vollen Länge deines Armes in regelmäßigen Zügen hin und her und mit einem kleinen, festen Ruck am Ende eines jeden Zuges.

Die Kleine, die auf dem Bauch liegt, wird ihren Kopf heben und versuchen zu sehen, was geschieht. Aber da sie nichts sieht oder hört, wird sie sich bald wieder hinlegen. Wütend, verzweifelt oder nur verblüfft wird das Kind schreiend fragen: »Was ist denn hier los? Bekomme ich gar nichts zu essen?« Und die lautlose Antwort, die durch deine Haltung und durch das ununterbrochene Rollen des Wagens erfolgt, lautet: »Nein, jetzt nicht; du musst schlafen.« Deine Botschaft lautet: »Nachts wird geschlafen!«

Nimmt die Kleine einen Schnuller, kannst du den geben, aber deine Hand sollte dabei auf keinen Fall die kleine Wange berühren. Kein Licht, kein Laut außer dem monotonen Geräusch des hin- und hergeschobenen Kinderwagens!

Das Kind wird nach einer Weile wieder einschlafen. Am besten ist es, wenn du es schaffst, mit dem Hin- und Herfahren innezuhalten, kurz bevor das Kind wieder einschläft (siehe Seite 270). Sonst läufst du Gefahr an den Kinderwagen gefesselt zu werden – denn die Kleine würde lernen, dass der Kinderwagen fahren muss, bis sie richtig schläft. Und deshalb wird sie wieder wach werden, sobald der Wagen stehen bleibt. Du wirst in der ersten Nacht noch zwei- oder dreimal, vielleicht sogar viermal, aufstehen müssen, um den Kinderwagen hin und her zu fahren.

Das Wichtigste ist, dass du sofort beim ersten Schrei der Kleinen mit dem Hin- und Herfahren anfängst und dass du nicht aufhörst, bis das Kind wieder entspannt und ruhig ist – aber bevor es schläft. Führe die letzten Züge etwas vorsichtiger und immer langsamer aus.

Sind die Nächte hell, wird das Kind dich sehen können. Und bist du erst gesehen worden, solltest du auch mit Worten bestätigen, was du durch deine Handlung bewirken möchtest: »Du musst jetzt schlafen, gute Nacht. Bis morgen früh!« – oder was immer du vorsagst. Halte an deiner alten Leier fest. Du musst dich nicht entschuldigen für das, was du tust. Deine Stimme sollte fest und bestimmt sein, als würdest du einen Punkt setzen; keinen Platz für Einwände lassen. Du darfst deiner Handlung nicht die Wirkung nehmen, indem du ihr durch die Betonung deiner Stimme widersprichst.

Um 6.00 Uhr, wenn du dich darauf festgelegt hast, sind die Prüfungen der Nacht endlich vorbei. In der Regel ist es gegen Morgen am schwersten, das Kind zum Weiterschlafen zu bewegen. Einen Spielraum von einer halben Stunde sollte man sich immer geben, wenn es am Ende *zu* schwierig werden sollte, besonders wenn das Kleine (wie in unserem Beispiel) daran gewöhnt ist, um 5.00 Uhr zu essen. Versuche die Kleine hochzunehmen in einem Moment, in dem sie ruhig ist oder noch schläft – und nicht wenn sie schreit! Schreit sie, beruhigst du sie erst, indem du wieder mit dem Fahren anfängst oder deine monotone Leier aufsagst, oder beides.

Aber in der zweiten Nacht solltest du die festgelegte Zeit streng einhalten – nur noch 15 Minuten Freiraum. Dann wirst du ein, zwei oder höchstens drei Mal (aber das ist bereits außergewöhnlich) aufstehen müssen, um den Kinderwagen hin- und herzuschieben. In der dritten Nacht wirst du höchstwahrscheinlich nur ein Mal aufstehen müssen. Oder vielleicht gar nicht mehr. Und dann kehrt in eurem Zuhause wieder Frieden ein.

Dies alles ist gar nicht so schwierig. Erforderlich ist – und zwar zusätzlich zur Befriedigung aller kindlichen Bedürfnisse am Tage – Folgendes:
1. Du musst den Kinderwagen mit ausreichend ausholenden und schnellen Bewegungen hin- und herschieben, der Rhythmus muss regelmäßig sein. Du beendest jeden »Zug« mit einem kleinen Ruck, und du hörst mit dem Fahren auf, kurz bevor das Kind wieder eingeschlafen ist.

2. Du musst dabei eine Haltung einnehmen, die ausdrückt, dass deine Handlung völlig o.k. ist.
3. Du darfst die »Kur« nicht beenden, bevor die Gewohnheit sich gefestigt hat, was in der Regel bis zu drei Nächten dauert. Brichst du die »Kur« in der ersten oder zweiten Nacht ab, wird es bei deinem nächsten Versuch keine drei Nächte, sondern sieben Nächte oder noch (viel) länger dauern.

Bezweifelst du, dass du genug Charakterstärke und Entschlossenheit besitzt, und bringst du diesen Zweifel mit an den Kinderwagen, wird der Versuch scheitern. Dann ist es besser, die eigenen Grenzen zu erkennen und eine andere, entschlossenere Person darum zu bitten, die »Kur« durchzuführen. Du solltest dabei daran denken, dass du es ja nicht aus eigener Bequemlichkeit machst, sondern um einen zusammenhängenden Nachtschlaf des Kindes zu erreichen, weil es diesen wirklich braucht. Es ist in erster Reihe das Kind, das den Schlaf braucht, um die notwendige Ruhe zu bekommen, die es bei seiner so dramatischen und schnellen Entwicklung nötig hat.
Was tun bei Rückfällen? Hat ein Kind erst einmal damit angefangen, die ganze Nacht durchzuschlafen, wird es dies auch weiterhin tun. Natürlich können ab und zu kleine Rückschläge eintreten. Dann musst du es nach folgender Faustregel angehen: Einmal ist kein Mal, zweimal ist eine schlechte Gewohnheit!
Ein kleines Baby, das normalerweise die ganze Nacht durchschläft und plötzlich aufwacht und weint, braucht natürlich Fürsorge und Aufmerksamkeit. Auch kleine Kinder träumen und es können schlimme Träume sein. Es kann auch etwas anderes passiert sein, und es sollte klargestellt werden, was los ist. Allerdings sollte man mittlerweile aus einer Mücke keinen Elefanten machen! Es ist ja nicht Sinn der Sache, dass du durch deine eigene Besorgnis der Kleinen Angst macht, wenn du sie eigentlich beruhigen solltest.

Nimm das Kind nicht hoch, sondern beruhige es an Ort und Stelle – im Bett. Deine alte Gute-Nacht-Leier reicht aus – klar und deutlich vorgesagt. Es ist einfach, bei Kindern im Alter von drei bis vier Monaten eine gute Gewohnheit einzuführen, aber es ist genauso einfach, sie wieder fallen zu lassen …
Beim zweiten Mal solltest du kurz überlegen, bevor du zum Kind hineinstürzt.

Sollte es also notwendig werden, das Kind daran zu erinnern, dass der Nachtschlaf 12 Stunden dauert, musst du wieder auf das Wiegen im Kinderwagen zurückgreifen. Hast du die Kleine nun im Bett oder in der Wiege schlafen gelegt, kannst du sie ganz schnell in den Kinderwagen hieven, diesen an einen Ort stellen, an dem es ruhig und dunkel ist, und dann den Wagen hin- und herfahren wie bei der »Durchschlaf-Kur«.

3. Das Spielen allein am Morgen

Mit dem Spielen allein beginnen die Kinder ganz von selbst. Und man wäre doch töricht, wenn man das nicht einfach akzeptiert und darüber hinaus für diese Tatsache überaus dankbar ist!

Für kleine Menschenkinder im Alter von drei bis vier Monaten wird die eigene Gesellschaft zum Vergnügen an sich und besonders gemütlich scheint es am frühen Morgen zu sein. Hat man den Hunger gestillt und eine Dosis Aufmerksamkeit geschenkt und dazu noch eine trockene Windel und erfreuliches Tageslicht bekommen, kann man sehr wohl im Bett auf dem Rücken liegen und eine Weile mit den eigenen Armen und Beinen spielen und im Übrigen alle Merkwürdigkeiten, die in Sichtweite geraten, beobachten. Man tut dies sehr gerne und singt dabei.

Kein Baby verlangt um 6.00 Uhr morgens schon nach Unterhaltung. Es gibt also keinen Grund, dass du, die liebe Mutter oder der liebe Vater, sofort damit anfängst, gesellig und zuvorkommend zu sein. Jetzt mag dies vielleicht noch ganz lustig sein – aber in einem halben oder einem Jahr wird es weniger lustig, wenn du mal nicht ausgeschlafen hast und deine Mutter verkaufen würdest, nur um eine halbe Stunde länger schlafen zu können, um in aller Ruhe frühstücken oder die Zeitung lesen zu können.

Das Spielen allein lässt sich ohne weiteres als Morgenroutine einführen, gerade jetzt, da die Kleine selbst die Initiative dazu ergreift. Wenn es irgendetwas gibt, zu dem du dir im Nachhinein selbst gratulieren solltest, dann ist es die Tatsache, dass du dieses Angebot zum richtigen Zeitpunkt angenommen hast. Alle, die Kinder haben und diese Zeilen lesen, wissen warum.

Zuerst mein Hintergrund: Ich war jung und eher ein Morgenmuffel, als ich mein erstes Kind bekam. Es stellte sich heraus, dass die Kleine sich im Alter von drei Monaten zufrieden und vergnügt ins Bett zurückverfrachten ließ, obwohl sie nicht müde war. Lange Zeit lag sie da und brabbelte vor sich hin, während sie mit den Armen und Beinen strampelte.

Dies habe ich mit Dankbarkeit angenommen. Wenn sie sich morgens in ihrer eigenen Gesellschaft so wohl fühlte, warum sollte ich dann hineinhasten, um ihr Unterhaltung anzubieten? Ich störte sie nicht und gab ihr, was meiner Meinung nach für ihre Aktivitäten inspirierend war. Bald wurde dies zur festen Gewohnheit. Ich unterbrach sie nicht. Wenn sie müde wurde, machte sie die Augen zu und schlief.

Meine Tochter wurde größer und älter; sie konnte sitzen und nach etwas greifen und es festhalten. Ihr Spielzeug wurde immer vielseitiger. Mit einem Jahr spielte sie jeden morgen zwei Stunden allein, ein kleines Nickerchen mitgerechnet.

Fasziniert fing ich an, sie durch das Schlüsselloch oder die halbgeschlossene Tür zu beobachten. Womit die Kleine sich beschäftigte, war echte Arbeit. Methodisch versuchte sie, einen Bauklotz auf den anderen zu stapeln, ein Puzzleteil in die richtige Lücke zu stecken, einen Ring auf einen Stock zu stülpen. Zwischendurch versuchte sie auf einer Mundharmonika Töne hervorzubringen. Ab und zu überlegte sie, um danach in tiefer Konzentration das Problem von neuem anzugehen.

Ich konnte beobachten, wie sie sich verhielt, wenn ihr etwas nicht gelingen wollte. Obwohl sie niemand tröstete und niemand ihr half oder sie lobte, wenn etwas gelang, stellte sich heraus, dass sie Erfolge und Misserfolge gleich gut meisterte, genauso selbstständig, wie sie sich an die Arbeit machte. Die Enttäuschungen konnten sie so rasend machen, dass sie das widerspenstige Ding von sich schleuderte, um dann müde nur dazusitzen und mit leerem Blick in die Luft zu schauen – aber danach versuchte sie es wieder. Wenn sie ein Problem lösen konnte, spornte es sie dazu an, neue, noch größere und schwierigere Herausforderungen anzugehen.

Nur in einer bestimmten Situation schaute sie hilflos die Tür an oder schrie nach mir: Wenn sie – aus reiner Faszination am Werfen – alle Spielsachen auf den Boden geworfen hatte und feststellte, dass sie nicht mehr an das Spielzeug gelangen und damit nicht mehr weiterarbeiten konnte. Ihre Ausdauer und ihre Fähigkeit zum konstruktiven Denken sowie die ständigen Versuche, die Schwierigkeiten immer wieder in einer neuen und vielleicht erfolgreicheren Weise anzugehen, haben mir imponiert.

Ich stellte einen bestimmten Rhythmus fest: Nach einer besonders großen Anstrengung, bei der ihr etwas gelungen war, machte sie erst einmal Pause und hat sich ganz entspannt amüsiert, oft, indem sie einen zufälligen Ton auf der Mundharmonika produzierte oder indem sie sich hinlegte und in aller Ruhe mit den Füßen an den Gitterstäben ihres Bettes herumspielte. War ihr hingegen etwas misslungen, konnte sie sich keine Ruhe gönnen, sondern musste es noch mal versuchen.

Von ihrem Verhalten, das ich beim heimlichen Beobachten studieren konnte, habe ich gelernt, dass *der Mensch sich oft weigert zu akzeptieren, dass etwas unmöglich ist*, und wenn er sich dann davon überzeugt hat, dass es doch unmöglich ist, reagiert er mit Missvergnügen.

Zu der Zeit habe ich oft Billie Holiday gehört:
»*The difficult I'll do right now,*
the impossible
will take a little while ...«
(Das Schwierige erledige ich sofort,
das Unmögliche
wird etwas länger dauern ...)

Daraus ist ein System entstanden. Alle meine Kinder »lernten« am frühen Morgen allein zu spielen. Es war außerdem die einzige Tageszeit, zu der sie Spielzeug zu ihrer Verfügung hatten (siehe Seite 386 ff.). Obwohl ich in dieser Sache natürlich keine hundertprozentige Schlussfolgerungen ziehen kann, haben alle meine Kinder eine sehr gute Konzentrationsfähigkeit entwickelt. Sie konnten alle Niederlagen unaufgeregt wegstecken und wollten es spontan noch mal versuchen. Ihr Selbstwertgefühl ist bis heute nicht von der Anerkennung ihrer Umgebung abhängig, obwohl sie es natürlich mögen, wenn sie gelobt und geschätzt werden.

Ich erlaube mir anzunehmen, dass diese einsamen Morgenstunden voll konzentrierter und ungestörter Arbeit den Weg bereitet haben für ihr Selbstbewusstsein und ihre positive Einstellung zur Arbeit und zum Leben: Die Zufriedenheit, die durch die Arbeit erlangt wird, ist eine Belohnung an sich, und Schwierigkeiten sind dazu da, um überwunden zu werden.

Für mich haben diese Morgenstunden natürlich einen schönen Tagesanfang bedeutet, was manchmal auch notwendig war, da ich Zeit zum Schreiben brauchte. Aber allein die Möglichkeit, nach dem eigenen Rhythmus wach werden zu können ... einfach herrlich!

Im Laufe der Jahre haben mich viele Eltern gefragt, wie man es so einrichten kann, dass die Kinder sich morgens für eine Weile allein beschäftigen. Es gibt natürlich viele Möglichkeiten; meine Methode ist nur eine davon. Und das Allerbeste ist – wie immer –, der Eigeninitiative des Kindes zu folgen. Jetzt, wenn das Kind drei, vier Monate alt ist, ist die beste Zeit, um diese für alle Beteiligten gute Gewohnheit einzuführen. Hat man inzwischen aus vielleicht nachvollziehbaren Gründen das Kind daran gewöhnt, dass es von der ersten wachen Sekunde am Morgen Gesellschaft und Unterhaltung bekommt, und fängt man dann an, sich die Haare zu raufen, wenn das Kind in einem Alter von zwei Jahren die ganzen Kristallgläser aus dem Schrank wirft, während man selbst nach einer mehr oder weniger wilden Party halb tot im Bett liegt, ist es immer noch nicht zu spät, eine neue Ordnung einzuführen – die Gewohnheit, die man hätte einführen sollen, als das Kind sie von sich aus wollte (siehe »Beschäftigung«, im 5. Teil dieses Buches).

Das A und O für ein drei bis vier Monate altes Kind – wie wir wissen, ein Gewohnheitstier – ist Regelmäßigkeit. Die Tage sollten gleichförmig verlaufen. Gelegentlich kann man den Tagesplan ändern. Eine Reise z.B. kann die Routine über Bord werfen, es können aber auch unvorhersehbare Dinge eintreten, die Flexibilität erfordern. Dies ist kein Problem, solange die Routine im Prinzip noch ihre Gültigkeit hat und solange man eine gefestigte Gewohnheit hat, von der man mal abweichen kann. Es lohnt sich, festzuhalten, dass ein kleines Kind, das normalerweise nach einem festen Plan lebt, leichter mit gelegentlichen Neuerungen zurechtkommt und einen größeren Spielraum für Unvorhersehbares zulässt als ein Kind, das täglich mit einem »neuen« Tagesablauf konfrontiert wird.

Hast du dich also dazu entschlossen, das Spielen allein als Morgenroutine einzuführen, sollte es zum festen Punkt auf dem Tagesplan werden. Dein Kind wird sich bald daran gewöhnen, und die Morgenstunden werden auch in Zukunft genauso attraktiv bleiben, wie sie es zurzeit sind. Später, wenn das Kind allmählich älter wird, verlängert sich das Spielen allein, bis es nach dem ersten Geburtstag des Kindes zwei Stunden ausmacht (ein eventuelles Nickerchen eingeschlossen). Voraussetzung ist, dass du den Spieltrieb des Kindes kontinuierlich mit neuem, interessantem und immer komplizierterem Spielzeug förderst und dass dieses Spielzeug auch in Ordnung gehalten wird.

Zurück zum drei bis vier Monate alten Kind, so läuft's:
1. Füttere die Kleine, sobald sie wach wird. Gib ihr eine frische Windel. Und dann muss sie noch gründlich »Bäuerchen« machen.
2. Lege das Baby zurück in das Bettchen oder die Wiege (oder, wenn das Kindchen noch dort seinen Schlafplatz hat, in den Kinderwagen).
3. Achte auf die Temperatur im Zimmer, auf das Licht und auf die Kleidung des Kindes. Ist alles in Ordnung?
4. Bringe etwas über dem Bett an, was das Kind anschauen und nach dem es

greifen kann. Man kann Stangen mit herunterhängenden, interessanten Sachen kaufen, aber man kann auch selbst etwas Ähnliches anfertigen. An einem Seil oder einem kräftigen Band, das an den Seiten des Bettes ordentlich festgemacht wird, kann man hübsche Bänder mit Kugeln und kleinen Glöckchen, Rasseln, ein buntes Kuscheltier sowie verschiedene ungefährliche, aber interessante Küchenwerkzeuge befestigen. Zum Befestigen kann man Wäscheklammern verwenden, wenn man weiche und leichte Sachen aufhängt, die dem Kind nicht schaden, falls sie herunterfallen sollten.

Man muss daran denken, dass die Stange oder das Band mit den herunterhängenden Teilen sich so nah über dem Kopf und Oberkörper des Kindes befindet, dass die Hände oder Arme bequem an die Sachen herankommen, aber sich nicht darin verheddern können. Das Kind sollte problemlos die Sachen sehen und berühren können, ohne das Kinn auf die Brust legen, oder den Kopf nach hinten und nach oben biegen zu müssen. Mindestens einen der Gegenstände, aber am besten mehrere, sollten ein Geräusch von sich geben, wenn das Kind dagegenschlägt.

5. In der Nähe des kleinen Kopfes und dahinter legst oder befestigst du ein paar größere, solide Sachen: z.B. ein festes Bilderbuch mit hübschem Umschlag, eine Puppe mit großen Augen (die nicht zu schwer sein sollte, falls sie doch mal umkippt).

6. Zur dunklen Jahreszeit wird alles mit einer Lampe beleuchtet. Stelle sie so auf, dass sie die Sachen beleuchtet, aber nicht das Gesicht des Kindes anstrahlt.

7. Zur Arbeit hört man gerne Musik. Aber ertönt aus dem Radio eine Stimme, kann dies deine Kleine verwirren, und sie wird das Gesicht suchen, das zur Stimme gehört.

8. Schließlich gibst du dem Baby etwas in die Hände – kleine Rasseln in der Form von Hanteln sind ausgezeichnet, aber auch andere Sachen, die das Kind schon richtig greifen kann.

9. Kontrolliere den kleinen »Arbeitsplatz«, bevor du gehst! Alles, was die Kleine zu fassen bekommt, wird sie in den Mund stecken. Alles, was wasserlöslich ist, wird vom Speichel des Kindes aufgelöst werden. Postkarten, Poster u.Ä., die das Kind vor ein paar Wochen noch bewundert hat, müssen jetzt von der Bildfläche verschwinden. Sie würden in den Magen der Kleinen wandern, wenn sie sie zu fassen kriegen sollte. Hast du z. B. selbstklebende Bilder in fröhlichen Farben benutzt, als du das Bett oder die Wiege geschmückt hast, wird sie diese jetzt methodisch abkratzen, und sie werden an ihren Händen kleben und automatisch im Mund landen. Es ist zwar keine

lebensbedrohliche Kost, aber nicht empfehlenswert wegen der Erstickungsgefahr. (Es lohnt sich, ab und zu den Mund zu untersuchen. Oft wird man einige kleinere Dinge aus dem Mund eines vier Monate alten Kindes hervorholen können, und bei Krabbelkindern selbstverständlich noch öfter.)
Besonders gefährlich ist alles, was sich um den Hals des Kindes schnüren könnte. Du musst mit Adlerblick kontrollieren, dass sich nichts gelöst hat und dass keine Kleinteile abgefallen sind etc. Wenn nicht schon früher, musst du jetzt lernen, vorausschauend zu denken. Was passiert, *wenn* …?
10. Überlasse das Kind jetzt seiner eigenen charmanten Gesellschaft. Erst ein Küsschen, ein aufmunterndes Lächeln und dann ein sehr deutliches »Tschüss – bis gleich!«.
Schleich dich niemals hinaus, ohne ordentlich zu winken, und sorge dafür, dass die Kleine deinen Abschiedsgruß mitbekommen hat!

Hat man kein Gitterbett, sondern eine Wiege oder einen Kinderwagen, dann muss man seine Phantasie benutzen: Halb aufgeschlagen kann das Verdeck des Wagens zum Befestigen von Sachen genutzt werden. Die »Turnstange« (mit herunterhängenden Gegenständen) muss eventuell an Möbeln oder Wänden in der Nähe befestigt werden. Und überhaupt: Das Bett könnte ja auch an einen anderen Platz geschoben werden. Ein bisschen Nachdenken hilft immer.

Es ist amüsant (und praktisch), wenn du das Bett so aufstellst, dass du das Kind beobachten kannst, ohne selbst entdeckt zu werden!

Die Gegenstände, die du dem Kind nun vorgestellt hast, sind Dinge, die es studieren und ausprobieren kann und die du jeden Morgen wieder bringen solltest. Aber *nur dann*. Sie sollten nicht den ganzen Tag dort hängen oder liegen bleiben. Du solltest sie nicht vom Schlafplatz entfernen, um sie dem Kind im Laufe des Tages z.B. beim Spielen auf einer Decke auf dem Fußboden wieder zu geben. Sie sollten nur beim Spielen allein am Morgen erreichbar sein. Ist das Spielen allein zu Ende, entfernst du die Sachen und packst sie weg! Du brauchst sie nicht auszuwechseln; das Repertoire kann für mehrere Wochen gleich bleiben, vorausgesetzt die Sachen sind dem Morgenspiel vorbehalten.

Am Anfang dauert das Spielen allein nicht sehr lange: eine Viertelstunde, eine halbe Stunde, ausnahmsweise eine Dreiviertelstunde. Dann tritt eine von zwei Möglichkeiten ein:
1. Das Baby gibt müde und missvergnügte Töne von sich. Es will schlafen. Aber da es in der Regel auf dem Bauch schläft, musst du es umdrehen.
2. Es wird still. Die Kleine ist nach getaner Arbeit auf dem Rücken eingeschlafen. Dann entfernst du die Sachen und deckst das Kind mit einer Decke zu.

Bei sonstigem Missvergnügen, das nicht aus Müdigkeit heraus entsteht, solltest du kurz abwarten, bevor du reagierst: Es kann sehr wohl vorkommen, dass die Kleine die Sache buchstäblich selbst in die Hand nimmt.

Die Idee hinter dem Spielen allein ist die Stärkung des kindlichen Selbstvertrauens. Deshalb setzt es natürlich auch das Vertrauen des Erwachsenen in das Kind voraus.

Die Zeit des Spielens allein wird allmählich immer länger werden. Eine Stunde – oder mehr – wird das kleine Menschenkind aber erst in einigen Monaten für sich spielen, zwei Stunden erst im Laufe des zweiten Lebensjahres. Vorerst sollte man eine halbe oder vielleicht eine Dreiviertelstunde anstreben!

Ein vergnügtes und zufriedenes Baby könnte viel länger liegen und spielen, aber du solltest das Schicksal nicht herausfordern.

Das Spielen allein muss abgebrochen werden, solange das Kind noch zufrieden ist (dies bestätigt dem Kind, dass alles seine Ordnung hat), und nicht erst, wenn das Kind bereits missvergnügt ist (dies würde das Kind in dem Glauben bestärken, dass es von irgendetwas »Falschem« befreit werden müsse).

In diesem Alter ist es nicht wichtig, wie lange das Spielen allein dauert. Das Wichtigste ist, dass es jeden Morgen wiederkehrt, diese goldene Zeit, die nur dem Kind gehört.

4. Die systematisierte soziale Beteiligung

Die soziale Beteiligung des drei, vier Monate alten Kindes ist *nur dem Anschein nach* passiv. In Wirklichkeit lernt das kleine Menschenkind schon jetzt unglaublich schnell und viel.

Erinnerst du dich noch an das Gleichnis vom Beduinenlager? Solltest du in einem Beduinenlager in der Wüste landen, vollkommen ohne Kenntnisse der Sprache, der Gebräuche und des Lebens dort, aber mit dem Wissen, dass du in Zukunft als Beduine unter Beduinen leben wirst, dann würde deine soziale Beteiligung lange Zeit passiv erscheinen, während deine Sinne und deine Aufmerksamkeit auf Hochtouren arbeiten. Du würdest versuchen, alles zu lernen und zu verstehen, und zwar alles auf einmal: die fremde Sprache, die für dich unbegreiflichen Gebräuche, die Technik des Kochens, die Funktionen der Werkzeuge, die Tierpflege, die Zeremonien und Routinen des Alltags, die nächtlichen Geräusche, die Bedeutung der Lieder, die Gefahren und deren Anzeichen …

Nicht viel deiner Mühe wäre *sichtbar*. Aber du würdest trotzdem viel leisten und deshalb ab und zu erschöpft sein.

Du bekämest große, ja, lebensnotwendige Hilfe von einem positiven Kontaktmann, der dich belehrt, dir Verschiedenes demonstriert und dir zur Verfügung steht. Und all dies würde er aus Freude tun, aus Zuneigung zu dir und mit viel Verständnis für dich in deiner Hilflosigkeit und deiner Unwissenheit, während du dich doch so sehr anstrengst, um zu lernen und zu verstehen.

Der Säugling lebt unter genau denselben Bedingungen. Das Kind, das in deiner Obhut lebt, ist nicht wie ein Tourist zu Gast bei dir. Das Kind ist nicht zufällig zu Besuch gekommen, genauso wenig, wie du nur deinen Urlaub im Beduinenlager verbrachtest. Es geht um die Realitäten des Lebens. In die muss das Kind eingeweiht werden. Das übergeordnete Ziel ist das Überleben der Gruppe, der »Herde«, des Lagers und der Weg dorthin führt über die soziale Beteiligung. Am Ende des Weges steht die Fähigkeit des Kindes, allein zurechtzukommen und ohne dich (ohne die »Herde«) überleben zu können.

Für die soziale Beteiligung ist der Zugang zur Erwachsenenwelt erforderlich: eine soziale Gemeinschaft, in der für das Kind Platz gemacht wird, damit es mit der Zeit für die Gemeinschaft von Nutzen sein kann. Für das Kind ist die soziale Gemeinschaft auch dann ausreichend, wenn sie nur einen einzigen Erwachsenen umfasst. Die Voraussetzung ist, dass dieser Erwachsene sich mit etwas beschäftigt, das *für den Erwachsenen selbst notwendig ist* – oder zumindest sollte es dem Kind so erscheinen. Etwas, das er oder sie auch gemacht hätte, wenn das Kind nicht existieren würde. An diesem Unternehmen des Erwachsenen nimmt das Kind – so scheint es jedenfalls – nur passiv teil. Das Kind ist dabei, ohne selbst im Mittelpunkt zu stehen. Die Beschäftigung an sich ist das zentrale Thema. Eltern sorgen auf ganz natürliche Weise dafür, indem sie das Kind in Sichtweite haben wollen, während sie arbeiten, kochen, Geschirr spülen etc.

Das Natürliche daran verschwindet in unserer »Brave New World« oft ungefähr dann, wenn das Kind eine *aktive* soziale Beteiligung sucht (im Greif- und Krabbelalter). Eine bestimmte Ideologie, sozialpolitisch erwünscht, wie wir sie im zweiten Teil des Buches angesprochen haben, manipuliert die Erwachsenen dahingehend, die Kinder schon früh von der Wirklichkeit, die für sie, die Erwachsenen, eben gilt, zu trennen. Stattdessen errichten sie schon innerhalb der eigenen vier Wänden eine separate Kinderwelt, in der sie selbst die Gastrolle übernehmen – je nach Zeit und Möglichkeit.

Lises Mutter wurde zum Beispiel auf geradezu mystische Weise beigebracht, dass Liebe, richtige, echte Liebe, ihre totale Aufmerksamkeit erfordert, die sich nur auf Lise konzentrieren sollte. Sie darf das Geschirr nur spülen, wenn Lise schläft. Sollte Lise aufwachen, während ihre Mutter gerade damit beschäftigt ist, ihre Tomatenpflanzen zu pflegen oder an ihrer Decke zu weben, muss sie diese Arbeit unterbrechen und sich nur um Lise kümmern. Sie begibt sich in Lises Welt »*hinunter*«, anstatt die Kleine in ihre eigene Welt »*hoch*zunehmen«. Sie macht es wie der fehlgeleitete Kontaktmann im Lager, der alles, was er in den Händen hielt, stehen und liegen ließ, als du kamst, um sich zu dir in den Sand zu setzen, während das Zelt und das Lager, in denen ihr beide leben solltet, hinter euch geschlossen wurden und geschlossen blieben.

Lise ist mit dieser Ordnung nicht zufrieden und das wärest du auch nicht. Lise weiß, dass sie etwas lernen muss, und zwar die Lebensbedingungen, die für die Erwachsenen Gültigkeit besitzen. Du im Beduinenlager weißt auch, dass du etwas lernen musst: wie die Menschen in der Wüste leben, damit du nicht hilflos bist, wenn der Tag kommen sollte, an dem das ganze Lager weg wäre und du alleine dastehen würdest.

Lises Mutter muss deshalb kein schlechtes Gewissen haben, wenn sie weiter Geschirr abspült oder an ihrer Decke weiterwebt. Ganz im Gegenteil: Eine Tätigkeit, die für sie selbst notwendig ist (für den Kampf ums Überleben der »Herde«), ist die Voraussetzung für Lises Sozialisierung und damit für ihre Zufriedenheit. Die Mutter von Lise beachtet natürlich die Bedürfnisse ihrer Tochter – das Standardmodell ist eine zuverlässige Richtlinie –, aber die Tätigkeit, die für sie selbst notwendig ist, muss von Lise respektiert werden.

Der Bauer kann nicht mit dem Melken seiner vor Milch strotzenden Kühe aufhören, weil sein Kind aufgewacht ist – nicht einmal wenn das Kind unzufrieden sein sollte.

Durch Erfahrung wird der Säugling zu der Einsicht kommen, dass es Arbeit gibt, die notwendig ist, so notwendig (für das Überleben der »Herde«), dass alles andere warten muss. Daraus ist der typische Satz aller Eltern entstanden:

»Ich habe jetzt keine Zeit, mein kleiner Schatz!« Und ich bin der Meinung, dass dieser klassische Satz einen sehr guten und richtigen Hintergrund hat, auch wenn er vielleicht anders, weniger abweisend, formuliert (und vom Kind verstanden) werden könnte: »Das, was ich jetzt mache, ist notwendig. Komm und mach es mit mir zusammen!«

So wird die soziale Beteiligung systematisiert:
1. Sorge dafür, dass du eine Beschäftigung hast, die für dich notwendig ist. Am besten eine *produktive* Beschäftigung neben der reproduzierenden Hausarbeit. Hast du keine solche Beschäftigung, dann erfinde eine!
2. Fange diese Tätigkeit ohne Zögern und mit Entschlossenheit an, so als würde es geradewegs ums Überleben gehen. Würde es dir nicht erlaubt werden, über den Büchern zu hängen, die Wände zu streichen, Steckdosen zu befestigen, zu bügeln oder Streichholzhäuser zu bauen, würde die Welt zusammenstürzen und der Hungertod euch beiden ins Gesicht sehen.
3. Erweitere das Programm des Standardmodells um den Punkt *soziale Beteiligung*. Systematisiere diesen Programmpunkt genau so, wie du beim Füttern und Wickeln systematisch vorgehst. Lege die soziale Beteiligung am besten ans Ende jeder Mahlzeit, vor den letzten Einschlaftrunk, wenn das Kleine einen solchen immer noch bekommt.
4. Arbeite mit dem Baby in deiner Nähe. Platziere das Kind in gleicher Höhe mit deiner Arbeit, nicht bei deinen Füßen.
5. Arbeite völlig konzentriert. Sieh dein Kind nicht an, außer hin und wieder ein kurzer Blick. Benimm dich so, als wärest du dir der Nähe des Kindes bewusst und würdest sie auch wünschen, aber so, als müsse diese Arbeit unter allen Umständen erledigt werden, mit oder ohne Kind. Es geht hier um dein Leben, euer Leben! Sieh aber fröhlich aus. Es ist ja schön, zu leben!
6. Gib dem Kind etwas in die Hände, am besten einen Gegenstand, der mit deiner Tätigkeit zu tun hat. Erzähle gerne, wozu er gebraucht wird, aber konzentriere dich auf deine Arbeit. Schweig dabei, wenn es dir lieber ist. Das Wichtige ist, dass das Kind einen Einblick bekommt in die Beschäftigung, die für dich so notwendig ist.
7. Wird das Kleine müde, unterbrichst du die Arbeit, aber mit Finesse. Wende nicht deine ganze Aufmerksamkeit dem Kind zu, so dass er oder sie es merkt. Lege das Kind wie »beiläufig« schlafen und kehre sofort zu deiner

Arbeit zurück, einfach so. Dabei gibst du dem Kind das Gefühl in die Wiege mit, dass *die Welt nicht mit ihm oder ihr steht und fällt*, sondern wie gewöhnlich weitergeht, auch wenn das Kind nicht da ist.

8. Wird die soziale Beteiligung nicht vom Schlaf unterbrochen, dann mache selbst deutlich, wann die Arbeit vorbei ist, und dies mit Begeisterung: »So, das hätten wir geschafft! Nun wollen wir etwas essen!« (oder spielen oder rausgehen oder was nun gerade anliegt).

9. Beachte, dass die anscheinend passive soziale Beteiligung zu einer aktiven führen sollte. Sei aufmerksam gegenüber der kleinsten Initiative des Kindes zur aktiven Beteiligung.

    Wenn du z.B. gerade ein Streichholzhaus baust (nichts ist unmöglich!) und das Kind greift nach einer Streichholzschachtel und packt sie schließlich, um sie dann schnell zum Mund führen zu wollen, nimmst du unter großer Anerkennung die Schachtel aus der Hand des Kindes, während du dankbar bist für den erleichternden Beitrag zur Erledigung deiner Arbeit!

    Die Haltung, die du dabei einnimmst, sollte nicht lobend sein (»Wie lieb von dir«), sondern nur sachlich anerkennend (»Sehr gut! Danke schön!«). Das Kind hat dich bei deiner Arbeit entlastet, welches für die gemeinsame, notwendige Sache wichtig ist, nämlich fürs Überleben der »Herde«. Somit hast du dem Kind das Gefühl des »Gebrauchtwerdens« vermittelt.

10. Versuche so lange wie möglich, deine eigenhändig komponierte soziale Aktivität und Beteiligung nicht abzubrechen, auch wenn das Kind mit verschiedenen Unmutsäußerungen dies noch so sehr fordert. Versuche Wege zu finden, um das Kind »*hoch*zuholen«, anstatt in dessen Welt »*hinunter*zugehen«.

    Bist du z.B. beim Geschirrspülen und das Kind quengelt, dann lass das Kind näher kommen, das Wasser fühlen, den ganzen Arm hineinstecken, wenn es sein muss, an der Abwaschbürste lutschen … es ist schlimmer, von der sozialen Gemeinschaft ausgeschlossen zu sein, als ein paar Seifenblasen hinunterzuschlucken! Oder du bist beim Staubsaugen; das Kind bekommt Angst und protestiert. Mach den Staubsauger nicht aus! Nimm das Kind stattdessen hoch, arbeite weiter, lass das Kind mit fest halten, zeige ihm, wie man es macht. Beteilige das Kind an deiner Arbeit – weise es nicht von dir!

    Konzentriere dich auf die Arbeit. Lass die Arbeit die erforderliche Zeit dauern, mit dem einleuchtenden Anspruch, dass sie ihre Zeit nun mal braucht, egal was passiert. Lass das Kind teilnehmen, erst passiv, später aktiv.

Daraus entsteht in deinem Kind nach und nach die wunderbare Überzeugung, die alle Menschen in sich tragen sollten und die besagt: »Ich werde gebraucht, die anderen kommen ohne mich schlechter zurecht.«

5. Ein Tag mit Sofie, vier Monate

Sofie wächst mit den Ratschlägen aus diesem Buch auf ... und mit Freude nehme ich einen Tag aus ihrem jungen Leben als Illustration.
Sofies Mutter hat mit dem Stillen aufgehört. Nun versorgt ihr Vater das Kind. Genau an diesem Tag soll sie zum ersten Mal den dickeren Brei bekommen. Die letzten zwei Wochen hat sie durchgeschlafen. Das Schema, das die Eltern zu diesem Zeitpunkt aufgestellt haben, sieht aus wie folgt, mit Abweichungen bis zu einer halben Stunde in beiden Richtungen:

Erste Mahlzeit um 6.00 Uhr:

Essen, wickeln, reden; nicht besonders lange.
  Ca. 225g Muttermilchersatz.
  Gründlich Bäuerchen machen.
  Spielen allein im Kinderwagen.

Sofies Vater nutzt eine Kommode und die Außenseite des Verdecks zur Befestigung eines Bandes, an dem er Folgendes befestigt hat: Rasseln, einen Stoffelefanten mit Ohren, die so lang sind, dass sie zusammengebunden werden können, eine unbenutzte Haarbürste mit Borsten aus Plastik und einem Loch im Griff, eine mit Löchern versehene Kinderpostkarte mit großäugigen Figuren, einen Schnürsenkel, auf den er Holzperlen gezogen hat, einen Schneebesen mit Metallgriff und einige kleine Glöckchen mit einem starken Faden, zu einer Traube zusammengebunden.

Damit die ganzen Sachen nicht hinunterrutschen und sich in der Mitte sammeln, hat er Wäscheklammern am Band befestigt, um alles schön auseinander zu halten. Auf der Kommode steht eine gedämpfte Lampe. Aus dem Radio ertönt Musik.

Sofie spielt etwa eine halbe Stunde lang allein im Kinderwagen. Danach wird sie müde und will auf den Bauch gedreht werden. Sofies Vater macht das Licht aus, deckt die Kleine mit einer Decke zu und schiebt den Wagen ein paar Mal hin und her. Er nimmt das Band mit den Spielsachen weg, aber lässt das Radio laufen.

Wachzeit: anderthalb Stunden, darauf folgender Schlaf: anderthalb Stunden.

Zweite Mahlzeit um 9.00 Uhr:

Die ganz große Sache, nach dem vollen Programm des Standardmodells.

Füttern, wickeln, wieder füttern und gemütliches Beisammensein.

Danach bekommt sie meistens noch einen kleinen Schluck hinunter. Sofies Vater versucht es jedenfalls fast immer.

Auch bei dieser Mahlzeit gibt es ungefähr 225g.

Um 10.30 Uhr ist es Zeit für die soziale Beteiligung.

Zusätzlich zu der häuslichen Arbeit beschäftigt sich Sofies Vater mit zwei für ihn notwendigen Sachen: Teils folgt er einem Kurs für Bautechnik, teils ist er dabei, im Flur eine Regalwand mit Schränken und Schubladen zu bauen.

An diesem Vormittag liest er. Sofie liegt im Wipper neben ihm. Er hat ein Buch geopfert, das er ihr gibt, damit sie es halten, daran reißen und auch lutschen kann.

Wenn sie müde wird, legt er sie auf den Schreibtisch auf dem Bauch hin; so kann sie eine neue Körperstellung einnehmen und ihn dabei immer noch beobachten und seine Tätigkeit verfolgen.

Er widmet sich voll und ganz seinen Studien – auf jeden Fall scheint es so. Er kontrolliert, dass sie sich wohl fühlt, aber er macht sie nicht zum Mittelpunkt. Er hält die ganze Zeit eine Hand auf ihrem Rücken, damit sie nicht runterfallen kann.

Um 11.10 Uhr hat Sofie auch dazu keine Lust mehr. Er unterbricht seine Arbeit, um sie hinzulegen. Mützchen und Mäntelchen an, und schnell auf dem Bauch liegend in den Kinderwagen hineingekuschelt. Ein paar dicke Decken, ein Küsschen und »Schlaf schön!«, kurz und bündig. Sofie schläft auf dem Balkon. Hat er in der letzten halben Stunde (ganz genau 40 Min.) nicht besonders viel gelernt, so hat Sofie umso mehr erlebt, tröstet er sich. Er möchte nun gleich mit seinen Studien weitermachen.

Wachzeit: etwas weniger als zweieinhalb Stunden.
Darauf folgender Schlaf (Mittagsschlaf): zwei Stunden.

Dritte Mahlzeit um 13.30 Uhr:

Ein halbes Gläschen pürierte Tomaten heute (die andere Hälfte morgen). Danach Muttermilchersatz. Etwa 100g in der ersten Runde. Nach dem Wickeln noch 50g. Insgesamt 150g.

Außergewöhnlich wenig, findet Sofies Vater. Normalerweise kann sie nach dem Püree noch 200g verdrücken.

Dann gemütliches Beisammensein, viel Spaß und Blödeleien.

Sofies Vater hat fleißig gelesen, während sie schlief und ist bei guter Laune. So verläuft der Tag normalerweise und deshalb ist die frühe Nachmittagsmahlzeit immer mit sehr viel Fröhlichkeit verbunden. Sofie liebt grimmige Fratzen, solange der Papa sie mit einem großen Lächeln enden lässt. Sie fängt nun an, sich an diesem Spiel zu beteiligen.

Nach intensivem Beisammensein mit viel Spiel und viel Lachen folgt – kurz nach 14.30 Uhr – eine Zeit des Alleinseins auf einer Decke auf dem Fußboden.

Sofie hat ihre drei »eigenen« Welten, die unveränderlich bleiben. Die eine ist ihr Bett, in dem sie nachts schläft. Die zweite ist der Kinderwagen, in dem sie am Morgen spielt. Die dritte ist die Decke auf dem Fußboden im Wohnzimmer, auf der sie auf dem Bauch liegt zwischen Sachen, die ihr Vater Tag für Tag auswechselt, nach dem Prinzip: drei alte, eine neue; oder sechs alte, zwei neue. (»Neu« wird eine Sache wieder, wenn sie ein paar Wochen nicht im Programm war.) Alles wird auf der Decke um sie herumplatziert. Einige Sachen in ihrer Reichweite, andere außerhalb. Heute bekommt sie auch eine Brotkruste auf die Decke in die Nähe ihrer Hand gelegt.

Sofies Vater winkt: »Tschüss, ich bin gleich wieder da!«, und geht. Er beobachtet sie in regelmäßigen Abständen, ohne dass sie davon etwas mitbekommt. Er sieht, was sie macht, und kontrolliert, dass alles in Ordnung ist.

Im Wohnzimmer ist es still, von den stöhnenden und plappernden Anstrengungen Sofies abgesehen. Bald landet sie auf dem Rücken und langweilt sich. Sie schreit deshalb wütend. Ihr Vater geht zu ihr, dreht sie wieder auf den Bauch, verändert ihre Liegerichtung ein wenig und lockt sie mit den Sachen, indem er sie neu platziert. Als er geht, wiederholt er: »Tschüss, ich bin gleich wieder da!«

Er hat sich vorgestellt, dass 20 Minuten, höchstens eine halbe Stunde so verlaufen sollen. In der Zeit vermeidet er es, sie zu stören. Danach geht er hinein und nimmt sie hoch, und zwar zu einem Zeitpunkt, an dem sie noch fröhlich und zufrieden ist.

Der letzte Punkt auf dem Programm bei dieser Mahlzeit – um etwa 15.00 Uhr – ist ein Spaziergang im Freien. Sofies Vater nimmt sie normalerweise auf den Arm, wenn er keine Besorgungen machen muss. In dem Fall darf sie im Kinderwagen sitzen, von einigen Kissen gestützt. In der Regel trägt er sie also und kann sich deshalb in der nahen Umgebung des Hauses frei bewegen und ihr die Bäume, die Blätter, die Straßenlampen und die Büsche zeigen. Er bleibt oft stehen. Sofie darf alles anfassen.

Um 16.00 Uhr ist Sofie satt von den Erlebnissen und Eindrücken und schläft an Papas Schulter ein. Er legt sie in den Wagen. Da sie für draußen angezogen ist, schläft sie auch diesmal meistens auf dem Balkon.

Ist das Wetter richtig mies, zieht er das Mäntelchen aus und legt sie drinnen schlafen. Manchmal muss er sie eine kleine Weile im Wagen hin- und herfahren, wenn sie vom Ausziehen aufgewacht ist.

Wachzeit: zweieinhalb Stunden. Darauf folgender Schlaf: eine Stunde.

Vierte Mahlzeit um 17.00 Uhr:

Essen. Die Breimahlzeit wird angeboten. Und sie ist sehr beliebt. Etwa 175g in der ersten Runde. Bäuerchen machen.

Kein Wickeln nach dem Essen und auch kein Nachfüllen: Sofie soll gebadet werden. (Die Nachfütterung bekommt sie ganz zum Schluss, vor dem langen Nachtschlaf.)

Gemütliches Beisammensein.

Sofies Mutter kommt nach Hause. Die Begegnung ist sehr intensiv. Die kleine Sofie liegt auf ihrer Mutter auf dem Fußboden und die Idylle ist perfekt.

Es ist bald 18.00 Uhr.

Soziale Beteiligung.

Nun fängt Sofies Vater mit seiner Tischlerarbeit an. Er hat Sofie im Wipper neben sich. Er gibt ihr ein ungefährliches Werkzeug. Sie beobachtet ihn und brabbelt. Er antwortet auf ihr Geplappere, indem er erzählt, was er gerade macht. Nur hin und wieder sieht er sie kurz an. Er konzentriert sich auf seine Arbeit.

In der Zeit bereitet Sofies Mutter das Abendessen zu.

Heute ist die Kleine nicht gerade gut aufgelegt. Papa versucht, mit der sozialen Beteiligung eine halbe Stunde zu überbrücken, aber Sofie ist missvergnügt. Er lässt sie quengeln und protestieren. Die Arbeit geht vor, versucht er sich (und ihr) zu sagen. Erst als sie sich richtig traurig anhört, nimmt er sie vom Wipper hoch und bringt sie näher an seine Arbeit heran. Er weckt wieder ihr Interesse, indem er ihr ein großes Stück zusammengefaltetes Schleifpapier gibt. Es fühlt sich komisch rau an in den kleinen Fingern und an dem kleinen Mund. Als die Situation richtig kritisch wird, besticht er sie mit einer Brotkruste, aber er unterbricht seine Arbeit nicht, bevor die halbe Stunde um ist.

Danach bereitet er die Badewanne vor, mit dem Mädchen auf dem Arm; er zieht sie aus und badet sie. Er hat die Badewanne auf dem Küchentisch stehen, dadurch vermeidet er einen allzu krummen Rücken. Das Bad dauert gute 20 Minuten und hinterlässt sowohl den Papa als auch den Küchenfußboden patschnass. Sofie sieht richtig munter aus. Auf dem Wickeltisch wird sie mit dem Badehandtuch trocken gerubbelt, was unglaublich lustig ist.

Frisch gebadet und trocken, angezogen für die Nacht und in eine warme Decke gewickelt, bekommt Sofie endlich die letzte Runde von ihrer abendlichen Breimahlzeit, in warmem Wasser etwas aufgewärmt.

Sofie macht ein Bäuerchen, bekommt ein liebevolles Küsschen und wird schlafen gelegt.

Diesmal hat sie 75g zusätzlich gegessen. Also insgesamt: 250g.

Wachzeit: zwei Stunden. Darauf folgender Schlaf: 11 Stunden.

An diesem Tag war Sofie insgesamt achteinhalb Stunden wach. Und sie schlief insgesamt 15,5 Stunden.

Sie hat insgesamt 850g Muttermilchersatz und Brei (abends) gegessen und außerdem ein halbes Gläschen Püree. Sofie wiegt 6.460 Gramm.

Ich will im Folgenden an diesem Tag von Sofie einiges veranschaulichen!

Wie hat Sofies Vater es mit der sozialen Beteiligung hinbekommen?

Viele Eltern, vielleicht besonders Väter, denken wie Sofies Vater: »Wenn ich Erziehungsurlaub mache, werde ich in der Zeit dies und das schaffen ...« Oft machen sie dann den Fehler, dass sie glauben, diese Beschäftigung müsse auf die Schlafzeiten des Kindes verlegt werden. Sobald das kleine Kind wach ist, glauben sie – wie Lises Mutter (Seite 280) –, dass die ganze Aufmerksamkeit dem Kind gewidmet werden muss, das sich letztendlich auf dem Schoß des Vaters festsetzen wird.

Aber wie wir wissen, werden die Schlafenszeiten des Kindes tagsüber immer kürzer und weniger.

Sofie macht ein Schläfchen von anderthalb Stunden am Vormittag. Dies ist an und für sich eine gute Zeit für eine Hausfrau oder einen Hausmann, um etwas zu schaffen, aber kaum mehr als erforderlich ist, um den Haushalt am Laufen zu halten.

Die nächste Schlafenszeit ist der Mittagsschlaf: zwei Stunden. Das ist auch keine Ewigkeit, besonders nicht, wenn man die Zeit dazu nutzt, um mit dem schlafenden Kind im Kinderwagen einkaufen zu gehen.

Letztendlich ist da noch der Nachmittagsschlaf von nur einer Stunde. Da ist in der Regel schon die Zeit gekommen, um das Abendessen zuzubereiten.

Dann kommt der Abend. Hoffentlich kann man dann diesen mit dem Partner verbringen, wenn man einen hat, oder wenigsten ein Gefühl dafür kriegen, dass man noch ein eigenes Leben hat – oder man sinkt einfach in sich zusammen wie ein Luftballon, der die Luft verloren hat.

Aus den großen Plänen ist gar nichts geworden!

Sofies Vater hatte sich dazu entschieden, seinem Kurs zu folgen und seine Regalwand zu bauen. So haben viele Väter ihre Pläne gemacht. Die guten Vorsätze scheitern meistens, weil sie trotz allem nicht als notwendig genug (für den Kampf ums Überleben) betrachtet werden können, sondern in die Abteilung für Hobby und Freizeit abgeschoben werden.

Aber ein Landwirt, der sieben Kühe melken muss, kann sie nicht ungemolken stehen lassen, nur weil sein Kind weint. Er kann die Melkzeit auch nicht auf einen (für das Kind) passenderen Zeitpunkt verlegen, der dann am nächsten Tag wieder ein anderer ist. Seine Kühe müssen zu regelmäßigen Zeiten gemolken werden. Das Kind muss sich den vorgegebenen Bedingungen anpassen. Der Landwirt tut sein Bestes, um es dem Kind während des Kühemelkens bequem zu machen, aber er kann sich nicht voll und ganz seinem Kind widmen. Er lässt das Kind nicht unbeaufsichtigt und verlässt es auch nicht, aber er muss seiner Arbeit nachgehen. Würde er das nicht machen, wäre nicht nur die Gesundheit der Kühe, sondern auch die eigene Existenz und damit auch die des Kindes aufs Spiel gesetzt.

Der Vater von Sofie versucht hinsichtlich seiner Beschäftigung genau diese Grundhaltung aufrechtzuerhalten, wie unnütz die Arbeit auch manchmal scheinen mag. Innerhalb des Rahmens dieser Grundhaltung kann sich Sofies Vater einige Improvisationen erlauben. Er muss z.B. nicht immer vormittags lesen und abends seine Tischlerarbeit erledigen, er kann es auch umgekehrt machen. Er kann auch die soziale Beteiligung am Abend in die Zeit der Essenszubereitung verlegen. Diese ist für die Existenz der Erwachsenen (der »Herde«) notwendig. Das Kochen dreht sich nicht um Sofie, sondern ist eine Tätigkeit, die mit oder ohne Kind stattfinden würde. Damit wird hier soziale Beteiligung geboten, vorausgesetzt Sofie wird nicht davon fern gehalten. Er hat auch keine Bedenken, Sofie dabei mitten auf den Esstisch zu legen, während er und seine Frau ihre Mahlzeit genießen. Auch das ist soziale Beteiligung. Mama und Papa essen, weil es *für sie* notwendig ist.

Alles, was man zu Hause macht, kann als notwendig betrachtet werden, als etwas, das auch ohne Kind vonstatten gehen würde, und somit kann man bei diesen Aktivitäten soziale Beteiligung anbieten.

Hausfrauen und Hausmänner können ihren Kindern eine optimale soziale Beteiligung bieten, vorausgesetzt sie betrachten die häusliche Arbeit als gut und notwendig und nicht als eine Bürde, eine Strafe, die ihnen auferlegt wurde (weil der Partner/in zu wenig macht oder weil sie ein Kind bekommen haben).

Es ist ja in der Tat so, dass wir dazu neigen, eine Beschäftigung zu mögen, wenn sie uns notwendig erscheint. Oder wenigstens versuchen wir, sie zu mögen. Dies ist ja auch sozusagen das Beste, was man tun kann. Bei einer solchen Beschäftigung fällt es uns leichter und wir finden es auch natürlicher, nach und nach das Kind daran zu beteiligen, als bei einer Beschäftigung, die wir für uns selbst nicht richtig akzeptieren können. Bei einer latenten Unzufriedenheit weisen wir in der Regel jede Einmischung von außen von uns, auch die unseres Kindes.

Wer seine eigene Wirklichkeit, seinen eigenen für sie oder ihn gültigen Alltag untergräbt, begeht meiner Meinung nach damit seinen Kindern gegenüber eine ernsthafte Ungerechtigkeit.

Sofies Vater kann natürlich besser studieren, wenn er alleine ist, als wenn sich Sofie auf seinem Schreibtisch hin und her rollt. Die halbe Stunde, die er mit ihr zusammen studiert, ist vielleicht ganz ohne Ertrag – für ihn. Aber nicht für sie. Es ist *seine* Wirklichkeit, in die sie einen Einblick bekommt. Das bedeutet soziale Beteiligung. Und die ist genauso wichtig wie Nahrung und Liebe.

Es entsteht unvermeidlich eine gewisse Unzufriedenheit, wenn man einem kleinen, drei bis vier Monate alten Kind zielbewusst anbietet, sich am sozialen Leben zu beteiligen. Auch wenn es sich nur um kurze Zeitspannen handelt – Sofies Vater widmet sich dieser Aufgabe jeden Tag zweimal eine halbe Stunde lang –, wird die Anstrengung für das Kind leicht zu groß. Es kann nicht ständig sein volles Interesse zeigen. Würdest du ein neues Leben in einem völlig unbekannten Beduinenlager beginnen, könntest du auch nicht ununterbrochen voller Begeisterung sein. Vieles ist einfach ermüdend, besonders das, was man nicht versteht, egal wie groß das Interesse daran auch sein mag.

Man könnte also der Meinung sein, es sei zu früh, ein drei bis vier Monate altes Kind einer Wirklichkeit auszusetzen, die sich nicht um das Kind selbst dreht und gegenüber der das Kind etwas zurücktreten muss. Das Verhalten des Kindes zeigt aber, dass dem nicht so ist.

Wenn nicht der Trieb nach sozialer Beteiligung unabwendbar und so stark wäre, wie er ist – ich stelle ihn mit dem Überlebenstrieb auf eine Stufe –, dann würden die Säuglinge, die ständig im Mittelpunkt stehen und Gegenstand aller nur denkbaren und gefühlsmäßigen Aufmerksamkeit sind, ja nachts besonders gut schlafen und am Tage eine tiefe Zufriedenheit und harmonisches Wohlbefinden zeigen.

Das tun sie aber nicht.

Stattdessen ist es eher so, dass gerade die Eltern, die »alles« geben, die ihr eigenes Leben beiseite schieben und sich bis zur Selbstaufgabe dem Kind widmen, ohne jemals etwas zu tun, das *für sie selbst* notwendig wäre, solange das Kind wach ist – und das Kind ist wach –, von einer »Hölle« sprechen (siehe »Unsere Gedanken waren schon richtig, aber dann lief alles schief«, Seite 95).

Ein kleines Kind, das ohne soziale Beteiligung lebt, ist ständig mehr oder weniger missvergnügt. Ein Kind, das die soziale Beteiligung erlebt, ist dagegen nur ab und zu unzufrieden.

In den kurzen Zeitspannen, in denen die soziale Beteiligung systematisiert wird, musst du als Vater oder Mutter versuchen, dich wie der Landwirt zu verhalten: Die Kühe müssen gemolken werden, auch wenn das Kind unzufrieden ist. Du linderst die Unzufriedenheit deines Kindes natürlich so gut wie nur möglich, aber wie gesagt, die Kühe müssen nun mal gemolken werden!

Sofies Tag, so wie er oben mit seinen vielen Programmpunkten geschildert wurde, beinhaltet alles, was Sofie braucht. Noch braucht sie keine fortgeschrittenere soziale Beteiligung als die, die ihr Vater ihr geben kann. Noch akzeptiert sie nicht nur, sondern braucht eine begrenzte Welt, die klein sein darf, bevor sie groß wird.

Eine erwachsene, allein stehende Person ist in ihrem nahen Umfeld und bei ihrer eigenen Tätigkeit durchaus dazu imstande, einem Säugling zu geben, was er an sozialer Gemeinschaft braucht. Während der ersten, erforschenden Phase der kindlichen Entwicklung ist diese isolierte Lebensweise – bis zu einem Alter von etwa zwei Jahren – vielleicht ein Problem für die erwachsene Person, die das Kind pflegt, nicht aber für das Kind.

6. Ist der Alltag aus den Fugen geraten?

Wenn alles Kopf steht, nichts funktioniert, wenn man – gegen seinen Willen, wahrhaftig gegen den eigenen Willen! – eine/einer dieser Eltern geworden ist, die von einer »Hölle« reden – was tut man dann?

Fangen wir mal mit uns Erwachsenen an: Zwei Erwachsene, die einander lieben und sich gegenseitig nur das Beste wünschen, können ihre Beziehung trotzdem dermaßen zum Bröckeln bringen, dass sie ein Inferno wird. Warum? Weil ganz sicher eines fehlt: die Perspektive.

Der Mensch neigt dazu, die Welt kleiner machen zu wollen. Wird sie zu groß, werden wir verwirrt, vielleicht, weil wir so etwas wie Machtlosigkeit empfinden. Die überschaubare Welt, der begrenzte Lebensraum, ist kontrollierbar. Dort fühlen wir uns wohl. Bis eines Tages unser Blick sich etwas verdreht – wir sehen nicht mehr klar. Wir verlieren die Perspektive. Und dabei verlieren wir oft auch unseren Kopf – unsere Vernunft.

Wer eine »Hölle« durchlebt, weil er/sie etwas braucht, worüber er/sie sich – keine Schuld auf sich nehmend – beklagen kann, wird dafür sorgen, dass das Feuer in dieser Hölle nicht ausgeht. Es ist schwierig, wenn nicht sogar unmöglich, jemanden zu einer Veränderung zu überreden oder anzuspornen, wenn der- oder diejenige keine Veränderung zustande bringen möchte. Spricht man die Veränderung an, stößt man auf Angst.

Solche Eltern können stundenlang sehr detailliert darüber reden, was sie als ihre Hölle betrachten: Sie haben zwei Jahre lang nicht eine einzige Nacht schlafen dürfen; sie haben das Haus nicht verlassen können; das Kind hat alles auf den Kopf gestellt; die Scheidung rückt immer näher; das Elend scheint kein Ende zu nehmen, und alles ist unmöglich. Sagt man ihnen dann: »Aber wenn du das so und so machen würdest ... wenn du dies oder jenes einmal versuchen würdest ...«, würgen die Antworten jeden Ansatz auf Veränderung ab und bestätigen stattdessen den Zustand der Dinge: »Ach, du kennst ja den Tobias nicht.« – »So etwas würde Jonas nie mit sich machen lassen.« – »Andere Kinder vielleicht, aber nicht Lise.« – »Ach nein, Mimi ist ein hoffnungsloser Fall und das wird sie immer bleiben. Wozu also die Bemühungen.«

Es ist wirkungslos, zu versuchen, diese Eltern, die ein für sie legitimes Leiden suchen und aufrechterhalten, davon zu überzeugen, dass Tobias nicht jede Nacht 13 Mal aufwachen *möchte*, dass Jonas nicht schreien *möchte*, dass Lise nicht den ganzen Tag umhergetragen werden *möchte* und dass Mimi ihren Eltern nicht eine Hölle bereiten *möchte*.

Ich wende mich hiermit an die Eltern, die aufrichtig versuchen, etwas, das schief gelaufen ist, wieder auf die Reihe zu kriegen; die eingesehen haben, dass sie die Perspektive verloren haben, und sich in etwas verstrickt haben, das sie nicht mehr durchschauen können, und die deswegen leiden.

Ist dein Alltag aus den Fugen geraten, musst du vor allem mit Vernunft handeln! Du musst versuchen, mit der Vernunft einen dicken Strich zu ziehen – einen Strich durch deine Vorstellungen davon, wie kompliziert alles ist und immer bleiben wird.

Jede Sekunde werden zwei bis drei Kinder geboren; es gibt Millionen, Milliarden von Kindern; Menschen werden geboren, wie Blätter an einem Baum nachwachsen.

Natürlich ist gerade dein Kind für dich am wichtigsten. Trotzdem besteht er oder sie auch aus Fleisch und Blut – wie wir alle in dieser Welt.

Du musst versuchen, mit falschen Vorstellungen zu brechen, und einsehen, dass das, was bei vielen anderen Kindern funktioniert, sicherlich auch bei deinem kleinen Schatz funktionieren wird, obwohl er so ist, wie er ist; empfindlich oder mit diesem oder jenem Temperament ausgestattet. Wir haben alle Temperament und wir sind alle empfindlich. Und alle brauchen wir nachts einen guten Schlaf und jeden Tag etwas zu essen, egal ob wir Professoren sind oder Putzfrauen, Kannibalen oder Bürokraten. Dein kleiner Schatz ist ein Wunder, aber er ist immer noch ein Mensch.

Es ist die Routine, die du anpacken musst, um sie zu formen, festzulegen und dann daran festzuhalten. Für seine persönliche Entwicklung sorgt dein Kind zu einem großen Teil selbst. In dieser Hinsicht ist deine Bedeutung geringer, als du denkst; möge es dir als kleiner Trost dienen!

Es ist so leicht, die Babypflege viel zu kompliziert zu gestalten. Aber egal in welcher verfahrenen Situation du dich befindest: Du stehst nicht alleine da.

Frederiks Mutter z.B. versucht ihren Sohn mit Püree zu füttern. Währenddessen bombardiert sie ihn mit Fragen. Sie drückt sie nicht alle wörtlich aus, sondern durch ihre Handlungen, die zu fragen scheinen:

Mag er das Püree?
Ist es zu kalt?
Möchte er vielleicht lieber eine andere Sorte?
Will er lieber saugen? Oder möchte er mit dem Löffel gefüttert werden?
Bekommt er Angst, wenn ich das mache?
Wird er sich übergeben?
Möchte er vielleicht einen anderen Löffel?
Ist der Löffel zu scharfkantig? Oder zu kalt? Zu groß? Zu klein?
Sitzt er gut?
Möchte er vielleicht anders sitzen?
Soll ich ihn auf den Schoß nehmen?
Möchte er in die andere Richtung gucken?
Möchte er in einem anderen Stuhl sitzen?
Ist er jetzt satt?
Möchte er mehr?
Ist der Mund leer?
Gebe ich ihm zu viel?
Füttere ich ihn zu schnell? Zu langsam? Zu wenig?

Nachdem die Mahlzeit beendet ist, stehen vor Frederik acht geöffnete Gläser mit Babynahrung, ein Teller mit Bananenmus und noch ein Teller mit Kartoffelbrei. Außerdem liegen dort vier Löffel, von denen zwei aus verschiedenfarbigem Plastik sind. Und dann sind da noch eine Plastiktasse mit Tülle und ein Becher mit gekochtem Wasser zum Verdünnen des Breies, der *vielleicht* zu fest war und den Frederik *vielleicht* in flüssiger Form lieber aus der Schnabeltasse hätte essen/trinken wollen.

Um ihn herum stehen noch drei verschiedene Stühle, auf denen seine Mutter sich beim Füttern hin und her bugsiert hat. Und der Herd ist überladen mit Sachen, die zum Auf- und Anwärmen benutzt wurden.

Es ist nicht schwer, zu begreifen, dass all diese Fragen schließlich in reinster Panik enden. Frederik schrie wie am Spieß. Denn wie sollte *er* die richtigen Antworten wissen?

Frederiks Mutter liebt ihren Jungen und will nur sein Bestes. Deshalb will sie ihn auch unbedingt zufrieden stellen. Dabei läuft sie Gefahr, dass sie genau das Gegenteil von dem erreicht, was sie will. Und es könnte sehr wohl sein, dass Frederik am Ende ziemlich »gemein« wird. Er wehrt sich gegen die mütterliche Fürsorge, weil sie ihn damit verwirrt und sein Leben nur komplizierter macht. Er weist sie »undankbar« ab. Er kann es nicht ertragen, dass die Routine ständig in Frage gestellt wird – oder dass es überhaupt noch keine gibt.

Frederiks Mutter muss lernen, *mit der Fragerei aufzuhören*; sie soll das Püree servieren, Punkt.

Sie hat sich dazu entschlossen, ihm Püree zu geben – eine Entscheidung, die immerhin noch sie getroffen hat –, und so muss sie nun auf ihrer Entscheidung beharren und sie durchziehen. Sie darf bei sich kein Misstrauen gegen ihre eigene Entscheidung verspüren. Sie muss sich nicht dafür entschuldigen. Sie darf nicht erwarten, dass Frederik ihre Entscheidung sofort akzeptiert. Kann sie nicht für ihre Entscheidung geradestehen, ihm Püree zu geben, sollte sie ihn – und das meine ich wirklich – lieber erst gar nicht mit Püree füttern.

Frederik wird nicht die Verantwortung für ihre Entscheidung tragen. Er wird ihr Vorhaben nicht für sie durchführen. Er wird nur essen, was Mama serviert, überzeugt davon, dass seine Mama *weiß, was sie tut*. Je besser sie für ihre Entscheidung einstehen kann, je fester entschlossen sie ist, je sicherer und routinierter sie erscheint – da ist sie wieder, die Routine! –, desto einfacher wird es für den kleinen Frederik, das Püree anzunehmen, es aufzuessen und sich dabei wohl zu fühlen, ohne auch nur ein einziges Mal Unruhe zu verspüren. In einem anderen Land hätte er Schlangenmus oder gehackten Hund bekommen, und es kann vielleicht nützlich sein, sich so etwas vorzustellen!

Ein Säugling, dessen Tagesablauf aus den Fugen gerät – oder der nie einen festen Tagesablauf gekannt hat –, schreit, weil zu viele Fragen unbeantwortet bleiben. Deine Kleine weint nicht, weil sie euren Alltag nicht für gut befinden kann – und noch weniger, weil sie ihre Eltern nicht mag. Ihr fehlt die Vergleichsgrundlage. Sie hätte genauso gut in der Wüste Sahara oder in einem Iglu landen können. Aber wo in dieser Welt sie auch gelandet ist, egal bei welchen Menschen sie geboren worden wäre, sie würde, wie alle anderen Lebewesen auch, Antworten auf ihre Fragen brauchen: »Wie lebt man dieses Leben? Wie funktioniert es? Was muss ich lernen, um hier zurechtzukommen?«

Das kindliche Streben nach sozialer Beteiligung, nach gefühlsmäßiger Gemeinschaft und nach physischem Überleben gehört zu ein und demselben übergeordneten Ziel: aus eigener Kraft und durch die eigenen Fähigkeiten überleben zu können, ohne die »Herde«. Aber wie kann das Kind dieses Ziel erreichen?

Deine Aufgabe als erwachsenes Mitglied der »Herde« ist nicht nur, das Kind zu lieben und zu beschützen. Deine Aufgabe ist es auch, Anleitungen zu geben. Das Kind weiß das und erwartet es von dir.

Erwarte nie Anweisungen von einem Säugling!

Es wird noch viele Jahre dauern – 12, 13 Jahre –, bevor dein Kind vernünftig und aus eigener Perspektive mit deinen Sorgen, deinem Zögern, deiner Unsicherheit umgehen kann, ohne dabei für sich selbst Gefahr zu wittern.

1. Strukturiere den Tag

- Überlege in aller Ruhe mit Papier und Bleistift.
- Der Tag sollte einen festgelegten Anfang haben.
- Der Tag sollte ein festgelegtes Ende haben.
- Das Kind braucht feste Essenszeiten und sollte die Nacht durchschlafen.

2. Plane etwas, das du selbst machen möchtest, wenn du das Chaos in einen geregelten Alltag verwandelt hast

- Du lebst nicht für dein Kind.
- Dein Kind lebt nicht für dich.
- Für euch beide geht es darum, zu leben.
- Was möchtest du machen?
- Welche Sehnsüchte, welche Lust und welche tiefsten Wünsche gibt es in deinem Innersten?
- Du wirst Zeit haben.
- Du wirst zu Kräften kommen.
- Diese Möglichkeit musst du dir selbst geben.

3. Führe eine Drei-Tage-Kur durch

- Serviere das Frühstück am frühen Morgen. Folge dem Standardmodell in aller Ruhe, Punkt für Punkt, inklusive der sozialen Beteiligung (aber sieh bis auf weiteres vom Spielen allein ab).
  Die Mahlzeit sollte insgesamt zwei Stunden dauern.
  Deine Kleine ist vielleicht müde nach einer anstrengenden Nacht und du selbst bist wahrscheinlich unruhig und voll von innerem Widerstand.
  Versuche trotzdem, der Mahlzeit einen ruhigen Verlauf zu geben, mit dem geduldigen Wissen, dass ab jetzt alles besser werden wird.
  Versuche deine Kleine wach zu halten, damit du das Programm vollständig einhalten kannst.

Die soziale Beteiligung gegen Ende des Programms kannst du ganz einfach durchführen, indem du mit dem Kind neben dir im Wippstuhl auf dem Küchentisch abwäschst oder indem du die Zeitung liest, während das Kind auf einer Decke neben dir liegt, mit etwas in den Händen! Die Hauptsache ist, dass du etwas tust, das *für dich* notwendig ist (oder so erscheint) und dass du dich voll und ganz darauf konzentrierst.

Beende die Mahlzeit mit noch einer Runde Essen, so viel, wie das Kind überhaupt annehmen kann.

Dann legst du die Kleine ins Bett. Schläft sie nicht sofort ein, dann zähle bis zehn, atme tief durch und verlasse den Raum. Lasse das Kind seine eigene Ruhe finden. Du darfst deine eigene Unruhe nicht steigern!

Bist du dem Programm des Standardmodells gefolgt, hast du alle Bedürfnisse deiner Kleinen gedeckt. Mehr kannst und solltest du nicht tun. Getrost überlässt du den Rest dem Kind.

- Achte auf die Zeit. Du musst die geplanten Zeiten einhalten.

Wahrscheinlich wird es an diesem Tag eine Menge Schreierei geben, aber verliere nicht deinen Mut! Das Kind braucht etwas Zeit, um zu begreifen, was nun los ist.

Wenn du es bisher vermieden hast, deinem Kind Antworten, Anleitung und Unterstützung zu geben, kannst du von deinem Kind nicht erwarten, dass es sofort begreift, dass alles nun ganz anders läuft. Es braucht seine drei Tage.

Störe das Kind nicht vor der nächsten Mahlzeit.

Schreit die Kleine, dann sorge dafür, dass Musik, Leben und Bewegung um sie herum herrschen. Aber bleibe selbst im Hintergrund; die Welt steht und fällt nicht mit dir.

Es tut gut, auf die Uhr zu gucken, wenn das Kind weint: Es scheint eine Ewigkeit zu sein, dauert vielleicht aber nur fünf Minuten.

Füttere das Kind zu dem festgelegten Zeitpunkt. Bewahre die Ruhe, folge dem Programm, versuche fröhlich und sicher zu erscheinen, als wäre alles in bester Ordnung – was es in der Tat auch ist, oder bald sein wird!

Zwei Stunden dauert auch diese Mahlzeit.

Tausche eventuell die halbe Stunde sozialer Beteiligung mit einem Spaziergang im Freien aus, wenn das Wetter es zulässt. Dabei sollte die Kleine im Kinderwagen sitzen, von Kissen gestützt – damit sie richtig sehen kann – oder trage sie auf deinem Arm! Hier geht es um die Welt, die Häuser, die Bäume, die Autos; nicht um dich und nicht um deine Beziehung zum Kind.

Solche unkomplizierten Beschäftigungen, die dein gefühlsmäßiges Chaos dämpfen werden, sind für euch beide eine Wohltat.

Achte auf die Zeit! Gib der Kleinen eine Nachfütterung und lege sie schlafen, wenn die Mahlzeit zu Ende ist. Am besten schläft es sich draußen an der frischen Luft.

- Folge deinem festgelegten Schema. Halte dich an deinen Zeitplan.
  Vielleicht gibst du deinem Kind zur dritten Mahlzeit etwas Püree, danach die Brust oder die Flasche. Und weiter geht es nach dem Standardprogramm.
  Soziale Beteiligung. Vielleicht wirst du nun das Essen zubereiten. Lass das Kind dabei sein, lass es zuschauen; aber sieh es nicht an, oder nur dann, wenn es nichts davon merkt. Vielleicht findest du es hilfreich, dich mit dir selbst laut zu unterhalten. Arbeite konzentriert, als könntest du zehn schreiende Babys um dich haben, ohne aus diesem Grund deine Tätigkeit zu unterbrechen: Die Arbeit *muss* getan werden.
  Sei stark, wenn das Kind protestiert. Werde nicht unruhig. Denke daran: 90 Prozent dieser Quengeleien – darauf wette ich – entstehen aus reiner Verwirrung über diese plötzlichen Neuigkeiten. Kleine Kinder sind aus demselben Stoff wie wir Erwachsene gemacht. Ein Mann, der entdeckt, dass seine überaus häusliche Ehe- und Hausfrau dabei ist, ihre Existenz selbst in die Hand zu nehmen, wird auch nicht dasitzen und zustimmend nicken.
  Als Abschluss der Mahlzeit wieder eine Nachfütterung.
  Sollte das Kind nun richtig irritiert sein und sich weigern zu essen, dann versuchst du es noch ein paar Mal und lässt es dann sein.
  Kleine Menschenkinder wissen in diesem Alter schon, dass sie überleben werden.
  Mit unverdrossener Ruhe legst du dein Kind schlafen.
  Achte auf die Zeit. Jetzt nicht mehr als eine Stunde schlafen lassen. Nach der nächsten Mahlzeit kommt schon die Nachtruhe.

- Zur letzten Mahlzeit packst du alles beiseite, was stören könnte, und gibst dem Kind alles, was du hast – Liebe, Zärtlichkeit, Freude, Lachen und optimistisches Vertrauen.
  Füttere es, rede, sei deiner Kleinen nahe und versuche, so viel Lachen aus ihr hervorzulocken, wie es nur irgendwie geht!
  Mache das Baden zu einem sanften, fröhlichen und langen Genuss.
  Wieder füttern und wieder viel, viel Liebe. Reden, die Begegnung. Das Standardmodell von seiner schönsten Seite, so als wäre die Kleine neu geboren,

ein ganz neuer Anfang für euch beide. Und dann wird das Kind wieder mit allen Mitteln und Methoden zum Lachen gebracht!
Traue dich, das zu fühlen, was vielleicht schon begonnen hat zu wachsen: die Freude hinter der Verzweiflung; die Hoffnung hinter dem Unmöglichen.
Lege das kleine Kind nun zu dem Zeitpunkt, den du in deinem Plan festgelegt hast – im Kinderwagen – für die Nacht schlafen.
Und bis die Nacht vorbei ist – immer noch zu dem Zeitpunkt, den du festgelegt hast –, musst du aufstehen und den Wagen hin- und herfahren, wahrscheinlich drei oder vier Mal im Laufe der Nacht, vielleicht auch fünf Mal (das wird nicht noch einmal vorkommen!).

- Führe den nächsten Tag – und die nächste Nacht – in derselben Weise durch.
Vielleicht war der erste Tag der reinste Horror. Du fühlst dich wie ein Betrüger und ein Verräter, und du bist davon überzeugt, dass dein Kind dich jetzt hassen muss. Du bist dir sicher, dass du ihm einen seelischen Schaden zugefügt hast, der das Leben lang anhalten wird …
So schlimm ist es nicht! Es ist überhaupt nicht schlimm.
Die kleine Maus, die dich am nächsten Morgen begrüßt, ist genauso fröhlich und strahlend wie sonst auch. Oder sogar noch fröhlicher.
Ist das nicht Antwort genug?
Am zweiten Tag wird alles besser laufen.
Nimm weiter eine selbstverständliche Haltung ein. Halte dich an die geplanten Zeiten. Folge dem gestrigen Muster. Lasse keine Störungen zu. Noch ist nicht die Zeit für Improvisationen; die kommen erst, wenn die Routine sich »gesetzt« hat (in etwa einer Woche), vorher nicht.
Schlage dir selbst auf die Finger, wenn du in das alte Muster zurückfallen solltest, bei dem du die Fragen gestellt und erwartet hast, dass das Kind die Antworten geben soll. Solche Angelegenheiten gehören zum Bereich Liebe, nicht zur Routine (siehe »ABC für kleine Menschenkinder«, Seite 255).
Du musst die Führung übernehmen!
Führe auch die Nacht wieder in derselben Weise durch.
Nach dem dritten Tag wird euer Alltag nicht mehr aus den Fugen geraten sein.

Es ist schwer, sehr schwer, aus der Umgebung Hilfe und Unterstützung zu bekommen, wenn du als Mutter oder Vater selbst unschlüssig bist. Es ist im Gegenteil so, dass die Leute aus der Umgebung es schon von weitem spüren, wenn eine Mutter oder ein Vater unsicher ist, und oft machen sie sich leider gerade dann daran, sie oder ihn »niederzumachen«. Es ist ja leider so, dass nichts die eigene Bedeutung und Macht besser und deutlicher bestätigt als das Verursachen und/oder das Steigern der Unsicherheit bei einem anderen Menschen.

Wenn Eltern genauso oft hören würden, dass sie sich richtig verhalten, wie sie zu hören bekommen, dass sie etwas falsch machen, würde vieles anders sein. Leider stimmt die Waage nicht. Eltern, die ganz prima für ihre Kinder sorgen, müssen sich stattdessen anhören, wie viel Glück sie gehabt haben, so »liebe« Kinder zu haben. Dass hinter den »lieben«, kleinen Kindern eine durchdachte und ambitiöse Pflege und Versorgung liegt, fällt keinem ein. Vielmehr sollten sich die Eltern glücklich schätzen, dass sie eben so viel (unverdientes) Glück gehabt haben ...

Die gute, alte Unsicherheit wird es unweigerlich immer geben. Aber ich würde sie lieber ein *Suchen* nennen. Das offene Lauschen, die vorbehaltlose Feinfühligkeit, der Wille zum Verstehen und die Einfühlung in die Gefühle der Kinder sind da, und sie müssen auch da sein, solange man mit Kindern zusammenlebt. Ohne dieses Suchen nimmt man die eigenen Kinder nicht richtig wahr, man erreicht sie nicht und versteht sie nicht. Aber man wird dabei auch eine dankbare Zielscheibe der Umgebung, mit ihren vielen listigen Wilderern auf deinem Terrain: »Kann das auch wirklich das Richtige fürs Kind sein?« – »Bist du sicher, dass du weißt, was du tust?« – »Damit würde ich wirklich vorsichtig sein, wenn ich du wäre. Ja, ich sage ja nichts, ich will mich ja nicht einmischen. Aber denke an meine Worte!«

Kennst du den Hintergrund solcher Aussagen und nutzt dieses Wissen, kannst du vielleicht einen alten Trick erfolgreich einsetzen: Ihnen in allem Recht geben und danach trotzdem so weitermachen, wie du es von Anfang an geplant hattest.

Die suchende Unsicherheit ist notwendig, nützlich und nicht zu vermeiden. Aber sie sollte *bei der täglichen Routine* streng verboten sein.

Sowie es Menschen gibt, die praktisch begabt sind, und andere, die zwei linke Hände haben, gibt es anscheinend auch Menschen, die ein natürliches Talent im Umgang mit Kindern besitzen, und andere, die auf Anhieb weniger geeignet scheinen. Was man bei den Eltern mit einer natürlichen Veranlagung für die Elternschaft beobachten kann, ist u.a. gerade die unsentimentale Einstellung zur täglichen Routine.

Sie glauben nicht, dass die Liebe jedes Mal bedroht ist, wenn sie mit Worten oder durch eine Handlung dem Kind einen klaren Bescheid erteilen. Vielleicht eher das Gegenteil. Sie haben keine Angst, Fehler zu machen, und sie zittern nicht vor Sorge um ihre Kinder.

Sie sind *als Menschen* unsicher, suchend dem Kind gegenüber – aber sie sind nicht unsicher in ihrer anleitenden und schützenden Aufgabe, die sie als Eltern auf sich genommen haben. Sie verwechseln die Liebe nicht mit der Routine.

Es kommt nur selten vor, dass jemand versucht, solche Eltern niederzumachen. Es lohnt sich ganz einfach nicht, weil diese Eltern genau wissen, was sie tun.

Bei der Routine gilt die Regel: Es ist besser, ohne Zögern etwas falsch zu machen, als mit Zögern etwas richtig zu machen. Und es ist besser, etwas falsch zu machen, als gar nichts zu tun!

Ein kleines Memo

1. Dein Baby hat es nicht darauf abgesehen, dein Leben komplizierter zu machen. Einfachheit ist das Beste für das Kind.
2. Das Kind weist dich nicht von sich. Das Kind stellt Fragen – und dies immer aufdringlicher, je länger du damit wartest, sie zu beantworten.
3. Deinem Baby schadet es nicht, eine gewisse Routine einhalten zu müssen, genauso wenig, wie es dir schadet. Die Persönlichkeit leidet nicht darunter, dass man einen geregelten Alltag hat. Eher wird dadurch zusätzliche Energie freigesetzt.
4. Sowohl für das Wohl des Kindes wie auch für dein eigenes musst du versuchen, eine für dich notwendige und wünschenswerte Tätigkeit zu finden, die du mit und neben deinem Kind ausüben kannst.
5. Führe jede Veränderung mit einer wegweisenden Haltung der Selbstverständlichkeit durch!

Fünf und sechs Monate

Ich habe regelmäßigen Kontakt zu einer frisch gebackenen Mutter. Die Monate vergehen. Ab und zu telefonieren wir miteinander. »Wie geht's?« – »Ach, danke, gut. Aber abends ... Und das Stillen ... Und sein Po ... Und Hautausschlag ... Und er hat so oft Schluckauf ...«

Dann, als der Kleine fünf Monate alt ist, fallen die Mitteilungen meiner Freundin plötzlich ganz anders aus. Nun geht es nicht mehr darum, wie die Tage so sind oder wie es mit diesem oder jenem so klappt, sondern es hört sich so an: »Es ist so viel *passiert*!« Darauf folgt eine Beschreibung davon, wie das Kind *ist*. Seine Persönlichkeit tritt nun hervor.

Was genau geht da vor sich, wie kann man einen Menschen beschreiben, der auf einmal nicht länger ein Baby ist, sondern eine richtige *Person*?

Das fünf bis sechs Monate alte Baby ist nicht mehr »nur« ein kleines Kind, für das man so gut wie nur möglich sorgt, sondern ein kleiner Kumpel, ein Freund, eine ausgereifte Persönlichkeit mit klaren Charakterzügen und mit einer Seele, die sich der Sonne entgegenstreckt. Es handelt sich in der Tat um eine Metamorphose.

Fünf Monate bezeichnen ebenso wie zwei Monate einen Wendepunkt. Nun entfaltet sich die Persönlichkeit des Kindes wie eine Blume. Entlang meiner Theorie von der umgekehrt »wiederholten« Schwangerschaft ziehe ich eine Parallele zu der Zeit der ersten Kindsbewegungen im Mutterleib – zu dem Zeitpunkt wurde das Kind für die Mutter mit einem Schlag zur Realität – das kleine Wesen da drin bekommt vielleicht schon einen Namen: Kügelchen, Würmchen ... Der anonym wachsende Bauch beinhaltet ein Kind, bekommt ein Eigenleben.

Das geborene, fünf Monate alte Kind entwickelt in ähnlicher Weise ein Eigenleben: Das kleine Individuum nimmt Profil an.

Schauen wir doch mal, was bisher passiert ist!

Nach dem Geburtsschock folgte eine traumatische Zeit, in der das Kind bei dir unter einer Art verlängertem Gebärmutterschutz lebte. Indem du für das Kind da warst, sagtest du: »*Dies bin ich; mein Schoß ist nun deine Gebärmutter, meine Arme sind dein Überleben.*«

Ab dem Zeitpunkt der eigentlichen Geburt – wie ich sie nenne – strebt das kleine Kind ganz deutlich nach sozialer Beteiligung. Das Kind hat sich im letzten Teil des ersten Monats schon ordentlich angestrengt und im zweiten Monat genauso, um mit seinen eigenen Körperfunktionen zurechtzukommen und eine elementare Vertrautheit in seiner neuen Umwelt zu erlangen. Du sagtest: »*Dies ist die Welt, in der du leben wirst; und ich bin bei dir.*«

Im Laufe der folgenden zwei Monate hat sich all das Neue nach und nach gefestigt und ist einigermaßen vertraut geworden. Nun hat das Kind seinen Platz in diesem Umfeld gesucht und scheinbar passiv an der geltenden sozialen Gemeinschaft teilgenommen. Du hast gesagt: »*So leben wir in dieser Welt; und du bist bei mir.*«

Nun, da das Alter des Kindes sich einem halben Jahr nähert, sagst du: »*Wie wirst DU es machen, wenn du in dieser Welt lebst? Ich bin hier bei dir.*«

Bei dem drei bis vier Monate alten Kind haben wir einen Vergleich gezogen, den wir nun ein bisschen weiterführen können: Du oder ich oder (der kleine, fünf Monate alte) »Herr« Olsen fängt einen neuen Job an, der bestimmte Qualifikationen voraussetzt. In der ersten Zeit macht Olsen sich mit all dem Neuen vertraut. Er kennt die Räumlichkeiten am Arbeitsplatz noch nicht, und er weiß noch nicht, wie die Arbeitskollegen alle heißen. Er hat noch keine klare Vorstellung von dem, was er dort machen muss. Die erste Zeit ist für ihn sehr anstrengend und erfordert viele Beobachtungen.

Schließlich findet Olsen sich zurecht und tut, was er zu tun hat. Er zieht an den richtigen Schubladen, ohne vorher lange überlegen zu müssen; er weiß einfach, wo was liegt. Er hat sich an die neue Arbeit gewöhnt. Er macht seine Aufgabe gut. Der Arbeitsablauf wird zur Routine. Und genau in dieser Situation befindet sich das fünf Monate alte Kind.

Nun schreitet die Entwicklung sehr schnell fort. Olsen, der meint, er weiß schon, was er wissen muss, möchte sich noch verbessern. Er fängt an, mehr über das Unternehmen zu lernen. Er sieht einen immer größeren Zusammenhang der Dinge. Er nimmt an einem Lehrgang teil und an noch einem und noch einem. Nun möchte *er* verändern, erneuern und verbessern.

Die Leute werden immer begeisterter von ihm. Er wird immer mutiger. »Warum können wir es nicht *so* machen? Wenn wir es *so* machen würden, würde es für die Firma einen größeren Gewinn bringen!« Sein Kopf ist voller neuer Ideen. Er zieht alte, festgefahrene Routinen in Zweifel und bringt Erneuerungsvorschläge vor. Olsen brennt vor Eifer. Er hat keine Angst vor Veränderungen. Ganz im Gegenteil; *er geht über das Bekannte hinaus*. Genau *hier* befindet sich das sechs Monate alte Baby (mit Kollegen auf dem Weg ins Krabbelalter und weiter).

Wie reagieren nun die anderen?

Olsen erregte bisher nicht viel Aufsehen. Er machte seine Arbeit. Viele wussten nicht einmal, wie er hieß. Nun tritt er auf einmal als ein Mensch hervor, der Ideen und Neuigkeiten hervorbringt, ein Mensch, der nach etwas strebt, der an etwas glaubt und der dazu bereit ist, einen Einsatz dafür zu bringen. Ein solcher Mensch wird von den anderen bemerkt. Man kann behaupten, was man will, aber ein Mitglied der anonymen Masse ist Olsen nicht mehr! In dieser Weise tritt auch das sechs Monate alte Kind aus der »Anonymität« heraus, mit seiner eigenen, ganz besonderen Persönlichkeit.

Einige Leute am Arbeitsplatz möchten Olsen loswerden. Er scheint zu einer Bedrohung ihrer eigenen Positionen zu werden. Manche meinen sogar, er sei gefährlich. »Sollte man nicht versuchen, diesem Mann Einhalt zu gebieten«, sagen manche Kollegen verärgert zueinander. Olsen möchte Erneuerungen und Erneuerung bedeutet Veränderung; Veränderung bedroht die Bequemlichkeit. Man weiß schließlich, was man hat …

Auf der anderen Seite wissen die meisten Arbeitskollegen sehr wohl, dass es mit dem Unternehmen vielleicht irgendwann gerade mangels Erneuerungen den Bach hinuntergehen wird. Es gibt viel zu viele aufmerksame Konkurrenten. Wenn also Olsen seine Kollegen zu Besprechungen und Auseinandersetzungen über seine verschiedenen, enthusiastischen Vorschläge um sich versammeln möchte, gibt es viele, die positiv eingestellt sind und sagen: »Fein, Olsen. Wir sind dabei!« – aber einige kommen dann doch nicht. Andere kommen und lauschen ein wenig, schauen dann auf die Uhr und müssen nach Hause: »Ein anderes Mal, vielleicht!«

Wird Olsen den Mut verlieren?

Nein, das wird er nicht. Dazu hat er viel zu viel Energie.

Er verlangt nicht, dass die anderen alles für ihn erledigen. Er sagt nicht: »Ich habe eine Idee«, und wartet darauf, dass andere sie verwirklichen. Er ist dazu bereit, den ganzen Weg zu gehen, und er ist überzeugt, dass er es schaffen kann. Im Großen und Ganzen verlangt er nur, *nicht daran gehindert zu werden.* Denselben frommen Wunsch hegt ein Kind im Alter von sechs Monaten, das Krabbelkind, und auch das einjährige Kind, und auch das Anderthalbjährige. Hat Olsen einen klugen Unternehmensleiter? Wollen wir es hoffen.

Ein *unkluger* Chef wird Olsen niedermachen nach dem Prinzip: »*Glauben Sie nicht, dass Sie wer sind*«, und sagen: »*Kümmern Sie sich um Ihre eigenen Angelegenheiten, und seien Sie froh, dass Sie diesen Job haben, Sie werden ihn sowieso nicht sehr lange behalten!*«

Ein *kluger* Chef dagegen lässt Olsen freie Hand beim Ausprobieren seiner Ideen und überprüft, was an brauchbaren Vorschlägen zum Vorschein kommt. Als Unternehmensleiter sieht er seine eigenen Grenzen. Sein Unternehmen bedeutet ihm sehr viel. Ein kluger Chef weiß, dass man ständig frisches Blut braucht, damit das Unternehmen sich weiterentwickeln kann, und er weiß, dass nicht nur er selbst, sondern alle, die mit dem Unternehmen zu tun haben, sich damit in ihrem Job wohler fühlen werden.

Hier folgt ein Memo für *unkluge* Unternehmensleiter/Eltern von sechs Monate alten Kindern. Befolgst du diese Regeln, musst du auf eine ganz entsetzliche Zeit gefasst sein:
1. Bilde dir ein, du bist für das Kind unentbehrlich.
2. Lass das Kind nie in Ruhe.
3. Vermeide eine feste Routine, einen festen Zeitplan und feste Gewohnheiten.
4. Beschäftige dich nie mit einer Tätigkeit, die für dich notwendig ist.
5. Halte das Kind ständig mit scheltenden Worten wie »Nein!«, »Das darfst du nicht!«, »Schäme dich!« und »Böse, böse!« auf.

Wünschst du dagegen ein blühendes Unternehmen, musst du wie folgt vorgehen:
1. Du betrachtest dich selbst als ein Werkzeug und einen Wegweiser.
2. Du störst nicht die Arbeit deines Kindes, sondern machst sie möglich.
3. Du hältst an Routinen, Zeiten und Gewohnheiten fest.
4. Du befasst dich mit einer eigenen, notwendigen Tätigkeit, bei der du das Kind mit einbeziehst und bei der es nützlich sein kann.
5. Du hältst das Kind nie von etwas ab, solange keine *Lebensgefahr* droht.

Ein Stern wird geboren

So leicht und so vergnüglich wie jetzt wird das Leben nie wieder werden.
So wundervoll wie jetzt wird die Welt nie wieder erscheinen.
So leuchtend und gut wie jetzt wird die Liebe nie wieder zu spüren sein.

Das fünf bis sechs Monate alte Kind freut sich auf ungemein strahlende Weise über jede Gesellschaft. Es ist auch eine gute Zeit, um die Kleine entfernten Verwandten vorzustellen, ihre charmanten Liebeserklärungen abzuwarten und dann begeistert zu erklären: »Da siehst du es, sie hat dich sooo lieb!« Denn in ein paar Monaten können andere Zeiten anbrechen, wenn das Kind beim Anblick derselben Verwandten in ein alarmierendes Geschrei ausbricht (was bei dem einen oder anderen Verwandten bleibende Narben hinterlassen kann).

Nun also kommt eine Zeit, die mit viel Aktivität, Teamwork und Spaß verbunden ist. Das sechs Monate alte Kind ist teils Forscher, teils Arbeiter und teils Charmeur. Der erste fordert Ruhe, der zweite braucht die soziale Beteiligung und der dritte verlangt nach einem anderen Charmeur zum Flirten – dann wird die Verliebtheit erst richtig schön. Das Gegenüber können sehr passend die Mutter oder der Vater sein.

Man kann unter einer Decke hervorlugend flirten und auch zwischen den Vorhängen hindurch. Man küsst sich in der nur spaltweit geöffneten Tür und man guckt hier und da mit einem charmanten Lächeln hervor … Man kann grenzenlos albern sein, so wie es alle Verliebten sind, und man ist natürlich einfach wunderbar! Besonders mit eigenen Augen gesehen. Man muss sich wirklich fragen, ob es jemanden gibt, der unwiderstehlicher ist als das eigene Spiegelbild.

Wenn nicht alles schief gelaufen ist, ist das sechs Monate alte Kind ein kleiner Mensch, der
- die ganze Nacht ruhig schläft;
- die eigene Gesellschaft schätzt;

- weiß, dass du, der/die Erwachsene, immer wieder zurückkommst, und deshalb nicht losbrüllt, sobald du aus dem Sichtfeld verschwindest;
- nicht mehr viel schreit: Er weiß, dass man etwas zu essen bekommt, auch wenn man nicht danach schreit. Er weiß, dass man sich ausruht, bevor man übermüdet wird. Und der sich nie langweilt und deswegen nie aus Langeweile schreit;
- ein starkes Grundvertrauen verspürt: »Es gibt jemanden, der meine Interessen wahrt«;
- mit dem Leben der »Herde« vertraut ist und sozial beteiligt wird;
- seinen Tag im Voraus kennt und sich deshalb geborgen fühlt.

Das fünf bis sechs Monate alte Kind greift Dinge und hält sie fest (und sollte immer etwas in den Händen haben). Auf dem Bauch liegend hebt das Kind den Kopf und den Brustkorb schon sehr hoch. Auf dem Rücken liegend hebt es den Kopf an. Es rollt von Seite zu Seite, vom Bauch auf den Rücken und vom Rücken auf den Bauch. Das Kind kann sitzen, wenn es gestützt wird, und es kann sich auf deinem Schoß hinstellen, wenn du es an den Händen fest hältst. Das Kind »spricht« sowohl mit Konsonanten als auch Vokalen und es sabbert ununterbrochen – die Zähne melden ihre Ankunft an oder sind schon da, die zwei ersten in der Mitte des Unterkiefers.

Das Kind sitzt von den eigenen Händen gestützt und wird bald mit dem Krabbeln anfangen – oder sich vorwärts (oder auch rückwärts oder im Kreis) drehen, winden oder robben. Dann kann das Baby auch einen Gegenstand von einer Hand zur anderen hin- und herreichen, und es kann zwei Gegenstände auf einmal halten, sie gegeneinander schlagen oder damit auf den Tisch hämmern.

Das Kind hat sein Geburtsgewicht nun verdoppelt (oder noch mehr). Wie gesagt ist es voller Fröhlichkeit, aber das verhindert nicht, dass das fünf, sechs Monate alte Kind, genau wie alle anderen Wesen auf zwei Beinen, auch seine tristen Tage haben kann. Bei kleinen Menschenkindern in diesem Alter ist der Vorteil, dass sie ihre Probleme meistens selbst in den Griff bekommen.

Der kleine Peter z.B. quengelt und brummt, er ist missvergnügt und nichts scheint ihm zu gefallen. Seine Mutter versucht ihn für alle möglichen Vergnügungen zu interessieren, aber er scheint keinen Spaß daran zu haben. Schließlich gibt sie es auf und lässt ihn allein zurück, während er weiter meckert. Zu ihrer Verwunderung hört Peters Mutter dann, wie er einen tiefen Seufzer von sich gibt. Danach macht er sich energisch daran, einen alten Lampenschirm zu erreichen, den seine Mutter auf den Fußboden gelegt hat, und entdeckt im selben Moment eine Brotkruste, die er vor wenigen Minuten nicht haben wollte und ruft ein entzücktes »Aah«.

Die Sonne scheint wieder. Wenn der kleine Peter es gekonnt hätte, hätte er wahrscheinlich gesagt: »Nun habe ich keine Lust mehr, mich zu langweilen. Nun werde ich selbst etwas Lustiges anfangen.«

Das sechs Monate alte Kind legt eine bemerkenswerte und konstruktive Selbstständigkeit an den Tag, die man nicht unterschätzen sollte.

Wenn ich dir dazu ein paar gute Ratschläge geben darf:
- Zwinge deiner Kleinen nicht deine Gesellschaft auf und glaube nicht, dass sie ohne dich hilflos ist! Lass die wachsende Unabhängigkeit zu – dein Kind ist so voller Enthusiasmus und Zielbewusstheit.
- Du musst nicht länger nur Anweisungen geben (»So leben wir in dieser Welt«), sondern vor allem beobachten (»Was machst *du*, wenn du in dieser Welt lebst?«).
- Halte an der Routine genauso fest wie bisher, überlasse den Rest dem Kind.
- Du solltest es dir nun zur Gewohnheit machen, die Initiativen des Kindes zu verfolgen und zu unterstützen – wie Eltern es beispielsweise tun, wenn ihre Einjährigen anfangen sich hochzuziehen und zu laufen: Sie gehen in die Hocke und strecken ihre Arme dem Kind entgegen, wobei sie es aufmunternd und einladend ansehen. Niemand würde auf die Idee kommen, nun ein großes Training zu planen wie etwa: »Nun werde ich dir das Laufen beibringen!« Auch kein Mensch würde das Kind aufhalten: »Nein, nein, setz dich lieber wieder hin!« Auch dies kann als Symbol für die Veränderung, die nun eintritt, gesehen werden.
- Biete regelmäßige soziale Beteiligung, sei aufmerksam und folge auch der kleinsten Initiative des Kindes zur aktiven, sozialen Beteiligung.
- Sieh dich selbst als einen festen Punkt, zu dem das Kind zurückkehren und von dem aus es neu starten kann, wenn das Kind es so wünscht und braucht.
- Verhalte dich passiv aufmerksam, so wie es das Kind in den vergangenen Monaten getan hat. Stelle keine Forderungen und stelle dem Kind keine Hindernisse in den Weg!

Die deutlich hervortretende Selbstständigkeit, diese auffallende Unabhängigkeit, solltest du respektieren und nutzen. Kein Zeitpunkt ist günstiger, um das Kind beispielsweise aus dem Schlafzimmer zu verfrachten (Wie? Siehe Seite 309). Dass es nun dort auszieht, kann man vielleicht symbolisch betrachten. Es geht hier weniger um das kindliche Freistrampeln von den Eltern, als um das eigene Loslassen des Kindes.

Vielleicht neigst auch du dazu, dich in allen Tonarten über deinen Säugling zu beklagen, weil er dir Tag und Nacht die Zeit stiehlt; du fühlst dich wie eine wandelnde Leiche, weil du seit fünf Monaten es nicht geschafft hast, die Zeitung zu lesen, und kaum in Ruhe auf die Toilette gehen konntest etc. Aber wenn dasselbe Kind dann allmählich anfängt, seine eigenen Wege gehen zu wollen, und sich ohne deine ständige Begleitung zurechtfindet, dann möchtest du vielleicht besonders ungern das Privileg abgeben, unentbehrlich zu sein!

Es ist genau so, als wenn ein Ehemann sich darüber beklagt, dass seine Frau total hilflos ist und ohne ihn nicht einmal irgendwo anrufen kann etc. Wenn dann dieselbe Frau auf die Idee kommt, sich einen Job zu suchen und außerhäuslichen Interessen nachzugehen, dann wacht der Mann auf. Nun *darf* sie auf einmal nicht telefonieren. Er *verbietet* es ihr!

Dein Kind entwickelt sich zu einem Menschen, der über das Bekannte hinausgehen möchte. Du bist nicht länger unentbehrlich. Du musst dies akzeptieren und deinem Kind Respekt zeigen.

Du bist ein Mensch und das Kind begegnet dir als Mensch.

Du hast in ihm einen Freund bekommen.

Freunde sind nicht hilflos.

Wenn du möchtest (und das hoffe ich natürlich), können wir hier wieder meiner Theorie der umgekehrten, »wiederholten« Schwangerschaft folgen und noch eine Parallele ziehen.

Das ungeborene Kind wird spätestens ab dem siebten Schwangerschaftsmonat als überlebensfähig betrachtet. Bisher hatte die Oberflächenspannung der Lunge verhindert, dass Luft in die Lunge treten konnte, und das Kind hätte nicht atmen können. Aber ab dem sechsten Monat im Mutterleib produzieren Zellen in der Lunge des Babys einen Stoff, der diese Oberflächenspannung reduziert. Die Lungenfunktion ist (bei einer Frühgeburt) gewährleistet. Das Kind wird aus eigener Kraft atmen können.

In vergleichbarer Weise beginnt auch das sechs Monate alte Kind in seinem selbstständigen und unabhängigen Können allein zu atmen – in übertragenem Sinne.

Neuigkeiten in der Routine

1. *Heraus aus dem Schlafzimmer*

Dies ist der ideale Zeitpunkt, um das Kind aus dem Schlafzimmer ins Kinderzimmer zu verfrachten.

Ich habe normalerweise die Grenze bei fünf Monaten gesetzt. Länger als sechs Monate solltest du nicht damit warten, wenn du auf nächtliches Privatleben Wert legst! Im Alter von etwa sechs Monaten ist das Kind stabil und selbstständig. In Verbindung mit dem Fremdeln um den achten Monat herum folgt dagegen eine unruhige Zeit, die sich auf den Nachtschlaf auswirken kann, und deshalb würde es ein bisschen gemein von dir sein, zu diesem Zeitpunkt eine Änderung der Schlafgewohnheiten zu planen. Noch später wird auch das einjährige Kind diese Veränderung sicherlich gut akzeptieren – Einjährige lieben Veränderungen! Da dass Kind gerade in diesem Alter aber außerordentlich gesellig ist, könnte es den Umzug als Verbannung sehen. Auf diese Idee kommt das sechs Monate alte Kind nicht – es findet jede Neuigkeit automatisch angenehm und aufregend.

Bis zu diesem Zeitpunkt solltest du dein Kind nachts bei dir im Schlafzimmer lassen. Wir haben in Verbindung mit der Überlebensangst des Neugeborenen darüber gesprochen, die immer augenblicklich gelindert werden muss. Auch wenn das Kind nicht mehr die nächtlichen Mahlzeiten braucht, ist es für dich angenehm, deine Kleine in der Nähe zu wissen, weil dein Kind vielleicht spucken muss u.Ä. Wenn in einem Alter von vier Monaten der vollständige Nachtschlaf eingeführt wird, ist es immer noch beruhigend, das Kind unter Kontrolle zu haben: Die Kleine kann sich umdrehen und verzweifeln, weil sie nicht wieder zurückfindet, sie kann den Schnuller verlieren (wenn sie einen nimmt) oder sie kann sich in ihrem Schlafanzug verfangen.

Wenn die Gewohnheit des Durchschlafens sich mittlerweile »gesetzt« hat und die Entwicklung der Persönlichkeit mit großer Selbstständigkeit und Begeisterung für alles Neue einhergeht und das Kind viel unabhängiger geworden ist, dann ist die Zeit gekommen, die Möblierung zu verändern. Die Kleine braucht kein eigenes Zimmer; die Hauptsache ist, dass sie einen abgeschirmten Ort für sich hat. Es ist natürlich praktisch, wenn es eine Tür gibt, die man schließen kann; auf alle Fälle sollte man versuchen, es so zu arrangieren, dass das Kind abends und nachts nicht sehen kann, was im übrigen Haus so vor sich geht.

Gibt es Geschwister, schlage ich vor, dass das neue Geschwisterchen ab jetzt bei ihnen schläft. Dies ist ein Gewinn für alle Beteiligten.

Wenn nicht bereits geschehen, sollte jetzt das Gitterbett aufgestellt werden. Liegt das Kind bereits im Gitterbett, stellst du nun den Boden niedriger und entfernst die Abschirmung des Gitters. Man kann eventuell ein kleines Kopfkissen hineinlegen. Etwas Gemütliches und Verlockendes sollte das Ganze umrahmen: bunte Bilder an den Wänden, eine Spieluhr, ein neuer kleiner Teddy, hübsches Bettzeug mit interessantem Muster.

Der Umzug selbst ist ganz einfach: Im Laufe des Tages stellst du das Bett auf und bringst alles in liebevolle Ordnung; du machst kein Geheimnis daraus und siehst dabei richtig glücklich aus, so als würdest du das kleine Bett für dich selbst – in Miniaturformat – herrichten. Abends legst du das Kind ins Bett. Dabei demonstrierst du die Neuigkeit begeistert mit funkelnden Augen, so als würdest du das achte Weltwunder präsentieren – egal ob deine Kleine sich nun skeptisch zeigen sollte oder nicht.

Das Zu-Bett-Bringen läuft wie gewohnt. Es darf keine Unruhe spürbar sein (»Wie soll das bloß gut gehen?«)! Sei albern und bringe das Kind zum Lachen. Dann sagst du fröhlich »Gute Nacht«, das Licht wird ausgemacht und du gehst – dabei lässt du die Tür einen Spalt offen. Außerhalb des Zimmers kannst du dann normalen Lärm machen, damit das Baby hört, dass Leben im Hause ist.

Sollten entgegen aller Erwartungen Schwierigkeiten auftreten, wiederholst du diese letzte Prozedur: Geh hinein, mache kein Licht an, lege das Kind richtig hin, siehe fröhlich aus, ein kleines Küsschen, sage ruhig und überzeugend »Gute Nacht«, und gehe wieder, ohne jegliche Einwendungen aufkommen zu lassen. Und ohne Zögern an der Türschwelle! Du lässt die Tür wieder einen Spalt auf, und davor (aus Sicht des Kindes) finden Geräusche statt und es ist hell.

Ist der vollständige Nachtschlaf erst vor kurzem eingeführt worden, können zusätzliche Probleme auftreten, denn das Kind kann wach werden und weinen; dann musst du die »Gute-Nacht-Prozedur« unverzüglich wiederholen (siehe auch »Besser schlafen«, Seite 709).

Bringe die Kleine aber auf keinen Fall zurück in dein Schlafzimmer und/oder dein Bett! Denke daran: Es geht hier um eine neue, zuverlässige Routine, du darfst deinem Kind deshalb keine widersprüchlichen Botschaften übermitteln, die es verwirren. Es ist am besten, erst die Durchschlaf-Routine einzuführen und sie über ein paar Wochen zu festigen, bevor du den Umzug deiner Kleinen aus deinem Schlafzimmer in Angriff nimmst. Sonst könnte es ein bisschen viel auf einmal werden.

2. Weg mit dem Schnuller

Nun ist auch der richtige Zeitpunkt gekommen, um den Schnuller abzuschaffen, wenn du es nicht schon getan hast.

Der Saugbedarf ist mäßig. Das Kind ernährt sich nicht mehr nur von Milch. Kleine Menschenkinder in diesem Alter haben kein besonders großes Interesse mehr am Saugen. Sie brauchen die Milch (wenn du noch stillst), genießen aber das Saugen an sich nicht so sehr wie früher. Manchmal finden sie es sogar richtig langweilig.

Wenn die Kleinen noch ein so großes Saugbedürfnis haben, dass dieses zufrieden gestellt werden muss, werden sie – ganz in Übereinstimmung mit der Selbstständigkeit dieser Altersstufe – ganz allein damit zurechtkommen. Kein Kind, das älter als sechs Monate ist, braucht einen Schnuller.

Einige Kinder hören von sich aus mit dem »Schnullern« auf; sie vergessen es einfach. Dies passiert am häufigsten, wenn das Kind etwa vier Monate alt ist, denn zu diesem Zeitpunkt sinkt der Saugbedarf markant. Und es gibt natürlich auch Kinder, die sich überhaupt nie für den Schnuller interessiert haben.

Und so wird man den Schnuller los: Du schmeißt ihn einfach weg.

Das Kind wird sicherlich protestieren. Wenn dann nichts passiert, wird das sechs Monate alte Baby einsehen, dass Selbsthilfe die beste Hilfe ist! Ein Daumen oder zwei Finger sind die bessere Lösung, weil das Baby seine Hände ständig für andere Sachen braucht. Die Finger werden nicht 24 Stunden am Tag im Mund verweilen – was mit dem Schnuller passieren kann, der das Kind dann daran hindert, seine Welt geschmacklich zu testen. Und auch das Sprechen fällt einem sehr schwer, wenn man einen Schnuller im Mund hat.

Das sechs Monate alte Kind ist ein Schöpfer von neuen Ideen und erwartet, dass der Rest der Welt es auch ist. Gibt es Proteste, dann nehmen wir sie gelassen hin! Schon bald wird der Schnuller vergessen sein.

Löst der Gedanke an das Abschaffen des Schnullers Widerstand bei dir aus, solltest du eine kleine Selbstprüfung vornehmen. Hat deine Kleine einen Schnuller bekommen, um damit ihr Saugbedürfnis zufrieden zu stellen, oder hast du ihr vielleicht den Schnuller als Stöpsel in den Mund gesteckt: »*Schlaf jetzt – hier hast du deinen Schnuller.*« – »*Hast du dich erschrocken? Hier ist dein Schnuller.*« – »*Kleiner Schatz, gönne mir doch mal eine kleine Atempause – nimm doch den Schnuller, damit ich mich nicht jetzt mit diesem Problem herumquälen muss!*«

Oft ist der Widerstand beim Erwachsenen nämlich größer als beim Kind. Ein sechs Monate altes Baby, das den Schnuller monatelang Tag und Nacht im Mund gehabt hat, wird ihn sicherlich vermissen. Es wird Protest geben, Heulerei und »Zähneknirschen«, das Baby wird in Verwirrung gebracht. Aber überlege doch mal: Wenn du selbst deinem Kind diese schlechte Gewohnheit beigebracht hast, musst du eben auch selbst dafür sorgen, dass ein Schlussstrich gezogen wird. Wenn du selbst den Schnuller eingeführt hast, um ihn Tag und Nacht in jeglicher Situation als Stöpsel zu benutzen, hast *du* das Kind »schnullersüchtig« gemacht. Und dafür musst du jetzt die Verantwortung übernehmen.

Man kann Menschen nicht Zigaretten anbieten und ihnen, gründlich und methodisch vorgehend, das Rauchen beibringen, um sich dann darüber in lauten Tönen zu beklagen, dass sie rauchen.

Wirf den Schnuller einfach weg und mache die Sache nicht komplizierter, als sie ist! Für ein fünf bis sechs Monate altes Kind ist nichts besonders schwierig.

Die meisten Probleme, die mit Kindern zu tun haben, sind einfacher zu lösen, als man denkt, man muss nur immer das Ziel vor Augen haben.

3. Baden in der großen Badewanne

Die Orgien in der Babywanne werden in der Regel nun so wild und heftig, dass man genauso gut selbst mit baden könnte, da man ja sowieso immer patschnass wird. Und mit einem sechs Monate alten Baby zu baden ist ein Erlebnis. Es gibt nichts, was mehr Stress abbaut, was lustiger, zärtlicher und überraschender ist. Das Einzige, was du tun musst, ist, dir viel Zeit dafür zu nehmen, warmes Wasser in die Badewanne einzulassen und dich zur freien Verfügung deines Kindes mit hineinzusetzen.

Hast du dich dafür entschieden, das Kind ab jetzt in der großen statt in der

Babywanne zu baden, wird Folgendes passieren: Erstens bekommst du Rückenschmerzen und zweitens kippt das Kind ständig um. Beide Probleme werden gelöst, wenn du mit dem Kind zusammen in die Wanne gehst, sofern es sich eben einrichten lässt.

Bei meinen Kindern habe ich immer – um meinen Rücken zu schonen – damit gewartet, sie in der großen Wanne zu baden, bis sie ohne Stütze sitzen konnten. Als einfache Sicherheitsvorkehrung wurde ein kleines Frotteehandtuch hineingelegt, auf dem das Kind sitzen konnte. Wir haben über das Risiko des Ertrinkens auf Seite 225 gesprochen. Wie ruhig und sicher ein Kind auch in der Wanne sitzen mag, du darfst es auf keinen Fall allein lassen – nicht einmal für eine Sekunde. Du musst deshalb, bevor es mit dem Baden losgeht, dafür sorgen, dass alles, was du brauchst, auch in Reichweite ist. Dazu gehört auch ein zusätzliches, trockenes Handtuch, falls es mal benötigt werden sollte.

Das sechs Monate alte Kind liebt auch, wenn es etwas zum Spielen in der Wanne hat. Aber es wird sich ebenso über die Seife (und den Waschlappen) hermachen. Seife ist nicht gerade ein Leckerbissen, aber auch nicht besonders gefährlich, und möchte man dem Kind keine Hindernisse in den Weg legen (außer bei Lebensgefahr), muss man ihm auch erlauben, damit zu spielen. Du kannst aber durch verschiedene Fratzen dem Kind zu verstehen geben, dass Seife nicht gerade zu den Leckereien dieser Welt gehört, die man hemmungslos verschlingen kann. Einige Kinder mögen es sicherlich schaffen, einen großen Bissen von der Seife zu nehmen. Danach wird die Begeisterung sichtlich abnehmen! Du musst dann eine Ecke des Handtuchs nehmen, sie nass machen und damit gründlich die Seife aus dem kleinen Mund waschen. Ein trauriges Unternehmen! Es wird nun keine Seifenmahlzeiten mehr geben.

Bei Kindern, die im Sitzen oder fast liegend fest gehalten werden, gelangen die Ohren nicht immer unter Wasser. Vergiss das »Ohreneinweichen« aber nicht! Es lohnt sich, alles auszuprobieren, um dadurch eventuelle Probleme mit den Ohren zu vermeiden (siehe Seite 224). Wenn du die kleinen Ohren beim Baden einweichen möchtest, kannst du den klassischen Griff benutzen: Führe deinen Arm unter den Rücken des Kindes und halte es unter der Achselhöhle fest, mit der anderen Hand hältst du den kleinen Po; und dann präsentierst du ein neues Spiel: Du bewegst das Kind im Wasser mit großen, fegenden Bewegungen vor und zurück. Ein sehr beliebtes Spiel! Die Ohren werden danach mit Seife gewaschen. Das Haarewaschen (wenn überhaupt nötig …) verläuft in ähnlicher Weise. Erst mit Shampoo waschen und dann spülen, indem das Kind im Wasser hin- und herbewegt wird.

Hat sich dein Baby daran gewöhnt – was ich hoffe –, dass das kleine Gesicht mit Wasser abgespült wird, entweder mit dem Waschlappen oder mit der Hand, dann wird es keine Angst davor haben, Wasser ins Gesicht oder in die Augen zu bekommen.

Das Baden in der großen Wanne sollte nie unterbrochen werden, wenn das Kleine mal protestiert, sondern nur, wenn das Kind zufrieden ist.

In diesem Zusammenhang wollen wir den Blick etwas weiter nach vorne richten: Etwas größere Kinder weigern sich, wenn man sie im Wasser hin- und herziehen möchte, um den Schaum aus den Haaren zu spülen; vielleicht hat man aber auch einfach nicht mehr die Kraft dazu. Stattdessen legst du eine Hand unter das Kinn des Kindes und versuchst den Kopf vorsichtig nach hinten zu drücken. Geht das nicht – und es wird selten klappen, bevor das Kind groß genug ist (mit drei Jahren), um den Grund für das Zurücklegen des Kopfes zu verstehen, nämlich um keinen Schaum in die Augen zu bekommen –, muss man das Leiden so kurz wie möglich machen: Kopf, Gesicht und alles wird abgeduscht. Dann ganz schnell die Augen des Kindes mit einem Handtuch abwischen, während man tröstend sagt: »Fertig! Nun ist es schon überstanden.«

Ich glaube nicht, dass irgendwelche umständlichen Veranstaltungen mit Kopfring oder Ähnlichem von Nutzen sein können; und natürlich bringt es ebenso wenig, das Haarewaschen ganz sein zu lassen, oder gar schlimmer noch, das Baden an sich! Baden und Haarewaschen gehören zur Routine und sollten nicht debattiert werden.

Kein kleines Kind mag es, nach dem Einseifen mit Shampoo abgespült zu werden. Es ist schwierig für die Kleinen, zu lernen, dass sie die Augen ganz fest schließen müssen, denn dann bekommen sie ja nur schlecht mit, was mit ihnen passiert. Es ist auch schwer für sie, zu begreifen, dass das Übel geringer wird, wenn man den Kopf ganz weit nach hinten legt; die Kopfhaltung an sich schafft es, sie in Panik zu versetzen. Aber einiges hier im Leben ist nun einmal unangenehm und lässt sich nicht ändern. Beim Arzt eine Impfung mit einer Spritze zu bekommen ist auch nicht schön, muss aber sein.

Als Eltern soll man versuchen, die Ruhe zu bewahren, und für Folgendes sorgen:

- Man muss unmittelbar vorher eine Vorwarnung geben.
- Das Unangenehme muss dann so schnell wie möglich passieren.
- Man muss das Kind beruhigen, sobald alles überstanden ist.
- Und damit ist die Sache auch erledigt. Das Kind muss nicht gelobt werden.

Es gibt kleine Kinder, die wasserscheu sind. Oder sie haben Angst vor der großen Wanne. Oder beides. Egal welcher Grund auch bestehen mag, solltest du – meiner Meinung nach – deinem Kind dabei helfen, seine Angst zu überwinden. Denn eigentlich sind Kinder »Wasserratten« wie wir alle. Wasser ist das ursprüngliche Element des Menschen. Meiner Meinung nach sollte man in jedem Falle sein Bestes tun, um die kleinen Kinder daran zu erinnern. Das Baden ist ja nicht nur praktisch und angenehm; das Baden ist auch notwendig. Da wir Menschen aus dem Wasser auf die Welt kommen und zum größten Teil aus Wasser bestehen, glaube ich, dass unsere innere Ruhe und Gleichgewicht auch im Wasser zu finden sind.

Die beste Methode, um die Wasserscheu zu überwinden, ist, mit dem Kind zusammen zu baden. Wie gewöhnlich wirst du mit einer »Drei-Tage-Kur« sicherlich Erfolg haben. Und so gehst du vor: Du ziehst dich selbst und das Kind aus, während du über dies und jenes sprichst. Du siehst die ganze Zeit fröhlich und erwartungsvoll aus. Dann steigst du in die Badewanne mit dem Kind in deinen Armen. Mit großer Selbstverständlichkeit badest du und wäschst dich, als würde es hierbei ausschließlich um deine Sauberkeit gehen. Egal ob du das Kind in die Wanne setzt oder es in deinen Armen hältst, kümmerst du dich glücklich und unverdrossen um deine eigene »Waschangelegenheit«!

Dann steigst du wieder aus der Wanne, immer noch mit einer Miene, als sei alles in bester Ordnung, und nimmst dein Handtuch. Zittert und bebt das kleine Kind, ist es besonders wichtig, nicht zu »trösten« und dabei so auszusehen, als sei das alles ganz schrecklich. Du solltest dagegen unaufhörlich froh und herzlich über dies und jenes reden, während du das Kind und dich selbst abtrocknest. Die Prozedur wird Abend für Abend wiederholt. Du verhältst dich fortwährend so, als würde es vor allem um deine Sauberkeit gehen.

Das Baden wird allmählich verlängert. Es ist dabei wichtig, dass man es rechtzeitig unterbricht, wiederum am besten, bevor das Kind unzufrieden wird. Hat die Kleine doch noch aus irgendeinem Grund angefangen zu weinen, solltest du sie nicht aus der Wanne »retten«. Tröste sie dort, wo sie ist – im Wasser –, und versuche ein kleines Lächeln hervorzulocken! Egal was passiert, solltest du an der Regel festhalten: Das Baden nur beenden, wenn das Baby glücklich und zufrieden ist.

Hast du es mit einem sehr wasserscheuen Kind zu tun, dann denke daran, dass Lachen jegliche Angst besiegen kann. Am dritten Abend, wenn die Badezeit verlängert wird, solltest du kein Mittel scheuen, um die Kleine zum Lachen zu bringen! Du kannst Fratzen schneiden, aus »Versehen« Seife in den Mund bekommen und dich dabei total »ekeln«, phantasievolle Frisuren formen, mit Shampoo oder Wasser, egal.

Am vierten Abend lässt du wie gewöhnlich Wasser in die Wanne laufen und legst einige interessante Sachen zum Spielen dazu. Dann ziehst du das Kind aus und setzt es in die Wanne, dabei benimmst du dich, als würdest du dich gleich selbst anschließen. Aber erst musst du noch in den Schrank gucken, ein paar Handtücher aufhängen, hier und da ein bisschen Ordnung machen. Dabei erzählst du dir selbst, was du gerade machst. Du ziehst dich nicht aus und steigst nicht in die Wanne. Die ganze Zeit behältst du das Kind im Auge, ohne dass es dies bemerkt. Das eigene selbstverständliche Benehmen – du bist vollauf beschäftigt im Badezimmer – nimmt die Spitze der Angst, die eventuell noch vorhanden sein mag.

In der kommenden Zeit hältst du an dieser Prozedur fest: Das Kind wird jeden Abend – ohne Ausnahme, und das für Wochen – in der großen Wanne gebadet. Um nicht das Schicksal herauszufordern, solltest du das Baden immer unterbrechen, solange das Kind noch vollkommen zufrieden ist. Schließlich muss ich vor heißen Wasserhähnen warnen: Drehe immer zuerst und zuletzt den kalten Wasserhahn auf bzw. zu!

4. Mehr Nahrung – und wie!

Ist das Kind fünf Monate alt geworden, wird es in der Regel wieder Neuigkeiten auf dem kindlichen Menüplan geben. Und da Kinder in diesem Alter alles Neue schätzen, werden sie auch diese Veränderung mit Begeisterung begrüßen. Ansonsten müsste man ja eigentlich eine riesige Bestürzung erwarten: Die Brust, von der man sich das ganze, kurze Leben lang ernährt hat, verschwindet eventuell, und stattdessen bekommt man eine gräuliche und mehlige Masse in den Mund gestopft, die Brei genannt wird. Die Pürees, die bisher weich, bunt und oft süß waren, werden nun auf einmal grau oder bräunlich, sind fester und schmecken ganz anders. Die Welt ist auf den Kopf gestellt worden!

Aber das fünf bis sechs Monate alte Kind, das gerne über das Bekannte hinausgeht, scheint es offensichtlich ganz o.k. zu finden, wenn auch beim Essen Neues hinzukommt.

Das fünf bis sechs Monate alte Kind hat einen Magen, der fast jede Nahrung verdauen kann. Aber das Kind kann nicht kauen. Das Essen muss deshalb zerdrückt, passiert oder verdünnt werden, wenn es sich nicht mit der Spucke des Kindes aufweichen lässt (wie Brotkrusten oder Knäckebrot). Das Problem liegt nicht im Magen, sondern sozusagen eine Etage höher.

Was nun auf dem Essensplan eingeführt wird, sind zwei volle Mahlzeiten ohne Zufütterung von Muttermilch oder Ersatznahrung. Ich schlage vor, du servierst sie am Vormittag und am Nachmittag.

Der Plan könnte so aussehen:
Morgens: Muttermilch und/oder flüssiger Brei.
Vormittags: Brei, Obstsaft.
Nachmittags: Hauptgericht. Püree aus Fleisch/Fisch mit Kartoffeln und/oder Gemüse. Zum Nachtisch Püree aus Gemüse oder Obst.
Als Getränk Wasser.
Abends: Brei und/oder Muttermilch.

Aber auch interessante Reste vom Mittagessen der Familie können zerkleinert und mit pürierten Kartoffeln vermischt werden; dies bekommt das Baby dann am nächsten Tag als Mittagessen (wenn es nicht zur selben Zeit wie die anderen Familienmitglieder zu Mittag isst). Man muss jedoch darauf achten, dass das Essen wenig Salz enthält. Babynahrung sollte nicht gesalzen werden. Für die, die keine industriell hergestellten Produkte geben wollen, gibt es ausgezeichnete Kochbücher über Säuglingsessen. Es gibt auch viele industriell hergestellte Fertigbreimahlzeiten. Ich finde, dass unsere modernen Zeiten in der Hinsicht ein bisschen zu modern geworden sind. Stell dir mal vor: Es gibt pürierte Bananen im Glas! Nichts ist einfacher, als eine kleine Portion Haferbrei zu kochen, und noch einfacher ist es, eine Banane zu pürieren.

Die meisten Kleinkinder mögen Haferbrei, wenn sie von Anfang an daran gewöhnt werden. Sie können Jahr für Jahr bei Haferbrei bleiben, bis ins Erwachsenenalter hinein. Haferbrei zu essen ist gesund und deshalb eine gute Gewohnheit. So mache ich Haferbrei: Eine Tasse Haferflocken und zwei Tassen Wasser werden aufgekocht. Danach köchelt der Brei eine Weile bei niedriger Flamme – unter ständigem Umrühren, bis seine Konsistenz richtig fein und weich ist. Dann rührt man Milch (keine Magermilch) auf einem Teller oder in einer Schüssel unter den Brei, bis er klumpfrei ist. Dabei wird eine passende

Temperatur erreicht. Kein Zucker natürlich. Diese fürs Auge nicht gerade appetitanregende Mahlzeit wird in der Regel mit Begeisterung angenommen. Das erste Mal wird sicherlich die Hälfte der Mahlzeit übrig bleiben. Das ist in Ordnung so. Hier geht man vor wie bei der schrittweisen Einführung der Pürees beim drei Monate alten Kind (siehe »Feste Nahrung«, Seite 263).

Und wie fütterst du dein kleines Kind? Es lohnt sich, die Sache gut zu überdenken, bevor du das Kind auf den Schoß nimmst. In einem halben Jahr wird das Kind an den Mahlzeiten der Familie teilnehmen. Hast du deine Kleine daran gewöhnt, dass sie beim Essen auf deinem Schoß sitzt, wirst du kaum selbst an dein Essen herankommen, oder das Kind stibitzt dir deine Mahlzeit einfach vom Teller, bevor du selbst zum Essen kommst. Dem altersgemäßen Streben nach Selbstständigkeit folgend empfiehlt sich die Einführung des Hochstuhls, in den man das Kind mit ein paar Kissen im Rücken hineinsetzt – sobald der Rücken stark genug ist. Oder du besorgst einen »Babystuhl«, der am Tischrand befestigt wird. Die Kleine wird dadurch zum selbstständigen Essen ermuntert – eine Kunst, die unter allen Umständen erlernt werden muss und die außerdem Spaß macht.

Manche kleinen Menschenkinder vergraben, während sie gefüttert werden, ihre Finger und Hände gerne tief in dem Brei, um seine Konsistenz zu untersuchen. Andere schlagen den Löffel so kräftig in den Brei, dass sie ihn mit etwas Glück bis unter die Decke verfrachten ... Wieder andere stecken das ganze Gesicht in den Teller, um so den Brei hautnah zu probieren. Es kann klug sein, die Schüssel während des Essens ständig fest zu halten. Dieses Herummanschen ist nicht immer lustig, aber es lohnt sich: Ein kleines Kind, das in dieser Weise die ersten Essversuche machen darf, kann mit acht, neun Monaten allein Suppe essen, ohne auch nur einen Tropfen zu verschütten! Um diese Essensorgien nicht allzu wild werden zu lassen, kannst du den Brei servieren, während das Kind zurückgelehnt im Wipper sitzt. Die Stellung hindert es nicht daran, im Brei zu matschen oder auch mit dem eigenen Löffel danach zu angeln, aber sie beugt dem schlimmsten Schlagen und Patschen vor. Der Stoffbezug des Wippers landet danach meistens gleich in der Wäsche und normale Lätzchen reichen nicht aus. Hier braucht man Handtücher!

Das Mittagessen sollte das Baby allerdings im Hochstuhl sitzend bekommen. Es bekommt einen Löffel und auch die fütternde Person bekommt einen. Jetzt wird ebenso gewühlt und untersucht und gemanscht, aber das Essen ist ja etwas fester.

Kannst du dieses Mantschen und Schlagen nicht ertragen, ist es eine gute Idee, dem Kind eine Brotkruste in die Hand zu geben, während du es fütterst.

Ist das Brot auf dem Weg in den kleinen Mund, schiebst du es ganz kurz zur Seite, während du den Löffel hineinschiebst; und dann darf das Kind weiter an seiner Brotkruste knabbern. So sind alle zufrieden und kein Teller wird umgekippt.

Es herrscht heutzutage mancherorts eine übertriebene Sorge um das Wohl des kleinen Magens eines Säuglings, der dies und jenes nicht vertragen soll. Und negative Erwartungen sind oft selbsterfüllend, weil sie von Unruhe begleitet werden.

Bist du besorgt, weil du denkst, dein Kind könnte auf irgendein Nahrungsmittel allergisch reagieren, das Essen, das du servierst, überhaupt nicht mögen, sich weigern die Flasche anzunehmen, dagegen protestieren, in einem anderen Zimmer schlafen zu müssen, dass es wegen einer Veränderung verängstigt reagieren könnte, oder was es auch sein mag, kannst du sicher davon ausgehen, dass es tatsächlich Probleme geben wird.

Kleine Kinder reagieren in dieser Beziehung genau wie wir Erwachsene, sehr sensibel und passen sich leicht der vorherrschenden Stimmung an. Wenn du oder ich genügend oft zu hören bekommen, dass wir den neuen Job sicherlich nicht schaffen werden, weil er für uns viel zu schwierig sei, gehen wir ja auch nicht gerade mit der größten Begeisterung und Selbstsicherheit an die Arbeit. Vielleicht werden wir uns sogar weigern, überhaupt hinzugehen. Und wenn die Leute sich um unsere Gesundheit reichlich Sorgen machen, weil das Arbeitsklima dort so schlecht sei, bekommen wir wahrscheinlich sofort rote Pickel, verstauchen uns einen Fuß oder fangen uns eine Grippe ein. Es ist für dich selbst und für das Kind am besten, wenn du deine Sorgen vorher loswirst, indem du dir rechtzeitig überlegst, was das Kind verträgt und was nicht!

In der Säuglingspflege wie in der Kinderpflege überhaupt lautet die goldene Regel: *Alles ist o.k. und alles wird gut gehen.* Dies muss der Ausgangspunkt sein. Sucht man Fehler, wird man auch welche finden. Gibt es sie wirklich, sollte man sich davon überzeugen, dass tatsächlich etwas nicht stimmt. Dabei kann man sich zum größten Teil auf die eigene instinktive Alarmzentrale verlassen.

Man sollte sich eher darum kümmern, dass das Kind sich nicht verschluckt, als an die Gefahr zu denken, die vom Essen ausgehen könnte. Es besteht eine ziemlich große Erstickungsgefahr bei kleinen Menschenkindern, die noch nicht kauen können. Selbst die kleinsten Stücke können in der Luftröhre landen, und da es nicht nur Nahrung ist, was im kleinen Mund landen kann, solltest du ständig mit Falkenblick das Bett, den Fußboden und das Spielzeug inspizieren!

Ein kleines Kind, das etwas in den falschen Hals bekommen hat, dreht man mit dem Kopf nach unten oder legt es über die Knie – auch mit dem Kopf nach unten – und klopft ihm fest auf den Rücken genau unter den Schulterblättern.

Nun, nachdem ich die Fürsorge auf die Nahrungsaufnahme verlagert habe, möchte ich hinzufügen, dass Eigelb dem Magen doch Probleme machen *kann*. Am besten gibt man dem Kind im ersten Lebensjahr noch keine Eier, genauso sollte man mit Kuhmilch sparsam umgehen. Erdbeeren, Kakao und Spinat gehören auch nicht zur Babynahrung. Und kleine Kinder unter zwei Jahren (mindestens) sollten gar nicht wissen, dass es so etwas wie Zucker, Süßigkeiten und Kuchen gibt.

Ein Kind, das ein halbes Jahr alt ist, hat einen ausgezeichneten Appetit und nimmt mit Begeisterung fast jedes Essen an. Darüber kann man sich nur freuen! Man braucht beim Füttern nicht besonders vorsichtig zu sein. Hier heißt es nur: Hinein mit dem Essen. Sammelt sich zu viel im kleinen Mund, wird es einfach wieder ausgespuckt. Das ist überhaupt nicht schlimm. Irritiert werden kleine Menschenkinder in diesem Alter eher, wenn die Mahlzeit zu langsam serviert wird und es viel zu lange dauert, bis der Löffel das nächste Mal in den kleinen Mund geschoben wird. Und natürlich würde auch eine zu kleine Portion irritieren. Der große Appetit stellt gewisse Anforderungen an die Menge. Genau wie bisher bekommt das Kind so viel, wie es überhaupt hinunterbekommen kann. Das Menschenkind wird mit einem Jahr sein Geburtsgewicht verdreifacht haben. Man kann sich ja in etwa vorstellen, wie viel Nahrung man selbst brauchen würde, um solch eine Leistung zu vollbringen ...

Sechs Monate alte Kinder sollten schön pummelig sein. Die Einjährigen genauso. Ihr Appetit sollte gestillt werden. Etwas anderes wäre kaum zu verantworten. Und zwischen den Mahlzeiten sollten sie Brotkrusten oder Knäckebrot zum Knabbern, Bananen oder Ähnliches bekommen. Während der ganzen Kindheit – und im Teenageralter – haben die Zwischenmahlzeiten *keinen* Einfluss auf die Hauptmahlzeiten. Die Kleinen essen diese mit genauso großem Appetit.

Diese Lust am Essen sollte nicht unterdrückt werden. Genieße einfach die Zeit; denn sie wird erst in 13–14 Jahren wieder kommen. Es ist eine Zeit im Leben deines Kindes, in der seine Einstellung zum Essen – und auch zum Leben – so überaus positiv ist! Das erste Lebensjahr ist nicht entscheidend für ein späteres, eventuelles Übergewicht. Im Laufe des zweiten Lebensjahres nimmt der Appetit jedoch bedeutend ab, weil das Wachstum nun deutlich langsamer vorangeht. Würde es sich nicht verlangsamen, würde das Kind mit drei Jahren 108 Kilo wiegen (bei einem Gewicht von 12 Kilo des einjährigen Kindes!). Wenn der Appetit so drastisch zurückgeht, besteht die Gefahr, dass liebevolle Eltern sich Sorgen machen und dem Kind nun süße Cerealien, Milchbrötchen, Kekse und andere Nahrungsmittel, die Unmengen an Zucker enthalten, geben, damit das kleine Kind »*wenigstens etwas zu sich nimmt*«. Und das kann dann die Basis für ein späteres Übergewicht sein.

Noch ein paar Worte zum Thema Abstillen. Es gibt viel ernsthaftes und viel kompliziertes Infomaterial über das Abstillen. Mein Rat ist ganz einfach (siehe auch Seite 120f.). Es ist einfacher, mit dem Stillen ganz aufzuhören, als das Kind nach und nach abzugewöhnen, indem man die Mahlzeiten und Wochen zählt. Man muss nur noch zwischendurch stillen, wenn die Spannung in der Brust zu schmerzhaft wird. Das wird meist am frühen Morgen der Fall sein, was ja auch zeitlich gut passt; und dann wieder abends. Zu diesem Zeitpunkt bereitet eine Portion Muttermilch, mit der dazugehörenden Wärme und Nähe, dem Kleinen einen schönen Abschluss des Tages. Die Milchproduktion verringert sich parallel zu der sinkenden Nachfrage, und schließlich – nach vier, sechs, acht Wochen (es ist individuell variabel und hängt auch davon ab, wie lange und wie viel das Kind an der Brust getrunken hat) – gelingt das Abstillen ohne größere Probleme und ohne besonderes »Abstillprogramm«. Du hast die Muttermilch eben nur noch so nebenher serviert.

Hier muss ich vielleicht noch erwähnen, dass die Brust auf keinen Fall als Schnullerersatz zur Verfügung gestellt werden sollte. Du solltest sie nur geben, wenn du selbst das Gefühl hast, dass die Spannung in der Brust es erforderlich macht, und auf keinen Fall als »Trost«. Es gibt zweijährige Kinder, die nachts neben der Mutter liegen und die ganze Nacht an ihrer Brust nuckeln; ja, es gibt in der Tat viele solche Kinder. Bringt man sich selbst und das Kind in eine solche Situation, ist die Gefahr groß, dass man dem Kind gegenüber eine negative Einstellung empfindet, die nicht nötig und auch nicht gerechtfertigt ist.

Charaktere aus dem Theater des wirklichen Lebens:
der Forscher, der Arbeiter und der Charmeur

Der Forscher

Das Alter, in dem wir uns befinden, ist die Zeit der großen Forschertätigkeit. Was erforscht wird, sind Menschen und Tiere, Gegenstände, das Essen, Orte, Räume und das eigene Können. Es gibt sechs Monate alte Forscher, die ihre liebende Mutter für eine Schublade mit Besteck verticken würden.

Lass uns diesmal annehmen, dass dein kleiner Baby-Forscher ein Junge ist. Wie wir wissen, sollte man keinem Forscher Hindernisse in den Weg legen. Man versucht auch nicht ihn zu lenken, denn dann ist es ja keine Forschung, die er betreibt, sondern die Erledigung einer Bestellung und damit verkauft er seine Wissenschaft und seine Seele ... Ein wahrer Forscher lässt sich nichts vorschreiben. Er geht seine eigenen Wege. Er erschafft Neues. Er untersucht und macht sich ständig Notizen. Er ist in seine Forschung ganz vertieft. Er wird vorangetrieben von einem unbändigen Willen, zu verstehen, zu wissen, und etwas Unbekanntes zu entdecken.

Wenn du eine gute, altmodische Hausfrau wärest und einen Forscher als Ehemann hättest, würdest du ihm sein Essen auf einem Tablett aufs Zimmer bringen und ihn im Übrigen vor sich hingrübelnd dort sitzen lassen. Du würdest alle Telefongespräche und jeden Besucher von ihm fernhalten und selbst auf Zehenspitzen im Haus umherschleichen. Außerdem würdest du natürlich alle Rechnungen bezahlen, damit er sich nicht um irdische Probleme kümmern müsste. Und nach einem halben oder ganzen Jahr würde er aus seinem Labor, Bibliothek, also egal wo auch immer er sich versteckt haben mag, gewackelt kommen und hohläugig laut verkünden: »Heureka, ich habe es gefunden!«

Das sechs Monate alte Kind beschäftigt sich zum Glück auch mit anderen Sachen, aber während seiner Forschungen sollte es nicht gestört werden. Alle Eingriffe müssen vorher genau überlegt werden. Die Regel lautet:

Lege einem Kind unter einem Jahr nie Hindernisse in den Weg, außer wenn Lebensgefahr droht!

Beispiele:

Der Forscher ist in der Küche bis zum Hundenapf vorgerückt und die kleine Hand ist gerade auf dem Weg ins Hundefutter. Ist es notwendig, zu verhindern, dass der Forscher sich eine Hand voll in den Mund stopft? Es besteht keine Lebensgefahr. Beobachte also: Was macht das Kind aus seiner Entdeckung? Wie schmeckt ihm das Hundefutter? Nicht gut? Interessant? Wenn der Forscher sich dann draufgängerisch auf neue Ziele zubewegt, wäre es passend, den Hundenapf zu entfernen, wenn man nicht der Meinung ist, dass solches Futter zur Gewohnheit werden soll, und das sollte es vielleicht besser nicht.

Eine Tür ist nur angelehnt. Dahinter ist eine Treppe, die nach unten führt. Der Forscher rutscht/robbt/kriecht in Richtung Tür, über die Türschwelle hinüber und hinaus in den Flur. Ist es notwendig, ihn aufzuhalten? Droht Lebensgefahr? Ja – *wenn das Kind die Treppe hinunterfällt*. Aber bist du sicher, dass er sich wirklich bis zur Treppe vorarbeiten will? Du weißt es nicht, bevor du es siehst. Bist du dann auch sicher, dass er die Treppe hinunterfallen wird und nicht stattdessen auf der ersten Stufe wieder umkehren und von zusätzlichen Experimenten in dieser Richtung absehen wird? Das weißt du auch nicht, bevor du es siehst. Wieder sollst du nur beobachten! Ohne das Kind anzufassen und ohne es zu lenken, kannst du ihm auf den Fersen bleiben und ständig eine Hand griffbereit halten. Erst im absolut letzten Moment, wenn es offensichtlich ist, dass das Kind hinunterfallen wird, greifst du ein und drehst den kleinen Optimisten in eine andere Richtung.

Der Alltag mit einem Forscher ist voller Episoden wie den beiden eben beschriebenen. Und man muss aufpassen, dass man nicht in den alten Schlendrian verfällt, also den Fehler begeht, sofort einzugreifen, wenn noch keine Gefahr droht. Beispielsweise weiß man, dass kleine Kinder nicht mit Scheren und Messern herumhantieren sollten; das ist zu gefährlich. Sobald der Forscher eine Schere in die Hand bekommt – man hat sie gedankenlos in seiner Reichweite liegen lassen –, stürzt man vielleicht hin und reißt die Schere aus den Händen des Kindes: »Aber kleiner Schatz, du darfst doch nicht mit der Schere spielen!« Wiederholt sich dies ein paar Mal, wird die Schere natürlich überaus interessant und muss jetzt *unbedingt* erforscht werden. Welches aber offensichtlich, merkt sich der Forscher, in Windeseile geschehen muss und am besten, wenn man alleine ist, da man ja sonst wieder daran gehindert werden würde. Dies könnte dazu führen, dass das Kind sich tatsächlich an der Schere verletzt.

Ein Forscher, der dagegen nicht an der Arbeit gehindert wird, hantiert mit den Gegenständen sehr ruhig. Er untersucht sie behutsam in aller Ruhe, sehr gründlich und ohne Eile. Wer ein einigermaßen gutes Nervenkostüm hat, wird deshalb abwarten. Was wird das Kind mit der Schere anfangen? Der Forscher liegt dort auf dem Bauch, sieht sich die Schere an, dreht und wendet sie. Wie schmeckt sie – es wird daran gelutscht … Es besteht keine Lebensgefahr. Noch nicht. Aber dann dreht das Kind das spitze Ende der Schere gegen sich selbst und will sie in den Mund stecken.

Du hast bisher, bereit zum Eingreifen, danebengestanden, ohne etwas zu sagen oder zu tun, und drehst jetzt ruhig die Schere um, damit das Kind am Griff seine Geschmacksprobe vornehmen kann. Keine Vorwürfe, kein Schimpfen folgen auf dieses Eingreifen und deshalb fühlt sich dein kleiner Forscher nicht gekränkt oder in seiner Tätigkeit bevormundet. Der Griff wird mit offenem Mund angenommen. Nach beendeter Untersuchung verlässt der Forscher die Schere, die du dann aufheben wirst, während dein Herz wieder an seinen normalen Platz zurücksinkt.

Ein Kind, dem es in dieser Weise erlaubt wird, seine Forschungen zu betreiben, wird große Sicherheit im Alltag erlangen. Die Vertrautheit mit den Sachen in seiner Umgebung wird souverän werden. Was schließlich eine geringere Unfallwahrscheinlichkeit bedeutet: Weniger Sachen werden zerbrechen und das Kind wird nicht viel »kaputtmachen«. Das Haus muss nicht wegen des Kindes ummöbliert werden. Und meiner Meinung nach sollte man sich mit Kleinkindern problemlos in möblierten Räumen aufhalten können! Außerdem können wir uns alle sicherlich sehr gut vorstellen, dass es für ein kleines Menschenkind bedeutsam ist, wenn es sich ohne Furcht und ohne Hindernisse auf den Weg ins Leben machen kann.

Das Prinzip, das Kind in seinen Handlungen nicht zu behindern, ist an sich einfach, kann aber in der Praxis manchmal schwer durchzuführen sein. Es ist erforderlich, die Gewohnheit zu bekämpfen (sie sitzt einem oft im Nacken) und die ganze Zeit darauf bedacht zu sein: *Nicht eingreifen, bevor es absolut notwendig ist.*

Es erfordert auch, dass man die Umgebung im Griff hat. Nicht viele Erwachsene können es ertragen, zu sehen, wie ein acht Monate altes Kind auf der Arbeitsfläche neben dem Herd sitzt und in einem heißen Topf rührt … (Dies gehört nun vielleicht nicht zum Thema Forschung, sondern zur Mitarbeit, zur sozialen Beteiligung, siehe auch »Der Arbeiter« im Folgenden). Du könntest einwenden, dass das Prinzip des »Nichthinderns« in der Praxis schrecklich viel Zeit kostet. So ist es auch.

Aber es ist genauso zeitraubend, das Kind zurückzuhalten und es abzulenken. Zwar lässt der Forscher sich leicht ablenken – aber die Forschungsarbeit bleibt dann auf der Strecke. Und du wirst unendlich oft ablenken müssen und dem Kind immer wieder etwas Neues bieten müssen, was doch gar nicht nötig ist. Möchte der Kleine den Mülleimer untersuchen, warum nicht? Ekelig ja, aber gefährlich? Glasscherben und Zigarettenkippen vielleicht? O.K., dann muss man erst einmal abwarten – aber nicht eingreifen, bevor es absolut notwendig wird. Ich gehe so weit, dass ich es dem Kind erlaube, die Kippe bis zum Mund zu führen, bevor ich eingreife. Denn vorher kann ich nicht sicher sein, dass der Kleine auch wirklich vorhat, die Kippe aufzuessen. Es kann ja sein, dass er sie nur zwischen die Lippen stecken möchte, so wie er es bei Rauchern beobachtet hat. Passiert das, wird die Kippe nicht im Mund landen, sondern herunterfallen, sobald das Kind ein neues Selbstgespräch über etwas Interessantes einleitet.

Danach kann ich die Kippe und den Müll wieder aufheben, ohne dass das Kind etwas mitbekommt. Es erfordert Nerven aus Stahl – ja –, aber die Harmonie des kleinen Kindes, die Zufriedenheit des Forschers unter diesen günstigen Bedingungen ist eine tolle Belohnung.

Die Beispiele, die ich hier genannt habe, klingen manchmal haarsträubend. Dein Kind wird aber nicht die ganze Zeit an deinen Nerven zerren. Der kleine Forscher gibt sich auch mit ungefährlicheren Beschäftigungen ab. Die Hauptsache ist, dass es dem Kind erlaubt wird, in Ruhe zu arbeiten, und dass deine Aufsicht diskret, taktvoll und positiv bleibt.

Einen Forscher sollte man nicht leiten. Der Versuch, ihn zu »aktivieren«, käme einer Beleidigung gleich. Stehen die Gegenstände und das Zuhause zu seiner freien Verfügung, wird der kleine Forscher schon alles allein regeln. Du musst versuchen, deinen kleinen Forscher wie einen richtigen Forscher zu behandeln! Professoren, Genies und andere von der Sorte sind ja bekanntlich etwas exzentrisch. Niemand weiß, was sie eigentlich vorhaben. Du würdest sowieso nichts davon verstehen, auch wenn du es versuchtest. Sie leben in einer anderen Welt und dort sollte man sie in Ruhe lassen. Leben und leben lassen! Versuche das, mit dem dein Kind sich gerade beschäftigt, zu respektieren, obwohl es dir unverständlich und auch sinnlos vorkommen kann.

Ein kleines Memo

- Tausche die selbst gewählten Objekte des Forschers nicht aus: Lege ihm kein Spielzeug vor, mit dem er spielen »soll«.

- Drängle dich nicht zwischen das Kind und die Welt bzw. zwischen das Kind und die Gegenstände. Fordere nicht seine Aufmerksamkeit.
- Nimm den Kleinen nicht hoch, trage ihn nicht aus alter Gewohnheit umher. Entscheide nicht, dass er es allein nicht »schafft«, binde das Kind nicht zu fest an deine eigene Person!

Wir erinnern uns wieder an den Forscher mit der guten, altmodischen Ehefrau. Wenn die Ehefrau sich auf seinen Schoß setzen und sagen würde: »Liebster, was willst du eigentlich mit dem ganzen Kram da?« und »Ich weiß etwas, das du machen könntest, das sicherlich VIEL mehr Spaß macht!« und »Kannst du dich stattdessen nicht mal ein bisschen um MICH kümmern?«, ja dann würde die Scheidung sicherlich bald ins Haus stehen! Höchstens der Forscher hätte keine Ahnung, woher er dann etwas zu essen und saubere Hemden bekommen würde.

Der Arbeiter

Anders als der Forscher ist der Arbeiter eine kollektiv arbeitende Person. Er ist ein Mitglied der Arbeitsgemeinschaft.

Das angeborene Streben des Kindes nach sozialer Beteiligung war lange anscheinend nur passiv. Hoffentlich hast du diese scheinbar passive soziale Beteiligung systematisiert, als das Kind drei, vier Monate alt war. Nun wird die soziale Beteiligung aktiv. Ab jetzt wirst du das Kind in deine Arbeit mit einbeziehen.

Vieles von der Tätigkeit des Arbeiters berührt natürlich das Gebiet des Forschers und umgekehrt. Der Unterschied liegt vielleicht eher in deinem Verhalten. Während Eingriffe jeglicher Art bei den eigenhändig ausgeführten (und erfundenen) Tätigkeiten des Forschers vermieden werden sollten, sind Anleitung und Steuerung sowohl erlaubt als auch wünschenswert, um nicht zu sagen notwendig, wenn es um die aktive, soziale Beteiligung geht. Du, also der oder die Erwachsene, übernimmst die Leitung: Du entscheidest über die Tätigkeit und beziehst dabei das Kind mit ein (aber die Initiative dazu sollte beim Kind liegen). Das mag sich komplizierter anhören, als es ist: Wenn ich beispielsweise staubsauge und der Kleine kommt angekrabbelt und sieht interessiert aus, nehme ich ihn hoch, lege seine Hand auf das Staubsaugerrohr und arbeite weiter. Wenn er etwas anderes wieder interessanter findet, bedanke ich mich für seine Hilfe und setze ihn wieder hinunter.

Während seiner Forschertätigkeit ist das Kind sich selbst genug. Die *Arbeit* dagegen spielt sich innerhalb einer für den Erwachsenen notwendigen Tätigkeit ab. Die Beteiligung des Kindes an der Arbeit bedeutet dessen Aufnahme in die soziale Gemeinschaft.

Hier ist also dein Eingreifen erlaubt, wünschenswert und sogar notwendig. Die Aktivitäten des Kindes innerhalb der sozialen Gemeinschaft sollten so gesteuert werden, dass sie zweckmäßig sind, also auf ein gemeinsames Ziel hinarbeiten (das Überleben der »Herde«, jedenfalls sieht es in den Augen des Kindes so aus). Wenn du z.B. eine Wand streichst und dein Kind möchte sich daran beteiligen, dann nutzt du die Hilfe des Kleinen. Das Kind wird versuchen, dir den Pinsel wegzunehmen. Nun kann es für dich von Vorteil sein, wenn du die Arbeit von der Forschung trennst: Das, was du machst, wenn du eine Wand streichst, ist (wir tun so »als ob«) eine Tätigkeit, die für die Existenz der »Herde« notwendig ist. An dieser Aktivität möchte das Kind sich beteiligen und – so weit es nur kann – zu eurem Überleben beitragen. Wenn du arbeitest (um zu überleben), wird das Kind sich deiner Tätigkeit nähern, um auch zu arbeiten. Deine Steuerung wird so kein Hindernis, sondern eine Anleitung: »So macht man's, um in dieser Welt zurechtzukommen.«

Wenn der kleine Arbeiter aber deinen Pinsel nimmt, kannst du nicht arbeiten. Die Arbeit ist aber »lebenswichtig« für die Existenz der »Herde« und muss deshalb notwendigerweise gemacht werden. Das Kind sollte innerhalb der sozialen Gemeinschaft in die Arbeit mit einbezogen werden und dich nicht davon abhalten. Und das ist natürlich auch nicht die Absicht des Kleinen – er will dir zeigen, dass auch er mitmachen möchte und es auch kann. Du wirst also einen zusätzlichen Pinsel holen. Den gibst du dem Kind. Du nimmst die kleine Hand mit dem Pinsel und steckst die Spitze in den Farbtopf. Dann lässt du das Kind die Wand streichen, während du immer noch die kleine Hand fest hältst. »*Oh, wie fein das wird!*« Deine Stimme und deine Worte sagen dem Kleinen, dass er dich *entlastet* und die Arbeit (ums Überleben) leichter macht. Zwei arbeiten besser als einer! Noch mal streichen, in derselben Weise. Darauf wird der kleine Arbeiter es mal allein versuchen wollen, neben dir, während du auch die Wand streichst.

»Und wie wird die Wand dann wohl aussehen?«, fragt der Freund der Ordnung empört. Es wird mit der Wand alles gut gehen. Der kleine Arbeiter wird bald den Pinsel irgendwo hinlegen (oder ihn in den Mund stecken, was man vermeiden muss – die Gesundheit des Kindes würde gefährdet). Außerdem wird die Arbeit schließlich nicht auf solche Weise gemacht. Jetzt geht es um Steuerung: Dies ist kein Spiel, es geht hier ums »Überleben«. Für eine Dauer von zwei bis fünf Minuten wird der Kleine mit dir zusammen arbeiten. Die Wand kriegst du danach wieder hin, ganz diskret, wenn er es nicht sieht. Denn bald ist der kleine Arbeiter wieder Forscher – und dann kannst du selbst wieder etwas schaffen (und wieder in Ordnung bringen).

Hierin liegt ein kleines Wunder verborgen. Ein Kind – egal wie alt –, das bei den notwendigen Aktivitäten der Erwachsenen (der »Herde«) zum Einsatz kommt (so lange, wie es möchte – später auch länger), fühlt im Nachhinein eine tiefe Befriedigung. In seiner Zufriedenheit wird das Kind sich für eine Weile gern selbst beschäftigen.

Es ist genau dasselbe, wenn wir Erwachsene uns nach einem guten Arbeitstag dazu inspiriert fühlen, irgendeinem angenehmen Hobby nachzugehen oder uns einfach zu entspannen und das Leben zu genießen. Fünf Minuten Mühe, die du dir machst, damit das Kind sich nützlich machen kann, bedeuten, dass du eine Viertelstunde bis 30 Minuten genüssliche Ruhe haben wirst, während der Kleine sich nach getaner Arbeit ausruht und einen wohlverdienten, kleinen »Urlaub« nimmt.

Wenn du mal darüber nachdenkst, wirst du feststellen, dass es kaum eine Beschäftigung gibt, bei der sich das Kind nicht nützlich machen könnte. In allem, was *für dich notwendig* ist, liegt die Möglichkeit für eine soziale Gemeinschaft mit dem Kind bereit und wartet darauf, genutzt zu werden.

Bist du ein Mann und rasierst du dich zum Beispiel, dann ist dies vielleicht keine Arbeit, aber nichtsdestotrotz ist es *für dich* notwendig. Unweigerlich möchte der kleine Arbeiter sich an dieser Beschäftigung beteiligen. Gibt es einen Weg, um dies möglich zu machen? Aber sicher! Das Kind kann dich praktisch »rasieren«, wenn du nur die kleine Hand an dem Rasierapparat fest hältst. Das Rasieren kannst du danach selbst zu Ende führen; der Arbeiter wird in diesem Alter mit einem kleinen Einsatz sehr zufrieden sein. Und wie immer bedankst du dich natürlich für die Hilfe auf eine Weise, die es dem Arbeiter klar macht, dass du das Rasieren kaum ohne seine Hilfeleistung geschafft hättest.

Das kleine Kind war also nicht »lieb«, sondern es hat dich entlastet und eine gute Arbeit geleistet, alles im Hinblick auf die Notwendigkeit.

Nun gehen wir mal in die Küche! Ein wohlbekanntes Problem ist der Herd. Kleine Menschenkinder hängen sich an die Griffe, klettern auf Backofentüren, und die ganze Herrlichkeit, die auf dem Herd steht, könnte dabei umfallen. Die Absicherung des Herdes gilt als unvermeidbare Notwendigkeit. Ob es nun der

Forscher oder der Arbeiter ist, der sich an den Herd heranmacht, ich meine, man sollte erst einmal abwarten, welche Absichten er eigentlich verfolgt. Der Herd steht für das Essen und er ist sozusagen das Herz des Hauses. Der Kleine will da hoch, er will untersuchen, lernen und vor allem arbeiten. Ich finde, man muss sich nicht darüber wundern. Und ich verstehe nicht, warum man das Kind daran hindern sollte. Einfacher – und meiner Meinung nach schlauer –, als dem Kind Hindernisse in den Weg zu legen, indem man am Herd komplizierte Sicherheitsmaßnahmen durchführt, ist es, das Kind hochzuheben, und zwar dorthin, wo es hinmöchte, und ihm den Herd zu demonstrieren.

Überlegen wir doch mal, wie wir uns bei einem Erwachsenen verhalten würden, wenn dieser noch nie in seinem Leben einen Herd gesehen hätte! Niemand würde diese Person davon abhalten, zu lernen, wie ein Herd funktioniert. Alle würden wissen, dass es für diese Person, die nun das erste Mal mit der modernen Einrichtung konfrontiert ist, sehr nützlich sein könnte, wenn sie sich mit dem Herd auskennt. Sagen wir, dass die erwähnte Person taub sei und vielleicht auch noch blind. Nichtsdestotrotz müsste sie lernen, mit dem Herd umzugehen. Wir würden auf die Hitze aufmerksam machen, indem wir die Hand des Tauben oder Blinden ziemlich dicht über die Herdplatten halten würden. Wir würden den Zusammenhang zwischen den Drehknöpfen und der Hitze demonstrieren. Wir würden einen Topf mit Wasser aufkochen lassen und zeigen, wie der Topf langsam wärmer wird, indem wir die Hand des Blinden oder Tauben dranhalten. Und wir würden zeigen, wie man wieder ausschaltet und vieles andere mehr.

In dieser Weise geht man auch mit kleinen Kindern vor. Kinder, die frühzeitig mit dem Herd vertraut gemacht werden und die an der Arbeit am Herd beteiligt sind, brauchen sich nicht zum Herd vorzudrängeln oder eine Bekanntschaft mit ihm zu erzwingen. Sie werden den Herd auch nicht als Klettergerüst nutzen. Also wird der unpraktische Herdschutz gar nicht notwendig sein.

Es ist oft viel umständlicher, etwas zu verhindern, als etwas zu zeigen, wobei man Respekt für das Können und die Intelligenz des Kindes zeigt.

An der Vorbereitung des Essens beteiligt zu werden ist ein Traumjob für den kleinen Arbeiter. Einerseits wird der Arbeiter sich innerhalb des Rahmens einer gemeinsamen Existenz nützlich machen können – selten ist der Nutzen so buchstäblich wie jetzt – und andererseits gibt diese Arbeit jede Menge Gelegenheit zum Probieren der verschiedensten Nahrungsmittel. Ob du nun mit dem Arbeiter oder dem Forscher zusammen kochst, ich kann dir versprechen, dass es ein Erlebnis sein wird.

Du könntest einwenden, dass es deine Arbeit verlängern wird – und es sowohl zeitraubend als auch unpraktisch wäre, wenn das Kind ständig beteiligt werden sollte. Du glaubst vielleicht, es sei sinnvoller, erst dann das Kind zu beteiligen, wenn man es auch richtig einsetzen kann – so, wie ein Vater mich einmal fragte: »*Wie alt muss ein Kind sein, bevor man es zum Kaufmann schicken kann, damit es eine Kleinigkeit einkauft?*« (Fünf Jahre!)

Es ist wahr, dass du nicht viele Eltern finden wirst, die sich die Mühe machen, ihre Kinder bereits im Alter von sechs oder sieben Monaten allmählich in ihre Arbeit einzubeziehen. Stattdessen gibt man dem Kind Spielzeug, und das Kind spielt neben den Erwachsenen, während sie arbeiten.

Noch ist alles in Butter. Aber das Bedürfnis des Menschenkindes, in die soziale Gemeinschaft aufgenommen zu werden, ist unabwendbar und erfordert Entgegenkommen. Wenn das Kind dann acht Monate alt wird, werden die Eltern, die diesen Teil der kindlichen Sozialisierung versäumt haben, in der Regel mit der Beschäftigung des Kleinen echte Probleme bekommen. Oft sind schon sechs Monate alte Kinder so unzufrieden mit ihrer Verbannung aus der sozialen Gemeinschaft, dass sie sich weigern, die erwachsene Aufsichtsperson auch nur für eine Sekunde loszulassen.

In den meisten Elternratgebern wird das sechs Monate alte Kind jedoch wie folgt beschrieben: »*Das Kind hat dich kennen gelernt und liebt dich mehr als alle anderen und nun möchte es dich die ganze Zeit nur für sich haben. Es will dich nicht mit jemandem oder etwas teilen und du darfst deine Zeit oder deine Aufmerksamkeit nichts anderem widmen. Der größte Wunsch des Kindes ist es, ununterbrochen 24 Stunden am Tag von dir und deiner Aufmerksamkeit umgeben zu sein.*«

Davon abgesehen, dass dies der Mutter – oder der Person, die für das Kind sorgt – eine vollständig ungerechtfertigte Bürde auferlegt, beinhaltet die Aussage auch eine grobe Fehleinschätzung. Kinder, die mit drei oder vier Monaten sozial beteiligt werden und sich dann ab einem Alter von sechs Monaten richtig nützlich machen können, zeigen keine Spur von dem oben genannten Verhalten. Der oder die Erwachsene soll als Person und bei *seiner oder ihrer Tätigkeit* für das Kind zugänglich sein – genau wie dein Kontaktmann im Beduinenlager (Seite 172 ff.) für dich zugänglich sein muss, als dein fester Haltepunkt, dein Helfer, dein Leiter, ja wirklich als dein *Kontaktmann*. Aber das Kind wünscht sich auf keinen Fall, den Erwachsenen ununterbrochen für sich zu haben, und auch nicht, dass der Erwachsene seine Zeit und seine Aufmerksamkeit nichts anderem widmet. Damit wäre dem Kind nicht gedient. Genauso wenig würdest du bei deiner Ankunft im Beduinenlager wünschen oder würde dir damit gedient sein, dass der Kontaktmann seine Beschäftigung unterbrechen, das Lager verlassen, in den Sand hinausgehen und sich dort mit dir zusammen hinsetzen würde, das geschlossene Zelt im Rücken; dabei wäre er selbst – gemeinsam mit dir – von der sozialen Gemeinschaft ausgeschlossen, in der ihr eigentlich beide leben solltet.

Das Klammern und die Forderungen nach Aufmerksamkeit der sechs Monate alten Kinder rührt von einer sozialen Unzufriedenheit her, die man nicht aus der Welt schaffen kann, indem man sich – wie liebevoll auch immer – mit dem Kind »in den Sand setzt«.

Wenn ein Mensch nur durch die Liebe eines anderen Menschen seinen eigenen Wert bestätigt findet, wird er verständlicherweise verzweifelt sein, wenn diese andere Person verschwindet. Aber hat der Mensch erst seinen ganz eigenen Wert gefunden – in sich selbst, innerhalb des Rahmens der gemeinsamen Existenz, die für alle lebenswichtig ist und an der alle gemeinsam arbeiten –, kann er es sowohl aushalten wie auch, als pure Notwendigkeit, akzeptieren, wenn die andere Person aus seinem Blickfeld verschwindet. Sein Wert liegt in seiner eigenen Person, in seiner eigenen Wichtigkeit, die nicht von einer anderen Person abhängig ist – und die auch nicht von einer anderen Person festgelegt werden kann. Natürlich sucht er die andere Person auf, wenn er sie braucht und – aus welchem Grund auch immer – mit ihr zusammen sein möchte; aber er tut es nicht, weil er ohne sie – oder ihn – hilflos wäre.

In der Tat lohnt sich die Mühe, das Kind zu beteiligen, es helfen zu lassen, egal wie unpraktisch und zeitraubend es erscheinen mag – und oft auch ist. Ein Kind, das in die soziale Gemeinschaft aufgenommen wird, egal wie simpel und begrenzt oder geradezu erfunden seine Beteiligung ist, ein Kind, das nützlich sein darf bei einer Aktivität, die dem Kind für den Erwachsenen notwendig erscheint, wird ein zufriedenes Kind werden, von seiner eigenen Bedeutung und seinem eigenen Wert überzeugt. Um deiner selbst willen lohnt sich diese Investition: Zufriedene Kinder sind ruhige Kinder. Unzufriedene Kinder sind fordernde Kinder. Dasselbe gilt übrigens auch für Menschen von größerem Format!

Ein kleines Memo

1. Warte die Initiative deines Kindes ab. Sei aufmerksam auf das kleinste Zeichen, dass das Kind an deiner für dich notwendigen Tätigkeit beteiligt werden möchte.
2. Verwechsle diese Zeichen nicht mit dem Bedürfnis nach gefühlsmäßiger Aufmerksamkeit. Unterbreche deine Tätigkeit nicht, sondern lass das Kind an ihr teilhaben.

3. Lass dein Kind arbeiten genau wie du selbst und nicht in der Form eines Spieles (beispielsweise mit einem Kinderpinsel auf einem Kindermalblock zu malen, während du die Wand streichst).
4. Bedanke dich für den kindlichen Einsatz, so als wärest du bei deiner Arbeit wirklich entlastet worden. Vermeide gefühlsbeladenes Lob. Wer an dem Kampf ums Überleben teilnimmt, ist nicht »lieb« oder »nett«, sondern *nützlich*. »Wie schön es geworden ist! Du machst es richtig gut!«
5. Fordere nicht mehr »Arbeit« als die, die das Kind von sich aus machen möchte (das kommt erst, wenn das Kind wesentlich älter ist). Keinen Zwang, aber auch keine Hindernisse.
6. Auch wenn du deine »notwendige« Tätigkeit erfunden hast, soll sie für die gemeinsame Existenz als überaus wichtig erscheinen. Präsentiere sie nicht wie ein Spiel: »Nun wollen wir beide die Wand streichen! Das wird riesigen Spaß machen, meinst du nicht auch?« Die Existenz ist eine ernste Sache. »Nun muss die Wand gestrichen werden. Es wird wirklich höchste Zeit.«

Der Charmeur

Für den sechs Monate alten Charmeur braucht man keine so genannte Gebrauchsanweisung. Man muss ihn einfach nur genießen! Der Charmeur ist ein kleiner, von Gott begnadeter Humorist, der mit seiner Seele und seinem Körper, die noch keine Hemmungen kennen, schmust und Blödsinn macht.

Der kleine Charmeur liebt Körperkontakt über alles. Außerdem liebt er auch sich selbst über alles und darüber muss man sich ja auch nicht wundern. Er verliebt sich am allerliebsten vor dem Spiegel. Der Charmeur entdeckt dieses hübsche Kind, diese überaus einnehmende Persönlichkeit im Spiegel und wird von einer seligen und seltsamen Bewunderung ergriffen. Danach entdeckt der Charmeur die Mutter oder den Vater, die oder der ihn hält und nun gibt es auf einmal zwei zu sehen. Sehr merkwürdig. Danach blüht die Liebe. Der Charmeur starrt die faszinierende Person im Spiegel ganz verzaubert an, diesen entzückenden Menschen im Alter von etwa sechs Monaten, und küsst schließlich dieses kleine Wunder mitten auf den Mund: Die Romanze ist endgültig besiegelt. Wange gegen Wange schließt man den Bund. Könnte der Charmeur sich mit sich selbst verloben, würde er es sofort machen. (Der kleine Charmeur kann aus sinnloser Liebe etwas übertreiben und damit anfangen, aufgeregt am Spiegel herumzuhämmern. Dann nimmst du seine kleine Hand und streichelst damit den Spiegel.)

Der Charmeur flirtet nicht nur mit sich selbst, sondern auch mit dir, mit euch, seinen geliebten Eltern. Hier hat man als Mutter oder als Vater die Gelegenheit, auch selbst einmal total hemmungslos zu sein. Du kannst den Charmeur mit Küssen überschütten – über den ganzen Körper, den ganzen Tag lang; und den Charmeur wird dies unendlich glücklich machen. Du kannst dem Kleinen erlauben, deinen eigenen, erwachsenen Körper bis zum kleinsten Detail zu untersuchen – hierbei gibt es keine Scham oder Obszönität. Für den Charmeur ist die Nacktheit die natürlichste Sache der Welt. Bist du schüchtern, gibt es kein besseres »Publikum« als deinen kleinen Charmeur, um für einmal die eigene Schüchternheit zu überwinden. Und hast du bisher noch nicht den Unterschied zwischen Sensualität und Sexualität verstanden, dann wirst du es jetzt begreifen. Gemeinsame Momente im Bett und in der Badewanne sind ein Genuss. Man sollte sie nicht verpassen; genieße sie! Eines Tages ruft auch der kleine Charmeur nach einem Feigenblatt und sowohl Nacktheit als auch Körperkontakt unterliegen wieder strengeren Grenzen.

Das Schönste bei der Verliebtheit ist, wie wir alle wissen, das Wiedersehen mit der geliebten Person. Der Charmeur arrangiert den ganzen Tag lang neue Begegnungen. Er guckt hervor, er versteckt sich, guckt wieder hervor – und so begegnet man sich von neuem, und immer wieder noch einmal. Für dich geht es dann darum, jedes Mal wieder genauso wahnsinnig verliebt und überrascht auszusehen. Wenn du die Begegnung am frühen Morgen zum großen Erlebnis machst, wird der kleine Charmeur fast außer sich vor Glück sein. Du hastest ins Zimmer des Charmeurs, bleibst stehen und strahlst, rufst »Hallo!«, als hättet ihr euch seit zehn Jahren nicht mehr gesehen – dabei verliert ihr euch in einer Umarmung, die für Romeo und Julia oder für Pippi Langstrumpf und ihren Vater genau richtig gewesen wäre.

Nach seinem Spielen allein im Bett, wenn die Zeit gekommen ist, um den kleinen Charmeur zum zweiten Frühstück – Haferbrei oder was man nun am Vormittag serviert – heranzuholen, wiederholst du die Prozedur, schließlich sind ja seit dem letzten Mal wiederum mindestens zehn Jahre vergangen, und nun findet man sich auf einer Straße in Paris wieder, nachdem jeder sein eigenes stürmisches Leben gelebt hat. Ein Wunder hat zu der Wiedervereinigung mit diesem, am meisten geliebten Menschen der ganzen Welt geführt, als man schon gedacht hatte, man hätte ihn für immer verloren. »Du hier?!«, ruft man aus, als würde man seinen eigenen Augen nicht glauben. Solche Begegnungen sind für den Charmeur genau das Richtige.

Das Kuck-Kuck-Spiel und das Geben und Nehmen funktionieren wunderbar mit dem kleinen Charmeur. Geben und Nehmen sind ja bekanntermaßen kennzeichnend für jedes Liebesverhältnis von Rang. Wenn der Charmeur dir seine abgeknabberte Brotkruste, grau von Altertum und Weisheit, anbietet, sagt der Freund der Ordnung: »Nein danke. Die kannst du selbst aufessen, kleiner Schatz.«

Das aber ist falsch.

Man sollte immer das annehmen, was einem von dem kleinen Charmeur angeboten wird. Magst du keine abgeknabberten Brotkrusten, matschige Bananen oder sandige Apfelreste, musst du wenigstens so tun, als würdest du probieren, dich begeistert bedanken und den Leckerbissen zurückgeben. Aber Achtung: Wenn das Kind dir mal etwas Leckeres anbietet, darfst du nicht alles in dich hineinstopfen! Das wäre dann eine Tragödie!

Es geht hier nur oberflächlich um Brotreste oder um den eventuellen Hunger. Hier bietet das Kind dir seine Liebe an. Der Charmeur ist generös, er liebt das Geben. Wenn der Charmeur beispielsweise am Kochen teilnimmt und du ihn bittest, dir etwas zu reichen, das du gerade benötigst, z.B. den Pfannenheber, kann es passieren, dass es eine Weile dauert, bevor der Charmeur kapiert, was du haben möchtest. Du musst vielleicht sogar die kleine Hand um den Griff des Pfannenhebers legen, ihn dir selbst geben und dich bedanken, bevor der Charmeur es begriffen hat. Dann aber wird der Charmeur dich mit allem, was innerhalb seiner Reichweite liegt, bombardieren. Dabei musst du natürlich so tun, als würdest du all diese Kronkorken, Kugelschreiber, Schlüssel und Topflappen brauchen, dich ausgiebig bedanken und alles auf die andere Seite legen, als würde es sich nur um Minuten handeln, bis du die Kronkorken in die Bratpfanne legst.

Dieses einfache Geben und Nehmen ist eine echte Liebeserklärung, eine Begegnung (während das Kochen Arbeit ist, in der sozialen Gemeinschaft stattfindet und soziale Beteiligung bedeutet). Beim Geben und Nehmen kann ein und derselbe Knopf bzw. ein und dieselbe Wäscheklammer x-mal hin- und herwandern: »Danke« – »Bitte schön« – »Danke« – »Bitte schön« usw. Für die Umgebung sieht es vielleicht nicht nach etwas Besonderem aus, aber die Intensität zwischen einem Charmeur und seinem Partner kann in ihrem Geben und Nehmen so stark sein, dass der Knopf oder die Wäscheklammer förmlich glühen müsste.

Ein Tipp: Sagst du konsequent »Bitte schön«, wenn du selbst etwas gibst, und »Danke« im Namen des Kindes, wird dein »Bitte schön« sehr bald ein kindliches »Danke« auslösen. Das Kind wird sich bedanken können, bevor es sprechen kann, was in der Regel bei der Verwandtschaft außerordentlich gut ankommt … Ganz im Ernst, die Höflichkeit ist eine Tugend, die später viele, sonst geschlossenen Türen öffnen kann.

Der Charmeur liebt nicht nur seine Mutter oder seinen Vater oder die Person, die für ihn sorgt. Der Charmeur liebt die ganze Welt und zeigt es auch. Selbst der trockenste, etwas säuerlich aussehende alte Verwandte ist in den Augen des kleinen Charmeurs schön und interessant, echt zum Abknutschen und soo liebenswert. Was ja wirklich etwas sehr Wundervolles ist. Eigentlich müssten alle, die einen kleinen Charmeur im Haus haben, auf eine große Rundreise gehen, zu den Menschen, die dieses Glück missen: von der wunderbaren, vorbehaltslosen Liebe eines kleinen Kindes umarmt zu werden. Nicht jeder Mensch kommt jemals in den Genuss dieses Erlebnisses.

Und es wird sich schon so bald ändern. Bereits in der Phase der Ängstlichkeit im Alter von etwa acht Monaten taucht die Angst vor Fremden auf, und dieses Fremdeln kann sich auch gegen Personen richten, die das Kind einigermaßen gut kennt. Danach folgt eine Zeit, in der das Kind sich abwartend verhält. Bis zu einem Alter von fünf Jahren können kleine Kinder sich weigern, Leute zu begrüßen oder sich in die Arme nehmen zu lassen. Deshalb sind diese liebevollen Monate etwas, das man wirklich beachten und aufblühen lassen sollte!

Zwischen dem Charmeur und der ältesten Generation scheint eine ganz besondere Beziehung zu existieren, die mich auf den Gedanken bringt, was eigentlich die Trennung dieser beiden Generationen soll und mit sich bringt – es ist vielleicht ein genauso brutaler Eingriff in die menschliche Ökologie wie der Übergriff des Menschen auf die Natur es in der Tat ist. Der sehr alte Mensch und das sehr kleine Kind scheinen irgendetwas gemein zu haben, das sich nicht zwischen Kindern und Eltern oder anderen Erwachsenen der elterlichen Generation, etablieren lässt. Es gibt eine Übereinstimmung hinter dem Gesagten, ein Verständnis hinter den Fragen und Antworten, eine gemeinsame Ruhe, eine besondere, gemeinsame Beteiligung an irgendetwas. Ich kann es nicht besser beschreiben und ich weiß nicht, was es ist, aber alle können es für sich selbst an dem Verhalten kleiner Kinder beobachten. Mit dem sehr alten Menschen zusammen wird das sehr kleine Kind eine besondere Ruhe finden in einer Art reiner, offener Nähe. Es ist bemerkenswert und faszinierend zu beobachten.

Das Krabbelkind

Vorkehrungen

Wenn das Kind anfängt, sich aus eigener Kraft umherzubewegen, musst du mit einem Falkenblick das ganze Haus inspizieren.

- **Alle Fenster** werden mit einer Sicherheitsvorkehrung so gesichert, dass sie nur einen Spalt geöffnet werden können. Eine fest verankerte Kette, die oben am Fensterrahmen befestigt wird, regelt diese Sache.
Zwar wird es noch einige Zeit dauern, bis das Kind auf Möbel und von dort aus auf die Fensterbank klettern kann, aber dort angelangt wird es an die Fenstergriffe herankommen können. Diese Fertigkeit kann von einem Tag zum anderen da sein, und man weiß nie, wann. Ich habe selbst erlebt, wie es auf ganz unbegreifliche Weise einem kleinen Anderthalbjährigen gelungen ist, von seinem Bett aus auf eine hohe Fensterbank zu klettern, wobei es ihm auch noch gelang, den Fenstergriff tatsächlich aufzubekommen. Er hat das Fenster aufgemacht, ist auf die Fensterbank geklettert und stand einfach da und hat den Autoverkehr beobachtet, der vier Etagen tiefer an ihm vorbeifuhr … In einer solchen Situation braucht man gute Nerven. Ein Schrei oder eine schnelle Bewegung hätte ihn erschrecken können und er wäre vielleicht hinuntergefallen. Ich musste mich also, ohne auch nur das geringste Geräusch zu machen, den ganzen, unendlich weiten Weg bis zum Fenster schleichen, um nach einer Ewigkeit endlich seinen kleinen Körper zu greifen und ihn ins Zimmer zurückheben zu können. Nach diesem Erlebnis habe ich ähnliche Zwischenfälle nicht mehr abgewartet.
- **Alle Chemikalien und Medikamente** müssen außer Reichweite des Kindes sein, am besten hinter Schloss und Riegel.
Schon kleinste Mengen von Ammoniak, Spiritus usw. können für das kleine Kind lebensbedrohlich sein. Auch Vitamine und alle Sorten von Tabletten sind gefährlich. Fünf oder sechs Eisentabletten z.B. sind lebensgefährlich und erfordern ein sofortiges Auspumpen des Magens! Unter der Spüle in der Küche oder auch in einem zugänglichen Schränkchen oder in irgendeiner Schublade bewahrt man oft gefährliche Sachen auf und die müssen woanders hingestellt werden. Was man vielleicht vergisst, ist das Bade-

zimmer. Der Toilettensitz funktioniert ausgezeichnet als Leiter, und von dort aus kann das Kind oft an den Badezimmerschrank herankommen, in dem Aceton und andere schlimme Sachen stehen mögen. Das Beste ist sowieso, so viel wie möglich loszuwerden; du kannst mal einen Abend dafür opfern und alte Medikamente und Chemikalien ein für alle Mal aus dem Weg räumen. Was du unbedingt behalten möchtest, muss so sicher aufbewahrt werden, dass das Kind nicht einmal mit einer Trittleiter herankommen könnte. Und das gilt auch, wenn du nicht einmal eine Leiter im Haus hast!

- **Alle Steckdosen, Schalter und Kabel** müssen gesichert werden.
Es lohnt sich, die Kabel über die Türrahmen zu führen und alle Verlängerungskabel zu verdecken oder so zu sichern, dass man sich darum endgültig keine Sorgen mehr machen muss. Am schlimmsten sind die Steckdosen, die auf so idiotische Weise an der Fußbodenleiste angebracht sind. Die, die nicht gesichert werden können, aber noch gebraucht werden, sollte man verstecken, am besten, indem man schwere Möbel davor stellt. Innerhalb des Bruchteils einer Sekunde kann das Unglück passieren. Künstliche Beatmung bringt nichts, wenn das Herz aufgehört hat zu schlagen. Und das tut es, bei einem kleinen Kind, das einen Stromschlag durch seinen kleinen Körper bekommt. In dieser Situation ist eine kräftige Druckmassage über dem Herzen erforderlich, um es wieder zum Schlagen zu bringen – wenn dies überhaupt gelingt. Du musst alles tun, um zu vermeiden, dass ein solches Unglück passieren kann!
Man zeigt dem Kind schon früh, wie man einen Stecker in die Steckdose steckt und dass die Lampe leuchtet, wenn der Stecker drin ist, und nicht leuchtet, wenn er nicht drin ist, damit das Kind versteht, was diese verlockenden Löcher eigentlich bedeuten. Aber auch dann kann man erst nach vielen Jahren mit einem korrekten Umgang mit Steckdosen rechnen.

- **Aschenbecher und Zigaretten dürfen jetzt nicht mehr herumstehen oder herumliegen.**
Zigaretten werden immer in einer Höhe abgelegt, wo das Kind nicht herankommen kann, und die Aschenbecher werden ausgewechselt gegen solche, die sich über Asche und Kippen schließen lassen, wobei auch diese außer Reichweite des Kindes hochgestellt werden. Ein Kind wird nach dem Verzehr einer halben Zigarette nicht sterben, aber nach anderthalb! Im ersten Fall gibt man dem Kind Milch und bringt es dazu, sich zu übergeben – im zweiten Fall ist ein sofortiges Auspumpen des Magens notwendig. Zigaretten sind verlockend. Noch im Alter von zweieinhalb Jahren stürzen sich die

337

Kinder oftmals auf die Zigaretten, wenn sie denn erreichbar sind, auch wenn sie sich in diesem Alter in der Regel damit begnügen, sie in Stücke zu brechen. Einem Krabbelkind irgendetwas zu verbieten ist nicht nur wirkungslos, sondern auch eine Herausforderung des Schicksals.
Zigaretten und Tabak dürfen einfach nicht erreichbar sein!
In diesem Zusammenhang möchte ich noch erwähnen, dass der Schwefel an Streichhölzern und Streichholzschachteln aus irgendeinem Grund sehr beliebt und anscheinend wohlschmeckend ist. Soviel ich weiß, hat er niemandem geschadet und normalerweise greife ich nicht ein. Aber man muss sich natürlich dessen bewusst sein, dass Kinder die Streichhölzer auch in diesem Alter, vielleicht »aus Versehen«, entflammen können. Streichhölzer und das Probeessen von diesen gehören zu den gefährlichen Forschungszielen, die ständig überwacht werden müssen, genau wie bei den Scheren und Messern.

- **Alle Griffe von Töpfen und Pfannen** auf dem Herd müssen nun nach innen gerichtet werden.

Vom Fußboden aus hat das Krabbelkind, das sich am Herd aufrichtet, keine Ahnung, dass oben gekocht wird. Es sieht nicht einmal, dass die Griffe zu Töpfen oder Pfannen gehören. Das Kind sieht diese abstehenden Griffe eben nur als Griffe. Unfälle am Herd werden am besten vermieden, wenn man dem Kind die Anwendung demonstriert (siehe Seite 329) und das Kind am Kochen beteiligt. Man sollte auf die Backofentür achten, wenn sie aus Glas besteht. Von einem Tag zum anderen wird das Krabbelkind sich hinstellen, und wenn Licht aus dem Backofen scheint und es dann aus der Richtung auch noch gut riecht, kann es passieren, dass die kleinen Hände voller Eifer auf das heiße Glas gelegt werden. Ist keine äußere Glasschicht vorhanden, die kühl bleibt, muss das Krabbelkind nicht nur ein Mal, sondern immer wieder davor gewarnt werden, dass die Tür heiß sein könnte, wenn das Licht an ist. Dabei musst du die kleine Hand des Kindes in unmittelbare Nähe der Scheibe halten, und beide zusammen nehmt ihr konzentriert wahr, wie groß die Wärmestrahlung ist! Kleinere Verbrennungen werden übrigens lange unter laufendes kaltes Wasser gehalten, bis die Haut sich nicht mehr warm anfühlt. Es wird eine ganze Weile dauern. Ist die Haut abgekühlt und verbleibt kühl, kann man Salbe auftragen und luftdicht verbinden. Danach wird es nicht mehr wehtun.

Bevor das Krabbelkind seine Karriere startet, sollten Teppiche und Auslegwaren gereinigt werden. Danach sollte man täglich staubsaugen. Die Fußböden sollten täglich gefeudelt werden! Schmutz und Dreck an einem kleinen Kind sollten vom Essen und von den verschiedenen Forschungsarbeiten stammen und der sollte jeden Abend beim Baden entfernt werden; aber der Dreck sollte nicht von unsauberen Fußböden stammen. Kleine Kinder werden von sauberen Fußböden nicht gesund, aber sie sind als vorbeugende Maßnahme dennoch hilfreich. Ich sage immer: Lieber feudeln, wenn die Kleinen erkältet sind, anstatt irgendwelche Medikamente zu geben! Es sollte dem Krabbelkind auch erlaubt sein, barfuß durch das Haus zu huschen – lieber kalte Füße als gehemmte Bewegungsfreiheit! Krabbelhosen aus weichem Stoff, am besten nicht gestrickte, schützen die Knie.

Schließlich solltest du mit einem liebevollen Blick das ganze Haus durchgehen! Was du wirklich schätzt – seltene Sammlerstücke, unersetzbare Erinnerungen –, solltest du wegstellen. Es könnte etwas kaputtgehen, obwohl dies gar nicht notwendig ist. Im Folgenden werden wir sehen, wie es zu vermeiden ist.

Das kleine Krabbelkind sollte ständig unter Aufsicht sein. Das lässt sich nicht umgehen. Aber um es positiv auszudrücken, wird die Zeit, die jetzt kommt, nicht schwieriger sein als die vorangegangene, denn zu diesem Zeitpunkt hast du schon längst einen Nerv extra, einen Arm extra, ein Auge extra entwickelt.

Du bist da, wenn dein Kind dich braucht, und lässt es im Übrigen in Ruhe.

Das Krabbelkind hat mit seinen Untersuchungen der Umwelt keine andere Absicht, als eben seine Umwelt zu untersuchen. Das Krabbelkind ist nicht trotzig, es provoziert nicht, es ist auch nicht bockig seiner es betreuenden Person gegenüber. Krabbelkinder interessieren sich überhaupt nur wenig für Beziehungen, sie sind sehr konkret denkende Menschen. Das Krabbelkind möchte die Welt erforschen, und wenn etwas dabei dich irritiert oder dich stört, dann ist es ganz allein dein Problem – und nicht das des Kindes.

Das Unglückliche beim Eingreifen und ganz besonders das sinnlose Eingreifen haben wir im Abschnitt über das sechs Monate alte Kind: »Der Forscher« (Seite 322), behandelt. Aber Lebensgefahr kann überall lauern und Unfälle passieren schnell. Unter den zusätzlichen Organen, die sich bei Eltern von kleinen Kindern entwickeln, macht sich nun das dritte Ohr bemerkbar – das Ohr, das Alarm schlägt, wenn vollkommene *Stille* herrscht.

Die ununterbrochene Aufsicht besteht nicht nur aus Überwachung. Hilfeleistungen gehören auch dazu. Diese bewirken, dass du deinem Kind einige Enttäuschungen ersparen kannst: Du kannst behilflich sein, wenn der Kleine eine Schranktür aufmachen oder ein Möbelstück wegschieben möchte oder indem du dem Kindchen einfach einen kleinen Schubs gibst, wenn es bei der Türschwelle nicht weiterkommt, usw.

Die Situation ist neu. Das Kind, das bisher dort blieb, wo du es hingelegt hast, ist nun mobil geworden. Eine neue Dimension öffnet sich für euch beide. Es kann sein, dass du selbst diesem neuen Abenteuer gegenüber nicht ganz so unbefangen bist wie das Kind.

Es ist natürlich, dass man sich als Mutter oder als Vater Sorgen macht – im Voraus. Wenn es dir gelingt, vernünftig zu bleiben und die eigene innere Unruhe zu bändigen, hast du ein Talent erworben, das dir von Nutzen sein wird, bis das Kind irgendwann von zu Hause auszieht.

Nichts kränkt Kinder mehr als Misstrauen, übereilte Schlussfolgerungen oder zeitlich unpassende Eingriffe.

Wenn du dich als Mutter oder als Vater jetzt und in Zukunft darum bemühst, deinem Kind Enttäuschungen zu ersparen, und dein Bestes tust, um als verlängerter Arm des Kindes zu funktionieren, dort wo das kindliche Können noch nicht reicht, wirst du wahrscheinlich früher oder später protestierende Äußerungen aus der Umgebung zu hören bekommen. »Du kannst ihn doch nicht einfach machen lassen, was er will«, sagt der Freund der Ordnung. »Er wird ja verwöhnt!« So verhält es sich aber nicht. Eher ganz im Gegenteil.

Ein verwöhntes Kind ist ja, wie wir alle wissen, ein ziemlich unausstehliches Wesen, das man wegen seiner unmöglichen Forderungen, seiner schlechten Laune und seines Mangels an Freude kaum bei sich ertragen kann. Ein kleines Kind, das am Leben Freude hat, ungezwungen und fröhlich ist, voller Selbstbewusstsein und Selbstvertrauen, ist kein verwöhntes Kind. Ein kleines Kind, das sich frei bewegen darf und keinen Enttäuschungen ausgesetzt wird, reagiert mit Freude, Unbefangenheit und Sicherheit.

Alle Bedenken, die in Richtung Verwöhnung gehen, kannst du auf dieser Altersstufe getrost vergessen! Ein kleines Kind, das sich frei bewegen kann, wird ein freier kleiner Mensch werden. Ein kleines Kind, das sich nicht frei bewegen darf, wird ein unfreier kleiner Mensch. So einfach ist es – und auch so ernst. *»Du musst jetzt damit anfangen, ihn zu erziehen!«*, sagt dir der Freund der Ordnung – *»wenn nicht eher, dann, wenn das Kind ein Jahr alt wird.«* Das musst du überhaupt nicht. Man muss nicht und sollte nicht mit den erzieherischen Maßnahmen anfangen, bevor das Kind ins Trotzalter kommt (etwa mit zweieinhalb Jahren). Ich weiß, es gibt viele, die eine andere Meinung dazu haben, aber hier schließe ich mich – ohne mich zu schämen – *den Kindern* an.

Ein kleines Krabbelkind (und auch größere Kollegen), das permanent zurückgehalten und ständig kommandiert wird und entsprechend ständig auf

Widerstand stößt – ob er nun von Gegenständen oder von Menschen stammt, ist egal –, reagiert mit Niedergeschlagenheit, mit Verzweiflung, Wut und/oder mit einem Gefühl der Ohnmacht. Das Kind kann vollkommen untröstlich werden. Dies zeigt – meine ich –, dass Widerstand, der ja oft die praktische Folge von Erziehungsmaßnahmen ist, für das Kind etwas viel zu Überwältigendes ist – und deshalb nicht zu verantworten. Das Trotzkind dagegen, das man vor etwas zurückhält, wird (durch gesetzte Grenzen) gelenkt; es stößt auf Widerstand und reagiert mit Erleichterung. Damit fängt die Erziehung an – auf eigene Initiative des Kindes.

Drei Regeln: Das Kind nicht zurückhalten, Enttäuschungen vorbeugen, als Werkzeug und Berater zur Verfügung stehen

Wir werden uns im Folgenden einige Alltagssituationen ansehen. Daraus können wir drei Verhaltensregeln ableiten, von denen man als Aufsichtsperson ausgehen sollte:

1. *Das Kind nicht zurückhalten.*
2. *Enttäuschungen vorbeugen.*
3. *Als Werkzeug und Berater zur Verfügung stehen.*

In vielen Situationen kommen alle drei Punkte zusammen.

1. Das Kind nicht zurückhalten

Thomas, neun Monate, nähert sich einer nach unten führenden Treppe. Seine Mutter wartet bis zum letzten Moment ab. Als es offensichtlich ist, dass er vorhat, die Treppe direkt von der ersten Stufe an hinunterzukrabbeln, greift sie ein und dreht das Kind ganz sachte in eine andere Richtung. D.h., sie packt Thomas nicht oder reißt ihn hoch und sie zeigt auch keine Spur von Unruhe oder Erschrockenheit. Sie verbindet diesen Eingriff in keiner Weise mit ihrer eigenen Person. Stattdessen dreht sie ihn von der Treppe weg und legt eine Garnrolle, die sie gerade in der Tasche hatte, ein kleines Stück von ihm entfernt auf den Fußboden. Als Thomas sich endlich auf sicherem Territorium bewegt, schließt sie unbemerkt die Tür zur Treppe.

Eva, sechs Monate, liegt auf dem Bauch neben einer Küchenschublade, die ihr Vater herausgezogen hat, damit sie den Inhalt untersuchen kann. In der Schublade liegen Schneebesen, Kochlöffel und kleine Küchenutensilien, aber auch ein scharfes Messer, das der Vater nicht gesehen hatte. Beide erblicken das Messer zur gleichen Zeit. Evas Vater bleibt stehen und wartet ab. Als Evas Hand gerade das Messerblatt greifen will, dreht er schnell den Griff zu ihr hin. Er sagt nichts, aber sorgt dafür, den sehr interessanten Schneebesen in die Nähe des Messers zu legen. Als Eva den Griff vom Messer untersucht hat, geht sie zum Schneebesen über. Diskret entfernt Papa dann das Messer.

Alexander, sieben Monate, krabbelt und schiebt sich auf dem Bauch in Richtung Kühlschrank. Seine Mutter holt sich etwas raus. Als sie die Tür zum Kühlschrank wieder zumachen will, fängt der Junge aus Enttäuschung an zu weinen. Er hat es gerade geschafft, das Licht und die vielen Sachen dort drinnen zu sehen. Es war auch so aufregend kalt. Seine Mutter macht die Tür wieder auf. Alexander kann nun hineingucken, die Sachen greifen, an die er herankommt, und sie auf den Fußboden zerren. Als die Kühlschranktür schon Ewigkeiten aufsteht und die Mutter um die herausgenommenen Lebensmittel fürchtet und ihre Geduld am Ende ist, nimmt sie ein Päckchen Schinken vom oberen Regal, an das er nicht herankommen konnte und gibt es ihm zur Untersuchung. Dann beeilt sie sich, sammelt die anderen Nahrungsmittel wieder ein, legt sie in den Kühlschrank und macht die Tür wieder zu. Nachdem Alexander das Päckchen zu Ende untersucht hat, rutscht er weiter, und Mama kann auch den Schinken wieder zurücklegen, ohne dass er etwas bemerkt.

Lisbeth, acht Monate, sitzt im Hochstuhl am Esstisch. Es sind Gäste da, der Tisch ist schön gedeckt und mit brennenden Kerzen geschmückt. Lisbeth hat zufälligerweise genau vor ihrem Platz eine Kerze. Sie streckt die Hand in Richtung Kerze aus und macht Anstalten, als wolle sie aus dem Stuhl klettern und auf den Tisch krabbeln, um an die Kerze heranzukommen. Lisbeths Vater nimmt die Kerze nicht weg. Stattdessen rückt er sie näher an Lisbeth heran. Dann legt er seine Hand um ihre Hand und führt sie vorsichtig in die Nähe der Flamme, so nah, dass sie die Wärme spürt, aber sich nicht verbrennt. »Heiß«, erklärt Papa und sieht sie an, um festzustellen, ob sie ihn verstanden hat. »Heiß«, wiederholt er. Er demonstriert nun mit seiner anderen Hand, wie er sich an der Flamme »verbrennt«. Schließlich stellt Papa die Kerze wieder zurück auf ihren Platz und beobachtet Lisbeth. War diese Untersuchung für sie ausreichend? Wenn ja, wird sie nicht mehr daran interessiert sein, die Kerze mit den Händen zu packen. Wenn nein, wiederholt er die Prozedur.

Tommy, neun Monate, ist es auf unerklärliche Weise gelungen, einen Schokoladenriegel in die Finger zu bekommen. Tommy hat noch nie Süßigkeiten gegessen, und sein Vater findet, er solle es auch jetzt noch nicht tun. Mit einem überaus freundlichen Lächeln sagt Vater nun: »Oh! Vielen, vielen Dank!«, und nimmt zärtlich, aber bestimmt, die Schokolade aus Tommys Hand, als hätte der Kleine sie ihm gegeben. Tommy sieht etwas erstaunt aus, aber als die generöse Natur, die er nun einmal ist, freut er sich über die väterliche Dankbarkeit. Bevor er von seinem Verlust enttäuscht werden kann, bricht sein Vater eine klitzekleine Ecke von der Schokolade ab und gibt sie ihm. »Bitte schön!« Während Tommy die Schokolade annimmt und sie in den Mund stopft, versteckt sein Vater die übrige Schokolade hinter einem Kissen. Wenn Tommy sich trotz seines ziemlich kurzzeitigen Gedächtnisses daran erinnert, dass da mehr war, und nach mehr verlangt, wird sein Vater die Enttäuschung mit ihm teilen und verständnislos die Schultern hochziehen: »Weg!«

Annika, sieben Monate, hat eine Tube Kleber in die Hände bekommen. Sie hat vier kleine, scharfe Zähne. Und übrigens ist der Deckel der Tube nicht richtig festgedreht. Mama bedankt sich überschwänglich und nimmt Annika den Kleber weg; sie drückt nun einen winzig kleinen Tropfen auf Annikas Finger und versteckt dann die Tube. »Weg!«, sagt sie mit einem Ausdruck tiefster Verwunderung.

Erik, sechs Monate, hat einen Haufen Katzenkot gefunden, welchen die Katze an einem unpassenden Ort hinterlassen hat. Sein Vater ist nicht der Meinung, dass der Kleine unbedingt diesen Haufen näher untersuchen muss. Er nimmt Erik unter den Arm, stürzt in die Küche, um Papier zu holen und trägt dann Erik zum Haufen zurück. Der wird dann mit allen möglichen Äußerungen von Ekel weggewischt: »Igitt, pfui, bäh!« Mit demselben Ausdruck von Ekel trägt er dann das Papier mit Inhalt zur Toilette und spült es weg. Der Vater sieht aus, als hätte er das Ekligste, das man sich überhaupt vorstellen kann, berührt. Erik versteht natürlich nicht sehr viel von der ganzen Sache, aber wenigstens so viel, dass er genau weiß, *er* hat nichts falsch gemacht. Nicht das Verhalten von Erik wird vom Vater abgelehnt. Es war nicht die Tatsache, dass er vorhatte, die Machenschaften der Katze genauer zu untersuchen, über die der Papa sich aufregte. Es waren die Hinterlassenschaften der Katze, die am falschen Ort lagen, die von Papa gerügt wurden.

Lise, acht Monate, spielt draußen in der Sandkiste und stopft den Mund mit Sand voll. Es ist das erste Mal, dass Lise mit Sand konfrontiert worden ist. Ihre Mutter lässt sie erstmal gewähren. Wenn sie glaubt, Lise habe nun in ausreichendem Maße erfahren, was Sand ist, wie Sand schmeckt und wie Sand sich anfühlt, hebt sie Lise ohne weiteren Kommentar aus der Sandkiste und eröffnet damit neue Dimensionen des Lebens.

Victor, sieben Monate, findet eine Rolle Tesafilm, die groß und teuer ist und die er nun voll sabbert. Victors Vater braucht den Tesafilm und er hat keinen anderen. Er zieht ein ausreichend langes Stück ab, klebt es auf Victors Hand und dann entfernt er unbemerkt die Tesafilmrolle.

Emma, neun Monate, nähert sich in Windeseile einer wunderschönen Rose, die auf dem Nachttisch ihrer Mutter steht. Mama folgt ihr diskret. Emma zieht sich am Tisch hoch und ihre Hand nähert sich der Blume. Emmas Mutter hebt die Rose mit Vase und allem Drum und Dran zu Emma hinunter. Sie geht in die Hocke, nimmt Emmas Hand und lässt sie vorsichtig die Rose streicheln. »Du darfst die Blume streicheln«, sagt sie sanft, »vorsichtig streicheln, so – ja.« »Und riechen«, sagt sie und riecht mit hörbaren Lauten an der Rose. »Aahhh, wie sie duftet!« Sie hält die Rose bis an Emmas Nase. Emma versucht zu riechen und stößt drollige Laute hervor, die dem »Aahhh« der Mutter ähneln. Mama hält die Rose weiterhin zur Untersuchung bereit – streicheln und riechen –, bis Emma fertig ist. Dann stellt sie die Vase mit der Rose zurück, winkt ihr zu: »Tschüss, kleine, hübsche Blume!«, und geht weg. Emma, die nicht daran gehindert wurde, die Rose zu untersuchen, kann die Blume nun auch in Ruhe lassen.

Philipps Vater hat im Wohnzimmer eine Regalwand mit Büchern, und Philipp, acht Monate, krabbelt dorthin und zieht ein paar Bücher auf den Fußboden hinunter. Philipps Vater stellt sich diskret hinter ihn, abwartend und beobachtend. Philipp fasst nun den Schutzumschlag eines Buches so an, dass man daraus schließen muss, er wolle ihn zerreißen. Papa beugt sich schnell hinunter, nimmt Philipps Hand und hält sie in seiner großen Hand, während er dem Jungen erlaubt, das Buch aufzuschlagen, Seite für Seite umzublättern, mit der glatten Hand vorsichtig über Texte und Bilder zu gleiten und dann das Buch wieder zuzumachen. Dann nimmt Papa seine Hand wieder weg. Philipp untersucht nun das Buch noch einmal, aber jetzt nach der richtigen Methode. Er verhält sich beispielhaft. Aber dann greift er auf einmal eine Seite ganz fest und will sie zusammenknüllen. Philipps Vater nimmt sofort die kleine Hand, sagt ohne Vorwurfston »Hoppla!«, als wäre ungewollt ein Fehler passiert, und glättet, mit Philipps Hand in seiner, vorsichtig wieder die Seite. Danach lässt er Philipp wieder »blättern« wie vorhin und glatt über die Seiten streichen, bis er schließlich das Buch zumacht – immer noch mit Philipps Hand in seiner. Erst jetzt lässt er die kleine Hand los. Er wartet ab, um festzustellen, ob Philipp das Buch noch einmal untersuchen möchte. Wenn er möchte, darf er es auch. Geduldig wartet Papa, bis Philipp mit dem Buch durch ist. Dann stellt er es zurück ins Regal.

Philipp wird zum Buch zurückkehren und Emma zur Rose, nicht nur einmal, sondern immer wieder. Teils möchten sie diese Gegenstände noch einmal untersuchen, teils wollen sie ihr eigenes Können im Umgang mit Büchern bzw. Rosen testen. Ihre Eltern verhalten sich jedes Mal abwartend. Sie gehen nicht davon aus, dass nun alles gut gehen wird; aber sie gehen auch nicht davon aus, dass es schief gehen wird.

Wenn Emma die Rose streichelt und versucht, an ihr zu riechen, drückt ihre Mutter eine Zärtlichkeit und Zustimmung aus, die sich auf die *Rose* bezieht. »Ja – so, streichle die kleine, schöne Blume, sie ist so zart und riecht so gut.« Wenn Emma dagegen die Rose nicht streicheln möchte, sondern nach ihr greift, wie beim ersten Mal, dann verhält sich ihre Mutter so, als wäre es tatsächlich das erste Mal. Ohne die kleinste Spur von Vorwürfen erteilt sie Emma genau dieselbe Lektion wie vorhin. Verhält sich Emma so, als hätte sie eine Rose noch nie untersucht (obwohl sie es gerade vor zehn Minuten tat), verhält sich ihre Mutter auch so, als wäre Emma wirklich noch nie in die Nähe einer Rose gekommen. Es gibt also keine Forderungen und auch keine Erwartungen.

Das Verhalten von Philipp wird ähnlich sein. Er wird wieder ein Buch aus dem Regal holen, dasselbe Buch oder auch ein anderes, eine Viertelstunde später oder am nächsten Tag oder nach einer Woche, und er wird vielleicht den Schutzumschlag oder eine Seite im Buch in genau derselben Weise packen und im Begriff sein, sie zu zerreißen. Dann verhält sich auch Philipps Vater so, als würde der Kleine zum ersten Mal mit einem Buch konfrontiert, und er unterrichtet ihn wie vorhin, während er *das Buch* in hohen Tönen lobt: »Guck mal, hier ist ein schönes Bild, vorsichtig glatt streichen, ganz glatt … glatt streichen.« Aber es kann auch sein, dass Philipp schon nach der ersten »Lektion« von sich aus und ohne zu wissen, dass der Vater ihn beobachtet, mit dem Buch so hantiert, wie er es mit dem Vater zusammen getan hat – mit der großen Hand über seiner kleinen: Er blättert vorsichtig um, streicht mit der glatten Hand über Text und Bilder …, um schließlich das Buch wieder zuzumachen, und dann krabbelt er weiter. Macht er es beim zweiten Mal noch nicht so, dann wird es spätestens nach der fünfzehnten Untersuchung klappen. *Philipp hat kein Interesse daran, etwas kaputtzumachen,* er möchte nur untersuchen.

Kleine Kinder, denen erlaubt wird zu lernen, wie man mit den Gegenständen richtig umgeht und die nicht von vornherein daran gehindert werden, sie anzufassen, werden sehr schnell lernen, wie man richtig mit ihnen umgeht – aber das muss nicht schon das nächste Mal wieder der Fall sein. Es wäre falsch, zu glauben, dass ein kleines Kind, das schon einmal gezeigt hat, wie es mit einer Sache richtig umgehen kann, dies auch in Zukunft immer so machen wird. Und eventuell wirst du laut protestieren: »Aber wie kannst du nur so etwas tun! Du *weißt* doch, wie man es macht!« Wobei du vielleicht daraus schließt, dass das Kind es nur getan hat, um dir den Teufel ins Gesicht zu malen – wenn ich es so ausdrücken darf.

Ich stelle mir vor, dass wir uns als Erwachsene genauso verhalten würden, wenn wir z.B. direkt aus dem Urwald kämen und zum ersten Mal mit etwas Modernem, das man auch Herd nennt, konfrontiert würden. Irgendjemand würde uns den Herd demonstrieren und uns (auf vereinfachte Weise) beibringen, darauf Teewasser zu kochen. Wahrscheinlich würde es nicht viele Minuten dauern, bis wir diese Kunst beherrschen würden. Unser Lehrmeister würde zufrieden nach Hause gehen und wissen, dass wir nun in der Kunst des Teekochens geübt sind. So einfach ist es aber nicht. Selbstverständlich können wir Tee kochen. Aber wer sagt, dass wir uns deshalb davon abhalten lassen werden, auch noch auf tausend andere Arten mit dem Herd herumzuexperimentieren? Diese aufregendste Erfindung der ganzen Welt! All diese Drehknöpfe und die Wärme, die kommt und geht – und was passiert, wenn kein Kochtopf auf der Herdplatte steht, und was passiert, wenn kein Wasser im Kochtopf ist, und was passiert, wenn man Wasser direkt auf die Herdplatte gießt, und wenn man Butter oder auch ein Taschentuch auf die heiße Herdplatte legt, und was ist, wenn man den Herd auf den Kopf stellt ...? Am nächsten Tag wird der Lehrmeister wiederkommen, die Zerstörung anstarren und ausrufen: »Aber, ihr wisst doch, wie man Tee kocht! Warum macht ihr denn so etwas? Es lohnt sich ja gar nicht, euch irgendetwas beizubringen!«

Übertragen wir die Situation mit dem Herd auf Philipp und seine Bücher, kann es natürlich vorkommen, dass ein Unglück eintritt. Philipps Vater reagiert vielleicht nicht schnell genug. Philipp macht die Untersuchung »falsch« und eine Seite wird zerrissen. Aber ebenso wie wir in dem vorigen Beispiel, als wir den Herd untersuchten, hat auch Philipp nichts Böses im Sinn. Wir wussten ganz genau, wie man einen Tee zubereitet. Philipp konnte richtig umblättern und wusste ganz genau, wie man mit einem Buch umgeht. Aber dann haben wir es eben *auch* noch auf eine andere Weise ausprobiert – und das war dann falsch.

Schimpfen hat keine Wirkung und wird nur Wut und Trotz hervorrufen. (Wir Herd-Erforscher – ich weiß es von meinen unterirdischen Phantasiekanälen – haben unseren Lehrmeister hinausgeworfen und uns in Zukunft geweigert, uns mit Tee zu befassen. Wir schliefen von da an mit den Füßen im Backofen und kochten unser Essen über einem Lagerfeuer auf dem Balkon.) Stattdessen muss man sich so verhalten, als wäre ein kleiner Unfall passiert. Etwas ist »schief gelaufen«. »Oh je«, sagt Philipps Vater besorgt, »*das Buch ist kaputtgegangen! Armes, kleines Buch, oh je!*« Mit traurigem Blick betrachtet er das Buch, macht aber Philipp keine Vorwürfe. Er stellt keine Verbindung zwischen dem Jungen und dem Buch her. Philipp sitzt daneben und schließt aus dem Verhalten seines Vaters, dass etwas Trauriges mit dem Buch passiert ist, nicht aber, dass er selbst etwas Falsches veranstaltet hat.

Zusammen müssen sie nun versuchen, das Traurige, das dem Buch passiert ist, wieder gutzumachen. Philipps Vater holt Tesafilm und repariert das Buch. Beide freuen sich, als alles wieder in Ordnung ist, und sie streicheln das Buch, das nun wieder o.k. ist. »*Jetzt freut sich das Buch wieder*«, sagt Papa (als würde das Buch ein eigenes Leben führen – deshalb war es ja auch kaputtgegangen), »*jetzt ist es nicht mehr kaputt. Das ist schön!*« Wenn das Buch dermaßen auseinander gegangen ist, dass man es nicht sofort wieder reparieren kann, legt Vater es irgendwo hoch oben hin und sagt mit einer traurigen, mitfühlenden Stimme: »*Nun muss das arme Buch hier oben liegen bleiben, weil es so kaputt ist.*« Mit einem solchen Mitgefühl kann man die Sachen vor zusätzlicher Zerstörung retten, ohne dass das Kind sich in seinem Forscherdrang beschränkt, gekränkt oder missverstanden fühlt.

2. Enttäuschungen vorbeugen

Für das Krabbelkind ist die Welt oft eine wahre Plage. Türen können nicht aufgemacht werden, Türschwellen sind unüberwindbar, Stühle kippen um, Schränke lassen sich nicht öffnen … Außerdem ist das eigene, kindliche Können noch sehr begrenzt. Man kommt nicht dort heran, wo man möchte; man kann nicht schnell genug krabbeln oder nicht einmal in die Richtung, in die man eigentlich wollte; man kann sich nicht hinsetzen, wenn man es endlich geschafft hat, sich irgendwo hochzuziehen, und vor allem ist man für das meiste noch viel zu klein. Das Kind zieht – buchstäblich – immer wieder den Kürzeren.

Die Enttäuschungen lauern überall. Enttäuschungen vorzubeugen erfordert deshalb vielleicht etwas mehr Aktivität von deiner Seite, als wenn du sie nicht verhindern würdest. Am besten versuchst du ein bisschen vorauszudenken: Sei deinem Kind immer einen Schritt voraus.

Lindas Mutter beobachtet beispielsweise, dass sich ihre Tochter der dreiteiligen Sitzgruppe im Wohnzimmer nähert. Sie weiß, dass Linda nicht zwischen Tisch und Couch hindurchkommt. Deshalb geht sie schon vorher hin und schiebt den Tisch ein Stückchen beiseite. Dasselbe, wenn Linda auf dem Weg zur Tür ist: Die Tür ist zu. Lindas Mutter macht sie einen kleinen Spalt auf. Wenn Linda dann die Tür erreicht, kann sie diese ganz allein öffnen.

Alle Eltern sind schon einmal mit ihren Kindern (oder den Kindern anderer) mit dem Fahrstuhl gefahren und haben dabei aus purer Gewohnheit selbst den Knopf gedrückt und damit große Verzweiflung ausgelöst. »*Ich wollte den Knopf drücken!*«, schreit das Kind (mit oder ohne Worte, je nach Größe). Dann kann man das Unternehmen einfach wiederholen: Man drückt, um den Fahrstuhl wieder nach unten zu bringen, und lässt dann das Kind den Knopf für die erneute Aufwärtsfahrt betätigen.

Lindas Mutter hat am Anfang den Fehler gemacht, zu hilfsbereit zu sein. Sie öffnete die Tür ganz, als Linda auf dem Weg dorthin war. Großes Geschrei! Linda hatte vorgehabt, die Tür allein aufzumachen. Mama hat die Tür schnell wieder zugemacht und Linda an die Stelle zurückgesetzt, von der aus sie die Expedition begonnen hatte. Dann hat sie die Tür nur einen kleinen Spalt weit geöffnet, und jetzt konnte Linda so weitermachen, wie sie es von Anfang an vorhatte.

Kinder sind großzügig. Man bekommt als schusseliger Erwachsener ständig neue Chancen.

Als Linda anfängt sich hochzuziehen, um zu stehen, übt sie dieses neue Kunststück an einem wackeligen Stuhl. Er wird höchstwahrscheinlich umkippen. Lindas Mutter geht deshalb hin und hält den Stuhl fest. Sie nimmt ihn nicht weg. Sie nimmt auch nicht Linda weg, um sie dazu zu bringen, sich an einem stabileren Möbelstück hochzuziehen. Sie respektiert Lindas Wahl der Stütze und verstärkt sie. Mama kann ja nicht wissen, was Linda gerade an diesem Stuhl so anziehend findet oder was sie damit bezweckt, sich an genau diesem Stuhl hochzuziehen. Egal welcher Grund dahinter steckt, es ist Lindas Entscheidung und sie sollte respektiert werden.

Enttäuschungen, die unvermeidlich erscheinen, kann vorgebeugt werden oder wenigstens können sie sehr gedämpft werden, indem man sie mit dem Kind teilt.

Tommy hat Schokolade in die Finger bekommen. Er schafft es, die Schokolade zu probieren, stellt fest, dass es etwas Leckeres ist, und möchte natürlich mehr haben. Wenn man dann mit einer groben Bewegung die Schokolade (oder andere Süßigkeiten oder etwas ganz anderes) aus den kleinen Händen reißt, wird das Kind aus Enttäuschung lauthals schreien. Stattdessen kannst du – wie der Vater von Tommy – einen ganz kleinen Happen abbrechen, ihn dem Kind geben, worauf der Rest spurlos »verschwindet«. Du selbst begreifst genauso wenig wie das Kind, wo die Schokolade eigentlich geblieben ist. Verblüfft rufst du aus: »Weg!«

Dies ist ein Trick, der auf die Tatsache baut, dass viele Dinge für die kleinen Kinder ein eigenes Leben haben. Sie wissen noch nichts über Logik, nein, sie verwenden eher eine ganz eigene Logik: Schokolade ist vermutlich genauso lebendig wie alles andere, und wenn eine Katze einfach abhauen kann, dann kann ein Stück Schokolade es wohl auch.

Wenn der Kleine erst einmal ein paar Monate Erfahrung mehr hinter sich hat, wird er verstehen, dass die Sachen sich nicht einfach so in Luft auflösen können. Außerdem wird er dann gelernt haben, hinter Kissen und Decken zu suchen oder wo auch immer du die Süßigkeiten, den Kleber, die Perlenkette versteckt haben magst – oder auch andere Sachen, die du mit einem »Weg!« schnell zu retten versuchtest.

Wenn nun die Sachen nicht mehr einfach verschwinden und sich in Luft auflösen, enthüllst du stattdessen die nackte Wahrheit: »*Jetzt ist es alle!*« Das Prinzip ist immer noch das gleiche; das Gute – die Schokolade, der Kuchen, das Eis – ist alle und *du bist selbst genauso erstaunt*. Du bedauerst die Tatsache, denn du hättest ja auch selbst gerne noch etwas von dem leckeren Zeug gehabt.

Da dieses »alle« auch dich trifft, fühlt das Kind nur eine leichte oder gar keine Enttäuschung. Wenn du die Sache jedoch persönlicher ausrichtest und sagst: »*Du darfst nicht so viel Eis essen, nun musst du wirklich aufhören*«, gebietest du dem Kind Einhalt und nicht dem Eis. Dann musst du damit rechnen, dass das Kind seinen Protest gegen dich richtet, denn es war noch gar nicht fertig mit dem Eis; du hast dich verschätzt, du hast das Kind nicht verstanden und das Kind wird von *dir* enttäuscht sein. Denn *du* weigerst dich, dem Kind das Eis zu geben – anstatt die Tatsache hervorzuheben, dass es kein Eis mehr gibt, dass es »*alle*« ist. Die Sachen haben wie gesagt ein Eigenleben und das Eis findet von sich aus ein Ende. Wenn eben noch zwei Liter Eis da waren und nun auf einmal gar nichts mehr, wird das Kind dir glauben und nur verhaltene Enttäuschung zeigen, wenn du dich bloß beklagend – und nicht tadelnd – verhältst. Das Eis hat auch *dich* im Stich gelassen!

Enttäuschung kann auch in Freude umgewandelt werden. Victor, zehn Monate, hat eine liebevoll erfinderische Mutter, der diese Umwandlung oft gelingt.

Bei einem Kaffeeklatsch saß Victor auf dem Schoß seiner Mutter und bekam Babynahrung, während sie Kekse aß. Plötzlich hatte Victor ihren Keks gepackt, probierte und befand ihn für gut. Im selben Moment hatte er entdeckt, dass es auf dem großen Teller noch mehr von diesen Leckereien gab, und entschied sich dafür, auf den Tisch zu krabbeln und sich welche zu holen.

Eine Freundin wollte den Keksteller wegnehmen, aber Victors Mutter hat abgewinkt. Sie hat ihn auch nicht auf dem Schoß festgehalten, um ihn daran zu hindern, auf den Tisch zu krabbeln. Stattdessen hat sie ganz schnell einen Keks zwischen die Zähne gesteckt und Victor auf ihrem Schoß zu sich hingedreht. Victor war erst widerwillig und wollte aus Enttäuschung protestieren, aber dann hat er den Keks zwischen den Zähnen der Mutter gesehen und der Anblick hat ihn sehr begeistert. Seine Mutter hat ihren Mund zu ihm hingehalten und ihn abbeißen lassen. Gleichzeitig hat sie selbst ein großes Stück abgebissen.

Als der Keks dann von den beiden gemeinsam aufgegessen war, hat Victor den Mund seiner Mutter ganz weit aufgemacht, um zu sehen, ob sie vielleicht noch mehr Kekse hat, und hat ihn eingehend untersucht. Sie hatte keine Kekse mehr. Und die ganze Geschichte wurde mit einem dicken Kuss beendet.

Der Keksteller wurde diskret weggestellt, während Victor nicht hinschaute. Anstelle einer Enttäuschung hat Victor ein kleines, liebevolles Spiel erleben dürfen.

Enttäuschung ist ein Gefühl der Ohnmacht. Nicht einmal ein Erwachsener kann dieses Gefühl immer mit Vernunft bekämpfen. Die Vernunft basiert zum größten Teil auf Erfahrung.

Lises Vater muss von zu Hause weg. Lises Mutter begleitet ihn mit Lise auf dem Arm in den Flur. Der Vater gibt seiner Tochter einen Kuss und sagt, er müsse jetzt gehen. Er erzählt ihr, dass sie sich durchs Fenster zuwinken wollen, und geht mit Lise auf dem Arm zum Fenster hin. *»Dort unten wird Papa längsgehen, und dann werde ich dir zuwinken und du wirst mir zuwinken.«* Wieder im Flur nimmt Lises Mutter die Kleine auf den Arm und Papa geht, nachdem er ihr noch einen Kuss gegeben hat. Vom Fenster aus winkt Lise dann ihrem Vater zu.

Lises Vater kann nicht einfach auf den Flur gehen, während Lise sich doch bemüht, hinter ihm herzukrabbeln; er kann nicht hinausgehen und die Tür wieder schließen, ohne dass Lise enttäuscht wird. Er kann sich auch nicht einfach hinausschleichen, wenn Lise gerade in ihre Spielsachen vertieft ist, um sie später entdecken zu lassen, dass er weg ist – auch dann wird sie enttäuscht sein. Und er darf auch nicht vergessen, sich umzudrehen, um ihr zuzuwinken, ohne dass sie enttäuscht wird.

Es gibt so viele kleine Situationen, in denen man einfach gar nicht daran denkt, dass das Kind enttäuscht werden könnte. Es ist eine gute Regel, immer so lange abzuwarten, bis man die Absichten des Kindes vollständig erfasst hat.

Die kleine Mia, ein Jahr alt, hat ein Stück Brot aus dem Brotkorb bekommen. Alle sitzen zusammen am Tisch, Oma ist zu Besuch. Nun streckt Mia ihren kleinen Arm aus, um noch ein Stück Brot aus dem Korb zu nehmen. Ihre Mutter wehrt ab, legt das Brot zurück in den Korb und sagt: *»Du hast doch schon eines. Hier ist dein Brot, Schatz. Iss das zuerst auf.«* Darauf fängt Mia verzweifelt an zu weinen. Ihre Mutter hat eine zu schnelle Schlussfolgerung gezogen. Als dem Kind der Brotkorb noch einmal angeboten wird, stellt sich heraus, dass Mia überhaupt nicht daran gedacht hatte, sich noch ein Stück Brot zu nehmen; vielmehr wollte sie der Oma ein Stück geben, die hatte nämlich noch keines bekommen.

Ein rührendes Zeichen ihrer Großzügigkeit – das vollkommen falsch gedeutet wurde. Und Mia fühlte sich durch und durch missverstanden. Beinahe hätte das Vertrauen, das die kleine Mia ihrer Umwelt entgegenbrachte, einen winzig kleinen Riss bekommen.

Das Schlüsselwort heißt Respekt. Der Weg zum Respekt ist Einfühlungsvermögen.

Peter, acht Monate, zieht sich mit viel Mühe am Bein seines Vaters hoch. Papa steht an der Arbeitsfläche in der Küche und putzt Salat. Peter schafft es, sich hinzustellen, ist aber trotzdem nicht zufrieden. Sein Vater geht davon aus, dass er noch höher kommen möchte. Er möchte sicherlich sehen, was der Papa dort oben macht! Vielleicht meint er ja, es wäre Zeit für ein bisschen soziale Beteiligung – nämlich Arbeit. Peters Vater hebt ihn hoch auf die Arbeitsfläche und gibt ihm ein Salatblatt. Er zeigt, seine Hand um Peters Hand gelegt, wie man das Blatt unter dem Wasserhahn abspült. Aber Peter findet das überhaupt nicht lustig. Er ist immer noch nicht zufrieden. Er streckt seine Hände dem Vater entgegen, als wolle er wieder hinunter.

Papa versteht nicht, was Peter möchte, aber der Einzige, der ihm darauf eine Antwort geben kann, ist Peter selbst. Deshalb lässt er Peter wieder hinunter und setzt sich dann ebenfalls auf den Fußboden, ohne irgendetwas zu machen. Er wartet ab. Dann krabbelt Peter zu seinem Vater hin, setzt sich zwischen seine Beine mit dem Rücken zu ihm. Lange passiert gar nichts. *»Was wolltest du denn?«*, grübelt Peters Vater liebevoll. Wieder passiert lange nichts. Schließlich krabbelt Peter wieder weg vom Vater. Und nun ist er zufrieden.

Was Peter suchte, war eine Bestätigung seiner Zugehörigkeit zu seinem Papa. Er ist zu dem festen Punkt zurückgekehrt, von dem aus er seine Expeditionen begann, und hat sich dort ein wenig Ruhe gegönnt. Vielleicht war er müde, nach viel harter Arbeit, eifriger Forschung und vielen kleinen Enttäuschungen, die nie zum Ausdruck kamen, weil sie nicht so tragisch waren, ihn aber trotzdem belasteten. Er wollte nur einen Moment lang Ruhe haben; eine Pause von seinem mühevollen Kampf. An und für sich war gar nichts »los«. Ein gestresster Vater wäre leicht irritiert worden oder wäre losgehastet, um ein Spielzeug für Peter zu holen. Peters Vater hat sich die Zeit genommen und versucht, *zu verstehen.*

3. Als Werkzeug und Berater zur Verfügung stehen

Obwohl das Krabbelkind noch nicht sehr viel über diese Welt weiß, weiß es eines ganz sicher: Mama und Papa besitzen die Fähigkeiten, die ihm noch fehlen.

Erstens sind die Erwachsenen groß und kommen überall heran.

Zweitens sind sie stark und schaffen alles.

Drittens sind sie mit allen Merkwürdigkeiten dieser Welt vertraut und können alles.

Als Werkzeug bietest du deinem Kind einen verlängerten Arm. Deine Arme und deine Beine sind lang: Du kannst das Kind hochheben, dorthin, wo es etwas sehen oder berühren möchte. Du bist geschickt: Du kannst Schubladen und Türen öffnen, aufschließen, herausziehen, hervorholen. Du bist auch als Werkzeug da, wenn das Kind draußen spielt (und natürlich bei der sozialen Beteiligung): Du bist notwendig für das Kind, damit es überhaupt nach draußen kommen kann, und draußen gibt es Gras und Treppen, Kieswege und Sandkisten. Du bist das Werkzeug, welches das Kind braucht, wenn es schaukeln möchte. Das Kind benutzt dich, weil du da bist und weil du so nützlich sein kannst.

Es ist schwierig, um nicht zu sagen unmöglich, das Krabbelkind davon zu überzeugen, dass das vorzügliche Werkzeug, das du nun mal bist, nicht immer *will, was es kann.* Der handfesten Lebensphilosophie der Krabbelkinder zufolge tut man natürlich immer alles, was man kann!

Als Berater funktionierst du wie ein Fremdenführer. Ein Guide, dessen Aufgabe es ist, eine Kirche zu präsentieren, wird nicht außerhalb der Kirche stehen und Menschen dort hineinschieben. Er steht zur Verfügung und wartet ab, bis ein Tourist kommt und Interesse zeigt. Dann zeigt er ihm die Kirche. Stellt der Tourist eingehende Fragen zu einer speziellen Altartafel oder einer besonderen Malerei, beantwortet er sie, so gut er nur kann. Ein guter Fremdenführer steht mit seinem Wissen zur Verfügung, aber er zwingt es den Menschen nicht auf. Er erzählt und demonstriert, aber nicht unaufgefordert. Und natürlich zwingt er den Menschen, die die Kirche besuchen, nicht seine eigene Person auf. Er weiß, dass sie an der Kirche interessiert sind und nicht an ihm.

Frederiks Vater geht mit Frederik, 13 Monate, auf den Spielplatz. Er trägt ihn auf dem Arm und zeigt ihm die Schaukeln. Besteht Interesse? Ganz deutlich ja! Frederiks Vater schlüpft – so schnell wie Superman – in eine neue Rolle: Er wechselt vom Berater zum Werkzeug und setzt Frederik auf eine Schaukel. Der Berater tritt nun wieder in Funktion und zeigt, wie man es macht: Papa legt die kleinen Hände um die Ketten und drückt sie fest. »Ganz doll festhalten!«, sagt er. »Ja, so! Ganz fest!« Dann wird er wieder zum Werkzeug und setzt die Schaukel in Bewegung.

Als Berater und als Werkzeug wirst du vor allem innerhalb der sozialen Gemeinschaft gebraucht, an der das Kind nun systematisch und aktiv teilnimmt. Genau wie der Fremdenführer in der Kirche versteht, dass der Tourist sich vor allem für die Kirche interessiert und ihm der Fremdenführer als Person eigentlich ziemlich gleichgültig ist, tust du gut daran, zu begreifen, dass deine eigene Person in den Augen des Krabbelkindes nicht an erster Stelle steht. Dagegen bist du als Werkzeug und Berater unentbehrlich.

Ein Freund von mir, der sich nach Kindern sehnte, fragte einmal, wie lange man kleine Kinder wie Haustiere behandeln könne. Ich habe gelacht, aber die Frage war wirklich ernst gemeint! »Als Haustier … na ja: zum Schmusen, *wenn man es selbst gerade möchte*, zum Knuddeln und Genießen, um Nähe und Trost von ihnen zu bekommen … Ich glaube, die Grenze kann genau hier gezogen werden: im Krabbelalter. Danach werden die Liebeserklärungen hauptsächlich *unter den Bedingungen des Kindes* stattfinden« – so meine Antwort.

Im Krabbelalter werden die zärtliche Fürsorge und Aufmerksamkeit der liebenden Eltern mittlerweile vom Kind – nicht vom Erwachsenen – unterbrochen. Die Zeit ist längst vergangen, als dein Baby in seiner Wiege lag – »ohne sich von der Stelle zu rühren« – und nicht genug Aufmerksamkeit bekommen konnte! Deine eventuelle Aufdringlichkeit in dieser Richtung kann für das Kind direkt störend sein, auch wenn es natürlich nicht immer der Fall ist. Wenn das Krabbelalter erreicht ist, können kleine Kinder also nicht länger »wie Haustiere« behandelt werden … außer wenn sie schlafen, da kann man in tristen Momenten hineinschleichen und das Kleine mal hochnehmen und für sich selbst ein bisschen Trost und Wärme erhaschen.

In einer Zeit übersteigerter Liebesforderungen, in der die »Freizeit-Liebe« vonseiten der Eltern eine Kompensation für die Verbannung aus der sozialen Gemeinschaft sein soll, kann es für Eltern, die dazu neigen, sich schuldig zu fühlen, befreiend sein, daran zu denken, dass das Krabbelkind – wenig beziehungsfixiert, aber total gegenstands- und aktivitätsfixiert – seinen mütterlichen und väterlichen Ursprung gerne gegen eine brauchbare Kasse, die pling! machen kann, austauschen würde!

Ein kleines Memo

1. Halte ein Krabbelkind nie zurück, außer wenn Lebensgefahr droht!
2. Wenn irgendetwas kaputtzugehen oder zerstört zu werden droht, zeige dem Kind mit dessen eigener Hand, wie man mit dem betreffenden Gegenstand umgeht!
3. Ist das Unglück passiert, dann reagiere wie bei einem ungewollten Missgeschick. Gegenstände haben eben ein Eigenleben.

Ein Krabbelkind, das unter diesen Bedingungen seine verschiedenen Forschungsarbeiten ausüben darf, kann man sehr früh mit in gut möblierte Wohnzimmer nehmen, ja, sogar in venezianische Salons. Es ist wirklich beeindruckend zu sehen, wie ein 14 Monate altes Kind, das kaum richtig laufen kann, mit der größten Vorsicht ein zerbrechliches Porzellantässchen von Opa auf ein genauso zerbrechliches Untertässchen stellt, anstatt die kleine Tasse mit einer großen Bewegung auf die Untertasse zu knallen und dabei beides kaputtzumachen. Oder wenn das kleine Kind einer Katze liebevoll und vorsichtig über den Rücken streichelt, anstatt dem Tier am Schwanz oder an den Ohren zu ziehen. Oder wenn es andächtig den Duft einer wunderschön arrangierten Blumendekoration in einer Glasschüssel, die auf einem hohen und schmalen Ständer angebracht ist, durch die kleine Kindernase einatmet, anstatt die schönste Blume mit den Händen zu packen und die ganze Herrlichkeit umzuwerfen.

Kleine Kinder, denen du mit Vertrauen und Respekt begegnest, werden beides weitergeben.

Acht und neun Monate

Das Fremdeln des acht Monate alten Kindes – zu einem Ich geboren

Wenn das Kind acht bis neun Monate alt ist, tritt eine Veränderung ein, nicht immer, aber doch oft besonders spürbar. Die Psychologen sprechen hier von der Trennungsangst.

Eltern berichten, wie das acht, neun Monate alte Kind beim Anblick einer Person, die es vor nur ein paar Wochen noch angejubelt hat, auf einmal zu weinen anfängt. Eltern erzählen auch, wie das Kind, das bisher die Mutter vorzog – wenn es sich z.B. wehgetan hatte oder enttäuscht worden war –, nun fast verzweifelt die Arme nach dem Vater ausstreckt, und das sogar vom mütterlichen Schoß aus; etwas, was die Mutter natürlich nur schwer mit ansehen kann, ohne sich verletzt zu fühlen und besorgt zu sein. Eltern berichten noch über andere, auch körperliche Symptome: Zittern, merkwürdige Hautausschläge, heftige oder regelmäßige Bewegungen, die deutlich angstmildernd sind – das kleine Kind kann beispielsweise seinen Kopf in einer erschreckenden Weise gegen die Wand oder das Gitterbett schlagen.

In diesem Alter kann mit einem Mal eine physische Empfindlichkeit auftreten, begleitet von Fieber, Fieberkrämpfen, Erbrechen etc. (Ein Kind mit hohem Fieber muss immer kühl gehalten werden, leicht angezogen und ohne Zudecke im Bett.) Und Eltern erzählen, wie Kinder, die schon monatelang nachts ruhig durchgeschlafen haben, nun auf einmal wach werden, weinen und Zeichen von Unruhe aufweisen. Die Nächte werden unruhig und sind immer schwieriger zu verkraften (siehe »Besser schlafen«, Seite 709).

Nach meiner Theorie von der »umgekehrten« Schwangerschaft geschieht, wenn das Kind acht oder neun Monate alt wird, eine Art weiterer Geburt – nicht ins Leben, sondern hin zum Ich.

So, wie die physische, faktische Geburt qualvoll, überwältigend und alles verändernd war und sogar einen traumatischen Schock verursachte, so ist auch die Konfrontation mit dem Ich – die Geburt des Ichs – eine Begebenheit, die von einer ebenso überwältigenden und alles verändernden Natur ist. Es geschieht etwas, das nicht mehr rückgängig gemacht werden kann. Nie wieder wird die Welt so sein, wie sie war. Das Kind wird zu einem eigenen Ich geboren. Das Kind ist nicht länger ein Teil des umgebenden Raumes, an den es sich allmählich gewöhnt hatte. Das Kind steht nun als eigenes Ich in diesem Raum, und es richtet seinen Blick dort hinaus, aber auch hin zu sich selbst, sozusagen ins eigene Ich, mit einem Gefühl der Verängstigung und der Unsicherheit, so, wie das Fremde und Unbekannte immer ein Gefühl der Ängstlichkeit und der Unsicherheit auslöst.

Man kann die Veränderung mit der Situation einer Mutter, die gerade ein Kind zur Welt gebracht hat, vergleichen! Das Kind ist auf einmal da, sichtbar, deutlich, lebendig, außerhalb ihrer Gebärmutter. Das Kind ist nicht mehr ein Teil ihres Körpers. Obwohl sie natürlich gewusst hat, dass das Kind in ihrem Bauch ein Eigenleben besitzt, war es ja ungeboren noch ein Teil ihrer selbst. Eine große Veränderung ist geschehen und ihre Reaktionen sind vielseitig und kompliziert; auch sich selbst betrachtet sie mit neuen Augen.

Ich stelle mir vor, dass die Reaktionen des Kindes – das mit acht, neun Monaten zu einem Ich geboren wird – genauso sind wie die Erfahrungen, die eine Mutter macht, wenn das kleine »Ding« aus ihrer Gebärmutter zu einem Kind geboren wird. Frauen reagieren sehr unterschiedlich. Kinder reagieren auch unterschiedlich. Eine ganze Skala von Gefühlen und Verhaltensweisen kann zum Ausdruck gebracht werden. So, wie die eine Mutter von einer einfachen Freude über das neue Leben als etwas ganz Natürlichem beseelt wird und keine revolutionierende Veränderung wahrnimmt, wird die andere Mutter von einer solchen Angst ergriffen, dass sie Impulse zum Verletzen, ja sogar zum Töten des Kindes erleben kann. (Solche Impulse sind ganz normal, aber unheimlich und erschreckend für die Mütter, die davon betroffen sind.)

Genauso wenig, wie Frauen auf veränderte Lebenssituationen gleich reagieren, reagieren auch die Kinder verschieden, wenn sich ihr Leben verändert. Bei vielen Kindern ist im Alter von acht Monaten kein Fremdeln erkennbar. Bei anderen tritt die Ängstlichkeit umso stärker hervor.

In derselben Weise, wie man die Personen, die einer frisch gebackenen Mutter nahe stehen, dazu auffordert, Aufmerksamkeit, Einsicht und Rücksicht zu zeigen – egal ob sie selbst meint, dass sie das braucht oder nicht –, sollte man darauf Rücksicht nehmen, dass ein Kind im Alter von acht bis neun Monaten zu einem Ich geboren worden ist und dass diese Geburt eine Reaktion auslöst, auch wenn sie sich nicht immer in lauten Tönen zu erkennen gibt.

Das Alter von acht, neun Monaten ist eine Zeit, die von Labilität geprägt ist, so wie auch die Frau, die gerade ein Kind bekommen hat, labil ist, ob es spürbar ist oder nicht und ob sie darunter leidet oder nicht.

Die Veränderung erfordert Geborgenheit, Einsicht, Geduld, Vorsicht und

Ruhe. Ein freundliches, harmonisches und geselliges sechs oder sieben Monate altes Kind, das nun in einem Alter von acht, neun Monaten in verschiedenster Weise »quengelig« wird, reagiert in allen möglichen und unmöglichen Formen auf Veränderungen, genauso revolutionierenden Veränderungen wie bei der Niederkunft einer Frau. Wenn du besorgt bist und fürchtest, dass etwas nicht stimmt, kann es wohltuend sein, zu bedenken, dass es sich hier tatsächlich um eine kleine, seelische Revolution handelt. Die Labilität tritt so plötzlich ein wie bei einer Frau, die gerade ein Kind bekommen hat. Die Unruhe kann vorher schon da gewesen sein – wie bei einer schwangeren Frau –, aber in einer anderen Form.

Und nach dieser unruhigen Phase folgen eine innere Ausgeglichenheit und Stabilität wie bei einer frisch gebackenen Mutter, die eines Tages mit Zuversicht und Ruhe die Tatsache, dass sie Mutter geworden ist, akzeptiert und mit ihrem »neuen« Leben klarkommt. Und wie eine frisch gebackene Mutter reagiert auch das Kind, das zu einem Ich geboren wurde, empfindlich auf alle Belastungen und Forderungen; sozusagen auf jede Bürde, die noch zu den »normalen« Belastungen hinzugefügt wird.

Das Alter von acht bis neun Monaten ist nicht die richtige Zeit für elterliche Forderungen und große Erwartungen. Kommt Oma beispielsweise zu Besuch und streckt dem Kind, das bei Papa auf dem Schoß sitzt, die Arme entgegen und der Kleine fängt an zu weinen und dreht sein Gesicht weg, dann muss der Vater versuchen, als ruhiger und lieber Beschützer aufzutreten. Oma wird verletzt sein, aber das lässt sich nun mal nicht ändern. Vielleicht würde Papa sowohl dem Kind als auch der Oma einen großen Gefallen tun, wenn er ihr Zusammentreffen auf die Zeit vor und nach dieser Phase verlegen würde; das Fremdeln wird ja nicht ewig dauern.

Es ist wohl unnötig, zu sagen, dass dies die denkbar ungünstigste Zeit für irgendeine Veränderung im kindlichen Alltag ist. Würden die Kinder und der Verlauf ihrer Entwicklung über diese Umstände entscheiden – und nicht das gesellschaftliche System und die Finanzen – dann würde kein Mensch auch nur daran denken, ein Kind gerade im Alter von acht bis neun Monaten zum ersten Mal in eine Kindertagesstätte zu geben. Meiner Meinung nach könnte man dies damit vergleichen, dass eine Mutter, während sie auf der Entbindungsstation liegt, ein neues Zuhause bekommen würde und gleich, zusätzlich zur Verwirrung bei der Heimkehr, einen neuen Ehemann dazu.

Zu einem Ich geboren zu werden bedeutet, dass einem die eigene Person bewusst wird:
Ich bin jemand.

Papa ist auch jemand und Mama ist wieder eine andere Person.
Ich bin ein Mensch. Die anderen beiden sind Menschen.
Ich bin nicht wie die; ich bin ich.

Meine Hände, die ich benutze, meine Arme und meine Beine, mein Mund und meine Knie, mein Körper und meine Sinne, alle meine Werkzeuge, das alles gehört zu mir und sie sind meine Mittel zum Leben – all dies zusammen bildet nun das Ich.

Dieses Ich bedeutet Mensch; der Mensch Ich.
Ich denke. Ich fühle. Ich bin.

Was macht das Kind mit dieser Erkenntnis? Das Kind grenzt sich von der Umgebung ab. Es sieht die Unterschiede, es sieht, dass es nicht mehr ein Teil eines anderen ist, es sieht die unwiderrufliche Trennung. Ich bin nicht länger ein Teil der Welt, die mich umgibt. Ich lebe in dieser Welt als ein Ich, nicht länger als ein Teil.

Für die Frau, die ihr Kind gebar, war das Kind nach der Entbindung nicht mehr ein Teil von ihr selbst, von ihrem Körper. Unwiderruflich von ihrem Körper getrennt, lag das Kind neben ihr, die Nabelschnur durchtrennt. Das Kind war immer noch ein Teil von ihr – es war *ihr* Kind. Aber es war nicht mehr ein Teil ihres Körpers.

Das Kind, das mit acht bis neun Monaten zu einem Ich geboren wird, gehört immer noch zu seiner Umgebung, seinem Zuhause, seiner Mutter, seinem Vater, aber es ist nicht in derselben Weise wie bisher ein Teil davon. Das Kind lebt mittendrin, aber doch getrennt.

Obwohl eine Frau, die gerade ein Kind bekommen hat, über ihr Kind sehr glücklich ist, empfindet sie gleichzeitig eine gewisse Leere. Es ist still geworden in ihrem Bauch. Die Fußtritte sind weg. Das Vertraute hat sich verändert. Der Körper ist stumm geworden. Stattdessen ist da jetzt das Kind. Frauen bezeugen einstimmig, dass es eine Weile dauern kann, bevor sie diese Veränderung ganz und gar in sich aufnehmen und sie mit Einsicht in all ihren Teilen und Auswirkungen begreifen können. Es können viele Tage vergehen, mehrere Wochen, sogar Monate.

Auch das Kind braucht seine Zeit, um die Veränderung, die passiert, wenn das Ich geboren wird, zu begreifen, zu akzeptieren und sich darauf einzustellen. Das Gefühl der Unwirklichkeit, der Leere und eine Sehnsucht, die vage und merkwürdig ist, treffen das Kind genauso wie die frisch gebackene Mutter.

Im Gegensatz zur Mutter fehlt dem Kind die »Vernunft«. Das Kind kann nicht sagen: »*Ich bin zu einem Ich geboren; deshalb fühle ich mich so komisch. Es wird bald besser werden. Das sagen all die anderen Babys, die auch zu einem Ich geboren worden sind.*« Die Frau dagegen weiß: »*Ich habe ein Kind bekommen. Deshalb geht es mir so. Ich werde mich daran gewöhnen.*« In Ermangelung der Vernunft und des durch Erfahrung erlangten Wissens wird das Kind oft in einen Zustand der Angst geraten. Die Veränderung, die es sich nicht erklären kann, wirkt beängstigend. Und diese Angst kann auf verschiedenste Weise zum Ausdruck kommen: Sogar das, was eigentlich das Meistvertraute sein müsste, kann in gewissen Momenten unter gewissen Bedingungen auf das Kind eine erschreckende Wirkung haben – wie das Lachen der Mutter, der Bart des Vaters, die Geräusche der Spieluhr, der unschuldige, alte Teddy – und nicht weniger die eigene Person des Kindes. Auch das eigene Selbst kann Angst erzeugen, weil es unbekannt ist.

Das acht bis neun Monate alte Kind kann sowohl ein sehr zurückhaltendes wie auch ein stark aggressives Verhalten zeigen. Rituale, die selbstquälerisch erscheinen, können nun auftreten: Das Kind schlägt seinen Kopf gegen die Wand, rhythmisch und manchmal auch erschreckend hart. Oft muss man die Hand dazwischenlegen. Einige Kinder schlagen mit dem Kopf gegen die Gitterstäbe des Bettes und das auch noch im Schlaf, sie machen sich selbst wach und werden darüber unglücklich. Bei solchen Kindern kann es notwendig werden die Seiten und Enden des Kinderbettes zu polstern.

Angriffe gegen die Umgebung sind nicht außergewöhnlich. Das Ich ist geboren und damit hat sich die Umgebung verändert. Aus Angst vor dem Unbekannten kann das Kind sich verteidigen, nicht nur, indem es flüchtet und sich zurückzieht, sondern auch, indem es zuschlägt. Ein kleines Baby, das süß und niedlich auf dem Wickeltisch liegt und eine trockene Windel bekommt, gefolgt von einem Kuss, kann ohne Vorwarnung mit verblüffend großer Kraft seiner Mutter oder seinem Vater ins Gesicht schlagen. Etwaige Zeichen der Reue sind natürlich nicht erkennbar. Ganz im Gegenteil: In derselben Weise, wie die offenbar selbstquälenden Rituale spannungslösend wirken, sind diese aggressiven Ausfälle gegen die Umgebung es auch. Und ein leichtes Aufflackern von Triumph ist erkennbar, wenn das Kind, das sich gegen sein unbekanntes Ich stellt, stattdessen die Macht darüber gewinnt und damit auch über die Umgebung. Ich gegen dich: Ich kann dich schlagen! Ich bin ein Ich und ich habe Macht. (Tränen und Aufruhr in einer Situation wie dieser sind nutzlos, obwohl das Erlebnis in mehr als einer Hinsicht für die Mutter oder den Vater, die oder der so geschlagen worden ist, schmerzvoll sein kann. Du kannst dann die kleinen Hände greifen, sie weghalten und mit dem Kuss fortfahren, den du dem Kind gerade aufdrücken wolltest, und dich im Übrigen so verhalten, als hättest du die Einsicht und das Verständnis, die du gar nicht hast.)

Für ein Kind, das zu einem Ich geboren worden ist, sind Unterstützung und Verständnis von seiner Umgebung genauso notwendig, wie eine es verdammende und seinen Selbstwert erschütternde Haltung katastrophal wäre. Dasselbe gilt ja auch bei der »frisch gebackenen« Mutter: Niemand reißt sich für sie ein Bein aus, aber wenn es brenzlig wird, muss sie sich auf Schutz und Verständnis vonseiten ihrer Mitmenschen, die sie nicht verurteilen, verlassen können.

Ein kleines Memo

1. Interpretiere unerwartete Veränderungen und plötzlich entstandene Probleme nicht als ein Zeichen, dass irgendetwas ernsthaft nicht in Ordnung ist. Warte ab.
Die Symptome können auch körperlich sein.
Die Achtmonatsangst wird vorübergehen. Schon im Alter von zehn oder elf Monaten ist das Kind fast ein selbstsicheres Einjähriges, das sich selbst liebt. Aber noch kennt das kleine Kind sein eigenes Ich nicht.
2. Nächte, die sehr friedlich waren, können nun unruhig werden.
Folge der Faustregel: *Ein Mal ist kein Mal, zweimal ist eine schlechte Gewohnheit.*
Lass die Tür einen Spalt offen, rede beruhigend von draußen: »Nun sollst du schlafen. Es ist alles in Ordnung. Wir sehen uns dann morgen.« (Siehe »Besser schlafen«, Seite 709)
Lass das Licht vor der Tür an, aber nicht im Kinderzimmer.
Kehre nicht zum Schnuller zurück.
3. Die Angst vor Fremden wird oft sehr markant. Respektiere sie. Kinder in dem Alter tragen keinen Schaden davon, wenn sie jetzt einmal *nicht* anderen Erwachsenen (oder anderen Kindern) begegnen.
Lass dir von niemandem Angst machen: »Er muss doch mit anderen zusammen sein, sonst wird er immer solche Angst haben.« Nein, das wird er *nicht*.

Das Schwierige geschieht im Inneren des Kindes. Lass das Äußere so unverändert wie möglich.
4. Schlucke deinen Stolz hinunter, falls dein Kind jemand anderen vorzieht.
Du kannst auf eine sehr verletzende Weise abgelehnt werden. Gib deinem Kind unaufgefordert einen Kuss oder eine Umarmung und gib zu verstehen, dass du mit deiner Liebe da bist, ohne deshalb aufdringlich zu werden.
Warte auf bessere Zeiten.
Eine Mutter kann sowohl Liebe als auch Hass für ihr Neugeborenes empfinden und Gedanken über das Kind hegen, die sowohl mit Leben wie auch mit Tod zu tun haben. Widersprüchliche Gefühle füllen und plagen auch das Kind, das zu einem Ich geboren worden ist.
5. Hab keine Angst vor eventuellen aggressiven Ausbrüchen vonseiten des Kindes. Dem Kind muss es erlaubt werden, auf eine Veränderung, die ihm Angst macht, zu reagieren.
Aber lass es nicht zu, dass das Kind dich, oder sonst jemanden, schlägt. Gewalt und destruktives Verhalten müssen mit Liebe bekämpft werden. Du nimmst die schlagenden kleinen Hände und lässt sie dich stattdessen streicheln, oder du hältst sie von dir weg und gibst selbst Küsse und Streicheleinheiten. Zeige deutlich und ruhig deine eigene unverdrossene Liebe, ziehe dich dann wieder zurück und lass dem Kind seine Ruhe.
Hindere das Kind daran, sich selbst Schaden zuzufügen. Polstere das Bett an Enden und Seiten mit Kissen. Wenn dein Kind mit dem Kopf daran klopft, musst du es nicht verhindern.
6. Verwerfe in dieser Phase alle Pläne, die eine Veränderung der Umwelt des Kindes und der dazugehörigen Personen mit sich bringen! Suche um jeden Preis nach anderen Lösungen: Ändere deine Arbeitszeit, verlängere deinen Mutterschaftsurlaub, senkt euren Lebensstandard.

In einer Zeit heftiger Umwälzung des Inneren sollte ein unverändertes Umfeld die erste, wertvollste Priorität haben.

Verhalte dich dem Kind, gegenüber wie sonst auch, unterschätze es nicht, überschütte es nicht mit Mitleid, »tröste« es nicht.
Behandle das Kind, wie du eine frisch gebackene Mutter behandeln würdest: Aufmerksam, aber ohne Mitleid; sei dazu bereit, sie bei Druck und hohen Anforderungen zu entlasten, aber nicht auf entmündigende Weise. Genau wie die frisch gebackene Mutter richtet sich das Kind – das zu einem Ich geboren worden ist – am leichtesten auf seine neue Lebenssituation ein, wenn der Alltag

vertraut und einigermaßen einfach ist und wenn die Menschen in seiner Umgebung Wärme und Ruhe bieten und keinen Grund zur Besorgnis. Ich glaube also, dass das, was die Psychologen als Trennungsangst bezeichnen, eine natürliche Reaktion auf die Geburt des Kindes zum eigenen Ich ist, hinaus aus der alten, wohl bekannten Situation, in der das Kind ein Teil des ihn umgebenden Ganzen war, so wie es in der Gebärmutter ein Teil des mütterlichen Körpers war. Ich glaube, dass es nicht so sehr mit der Angst, die Mutter zu verlieren, zusammenhängt, genauso wenig, wie man die Labilität der frisch gebackenen Mutter mit der Angst, das neugeborene Kind zu verlieren, erklären könnte.

Die Kinder heiraten – oder sie aufs Leben vorbereiten?

Die Überschrift klingt provozierend. Niemand würde in Erwägung ziehen, das eigene Kind zu heiraten. Im Übrigen ist es gesetzlich verboten und wird wohl auch kaum ein Thema werden, egal wie freizügig wir bei den Regelungen der Eheschließungen sein mögen. Was ich meine, ist eine gefühlsmäßige Bindung zwischen Eltern und Kindern, die mit der Beziehung zwischen zwei Eheleuten durchaus verglichen werden kann. Auch diese schließt an und für sich eine Vorbereitung aufs Leben nicht aus; ohne Liebe wird der Mensch, ist der Mensch aufs Leben »draußen« sehr schlecht vorbereitet. Trotzdem sollte man auf der Hut sein. Schon jetzt, wenn das erste Lebensjahr des Kindes sich dem Ende nähert, sollte man an die Beziehung denken, die man als Mutter oder als Vater und als Erzieher wählen möchte: Das kleine Mäuschen »heiraten« oder es auf ein Leben ohne dich vorbereiten?

Die Gesellschaft unserer Zeit hat Schlagseite bekommen. Kinder – und andere nichtproduktive Menschen – werden nicht mehr gebraucht, in finanzieller Hinsicht aber auch ganz konkret. Kinder werden nicht auf dieselbe Weise in Beschlag genommen, wie es früher der Fall war und wie es in anderen Teilen der Welt immer noch der Fall ist; dort werden die Kinder bei der Arbeit eingesetzt, nicht mit der Absicht, sie zu sozialisieren oder ihnen eine gute Erziehung zu geben, sondern weil es *notwendig* ist, im Kampf der Familie um ihre Existenz.

Niemand wünscht sich, dass wieder Kinderarbeit eingeführt wird, wie sie am Anfang des industriellen Zeitalters gang und gäbe war. Schwere Entbehrungen plagten die Kinder und bei vielen wurden sowohl die Gesundheit als auch die Lebenskraft zerstört. Der Weg zu dem, was unsere Wohlfahrtsgesellschaft heute ausmacht, ist buchstäblich mit Kinderleichen gepflastert. Aber trotzdem hatten diese Kinder hinter ihrem Leiden und ihren Entbehrungen die Gewissheit, dass man sie wirklich brauchte. Was sie auch geplagt hat, ein Gefühl der Sinnlosigkeit war es nicht.

Die Tatsache, dass die Kinder heutzutage nicht gebraucht werden, versuchen wir zu vertuschen, indem wir ihnen Liebe und Aufmerksamkeit schenken, um ihnen so eine glückliche, sorglose Kindheit zu sichern. Das zwanzigste Jahrhundert sollte das Jahrhundert des Kindes werden. Dabei übersahen wir leider die Gefahr, die sich daraus ergibt, dass die Kinder ihre Existenz als mehr oder weniger sinnlos empfinden. Heute haben wir hoffentlich eingesehen, dass ein Mittelweg gefunden werden muss. Kinder sollen und müssen gebraucht werden, so wie wir alle in unserem tiefsten Inneren das Gefühl haben sollten, Mitglieder einer Gemeinschaft zu sein, in der wir alle eine Aufgabe haben, die auch den anderen und nicht nur uns selbst von Nutzen ist und innerhalb deren Rahmen wir zur gemeinsamen Existenz aller etwas beitragen können. Wenn nicht, werden wir – all der Liebe und all der Aufmerksamkeit zum Trotz – unser Dasein als mehr oder weniger sinnlos empfinden.

Ich habe zeigen wollen, wie man mit einfachen Mitteln einem Kind vom frühen Säuglingsalter an und dann immer weiter das Wissen beibringen kann, dass es gebraucht wird. Leider muss die soziale Gemeinschaft in unserer Zeit und unserer Kultur, in der die Arbeit und das Familienleben streng getrennt sind, ja oft *konstruiert* werden; nicht jeder hat einen Familienbetrieb, einen Bauernhof oder einen freien und selbstständigen Beruf, in dem man dem Kind einen Platz bereiten kann und wo es sich auf natürliche (und notwendige) Weise nützlich machen kann.

Dazu kommt das veränderte Familienbild. Immer mehr Kinder sind Einzelkinder. Immer mehr Eltern sind allein erziehend. Immer mehr Familien bestehen aus einem einzigen Erwachsenen und einem Kind. Eine übertriebene, um nicht zu sagen ungesunde Bindung lauert um die Ecke und diese habe ich mit meiner Überschrift aufs Korn nehmen wollen.

In unserer »neuen« Gesellschaft wurde die Familie zu einem Reservat der Gefühle. Eine Familienideologie wurde und wird proklamiert, die zu den sozialpolitischen Vorstellungen der Gesellschaft passt. Wenn die Kinder schon nicht mehr praktisch und konkret von Nutzen sind, dann sollen sie wenigstens gefühlsmäßig umso mehr gebraucht werden. Es hieß, die Erwachsenen sollten die Kinder in all ihre Probleme einweihen. Die Kinder sollten z.B. frühzeitig mit der finanziellen Situation der Familie vertraut gemacht werden. Es sollten Familienratssitzungen abgehalten werden, bei denen das Einkommen und die Ausgaben diskutiert werden. Die Meinung der Kinder sollte dabei respektiert und beachtet werden, gleichberechtigt mit der elterlichen Meinung. Die Kinder sollten so auch an allen wichtigen Entscheidungen beteiligt werden, wenn es beispielsweise um einen Umzug, eine Scheidung, die Anschaffung von langlebigen Konsumgütern sowie auch die »Anschaffung« von kleineren Geschwistern gehe ... Streitigkeiten, aber auch Liebeshandlungen könnten sehr wohl vor den Augen der Kinder stattfinden, und die Probleme, die Tränen und die Sorgen der Mütter und Väter sollten so offen und natürlich wie möglich herausgelassen werden.

Die Erwachsenen sollten als Menschen aus Fleisch und Blut dastehen und nicht als eine unfehlbare Autorität. Die Bedeutung des guten Beispiels wurde betont. Eltern, die nicht möchten, dass ihre Kinder mit dem Rauchen anfangen, konnten wohl kaum selbst Raucher sein. Dasselbe galt für das Trinken von Alkohol, also von Bier und Wein. Selbstverständlich mussten die Eltern auch die kindliche Meinung über ihr Privatleben (das nicht mehr sehr privat sein sollte!) und Beziehungen hinnehmen – ja, sie am besten darin unterstützen und ermuntern. Viele allein stehende Mütter haben zusehen müssen, wie ihr Liebhaber oder werdender Partner von einem eifersüchtigen Kind wieder ausrangiert wurde.

Ich habe einmal eine Szene in einem Zug miterlebt, die für sich spricht: Eine Mutter und ihr acht oder neun Jahre alter Sohn saßen sich am Fenster gegenüber. Nach einer Weile kam ein älterer Mann und nahm neben der Mutter Platz. Ein unschuldiges Gespräch über Wind und Wetter entwickelte sich, bis der Sohn ausbrach: »*Er soll nicht neben dir sitzen! Sag ihm, er soll weggehen!*« Die Mutter entschuldigte sich. Sie wurde etwas verwirrt, aber sie »respektierte« ihren Sohn. Und der alte Herr verzog sich, vermeintlich viel zu verblüfft, um seine Meinung zu äußern.

Niemand wird wohl behaupten, dass diese kleine Szene zeigt, wie die Dinge laufen sollten. Aber diese sonderbare Zeit, in der so viele Proportionen verschoben worden sind, hat viele Eltern vollkommen gelähmt. Und, o je, das Gefährlichste von allem ist das Wort *nein* geworden. Schleudert man es einem unschuldigen Kind entgegen, dessen Aufgabe in dieser Welt ja darin bestehen soll, nur glücklich zu sein, ist man fast schon ein Sadist. Und erlaubt man sich, dem eigenen Kind etwas zu verbieten oder es zu etwas zu zwingen – dann ist man nicht nur ein Sadist, sondern schon so etwas wie ein Kinderschänder!

Niemand möchte blindes Vertauen in so genannte Autoritäten. Eine gute Erziehung erreicht man nur durch Vertrauen. Autorität ohne Vertrauen führt nur zum blinden Gehorsam, was kein Kind widerspruchslos hinnimmt. Sie sind ja nicht dumm, sie weigern sich, sie protestieren, sie revoltieren. Kinder sind heute freimütiger als früher und sie kritisieren mehr. Das ist gut so. Aber wenn Eltern sich entthronen, um die Kinder aus einer autoritätsgebundenen, untergeordneten Position zu befreien, sollten sie als *Menschen* dastehen und nicht als Trottel; sie sollen ihren Kindern Respekt erweisen und ihnen nicht die Verantwortung überlassen – die Verantwortung für die Eltern, meine ich; sie sollen ihren Kindern Freundschaft schenken und sie nicht als Problemlöser, Seelsorger und Vertraute anstelle von anderen Erwachsenen nutzen; sie sollen ihre Kinder als Menschen sehen, nicht als Ehepartner.

Was wir in unserer »schönen, neuen Welt« tun, läuft darauf hinaus, den Kindern ihre Kindheit zu rauben.

Mit zwei Jahren sollen sie die Verantwortung für ihre Kleidung übernehmen: »*Möchtest du blaue oder rote Socken haben?*« Mit drei Jahren sollen sie die Verantwortung für die alltägliche Routine übernehmen, mit vier Jahren, ob sie ein Geschwisterchen haben möchten, mit fünf Jahren für ihr Zusammensein mit Freunden, mit sechs Jahren, ob sie bei Mama oder bei Papa wohnen möchten, mit sieben Jahren für die Finanzen der Familie, mit acht Jahren für den Freundeskreis der Eltern, mit neun Jahren für die Freizeit der Familie, mit zehn Jahren, ob sie rauchen wollen oder nicht, mit elf Jahren für ihre abendlichen Unternehmungen, mit zwölf Jahren für ihren eventuellen Konsum von Alkohol, mit dreizehn Jahren für ihr eventuelles, sexuelles Debüt ...

Eine Fünfzehnjährige aus meinem Bekanntenkreis hat sich geweigert, mit der Familie in die USA zu reisen, eine Familienreise, für die man lange Zeit gespart hatte. Es war ein Haus gemietet worden und sie wollten zwei Monate lang dort wohnen bleiben. Die Fünfzehnjährige meinte, sie könne nicht so lange von ihren Freunden getrennt sein. Und übrigens möchte sie lieber an die andere Küste der USA reisen, wenn überhaupt eine (kurze) Reise in Frage käme. Die Reise der Familie, die ein Erlebnis fürs Leben hätte werden sollen, war damit zum Scheitern verurteilt.

Die Tochter hat nicht aus Gemeinheit die Reisepläne der Familie zerstört, sondern weil sie gar nicht wissen konnte, was für eine ungemeine Erfahrung eine solche Reise fürs Leben darstellen kann; sie konnte deshalb nicht erfassen, was ihr (und den anderen) dabei entging. Wahrscheinlich kommt der Tag, an dem sie sich gehörig ärgern wird, die Reise unmöglich gemacht zu haben, nur dann wird es leider zu spät sein …

Kann man verlangen, dass sie diese Einsicht besitzt? Wenn nicht, wer soll sie vermitteln? Ihre Freunde? Die diese Einsicht auch nicht besitzen? Hätten die Eltern sie zwingen sollen, mit auf die Reise zu gehen? Wäre das richtig gewesen oder wäre es zu autoritär? Oder richtig und autoritär? Wie hätten die Eltern sich verhalten sollen? Und wie hätte die Mutter im Zug reagieren sollen?

Eine gute Erziehung baut auf Vertrauen. Das Kind muss sich auf die Absicht – und die Fähigkeit – der Eltern, die kindlichen Interessen zu wahren, verlassen können. Das Kind muss sich auf die Urteilskraft der Eltern, die auf ihrer Lebenserfahrung basiert, verlassen können.

Jedes Kind wird mit einem Urvertrauen geboren. Dieses Vertrauen muss nicht erst aufgebaut werden. Es ist schon da. Das Vertrauen wird bestätigt, indem der Erwachsene unter anderem vermeidet, dem Kind auch nur den geringsten Grund zu geben, an seinem Urteilsvermögen zu zweifeln.

Im Grunde genommen geht es um die Überlebensfähigkeit der erwachsenen »Herden«-Mitglieder; eine Fähigkeit, die sie ihrem Nachwuchs beibringen, damit er eines Tages die Kunst des Überlebens in der »Herde« ohne ihre Hilfe beherrschen wird.

Möchte man also vor seinen Kindern als eine urteilsfähige Person dastehen, sollte man – meine ich – darauf achten, nicht wie eine hilfloser Narr zu wirken; du solltest nicht nur ein Mal, sondern zwei Mal gründlich überlegen, bevor du eine auf falschen Voraussetzungen aufbauende »Demokratie« auf die Beine stellst, in der das Kind für einen Moment das Gefühl bekommen könnte, du wüsstest nicht, wie du mit deinem eigenen Leben weiterkommen sollst.

Wir haben schon früher den Vergleich zwischen der Einführung des Kindes in die Erwachsenenwelt und deiner oder meiner Einweisung in einen neuen Arbeitsplatz angestellt. Jeder Arbeitsplatz braucht und erfordert eine Führungskraft. Was nicht ausschließt, dass demokratische Verhältnisse herrschen, die Kollegen nach ihrer Meinung befragt werden usw. Es schließt auch nicht aus, dass ein guter Geist herrscht, der gerade eine Frage des Vertrauens ist. Eine gute Chefin oder ein guter Chef ist eine Person mit gutem Urteilsvermögen zusätzlich zu seinen guten Kenntnissen und seiner Professionalität. Er oder sie wird ganz einfach mit Respekt behandelt, weil er oder sie sich selbst – und so auch andere – respektiert. Wenn dieser Chef vor seine Angestellten treten und erklären würde, er habe keine Ahnung, wie das Unternehmen geleitet werden müsse, und dazu noch eine Menge persönliche Sorgen hervorkramte, würde er – hoffentlich – Mitleid erregen, aber sicherlich auch Verachtung hervorrufen. Es würde sehr leicht erscheinen, die Macht über ihn zu erlangen. Nicht alle seine Angestellten würden sich dann aufführen wie Heilige.

Schwäche lädt zum Übergriff ein. Fehlender Selbstrespekt ruft Verachtung hervor. Die Macht sucht sich ihre Opfer.

Ein kleines Kind, das über seine Mutter bestimmt, ist nicht angenehmer als ein inkompetenter Angestellter, der seinen Chef niedermacht. Der Chef gibt dabei eine lächerliche Figur ab, die Mutter ist einfach bedauernswert. Auch eine Mutter (oder ein Vater), die keine Ahnung hat, wie sie ihr Leben in den Griff bekommen soll, muss sich deshalb dem Kind gegenüber so verhalten, *als wüsste sie es:* Eine vertrauenswürdige Leitperson hat zu allen Fragen eine Antwort parat, sie muss alles erklären können – und sie muss zu ihren eigenen Fehlern stehen! Sie muss es vermeiden, sich zu entschuldigen oder um Erlaubnis zu bitten. Sie muss sich davor hüten, ihre Meinung (ohne einleuchtenden Grund) zu ändern. Sie fragt ihre Kinder nicht ständig nach ihrer Meinung, ob sie dies oder jenes ablehnen oder akzeptieren. Das fängt noch früh genug an, wenn die Kinder im Teenageralter auf eigene Initiative und aus wachsender Reife heraus anfangen, ihre Eltern auch nur als Menschen aus Fleisch und Blut zu betrachten; es ist ein langwieriger Prozess, der sich über viele Jahre hinstreckt. Dann ist die Zeit für eine Demaskierung gekommen.

Wir können immer noch den Vergleich mit dem Arbeitsplatz heranziehen: Erst wenn man sich als Angestellter qualifiziert hat, im Können, in der Reife, im Überblick über die Aufgaben, die der Chef alle lösen können muss, in der Einsicht in seine Arbeitsbedingungen und die Bürde seiner Verantwortung, kann man, mit Verständnis und mit dem gebührenden Respekt, ihn in seiner Arbeit kritisieren und in einer *konstruktiven* und vielschichtigen Weise anderer Meinung sein als er, ohne ihn als Mensch an den Pranger zu stellen.

Kinder versuchen, sich von den Eltern aus eigener Kraft durch ihre eigene konstruktive, kritische Haltung frei zu machen. Diese Befreiung sollte sich nicht darin äußern, dass man jemanden verdammt oder verachtet. Verachtung gibt keinem Menschen moralischen Halt. Und auch keine brauchbare Erfahrung. Aufrichtiger Respekt ist nicht autoritätsgebunden. Autoritätsgebundener Respekt erzeugt Angst. Aufrichtiger Respekt ist demütig, einsichtig und verständnisvoll.

Sich Respekt zu verschaffen heißt nicht, dass man auf den Tisch haut und brüllt: »Du hast zu gehorchen!« Sich Respekt zu verschaffen heißt, *für das eigene Leben geradezustehen, auch wenn es einem viel abverlangt* – und das auch für die Ratenzahlungen, bei denen man längst bitter bereut hat, dass man sich dazu bereit erklärte, einen solchen Vertrag überhaupt abzuschließen.

Für das eigene Leben geradezustehen heißt, dass man weiß, was man tut und warum, und auch, dass man es respektiert. Schwieriger wird es, wenn du nicht weißt, was du tust und warum. Ich bin der Meinung, dass du *auch in diesem Fall* dem Kind die Illusion geben solltest, dass du Bescheid weißt – so, wie man auch Kindern, die im Kampf ums Überleben nicht notwendig sind, die Illusion geben sollte, dass sie notwendig sind, obwohl dies eine erfundene Lebenskonstruktion erforderlich macht.

Das Bild hat sich sogar noch in anderer Hinsicht geändert. Die Erwachsenenwelt und die Kinderwelt sind getrennt worden. Die meisten Eltern von Säuglingen sind außerhalb des Hauses erwerbstätig. Die Kinder werden entweder in einer Tagesstätte oder von einer privaten Tagesmutter betreut. Die Zeit für gemütliches Beisammensein ist knapp.

Die Bürde der Liebe ist groß, was sowohl positive als auch negative Auswirkungen hat. Die Sehnsucht ruft auf beiden Seiten eine große Wiedersehensfreude hervor, es entstehen glückliche Momente, aber die gemeinsame Zeit ist so kurz. Und da sie für so viel Alltagsleben eine Kompensation sein soll, bleibt nicht viel Spielraum übrig für die Erziehung, die soziale Gemeinschaft – oder auch für Unannehmlichkeiten derart, dass das Kind lernen muss, zurückzustecken, weil die oder der Erwachsene schließlich auch noch ein Leben hat. *»Wir haben ja so wenig Zeit zusammen«*, sagt Peters Mutter, *»es hat keinen Sinn, sie mit Streitigkeiten zu vergeuden; er bekommt es, so wie er will.«* Und was will Peter? Er will, dass sich die Mutter nicht mit ihrem Freund trifft – in diesen kurzen Stunden – oder mit einer Freundin ausgeht – in diesen kurzen Stunden – oder ein Buch liest, oder fernsieht, oder allein in der Badewanne liegt – in diesen kurzen Stunden. Peter lernt, dass seine Mutter ihm den Vorzug gibt und das verleiht ihm natürlich Macht über sie.

Ist das gut oder schlecht? Schlecht, behaupte ich, weil es Peter an Erfahrung und Kompetenz fehlt, um mit dieser Macht umzugehen. Das Risiko ist groß, dass er seine Macht missbrauchen wird. Dies führt dazu, dass er seiner Mutter, früher oder später, Geringschätzung entgegenbringen oder sie sogar verachten wird. Außerdem lernt er, dass er sich nicht sonderlich anzustrengen braucht oder überhaupt nicht, um das zu bekommen, was er haben will. Das wird für Peter auf seinem weiteren Lebensweg, der nicht immer mit Rosen bestreut sein wird, erhebliche Schwierigkeiten bedeuten.

Peter wird mit der Verantwortung, die er übertragen bekommt, wachsen, könnte man einwenden. Das glaube ich eher nicht. Peter wird nach und nach die Lebensführung seiner Mutter in die Hand nehmen. Er stellt die Bedingungen für ihr Leben. Das heißt aber nicht, dass er die Verantwortung dafür trägt. Es ist nicht zu erwarten, dass er dadurch in seiner Urteilsfähigkeit wachsen wird, sondern wenn, dann nur in seinem Gefühl für Macht. Seine Mutter wird nicht viel mehr unternehmen können, ohne ständig von seinen Kommentaren, Einwänden oder strikten Verboten begleitet zu werden. Wenn sie schwach ist, unentschlossen, unsicher oder auch »nur« hinlänglich einsam, wird sie die Rolle übernehmen, die Peter ihr zuteil werden lässt: Sie »heiratet« Peter und entwickelt zu ihm eine Beziehung, die einer ehelichen (aber nicht gerade wunderbaren) Beziehung gleichkommt, in der das Spiel zwischen dem starken und dem schwachen Teil hin und her wechselt und in der Schweigestrafen und Demonstrationen, unausgesprochene Missbilligungen und verdeckte Forderungen schon bald zur Tagesordnung gehören können.

Was Peter dadurch verliert, ist seine Kindheit. Stattdessen sollte er mit Hilfe seiner entscheidungskräftigen Mutter (der »Herde«) sich selbst in Freiheit entwickeln können – seine Persönlichkeit, seine Gedanken und Gefühle, seine Träume und Hoffnungen, seine Spiele und Phantasien –, ohne von den Problemen der Mutter belastet zu sein und ohne jegliche Verantwortung für ihr Leben übernehmen zu müssen.

Zurück zur Überschrift. Ein Kind aufs Leben vorzubereiten – was heißt das? Es heißt, dass du vor Augen haben musst, dass das Kind/dein Nachwuchs in die Welt hinausgehen soll ohne dich, die »Herde«, und dass du dementsprechend handelst: Du bereitest dein Kind so gut wie nur möglich auf ein Leben ohne dich vor.

Eine Ehe baut man mit der Hoffnung auf, dass sie für immer dauern wird: »Du und ich werden immer zusammenbleiben, und wir wollen versuchen, das Bestmögliche daraus zu machen.«

Zu einem Kind muss sich die Beziehung anders gestalten. »Du und ich werden zusammen leben, *bis du allein zurechtkommst*, und ich werde versuchen, dich auf beste Weise darauf vorzubereiten. Ich bin dein Berater. Ich bin dein Wegweiser. Ich bin dein Kontaktmann. Ich besitze die Kenntnisse und die Erfahrungen. Ich bin selbst Kind gewesen und erwachsen geworden. Ich habe überlebt. Ich komme zurecht. Ich kenne die Existenzbedingungen. Ich kenne die Gefahren. Mit all diesem Wissen, dieser Erfahrung und diesem Können werde ich dich leiten und schützen, bis du allein zurechtkommst und auf eigenen Beinen stehen kannst und mich dann verlässt und weitergehst. Ich bin nicht mit dir verheiratet. Es ist nicht deine Aufgabe, mich glücklich zu machen. Das ist nicht Sinn der Sache. Deine Aufgabe ist es, die Wirklichkeit, die Welt zu erforschen, zu beherrschen und allmählich zu verändern. Meine übergeordnete Aufgabe ist es, dich auf beste Weise auf ein Leben ohne mich vorzubereiten. Ich behalte dein wachsendes Können, deine immer größer werdende Kraft und Selbstständigkeit vor Augen, sie sind mein Ziel.«

Als Mutter oder als Vater muss man versuchen, die eigenen Beweggründe unter die Lupe zu nehmen. Das ist wahrhaftig nicht immer leicht. Für jeden, der in einer unfreundlichen Welt allein dasteht, gibt es ja kaum etwas Schöneres, als einen kleinen, vertrauensvollen Menschen zu haben, der immer in der Nähe ist und der einen liebt. Es erfordert Nerven, Mut, Voraussicht – und Schmerz –, um die Grenze zu ziehen zwischen der Liebe, die Freiheit will, und der Liebe, die Abhängigkeit will.

Viel zu viele Eltern lassen heutzutage ihre Kinder nur ungern von zu Hause wegziehen. Kinder bleiben bis zu einem Alter von 20 oder 25 Jahren, manchmal sogar bis zu 30 Jahren, bei ihren Eltern wohnen, worauf die Trennung genauso zermürbend und schwierig wird wie bei einer Scheidung von Eheleuten. Es gibt Eltern, die von einer Trauer berichten, die so fürchterlich ist, als wäre eine geliebte Person gestorben. Die Trennung durchläuft alle Phasen einer Trauerzeit. Experten müssen konsultiert werden, und es werden Psychopharmaka eingesetzt, um eine Linderung des Schmerzes zu erreichen. Anstatt das Junge über die Kante des Nestes hinauszuschieben und es damit zum Fliegen zu zwingen, halten zahlreiche Eltern ihre Nachkommen so lange wie nur möglich zurück, bis es vielleicht so weit kommt, dass das Junge in der Tat gar nicht fliegen *kann*, wenn es dies schließlich versuchen sollte.

Also: Wozu haben wir unsere Kinder? Wollen wir sie heiraten oder wollen wir sie aufs Leben vorbereiten?

Schon im Alter von sechs Monaten zeigt das Menschenkind deutliche Anzeichen wachsender Selbstständigkeit und den Wunsch nach einer Freiheit, die von anderen Menschen unabhängig ist. Aus diesem Streben heraus wird nach einigen weiteren Monaten das eigene Ich des Kindes geboren. Das Kind trennt sich von seiner Umgebung, von der es bisher ein Teil war; das Kind gehört immer noch dazu, aber nun als ein eigenständiges Ich. Nach einigen weiteren Monaten ist dieses Ich, das zuerst unbekannt und deshalb manchmal beängstigend war – wie auch die Umwelt manchmal beängstigend wirkte –, nun eine völlig aktive, sich entwickelnde und bereichernde Persönlichkeit geworden, so, wie auch die Elternschaft für den Erwachsenen bereichernd wirkt und ihn reifen lässt. Hier trennen sich die Wege.

Hörst du, wie du selbst sagst: »*Mama kommt ja schon! – Jetzt wird alles wieder gut!*« – dann könnte es notwendig sein, einmal gründlich darüber nachzudenken, wie du deine eigene Rolle in Bezug auf dein Kind siehst. Wie wäre es, wenn du stattdessen sagst (oder denkst): »*Alles ist o.k.. Ich werde dich im Auge behalten!*«

Es hört sich vielleicht widersprüchlich an. Ich halte es aber für wichtig, das kindliche Streben nach Freiheit mit allen Kräften zu unterstützen, und gleichzeitig bin ich entschieden dagegen, ein Kind unter drei Jahren in den Kindergarten zu schicken. Manche argumentieren bereits, es sei gut für die allmähliche Trennung. Und damit wäre dann alles in Butter? Man bringt ein kleines Halbjähriges in einer Tagesstätte unter und vermeidet dadurch jede ungesund enge Bindung? Quatsch! Das Kind lässt seine Beziehung zur Mutter (oder zum Vater) einfach nur zu Hause und verbringt den Tag ohne seine Eltern in der Kindertagesstätte. Wenn es nach Hause kommt, geht alles weiter wie vorher.

Dasselbe Phänomen zeigt sich, wenn das Kind Schlafstörungen entwickelt: Können die Eltern dem Kind nicht dabei helfen, zur Ruhe zu kommen, wird das Kind vielleicht schließlich ins Krankenhaus eingeliefert (siehe »Besser schlafen«, Seite 717f.). Im Krankenhaus schlafen die Kinder meistens ruhig und sanft. Wieder zu Hause geht der Zirkus von vorne los.

Wenn man das Vertrauen oder die Verantwortung (und damit auch die mögliche Schuld) in Einrichtungen legt, die sich außerhalb des festen Punktes im Leben des Kindes, d.h. der Bezugsperson und des Zuhauses – beides zusammen macht die »Herde«, die Zugehörigkeit aus – befinden, verdrückt man sich; man schummelt, indem man sich der eigenen Verantwortung entzieht.

Du selbst in deiner Beziehung zu deinem Kind musst den richtigen Weg wählen: Das Kind heiraten oder es auf ein Leben ohne dich vorbereiten. Ob du im Endeffekt eine oder 12 Stunden täglich zur Verfügung hast, um diese Wahl in die Praxis umzusetzen, ist im Prinzip egal – wie wir es bei Peter und seinen »kurzen Stunden« beobachten konnten.

Topftraining?

Ab dem Zeitpunkt, an dem das Kind richtig sitzen kann oder irgendwann in den Monaten danach wird die Frage um das Topftraining aktuell werden. Viele Eltern arrangieren ein festes Topftraining und haben damit Erfolg. Ich habe es nie gemacht. Möglicherweise geht man ein gewisses Risiko ein, wenn man es macht.

Wovor ich im Folgenden warne, sind Abweichungen, die auftreten können, und nicht etwa Reaktionen, die automatisch die Folge eines jeden Topftrainings sind – genauso wenig wie Ess-Störungen und Nahrungsverweigerung die Folgen eines verfrühten Versuchs, dem Kind korrektes Tischverhalten beizubringen, sein müssen!

Das Risiko besteht darin, dass das kleine Kind zu der Überzeugung gelangen könnte, Urin und Stuhl am richtigen Ort seien für Mutter (oder Vater) sehr wichtig. Dieses Wissen kann sehr wohl als Waffe genutzt werden: Urin oder Stuhl am falschen Ort bringen Mama oder Papa eine Enttäuschung. Andere enttäuschen zu können kann für ein kleines Kind in gewissen Situationen sehr nützlich sein. Es gibt kleine Hitzköpfe, die sich aus purer Demonstration hinstellen und aufs Sofa oder auf einen echten Perserteppich pinkeln, genau wie es auch vergrätzte Hunde tun können.

Es gibt noch einen anderen Aspekt in dieser Frage, dem man auch Beachtung schenken sollte. Wenn Urin und Stuhl zum Gegenstand der Aufmerksamkeit seitens der Erwachsenen werden, der mit einer bestimmten Erwartung verbunden ist – *»Ich hoffe wirklich, dass jetzt etwas kommt!«* –, wird das Kind der Sache dieselbe bewusste Aufmerksamkeit beimessen und hofft dann auch, dass etwas kommt. Die »Maschinerie« muss funktionieren. In gestressten und belastenden Situationen wird die »Maschinerie« aber wahrscheinlich nicht funktionieren. Das Gleichgewicht des Kindes wird ins Schwanken geraten. Das Kind bekommt Probleme, genau wie die Erwachsenen. Das ist unvermeidbar. Sind die Darm- und Blasenfunktionen nicht mehr etwas, was sich von selbst regelt, sondern werden mit einer bewussten Erwartung *»Ich kann«* gekoppelt, entstehen Probleme, wenn das Selbstvertrauen und die Sicherheit durch ein

»Ich kann nicht« gestört werden. Ein unruhiges, kleines Kind könnte Verstopfungen bekommen. Während ein anderes kleines, unruhiges Kind, das nie eine bewusste Erwartung und auch nie ein Misstrauen in Bezug auf seine Körperfunktionen verspürt hat, solche Probleme erst gar nicht bekommt und trotz seiner Unruhe eine ausgezeichnet funktionierende Verdauung hat.

Dasselbe gilt meines Erachtens auch für die Nahrungsaufnahme. Muss die Nahrungsaufnahme auf eine Weise funktionieren, die für die erwachsene Betreuungsperson zufrieden stellend ist, hat dieser Erwachsene dem Kind eine Waffe gegeben. Und sie wird benutzt werden. Auch hier können seelische Belastungen die »Maschinerie« in Unordnung bringen: Das Kind könnte anfangen sich zu übergeben, es könnte Allergien bekommen, Bauchschmerzen oder Probleme beim Schlucken.

Als Erwachsene/r sollte es dein Ziel sein, es deinem Kind zu ermöglichen, seine Unruhe und seine Verängstigung direkt zum Ausdruck zu bringen – durch Wut, Geschrei, Weinen, Protest gegen das, worum es gerade geht –, anstatt sich auf den Umweg über sein Essverhalten oder den Topf begeben zu müssen. Der Mensch nimmt die Nahrung auf und er scheidet die Abfallprodukte aus; dies ist – und sollte es immer sein – das Natürlichste der Welt und darf nie mit Steuerung und Ängsten verbunden sein.

Wird das Kind denn ohne jegliches Training sauber werden? Ja. Der Mensch ist anscheinend ein sauberes Tier. Kinder, die man nicht entsprechend trainiert, werden im Alter von zwei, zweieinhalb oder drei Jahren von ganz allein sauber (Jungen in der Regel später als Mädchen – der so genannte Herr der Schöpfung ist überhaupt in der Entwicklung ein bisschen hinterher).

Überlässt man die ganze Sache dem Kind, wird eines oder mehrere der folgenden Phänomene eintreten:

1. Das Kind lässt im Alter von zwei bis zweieinhalb Jahren von selbst die Windel weg. Es möchte sie nicht mehr tragen und ist von da an sauber.
2. Das Kind ist Nacht für Nacht trocken, braucht die Windel aber noch tagsüber.
3. Andersherum: Das Kleine geht tagsüber ohne Windel, braucht sie aber noch in der Nacht.
4. Das Kind fängt damit an, anzukündigen, dass bald »etwas« kommen wird – und dann ist es gerade schon passiert.
5. Das Kind zeigt Interesse für die Toilette, klettert mit Hilfe eines Schemels hinauf, macht auch ein Geschäft – verliert aber bald das Interesse daran und kehrt wieder zur Windel zurück.

Die Variationen sind vielfältig. Aber sie bedeuten alle, dass die körperliche Reife fast erreicht ist, die für die Kontrolle über die Blasen- und Darmfunktionen erforderlich ist. Das Kind zeigt die Initiative zum Sauberwerden. Diese Initiative sollte man unterstützen, indem man dem Kleinen ermöglicht, seine Geschäft zu erledigen! Ein Schemel neben der Toilette ist eine gute Sache, genauso wie ein immer zugänglicher Topf, der nun eingeführt werden kann – ohne viel Aufhebens davon zu machen. Es ist einfach ein Topf zum »Hineinpischen«.

War das Kind nun, sagen wir, fünf Nächte hintereinander völlig trocken, lässt man die Nachtwindel weg, ohne es an die große Glocke zu hängen. »*Du brauchst wohl keine Windel mehr*«, sagst du in einem ganz natürlichen Tonfall – wobei das »*wohl*« in Wort und in der Betonung keinen Zwang entstehen lässt. Hast du erst einmal die Windel nachts weggelassen – oder tagsüber, wenn das Kind zuerst am Tage sauber wurde –, solltest du nicht wieder zur Windel zurückkehren, auch nicht, wenn in der nächsten Zeit etliche »Unfälle« passieren. Macht man es doch, sagt man mit dieser Handlung so in etwa: »Ja, das hat ja wohl nicht geklappt – du konntest es nicht« bzw. »Ich habe einen Fehler gemacht, als ich die Windel wegließ«. Beides ist gleichermaßen riskant.

Da ich von der Wichtigkeit des Topftrainings nicht sonderlich überzeugt bin, finde ich die Idee, das Kind auf einem Topfstuhl zu platzieren und sogar mit einem Gurt festzuschnallen, bis ein Ergebnis vorliegt, vollkommen daneben: Ich glaube, dass man die Probleme damit geradezu heraufbeschwört. Klassisch ist die Situation, in der das Kind nach einer Stunde geduldigen Sitzens endlich von seinem »Gefängnis« befreit wird, sich hinstellt und aus purer Erleichterung pinkelt – und zwar auf den Fußboden.

Wenn nicht eher, dann ungefähr, wenn das Kind richtig sitzen kann, hat es in der Regel ein Mal am Tag Stuhlgang, und das immer etwa zur gleichen Zeit. Dank dieser Regelmäßigkeit kann man natürlich genau im richtigen Moment mit dem Topf angelaufen kommen und dagegen ist auch gar nichts einzuwenden; es ist für den Erwachsenen wie auch für das Kind natürlich ganz angenehm, mal einer verschmutzten Windel zu entgehen, und ich kenne viele Familien, bei denen es auf diese Weise ausgezeichnet funktioniert.

Aber dann gilt auch, dass der Erwachsene nicht viel Aufhebens über das eingetroffene Ereignis macht (oder von seinem Nichteintreffen). Das Kind ist pfiffig. Lässt man das Kind erahnen, dass man selbst ein größeres Interesse an einem gelungenen »Geschäft« hat als das Kind, spürt das Kleine darin sofort eine Forderung. Dann steht man da und hat dem Kind eine wunderbare »Waffe« gegeben.

Es ist natürlich eine große Sache, wenn das Kind zum ersten Mal in den Topf Pipi macht, und ich meine nicht, dass man dieses besondere Ereignis links liegen lassen sollte. Auch der Bekanntgabe – in Wort oder Handlung – eines kleines Kindes, dass es nun die Sache mit der Windel hinter sich lassen möchte, sollte man natürlich große Aufmerksamkeit zuteil werden lassen. Was für das Kind wichtig ist, muss auch für dich wichtig sein – oder zumindest so erscheinen. Du kannst die Anerkennung passend in einer Weise ausdrücken, die es dem Kind klar macht, dass das Ereignis vor allem eine sehr praktische Seite hat – »*Du hast Pipi in den Topf gemacht, das ist super! Dann brauchen wir die Windel gar nicht mehr! Tschüss, Windel!*« Aber denke daran: Das Kind hat nichts geleistet, wofür es gelobt werden müsste, und es ist kein »liebes« Kind, weil es Pipi macht. Pipi machen heißt nicht, dass man tüchtig ist. Pipi machen ist notwendig.

Unfälle werden passieren. Das Kind selbst wird tief besorgt sein. Oder weniger tief besorgt, aber verschämt. Dies ist ein Zeichen, dass das Bedürfnis nach Sauberkeit in dem Kind bereits von selbst erwacht ist (wenn es dir gelungen ist, diesbezüglich keine Forderungen zu stellen). Und es zeigt, dass der Mensch von Natur aus sauber ist, oder jedenfalls wünscht und versucht, es zu sein. Diese Besorgnis kannst du mit deinem Kind teilen. »*Hoppla! Das Pipi ist in die Hose gelaufen! Komm, holen wir eine andere Hose.*« Man nimmt an den Sorgen des Kindes teil; man weist sie nicht mit einem »Ach, das macht doch nichts« ab. Und man belädt das Kind natürlich auch nicht mit Schuld, weil die Hose nass geworden ist. Das Pipi ist schuld!

Auch wenn es dir gelingt, dich nicht in den beginnenden Sauberkeitseifer deines Kindes einzumischen, kann das Kind auf psychische Belastungen und auf Stress damit reagieren, dass es einnässt. Das Kind kann auch die Hose bzw. das Bett nass machen, obwohl es sich nicht belastet fühlt, sondern einfach weil die »Maschinerie« noch nicht sicher funktioniert. Ein Kind, das schon lange trocken war, kann plötzlich jede Nacht ins Bett machen und dies kann Wochen, sogar Monate andauern. In dieser Situation sollte man nicht zur Windel zurückkehren. Hast du einmal die Windel abgeschafft, solltest du sie nicht wieder einführen! Stattdessen muss man ein Plastik- oder Wachstuch (oder eine Wachstischdecke) über die Matratze legen, mit Frottee abdecken und dann das Bettlaken darüber legen und im Übrigen kaputte Schallplatte spielen, bei der die Nadel in derselben Rille hängen bleibt: »*Man macht Pipi in den Topf, nicht ins Bett! Man macht Pipi in den Topf, nicht ins Bett!*« – in einem ziemlich gleichgültigen Tonfall, damit die Botschaft durch das bloße Wiederholen bis zu einem Punkt irgendwo im kindlichen Gehirn vordringt, an dem die Kontrolle der Darm- und Blasenfunktionen des Kindes offensichtlich ihren Sitz hat.

Ein Kind, das älter als drei Jahre ist, sollte keine Windel mehr tragen, weil das kindliche Streben nach Sauberkeit dadurch in Gefahr gebracht wird. Hat es eine Windel um, braucht es ja nicht auf die Toilette gehen, um Pipi zu machen. Dadurch wird die Alarmzentrale beim Kind, die sonst die Kontrolle übernimmt, geschwächt.

Zusammenfassend: Ohne Training wird das Menschenkind spätestens in einem Alter von drei Jahren sauber und wird dann sauber bleiben, mit wenigen oder gar keinen Rückfällen. Danach sollte man zulassen, dass die Sache sich im Laufe von etwa einem Jahr verfestigt. Ich gehe so weit in meiner Sorge, diesen Prozess zu beeinflussen und möglicherweise zu stören, dass ich es vorziehe, einem Kind während eines Spazierganges die Hose herunterzuziehen, anstatt vor dem Spaziergang einen Toilettenbesuch vorzuschlagen.

Einnässen in einem höheren Alter ist ein großes Problem, das nur schwer zu bewältigen ist. Ich besitze nicht die medizinische und psychologische Kompetenz, um dieses Thema zu behandeln, und es fällt auch außerhalb des Rahmen dieses Kapitels, aber ich werde trotzdem versuchen, ein paar gute Ratschläge zu geben, da ich selbst als Kind eingenässt habe. So wie ich es sehe, ist das Einnässen bei einem Kind, das älter als drei Jahre ist, mit einer Reaktion auf irgendetwas Vergangenes oder mit einer Verängstigung vor etwas Kommendem verbunden. Und dann spielt schon bald die Gewohnheit eine Rolle. Der Mechanismus setzt sich sozusagen auf eine misslungene Weise fest und die Kontrolle ist damit außer Gefecht gesetzt.

Ein Junge fiel im Alter von sechs Jahren aus einem Fenster und wurde schwer verletzt, er lag lange Zeit im Krankenhaus. Zehn Jahre danach hat er ins Bett gepinkelt. Als Erwachsener nässt er immer noch jede zweite oder dritte Nacht ein.

Mein kleiner Sohn, der schon lange trocken war, machte Nacht für Nacht vor einer Reise ins Bett, von der er nicht mehr lebend zurückkehren sollte.

Ein zwölfjähriger Junge, der sein Leben lang eingenässt hatte, wurde von seinem Vater verprügelt, weil dieser die Geduld verlor, und ihm wurde damit gedroht, dass er noch eine Tracht Prügel bekommen würde, wenn er nicht sofort damit aufhöre. Der Junge machte sein Bett nicht mehr nass, sondern fing dafür zu stottern an.

Ich habe selbst als kleines Mädchen eingenässt und auch noch viele Jahre nach meiner Einschulung. Ich erinnere mich, dass ich manchmal träumte, ich ginge auf die Toilette. Der Traum war so lebensecht, dass ich weinen musste, wenn ich aufwachte und feststellte, dass der Traum mich betrogen hatte. Ich schämte mich. Ich kann mich nicht erinnern, dass meine Mutter oder andere mir deswegen Vorwürfe machten; trotzdem schämte ich mich. Ich schlich aus dem Bett, holte ein Handtuch und legte es über den nassen Fleck. Wenn das Handtuch immer noch dalag, wenn ich von der Schule nach Hause kam, war ich ruhig. War es aber weg und das Laken ausgewechselt, stieg die Scham wieder in mir hoch.

Man möchte niemandem lästig sein. Die fehlende Sauberkeit plagt einen selbst, verstößt gegen den eigenen Willen, verhöhnt das eigene Können, verneint die eigene Natur. Das ist schon schwierig genug. Wenn ich also einen kleinen (oder nicht mehr so kleinen) Einnässer hätte, würde ich vor allem dafür sorgen, dass das Kind die Sache selbst regeln kann, damit es nicht andere damit belästigen muss. Ich würde auf ganz praktische Weise an die Sache herangehen: »Das und das tun wir – wenn du ins Bett pinkelst.« Und dann konkret: »Du legst deine nassen Sachen in die Waschmaschine. Dann tue ich morgen noch etwas dazu, denn da müssen wir sowieso Wäsche waschen. Danach legst du ein Handtuch auf dein Bett und ziehst ein neues Bettlaken auf; du weißt, wo alles ist. Abgemacht? Gut!«

Ich würde dem Kind auf der einen Seite zeigen, dass ich sehr wohl verstehe, dass das Einnässen überhaupt nicht lustig ist. Auf der anderen Seite würde ich darauf aufmerksam machen, dass andere Sachen auch nicht gerade lustig sind: »Für mich selbst z.B. ...«, worauf ich von einem ähnlichen Erlebnis, das ich selbst erlebt hatte, erzählen würde, notfalls auch eine erfundene Geschichte (d.h.: Du kannst sowieso kaum etwas dagegen tun, also musst du erst einmal lernen, damit zu leben, oder?). »Und ich bin ja trotz allem doch als Erwachsene ganz o.k. geworden, oder etwa nicht? Es wird vorübergehen, das weiß ich.« Aber lustig war es auf keinen Fall usw. Ich würde nicht diskret so tun, als wäre gar nichts los. Ich würde das Einnässen aber auch nicht an die große Glocke hängen (und natürlich niemandem davon erzählen). Dagegen würde ich mich aufregen, wenn das Kind die praktische Seite der Sache nicht so einhalten würde wie abgemacht – auch wenn es meine Idee war. Das Kind muss die Angelegenheit als eine Aufgabe beim gemeinsamen Saubermachen betrachten.

Vielleicht wird die ganze Sache dann hoffentlich eines Tages zu einer praktischen Angelegenheit und nicht mehr ein beschämendes, persönliches Elend. Das wäre vielleicht die Lösung des Problems; wenigstens würde die Sache dadurch entpersonifiziert.

Außerdem würde ich systematisch dafür sorgen, *dass das Kind mindestens ein Mal am Tag richtig lacht*, und das besonders vorm Zu-Bett-Gehen.

Elf Monate – ein Jahr

Gute Gewohnheiten werden beibehalten

Kleine Menschenkinder, die bald ein Jahr alt werden, sind einfach zum knuddeln. Wenn ihnen nur erlaubt wird, sich nicht lästig zu fühlen, und man ihnen nicht das Gefühl gibt, den Eltern für ihre Sünden aufgebürdet worden zu sein, dann sind sie in der Tat die besten Freunde, die man nur bekommen kann.

Ihre Persönlichkeit blüht förmlich auf. Kleine Menschenkinder, die bald ihren ersten Geburtstag feiern werden, entwickeln sich rasend schnell, was sie selbst mit genauso großem Interesse verfolgen, wie wir in ihrer Umgebung es tun. Sie erlernen das Krabbeln, das Stehen und schließlich das Gehen. Einige überspringen die Krabbelphase – entweder aus Faulheit oder aus purer Eile, aber die allermeisten entwickeln doch eine ganz eigene Taktik, um in dieser Welt vorwärts zu kommen, bevor sie ihre entschlossenen, aber auch unsicheren ersten Schritte machen. Kleine Kinder, die eine Art »Laufhilfe« mögen – es kann sich lohnen, dieses Gerät einzuführen, wenn das Kleine das Krabbeln einfach nicht auf die Reihe kriegt –, sausen mit einer atemberaubenden Geschwindigkeit über den Fußboden und sie entwickeln eine erstaunliche Kontrolle über ihr Gefährt. Eine jährliche Meisterschaft im »Laufhilfe-Rennen« wäre *das* Sportereignis, da bin ich mir ganz sicher!

Und sie reden. Sie führen ein reiches Innenleben, welches beispielsweise bei ihren imaginären Telefongesprächen und bei den Diskussionen mit dem Teddy oder mit dem Waschlappen beim Baden zum Ausdruck kommt. Sie lieben sich selbst, so wie der Mensch sich immer lieben sollte, und sie erzählen jeder oder jedem davon, die oder der es hören will. Im Alter von etwa einem Jahr kann das Menschenkind schon etwa 15 Wörter beherrschen, inklusive des eigenen Namens. Oft ist die Aussprache interessanter als die übliche Aussprache der Erwachsenen. Hallo, Lampe, kuckkuck, danke … können die ersten Wörter sein, sowohl vor als auch nach »Mama« und »Baba«.

Kleine Menschenkinder sind in diesem Alter souveräne Familienmitglieder, das natürliche und begeisterungsfähige Zentrum von allem. Aus ihnen heraus und um sie herum erstrahlt das Leben.

Sie sind gesellig und liebevoll, und sie sind sehr tüchtig. Sie küssen und winken, lieben und arbeiten mit einer gleich bleibend fröhlichen Seele. Sie legen jetzt eine Ausdauer an den Tag, die imponierend ist und manchmal auch nervtötend. Als kompetente Mutter oder kompetenter Vater begreift man nur schwer, warum ein und dieselbe Gabel bis zu achtzig Mal gründlich ins Spülwasser getaucht werden muss, wonach sie mit Spülmittel eingeseift, mit der Bürste geschrubbt und dann bis zur Auflösung mit Wasser abgespült wird, bevor man sie als sauber betrachten kann.

Sie untersuchen die Welt, die Gegenstände und die Menschen, und sie wollen mehr wissen über das, was sie bisher gelernt haben; sie ziehen z.B. Menschen an den Haaren, um herauszubekommen, ob man diese abnehmen kann wie eine Mütze; sie untersuchen Zähne und Nasen nach demselben Prinzip, und kleinere Babys und unschuldige Tiere müssen möglicherweise diskret vor ihnen gerettet werden. Sie wollen niemandem wehtun. Sie sind voll damit beschäftigt, alles zu erforschen, und sie finden ihre Ergebnisse gut und überaus interessant. Das kann nicht jeder erwachsene Mensch von seinem Leben behaupten. Wir sind nicht immer so ungeteilt positiv Veränderungen, Neuigkeiten und Neuentdeckungen gegenüber.

Das kleine Menschenkind, das nun bald ein Jahr alt wird, ist konstruktiv in seinem Tun nach vorne orientiert, es ist phantasievoll und begeisterungsfähig und diese Begeisterung gegenüber dem Leben wird ein weiteres Jahr lang weiterblühen.

Diese Zeit kommt nie wieder zurück.

Nie wieder ist der Mensch so bedingungslos frei von Vorurteilen, so sichtbar neugierig und so durch und durch von Lebenslust erfüllt wie jetzt.

Wenn ich ein paar Ratschläge für diese und auch für die darauf folgende Zeit geben darf – so, als würde es eine für alle Kinder geltende, normale und übliche Gebrauchsanweisung geben, die es natürlich nicht gibt, aber es gibt Vorschläge und Ausgangspunkte –, möchte ich vor allem vorschlagen, dass die guten Gewohnheiten, die dein Kind sich hoffentlich angeeignet hat, auch in Zukunft einen festen Platz in seinem Leben behalten dürfen. Ich denke hier an die alltägliche Routine:

- **Der Nachtschlaf** – erstreckt sich über die ganze Nacht innerhalb eines bestimmten Zeitraumes, neun, zehn, elf oder zwölf Stunden, aber immer gleich bleibend.
- **Die Mahlzeiten** – vier feste Hauptmahlzeiten täglich zu festen Zeiten; in einem Abstand von etwa vier Stunden.
- **Das Spielen allein am Morgen** – von einer festen, ungestörten Dauer, etwa

zwei Stunden, wenn das Kind ungefähr ein Jahr alt ist, und lange genug, um eventuell auch ein kurzes Schläfchen zuzulassen. Später können es zweieinhalb Stunden werden (inkl. Schlaf), vorausgesetzt die Umgebung ist inspirierend genug.
- **Der Mittagsschlaf** – dem Nachtschlaf angepasst; zusammengerechnet sollte das Kind pro Tag zwischen dreizehn und fünfzehn Stunden schlafen.
- **Der Aufenthalt im Freien** – nicht nur in Form eines Mittagsschlafes an der frischen Luft, wenn du einen solchen fest eingeplant hast (dann immer zu einer festen Zeit!), sondern auch, wenn das Kind wach ist – jeden Tag für eine bestimmte, wenn auch kurze Dauer.
- **Die soziale Beteiligung** – bei zwei bestimmten Gelegenheiten jeden Tag; und noch zusätzlich zum festen Programm, wenn die kleine Dame oder der kleine Herr es gerade wünscht.
- **Ein gutes, gesundes Lachen** – abends vorm Zu-Bett-Gehen.

Es ist praktisch, sich in schriftlicher Form ein festes Schema anzulegen. Obwohl man als die Person, die das Kind die meiste Zeit betreut, alles im Kopf hat, passiert es, dass andere einen ablösen, wenn man selbst nicht da sein kann. Dank des Schemas muss man nicht als die Einzige dastehen, die alles weiß und alles hinkriegt, was mit der Zeit zur Bürde wird. Und jeder, der deinem festen Schema folgt, kann im Nachhinein sicher sein, dass er alles richtig gemacht hat – und damit können sich alle wohl fühlen. Auch für das Kind – egal ob es zu Hause oder bei jemand anderem betreut wird – macht ein genau eingehaltenes Schema alles viel leichter. Das kleine Kind kann den Tagesablauf einfach besser voraussehen.

Nun wollen wir uns die einzelnen Punkte des Schemas näher ansehen!

Der Nachtschlaf

Ununterbrochener Nachtschlaf ist notwendig. Es ist für ein kleines Kind, das immer wieder aufwacht, genauso wenig lustig wie für uns Erwachsene. Hat der Kleine diesbezüglich Probleme, muss ihm geholfen werden, zur Ruhe zu finden. (siehe »Besser schlafen«, Seite 709). Hast du einen Zeitpunkt festgelegt, an dem der Nachtschlaf anfangen soll, lässt du ihn auch zu dieser Zeit anfangen. Es gibt keinen Grund, so lange zu warten, bis das Kind vor Erschöpfung umfällt. Viele Eltern tun das – aber dadurch werden die Kraftreserven des Kindes erschöpft. Es wäre dasselbe, wenn du selbst jeden Abend so lange aufbleibst, bis du vor Müdigkeit fast umkippst. Du würdest nie Reserven haben für eine ausgedehnte Party oder für ein wichtiges Gespräch um vier Uhr morgens in einer besonderen, faszinierenden Nacht.

Kinder, die schlafen gelegt werden, während sie sozusagen noch im Leben stehen, sammeln eine solche Reserve an und können, gelegentlich bis mitten in die Nacht, lieb und aktiv sein, wenn es mal sein sollte. Sie sind tagsüber auch nicht müde. Nach einem friedlichen und gemütlichen Tag und einem vergnüglichen Zu-Bett-Bringen – unten mehr darüber – kann das kleine Kind sehr wohl eine Weile im Bett wach bleiben, bis er oder sie einschläft. Und da meine ich, dass man dem Kind seine Ruhe lassen sollte. Überhaupt finde ich, dass man es sich immer überlegen sollte, bevor man einem kleinen Kind, das gerade in der Einschlafsphase ist, die eigene Gesellschaft aufzwingt.

Wenn man einem kleinen Kind, das bald ein Jahr alt wird, nicht zutraut, allein einzuschlafen, besteht die Gefahr, dass der Kleine die Schlussfolgerung daraus zieht, es sei vielleicht gefährlich, einzuschlafen – oder überhaupt allein zu schlafen. Daraus folgen unweigerlich andauernde Komplikationen.

Der Nachtschlaf wird dann zu einer von dir festgelegten Zeit am nächsten Morgen unterbrochen. Übernimmt man generell die Führung bei den alltäglichen Routinen, sollte man es auch am frühen Morgen tun, weil das Kind es erwartet.

Da das Kind nun weiß, dass es jemanden gibt, der sich um seine Interessen kümmert, hat dies den Effekt, dass das Kind den Tag nicht mit einem beunruhigten Schreien oder mit wilden Versuchen, aus dem Bett herauszukommen, anfangen wird. (Diese Versuche werden früher oder später doch auftreten, aber je später, desto besser; mit einer besseren Beherrschung der Motorik wird das Kind dann auch nicht so oft fallen.) Stattdessen wird es ruhig und gut gelaunt auf seine Flasche, eine trockene Windel und etwas Aufmerksamkeit warten.

Die Sicherheit darüber, dass »es jemanden gibt, der für mich da ist«, sollte man natürlich nicht auf die Probe stellen, indem man erst ins Kinderzimmer geht, wenn der Kleine zu schreien angefangen hat. Sonst ist man wieder dort angelangt, wo das Ganze anfing: Das Kind muss schreien, um Aufmerksamkeit zu bekommen und damit überhaupt etwas passiert, und folglich verschwindet die Ruhe wieder aus dem Haus. Wird dein Kind also sehr früh wach, kann es notwendig werden, immer einen Wecker zu stellen, um nicht das Vertrauen, das sich zwischen deinem Kind und dir entwickelt hat, aufs Spiel zu setzen!

Gute Gewohnheiten werden beibehalten: Es wird keine besondere Rücksicht genommen, wenn das Kind schläft. Aber deswegen muss man ja nicht gleich ins Zimmer rein- und raustürzen und das Licht an- und ausmachen – obwohl auch dies möglich wäre, falls die Notwendigkeit bestehen sollte. Aber man muss nicht leise sein, nicht auf Zehenspitzen durchs Haus schleichen, keine gedämpften Telefon- oder Türklingeln und auch keine leisen Gäste! Stille bringt keinen besseren Schlaf als Geräusche. Das tut dagegen frische Luft.

Es ist ganz offensichtlich, dass kleine Kinder (wie auch Erwachsene) in einem kühlen Raum besser schlafen als in einem warmen. Wenn das Wetter und die Sicherheit es erlauben, kann man ruhig das Fenster die ganze Nacht geöffnet lassen! In jedem Fall sollte man abends ordentlich lüften, bevor das Kleine ins Bett gebracht wird. Kinder, die in kühlen Räumen schlafen, strampeln ihre Zudecke nicht weg.

Kleine Kinder können mal wach werden. Erwachsene können auch mal aufwachen. Wir träumen alle. Mir kommt es so vor, als würden Kinder nach einem ruhigen und schönen Tag manchmal schlechtere Träume haben als nach einem schwierigen Tag – und umgekehrt. Vielleicht suchen wir Menschen ein gewisses Quantum Elend? Aber trotzdem: Wenn dein süßes, liebes, harmonisches und fröhliches kleines Baby von elf Monaten plötzlich mitten in der Nacht einen herzzerreißenden Schrei von sich gibt, bekommst du natürlich einen riesigen Schrecken.

Wenn du dann hineinstürzt und tröstest und beruhigst, musst du versuchen daran zu denken, dass es nicht Sinn der Sache ist, das kleine Kind noch zusätzlich zu beunruhigen! Stattdessen solltest du es zur Ruhe bringen. Du musst die eigene Ruhe im Griff haben und an die Nächte denken, in denen du dich selbst mit einem Ruck und hämmernden Herzens senkrecht im Bett hinsetztest, um gleich darauf wieder weiterzuschlafen. Mach das Licht nicht an, nimm das Kind nicht hoch, errege nicht mehr Aufsehen als nötig!

Es kann vorkommen, dass das Kind dabei überhaupt nicht wach ist. Ein liebevoller Kuss für das im Bett liegende Kind, ein paar sanfte Worte, eine Streicheleinheit und noch einmal einen Kuss aufgedrückt zu bekommen, in die Decke wohlig eingekuschelt zu werden und dann jemanden in der Nähe gemütlich mit irgendetwas herumpusseln zu hören ist genau das Richtige für ein kleines Kind mit Alpträumen.

Die Mahlzeiten

Essen ist etwas sehr Genussvolles für kleine Menschenkinder. Ein Kind, dessen erster Geburtstag sich nähert, hat eine wohltuend unkomplizierte Einstellung zur Nahrung und zur Nahrungsaufnahme, von der man wirklich etwas lernen könnte. Man braucht sich überhaupt keine große Mühe zu machen: Einfach nur den Tisch decken, wobei dekorative Arrangements genauso wenig bringen wie vorgewärmte Teller ... Je einfacher, desto besser! Man muss nur bedenken, dass der Appetit um und ab dem ersten Geburtstag deutlich zurückgeht. Wenn ein Kind ab jetzt nicht weniger schnell wachsen würde, würde es mit sieben Jahren über sieben Tonnen wiegen, bei einem Geburtsgewicht von etwas über drei Kilo. Denn im Laufe des ersten Lebensjahres verdreifacht sich das Geburtsgewicht eines Kindes, und so kann es natürlich nicht weitergehen ...

Die Portionen werden kleiner, und man muss mit Zwischenmahlzeiten wie z.B. Knäckebrot, Brotkanten, Bananen u.Ä. etwas sparsamer umgehen. Interessante Snacks sind nicht mehr so erforderlich wie bisher, da das Kind nun viel größer ist und angefangen hat, andere Freuden zu entdecken als die, die durch den Mund gehen.

Sorge dafür, dass der Menüplan einfach ist! Mach kein Drama ums Essen! Macht man sich große Mühe bei den Vorbereitungen des Essens, kocht superfein, genau kombiniert nach der Nahrungspyramide und all diesem Kram, deckt man den Tisch wie zu einem Festmahl und das kleine Kind weigert sich, überhaupt Interesse an der Mahlzeit zu zeigen, wird man mit Recht sowohl enttäuscht als auch traurig sein.

Einfache Gewohnheiten von Anfang an und dann fortwährend immer weiter machen alles viel leichter. Brei morgens und abends reicht vollkommen, auch für die nächsten vielen Jahre. Die Flasche ist praktisch und kann, wenn das Kind ein Jahr alt geworden ist, im Bett gegeben werden. Dann kann das Kindchen alleine trinken. Gib sie kurz vor dem »Gute Nacht« bzw. vor dem Spielen allein am Morgen. Zuckerfreie Milchbreimahlzeiten machen die Zähne nicht kaputt. Ganz normaler Haferbrei ohne Zucker, aber mit Milch, kann auch noch über viele Jahre hinweg täglich serviert werden.

Ein kleines Butterbrot dazu – von dem der Aufschnitt gegessen wird, aber nicht immer das Brot – und vorher ein wenig frischer Fruchtsaft machen die Mahlzeit zu einer kleinen Nahrungsorgie. Hagebuttensuppe aus der Flasche wird meistens nach (oder vor) dem Mittagsschlaf sehr geschätzt – oder auch gesiebte Blaubeersuppe; eine Schüssel voll Yoghurt mit knusprigen Brotkrumen oder zuckerfreie Cerealien, Früchtebrei, Bananenscheiben mit Milch; egal was man wählt, man kann es Tag für Tag immer wieder servieren. Und man sollte es meiner Meinung nach auch während des zweiten und dritten Lebensjahres des Kindes tun (außer bei den Mahlzeiten, die das Kind mit der übrigen Familie zusammen einnimmt).

Besondere Babynahrung brauchst du ab dem ersten Geburtstag nicht mehr geben! Von da ab kann das Kind beim Familienmittag dabeisitzen und das in sich hineinstopfen, was es gerade mag. Man braucht sich um die Nahrungsaufnahme keine Sorgen zu machen. Der Nahrungsbedarf wird bei den Basismahlzeiten des Kindes gedeckt.

Kleine, einjährige Kinder, denen es erlaubt wird, ihre undramatische Einstellung zum Essen zu bewahren, werden alles probieren; sie mögen oft sowohl Zwiebeln als auch würzige Heringe und würden am liebsten alles mit Bier hinunterspülen, wenn es ihnen erlaubt werden würde. (Hier kann man das Kind mit dem »Probieren vom Finger« bekannt machen: Man taucht den Finger des Kindes in das Gebräu, damit es daran lutschen kann, und dann ist damit Schluss.) Aus irgendeinem Grund ist Bier ganz besonders im zweiten Lebensjahr sehr beliebt, aber das Interesse verschwindet Gott sei Dank wieder und später werden die Kleinen es überhaupt nicht mehr mögen.

Kleine Kinder haben oft Schwierigkeiten mit dem Stillsitzen. Ein Gurt beim Sitzen am Tisch kann die einen beruhigen, anderen dagegen aber Angst machen. Bekommt dein Kind bei der Anwendung eines Gurtes Angst, solltest du nie wieder einen benutzen! Zum Thema (nicht vorhandene) Tischmanieren siehe »Besser essen«, Seite 691 ff.

Das Spielen allein am Morgen

Hast du von Anfang an (ab dem 4. Monat) das Spielen allein am Morgen eingeführt, müsste die Gewohnheit nun schon als ein von allen Parteien gleichermaßen geschätzter, fester Punkt auf dem Tagesplan stehen. Das bedeutet aber nicht, dass es sich wie von selbst regelt. Die Bedingungen des Spielens allein am Morgen müssen angenehm sein. Schummelt man in dieser Hinsicht – und es kann leicht vorkommen, wenn alles wie geschmiert läuft –, kann das, was man über Monate hinweg aufgebaut hat, in einer einzigen Woche in die Brüche gehen.

Das Spielen am Morgen ist ja als eine inspirierende Zeit zum ungestörten Arbeiten gedacht, eine Herausforderung an das kindliche Können, ein stimulierender Anfang des Tages. Außerdem lässt es genügend Freiraum für ein kleines Nickerchen, wenn ein solches gebraucht werden sollte. Aber stellst du fest, dass der Kleine mehr schläft, als er arbeitet, spielt und Spaß hat, dann hat sich die Langeweile eingeschlichen und das sollte nicht sein.

Die Spielsachen müssen jeden Tag, wenn das Spielen vorbei ist, zusammengeräumt, säuberlich geordnet und weggepackt werden, um dann am nächsten Morgen dem Kind von neuem präsentiert zu werden. Dann wird der Kleine die Sachen auch gebrauchen können – als wäre alles wieder neu – und er wird sie gebrauchen *wollen*. Eine große Kiste mit einem durchgewühlten Haufen von unzusammenhängenden Teilen verschiedener Spielsachen wird kein Kind inspirieren. Und wenn man die Sachen nach dem Spielen allein wieder zusammenkramt, kann man sie inspizieren, nicht nur was die Sicherheit angeht, sondern auch mit dem wachsenden, kindlichen Interesse vor Augen! Sind die Sachen ganz und schön? Wird es Zeit, die Auswahl zu erneuern? Ist das Kind vielleicht schon zu groß dafür? Was macht dem Kind keinen Spaß mehr? Was fehlt?

Ein Hammerbrett, irgendein kleines Musikinstrument, ein buntes Bilderbuch und ein Holzpuzzle mit wenigen, großen und dicken Teilen dürfen auf keinen Fall fehlen. Sehr geschätzt ist auch *die geheimnisvolle Tüte*. In eine normale Papiertüte, oder noch besser einen Stoffbeutel, legt man eine Auswahl von verschiedenen, kleinen Gegenständen, die von Tag zu Tag variieren können: ein kleines Auto, eine kleine Schachtel, ein rauer Bimsstein, eine Auswahl von Messlöffeln an einem Ring, interessante Stoffreste, eine kleine Messingglocke aus der Weihnachtszeit, ein leerer Lippenstift mit Deckel, ein paar ungiftige Stücke Malkreide (wenn man nicht um die Wände besorgt ist), ein Set Quartettkarten, eine Brotkruste – was man gerade in Schubladen und Schränken so auftreiben kann, Hauptsache die Sachen sind nicht *zu* klein! Dann macht man den Beutel sorgfältig zu und legt ihn mit einem sehr geheimnisvollen und begeisterten Blick ins Kinderbett hinein.

Bevor das Spielen allein am Morgen beginnt, verdeutlicht man den Unterschied zur Nacht: Das Licht wird angemacht, die Gardine zur Seite gezogen, die Zudecke, das Kissen, der Teddy etc. werden weggenommen – und gleichzeitig kontrolliert man mit Falkenblick, dass nichts, *wirklich gar nichts* dem Kind schaden kann. Danach sollte man das Kind möglichst erst nach einer vorher festgelegten Zeit stören.

Bei einer »normalen« Enttäuschung über etwas, das misslungen ist, sollte man sich – nach dem Prinzip des ganzen Unternehmens – nicht einmischen, sondern das Kind mit der Überwindung der Schwierigkeiten allein lassen. Aber ist ein Eingreifen notwendig und ist man erst hineingegangen, muss man schon etwas sehr Verlockendes anstellen, bevor man wieder hinausgehen kann. Das Kind könnte sonst glauben, das Spielen wäre zu Ende und man ginge nun zum nächsten Punkt auf der Tagesordnung über. Deshalb sollte man nicht ohne Grund hineingehen! Das Beste ist, wenn das Bett so steht, dass du den Kleinen beobachten kannst, ohne selbst gesehen zu werden. So wird deine eventuelle Besorgnis sich in Grenzen halten und außerdem bietet es dir Gelegenheit zu vielen, spannenden Beobachtungen.

Das Spielen allein am Morgen soll für das Kind etwas Positives darstellen –

und nicht wie eine Art Verbannung gesehen werden. Jede Aufregung ist verboten. Das Spielen muss dem Kind zugute kommen und nicht dem Erwachsenen, der dadurch etwas (vom Kind) entlastet wird. Das Spielen sollte immer zu einem Zeitpunkt unterbrochen werden, an dem das Kind zufrieden ist.

Der Mittagsschlaf

Auch eine gute Gewohnheit, die man beibehalten sollte – am besten draußen. Hier wird mit der Zeit die Gefahr bestehen, dass das Kind aus dem hohen Kinderwagen herausfällt. Ein Gurt kann notwendig sein. Oder man stellt den Aufsatz vom Kinderwagen direkt auf den Boden. Ein Kind, das draußen schläft, stellt man mit dem Kinderwagen immer in den Windschatten bzw. in den Schatten und im Sommer noch unter ein Mückennetz. Und dann muss man ständig ein Auge draufhaben.

Kinder, die am Daumen lutschen, werden im Winter Schwierigkeiten bekommen. Du kannst einen Fausthandschuh opfern und den Daumen abschneiden. Steht der Aufsatz des Kinderwagens auf Schnee oder auf Stein, kann man ihn isolieren, indem man Zeitungen darunter legt.

Für die, die in einer Wohnung mit Balkon wohnen, ist der Balkon sowohl ein Vorteil als auch ein Grund zur Sorge – man muss gut überlegen und Vorsichtsmaßnahmen treffen. Einmal wohnte ich im achten Stock. Meine Kleine war zehn Monate alt und sollte auf dem Balkon Mittagsschlaf machen. Es war ein Maschendraht vom Geländer bis zu einer Höhe von zwei Metern montiert worden und damit war ich beruhigt. Ich legte die Kleine in den Kinderwagenaufsatz auf den Balkonboden, winkte ihr zu und machte die Balkontür zu. Es war Winter und kalt, es lag Schnee (und Zeitungen!) auf dem Balkon.

Als ich nach ein paar Minuten zur Tür hinausschaute, saß die Kleine außerhalb des Kinderwagenaufsatzes im Schnee und meditierte allem Anschein nach. Ich war verblüfft. Sie war nicht eingeschlafen! Was würde nun wohl passieren? Sie saß ganz still da. Als sie fertig war – mit dem, was sie da in aller Stille gemacht hatte –, ist sie in den Aufsatz zurückgeklettert, hat sich hingelegt und ist eingeschlafen. Kinder vermögen viel mehr, als man glaubt!

Der Mittagsschlaf ist eine gute Pause. Zweifelt man als Erwachsener nicht daran, wird das Kind es auch nicht tun. Und wie am Abend gibt es überhaupt keinen Grund, mit dem Hinlegen so lange zu warten, bis das Kind vor Müdigkeit umfällt. Eine feste Zeit wird zur festen Gewohnheit. Wie am Morgen, nach der Nacht, sollte am Tage nach dem Mittagsschlaf auch etwas Schönes und Gemütliches folgen, und das gleich nach dem Aufwachen: ein Wiedersehen im großen, fröhlichen Stil und dann passenderweise etwas zu essen und/oder etwas zu tun – etwas, das sich Tag für Tag wiederholt.

Der Aufenthalt im Freien

Ob Regen oder Sonnenschein, das Kind muss jeden Tag raus. Vielleicht fühlst du dich nicht jeden Tag dazu aufgelegt, aber hast du erst eine Routine festgelegt, solltest du auch daran festhalten. Die frische Luft wird auch dich wieder munter machen. Nie habe ich ein so schlechtes Gewissen gehabt, als wenn ein Tag vergangen war, ohne dass die Kleinen an der frischen Luft waren. Mir selbst hätte es ja auch gut getan.

Bevor du dich nach draußen begibst, solltest du unter allen Umständen überlegen, ob du nun selbst (mit dem Kind) ausgehst oder ob das Kind mit dir hinausgeht. Ärger ist unvermeidlich, wenn man glaubt, beides könne kombiniert werden!

Ein kleines Kind kann man mit einem Welpen, der ausgeführt wird, vergleichen: Jeder Busch, jede Straßenlaterne, jede Treppe, jeder Pfad muss unbedingt erforscht werden und das erfordert seine Zeit. Da kann man nur geduldig warten und das Interesse teilen. »O ja, sieh mal da, so eine hübsche Treppe … Tschüss, kleine Treppe!« Und allem wird zugewinkt; die Welt ist voller guter Freunde. Ein Spaziergang, der etwa eine Stunde dauert, erstreckt sich vielleicht über gerade mal 20 Meter …

Musst du also irgendwelche Besorgungen machen, nimmst du am besten dein Kind im Kinderwagen oder auf deinem Arm mit! Auch wenn das Kind schon drei Jahre ist, hat es immer noch keinen Sinn, es unter Zeitdruck zu setzen: »Jetzt komm – wir müssen uns beeilen.« Und es ist nur ermüdend, dies bei einem Einjährigen zu versuchen. Ich habe für meine Kleinen auch nie so eine Art Spaziergurt benutzt. Für kleine Kinder, die mit mir spazieren gehen, bin ich ein Werkzeug, welches das Kleine je nach Bedarf nutzen kann.

Ein tägliches Minimum an Zeit, eine Stunde, anderthalb, wird eingeplant, und diese Zeit wird *draußen* verbracht, und nicht etwa im Einkaufszentrum!

Die soziale Beteiligung

Auch hier sollte es eine geplante, immer wiederkehrende Routine geben! Bei mindestens zwei Gelegenheiten täglich sollte das Kind an etwas beteiligt werden, das man als Arbeit bezeichnen kann, d.h. etwas, das für andere – für uns alle – von Nutzen ist. Etwas, das nicht ausschließlich mit dem Kind zu tun hat. (Mit steigendem Alter und Können wird das Kind immer mehr mit einbezogen und dann muss man nicht länger die Initiative des Kindes abwarten.) Wird also gekocht (für die Familie; für einen selbst und das Kind), wird das kleine Kind auf die Arbeitsfläche gesetzt und man fängt mit der Arbeit an. Du entscheidest, dass das Kind beteiligt werden soll. Wie die Beteiligung an der Arbeit aussehen wird, entscheidet das Kind innerhalb des Rahmens der Tätigkeit, die gerade stattfindet.

Das Kochen ist eine ausgezeichnete Form der sozialen Beteiligung, die auch auf längere Sicht von Nutzen ist. Was dem Kind hier beigebracht wird, kann ihm in seinem späteren Leben sehr nützlich werden. Es gibt natürlich noch andere Arbeitsbereiche. Die Hauptsache ist, dass die Aktivitäten täglich wiederkehren und *für den Erwachsenen notwendig* (für die »Herde«) sind.

An den meisten sonstigen Tätigkeiten, denen du dich außerhalb des Programms widmest und die in irgendeiner Weise für dich notwendig sind, möchte das Kind beteiligt werden, und dann gilt es, dieses Angebot anzunehmen: Der Kleine kann die Seiten der Zeitung umblättern (»Danke! Toll!«) oder den Schuh holen, der *hier* steht, oder den anderen Schuh, der *dort* steht, oder einen Brief vom Fußboden auf dem Flur aufheben, nachdem du ihn *zufälligerweise* fallen lässt. Nach jedem solchen Einsatz, der für dich, den Erwachsenen, nützlich war, macht der kleine Helfer einen verdienten, kleinen »Urlaub« und im Hause herrschen Ruhe und Zufriedenheit.

Das »Gute-Nacht«-Lachen

Das Lachen abends vorm Zu-Bett-Gehen ist ein Segen. Glückliche Kinder schlafen gut. Und es erfordert so wenig, um diese Kleinen zum Lachen zu bringen: ein wenig albern sein, einmal kitzeln, auf den Bauch pusten, verrückte Grimassen ziehen, ein lustiges Versteckspiel, bei dem man sich hinter der Gardine versteckt, man stolpert »dusseligerweise« oder hebt den Teddy vom Fußboden auf und sagt: »Hoppla, was haben wir denn hier? Eine alte Stulle?«

Ein gutes, gesundes Lachen jeden Tag hält den Doktor fern und befreit das Kind von den meisten Sorgen, die es haben mag. Lachen ist mehr als nur schön. Lachen ist notwendig. Das Lachen bringt einen herrlichen Abschluss des Tages und sorgt für einen guten Nachtschlaf.

Nebenbei noch ein paar kleine Tipps:

Ein elf Monate altes Kind zu wickeln kann oft genauso schwierig erscheinen, wie einen Wurm geradezubiegen. Um die Sache schnell und einfach über die Bühne zu bringen, kannst du dein Kindchen ablenken: Eine Brotkruste zum Knabbern oder etwas Interessantes zum Zwischen-den-Händen-Drehen und Wenden hält den kleinen Schatz von Drehungen und Wendungen des ganzen Körpers ab.

Und wenn du ein kleines Kind, das gerade das Krabbeln oder das Laufen erlernt hat, anziehen möchtest, wird es öfters einen Sport daraus machen, so schnell wie nur möglich zu verschwinden. Und da jagst du dann hinterher, mit den Kleidungsstücken in der Hand, während unfeinere Schimpfwörter deine hart erkämpfte Selbstkontrolle durchlöchern. Stattdessen kannst du das Kind auf einem etwas erhöhten Schrank oder Tresen platzieren und es dort anziehen!

Wenn dein Mäuschen auf die Idee kommt, sich an deinen Haaren richtig festzuklammern (wie ein kleines Äffchen), dann reiße nicht an den kleinen Händen und Armen! Öffne stattdessen ganz vorsichtig die kleinen Fäuste.

Die Routine bildet das Rückgrat des Alltages. Sie gibt dem Tag eine gewisse Struktur. Man weiß, wann der Tag beginnt, wann er endet und was dazwischen passiert. Vielleicht kann nur jemand, der selbst ein kleines Kind im Alter von etwa einem Jahr in einem unstrukturierten Alltag erlebt hat, vollauf verstehen, um wie viel leichter es ist – für beide (alle) Parteien –, wenn der Alltag voraussehbar ist.

Es kann wie ein Vollzeitjob erscheinen, ein kleines Kind die Welt ganz frei erforschen zu lassen. Aber die Routine gibt dem Geschehen einen festen Rahmen. Weiß man z.B., dass der Mittagsschlaf anderthalb Stunden, nachdem das Kind seinen Vormittagsbrei bekommen hat, anfällt, kann man dem Kind die ganze Freiheit der Welt gewähren für die Zeit, die es zwischen beendeter Mahlzeit und dem Mittagsschlaf zu seiner Verfügung hat. Man kann sich in aller Ruhe dem Kind zur Verfügung stellen und als Werkzeug funktionieren, als Berater, als verlängerter Arm, weil man weiß, es geht nur um eine begrenzte Zeit. Und man weiß, dass man sich danach, wenn das Kind seinen Mittagsschlaf macht, anderen Aufgaben zuwenden kann, in aller Ruhe und ganz allein.

Fehlt es dem Alltag dagegen an Struktur, kann es schließlich so enden, wie es mir von der Mutter eines Einjährigen berichtet wurde: »*Ich wache auf, zwinge mich selbst dazu, die Augen aufzumachen, und sehe dann nur noch so einen vollkommen unendlichen Tag vor mir, und ich habe keine Ahnung, wie ich den nur bewältigen soll. Ich habe keine Lust, aufzustehen. 16 Stunden wird es dauern, bevor ich mich wieder hinlegen kann, denke ich; mindestens 16 Stunden, und dann werde ich noch kaputter sein als am frühen Morgen. Und so geht es, tagein, tagaus; sieben Tage in der Woche. Was soll ich bloß machen?«*

Meine Antwort lautet:

Strukturiere! Die Struktur, d.h. die Routine, bringt eine klare Trennung zwischen dem Alleinsein und dem Zusammensein. Dann kannst du es schaffen. *Und dann wird es auch das Kind schaffen.*

Die Routine sollte mit einer Haltung der Selbstverständlichkeit aufgebaut und beibehalten werden. Du übernimmst die Führung – und mache es nicht komplizierter, als es ist! Dein Kind wird dir aus dem einfachen Grund dabei behilflich sein, weil es von dir erwartet, dass du die Führung übernimmst.

Wenn Lilian also bei einer Schublade sitzt, darin wühlt, den Inhalt untersucht, damit spielt und die Zeit für ihren Mittagsschlaf gekommen ist, sagt die Mutter ohne Fragezeichen in der Stimme: »Nun muss Lilian Mittagsschlaf machen! Tschüss, liebe Schublade!« Gleichzeitig hebt sie Lilian hoch. Zusammen können sie dann der Schublade zum Abschied freundlich zuwinken, aber Mama hat keine Bedenken dabei, Lilians Schubladenaktivitäten zu unterbrechen. Der Freund der Ordnung würde nun einwenden, dass man auf keinen Fall das Spielen der Kinder unterbrechen darf!

In einer Zeit, in der Kinder in eine besondere Kinderwelt verbannt werden – weit entfernt von den Aktivitäten der Erwachsenen und ihrer sozialen Gemeinschaft –, kann es durchaus als ein grober Eingriff oder gar ein Überfall erscheinen, wenn man Lilians Spiel unterbricht. Aber Lilians Spiel steht nicht *anstelle* der sozialen Beteiligung. Lilians Spiel findet *innerhalb des Rahmens* der sozialen Gemeinschaft statt, denn sie nimmt ja teil an dem Kampf der »Herde« ums Überleben. Lilian ist nicht aufs Spielen angewiesen, nicht dazu verbannt und sie muss es deshalb nicht unbedingt fortsetzen.

Während die Routine, die äußere Form, festliegt, d.h. die Dauer des Spielens, ist es Lilians Entscheidung, ob und wie sie spielen wird. Innerhalb des Rahmens der sozialen Gemeinschaft wählt sie das Spielen. Sie spielt also ganz *frei* – ohne zum Spielen gezwungen zu sein, oder noch schlimmer, beim Spielen gelenkt zu werden. Das Spielen der Kinder beinhaltet die Erprobung und die Nutzung des eigenen Könnens bzw. der sie umgebenden Erwachsenenwelt, an der das Kind beteiligt wird (*beteiligt werden sollte!*).

Lilians Spiel ist kein therapeutischer Ersatz. Ihr Spiel spiegelt die Wirklichkeit wieder (und verändert sie); es ist kein Ersatz für die Wirklichkeit. Damit kann das Spielen also auch von der »Wirklichkeit« unterbrochen werden. Und eines ist sicher: Lilian wird nicht protestieren!

War das Wichtigste für das sechs Monate alte Kind, dass es in seinen Aktivitäten nicht behindert oder unterbrochen wurde, kann man sagen, dass das Wichtigste für Kinder im Alter von einem Jahr ist, dass ihre Freude ungetrübt bleibt.

Das einjährige Kind findet das Leben einfach toll. Und sieht man ein Kind in diesem Alter mit ungestörter Freude und unendlich viel Neugier aufs Leben losgehen, versteht man, dass die Gattung Mensch nicht überlebt hat, weil jemand ihm gesagt hätte, es wäre unsere verdammte Pflicht ... Das Leben sollte keine Plage sein. Das Leben soll eine Freude sein. Dafür sind Kinder im Alter von elf Monaten oder einem Jahr der beste Beweis (möglicherweise in würdiger Konkurrenz mit den Zweijährigen).

Deshalb: Pfeif für eine gute Weile noch auf alles, was mit Erziehung zu tun hat (siehe Seite 340). Lass das Leben spielen. Begegne dem Kind mit einem Lächeln. Beantworte und bestätige die kindliche Freude am Leben, diese pure Lebensfreude! So rein wie sie jetzt ist – und bis zum Trotzalter bleibt –, wird sie vielleicht nie wiederkehren.

Und versuche daran teilzuhaben! Es lohnt sich wirklich.

Die Welt ist noch neu, schön, faszinierend, auch für ein Einjähriges, das schon eine enorme Menge Erfahrungen gesammelt hat.

Ein Hund, der bei einem Spaziergang auftaucht, ist eine große (und ein bisschen erschreckende) Sehenswürdigkeit. Ein Busch mit kleinen Knospen ... ein Ast, schwer beladen mit Schnee. Eine Treppe, rau, einladend. Der Rand des Bürgersteigs. Eine Dame mit dicken Beinen, ein Haufen Kieselsteine. Ein Kind in einem Buggy. Eine Tüte, die am Straßenrand hingeworfen worden ist. Auch für dich und für mich war dies einmal alles neu. Auch du hattest einmal strahlende, neugierige Augen. Wenn du erwartest, dass ein einjähriges oder ein anderthalbjähriges oder auch ein zweijähriges Kind dich an die Hand nehmen würde, um mit dir den kürzesten Weg zum Geschäft zu gehen, ohne auch nur einmal anzuhalten, dann stelle dir vor, wie du selbst gerade durch den Louvre in Paris oder das Vatikanmuseum in Rom gehst, ohne nach links und rechts zu schauen, was es dort alles gibt. Wäre das empfehlenswert?

Kürzlich sah ich bei der Post einen Vater, der am Schalter stand. Sein Kind streckte die Arme hoch zum Papa und wollte hinauf auf den Tresen. »*Da gibt's nichts zu sehen*«, sagte Papa. Ich vermute, dass es auf seiner letzten Urlaubsreise auch nichts zu sehen gab ...

Das ganze zweite Jahr, das jetzt erst seinen Anfang nimmt, ist eine Zeit des Erforschens (bis zur »Zeit der Beherrschung« ab zwei Jahren und später, siehe »Aus klein wird groß«, im 4. Teil dieses Buches, Seite 403 ff.).

Obwohl es einem so vorkommt, als könne das Kind schon so viel und bewege sich sehr sicher in seiner gewohnten Umgebung zu Hause, gibt es immer noch so viel zu lernen, zu untersuchen und zu erforschen. Im Takt mit dem wachsenden Können wird auch der Eifer immer größer und das einjährige Kind ist oft sowohl wild als auch unvorsichtig: Es klettert überall hoch, auf alles herauf und begibt sich oft in lebensgefährliche Situationen. Nichtsdestotrotz muss man als Aufsichtsperson versuchen, weiterhin dieselben Prinzipien anzuwenden: nicht behindern, nicht steuern.

Es erfordert Nerven, wenn man beispielsweise einem Einjährigen erlauben will, eine Leiter hochzuklettern, aber solche Nerven sollte man, meiner Meinung nach, versuchen zu bekommen. Man muss also hinterherklettern, mit griffbereiter Hand, aber dabei vermeiden, das Kind anzufassen, außer wenn sich zeigt, dass es doch lebensnotwendig wird. Und man sollte versuchen, optimistisch auszusehen, als wäre alles in schönster Ordnung. Und *sollte* das Kleine ausrutschen und seinen Halt verlieren, muss man es mit einem kleinen, ruhigen »Hoppla« in Empfang nehmen, als wäre nur ein kleines Malheur passiert, und nicht zeigen, dass es gerade noch mal gut gegangen ist. Die Welt sollte am besten noch nicht gefährlich erscheinen. Und genau wie dem Krabbelkind sollte es auch einem Einjährigen erlaubt werden, seine Fähigkeiten auf die Probe zu stellen.

Bekommt man so aber nicht ein sehr waghalsiges Kind? Im Gegenteil. Das Kind wird erst waghalsig, wenn es die Gelegenheit beim Schopf fassen muss, um heimlich die Leiter hochzuklettern, wenn es keiner sieht. Wem etwas verboten worden ist, der hat es immer eilig. Was der Kleine vorhat, muss schnell erledigt werden, damit man nicht erwischt wird, und dann geht es oft schief.

Es ist ganz klar, dass der Kleine deine Geduld auf die Probe stellen wird. Besonders, da du immer und immer wieder so reagieren musst, als wäre dies oder jenes gerade zum ersten Mal passiert. Aber es lohnt sich, geduldig zu sein, nicht zu kritisieren und nicht zurechtzuweisen. Dein Kleiner hat jetzt so ein wunderbares Selbstvertrauen. Wenn du es zulässt, dass sein Selbstvertrauen sich in dieser Lebensphase fest verankert, wirst du dazu beitragen, dass dein

Kind in Zukunft ein selbstständiger Mensch wird, lebensmutig und mit echtem Selbstvertrauen.

»Kleine Unfälle« muss man versuchen auch wirklich als kleine Unfälle zu sehen, auch nach dem 117. Mal. »Hoppla, da ist die Topfblume auf den Boden gefallen!« und nicht »Du *weißt* doch, du darfst sie nur sanft streicheln. Guck doch mal, was du jetzt gemacht hast! Jetzt darfst du die Pflanzen aber nicht mehr anfassen«. Vorführungen sollte man am besten so gestalten, als hätte man es noch nie zuvor gemacht. Man sollte als Werkzeug und Leiter in einer völlig unerforschten Welt agieren: Auch wenn die Schublade des Nachtschränkchens schon hundert Mal untersucht worden ist, ist es nun (wieder) das erste Mal.

Jawohl, deine Geduld wird auf die Probe gestellt! Die Nagelschere wird untersucht, geschmacklich probiert, als hätte das Kind sie noch nie gesehen; alle Sachen werden aus der Schublade auf den Fußboden geräumt; alles wird studiert, gedreht und gewendet, fallen gelassen und wieder hochgehoben. Schließlich kann man das Kind dazu bringen, alles Teil für Teil ganz ordentlich in die Schublade zurückzulegen (deine Hand um die des Kindes, »so, ja, schön, und das kommt *da* hin, und das *da* ...«) und erst dann kann man die Schublade wieder hineinschieben. Darauf wird sie nochmals hinausgezogen, und alles wird erneut untersucht ... Irgendwann wirst du die Geduld verlieren. Wenn nicht, dann musst du entweder eine Heilige oder ein Trottel sein.

Kannst du irgendwann nicht mehr freundlich und gut gelaunt bleiben, darfst du auch mal wütend werden – und zwar auf dich selbst!

Wenn du merkst, dass du allmählich verärgert wirst, musst du die Situation beenden, bevor deine Irritation zum Ausdruck kommt! Entweder musst du dem Kind geduldig erlauben, die Schublade immer wieder und immer wieder und noch einmal zu untersuchen, bis der Tag kommt, an dem sie nicht mehr interessant ist. Und der Tag wird kommen, auch wenn du es im Moment vielleicht noch nicht glauben kannst. Oder du musst ganz einfach in einem unbeobachteten Moment die Schublade entfernen und der Verwunderung des Kindes mit einem erstaunten »Weg!« begegnen. Dabei bist du genauso verblüfft wie das Kind über dieses merkwürdige Verschwinden (siehe »Der kleine Tommy« und seine Schokolade, Seite 343).

Man ist ja als Mutter oder als Vater der verständnisvollste Freund des Kindes. Und man ist sein verlängerter Arm. Leider schafft man es nicht immer, diese Prinzipien hochzuhalten. In Situationen, die zu sehr belasten oder die einem unlösbar erscheinen, muss man versuchen, den Zustand der Dinge zu verändern – statt zu versuchen, *das Kind* zu verändern.

Die Regel lautet: Entferne den Gegenstand, nicht das Kind!
Ändere die Umstände, nicht das Kind!

Und verwandle deinen Vorwurf, deine Gereiztheit und deine Hilflosigkeit in freundliche Geduld – es gibt immer einen freundlichen Weg aus selbst der unmöglichsten Situation.

Statt voller Aufregung etwas aus der Hand des kleinen Kindes zu reißen, kann man z.B. den Gegenstand ganz sanft nehmen und sich überaus dankbar dafür zeigen und so fröhlich aussehen, als hätte man gerade das schönste Geschenk überhaupt bekommen! Das Kleine wird sich auf nette Weise darüber freuen, dass man ihm so viel Großzügigkeit zutraut und wird folglich den Gegenstand gerne loslassen. Und reagiere schnell auf die kindliche Großzügigkeit, indem du dem Kleinen etwas anderes schenkst: »*Bitte schön!*« Ein kleines Kind, dem du etwas weggenommen hast, darfst du nicht mit leeren Händen stehen lassen.

Dies kann auch symbolisch betrachtet werden. Sagt man einem Kind nein – oder erklärt man, dass etwas unmöglich ist –, darf man das Kind nicht so zurücklassen, buchstäblich »mit leeren Händen«. Man hat dem Kind einen Wunsch, eine Initiative weggenommen; also muss man dem Kleinen etwas anderes dafür geben. Einen Vorschlag – eine Alternative – eine Lösung. Lässt man das Kind mit einem dumpfen, negativen Gefühl zurück, wird es von einem Gefühl der Machtlosigkeit ergriffen werden.

Ein paar Beispiele:
»*Nein, du kannst nicht mitkommen. Papa muss zur Arbeit.*« Das Kind ist machtlos. »*Aber heute Abend, wenn Papa wiederkommt, dann gehen wir raus und spielen zusammen Fußball, du und ich. Sorgst du bitte dafür, dass der Ball schon bereitliegt? Wenn ich wiederkomme, nehmen wir ihn mit nach draußen.*« Das Gefühl der Machtlosigkeit ist beseitigt; etwas zeigt nach vorne, die Ohnmacht löst sich auf, es wird ein Weg gefunden. Das Kind hat etwas anderes bekommen und wird nicht »mit leeren Händen« zurückgelassen.

»*Nein, du darfst nicht zu Oma hineingehen. Sie ist krank. Sie kann es nicht verkraften, dass jemand ständig zu ihr hereinkommt.*« Ohnmacht.

»*Aber ein anderes Mal, wenn sie sich besser fühlt, dann darfst du zu ihr hineingehen! Dann wird sie sich ganz sicher freuen.*« Beseitigte Ohnmacht.

»*Das darfst du nicht machen. Du darfst niemanden hauen. Egal wie wütend du bist. Hauen darfst du auf keinen Fall.*« Ohnmacht, Verwirrung.

»*Aber du darfst wütend schimpfen und du darfst auf Gegenstände hauen.*

Haue auf den Stuhl, wenn du so wütend bist, dass du hauen musst!« Beseitigte Ohnmacht.

»Du bist zu klein. Das geht nicht.« Ohnmacht.

»Aber nächstes Jahr, wenn du vier bist – dann kannst du!« Beseitigte Ohnmacht.

Kinder im Alter von einem Jahr verstehen schon eine Menge Wörter, auch wenn sie selbst noch nicht viel – oder noch gar nicht – sprechen. Dies bewirkt, dass man sich als Erwachsener oft dazu verleiten lässt, zu viele Wörter zu benutzen, anstatt etwas durch Handlungen verständlich zu machen. Man erteilt vielleicht eher Befehle und man vertritt die eigene Meinung vielleicht nur noch in Worten. Im Großen und Ganzen neigt man eher dazu, zu *sprechen* – anstatt zu zeigen, zu leiten und durch Handlungen zu führen. Das ist schade. Die Welt wird etwas trister, wenn die Wörter überhand nehmen.

Das Wortgespenst schleicht sich ein, mit seinen Ermahnungen anstelle von begeisterten Vorführungen. *Worte dürfen nie Handlungen ersetzen!*

Die Worte haben eine Bedeutung, aber noch – und noch ziemlich lange – zumeist als Verstärkung der Handlung. Möchtest du z.B. eine Haarbürste haben, die neben deinem Einjährigen liegt, streckst du die Hand nach der Bürste aus, während du gleichzeitig fragst: *»Kannst du mir bitte die Haarbürste geben?«* Erst wenn das Kind drei Jahre alt ist, kann man seine Hände in den Schoß legen, dieselbe Frage stellen und dabei erwarten, dass allein die Worte ihre Wirkung zeigen.

Es gibt so viele Einjährige, die mit Worten und Ermahnungen überhäuft werden; und ebenso Zweijährige, die schon seit langem mit Worten nur so bombardiert wurden. Gemeinsam ist ihnen – nach allem, was ich habe feststellen können –, dass ihnen ein Teil ihrer Fröhlichkeit abhanden gekommen ist. Worte sollten, meiner Meinung nach, nur sparsam und mit Bedacht verwendet werden. Für kleine Kinder besteht das Leben nicht aus Worten. Für sie kommt zuerst die Handlung und später das Wort. Eine Rangordnung, die sich für uns Erwachsene manchmal auch als vorteilhaft erweisen könnte!

Als Eltern entwickelt man ein ganz besonderes Talent, nämlich die Neigung dazu, sich Sorgen zu machen. Alles andere wäre ja auch merkwürdig.

Deine Sorge musst du dem Kind gegenüber verstecken. Auch wenn etwas geschieht, das wirklich schlimm ist – das Kind hat sich verletzt, blutet, ist in Gefahr –, sollte man trotzdem versuchen, die Ruhe zu bewahren, egal ob man selbst vor Schreck fast umkippt. Sich hinzustellen und zu schreien und die Kontrolle vor lauter Panik zu verlieren wäre vollkommen schwachsinnig.

Deine eigene Aufregung und deine Furcht sind das Schlimmste von allem. Sie pflanzen dem Kind einen Schrecken ein, der tiefe Wunden hinterlässt, tiefer noch, als eine körperliche oder seelische Verletzung es je kann, denke ich. Denn wenn nicht die »Herde« (du selbst) das Kind beschützen kann, wenn es in Gefahr gerät, wer sollte es dann tun? Die Bedrohung wird doppelt groß, wenn auch du Angst zeigst. Was dann bedroht wird, ist in den Augen des Kindes seine ganze Existenz.

Eines meiner Kinder ist einmal von einem Klettergerüst hinuntergefallen. Sie war fünf. Sie fiel tief und bekam eine tiefe Wunde an der Stirn. Ich nahm das Kind in meine Arme, drückte eine Stoffwindel gegen die Wunde, schickte die anderen Kinder nach Hause und fing an zu gehen. Wo ich hinging, wusste ich nicht. Ich ging genauso zielgerichtet wie planlos. Ich sprach ohne Unterbrechung beruhigend auf das Kind ein. Mir schwebte der Gedanke im Kopf herum, dass ich mir ein Taxi besorgen müsse. Verwirrt vom Schock, begriff ich aber nicht, wie das vor sich gehen sollte. Ich sank auf einer Treppenstufe vor einem Tabakladen zusammen. Aber mein Mund stand nicht still: Ich redete und redete und hörte gar nicht mehr auf. Und das Kind weinte nicht.

Nach einer Ewigkeit fiel mir ein, dass ich in den Laden hineingehen und von dort ein Taxi anrufen könnte. Ich weiß noch, dass der Taxifahrer sehr besorgt war, weil die Wunde stark blutete; zu dem Zeitpunkt war die Windel von Blut durchtränkt. Ich unterhielt mich mit ihm, ohne zu wissen, was ich sagte. Wir kamen in der Notaufnahme des Krankenhauses an. Die Kleine weinte immer noch nicht. Nicht einmal, als der Arzt ihr eine Spritze am Rand der Wunde gab und dann mit dem Schneiden und Nähen anfing, gab sie einen Ton von sich. Sie hat mich nur mit einem vertrauensvollen Blick angeschaut. Erst dann bin ich in Ohnmacht gefallen, nun, da andere mir meine Bürde abgenommen hatten!

Kinder bekommen Angst. Worum es auch geht, du musst versuchen, daran zu denken, dass dein Kind sich in seiner Angst an dich wendet, und zwar nicht, damit du die Angst noch vergrößerst, sondern damit du sie linderst und sie vertreibst.

Das heißt auf der anderen Seite nicht, dass man die Angst leugnen muss. Die »Herde« kennt alle Gefahren und weiß, wie man sie überwindet. Aber Gefahren gibt es und sie sind real! Ob es nun um ein Gewitter, um den Staubsauger oder um Bauchschmerzen geht, um Einbrecher unter dem Bett oder um Mörder im Schrank oder um Krieg, um Alpträume, du musst versuchen, deinem Kind das Gefühl zu geben, dass du dich mit diesen Gefahren, dieser Furcht gut auskennst – und dass du selbst als Kind davor Angst hattest, aber dass es meistens gar nicht besonders gefährlich ist. Nachts werden alle Schatten länger.

Je kleiner das Kind ist, umso weniger nützen vernunftbezogene Erklärungen bei der Angstlinderung. Und desto mehr Bedeutung kommt dem Lachen zu. Nur wenige Ängste überstehen ein Lachen! Hat das Lachen erst den Sieg davongetragen, lösen die Ängste sich auf und verschwinden. Es geht also nicht darum, die Angst zu leugnen – »*Ach, davor brauchst du nun wirklich keine Angst zu haben!*« –, sondern sie zu respektieren, zu erkennen und sie dann mit Vernunft und Perspektive zu lindern. »*Du brauchst keine Angst haben. Ich bin ja da, und ich sorge dafür, dass nichts passiert. Das versichere ich dir.*« Und gelingt es dir noch, das Kind zum Lachen zu bringen, wird die Erleichterung perfekt sein.

Wenn ein kleines Kind von elf oder zwölf Monaten vor irgendetwas Angst bekommt – und die Furcht kann das Kind sogar in ganz vertrauten Situationen plötzlich überwältigen –, dann sollte man diese Angst respektieren, aber gleichzeitig versuchen, sie in einer konstruktiven Weise zu lindern: Ist der Staubsauger eines Tages auf einmal schreckeinjagend geworden, nimmt man das Kind hoch auf den Arm, aber man macht den Staubsauger nicht aus. Begegnet man einem unangenehmen Hund auf der Straße, nimmt man das Kind hoch und betrachtet das Tier. Natürlich zwingt man das Kind nicht zu einer Konfrontation mit dem Hund, aber auf der anderen Seite »rettet« man das Kind auch nicht, indem man sich galoppierenderweise so weit wie möglich vom Hund entfernt.

Die Regel lautet: Man beschützt – und lässt das Kind geschützt die Gefahren überwinden!

Der kleine Paul mochte sonst gerne schaukeln, aber auf einmal hat er Angst davor. »*Ich hab Angst!*« Papa setzt sich auf die Schaukel mit Paul auf dem Schoß. »*Komm*«, sagt er ruhig, »*wir schaukeln zusammen.*« Ein Kind, das z.B. bei einem Sprung gefallen ist und sich wehgetan hat, wird von Angst ergriffen. Diese sollte so schnell wie möglich überwunden werden. Mit Lächeln und Aufmunterung überredet man das kleine Kind dazu, den Sprung nochmals zu wagen, aber diesmal unter garantiert sicherem Schutz!

Eltern stürzen oft beim kleinsten Pieps mitten in der Nacht ins Kinderzimmer, zerren das Kind aus dem Bett, machen das Licht an, tragen das Kleine umher und trösten und beobachten beängstigt jede Veränderung seines Gesichtsausdrucks. »So, so, es ist ja gleich wieder gut. *So, so! Mama ist da, Papa ist da; siehst du? Alles ist wieder gut!*« Die Wörter haben hier überhaupt keine Bedeutung. Die Handlung spricht für sich. Die Handlung sagt dem Kind: »Wir haben genauso viel Angst wie du! Das hier ist ja gefährlich! Wir haben überhaupt keine Ahnung, was wir tun sollen! Hast du?« Die Handlung und die Worte sollten stattdessen sagen: »*Du brauchst keine Angst zu haben. Ich bin ja da. Ich sorge dafür, dass dir nichts passiert. Wovor du auch Angst haben magst, es wird alles wieder gut.*« Man drückt das Kind sanft und beruhigend, sagt erneut »Gute Nacht«, streichelt es, gibt ihm einen Kuss – und das war es schon.

Dem Kind die Möglichkeit zu bieten, die Welt in Freiheit, ohne Furcht, ohne Behinderungen und ohne Steuerung erforschen zu lassen, ist eine wichtige Sache. Auf diese Weise mit Säuglingen und Kleinkindern umzugehen – also so, wie ich es empfehle –, mag vielleicht etwas *zu* ambitiös erscheinen. Aber es geht schließlich nicht nur darum, das Kind zu beaufsichtigen. In dem Fall könnte man das Kind in ein Laufgitter setzen und es so unter Aufsicht halten. Nein – es geht darum, dem Kind *die Welt zu öffnen*, ihm die Welt zur Verfügung zu stellen. Ihm die Gegenstände dort und auch *dich selbst* anzubieten, mit all den Aktivitäten, die dort stattfinden. Und dem Kind alles zu überlassen, seiner freien, fröhlichen und ungehemmten Seele freien Lauf zu lassen. Es ist ambitiös, ja, aber das Resultat ist ein vertrauensvolles, mutiges Menschenkind, bereit für die Begegnung mit dem Leben, mit der Arbeit und mit der Liebe.

Dies ist die Grundsatzerklärung:

Öffne dem Kind die Welt. Stelle sie ihm zur freien Verfügung. Biete Gegenstände, dich selbst, Erlebnisse und Aktivitäten an, alles mit einer positiven, enthusiastischen und konstruktiven Haltung!

In die Praxis umgesetzt kann diese Grundsatzerklärung wie folgt aussehen:

Lilian zieht die Katze am Schwanz. Die ersten zehn Mal macht es einem Spaß, Lilian, die die Katze noch immer am Schwanz zieht, zu zeigen, wie man eine Katze streichelt und wie die Katze sich dann freut. Die Katze kämpft wie wild, um Lilian zu entkommen, aber sie hält den Schwanz ganz fest. Deshalb packt man selbst die Katze mit fester Hand, damit sie nicht wegläuft, während man Lilian zeigt, wie man eine Katze streichelt. Die Katze freut sich *so* sehr! Dabei faucht und prustet sie wie eine Wildkatze.

Wenn man Lilian dann zehn Mal das Streicheln gezeigt hat und Lilian die Katze immer noch am Schwanz zieht, fangen kleine Teufelchen mit Dreizacken an, die eigene Geduldsfähigkeit zu zertrampeln. Dann zählt man bis zehn, während man zur anderen Seite schaut (und die Katze immer noch mit eisernem Griff fest hält). Hat man dann ein paar Mal tief eingeatmet, zeigt man Lilian, wie man eine Katze streichelt und wie sich die Katze *so* sehr freut! Und dann: Nun streichelt Lilian wirklich die Katze. Dazu wird sie mehr oder weniger gezwungen, indem man ihre kleine Hand mit der eigenen großen führt. Die Katze freut sich *so* sehr – und beißt zu.

Sofort wechselt man zu einer aufmunternden Haltung, und dabei freut man sich so sehr, über diese süße Katze. Mit unverdrossener Begeisterung lobt man Lilians unvergessliche Anstrengungen, ihren »Versuch«, die Katze zu streicheln, während sie ihr immer noch am Schwanz zieht. Lilian bleibt dabei, sie zieht der Katze immer noch am Schwanz. Wie könnte sie auch anders? Die Natur hat es ja so deutlich eingerichtet, dass die Katzen extra mit einem Griff ausgestattet worden sind. Also ist es ja wohl nur angemessen, dass man ihn auch benutzt!

Sanft und geduldig setzt man seine Überredungskünste fort mit einem Lächeln auf den Lippen: »*So, ja, so streichelt man eine Katze. Ja, so, nun freut sich die Katze aber!*« Man könnte auch die Katze einschläfern lassen. Aber auf diese Alternative wollen wir hier nicht weiter eingehen, sie gehört nicht zum Themenbereich dieses Buches …

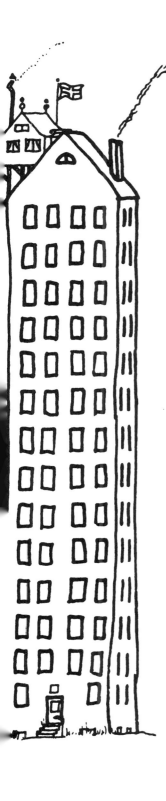

Vierter Teil
Aus klein wird groß
1–16 Jahre

In diesem Teil liest du:

Aus meinem Leben – Theorien zum Trost   405

Das Leben – ein Kreislauf   417
Etwas über die Entwicklung   417
Etwas über die Persönlichkeit   426
Ein Jahr: Das gute Leben   443
Das Haus der Geborgenheit   449
Zwei Jahre: Der König des Lebens   451
Der Zweijährige und das Leben   457
Das Trotzalter: Ich will, ich will nicht!   459
Trost   492
Drei Jahre: Der Humorist   498
Ein kurzer Moment unter der Sonne   503
Vier Jahre: Unterwegs   505
Das Lächeln eines Sommertages   510
Fünf Jahre: Die Lilie des Friedens   512
Gehe sanft mit der Mutter um!   517
Sechs Jahre: Das hässliche Entlein   519
Das Kind mit dem guten Herzen   523
Sieben Jahre: Das Schulkind   525
Münzen und Poesie   530
Acht Jahre: Der Magier   532
Hirngymnastik im Schleudergang   536
Neun Jahre: Der Suchende   539
Krank vor Sorge   543
Zehn Jahre: Obenauf!   545
Die klassische Frage   549
Elf Jahre: Der Manipulator   552
Die Veränderung   556
Zwölf Jahre: Der Beziehungsforscher   558
Von Wärme umgeben   563
Dreizehn Jahre: Die Ernsthaftigkeit   566
Tage voller Lachen   572
Vierzehn Jahre: Die Einsamkeit   574
Das Licht   579
Fünfzehn Jahre: Erwachsen – oder was?   581
Die Kinder, unser Reichtum   590
Sechzehn Jahre: Die Integrität   592
Lied für einen Sohn   597
Jungs sind Jungs, oder nicht? Etwas über Geschlechterrollen   599
Jungen und Menschen   599
Ein Junge bei der Hausarbeit   605

Aus meinem Leben – Theorien zum Trost

Keine Entwicklungstheorien der Welt können die Entwicklung eines Kindes voraussagen. Möglicherweise können sie im Nachhinein einen Teil davon erklären.

Ich wurde als Kind im Stich gelassen. Ich konnte nie verstehen, warum meine Mutter, meine Geschwister und ich nicht mehr zusammen leben konnten oder warum unser Zuhause aufgelöst wurde. Obwohl es mir erklärt wurde, habe ich nicht verstanden, was es für uns alle bedeuten würde. Ich war neun Jahre alt und alles war einfach weg. Die folgenden Jahre wurden zu einem Alptraum. Ob ich zu der Zeit jemals gelacht habe, weiß ich nicht mehr. Ich weiß nur noch, dass ich weinte, mich mit anderen prügelte und alleine war.

Ich war ein gespaltener und disharmonischer Mensch. In mancher Hinsicht bin ich es immer noch. Ich kann mich immer noch so einsam fühlen, dass mich in meiner Einsamkeit nichts und niemand trösten kann. Es ist die Einsamkeit eines verlassenen Kindes.

Meine Kinder haben mich nicht zu einem harmonischen Menschen gemacht. Das wäre nicht möglich gewesen und es war nicht ihre Aufgabe. Dagegen haben sie meinem Leben einen Sinn gegeben.

Ich habe mehrere gescheiterte Ehen hinter mir. Entwurzelt und rastlos habe ich mich immer weitertreiben lassen. Nichtsdestotrotz behaupte ich, dass ich eine ziemlich gute Mutter war – und heute noch bin.

Ich möchte denjenigen von euch, die sich selbst als Menschen unterschätzen, die von Minderwertigkeitsgefühlen geplagt und von Ängsten heimgesucht werden, zeigen, dass man nicht glücklich, harmonisch und zufrieden mit dem eigenen Leben sein muss, um es den eigenen Kindern möglich zu machen, zu harmonischen Menschen heranzuwachsen. Denn es ist so oft gesagt worden, so lange schon und mit so viel Nachdruck, dass es fast eine Tatsache geworden ist: Ist man nicht selbst ausgeglichen und kann man die eigenen Schwierigkeiten nicht alleine bewältigen, dann kann man seinen Kindern nicht die Pflege und Betreuung geben, die sie brauchen, um all ihre ihnen innewohnenden Möglichkeiten zu entfalten, um ausgeglichene Erwachsene zu werden. Welches dann wiederum die Voraussetzung dafür ist, dass sie selbst harmonische Kinder aufziehen können …

Ich weiß, dass es so nicht sein muss. Und es gibt viele, die so sind wie ich.

Alle tragen wir so viel Schmerz und Gefühle der Entwurzelung mit uns herum, in unserem Gepäck auf der Reise durchs Leben, sind mehr oder weniger verletzt worden, aus größeren oder kleineren Anlässen. Aber wir müssen uns deswegen nicht selbst als Eltern für untauglich erklären.

»*Meine Kinder sollen nicht das erleben, was ich erleben musste.*« So haben Eltern zu allen Zeiten gedacht. Und so haben sie dafür gearbeitet, dass ihre Kinder eine bessere Ausbildung, bessere materielle Bedingungen, ein besseres Leben überhaupt bekommen konnten – einen Lebensstandard, den sie selbst – vielleicht – entbehren mussten. Sie wollten ihren Kindern einfach einen besseren Start ins Leben geben.

Meine Kinder sollten die Zugehörigkeit erfahren, die ich selbst nicht erlebt hatte. Sie sollten in einem Zusammenhalt aufwachsen, der stärker ist als alles andere. Sie sollten mit starken Bindungen an ihre Geschwister aufwachsen, die ein Leben lang halten werden. Sie würden einander immer haben, und ich würde für sie da sein, zu ihrer Verfügung stehen. Dies habe ich wohl nicht bewusst gedacht. Ich habe es mir nur gewünscht. Vielleicht hätte ich nie danach gestrebt, wenn ich es nicht selbst entbehrt hätte.

Frisch gebackene Eltern – und bereits werdende Eltern – werden von unendlich vielen Zweifeln geplagt. Man hat Angst. Die Welt ist nun einmal, wie sie ist, und sie ist nicht gerade vertrauenerweckend. Man weiß nicht, wie die Zukunft aussehen wird. Eltern wissen nicht, was die Zukunft ihnen bringt, was die Sache auch nicht leichter werden lässt. Und man ist sich seiner eigenen Unzulänglichkeit, der eigenen Hilflosigkeit und der eigenen Mängel sehr bewusst.

In unserer Zeit und in unserer Kultur haben außerdem mangelnde Traditionen, fehlende persönliche Unterstützung und der Mangel an vertrauten Vorbildern die Situation noch verschlimmert. In Stunden schmerzhafter Unsicherheit wird man von Misstrauen und Furcht ergriffen. Und der Mensch, dem man am wenigsten traut, ist man selbst. Ich erzähle dieses zum Trost und als Unterstützung, nicht um mich selbst zu beweihräuchern. Eine Angst, die immer unter der Oberfläche lauert, verleitet auch nicht gerade zur Selbstüberschätzung.

Ich habe meinen Kindern nichts von meiner persönlichen Ausgeglichenheit weitergeben können, und genauso wenig habe ich ihnen die äußeren Umstände bieten können, die als so außerordentlich wichtig für eine positive Entwicklung der Kinder angesehen werden. Sie haben mehrere Scheidungen miterlebt. Sie sind oft umgezogen. Sie haben sich von Freunden verabschieden müssen und haben genauso oft die Schule wechseln müssen. Es waren Väter da und sie sind wieder verschwunden. Sie haben wenige Beziehungen zu Verwandten gehabt, praktisch gar keine. Sie haben einen kleinen, innig geliebten Bruder verloren. Sie haben den Tod sehr nahe miterlebt.

Da ihre Kindheit in groben Zügen chaotisch war, müsste man eigentlich auch noch hinter anderen Dingen und Gewohnheiten ein paar Fragezeichen machen. Ich habe ihnen beispielsweise nie Geschichten vorgelesen. Ich finde das Vorlesen von Geschichten langweilig (vielleicht weil ich uns alle durchs Schreiben von Geschichten über die Runden gebracht habe). Ich habe ihnen im Übrigen nicht viel Anreize geboten, um ihnen somit die äußere Welt näher zu bringen. Sie sind nicht in die Bücherei, ins Museum, in Mal- oder Bastelkurse usw. gegangen, bevor sie selbst hingehen konnten. Auch die Zeit, die sie im Kindergarten verbrachten, war nur von kurzer Dauer. Natürlich hatte ich ein schlechtes Gewissen, ihnen nicht genügend Anreize zu bieten. Ich versuchte mich damit zu trösten, dass sie ja einander hatten.

In den Sechzigern und Siebzigern – als meine Kinder geboren wurden – sprachen alle davon, wie ungemein wichtig es wäre, den Kindern genügend Anregungen zukommen zu lassen. Und schon in den Fünfzigern wurde zumindest in Schweden die Karikatur der abgetakelten »Nur-Mutter-Hausfrau« verbreitet. Sie galt als Schmarotzer der Gesellschaft und überaus langweilig. Mit Lockenwicklern im Haar und ausgelatschten Hausschuhen ging sie in ihrem schäbigen Morgenmantel isoliert in den Vororten der Großstadt umher und hemmte, wie es hieß, ihre Kinder in ihrer Entwicklung. Und durch ihre Dümmlichkeit sei es ihr schon damals nicht möglich gewesen, den Kindern die entwicklungsfördernden Anregungen zu geben. Wie die meisten habe auch ich daran geglaubt und ich fühlte mich gegenüber meinen Kindern überaus schuldig.

Erst während meines Aufenthaltes in einem nordafrikanischen Staat fing ich an, hinter dieser weit verbreiteten Ansicht eine gewisse gesellschaftliche Manipulation zu sehen. Dort sah ich, wie in weit abgelegenen Dörfern, in denen die Entwicklung praktisch seit dem Mittelalter stillgestanden hatte, in denen Spielzeug nie aufgetaucht war – auf jeden Fall kein »pädagogisch sinnvolles Spielzeug« – und in denen nur wenige Erwachsene sich jemals dafür die Zeit nahmen, mit ihren Kindern zu spielen, die armen und zerlumpten Kinder eine wunderbare Fähigkeit dafür entwickelten, auf eigene Faust zu spielen. Auch auf die Gefahr hin, nun romantisch oder nostalgisch zu klingen, möchte ich behaupten, dass viele Kinder in unserer so genannten zivilisierten Welt sie beneidet hätten. Denn die Kinder dort hatten Spaß. *Sie konnten spielen.* Und sie spielten miteinander.

Ich glaube, dass die kindliche Entwicklung unablässig fortschreitet, mit oder ohne besondere Anregungen. Der Mensch ist dazu geschaffen, sich weiterzuentwickeln, zu wachsen, groß zu werden, weiterzugehen. »What a man can be, he must be«, sagt A. H. Maslow, prominenter Vertreter der humanistischen Psychologie. Was ein Mensch werden kann – das muss er werden.

Es gibt Untersuchungen, die belegen, dass einer von zwei eineiigen Zwillingen, der schon recht früh Leseunterricht erteilt bekommt, bereits früher über bessere Lesefähigkeiten verfügt als der, dem man keinen in diesem Alter angeboten hat. Aber wenn dann der andere im dafür üblichen Alter mit dem Lesenlernen anfängt, wird er den Vorsprung des ersten Zwillings in kurzer Zeit einholen.

Wenn die Reife und die Fähigkeit eines Menschen eine Weiterentwicklung wollen und ermöglichen, dann wird der Mensch wachsen.

Ich begebe mich auf dünnes Eis, wenn ich behaupte, dass meine Kinder – obwohl es einiges gibt, das ich ihnen nicht habe geben können – ausgeglichene Menschen geworden sind. Ich weiß ja nicht um ihre Zukunft. Und ich kann den Begriff Ausgeglichenheit oder harmonische Persönlichkeit auch nicht genau und allgemeinverbindlich definieren.

Vielleicht kann man es generell so auszudrücken, dass ein harmonischer Mensch – groß oder klein – ein Mensch ist, der nachts gut schläft, der mit gutem Appetit isst, fast immer gesund ist, mehr fröhlich als traurig ist, der sowohl Zärtlichkeit als auch Wut ausdrücken kann, der sich konzentrieren kann, der an sich selbst glaubt und mit Zuversicht der Zukunft entgegensieht. Meine Kinder schweben nicht ständig auf Wolken Nummer sieben, sie sind nicht immer sorglos und glücklich. Sie haben – wie alle anderen auch – manchmal kleine Risse in ihren Engelsflügeln. Und zeitweise klappt es auch nicht so richtig mit dem Fliegen. Aber die Harmonie sollte ja auch nicht mit einem flachen und farblosen, ausschließlich friedlichen Ton verglichen werden. Harmonie ist wie ein Akkord – klangvoll und reich, aus sowohl dunklen als auch hellen Tönen aufgebaut, zu einem wohlklingenden Ganzen abgestimmt, ohne falsche Töne. Sie ist eine gelungene Vereinigung von Gegensätzen und Widersprüchen. Der Mensch geht nicht unverdrossen lächelnd durchs Leben. Wir weinen und lachen, wir hoffen und verzweifeln, wir fallen und stehen wieder auf. Wir leben, weil wir leben möchten und weil es notwendig ist, nicht weil es *einfach* ist. Wir sind unsere eigene größte Hoffnung. Und ich glaube, dass wir im Endeffekt unsere eigene Heilung sind.

Was habe ich nun für meine Kinder getan? Ich stand zu ihrer Verfügung. Ich habe Routinen eingeführt und beibehalten und außerdem ein gewisses

Maß anständigen Benehmens gefordert, aber meine Motive waren nichts Besonderes: Ein Zusammenleben von vielen erfordert einen möglichst einfachen, reibungslosen Alltag. Es gibt nur wenig Platz für Meckereien. Die Kinder schliefen z.B. abends ziemlich schnell ein, da ich aus verständlichen Gründen nicht zwei Stunden an jeder Bettkante verbringen konnte. Ich konnte auch nicht sechs Kinder dreimal am Tag umziehen, wenn das, was ich aus dem Schrank herausgeholt hatte, ihnen nicht recht war. In den Augenblicken, in denen Routine waltete, liefen die Dinge so ab, wie ich es wollte. Im Übrigen habe ich die Kinder in Ruhe gelassen und so wenig wie möglich eingegriffen.

Es war damals nicht alles genau durchdacht oder bewusst geplant, vieles war einfach notwendig. Ich hatte keine Zeit, mich einzumischen, Knetmasse herzustellen oder umfassende Kindertagesprogramme auf die Beine zu stellen. Ich habe ihnen beispielsweise nie bei den Hausaufgaben geholfen, nicht einmal gefragt, ob sie die Hausaufgaben gemacht hatten. Es war mir sogar nicht immer ganz klar, in welche Klassen sie gingen … o.k., ich bin nicht stolz auf meine Unvollkommenheiten. Aber ich fange an sie zu rechtfertigen. Hinter meiner fehlenden Beteiligung an ihren schulischen Leistungen lag ja keine Gleichgültigkeit. Die Zeit dafür fehlte, sicherlich; aber andererseits habe ich meine Kinder immer respektiert und vor allem, ich habe ihnen vertraut. Ich vertraute darauf, dass sie die Fähigkeit besitzen, die Verantwortung für ihre eigenen Aufgaben übernehmen und auch tragen zu können. In derselben Weise mussten die Kinder sich auch darauf verlassen können, dass ich meine Aufgaben erledigte.

Im Übrigen wollte ich mich prinzipiell möglichst wenig in *ihre* Angelegenheiten einmischen und konnte im Gegenzug auch erwarten, dass sie mir meine eigene Intimsphäre ließen.

Keine Angst, es kommt noch schlimmer, denn ich weiß, was ich hier zum Ausdruck bringen möchte, ist heutzutage provokativ und nicht unbedingt »politisch korrekt«: Ich glaube, dass die beste und hinlänglich notwendige Voraussetzung für eine nicht angsterfüllte Entwicklung eines Kindes zu einem einigermaßen harmonischen Menschen *ein fester Punkt ist – ein Zentrum in Form von (mindestens) einer Person, die dem Kind zur Verfügung steht, und ein Zuhause*, also das, was ich schon öfter in diesem Buch als »Herde« bezeichnet habe, die die Zugehörigkeit des Kindes im gemeinsamen Kampf ums Leben repräsentiert und welche in ihrer Zugänglichkeit dem Kind Anleitung und Schutz bietet, wenn das Kind es wünscht und braucht.

Der Mensch wird dazu geboren, zu erforschen, zu beherrschen und allmählich die Wirklichkeit, ihre Bedingungen, die Welt zu verändern. Seine primäre

Bindung baut das neugeborene Kind zu seiner Mutter auf, die sein Überleben garantiert und damit sein grundlegendstes Bedürfnis befriedigt. Unter ihrem Schutz macht das Kind die erste Bekanntschaft mit seiner näheren Umwelt, die mit der Mutter zusammen seine »Herde« ausmacht.

Die Bindung, die Zugehörigkeit, findet nicht nur in Bezug auf Personen statt. Sie umfasst alles: die Menschen der näheren Umgebung *und* das Zuhause. Alles zusammen ist die »Herde«. Auch als Alleinlebende/r haben wir unsere Zugehörigkeit: ein Zuhause, einen festen Punkt im Leben, mit Gegenständen, Kleidung, persönlichem Kram. Wir irren nicht heimatlos durch die Straßen. Wir gehören irgendwo hin.

Schon in Verbindung mit der, wie ich sie nenne, eigentlichen Geburt im Alter von etwa drei Wochen, orientiert sich das Kind von der Mutter weg nach außen hin. Der Trieb nach sozialer Beteiligung fängt an, sich bemerkbar zu machen. Das mühsame Streben des Kindes nach Aufnahme in die soziale Gemeinschaft, um »eine oder einer von uns« zu werden, beginnt.

Noch bis zum Alter von zwei Jahren wird das Kind seine »Herde« mit deren erwachsenen Mitgliedern und mit ihren mannigfaltigen Aktivitäten erforschen (und es verlagert öfters seine stärkste Bindung von einer Person zur anderen unter den Herdenmitgliedern).

Wenn das Kind dann etwa zwei Jahre alt ist, beginnt die Zeit, die ich »Phase der Beherrschung« nenne: Die kleinen Kinder kennen nun ihre Zugehörigkeit und meistern das Leben innerhalb der »Herde« – zumindest meinen sie das, bis ihnen das so genannte Trotzalter eine neue, erschreckende Dimension eröffnet.

Am anderen Ende des Trotzalters warten neue Kräfte: Die Kleinen können sich dann von der eigenen »Herde« entfernen, in dem Wissen, dass die »Herde« immer noch bestehen bleibt, und mit dem Verständnis für die faktische und berechtigte Existenz anderer »Herden«. Ein Kind im Alter von drei oder dreieinhalb Jahren kann z.B. *mit* anderen Kindern spielen, in modifizierter Selbstbehauptung und mit Rücksichtnahme – nicht mehr nur *neben* anderen Kindern.

Das kleine Kind operiert von einer Basis, einem Zentrum aus. Am Anfang und noch eine ganze Weile ist dieses Zentrum ein Mensch.

Jede Mutter und jeder Vater weiß, dass dieses Zentrum möglichst felsenfest sein sollte: Stehst du wie fest verwurzelt in der Küche, spielt das Kleine ganz friedlich. Bist du aber in Eile und stürzt von einem Zimmer zum anderen, wird das Kind sofort nervös.

Vielleicht kommst du todmüde nach Hause und hast viel zu tun. Das Kind hängt andauernd an deinem Rockzipfel, jammert und ist quengelig. Du denkst oder sagst vielleicht, dass du dich in Ruhe um das Kind kümmerst, wenn du nur diese eine Sache, die erledigt werden muss, hinter dich gebracht hast, dass du ihm dann eine Geschichte vorlesen wirst oder mit ihm reden, mit ihm albern sein und es sich mit ihm richtig gemütlich machen. Dann bist du endlich fertig mit der Sache und frei, um mit dem Kind zusammen zu sein. Du setzt dich irgendwo ruhig hin und entspannst dich. Dann ist das Kind zufrieden. Dann kann es auf einmal problemlos allein spielen. Das Kind hat tausend Sachen vor und deine Anwesenheit erscheint plötzlich nicht einmal besonders notwendig, oder nicht einmal wünschenswert!

Das Zentrum sollte unbeweglich sein. Das Zentrum sollte unveränderlich bleiben. Das Zentrum muss an seinem Platz bleiben. Dann kann das Kind ungestört seinen Aktivitäten nachgehen. Die umstrittenen Mütter der 50er-Jahre, die zu Hause blieben, nie an einem Volkshochschulkurs teilnahmen oder sich selbst verwirklichten, haben durchaus etwas geleistet: Sie hielten die Kinder sauber und *sie standen zur Verfügung*. Ganz genau! Sie waren – und sind es im Grunde bis heute – diese unveränderlichen, ungestörten Zentren, die Kinder brauchen.

Die kleine Kristine, zwei Jahre, geht mit ihrem Vater in den Park, denn dort gibt es einen großen Spielplatz. Papa setzt sich auf eine Bank und liest seine Zeitung. Kristine geht direkt zum Spielplatz, stellt sich dort hin und schaut sich um. Nachdem sie die anderen Kinder und deren Spiele eine Weile beobachtet hat, geht sie zum Vater zurück. Anscheinend will sie nichts von ihm. Sie dreht sich bald wieder um und geht nochmals zum Spielplatz, wo sie sich allmählich mit den Sachen, die es dort gibt, bekannt macht. Papa guckt ab und an von seiner Zeitung hoch, aber er kann nicht erkennen, dass Kristine von ihm auch nur im Geringsten Notiz nimmt. Er liest weiter.

Nach einer Weile kommt Kristine wieder angetrottet, sie stellt sich neben Papa und legt ihre Hand auf sein Knie. Währenddessen guckt sie von ihm weg, hin zu einem anderen Teil des Parks. Danach begibt sie sich auf einen kleinen Ausflug in diese Richtung. Papa sieht, dass sie sich ziemlich weit weg bewegt, aber solange er sie im Auge behält, findet er nicht, dass er eingreifen muss. Er liest deshalb weiter seine Zeitung.

Nach zwanzig Minuten kehrt Kristine zurück und nun bekommt Papa einen Kuss. Gleich darauf begibt sich Kristine auf eine neue Expedition, diesmal hinter

Papa und seiner Bank in einen anderen, noch unerforschten Teil des Parks. Papa findet, es wird langsam Zeit, wieder nach Hause zu gehen. Außerdem kann er nun Kristine nicht mehr so gut sehen von da aus, wo er sitzt. Er steht auf und ruft sie. Kristine reagiert sofort, aber läuft von ihm weg. Papa geht ihr nach und ruft wieder. Sie rennt aber nur noch weiter weg. Nun sieht er, wie sie ein Stück von ihm entfernt stehen bleibt. Dort spielen andere Kinder in einer Sandkiste. Kristine beobachtet sie eine Weile. Dann krabbelt sie in die Sandkiste hinein und setzt sich neben die Kinder. Papa ist der Meinung, sie dürfe noch eine kleine Weile dort spielen. Er sieht sich nach einer Bank um, von der aus er sie beobachten kann. Er findet eine und setzt sich dort hin.

Aber nun steht Kristine in der Sandkiste auf und sucht ihn mit den Augen. Sie sieht, dass er nun woanders sitzt als vorher. Sie begibt sich sofort zielgerichtet zu der Bank, auf der er jetzt sitzt. Sie legt ihre Arme um seine Beine und ihren Kopf zwischen seine Knie. Er streichelt ihr übers Haar und sie hebt den Kopf und sieht ihn an. Dann begibt sie sich wieder zur Sandkiste zurück.

Als Papa die Zeitung zu Ende gelesen hat, schaut er auf die Uhr und findet, dass es höchste Zeit ist, nach Hause zu gehen. Er steht auf und ruft. Kristine scheint ihn nicht zu hören, also geht er in Richtung Sandkiste. Das Kind sieht ihn. Er streckt ihr die Arme entgegen. »Wir wollen jetzt nach Hause!« Jetzt bleibt sie stehen und rührt sich nicht vom Fleck. »Komm jetzt, kleiner Schatz«, sagt Papa und streckt ihr die Hand entgegen. Kristine dreht sich um. Sie fängt an, in die entgegengesetzte Richtung zu gehen, weg von ihm.

Papa ist irritiert. »Nun komm, Kristine! Wir müssen nach Hause. Komm jetzt her!« Dann fängt Kristine an zu laufen, so schnell sie nur kann. Papa muss selbst laufen, um sie einzufangen. »Warum tust du das? Ich habe doch gesagt, du sollst zu mir kommen.« Aber er kann Kristine nicht dazu bringen, mit ihm mitzukommen, außer wenn er sie trägt.

Kristine hat von einer Basis aus operiert. Solange Papa auf der Bank saß, war alles in Ordnung. Kristine konnte sich frei bewegen, den Park erforschen und sich mit den dort vorhandenen Gegenständen bekannt machen. Jedes Mal wenn sie sich in eine neue Richtung orientierte, kehrte sie erst einmal zur Basis zurück, zur Bank und zum Papa. Danach hat sie ein neues Ziel angesteuert und sich auf die nächste Expedition begeben. Als der Vater sich auf eine andere Bank setzte, wurde ihre Ausgangsposition verändert. Deshalb hat sie diese aufgesucht, um sich nun von dort aus zu orientieren. Mit der Basis als Zentrum hat sie sich in einem Radius von 50–60 Metern bewegt. Weiter hat sie sich von ihrem Vater nicht entfernt.

Als der Vater aufstand, sie rief und gleichzeitig anfing zu gehen, wurden ihre Orientierungskreise gestört. Das Zentrum war nicht mehr unbeweglich. Die Basis war nicht mehr felsenfest. Sie blieb desorientiert stehen. Und Papa konnte sie nicht dazu bringen, ihn an die Hand zu nehmen und mitzukommen. Er musste sie tragen.

Zentren, die sich bewegen, verwirren kleine Kinder. In ihrer Verwirrung werden sie entweder wie gelähmt stehen bleiben oder sie werden sich umdrehen und flüchten. Es ist vollkommen sinnlos, zu versuchen, ein kleines Kind zu sich zu rufen, wenn man selbst in Bewegung ist. Das Beste, was Kristines Vater hätte tun können, wäre gewesen, eine der Gelegenheiten, bei denen sie zu ihm hinkam, um sich zu orientieren, zu nutzen und sie in den Buggy zu setzen oder sie auf den Arm zu nehmen. Oder einfach zu ihr hinzugehen und sie entschlossen (ohne Fragen oder Forderungen zu stellen) mitzunehmen.

Noch viele Jahre orientieren sich Kinder von einem Zentrum aus, und auch wenn sie bei einer anderen »Herde« zu Besuch sind, suchen sie sich dort ein menschliches Zentrum. Ein Vater, mit dem ich dieses Thema besprach, bemerkte, wie sein zehnjähriger Sohn während unseres Gespräches mehrmals zu uns in die Küche kam. Sie waren das erste Mal bei uns zu Besuch. Offensichtlich wollte der Junge nichts; er stand nur eine Weile da in der Küche, ohne etwas zu sagen. Danach hat er wieder Abstecher in unsere restliche Wohnung gemacht. Er hat sich von der Basis aus orientiert, genau wie die kleine Kristine.

Mitarbeiterinnen von Kindertagesstätten wissen zu berichten, wie groß die kindliche Verwirrung ist, wenn die Kleinen verstehen, dass die Erzieherinnen nicht in der Tagesstätte leben und wohnen. »*Warum habt ihr hier keine Badewanne?*«, fragte ein kleiner Zwerg. Fünf kleine Toiletten standen im »Badezimmer« in einer Reihe, aber es gab keine Dusche und keine Badewanne. »*Wir haben eine Badewanne zu Hause*«, antwortete die Erzieherin. »*Wir wohnen nicht hier, verstehst du. Wir gehen nachher nach Hause und baden dort.*« Es war, als hätte der Blitz eingeschlagen. Wie sollte das denn gehen? Die Tagesstätte und ihr Personal bildeten zusammen eine »Herde«, in der kleine Dreijährige zu Besuch waren. In dieser Herde gab es aber kein Zentrum, wie es sich nun herausstellte. *Alle* waren zu Besuch! Schon dass das Personal wechselt, dass die Erzieherinnen (und evtl. Erzieher) kommen und gehen, so dass die Kinder nicht wissen, *wer* nun eigentlich *wann* zur Verfügung steht, ist verwirrend; aber dass niemand hier hingehört, dass niemand da ist, wenn die Kinder nicht da sind, das ist einfach unbegreiflich!

Es muss ein Zentrum geben, zugänglich für das Kind, und es muss da sein, egal ob das Kind da ist oder nicht; davon war das kleine »Herdenmitglied«

oder der kleine Besucher offensichtlich ausgegangen. Um es genauer auszudrücken: Von dort aus startet das Kind seine Ausflüge ins Unbekannte. Ich glaube, dass ein Kind ohne erreichbares Zentrum schließlich so verwirrt und hilflos dastehen wird, dass seine Entwicklung von Angstgefühlen geprägt oder gestört wird.

Umgekehrt glaube ich, dass ein Kind mit einem verfügbaren Zentrum sich im Prinzip von selbst weiterentwickelt, ohne von einer (unüberwindbaren) Angst gestört zu werden. Außerhalb der »Herde« – um das Kind herum – kann sozusagen alles Mögliche passieren, ohne dass das Kind sich davon bedroht fühlt.

Erst wenn die Drohung direkt auf das Zentrum zielt – auf die Mitte, den Menschen/die Menschen in der »Herde« –, fühlt sich das Kind in seiner Existenz bedroht (daher auch die unruhigen Proteste von Neugeborenen, Säuglingen und Kleinkindern, wenn die Eltern ihre Unsicherheit preisgeben). Kleine Kinder können äußere Veränderungen vertragen, Aufbrüche, materielle Sorgen, ja sogar das Toben eines Krieges, wenn nur die »Herde« mit ihrem festen, menschlichen Zentrum für sie zugänglich bleibt. Kinder können zwischen rauchenden Ruinen spielen und lachen. Viele der finnischen Kriegskinder, die während des Grauens des 2. Weltkrieges nach Schweden in Sicherheit geschickt wurden, haben als Erwachsene erzählt, wie viel grauenvoller es war, zu fremden Leuten und in eine neue Umgebung geschickt zu werden – obwohl dies nur vorübergehend geschah und Sicherheit und Überleben bedeutete –, als mit den Eltern zusammen die materiellen Mängel und auch die nächtlichen Bombenangriffe auszuhalten.

Ohne seine spezifische Zugehörigkeit wäre das Menschenkind genauso hilflos wie ein verlassenes Tierjunges – egal von welcher Art lebendiger Wesen, deren Nachkommen außerstande sind, allein zu überleben. Es würde mich nicht wundern, wenn Menschen, die einen sehr ausgeprägten Orientierungssinn haben, als Kindern eine felsenfeste, beständige »Herde« mit einem festen menschlichen Zentrum zur Verfügung stand.

Stimmt diese Theorie, haben Menschen mit einem schlechten Orientierungssinn oder bei denen er ganz fehlt – meiner ist gar nicht vorhanden – ihr Zentrum verloren, oder das Zentrum ist schon sehr früh undeutlich geworden und die »Herde« nur in sehr begrenztem Umfang zugänglich gewesen. Diese Menschen sind mehr oder weniger desorientiert stehen geblieben – buchstäblich gesehen.

In neuster Zeit hat man in vielen Ländern das gemeinsame, also »geteilte« Sorgerecht bei Scheidungen eingeführt. In der Praxis wird es oft so arrangiert, dass das Kind genauso lange bei der Mutter wohnt wie beim Vater. Es hat sich herausgestellt, dass diese Lösung besser für die Eltern ist als für das Kind. Denn das Kind befindet sich praktisch in einem Niemandsland, unfähig, irgendwo Wurzeln zu schlagen, und das obwohl die Eltern vielleicht sogar fast Nachbarn sind, so dass der Freundeskreis, die Umgebung, die Tagesstätte etc. unverändert bleiben.

Nach der Theorie über das felsenfeste Zentrum, die Basis, von der aus das Kind sich orientiert und zu der es immer wieder zurückkehrt, sind kleine Kinder offensichtlich nicht in der Lage, sich von zwei verschiedenen Zentren aus zu orientieren. Es darf notwendigerweise nur ein Zentrum existieren, und wirklich nur eines. Das Kind kann eine andere »Herde« *besuchen*, aber nur *einer angehören*.

Diese Einleitung in den vierten Teil von »Das KinderBuch«, der von der weiteren Entwicklung des Kindes handelt, wollte ich als tröstende Worte schreiben. Ich möchte allen Eltern, die unter Unzulänglichkeitsgefühlen leiden oder gar von ihnen erschlagen sind, sagen: *Es genügt in der Tat, dass du da bist.*

Viele von den Dingen, die als besonders gut und notwendig für Kinder angeführt werden – intellektuelle Anregungen, viele Freunde, Unveränderlichkeit außerhalb der »Herde« (dieselbe Tagesstätte, dieselbe Schule) etc. –, dienen als *Ersatz für ein verloren gegangenes, menschliches Zentrum*, für die begrenzte Zugänglichkeit der »Herde«.

Aber den Eltern, die aus verständlichen Gründen – gesellschaftlichen wie auch finanziellen Erfordernissen – meinen, dass sie unmöglich bei ihren Kleinen zu Hause bleiben können, werden meine Worte nicht viel Trost bringen. Denn sie bekommen hiermit zu wissen, dass sie versagen, wenn es um das einzig Notwendige geht: Da zu sein, ein Zentrum zu bilden, dem Kind die unveränderliche Erreichbarkeit der »Herde« anzubieten.

Ich kann und will in diesem Zusammenhang nur auf Folgendes hinweisen: Zwei Erwachsene, die sich verlieben, können beide ihre jeweiligen Ehen auflösen, große Villen und Luxusautos hinter sich lassen, einen schlechter bezahlten Job annehmen und ihren Lebensstandard erheblich senken, um sich dann in eine schäbige kleine Wohnung zusammenzuquetschen – nur weil sie unbedingt zusammen sein möchten. Das nennt man Prioritäten setzen. Und sollte nicht auch ein kleines Kind uns dazu veranlassen, Prioritäten zu setzen? *Man kann die ersten drei Jahre retten!*

Kinder sind kein Hindernis. Die Hindernisse liegen in dir und in der Gesellschaft, die dich umgibt.

Die Kinder können dir helfen oder dich gar dazu zwingen, diese Hindernisse zu überwinden.

Sie können dich dazu zwingen, Prioritäten zu setzen.

Sie können dich dazu zwingen, zu einer Veränderung der Gesellschaft in Richtung einer menschlicheren Gesellschaftsordnung beizutragen – egal, wie klein dein eigener Beitrag auch sein mag.

Sie können dir die Augen öffnen, es dir ermöglichen, zwischen Wesentlichem und Unwesentlichem zu unterscheiden.

Sie können dir dabei helfen, dein Leben genauestens unter die Lupe zu nehmen; ein Leben, das in großem Umfang von Kräften gesteuert wird, deren Einfluss du lieber vermeiden möchtest: kommerzielle Interessen, bestimmte sozialpolitische Vorstellungen und anderes, von dem du dich vielleicht leicht manipulieren lässt.

Sie können dich dazu bewegen, dir dein Leben wieder zurückzuerobern, dein Recht, Entscheidungen zu treffen, deine Freiheit, deine Urteilskraft.

Sie können dich die Welt neu entdecken lassen – die Welt, in der sie leben werden und zu der du ihnen den Weg zeigst.

Sie können dir Wissen vermitteln – über die menschliche Natur und über dich selbst.

Sie können dir die Wahrheit zeigen, ungehindert, unbegrenzt.

Kinder sind kein Hindernis. Wenn du dir das einredest, betrügst du dich selbst.

Kinder sind Weiterentwicklung.

Das Leben – ein Kreislauf

Etwas über die Entwicklung

So wie die Jahreszeiten wechseln und die Nächte von einem bestimmten Tag ab immer länger werden, so tragen auch kleine, neugeborene Menschenkinder ihre Bestimmung in sich. Die Zähne werden zu einem bestimmten Zeitpunkt herauskommen, der kleine Körper wird wachsen und in der Pubertät reifen; die Organe der Fortpflanzung werden eines Tages in Gebrauch genommen werden; alles ist schon fertig, in seiner Bedeutung vorprogrammiert. Und in einer späteren Lebensphase dieses Menschen werden seine Haare grau werden, seine Liebesmüh und seine Lebenslust werden erlöschen. Auf seinem Weg dorthin spiegelt das Kind als Individuum die ganze Entwicklung des Menschengeschlechts wider. Von einem kleinen Wassertierchen – die Überreste von Kiemen sind bei dem ungeborenen Fötus deutlich erkennbar, genau wie auch der Schwanz – wird das Kind zu einem selbstständig denkenden Wesen heranwachsen, zu einem aufrecht auf zwei Beinen gehenden, sprechenden, erschaffenden, erforschenden, beherrschenden und verändernden Menschen.

Jede/r Einzige von uns beschreibt die Geschichte des Menschen.

Aus klein wird groß, nach einem bestimmten, vorprogrammierten Verlauf. Eine Phase folgt auf die andere. Die Entwicklungsphasen sind nicht streng an das Alter gebunden, aber sie sind geregelt in der korrekten Bedeutung des Wortes – an Regeln gebunden.

Lisa fängt z.B. ein ganzes Jahr vor Karl an zu laufen – der ist in ihrem Alter, kann aber kaum krabbeln. Die Natur hat es nicht so festgelegt, dass Lisa und Karl laufen können, wenn sie fünfzehn Monate alt sind. Aber die Natur hat es so bestimmt, dass sowohl Lisa als auch Karl stehen können, bevor sie laufen lernen. So erfordert jede Weiterentwicklung, dass gewisse Voraussetzungen erfüllt werden, bevor der nächste Schritt auf dem Weg zurückgelegt werden kann.

Dadurch, dass der Mensch – groß oder klein – ein gewisses Maß an Reife erlangt hat, besitzt er die Voraussetzungen für die Überwindung eines Hindernisses, welches er vorher nicht hätte bewältigen können. Und nach dem Verhalten der kleinen Kinder zu urteilen, *schafft der Mensch sich selbst diese Widerstände*, wenn die Umstände es nicht tun.

Irgendetwas im Innersten der kleinen Lisa bringt sie zum Gehen, egal wie gut sie krabbeln kann. Irgendetwas im Innersten des kleinen Karl, der von sich aus langsamer ist, wird letztendlich auch ihn zum Gehen bringen.

Aber was ist es?

Es ist nicht die Vernunft: *»Wenn ich laufen lerne, kann ich selbst die Tür zur Speisekammer aufmachen.«*

Es ist auch nicht die Ablehnung dessen, was bisher war: *»Krabbeln macht keinen Spaß. Ich mag nicht mehr krabbeln. Ich möchte lieber laufen lernen.«*

Es ist nicht die Beobachtung, und auch nicht die Erfahrung: *»Alle, die laufen können, haben so viel Spaß, das sieht man ganz deutlich.«*

Es sind nicht die Umstände: *»Super, hier ist ein ebener und guter Fußboden. Hier kann ich mir das Laufen beibringen.«*

Und es ist auch nicht die Umgebung: *»Sie finden, ich müsse mit dem Laufen anfangen, also lerne ich es wohl lieber.«*

Was bringt den Bankdirektor Eriksen dazu, plötzlich als Freiwilliger bei einem Entwicklungsprojekt in Afrika mitzuarbeiten, nachdem er fünfzehn Jahre lang in seinem netten, gewohnten, alten Trott mit blank geputzten Schuhen ein Leben nach der Uhr gelebt hat? Was bringt ihn dazu, den Sprung ins Unbekannte zu wagen – allen Protesten seiner so vernünftigen Umgebung zum Trotz –, warum bricht er mit dem guten, regelmäßigen Leben, um sich auf unbekanntes Terrain zu wagen? Was ihn auch immer zu diesem Schritt bewegt hat, sonderlich glücklich, *bevor* er seine Entscheidung getroffen hat, ist er sicherlich nicht gewesen. Vielleicht nagte eine tiefe Unzufriedenheit mit seinem Leben über Jahre an ihm. Es liegt nicht an dem äußerlichen Leben, das er lebt, es ist etwas in seinem Innersten, das ihn weitertreibt.

Es ist der eigene, innere Trieb nach Weiterentwicklung.

»What a man can be, he must be.« (Was ein Mensch werden kann, *muss* er werden.)

Was der Mensch erreichen kann, *muss* er oder sie schaffen.

Die Entwicklung drängt sich auf.

Wie gesetzlich festgelegt, ist sie in jedem von uns von Natur aus vorprogrammiert.

Und wenn wir auch nicht alle als Freiwillige nach Afrika gehen und auch sonst nicht in drastischer Weise mit den äußeren Umständen unseres Lebens brechen, so treibt uns das Leben doch in regelmäßigen Abständen – meine ich – zu gewissen Veränderungen und einer gewissen Weiterentwicklung, ohne dass wir deswegen auf irgendeinen bestimmten Fehler im bisherigen Leben verweisen können. Irgendetwas treibt uns zum Gehen, egal wie gut wir krabbeln können. Und bevor wir uns fürs Laufenlernen entscheiden – um in der Bildersprache zu bleiben –, durchleiden wir eine mehr oder weniger plagende Phase der Unzufriedenheit, die von einem vagen Suchen gekennzeichnet ist, das von stummen, aber ermahnenden Befehlen aus unserem Innersten vorangetrieben wird.

Diese Phase nenne ich die »Phase der Veränderung«. Darauf folgt die »erforschende Phase«, in der etwas Neues heranreift, das sich dann in der »Phase der Beherrschung« festigt. Die Ruhe und die Zufriedenheit dieser »Phase der Beherrschung« werden irgendwann von einem neuen, inneren Trieb nach Weiterentwicklung unterbrochen, und es entsteht eine neue Phase der Veränderung, der dann wiederum eine Phase des Erforschens und des Beherrschens folgt.

Kaum jemand sagt den kleinen Kindern, dass sie versuchen sollen, laufen zu lernen. Sie werden es ja sowieso versuchen. Niemand trainiert sie darin, wie man sich das Laufen selbst beibringen kann. Sie lernen es von allein. Auch wenn man sie von ihren Laufversuchen abhalten würde, könnten sie schließlich trotzdem laufen.

Etwas in ihrem Innersten treibt sie zum Laufen, egal wie gut sie krabbeln gelernt haben.

Ich glaube, dies kann als ein Symbol der gesamten menschlichen Weiterentwicklung gesehen werden. Die Entwicklung ist nicht beendet, wenn der Mensch erwachsen wird – achtzehn oder zwanzig Jahre alt. Wir werden auch weiterhin das ganze Leben hindurch dazulernen. Das ganze Leben lang werden wir »laufen« lernen, egal wie gut wir »krabbeln« können.

Kleine Kinder folgen in einer unkomplizierten Weise diesem regelgebundenen Muster, ohne es in Frage zu stellen. Aber für uns Erwachsene, die in einer stark rationalisierten Kultur leben, ist der innere Trieb nach Weiterentwicklung und Veränderung oft eine harte Nuss, die schwer zu knacken ist: Die Umgebung fordert Erklärungen, ein festgelegtes Programm und Garantien, und das verlangen wir ja auch selbst – *man weiß, was man hat, aber nicht, was man bekommt* … Vielleicht wehrt man sich so lange wie überhaupt möglich gegen die Veränderung, die sich aufdrängen will, und man lehnt sie ab, ohne auf sie hören zu wollen. Es können viele Tabletten und kleine Gläschen nötig werden, um die innere Stimme der Unzufriedenheit zu stillen, wenn sie einen unbedingt weitertreiben möchte. Die Phase der Veränderung ist nicht gerade leicht.

Auch beim kleinen Kind ist dieser Lebensabschnitt keine harmonische Zeit. Bevor das Kind sich hinstellt und geht, kann man Zeichen von Missvergnügen und Unzufriedenheit feststellen. Aber dann passiert etwas sehr Faszinierendes an der Grenze zur »erforschenden Phase«, wie ich sie nenne. Das Kind – oder der erwachsene Mensch – trifft eine Entscheidung. Der Mensch wählt plötzlich – letztendlich – einen Weg aus der diffusen, undeutlichen, aber anmaßenden Unzufriedenheit. Er entschließt sich zum Handeln. Er sieht eine konkrete Möglichkeit. Er akzeptiert die Herausforderung. Das Kind steht auf, um den ersten Schritt zu machen – und nichts kann es aufhalten, wenn erst der Weg beschritten ist. Unser Bankfunktionär entschließt sich für die freiwillige Entwicklungsarbeit in Afrika. In seiner Entschlossenheit ist seine Stärke felsenfest. Einwände werden ihm nichts anhaben können. Er wird das durchziehen, wozu er sich entschlossen hat. Er sieht einen möglichen Weg zum Handeln und diesen Weg wird er gehen.

Wenn die individuelle, innere Forderung nach Veränderung zu einem Entschluss führt, geschieht etwas sehr Großes. Wenn du die Herausforderung annimmst und sie in Handlung umsetzt, machst du damit den ersten Schritt ins Unbekannte. Danach folgt eine Zeit, in der du das Unbekannte – und dabei auch das eigene Können – erforschst. Und schließlich wirst du deine neue Welt beherrschen.

Es ist erkennbar, dass jedes individuelle Menschenleben demselben Muster folgt: Kindheit und Jugend sind erforschend, das »Mannesalter« beherrschend, das mittlere Alter verändernd – »*Das Leben fängt mit vierzig an*« –, und danach kommt wieder eine erforschende Zeit, bis zur beherrschenden Lebensphase des hohen Alters. Innerhalb des Rahmens der großen Lebensphasen ist das Muster auch in kürzeren Intervallen erkennbar. Bei Säuglingen dreht es sich um Wochen, beim Kleinkind um Monate und Halbjahre, bei uns Erwachsenen um Jahre. Wie das Jahr an die Jahreszeiten gebunden ist, so folgt auch der Mensch seinem Rhythmus.

Das Leben – ein Kreislauf: Vielleicht beendet nicht einmal der Tod diesen Zyklus.

Ausgeprägt *beherrschend* in der Kindheit ist das Alter von etwa zwei, fünf und zehn Jahren.

Die Phasen der Beherrschung werden abgelöst von ausgesprochen *verändernden* Phasen: Erst das Trotzalter (mit etwa zweieinhalb), dann wieder im

Alter von sechs Jahren – die so genannte Sechsjahreskrise – und nochmals mit elf Jahren (früher das Lümmelalter genannt).

Auf die verändernden Phasen folgen die *erforschenden* Phasen und der Kreis schließt sich in einer erneuten Phase der Beherrschung.

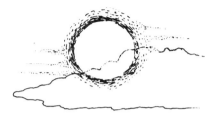

Wenn ich im Folgenden versuche, ein altersgebundenes Schema über diesen Entwicklungsvorgang herauszustellen, wird jeder dafür Verständnis haben, dass dies überaus schwierig ist. Lisa und Karl erlernen das Laufen ja nicht im gleichen Alter, nicht einmal annäherungsweise im gleichen Alter. Was ich zeigen möchte, ist, dass die Entwicklung ihren Lauf nimmt, ihren eigenen Rhythmus hat, ihr eigenes Muster aufweist. Ich möchte hier nichts anderes als meine Beobachtungen darstellen.

Es ist offensichtlich, dass die ausgeglichenen, harmonischen Phasen der Beherrschung in immer größeren Intervallen wiederkehren und dass diese Phasen dann auch immer länger andauern. Das zweijährige Kind ist Herr seines Lebens für etwa ein halbes Jahr. Das fünfjährige Kind ist die Lilie des Friedens für etwa ein dreiviertel Jahr. Das zehnjährige Kind genießt seine beherrschende Phase bis zu einem ganzen Jahr lang. Zieht man so die Linien des Lebens nach, lässt sich ein Schema wie das folgende aufstellen:

Beherrschende Lebensphasen:

Im Alter von etwa 2 Jahren	Dauer: etwa ein halbes Jahr
Im Alter von etwa 5 Jahren	Dauer: etwa ein dreiviertel Jahr
Im Alter von etwa 10 Jahren	Dauer: etwa ein Jahr
Im Alter von etwa 17 Jahren	Dauer: etwa anderthalb Jahre
Im Alter von etwa 26 Jahren	Dauer: etwa zwei Jahre
Im Alter von etwa 36 Jahren	Dauer: etwa drei Jahre
Im Alter von etwa 50 Jahren	Dauer: etwa vier Jahre
Im Alter von etwa 65 Jahren	Dauer: etwa sechs Jahre
Und im Alter von etwa 82 Jahren	für die unter uns, die dann noch dabei sind, sollte die Phase etwa acht Jahre andauern.

Während der *beherrschenden Lebensphasen* kann der kleine – oder der große – Mensch, bildlich gesehen krabbeln; er krabbelt ausgezeichnet und fühlt sich wohl dabei. Er strebt nicht danach, auf eine andere Weise als durchs Krabbeln vorwärts zu kommen. Der Bankdirektor, der uns als Beispiel dient, ist mit dem Zustand der Dinge zufrieden. Er beherrscht sein Leben und sein Können, und es erfüllt ihn mit Zufriedenheit. Nicht einmal in seinen wildesten Phantasien würde er daran denken, als Entwicklungshelfer freiwillig nach Afrika zu gehen.

Aber dann treibt irgendetwas das Kind und auch den Bankdirektor zum Gehen an, und zwar egal wie gut sie krabbeln können. Eine schwer fassbare, unabwendbare Forderung nach Weiterentwicklung kommt immer mehr zum Vorschein und ihre Begleiterscheinung ist die Unzufriedenheit.

Verändernde Lebensphasen:

Im Alter von etwa 2,5 Jahren
Im Alter von etwa 6 Jahren
Im Alter von etwa 11 Jahren
Im Alter von etwa 18,5 Jahren
Im Alter von etwa 28 Jahren
Im Alter von etwa 40 Jahren
Im Alter von etwa 54 Jahren
Im Alter von etwa 71 Jahren
Und im Alter von etwa 90 …

Dabei wächst die Dauer dieser Phasen nicht mit dem steigenden Alter, sondern sie wird immer kürzer und kann je nach Individuum zwischen einem und mehreren Jahren variieren.

Kleine Kinder im *Trotzalter* gehen durch ein lang anhaltendes Fegefeuer, weil sie wegen mangelnder Erfahrung nicht dazu im Stande sind, verschiedene, mögliche Handlungswege herauszufinden. Die erlösende Entscheidung lässt sich nicht treffen. Den Kindern fehlt es an Alternativen wie auch an Wissen über Alternativen und ebenso an Reife und praktischen Möglichkeiten, um eine Wahl treffen zu können. Der halberwachsene oder erwachsene Mensch kann dagegen aktiv seine Situation verändern – oder es bewusst unterlassen.

Die schwierige, verändernde Phase wird dann von der erforschenden abgelöst, die eine aktive, entscheidungskräftige und untersuchende Zeit darstellt. Die kleinen, missvergnügten, unzufriedenen Krabbelkinder, die während der »Zeit der Beherrschung« vom Krabbeln noch so begeistert waren, stehen endlich auf und fangen an zu laufen. Und fallen hin. Und tun sich weh. Und versuchen es trotzdem beharrlich wieder und wieder und noch einmal. Sie zeigen dabei eine ganz offensichtliche Sturheit. Unser Bankdirektor begibt sich auf die Reise seines Lebens, ohne auch nur die geringste Ahnung davon zu haben, was ihn erwartet – oder mit einer nur sehr vagen Ahnung –, aber er ist wild entschlossen, mit seinem Vorhaben Erfolg zu haben. Welche Schwierigkeiten auch auf ihn zukommen werden, er ist fest entschlossen, sie zu überwinden.

Erforschende Lebensphasen:

Im Alter von etwa   *1* Jahr
Im Alter von etwa   *4* Jahren
Im Alter von etwa   *8* Jahren
Im Alter von etwa *14* Jahren
Im Alter von etwa *22* Jahren
Im Alter von etwa *32* Jahren
Im Alter von etwa *44* Jahren
Im Alter von etwa *56* Jahren
Im Alter von etwa *72* Jahren

Das erforschende Kind ist aufmerksam, wissbegierig, experimentierend und lässt sich durch keine Hindernisse vom Weg abbringen. Mit mutiger Neugierde und Entdeckungslust erweitert das Kind seinen Horizont. Der Sprung ins Unbekannte ist schwindelerregend, aber selten erschreckend, und wird vielleicht vor allem von einer resolut anmutenden Notwendigkeit getragen. Stärke, Entschlossenheit und Mut kennzeichnen die Phase der Erforschung, aber auch Waghalsigkeit – wer zu allem bereit ist und mutig die Tragfähigkeit seiner Flügel ausprobiert, mäßigt sich nur selten. Das erforschende Kind überlegt nicht immer, bevor es handelt, es schätzt oft sein eigenes Können falsch ein, es überanstrengt sich oder geht einfach zu weit. Trotzdem sind die erforschenden Phasen positiv, sie sind anregend sowohl für die Kinder als auch für ihre Umgebung. Sie sind voller Leben, spannend und aufregend. Was man auch immer dazu sagen mag, ereignislos sind sie jedenfalls nicht. *Das beherrschende Kind* ist ruhig, vernünftig, ausgeglichen und reif; es akzeptiert unerschrocken, dass es hier und da Hindernisse gibt. Geduld, das Fehlen vom Maßlosigkeit, Anspruchslosigkeit und innere Sicherheit sind Kennzeichen der beherrschenden Phase. Die Welt ist ausreichend groß. Sie muss nicht größer sein. So wie sie ist, beinhaltet sie alles und das ist ausreichend. Das beherrschende Kind kennt seine Fähigkeiten ganz genau und überschreitet nur selten oder nie seine Grenzen. Das Kind fühlt sich wohl in seiner Haut und in seiner Umgebung.

Die *beherrschenden Phasen* sind wunderbar – der reinste Urlaub für schwer beanspruchte Eltern, die sofort den Fehler machen, zu glauben, dass das Kind für immer so bleiben wird, wie es jetzt ist. Sie glauben, das Kind sei »fertig«, und das Einzige, was noch jetzt nötig wäre, sei der letzte erzieherische Schliff. Das Leben ist im Lot, und das Kind mittendrin, fest wie ein Felsen.

Doch auf brutale Weise bringen *die verändernden Phasen* diese Idylle durcheinander. Das Kind in der Veränderung verliert sein Gleichgewicht, auch buchstäblich gesehen: Es fällt oft hin und tut sich weh, hat Wachstumsschmerzen, ihm geschehen unendlich viele Ungeschicke, es fängt eventuell an zu stottern, nässt ein oder sieht schlecht. Die Phasen der Veränderung sind disharmonisch, qualvoll, oft von großen Gefühlsschwankungen und extremer Launenhaftigkeit beherrscht. Das sich verändernde Kind ist fordernd, schwierig, ungeduldig und provozierend. Die Welt, die eben noch ausreichend groß war, ist nun auf einmal zu klein und zu groß – beides zur gleichen Zeit – und die größte Unsicherheit, die größten Schwankungen entstehen in Bezug auf die eigenen Fähigkeiten oder eben fehlenden Fähigkeiten. Größenwahn wechselt sich mit Minderwertigkeitskomplexen ab und die Probleme sind vorprogrammiert.

Das Kind der Veränderung wird von den Eltern dann oft als hoffnungsloser Fall abgestempelt und mit der wunderbaren Ausgabe seiner selbst im vergangenen Jahr verglichen. Was die ganze Angelegenheit nur noch schlimmer werden lässt. Diese Phase ist belastend für alle Beteiligten, aber sicherlich ist die Belastung für das Kind selbst am größten.

Die schwierige, wirklich quälende Phase der Veränderung mit ihrer inneren Unzufriedenheit – die überaus deutlich zum Vorschein kommt – wird unterbrochen, wenn das Kind endlich die Fähigkeit zum Handeln erlangt, wenn es sich einen Ausweg suchen kann und durch die qualvoll erlangte Reife einen Schritt nach vorn machen kann.

Und dann beginnt die *Phase der Erforschung*. Das Kind, das sowohl verwirrt als auch entsetzt den Sprung ins Unbekannte wagte, ist gelandet – und fängt an sich zu orientieren, zielstrebig und mutig, mit Erleichterung und Enthusiasmus, die seiner Entschlossenheit entspringen.

Wir wollen nun versuchen, detailliertere Altersstadien herauszuarbeiten – mit demselben Vorbehalt wie vorhin: Nur meine eigenen Beobachtungen bilden die Grundlage meiner Behauptungen:

3 Wochen bis etwa 5 Monate:	(generell) erforschend
5 bis 7 Monate:	beherrschend
8 bis 9 Monate:	verändernd
10 bis 12 Monate:	erforschend
1 Jahr bis 1,5 Jahre:	beherrschend
18 bis 20 Monate:	verändernd
20 bis 24 Monate:	erforschend
2 bis 2.5 Jahre:	beherrschend
2.5 bis 3.5 Jahre:	(generell) verändernd (drei Jahre: beherrschend)
3.5 bis 5 Jahre:	(generell) erforschend
5 bis 6 Jahre:	beherrschend
6 bis 7 Jahre:	verändernd
7 bis 10 Jahre:	(generell) erforschend
10 bis 11 Jahre:	beherrschend
11 bis 12 Jahre:	verändernd
12 bis 17 Jahre:	(generell) erforschend (mit 13 beherrschend und mit 14 verändernd)
17 bis 18,5 Jahre:	beherrschend
18,5 bis 20 Jahre:	verändernd

Und so weiter – nach demselben Muster, aber mit variierenden, individuellen Intervallen.

Man könnte versucht sein, Anweisungen zu geben, wie man mit beherrschenden, verändernden bzw. erforschenden Kindern umgehen sollte, aber ich möchte hier vor allem hervorheben, dass nichts verkehrt gelaufen sein muss, nur weil das Kind sich plötzlich ganz anders verhält als noch vor einem Jahr. Je kleiner das Kind ist, desto schärfer sind die Umbrüche und desto überwältigender die Veränderungen. Aber je älter das Kind wird, umso deutlicher macht sich seine Persönlichkeit bemerkbar und das Kind bleibt trotz wechselnder Phasen unverwechselbar.

Kleine Menschen, die sich in der Phase der Beherrschung befinden, vertragen vieles – äußere Veränderungen werden mit stoischer Ruhe hingenommen und die Vernunft wächst nun auf fruchtbarem Boden. Dagegen sollten kleine Menschenkinder, die sich gerade in einer verändernden Phase befinden, äußeren Veränderungen so wenig wie möglich ausgesetzt werden. Es ist wichtig, dass sie sich während einer Zeit der großen, inneren Veränderungen auf eine feste Alltagsroutine, ausreichend viel Schlaf und Nahrung, eine einigermaßen unveränderte Umgebung und vertraute Verhältnisse verlassen können, um damit das innere Chaos auszugleichen.

Schließlich sollte es kleinen Menschen in der erforschenden Phase vor allem erlaubt werden, in aller Ruhe forschen zu können und dabei eigene Wege zu gehen; dabei ist viel Aufmerksamkeit angebracht, aber auf keinen Fall sollte man das Kind an seinem Forscherdrang hindern. Andererseits: Zu schnell soll die kleine Welt auch nicht groß werden. Unser Bankdirektor Eriksson kann ja im afrikanischen Urwald auch nicht gleich die ganze Entwicklungsarbeit allein übernehmen!

Etwas über die Persönlichkeit

Die Persönlichkeit ist das Einzigartige, das absolut Individuelle und – glaube ich – das im Grunde genommen Unbeeinflussbare. Schon im Alter von fünf Monaten entfaltet sich die Persönlichkeit des kleinen Kindes schön und deutlich zur vollen Blüte (siehe Seite 301).

Hat man noch nicht den richtigen Namen für das Kind finden können, wird er nun meistens ganz von selbst auftauchen. Es ist wohl irgendwie so, dass das kleine Kind schon seine Meinung dazu äußert.

Wie formt sich nun die Persönlichkeit? Dies zu beschreiben erscheint mir genauso schwierig, als wenn ich versuchen würde, dir zu erklären, welche Tätigkeit eine Seele ausübt. Wenn das Verhalten des kleinen Jungen das ist, was er *tut*, dann ist die Persönlichkeit das, was er *ist*. Aber auch was er ist, wird ja in dem, was er tut, zum Ausdruck kommen.

Lass uns zusammen ein Ehepaar besuchen! Wir finden einen Ehemann, der morgens gern lange schläft, so lange wie möglich; außerdem ist er morgens immer ziemlich schlecht gelaunt. Seine geliebte Frau dagegen ist schon um sechs Uhr in der Frühe frisch und munter wie ein Singvogel. Nun schlägt sie ihrem Mann vor, abends ein bisschen früher ins Bett zu gehen. Vielleicht kann er dann, wie sie, verstehen und genießen, dass die Morgenstund Gold im Mund hat. Er macht es so, wie sie sagt. Er geht früh ins Bett. Und dort liegt er dann und starrt hellwach an die Decke, während sie tief und fest schläft. Die Frau seufzt: Morgens ist er genauso sauer und gnatzig wie immer. Es stellt sich auch heraus, dass er morgens genauso müde wie sonst auch ist, selbst wenn er zwölf Stunden an einem Stück geschlafen hat. Umgekehrt zeigt es sich, dass sie trotzdem putzmunter und gut gelaunt am frühen Morgen erwacht, auch wenn sie ausnahmsweise mal bis spät in die Nacht aufgeblieben ist.

Es ist offensichtlich, dass sich dies nicht ändern lässt, und als gute Eheleute, wie sie sind, einigen sie sich schnell, dass sie die Versuche, etwas zu verändern, aufgeben wollen, weil es ganz offensichtlich zu ihren jeweiligen Persönlichkeitszügen gehört. Die kluge Frau sieht ein, dass es keinen Sinn hat, den morgenmüden Mann aus den Federn zu zerren, und der kluge Mann gibt es auf, abends die abendmüde Frau zum Aufbleiben zu überreden. In dieser Hinsicht akzeptieren beide die Persönlichkeit des anderen.

Und genauso werden auch kluge Eltern den Versuch unterlassen, die Persönlichkeit ihres Kindes umzuformen. Denn genau wie wir Erwachsenen haben auch die Kinder sehr verschiedene Persönlichkeiten.

Als erwachsener Mensch fühlt man sich nicht bei allen Menschen, die man trifft, gleich vertraut und wie zu Hause. Einige wirken ansprechender, andere weniger. Einige geben einem intuitiv das Gefühl der Verbundenheit, andere wiederum überhaupt nicht. So verhält es sich auch zwischen Eltern und Kindern: Einige Persönlichkeiten passen besser zusammen als andere.

Ich habe viele Kinder und ich liebe sie alle, aber wenn ich sie als Erwachsene zum ersten Mal treffen würde, wäre ich mir nicht sicher, ob ich mit allen näheren Umgang suchen oder tiefere Freundschaften schließen würde. Einige von ihnen haben eine Persönlichkeit, die mit meiner eigenen besser übereinstimmt – und einige nicht.

Offene, aktive Eltern, deren Lebensstil etwas schnell und hektisch ist, können ein kleines Kind bekommen, das etwas langsamer voranschreitet und immer ruhig und entspannt, ja, einfach total lässig ist. Gesetzte Leute, die einen Großteil ihrer Zeit gemütlich zu Hause verbringen, können ein Kind mit einem südländischen Temperament und »Hummeln im Hintern« bekommen. Es kann unpraktisch und eigenartig erscheinen, aber es ist nun mal so – und das muss man einfach akzeptieren.

Ein kleiner – oder großer – Mensch, der ungehemmt die Freiheit genießt, einfach der Mensch zu sein, der er nun einmal ist, ohne dass jemand versucht, etwas aus ihm zu machen, was er nicht ist, kann *sagen, was er will, meinen, was er will, denken, was er will, träumen, was er will, und frei darüber erzählen.* (Aber er kann sich nicht so benehmen, wie er will.)

Man muss also versuchen, die eigene Zunge zu zügeln, wenn das Kleine ankommt und berichtet: »*Letzte Nacht habe ich geträumt, dass ich dich umbrachte. Und dann habe ich dich in lange Streifen geschnitten. Und die habe ich alle in den Fleischwolf gestopft. Und dann kam Hackfleisch heraus und das habe ich der Katze gegeben!*«

Oder:

»*Weißt du was? Ich habe geträumt, dass Papa die Frau im Gemüseladen geküsst hat, und dann habe ich ein Eis bekommen, damit ich dir nichts davon erzähle!*«

Oder:

»*Heute, als ich draußen gespielt habe, habe ich einen roten Elefanten mit grünen Punkten gesehen!*«

Oder einfach kurz und bündig:

»*Du bist doof!*«

Alle diese Mitteilungen mögen für den einen oder die andere regelrecht ein wenig erschütternd sein; aber eigentlich gibt es nur eine Reaktion darauf – ein interessiertes »*Ja? – Wirklich?*«, während man sich die Zunge verknotet, um nicht auszurufen: »Wie kannst du nur etwas so Schlimmes von deiner Mama träumen« bzw. »Das ist ja das Schlimmste, was ich je gehört habe!« bzw. »So ein Quatsch, es gibt gar keine roten Elefanten mit grünen Punkten!« bzw. »Pfui, schäme dich, du unartiges Kind!«.

Hat dies nun etwas mit der Persönlichkeit zu tun? Ja. Es hat mit *dem freien Ausdruck der Persönlichkeit* zu tun.

Peter möchte Lokomotivführer werden. Zurzeit. Und dann muss er nicht zu hören bekommen – wenn er sich frei fühlen soll, um das zum Ausdruck zu bringen, was er in seinem Herzen fühlt –, dass Lokomotivführer nicht das Richtige ist, dass es ein unsicherer Beruf ist, dass er sowieso viele Male seine Meinung ändern wird, dass Papa es eigentlich so gedacht habe, dass er die Firma übernehmen sollte, dass er eigentlich viel besser dazu geeignet sei, Ingenieur zu werden, dass Lokomotivführer oft bei der Arbeit einschlafen, was sehr gefährlich werden könnte, oder dass das Zeitalter der Züge sowieso bald zu Ende sein wird. Natürlich ist es möglich, dass Peter nächstes Jahr oder schon nächsten Monat etwas ganz anderes als Lokomotivführer werden möchte. Das ist nicht das Entscheidende. *Während* er den Wunsch verspürt, Lokomotivführer werden zu wollen, sollte es ihm erlaubt sein, diesen Wunsch frei auszudrücken – d.h., er sollte in seinem Wunsch respektiert werden (ohne deswegen darauf festgenagelt zu werden).

Ein Tipp:

Man meistert fast jede denkbare Situation – während man dabei vielleicht ein paar Mal tief durchatmet – mit dem üblich begeisterten »*Ja? – Wirklich?*« und wenn man dann darauf einfach einige interessierte Fragen folgen lässt.

Die sehr kleine Elisabeth kommt und gibt plappernde Töne von sich, die man aber unmöglich verstehen kann. Was sie auch versucht zu sagen, es hört sich wie eine Behauptung oder eine Feststellung an. Der Freund der Ordnung sieht besorgt aus: »Ich verstehe ja gar nicht, was du sagst, meine Kleine. Was meinst du?« Die richtige Reaktion wäre hier gewesen: »*Ja? – Wirklich?*«

Für gewöhnlich habe ich Besucher, die für meine mitteilsamen, kleinen Kinder zum Gegenstand großer Aufmerksamkeit wurden, gebeten: »*Gib ihnen einfach in allem Recht!*« Denn Elisabeth hat dem Erwachsenen ihr Vertrauen geschenkt – sie hat sich im wahrsten Sinne des Wortes mitgeteilt: Sie *teilte mit (einem)*. Da heißt es einfach entgegennehmen. Egal ob man etwas versteht oder nicht und egal ob man sich selbst dabei fragt, ob alles so seine Richtigkeit hat.

Aber wie verhält es sich mit Phantasiegeschichten? Mit reinen Lügen? Rote Elefanten? Soll dies alles mit einem »*Ja? – Wirklich?*« erwidert werden? Ich finde ja. Hand aufs Herz: Welchen Schaden kann der rote Elefant anrichten? Wie oft hast du nicht selbst gedacht, du hättest etwas gesehen, was es eigentlich gar nicht gibt?

Der Unterschied zwischen »ich dachte, ich sah ...« und »ich sah ...« besteht nur, wenn die Vernunft dazwischentritt. Das Kind hat in der Tat einen roten Elefanten mit grünen Punkten gesehen – infolge persönlicher Auffassung. Und gerade die sollte man respektieren.

»*Ich kann bis zehn zählen*«, behauptet ein kleines, hoffnungsvolles Kind. – »*Ja? Wirklich? Lass mich mal hören!*« – »*Eins, zwei, fünfzehn, tieben, zehn.*« – »*Oh, ja-ah! Das hast du fein gemacht!*«

Wird das Kind weiterhin so zählen? Und wird der Entdecker des roten Elefanten an seiner Vision festhalten? Nein. Man kann sich als Mutter oder als Vater darauf verlassen, dass die Entwicklung in der Tat fortschreitet. Kleine Kinder werden ihre Fehler selbst korrigieren. Die Auffassung von der Wirklichkeit wird der echten Wirklichkeit immer mehr entsprechen. Das Kind wird früh genug nüchterner werden – und dadurch vielleicht etwas langweiliger, vielleicht bis hin zu pedantischer Genauigkeit. Diese Entwicklung muss man nicht unnötig fördern. Sie kommt schon von allein.

Genauso trist wie immer wiederkehrend ist die folgende Situation am Strand oder am Planschbecken: Das Kind wandert auf dem Boden des Beckens oder in einer flachen Stelle des Meeres an Strand. Die Arme »schwimmen« mit großen, planschenden Bewegungen. »Guck mal!«, ruft das Kind, »ich kann schwimmen!« Begeistert nähert sich Mama oder Papa, schaut zu und will gerade schon das Kind loben – um dann zu sehen, wie sich die Sache in Wirklichkeit verhält. Säuerlich lautet der Kommentar: »Das ist doch kein Schwimmen. Du schummelst ja. Du kannst gar nicht schwimmen.«

Na, und? Das Kind weiß sehr wohl, dass es nicht perfekt schwimmen kann. Aber *fast*. Jedenfalls sieht es so aus, als könne das Kind schwimmen, nicht wahr? Im nächsten Sommer wird das Kind nicht mehr damit zufrieden sein, dass es *fast* schwimmen kann oder dass es so aussieht, *als ob*. Im nächsten Sommer wird geschwommen – und zwar richtig. Das heißt, nur wenn es sich lohnt, es zu versuchen. Nur wenn Papa oder Mama *die kindliche Methode* des Schwimmenlernens nicht ablehnen oder nicht noch etwas anderes bemängeln. Sonst erleidet die Freude über das Erreichte einen Einbruch.

Du brauchst vor den Phantasien deiner Kinder keine Angst zu haben und solltest sie nicht so schnell als Lügen abtun, wenn du bedenkst, was es eigentlich ist, was du vermeiden möchtest – du möchtest vermeiden, dass dein Kind lügt, statt die Wahrheit zu sagen. Aber wir Menschen lügen, wenn wir aus irgendeinem Grund nicht die Wahrheit erzählen *können*. Es gibt immer Gründe. Wir lügen nicht aus angeborener Verlogenheit. Wir können immer die Wahrheit sagen, wenn wir uns frei fühlen, wir selbst zu sein – und dieses Gefühl haben wir eigentlich nur bei den Menschen, die uns lieben und uns zu verstehen versuchen.

Kinder sagen das, was *für sie* die Wahrheit ist. Jedes Mal, wenn eine solche Wahrheit, eine kindliche Wahrheit, als Lüge oder Hirngespinst abgetan wird, wird ein Stein auf die Mauer gelegt, die in Zukunft das Kind daran hindern könnte, die echte Wahrheit zu sagen.

Ich habe mich immer den kleinen Kindern angeschlossen. Ich habe detaillierte Märchen »zusammengelogen«, darüber, wie es sich beispielsweise mit den Heinzelmännchen und den Elfen verhält: »Die Elfen tanzen über die feuchten Wiesen – das sieht doch jeder. Dort sind sie, in Schleier gehüllt! Aber geht man hin, um sie aus der Nähe zu betrachten, bekommen sie Angst und verschwinden. Es kommt vor, dass eine Elfe sich verirrt. Das ist schrecklich traurig. Was soll die kleine Elfe nun bloß tun, um wieder nach Hause zu finden?« Oder: »Das Heinzelmännchen ist ein liebes kleines Wesen, das darauf achtet, dass der ganzen Familie nichts Böses passiert. Es passt auf das Haus auf. Es gibt sich so viel Mühe! Für seine große Leistung wird es am Heiligabend belohnt: Es bekommt eine Schüssel voll Milchreis mit Zimt und Zucker, dazu einen Becher mit gesüßter Milch und einen besonders kleinen Löffel.« Die Schüssel haben wir auf den Balkon oder in den Schnee hinausgestellt und die ganze Sache war ein schönes und aufregendes Zeremoniell. Wenn die Kinder dann eingeschlafen waren, habe ich die Schüssel geleert und mit den Fingern kleine Spuren in den Schnee gemacht.

Einmal hat eines meiner Kinder – sie war zu dem Zeitpunkt schon neun Jahre alt! – einen Brief an das Heinzelmännchen geschrieben, in dem sie es fragte, ob der Milchreis gut sei, und ihm erklärte, dass es so lieb sei. Sie bettelte darum, von ihm eine Antwort zu bekommen, und hat ein Stück Papier und einen kleinen Bleistiftstummel mit in den Brief gelegt.

Ich wusste nicht, was ich tun sollte. Schließlich entschied ich mich dafür, selbst eine kleine Antwort aufs Papier zu bringen. So weit bin ich in der Tat gegangen. Die Kleine war überaus entzückt und ich habe mich sowohl geschämt als mich auch mit ihr gefreut.

Die Jahre vergingen. Neue kleine Kinder haben von dem Heinzelmännchen erfahren. Es kam vor, dass ein Kind mich fragte, ob es das Männchen auch wirklich gebe. Ich beteuerte es und gab neue, überzeugende Details. Aber dann passierte es natürlich: Das älteste Kind kam angelaufen und teilte mir mit, jetzt begriffen zu haben, was es mit dem Heinzelmännchen auf sich hat. »Es gibt gar kein Heinzelmännchen. Du bist es, die die Schüssel leer macht. Du machst auch die Spuren im Schnee. So ist es doch, nicht wahr?« Ich zögerte. Aber sie lächelte. Es gab keine Spur der Enttäuschung, keine Anklage in ihrer Stimme. Also habe ich es bestätigt, aber gleichzeitig gewarnt: »Wenn du es deinen Geschwistern verrätst, werde ich dir die Ohren lang ziehen!«

In den folgenden Jahren fanden die Kinder – eins nach dem anderen – ganz allein heraus, dass es kein Heinzelmännchen gab. Keins von ihnen reagierte mit Wut oder Beleidigung, weil ich sie hinters Licht geführt hatte. Nicht eines von ihnen hat sich darüber aufgeregt. Alle haben über die Geschichte nur gelächelt – außer derjenigen, die einmal einen Brief vom Heinzelmännchen bekommen hatte. Ihr wurde die Geschichte durch ihre Geschwister enthüllt. Sie haben es ihr nicht erlaubt, in ihrem eigenen Rhythmus und aus eigener Reife zu erfahren, wie es sich verhielt. Sie wurde so traurig, dass ich den anderen fast tatsächlich die Ohren lang gezogen hätte.

Kinder lernen. Von selbst. Manchmal auf unerklärliche Weise, aber sie lernen. Es wird z.B. behauptet, es sei nicht gut, mit den kleinen Kindern Babysprache zu sprechen, man solle sich lieber darum bemühen, mit ihnen eine korrekte Sprache zu sprechen.

Ein umfassendes Korrigieren der kindlichen Sprache müsste wie folgt aussehen: »*Es heißt nicht aufgessen. Es heißt aufgegessen. Kannst du das sagen?*« »*Auf-ge-gessen*«, sagt das Kind artig. Und dann: »*Hast du auch aufgessen?*«

Meiner Meinung nach kann man ruhig bei der Kindersprache bleiben, wenn man es möchte. Man kann überhaupt viel mehr, als man denkt, dem eigenen (kommenden) Können des Kindes und seiner inneren, gebietenden Forderung nach Weiterentwicklung überlassen.

Die Persönlichkeit ist reich wie ein vollkommener Akkord, zusammengesetzt aus dunklen und hellen Tönen. Dieselben Kinder, die in ihren beherrschenden Entwicklungsphasen die Ruhe selbst sind, können in ihren erforschenden Entwicklungsphasen Nervosität, Unruhe und manchmal schon eine fast fieberhaft anmutende Aktivität entwickeln. Was bewirkt, dass du als Vater oder als Mutter leicht denken kannst, mit deinem Kind würde etwas nicht stimmen. Eine gehörige Portion Aufmerksamkeit ist immer angebracht, aber keine ständige Beunruhigung. Es ist ja alles in Ordnung, und es sind nur andere Seiten der Persönlichkeit, die zum Vorschein kommen. Ich finde, man sollte es sich immer noch einmal durch den Kopf gehen lassen, bevor man seiner Besorgnis freien Lauf lässt und feststellt: »Du hast dich ja so verändert!« Als Erwachsene finden wir es ja auch nicht immer angenehm, zu erfahren, dass andere Menschen der Meinung sind, wir haben uns verändert – besonders nicht, wenn sie es mit einer Spur von Kritik oder Missbilligung sagen. »*Tatsächlich? Wie bin ich denn anders als sonst? Darf ich denn nicht so sein, wie ich eben bin?*«

Vorherrschende Charakterzüge eines Kindes treten besonders ausgeprägt in den schwierigen Entwicklungsphasen hervor, die ich *verändernd* nenne. Wir wissen alle, wie verschieden Erwachsene reagieren, wenn sie einer größeren Belastung ausgesetzt werden: Einige zeigen eine ungeahnte Stärke und Tatkraft. Andere strahlen eine Ruhe aus, die ihre ganze Umgebung beruhigt. Wieder andere lassen sich bis zu völliger Panik überwältigen. Es gibt Kinder, die kaum eine Zurechtweisung entgegennehmen können, ohne dabei gleich in Tränen auszubrechen. Bruder und Schwester können danebenstehen und nur mal eben mit den Achseln zucken.

Es gibt Kinder, die dem Anschein nach durch und durch aus hartem Leder, spitzen Ellbogen und Lebenskraft bestehen. Die Art und Weise, wie die Kinder auf Probleme reagieren, ist genauso unterschiedlich wie bei den Erwachsenen. Einige ziehen sich zurück. Andere sehen der Gefahr ins Auge und kämpfen einen mutigen Kampf.

Takt und Feingefühl sind notwendig, wenn man es bei der Persönlichkeit eines kleinen Menschen mit »unangenehmeren« Charakterzügen zu tun bekommt, die man ja nicht einfach ausradieren kann. Ängstliche Kinder werden nicht mutiger, wenn sie dazu gezwungen werden, sich mutig zu verhalten. Ängstliche Kinder werden vielleicht etwas weniger ängstlich, wenn es ihnen erlaubt wird, am Leben einfach Spaß zu haben.

Die kleine Emma z.B., deren Angst eine Belastung für sie selbst wie auch für ihre Eltern ist, wagt es, eines Tages ganz hoch zu schaukeln, weil ihr Vater sie zum Lachen bringt, während sie schaukelt – aber sie hätte es nie gewagt, so hoch zu schaukeln, wenn der Vater es lächerlich gefunden hätte, dass sie so niedrig schaukelt.

Die verändernden Phasen der Entwicklung lassen Raum für weniger angenehme, vielleicht richtig »unangenehme« Seiten der kindlichen Persönlichkeit. Das Kind ist ja aus dem Gleichgewicht geraten. Und die Weise, in der das Kind diese Disharmonie zeigt, sagt eine ganze Menge über dieses kleine Individuum aus.

Kleine Kinder, die im Trotzalter, im Alter von etwa sechs Jahren und wieder mit elf Jahren deutlich Widerstand zeigen und gegen etwas *ankämpfen*, mit jedem und allen Streit anfangen, schreien und heulen, mit sowohl sichtbaren als auch unsichtbaren Feinden kämpfen, zeigen damit einen deutlichen Charakterzug: Hier hat man es mit kleinen Menschen zu tun, die in dieser Welt wirklich vorankommen möchten. Sie wollen es sich nicht selbst leicht machen. Ganz im Gegenteil – wer hat gesagt, das Leben solle einfach sein? Sie werden für ihre Rechte kämpfen; sie werden nicht vor der Macht zurücktreten. Sie sind stark.

Aber kleine Kinder, die zusammenbrechen, weinen, allem und allen misstrauen, bezweifeln, dass jemand sie überhaupt mag, sich in sich selbst zurückziehen, nichts mehr sagen, sich verstecken in diesen schwierigen Zeiten der Veränderung – sie zeigen eine Empfindlichkeit und eine Verletzbarkeit, die eben auch zu ihren persönlichen Charakterzügen gehören. Sie werden leichtes Opfer von Depressionen. Sie werden nicht für ihre Rechte kämpfen. Sie werden traurig statt wütend. Sie werden selten oder nie auf die Barrikaden gehen, sondern eher die Einsamkeit suchen.

Mir ist aufgefallen, dass empfindliche Kinder oft mit mehr Humor ausgestattet sind als die so genannten starken Persönlichkeiten. Vielleicht ist gerade das ihre Rettung.

Wenn sich die so genannten starken kleinen Menschen dafür entscheiden, um jeden Preis dieses Leben zu meistern, weil es nun einmal darum geht, zu überleben und dies gut zu machen, kann man sagen, dass die kleinen, empfindlichen, verletzbaren Menschen in dieser Welt hauptsächlich deswegen vorankommen, weil ihnen das Leben Spaß macht. Und weil das Leben wunderschön ist.

Stark verallgemeinernd würde ich sagen, dass es drei vorherrschende Persönlichkeitstypen gibt. (Dazwischen gibt es natürlich jede Menge modifizierter, zusammengesetzter Varianten.)

Die drei vorherrschenden Typen nenne ich:
die starke Persönlichkeit,
die empfindliche Persönlichkeit und
den kleinen Aal (warum, wird weiter unten erklärt).

Die starke Persönlichkeit kann so viel Unruhe, Wut und Aufregung ab, wie man sich nur vorstellen kann; aber er (wenn wir nun sagen, dass es ein kleiner Junge ist) verträgt keinen Hohn, keine Verachtung oder gar, dass jemand ihn lächerlich macht.

Er testet alles und jeden. Verschiebt man Regeln oder Routinen, die ein für alle Mal festgelegt waren, bezweifelt er sie in Zukunft in herausfordernder Weise. Wenn man dann alle Argumente ausgeschöpft hat und letztendlich schlicht und ergreifend auf die pure Autorität zurückgreift: »Darüber diskutiere ich nicht, es wird so gemacht, wie ich gesagt habe!«, dann ist er zufrieden.

Er braucht den direkten Widerstand, einen Widerstand, der sich mit seinem misst – und ihn übertrifft. Es kann zu Streitigkeiten kommen, die der Umgebung den Atem verschlagen. Danach fühlt er sich pudelwohl. Schläge unter die Gürtellinie verträgt er dagegen nicht und auch Gereiztheit ist nicht unbedingt sein Fall. Sein Gespür für Fair Play ist sehr ausgeprägt und scheint angeboren zu sein.

Schon früh in seinem Leben kannst du an seine Vernunft appellieren – außer wenn er wirklich provozieren will.

Der Starke verträgt keine Verachtung, woraus sich ergibt, dass auch er nur ungern Verachtung verspürt. Ihm gegenüber sollte man für das eigene Leben geradestehen können. Mit dem Starken sollte man vor allem Freundschaft schließen – und wie gesagt, man sollte dabei ein guter Fighter sein. An ihn in verdeckter Weise zu appellieren, indem man demonstrativ schweigt, eine säuerliche Mine aufsetzt oder in geduldiger Schweigsamkeit leidet etc., wird keine Wirkung zeigen. Er wird es nur als sehr unangenehm empfinden und weggehen.

Das Losungswort der starken Persönlichkeit lautet *Direktheit*. Was man auch einwenden möchte, sollte man direkt, sofort und an ihn selbst richten. Er ist der Mann – oder die Frau –, der die Wahrheit verträgt.

Der Starke ist immer loyal mit einem ausgeprägten Sinn für Gerechtigkeit.

Der Starke wird sich bei einer inneren Forderung nach Veränderung nie davonschleichen. Er wird weitergehen, durchs ganze Leben. Das Gefährlichste für ihn ist es, ganz, ganz traurig zu werden. Wenn der Starke still wird – in Wort wie in Handlung –, darf man keine Zeit verlieren. Seine ganze Lebenslust ist in

Gefahr, sobald er sich nach innen kehrt und sich in schweigsamer Verzweiflung in sich selbst verkriecht.

Die empfindliche Persönlichkeit steht und fällt mit der Harmonie, die zu Hause vorherrschend ist. Dort sollte wenigstens eine gute Atmosphäre vorhanden sein. Bei einer solchen kann er – oder sie – unbeschwert leben und wirken, und das gern allein, nur für sich selbst. Wird ihm die Umwelt in irgendeiner Weise zu viel, zieht er sich zurück, ist unglücklich.

Der Empfindliche lacht, bis ihm der Atem fast vergeht, und wenn er weint, kullern die Tränen in dicken Strömen. Er kämpft nur selten oder nie für seine Rechte, und deshalb übersieht man leicht, dass er umhergeht und sich einer Depression nähert. Man merkt es nicht. Es können viele unglückliche Stunden vergehen, bis man ihn schließlich erreicht und ihm wieder näher kommt.

Auch als Erwachsener wird er sich nur schlecht behaupten können. Er wird traurig, statt wütend werden. Er weiß kaum, was Aggressivität ist. Er kann möglicherweise hysterisch reagieren. Der Empfindliche zieht sich lieber zurück, als dass er kämpft oder sich prügelt, und es hat nicht viel Sinn, zu versuchen, ihn in diesem Punkt zu ändern. Die Welt braucht ihre Friedenstauben.

Der Empfindliche sollte wissen, dass er richtig handelt, und nicht, dass er feige ist. Der Empfindliche sollte immer darin bestärkt werden, dass er so sein darf, wie er ist. Man muss versuchen, ihm zuzuhören, auch wenn er mit sehr kleinen Buchstaben redet – und das tut er. Man muss immer versuchen, ihn zu verstehen, auch wenn man eigentlich jede Menge Einwände hätte.

Es ist also sehr wichtig, dass man versucht, den Empfindlichen zu verstehen, aber genauso wichtig ist es, dass man sich selbst verständlich macht. Den Empfindlichen nimmt man am besten auf den Schoß und erklärt ihm ganz vorsichtig, wie sich die Sache verhält. *»Glaubst du nun, dass dies bedeutet, dass ich dich nicht liebe?«* – *»Nein... Doch... Vielleicht.... Ich weiß es nicht.«*

Der Empfindliche braucht sehr viel Zärtlichkeit. Und gerade er braucht auch sein tägliches Lachen. Wenn es um die tägliche Routine geht, ist er in der Regel flexibel und geht oft von selbst seinen fest geplanten Aktivitäten und Interessen nach. Das macht es leicht, mit ihm zu tun zu haben, nach außen hin.

Das Gefährlichste für den Empfindlichen ist es, wenn man ihm misstraut, ihn missversteht, ihn verfrüht abweist oder ihn falsch einschätzt. Fühlt er sich abgelehnt und unterschätzt, wird er nicht protestieren. Aber er wird leiden.

Er gibt sein Vertrauen auf. Seine Lebenslust bekommt Risse. Kopfüber versinkt er in die schwärzeste Depression.

Aber der Empfindliche besitzt eine außergewöhnlich starke Fähigkeit zum

Geben. Obwohl er so exponiert ist und es ihm so nahe geht, wenn man ihm misstraut, misstraut er selbst selten jemandem. Wird es ihm erlaubt, der zu sein, der er nun einmal ist, wird er einen unwiderstehlichen Charme entwickeln und dazu ein Wohlwollen und eine Fürsorge für seine Umgebung, die beeindruckend – und für uns andere notwendig – sind.

Der kleine Aal schließlich ist eine Persönlichkeit, die, ohne größere Schwingungen zu verursachen, durchs Leben gleitet, geschmeidig und elegant und auf seinem ganz eigenen Weg. Der kleine Aal lacht selten so, dass ihm der Atem fast vergeht. Er weint auch nicht so, dass ihm das Herz fast zerbricht.
  Der kleine Aal ist in allem *das Mittelmaß*. Entweder er ist zufrieden, und davon macht er nicht viel Aufhebens, oder er ist gnatzig.
  Der kleine Aal ist flüchtig. Ihm etwas zu sagen ist wie Wasser auf eine Gans zu schlagen. Oder auf einen Aal.
  Ganz selten kann sich der kleine Aal zu einem echten Gefühlsausbruch aufbäumen und dann wird vielleicht eine Tür laut zugeknallt. Mehr geschieht in der Regel nicht. Man hat das Gefühl, die Welt könne über den kleinen Aal zusammenbrechen, ohne etwas anderes auszulösen als die Überlegung, wo jetzt seine Zahnbürste sei.
  Der kleine Aal ist im Umgang mit Gegenständen meistens sehr vorsichtig und er kann einen pedantischen Sinn für Ordnung entwickeln. Am nächsten Tag kann er dann ganz unbeschwert jede Gewohnheit hinter sich lassen und sich darüber hinwegsetzen, als hätte er diese Gewohnheit nie gekannt.
  Der Aal hat immer gewisse Tricks im Ärmel, und es kann ihm auf schlaueste Weise gelingen, seine Umgebung zu manipulieren, vorzugsweise so, dass es niemand bemerkt. Wenn man als Mutter oder als Vater letztendlich die Geduld verliert und ruft: »Jetzt reicht's, genug ist genug!«, sieht er außerordentlich erstaunt aus. »Was? Was ist denn?« Er versteht nichts, möchte er damit andeuten. (Oder versteht er wirklich nichts? … Diese Art von Fragen, bei denen man sich gleichzeitig die Haare rauft, weil der andere offensichtlich nicht kapieren will, was man meint, gehört zur Tagesordnung, wenn man es mit kleinen Aalen zu tun hat.)
  Offensichtlich führt der kleine Aal ein reiches Innenleben. Das Leben, das er nach außen hin führt, ist, wie du merkst, nicht sonderlich reich. Er schließt Freundschaften mit Kindern, die ungefähr so sind wie er selbst, und womit sie sich dann gemeinsam beschäftigen, ist mir oft ein Rätsel geblieben. Sie können da sitzen und zusammen Comichefte lesen, stundenlang, ohne auch nur ein Wort zu wechseln.

In seinem erwachsenen Leben wird der kleine Aal sich höchstwahrscheinlich wie ein englischer Gentleman verhalten. Er betrachtet die Geschehnisse dieser Welt mit hochgezogener Augenbraue, mit ausgesuchter Distanz und leichter Verwunderung. Man hat das Gefühl, er macht einfach alles mit, und gleichzeitig ist es, als wäre er doch nicht damit einverstanden.

Der kleine Aal kann sehr träge sein, geheimnisvoll wirken oder so, als sei er im Allgemeinen sehr fern von allem. Seine Integrität ist unbestechlich. In der Regel ist der Umgang mit ihm sehr angenehm und er gibt selten Anlass zu Schwierigkeiten. Aber, wie gesagt – man kann sich im Nachhinein etwas verwirrt fühlen.

Das Gefährlichste, das einem kleinen Aal passieren kann, ist nicht wirklich gefährlich: Er wird immer durchkommen. Das Einzige, was ihm vielleicht wirklich gefährlich werden könnte, wäre, ihn nie in Ruhe zu lassen.

Auch von dem Körperbau eines Kindes kann man gewisse Persönlichkeitszüge ablesen. Und auch hier gibt es wieder drei vorherrschende Typen. Man hat ihnen folgende Bezeichnungen gegeben:

- der *Endomorphe,*
- der *Ektomorphe* und
- der *Mesomorphe.*

Der bleibende Typ des Körperbaus wird erkennbar, wenn das Kind etwa drei Jahre alt ist.

Das Pummelchen (der *endomorphe* Mensch) ist rund und fröhlich, sanft und sinnlich, es genießt das Leben in vollen Zügen. Das Pummelchen hat einen schönen rundlichen Körper. Es besitzt keine scharfen Kanten! Die Gesichtszüge sind mild und freundlich.

Das Pummelchen liebt Essen. Sie – wenn es nun diesmal um eine Sie geht – muss man nicht zum Essen zwingen. Sie nimmt sowieso nur zu gerne gleich zweimal. Die Pummelige schläft auch wunderbar. Sie liebt das Schlafen und es gibt selten oder nie Probleme mit dem Zu-Bett-Bringen. Und sie schläft lange.

Die Pummelige liebt Menschen und verabscheut Streitigkeiten. Sie ist sehr gesellig und unterhaltsam. Sie hat ein reiches Innenleben, das sie gerne zum Ausdruck bringt: Sie redet und erzählt, phantasiert und träumt laut. Alle finden sie charmant. Die Pummelige ist auch sehr großzügig, wenn es um die Liebe geht – welche jedoch manchmal genauso schnell verschwindet, wie sie entstand, nämlich wenn die Pummelige etwas Neues entdeckt, worauf sie ihre Liebe werfen kann.

Die kleine Pummelige ist unkritisch, warm und freundlich.

Die kleine Pummelige ist bei schlechter Laune nicht wütend, sondern sauer.

Die Pummelige kann sehr sentimental, auf die Tränendrüsen drückend und schwülstig sein.

Die kleine Pummelige liebt alles Schöne, Weiche, Hübsche und Lustige, aber sie legt in der Regel keinen großen Wert darauf, selbst dafür zu sorgen, dass es um sie herum schön ist. Merkwürdigerweise scheint es, als würde sie das Hässliche nicht sehen, dagegen nur das Schöne genießen. Sie ist selten pedantisch. Das Leben kennt größere Werte.

Die Pummelige ist sehr sinnlich.

Die Pummelige hat selten Probleme mit ihrer Verdauung und isst alles. Auch in ihrer Persönlichkeit ist sie sehr geduldig, hat viel Ausdauer und keine Anpassungsschwierigkeiten. Der Umgang mit der Pummeligen ist leicht, aber sie welkt wie eine abgeschnittene Blume, wenn der Alltag lieblos und trist ist.

Die kleine Pummelige ist eine Lebenskünstlerin. Sie sucht sich die guten Seiten des Lebens und sie genießt sie. Kleine Pummelige wird man kaum unter den kleinen Aalen finden – sondern sowohl unter den Empfindlichen als auch unter den Starken wie auch unter den dazwischenliegenden Varianten.

Die Bohnenstange (der *ektomorphe* Mensch) ist dünn und schlaksig, sie hat oft einen flachen Brustkorb und keine ausgeprägte Muskulatur an Armen und Beinen. Die Gesichtsmerkmale liegen häufig dicht zusammen und das Kinn ist schmal. Das Kind ist ganz und gar zartgliedrig, um nicht zu sagen, mager.

Die Bohnenstange hat oft Schlafprobleme oder jedenfalls Einschlafprobleme. Sie kann sich unendlich lange im Bett hin und her drehen und wenden, während sie sich über dies und jenes beschwert. Die Bohnenstange wird beim Aufwachen oft sauer sein und noch eine ganze Weile schweigsam bleiben.

Der Appetit lässt oft zu wünschen übrig, besonders in den ersten Jahren. Die Bohnenstange hält sich körperlich am Leben, aber mehr auch nicht. Sie zeigt selten große Begeisterung beim Anblick von leckeren Nachspeisen oder duftenden Fleischstücken. Die Bohnenstange ist beim Essen eher desinteressiert, als würde es sich nur um das Nachfüllen von Treibstoff handeln. Sie ist der Meinung, dass der Hunger, wenn er erst einmal entstanden ist, sofort gestillt werden sollte. Sie wartet nun mal ungern auf etwas.

Die Bohnenstange spricht selten mit großen Buchstaben und hat ein großes Verlangen danach, in Ruhe gelassen zu werden. In der Regel beschäftigt sich die Bohnenstange mit Dingen, die ihr sehr wichtig erscheinen. Die Bohnenstange ist oft auffallend intellektuell entwickelt, wissbegierig und hat ein gutes Gedächtnis. Sie ist in ihren Gedankengängen sehr konstruktiv und theoretisch veranlagt.

Die Bohnenstange liebt Ordnung und leidet bei Unordnung und Unsauberkeit. Sie kann sehr gut dafür sorgen, dass es um sie herum schön ist, und sie tut es nicht nur für sich selbst, sondern auch für andere. Das Bedürfnis nach Ordnung und Klarheit gibt sich auch im Seelischen zu erkennen: Die Bohnenstange macht ihren Standpunkt deutlich, strukturiert ihre Beziehungen, räumt Missverständnisse aus dem Weg, äußert sich zu diesem und jenem und möchte es um sich herum in jeder Hinsicht ordentlich haben.

Die kleine Bohnenstange besitzt eine tiefe Treue. Sie leidet unter Unausgesprochenem. Depressionen sind selten. Die Bohnenstange wird in der Regel konstruktive Auswege finden. Die Bohnenstange ist eine große Realistin, verantwortungsbewusst und engagiert.

Die Bohnenstange hat einen empfindlichen Magen – besonders in den ersten Jahren, und auch später im Leben wird sie meiden, was sie nicht verträgt, Nahrung oder auch anderes. Die Bohnenstange reagiert oft mit Kopf- oder Bauchschmerzen, wenn etwas nicht in Ordnung ist.

Die Bohnenstange ist nicht immer besonders gründlich, aber an der Oberfläche sollte es doch immer schön sein.

Kleine Bohnenstangen können sehr wohl kleine Aale sein, aber sie können auch unter den Starken zu finden sein. Dagegen gehören sie nur selten zu den ausgesprochen Empfindlichen.

Der Athlet (der *mesomorphe* Mensch) hat einen starken Körper, geschmeidig und gut gewachsen, außerordentlich wohlproportioniert, weder fett noch mager, mit fester Haut, oft großporig. Das Gesicht hat sehr deutliche, oft große »ausgebreitete« Züge.

Der Athlet ist ein Konkurrent. Er gibt sein Äußerstes und fühlt sich danach wohl. Er ist ein guter Verlierer und ein sympathischer Gewinner. Er ist überhaupt eine sehr ausgewogene Persönlichkeit.

Der Athlet isst gerne – mit Begeisterung, aber nicht mit der trägen Genüsslichkeit des Pummeligen. Oft ist der Athlet richtig gierig, hat immer Hunger. Der Schlaf ist gut.

In einer echten Konkurrenzsituation wird der Athlet sich aber bis zum letzten Tropfen verausgaben und viel zu lange viel zu wenig schlafen. Das Versäumte wird dann aufgeholt, indem er ein paar Tage wie ein Murmeltier schläft.

Der Athlet ist zielbewusst. Während das Pummelchen viel redet und vielleicht nicht so viel *tut* und während die Bohnenstange sich gründlich über den Sachverhalt informiert, wird der Athlet es meistens selbst herausbekommen. Er geht seine eigenen Wege und er handelt.

Das Pummelchen hat viele Eisen im Feuer, aber die meisten vielleicht in seiner Phantasie. Die Bohnenstange hat viele Eisen im Feuer und ist ernsthaft bei der Sache. Der Athlet hat jeweils ein Eisen im Feuer und kämpft dafür.

Der Athlet ist eine positiv gestimmte Persönlichkeit, die das Leben mag. Aber wie alle Konkurrenten muss er manchmal einsehen, dass seine Fähigkeiten nicht immer reichen. Als guter Verlierer zieht er sich aus dem Spiel zurück und schweigt über seine Niederlage. Und hier können gefährliche Depressionen lauern.

Der Athlet ist ein guter Freund, fröhlich und enthusiastisch und mit beiden Beinen auf der Erde, mit einer Seele, die genauso stabil ist wie seine Hingabe. Aber in seinem Inneren lauert oft eine Empfindlichkeit, die sehr verletzbar ist – und er mag diese Eigenschaft bei sich selbst nicht und zeigt sie nur ungern. Er ist nicht immer so stark, wie er aussieht.

Was der Athlet braucht, ist Aufmerksamkeit von seiner Umgebung und die Überzeugung, dass er *gebraucht* wird. Er mag sich nicht wie ein Außenseiter fühlen. Für den Athleten ist die Einsamkeit – in der tieferen Bedeutung des Wortes – direkt gefährlich.

Den kleinen Athleten findet man in der Regel bei den Starken und bei den Empfindlichen.

Hier ein typisches Beispiel, wie der athletische Mensch die Probleme dieser Welt angeht:

Die kleine Felicia lernt laufen. Sie nimmt einen Schemel als Stütze. Den Schemel schiebt sie vor sich her. Der Schemel stößt nun gegen eine Wand und Felicia kann nicht weiterkommen. Aber die *Athletin* Felicia muss unbedingt durch diese Wand – mit Schemel und allem Drum und Dran.

Das *Pummelchen* würde in dieser Situation – wenn es in seinen Anstrengungen überhaupt so weit gekommen wäre – das Vorhaben ganz aufgegeben haben. Schemel und Wände sind doch sowieso nur lästig! Es gibt so viele andere lustige Sachen, die man machen kann.

Die *Bohnenstange* hätte dagegen ihre Eltern angeguckt mit einem Blick, der sagen würde: »Diese Wand ist mir im Weg. Was werdet ihr dagegen tun? Tut doch etwas! Ich weiß nicht, worauf ihr wartet!«

Aber die kleine *Athletin* kämpft und kämpft, verbissen und zielbewusst: Sie *muss* durch die Wand hindurch! Dabei sagt sie keinen Ton. Nun geht die gutmütige Mutter – oder der Vater – hin und dreht Felicia mit ihrem Schemel in eine andere Richtung; die kleine Athletin Felicia schiebt sich mit viel Mühe quer durch den Raum bis zur gegenüberliegenden Wand. Die Prozedur wiederholt sich: Felicia *muss* nun unbedingt durch diese Wand. Genauso verbissen, genauso zielbewusst kämpft sie wieder schweigend, um auch diese Wand zu durchbrechen – mit Schemel und allem, was dazugehört. Der gutmütige Vater – oder die Mutter – dreht den Schemel nochmals um. Felicia kämpft weiter. Neue Wand, neuer Kampf. Das alles wiederholt sich bis zu einem Dutzend Mal.

Erst wenn Felicia die Sache als erledigt betrachtet, ist auch sie – endlich – erledigt. Die Bohnenstange hätte auf Vernunftargumente gehört – hätte sie entweder selbst vorgebracht oder sie von der Umgebung empfangen. Das Pummelchen hätte alles aufgegeben, wenn es nur eine ablenkende Verführung gäbe. Der Athlet dagegen hört auf nichts anderes als auf seine eigene, stur erforschende Erfahrung.

Ein Jahr: Das gute Leben

Einjährige sind sehr einnehmende, kleine Menschen. Gesellig, fröhlich, voller Begeisterung begegnen sie jedem neuen Tag, als würde immer ein Abenteuer auf sie warten. Und das ist meistens auch der Fall. Wenn nicht, werden sie schon selbst dafür sorgen, eines hervorzuzaubern!

Nun, ich habe gerade entschieden, dass im weiteren Verlauf des vierten Teiles dieses Buches ein Junge unser kleines Beispielkind sein wird:

Der Einjährige liebt die Freiheit. Man kann ihn nicht gegen seinen Willen fest halten, egal wie gern man mit ihm schmusen möchte; man kann ihn so eindringlich bitten und so schmeichelnd locken, wenn ihm nicht danach ist, kommt er einfach nicht. Der Einjährige geht in jeder Hinsicht seine eigenen Wege. Und kann er noch nicht gehen, krabbelt er eben.

Es ist wahrscheinlich von der Natur so festgelegt, dass es einem so leicht fällt, sich in kleine Einjährige zu verlieben. Denn nicht immer ist es so einfach, diese kleinen Wesen in der Wohnung zu halten. Kinder im Alter von etwa einem Jahr können alles Mögliche für alle möglichen Zwecke gebrauchen und experimentieren unerschrocken drauflos. Sie ziehen ohne Skrupel eine Tischdecke vom Tisch, werfen das Essen auf den Fußboden und drehen die offene Shampooflasche auf den Kopf – und sehen dabei so aus, als wäre der Spaß riesengroß und jeder müsste mitjubeln.

Der Einjährige kann aus jeder Situation eine Show machen. Lacht man über etwas, das er veranstaltet, wird die Tat mindestens fünfzehn Mal wiederholt! Der Einjährige hört nie auf. Guckguck an der Tür ist lustig, verstecken spielen noch besser. Bist du nach zwei Stunden erschöpft, dann glaube nur nicht, dass auch das Kind langsam müde wird!

Ein Zuhause mit einem Einjährigen besitzt einen lebendigen Sonnenstrahl. Der Kleine ist furchtlos und zu allem bereit und fast immer gut gelaunt. Seine Phantasie findet kein Ende. Er liebt das Spielen und das Vorsprechen von Reimen ebenso wie das »Fingerzählen«, das Musizieren und Singen, das Tanzen und das Albernsein. Er ist robust – sowohl körperlich als auch seelisch – und er liebt das Leben wirklich.

Seinen eigenen Erfahrungen zufolge ist der Einjährige auf ganz natürliche Weise der Mittelpunkt des Weltgeschehens. Als solcher geht er selbst voran, und seine Interessen sind die einzigen, die berücksichtigt werden müssen. Und er mag seinesgleichen: andere Einjährige, Kleinkinder, Säuglinge. Er probiert sie aus – in jeder Hinsicht – tritt vielleicht einmal drauf ... kennt eben noch keine Rücksicht, hat aber absolut keine bösen Absichten. Er kann es einfach nicht lassen, andere Menschen als Gegenstand zu benutzen oder auch mal geschmacklich zu probieren, und warum sollte er das nicht tun? Das Leben ist doch dafür da, um gelebt zu werden, oder nicht?

Leben und Lebenslust sind die Kennzeichen des Einjährigen.

Der Einjährige geht durch alle drei Entwicklungsphasen auf seinem Weg zum zweiten Jahrestag.

Am Anfang seiner Karriere steht die *erforschende* Phase; dann folgt die *beherrschende* Phase, die etwa ein halbes Jahr andauert. Wenn das Kind dann ungefähr 18 Monate alt ist, fängt eine *Phase der Veränderung* an, diese ist aber kein sehr großer Umbruch, und sie ist auch nicht langwierig – ein paar Monate lang kann sich das Kind manchmal querstellen und auflehnend sein. Dies ist die Zeit, in der das Kind die Beherrschung des Nein zu seinem Spezialgebiet macht. Und endlich im letzten Vierteljahr ist der Einjährige wieder vollauf mit der Erforschung beschäftigt. Um den zweiten Geburtstag herum geht es dann in die bezauberndste, beherrschende Phase, in der der kleine Mann die Harmonie in Person ist.

Insgesamt betrachtet kann man aber sagen, dass das zweite Lebensjahr erforschend ist und dass dem einjährigen Kind am besten damit gedient ist, *nicht gestört zu werden*.

Das heißt natürlich nicht, dass du den Kleinen ohne Aufsicht lassen kannst. Gute Aufmerksamkeit ist nicht nur anzuraten, sondern notwendig. Denn wenn jemand hier im Leben zur Übertreibung neigt, dann ist es der Einjährige. Er ist so sehr von seiner eigenen Unübertrefflichkeit und von seinem Können überzeugt, dass er vollen Ernstes erwartet, dass die Kräfte der Natur ihm weichen und die Naturgesetze außer Kraft treten werden. Klettert er zum Fenster hinaus, *glaubt* er daran, dass er einfach wieder hineinklettern kann.

Ermahnungen zeigen keine Wirkung, wie es bei erforschenden Persönlichkeiten meistens der Fall ist. Wer auf Weltreise geht, achtet nicht besonders engagiert auf ein »Pass auf, dass du nicht krank wirst!« oder ein »Vergiss um

Gottes Willen deine wollenen Unterhosen nicht!«. Eingreifen sollte man also nur, wenn das einjährige Kind zu weit geht, aber man sollte dabei so diskret und taktvoll wie möglich vorgehen. Der Eingriff sollte möglichst nicht als ein Hindernis aufgefasst werden. Besonders sollte man vermeiden, den Einjährigen zu kränken (oder zu langweilen), indem man versucht, sein Interesse auf ein anderes Gebiet zu richten. Beispielsweise könnte man laut ausrufen: »Guck mal, da ist ein großer Hund!« Und dann hofft man, dass irgendein Hund auf der Bildfläche auftauchen wird … wenn nicht, wird der Einjährige sich fröhlich etwas anderem zuwenden, mit dem er sich beschäftigen kann.

Wörter gehören für den Einjährigen zu den Vergnüglichkeiten dieser Welt. Ermahnungen, Erklärungen, verbale Erläuterungen jeder Art langweilen ihn, und er wird dich anschauen, als könne er nicht begreifen, wie du solche lustigen Wörter in einer so langweiligen Weise benutzen kannst. Natürlich kümmert er sich nicht um Befehle – der Einjährige sieht diese als einen Missbrauch von Wörtern an und unterlässt es deshalb feinfühlend, von ihnen Notiz zu nehmen –, auf der anderen Seite aber kann das Kind stundenlang auf verschiedenste Weise mit Wörtern herumspielen.

So schnell wie nur möglich solltest du dich daran gewöhnen, alle Aufforderungen, die mit einem Nein beantwortet werden können, zu vermeiden. Besonders wenn der kleine Sonnenstrahl bald 18 Monate alt wird. Du solltest also nicht sagen: »Wollen wir rausgehen?«, auch nicht: »Komm, jetzt gehen wir nach draußen!« Stattdessen sagst du: »Wo sind die Schuhe?«

Man lernt eine neue Methode des Sprechens, und das ist nicht das Einzige, was man im Umgang mit dem Einjährigen lernt.

Es muss wohl nicht besonders erwähnt werden, dass »pfui«, »bah – bah« etc. so hässliche Tintenflecke im Protokoll sind, dass der Erwachsene sich dafür schämen sollte. Schämt euch, Eltern, so etwas zum Sonnenschein höchstpersönlich zu sagen! Pfui!

Ein kleines, einjähriges Kind mit Scham und Schuld zu belasten ist genauso gemein und unsportlich wie auch – glücklicherweise – wirkungslos. Du kannst getrost all deine Pläne zur Erziehung deines Einjährigen zu den Akten legen. Die Erziehungsfrage wird erst im Zusammenhang mit dem Trotzalter aktuell (siehe Seite 459 ff.).

Nichtsdestotrotz wird der Einjährige – oder eher der Anderthalbjährige – ab und an nicht gerade ansprechend sein, wie es bei allen kleinen (und großen) Persönlichkeiten der Fall ist, wenn sie sich in einer verändernden Phase befinden und nicht immer ihre schönsten Seiten nach außen kehren.

Etwa im dritten Viertel des zweiten Lebensjahres durchlebt das Kind eine solche Phase. Untersuchungen haben übrigens gezeigt, dass Kinder im Alter von 18 Monaten besonders häufig körperlich misshandelt werden.

Es ist natürlich leicht, die Eltern zu verurteilen, und Züchtigung kann nie befürwortet werden, aber Menschen schlagen Kinder selten aus purer Boshaftigkeit, sondern eher aus einem Gefühl der Ohnmacht heraus. Über die zerstörende Wirkung der Ohnmacht auf kleine Kinder haben wir auf Seite 396 ff. gesprochen. Die Wirkung der Ohnmacht ist bei Erwachsenen nicht weniger zerstörend.

Falls und wenn dich die Wut packt und du dich wie festgenagelt, ohnmächtig fühlst – bis zur Verzweiflung rasend und knapp an der Grenze, die Besinnung zu verlieren –, dann *darfst du auf keinen Fall schlagen.*

Stattdessen nimmst du das Gör hoch, bringst es zu Bett, schließt die Tür zum Kinderzimmer und atmest tief durch.

Im Kinderzimmer wird das Kind vielleicht lauthals schreien und brüllen – aber zwischen euch befindet sich jetzt immerhin eine geschlossene Tür. Und sie sollte geschlossen bleiben, bis beide Parteien sich wieder beruhigt haben. Wenn das geschehen ist – wenn das Kind wieder still ist und wenn du dich selbst wieder beherrschen kannst –, öffnest du die Tür einen Spalt breit und erkundigst dich, nicht herausfordernd (dann solltest du lieber noch eine Weile warten), sondern ruhig und beherrscht: »Möchtest du wieder herauskommen? Bist du fertig?« Erneutes, wütendes Schreien des Kindes bewirkt, dass man die Tür wieder zumacht. Schmollende Schweigsamkeit signalisiert einen möglichen Frieden. Es kann passieren, dass du die Tür zehn Mal auf- und zumachen musst, bevor das Kind seine Wut überwindet. Und du solltest unnachgiebig die Tür wieder schließen, solange die Antwort ein lautes Brüllen ist. Das Vor-Ort-Bleiben ist besonders wichtig: *Du darfst den Platz an der Tür nicht verlassen.* Man darf dem Kind nicht den Eindruck vermitteln, man würde es sozusagen für immer verbannen.

Die Verbannung dient zur Ablehnung des *Verhaltens*, nicht des Kindes. Sobald das Verhalten sich zum Akzeptablen ändert – sobald das Kind nicht mehr wütend brüllt, sobald es nicht mehr mit den Füßen um sich tritt oder sich auf andere Art und Weise unmöglich verhält –, endet die Verbannung.

Und damit kehrt die Normalität zurück; und du verhältst dich so, als wäre überhaupt nichts passiert. Ein schadenfroher Triumph ist verboten. Dasselbe gilt für die Androhung weiterer Verbannungen.

Und da das Verhalten des Kindes wieder akzeptabel ist, solltest du versuchen, Anerkennung zu zeigen – indem du ganz einfach *fröhlich* aussiehst. Über die Routine im Alltag, den Schlaf, die soziale Beteiligung etc. siehe »Elf

Monate – ein Jahr. Gute Gewohnheiten werden beibehalten« im dritten Teil dieses Buches« (Seite 380).

Ich will hier nochmals betonen, dass der Appetit im zweiten Lebensjahr deutlich zurückgeht und dass eine fleißige Einnahme von Zwischenmahlzeiten die Nebenwirkung haben kann, dass die Hauptmahlzeiten darunter leiden. Deshalb sollte man sich ein paar Gedanken machen, denn die Methode der Bestechung kann man noch eine Weile gut gebrauchen. Beispielsweise beim Wickeln. Das einjährige Kind macht alles mit, legt sich aber nur ungern auf den Rücken – das ist langweilig, wenn man es nicht mit etwas Lustigem verbindet. Schließlich kann man sich z.B. wie ein Aal winden und sich zig Male umdrehen oder versuchen, die Windel wegzuzaubern. Eine Brotrinde ist eine gute Bestechung; an der kann der Kleine lange knabbern und sie sättigt nicht zu sehr.

Übrigens ist die Weise, in der der Einjährige mit seinen vier oder sechs Zähnen Apfel isst, ganz interessant: Der Kleine nimmt einen Apfel und knabbert kleine Bisse von der Schale ab. Diese werden wieder ausgespuckt. Dann wird der Apfel irgendwo hingelegt, normalerweise in eine Ecke im Wohnzimmer oder auf dem Flur oder auf ein Buch im Regal oder unter die Heizung. Zwei Tage später entdeckt man den Apfel wieder, freut sich und isst weiter. Danach wird der Apfel in einen Schuh gelegt. Wenn der Rest vom Apfel nun richtig lange gelegen, viel Dreck und Schmutz gesammelt hat, ganz dunkel und sozusagen richtig reif geworden ist, dann kommt man auf die strahlende Idee, der Mutter den guten, alten Apfel zu schenken. Und sie freut sich dann *sooo* sehr!

Der Einjährige ist eben sehr großzügig, und er würde es gar nicht verstehen, wenn du etwas ablehnst, was er dir gerade geben möchte. Er lässt nicht nach. Er drängt nicht mit Worten – das ist unter seiner Würde. Er drängt aber mit seiner Handlung und so kann er das Apfelgehäuse förmlich in deinen Mund hineinquetschen.

Bietet dein Kind dir aber etwas Appetitlicheres an als einen abgeknabberten Apfel, einen Keks z.B., dann darfst du auf keinen Fall den ganzen Keks aufessen. Der Freund der Ordnung begeht oft den Fehler, erfreut den ganzen Keks zu verschlingen, welchen er vom Kind bekommen hat. »Danke, mein Süßer! Das ist aber nett von dir.«

Sofort bricht das einjährige Kind zusammen. Es meinte *probieren*, nicht klauen. Darauf wird der Freund der Ordnung sich wie ein Schurke fühlen, der dem Kind seinen Keks geraubt hat, gleichzeitig wird er (oder sie) aber beleidigt sein, weil das Kind den Keks ja angeboten hatte. Eben ein weiteres Erlebnis mit so genannten gemischten Gefühlen. (Kinder unter zwei Jahren sollten übrigens keine Kekse essen.)

Ein kleiner Tipp:

Sorge dafür, die strahlende Tüchtigkeit des Einjährigen zu fördern! Und das nicht nur bei der systematisierten sozialen Beteiligung, sondern bei jeder Gelegenheit, die sich bietet – und deine Phantasie wird bald keine Grenzen mehr kennen! Das Kind wird so glücklich, wenn man es davon überzeugen kann, dass man es braucht, nicht nur bei der Arbeit, sondern auch ganz persönlich. Wenn beispielsweise deine Brille deutlich sichtbar auf dem Tisch liegt, vor deiner wie auch vor der Nase deines Kindes, kannst du die Hilflose spielen, umhertapsen und dich dabei selbst immer wieder fragen: »Aber wo habe ich sie bloß hingelegt, meine Brille? Wo könnte sie wohl sein? Ich kann meine Brille nicht finden ...« Schließlich wird der Kleine die Brille entdecken und sie dir reichen. Damit ist der ganze Tag gerettet – durch diese kleine, selige Tat der Freude!

Oder wenn du dich am Finger stößt und dich laut beklagst, dann erlaubst du dem Kind zu pusten – wow, ein tolles Erlebnis! Welches noch größer wird, wenn das Kind sogar einen Pflaster auf deinen Finger kleben darf. Es wird vielleicht eine volle halbe Stunde dauern, aber mit dieser halben Stunde hast du einen kleinen Menschen auf so wunderbare Weise unentbehrlich gemacht. Um zu vermeiden, dass die ganze Packung Pflaster aufgebraucht wird, schmuggelt man sie in einem unbeobachteten Moment außer Sichtweite. Und sagt ganz verblüfft: »Weg!« Dein kleiner Freund versteht dich nur zu gut – immer wieder spielt das Leben einem einen Streich. Pflaster verschwindet – einfach so. Was kann man dagegen tun? Man muss versuchen, über die ganzen Verdrießlichkeiten dieser Welt hinwegzukommen. Man muss zusammenhalten, so gut man nur kann. Allem zum Trotz: Wir haben ja einander!

Das Haus der Geborgenheit

Es ist schön, schöne Tage zu erleben.
Es ist schön, einen kleinen Burschen zu haben, der gerade von seinem Mittagsschlaf erwacht und in seinem Bett daliegt und sich mit sich selbst unterhält: »Nä … nä … nä …nä.« Ich weiß nicht, wogegen er protestiert. Es ist jedenfalls ein sehr vergnügter Protest.
Das zweite Jahr im Leben eines Menschen ist vermutlich das reichste. Es sollte festgehalten und archiviert werden. Es sollte auf Film aufgenommen, studiert und als Unterrichtsmaterial verwendet werden in allen, ja wirklich in allen Zusammenhängen.
Dort gibt es die Liebe, die ihresgleichen sucht, die einfach damit zufrieden ist, zu geben.
Dort gibt es das Selbstvertrauen, das aus sich selbst heraus größer wird.
Dort gibt es das mutige Herz, das den Kleinen nicht zögern lässt, wenn ihm von fremden Damen fremde Kekse angeboten werden, und auch bei steilen Steintreppen gibt es keine Ängstlichkeit.
Dort gibt es die Freude, die nicht von einem Widerhall abhängig ist.
Dort gibt es einen Reichtum des Entzückens über das eigene Können. Und die Freude daran kennt keine Grenzen. Man kann einfach alles, eine Küche mit Spaghettis voll schmieren, Schuhe in der Badewanne baden lassen, Zahnbürsten in den Wasserhahn hochstopfen und sich ernsthaft mit Marienkäfern unterhalten.
Wenn man ein Jahr alt ist, schläft man, weil man es möchte, man isst, weil man essen mag und im Vorbeigehen wird noch geschmust. Man macht sich keine Sorgen. Das Leben ist so interessant.
Ach, es ist bedeutend komplizierter, z.B. vier Jahre alt zu sein. Man hat aus Versehen ein kleines Geschwisterchen umgestoßen und möchte es mit einer Umarmung wieder gutmachen. Das Kleine, das umgestoßen wurde, ist sauer und möchte nicht umarmt werden. Verletzt und traurig stellt man fest: »Er möchte nicht, dass ich ihn liebe!«
Was tut man dann?
In dem achtenswerten Alter, das ich selbst erreicht habe, ist man an ein ungeheuerlich kompliziertes Umgangsmuster gebunden worden. Wenn ich ein älteres Ehepaar sehe, wie sie in der Sonne sich liebevoll an den Händen haltend auf einer Bank sitzen oder in einem Zug oder sonst irgendwo, dann kann ich nicht wie ein kleines Kind zu ihnen hingehen, mich hinstellen und sie beobachten und dann übers Haar gestreichelt werden und eine Weile an

ihrer Wärme teilhaben. Ich habe eine ganze Menge Verhaltensregeln, die ich beachten muss. Das finde ich ziemlich schade.
Lass die Zärtlichkeit frei!
Wir sind so viele, die sie gebrauchen könnten!
Aber es ist trotzdem schön, zu leben, schöne Tage zu erleben.
Gestern gab es eine große Wiedervereinigung. Alle Kinder wieder in Mutters Armen, welche, wie meine Ohren auch, mit den Jahren immer länger geworden sind. Alle sind wieder zu Hause, im Haus der Geborgenheit, das nicht aus Ziegelsteinen gebaut ist, sondern aus abstrakterem Material, aber doch noch recht solide. Und die Unruhe verschwindet in der Ferne – wird vergessen, wie der Schnee von gestern. Stattdessen breiten sich in mir purer Sommer und Sonnenschein aus. Ich lache wieder, und ich laufe mit ihnen umher und spiele, und ich denke, wie ich es so oft gedacht habe: Solange der Mensch umherlaufen und spielen kann, hat er doch noch viel vom Leben.
Unsere Reichweite ist nicht groß. Aber die Freude ist machtvoll. Die Freude breitet sich aus wie Ringe im Wasser; sie verschließt sich nicht in dunklen Räumen, sie will hinaus, sie will weiter. Wir sollen sie empfangen, sie zu uns nehmen und sie weitergeben. Wir brauchen sie genauso, wie wir Sommer und Sonne brauchen. Wir leben aus Freude!
Nun gibt es lebhaften Protest. Das Jüngste möchte auf meinen Arm, und der dreijährige große Bruder kommt aufgeregt an und sagt: »Er ist so traurig! Hörst du! Gib ihm doch ein Brot mit Rotebetepüree!«
(Aron, Linus, Maja, 1972)

Zwei Jahre: Der König des Lebens

Während sich das einjährige Kind noch als Mittelpunkt des Weltgeschehens betrachtet und sich das Recht herausnimmt, über alles und jeden so zu entscheiden, wie es ihm gerade beliebt, hat das zweijährige Kind eingesehen, dass er oder sie eine gewisse Verantwortung zu tragen hat. Und diese Verantwortung wird mit extragroßem »V« geschrieben. Selbst gewählt!

Der Zweijährige ist sich also die ganze Zeit dieser ihm sehr genehmen, aber für seine Umgebung auch äußerst arbeitsintensiven Verantwortung bewusst. Er geht davon aus, dass mit ihm das ganze Familienleben steht oder fällt. Alles würde wie ein Kartenhaus zusammenstürzen, wenn der Zweijährige nicht sein wachsames Auge darauf haben würde. Er hält die Familie zusammen. Ihre Existenz ruht auf seinen Schultern. Er versteht, dass es ohne sein Mitwirken weder Frühstück, Mittagessen noch Abendbrot geben würde. Ohne sein Eingreifen würde niemand zu Bett gehen und auch niemand wieder aufstehen. Das Haus würde nicht sauber und nett gemacht werden damit es schön und einladend aussieht, wenn er es nicht selbst tut. Und alle Leute sind wohl etwas schlampig und nehmen es mit der Hygiene nicht so ernst; sie müssen gewaschen werden, ihre Zähne müssen geputzt werden und sie können nicht einmal ihre Haare ordentlich kämmen. Sie wissen nicht, wo ihre Sachen sind, und sie können ihre Papiere nicht selbst ordnen. Alles muss immer wieder aufgeräumt werden, und doch gehen alle nur herum und machen alles wieder unordentlich. Der Zweijährige trägt eine schwere Arbeitsbürde in seinem Streben, die häuslichen Verhältnisse endlich in Ordnung zu bringen …

Im Alter von zwei Jahren scheint der Mensch sich auf dem absoluten Höhepunkt zu befinden, wenn es um den Glauben an sich und das Vertrauen in sich selbst geht. Der Zweijährige ist wirklich wie ein wahrer König des Lebens. Als solcher kann er es sich leisten, die Interessen seiner Untertanen zu wahren und nicht nur an sich selbst zu denken. Seine Fürsorge ist vorzüglich und rührend.

Wenn du vor den Augen eines Zweijährigen z.B. in Tränen ausbrichst, kannst du eine sehr fortgeschrittene, tröstende Behandlung erwarten! Decke und Kissen werden sofort herbeigeschafft, dir – der oder dem Unglücklichen – wird über den Kopf gestrichelt; du bekommst Wasser, Milch oder auch ein Bier serviert und dazu ein halbgegessenes Stück Butterbrot, und dann wird deine Lebensfreude wieder erweckt mit Hilfe einer plappernden Ente oder eines anderen Spielzeugs mit besonders heilender Wirkung.

Die ganzen Jahre hindurch und bei all meinen Kindern habe ich immer gedacht, man müsste eigentlich immer ein Zweijähriges im Hause haben.

Der Zweijährige ist angenehm um sich zu haben, hilfsbereit und liebevoll. Er strahlt sehr viel Wohlbefinden und Harmonie aus. Er wird von einer wunderbaren Freude und einem grenzenlosen Wohlwollen getragen. Er tut nur zu gerne, was man von ihm verlangt. Er ist zu allem bereit, was schön und angenehm zu sein scheint. Er kommt, wenn man ihn ruft. Er hält (meistens) deine Hand, wenn ihr unterwegs seid. Er legt sogar artig die Süßigkeiten ins Regal zurück, und winkt dann lieb zum Abschied: »Tschüssi, Naschi!« – wenn er nur bei anderen Gelegenheiten wieder an Süßigkeiten herankommt. Er ist unerschrocken, fröhlich und positiv gestimmt. Tiere findet er überaus interessant und dasselbe gilt für neue Menschen und neue Umgebungen. Mit ruhiger, inspirierender Erwartung geht er der Welt und dem Leben entgegen. Und er ist mutig; nicht in einer tollkühnen Weise, sondern voller echter Courage, so wie ein verantwortungsbewusster Mensch sich verhält.

Der Zweijährige weiß unglaublich viel. Er hat gelernt, wie die Welt, in die er hineingeboren wurde, funktioniert. Er weiß, wie man sauber macht, kocht, sich an- und auszieht. Er könnte sich im Haus oder in der Wohnung sogar im Schlaf zurechtfinden, wenn es sein müsste. Alles, was ihm vor gar nicht so langer Zeit noch völlig fremd und unbekannt war, beherrscht er jetzt. Was er geschafft hat, ist wirklich eine tolle Leistung: Er hat tausende Dinge kennen gelernt, weiß um ihren Gebrauch und ihre Funktionen, und alles in allem weiß er genau, was er kann.

Er hat den Gipfel der Ausgeglichenheit und der Selbstsicherheit erreicht. Er ist davon überzeugt, alles zu wissen, was man wissen muss. Das Leben ist in seinen Augen natürlich immer so einfach wie jetzt gerade und der Zweijährige beherrscht es. In seinen eigenen Augen ist er mehr als ausreichend, also ist er perfekt.

Die schrecklichste Phase der Veränderung, die es in der ganzen Weltgeschichte gibt, hat er allerdings noch vor sich: das Trotzalter, in dem er mit Grauen die eigene Unzulänglichkeit erfasst und jene erschreckenden Dimensionen des Lebens entdeckt, von denen er bisher keine Ahnung hatte.

Noch ist er glücklich in seiner Unwissenheit.

Noch ist er der kleine König des Lebens.

Das Alter von zwei Jahren ist eine der souveränsten von den beherrschenden Phasen der Kindheit. Ruhe, Stabilität, Sicherheit und eine innige Freude kennzeichnen die beherrschenden Phasen, und der Zweijährige ist ein Prachtexemplar, in dem diese Eigenschaften vereint sind.

Das Kind ruht dermaßen in sich selbst, dass es freizügig mit den äußeren Verhältnissen experimentieren kann: Gibt es eine Party, kann es bis zwei Uhr nachts wach bleiben, und geht ihr auf Reise, kann man eine ganz andere Routine, als sonst von eurem Alltag bekannt, einführen und trotzdem wird es sich pudelwohl fühlen. Es ist flexibel und sehr anpassungsfähig und vor allem so wunderbar positiv eingestellt. Der Zweijährige ist eine reine Freude sowohl für sich selbst wie auch für seine Umgebung. All sein Können, seine Beherrschung der Dinge und des Geschehens wie auch seine Kompetenz müssen natürlich genutzt werden – denn wo das einjährige Kind sich selbst als den wichtigsten Aktivposten betrachtet und den Rest der Welt eher als einen Anhang sieht, da kann der Zweijährige es nicht ertragen, von der sozialen Gemeinschaft ausgeschlossen zu werden.

Es gibt unzufriedene, unsichere Zweijährige, die sich an einen klammern – und Hauptschuld an diesem Drama ist der Mangel an sozialer Beteiligung. Das kleine Kind hat keine Aufgaben bekommen. Es vermisst das fundamentale Wissen, dass es gebraucht wird – in der Tat und ganz konkret für die tägliche Existenz, im Kampf ums Überleben. Das Wissen um die eigene Unentbehrlichkeit bildet die Grundlage des Selbstvertrauens beim Zweijährigen. Dieses Wissen sollte am besten schon ab einem Alter von drei bis vier Monaten eingeimpft werden (siehe »ABC für kleine Menschenkinder«, ab Seite 255). Ist es noch nicht geschehen, ist es in keinster Weise zu spät, jetzt den Schaden wieder gutzumachen. Der Zweijährige wird voller Dankbarkeit jedes Angebot annehmen, das ihm zeigt, wie notwendig er gebraucht wird und dass er für das Wohlbefinden der ganzen Familie nützlich sein kann.

Der Zweijährige braucht Liebe, so wie wir alle Liebe brauchen, aber er braucht auch Aufgaben, die sich nicht nur um seine eigene Person drehen.

Bietest du ihm systematisch eine Beteiligung an den Tätigkeiten, die für dich notwendig sind, und sei es auch für eine noch so kurze Zeit oder bei einem scheinbar überflüssigen Vorhaben, wird sich der Zweijährige richtig toll fühlen! Verbannt man ihn dagegen aus der sozialen Gemeinschaft – indem man ihn z.B. den ganzen Tag auf sein Spielzeug verweist –, begrenzt man damit seine Kompetenz, und er wird eine Kontrolle über sein (eigenes) Dasein einrichten, die mit Ängsten und festgefahrenen Ritualen verbunden sein kann. Es gibt Zweijährige, die so viele Rituale haben, besonders abends, dass man darin einen Hinweis auf Kompensation erkennen kann. Abgeschnitten von jeglicher sozialer Beteiligung versucht das zweijährige Kind sich selbst und seine Umgebung davon zu überzeugen, dass es das Leben in dieser Welt zumindest auf diese Weise beherrscht.

Das Zu-Bett-Gehen kann dann Stunden dauern, es müssen Geschichten in einer ganz bestimmten Reihenfolge gelesen werden, das Bett muss auf eine ganz bestimmte Weise zurechtgemacht werden, und die Mama muss genau so sitzen, man muss noch mal aufs Klo, Wasser trinken und das Kissen wenden, alles in einer Reihenfolge, die jeden Abend genau gleich ist; die Tagesdecke vom Kinderbett muss noch ganz glatt gelegt und zusammengefaltet werden – millimetergenau und nach einem Muster, das auf keinen Fall geändert werden darf.

Dieses wird üblicherweise als ein für das Alter normales Verhalten bezeichnet. Ich bin jedoch der Meinung, dass dieses Verhalten nicht notwendigerweise so sein sollte.

Ein Zweijähriger, der in seinem Innersten weiß, dass man ohne ihn schlechter zurechtkommt (siehe »Das seelische Wohlbefinden«, Seite 154), der weiß, dass er notwendig ist, gebraucht wird und nützlich sein kann, und sei es auch nur in sehr geringem Maße, wird für sich kein kompliziertes Ritualmuster entwickeln.

Das zweijährige Kind spricht. Die Sätze umfassen nun drei oder mehr Wörter, und es kann sich selbst bei seinem Namen nennen (was für ein Name es nun auch sein mag …), und vor allem versteht es jede Menge Wörter und Sätze. Im Takt mit dem wachsenden Wortverständnis wird auch beim Erwachsenen die Verlockung immer größer, nun statt Handlungen nur noch die Sprache zu benutzen.

Möchtest du die Zeitung haben, dann solltest du – noch für lange Zeit – Sprache und Handlung gemeinsam einsetzen: Du streckt deine Hand aus in die Richtung, in der die Zeitung liegt, während du gleichzeitig das Kind fragst, ob es sie dir geben kann. Es kann vorkommen, dass der Zweijährige die Aufforderung missversteht und dir stattdessen die böse Mahnung vom Gerichtsvollzieher bringt. Es ist schwer für den (zumindest in seinen eigenen Augen) Perfekten, einen Fehler zu machen und ihn zu ertragen, und deshalb sagt die taktvolle Mutter oder der taktvolle Vater also nicht: »Nein, warum bringst du mir bloß diesen ekligen Brief! Gib mir die Zeitung, habe ich gesagt!« Die taktvolle Mutter – oder der Vater – bedankt sich stattdessen herzlich für den bezaubernden Brief vom Gerichtsvollzieher, streckt dann die Hand nochmals aus und fragt: »Könntest du mir vielleicht noch die Zeitung geben?«

Worte sind gut, Worte sind wichtig, aber Worte sind noch nicht unbedingt notwendig für den Zweijährigen. Durch die Jahre hindurch haben Eltern mir von ihren Sorgen erzählt, dass ihr zweijähriges Kind so schlecht oder überhaupt nicht spreche. Aber es gibt so viele Sprachen – die Wortsprache ist nur eine davon.

Ein zweijähriges Kind, das sich auch ohne Worte ganz und gar verstanden fühlt, hat – soweit ich erkennen kann – erst einmal auch keinen Grund, den Worten irgendeine größere Bedeutung beizumessen.

Viel wichtiger als alle Wörter der Welt ist eine verständnisvolle Atmosphäre, die um den Zweijährigen herum herrschen sollte. Andersherum könnten alle Wörter der Welt keine Brücke über einen Mangel an Verständnis bauen oder höchstens eine sehr notdürftige und einsturzgefährdete Brücke.

Mein kleiner Sohn – der sogar fünf ältere Geschwister hatte – sprach nicht, obwohl er schon zwei, ja, sogar drei Jahre alt war. Kurz nach seinem dritten Geburtstag bin ich für zwei Wochen mit einer Freundin zusammen weggefahren. Diese Zeit sollte er bei ihren Eltern verbringen. Er hatte sie schon vorher kennen gelernt, aber mit mir zusammen, und ich weiß noch, dass ich große Bedenken hatte, weil er noch nicht sprechen konnte – oder nur sehr, sehr wenig – und für Außenstehende zudem unverständlich sprach. Als ich ihn dann dort wieder abgeholt habe, hat er geredet wie ein Wasserfall! Er hatte ganz einfach eingesehen, dass es notwendig war, mit dem Sprechen anzufangen, wenn er sich verständlich machen wollte. Die Sache hatte nur einen Haken, sobald wir wieder zu Hause waren, hörte er auch wieder auf zu sprechen …

Der Zweijährige besitzt eine sehr praxisbezogene Sicht seines Lebens und der Menschen und Dinge um ihn herum. Er hat sozusagen sein ganzes, junges Leben darauf verwendet, die Welt, in die er hineingeboren wurde, zu erforschen, und nun hat er die vornehme Kunst der Beherrschung erlangt. Er *kann* und er *weiß* – aber ihm fehlt dennoch das Urteilsvermögen. Er besitzt noch nicht die Erfahrung, um abwägen, wählen und entscheiden zu können. Seine Kenntnisse und sein Wissen beruhen nur auf dem konkret Erwiesenen. Er schläft in seinem Bett, weil er »immer« dort geschlafen hat. Er schläft dort, weil es *sein* Bett ist. Er weiß, dass andere ihre eigenen Betten haben, und dort schlafen *sie*. Erst im Trotzalter öffnet sich der unendlich tiefe Abgrund: »Warum muss ich gerade in *dem* Bett schlafen? Was passiert, wenn ich in einem anderen Bett schlafe? Oder wenn ich überhaupt nicht schlafe?«

Man könnte den Zweijährigen mit einer Person, die Hebräisch lesen kann, vergleichen – d.h., sie kann die Zeichen deuten und sie aussprechen. Aber diese Person, unser kleiner Student, versteht nichts vom Inhalt der einzelnen Zeichen. Was noch dazukommt: *Er weiß gar nicht, dass es einen Inhalt gibt.* Er glaubt, die hebräische Sprache zu beherrschen, weil er die Zeichen und deren Aussprache kennt. Er ist der Meinung, das sei Hebräisch. Und es ist ja auch schon beachtenswert, wenn jemand die Deutung und die Aussprache hebräischer Schriftzeichen gelernt hat!

Der Zweijährige betrachtet sich selbst als äußerst kompetent. Was man bei ihm also bewundern und auch loben sollte, ist seine Kompetenz und nicht sein Urteilsvermögen. Man kann sich nicht auf ein Kind von zwei Jahren verlassen – und man kann von ihm nichts fordern. Aber man kann das Kind glücklich machen – während dieser kurzen Zeit der Beherrschung –, indem man ihm erlaubt, das eigene, wunderbare Selbstvertrauen und die fabelhafte Selbstüberschätzung einfach zu genießen. Das Kind wird früh genug erkennen, dass es doch kein Hebräisch konnte, so wie es dies geglaubt hatte. Und an diesem Tag wird sein Selbstbewusstsein erst einmal in den Keller rutschen. Aber im Moment ist es – in seinen eigenen Augen – perfekt und damit Kritik gegenüber sehr empfindlich, wie Perfektionisten es immer sind.

Der Zweijährige weiß beispielsweise ganz genau, wie man ein Buch liest. Wenn dann eine belehrende Mutter oder ein besserwissender Vater ankommt und behauptet, das Kind halte das Buch verkehrt herum (und das tut es meistens), und das Buch dabei in die »richtige« Position dreht, wird der Zweijährige in seinem Selbstwertgefühl verletzt. Er weiß doch, wie man es macht, oder etwa nicht? Man hält das Buch und dann blättert man!

Wenn er sich allein anzieht und die Hose ist verkehrt herum, dann brauche ich wohl nicht zu erklären, dass Hohn und Gelächter tödlich sind: »Du meine Güte, wie hast du dich denn angezogen? Das sieht total bescheuert aus.« Schon eine freundliche Aufforderung: »Komm doch mal her, ich werde dir helfen«

ist kränkend. Der Zweijährige kann einen dabei mit solchen Augen ansehen, dass man sofort kapiert, dass man gegen die Menschenrechte der UN verstoßen hat. In einer solchen Situation muss man stattdessen versuchen, sich mit großer Begeisterung über die kompetente Handlung, also das Anziehen an sich, auszulassen. Ganz zufällig bemerkt man dann später, dass die Hose verkehrt herum ist. »*Sieh dir mal die Hose an! So eine dusselige Hose! Sie ist ja ganz verkehrt herum. Die müssen wir mal umdrehen.*« So hatte die Hose also einen Fehler gemacht, und nicht der Zweijährige.

Über die alltägliche Routine, die Nahrung, den Schlaf, die soziale Beteiligung usw. siehe »Elf Monate – ein Jahr. Gute Gewohnheiten werden beibehalten« (ab Seite 380).

Der Zweijährige und das Leben

Es gibt einiges zu erledigen, wenn man zwei Jahre alt ist.
Verschiedene Sachen müssen gemischt werden. Saft muss auf den Brei gegossen, Brei in den Saft getan werden. Butter wäscht man am besten in der Geschirrspülmaschine, nachdem man sie mit Spülmittel begossen hat.
Sämtliche Mützen müssen anprobiert werden. Am besten nimmt man sie erst einmal alle mit ins Bett.
Und dann muss man Schuhe sortieren. Und die Geschwister müssen alle ihre Schuhe anziehen – damit sie begreifen, dass man die Absicht hat, nach draußen zu gehen. Denn es ist am schönsten, wenn man beim Spazierengehen Gesellschaft hat. Mama kann ja ihre Hausschuhe anziehen. Und selbst nimmt man Mamas Stiefel. Der Freund von Mama, der groß und rund und sehr weit oben ist, kann die weißen Pumps von Mama anziehen. Die siebzehnjährige Schwester bekommt die eigenen Pantoffeln, die schönen, kleinen, blauen. Man verteilt eben gerne Sachen, die man besonders liebt, an Leute, die man besonders liebt!
Und dann ist man endlich draußen. Manchmal steht dort ein Auto. Die Türen müssen auf- und zugemacht werden, und es gibt jede Menge Knöpfe, die gedrückt werden müssen. Am besten sind die Scheibenwischer, sie zischen und jagen über die Scheibe hin und her, bis der vier Jahre alte, große Bruder kommt und sie abstellt. Ach ja, es gibt so viele kleine Dinge, die viel zu locker sind. Stöpsel z.B. und Drehknöpfe am Herd – sie könnten ja herunterfallen; und tun es auch. Und die Badewanne muss fürs Baden voll laufen. Und das Wasser läuft und läuft.

Und man hat gerade einige Telefongespräche, die erledigt werden müssen. »Hallo!« und »Tschüssi!«. Es geht unendlich – »Hallo!« und »Tschüssi!« –; aber es muss nun mal gemacht werden.

Und dann hat sich ein Igel in den alten Schuppen verirrt und den möchte man so gerne anfassen. Aber man ist ja nicht blöd. Man lässt den großen Bruder zuerst heran. Er piekst, ganz klar … Eine Schwester holt Milch in einer Untertasse. Mit der blöden Untertasse muss man hinter dem Igel durch den ganzen Garten hasten, damit er etwas zu trinken bekommen kann.

Übrigens, Tiere sind ja sooo süß. Eine Starenfamilie hat an der Gaube ein Nest gebaut – dort in der kleinen Öffnung. Die Leute meinen, man könne dorthin nicht kommen, aber klar doch, das geht doch ganz leicht. Man braucht nur die Leiter hochklettern und muss dafür sorgen, dass die Tür hinter einem zu ist, damit man nicht gestört wird. Es gibt eben gewisse Expeditionen, die man am besten ganz allein unternimmt.

Dann zum Thema Essen. Damit hat man so seine Schwierigkeiten. Was man serviert bekommt, reicht vorne und hinten nicht. Mit verschiedenen, diskreten Zeichen versucht man die Aufmerksamkeit der höheren Mächte zu bekommen. Man zieht den Kinderstuhl an den Küchentisch, klettert hinein, setzt sich und wartet. Und wartet und wartet. Wieder einmal bemerkt einen kein Mensch.. Ja, dann ist man wieder einmal auf sich gestellt und muss eben an den Kühlschrank wie immer.

In der Speisekammer stehen ganz viele leere Mineralwasserflaschen. Die kann man mit Milch auffüllen. Danach kann man aus der Flasche trinken, am liebsten in einer Sofaecke sitzend. Dazu isst man gerne eine Wurst und Marmelade aus dem Glas oder vielleicht eine Tube Tomatenmark. Dann hat man wenigstens etwas im Magen. Aber ein richtiges Mittagessen ist das ja noch nicht!

Dann hat man noch einige Spinnen und Würmer, die man ständig versorgen muss und die man auch Mama bringen muss. Sie freut sich sooo sehr darüber.

Blumen muss man auch noch pflücken, am besten nur die Blüte, und nicht den Stiel. Was soll man denn mit dem Stiel? Und dann ist da noch so viel Sand im Garten, der schön verteilt werden muss. Man kann ihn in Schuhe hineinfüllen, auf den Küchenfußboden verteilen oder in den Ofen werfen. Das ist dann immer etwas anderes. Man variiert. Regennasser Sand ist am besten. Er ist so schön feucht.

Dann muss man den Leuten die Nase putzen, dazu nimmt man ein paar Meter von der Küchenrolle, zerknüllt das Papier und geht damit von einem

zum anderen. Puste! Puste! Und schließlich müssen alle geküsst werden. Man ist eben das Herz der Familie, also muss man einige Zugeständnisse machen. Es muss ja auch einmal für die anderen gesorgt werden. Selbst aber nimmt man sich, was man braucht, und lässt den Rest, wenn es geht, am besten liegen.
Dann kommt der Abend, da muss man mindestens zwanzig Mal die Treppe hinunter, um zu kontrollieren, was die anderen machen. Und man wird ins Bett gebracht, und ins Bett gebracht, und ins Bett gebracht …
Das Leben ist eben arbeitsintensiv. Aber zumindest steht an jedem neuen Morgen wieder ein neues Frühstück auf dem Küchentisch!

Das Trotzalter: Ich will, ich will nicht!

Die quälende Phase der Veränderung, die man das Trotzalter nennt, nimmt ihren Anfang, wenn das Kind etwa zweieinhalb Jahre alt geworden ist. Dies ist jedenfalls bei kleinen Mädchen so. Bei kleinen Jungen kommt das Trotzalter etwas später – der so genannte »Herr der Schöpfung« ist in seiner Entwicklung in fast jeder Hinsicht etwas hinterher.

Das Trotzalter dauert ungefähr ein Jahr. Mitten in dieser Phase gönnt sich das Kind eine Pause von zwei bis drei Monaten, in denen Ausgeglichenheit und Beherrschung überwiegen. Dann folgt die zweite Halbzeit. Wie diese sich gestaltet, hängt sehr davon ab, wie man die erste Halbzeit überstanden hat. Kinder sind unterschiedlich in ihrem Trotz (siehe »Etwas über die Persönlichkeit«, Seite 426 bis 442). Generell kann man sagen, dass auf ein oder zwei schwierige Tage meistens einige oder mehrere ruhige Tage folgen werden.

Ist das Trotzalter erst einmal überstanden, folgen eine Reife und eine Einsicht, die das kleine Zweijährige – der König oder die Königin in seinem oder ihrem eigenen kleinen Reich – noch nicht besitzt.

Es folgt die Fähigkeit zum Zusammenspielen mit anderen Menschen, es folgen Rücksicht, Verständnis, echte Großzügigkeit – nicht nur leicht erkaufte und lustbetonte.

Es folgen die kindliche Bereitschaft und die Fähigkeit, Zugeständnisse zu machen, um nicht von der Gemeinschaft verbannt zu werden.

Es folgt eine neue Dimension des Lebens, die einem bekannt vorkommt, bis dahin aber noch nicht existierte.

Es folgt eine neue, größere Selbsterkenntnis.

Wenn man den Zweijährigen mit einer Person vergleichen könnte, die Hebräisch perfekt lesen kann, aber den Inhalt nicht begriffen hat, dann ist das Kind im Trotzalter auf dem Weg zu einem Tiefflug in das Buch, in den Text hinein. Wenn das Trotzalter überstanden ist, versteht das kleine Kind – jedenfalls annäherungsweise –, was es gelesen hat.

Der Zweijährige war glücklich, solange er seine Kunst beherrschte: Er glaubte hebräisch zu können, um beim Gleichnis zu bleiben. Jetzt wird er einsehen, dass es doch nicht so einfach ist. Für ihn ist es ein schmerzliches Erlebnis. Er muss nun feststellen, dass er die hebräische Sprache überhaupt nicht beherrscht, nur weil er die Zeichen deuten und sie aussprechen kann. Seine ganze Begriffswelt wird auf den Kopf gestellt. Und er reagiert mit Verzweiflung. Wie soll er jemals die unendlich vielen Schwierigkeiten meistern, die nun vor ihm liegen? Er dachte, er wäre am Ende des Weges angelangt. Jetzt wird er einsehen, dass er gerade mal am Beginn des Weges steht.

Die verändernde Phase ist nicht angenehm. Sie wird von einer tiefen Unzufriedenheit gekennzeichnet. Irgendetwas tief in dem kleinen (oder großen) Menschen verlangt nach Weiterentwicklung, aber die Forderung ist vage und es fehlt ihr an Richtung und Zielstrebigkeit. Wir werden alle durch das Leben und seine zwingenden Phasen der Veränderung getrieben, aber der arme, kleine, trotzige Junge geht zum ersten Mal durchs Fegefeuer. Wir alle wissen, wie Ehekrisen, Lebenskrisen und andere entscheidende Veränderungen den Menschen zum Weiterwachsen zwingen. Vielleicht wehrt man sich so lange wie nur möglich, weil man nicht weiß, wohin das alles führen wird – aber man kommt nicht drumherum; keiner kommt drumherum.

Wenn die Entscheidung sich erahnen lässt und wir eine mögliche Handlungsweise erkennen, kommen uns die Kraft und die Stärke zu Hilfe. Plötzlich wissen wir, was wir machen müssen, und unser Handeln wird konstruktiv. Die Unzufriedenheit wird von Entschlossenheit abgelöst, die Ohnmacht ist gebrochen.

Aber das Trotzkind ist noch so klein. Es hat nur eine ganz geringe oder gar keine Möglichkeit, die eigene Veränderung selbst in die Hand zu nehmen, sozusagen. Es fehlt ihm an den intellektuellen Voraussetzungen, an Erfahrung und Reife. Es kann seine Ohnmacht nicht selbst beenden. Es kennt keine Alternativen. Das kleine Kind bleibt in der ersten es plagenden Phase der Veränderung stecken: »Ich muss irgendetwas tun, aber ich weiß nicht was. Es kann so nicht weitergehen, aber ich weiß nicht, was los ist. Ich finde keine Ruhe.«

Vieles von dem unausgeglichenen Verhalten des Trotzkindes ist ein Protest gegen den aktuellen Stand der Dinge, gegen die Unzufriedenheit, von der es durch die innere Forderung nach Weiterentwicklung gebeutelt wird. Als Einjähriger hat der Kleine sich selbst und seine eigene Gesellschaft genossen – ja, er hat sich selbst geliebt, vorbehaltlos. Als Zweijähriger war er auf dem Gipfel des Glaubens an sich selbst und des Selbstvertrauens angelangt und seine Beherrschung war total.

Nun bricht die Welt unter seinen Füßen zusammen.

Was ist er, was weiß er? Auf einmal gar nichts!

Er schwankt zwischen Zweifel, Misstrauen, Weigerung und Verzweiflung.

Durch die Zeit des Trotzalters bohrt das Kind sich immer tiefer ins Leben hinein. Der Kleine zittert beim Gedanken an seinen Mangel an Können, aber er stellt auch seine unzulänglichen Fähigkeiten auf die Probe. Er fordert das Leben heraus, genau wie das Leben ihn herausfordert.

Er wehrt sich gegen die Forderung nach Veränderung, aber gleichzeitig versucht er selbst verzweifelt, eine Veränderung herbeizuführen. Er hat nicht die Möglichkeit, die Führung des eigenen Lebens zu übernehmen, macht aber immer wieder kraftlose Versuche. Er leidet unter der ersten großen Auseinandersetzung mit sich selbst.

Man könnte die Situation des Trotzkindes mit der so genannten »Midlife-Crisis« eines Vierzigjährigen vergleichen: »War dies alles? War das alles, was mein Leben zu bieten hatte? Was ist aus meinen Träumen und Hoffnungen geworden? War es das, wofür ich geboren wurde und wofür ich gelebt habe?« Man muss sich nicht wundern, dass der Mann sich gegen so dunkle, aber unabwendbar fordernde Fragen wehrt. Vielleicht greift er seine Frau an: »Du hast mich nie verstanden! Es ist deine Schuld, dass ich nicht glücklich bin.« Sie wehrt sich dagegen, genauso verständlich. Es ist ja ziemlich unfair, dass er die Verantwortung für seine Selbstzweifel auf sie schiebt. »Es ist ja so einfach, mir die Schuld zuzuschieben«, sagt sie. »Aber auch du bist nicht gerade perfekt.«

Nehmen wir an, der Mann lässt sich scheiden, weil er der Überzeugung ist, seine Frau sei an allem schuld. Es wird nicht lange dauern, bis er zu erkennen hat, dass er mit sich selbst zurechtkommen muss. Und die Auseinandersetzung mit sich selbst kann nur er übernehmen. Nichts hat sich geändert. Er ist immer noch dazu gezwungen, mit seinem eigenen Leben klarzukommen. Und er wird einsehen, dass die Unzufriedenheit, die er in seinem Eheleben, das zum Stillstand gekommen war, erlebte, daher kam, dass er selbst stehen geblieben war. Er wäre auch in eine Lebenskrise geraten, ohne verheiratet gewesen zu sein.

Nehmen wir an, die Frau wehrt sich nicht und weist seine Anschuldigungen nicht von sich, sondern sagt: »*Ja, mein Lieber. Sicherlich bin ich daran schuld, dass du nicht glücklich bist. Ich werde mich gerne ändern! Wie möchtest du, dass ich mich verhalte?*« Nun wird der Mann Forderungen stellen und Befehle geben. »So und so«, sagt er. »Mehr so und weniger so. So und so musst du dich verhalten, aber nicht so und so.« Die Frau macht genau, was er sagt. Aber egal, wie viel Mühe sie sich gibt, der Mann ist nicht zufrieden. Stattdessen werden seine Forderungen immer absurder. Seine Befehle nehmen kein Ende. Er wird übertrieben eifersüchtig, tyrannisch befehlend und ist, milde formuliert, nicht mehr auszustehen. Als Krönung des Ganzen wird er schließlich anfangen, sie zu misshandeln. Dann aber reicht es der Frau und endlich wehrt sie sich. »Jetzt reicht's!«, sagt sie. »Es nützt ja alles nichts, egal was ich tue! Du bist ja doch nicht glücklich.« Und da haben wir es wieder: Sie wendet sich von ihm ab und er ist allein mit sich selbst.

Tief in seinem Inneren hat er es die ganze Zeit über gewusst: Es war nicht ihre »Schuld«. Er war es, um den es hier ging. Er hat sowohl sie als auch sich selbst zu dem Punkt getrieben, von dem es keinen Weg mehr zurückgibt. Dort muss er sich jetzt der Forderung nach Veränderung stellen, einer Forderung, die auf ihn zielt. Er steht allein da, in einer Auseinandersetzung mit sich selbst, und vor einer solchen stand er sowieso, mit oder ohne Frau.

Auch das Kind im Trotzalter wehrt sich, indem es seine allernächste Umgebung angreift. Egal wie sehr sich seine Umgebung auch bemüht, seine immer absurderen Wünsche zu befriedigen, das Kind ist immer noch nicht zufrieden. Mit immer mehr Forderungen und Provokationen treibt der Kleine alles weiter, bis die Umgebung sich weigert, mitzumachen – und da steht er dann, ganz alleine mit sich selbst.

In dieser Zeit können sich bei ihm durchaus unangenehme Züge entwickeln. Er kann genauso tyrannisch befehlend werden wie der Ehemann aus unserem Beispiel von vorhin, genauso unfair und eifersüchtig und genauso körperlich brutal. Genauso wenig, wie es dem Ehemann geholfen hat, ist dem Trotzkind damit gedient, dass man als Eltern versucht, sich selbst »auszuradieren«, sich zu »verbessern«, sich den ungerechten Forderungen zu beugen, die

Verantwortung für die Unzufriedenheit des Kindes zu tragen, die Schuld für seine Plage auf sich zu nehmen. Letzten Endes geht es um eine Selbstprüfung des Kindes. Und kein Mensch wird an Reife gewinnen, indem er die Fehler ausschließlich bei den anderen sucht, indem er seine Umgebung manipuliert oder sich weigert, eine Auseinandersetzung mit sich selbst anzufangen. Und wie der Ehemann in der Krise wird auch das Trotzkind tief in seinem Inneren wissen, dass es die Auseinandersetzung mit sich selbst führen muss. Und hier kommt das Schuldgefühl ins Spiel. Denn wenn ich mit mir selbst und mit meiner Lebensführung unzufrieden bin und von mir selbst weiß, dass ich mit meinem Leben weiterkommen muss, diese Unzufriedenheit aber in Anschuldigungen an meine Umgebung richte – »Es ist deine Schuld, dass ich nicht glücklich bin!« – und wenn diese Umgebung meine Anschuldigungen akzeptiert – »Ja, sicher, mein Schatz, es ist meine Schuld, dass du nicht glücklich bist« –, dann werde ich, da ich weiß, dass dies nicht der Wahrheit entspricht, meine Umgebung bestrafen, weil sie mir dabei hilft, meinen Selbstbetrug zu wahren und weiterzuführen, und weil sie mir erlaubt, die unvermeidliche Auseinandersetzung mit mir selbst hinauszuschieben. Ich werde gerade nicht glücklich, liebevoll und dankbar sein. Ich werde eher unangenehm, voller Verachtung und diktatorisch sein.

Während ihrer Trotzanfälle werden die kleinen Kinder sich nicht immer besonders ansprechend verhalten (so wie es der Ehemann in seiner Midlife-Crisis ebenso wenig tut). Oft wird den Eltern empfohlen, dem Kind in einer solchen Situation zu zeigen, dass man es liebt, indem man es tröstet. Trotzkinder, die fast außer sich vor ohnmächtiger Wut sind, sollten dementsprechend getröstet, mit Zärtlichkeit beruhigt, auf den Schoß genommen werden. Die Wirkung ist aber manchmal eine noch größere Wut, die das Kind mitunter an den Rand der Bewusstlosigkeit bringen kann.

Ich meine, dass das Trösten bei einem Wutausbruch keine angebrachte Methode ist, und ich bin der Meinung, dass der Verlust des Bewusstseins auf keinen Fall als mehr oder weniger normal betrachtet werden kann, auch nicht als Teil eines schlimmen Wutausbruches. Bei einem solchen Ausbruch ist das Innere des Trotzkindes ein reines Chaos, und es ist die Aufgabe des Erwachsenen, dieses Chaos in Ordnung zu bringen. Erwachsene, die hysterisch oder ohnmächtig wütend sind, werden sich nicht in aller Ruhe hinsetzen und lächeln, nur weil jemand voller Mitleid zu ihnen sagt: »Aber mein Lieber, du musst ja wirklich sehr unglücklich sein! Komm her, lasst dich mal knuddeln.« Was sie brauchen, ist Widerstand, Anleitung und ein Ende des Unerträglichen. *»Ruhe jetzt! Es reicht. Du hörst jetzt auf. Alles wird wieder gut.«*

Es gibt Trotzkinder, die mitten in ihrem Wutausbruch zwischen den Schreien jammern: »*Hilf mir!*« Man kann einem Menschen keine Liebe geben, wenn er nicht dazu imstande ist, diese Liebe anzunehmen. Ob die Ausbrüche stark aggressiv, verzweifelt oder hysterisch sind, ihnen muss immer mit Bestimmtheit, Widerstand und einem möglichen Ausweg begegnet werden, man muss dem Kind eine Alternative bieten, eine Richtung, eine Entscheidung; etwas, das der Ohnmacht ein Ende setzen kann (siehe Seite 396).

Das Trotzkind, das ein angeborenes Vertrauen in das Wohlwollen seiner Eltern empfindet, bittet quer durch die Provokationen und Streitereien um Unterstützung und Hilfe. Eltern, die es unterlassen, dem Kind während seiner Wutanfälle Widerstand zu leisten, und die es versäumen, dem Kind einen Ausweg aus der Misere zu zeigen, tun dieses sicherlich vor allem, weil sie dem Kind nichts Unangenehmes zufügen möchten: Es ist ja ganz offensichtlich, dass das Kind leidet, und es ist nicht einfach, dann hart gegen hart zu setzen.

Aber die Feststellung des Kindes, dass es in kritischen Situationen keine Hilfe von den Eltern erwarten kann, zu denen es schließlich vorbehaltloses Vertrauen empfindet, wird zur Bürde werden – zusätzlich zu den Gefühlen, die das Kind schon ertragen muss: zur Bürde des inneren Reifungsprozesses, der sich durch Phasen größter Unruhe und Verängstigung einen Weg voranerzwingt.

Sie ist schwer, die Verantwortung, sowohl für die kleinen Menschen als auch für die großen: die Verantwortung für die eigene Erleichterung, die eigene Befreiung, die eigene Erlösung vom Chaos. Du kannst eine so große Verantwortung dein Kind nicht allein tragen lassen. Damit würdest du es im Stich lassen.

Es gibt Trotzkinder, die sich fast ständig auf die Hinterbeine stellen, und das mit Nachdruck, Geschrei und Gekreische; es gibt aber auch Kinder, die niemals auch nur andeutungsweise einem Ausbruch wie oben beschrieben nahe kommen. Man könnte meinen, dass man sich als Eltern darüber freuen sollte, wenn das Trotzalter milde abläuft – und bei vielen Kindern ist es tatsächlich mild. Aber hinter solcher Freude oder Erleichterung kann auch eine Gefahr lauern.

Ohne dass man darüber nachdenkt, kann passieren, dass man das Trotzalter des Kindes einfach umgeht. Wie die nachgebende Frau des Ehemannes beugt man sich den Wünschen des Kindes und erfüllt diese laufend. Und das ist nicht gut. Das Trotzalter markiert einen Reifeprozess, der durchlebt werden muss und ausgelebt werden soll. Ohne diese Lebensphase bzw. wenn sie nicht ausgelebt werden kann, wird das Kind nicht sehr gut darauf vorbereitet sein, mit den ständig wachsenden Forderungen seiner Umwelt und auch mit sich selbst konfrontiert zu werden.

»Helen ist nie trotzig«, beteuert ihre Mutter: »Ich habe mit ihr überhaupt keine Schwierigkeiten.« Aber Helens Mutter radiert sich selbst auch ganz und gar aus – ohne dass sie es selbst wahrnimmt. Sie bietet Helen keinen Widerstand und deshalb braucht Helen ihr gegenüber auch nicht trotzig zu sein.

»Geh weg«, sagt Helen. »*Ich* will da sitzen.«

»Jaja«, sagt Helens Mutter und geht sofort weg.

Es ist Essenszeit; Mama ruft Helen.

»Ich möchte nicht essen.«

»O.K., dann brauchst du auch nichts essen.«

»*Jetzt* will ich aber etwas essen«, erklärt Helen eine Stunde später.

Und ihre Mutter geht in die Küche und macht das Essen wieder warm.

»Du sollst nicht reden«, sagt Helen.

Ihre Mama schweigt.

»Ich will in deinem Bett schlafen«, sagt Helen.

Und Mama erlaubt es.

Helen geht bei ihrer Mutter nicht weiter, als Zugeständnisse zu fordern, die tatsächlich machbar sind. Ihre diktatorischen Methoden sind nicht besonders streng, aber sie sind trotzdem diktatorisch. Was Helen in Wort und in Handlung aussagt, ist schließlich: »Mach gefälligst, was ich sage, denn sonst liebst du mich nicht.« Und eine solche Liebe ist nicht viel wert.

Was geschieht mit Helen? Sie wird ein verwöhntes, kleines Gör. Das heißt aber, dass ihre Umwelt ihr in Zukunft den Widerstand entgegensetzen wird, den sie im Moment nicht von ihrer Mutter bekommt. Es werden harte Lektionen werden, vor denen ihre Mutter sie hätte bewahren können, indem sie selbst – rechtzeitig und mit Liebe – die Umwelt repräsentiert und Helen in einem gewissen Umfang Widerstand geleistet hätte, darin vorbereitend und helfend.

Der kleine Robert treibt es mit seinem Vater noch ein Stückchen weiter als Helen mit ihrer Mutter.

»Geh weg«, sagt Robert. »*Ich* will da sitzen.«

»Ja, ja«, murmelt Papa, nimmt seine Zeitung und steht auf. Er sieht sich nach einem anderen Platz um.

Robert zeigt auf einen Stuhl. »Du sollst *DA* sitzen.«

Papa setzt sich da.

»*Nein*«, schreit Robert. »Du darfst nicht da sitzen!«

Papa ist verwirrt. »Aber du hast doch gesagt …«

»Geh weg! Geh weg!«, schreit Robert.

Sein Vater versucht etwas einzuwenden. »Robert, beruhige dich. Irgendwo darf ich ja wohl sitzen. Nun setze ich mich hierhin.«

»Geh! Geh! Geh!«, brüllt Robert, der sich nun der Hysterie nähert. »*GEEEEH!*«

Ratlos geht sein Vater zur Tür.

»Nein!«, schreit Robert. Er brüllt und schnieft. »Du sollst *da* sitzen.«

Papa schüttelt den Kopf; er versteht überhaupt nichts, aber er tut, was der Junge sagt. Er setzt sich auf den gezeigten Stuhl.

Nur um nochmals zu hören: »Nein, da darfst du nicht sitzen!«

Und bald ist der Junge außer sich und der Vater auch.

Papa geht zu dem Jungen und versucht, ihn zu trösten, aber Robert schreit wie ein Besessener. »*Geh! Geh! GEEEH!*«

Papa ist hilflos; was er auch tut, ist falsch und schließlich verliert er die Beherrschung. »Um Gottes Willen, Junge!«, ruft er. »Weißt du eigentlich, was du willst?«

Damit gibt er sein tröstendes Vorhaben auf, geht rasend in die Küche und knallt die Tür hinter sich zu.

In der Küche steht der Vater nun da als Opfer seines schlechten Gewissens, seiner hasserfüllten Gefühle Robert gegenüber und selbst fühlt er sich verwirrt und ohnmächtig. Im Wohnzimmer sitzt Robert und feiert einen Triumph, der ihm überhaupt keine Freude bereitet.

Er hat versucht, die Macht über seine eigene Hilflosigkeit zu gewinnen – die Hilflosigkeit, die eine Folge der lähmenden Erkenntnis seiner eigenen, fehlenden Fähigkeiten, also eine Folge des Trotzalters ist –, indem er die Macht über seinen Vater gewinnen wollte. Aber gleichzeitig kann er nicht akzeptieren, dass Papa, der die führende Person und der Beschützer sein sollte, hilfloser ist als er selbst oder zumindest genauso hilflos. Papa darf überhaupt nicht hilflos sein!

Roberts mühevoller, aber notwendiger, innerer Reifungsprozess verläuft nicht, wie er sollte, wenn er seinen Vater als Ausweg dafür nutzen kann, dass er sich nicht mit sich selbst auseinander setzen muss. Der Reifungsprozess verzögert sich und wird schwieriger. Papa muss den Kampf an Robert zurückverweisen.

Der Ehemann in der Krise wird nicht glücklicher, wenn seine Frau es ihm erlaubt, sie als Angriffsscheibe und Opfer zu benutzen. Sie muss sich weigern. Erst dann kann er mit seiner Selbstprüfung beginnen und seinen eigenen, notwendigen Kampf austragen. Solange die Frau seine Schläge akzeptiert, wird es ihm innerlich schlecht gehen.

Auch Robert geht es schlecht. Robert kann die Hilflosigkeit seines Vaters nicht akzeptieren und deshalb gibt er nicht nach. Die Tage können sehr wohl von Anfällen wie diesem und von noch schlimmeren Provokationen ausgefüllt werden.

Wenn dann sein Vater fortwährend die Situationen, die so entstehen, nicht beherrscht und an Robert immerfort nur appelliert, um letztendlich zusammenzubrechen und aufzugeben, dann wird der Teufelskreis geschlossen. Papa beginnt sein »unmögliches Kind« zu verabscheuen – und eine solche Art von Gefühlen kann man nur schlecht ertragen. Und Robert, der sein eigenes Benehmen und gleichzeitig die Hilflosigkeit des Vaters als unerträglich empfindet, leidet Höllenqualen. Wer wird ihn von diesen Qualen erlösen?

Der kleine Robert besitzt einen selbstständigen Willen, der sich ständig weiterentwickelt, und der Wille ist stark. Robert unterlässt nichts, um ihn zu benutzen. Aber wenn einem die Reife und die Erfahrung fehlt, um den Willen richtig einzusetzen, jagt einem ein starker Wille Angst und Schrecken ein. Robert braucht klaren Bescheid in Wort und Tat darüber, wo die Grenzen seines Willens verlaufen.

Stellen wir uns vor, was passiert, wenn Roberts Vater die Situation anders angeht, indem er sich seinem Sohn offensiv widersetzt:

»Geh weg«, sagt der kleine Robert: »Ich will da sitzen.«

»Nein«, sagt Papa ruhig. »Hier sitze ich.«

Robert fährt beharrlich fort. Er muss unbedingt auf Papas Platz sitzen.

Auch Papa bleibt stur. »Ich sitze hier«, wiederholt er, »du kannst dich auf die Couch setzen.«

»Nein, das will ich nicht!«, sagt Robert.

»Ach so«, sagt Papa, »dann sitzt du eben nicht auf der Couch.«

Robert fängt an zu schreien. »*Ich* will da sitzen!«

»Nein, du wirst hier nicht sitzen«, sagt Papa freundlich, aber bestimmt. »Hier sitze ich und ich werde nicht weggehen. Aber du darfst auf meinem Schoß sitzen, wenn du möchtest.«

»*Nein!*«, brüllt Robert fuchsteufelswild. »Ich will nicht!«

»Dann nicht. Ich werde auf jeden Fall hier sitzen bleiben.«

Robert, der wie immer entschlossen ist, seinen Vater bis zum Zerreißen zu provozieren, fängt an, Papa in den Oberschenkel zu kneifen.

»Hör auf damit«, sagt Papa. »Es tut weh. Das sollst du nicht machen.«

Er nimmt Roberts Hände in seine, küsst sie und lässt sie wieder los.

Robert fängt wieder an zu kneifen und sieht unausstehlich herausfordernd aus.

»Hör auf!«, sagt Papa mit schärferer Stimme.

Robert kneift hoffnungsvoll weiter.

Papa nimmt mit einem festen Griff Roberts kleine Hände. Er sieht ihm warnend in die Augen.

»Tu das nicht. Du sollst nicht kneifen. Es tut weh. So musst du machen: Du darfst streicheln. Du kannst meine Wange streicheln. Ganz lieb. So. O.K.?« Mit Roberts Hand in seiner streichelt er sich selbst, ohne den Blick von Robert zu nehmen. Robert gibt das Kneifen auf.

Nun macht er sich daran, sich etwas anderes auszudenken, das den Vater aus dem Gleichgewicht bringen kann.

Er sieht eine Blumenvase, die auf dem Tisch steht. Er schmeißt sie augenblicklich mit großem Klirren herunter auf den Fußboden und die gewünschte Wirkung bleibt nicht aus.

Papa wird verdammt wütend. Er mochte diese Blumenvase und Robert hat sie absichtlich kaputtgemacht.

»Was zum Teufel machst du denn da?«, donnert er.

Eine Ohrfeige liegt in der Luft. Damit es nicht so weit kommt, trägt Papa seinen Sohn ins Kinderzimmer, setzt ihn auf sein Bett, geht hinaus und macht die Tür zu.

Großes Geschrei.

Draußen vor der Tür wartet Papa, schweigend.

Robert schreit und brüllt.

Schließlich gibt er wieder Ruhe, Papa öffnet die Tür und guckt hinein: »Bist du jetzt fertig?«

Erneutes Schreien.

Papa schließt die Tür wieder und wartet noch eine Weile.

Es wird wieder still im Kinderzimmer und Papa stellt wieder dieselbe Frage: »Möchtest du jetzt herauskommen? Bist du jetzt fertig?«

Robert sieht ihn mit einem bösen Blick an, aber er schweigt.

»Super«, sagt Papa. »Dann gehen wir jetzt ins Wohnzimmer und sammeln die Scherben auf.«

Er nimmt Robert auf den Arm und geht ins Wohnzimmer.

Aber bei der zerbrochenen Vase weigert sich Robert.

»*Nein!*«, protestiert er. »*Ich will nicht!*«

»Doch«, sagt Papa. »Nun musst du die Scherben aufsammeln. Du hast die Vase kaputtgemacht, und wenn man eine Vase kaputtmacht, muss man auch die Scherben aufsammeln.«

»*Ich will nicht!*«, schreit Robert.

Papa ist weiterhin ruhig.

»Nun sammelst du die Scherben auf«, sagt er.

Und er nimmt Roberts Hand, schließt sie vorsichtig um eine Scherbe, hält seine eigene Hand darüber und legt so Scherbe für Scherbe auf den Tisch.

»So«, sagt er, »das ist fein! Und dann die nächste und die nächste.«

Am Anfang protestiert Robert noch, aber Papa nimmt davon keine Notiz. Schließlich sind alle Scherben aufgesammelt.

»So, das war's«, sagt Papa. »Nun können sie dort liegen bleiben, später werde ich versuchen, sie wieder zusammenzukleben.«

Danach kehrt er wieder zu dem Stuhl zurück, bei dem das ganze Drama seinen Anfang nahm, und setzt sich wieder hin. Er verhält sich, als wäre nichts geschehen; er ist ruhig wie gewöhnlich, freundlich in seiner Haltung und liest nun weiter seine Zeitung, wie er es getan hat, als alles anfing.

Robert bleibt eine Weile stehen. Er beobachtet Papa ein bisschen und sieht sich die Scherben an. Dann spaziert er ein wenig umher. Schließlich geht er in sein Zimmer und beschäftigt sich dort mit seinen Sachen. An diesem Tag provoziert er seinen Vater nicht mehr.

Bei dieser Vorgehensweise seines Vaters hat Robert die folgenden, drei Mitteilungen bekommen:

Papa steht für das, was er sagt, gerade. Was er sagt, behält seine Gültigkeit. *Papa braucht man nicht anzuzweifeln*, auch wenn Robert gerade jetzt wegen seiner eigenen, inneren, oft unerträglichen Forderung nach Veränderung dazu verleitet wird, alles anzuzweifeln.

Papa hat alles im Griff. Er weiß, was zu tun ist. (Hat man eine Vase kaputtgemacht, sammelt man die Scherben auf.) *Papa erfüllt seine Aufgabe als Leiter der »Herde« und bietet einem Unterstützung.*

Papa liebt Robert, dagegen mag er gewisse Dinge nicht, die Robert macht. *Sein Verhalten wird abgelehnt, nicht Robert selbst.* Die Wut, die Papa zeigte, war gegen das Verhalten Roberts gerichtet. Es gab keine Aversion gegen den Jungen oder Abstandnahme von dem Jungen als Person.

Nun funktionieren kleine Kinder aber leider nicht nach der allgemeinen Logik, dass sich eine praktische und konkrete Erfahrung verallgemeinern lässt.

Kinder müssen sich immer wieder davon überzeugen, dass das Geltende auch seine Gültigkeit behält. Dass es jetzt auch noch gilt, und bei dieser und jener Sache auch, und bei einer ganz anderen Gelegenheit ebenso. Hunderte, vielleicht tausende von Beispielen müssen die Kinder sammeln, bevor ihre Erfahrungen zur Einsicht werden. Neue Fragen in Form von Herausforderungen und Provokationen kommen ständig auf die Eltern zu.

Der kleine Robert ist eine willensstarke Persönlichkeit, die bei seinem Vater sehr weit geht. Aber egal wie sehr er ihn – wie im obigen Beispiel – herausfordert, leistet der Vater einen Widerstand, der sich mit den Provokationen Roberts messen kann. Damit zeigt Papa, dass er seiner Aufgabe gewachsen ist und dass Robert ihm vertrauen kann.

Das Trotzalter ist die deutlichste Herausforderung des Vertrauens.

Frederik, knapp drei Jahre alt, soll schlafen.

»Ich möchte einen anderen Teddy«, sagt er plötzlich.

Sein Vater ist verblüfft.

»Einen anderen Teddy? Aber da ist doch kein anderer Teddy.«

»Ich möchte einen anderen Teddy!«, beharrt Frederik.

»Aber du hast doch *diesen* Teddy. Du hast doch immer *diesen* Teddy. Er ist *dein* Teddy. Warum willst du *ihn* denn nicht?«

»Ich will einen anderen Teddy haben!«, wiederholt Frederik, dieses Mal mit deutlich größerem Nachdruck.

Frederiks Vater versteht gar nichts. Er nimmt den Teddy und reicht ihn Frederik.

»Hier, nimm deinen Teddy. Leg dich jetzt hin.«

»Ich will nicht!«, schreit Frederik. Er schmeißt den Teddy auf den Fußboden. »Ich will einen anderen Teddy haben!«

»Aber, Freddie …«, sagt Papa.

»*ICH WILL EINEN ANDEREN TEDDY HABEN!*«, kreischt Frederik und nun ist ein hysterischer Anfall nicht mehr weit entfernt.

Frederiks Vater weiß nicht, was er tun soll. Schließlich entscheidet er sich dafür, mit Frederik vernünftig darüber zu reden. Er hat gehört, dass man den Kindern die Sachen erklären muss und an ihre Vernunft appellieren könne.

»Hör doch mal zu, mein kleiner Freddie«, sagt er und hält seinen Sohn an den Schultern. »Dies ist dein Teddy. Du hast keinen anderen Teddy. Es kann ja sein, dass du irgendwann einmal einen anderen Teddy bekommen wirst, zu deinem Geburtstag oder so, aber im Moment ist hier kein anderer Teddy, und deshalb musst du diesen Teddy nehmen, verstehst du? Selbst wenn ich versuchen würde, dir einen anderen Teddy zu besorgen, dann könnte ich es gar nicht, denn es ist schon spät und die Geschäfte haben alle zu, deshalb kann ich jetzt gar keinen anderen Teddy kaufen. Es ist einfach unmöglich. Verstehst du?«

Aber Frederik hört gar nicht zu. Papa weiß nicht einmal, ob er überhaupt ein Wort von dem, was er gerade erklärt hat, mitbekommen hat. Der Junge schreit nur.

»Ich – will – einen – anderen – Teddy – haben«, bringt er schniefend und schluchzend zwischen gewaltigen Anfällen hysterischen Weinens hervor.

Was geschieht jetzt?

Dieser Anfall wird auf eine der drei folgenden Weisen enden:

1. Der hysterische Zustand des Kindes geht in einen regelrechten Krampf über. Das Kind wirkt wie abwesend.
2. Das Kind beendet den Wutausbruch selbst, indem es den Vater abweist, weil er sowieso nicht helfen kann (»Geh! Geh weg!«), schnieft dann noch lange in seiner Einsamkeit und wird sich schließlich beruhigen.
3. Der Vater beendet die Hysterie, indem er sehr laut und beruhigend und bestimmt mit dem Kind spricht und ihm einen Ausweg zeigt, eine Handlung erzwingt (»So soll es sein, so musst du machen«).

Die erste Alternative ist nicht gut. Das Kind wird zwar keinen physischen Schaden davontragen und wieder zu sich kommen, aufgebend schniefen und auch empfänglich für Trost sein. Aber ich glaube, dass ein Kind in diesen krampfartigen Zustand erst dann verfällt, wenn Körper und Seele wirklich zu viel mitbekommen haben, und ich meine, dass kleine Kinder von solchen Erfahrungen verschont werden sollten.

Die zweite Alternative ist auch nicht gut. Nicht viele von uns Erwachsenen schaffen es aus eigener Kraft, den erschreckenden Zustand eines hysterischen Anfalles bei sich selbst zu beenden. Menschen, die von einem hysterischen Anfall überwältigt und von Hilflosigkeit gefangen gehalten werden, dürfen nicht sich selbst überlassen werden, um allein das Chaos in Ordnung zurückzuverwandeln, wenn sie von Menschen umgeben sind, die sie lieben – schließlich können sie sogar damit rechnen, dass ihnen von Menschen, die sie nicht lieben, geholfen wird. Lässt man einen verzweifelten Menschen bei der Durchlebung seiner kritischen Situation allein, wird sein Gefühl der Verlassenheit zweifellos verstärkt werden. Das Trotzkind, das von Hysterie ergriffen wird, ist nur ein kleines Kind. Ein Trotzkind, das sich selbst überlassen wird, um allein mit seinem inneren Chaos fertig zu werden, wird vor eine Forderung der Reife gestellt, die nur wenige oder vielleicht gar keine Erwachsenen allein lösen können.

Die dritte Alternative schließlich erlöst und befreit das Kind aus einer unerträglichen Situation – die auch dadurch nicht besser wird, dass sie das Kind selbst verursacht hat: Kinder im Trotzalter müssen Hindernisse, Schwierigkeiten und Widerstand aufbauen, um sich dadurch weiterentwickeln und reifen zu können.

Einem hysterischen Anfall muss vorbeugt werden. Es sollte gar nicht erst zu einem kommen.

Frederiks Vater kann den Wutanfall bei der Wurzel packen, indem er einen ganz einfachen und ebenso effektiven Trick einsetzt: Er verbietet dem Kind das, was es nicht will, und beide Seiten haben »gewonnen«.

»Ich will den Teddy nicht haben!«, schreit Frederik und schmeißt ihn auf den Fußboden.

Sein Vater hebt den Teddy auf.

»Dann kriegst du ihn halt nicht«, sagt er ruhig. »Dann nehme ich den Teddy mit.«

»Nein!«, schreit Frederik. »Ich will meinen Teddy haben!«

Und plötzlich herrscht wieder »Friede, Freude, Eierkuchen«!

Die Situation auf den Kopf zu stellen und das zu verbieten, was das Kind ablehnt, ist eine hervorragende Methode, weil das Kind dadurch den Stand der Dinge bezweifeln kann, ohne dass sich die Welt dadurch verändert. Frederik *will* ja seinen Teddy haben – er will nicht am Wert seines lieben, alten Teddys zweifeln. Auf der anderen Seite muss er am Wert des Teddys zweifeln, da er sich dazu gezwungen fühlt, einfach alles zu bezweifeln. Der Teddy war bisher etwas Selbstverständliches. Aber warum sollte er selbstverständlich sein? Was wäre, wenn der Teddy nicht selbstverständlich ist? Und warum gerade dieser Teddy? Warum nicht ein anderer Teddy? Oder vielleicht ein ganz anderes Kuscheltier?

Der Vater leistet nun Widerstand, indem er die Zweifel *noch schlimmer* macht: Der Teddy ist vielleicht gar nicht selbstverständlich. Der Teddy ist vielleicht nicht einmal erlaubt! Gleichzeitig zeigt er, was passiert, wenn Frederik den Teddy anzweifelt: Papa nimmt den Teddy weg. Der Teddy verschwindet. Die väterliche Handlungsweise sagt nicht: »Aber ja doch, der Teddy ist selbstverständlich.« Frederik kann nämlich keine Erfahrung und auch kein Wissen in sich aufnehmen, welches er sich nicht eigenständig erkämpft hat. Er kann den Teddy nicht als etwas Selbstverständliches ansehen, nur weil Papa sagt, dass es so sei.

Die väterliche Handlungsweise sagt stattdessen: »Nein, der Teddy ist überhaupt nicht selbstverständlich. Es könnte ja auch so sein, dass ich den Teddy für mich behalte, und du darfst ihn nicht mehr haben. Was sagst du dazu?« »Ach so«, stellt Frederik fest, »das passiert also, wenn man seinen Teddy anzweifelt. Es bedeutet also ganz konkret, dass man den Teddy nicht behalten kann. Und wird Papa ihn nun behalten? Werde ich meinen Teddy verlieren?« Bei einer solchen Perspektive wählt Frederik seinen Teddy. Es bieten sich zwei konkrete Alternativen: Entweder bleibt der Teddy nun bei Papa, außerhalb Frederiks Reichweite, oder der Teddy bleibt bei Frederik, *weil Frederik es so möchte* – nicht weil Papa sagt, es müsse so sein, oder weil es selbstverständlich ist, dass der Teddy immer bei ihm ist.

Am Ende gewinnen beide: Der Vater wollte von Anfang an, dass der Teddy bei Frederik ist. Er gab Frederik den Teddy. Der Junge wehrte sich gegen den väterlichen Willen. Er hat den Teddy abgelehnt und sich geweigert, das zu tun, was Papa sagt. Der Vater wählte dann einen ganz anderen Weg und hat dem Jungen den Teddy vorenthalten. Gegen das Verbot hat sich Frederik auf die Hinterbeine gestellt. Nun wollte er seinen Teddy haben. Papa »wollte« ihn auch – hat sich aber dem Willen seines Sohnes gebeugt. Er hat ihm den Teddy zurückgegeben. Der kleine Freddie hat sich gegen den väterlichen Willen gewehrt und über dem Willen des Vaters die Oberhand behalten – aber innerhalb des Rahmens dessen, was der Vater die ganze Zeit vorhatte, nämlich dass der Junge den Teddy bei sich im Bett behalten soll. Damit ist die Welt nicht zusammengebrochen, nichts hat sich geändert; Frederiks Wille wurde auf die Probe gestellt und errang einen Sieg – innerhalb der Grenzen des Zumutbaren (vom Vater zugelassen). Und deshalb gibt der kleine Frederik in unserem Beispiel auch gleich nach. Beide können sie sich wieder freuen – ohne Hysterie, ohne Demütigung, ohne Kampf.

Die kleine Sabine wird zum Essen gerufen:
»Ich will nichts essen!«, sagt sie.
»O.K.«, sagt ihre Mutter und beginnt ruhig den Tisch abzuräumen. »Dann bekommst du auch kein Essen. Dann nehme ich das Essen jetzt weg.«

»Nein«, schreit Sabine. »Ich will mein Essen haben!«

»Dann setz dich mal hin«, sagt die Mutter, »und du wirst sehen, was es Schönes gibt.«

Ganz ungerührt und natürlich ohne die geringste Spur eines Triumphes verhält die Mutter sich, als wäre alles in Ordnung, was es ja auch ist. Ihre Absicht war es ja, dass Sabine isst; was passierte, wurde ausgeklammert und hat zu keiner Veränderung geführt.

Der kleine Peter will nicht ins Bett:
Nach langem Hin und Her verliert der Vater die Geduld.
»O.K.«, sagt er. »Dann darfst du eben überhaupt nicht schlafen. Setze dich bitte auf den Küchenhocker.«

Er setzt Peter auf den Hocker und macht dann mit dem Abwasch weiter.
Nach einer Weile klettert Peter vom Hocker hinunter.
»Willst du jetzt schlafen?«, fragt Papa.
»Nein! Ich *will* nicht schlafen!«
»Dann *darfst* du eben auch nicht schlafen. Setze dich wieder auf den Hocker, bitte.«

Der Vater wäscht weiter ab.
»Ich will hier nicht sitzen!«, versucht Peter sein Heil.
»Dann kannst du ja schlafen gehen.«
»Ich will nicht schlafen!«
»Dann musst du auf dem Hocker sitzen.«
Peter klettert wieder hinunter.
»Willst du jetzt schlafen?«, fragt Papa freundlich.
»Nein! Ich *will* nicht schlafen!«
»Dann *darfst* du überhaupt nicht schlafen! Setze dich auf den Hocker!«
Usw.

Schließlich klettert Peter schmollend vom Hocker hinunter und geht ins Bett. Worauf er vom Papa zärtlich und liebevoll geküsst und geknuddelt wird – genau wie sonst auch, mit einer Haltung, als wäre es die größte Selbstverständlichkeit.

(Der kleine Peter hat viel Ausdauer, er ist ein willensstarkes Kind. Hier möchte ich noch hinzufügen, dass in der Regel ein einziges Verbot ausreicht: »Du *darfst* überhaupt nicht schlafen. Setze dich ...« etc., gefolgt von ein paar Minuten sitzend auf dem Hocker. Danach wird das Kind ins Bett gehen.)

Der Vater fordert natürlich keinen erneuten Kampf heraus, indem er selbst provozierend, triumphierend oder trotzig reagiert: »Na, siehst du! Du hättest genauso gut gleich von Anfang an auf mich hören können. Jetzt kapierst du vielleicht, dass es sich nicht lohnt, sich mit mir anzulegen. Mich kriegst du nicht klein, verstanden?« Reagiert man in dieser unklugen Weise auf einen hysterischen Anfall, kann man sich auch gleich auf den Markt begeben und um öffentliche Züchtigung bitten. Man wird bestraft werden! Kinder *können* zur Strafe werden. Außerdem ist es kein Fair Play.

In diesem Zusammenhang muss noch erwähnt werden, dass kleine Trotzkinder nicht mehr als zwei Alternativen überblicken können. Peter wird also nicht *sowohl* gegen das Sitzen auf dem Hocker *als auch* gegen das Zu-Bett-Gehen protestieren. Er sieht nur entweder – oder.

Wenn eine empfindlich-sensible kleine Persönlichkeit ins Trotzalter kommt (siehe »Etwas über die Persönlichkeit«, Seite 426), sieht es ganz anders aus als beim kleinen Peter und seinen so genannten »starken« Kollegen. Der kleine Empfindliche bricht zusammen. Er wird weinen, statt zu schreien und zu kreischen. Man kann ihn in seiner Verzweiflung vielleicht gar nicht mehr erreichen, und haut man dann auf den Tisch und erklärt, dass es so und so sein müsse, und wenn es ihm nicht passe, könne er in sein Zimmer verschwinden, wird man ihn damit zur Strecke bringen. Seine Verzweiflung wird sich in einen hysterischen Anfall verwandeln. Schon eine harte Betonung eines Wortes kann den kleinen Empfindlichen aus der Fassung bringen.

Dass man beim Empfindlichen in seinem Trotz sehr vorsichtig und behutsam vorgehen muss, heißt nicht, dass den Ausbrüchen an sich anders begegnet werden müsste. Man steht für das gerade, was man gesagt hat, aber statt harten Widerstand zu leisten, verhält man sich eher sanft und liebevoll, so als würde einem die ganze Angelegenheit Leid tun; nichtsdestotrotz, ein Wort ist ein Wort, und es muss so sein, wie man gesagt hat.

»Komm, kleines Schätzchen, nun gehst du baden!«

Die kleine Louise wird wie angenagelt dastehen, Tränen füllen ihre Augen, sie kehrt um und läuft hastig von der Mutter weg.

Mama geht ihr nach.

»Louise, komm jetzt! Du musst jetzt in die Wanne. Es wird so richtig schöö-ön werden.«

Sie fängt das Kind, das jetzt laut weint.

»Nein – ich – will – nicht – in – die – Wanne!«

»Doch, du willst, und es wird sooo schön«, beruhigt Mama. Sie küsst und knuddelt ihr kleines Mädchen und trägt sie ins Badezimmer.

Aber Louise schluchzt herzzerreißend, die Tränen laufen, sie stemmt ihre Füße gegen die Brust der Mutter und versucht, sich zu befreien; sie will absolut nicht in die Badewanne und ihre Verzweiflung ist groß:

»Ich – will – nicht!«

»Oh, das ist aber schade!«, sagt ihre Mutter dann. »Willst du nicht baden? Dann musst du aber eine Weile in deinem Zimmer bleiben und darfst dann gerne herauskommen, wenn du baden möchtest.« Mama setzt Louise auf ihr Bett. Sie streichelt ihr mehrmals über die Wange, während sie das Gesagte wiederholt, bis sie ganz sicher ist, dass Louise sie durch ihr Weinen hindurch gehört und verstanden hat: »Du kannst baden, sobald du nur möchtest.« Danach wartet Mama vor der Tür. Sobald Louise still wird, auch wenn es nur geschieht, damit sie Luft für einen erneuten verzweifelten Ausbruch holen kann, öffnet Mama die Tür und fragt, mit fröhlicher, sanfter Stimme: »Möchtest du jetzt baden?«

Mit unverdrossener Freundlichkeit und Zärtlichkeit, Verständnis und Wärme fährt die Mutter fort, solange es nötig ist: Sie öffnet die Tür, fragt, schließt sie wieder und wartet weiter; und sie weicht nicht von ihrem Platz an der Tür, bis Louise ihre Einwilligung zum Baden gibt, indem sie mit dem Weinen aufhört. Ruhig und voller Begeisterung badet Mama dann ihre kleine Tochter.

Der kleinen Louise das zu verbieten, was sie nicht will – »dann darfst du eben gar nicht baden« –, könnte funktionieren, wenn die Mutter nur dieselbe Sanftheit und dasselbe Bedauern aufbringt: »Es tut mir Leid, mein Schatz, aber dann darfst du überhaupt nicht baden. Es ist sehr traurig, aber dann lasse ich das Wasser wieder ab und nehme das Spielzeug weg. Dann kannst du nicht mehr baden.« Aber hier besteht das Risiko, dass die kleine, empfindliche Louise wegen des direkten Verbotes von einer so großen Verzweiflung ergriffen wird, dass sie eine unüberwindbare Machtlosigkeit empfindet, und sie wird damit nicht klarkommen. Deshalb sind ein behutsamer, aber unweigerlicher Verweis und eine sorgfältige Weiterführung des Vorhabens vorzuziehen.

Und so kann es aussehen, wenn ein »kleiner Aal« (siehe »Etwas über die Persönlichkeit«, Seite 426) trotzig wird:

»Jetzt musst du dein Zimmer aufräumen«, sagt Mama ihrem kleinen Sohn, der dreieinhalb Jahre alt ist.

»Ja, Mama«, antwortet Josef artig. Er verschwindet in seinem Zimmer.

Mama ist in der Küche beschäftigt. »Räumst du jetzt auf?«, ruft sie nach einer Weile.

»Ja, Mama«, sagt Josef.

Noch eine Weile vergeht. Dann schaut Mama bei Josef herein und sieht, dass er in aller Ruhe auf dem Fußboden sitzt und mit einem Auto spielt. Er hat nicht ein bisschen aufgeräumt.

»Aber Josef, du hast ja gar nicht aufgeräumt!«, ruft die Mutter aus. »Sieh zu, dass du jetzt in die Gänge kommst, sofort!«

»O.K., Mama«, sagt Josef.

Die Mutter kehrt zögernd in die Küche zurück.

»Räumst du jetzt auch auf?«

»Ja, Mama«, sagt Josef.

Als sie den Abwasch hinter sich hat, geht die Mutter zurück, um zu kontrollieren, ob Josef das macht, was sie ihm gesagt hat. Josef spielt immer noch ungestört mit seinem Auto Er hat sich nicht einen einzigen Zentimeter bewegt.

»Hör mal zu, Josef, jetzt werde ich aber wütend auf dich«, sagt Mama, »jetzt räumst du aber auf – sofort! Ich gehe nicht wieder, bevor du fertig bist. Mach zu!«

»Aber, Mama, ich habe wirklich keine Lust«, antwortet Josef und trottet aus dem Zimmer.

In dieser Situation kann die Mutter ihr Vorhaben ganz und gar aufgeben, seufzen und feststellen, dass der Junge nicht gehorcht, und selbst aufräumen. Josef würde nun gar nichts tun. Er würde auch keine erneute Auseinandersetzung suchen. Er ist einfach nur lieb und artig. Aber diese Lösung ist nicht gut: Obwohl Josef nur mit kleinen Buchstaben seinen Trotz hervorbringt, fehlt es ihm an Reife und Urteilskraft – und dies genauso sehr wie dem aggressiven Trotzkind –, und es ist auch für ihn qualvoll, alles bezweifeln zu müssen. Enttäuscht müsste er feststellen, dass keine Hilfe und Unterstützung von seiner Mama zu erwarten ist.

Die Mutter wiederum wird zu dem Schluss kommen, dass sie einen unartigen Jungen hat – und das macht sie unsicher und hilflos: Was wird denn passieren, wenn Josef in Richtung Straße laufen sollte, sie ihn ruft, dass er zurückkommen soll, und er hört überhaupt nicht auf sie? Josefs Vertrauen in seine Mutter hat gelitten, aber auch Mamas Vertrauen in ihre eigenen Fähigkeiten als Mutter (Leiterin, Beschützerin) ist ins Wanken geraten. Und beides ist sehr ernst zu nehmen.

Sehen wir uns die Situation noch einmal an:

Erstens kann die Mutter von Josef kaum verlangen, dass er sein Zimmer aufräumen soll – es ist zu viel und zu abstrakt für ihn. Er ist noch viel zu klein für solch große Taten.

Zweitens kann er noch nicht allein die Verantwortung für eine Arbeitsaufgabe übernehmen. Die Mutter muss mit ihm zusammenarbeiten oder wenigstens dabei sein.

Wenn alle Spielsachen aufgehoben werden sollen, müssen Mama und Josef es zusammen machen, und dabei kann und sollte sie verlangen, dass er genauso lange arbeitet wie sie, d.h., bis die vorgenommene Arbeit erledigt ist; allerdings sollte ihm erlaubt werden, in seinem eigenen Rhythmus und je nach eigenem Können zu arbeiten.

Ist die Mutter dagegen innerlich darauf eingestellt, dass sie sowieso allein aufräumt, hat aber den Wunsch, dass Josef ihr dabei ein wenig hilft, kann sie ihm eine bestimmte Aufgabe geben: diesen Haufen Autos wegzuräumen oder das Puzzle dort zusammenzulegen und auf seinen Platz zu bringen. Dabei sorgt sie dafür, dass er es auch tatsächlich macht.

Nehmen wir aber noch einmal an, Josefs Mutter hat so angefangen wie oben beschrieben:

»Jetzt musst du dein Zimmer aufräumen.«

»Ja, Mama«, antwortet Josef und verschwindet ins Kinderzimmer. In aller Ruhe fängt er an, mit seinem Auto zu spielen.

Die Mutter kontrolliert nach und versteht gleichzeitig, dass Josef sich in einer Trotzphase befindet. Sie begreift, dass ihre Forderung, Josef solle das Kinderzimmer aufräumen, zu allgemein und unpräzise war. Seiner totalen Weigerung gegenüber modifiziert sie ihre Forderung, ohne sie dabei aufzugeben.

»Sammle erst einmal die Bauklötze dort auf«, sagt sie.

»Ja«, sagt Josef und kümmert sich überhaupt nicht darum.

»Sammle die Bauklötze auf, bitte!«, wiederholt Mama etwas bestimmter, ohne unangenehm zu werden.

»Aber Mama, ich habe gar keine Lust dazu«, sagt Josef und beabsichtigt, durch die Tür zu verschwinden.

Mama fängt ihn ein. Sie führt ihn zu den Klötzen, ohne ihn loszulassen, und sagt: »Jetzt sammelst du die Klötze auf, kleiner Mann. Lege sie in die Kiste dort.«

Josef antwortet nicht. Er tut auch nichts. Er sieht abwesend und verwirrt aus. Mama nimmt seine Hand, schließt sie um einen Bauklotz, führt die Hand zur Kiste und fährt mit dem nächsten Bauklotz fort, bis alle Klötze weggeräumt sind. Sie verhält sich, als hätte Josef das alles allein geschafft ohne ihre Hilfe: »Super! Jetzt sind die Klötze alle weggeräumt. Jetzt bist du fertig. Das hast du aber gut gemacht!«

Danach kann sie entweder allein mit dem Aufräumen weitermachen – und die Chance ist groß, dass Josef ganz freiwillig mitmachen wird –, oder sie tut erst einmal etwas anderes, so als wäre nichts gewesen.

Josef wollte sein Zimmer nicht aufräumen. Louise wollte nicht baden. Peter wollte nicht ins Bett gehen und musste stattdessen auf dem Hocker in der Küche sitzen. Die Eltern haben ruhig und gelassen alles durchgesetzt, was sie sich vorgenommen hatten, gegen den Willen der Kinder (oder zumindest gegen den *ausgesprochenen* Willen der Kinder – siehe Frederik und sein Teddy).

Hätte dies für die Kinder einen Übergriff, eine Demütigung oder eine Kränkung bedeutet, hätten sie beleidigt, feindlich, verzweifelt oder verschlossen, apathisch und stumm reagiert. Aber hier reagieren sie ganz im Gegenteil mit Erleichterung.

Der kleine Jimmy war bei Freunden zu Besuch und hatte eine Armbanduhr vom Tisch weggenommen.

»Sei bitte lieb und lege die Uhr wieder zurück«, sagt der Mann im Haus.

Jimmy hatte die Uhr nicht aus Trotz genommen, sondern weil er sie untersuchen wollte. Aber nun wird er auf einmal vom Trotz überrumpelt. Mit einem herausfordernden Gesichtsausdruck wirft er die Uhr auf den Teppichboden.

»Hebe die Uhr auf und lege sie auf den Tisch, Jimmy«, sagt der Mann ruhig. Jimmy machte Anstalten, aus dem Wohnzimmer flüchten zu wollen. Der Mann folgt ihm, holt das Kind ein – das energisch dagegen ankämpft –, legt seine Hand um Jimmys und bringt ihn dazu, die Uhr aufzuheben und sie auf den Tisch zu legen. »So, das war fein! Ich danke dir!«

Jimmy, der in seinem jungen Leben noch nie so behandelt worden war, fing vor Entzücken an zu lachen und den Rest des Tages folgte er dem Mann wie ein treuer, kleiner Hund.

Es ist die Reaktion des Trotzkindes, die einem zeigt, ob man richtig gehandelt hat oder nicht, d.h., ob das Kind eine Antwort auf seine Frage bekommen hat oder nicht – ob es im wahrsten Sinne des Wortes richtig und konkret Auskunft bekommen hat.

Hier muss ich noch einmal darauf hinweisen, dass Wörter, komplizierte Schlussfolgerungen, Appelle zur Vernunft und verbale Darlegungen überhaupt keine Wirkung auf ein Trotzkind während eines Anfalles haben. Die Handlung ist entscheidend. Die Handlung wird durch die felsenfeste Haltung des Erwachsenen bestimmt: Was einmal gesagt worden ist, wird in entsprechender Handlung durchgeführt.

Es kann also durchaus ratsam sein, nochmals zu überlegen, bevor man zu viel sagt:

»Hör mal, Schätzchen, hör auf, mit deinem Brot durch die Gegend zu rennen!«

»Aber, meine Güte, welchen Pullover hast du denn da angezogen? Wo hast du den denn her? Leg ihn wieder zurück!«

»Hast du eigentlich den Teddy gefunden, den du gesucht hattest?«

»Horch mal! Der Wecker klingelt dort im anderen Zimmer. Lauf mal schnell hin und stelle ihn ab!«

»Musst du unbedingt jetzt zur Toilette?«

Die Beschäftigung mit allem, was mit dem Essen, dem Pullover, dem Teddy, dem Wecker und der Toilette zu tun hat, kann von einer Viertelstunde bis zu einem ganzen Abend dauern ... dies sollte man, wie gesagt, bedenken, bevor man dem Mund freien Lauf lässt.

In der folgenden Situation sehen wir, wie eine Mutter mit verschiedenen Erklärungen an die Vernunft und den Zusammenarbeitswillen ihres Sohnes zu appellieren versucht:

Björn, dreieinhalb Jahre, kommt mit dem Bus mit seiner Mutter aus der Stadt in den Vorort zurück, in dem sie wohnen. Sie steigen bei einem kleinen Einkaufszentrum aus, dort gibt es einen Kiosk und verschiedene Lebensmittelgeschäfte, und die Mutter setzt Björn in den Buggy, um mit ihm nach Hause zu gehen. Beide sind glücklich und zufrieden.

»Ich möchte eine Banane«, sagt Björn, als sie an einem Obsthändler vorbeikommen.

»Wir werden gleich zu Hause etwas essen«, sagt Mama. »Hast du denn schon Hunger?«

»Ja, und ich möchte eine Banane«, sagt Björn.

»Aber wir haben doch Bananen zu Hause«, sagt Mama. »Wenn wir Mittag gegessen haben, kannst du eine Banane essen.«

Während des Gesprächs haben sie die Geschäfte hinter sich gelassen. Und Björn wechselt zu einem anderen Thema.

»Ich möchte gehen«, sagt er.

»Bleib lieber im Wagen sitzen«, sagt Mama. »Wir wollen doch schnell nach Hause und mittagessen.«

»Nein, ich will selber gehen.« Björn will aus dem Wagen klettern.

Mama hält an, damit er nicht fällt, und Björn klettert herunter. Der kleine Junge geht ein paar Schritte. Dann bleibt er mitten auf der Fußweg stehen. Mama, die ein Stückchen weitergegangen war, bleibt auch stehen.

»Komm jetzt«, sagt sie. »Wir wollen nach Hause und essen.«

Nun kehrt Björn um und fängt an, in die entgegengesetzte Richtung zu gehen.

»Aber Björn!«, protestiert Mama. »Warum gehst du jetzt dorthin? Das sollst du doch nicht.«

Björn geht zu einem kleinen Zaun, der ein Blumenbeet umringt. Dort setzt er sich hin.

»Nun komm, bitte, mein Schatz!«, lockt die Mutter. »Wir wollen doch nach Hause!«

»Ich möchte hier sitzen«, sagt Björn.

»Aber dann kannst du ja genauso gut in deinem Buggy sitzen«, sagt Mama. Sie geht mit dem Wagen zu ihm hin.

»Ich will aber selber gehen«, sagt Björn und steht auf.

»O.K., dann gehe schön hier neben mir und wir gehen nach Hause«, sagt Mama.

Björn klettert über den Zaun ins Blumenbeet.

»Aber, Björn, warum tust du das? Komm jetzt her. So kommen wir ja nie nach Hause. Du hattest doch so einen großen Hunger. Wir wollen nach Hause und essen. Das wolltest du doch auch.«

Björn antwortet nicht, geht aber weiter ins Beet hinein.

»Du darfst nicht im Blumenbeet herumlaufen«, sagt seine Mutter. »Die Blumen werden doch kaputtgehen. Komm wieder auf den Fußweg, Björn. Du darfst das nicht. Komm wieder über den Zaun.«

Björn antwortet, indem er einen seiner Stiefel abstreift.

»Warum ziehst du jetzt den Stiefel aus?«, seufzt Mama aufgebend. »Dann wirst du doch frieren.« Sie geht ins Blumenbeet, holt den Stiefel, hebt den Jungen hoch und trägt ihn auf die Straße zurück, dort zieht sie ihm den Stiefel wieder an.

»Du kannst doch wohl verstehen, dass du deine Stiefel anbehalten musst«, sagt sie, »sonst könntest du dich erkälten. Das ist gefährlich, das verstehst du doch, oder?«

Björn streift jetzt den anderen Stiefel ab und dann wieder den ersten. Jetzt steht er wieder auf dem Pflaster, auf Socken. Es ist Frühling und es ist kalt und nass. Seine Mutter versucht verzweifelt, ihm die Stiefel wieder anzuziehen, während er sie genauso schnell wieder abstreift.

Sie appelliert, sie bittet, sie wird verärgert, sie erklärt; sie versucht alles, um ihn dazu zu bringen, die Stiefel anzubehalten, damit er sich endlich wieder vorwärts bewegen möge. Der Junge weigert sich.

»Dann musst du im Wagen sitzen«, sagt sie schließlich. »Du darfst nicht ohne Stiefel auf der Straße herumlaufen. Und jetzt müssen wir zusehen, dass wir nach Hause kommen, das musst du doch verstehen können!«

Sie versucht, den Jungen in den Wagen zu setzen, während sie die Stiefel in der anderen Hand hält. Björn dreht und windet sich wie ein Aal. Er rutscht herunter, so dass seine Füße den Gehsteig berühren, und die Mutter muss ihren Griff lockern, was ihm Gelegenheit gibt, zu entkommen. In vollem Galopp läuft er zum Blumenbeet zurück – auf Socken – und bleibt dort stehen.

»Aber Björn, das darfst du doch nicht«, bittet die Mutter am Rande der Verzweiflung.

Allmählich ist auch Björn verzweifelt. Bisher hat er weder geschrien noch geweint, aber jetzt kommen die Tränen.

Mama geht zu ihm hin und versucht, vernünftig auf ihn einzureden.

Nun weint Björn laut.

Schließlich stammelt er: »Du sollst mich tragen!«

»Aber Björn, du weißt doch, dass Mama dich nicht tragen darf«, sagt Mama, die schwanger ist. »Ich darf dich nicht tragen. Wir haben doch den Buggy. Kannst du nicht stattdessen im Buggy sitzen?«

Sie beugt sich hinunter und versucht ihn zu umarmen und zu trösten, aber der kleine Björn klammert sich schniefend und stammelnd an sie: »Du – sollst – mich – tragen«, stottert er.

Zum Schluss hebt die Mutter ihn hoch. Und trägt ihn. Und das ist keine leichte Aufgabe, da sie gleichzeitig den Buggy schieben muss. »Du weißt doch, dass Mama dich nicht tragen darf«, wirft sie ihm vor. »Warum bist du so …?«

Björn hat sich etwas beruhigt, aber er weint immer noch.

Sie kommen auf eine Gabelung des Weges zu. Der eine Weg führt nach Hause, der andere zu einem Spielplatz, auf dem im Moment keine Kinder sind.

»Ich will zum Spielplatz«, schnieft Björn. »Ich will.«

»Ja, das darfst du auch«, sagt Mama. »Aber dann musst du auch deine Stiefel anziehen.«

»Du – sollst – mitkommen«, schnieft der Junge.

»Aber wir wollen doch gleich mittagessen«, sagt Mama. »Kannst du nicht eine Weile allein spielen? Dann mache ich in der Zeit das Essen fertig.«

Der Junge steht jetzt mitten auf dem Weg, in der Gabelung, und weint laut; er geht nicht in die eine und auch nicht in die andere Richtung.

»Was sollen wir denn jetzt tun?«, fragt seine Mutter. »Wollen wir zum Spielplatz oder wollen wir nach Hause gehen?«

Björn streift wütend beide Stiefel wieder ab und läuft laut weinend in die Richtung, aus der sie gekommen sind.

Mama läuft hinterher. Sie trägt das verzweifelte Kind nach Hause.

Björn ist jetzt so aufgeregt, dass er nicht sprechen kann.

Im Treppenhaus setzt Mama ihn herunter.

Mit größter Mühe stottert er: »Sp-i-ie-l-en.«

»Ja«, sagt Mama, »warte hier, dann hole ich deinen Eimer und deine Schaufel.«

Sie holt seine Sachen und öffnet dem kleinen Björn dann die Haustür und er trottet schluchzend und weinend zum Spielplatz.

Dort sitzt er dann und gräbt und gräbt und gräbt, bis es ihm gelingt, sich selbst zu beruhigen. Und das ist das traurige Ende einer traurigen Geschichte.

Björn sitzt im Sand und ist in diesem Augenblick so einsam, wie ein Mensch es nur sein kann. Er ist stark. Es gelingt ihm, die Kontrolle über sich selbst und seine Situation zurückzugewinnen, aber der Preis ist sehr hoch. Er ist allein, im Chaos. Er weiß, dass er keine Hilfe und Unterstützung erwarten kann, wenn er sie am allermeisten braucht. Dies ist eine schwere Erfahrung für ein kleines Menschenkind. Es ist eine schwere Erfahrung sogar für einen großen und sehr erwachsenen Menschen.

Nun wollen wir sehen, wie die Situation sich entwickelt, wenn Björns Trotzanfall in einer – meiner Meinung nach – besseren Weise entgegengetreten wird.

Björns Mama hat erklärt, dass sie nun nach Hause gehen und essen wollen.

»Ich will selber gehen«, sagt Björn.

Ursprünglich hatte die Mutter mit einem Appell geantwortet: »Aber wir wollen doch nach Hause und mittagessen. Kannst du nicht im Wagen sitzen bleiben?«

Damit forderte sie das Schicksal heraus oder zumindest Björn. Mama schiebt die Verantwortung auf Björn – er darf selber wählen, *sollte* aber das wählen, was Mama möchte –, anstatt ihn in seinem Vorhaben zu unterstützen oder ihm Widerstand zu leisten.

Wir nehmen an, dass sie jetzt stattdessen sagt: »Nein, bleib im Wagen sitzen. Wir wollen schnell nach Hause und essen.«

Hat sie das erst einmal gesagt, sollte sie davon keinen Millimeter abweichen. Entscheidet sich Björn fürs Trotzen, gleitet vom Wagen herunter, bis seine Füße am Boden ankommen und unter dem Wagen stecken bleiben, muss sie ihn wieder hochziehen und – wenn notwendig – in aufrechter Stellung festhalten, während sie ihn nach Hause schiebt.

Ist sie aber der Meinung, dass Björn sehr wohl selber gehen kann – wenn er nur schön und ordentlich geht –, wird sie entgegenkommend sein und sagen: »Gut, dann gehst du eben!« Sie hält an, damit er aus dem Wagen steigen kann. »Nun los!«

Die ursprüngliche Absicht – wir wollen nach Hause und essen – hat ja immer noch ihre Gültigkeit. Ob man geht oder mit dem Wagen fährt, ist an und für sich ohne Bedeutung, solange man sich in Richtung Zuhause bewegt.

Jetzt stellt sich Björn auf die Hinterbeine und streift seine Stiefel ab. Mama versteht, dass sich ein Trotzanfall nähert. Sie sagt ruhig:

»Wenn du selber gehen willst, musst du deine Stiefel anbehalten und hier neben mir gehen. Sonst musst du im Wagen sitzen.«

Der Junge macht kehrt, läuft zum Blumenbeet und lässt die Stiefel auf dem Weg liegen.

»O.K., dann musst du eben im Wagen sitzen«, sagt Mama.

Sie holt den Jungen und die Stiefel, setzt das Kind in den Buggy und fährt los, und zwar so schnell, dass der Junge es nicht wagt, aus dem Wagen zu klettern. Sollte er es weiterhin versuchen, muss sie ihn körperlich daran hindern.

»Ich will gehen!«, wird der kleine Björn vermutlich jetzt schreien.

Mama kann ihm eine weitere Chance geben.

»Wenn du selber gehen willst, musst du erst deine Stiefel wieder anziehen! Und dann musst du schön neben mir gehen.«

Jetzt muss sie dementsprechend handeln. *Entweder* geht er mit Stiefeln an den Füßen neben ihr und dem Wagen, *oder* er sitzt im Wagen und lässt sich transportieren.

Das übergeordnete Ziel ist immer noch, dass sie nach Hause gehen und essen wollen. Darum ging es von Anfang an.

Björn ist eine willensstarke Person. Wir nehmen an, dass er nochmals ins Blumenbeet läuft und die Stiefel dort liegen lässt. Mama kann wie vorher reagieren: ihn holen, ihn im Wagen festhalten und nach Hause schieben.

In dieser Situation kann sie aber auch einen sehr effektiven kleinen Trick anwenden, ähnlich wie beim Verbieten von dem, was das Kind nicht will.

»O.K.«, sagt sie, »dann bleiben wir eben hier. Dann gehen wir nicht nach Hause. Du stehst im Beet und ich stehe auf der Straße. Wir bleiben einfach hier.«

Am besten funktioniert es, wenn sie noch eine Zeitung dabei hat oder ein Buch oder auf andere Weise so tut, als würde sie sich hier überaus wohl fühlen, so als könnte sie eine ganze Ewigkeit hier stehen bleiben – d.h., sie verhält sich, als *möchte* sie wirklich hier auf der Straße verweilen. Und dann heißt es nur abwarten, bis Björn einen Rückzieher macht. Und das wird er.

Ein Tipp:
Fährt man z.B. mit dem Auto und hat ein neugieriges Kind dabei, das ständig alles anfassen muss, ein paar laute und unmögliche Geschwister und die Fahrt wird allmählich lebensgefährlich, weil kein Kind auf Mutters oder Vaters Ermahnungen zur Ruhe und Stille hört, dann kann man einfach irgendwo am Straßenrand anhalten, den Motor ausstellen und erklären: »Dann bleiben wir eben hier!« Die Wirkung wird nie ausbleiben.

Zurück zu Björn: Die beiden kommen also endlich zu Hause an; entweder geht der Junge selber, oder er bleibt im Wagen – wenn notwendig wird er festgehalten. Nun gibt es Mittagessen, aber Björn ist immer noch trotzig und sträubt sich mit großer Wahrscheinlichkeit gegen das, worum es ja von Anfang an ging: »Ich will nichts essen!«, sagt er.

Mama kann ihn nicht dazu zwingen, etwas zu essen. Aber sie kann ihn dazu zwingen, an der Mahlzeit teilzunehmen, um so ihr ursprüngliches und ausgesprochenes Vorhaben durchzusetzen. Also setzt sie ihn auf seinen Platz, deckt den Tisch und fängt selbst an zu essen. Klettert Björn von seinem Stuhl hinunter, nimmt sie ihn auf den Schoß und hält ihn dort fest.

Es kann eine etwas merkwürdige Mahlzeit werden, bei der die Mutter zumindest ein paar symbolische Happen essen muss; Björn muss unter allen Umständen an der Mahlzeit teilnehmen, die die ganze Zeit angekündigt worden war, egal wie sehr er sich weigert, sich für das Essen zu interessieren. Ist die Mutter fertig mit dem Essen (oder kann sie behaupten, dass sie gegessen hat), schließt sie zufrieden die Mahlzeit ab. Danach räumt sie in aller Ruhe den Tisch ab, als wäre nichts passiert.

Und der Trotzanfall ist vorbei. Björn wurde vermittelt, dass Mama zu dem steht, was sie sagt. *Sie* verändert sich nicht; sie ist immer noch seine Leiterin und Beschützerin in dieser verwirrten Welt der Veränderungen, die für den kleinen Björn in jeder Hinsicht Kopf steht.

Sollte Björn noch einen Schritt weitergehen und plötzlich erklären, dass er *jetzt* etwas essen will – vielleicht sieht er ein, dass er doch Hunger hat und eigentlich auch schon etwas essen wollte, als er am Tisch saß –, verhält sich die Mutter, als hätte er gerade gegessen; sie saßen ja eben noch zusammen am Tisch. Sie haben die Mahlzeit bekommen, die die ganze Zeit schon so geplant war, und jetzt ist sie vorbei.

»Heute abend bekommst du wieder etwas zu essen«, sagt sie freundlich. »Dann gibt es Hotdogs. Das wird lecker!« Dann geht sie zu etwas anderem über, ohne sich weiter um die Sache zu kümmern. Und der kleine Björn muss sich damit abfinden, dass er eine Mahlzeit verpasst hat. Vermutlich wird es nicht noch einmal passieren. Danach kann die Mutter die Abendmahlzeit etwas früher servieren, wenn sie daran zweifelt, dass der Junge es bis zum Abend aushalten kann. Björn kennt die Uhr noch nicht so genau und deshalb kann der Abend an diesem Tag ganz diskret um 17 Uhr anfangen.

Die einfache Wiederholung, die eine deutliche Mitteilung beinhaltet, wirkt magisch. Eine klassische Situation:

»Es ist jetzt Zeit zum Schlafen«, sagt Michaels Mama.

»Ich will nicht«, antwortet der kleine Michael.

Der Junge ist im Trotzalter, und es hat schon über den Tag verteilt einige Trotzausbrüche gegeben, an die die Mutter nur ungern zurückdenkt. Sie ahnt, was jetzt kommen könnte.

»Bitte, Michael, fang jetzt nicht schon wieder an«, sagt sie. »Du weißt doch, dass du schlafen musst, wenn du morgen fit sein willst. Sonst bist du im Kindergarten so schrecklich müde. Geh jetzt ins Bett, dann wirst du morgen frisch und munter sein.«

»Ich will nicht«, sagt Michael. Jetzt braucht der Junge seine Einwände nicht einmal mit Nachdruck hervorzubringen. Seine Mutter ist schon darauf vorbereitet und sieht die Einwände eher als eine Bestätigung ihrer Befürchtungen. Sie hat erwartet, dass er trotzig wird, und jetzt seufzt sie aufgebend. Sie ist mit ihrem Latein am Ende.

»Das ist zum Verrücktwerden. Jeden Abend immer wieder dasselbe!«

Eine Weile vergeht. Dann macht sie einen erneuten Versuch.

»Jetzt musst du aber ins Bett. So geht es nicht weiter. Es ist schon neun Uhr.«

Der Junge antwortet: »Ich will nicht.«

Und so geht es weiter – um zehn gibt Mama auf; um elf schläft Michael auf der Couch.

Die Mutter kann versuchen die Methode des Jungen anzuwenden, nämlich die beharrliche Wiederholung.

»Jetzt musst du ins Bett«, sagt Mama freundlich und lässt ihren Worten eine entsprechende Handlung folgen: Sie nimmt den Jungen an der Hand und bringt ihn ins Kinderzimmer.

»Ich will nicht«, sagt Michael.

»Du musst jetzt schlafen«, sagt Mama, genauso freundlich wie vorher und *als wäre es das erste Mal*, völlig ungerührt.

»Ich will nicht schlafen.«

»Nun musst du aber schlafen«, erklärt die Mutter, immer noch genauso freundlich. Sie zieht ihm seinen Schlafanzug an und macht ihn fürs Bett fertig ohne die geringste Notiz von seinen Protesten zu nehmen – nur dass sie unaufhörlich erklärt: »Du musst jetzt schlafen.«

Setzt der Junge dann zu dem großen Ausbruch an, weigert sich, tritt und haut um sich, hält sie ihn an den Schultern fest und sieht ihm direkt in die Augen. Sie hebt die Stimme, aber nur so, dass sie jetzt eher bestimmt als freundlich klingt, auf keinen Fall aber wütend, und sie sagt immer noch ständig nur dieses eine: »Du musst jetzt schlafen.«

So lange wie Michael dagegen ankämpft, so lange beharrt die Mutter auf diesem Satz. Egal wie viele Male er sagt, dass er nicht schlafen will, sagt sie immer wieder noch einmal, dass er jetzt schlafen muss. Hat er viel Ausdauer, ist er stur und sehr willensstark, kann das stundenlang so weitergehen. Aber er wird nachgeben. Vorausgesetzt, *sie* tut es nicht. Er gibt nach, wenn er wirklich und ernsthaft einsieht, dass sie nicht die Absicht hat, ihm nachzugeben. Dann wird er endlich von Erleichterung erfüllt sein. Und Michael wird wahrscheinlich nie wieder abends gegen das Zu-Bett-Gehen protestieren. Er weiß, dass er *das* nicht bezweifeln muss – zumindest *das* nicht.

Der »kleine Manipulator« – oft ein naher Verwandter des kleinen Aales – geht artig ins Bett und wimmert dann:

»Maa-maa ... ich kann nicht schlafen!«

»Du musst jetzt schlafen, mein Schatz«, lautet die passende und beruhigende Antwort. Hier muss man also auf ein wenig Logik verzichten, denn »Du musst jetzt schlafen« ist ja kaum eine logisch korrekte Antwort auf die jämmerliche Mitteilung des kleinen Manipulators, dass er oder sie nicht schlafen kann. Aber es funktioniert; denn das Kind behauptet an und für sich nicht, dass es nicht schlafen kann. Das Kind stellt mit seiner Aussage eine *Frage*: Soll ich jetzt wirklich schlafen? Ist das ganz sicher? Brauche ich es nicht zu bezweifeln? Kann ich mich ruhig schlafen legen? Übernimmst du die Verantwortung dafür? Die Antwort ist: »Ja. Du musst jetzt schlafen. Schlaf schön! Bis morgen früh!«

Der kleine Manipulator widersetzt sich den elterlichen Anweisungen oft in einer sehr raffinierten Weise.

»Maa-maa ... *MAA-MAA!* Es tut mir so *weh*!«

Die Gesundheit der Kinder ist den Müttern (und Vätern) besonders wichtig; es ist möglich, dass Eltern dazu neigen, zu viel Aufhebens um die kindliche Zerbrechlichkeit zu machen. Also kommt eine verängstigte Mutter herbeigestürzt, voller Sorge, und der Manipulator hat sein Ziel erreicht. Es kann Monate dauern, bevor die Mutter oder der Vater des kleinen Manipulators feststellen, dass das Kind mit ihnen ein Spiel treibt. Kinder sind phänomenal im Aufspüren der empfindlichsten Punkte bei uns Eltern.

Ein Mal ist kein Mal, aber zweimal ist eine schlechte Gewohnheit!

Das zweite Mal muss man sich damit begnügen, bis zur Tür zu gehen – nicht zum Kind hineingehen –, und ganz ruhig sagen: »Wir werden morgen mal nachsehen. Schlaf jetzt schön!« Möchte man im Nachhinein seine Nerven beruhigen, kann man sich ins Zimmer schleichen, wenn das Kleine schläft, und nachfühlen, ob die Stirn auffällig warm ist, was eher nicht der Fall sein dürfte. Und sollte das Kind sich wirklich so schrecklich quälen, wie es mit seinem herzzerreißenden Wimmern zum Ausdruck bringen möchte, wäre es ihm wohl kaum möglich, einzuschlafen. Diese Methode ist also risikofrei: »Schlaf jetzt schön! Wir werden morgen früh mal nachsehen.«

Aber der kleine Manipulator beherrscht tausend Tricks:

»Ich muss mal Pipi machen.«

»Ich habe Durst.«

»Ich kann nicht schlafen.«

»Ich habe Angst.«

»Ich kann meinen Teddy nicht finden.«

»In meinem Bett piekst etwas!«

»Mein Pflaster ist abgegangen.«

»Ich muss mal Aa machen.«

»Es ist so dunkel.«

»Ich friere.«

»Mein Kissen ist feucht.«

»Was, wenn ich was Schlechtes träume?«

»Ich habe was Schlechtes geträumt!«

Usw.

Was es auch sein mag, es kann morgen erledigt werden: Das ist zumindest die Regel, von der man ausgehen sollte.

»*Wir werden morgen mal schauen. Schlaf schön!*«

Wenn das Kind zur Toilette muss, kann man dies schlecht auf morgen verschieben, aber man kann das Problem mit einem Nachttopf im Kinderzimmer lösen. »Jetzt kannst du ganz allein Pipi machen, wenn du mal musst. Und schlaf jetzt schön!«

Auch die Dunkelheit lässt sich nur schwer wegzaubern, und da wird die unlogische Antwort lauten: »Du musst jetzt schlafen. Gute Nacht. Bis morgen früh!«

»Ja, aber es ist so dunkel.«

»Schlaf schön!«

Man kann dem Kind natürlich erklären, dass es nachts immer dunkel ist und dass es nachts auch dunkel sein soll und dass sogar die Sonne nachts schläft und auch die Menschen und die Häuser. Aber dann fragt der Manipulator: »Warum?« Worauf sich ein Gespräch entwickelt, das man – wie gesagt – auch morgen führen kann.

Sollte das Kind am Verdursten sein, kann man entweder ein Glas Wasser ins Kinderzimmer stellen, oder man kann es dem Kind ermöglichen, selbst Wasser zu holen (mit einem kleinen Schemel und einem Glas).

»Trink ein bisschen Wasser, das schaffst du allein, und dann geh wieder ins Bett. Gute Nacht!« Während das Kind Wasser trinkt, nimmt man von ihm keine Notiz und man begleitet es auch nicht zurück zum Bett.

Ein kleines Memo

1. Das Trotzkind leidet unter einem inneren Zwang, alles zu bezweifeln, um allmählich zu verstehen – und in einer tieferen Weise zu verstehen. Das zweijährige Kind ist wie eine Person, die Hebräisch perfekt lesen kann, was die Zeichen und die Aussprache betrifft, aber die vom Inhalt nichts versteht oder gar nicht weiß, dass es einen Inhalt gibt.
   Nach dem Trotzalter folgt ein größeres Verständnis für den Text.
   Je ruhiger, sicherer und stabiler die Umgebung und die Menschen um das Kind herum sind, desto milder wird sein in dieser Zeit auch qualvoller Entwicklungsprozess verlaufen.
   Ändert sich der hebräische Text andauernd, wird es für den Lernenden un-

nötig schwierig, um nicht zu sagen, unmöglich, allmählich den Inhalt des Textes zu begreifen.

2. *Was man einem kleinen Kind auch gesagt haben mag, man muss daran festhalten.* Die alltägliche Routine sollte einfach sein und ohne Erklärungen befolgt werden. Im Übrigen sollte man mit Befehlen sparsam umgehen, sie aber in jedem Fall in die Tat umsetzen. Was man sagt, sollte konkret sein: »Heb bitte das Essen auf, das du auf den Fußboden geworfen hast.« Nicht verallgemeinert und diffus: »Nein, was soll denn das, so etwas macht man doch nicht. Mach das wieder sauber.« Das Trotzkind braucht exakte Anweisungen, im Großen wie im Kleinen. Der hebräische Text muss also leserlich sein, damit eine Deutung des Inhaltes überhaupt möglich wird.

3. *Humor hat eine phantastische Heilwirkung auf alle Menschen, die sich in einer schweren, inneren Krise befinden.* Und hier gelten alle Tricks, um dem Trotzkind wenigstens ein Lächeln zu entlocken! Das tägliche Lachen ist notwendiger als jemals zuvor. Die positive Begegnung zwischen dem Erwachsenen und dem Kind, mit Umarmungen, direktem Kontakt, gemütlicher Unterhaltung zwischen den Trotzanfällen, gehört zu den täglichen Notwendigkeiten in dieser schweren Zeit der Veränderungen – viel richtiger Spaß und viele Albernheiten (siehe »Drei Jahre: Der Humorist«, Seite 498).

4. *Das Wort »Nein« ist nicht gefährlich. Das Wort »Nein« ist notwendig.* Das Trotzkind probiert, fordert heraus, provoziert, prüft, verlangt und weigert sich: Das Kind sucht Antworten. Unweigerlich müssen einige Fragen mit einem »Nein« beantwortet werden. Es ist nie einfach oder lustig, einer geliebten Person gegenüber unangenehm zu sein. Nichtsdestotrotz muss man es manchmal sein. Sonst schiebt man die Unannehmlichkeiten, die man sich selbst erspart, auf das Kind.

5. *Die erwachsene Bezugsperson repräsentiert die Umwelt.* Ein kindliches Verhalten, das von dem erwachsenen Elternteil akzeptiert wird (»Dafür kann er doch nichts, er ist doch noch so klein«), aber von der Umwelt als inakzeptabel angesehen wird, wird auf das Kind negative Rückwirkungen haben. Die Lektionen, die das Leben bereithält, sind um einiges härter als die liebevolle Anleitung der eigenen Eltern.

In dem Moment, wo du eine negative Reaktion zeigst und dieser negativen Empfindung keine entsprechende Handlung folgt, lässt du dein kleines Kind im Stich. Wenn ein kleines Kind seiner Mutter direkt ins Gesicht schlägt und sie sieht darüber hinweg (»Er ist doch noch so klein, er meint es nicht böse, er will nur sehen, ob ich ihn liebe«), erklärt sie damit den Ausnahmezustand: »Ja, du kannst machen und tun, was du willst, nur weil du mein

Kind bist.« Das Kind wird dies nicht akzeptieren. Das Kind ist nicht auf diese Welt gekommen, um das Kind seiner Mutter zu sein und es zu bleiben, sondern um zu lernen, wie man ohne sie überlebt und lebt.

6. *Hysterie, Verzweiflung und Ohnmachtsgefühle müssen unterbrochen werden und sollten am besten erst gar nicht entstehen.* Während eines Trotzanfalles musst du versuchen, deinem Kind einen Ausweg zu zeigen (siehe Seite 396). Das Kind, das schlägt, muss mit einem deutlichen *Nein* daran gehindert werden und das Nein wird in der mütterlichen Handlung nachvollzogen; die Mutter hält z.B. die kleine Hand fest, aber zeigt dem Kind auch ein akzeptables Verhalten: »Du darfst nicht hauen. Du darfst streicheln. So!« Es geht hier nicht darum, dem Kind ein bestimmtes Gefühl zu entlocken – Zärtlichkeit, Hingabe –, sondern nur um die Demonstration eines akzeptablen Verhaltens, dem nicht akzeptablen Verhalten gegenübergestellt.

7. *Die Methoden*

    a) Im Allgemeinen: *Man muss durch die eigene Handlung für das stehen, was man gesagt hat, und für das stehen, was Gültigkeit hat (die Routine, das Festgelegte). Man muss für das stehen, was man getan hat und tut.*

    (Siehe das Beispiel der kleine Helen: Die Mutter sitzt auf einem Stuhl und ihre Handlung zeigt, dass sie auf dem Stuhl sitzen will. Sie muss durch ihre Handlung diese »Aussage« unterstreichen. Sie sollte nicht weggehen, weil Helen es so möchte, sondern nur wenn sie sich selbst dafür entscheidet.)

    Die Handlungen sollten am besten auch für das, was man ist, und für das Leben, das man führt, stehen.

    b) *Mit der Hand die kleine Hand des Kindes nehmen, um das durchzuführen, was man gesagt hat: aufheben, holen, zurücklegen, streicheln, vorsichtig berühren, anziehen, ausziehen etc.*

    Weiteres Verfahren: Lob, als hätte das Kind es ganz allein geschafft – mit eigener Hand. Auch bei härteren Auseinandersetzungen, bei denen man Kraft braucht, um die kleine Hand fest zu halten, gibt man dem Kind die ganze Ehre. Kein Triumph, keine Angeberei, sondern einfaches, natürliches und glückliches Lob!

    c) *Verbiete das, was das Kind nicht will.*

    Vergrößere seine Zweifel mit Fragen. »Willst du deinen Teddy nicht haben? Dann *darfst* du den Teddy gar nicht haben. Dann nehme ich ihn weg.«

    d) *Die Weigerung des Kindes in die eigene Absicht verwandeln.*

    »Willst du nicht schlafen? Dann bleiben wir eben die ganze Nacht auf. Niemand darf ins Bett gehen. Dann machen wir das ganze Haus sauber.

Fein, das ist auch wirklich wieder mal nötig. Womit willst du anfangen?«
»Willst du nicht nach Hause gehen? O.K., dann bleiben wir hier auf der Straße stehen. Ich habe ein Buch dabei, das ich sowieso lesen wollte.«
»Willst du im Auto nicht stillsitzen? Dann halten wir eben an. Hier bleiben wir jetzt.«

e) *Das Gesagte so oft wie die Einwände des Kindes wiederholen und noch einmal mehr, und jedes Mal so, als wäre es das erste Mal, egal welche Proteste das Kind hervorbringen mag.*

f) *Die Verbannung* (siehe auch »Wie man es macht.« Über die gesellschaftlichen Normen, Seite 617ff.).

»Willst du dabei sein, darfst du nicht beißen. Wenn du beißt, darfst du nicht dabei sein. Wenn du beißt, musst du allein in deinem Zimmer bleiben; du darfst dann wieder mitmachen, sobald du mit dem Beißen aufhörst.«

Jede Verbannung wird genau im Blick behalten. Der/die Erwachsene darf seinen Platz an der Kinderzimmertür nicht verlassen. Die Verbannung wird beendet, sobald das Kind bereit ist, die geforderten Zugeständnisse einzuhalten (z.B. mit dem Beißen aufhören). Die Verbannung soll klipp und klar erfolgen, ohne Hintergründigkeiten: Das Verhalten des Kindes wird abgelehnt, nicht das Kind selbst – »*Das* darfst du *nicht* machen – *das* darfst du machen.«

Die Verbannung erfolgt räumlich, nicht gefühlsmäßig.

Die Zugeständnisse oder die Bereitwilligkeit zu Zugeständnissen vonseiten des Kindes dürfen den Erwachsenen nicht zum Triumphieren verlocken, obwohl sie es leider oft tun.

Benutzt man die Methode der Verbannung, tut man es, weil man ein gewisses Verhalten ablehnt. Wenn das Kind dann dieses inakzeptable Verhalten aufgibt oder sich dazu bereit zeigt, es aufzugeben, um stattdessen ein akzeptables Verhalten anzustreben, sollte es auch eine angemessene Belohnung bekommen – in Form einer natürlichen und ehrlichen Anerkennung.

Trost

Er kommt angetrottet, mehr schlafend als wach. Die Augen sind kleine, schmale Schlitze. Er hebt die Augenbrauen, so hoch er nur kann, um die schweren, schläfrigen Augenlider offen zu halten. Er kommt um ein Uhr, oder halb zwei. Er ist auf dem Weg zu Mamas Bett und er bewegt sich wie ein computergesteuerter Roboter. Steht irgendetwas im Weg, eine Stehlampe

oder ein Stuhl oder ein Tisch, stößt er mit unabwendbarer Sicherheit dagegen, und es fällt mit so einem Krach und Getöse um, dass es den kleinen Mann doch hätte aufwecken müssen.
Aber nur ich werde wach. Und ich bekomme Besuch von einer kleinen, bettwarmen Gestalt, mit einem windeldicken Hintern, roten Wangen und einem kleinen, großzügigen Arm, der sich um meinen Hals schmiegt. Und dann schläft er.
Ich trage ihn normalerweise wieder in sein Bett zurück und sage zu mir selbst, dass es ja nicht gut ist, wenn er sich daran gewöhnt, in meinem Bett zu schlafen. Was ein einziges Mal schön und rührend ist, kann sich zu einer fordernden Gewohnheit entwickeln.
Aber es kommt auch vor, dass ich selbst zu ihm gehe und ihn zu mir ins Bett hole. Denn ich brauche ihn auch. Ich brauche die Wärme, die Geborgenheit genauso wie er. Ich bin nicht stärker als er, obwohl es bei Tageslicht so aussehen mag. Wenn der einsame, dunkle Abend kommt, wenn die Stille bedrohlich wird, wenn die endlosen Fragen auftauchen und die Probleme immer größer werden und der morgige Tag sich wie ein Berg von unüberwindbarem Widerstand auftürmt – dann ist es mir egal, ob ich etwas falsch mache. Ich hole ihn trotzdem. Und lege seinen kleinen Arm um meinen Hals und dann kann ich schlafen.
Ich kann nicht von meinem Wunsch ablassen, dass auch wir in der Erwachsenenwelt uns ein bisschen mehr so behandeln könnten, wie sich die kleinen Kinder uns gegenüber verhalten – so ganz spontan, so ganz nahe! Wenn ich traurig bin, brauche ich keine Fragen beantworten: Es kommt dann nur eine kleine Hand, die mir die Wange streichelt und mir die Tränen wegwischt; ein Paar Augen gucken mich ganz groß und tröstend an, und die praktischen Ratschläge sind einfach und geradeheraus: »Du brauchst wohl eine Tasse Kaffee.« Oder: »Ich werde dir ein Kissen holen.« Oder: »Tut es irgendwo weh, dann kann ich pusten?« Man kann gar nicht anders, als zu sagen, dass es wehtut, und eine kleine Stelle oder einen winzigen Punkt vorzeigen, auf die der Kleine pusten kann. Und die Nachricht läuft wie ein Buschfeuer durchs ganze Haus: »Mama ist traurig, weil sie sich wehgetan hat, und ich habe schon gepustet!« Nicht viele Sorgen können einem solchen Trösten standhalten …
Wenn nur die Hälfte von dem, worüber man sich Gedanken macht, verschwinden würde – die Hälfte der ganzen Unruhe, der Probleme, der unbeantworteten Fragen! Die Hälfte von allem, was man erledigen muss, von allem, was gemacht und getan werden muss, von allem, was man nicht

vergessen darf, die Hälfte der ganzen Eile ... die Hälfte aller alltäglichen Herausforderungen! Denn was es auch sein mag, das nicht getan wird, das nicht so verläuft, wie es eigentlich sollte – genauer betrachtet ist es noch längst keine Katastrophe.

Aber die Wärme eines geliebten Menschen zu verlieren, das ist eine Katastrophe.

»Agnes«

Frage:
Hallo Anna!
Zuerst möchte ich dir für dein Buch danken, wir haben dort Ratschläge und Tipps gefunden, ja, einfach alles, was man als frisch gebackene Eltern braucht. Vielen, vielen Dank!
Seit zwei Jahren bin ich Mama von Agnes. Sie ist ein fröhliches, fortstrebendes, robustes Mädchen mit einem starken Willen! Mittlerweile befindet sie sich mitten in ihrer Trotzphase. So ist sie an manchen Tagen eben trotzig, an anderen Tagen ruhig usw. ... es scheint, dass sie zwischendurch wieder neue Energie tanken muss!
Unser großes Problem, egal ob sie nun gerade in einer Trotzphase steckt oder nicht, betrifft aber ihre Kleidung: und zwar den Schneeanzug oder die Jacke, die Mütze und die Handschuhe; nicht die »Unterwäsche«. Sobald der Tag beginnt, springt sie umher. Nehme ich sie dann hoch, schreit sie: »Nein, Mama, Schluss, nein, nein!« Ich habe versucht, sie zum Anziehen auf eine Kommmode oder einen Stuhl zu setzen, und ich habe es ihr erlaubt, sich selbst anzuziehen (»Will nicht!«).
Wir haben das Gefühl, dass wir uns in einem wahren Teufelskreis befinden. Manchmal schreien wir sie an: »Schluss, Agnes, jetzt sitz aber mal still!« Dann wird es nur noch schlimmer, Weinen und Geschrei! Und alle sind traurig darüber und kriegen allmählich Bauchschmerzen davon!
Was können wir tun? Hast du einen guten Rat?
Wir haben auch versucht »Wo ist der Fuß?« zu spielen – »DA! Guck-guck, kleiner Fuß!« usw. – aber so kommen wir ebenso wenig an sie heran!
Sie ist vom Typ so, dass sie nur noch hysterischer wird, wenn wir sie dann umarmen. Ich versuche zu singen und beruhigend auf sie einzureden, aber es zeigt alles keine Wirkung.
Agnes geht seit zwei Monaten halbtags zu einer Tagesmutter, aber egal ob

wir nun dorthin wollen oder zu Hause bleiben, ist es jeden Morgen dieselbe »Prozedur«.
Ich wäre dir sehr dankbar, wenn du Zeit und Gelegenheit hättest, mir zu antworten.

Tausend Dank im Voraus.
Agnes' Mama und Papa

Antwort:
Liebe Eltern von Agnes!
Vielen Dank für euren Brief, es war schön, von euch zu hören.
Ja, wenn es ums Anziehen geht, seid ihr wirklich in einem Labyrinth ohne Ausgang gelandet, und deshalb sollte man versuchen, es jetzt ganz und gar anders zu machen. Ein gute Methode (oder eben ein Trick) besteht darin, folgendes Programm durchzuziehen: Ihr redet darüber, dass ihr zusammen rausgehen wollt und was ihr alles (Schönes) erleben werdet; und dann werden die Sachen zum Anziehen bereitgelegt (die Kleine *kann* sich im Prinzip allein anziehen, oder?), und man sorgt dafür, dass die Kleine es genau mitbekommt. Dann erklärt man: »Wir gehen raus, wenn du dich fertig angezogen hast«, und wartet und lächelt, wartet und lächelt. Man liest die Zeitung, wartet und lächelt. Wartet und sagt mitunter fröhlich: »Wir gehen raus, wenn du dich fertig angezogen hast!« Und falls sie protestiert, sagt man wieder – ohne im Geringsten vorwurfsvoll zu werden – laut und deutlich: »Wir gehen raus, wenn du dich fertig angezogen hast!« Dies kann vielleicht eine Ewigkeit so weitergehen, vielleicht bis es Mittag oder Abend wird und man das Projekt aufgibt: »Ach nein, wie spät es schon geworden ist! Jetzt ist es wohl zu spät, noch nach draußen zu gehen, das ist ja wirklich schade, dass wir heute den ganzen Tag nicht hinausgegangen sind! Dann müssen wir stattdessen morgen rausgehen. Und ich hoffe wirklich, dass es dann klappt, dann können wir all das Schöne erleben und all die spannenden Sachen sehen … (und, und, und – ausführlich beschreiben!)«.
Man macht dem Kind überhaupt keine Vorwürfe, ist schlicht und einfach gut gelaunt – und genau diese Haltung lässt bei Agnes Verwirrung aufkommen. Am nächsten Tag wiederholt man noch einmal das ganze Programm – und das müsste reichen. Wiederholt sich allerdings dasselbe Lied, kann man als Eltern miteinander kommunizieren, ohne das Kind dabei zu beachten; man sollte aber laut sprechen, damit die Kleine alles

mitbekommt: »Ach nein, ich glaube, Agnes will sich nicht anziehen, wie schade, und ich wollte doch so gern rausgehen! Was sollen wir denn bloß machen? Was meinst du? Dann muss ja einer von uns zu Hause bleiben, mit Agnes zusammen, da sie nicht rausgehen möchte, das ist ja wirklich schade. Wirst du zu Hause bleiben oder soll ich? Was meinst du, was wir tun sollen? (Eventuelle Einmischungen vonseiten des Kindes in diese Beratung bleiben unberücksichtigt.) Darauf sagt einer von euch tschüss, winkt und verlässt das Haus. Später kommt er/sie richtig fröhlich wieder zurück und erzählt von vielen schönen Sachen, die er oder sie gesehen und erlebt hat (man erzählt es dem anderen Elternteil, achtet darauf, dass das Kind alles hört, aber man beachtet die Kleine nicht). Natürlich geht es darum, dass die Kleine einsehen soll, dass sie etwas verpasst – ganz einfach.

Ein guter Trick ist es auch, den Spieß einfach umzudrehen und sich selbst so zu verhalten, wie das Kind es tut, vielleicht noch ein bisschen schlimmer, also ein wenig Theater zu spielen. Dann seid ihr beide es, die sich gegenseitig anschreien und hinterherjagen – mit den Klamotten in den Armen, ihr brüllt und schreit und stellt euch stur, alles mit einem Lachen im Mundwinkel, aber bitte ohne das Kind anzusehen. Ihr erteilt der Kleinen auf diese Weise eine Lektion darin, wie es ist, wenn man nicht zusammenarbeitet und einander hilft, und wie es sich anhört, wenn es nur noch Ärger und Geschrei gibt. Es soll aber auf keinen Fall in echten Streit ausarten. Man muss die ganze Zeit kurz vorm Lachen sein, damit die Kleine keine Angst bekommt, aber sie soll richtig schön verwirrt werden und nicht mehr wissen, was sie glauben soll. Und dann wird sie allmählich einsehen, dass es tatsächlich eine gute Sache ist, wenn die Leute sich gegenseitig unterstützen.

Man kann auch einfach umherirren, wenn es Zeit zum Anziehen ist, und sich total hilflos stellen und vor sich selbst hinreden, weil man seine Sachen nicht finden kann: »Wo ist mein Mantel, wo ist denn bloß mein Mantel geblieben ... Nein, hier ist er nicht ... (man sucht an den unmöglichsten Stellen) ... und wo sind meine Handschuhe ... und meine Schuhe?!« Dann wird die Kleine beim Suchen helfen und du tust richtig überrascht und unendlich dankbar und froh – aber jetzt kannst du dich auf einmal nicht mehr allein anziehen. Auf einmal weißt du nicht mehr, wie es geht. Aber sie weiß es, und du bedankst dich bei ihr und machst weiterhin alles falsch und redest darüber, wie gut es ist, dass sie Bescheid weiß, da du es gar nicht alleine schaffst; du hast einfach vergessen, wie es

alles funktioniert. Sie wird sich wundern und tatsächlich glauben, dass du es ernst meinst – und das macht sie unsicher. Später, wenn du fertig angezogen bist, freust du dich total und atmest tief durch vor Erleichterung, und dann machst du dich zum Gehen bereit. Und genau in dem Moment fällt dir deine Kleine ein: »Ach nein, du musst ja auch noch so viele Sachen anziehen! Und wo sind die denn bloß?!« Und du schaffst es nicht einmal, ihr zu helfen, d.h., du zeigst überhaupt keine Hilfsbereitschaft. Wenn und falls sie dann um Hilfe bittet, weißt du nicht, ob du es wirklich kannst, aber du versuchst es … und fragst immer wieder, ob es so auch richtig ist. Und so stellst du dich weiter hilflos und fragst und fragst: »Ja, was gibt's denn noch alles, woran ich denken muss? … Müssen wir noch die Tür zumachen? … Und das Licht ausmachen? Oder?… Und abschließen, vielleicht sollte ich lieber abschließen …?« Dabei wird die Kleine sich richtig tüchtig vorkommen. Und sie wird spüren, wie es ist, Eltern zu haben, die nicht so richtig wissen, wie alles sein soll, oder die gar nichts allein schaffen.
Für Agnes bedeutet dies eine sehr nützliche »Lektion«, denn was sie sonst von euch einfach erwartete und was ihr *selbstverständlich* war, um es jetzt *in Frage zu stellen*, ist auf einmal überhaupt nicht mehr selbstverständlich, für euch nicht, für sie nicht, für niemanden mehr. Das lässt die Sache in einem ganz neuen Licht erscheinen und sie bekommt dadurch eine nützliche Perspektive.

Nun hoffe ich, dass etwas hiervon euch inspirieren und weiterhelfen wird! Viel Glück damit – und ihr könnt mir gerne schreiben wie es läuft! Vergesst aber vor allem den Humor im Umgang mit kleinen Trotzkindern nicht! Und auch nicht die magische Fragestellung mit nachfolgendem Lob für die »Problemlösung« des Kindes!

Ich umarme euch!
Anna

Drei Jahre: Der Humorist

Der Dreijährige ist ein großer Humorist, und wie wir wissen, übertreiben Humoristen gerne und nehmen es darüber hinaus mit dem »guten Benehmen« nicht immer so ernst. Und so stürzt sich der Dreijährige denn auch mit hemmungsloser Begeisterung in die »Pipi-Aa«-Zeit.

Ganz ungeniert kann er wildfremde Menschen fragen, ob sie einen Pimmel haben oder nicht, ob sie im Stehen Pipi machen, ob die Dame dort eben gepupst hat usw. Was die Leute zwischen den Beinen haben, ist überaus interessant, besonders bei Männern, die leider nur selten freizügig genug sind, um sich inspizieren zu lassen ...

Der Dreijährige ist liebevoll und manchmal herzzerreißend sentimental. »Oh, du bist ja so süß ...« Streichel, streichel! Ab und an kann man allerdings auch das Gefühl bekommen, dass der Dreijährige damit sein etwas rüpelhaftes Benehmen nur verdecken will, besonders wenn er sich eine – für alle wohlverdiente – Pause vom Trotzen nimmt. Er muss eben zur Sicherheit einen kleinen Liebesvorrat anlegen, wohl wissend, dass er ihn sicherlich zeitweise ganz gut gebrauchen kann.

Früher hörte die Welt auf zu existieren, wenn das Kind ihr den Rücken zudrehte, aber der Dreijährige versteht mittlerweile, dass die Welt noch da ist und auch ohne ihn funktioniert. Dieses Wissen löst gemischte Gefühle bei ihm aus. Ab und zu kann er sich wünschen, wieder so klein zu sein wie damals, als niemand mehr von ihm forderte, als die einzige Sonne des Universums zu sein. Allmählich wird er sich, durch den Reifungsprozess des Trotzalters, in die Gemeinschaft sozial einordnen, und ebenso stellt sich auch die Umwelt auf seine Sozialisierung ein und er wird entthront. Um an seiner zentralen Position festzuhalten, ist er dann manchmal regelrecht albern und schusselig: Er spielt das hilflos wimmernde Baby; er spielt den starken Ehemann; er spielt den flirtenden, unwiderstehlichen Liebespartner; und er spielt den Clown. Er hat's kapiert: Bist du nur lustig genug, werden alle über dich lachen. Damit landest du automatisch im Zentrum aller Aufmerksamkeit. Also ist man sehr, sehr lustig, besonders die ersten 13 Male ...

Manchmal ist er von anderen Seiten seiner neu erlangten Reife fasziniert, die ihn erkennen lassen, dass die Welt nicht mit seinem eigenen Dasein steht und fällt, sondern dass Menschen ohne ihn leben, arbeiten, ja sogar lieben. Zum ersten Mal in seinem jungen Leben interessiert sich der Dreijährige beispielsweise für *Beziehungen* – und zwar auch für die Beziehungen zwischen *anderen*. Er kann lange grübelnd vor Mama und Papa stehen, während die beiden sich küssen und umarmen. Und er beginnt in Streitereien einzugreifen: »Jetzt hältst du den Mund.« Und er schlichtet Konflikte: »Iss jetzt dein Brot auf.«

Er hat einen scharfen Blick. Man erkennt an seinem Blick, dass er den Sinn der Sache versteht, und er tut, was er kann, um alles in seine neue Begriffswelt richtig einzuordnen. Es gibt nicht viel, was man vor einem Dreijährigen verbergen kann. Der Dreijährige ist ein guter Tröster und ein sehr aufmerksamer kleiner Lebensfreund.

Der Dreijährige befindet sich in einer verändernden Entwicklungsphase und ist im Großen und Ganzen unausgeglichen, obwohl er für zwei oder drei Monate mitten in der Trotzphase eine Ruhepause einlegt, in der er sich in der Harmonie der Beherrschung erholt. In dieser Zeit, die bei Jungen meistens im Alter von dreieinhalb Jahren und bei Mädchen um die drei Jahre eintritt, entscheidet sich das Kind dafür, die Welt so zu lieben, wie sie nun mal ist.

Er kann lange sitzen und sich in aller Ruhe mit seinen eigenen, kleinen und guten Sachen beschäftigen – dieselben kostbaren Sachen, die vor einem Monat mit Krach und Radau gegen die Wand geschleudert wurden. Er kann mit unbeschreiblich liebevollen Augen durch das Haus gehen und so aussehen, als würde er in echter Dankbarkeit genießen, dass er ein Zuhause hat. Und seine Liebeserklärungen können, wie gesagt, so heftige Züge annehmen, dass der erfahrene Erwachsene misstrauisch werden kann.

Vor und nach dieser Atempause nimmt aber die innere Forderung nach Veränderungen vom Dreijährigen Besitz und die Welt ist unerhört kompliziert. Aber wenn man mit dem Schwierigen eifrig hantiert, alles Unverständliche auf den Kopf stellt und das Angsteinjagende mit Gelächter und Lustigkeiten verjagt – dann bringt es Befreiung und Erleichterung. Die Welt kann noch so schwierig und kompliziert sein, man kann aber trotzdem darüber lachen! Und so wird sie wieder ungefährlich.

Der Dreijährige sucht fleißig und oft nach dieser Linderung, und er wird total glücklich, wenn du ihn dabei begleitest. Gehe in einer komischen Haltung oder ziehe Grimassen, bürste dich mit dem falschen Ende der Haarbürste, greife acht Mal hintereinander neben den Türgriff – und dann fällt ein Stein der Erleichterung vom Herzen des Dreijährigen, so schwer, dass man es fast hören kann. Der Kleine schüttelt sich vor Lachen. »Pupst« man dann noch mit großen sich wundernden Augen, dann wird der Dreijährige außer sich vor Freude sein.

Es erfordert so wenig, um Kinder zu erfreuen« ist ein Ausspruch, der besonders beim Dreijährigen seine Bestätigung findet. Würde der Dreijährige eine Kontaktanzeige schreiben, würde er sich ganz sicher so beschreiben: »Interesse an allem, was im Leben Freude bringt.«

Stellst du dich auf die Seite deines Kindes, wirst du mit Sicherheit einen kleinen Freund in ihm finden, in guten wie in schlechten Zeiten. (Auch während der Trotzanfälle sucht das Kind ja ohne Zweifel deine freundschaftliche Unterstützung.)

»Das ist mein Geld«, sagt der Dreijährige beispielsweise – unter Freunden – und zeigt dir den Zwanziger, den er sich aus deinem Portemonnaie geholt hat.

»Ach *wirklich*?«, antwortest du interessiert. Dann erkundigst du dich unter Freunden: »Aber wo ist dann *mein* Geld?«

Darauf wird der Dreijährige dir galant den Zwanziger überreichen. »Hier. Du kannst ihn haben.«

Der Dreijährige, der kleine Kumpel, ist großzügig und gerecht, praktisch und ehrlich. Wie du bemerken wirst, lohnt es sich, an diese edlen Eigenschaften im Kinde zu appellieren – besonders wenn es nicht »nur« um einen Zwanziger geht, der dem Kleinen in die Hände gefallen ist, sondern um einen Hunderter, den Mietvertrag oder Opas letzten Willen …

Hier möchte ich noch betonen, dass das dreijährige Kind, das sich in einer Phase befindet, die von großen Umwälzungen geprägt ist, seinen vollen Nachtschlaf braucht, so wie wohl alle Menschen, die eine Zeit stürmischer Veränderungen durchleben. Und der oder die Dreijährige braucht sein oder ihr Essen zu einigermaßen festen Zeiten.

Sorgst du dafür, dass sein Leben nach außen hin stabil ist, entlastest du damit den Druck auf das etwas chaotische Innenleben deines Kindes! Das bedeutet aber nicht, dass der Dreijährige ständig zu Hause bleiben sollte oder dass das Zuhause unverändert bleiben muss. Die »Herde« kann sich sehr wohl auf Abenteuer begeben – der Dreijährige liebt das –, aber Zeiten und Gewohnheiten sollten festgelegt sein.

Der Dreijährige verträgt es nicht, wenn er auch noch mit der Verantwortung für die eigene Routine belastet wird.

Ein dreijähriges Kind, das sich für eine Weile außerhalb seiner »Herde« aufhält – zu Besuch irgendwo, bei seiner Tagesmutter oder bei Verwandten oder Freunden –, wird sich ohne menschliches Zentrum, von dem aus es seine Unternehmen starten kann, nicht zurechtfinden (siehe »Aus meinem Leben – Theorien zum Trost«, Seite 405) und sucht sich sofort ein solches. Ein menschliches Zentrum sollte ihm immer in einer persönlichen, direkten Bindung geboten werden, die während seines ganzen Besuches bei der neuen »Herde« ihre Gültigkeit hat. Er braucht einfach ein solches Zentrum, zu dem er dann immer wieder zurückkehren und von dem aus er neu starten kann. Ohne einen solchen Ausgangspunkt wird er sich desorientiert, unsicher und verwirrt vorkommen und er wird entweder mit Aggressivität oder mit Traurigkeit reagieren.

Man kann Dreijährigen keine allgemeinen Forderungen stellen, indem man erwartet, das Kind würde nun aus eigener Initiative alles daran setzen, sie auf seine Weise zu erfüllen. Stattdessen muss man dem Kind jedes Mal ganz konkret mitteilen, was von ihm erwartet wird.

»Hast du deine Zähne geputzt?« ist also nicht die richtige Frage, da man damit voraussetzt, dass das Kind in der Regel selbst daran denkt, seine Zähne zu putzen. Auch wenn es schon lange zur täglichen Routine gehört, wird das Kind es in der Regel noch lange nicht als eine selbstverständliche Gewohnheit betrachten. Stattdessen sagst du: »Jetzt wollen wir Zähne putzen!«, ganz als wäre es eine Weltpremiere. Und wenn dein dreijähriges Kind von ganz allein darauf kommen sollte, sich die Zähne zu putzen, und zu dir kommt, um es dir mitzuteilen, solltest du mit entsprechender Begeisterung reagieren (und ihm beim nächsten Mal behilflich sein). Es ist keine Selbstverständlichkeit, dass ein Dreijähriger sich aus eigener Initiative um etwas kümmert. Für ihn ist überhaupt nichts selbstverständlich, was allein das Leben schon schwer genug macht.

Ein Tipp zum Zähneputzen:

Gibt man dem Einjährigen eine Zahnbürste mit ein wenig Zahnpasta mit in die Badewanne, wo es sie in den Mund stecken, probieren und damit spielen kann, wird es später selten Probleme mit dem Zähneputzen geben. Das Trotzkind, das alles bezweifelt, wird wahrscheinlich auch das Zähneputzen in Frage stellen – und man kann einem Kind, das sich dagegen wehrt, nicht die Zähne putzen, ohne Gewalt anzuwenden, was man nie tun sollte. Ist aber die Gewohnheit schon etabliert, wird die Weigerung in der Regel nur von kurzer Dauer sein. In dieser Zeit kann und sollte man auf zuckerhaltiges Essen möglichst verzichten.

Der Dreijährige kann sein Bett machen, Spielsachen aufräumen, Schuhe auf dem Flur ins Regal stellen usw. Er sollte bei gemeinsamen Arbeitsaufgaben dabei sein und genutzt werden und nicht nur für sich allein arbeiten (außer bei kurzen, begrenzten Anlässen). Du solltest auf jeden Fall dabei sein, wenn er arbeitet, denn er verdient ein großes, begeistertes Lob – nicht, weil er »lieb und nett« ist, sondern weil er sehr *nützlich* ist.

Der Dreijährige kann für kurze Zeit draußen allein spielen und sollte dazu ermuntert werden. In dieser Phase wird seine Welt immer größer und auch sein Können wächst. Er sollte deshalb ab und zu mit dem Unbekannten konfrontiert werden und auch mit seinem (ihm noch unbekannten) Können auf unbekanntem Gebiet.

Der Kleine braucht ab und zu auch Zeit, um allein zu sein. In diesem Punkt unterscheidet er sich nicht von einem Erwachsenen in einer Zeit der Veränderungen – auch er oder sie braucht Zeit zum Nachdenken, zum Allein-Spazieren-Gehen, um mit sich allein zu sein, sich in seinen Gedanken und Gefühlen ohne äußere Einwirkung zu wissen, um Ablenkungen zu entgehen, um den ausgesprochenen und unausgesprochenen Forderungen der Umgebung zu entkommen. Mehr als eine Stunde am Stück sollte das dreijährige Kind jedoch nicht allein draußen sein und es sollte auf keinen Fall unbeaufsichtigt bleiben.

Im Alter von drei Jahren ist man besonders unfallgefährdet, wobei ich glaube, dass dies für alle Phasen gilt, in denen sich etwas für einen selbst stark verändert. Der Straßenverkehr jedenfalls ist immer lebensbedrohlich für kleine Kinder und auch kleine, anscheinend unbedeutende Wasseransammlungen bedrohen das Leben eines Dreijährigen (über das große Risiko des Ertrinkens siehe Seite 225). In der Nähe von Wasserlöchern, tiefen Gräben, Brunnen und Schächten sollten Dreijährige auf keinen Fall spielen!

In Wirklichkeit ist der Dreijährige ein kleiner und unwissender Mensch und seine Unsicherheit ist groß. Als Zweijähriger war er in der Tat robuster und auch sicherer. Der Dreijährige zeigt ein riesiges Interesse an allem, worüber man eigentlich nicht spricht, und wenn er nur zu gerne darüber spricht, sollte man als Eltern versuchen, die Geduld zu bewahren: Dieses Hobby ist bei Kindern in diesem Alter sehr verbreitet und ihm wird lange gefrönt. Aber schließlich wird das Kind noch eine andere Beschäftigung finden. Ob du es glaubst oder nicht.

Egal wie vorurteilslos du diese Pipi-Aa-Phase auch nimmst, egal wie sehr du selbst albern wirst, ohne rot zu werden und ohne »Pfui« oder »Igitt« oder »Hör auf!« zu sagen, es wird sich herausstellen, dass auch dieser kleine Mensch irgendwann nach einem Feigenblatt rufen wird. Alle Kinder zeigen letztendlich eine körperliche Befangenheit. Aber wenn sie dann nach einem Feigenblatt rufen, ist es besser, dass sie es kichernd tun, als aus Schuldgefühlen heraus.

Der Dreijährige saugt förmlich alle Freuden des Lebens in sich auf. Er liebt das Singen und Tanzen, er liebt es, Geschichten vorgelesen zu bekommen. Er fängt an, das Fernsehen zu mögen, obwohl er noch nicht sehr lange vorm Schirm sitzen bleibt. Er ist wie erschaffen für Jahrmärkte, Zirkus und Puppentheater. Er lernt eifrig Neues, sobald er daran Spaß hat, und das meiste macht ihm Spaß. Er kann schon richtig hüpfen – bald sogar auf einem Bein –, und er lernt ganz schnell Reime, Fingerspiele, Kindertänze, Kinderlieder etc., auch wenn er den Inhalt noch nicht immer versteht. Und eine Mutter oder ein Vater, die sich einen Topf über den Kopf stecken, sind auf eine wunderbar befreiende Weise lustig.

Ein kurzer Moment unter der Sonne

Ein kleiner Junge wurde auf eine lange, lange Reise mitgenommen und landete schließlich auf dem Lande. Vorher war er auch in der Stadt gewesen, aber dort war es schrecklich laut. Und einen Pipi-Topf konnte er dort nirgends finden und von den Menschen sah er nur die Beine. Das war sehr anstrengend. Es endete damit, dass er getragen werden musste – »getragen werden«, wie er immer so sagte. Aber davon hatten die großen Leute schon bald genug.

Also zog sich der kleine Junge aufs Land zurück. Die Familie folgte ihm. Der Kleine ist nicht mit der Familie gegangen, nein, es war genau umgekehrt.

Und was für ein Leben entdeckte er dort! Erst wurde es ihm erlaubt, auf einem Esel zu reiten. Er saß da drauf mit Augen so groß wie Teetassen, mit den kleinen Händen in der Mähne vergraben, und rief: »Hü, hüh!« Und der Esel lief mit seiner kleinen Bürde davon, und Mutters Herz schlug ihr bis in den Hals, aber der kleine Junge war einfach glücklich!

Dann durfte er Reiskörner säubern, es gab Steine, die vom Reis getrennt werden sollten, und der kleine Junge hat den Reis heraussortiert und die Steine behalten. Er schlug wild um sich, um seine Geschwister zu verjagen, die sich in seine Arbeit einmischen wollten. Dann musste der Reis gewaschen werden. Nichts wurde sauberer als der kleine Junge selbst.

Nachmittags folgten die Besuche im Stall. Der kleine Junge war der Anführer einer ganzen Delegation. Erster Halt bei der Büffelkuh: »Guten Tag, kleine Frau Kuh!« Die Büffelkuh, etwa fünfzehn Mal größer als das kleine Kind,

starrte ihn eindringlich an. Der kleine Junge starrte zurück. Zehn Minuten lang starrten sie einander an. Was für Gedanken sie dabei austauschten, weiß ich nicht, aber irgendetwas hatten sie gemeinsam, da bin ich mir ganz sicher.
Und draußen schien die Sonne; die Vögel flogen in Schwärmen umher und die Frauen trugen Wasserkrüge auf den Köpfen; der kleine Junge trottete mit einer leeren Kanne hinter ihnen her.
Dann entdeckte er Männer, die dazu bereit waren, eine Orange gegen einen Kuss von ihm einzutauschen. Solche Menschen gibt es hier und dort und überall auf der Welt für jemanden, der eine kleine, rundliche Gestalt und kleine, warme Hände hat.
In der Küche wurde endlich warmes Essen gemacht. Ein aufregendes Mittagessen: Drei große Schüsseln wurden hereingebracht, mit dampfend heißem Essen, und der kleine Junge setzte sich glücklich hin und holte alle drei Schüsseln zu sich heran. Dabei sollten sechzehn Personen daraus essen, mit Hilfe von großen Brotscheiben!
Selten stand die Enttäuschung so klar in seinen kornblumenblauen, verschlingend hungrigen Augen. Denn natürlich mussten die fünfzehn vor dem sechzehnten zurücktreten und sich mit den Resten vom Tisch des reichen Mannes begnügen.
Aber die Liebe ist unendlich. Er hätte übermütig werden müssen, so viel Aufmerksamkeit, wie er bekam, und das in einem fremden Land; aber er ist immer noch ein stiller, kleiner Junge, zurückhaltend und abwartend und meistens mit seinem kleinen Kirschmund geschlossen. Und als er jedem der fünfzehn am Tisch einen Kuss gibt, ist es nicht, weil Mama ihn eindringlich darum gebeten hat, sondern aus echter, stiller Zuneigung, aus eigener, geheimnisvoller Liebe heraus.
Konnte ich etwas anderes als glücklich sein, damals, die kleine Weile unter der Sonne, die ich ihn bei mir haben durfte?
Abends zirpen die Grillen.
Und morgens starten aus den Bäumen die Vögel zu ihrem ersten Flug, und ihr Gesang jubelt gen Himmel, klar und rein und perlend von hunderten, tausenden Kehlen.
Der kleine Junge geht mit forschem Schritt in den Stall und bringt der kleinen Frau Büffelkuh ihr Frühstück.
(1974. Aron in memoriam, 1971–1975)

Vier Jahre: Unterwegs

Das Losungswort des Vierjährigen heißt »Abenteuer«. Der Vierjährige ist ein wahrer Abenteurer, unerschrocken, neugierig, wach. Alles wird erforscht, die Menschen, das Leben und die Welt.

Er besitzt eine blühende Phantasie und entsprechend hemmungslos geht er mit der Wahrheit um. Was er sieht und nicht sieht, kann keiner genau sagen, am allerwenigsten er selbst: Hat er einen blauen Elefanten gesehen, dann hat er eben einen blauen Elefanten gesehen, wenn nicht – falls es also überhaupt keine blauen Elefanten gibt –, dann hat der liebe Herr der Schöpfung hier wohl etwas vergessen. Der Vierjährige ist gern dazu bereit, diesen kleinen Fehler zu berichten.

Der Vierjährige ist fröhlich, glücklich und leichten Herzens. Er mag die eigene »Herde« – seine Eltern, sein Zuhause und eventuelle Geschwister. Er stellt nicht mehr alles in Frage; er weiß, was er hat, und das genießt er.

Aber jetzt will er mehr. Er ist reifer geworden im Umgang mit anderen, er kann Rücksicht nehmen, er kann sich in das Leben eines anderen Menschen hineinversetzen, er kann warten, zurücktreten. Er muss nicht beweisen, dass er der Größte, der Beste und der Schönste ist. Denn das *ist* er wirklich. Er kann es sich leisten, andere mal vorzulassen.

Der Vierjährige kann zum ersten Mal in seinem jungen Leben so etwas wie ein Gespräch führen – ein Austausch mit Worten, bei dem man Gedanken und Absichten preisgibt und am Innenleben des anderen teilhaben darf und bei dem man Höhepunkte ungeahnter und intensiver Freundschaft erreicht. Die Bekanntschaft eines Vierjährigen ist aufregend, er besitzt sowohl verbale wie auch persönliche Voraussetzungen, um seine Weltsicht an die mitteilen zu können, die zuhören mögen.

Es ist eine Freude, zu beobachten, wie er sich auf neuem Terrain verhält. Auf einem Jahrmarkt, beispielsweise, wählt er ohne Bedenken selbst seine Aktivitäten aus und dabei leuchten die Begeisterung und die Entdeckungslust aus seinen Augen.

Er geht direkt über zum Wesentlichen und übertreibt nur selten; er ist vernünftig, auch auf unbekanntem Gebiet.

Zu Besuch in einem Haus, in dem er noch nie gewesen ist, geht er oft direkt auf das Interessanteste los – nicht nur auf das für ihn Interessanteste, sondern auch für den, der dort wohnt. Er fragt und möchte alles genau wissen und kann sehr lange, sehr aufmerksam zuhören.

Wenn er bei jemandem zu Besuch ist, hat der Vierjährige die merkwürdige Angewohnheit, sehr gerne das Badezimmer inspizieren zu wollen.

Der Vierjährige hinterfragt alles. »Warum kannst du nicht gehen?«, fragt das Kind den Rollstuhlfahrer. Und in der Regel bekommt er eine Antwort – denn vom Vierjährigen gibt es keine verletzenden oder bewertenden Fragen, sondern nur ein ernstes und aufrichtiges Streben danach, immer mehr zu wissen und zu verstehen.

Für den vierjährigen Abenteurer ist sogar ein schlechter Kindergarten besser als gar keiner. Sein Verlangen nach anderen Kindern, anderen unerforschten Welten, anderen Menschen ist unübersehbar. Er wählt seine Freunde mit viel Reife und Einsicht, und er spielt mit ihnen auf seine eigene Art, sicher in seinem Können; er übernimmt sich selten und räumt sogar Enttäuschungen aus dem Weg, bevor sie entstehen.

Der Vierjährige ist kurz gesagt ein kluges Kind. Er lebt und handelt so, wie es uns allen im Allgemeinen gut tun würde: Er macht das, was er möchte; er ist mit Leuten zusammen, mit denen er gerne zusammen ist, er zieht sich zurück, wenn er allein sein möchte; er respektiert sich selbst.

Der Vierjährige verlässt seine »Herde« auf immer weiteren Ausflügen und sucht nicht so oft zum menschlichen Zentrum zurück, wie er es noch mit drei Jahren tat. Der Zeitraum, den der Vierjährige für die Dauer seiner Ausflüge wählen würde, wenn er ganz frei entscheiden könnte, beträgt in etwa drei Stunden. Bekommt das Vierjährige keine Gelegenheiten, solche Ausflüge in andere Umgebungen außerhalb der »Herde« zu unternehmen, kann es in der Tat vorkommen, dass es sich allein auf den Weg macht – mit Bündel und allem, was dazugehört. Der Vierjährige befindet sich in einer erforschenden Entwicklungsphase (siehe »Das Leben – ein Kreislauf. Etwas über die Entwicklung«, Seite 417). Deshalb sollte man ihm einen so großen Bewegungsfreiraum wie nur möglich gewähren.

Neuigkeiten nimmt er dankbar entgegen: Reisen, Umzüge und Veränderungen aller Art. Er ist aber noch lange von seinem Basislager abhängig. Wenn auch nicht immer, so zumindest, wenn er sich mitteilen möchte: wenn er andere teilhaben lassen möchte, wenn er seine Umgebung von seinen großen Taten und von allem, was er unternommen hat, von allem, was er gesehen und an dem er teilgenommen hat, berichten möchte. Und sein Bedürfnis, Fragen zu stellen, ist groß.

Der Vierjährige begreift jetzt die volle Bedeutung der Sprache. Er liebt es, richtige Gespräche zu führen. Zum ersten Mal stehen die Wörter von der Handlung getrennt im Raum. Der Vierjährige *denkt*, bewusst und mit Wörtern. Und er stellt Fragen, wie zum Beispiel: »Warum ist das eine Decke?« Das ist eine Frage, die man durchaus ein paar Male hin und her drehen kann.

Er hat ehrliche und aufrichtige Augen und eine offene, vorurteilsfreie Seele. Er zeigt in seinen Fragen keine Zurückhaltung und weicht vor niemandem zurück.

Die sexuelle Aufklärung ist schwierig in einer Kultur, in der das Sexuelle so wenig mit Freude verbunden wird, aber man sollte das Kind aufklären, so gut man es eben kann, und dabei sollte man vermeiden, sich dafür zu entschuldigen: »Wenn Mama und Papa sich so richtig gern haben, so richtig, richtig gern haben …« Eine realistische, konkrete Erklärung der Tatsachen ist genau das, was der Vierjährige verlangt: »So und so macht man.«

Hat man mit dem Kind nie über den Tod gesprochen, kann es sich trotzdem herausstellen, dass der Vierjährige sich aus eigenen Stücken dem Gedanken an die Reinkarnation anschließt. Das ist eigentlich gar nicht so merkwürdig, wenn man bedenkt, dass das Vierjährige nun beobachtet, wie die Natur von Jahr zu Jahr wiedergeboren wird. »Wenn ich groß werde, wirst du ein Baby und dann sollst du aus meinen Brüsten trinken«, überlegt sich die kleine Vierjährige und fügt hinzu: »Aber zuerst musst du sterben.«

Dem toleranten und phantasievollen Vierjährigen gegenüber musst du als Erwachsene/r nicht immer die richtige Antwort auf Lager haben. Du kannst die Sache auch umdrehen und selbst die Frage stellen.

»Warum gibt es Sterne?«, fragt das Kind.

»Ja, warum gibt es Sterne?«

»Damit es nachts ein bisschen Licht gibt für kleine Kinder, die vielleicht ein bisschen Angst im Dunkeln haben.«

»Ja, so wird es sein«, schließt du dich an und bittest das Kind, von den Sternen zu erzählen. Und du wirst eventuell eine unvergessliche Geschichte zu hören bekommen.

Der Vierjährige denkt und überlegt, legt neue Steine auf sein Bauwerk und nimmt alte wieder weg; er hat einen wirklich lebendigen Intellekt.

Leider übersieht man häufig diese Talente, weil das vierjährige Kind selbst so viele Fragen stellt, dass man ganz einfach keine Lust mehr auf Fragen und Gespräche hat, und deshalb nie auf die Idee kommen würde, auch dem Kind einmal Fragen zu stellen. Und das ist schade. Es ist schade, wenn das Kind beim seinem ständigen »Warum?« stecken bleibt.

»Jetzt wollen wir nach Hause.«
»Warum?«
»Weil wir mittagessen wollen.«
»Warum?«
»Weil wir Hunger haben.«
»Warum?«
»Weil wir lange nichts mehr gegessen haben.«
»Warum?«
Und so weiter, und so weiter, in alle Ewigkeit …

Früher oder später ist selbst ein Engel von Mutter/Vater mit der Geduld am Ende, besonders wenn man vermutet, dass der Vierjährige mehr daran interessiert ist, das Gespräch weiterlaufen zu lassen, und weniger, um Neues zu erfahren.

Das unendliche Fragen des Vierjährigen wie in dem oben genannten Beispiel kann jedoch auch ein Mangelsymptom darstellen: Er kann unter Mangel an Begegnungen leiden, Mangel an direktem und ausgiebigem Kontakt mit dem Erwachsenen außerhalb der alltäglichen Routine, und er kann unter dem Mangel leiden, einmal richtig zu lachen.

Du kannst die ewige Fragerei auf elegante Weise beenden und dem Kind gleichzeitig sowohl eine echte Begegnung als auch ein Lachen bescheren: Setze dich in die Hocke, halte das kleine Kind an den Schultern, sieh ihm geheimnisvoll in die Augen, lächle und antworte (auf die hundertste Warum-Frage):

»Ja, weißt du, warum? Ich werde es dir erklären. Damit du einen Grund zum Fragen hast!«

Ein kleiner Vierjähriger, der wirklich Bescheid wissen möchte, wird nicht nachgeben. Er wird weiterfragen. Aber das Kindchen, das den Mund nur aus Mangel an anderen Aktivitäten laufen lässt, wird lachen und dich toll finden – und mit dem Fragen aufhören.

Man sollte dem Vierjährigen Verantwortung zukommen lassen. Er ist groß genug, um auf eigene Faust Arbeiten zu erledigen, und zwar nicht nur mit dem Erwachsenen zusammen. Jetzt kann er Aufgaben bekommen, die voraussetzen, dass er sowohl Chef als auch Arbeiter ist, und du, der/die Erwachsene, kommst dann als bewundernde Aufsichtsperson hinzu, wenn die Arbeit schon erledigt ist.

Achtung: Eine gute Aufsicht ist auch aufmerksam! Sie flitzt nicht hin und her, um so schnell wie möglich fertig zu werden: »Ja, das sieht ja fein aus!« Dies kann weder vom Vierjährigen noch vom Erwachsenen ernst genommen werden. Die Aufsichtsperson muss vernünftige Gründe für ihre Aussage anführen.

Der Vierjährige möchte nicht gelobt werden, nur weil er existiert und im

Großen und Ganzen »tüchtig« oder »lieb« gewesen ist. Er möchte Anerkennung für das, was er getan hat, und wenn jemand es anerkennen soll, erfordert es, dass man sich mit der Sache beschäftigt.

»So fein hast du das Bett gemacht. Sehr schön! Und wie fein du das Kissen dort hingelegt hast!«

»Ja, und dann soll Teddy da auf dem Kissen liegen und dann soll ich da liegen. Und das hier ist Teddys Decke. Sie liegt hier unter dem Kissen.«

»Oh, das ist ja praktisch.«

»Und ich habe die Gardine zugezogen.«

»Ja, das sehe ich! Das ist gut.«

»Und den Stuhl habe ich dort wieder hingestellt. Da steht der Stuhl.«

»Ja, da steht der Stuhl ja. Dort steht er wirklich gut.«

»Und jetzt bin ich mit der Arbeit fertig!«

Zusätzlich zu der sozialen Beteiligung – wenn das Kind mit dem Erwachsenen zusammen arbeitet – und zu den selbstständigen Aufgaben (die nicht zu allgemein gehalten sein sollten und die immer nachgeprüft werden müssen) sollte man dem kleinen Vierjährigen so viele kleine Erledigungen wie überhaupt möglich außerhalb der »Herde« zutrauen.

Der Straßenverkehr bedeutet Lebensgefahr, aber wenn man diese Gefahr ausschließt, kann man dem Vierjährigen fast jede kleine Erledigung auftragen. In der Stadt kann man das Kind in Geschäfte schicken, die ganz in der Nähe und auf derselben Straßenseite liegen, man gibt ihm Geld und ausführliche Instruktionen mit – und die Aufgabe wird bewältigt. Der Stolz ist nicht zu übersehen, wenn es seinen Job erfolgreich ausgeführt hat, und dann muss man sich natürlich genau erklären lassen, wie es das geschafft hat. Vor allen Expeditionen, die der Vierjährige auf eigene Faust machen soll, erklärt man ihm, was er zu machen hat. Aber man überprüft auch gründlich, ob er alles richtig verstanden hat: »Und was sagst du, wenn du im Laden angekommen bist?« – »Und in welche Richtung gehst du, wenn du wieder aus dem Laden herauskommst?« – »Und was machst du, wenn du die Tür nicht aufbekommst?«

Der Vierjährige kann sich durchaus in Alternativsituationen hineinversetzen, er kann mit verschiedenen Lösungsmöglichkeiten umgehen, er kann abwägen, wählen und entscheiden. Die Schwierigkeiten des Trotzalters haben ihre Früchte getragen.

Als Vater oder als Mutter warst du beim strahlenden Einjährigen passiv, ja, in gewissem Sinne sogar »hilflos« (außerhalb der Routine natürlich); mit dem souveränen Zweijährigen warst du glücklich, mit dem albernen Dreijährigen warst du albern, und mit dem Trotzkind gabst du dich felsenfest und konsequent; jetzt mit dem Vierjährigen bist du tatendurstig, interessiert und wissensdurstig.

Gerade in diesem Alter wird das Kind dir die Welt öffnen. Und selbst kann es praktisch alles lernen. Wer Zeit und Lust hat, kann dem Vierjährigen das Alphabet beibringen – den Rest schafft es allein. Nach ungefähr einem halben Jahr wird es lesen können.

Das ist das vierjährige Kind, auf den Punkt genau getroffen: Du gibst ihm die Voraussetzungen und es macht etwas ganz Großes daraus!

Das Lächeln eines Sommertages

Es ist ein wunderbarer Tag, an dem ich diese Zeilen schreibe. Die Sonne strömt in das kleine, dunkle Haus und macht es heller, wärmt es auf und wärmt mich. Draußen öffnen die Blumen ihre Knospen. Die Luft ist warm, zum ersten Mal sommerwarm.

Die Kinder erwachen zu neuem Leben. Die Sommerkleider sind zu klein: Plötzlich sind sie alle gewachsen, ein ganzes Jahr lang. Und ich sehe sie, als wäre es das erste Mal seit Monaten. Rosen leuchten auf ihren Wangen, ihre Stimmen werden leicht im Sonnenschein, die Schaukeln knarren unter dem Apfelbaum und kleine Füße laufen barfuß umher. Manchmal macht es einen schwindelig, das Leben – so ergreifend nahe.

Und ich bekomme ein schlechtes Gewissen. All diese Zeit habe ich sie versäumt, all diese Zeit zum Plaudern, die ich ihnen nicht gegeben habe – und ich gräme mich, wenn ich daran denke, was mir alles entgangen ist. Habe ich gelächelt ... Nein! ... als die kleine Vierjährige für ihre große Schwester gesungen hat, während sie ihr bei einem schwierigen Puzzle geholfen hat:

Ich werde dir dabei helfen,
was für dich so schwierig ist,
ich werde dich verstehen,
ich bin so groß und tüchtig,
arme kleine, du.

Und dieses wunderschöne, kleine Lied, gesungen mit hinreißender Sanftheit und so lange und so gut, war die milde Antwort auf den Ausruf »Scheiß Puzzle!« der fünfjährigen Schwester.

Auch andere Dinge wecken mein schlechtes Gewissen. Es war überaus notwendig, dass der Alltag funktionierte; meine Schreibarbeit hat es notwendig

gemacht. Viele strenge Worte sind von der Mama gekommen in ihrem Bemühen um Zusammenarbeit. Sogar der kleine Dreijährige hat seine Ermahnungen bekommen.
Dann wird eine kleine Hand in die meine gesteckt, als ich gerade beim Abwaschen schummle, um schnellstens mit meiner Schreibarbeit weiterkommen zu können, und er sagt: »Ich möchte nicht, dass du auf mich böse bist … man darf auf kleine Jungs nicht böse sein.« Und ich muss lachen und sein Gesicht platzt vor Entzückung. Obwohl er keine Ahnung hat, was denn so lustig war.
Ich gehe mit meinem Babyboy draußen schaukeln. Die Fünfjährige findet einen kranken Vogel. Die Neunjährige baut einen wackeligen Tischtennistisch. Und es ist Sommer … Es herrscht Frieden.
Bis der Abend kommt und das abendliche Bad. Dann ertönt ein Schrei aus dem Badezimmer – und der Dreijährige kommt angelaufen, tropfend nass: »Die Kinder machen so, dass ich ertrunken bin!«
Babyboy sieht ihn nachdenklich an und reicht ihm die Küchenpapierrolle.
(Maja, Felicia, Linus, Aron, 1972)

Fünf Jahre:
Die Lilie des Friedens

Der Fünfjährige ist ein wunderbarer kleiner Mensch, harmonisch, ausgeglichen, zufrieden mit sich selbst und mit der Welt. Das Kind verhält sich so, als hätte es seine Eltern nach einem Vergleich mit tausenden anderen selbst gewählt. Seine Loyalität und seine Freundschaft kennen keine Grenzen. Der oder die Fünfjährige ist lieb, überlegt, hilfsbereit, verantwortungsbewusst und wirklich tüchtig. Gründlich und mit viel Ausdauer erledigt das Kind die Aufgaben, die ihm aufgetragen werden – oder die es sich selbst aufbürdet. Hat es jüngere Geschwister, übernimmt es gerne die Verantwortung für sie wie der beste Vater oder die beste Mutter.

Der Fünfjährige ist oft sehr ernst. Er ist nachdenklich und vernünftig. Man könnte sagen, dass das Losungswort des Fünfjährigen »angepasst« ist. Er kennt seine Welt und beherrscht sie, und da er in allem angepasst ist, befindet er sich in einem guten und freundlichen Kreislauf. Er hat kein Bedürfnis, sich in etwas hinauszubegeben, das er nicht schaffen kann; also macht er sich nur an etwas heran, das er wirklich packen kann; und so schafft er alles, was er sich vornimmt. Er ist perfekt in seinen eigenen Augen – und das mit Recht. Man kann nicht anders, als ihn zu lieben.

Aber in dem Bewusstsein, selbst perfekt zu sein, erwartet er, dass der Rest der Welt es auch ist. Wenn nicht, sieht er es als seine Pflicht, die Missverhältnisse zu korrigieren, was oft mit größter Entrüstung geschieht. Er versteht, dass kleine Kinder sich oft sehr albern benehmen – »Er ist ja so klein, er versteht noch nicht, was er tut«, sagt der Fünfjährige achselzuckend. Er möchte auf keinen Fall wieder ein Baby sein! Es ist auch schwierig für ihn, bei Erwachsenen ein in seinen Augen falsches Verhalten zu akzeptieren. Einem Fünfjährigen gegenüber kann man versuchen, etwas zu erklären, bis man blau im Gesicht wird, er sieht immer noch genauso skeptisch aus wie vorher. Er dachte wirklich, du wärest perfekt. So wie er! Aber als Kind – wenn ich ihn so nennen darf – ist er fromm wie ein Lamm. »Mama hat gesagt, dass ich das darf.« –

»Nein, Papa hat es mir verboten und dann tue ich es auch nicht.« – »Doch, es ist wirklich wahr. Mama hat es gesagt und dann stimmt es auch.«

Der Fünfjährige fängt an, sein eigenes Leben methodisch zu erforschen, sein Dasein, so wie es gewesen ist und so wie es jetzt ist. Er lagert seine Erinnerungen ab und erinnert sich an Sachen, die man längst vergessen glaubte. Er erinnert sich an Möbel, die nicht mehr da sind, und an Menschen, die gekommen und gegangen sind. Er will Bescheid wissen. Er legt ein Puzzle aus seinen Erinnerungen, um den größeren Zusammenhang zu begreifen. Er sucht ein komplettes Bild von seinem Leben und von allem, was dazugehört.

»Liebst du mich?«, kann er seine Mutter oder seinen Vater fragen. »Wärst du traurig, wenn ich sterben würde? Hast du dich gefreut, als ich geboren wurde? Was hast du dann gesagt?« Fragen wie diese sind typisch für den Fünfjährigen.

Der Fünfjährige hat nichts – oder nicht mehr viel – von der Albernheit des Dreijährigen und auch die Abenteuerlust des Vierjährigen ist sehr viel gedämpfter; stattdessen ist er ein kluger, kompetenter und vorsichtiger kleiner Mensch, der kein Risiko eingeht. Er hat beispielsweise begriffen, dass man nicht überall und zu jeder Zeit über alles in der Welt spricht. Er nähert sich Leuten auf eine taktvolle und rücksichtsvolle Weise. Er kann sich oft bei der ersten Begegnung schüchtern zeigen, gewinnt aber sehr bald die Herzen aller Menschen mit seiner Wärme, seiner Rücksicht und seinem tief menschlichen Interesse am Leben und an der Persönlichkeit anderer.

Er liebt es, wenn er wie ein Erwachsener behandelt wird. Er versteht, dass man kleinen Kindern nicht dieselbe Verantwortung aufbürden kann wie ihm, und er empfindet Mitleid für sie, ohne altklug oder unangenehm zu werden: »*Du würdest davon so müde werden, verstehst du, es würde dir gar keinen Spaß machen. Ich bin ja so viel größer, weißt du. Aber du wirst auch irgendwann groß werden.*« Mit Würde geht er danach an seine fordernde Aufgabe, bei der man sich perfekt verhalten muss, z.B. muss man ganz lange ganz still sitzen – so etwas gehört zum Spezialgebiet des Fünfjährigen!

Der Fünfjährige besitzt so viel Würde, ist so überaus ausgeglichen und vorbildlich, dass er manchmal etwas hochtrabend sein kann; es kommt ihm einfach alles auch mal etwas langweilig vor. Seine Kindheit kann doch nicht schon vorbei sein, oder? Der Fünfjährige scheint aber hin und wieder dieser Meinung zu sein.

Die Ausschweifungen des Vierjährigen in die Phantasie, in die Prahlerei und ab und zu sogar in pure Lügen – jedenfalls Lügen von einem erwachsenen Standpunkt aus gesehen – kann der Fünfjährige auf keinen Fall länger zulassen. Der Fünfjährige ist dabei, sich eine Moral anzueignen. Auf unerfindliche Weise hat er sich ein Gewissen zugelegt. Dass man Mamas Sachen nicht nimmt, das weiß der Fünfjährige. Andererseits tut man es vielleicht, aber man weiß, dass es falsch ist. Man haut nicht den kleinen Bruder. Doch danach schämt man sich. Der Fünfjährige ist sein eigener Richter. »*Ich werde nie, nie wieder ...*« Er ist ein wunderbarer, treuer kleiner Mensch, liebevoll und gut. Er ist wirklich ein Gewinn für seine Familie.

Der Fünfjährige befindet sich in einer der drei Phasen der Kindheit, die am harmonischsten verlaufen: einer beherrschenden, in Sicherheit und Geborgenheit ausgeglichenen Zeit, die auch vom Zweijährigen und vom Zehnjährigen genossen werden. Du kannst ihm vertrauen, du weißt, woran du bei ihm bist, du kannst dich auf ihn verlassen wie auf einen festen und unbeweglichen Felsen. Welchen Belastungen die Familie auch immer ausgesetzt werden mag, der Fünfjährige steht sie kraftvoll durch und ist anderen eine Stütze. Wie der Zweijährige und der Zehnjährige ist auch er verantwortungsbewusst und er ist auffallend selbstständig. Man kann sich als Vater oder als Mutter sehr wohl nach dem Fünfjährigen richten, wenn seine Wünsche akzeptabel sind, und man muss nicht immer hart und konsequent an dem festhalten, was man einmal gesagt hat. Der Fünfjährige ist wohl überlegt, vernünftig und er ist konstruktiv. Und man kann mit ihm verhandeln.

»*Wenn du heute Süßigkeiten isst, bekommst du am Samstag keine.*«

»*O.K., abgemacht. Dann werde ich jetzt Süßigkeiten essen und dann bekomme ich am Samstag keine Süßigkeiten.*«

Wenn der Samstag kommt, weist der Fünfjährige selbst darauf hin – obwohl man es als Erwachsener vergessen hatte –, dass heute Samstag ist und dass er keine Süßigkeiten bekommt. »*Darüber waren wir uns doch einig, weißt du noch?*« Man kann ihn nur bewundern!

Der Fünfjährige beschäftigt sich nicht so sehr mit metaphysischen Themen wie der Vierjährige und steht nicht sonderlich erhaben über den Dingen. Stattdessen ist er realistisch und standfest. Wenn der Vierjährige sich der Reinkarnation angeschlossen hatte und ohne Sorge seinem nächsten Leben entgegensehen konnte, überlegt der Fünfjährige, wie es wohl möglich sein könnte, wenn jemand stirbt.

»*Ja, siehst du, ich würde mich aus der Erde wieder hinausgraben, wenn sie mich begraben haben. Aber dann dürfen sie den Deckel natürlich nicht allzu fest zumachen.*«

Er kann, wie hier zu erkennen ist, die Dinge auch missverstehen.

Und da er ja so perfekt, so wissend und praktisch schon erwachsen ist, verzieht er keine Miene, auch wenn er nichts begreift. »*Kannst du mir sagen, was ich er-*

klärt habe, so ungefähr?« Es können sehr faszinierende Beschreibungen entstehen …

So wie der ausgeglichene Zweijährige die Verantwortung für die Familie übernahm und einsah, dass sie mit ihm stehen oder fallen würde, so hält auch der Fünfjährige ein waches Auge auf alles und jeden, und dies bewirkt, dass er sich zu einem Petzer von hohem Rang entwickeln kann.

Hier steckt man als Eltern in einer schwierigen Zwangslage. Es ist äußerst schwierig, einem Kind zu erklären, was Petzerei ist und wann und ob man petzen sollte (siehe auch das Kapitel »Geschwister« im 5. Teil dieses Buches, Seite 764).

»*Lilian hat sich wehgetan*« – akzeptiert.
»*Thomas hat Lilian gehauen*« – nicht akzeptiert.
»*Die Puppe ist kaputt*« – akzeptiert.
»*Lilian hat die Puppe kaputtgemacht*« – nicht akzeptiert.

Der Fünfjährige, der so eifrig ist, um sich dir gegenüber korrekt zu verhalten, kann einfach nicht verstehen, warum es für andere nicht genauso wichtig ist, sich anständig zu benehmen – und warum sollte es von ihm denn falsch sein, es anzusprechen, wenn die anderen sich nicht anständig verhalten? Kritisiert man sein Verhalten, wird er traurig und fühlt sich missverstanden. Du musst von Mal zu Mal versuchen, ihm zu erklären, was richtig ist und was nicht, und du musst versuchen zu verstehen, dass es sehr lange dauern wird, bevor der Fünfjährige ein sicheres Gefühl dafür entwickelt, was richtig und was falsch ist. Er möchte keinem Menschen wehtun. Aber er kann es auch nicht mit ansehen, wie andere Fehler machen. Er verurteilt nicht; er will nur ihr Bestes.

Der Fünfjährige ist ein guter, kleiner Arbeiter, der, auch ohne darum gebeten zu werden, seinen Teil der Last trägt. Er kann sich allein anziehen und auch eine gewisse Ordnung in seinen Sachen halten und er kann einkaufen gehen; er wartet beim Zebrastreifen, bis kein Auto kommt oder ihn jemand über die Straße begleitet Hand in Hand. Er ist deswegen keinesfalls verkehrssicher, aber er erkennt und versteht die Gefahr und das ist schon viel wert.

Da er »alles« weiß, macht er alles in seiner eigenen Weise und glaubt nicht, dass es nötig wäre, vorher zu fragen. Hat er das Waschbecken mit Zahnpasta sauber gemacht oder Mamas Schuhe mit der Haarbürste geputzt, muss man diskret und taktvoll sein und ihm Anerkennung für seinen guten Willen zeigen. »*Oh, das ist ja richtig schön geworden – danke, mein Lieber! Aber weißt du was, nächstes Mal, wenn du das Waschbecken sauber machen möchtest, kannst du den Badreiniger hier nehmen, du brauchst nur ganz wenig davon – und schon wird das*

Waschbecken genauso schön wie jetzt. Und hier habe ich eine Bürste extra für die Schuhe – die andere ist eigentlich für die Haare, weißt du. Die Schuhe werden mit der Schuhbürste auch richtig schön, die kannst du das nächste Mal zum Schuheputzen nehmen, die ist fast noch besser dafür. Mensch, du warst ja richtig fleißig!«

Du kannst und solltest dem Fünfjährigen tägliche Aufgaben geben, die er zusätzlich zu der Arbeit, die er mit dir, dem Erwachsenen, zusammen macht (Kochen oder Saubermachen), noch erledigen muss. »Was muss ich heute tun?«, sagt er mit einer Miene, die von Verantwortungsbewusstsein geprägt ist, hoffnungsvoll und erschöpft zugleich. Du kannst ihm auch eine kleine Liste geben, und er wird dann jeden Tag zu dir kommen und dich darum bitten, ihm vorzulesen, was er zu tun hat. »*So, heute ist Montag. Was muss ich montags machen? Den Tisch abräumen. Oha, das wird anstrengend.*« Seufz, seufz. Und dann geht er mit Begeisterung an die Arbeit.

Man kann Forderungen an ihn stellen – z.B., dass er seine Aufgaben erledigt, auch wenn er keine Lust hat. Wie immer beim Fünfjährigen kann man in diesem Fall an sein Gefühl für Fair Play und an sein Verantwortungsbewusstsein appellieren. »*Du, ich muss ja auch Sachen machen, die nicht immer lustig sind. Alle müssen mithelfen. Sonst würde es hier zu Hause nicht funktionieren.*« Und man kann nun auch zum ersten Mal erwarten, dass er das tut, was er zu tun hat – man muss nicht mehr die Hände über den Kopf zusammenschlagen und so voller Begeisterung sein, als wäre es das erste Mal in der Weltgeschichte vorgekommen, dass er auf eigene Initiative sein Bett gemacht oder seine Zähne geputzt hat. Der Fünfjährige weiß, wie es läuft, und sein Gewissen zwingt ihn dazu, seine Pflicht zu tun.

Der Fünfjährige, der alles so ernst nimmt, dass sein Leben richtig schwer wird, kann in seinen eigenen wie in den Augen anderer etwas zu groß, zu »erwachsen« erscheinen. Er braucht sein tägliches Lachen; er liebt es, durchgekitzelt zu werden und albern zu sein; Erwachsene, die sich trauen, sich blöd anzustellen, zu lachen, genießt er immer wieder, und auch, wenn du ihm erzählst, wie unmöglich du dich als kleines Kind benommen hast, oder darüber, was du alles falsch gemacht hat.

Lieber ein bisschen zu lange ein bisschen zu klein als ein bisschen zu schnell viel zu groß!

Man sollte sich das praktische und robuste Gemüt des Fünfjährigen zunutze machen. Beklagt er sich darüber, dass er seine Handschuhe nicht finden kann oder dass ihm irgendetwas nicht gelingen will, sollte man es sich zweimal überlegen, bevor man loshastet und ihm die Lösung zeigt. Eine wirklich interessante Frage »*Und was wirst du jetzt unternehmen?*« bringt stattdessen den Fünfjährigen (und auch noch ältere Kinder) aus seiner Handlungslähmung heraus. »*Ich werde ohne Handschuhe gehen. Es ist wohl doch nicht so kalt.*« Oder: »*Ich suche noch einmal. Wo habe ich sie bloß hingelegt, als ich sie das letzte Mal anhatte?*« Oder: »*Ich nehme ein paar andere Handschuhe.*« Oder sogar: »*Ich kann mir Socken über die Hände ziehen, das müsste doch gehen, oder?*« Der Fünfjährige mag es nicht, wenn er sich hilflos fühlt, und du kannst ihm in dieser geschickten Weise dabei helfen, die Hilflosigkeit zu überwinden.

Die Liebe des Fünfjährigen ist grenzenlos. Er braucht Stunden zu zweit mit Mama und/oder mit Papa, zärtliche Stunden, aber auch Zeit für Gespräche auf ebenbürtigem Niveau.

Wo es früher eine unabwendbare Notwendigkeit für das Kind war, im Rahmen des Kampfes ums Überleben nützlich zu sein, in seinem tatsächlichen, konkreten Können, ist es jetzt für den Fünfjährigen genauso unweigerlich notwendig, dass man auch auf seine Reife und seine Urteilskraft zurückgreift, also auf sein abstraktes Können.

Der Fünfjährige nähert sich sozusagen der leitenden Position der »Herde«. In der Zusammenarbeit mit ihm braucht man keine Angst vor einer übertriebenen Bindung zu haben. Sie würde sich sowieso in jedem Fall in Luft auflösen, sobald das Kind so ungefähr sechs Jahre alt ist …

Gehe sanft mit der Mutter um!

Er ist fünf Jahre. Er stellt noch keine sonderlich großen Forderungen an die guten Seiten des Lebens. In der Tat bittet er so selten um irgendetwas, dass ich es ihm dann fast nie abschlagen kann, wenn er es endlich tut. Ach, wenn nur die Vernunft mit dem guten Willen Hand in Hand gehen würde!
Er kam zu mir und sagte: »Ich möchte so gerne Majas Puzzle zusammenlegen.« Und dann hat er gelächelt und die runden Augen leuchteten kornblumenblau.
Ich habe gefragt: »Wo ist denn Maja?« – »Sie spielt noch da draußen«, erklärte er glücklich. Wir konnten also eine geheime Abmachung schließen, er und ich. Maja musste es erst gar nicht erfahren!
Ich überlegte einen Moment lang. »Maja ist sehr empfindlich, wenn es um ihr Puzzle geht. Sie möchte nicht, dass auch nur ein Teil abhanden kommt. Aber wenn du mir versprichst, dass du schön vorsichtig bist …«

Oh, ja! Das versprach er. Er würde kein einziges, kleines Teilchen verlieren! Er marschierte fröhlich los, holte das Puzzle hervor, kippte alle Teile auf die Tagesdecke und setzte sich auf dem Bett zurecht und fing an. Er senkte den Kopf voller Konzentration, die Zunge kam zwischen den Lippen hervor, wie sie es immer tat, wenn er mit etwas, das er liebend gerne machte, beschäftigt war, und Stille senkte sich friedvoll über den Raum.

Fröhlich und zufrieden bin ich in den Waschkeller hinuntergegangen.

Aber der friedliche Moment war von kurzer Dauer! Als ich zurückkam, war Maja natürlich wieder hereingekommen, die Puzzleteile waren über den ganzen Fußboden verteilt, der Streit war in vollem Gange und das Geschrei schon sehr laut.

»Er hat mein Puzzle genommen!« – »Mama hat es mir erlaubt!« – »Er hat mehrere Teile weggeworfen!« – »Nein, hab ich nicht!« – »Es ist mein Puzzle, ich habe es zu meinem Geburtstag bekommen!« – »Ich durfte es haben – hat Mama gesagt!« – »Mama, sag ihm Bescheid!« – »Mama, sie ist immer so doof!« – »Mama, er will mich hauen!« – »Du blöde, gemeine ...«

Wie bitte? Zu den Kindern immer sanft und freundlich sein? Alles im Griff haben? Immer liebevoll usw.? Danke, nein, wenn ich bitten darf: Geht lieber sanft mit eurer Mutter um.

Denn es wird enden wie gewöhnlich: Ich brülle irgendetwas in die Richtung, dass sie diese blöde Diskussion doch beenden mögen, auch wenn es sich vielleicht nicht ganz perfekt formuliert anhört. Ich verirre mich in Ausführungen, die ein fünfjähriger Junge und ein sechsjähriges Mädchen überhaupt nicht verstehen können. Was sie sehen, ist, dass ich wütend bin, und das ist ihnen so etwas von egal. Ich sehe verzweifelt, wie die Situation mir entgleitet und stelle immer blödere Fragen: »Könnt ihr nicht mit dem Puzzle auch schön zusammenspielen? Das ist doch nicht zu viel verlangt – oder doch? Oder? Oder wie oder was?«

Der Junge, dessen kornblumenblaue Augen so dunkel wie ein bewölkter Sommerhimmel, kurz bevor das Gewitter losbricht, geworden sind, antwortet aus der Tiefe seiner gesunden Seele:

»Ich rede nicht mit dir. Ich bin jetzt müde.«

Ich verstehe ihn.

Ich wünschte, ich hätte eine Art König Salomon auf Lager, im Kinderzimmerschrank – angestellt auf Vollzeitbasis.

Und ich wünsche mir, dass alle Puzzles der Welt im tiefen Wald verschwinden mögen, wo sie ja ursprünglich hergekommen sind!

Sechs Jahre: Das hässliche Entlein

Einnehmend, harmonisch, ruhig und ausgeglichen war das fünfjährige Kind, klug und vernünftig, beherrscht und beherrschend. Im Alter von sechs Jahren ist dasselbe Kind meistens ein verwirrtes Chaos. Wenn seine Umgebung Schwierigkeiten hat, den Sechsjährigen wiederzuerkennen, ist es nichts gegen das, was er selbst empfindet.

Der Sechsjährige wächst oft sehr schnell und im Takt mit seinem körperlichen Wachstum scheint sein Inneres zu schrumpfen. Genauso wenig wie er seinen neuen, schlaksigen Körper beherrscht, der nicht länger fest und babyrund ist, sondern einem so erscheint, als wäre er aus verschiedenen Armen und Beinen lose zusammengesetzt – der Sechsjährige stolpert, stößt überall gegen, schubst, macht Sachen kaputt und hat seine Motorik nicht unter Kontrolle –, genauso wenig beherrscht er sein chaotisches Inneres, in dem ihm plötzlich nichts mehr bekannt erscheint.

Vor allem ist er voller Misstrauen (»*Keiner liebt mich wirklich. Keiner braucht mich wirklich. Keiner versteht mich wirklich.*«). Er sucht verzweifelt Gemeinschaftlichkeit. Seine Freunde müssen ihm bestätigen, dass er ein toller Kumpel ist – aber er glaubt ihnen nicht immer. Mama und Papa müssen bestätigen, dass sie ihn lieben und ihn brauchen – aber ihnen glaubt er auch nicht immer.

Die eigene Gesellschaft ist für ihn oft am schwierigsten. Denn er misstraut allen, weil er sich selbst misstraut.

Das ewige Streben des Sechsjährigen nach Bestätigungen aus seiner Umgebung, der er ja doch nicht glaubt, macht ihn manchmal überaus fordernd. Er ändert seine Meinung von einem Augenblick zum anderen. Nichts ist ihm gut genug. Er ist in seinem Verhalten ungefähr so geradlinig wie ein Wetterhahn bei stark wechselndem Sturm. Er kann beispielsweise nicht an Spielen oder Wettkämpfen teilnehmen, wenn er nicht ständig gewinnt. Gewinnt er nicht, bricht er zusammen, wird aggressiv, verbittert oder benimmt sich völlig daneben. Er schreckt auch nicht davor zurück, zu schummeln. Wenn er dagegen gewinnt, ist es ihm auch nicht immer Recht: Er weiß ja, dass niemand ihn wirklich liebt, und wenn er gewinnt, haben die anderen ja noch einen Grund mehr, ihn nicht zu mögen.

Andererseits muss er unbedingt gewinnen – und damit haben wir sein Dilemma auf den Punkt gebracht. Er muss unbedingt sich selbst und auch anderen beweisen, dass er zu etwas taugt und dass er etwas kann, egal wie hoch der Preis sein mag. Und der ist wirklich hoch.

Der Sechsjährige löst sich allmählich von dem Gefühl, einfach dazuzugehören, das bisher bestimmend war. Von dem Dasein eines geborgenen Fünfjährigen, das eine so nahe Bindung zu seinen Lieben hatte, muss der Sechsjährige nun in den Eiswinter hinaus und groß werden. Er kann ja nicht wissen, dass das Großwerden noch einige Jahre andauern wird; er weiß auch nicht, was ihn erwartet – er fühlt nur Angst vor der Veränderung, die eisig durch seine Welt weht.

Er ist ungefähr wie ein Mann oder eine Frau, der/die vor einer Scheidung steht und glaubt, dass damit alles verloren ist. Der Sechsjährige muss versuchen, ein neues Verhältnis zu seinen Eltern und zu seiner Umgebung zu entwickeln, genau wie die geschiedenen Teile einer Partnerschaft versuchen müssen, anstelle der Liebe, die zerbrach, zu einer Freundschaft zu finden.

Aber der Sechsjährige ist an der Schwelle zur Ohnmacht: Er versteht nicht, wie so etwas überhaupt möglich sein soll. Er fühlt nur, dass er etwas verliert.

Das innere Streben des Sechsjährigen nach Weiterentwicklung treibt ihn auf das Meer des Elends hinaus, das doch eher wie ein Meer der Unabhängigkeit aussehen sollte. Und in Ermangelung innerer Fertigkeiten greift der Sechsjährige zu äußeren Tricks. Das Kind täuscht gern Eigenständigkeit vor, indem es dreckig herumläuft, ungekämmt und schlecht angezogen ist; es mimt den Starken, wenn im Zimmer ein sündiges Chaos herrscht; und auch wenn es nach dem Frühstück nicht abräumen will und dazu noch das Abwaschen verweigert ...

Hier hat der Sechsjährige mit seinen Krisenkollegen, dem Trotzkind und dem Teenager, viel gemeinsam. Ganz wie sie schafft er sich mehr oder weniger aus Trotz ein Benehmen an, das über den Mangel an Eigenständigkeit, unter dem er leidet, hinwegtäuschen soll.

Der Sechsjährige ist ein kleiner Mensch in Not. Ruhe und Frieden sind ihm oft so fern wie der fernste Planet. Zum Trost wünscht er sich normalerweise ein kleines Tier (für das er aber noch nicht allein die Verantwortung tragen kann).

Wie wohl erkennbar ist, befindet sich das sechsjährige Menschenkind in einer verändernden Entwicklungsphase, und genau diese Phase folgt eben der vielleicht am ausgeprägtesten harmonischen Phase der ganzen Kindheit: dem

Alter von fünf Jahren. Die Krise, die folgt, ist genauso markant. Der Sechsjährige wird weiter getrieben, aus seinem geborgenen Zuhause hinaus, und er sucht ein selbstständiges Ich, ein größeres Können, eine gefühlsmäßige Unabhängigkeit, eine feste Basis in sich selbst. Er ist dabei, sich zu seinem eigenen Zentrum zu entwickeln (siehe das Kapitel »Aus meinem Leben – Theorien zum Trost«, Seite 405). Er muss eine Welt um sich selbst aufbauen, sowohl innerhalb als auch außerhalb der »Herde« – nicht länger nur um den oder die Erwachsenen der »Herde« herum, sondern in einem ganz anderen Verhältnis zu ihnen als früher.

Seine Krise mündet in der Selbstständigkeit. Der Weg dorthin ist weit und schwierig. Erst jenseits der Pubertät ist die Arbeit vollbracht. Jetzt handelt es sich um seine zweite Etappe dorthin; die erste durchlebte er im Trotzalter. Auf dem Weg zur Selbstständigkeit wird es dem Kind zum Glück gegönnt, in verschiedenen Phasen innezuhalten, besonders im erfreulichen Alter von zehn Jahren.

Wer ein sechsjähriges Kind im Haus hat, sollte wissen, dass dies eine der schwierigsten Altersphasen ist. Erkennst du dein Kind nicht wieder, bedeutet es nicht, dass etwas nicht in Ordnung ist. Die Krise wird nicht ewig dauern. Das schlimmste Elend geht vorüber, und das Elend, das zurückbleibt, lässt sich nach und nach kanalisieren: durch die Schule, durch die wachsende Bedeutung der Freunde und nicht weniger durch die eigenen Methoden des Sechsjährigen, die er selbst zur Linderung und Ruhefindung bald entwickeln wird. Sucht er die Einsamkeit, sollte ihm das erlaubt werden; er braucht sie.

Aber der Sechsjährige ist noch klein. Hinter seiner oft raschen, herausfordernden Haltung braucht er unbedingt Zärtlichkeit, Liebe und Lachen. Genau wie beim Trotzkind musst du versuchen, den Sechsjährigen in einer ruhigen Stunde zu »packen« und ihm die Begegnung zu geben, die er so sehr braucht; und zusätzlich so viel inspirierendes Interesse, wie du nur aufbringen kannst.

In derselben Weise, wie man dem Trotzkind Unterstützung in Form des Widerstands leistete, muss man auch in den schwierigen Stunden des Sechsjährigen als eine starke und ehrliche Person hervortreten. Tut man das nicht, entwickelt er leicht eine überhebliche und hochnäsige Art. Dabei ist er sicherlich selbst die Person, die am meisten darunter leidet, dass er seine Umgebung verachtet. Der Sechsjährige kann dich bedrohen, ja, sogar gewalttätig werden – zusätzlich zu den entsetzlichen Wörtern, den höhnischen Äußerungen und den hässlichen Grimassen, mit denen er dich belegt. Geht er in seinen Herausforderungen zu weit, musst du ihm Grenzen setzen. (Siehe »Wie man es macht«, im 5. Teil dieses Buches, Seite 617 ff.) Es gibt aggressive Trotzkinder, aber auch Kinder, die während ihrer Trotzanfälle nur weinen und zusammenbrechen, und ebenso reagieren die Sechsjährigen sehr unterschiedlich auf den inneren Zwang, alles und jeden in den Zweifel zu ziehen (inklusive sich selbst).

Ein sechsjähriges Kind, das schweigt und sich zurückzieht, weint vielleicht nicht mehr, aber ihm geht es trotzdem nicht gut – einsam, verlassen und traurig, wie es sich fühlt. Es kann notwendig werden, das Kind aufzurütteln und etwas Konkretes und Notwendiges von ihm zu verlangen: *»Komm jetzt her, mein Schatz, ich brauche deine Hilfe beim Kochen, ich schaffe es nicht alleine. Du musst ein bisschen mithelfen.«* Das unglückliche Kind reagiert mit Befreiung und Erleichterung, obwohl es vielleicht zum Schein erst einmal protestiert.

Was der Sechsjährige erreichen muss – so bestimmt es die innere Forderung nach Selbstständigkeit –, ist das Gefühl für Sicherheit und Geborgenheit in sich selbst. Deshalb kann er von außen auch so schlecht davon überzeugt werden, dass er etwas wert ist. Er muss dieses Gefühl in seinem Inneren selbst erlangen. Es ist für den Sechsjährigen keinesfalls einfacher als für einen unsicheren Erwachsenen, zur Erkenntnis seines Selbstwertes zu gelangen. Seinen Wert findet er in der Gemeinschaft und besonders in der Gemeinschaft der Liebe, in der er nützlich sein kann, d.h. *gebraucht* wird.

Wie beim Trotzkind muss man beim Sechsjährigen zwischen seinem Verhalten und seiner Person genauestens unterscheiden. Wenn du dich mit großen Buchstaben mit deinem Sechsjährigen streitest, solltest du dabei konkret bleiben. *»Ich verlange, dass du dich so und so verhältst. Wenn nicht, passiert das und das.«* Das Verhalten wird abgelehnt – nicht das Kind, nicht der Mensch.

Es ist eine Tatsache, dass man von einem Fünfjährigen mehr erwarten kann als von einem Sechsjährigen. Eine gute Methode, um den Sechsjährigen in seiner Krise zu helfen, ist es, ihn so zu behandeln, als wäre er noch etwas jünger, etwas kleiner und etwas kindlicher, als er ist oder wirkt oder sein »sollte«. Der Mensch in Krise entwickelt sich zurück. Wir werden – und es sollte doch erlaubt sein – ab und zu ganz klein.

Das Kind mit dem guten Herzen

Er ist sechs Jahre und der kleinste, den ich habe.
Er ist auch der einzige Junge, und als er geboren wurde, nach vier Mädchen, lag ich geheimnisvoll im Dunkel der Nacht und streichelte ihm über seinen flaumigen Kopf und wurde von einer Verwunderung über das Unfassbare erfüllt: Ich hatte einen Sohn bekommen. Natürlich wäre das Wunder genauso groß gewesen, hätte ich nach vier Jungen ein Mädchen bekommen! Er schrie wie Neugeborene es tun, und ich habe ihn zu mir genommen und ihn bei mir hingelegt und meine Augen wurden feucht vor Rührung. Ein kleiner Junge; und dann habe ich unter die Windel geschaut.
Fröhlich wuchs er heran, und jetzt ist er groß genug, um mit der Umwelt, mit den Freunden, mit Beschäftigungen außerhalb seines Zuhauses, mit verschiedenen Aktivitäten aktiv konfrontiert zu werden.
Aber noch nehme ich mir hemmungslos, so viel ich kann, von unserer heimlichen Liebe: »Komm her, lass dich knuddeln.« Und er kommt, nach ein paar schüchternen Windungen: »Mama ...« Und dann werde ich geknuddelt und bekomme einen Kuss und zwei Kinderarme um den Hals gelegt. »Du bist mein Zwetschgenkern«, sagt er. Zwetschgen sind für ihn das Beste, was es gibt.
Die Schwestern sind älter und spielen paarweise. Er verlor seinen kleinen Bruder und wurde allein zurückgelassen. Sicherlich, man kann die Trauer als etwas betrachten, mit dem man allein ist, an der niemand teilhaben kann, die niemand versteht. Aber für ihn war sie ein harter Schlag: »Ich will, dass Aron so ist wie immer! Wird er gleich wieder lebendig?« Seine Verzweiflung war bodenlos.
Monate danach ging er zwischen den Kindern der Straße umher und suchte sich kleine Jungen, die dem Bruder ähnelten, den er nicht mehr hatte; und er hat so mit ihnen gesprochen, wie er mit Aron sprach, und ist zu mir hochgelaufen und hat mir erzählt, wie er ihnen »gehilft« hätte.
In den kleinen Kindern können wir sehen und erkennen, was der Begriff »ein gutes Herz« bedeutet.
Er weiß schon viel über Leiden und Tod, aber trotzdem hat er Kraft genug, um jeden Menschen, der freundlich zu ihm ist, zu umarmen. Sein Lachen ist immer noch perlend, und er zeichnet immer noch seine schönen Häuser und Kirchen, mit Herzen und Blumen geschmückt, in strahlenden Farben und von kleinen, schwedischen Flaggen umgeben. Ich weiß ja nicht, wie es in seiner Seele aussieht. Aber ich sehe nichts Böses.

Ich sehe nur Güte, Liebe und ab und zu Sorge um ein Dasein, das ihn in viel zu viele Richtungen zieht – in eine Welt, in der er noch nicht groß genug ist, nicht tüchtig genug, in der er gegen seinen Willen hart und hochnäsig sein muss. Eine Weile später kommt er mit Tränen in den Augen angelaufen, und er wird geknuddelt, ist wieder sanft, wieder klein und zeigt, dass er mich braucht.

Die Welt ist gemein, die Welt ist schwierig, für Große wie für Kleine. Wir können uns so wenig aussuchen, bestimmen so wenig darüber, was mit uns geschieht. Es trifft uns ohne Vorwarnung. Reich oder arm, gesund oder ausgehungert, wie wir auch leben, können wir nicht darüber hinwegsehen, dass es dieselben Werte sind, die für uns alle am größten sind: dass es eine Umarmung gibt, die nur uns gehört, eine Zugehörigkeit, in der die Geborgenheit lebt.

Alles andere sind Zufälle, Notvorkehrungen, Anpassungen. Die Nähe und die Zusammengehörigkeit sind die einzig unbestreitbaren Notwendigkeiten.

Sieben Jahre: Das Schulkind

Jeder Vater und jede Mutter, die ihr Kind zum ersten Mal zur Schule geschickt haben, ahnen, dass dieser erste Tag das definitive Ende einer Zeit bedeutet, die nie zurückkehren wird: Babyalter und Kleinkindalter sind endgültig vorbei. In der Verstandeswelt des Siebenjährigen türmen sich jetzt zwei gewaltige Blöcke auf, die für viele, viele Jahre seine Aufmerksamkeit beanspruchen werden: die Schule und die Freunde.

Der Siebenjährige neigt zu vorschnellen Übertreibungen. Nach dem ersten Schultag kann er dazu bereit sein, seinen Vater, seine Mutter und auch seine Geschwister zu verkaufen, wenn er nur eine Umarmung von der Frau Lehrerin bekäme. Der kleine Bengel würde ohne weiteres sein Zuhause gegen das eines Freundes tauschen, bei dem er nur eben mal nachmittags vorbeigeschaut hat; ebenso seinen großen Bruder gegen Oles Bruder, weil der einen elektrischen Zug hat. Und man selbst begreift, dass man hoffnungslos out ist, weil man keine Couchecke in rotem Plüsch hat. So wie Elsas Eltern.

Der Siebenjährige ist eine Person, die beim Schulstart in einen Anzug kriecht, der mehrere Nummern zu groß ist. Hat er die Aufgabe bekommen, bis morgen seinen Namen und seine Adresse zu schreiben – was er schon seit zwei Jahren kann –, gibt er bekannt: »*Ich habe Hausaufgaben auf!*«, und meint, dass er unmöglich am Kochen teilnehmen kann und natürlich noch weniger am Abwaschen. Das Zuhause ist zu rein gar nichts geworden im Vergleich zu den weltverändernden Aufgaben, die dem siebenjährigen Kind auf die Schultern gelegt worden sind.

Der Siebenjährige ist sehr damit beschäftigt, zu versuchen, die neue, merkwürdige Lebenssituation zu meistern. Er kann den Rappel kriegen, dass er sauber machen, seine Sachen aufräumen, seine 13 Bleistifte anspitzen, sein Bettlaken wechseln muss – und zwar jeden Tag. Oft gibt er sich selbst strenge Befehle: »*Jetzt darf ich nicht vergessen ... Und jeden Tag um fünf muss ich ...*« Du bekommst dann dringende Anweisungen, das Kind daran zu erinnern.

Das Spielen des Siebenjährigen ist streng strukturiert. Es herrschen komplizierte Regeln, die auf den Punkt genau befolgt werden müssen. Beobachtet man ein paar Siebenjährige mit zusammengebissenen Zähnen und konzentriertem Blick Himmel und Hölle spielen, kann man kaum glauben, dass sie spielen. Das tun sie auch nicht. Sie meistern Aufgaben ...

Während der Sechsjährige oft deprimiert, abwechselnd aggressiv und provozierend war, kann der Siebenjährige stattdessen richtig sauer werden. Er kann mit waschechtem Hass seinen Blick schweifen lassen und sich weigern, auch nur ein Wort zu sagen. Er ist nicht immer so beharrlich, aber wenn es ums Schmollen geht, kann er sehr viel Ausdauer zeigen. Und er kann in die jämmerlichsten Klagen verfallen. Er betrachtet nun seine Umgebung als ein Hindernis. Wenn es sie nicht gäbe, würde er ja alles werden können: ein neuer Kolumbus oder ein Schatzjäger oder einfach nur Millionär oder ganz allgemein ausgedrückt: ein Genie.

Der Siebenjährige ist sich selbst genug und sorgt dafür, dass man dies auch nicht vergisst; aber es erfordert nicht mehr, als dass er hinfällt und sich das Knie stößt, und er wird wieder ganz, ganz klein. Groß und stark, wie er tagsüber ist, kann er nachts von einer schrecklichen Angst vor der Dunkelheit ergriffen werden. Der Siebenjährige ist eitel. Er geht nicht zur Schule, wenn er nicht die richtigen Klamotten anhat; auf keinen Fall! Man muss auf sein Image achten! Und dann ist er ab und an dabei, sich zu verlieben.

Der Siebenjährige befindet sich in einer Entwicklung, die alles Vorherige umwälzt. Von der plagevollen Phase der Veränderung geht er im Laufe des Jahres in eine erforschende Periode und der Umgang mit ihm wird wieder einfacher; aber er kann noch sehr lange seine grantigen Minuten haben. Er neigt dazu, die Menschen, die um ihn herum sind, abzulehnen. Damit versucht er schummelnd eine Befreiung zu erlangen, für die er noch lange nicht reif genug sein wird. Er kann damit drohen, von zu Hause auszuziehen, und er kann in der Tat von zu Hause weglaufen. Der Siebenjährige kann so viel Bitterkeit in sich aufstauen, dass er eines Tages etwas dagegen tun muss. Und dann stehst du da wie ein lebendiges Fragezeichen: Schlechte Laune ist ja eine Sache, aber deswegen gleich von zu Hause abzuhauen ...

Der Siebenjährige verlässt das Kleinkindalter und er verändert sich.

Für das kleine Kind kann man sagen, dass es darum ging, geliebt zu werden und nützlich zu sein. Der Sechsjährige fing schon an, die Sache etwas düster zu betrachten: »*Niemand liebt mich wirklich.*« Der Siebenjährige fragt sich selbst: »*Und wen liebe ich denn?*«

Seine Antwort kann überaus gnadenlos sein.

Man sollte die Äußerungen seiner schlechten Laune als Warnsignale oder als Signal zum Eingreifen betrachten. Der Siebenjährige kann einfach nicht mit sich selbst ins Reine kommen, egal wie sehr er sich aufregt und mit Türen knallt, was er in der Regel nicht einmal tut: Er schweigt und alles staut sich in ihm auf, während sein Blick immer finsterer wird.

Ein anderes schwaches Signal, das zeigt, dass es ihm nicht so gut geht, ist seine ständige Ruhelosigkeit, die ihn zu fieberhafter Aktivität treibt, bis über alle Grenzen hinaus von dem, was er eigentlich möchte und was er überschauen kann. Es ist, als wolle er das Schweigen, die Stille und das »Mit-sich-allein-Sein« vermeiden.

Es gibt Siebenjährige, die vor purer Anspannung reine Nervenbündel sind und die man erst wieder erreicht, wenn sie es geschafft haben, sich zu entspannen. Und hierin liegt vielleicht deine wichtigste Aufgabe: Du musst versuchen, deinen Siebenjährigen dazu zu bringen, sich zu entspannen.

Eine gute Methode, um herauszubekommen, wie die Sache steht, besteht in dem Vorschlag: »*Setz dich doch hier zu mir und mache erst einmal gar nichts!*« Ist der Siebenjährige gut in Form, wird er sich erwartungsvoll hinsetzen, und es wird zu einem Gespräch kommen, bei dem man erfahren kann, was sich so alles an Eindrücken in dem kleinen, überfüllten Gehirn bewegt. Ist das Kind aber angespannt und gestresst, wird es sich weigern sich hinzusetzen; es *kann* ganz einfach nicht – es flattert umher wie ein aufgescheuchtes Huhn und verhält sich genau wie angespannte Erwachsene, die tausend Ausreden haben, um sich nicht die Ruhe zu gönnen, die sie so sehr brauchen.

Wenn es nicht anders geht, kann man das siebenjährige Kind dazu überreden, sich hinzusetzen, indem man eine kleine Zwischenmahlzeit anbietet, die man in aller Ruhe zusammen genießen kann. Und dann kannst du ihn am Tisch warten lassen, bis du selbst fertig bist – d.h., bis er wieder zu sich selbst gefunden hat. Es kann auch Wunder bewirken, wenn man sich mit dem Kind zusammen ein stilles Musikstück anhört. Der Siebenjährige kann so angespannt sein, dass er vielleicht zu weinen anfängt, wenn die Entspannung endlich eintritt.

Für dich, den Erwachsenen, kann es notwendig sein, dem Siebenjährigen gegenüber stark aufzutreten, um so zu vermeiden, dass er dich ablehnt.

»Ich will nicht hier sein!«, sagt der Siebenjährige.

»Aber ich will, dass du hier bist. Weil ich dich liebe und dich hier bei mir haben möchte, und etwas anderes werde ich nicht zulassen.«

Obwohl dein eigenes Leben, dein eigenes Dasein viel zu wünschen übrig lässt, musst du versuchen es hochzuhalten und dafür geradezustehen. Und du musst die Erwartung zum Ausdruck bringen, dass der Siebenjährige doch dasselbe tun soll.

Er sollte auch nicht nur noch mit seinen kleinen Freunden zusammen sein und diesen Umgang auch nicht übertrieben schnell eingehen. Sein Zuhause und seine Familie sind die primären Bedürfnisse eines Siebenjährigen, dessen Worte größer sind als der »Kerl« dahinter. Man sollte es ihm nicht erlauben, dass er aufgeregt aus der Tür stürzt, ohne zuvor zu Hause eine gute Begegnung mit ihm gehabt zu haben. Man sollte den Siebenjährigen auf den Schoß nehmen und mit ihm schmusen – wie immer –, aber man sollte auf Widerstand vorbereitet sein: Er könnte sich weigern, noch an diesem »kindischen Kram« teilzunehmen. Hört man jetzt auf damit, sein Kind zu küssen und mit ihm zu schmusen, kann die Berührung für ihn in Zukunft zu etwas Künstlichem und Schwierigem werden. So könnte der Siebenjährige die Einstellung, dass eine liebevolle Berührung etwas Unnatürliches ist, mit ins weitere Leben nehmen.

Der Siebenjährige liebt Regeln und Verordnungen. Dies kann man bei seiner häuslichen Aktivität gut nutzen. Denn während die Persönlichkeit des Siebenjährigen immer deutlicher hervortritt – ab jetzt wird es leichter, das Kind von Entwicklungsphase zu Entwicklungsphase wiederzuerkennen –, wird sein Verhalten immer schlimmer, wenn man es so sagen darf. Jetzt sind wir bei den endlosen Ermahnungen angelangt und bei der manchmal notwendigen Strafe (siehe »Wie man es macht«, Seite 617).

Es ist besser, ihm bestimmte Aufgaben aufzutragen, die regelmäßig ausgeführt werden müssen, als täglich mit neuen Aufträgen anzukommen! Sollte es erforderlich werden, kannst du ihn daran erinnern, dass es deine elterliche Pflicht ist, ihm dies und jenes beizubringen, damit er allein zurechtkommen kann, wenn er groß wird! Ein dankbares Argument (das auch dem Teenager gegenüber seine Wirkung zeigt).

Der Siebenjährige steht mit einem Bein in einer beginnenden Selbstständigkeit, und es kann passieren, dass man versucht, ihn enger an sein Zuhause und an einen selbst zu binden, indem man seine Abhängigkeit vergrößert. Man überschüttet ihn vielleicht mit Liebe und sorgt sich ständig, befreit ihn von allen Pflichten, fasst ihn mit Samthandschuhen an und lässt ihn von der Schule fernbleiben, wenn er sich mal beklagt. Man stempelt das Kind vielleicht sogar als überempfindlich, ängstlich und besonders hilflos ab, nur um der eigenen Verantwortung auszuweichen; man versteckt sich hinter dem Kind, um die Veränderung zu vermeiden, die man eigentlich im eigenen Leben einführen müsste.

Die Krise des Sechsjährigen hat einen Befreiungsprozess in Gang gesetzt, der nach der Pubertät beendet sein wird, und der Siebenjährige steht an dessen Anfang. Mit sich selbst als (zerbrechlicher) Basis sucht er einen Weg hinaus in die Welt, um sie zu erforschen, und es ist unvermeidlich, dass er sowohl auf seine fehlenden Fähigkeiten wie auch auf seine fehlende Reife stoßen wird. Noch für lange Zeit wird er die Zugehörigkeit, den Schutz und die Anleitung brauchen und natürlich sollte man als Eltern seine Bindung zu seinem Zuhause und zu einem selbst liebevoll schützen. Man sollte es aber nicht tun, indem man ihn für hilflos erklärt oder ihm seine Verantwortung abnimmt. Persönlich meine ich zum Beispiel, dass es nicht richtig ist, ihm bei den Hausaufgaben zu helfen, auf Pünktlichkeit zu achten oder die Schularbeit zu überwachen. Wenn das Kind für schulreif erklärt worden ist, ist er auch reif genug, um selbst die Verantwortung dafür zu übernehmen – und sollte es auch tun dürfen. Es verhält sich natürlich anders, wenn man als Vater oder als Mutter Spaß daran hat, einen Einblick in seine Schularbeit zu bekommen – aber in dem Falle übt man ja keine Kontrolle aus und übernimmt weder Arbeit noch Verantwortung.

Im Verhältnis zu dem Siebenjährigen wird man mehr und mehr zum Freund und ist immer weniger die allmächtige Mutter oder der allmächtige Vater. Infolgedessen muss man sich manchmal wirklich Mühe geben, denn sein Vertrauen ist keine Selbstverständlichkeit mehr. Zwar ist seine Liebe groß und seine Loyalität stark, aber man kann sich jetzt nicht länger *immer* darauf verlassen. Gibt man beispielsweise etwas weiter, was das Kind einem vertraulich erzählt hat, oder spricht man darüber über den Kopf des Kindes hinweg, so als sei es gar nicht da, macht man sich über irgendeine Eigenart, die es hat, lustig oder erzählt man von einer Schwäche von ihm oder von einer Gelegenheit, bei der es sich dusselig benommen hat, dann lässt man das Kind im Stich; der Siebenjährige fühlt sich aufs Gröbste gekränkt. Lange Zeit danach wird er dich schweigend, mit kaltem Blick ansehen. Kurz gesagt: *Von nun an gelten die goldenen Regeln der Freundschaft.*

Münzen und Poesie

Mein Sohn kommt zu mir und erzählt, dass sein jüngerer Bruder nach Münzen riecht.
»Warum habe ich keine ›Münzen‹ bekommen?«
Münzen? denke ich. Sie riechen doch nicht. Und man kann sie auf keinen Fall essen. Aber ein erfahrenes Elterngehirn ist Absurditäten gewohnt. Und allmählich geht mir ein Licht auf. Es geht hier gar nicht um Münzen. Es geht um »Minzen« (Pfefferminzbonbons).
Ein anderes meiner Kinder wurde mit einer gewaltigen Wortverwirrung eingeschult: Sie war u.a. davon überzeugt, dass Gastfreundlichkeit »Gastfeindlichkeit« hieß. Ich vergesse nie das Misstrauen, mit dem das Kind die Korrektur aufnahm: »Gastfreundlichkeit! Was für ein merkwürdiges Wort!« Na ja, es kommt eben drauf an ...
Und abends serviert die Siebenjährige »Mouillon«.
Manchmal sind die kleinen Kinder umherwandernde Informationszentren. Ein hoffnungsvolles, kleines Mädchen kann so z.B. an meiner Tür klingeln und danach fragen, ob sie mit einer meiner kleinen Töchter spielen darf. Nein, erkläre ich, es sei aus irgendeinem Grund nicht möglich. »Aber, dann kann sie doch zu mir nach Hause kommen, oder?« Nein, erkläre ich, das lässt sich aus demselben Grund nicht machen, so oder so nicht. »Na gut, ich darf sowieso keine Kinder mit nach Hause bringen«, sagt darauf das kleine Mädchen. »Meine Mutter erträgt nicht mehr als ein Kind.« Ach nee, denkt man, das kann man ja auch selbst ab und zu nachvollziehen. »Und mein Vater«, setzt das Kind unverdrossen fort, »kommt nach Hause und ist dann so müde, dass er sich gar nicht waschen mag.« Man räuspert sich in einem Versuch, die Reihe der Indiskretionen abzubrechen. »Er duscht sowieso nie«, berichtet das Mädchen weiter. »Ich immer, aber meine Mutter, die geht auch nie baden.«
Am nächsten Tag sieht man das Mädchen mit beiden Eltern Hand in Hand spazieren gehen, und man denkt: Ach ja, dort gehen die, die sich nie waschen ...
Einmal habe ich für ein paar Monate eine Vertretung als Grundschullehrerin übernommen. Die Kinder saßen den größten Teil des Vormittages meistens in einer Art Halbschlaf zusammen. Ich versuchte herauszubekommen, warum sie so müde waren.
»Weil wir fernsehen.« – »Wir sehen alles im Fernsehen.«
Erlauben eure Eltern denn das?
»Natürlich!«, antworteten sie überzeugend.

Einige Zeit danach war Elternabend. Nacheinander kamen die Eltern einzeln zu mir. Sie wollten, dass ich damit aufhöre, gewisse ungesunde Gewohnheiten der Kinder gutzuheißen. Wie z.B, dass sie ruhig jeden Abend das ganze Fernsehprogramm sehen könnten. Anna hätte gesagt, dass sie das tun sollten! Die kleinen Engel waren dreist genug gewesen, dies zu Hause zu behaupten.

Ein Philosoph hat einmal gesagt: Alle kleinen Kinder unter zehn Jahren sind Dichter. Hieraus können wir lernen, dass nicht alle Dichter immer ganz zuverlässig sind …

Eine andere und klügere Lehrerin hatte beim Schulanfang Zettel für die Eltern mit nach Hause gegeben, auf denen sie geschrieben hatte: »Wenn Sie versprechen, nicht alles zu glauben, was die Kinder zu Hause über mich erzählen, verspreche ich, dass ich auch nicht alles glauben werde, was die Kinder über Sie erzählen.«

Acht Jahre: Der Magier

Während der Siebenjährige dazu bereit war, Mama oder Papa gegen die Frau Lehrerin einzutauschen, ist der Achtjährige dazu bereit, Bigamist zu werden. (Der Neunjährige kehrt dann später nach der vorübergehenden Untreue zur Mama/zum Papa zurück).

Meistens ist der Achtjährige überaus angenehm, voller Witz und Ideen, Fantasien und Enthusiasmus. Er hat mit dem Dreijährigen, der sich im Trotzalter eine Pause gönnte, vieles gemeinsam, und er würde – wie der Dreijährige – eine Kontaktanzeige wie folgt formulieren: »Interessiert an allem, was im Leben Spaß macht.« Spaß, Albernheit und Kichern gehören zur Tagesordnung, und das Spielen, das immer noch an strenge Regeln gebunden ist, ist nun etwas, an dem der Achtjährige sehr viel Spaß hat, und nicht länger nur eine Form der Beherrschung des Daseins. Spielregeln sind da, um alles komplizierter und schwieriger zu machen, um herauszufordern, zu faszinieren – und nicht, um zu binden; und er hat mehr Interesse daran, selbst weiterzukommen als zu kontrollieren, dass seine Freunde nicht schummeln oder vielleicht noch weiterkommen als er.

Vorausgesetzt, sein Leben wird nicht vom Computer beherrscht, entwickelt der Achtjährige viele verschiedene Hobbys. Er fängt an zu sammeln und aufzubewahren. Er kann wahrhaftig eine ganz neue Welt in seinem Zimmer aufbauen, und sind es keine Briefmarken, die er sammelt, werden es Getränkedosen, Etiketten von Brauseflaschen, tote Wespen, Schneckenhäuser oder etwas in der Art sein. Er beschäftigt sich gern mit Photoalben und wünscht sich eine eigene Kamera. Wenn er sich nicht schon eine Stabheuschrecke oder andere Insekten, weiße Mäuse oder ekelige Spinnen wünscht ... Der Achtjährige hat oft ein deutliches Interesse an Insekten, deren Leben er studiert, und wenn es sich machen ließe, würde er sich einen Ameisenhaufen ins Zimmer holen.

Der Achtjährige mag sich selbst. Damit mag er auch andere. Er beteiligt sich gern an allem, was neu ist, und ist deshalb eine herrliche Bekanntschaft für z.B. einen vernachlässigten Verwandten: Dies ist das richtige Alter für bereichernde, erneuernde Kontakte. Man kann mit maximaler Erwiderung rechnen. Man kann mit Erfolg den Achtjährigen zu Wettbewerben und Sportveranstaltungen, Arbeitsplätzen und Ausstellungen, Vergnügungen und Festlichkeiten mitnehmen. Wo er auch hingeht, findet er immer etwas Nettes zu tun, und er ist sofort und überall beliebt, weil sein Verhalten so spontan und aufrichtig ist. Der Achtjährige schließt sich nicht im düsteren Dunkel des Sechsjährigen ein und zeigt sich seiner Umgebung gegenüber nicht schmollend und feindselig, wie es der Siebenjährige oft macht; aber auf der anderen Seite zieht er sich gerne mit verschiedenen Geheimnissen zurück. Er kann ein großes Schild an der Tür befestigen, auf dem »Zutritt verboten« steht, und dann dort drinnen Sachen vorhaben, deren Bedeutung er nur selbst kennt. Natürlich sollte man nicht so indiskret sein und ihn, ohne anzuklopfen, stören!

Der Achtjährige bildet mit Vorliebe geheime Klubs. Er steckt außerordentlich viel Arbeit in die Zusammenstellung von Gesetzen und Verordnungen für den überaus geheimen Klub, der gebildet werden soll. Wenn dann wirklich alles durchdacht ist und die geplante geheime Aktivität ihren Anfang nehmen könnte, kann er auf einmal alles fallen lassen und ganz von vorne mit etwas Neuem anfangen. Wichtiger als das Unternehmen an sich sind die Qualitäten der werdenden Mitglieder:

§ 1: Alle, die Mitglieder werden, müssen einen wöchentlichen Mitgliedsbeitrag bezahlen.
§ 2: Alle müssen schweigsam wie der Tod sein.
§ 3: Alle müssen jeweils eine schmutzige Geschichte erzählen.
§ 4: Alle müssen mindestens einmal von zu Hause weggelaufen sein.
§ 5: Keiner darf eine feste Freundin (einen festen Freund) haben.
usw.

Der Achtjährige scheint zu meinen, dass das, was man ist, wichtiger ist, als das, was man macht.

Der Achtjährige ist ein Magier. Er beschwört seine Existenz und hat auch eine gewisse Kontrolle darüber. Er fragt beispielsweise die Bücher auf einem Regal, ob das Mädchen, das er besonders gern hat, ihn liebt oder nicht. Ungerade Anzahl Bücher: JA. Gerade Anzahl Bücher: NEIN. Konstruktiv und optimistisch wie er ist, findet er immer einen Ausweg. Sollten die Bücher gegen seinen Wunsch NEIN antworten, zählt er sie noch einmal und sorgt mehr oder weniger dafür, dass er sich beim ersten Mal verzählt hatte, denn jetzt stimmt alles überein! Und ein Magier tritt nur selten auf die Fugen zwischen den Platten des Bürgersteigs.

Der Achtjährige liebt es, Leute zu testen und überhaupt Versuche mit seiner Umgebung anzustellen, vor allem mit Fremden. Er kann einen Spaziergang durch die Stadt machen und eine Menge Menschen fragen, wie spät es ist. Er kann von Geschäft zu Geschäft gehen, sich nach den Preisen erkundigen und von seiner Mutter grüßen.

Manchmal ist er von seiner Fähigkeit, mit den Mächten schalten und walten zu können, so überzeugt, dass er die Schuld für alles Mögliche auf sich nimmt. Werden Papa und Mama sich scheiden lassen, kann der Achtjährige sich einbilden, dass er ganz allein die Ehe zum Scheitern gebracht hat – weil er letzte Weihnachten ein Loch in die Nikolausmaske geschnitten hat oder weil er mit dem Messer in den Tisch geritzt hat oder etwas zu aufdringlich mit der kleinen Elisabeth Arzt gespielt hat.

Sein Gewissen plagt den Achtjährigen für gewöhnlich nicht, aber er hat verstanden, dass alles, was man macht, Konsequenzen nach sich zieht. Und das kann für ihn zur Plage werden. Der Blitz könnte ins Haus einschlagen, nur weil der Achtjährige dem Hund sein Butterbrot gab, als keiner hinschaute.

Der Achtjährige befindet sich in einer erforschenden Entwicklungsphase, die bis zur schönen Phase der Beherrschung des Zehnjährigen andauern wird. Er kann ein wenig unzusammenhängend, labil und ausweichend wirken und in seinem Eifer etwas übertreiben; er könnte sich weigern, die eigenen Grenzen zu erkennen, und in diesem Fall muss er zurückgehalten werden.

Er reagiert selten wie der Siebenjährige mit schlechter Laune, sondern eher mit körperlichen Symptomen: Bauchschmerzen und Kopfschmerzen können Zeichen von Überanstrengung sein. Der Achtjährige braucht immer noch zwölf Stunden Schlaf pro Tag. Möchte er abends etwas länger aufbleiben, kann man ihn leicht dazu bringen, nachmittags nach der Schule ein kleines Nickerchen von etwa 20 Minuten zu machen.

Er ist wie gesagt ein kleiner Magier und damit ein leichtes Opfer von Schreckensbildern. Zieht er z.B. eine hässliche Grimasse und jemand sagt: »Pass bloß auf, dass der Wind jetzt nicht weht und der Hahn nicht kräht, dann würdest du für immer so bleiben!«, würde er voll und ganz daran glauben.

Der Achtjährige spielt mit den Mächten, weil er sie fürchtet. Als Mutter oder als Vater muss man sich selbst auf die Finger schauen, um nicht der Verlockung zu erliegen, seine Ängste auszunutzen. Drohungen mit allen möglichen Gefahren, Mördern in der Nacht, grauenvollen Repressalien können den Achtjährigen zu Tode erschrecken, da er ja selbst den Tod heraufbeschwören kann, wenn er auch nur ein einziges Mal vergisst, seine Zähne zu putzen.

Der Achtjährige kann nicht die Wahrheit sagen. Die Umgebung hat dafür überhaupt kein Verständnis. Gewisse Dinge müssen beschönigt, sortiert oder gar verschwiegen werden.

Man wird nicht sehr viel Erfolg damit haben, an die Moral des Achtjährigen zu appellieren! Sicherlich hat er seine Moral – aber sie ist eine ganz eigenartige: Nimmt er einen Zwanziger von Mama, kann er sich den Ball kaufen, den er sich wünscht. Wenn Mama dann fragt, woher er den Ball hat, kann er sagen, dass er ihn gefunden hat. Die Sache ist doch ganz klar! Die Lüge, dass er den Ball gefunden hat, erfindet er, weil er genau weiß, dass es falsch ist, zu stehlen. Aber es würde ihm nie einfallen, sich elend zu fühlen, nur weil er Geld geklaut hat – weil er den Ball unbedingt haben will und kein Geld hat. Mama dagegen hat Geld. Die Kunst besteht nur darin, es so aussehen zu lassen, als habe er gar kein Geld gestohlen.

Der Achtjährige ist nicht betrügerisch – nur einfallsreich, praktisch und in seiner eigenen Weise logisch. »Wie *konntest* du das nur tun?« ist eine Frage, die der Achtjährige ganz einfach nicht beantworten kann, jedenfalls nicht mit Scham. Er findet es sonnenklar: Er brauchte nur den Zwanziger aus Mamas Portemonnaie zu nehmen. Ist es das, was sie wissen wollen? »Wenn du es wenigstens bereuen würdest«, fahren die aufgeregten Eltern vielleicht fort. Genauso gut könnten sie den Himmel darum bitten, sich zu öffnen und auf Bestellung zu weinen. Warum sollte der Achtjährige bereuen? Wenn er etwas bereut, dann höchstens, dass er nicht geschickt genug war, sein Tun zu verheimlichen, und während die guten Eltern auf seine reumütigen Tränen warten, steht er und grübelt darüber nach, wie er es das nächste Mal besser machen könnte.

Stattdessen kann man den Achtjährigen mit der Vernunft packen. Dies ist die Zeit der großen Reden und sie haben eine gewisse Wirkung auf den Achtjährigen.

»Wenn du von mir Geld klaust, kann das zur Folge haben, dass ich auch etwas von dir klauen werde. Deine Murmeln zum Beispiel. Oder deine hübsche Medaille. Oder dein Messer. Das könnte ich ganz gut gebrauchen, weißt du. Vielleicht wird es eines Tages einfach verschwunden sein, wenn du von der Schule kommst. Und du gehst dann umher und suchst es und fragst mich, ob ich es gesehen hätte. Und dann sage ich: ›Nein, ich habe es nicht gesehen.‹ Und dann siehst du, dass ich ein Messer, das genauso aussieht wie deines, habe. ›Das ist mein Messer!‹, wirst du sagen und es zurückverlangen. Und dann sage ich: ›Wie bitte – dein Messer? Nee, dieses Messer habe ich gefunden.‹« Der Achtjährige wird nicht reumütig aussehen, sondern verblüfft – daran hatte er nun überhaupt nicht gedacht.

Der Achtjährige ist ein kleiner Kerl, der manchmal seine eigenen Wege geht, aber tief in seinem Herzen ist er immer noch voller Liebe und auch noch ganz klein. Er braucht die tägliche Bestätigung seiner Zugehörigkeit; die Begegnung, die gute, fröhliche, aufmerksame, wenn auch sehr kurze Begegnung, ist unerlässlich im Leben des Achtjährigen (wie in unser aller Leben).

Er sollte feste Aufgaben bei der Arbeit zu Hause haben, für die er täglich allein die Verantwortung trägt. Und er sollte bei der Festlegung seiner Aufgaben mitreden können.

Er ist eine erforschende Natur, auf Abenteuer aus und er braucht eine möglichst große Bewegungsfreiheit. Frei fühlt er sich nur, wenn er weiß, wo seine Grenzen sind, und er sich innerhalb des Rahmens der festgelegten Zeiten, Routinen, Gewohnheiten und bestimmten konkreten und exakten, nicht fließenden Regeln frei bewegen kann.

Die Zeit, die er mit Freunden verbringt, sollte meiner Meinung nach immer noch begrenzt sein – eine oder zwei Stunden pro Tag – und erst dann stattfinden, wenn er seine Aufgaben erledigt hat.

Hirngymnastik im Schleudergang

Eltern zu sein ist etwas besonders Anstrengendes. Es ist dermaßen anstrengend, dass es dich in der Tat auflöst, könnte man fast sagen.
Jetzt besichtigst du die armseligen Überreste deiner Persönlichkeit und deiner Autonomie, welche du möglicherweise einst hattest; sie werden dir, auch in ihrer Unvollkommenheit, pathetisch erscheinen. Du siehst dir z.B. ein Photo von dir an, welches vor deiner Elternschaft aufgenommen wurde, und starrst

es an, als wäre es der Beweis außerirdischen Lebens. Warst du das wirklich? Hast du mal nur für dich allein existiert? Was für ein einfaches Leben muss es doch gewesen sein!

Nicht dass die Elternschaft einen kaputtmacht. Ganz im Gegenteil. Sie ist sehr lehrreich. Jeder weiß, wie gut es dem menschlichen Gehirn tut, sich mit Problemen auseinander zu setzen. Und wenn du dann ganz ausgelaugt bist, ist es dein letztes Ass im Ärmel, dass du noch deinen Humor hast!

Humor ist eine gesegnete Eigenschaft. Das Eigenartige beim elterlichen Humor ist, dass er erst mit Verspätung zum Einsatz kommt. Wenn die kleinen Kinder schlafen, kann man es sogar ganz lustig finden, dass die kleinen Engel den Kühlschrank geleert und den Teppichbelag mit Rührei dekoriert haben. Aber erst dann!

Ich erinnere mich an Textaufgaben aus dem Matheunterricht. Herr A. besitzt ein Stück Land von insgesamt vier Hektar. Wie viele Meter Stacheldraht benötigt er, um drei Koppeln einzuzäunen, die alle einen halben Meter länger sind als die vom Nachbarn? Als Eltern steht man noch interessanteren Problemen gegenüber. Und der echte Spaß an den kniffligen Aufgaben des wirklichen Lebens liegt darin, dass es nicht die Spur eines Buches über die entsprechenden Lösungen gibt!

Also: Von sechs Kindern möchten zwei Limonade haben, eines möchte etwas anderes anziehen, eines möchte baden und zwei möchten ein Spiel spielen. Und eigentlich wollten wir gerade mittagessen. Lösen Sie bitte diese Aufgabe! Die Lösung lautet …

Von vier Kindern, die frühstücken wollen, möchten vier Milch in den Topf gießen, vier möchten den Haferbrei umrühren, und vier möchten zur gleichen Zeit wie alle anderen die Butter haben und selber ihr Brot schmieren. Und hier lautet die Lösung …

Von zwei Kindern wollen zwei nicht ihre Betten machen, zwei wollen nicht den Fußboden feudeln, zwei wollen nicht einkaufen gehen und zwei wollen nicht ihre Jacken aufhängen. Und hier lautet die Lösung …

Von sechs Kindern, die helfen sollen, sagt eines: »Warum ich? Warum immer ich?« Ein anderes sagt: »Muss ich?« Eines sagt: »Ich bin so müde«, eines ist nicht da, eines antwortet nicht und eines sitzt auf der Toilette. Und hier lautet die Lösung …

Von sieben vorhandenen Berlinern wollen sechs Kinder je zwei haben, zwei Kinder wollen sogar drei, ein Kind möchte nur mit Kirsche, und zwei Kinder wollen nur den Zuckerguss von Mamas, aber nicht den Berliner. Und hier lautet die Lösung …

Das nenne ich Gehirngymnastik! Himmlisch anstrengendes Training! Erschöpfung garantiert. Und wie es nun mal so ist: meistens ohne sichtbaren Erfolge.
Dann eines Tages, wenn du mit tiefen Augenrändern dastehst und dein Leben betrachtest und dich darüber wunderst, welche besonderen Motive du wohl hattest, als du es auf dich genommen hast, Kinder großzuziehen, da kommt ein kleines Kind plötzlich und streichelt deine Hand, knuddelt dein Bein und flüsterst: »Du bist so lieb, Mama.« Genau dann wirst du die so genannten, gemischten Gefühle empfinden. Und ein anderes, ein bisschen älteres Kind kommt zu dir und sagt ganz vertraulich und spontan: »Du bist wie ein echter Freund.« Daraufhin bist du einfach dankbar und gerührt, und du hast das Gefühl, dass dein Versuch, den Mond vom Himmel zu holen, doch gelungen ist.
Bis du zufällig mitbekommst, wie das Fünfjährige im Kinderzimmer folgende Erklärung abgibt: »Weißt du was, ich habe Mama gesagt, dass sie so lieb ist, weil dann wird sie nicht so böse, weil ich beim Malen ein bisschen danebengemalt hab, und da jetzt Striche auf dem Tisch sind ...«
Und die große Schwester meint, voller Hoffnung: »Du wirst schon sehen, ich werde es schon so hinkriegen, dass wir beide am Samstag ins Kino gehen können!« Es ist so geradeheraus. Und bewundernswert. Und unmöglich.
Ich denke, es bedeutet Liebe ...

Neun Jahre: Der Suchende

Der Neunjährige ist suchend. Er sucht sich selbst, seine Freunde, den Sinn des Lebens, eine erträgliche Existenz, seine Eltern, Zärtlichkeit, Verständnis, Respekt, Liebe, Integrität und etwas Lustiges, das er machen kann. Das Letztgenannte ist nicht unbedingt immer am einfachsten.

Der Neunjährige kann ein Grübler ersten Grades sein. Ganz allgemein pflegt er seine Tristesse, beklagt sich oft und gern, wobei sein Wille, etwas zu verändern, wiederum recht schwach ausgebildet scheint. Er kann wutentbrannt auf die Barrikaden gehen und (so scheint es zumindest) für die Verteidigung seines Rechtes und seines Ego bereit sein, den Tod in Kauf zu nehmen – der Neunjährige beteiligt sich oft an Prügeleien –, aber nach der Rauferei zieht er sich in die Einsamkeit zurück, mit einer Miene, als wäre sowieso nichts anderes zu erwarten gewesen.

Der Neunjährige hat gelernt, die Qualitäten der Familie, in der er lebt, zu schätzen; oder er hat zumindest eingesehen, dass er zu ihr gehört und von ihr abhängig ist. Jetzt wird seine Loyalität auch vom Prestige geprägt. Er und seine Freunde überprüfen alles ganz genau, wenn es um die Familie, das Zuhause, die Autos der Väter, die Eigenarten der Mütter geht (»Deine Mutter hat künstliche Fingernägel!« – »Hat sie nicht!«), was zu heftigen Streitigkeiten führen kann. Der Neunjährige kann in seiner Lobhudelei hinsichtlich der eigenen Familie direkt schwülstig werden. Es gibt nichts auf dieser Welt, was mit seiner Familie vergleichbar wäre. Es ist nicht ausgeschlossen, dass er sie noch besser macht, indem er einen steinreichen Onkel in Amerika erfindet. Der Neunjährige verhält sich dabei ungefähr wie der Familienvater, der bei jeder festlichen Zusammenkunft, bei der die Frau nicht teilnimmt, sie in allen Tonarten lobt. Er preist sich glücklich, die Augen seiner Zuhörer funkeln und alle verstehen, dass sie es hier mit einem Mann zu tun haben, der seine Frau wirklich liebt. Aber zu Hause ist derselbe Familienvater wie verwandelt, er kann es nicht über sich bringen, seine Frau auch nur zärtlich zu berühren oder ein Wort der Anerkennung auszusprechen; stattdessen beklagt er sich andauernd, schmollt und zeigt sich ablehnend, seufzt und stöhnt. Manche Eltern, die sich ständig die missvergnügten Klagen ihres Neunjährigen über den Stand der Dinge anhören müssen, wären sehr erstaunt, wenn sie ihren Neunjährigen auswärts – außerhalb ihrer Reichweite – erleben könnten.

Der Neunjährige lässt sich selten auf einen Kampf gegen die Autorität ein. Stattdessen nimmt er ihr die Macht. Wie kein anderer beherrscht der Neunjährige die Kunst, durch den Erwachsenen – Eltern oder Lehrer – einfach hindurchzusehen, mit einem eisigen, gleichgültigen Blick. Leute kaltzustellen ist ein Hobby, dem der Neunjährige mit Erfolg frönt. Noch nie so sehr wie jetzt hat er den Terror des Schweigens ausgenutzt: systematisch, um eine bestimmte Absicht zu verfolgen. Der Neunjährige kann ein richtig harter Brocken werden.

Die Neunjährigen wetteifern in der Kunst, einander zu hänseln, und das kleine Mädchen und der kleine Junge, die bisher ohne Gewaltanwendung klargekommen sind, werden das kaum länger schaffen. Früher oder später muss der Neunjährige sich handgreiflich verteidigen. Es ist überhaupt nichts Außergewöhnliches, wenn die Neunjährigen heulend von der Schule nach Hause rennen.

Der Neunjährige ist auch ein Sprachpedant:

»Du bist kleiner wie ich«, sagt der erste Neunjährige.

»Du solltest lernen richtig zu sprechen, bevor du was sagst«, faucht der andere Neunjährige (mit hämmerndem Herzen). »Es heißt nämlich ›kleiner *als* ich‹!« Der erste Neunjährige ist am Boden zerstört. Das erfordert Rache.

Der Neunjährige denkt an die Zukunft. Was heute passiert, interessiert ihn weniger als das, was morgen passieren könnte. Seine Gefühle dem morgigen Tag gegenüber sind gemischt. Teils hofft er natürlich, dass alles besser wird. Teils macht er sich Sorgen. Der Neunjährige neigt dazu, sich im Voraus unnötig zu ängstigen und er kann große Angst haben, dies oder jenes zu vergessen oder irgendetwas zu verpassen. Er fängt den neuen Tag nicht mit der Fröhlichkeit des Achtjährigen an, sondern eher misstrauisch, aber mit kleiner Hoffnung.

Der Neunjährige kann so deutlich sein eigenes Unglück voraussehen, dass er nicht mehr dazu im Stande ist, sich über sein Glück zu freuen. Muss er in der Schule an einer Prüfung teilnehmen, ist er davon überzeugt, dass er die blödesten Fehler machen wird. Sind aber trotz seiner Vermutungen alle seine Antworten richtig, war es (was er natürlich durchschaut) nur ein Trick der höheren Mächte: Es ist beabsichtigt, dass er glauben soll, er sei auf der sicheren Seite. Aber dann werden die höheren Mächte zuschlagen, wenn er am allerwenigsten auf eine Katastrophe vorbereitet ist. Damit wird er noch tiefer in das Schlamassel rutschen, was die höheren Mächte wiederum sehr freuen wird!

Der Neunjährige neigt nicht selten zu körperlichen Krankheitssymptomen, die sich gerne dann einstellen, wenn er die Geschirrspülmaschine ausräumen soll, die Hausaufgaben machen oder den Fußboden saugen. Er muss immer dann ausgesprochen dringend und häufig auf die Toilette, wenn etwas zu tun ansteht.

Er ist einsam, missverstanden und unsicher.

Der Neunjährige befindet sich in einer erforschenden Entwicklungsphase mit düsterem Vorzeichen. Missmut und Unruhe dämpfen seinen wachen Eifer und seine Begeisterung wird von wirklichen oder eingebildeten Enttäuschungen getrübt.

Er bohrt sich tiefer in die Welt hinein, ins Leben und in sich selbst. Mit wackeligen Schritten geht er am schwarzen, bodenlosen Abgrund entlang, den man die Einsamkeit nennt. Er könnte eigentlich die Gesellschaft seiner selbst als Achtjährigen gut gebrauchen. Er steht auf halbem Wege zwischen der flüchtigen, einfallsreichen Entdeckungslust des Achtjährigen und der ausgeglichenen Ruhe des Zehnjährigen. Der Weg zwischen diesen beiden Polen ist, wie man verstehen kann, etwas tückisch. Der Neunjährige ist ganz einfach dazu gezwungen, anzuhalten, und er sucht nach innen und nach unten statt nach oben und nach draußen, um letztendlich wieder auf seinen Platz auf der Erde zurückzufinden.

Wenn der Achtjährige die Welt sehen wollte, dann ist der Neunjährige jemand, der von der Welt gesehen werden will. Er möchte unbedingt jemand sein. Er muss gar nicht so uncharmant sein, wie es hier angedeutet wird, auch nicht so düster, unzufrieden oder klagend – aber egal wie er ist, man wird *spüren*, dass er da ist.

Für den Neunjährigen ist nichts so, wie es sein sollte. Er kann z.B. mit seinem besten Freund wie Kletten zusammenhängen, um ihn plötzlich gegen einen neuen Freund auszutauschen. Zahlreiche Tragödien spielen sich unter den Neunjährigen ab, die ohne ein Wort einander fallen lassen. Und sie haben kein großes Interesse daran, die Sache wieder ins Lot zu bringen – der oder die Zurückgelassene steht ganz alleine da, verschmäht, verlassen, mit eisigem Blick verbannt. Deshalb sollte der Neunjährige meiner Meinung nach nicht für mehr als ein paar Stunden am Tag auf die Gesellschaft seiner Freunde angewiesen sein. So wie ich es sehe, kann er die Welt, die er selbst so hart macht, nicht verkraften. Denn er ist empfindlich, dieser kleine Suchende, und sein Missmut und seine Unruhe liegen oft der Verzweiflung sehr nahe: Er muss einfach gut sein, aber er kann selber nicht daran glauben, dass er es auch wirklich ist.

Es ist nicht außergewöhnlich, dass der Neunjährige sich selbst (und seine Freunde) auf unehrliche Weise mit Geld, Süßigkeiten etc. versorgt. Man sollte das Schicksal nicht herausfordern, indem man sein Geld irgendwo herumliegen lässt, und man sollte sich über den kleinen Engel keine allzu großen Illusionen machen! In diesem Alter stehlen Kinder nicht aus Not oder wegen der Spannung, die dadurch erzeugt wird, sondern um zu zeigen, dass sie etwas können und jemand sind.

Der Neunjährige ist aus einem zerbrechlicheren Material oder jedenfalls düstereren Stoff gemacht als der fest verwurzelte fröhliche Achtjährige und seine so genannten Fehler sollten auch wie Fehler behandelt werden.

»*Oh, du hast den Zwanziger genommen? Das solltest du nicht tun, weißt du. Ich brauche wirklich mein Geld. Verstehst du das?*« Man kommt mit Takt, Feinfühligkeit und Sachlichkeit viel weiter, als wenn man Himmel und Erde in Bewegung setzt und die Moralkeule schwingt; und die Strafen, die man einem Neunjährigen aufbrummt, sollten einfach und logisch konsequent sein (siehe »Wie man es macht«, Seite 617).

Der Neunjährige verurteilt oft sich selbst. Bekommt er dann noch zu hören, dass er sich benimmt wie ein gemeiner Dieb, wie ein Faulpelz oder Lügner, kann es ihn vollends aus dem Gleichgewicht bringen. Es ist nicht so, dass es ihn trotzig machen würde, sondern eher so, dass er einsehen wird, dass es keinen Sinn hat, sich zusammenzureißen – alles ist ja sowieso total hoffnungslos. Da alle das Schlimmste von ihm erwarten, kann er ja genauso gut ihre Erwartungen erfüllen. Besser, als z.B. ihn ständig auszuschimpfen, er sei ein Faulpelz, der nie hinter sich aufräume, ist es, wenn man stattdessen das Wohnzimmer oder die Küche und den Flur im Chaos ertrinken lässt. Es erfordert Nerven, dies auszuhalten, aber schließlich wird der Neunjährige doch darüber klagen, nichts mehr zu finden. Dann kann man mit einem Augenzwinkern entschuldigend erklären: »*Ich dachte, wir sollten vielleicht ganz und gar mit dem Aufräumen und Saubermachen aufhören. Was meinst du?*« Beide wissen, was damit gemeint ist, und eine Strafpredigt wird gar nicht notwendig sein.

Eine offene Lüge ist ein Misstrauensvotum, und besser, als über den Neunjährigen herzufallen und ihn als Lügner abzustempeln, sollte man das fehlende Vertrauen einmal unter die Lupe nehmen. Es ist nicht schwierig, mit dem Neunjährigen umzugehen, wenn man ihn nur dazu bringen kann, zu verstehen, dass man wirklich auf seiner Seite steht, als sein Freund.

Die Begegnung, der Beweis, dass man ihn liebt, und das tägliche Lachen führen zu einem guten und wachsenden Vertrauen.
Und der Humor ist überhaupt ein Allheilmittel.
Der Neunjährige ist auf der Suche. Du kannst ihm nicht die Antworten geben. Aber du kannst sein Freund sein.

Krank vor Sorge

Es gibt Zeiten, wo du dich ängstlich, verletzt, verlassen fühlst. Du fühlst dich, als hätte jemand dir ins Gesicht geschlagen, gedemütigt, bitter – und du kannst nicht zurückschlagen, weil es nichts gibt, auf das du schlagen könntest. Die Vernunft bietet dir keinen ausreichenden Grund. Es gibt nur diese Gefühle, die in dir brennen, dich jagen und plagen. Du bringst deine Gefühle nicht zum Ausdruck. Es würde ja bedeuten, dass du riskieren würdest, noch mehr Schläge abzubekommen, noch mehr gedemütigt, noch lächerlicher gemacht zu werden.
Es muss überhaupt gar nichts geschehen, um diese Gefühle bei dir auszulösen; d.h., es muss nichts von Bedeutung – außer für dich selbst – passieren. Das ist die Einsamkeit. Und die Einsamkeit schweigt. Sie hat Angst. Und sie ist krank vor Sorge.
Nein, etwas besonders Schlimmes ist gar nicht notwendig. Vor einer »Kleinigkeit«, die um dich herum kaum jemanden stört, Angst zu haben, reicht schon aus. Die Angst vor dem Zahnarzt, die Angst vor dem Gewitter oder vor dem Alleinsein, wenn es dunkel ist, die Angst davor, hinauszugehen, zu sprechen, wenn mehr als eine Person zuhören, die Angst davor, nach Hause in die dort herrschende Stille zu kommen; die Angst davor, etwas nicht zu schaffen.
Und diese Furcht findet keine versteckten Kräfte in deinem Inneren, die die Angst zunichte machen könnten. Es gibt dort nur eine schwache Vernunft, die dasselbe wie die Umgebung, der du dich vielleicht anvertraust, sagt: »Davor brauchst du doch keine Angst zu haben!«
Nein, es ist ja gar nichts. Natürlich nicht. Du musst dich nur zusammenreißen, dich fröhlich ins Leben werfen und optimistisch sein, dann wird sich schon alles von allein regeln.
Aber die Einsamkeit spricht eine andere Sprache. Ohne Worte und ohne Vernunft. Eine Sprache, die nur eine immer größer werdende Stille beinhaltet, von einer schwachen, nicht greifbaren Verängstigung bis zu einer gemeinen Angst. Und ein Ausweg kann nicht gefunden werden. Nirgendwo gibt es eine

Hand, die dir Wärme vermitteln könnte, nirgendwo eine Hand, die ohne Worte und ohne Vernunft – aber mit Verständnis – spricht.
Wie solltest du nur hinausgehen und Verständnis verlangen können, wenn du nicht einmal einen akzeptablen Grund für deine Angst finden kannst?
Und selbst wenn du einen hättest – wohin und an wen solltest du dich wenden?
Ja – doch, auf dem Papier gibt es in unserer Kultur jede Menge Verständnis und es gibt den materiellen Trost. Aber bei Einsamkeit und Verängstigung – da bekommen wir keine Hilfe.
Und immer und überall gibt es Vorbilder, die dir zu sagen scheinen: »Alle anderen können, nur ich nicht.«

Zehn Jahre: Obenauf!

Das zehnjährige Kind ist eine überaus angenehme Bekanntschaft, ein kleines Menschenwunder.

Dem Zehnjährigen gegenüber kann man als Eltern mit einem dicken Kloß im Hals dastehen und sich wundern: »*Dass man so viel Glück hatte, etwas so Schönes zustande zu bringen!*«

Denn in der Tat ist dies ja dein Kind, es wäre nicht da, wenn du nicht wärest – es ist kaum zu fassen; das Kind ist ja wirklich ein Wunder! Und wie es aussieht, hast du ja doch etwas in dieser Welt zustande gebracht.

Der Zehnjährige besitzt lauter gute Qualitäten. Er ist zuverlässig, verantwortungsbewusst, ruhig, tüchtig, fröhlich und positiv. Er ist geduldig und gründlich. Er ist stark, weise und selbstständig. Er ist wirklich ein Aktivposten. Und er ist der beste Freund seiner Eltern.

Man kann in allem mit seinem Verständnis rechnen und man muss die Wirklichkeit nicht verschönern. Wenn du zusammenbrichst, musst du dich nicht in halbe Wahrheiten flüchten, wie du es bei kleineren Kindern machst, um sie nicht zu verängstigen: »*Ich bin einfach sooo müde, aber ich bin bald wieder frisch und munter.*« Jetzt kannst du die reine Wahrheit sagen: »*Ich habe Probleme mit dem Geld. Ich weiß nicht, wie ich die Miete zusammenkriegen soll.*« Der Zehnjährige wird reif, konstruktiv und weise darüber nachdenken. »*Wir können da und dort sparen. Ich kann mit dem Hund vom Nachbarn spazieren gehen. Das bringt ein bisschen Geld.*« Der Zehnjährige ist ein echter Helfer in der Not.

Genau wie der harmonische Fünfjährige mag auch der Zehnjährige sich selbst sehr und spielt gern mit seinen Gedanken über die Zukunft. In seinen Phantasien darüber, was er werden und wie er leben möchte, ist er sowohl träumerisch als auch realistisch. Während er als Achtjähriger unbedingt Astronaut werden wollte, sieht er jetzt ein, dass das einen ganzen Mann erfordert und etwas schwierig sein wird und dass er im Laufe der Jahre seine Meinung dazu vielleicht doch noch einmal überdenken und ändern wird. Aber jetzt denkt er natürlich immer noch daran, Astronaut zu werden.

Der Zehnjährige ist in jeder Hinsicht ausgeglichen. So wie er versteht, dass man sich sein zukünftiges Einkommen sichern sollte, sieht er auch ein, dass man sich einen Partner suchen sollte, auf den man sich in schwierigen Zeiten stützen kann. Der Zehnjährige verliebt sich manchmal, und er schreckt nicht davor zurück, ewige Treue zu schwören wie ein richtiger Bräutigam. Seine Liebesaffären sind seriös und tiefgehend und folgen ihrem eigenen speziellen Muster. Der Zehnjährige hat die Angebetete sicherlich noch nie umarmt oder ihr vielleicht nicht einmal richtig in die Augen gesehen, ja, er schwebt vielleicht sogar noch im Ungewissen, was den Namen der Geliebten angeht – aber er liebt sie. Traut er sich nicht, es mit Worten zu sagen, schreibt er es auf einen Zettel oder schickt einen Boten. Bekommt er dann eine gleich lautende Antwort, ist er der Freund von …

Diese zwei jungen Menschen können sich dann ein Mal die Woche für ein paar Minuten treffen, und dabei entsteht ein etwas merkwürdiges, kryptisches Gespräch, bei dem man sich immer noch nicht berührt oder sich nicht richtig ansieht, und danach stürzen beide in verschiedene Richtungen davon; aber eine Liebschaft ist es. Bis sie beendet wird. Gern mit groben Anschuldigungen durch eine dritte Person.

Der Zehnjährige lässt sich von seinem Liebesleben nicht ganz und gar dominieren, obwohl er ein sehr großes Interesse an allem, was damit zusammenhängt, zeigt, von der Pornografie bis zur Masturbation. Aber er hat noch mehrere Eisen im Feuer. Vor allem ruht er im alltäglichen Leben geborgen in sich selbst. Er schafft sich seine eigene angenehme Welt, und was um ihn herum passiert, kümmert ihn nicht sonderlich, obwohl er alles genau mitbekommt.

Er kann andere respektieren, so wie er auch sich selbst respektiert. Er hat einen guten und hintergründigen Humor und er übertreibt selten. Der Zehnjährige ist treu, loyal und er kümmert sich um seine Freunde; dabei ist er immer vernünftig und realistisch – selten blauäugig naiv und selten irritierend aufdringlich. Klein und traurig ist er auch manchmal; aber dann nicht fordernd.

Der Zehnjährige ist auf gutem Wege in die wahre Selbstständigkeit.

Er hat einen großen Teil seiner Kindheit zurückgelegt und hat immer noch einen weiten Weg bis zum Erwachsenenalter – aber in irgendeiner merkwürdigen Weise gelingt es dem Zehnjährigen meistens, das Beste aus diesen beiden Welten zu vereinen. Das Alter von zehn Jahren ist gemeinsam mit dem Alter von fünf und von zwei Jahren eine Phase der Kindheit, in der die größte Harmonie herrscht. Es ist ein Alter, das man genießen kann – besonders wenn man an das kommende, gnatzige Alter von elf Jahren denkt, in dem sich die Ausgeglichenheit des Kindes ganz und gar in Luft auflösen kann.

In deinem Zehnjährigen hast du einen wahren Freund und ihm gegenüber musst du dich nicht verstellen. Du kannst ihm dein Herz öffnen. Du kannst ihm die kompliziertesten Sachen erklären. Du kannst in allem auf sein Verständnis zählen. Er lässt sich nicht leicht beunruhigen und er macht sich nicht grundlos Sorgen. Der Zehnjährige kann zum ersten Mal in seinem jungen Leben deine Sorgen und deine Unsicherheit miterleben, ohne gleich Gefahr für sich selbst zu wittern.

Dass der Zehnjährige versteht und sogar akzeptiert – beispielsweise bei einer Scheidung, einem Umzug, einer Veränderung, die auch ihn selbst betrifft –, bedeutet aber nicht, dass er nicht reagiert.

Typisch ist die Situation, in der das Kind klug und verständnisvoll den tief bedauerten Ankündigungen der Eltern zuhört und nicht die geringste Bestürzung zeigt. Mutter und Vater atmen vor Erleichterung auf. Eine Woche oder zwei vergehen, und der nette und artige Zehnjährige fängt plötzlich an, die Schule zu schwänzen, zu stehlen oder auf eine andere Weise zu signalisieren, dass sein

Gleichgewicht gestört ist (seltener treten physische Symptome auf, häufiger sind die Reaktionen in seinem Verhalten zu finden). Eine Reaktion des Zehnjährigen wird sich also zeigen, wenn auch etwas verspätet und getarnt. Ich glaube, der Grund dieser indirekten Reaktion liegt darin, dass seine Vernunft so stark entwickelt ist: Die Vernunft lässt nicht zu, dass er Trauer und Enttäuschung zeigt über etwas, das er intellektuell versteht und akzeptiert. Die Vernunft lässt nicht einmal zu, dass er Trauer und Enttäuschung *empfindet*. Deshalb kommen die Trauer und die Enttäuschung in einer Protesthandlung, die sich gegen etwas anderes richtet als das, worum es eigentlich ging, zum Ausdruck.

Reagiert der Zehnjährige auf eine bevorstehende Umwälzung in seinem Leben zu »vernünftig« oder zeigt er gar keine Reaktion, dann sollte man deshalb nach einiger Zeit, etwa in einigen Tagen unter vier Augen ein tiefer gehendes Gespräch mit ihm führen. Sollte er anfangen, die Schule zu schwänzen, zu stehlen etc., sollte man meiner Meinung nach besonders nachdrücklich zeigen, dass man dieses Verhalten ablehnt – man sollte aber ebenso eine Reaktion bei ihm hervorlocken, die sich auf die Veränderung in seinem Leben direkt bezieht, indem man vorsichtig und geduldig Fragen stellt.

Den friedlichen Zehnjährigen muss man nur selten unter Druck setzen. In dieser ausgeglichenen Entwicklungsphase der Beherrschung macht der Zehnjährige in Bezug auf Fertigkeiten und Können einen großen Schritt nach vorne und sowohl das Verantwortungsbewusstsein als auch die Urteilskraft sind voll entwickelt. Du solltest diese Fähigkeiten deines Kindes nutzen. Genau wie dem Fünfjährigen sollte es ihm erlaubt werden, sich so groß zu fühlen, wie er in der Tat schon ist, am besten unentbehrlich – und vorzugsweise in Zusammenarbeit mit dem Erwachsenen. Arbeite mit dem Zehnjährigen zusammen und du kannst mit einem sehr guten Arbeitseinsatz rechnen!

Hast du Spaß mit ihm, ist er sehr souverän: munter und kindisch und ein genauso guter Verlierer wie Gewinner. Er beendet ein Spiel ohne böse Miene, aber solange der Spaß andauert, nimmt er mit ganzem Herzen teil.

Der Zehnjährige schätzt und freut sich über viele Sachen in dieser Welt. Er kann in reichlichem Maße beschenkt werden, ohne dass man ihn dabei »verwöhnt«.

Wo er auch hinkommt, richtet er sich schnell nach den dort geltenden Gewohnheiten und Gebräuchen ein. Es stört ihn überhaupt nicht, dass die Menschen sehr unterschiedlich leben. Er passt sich problemlos gut an – im besten Sinne des Wortes und er findet sich auf natürliche Weise unter den merkwürdigsten Umständen zurecht. Allerdings ist der Zehnjährige sehr empfindlich gegen Schläge unter die Gürtellinie, er mag es nicht, lächerlich gemacht zu werden oder ironischen Bemerkungen ausgesetzt zu sein. Ironie hat übrigens keine Wirkung auf Kinder, die jünger als zehn Jahre sind, sie verstehen sie einfach nicht.

Seine möglichen, vertraulichen Mitteilungen z.B. in Bezug auf sein Liebesleben solltest du mit größter Diskretion behandeln. Der Fünfjährige wollte auf keinen Fall wieder ein Baby sein – genauso wenig möchte der Zehnjährige wie ein Kleinkind behandelt werden. Als Eltern sollte man danach streben, den Zehnjährigen korrekt, ehrlich und offen zu behandeln. Man bekommt es vielfach zurück. Man sollte vielleicht beachten, dass man ihn nicht routinemäßig so behandelt; das würde ihn nur kränken. Küsst man einen Zehnjährigen, muss man ihn küssen, weil man es wirklich möchte. Er weigert sich, wie ein Gegenstand behandelt zu werden, über den die Familie nach Lust und Laune verfügen kann.

Er ist nicht zimperlich, aber er hat seine Würde und die sollte man respektieren.

Im Laufe des Jahres wird das zehnjährige Kind in der Regel in irgendeiner Weise den Elternteil, der vom anderen Geschlecht ist, von sich weisen. Es sucht dagegen die Nähe des Elternteils seines eigenen Geschlechts. Der Elternteil des anderen Geschlechts wird in den kommenden Jahren eben dieses Geschlecht repräsentieren.

Das zehnjährige Kind bereitet sich langsam darauf vor, sich in Bezug auf sein Geschlecht in einer neuen Weise zu verhalten.

Fühlst du dich von deinem Kind abgelehnt, musst du versuchen, die Enttäuschung zu überwinden, die gefühlsmäßige Bindung zu lockern und die zärtlichste, elterliche Fürsorge zu dämpfen. Stattdessen tritt man hervor als aufmerksamer und rücksichtsvoller Freund des besten kleinen Kumpels, den es gibt.

Die klassische Frage

»Werde ich auch so alt werden wie du?«, fragt das fünfjährige Kind. Ich bewahre die Ruhe – ich fühle mich ja eigentlich noch gar nicht alt – und antworte bestätigend: »Du wirst sogar so alt wie Oma werden« (auch, um mich in den Augen des Kindes ein bisschen jünger erscheinen zu lassen). »Und ich war auch mal so klein wie du«, erzähle ich weiter. »Ach, nein!«, lacht das Kind, »doch nicht so klein wie ich!«

Ich gehe noch einen Schritt weiter: »Ich war mal ein kleines Baby, weißt du.

Und davor war ich im Bauch meiner Mutter.« Das Kind schweigt eine kleine Weile und überlegt. »Ist das wahr ...«, sagt sie, ganz in ihre Gedanken vertieft. »Aber ich bin nie ein Baby gewesen«, setzt sie energisch und überzeugend fort. »Ich war schon immer groß.«
Damit war die Sache geklärt. Die Mama ist vielleicht von einer Altersstufe zur anderen gewechselt; aber das Kind war schon immer so groß wie jetzt. Kinder sind groß beziehungsweise klein. Alle anderen, wir, sind einfach alt.
Nach verschiedenen Versicherungen, dass das Kind in der Tat ursprünglich ein Baby war und dazu noch soundso klein gewesen ist, dort drinnen in meinem Bauch ... folgt die klassische Frage: »Und wie kommt das Baby in den Bauch hinein?«
Ich schwieg. Alle aufrichtigen Eltern in unserer Kultur haben eingehend gelernt, wie wichtig es ist, ihre Kleinen in die Geheimnisse des Lebens einzuweisen, und das am besten schon in einem sehr jungen Alter. Es reicht nicht, abzuwinken: »Du würdest es sowieso nicht verstehen« oder »Wir werden darüber reden, wenn du älter bist« oder »Warum fragst du nicht Tante Selma, sie kann es dir erklären, denn sie ist ja Lehrerin ...«.
Oh, nein. So nicht! Du solltest doch das Thema sofort behandeln, das Interesse des Kindes erhalten, solange es da ist, und ihm eine vernünftige Erklärung bieten, um so künftige Konflikte und Schwierigkeiten zu vermeiden ...
Auf der anderen Seite – gerade bei dieser Gelegenheit ist es leider schon so spät, und das Kind sollte eigentlich schon längst schlafen, und gerade dieser Fünfjährige ist nie mit Kurzfassungen zufrieden, niemals.
Trotzdem habe ich den Lehrsatz des Psychologen angenommen und habe mich geräuspert: »Tja, siehst du ... tief in Mamas Bauch wachsen klitzekleine Eier, sie sind so klein wie klitzekleine Pünktchen, und in Papas ... äh ... in Papas ...« (Meine Güte, was soll ich nur sagen?!)
Hier wurde die Lektion von einem überaus gemeinen Gelächter unterbrochen, welches wohl nur von Graf Dracula überboten werden könnte. Die zehnjährige große Schwester, die im Raum nebenan in ihrem Bett lag, die Tür nur angelehnt, brach geradezu in ein höhnisches Triumphgeheul aus, und natürlich hat das kleine, fragende Kind, das atmosphärische Veränderungen sehr schnell wahrnimmt, sofort den Braten gerochen: Hier liegt also der Hund begraben. Jetzt müssen wir ihn in allen Einzelheiten ausgraben, und das nur zu gerne!
Was dann folgte, war eine etwas merkwürdige Einweihung, unterbrochen von halbverschluckten Zurechtweisungen in Richtung der sabotierenden Schwester, während das kleine Kind mit strahlenden Augen beobachtete, wie

Mamas Gesicht sich immer mehr rötete und ihre Stimme immer unsicherer wurde.

Und die Folgeerscheinung: Meine drei Kleinen, zwei Mädchen und ein Junge, die immer zusammen badeten und auf natürlichste Weise miteinander spielten – und nie irgendwelchen Körperteilen mehr Aufmerksamkeit schenkten als allen anderen Dingen dieser Erde –, haben momentan nur ein kicherndes, blödsinniges Interesse: Sie jagen hintereinander her ums ganze Haus und schreien mit rot gefleckten Wangen: »Du kannst meinen Po nicht sehen! Du kannst meinen Po nicht sehen!«

Und hüllen sich im Badezimmer in blumengemusterte Frotteehandtücher, ja sogar im Wasser!

So kann es gehen, wenn es einem nicht gelingt, die Theorie in die Praxis umzusetzen.

Elf Jahre: Der Manipulator

Nach seiner harmonischen, goldenen Zeit des Zehnjährigen stürzt das arme Kind nun in eine neue Phase der Veränderung mit allem, was an Disharmonie, Unsicherheit und Verwirrung dazugehört. Dabei versucht der Elfjährige durchaus, der Sache Herr zu werden, und das mit allen Mitteln, von denen einige weniger ansprechend sein mögen.

Der Elfjährige verfügt über ein breites Verhaltensrepertoire. Er kann reizbar, sauer, vorwitzig, deprimiert, aufgeregt, unverschämt, ironisch (*jetzt kann er es!*), gemein und sogar zynisch sein, und er kann sich einem fortgeschrittenen Martyrium ergeben: schweigend leiden bis zum Gehtnichtmehr.

Mit einem einzigen, hasserfüllten Blick kann der Elfjährige zum Ausdruck bringen, dass er seine Familie nur erträgt, solange er dazu »gezwungen« ist. Sobald er sein nächstes Taschengeld bekommt, wird er es für Gift ausgeben. Und wenn er nicht seine Nächsten und Liebsten von dieser Erde verschwinden lässt, wird er sich selbst umbringen, und dann können sie verdammt noch mal alle an seinem Grab stehen und ihre Tränen auf seinen Sarg tropfen lassen.

Der Elfjährige kann in vielem mit dem Sechsjährigen verglichen werden, aber das solltest du ihm auf keinen Fall sagen …

Die Kontrolle des Elfjährigen über seinen Körper ist genauso schlecht wie die über seine Seele, er ist oft schlaksig und »unzusammenhängend«, rein körperlich gesehen. Er verletzt sich, hat Unfälle, reißt Sachen herunter, stolpert und macht vieles kaputt. Auch im übertragenen Sinne.

Man muss sich oft wirklich bemühen, um die Liebe beim Elfjährigen aufzuspüren – so gegen alles und jeden kann er sein.

Der Elfjährige ist ein kleiner Manipulator. Alles, was er gelernt hat und beherrscht, sowie das Vertrauen, das er genoss und auch schenkte, kann er nun missbrauchen. Er manipuliert, ist voller Kniffe und Tricks und meistens ist er weder besonders ehrlich noch loyal. Was er vor einem Jahr oder nur einigen Monaten als heilig betrachtete, kann er nun rücksichtslos niedermachen. Oft behandelt er seine Umgebung schnöde. Dem Elfjährigen gelingt es oft richtig gut, seine Umgebung mit Schuldgefühlen zu belasten.

Eine allein erziehende Mutter beispielsweise, die vielleicht vom schlechten

Gewissen geplagt wird, weil sie einen Liebhaber hat oder weil sie zweimal die Woche abends zu einem Kursus geht oder das Mittagessen mehrmals ausfallen lässt, kann damit rechnen, dass der Elfjährige mit unfehlbarer Sicherheit ihren wunden Punkt aufspürt und ihn für sich ausnutzt. Und macht sie sich darüber Sorgen, wie die Schularbeit für ihren Sprössling läuft, wird der Elfjährige keine Anstrengungen unternehmen, um sie von diesen Sorgen zu befreien – ganz im Gegenteil …

Der Elfjährige besitzt natürlich auch sympathische Züge. Er empfindet oft ein innerliches und echtes Mitgefühl für die, die es im Leben schwer haben, da er ja auch selbst so eine harte Zeit durchleben muss. Er kann zu kleinen Kindern rührend zärtlich sein, liebevoll zu Tieren und beschützend gegenüber Schwachen, und er wird sie schützen, auch wenn es ihm sein eigenes Ansehen kosten könnte. Andere dürfen gerne meinen, dass er lächerlich sei – das stört ihn nicht, er kämpft für seine Sache.

Der Elfjährige hat nicht viel Freude in seinem Herzen, dafür aber umso mehr Träume. Er findet das Leben schwer und fühlt sich ungerecht behandelt. Er kann auch Phantasien darüber haben, dass seine Eltern nicht seine leiblichen Eltern sind. Im Liebesleben sucht er die zärtliche Romantik, die in einer anderen und besseren Welt ihr Zuhause hat, ganz besonders im Paradies. Folglich verliebt er sich meistens auf Distanz. Dadurch wird die Liebe automatisch unglücklich. Die Angebetete erhöht er in seinen Träumen zu einem Engel oder einer Heiligen, die eines Tages – wenn sich die Wahrheit offenbart und die Gerechtigkeit siegt – als Einzige seine wirklichen Fähigkeiten entdecken und ihn für das, was er wert ist, lieben wird.

Er tut einem Leid in diesen Phantasien der Einsamkeit, aber sie helfen ihm auch. Und die Onanie hilft ihm. Der Elfjährige onaniert normalerweise und es bringt ihm Entspannung und (hoffentlich) auch Freude – sein eigener Körper ist ihm zumindest manchmal ein Freund in dieser Welt. Obwohl der erste Samenerguss noch auf sich warten lassen kann, empfindet der Elfjährige ein lustvolles Kribbeln und dies gilt auch für Mädchen.

Der Elfjährige ist ein Manipulator, und dies auch in dem Sinne, dass er aktiv etwas verändert. Er kann durch Charme Vorteile für sich gewinnen, und er kann sich so den Weg für ein besseres Zeugnis in der Schule erkämpfen, als er es eigentlich verdient hätte.

Problemlos macht der Elfjährige eigene Kreuzworträtsel, erfindet Wettbewerbe, schreibt ganze Zeitungen voller Rätsel; er kann auch gutgläubigen Damen ein bisschen Kleingeld abknöpfen, findet brauchbare Gegenstände, die andere Leute weggeworfen haben, und kann ein Erfinder von hohem Rang werden.

Der Elfjährige verändert wahrhaftig die Welt, und es würde ihm sicherlich ausgezeichnet gehen, wenn er auch sich selbst ändern könnte.

Der Elfjährige steht Kopf in der verändernden Entwicklungsphase und es geht ihm keineswegs besser als dem Trotzkind oder dem Sechsjährigen. Dies ist nun die dritte Etappe auf dem Weg zu dem, was eine vollkommene Selbstständigkeit werden soll. Es ist ein weiter Weg und er ist qualvoll; am holprigsten und am schwierigsten wird er nun, nachdem das Kind in einer langen, stabilen Phase (im Alter von zwei, fünf bzw. zehn Jahren) Kräfte, Reife und Können gesammelt hat, um diesen Weg zu betreten, mit all seinen Fallgruben, Schwierigkeiten und Hindernissen, von welchen das Kind mit oder gegen seinen Willen sich selbst die meisten gestellt hat.

Der Elfjährige kann – wie das Trotzkind oder das sechsjährige Kind in der Krise – sehr provozierend sein, um nicht zu sagen unerträglich. Er fordert Widerstand heraus und gibt nicht nach, bevor er ihn bekommt. Es ist nicht ohne Grund, dass man das Alter die Flegeljahre nennt! Es gibt nicht viele Elfjährige, die nicht mal zur Seite genommen und mit ziemlich großen Buchstaben zurechtgewiesen werden müssen. Ich finde, dass man als Erwachsener lieber die Mühe auf sich nehmen sollte, unangenehm zu sein, als dem Kind die Unannehmlichkeiten aufzubürden, die man sich selbst ersparen will! Der Elfjährige, der seine Eltern und Geschwister herumkommandiert, sollte zurechtgewiesen werden. Es sollte ihm nicht erlaubt werden, Befehle zu erteilen, Verachtung zu zeigen, seinen Nächsten mit Schimpfwörtern zu bewerfen oder Lieblingsausdrücke wie »Schnauze halten«, »Ist mir doch scheißegal« oder »Du blöder Idiot« etc. zu gebrauchen.

Man muss ihn darauf aufmerksam machen, dass man sich selbst davor in Acht nimmt, ihn mit solchen Wörtern zu beschimpfen, und man kann ihn sehr wohl – wenn es notwendig wird – daran erinnern, dass man sich natürlich dieselben Rechte in Bezug auf Integrität und Respekt vorbehält, die er selbst für seine Person verlangt. Trägt das heute noch keine Früchte (und wen kümmert das?), wird es morgen Früchte tragen.

Es ist nicht immer leicht, dem oft widerwilligen Elfjährigen Liebe entgegenzubringen, aber man sollte es versuchen – und zwar so, wie bei dem manchmal unerträglichen Trotzkind und beim Sechsjährigen: Ergreife jede Gelegenheit, bei der das Kind sich leicht lieb haben lässt! Und dann sollte man sich wirklich Mühe geben bei dieser doch so lebenswichtigen Begegnung, bei der die Zusammengehörigkeit bestätigt wird – durch ein Streicheln, einen Kuss, eine zärtliche Berührung an der Wange oder am Kopf, ein Lächeln, einen Blick voller Wärme. Das Schlimmste, was du einem Elfjährigen in der Krise antun kannst, ist, ihn zu übersehen. Bekommt er durch eine normale, friedliche Existenz mit den Menschen, die er liebt, keinen Kontakt, ist er ja, leider Gottes, dazu gezwungen, irgendeinen Unsinn anzustellen, um so ihre Aufmerksamkeit zu bekommen.

Der Elfjährige ist ein leichtes Opfer für jede Art von Wirklichkeitsflucht. Die relativ unschuldigsten Arten sind: vorm Fernseher festkleben, Computer spielen und Videos anschauen.

Ein Elfjähriger, der viel unterwegs ist, besonders in der Stadt und natürlich mit Geld in der Tasche und mit der Erlaubnis der Eltern, wird das meiste von dem, was dort angeboten wird, ausprobieren, und das ist – wie wir alle wissen – nicht wenig. Es gibt Grund zur Vorsicht. Die Bindung zu seinem Zuhause sollte gefestigt sein, und seine Bewegungsfreiheit muss begrenzt werden – mehr als bei dem vernünftigen Zehnjährigen.

Jetzt kann man noch gegen den Fluss ankämpfen. Später wäre es ein Kampf gegen einen Strom.

Und du bindest ihn enger an sein Zuhause, zum Teil, indem du dafür sorgst, dass es sich für ihn lohnt, dort zu sein – in einer gemütlichen und guten Atmosphäre, bei der die Welt der Erwachsenen und die der Kinder nicht voneinander getrennt sind –, aber zum Teil auch, indem du auf das baust, was er hoffentlich schon lange weiß: dass er *unentbehrlich* ist. Er kann stöhnen und sich beklagen, aber es ist für den Elfjährigen mindestens genauso wichtig wie für uns alle, für sich selbst zu wissen, dass er gebraucht wird, faktisch und ganz konkret. Die häuslichen Aufgaben des Elfjährigen sollten gemeinsam mit ihm abgesprochen werden und diese Abmachung muss ständig ihre Gültigkeit haben. Abweichungen müssen die Ausnahme bleiben. Die ewige Kritik, die unvermeidbar ist im Umgang mit einem Elfjährigen (und später mit dem Teenager), wirkt besser, wenn dahinter eine festgelegte Abmachung steht, auf die das Kind sich in einem Anfall von Vernunft eingelassen hat, als wenn die Kritik völlig ungebunden in der Luft über dem aufgeregten, provozierenden Kind umherschwirrt.

Zum Thema Kritik: Es ist eine gute Regel, nie mehr zu kritisieren, als man lobt, d.h., dass man genauso viel Zeit und Kraft, wie man in die Kritik steckt, auch für Anerkennung aufbringt.

Der Elfjährige sollte bei der Ausführung seiner Aufgaben nicht immer allein gelassen werden. Teamarbeit ist überaus wichtig und gut für den Kontakt zwischen dem Erwachsenen und dem Kind und für die soziale Gemeinschaft – auch wenn ihr vielleicht nur das Essen zusammen zubereitet. Und die häuslichen Aufgaben sollten nicht wegen anderer Sachen, die dazwischenkommen könnten, zurückgestellt werden, es geht hier um eine einleuchtende Notwendigkeit. Denn in der Tat ist der Elfjährige ja nützlich – sein Einsatz ist notwendig. Er macht das, was er tut, nicht um »lieb« zu sein oder um Geld zu verdienen oder Zeit totzuschlagen.

Man legt sehr viel Wert auf das, wofür man in der Gemeinschaft arbeitet, und es gibt keinen besseren Weg, die Bindung des Kindes an sein Zuhause und an seine Familie im Zuge der emotionalen Geborgenheit und des Wohlbefindens zu festigen, als bei der sozialen Beteiligung. Dann ist das gemeinsame Essen auch nicht der einzige Zeitpunkt, an dem die Familie zusammen ist und bei dem das Gespräch dann oft etwas angestrengt wirkt. Der Elfjährige ist eben nicht immer auf Knopfdruck besonders redselig:

»Wie läuft es denn so in der Schule?«
»Gut.«
»Was habt ihr denn heute gemacht?«
»Nichts Besonderes.«
»Hast du denn gar nichts zu erzählen?«
»Nee. Kann ich jetzt gehen?«

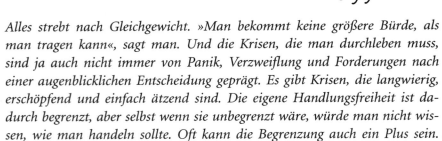

Die Veränderung

Alles strebt nach Gleichgewicht. »Man bekommt keine größere Bürde, als man tragen kann«, sagt man. Und die Krisen, die man durchleben muss, sind ja auch nicht immer von Panik, Verzweiflung und Forderungen nach einer augenblicklichen Entscheidung geprägt. Es gibt Krisen, die langwierig, erschöpfend und einfach ätzend sind. Die eigene Handlungsfreiheit ist dadurch begrenzt, aber selbst wenn sie unbegrenzt wäre, würde man nicht wissen, wie man handeln sollte. Oft kann die Begrenzung auch ein Plus sein. Die totale Wahlfreiheit würde lähmend wirken.

Ich vermute, dass keinem eine solche zermürbende, langsame Krise, in der keine Notsituation eine direkte Entscheidung erfordert, erspart bleibt – viele Menschen befinden sich fast ständig in ihr. »Ich weiß, dass etwas nicht stimmt, aber ich weiß nicht was.« – »Ich finde, mein Leben zerrinnt mir wie Sand zwischen den Händen. Die Tage vergehen nur so, und ich weiß nicht, warum ich überhaupt existiere.«

Es müssen keine Depressionen sein – es muss überhaupt nichts »nicht stimmen«, es ist nur ein langsam zermürbendes, wortloses Gefühl, dass es so nicht weitergehen kann. Trotzdem geht es so weiter, Monat für Monat, Jahr für Jahr. Was kann man denn tun? Wer steht auf und reicht einem die Hand, leitet einen und sagt: »Diesen Weg musst du gehen, das ist der richtige für dich«? Nein, niemand leitet einen. Keiner zeigt einem den Weg. Man irrt weiter umher; leere Tage folgen auf leere Tage, schweigende Nächte folgen schweigenden Nächten; und man kennt seinen eigenen, richtigen Platz auf dieser Erde nicht.

Vielleicht ist die Zermürbung am größten, wenn man mit der eigenen Überzeugung im Konflikt lebt – aber auch das kann einem in einer unendlich lang andauernden Weise passieren. Und während es geschieht, tut man vielleicht sein Bestes, um zu entschuldigen, was da geschieht. Wer würde aufstehen und sagen: »Ich glaube nicht an meine eigene Lebensführung; ich finde, mein Leben läuft ganz falsch, aber ich mache trotzdem weiter so.«

Würde man diese Aussage machen, wäre man ja dazu gezwungen, eine Veränderung zu bewirken. Stattdessen verschließt man die Augen und sucht Zuflucht bei der Überzeugung: »Das, was ich tue, ist auf keinen Fall schlimmer als das, womit andere sich abgeben.«

Denn was kann man schon verändern? Was würde es einen kosten? Aber ich glaube, der Versuch, die eigene Überzeugung zu überspielen und nicht im Einklang mit dem eigenen Willen zu leben, kostet mehr. Das ist das Einzige, von dem ich richtig überzeugt bin: dass genau diese Ehrlichkeit, diese innere Stimme der Wahrheit, mit der jeder Mensch ausgestattet ist, im Leben befolgt werden sollte, dem Selbstrespekt und der Würde zuliebe. Jeder Mensch kann es sich leisten, würdig zu sein. Und er kann auf längere Sicht es sich nicht leisten, mit seiner Überzeugung zu schachern.

Aber Jahr für Jahr vergeht, Gewohnheit ist Gewohnheit, und nichts fühlt sich mehr besonders richtig oder besonders falsch an. Überzeugung, was ist das? Nachdenklichkeit, wo findet sie denn noch einen Platz? Schnell weiter, es gibt so viel zu tun; um mich selbst muss ich mich später kümmern!

So vergeht die Zeit – und eines Tages hat man vielleicht letztendlich vergessen, völlig und für immer vergessen, was man damals für heilig gehalten hat, wofür man eigentlich kämpfen wollte.

Zwölf Jahre: Der Beziehungsforscher

Dem Zwölfjährigen gelingt mit Erfolg das Unmögliche: Er greift sich die hoffnungslos unzusammenhängenden Teile des Elfjährigen und fügt sie zu einem Ganzen zusammen. Der Zwölfjährige lebt nicht mehr in einem Ringkampf mit der Welt. Ganz im Gegenteil beobachtet er sie neugierig und gelassen. Im Zentrum seines Interesses stehen die zwischenmenschlichen Beziehungen mit allem, was dazugehört.

Der Zwölfjährige ist eine angenehme Bekanntschaft, verblüffend reif; mit einem einzigen, großen Schritt scheint er mehrere Jahre älter geworden zu sein. Was der Elfjährige auch gemacht haben mag und egal wie belastend es war, während es andauerte, versteht man als Eltern jetzt, dass es offensichtlich einem guten Zweck diente. Der Zwölfjährige ist verantwortungsbewusst, stabil, offen, positiv: eine strahlende Persönlichkeit. Man kann sich auf ihn verlassen und ihm trauen, und mit ihm zusammen kann man eine neue, vielleicht vergessene Welt entdecken: eine Welt der tiefsten Gefühle, der Sehnsucht und der Träume.

Der Zwölfjährige versucht nun ernsthaft, sich in die Verhältnisse der Menschen zueinander, zu sich selbst und zum Leben hineinzuversetzen. Seine Intuition ist bemerkenswert: Er spürt allein an der Atmosphäre, ob zwei Menschen sich zusammen wohlfühlen. Er kann durchs Wohnzimmer gehen, in dem man gerade sitzt und sich mit irgendjemandem unterhält, man führt ein freundliches und – wie man meint – neutrales Gespräch; und im Nachhinein kommentiert der Zwölfjährige ganz korrekt: »Das war nicht ganz einfach, ne! Ihr mochtet euch nicht gerade sehr, oder?«

Der Zwölfjährige erkundigt sich danach, warum du geschieden wurdest, wenn das der Fall war, mit wem du liiert warst, als du noch jung warst, und wovon du geträumt hast und welche Hoffnungen du in Bezug auf Freundschaft und Liebe hattest, was schief gelaufen ist und warum, was für eine Beziehung seine Großeltern zueinander hatten usw. Der Zwölfjährige erkennt sein eigenes Gefühlsleben in dem des Erwachsenen wieder, und er glaubt nicht mehr, dass die Erwachsenen sich auf einem anderen Planeten befinden.

Gefühle und Beziehungen sind komplizierte Dinge, und der Zwölfjährige sieht mit Zittern und Faszination zugleich ein, dass der Mensch manchmal ein Opfer von Mächten ist, über die er keine Kontrolle hat – Mächte, die in einem wohnen und die vielleicht destruktiv, strafend und quälend sind.

Langsam entwickelt der Zwölfjährige eine erste Demut. Er kann seine Eltern mit neuen Augen sehen, mit milden wie auch mit bemitleidenden oder bewundernden.

Der Zwölfjährige ist so klug und einsichtig, gibt einem einen solchen Eindruck von Klarsicht, dass er oft zur Beratung herangezogen wird. Auf direkte Anfragen zu wichtigeren Themen wie »Soll ich Erik heiraten?« oder »Findest du, dass ich den Job annehmen sollte?« verweigert er mittlerweile die Antwort: »Mach, was du willst. Das ist mir doch egal.« Aber es ist ihm überhaupt nicht egal: Wogegen er sich auflehnt, ist die Verantwortung für eine solche Entscheidung. Der Zwölfjährige ist in seiner philosophischen Einsicht so weit gekommen, dass er meint, jeder Mensch müsse in Übereinstimmung mit der eigenen Überzeugung handeln. Tun sie es nicht, kann auch kein anderer ihnen dabei helfen. Wissen sie nicht, was sie wollen, kann kein anderer für sie die Entscheidung oder die Wahl treffen. Mit seiner sicheren Intuition und seinem Selbstrespekt wählt der Zwölfjährige die richtigen Freunde, d.h. Freunde, die er aufrichtig mag und deren Gesellschaft ihm wirklich etwas bringt. Er braucht nicht um jeden Preis die eigene Bedeutung durch andere bestätigt zu bekommen; er kennt seinen Wert. Dadurch ist er in Freundschaftsbeziehungen auch nicht mehr so verletzbar; er kann sich nun Freundschaften suchen oder kann sie auch ablehnen. Er überschreitet selten seine Grenzen und lässt sich auch nicht zu etwas überreden, das er nicht will. Der Zwölfjährige hat ein gesundes Urteilsvermögen.

Dies ist die verblüffende und wunderbare Zeit, in der man als Eltern bemerkt, dass man in der Tat die ständige Achtsamkeit etwas zurücknehmen kann: Man muss nicht immer alles mitbekommen, muss nicht alles sehen, muss nicht immer verstehen und voraussehen, planen und organisieren, spüren und leiten. Der Zwölfjährige übernimmt selbst die meiste Arbeit. Es ist der reinste Urlaub! Der Zwölfjährige ist selbst sein größtes Kapital, und er geht sorgfältig damit um, weil er es mag.

Und der Zwölfjährige ist der beste Reisebegleiter, den man sich vorstellen kann, wenn man loszieht, um Museen, Ruinen, archäologische Ausgrabungen oder Ausstellungen zu besichtigen. Sein größtes Interesse gilt dem *Menschen* und damit unseren Wurzeln und unserem Ursprung, unserer Entwicklung, unserem Können und unserer Zukunft.

Der Zwölfjährige geht in eine erforschende Entwicklungsphase hinein. Gewöhnlich dauert sie bis zum Alter von 17 Jahren an, bis der junge Mensch gegen Ende der Pubertät in einer beherrschenden Phase mit Stabilität und Ausgeglichenheit landet, die in vieler Hinsicht mit den Phasen des Zweijährigen, des Fünfjährigen und des Zehnjährigen verglichen werden kann. In der Puber-

559

tät durchlebt das Kind innerhalb des Rahmens der erforschenden Phase alle: die beherrschende Phase als Dreizehnjähriger, die verändernde Phase als verletzlicher Vierzehnjähriger (und zum Teil noch als Fünfzehnjähriger) und die erforschende Phase als Fünfzehn- bis Sechszehnjähriger.

Der oder die Zwölfjährige befindet sich in der Pubertät. Der Vorsprung der Mädchen ist nun deutlich erkennbar. Die Jungen sind für eine ganze Weile noch kleine Jungs. Erst im Alter von etwa 14 Jahren zeigt es sich allmählich, dass sie tatsächlich eines Tages Männer sein werden, während die Mädchen im Alter von elf Jahren eventuell schon ihre Regel bekommen haben und auch äußerlich wie voll entwickelte Frauen aussehen können. Es ist vermutlich so, dass genauso, wie der Körper sich durch die fortschreitende Entwicklung zur Fortpflanzung bereit zeigt, sich auch die Psyche des zwölfjährigen Kindes auf das, was kommen wird, vorbereitet. Egal ob der oder die Zwölfjährige bewusst daran denkt oder nicht, führt die Entwicklung in die sexuelle Bereitschaft, und das kann – besonders wenn es um die früh entwickelten Mädchen geht – dadurch zum Ausdruck kommen, dass das zwölfjährige Kind meint, *alle anderen denken die ganze Zeit nur an Sex*.

Ein Vater, der seine Tochter beim Gute-Nacht-Sagen umarmt und dabei ihren Rücken sanft berührt, kann also erleben, dass sein Verhalten hinter geschlossenen Türen in einer Weise kommentiert wird, von der er nie träumen würde: »Es war richtig ekelig! Papa hat mich gestreichelt! Überlege doch mal, was passieren würde, wenn er ... !« Man kann sich die entsetzliche Fortsetzung geradewegs vorstellen ... Und natürlich gibt es sie. Inzest findet statt. Sexuelle Übergriffe passieren. Die Kinder schweigen aus Loyalität und aus Schuldgefühlen heraus. Wer geschlagen wird, groß oder klein, geht auch nicht gerne auf die Straße und verkündet es in aller Öffentlichkeit. Das Gefühl, selbst nicht unfehlbar zu sein, liegt einem als Schuldgefühl immer nahe. Und wer kann schon von sich behaupten, unfehlbar zu sein? Kinder können es nicht.

Es gibt Inzest, es gibt Kindesmissbrauch und Gewalt innerhalb der Familie. In jedem Fall ist es sicherlich die kindliche Seele, die am meisten darunter leidet. Jemand ist immer Zeuge. Jemand muss einschreiten und dem Kind Schutz gewähren.

Ich meine nicht, dass das Kind bestraft werden sollte, indem es von seiner Zugehörigkeit verbannt wird – in Verwahrung genommen wird –, sondern die Strafe muss den Erwachsenen treffen, der das Vertrauen des Kindes missbraucht und eine Straftat begangen hat.

Das Gesetz verbietet sowohl Inzest als auch körperliche Züchtigung. Wer den Straftäter schützt, verurteilt das Opfer.

Die Zwölfjährige, die die unschuldige Umarmung des Vaters beim Gute-Nacht-Sagen missverstanden hat, hat in Wirklichkeit keinen Grund, sich darüber Sorgen zu machen. Kommen ihre Anschuldigungen ans Licht, wird der Vater sich sicherlich nicht freuen, dass er des sexuellen Missbrauchs seines eigenen Kindes verdächtigt wird. Natürlich hat er mitbekommen, dass sie sich körperlich entwickelt hat, aber für ihn ist sie immer noch sein kleines Mädchen. Er würde das Gefühl haben, dass über ihn die schrecklichsten Lügen, die es gibt, erzählt worden sind.

Aber die Zwölfjährige erzählt hier keine Lügen. Sie ist überzeugt, dass eine Umarmung, wie sie eine vom Vater bekam, eine sexuelle Annäherung bedeutet. Sie interpretiert, bewusst oder nicht, die Welt als sexuell. Mit Körper und Seele ist sie beinahe geschlechtsreif, egal ob sie daran denkt oder nicht und egal ob sie es will oder nicht. Man kann nicht vorsichtig genug sein. Mein Rat an dich als Vater und an andere männliche Bekannte, die eine Zwölfjährige in ihrer Nähe haben, lautet: Nur flüchtige Umarmungen, federleichte Wangenküsse, schnelle »gleichgültige« Küsse auf die Stirn, so wenig Berührung wie nur möglich und im Übrigen auch äußerste Diskretion – so sollte man, wenn man das Mädchen nackt oder halbnackt überrascht, sofort verschwinden! Sonst könntet ihr als alte Lustmolche abgestempelt werden, oder was noch schlimmer wäre, ihr könntet das Kind ernsthaft erschrecken.

Das zwölfjährige Kind ermöglicht dem Elternteil, das vom anderen Geschlecht ist, eine neue Rolle: Der/die Erwachsene wird zum Repräsentanten für sein Geschlecht, er/sie wird das Modell des Mannes/der Frau. Hier trägt man eine so große Verantwortung, dass man kaum daran denken mag. Ich überlasse es jedem Einzelnen, zitternd darüber nachzudenken.

Es gibt etwas Geschlechtsloses, das man als Eltern für sein Kind sein kann: ein Freund. Über die geschlechtlichen Grenzen hinaus gelten in der Freundschaft Regeln, die für den Zwölfjährigen ansprechend sind: Man hört einander zu, man redet nicht über den anderen hinter seinem Rücken, man verteidigt einander, man ist ehrlich und aufrichtig und nach außen hin unverbrüchlich loyal und man kann sich aufeinander verlassen. Was der Zwölfjährige schätzt, ist ein korrektes und anständiges Verhalten, bei dem man ihm – oder ihr – mit Respekt und Interesse begegnet und dabei selbst als eine Person auftritt, die in ihrem eigenen Leben einigermaßen stabil und urteilskräftig ist. Was er nicht mag, sind Irritationen und säuerliche Gesichter, kleinliche Kritik, Verhöre, Drohungen und Schläge unter die Gürtellinie, allgemeine Verunsicherung und plötzliche, launische Gemütswandlungen der Erwachsenen.

Der Zwölfjährige nimmt schon auf dem Flur wahr, welche Atmosphäre im

Hause herrscht. Sorgt man für eine gute Begegnung, ist alles o.k.; sonst jedoch kann er auf einmal aus der Tür stürzen, mit einem abweisenden Rücken wie ein alter Ehemann, der zu seinen Kumpels flüchtet. »Hier ist es ja, verdammt noch mal, nicht auszuhalten!« In einer Atmosphäre von Aufrichtigkeit, Ruhe und Frieden fühlt sich der Zwölfjährige wohl. Er kann sich dann ungestört mit seinen eigenen Sachen beschäftigen. Dies ist die Zeit des Schach- und endlosen Monopolyspielens und natürlich gehören auch Computerspiele dazu. Die Mädchen fangen jetzt an, Tagebücher zu schreiben. Du kannst deinen Zwölfjährigen richtig glücklich machen, wenn du eine ganze Nacht aufbleibst und mit ihm Karten spielst.

Der Hunger nach intellektueller Nahrung ist enorm, und der Zwölfjährige ist wahrscheinlich der gierigste Fachbuchleser der Welt, so wie er auch der dankbarste Weltenbummler ist.

In einer so intensiven Wachstumsphase braucht der Zwölfjährige mindestens zehn, am besten elf Stunden Schlaf pro Tag. Dieser Auffassung ist er selbst oft nicht. Es gibt viele Zwölfjährige (und Teenager), die immer müde sind, und das ist schade, da ihre erforschende Kapazität – die unglaublich ist – verblasst, wenn sie ständig unter Schlafmangel leiden. Hierzulande halten wir zwar keine Siesta, aber der Zwölfjährige gewöhnt sich leicht an ein kleines Nickerchen am Nachmittag und ein wenig Schlaf würde ihm gut tun. Es könnte einen Versuch wert sein. Nach wenigen Tagen stabilisiert sich alles, er wird regelmäßig zwischen 20 Minuten und anderthalb Stunden schlafen, um dann von allein aufzuwachen, und ohne abends dann allzu lebendig zu sein. (Das Nachmittagsnickerchen tut allen müden Kindern gut, nicht nur den Zwölfjährigen.)

Der Zwölfjährige denkt logisch, klar und exakt. Er will genau wissen, wo der Hase lang läuft. Möchtest du, dass er Einsatz zeigt, solltest du ihm direkt sagen, was du von ihm erwartest, und nicht undefiniert an ihn appellieren: »Könntest du nicht wenigstens manchmal ein wenig helfen!« Nach Absprache mit ihm sollte er verschiedene Aufgaben zugeteilt bekommen – und diese Abmachung schließt man am besten vorbeugend, nicht erst, wenn die Gespräche festgefahren sind. Die entsprechenden Aufgaben sollten täglich erledigt werden. Du solltest seinen Aufgabenbereich nicht auf das, was nur ihn selbst betrifft, beschränken: die persönliche Hygiene, sein eigenes Zimmer. Er muss bei Aufgaben eingesetzt werden, die der ganzen Familie zugute kommen. Wichtiger als die Menge der Arbeit ist, dass der Zwölfjährige regelmäßig arbeitet, jeden Tag, und dass er selbst die Verantwortung für die abgesprochenen Aufgaben übernimmt. Er soll natürlich nicht dafür bezahlt werden, da sein

Einsatz für die Existenz der Familie notwendig ist oder zumindest so erscheinen soll, d.h., sie soll ihm das Gefühl geben, dass er gebraucht wird (»*Die anderen sind ohne mich schlechter dran*«). Geld würde ihn zu einem kleinen Profi in Sachen Gehaltsverhandlungen machen. Aber man handelt ja nicht um die eigene Existenz. Die »Herde« sorgt für ihn, so wie er auch, je nach Fähigkeit, mit seinen Einsätzen seinen Teil der Arbeitsbürde übernimmt. Die Existenz ist keine Handelsware.

Die soziale Beteiligung ist durch die ganze Pubertät hindurch besonders wichtig: Teamarbeit, die Zusammenarbeit mit dem Erwachsenen. Jeden Tag sollte es irgendeine Tätigkeit geben, bei der man dem Zwölfjährigen soziale Beteiligung bietet. Man kann zusammen einkaufen, zusammen kochen, das Wohnzimmer zusammen aufräumen – irgendetwas ganz Einfaches oder ganz Kompliziertes, aber eben täglich.

Der Zwölfjährige möchte wissen, was von ihm verlangt wird, und ist man später nicht zufrieden, wenn er diese Forderungen erfüllt hat, ist man selbst schuld: Er weigert sich, zu deiner Verfügung zu stehen, nur um dich glücklich zu machen. Eine Bitte wie »*Können wir nicht Freunde sein, du und ich?*« macht ihn fast verlegen. Auf der anderen Seite verlangt er selbst nicht, dass du ihn glücklich machen müsstest.

Behandle den Zwölfjährigen korrekt, mit Respekt und Interesse, als würdest du ihm tagtäglich neu begegnen. Dann ist es absolut wunderbar – und wirklich nur wunderbar –, ihn oder sie um sich zu haben.

Von Wärme umgeben

Es ist ein regnerischer, nasser Tag. Die Kinder backen Brot. Wir haben einen Gast in unserem Haus, eine kleine Siebenjährige, und meine sechs Kinder schwärmen um sie herum wie Fliegen um einen Zuckertopf.
»Welche Krankheiten hast du schon gehabt?« – »Ich erzähle dir mal, welche Krankheiten ich schon hatte.« Das Interesse ist enorm, mit dem Zuhören klappt es weniger gut. Die Krankheitsgeschichte des kleinen Gastes kommt zu einem Ende, schon bevor sie richtig angefangen hat. Meine sechs müssen unbedingt zuerst ihre Geschichten erzählen – d.h. fünf von ihnen, mein kleiner Babyboy ist wie immer noch äußerst unbekümmert. Und bald gewinnt ihre Fantasie die Oberhand: »Ich hatte fast die Pest.«
Das kleine Mädchen kaut grübelnd an ihrem Sandwich und fragt mich schließlich: »Hörst du eigentlich immer alles, was sie da erzählen?«

Ja, ich höre alles, was sie erzählen. Ich höre ihre Stimmen wie federleichte Melodien, wie kleine Rolleneinsätze in einem Lied, das mir nie langweilig wird. Ich bin dankbar. Ich möchte nicht, dass sie groß werden oder leise sind oder den Raum verlassen oder dass sie jemals aus meinem Leben verschwinden. Ich zähle die Tage mit Freude, wie die hübschesten Perlen einer Kette. Für mich ist die Zukunft genau jetzt. Keine Veränderung würde mein Alltagsleben leichter machen, als es jetzt ist.

So werde ich daran gehindert, die Perspektive zu verlieren, und so bewahre ich mich davor, in einem endlosen Alltagstrott zu landen. Ich brauche meine Kinder und sie brauchen mich. Das ist unser aller höchster Wert: Wir werden gebraucht. Die Einsamkeit wächst aus dem Gefühl, überflüssig zu sein.

Ich wünsche mir, dass wir das nicht vergessen – wir sind ohneeinander hilflos. Und es steckt so viel Kraft in dem Wissen, dass wir gebraucht werden – und dass wir die anderen brauchen. Es geht nicht nur darum, selbst gebraucht zu werden; es geht auch darum, andere zu suchen und mit offenen Armen auf sie zuzugehen, ohne dabei um den Verlust seines Prestiges zu fürchten. Wenn du an die Menschen nahe genug herankommst, brauchst du keine Angst davor zu haben, abgewiesen zu werden.

Nun beklagt sich Babyboy. Er murmelt und knötert. Er sagt nicht »Mama«, er sagt »Mee-mee!«. Das hört sich jämmerlicher an.

Er ist ein großer Komiker, wie alle Einjährigen. Es ist ein Versteckspiel ohne Ende, es ist ein Angst einjagendes »Buh!« an der Türöffnung, es ist eine Jagd auf allen vieren, begleitet von fantasievollen, lachenden Warnschüssen. Es ist wirklich wahr: Kleine Kinder, kleine Freuden! Und fast genauso wenig ist nötig, um große Menschen zu amüsieren; jedenfalls gilt das für mich. Ich werde es nie satt haben, von klebrigen Blaubeerlippen geküsst zu werden, von Kartoffelbreifingern gestreichelt zu werden und davon einen matschigen Brei zum Probieren angeboten zu bekommen. Wenn es doch nur jemanden geben würde, der dieselben Blaubeeren wegwischt und den klebrigen Brei von den Stühlen und vom Fußboden kratzt …

Ich lächle ihm zu, ich empfinde mit ihm, uh und oh, armer, kleiner Babyboy! Und schon ist er zufrieden und tappst weiter in die Welt hinaus.

Es gibt bestimmte Sätze, die ich in meiner Zeit als Mutter bestimmt schon 10.000-mal gesagt habe: »Ja, das ist wirklich schlimm für dich!« (mit tiefstem Mitgefühl). Oder »Wow, du bist so clever! Sieh mal an, was du schon kannst!« (mit höchster Anerkennung, äußerst beeindruckt). Und: »Pass bloß auf!« Und so höre ich mein eigenes Echo, wenn eines meiner Kinder in meine Rolle schlüpft; im Moment warnt die kleine Vierjährige gerade ihren Bru-

der: »Pass bloß auf, kleiner Mann! Sonst geht Babyboy noch kaputt! Und dann kann man ihn nicht wieder reparieren! Und all das Blut kommt dann raus! Und wir haben doch nur den einen Babyboy!«
Was kann man sonst noch von einem süßen, liebevollen Leben verlangen, als dass man von so viel Wärme umgeben ist!
(1972)

Dreizehn Jahre: Die Ernsthaftigkeit

Der Dreizehnjährige ist ein Denker. Er erscheint ernster als der Zwölfjährige und er ist in seinem Denken konstruktiv und positiv.

Der Dreizehnjährige, der eine Menge über zwischenmenschliche Beziehungen gelernt hat, mag keine dicke Luft um sich haben und ist gerne zur Aussprache bereit. Er kann sehr gut streiten, wenn es sein muss – er tut es aber nicht nur, um seiner eigenen Unzufriedenheit freien Lauf zu lassen, sondern weil er wirklich möchte, dass die Sachen geregelt werden. Während der Zwölfjährige es vielleicht bevorzugte, Menschen aus dem Weg zu gehen, die sein Wohlbefinden in irgendeiner Weise störten, macht der Dreizehnjährige sich sehr viel Mühe, um eine gute Atmosphäre zu schaffen. Er ist in seinen Beziehungen sehr behutsam. Ein Charakterzug, der dem Dreizehnjährigen völlig fremd ist, ist die Gleichgültigkeit.

Der Dreizehnjährige ist wie eine Hauskatze, eine friedliche, kleine Persönlichkeit. Das Schlimmste, was ihm passieren kann, wäre, »hinausgeworfen« zu werden – wenn die Stimmung zu Hause so ist, dass er sich dort nicht mehr wohl fühlt. Er ist von einer festen Basis, seinem Zuhause, sehr abhängig und dort möchte er sein eigenes, kleines Königreich aufbauen.

Der Dreizehnjährige liest gern und ist ein großer Denker. Was ihn gerade beschäftigt, möchte er am liebsten jetzt sofort diskutieren. In dieser Hinsicht ist er wie ein kleines Kind oder wie ein sehr eifriger Erwachsener – die Gedanken schießen in seinen Kopf und er möchte darüber sofort ein Gespräch anfangen. Wenn es Abend wird, hat er sie wieder vergessen.

Der Dreizehnjährige behandelt die Vergangenheit gern wie ein Puzzle und er möchte alle Einzelteile zusammenlegen können. Es interessiert ihn, zu erfahren, wem er ähnelt, von wem er seine verschiedenen Talente haben mag; gern will er hören, was andere von ihm denken. »*Was meinst du, welcher Beruf würde zu mir passen? Hey, ganz im Ernst: Wozu würde ich mich deiner Meinung nach eignen?*« Er ruht sicher in sich selbst, fühlt sich als Mensch fertig entwickelt, obwohl er weiß – und den Gedanken daran genießt –, dass er noch sehr viele Erfahrungen machen wird. Seine Selbstständigkeit ist aber ganz neu und zerbrechlich. Er glaubt voll und ganz an das Urteil des Erwachsenen über ihn selbst. Um ihn nicht an eine Identitätsauffassung zu binden, die vielleicht nicht seiner eigenen, keimenden Identität entspricht, sollte man sich in Acht nehmen und ihn nicht »abstempeln« – beispielsweise indem man ihm sagt, was er werden solle. Und er ist – mit Verlaub gesagt – noch nicht reif genug, um etwas anderes als positive Meinungen zu seiner Person anzunehmen!

Das Gedächtnis des Dreizehnjährigen ist eine interessante Quelle, aus der man vieles schöpfen kann. Er kann seine eigenen Erlebnisse und Erfahrungen nutzen, um innere Vorgänge im Allgemeinen besser begreifen und verstehen zu können. Sprichst du mit ihm über etwas, das dich persönlich betrifft, kann er dich durchaus verblüffen, weil er genau weiß, wovon du redest: *»Das Gefühl hatte ich auch selbst, bei der und der Gelegenheit.«* Eine Fähigkeit, die du bisher bei ihm noch gar nicht wahrgenommen hattest.

Der Dreizehnjährige ist äußerst zuverlässig und verantwortungsbewusst, besonders wenn es darum geht, etwas zu erledigen, das wirklich alle seine Kräfte erfordert. Er ist einfühlsam und vernünftig, und man kann sich auf seine Hilfe verlassen, wenn jemand Schwierigkeiten hat oder wenn eine Notsituation entsteht. Er weiß, was Rücksichtnahme bedeutet, und er ist ein treuer Freund, wenn er nur loyal behandelt und nicht vergessen oder »übersehen« oder wie ein Kleinkind behandelt wird.

Wenn im Hause etwas geschieht, von dem alle Bescheid wissen, nur er nicht, wird er tief beleidigt sein.

»Tante Else kommt heute«, teilt man ihm vielleicht mit. Der Dreizehnjährige sieht uninteressiert aus.

»Hast du gehört, was ich sagte?«

»Ja«, murmelt der Dreizehnjährige und verschwindet aus dem Wohnzimmer.

Das nächste Mal, wenn Tante Else kommt, vergisst man es ihm zu sagen oder lässt es einfach bleiben. Darauf reagiert der Dreizehnjährige dann, wenn sie wieder weg ist, mit einem beleidigten Kommentar: *»Es ist ja wirklich schön, zu erfahren, was hier im Haus so alles läuft!«* (Der Dreizehnjährige hat die Ironie begriffen und benutzt sehr fleißig solche stechenden Bemerkungen.)

»Das letzte Mal hast du doch sehr deutlich gezeigt, dass es dir nicht wichtig ist«, verteidigt man sich.

»Damals habe ich in der Tat gerade an etwas anderes gedacht«, antwortet der Dreizehnjährige gekränkt.

Und er meint, was er sagt: Was der Dreizehnjährige denkt, das denkt er auch.

Eine der vielen, angenehmen Seiten des Dreizehnjährigen ist sein Sinn für Ordnung. Er hält zwar nicht immer eine perfekte Ordnung, aber wird in regelmäßigen Abständen von einem Sauberkeitsdrang überfallen: *»Ich möchte jetzt sauber machen!«* Und dann macht er es gründlich. Es muss richtig sauber riechen. (Dies gilt also nicht nur für Mädchen.)

Wenn man ihm nicht die Illusion vermittelt hat, dass das Zuhause sich von ganz allein sauber hält und wie eine Pension mit Reinigungskraft funktioniert, wird er es gerne um sich herum sauber und gemütlich haben, und seine Fürsorge richtet sich nicht nur auf seine eigene Person, sondern erstreckt sich auch auf die ganze Familie, die gemeinschaftlichen Räume und auf die persönlichen Angelegenheiten der anderen.

Irgendwoher – aus dem Nichts – hat der Dreizehnjährige auf einmal diese oft imponierenden Fähigkeiten bekommen. Er kann sich beispielsweise verblüffend gut selbst beibringen, ein Musikinstrument zu spielen, wenn es ihm einfach zur Verfügung steht, ohne dass er auch nur eine einzige Unterrichtsstunde bekommt; er kann zum ersten Mal in seinem Leben Fenster putzen, als hätte er nie etwas anderes getan; er kann sich daran machen, ein technisches Gerät zu reparieren, das er noch nie benutzt hat und von dem er noch weniger weiß, wie es von innen aussieht; seine Kapazitäten sind unglaublich. Und sein bleibender, persönlicher Charakter festigt sich nun.

Der eigene Körper ist für den Dreizehnjährigen sehr interessant, aber auch besorgniserregend. Mädchen bekommen in diesem Alter oft Komplexe. Ein *»Quatsch, du bist doch so hübsch«* bringt ihnen keinen Trost. Möglicherweise kann man sie trösten, wenn man Schreckensgeschichten davon erzählt, wie man selbst in dem Alter hunderte Male schlimmer aussah, was man dann bildhaft und überzeugend beschreibt, und ganz besonders, wie man sich dabei gefühlt hat.

Jungen sehnen sich nicht mit sonderlich großer Begeisterung danach, Männer zu werden. Sie können sich wünschen, die Pubertät ganz und gar zu vermeiden. Der erste Pickel auf der Nase kann bei ihnen beinahe Übelkeit erregen. Und sie verstecken ihren Körper, peinlich berührt. *»Deswegen brauchst du dich doch nicht schämen – zieh die Unterhose aus!«* ist eine Bemerkung, die sie mit Angst und Schrecken erfüllt. Auf der anderen Seite lässt ihr Interesse an Pornografie nichts zu wünschen übrig ...

Als Mutter sollte man bei den Zärtlichkeitsbeweisen dem Jungen gegenüber ein bisschen zurückhaltender sein.

Als Vater kann man seine Tochter nicht länger auf den Schoß nehmen und muss darauf achten, seine Finger bei sich zu halten – siehe das vorangegangene Kapitel über das zwölfjährige Mädchen.

Die Liebe blüht auf. Die Mädchen sind in der Hinsicht etwas schneller als die Jungen. Meistens herrscht das reine Matriarchat: Die Mädchen fangen die Beziehungen an und ziehen auch den Schlussstrich; und sie steuern den ganzen Ablauf der Geschehnisse, die dazwischenliegen. Die Jungen hingegen sitzen da und warten – am Telefon, auf eine SMS oder eine E-Mail.

Der Dreizehnjährige ist so ernst und so nachdenklich, so beherrscht und so beherrschend, dass er es vermutlich gar nicht aushalten würde, wenn er nicht ab und zu mal in die andere Richtung über die Stränge schlagen würde. Und dann tut er es wirklich: Es ist die Zeit der großen Albernheiten und des Unsinns! Mädchen können stundenlang kichern und kommen einem irgendwann völlig unmöglich vor; es ist aussichtslos, sie zu stoppen, und für die Menschen um sie herum gibt es keinen anderen Ausweg, als die Flucht zu ergreifen.

Jungen können sich gegenseitig mit den schlimmsten Wörtern, die es gibt, überhäufen, was manchmal in wilden Schlägereien enden kann, die nur aus Spaß angefangen werden und die auch nur aus Spaß geführt werden – bis einer zusammenbricht, sich ganz schrecklich wehtut und eine ganze Stunde lang jammert. Oder er wird so rasend wütend, dass er eine richtig ernste Prügelei anfängt.

Im Rahmen der erforschenden Entwicklungsphase, in die er nach der Krise des Elfjährigen hineingeschlittert ist und die bis zum Ende der Pubertät andauern wird, kann sich der Dreizehnjährige eine Weile über eine Zeit der Beherrschung freuen. Er lebt in ausgezeichneter Übereinstimmung mit sich selbst, mag sich selbst und mag das Leben, und wenn du, als Mutter oder Vater es ihm nicht ganz unmöglich machst, sich wohl zu fühlen, gibt es mit ihm selten oder nie Schwierigkeiten.

Natürlich kann man mit ihm auch Probleme bekommen – aber dann hat man vorher schon die Situation nicht mehr im Griff gehabt. Nimmt man alles sehr gelassen, statt den Mut zu verlieren, wird man entdecken, wie der Dreizehnjährige sich in der Tat die ganze Zeit selbst bemüht, die Missverhältnisse wieder in Ordnung zu bringen. Seine Methode, alles in Ruhe zu durchdenken, ist gar nicht so schlecht!

Eine gute Regel im Umgang mit Teenagern ist es, sie tagtäglich so zu behandeln, als würde man ihnen zum ersten Mal begegnen.

Ein solcher Ausgangspunkt kann übrigens auch bei der Entdeckung der eigenen weniger guten Seiten weiterhelfen – das ständige Kritiküben z.B., das Klagen, das sture Schweigen, die Missverständnisse, kurz gesagt all das, was den Dreizehnjährigen dazu bringt, sich auf die Hinterbeine zu stellen. Springe über deinen Schatten: Wenn du einem Menschen zum ersten Mal begegnest, bist du höflich, interessiert, respektvoll, lebendig; du zeigst dich von deiner besten Seite. Man stürzt sich z.B. nicht in ein fremdes Haus (das Zimmer des Dreizehnjährigen), zeigt mit dem Finger und sagt: »*Wofür um Gottes Willen, Frau Schmidt, brauchen Sie den Kram da?*«, oder: »*Mensch, wie sieht es hier bloß aus!*« Man fragt auch nicht einen Gast, der zu einem ins Haus kommt: »*Und wo kommen Sie denn her, Herr Petersen? Mit wem waren Sie zusammen? Was haben Sie gemacht? Wie sehen Sie eigentlich aus, Herr Petersen? Haben Sie sich wirklich in diesen Klamotten in der Stadt herumgetrieben?*«

Die Begegnung mit dem Dreizehnjährigen – von Mensch zu Mensch, von Freund zu Freund – bestimmt den Ton für die ganze Beziehung, das tägliche Zusammensein. Und du solltest vorausschauen, ganz ohne Illusionen – und nicht im Nachhinein aufgeregt oder schockiert dem Dreizehnjährigen Lektionen erteilen. »*Wie konntest du nur so etwas tun?*« ist eine Frage, die der oder die Dreizehnjährige nur so beantworten kann: »*Das war doch ganz einfach.*« Besser ist es, zu versuchen, einen Schritt voraus zu sein, vorzubeugen, vorauszuschauen und ruhig – immer noch mit allem Respekt – den eigenen Standpunkt darzulegen, die eigene Meinung und auch die Erwartungen offen zu zeigen.

»Wenn du heute jemanden von der Schule mit nach Hause bringst, dann sei nett und bringe nur einen Freund mit. Es gefällt mir besser so, wenn ich nicht zu Hause bin. Ist das in Ordnung?« (Unausgesprochen, wenn man so will: Sonst kannst du gar keine Freunde mitbringen.)

»Wenn du heute Abend irgendwo hinwillst, dann erledige deine Aufgaben, bevor du gehst. Und dann möchte ich, dass du spätestens um neun Uhr wieder zu Hause bist. Genau um neun fange ich dann an, mir Sorgen zu machen, wenn du nicht da bist.« (Unausgesprochen: Keine Arbeit = kein Ausgang.)

Indem du vorausschauend – vorbeugend – bist, schließt du mit dem Dreizehnjährigen einen Bund, der ihm Geborgenheit gibt, weil er weiß, dass du sein Leben kennst oder zumindest versuchst, dich in sein Leben hineinzuversetzen. Du stehst nicht daneben, schweigst und wartest ab, ob auch alles gut geht. Du bist bei ihm, auch wenn du wörtlich gesehen nicht immer an seiner Seite stehst. Du gibst dich nicht mit Urteilen über ihn ab, sondern du gibst seinem Leben eine feste, äußere Form; du legst die Routine und die Grenzen fest. Zu den Arbeitseinsätzen des Dreizehnjährigen zu Hause und seiner sozialen Beteiligung siehe die vorangegangenen Kapitel!

Der Dreizehnjährige weiß viel über Beziehungen und ebenso kundig sind auch seine Freunde. Damit ist nicht gesagt, dass sie kompetent genug sind, ihren Beziehungen Stabilität zu geben. Und besonders bei größeren Gruppen kann der Druck der Freunde das Kind zu Handlungen treiben, die es eigentlich nicht will. Ich bin der Meinung, dass das Zusammensein mit den Freunden immer noch begrenzt werden sollte (bis zu einem Alter von etwa 16 Jahren) und ausschließlich auf das Wochenende gelegt oder an Wochentagen auf ein paar Stunden täglich begrenzt werden sollte. Übernachtungen sollten nur selten erlaubt werden, besonders wenn die beiden Freunde nicht vom gleichen Geschlecht sind. Der oder die Dreizehnjährige kann sehr wohl über alles aufgeklärt sein – er oder sie denkt in dieser Situation auch gar nicht an Sex und ist wie du vollkommen der Meinung, es sei noch viel zu früh dazu. Er oder sie vertraut ganz der Vernunft und auf einmal »ist es einfach passiert ... Ich habe gar nicht daran gedacht, dass es passieren könnte ...«.

Das Entscheidende dabei sind gar nicht so sehr die Moral oder das Risiko einer verfrühten Elternschaft, sondern die unzureichende, gefühlsmäßige Reife des Dreizehnjährigen. Er oder sie wird bei einem frühen, sexuellen Debüt selten einen körperlichen Schaden davon tragen, aber sein Gefühlsleben wird darunter leiden. Bei dem Dreizehnjährigen ist die Aufrechterhaltung einer sexuellen Beziehung oft eine reine Katastrophe. Er kann ein Sexleben (ein wirkliches oder angefangenes) ablehnen, weil er es nicht verkraftet und deshalb damit nichts zu tun haben will, indem er auf grausamste Weise die Partnerin ablehnt: Sie wird verraten, schlecht gemacht, es wird hinter ihrem Rücken über sie geredet und sie wird gequält. In dieser Hinsicht ist sein Gespür für Fair Play noch nicht ausgereift.

Fängt der Dreizehnjährige mit dem Rauchen an, sollte man meiner Meinung nach die ganze, elterliche Autorität einsetzen und es ihm strengstens verbieten. Raucht man selbst, kann man laut hervorbringen, dass es ja wohl reicht, einen blöden Dussel in der Familie zu haben, der auf Druck seiner Freunde damals damit angefangen hat. Sag ihm, dass es in der Tat deine Pflicht als Mutter oder Vater ist, ihn davon abzuhalten, sich in einer so blöden Weise selbst zu zerstören, und dass du aus massiver Lebenserfahrung sprichst. Punkt. Nur wenige Dreizehnjährige werden nach einer solchen Tirade protestieren, denn sie wollen eigentlich gar nicht rauchen – genauso wenig übrigens, wie sie sich in anderer Hinsicht in die Welt des Erwachsenen stürzen wollen.

Der Dreizehnjährige ist eine friedliche Person, zufrieden mit sich selbst; er weiß sehr wohl, was auf ihn zukommt, und er wünscht sich oft, dass er nicht erwachsen werde. Und du kannst ihm dabei helfen, das Erwachsenwerden noch zu verzögern, indem du ihn nicht auf seine Freunde angewiesen sein lässt; ihn zu Hause brauchst, mit ihm redest, mit ihm denkst – ein langer Spaziergang mit einem Dreizehnjährigen ist ein Erlebnis. Du sollst seine mehr oder weniger pflichtschuldigen Bestrebungen, den Erwachsenen zu spielen, nicht unterstützen.

Was du tun musst: dich darüber freuen, dass er da ist, und ihn als Menschen respektieren. Aber gib ihm noch seine feste Routine und seine Grenzen.

Tage voller Lachen

Es gibt wunderbare Tage, fröhliche Tage, an denen man begreift, welch ein gesegnetes Geschenk an die Menschheit das schallende Lachen ist – um nicht das kleine, blubbernde Kichern zu vergessen, das wie ein kleiner Frühlingsbach sprudelt und die Bauchmuskeln dazu bringt, sich in einem wonnigen Krampf zusammenzuziehen. Es ist die herrlichste Heilung, das Lachen, es ist das Erfrischendste und das Wohltuendste, das es gibt; und wenn du zu Ende gelacht hast, sprudelt es nur so von neuem Leben im ganzen Körper wie auch in der Seele. Oh, könnten wir es nur öfter erleben, täglich, immerzu!

Die Gesellschaft zweier kichernder und alberner Mädchen im Alter von zwölf oder dreizehn Jahren kann eine Mutter oder einen Vater zur äußersten Grenze der Irritation treiben, dorthin, wo die Explosion droht und man einen unbändigen Drang verspürt, diese albernen Hühner mit allen möglichen Sachen zu bewerfen – aber es kann auch vorkommen, dass man selbst Schwierigkeiten bekommt, die eigene Gesichtsmuskulatur unter Kontrolle zu halten. Die kleinen Zuckungen im Bauch können nicht mehr zurückgehalten werden, ein sprudelndes Lachen kündigt sich an; mit oder gegen deinen Willen kannst du dort sitzen, zusammengekrümmt, vor Lachen brüllend über eine alberne Bemerkung nach der anderen, über Andeutungen und Zweideutigkeiten, über normales, unschuldiges Essen oder über ein anständiges Butterbrot, über Grimassen, über gelungene Phantasiewörter; und plötzlich fühlst du dich, als wärest du wieder in eine längst vergessene Zeit zurückversetzt, damals, als du am Tisch gesessen und gekichert hast, mit vor Anstrengung hochrotem Kopf, um dir das Schlimmste zu verkneifen. Was so schrecklich lustig gewesen ist, war z.B. ein Brotkrumen auf der Nase einer der Erwachsenen oder ein Lampenschirm, der einem unaussprechlichen Körperteil ähnlich sah, oder damals – nein, sag es lieber nicht! –, als die Dame am Tisch einen künstlichen Fingernagel in ihrer Suppe verloren hat. Und so oft musstest du dich in dein Zimmer zurückziehen, blubbernd vor hysterischen Lachkrämpfen! Du hast geki-

chert, bis du völlig außer Kontrolle gerietst, und unter den allerschlimmsten Anfällen konntest du nicht einmal mehr gehen. Deine Beine waren wie gekochte Spaghetti und das Zwerchfell wie Wackelpudding.

Und all dies steigt in mir hoch, jetzt wo ich in einem reifen und langweiligen Alter, stubenrein und manchmal ganz wohlerzogen, dasitze und zuhöre, während meine zwei ältesten Töchter sich wie eine komplette Mädchenschule aufführen. Unter den aktuellen Witzen, die kaum angefangen werden, bevor die Mädchen unter dem sich nähernden Lachkrampf zusammenbrechen, ist dieser sehr beliebt: »Warum haben die Norweger ihre Scheibenwischer auf der Innenseite der Frontscheibe? Weil sie so Auto fahren ...«, worauf eine brummende Demonstration folgt, bei der die Zunge aus dem Mund flattert und die Spucke durch die Luft fliegt. Dann folgt: »Hey Tom, was machst du denn da? – Ich beobachte gerade ein Mädchen, das sich auszieht. Spannst du auch immer so gerne?«

Diese Sorte von Geschichten wirken wie eine Art Toilettenspülung, an der man zieht, um die Lachwelle auszulösen, darauf folgt ein wildes Improvisieren, bei dem nichts zu blöd ist, um darüber zu lachen.

Solche Sachen sollten wir nicht vergessen, als Erwachsene, wenn die Hindernisse im Leben sich vor uns auftürmen, so dass sie mitunter drohen, uns ganz unter sich zu begraben: Wir sollten nicht vergessen, Gelegenheiten zum Lachen zu suchen! Wir, die doch so viele soziale Einrichtungen besitzen – wie wäre es mit einer Horde Lachtherapeuten?

Vierzehn Jahre:
Die Einsamkeit

Der stabile, oft robuste, konstruktive Dreizehnjährige verändert sich. Als Vierzehnjähriger ist oder wird er verletzlich. Die Welt um ihn schließt sich. Er steht mittendrin und ist empfindlich, manchmal überempfindlich. Und er steht allein dort. Der Vierzehnjährige wird zum ersten Mal von dem deutlichen Gespür davon betroffen, was es bedeutet, sich einsam zu fühlen. Von der Geburt bis zum Tod ist der Mensch allein, egal wie viele Menschen er um sich hat. Ein Stück seiner Seele wird immer im Dunkeln ruhen. Eine Sehnsucht in seinem Herzen wird immer ungehört wieder sterben. Auch in glücklichen Momenten wird er allein sein und da ist der Schmerz vielleicht sogar am größten.

Die Einsamkeit war früher etwas, das ihm eine innere Ruhe brachte oder das er sogar suchte, um allein gelassen zu werden. Jetzt aber fühlt der Vierzehnjährige die Einsamkeit als etwas, dem er nie entkommen kann. Während er sich als Zwölf- und Dreizehnjähriger einigermaßen vertraut mit der Welt der Erwachsenen fühlte und sie in einer ganz nüchternen Weise betrachtete, wird er als Vierzehnjähriger in die Knie gezwungen von einem Gefühl, nicht dazuzugehören. Und dieses Gefühl bewirkt, dass er sich vielleicht um seine Zukunft riesige Sorgen macht. Er weiß, dass er erwachsen werden wird, seinen Platz in der Reihe der Erwachsenen einnehmen und sein Leben leben wird, aber er fängt an sich zu fragen, was eigentlich der Sinn der ganzen Sache ist.

Der Vierzehnjährige kann unter ernsthaften Depressionen leiden. Und er kann in dieser Lebensphase alle seine früheren Pläne über den Haufen werfen, mehr oder weniger aus einer Art von depressivem Missmut: Während er sich bisher immer ganz sicher war, dass er sich als Erwachsener irgendwie mit Musik beschäftigen wollte und dass er viele Kinder haben wollte, will er jetzt vielleicht einsamer Fischer auf den Schäreninseln werden. Ganz ohne Kinder.

Der Vierzehnjährige hat so viel Wissen und so große Einsicht errungen, dass er sich der endgültigen Schlussfolgerung der großen Philosophen nähert: Alles ist nichts. Der Vierzehnjährige hat einen nahen Verwandten im Buch der Prediger. »Alles ist Leere.«

Der Vierzehnjährige steigt hinab in die Tiefen, in die ernsthaften Tiefen des Lebens. Er ist offen für das Übernatürliche. Er grübelt über religiöse Fragen nach. Er wirft sich über Horoskope – vielleicht in der Hoffnung, das Schwierigste umgehen zu können, Bescheid zu bekommen und damit beruhigt zu werden. Der Vierzehnjährige kann lange über alten Bildern von sich selbst sitzen und sie neidisch betrachten. Er versteht, dass er damals nicht nur klein und unwissend war, sondern auch glücklich – weil das Leben damals so einfach war.

Oft wird der Vierzehnjährige verschlossen und schweigsam. Beschäftigungen, die er früher an den Tag gelegt hat, kann er jetzt ohne weiteres zu den Akten legen. Zum ersten Mal in seinem jungen Leben gibt es eine Komponente, die aus Gleichgültigkeit besteht, und sie hat ihren Ursprung in der neuen und erschreckenden Unsicherheit in Bezug auf den Glauben oder die Zweifel am Sinn des Lebens. Er wird oft missverstanden und fühlt sich auch selbst oft von vornherein missverstanden.

Er schweigt ein bisschen zu lange und grübelt ein wenig zu viel – er ist sich sicher, dass ihn sowieso keiner verstehen wird. In dieser Zeit sammelt er beträchtliche Mengen an verdrängtem Stoff in sich und er kann ganz ohne Vorwarnung in Anfällen von hysterischem Weinen oder verzweifelter Wut explodieren. So vehement, dass die Umwelt darüber zutiefst erstaunt und erschrocken ist.

Selbstmordpläne sind in diesem Alter so allgemein verbreitet, dass man sicherlich keinen einzigen Vierzehnjährigen finden würde, der sie nicht hegt, darunter leidet oder zumindest mit dem Gedanken daran spielt. »*Ich wollte mir das Leben nehmen, dann habe ich es versucht und bekam Angst*«, kann man im Nachhinein erfahren und einem bleibt das Herz vor Schreck stehen.

Der Schritt zwischen Leben und Tod ist nicht immer sehr weit.

Der Vierzehnjährige reagiert auf die Reaktionen der Umwelt sehr empfindlich. Er erträgt es nicht, wenn jemand mit ihm unzufrieden ist. Er kann völlig den Mut verlieren, wenn ihm ein Lehrer eine Verwarnung erteilt. Wird er für nicht tauglich erklärt – »*Aus dir wird ja sowieso nie etwas werden*« –, kann eine lebenslange Bitterkeit in seinem Herzen heranwachsen. Auf der anderen Seite kann der Vierzehnjährige, wenn ihm danach ist – da das meiste ja sowieso keinen Sinn hat –, einen riesigen Einsatz bringen. Treibt er Sport, kann er einen Tag Spitzenleistungen vollbringen und am nächsten ganz unten sein.

Kraft seiner Gleichgültigkeit protestiert er gegen die Autorität: »*Welche Rolle spielt es denn, dass ich mich unmöglich benehme, wenn alle sowieso denken, dass ich unmöglich bin?*«

Ein Vierzehnjähriger saß im Englischunterricht und war mit Vorlesen dran. Plötzlich fiel ihm ein, seiner Ablehnung sowohl dem Lehrer als auch dem Unterricht gegenüber dadurch Ausdruck zu verleihen, dass er das Englische in einer übertrieben komischen Weise vortrug. Ganz verblüfft musste er feststellen, dass der Lehrer ganz begeistert war und der Klasse gegenüber erklärte, dass Englisch genau so gelesen werden müsse! Ab diesem Tag brachte der Vierzehnjährige sowohl dem Lehrer als auch der Sprache die größte Sympathie entgegen … So etwas kann geschehen, wenn der Vierzehnjährige die Welt mit neuen Augen sieht – ganz zufällig, ohne es geplant oder gewünscht zu haben.

Umgekehrt kann es natürlich geschehen, dass das, was der Vierzehnjährige für sicher und gut hielt, in nur einer Schulpause bis in die Dunkelheit des Mittelalters hineinversenkt werden kann. Eine lange und treue Freundschaft zwischen zwei Vierzehnjährigen kann abrupt beendet werden, ohne dass die beiden auch nur versuchen, die Sache wieder ins Lot zu bringen – was der Dreizehnjährige ohne Bedenken getan hätte.

Die psychisch verletzlichen Vierzehnjährigen sind auch körperlich verletzbar. Die wachsenden Brüste der Mädchen sind nun in der Regel besonders empfindlich, und die Jungen haben mit Recht eine Todesangst davor, mit ihren Hoden gegen etwas anzustoßen.

In dieser Zeit wachsen die Jungen normalerweise sehr schnell und sie nehmen die Veränderungen mit gemischten Gefühlen wahr: Man kann sich ja als Erwachsener gut vorstellen, welche Verwirrung einen überkommen würde, wenn man auf einmal einen Kopf größer wäre und eine Stimme bekäme, die ständig hoch- und runtergeht, und man keine Ahnung hat, wohin dies alles führt. Die unvermeidbare und deutliche Präsenz des Körpers macht den Vierzehnjährigen empfindlich, weil ihm sein Körper ständig bewusst ist.

Der Vierzehnjährige befindet sich in einer verändernden Zeit innerhalb der erforschenden Entwicklungsphase, in die er nach der Krise des Elfjährigen eingetreten ist und die bis zum Ende der Pubertät andauern wird. Nach seinem Wohlbefinden als Dreizehnjähriger wehrt er sich gegen diese Veränderung, die mit der des Neunjährigen verglichen werden kann: die suchende Veränderung, die in die Welt des Grübelns und die Vertiefung in sich selbst führt. Wer bin ich? Was erwartet mich?

Aber der Vierzehnjährige geht tiefer als der Neunjährige, weit über die Tatsachen hinaus; er stellt den eigentlichen Sinn des Lebens in Frage. Er kann dabei in Gefahr geraten: Man muss als Eltern das Selbstmordrisiko mit einkalkulieren, obwohl man es absurd findet. Fragt man Vierzehnjährige danach, warum sie Selbstmord begehen würden, kann man Antworten wie diese bekommen:

»Vielleicht hat man von der Schule oder von der Arbeit einfach genug und man will dort nicht mehr hingehen.«

»Vielleicht will man sich an jemandem rächen, der einen schlecht behandelt hat.«

»Vielleicht will man auf sich aufmerksam machen. Man kann z.B. in den Zoo gehen, wie einer es getan hat, und sich von den Löwen zerreißen lassen. Dann kommt es auch auf die Titelseiten aller Zeitungen.«

Der letzte hat noch hinzugefügt: »Kannst du dir eine Methode, sich das Leben zu nehmen, denken, die mehr Aufsehen erregen würde? Sicherlich nicht!«

Und dann steht man als Erwachsener mit seinem ganzen Vernunftdenken da und kann nur den Kopf schütteln und denken, das Leben habe doch wohl einen größeren Wert, als dass man es nur aus einem Rachegefühl heraus oder Wichtigtuerei vergeuden würde! Aber dieser Meinung ist der Vierzehnjährige anscheinend nicht immer.

Gegen seine Selbstmordpläne, seine Depressionen, Schwermut und Überempfindlichkeit gibt es im Großen und Ganzen drei Hilfsmittel:

1. Das Lachen, das Vergnügen, die Freude, das Kichern, die Albernheit, das Kindischsein.
2. Die Versicherung, dass er gebraucht wird – gefühlsmäßig und konkret; das Gefühl, in jeder Hinsicht unentbehrlich zu sein.
3. Akut: eine Art Übung in der Kunst des Überlebens, die du mit dem Kind zusammen planst und durchlebst. Geh mit dem Kind für ein paar Wochen Campen, ganz primitiv, ohne viel Geld und »Luxus«, mach eine Reise, spontan und von einem Ort zum anderen, ohne große finanzielle Ausstattung, oder unternimm etwas Ähnliches in dieser Richtung, damit die Lebenslust

des Vierzehnjährigen durch den einfachen Überlebenstrieb, der bei dieser Gelegenheit spürbar wird, geweckt wird.

Der Vierzehnjährige muss gar keine so düstere Persönlichkeit sein, wie es hier angedeutet wird, und wenn, dann natürlich auch nicht für die ganze Zeit. Aber generell kann man sagen, dass er empfindlich, verletzlich – um nicht zu sagen überempfindlich – ist. Er benutzt seine Vernunft nur in sehr geringem Maße. Worüber er gestern noch lachen konnte, vor dem wird er sich vielleicht heute ekeln; morgen wird er deswegen vielleicht zur Tür hinausstürzen und übermorgen wieder darüber lachen. Da seine Fähigkeit, selbst Missverständnisse aus dem Weg zu räumen, überaus gering – fast nicht existent – ist, muss man ab und zu seine Interessen wahren. Ich habe manch einen Vierzehnjährigen mit dem oder denen, die ihn gedemütigt haben (ohne dass es ihnen bewusst war), zusammengebracht und sie gebeten, eine Erklärung dafür zu geben.

»Aber«, sagen die »Angeklagten« dann, »*ich habe doch gar keinen Ton gesagt!*«

»Doch«, zischt der Vierzehnjährige. »*Das hast du wohl. Du hast mich so verdammt gemein angesehen.*«

In einer solchen Situation herrscht natürlich ein Lachverbot, obwohl es sehr an den Mundwinkeln ziehen mag.

»Du solltest ihn so nicht ansehen«, habe ich ermahnt. »*Versuch ihn ganz normal anzusehen!*«

Eine solche Unterstützung braucht der Vierzehnjährige ab und an in seiner Dunkelheit – eine Spur von Loyalität, ein Licht, das möglicherweise bis in seine einsame Seele reicht. (Dass der arme Ausgeschimpfte, der ihn »angesehen« hat, dann kopfschüttelnd davonzieht und bezweifelt, dass weder der Junge noch die Mutter ganz richtig im Kopf sind, lässt sich leider nicht immer vermeiden.)

Der Vierzehnjährige ist ein dankbarer Gesprächspartner, wenn es um metaphysische Themen geht. In seinem Denken ist er sowohl konkret als auch erhaben und feinfühlend. Er sucht sich Beispiele und Untermauerungen für seine Fragen und Gedanken in den eigenen Erfahrungen. Er schwebt auch in das Unbekannte hinaus, spielt mit Theorien und Hypothesen und weicht vor nichts zurück. Jedenfalls ist er eine erfrischende Gesellschaft, wenn es darum geht, den Staub aus den Tiefen deiner eigenen Seele etwas aufzuwühlen.

Wenn man sich mit ihm buchstäblich aufs Glatteis existenzieller Fragen begibt, mit ihm über das Leben nach diesem Leben spricht, über den Sinn des Lebens und ähnliche Themen, wird der Vierzehnjährige ganz eifrig. Da erkennt man in ihm den kleinen Jungen wieder, der mit Lego spielte. Und das ist es vielleicht, das Leben: ein einziges und sinnloses, aber zusammensetzbares und aufregendes Legospiel.

Zu der Tätigkeit des Vierzehnjährigen im Hause, zum Umgang mit Freunden, zum möglichen sexuellen Debüt etc., siehe die vorangegangenen Kapitel über den Dreizehn-, Zwölf- und Elfjährigen.

Das Licht

»Es gibt nicht genug Dunkelheit in dieser Welt, um auch nur ein einziges kleines Licht zu verbergen.« So lautet ein altes Sprichwort. Und was trägt mehr Licht in sich als Kinder, kleine wie große, mit glänzenden Augen und strahlendem Lächeln?
»Ich liebe dich mehr, als du denkst«, sagt das kleine Mädchen, das gerade acht Jahre alt geworden ist. Und es ist, als würde die Liebe – die Macht, die alle reinen Wesen durchdringt – selbst das Kranke und das Böse berühren und es vertreiben.
»Hier geht es mir gut!«, ruft der kleine Sechsjährige aus, als er sich im Restaurant an den Tisch setzt. Und wenn er sein Essen nicht aufessen kann, bietet er es mir an: »Möchtest du noch mehr Kiddy-Speck?« (Es wurden Kidneybohnen mit Speck serviert.)
Ein kleines Mädchen wird bald sieben und wir gehen auf Reise. Ihre große Schwester fragt, ob es ihr etwas ausmacht, wenn wir ihren Geburtstag verschieben und erst feiern, wenn wir wieder zu Hause sind? »Überhaupt nicht«, antwortet das fröhliche, baldige Geburtstagskind. »Wenn ihr nur nicht auch mich verschiebt!«
Und wenn an einem frühen Sommermorgen die Elfen über die Wiesen tanzen und wir in Schweden mit dem Auto unterwegs sind, erzähle ich ihnen von dem Elfenmädchen, das bitterlich weinte, weil die anderen sie zur Zeit des Sonnenaufgangs allein ließen, der Zeit, zu der alle Elfen nach Hause zurückkehren müssen. Drei paar Augen dort auf dem Rücksitz werden immer größer und Fragen folgen auf Fragen voller Mitgefühl und Poesie. Und die zwei großen Kinder sitzen überlegen lächelnd, aber sie schweigen und denken an das, woran sie selbst geglaubt haben, als sie klein waren.
Schon früh genug werden sie von der wirklichen Welt eingeholt.
Schon früh genug sind sie keine kleinen Kinder mehr – früh genug wird der Nebel Nebel sein und keine Elfenmädchen mehr verbergen und das Dunkel wird tiefer werden; früh genug werden sie auf Fragen stoßen, auf die sie keine Antworten haben, weder schöne noch poetische, weder deutliche noch erklärende; gar keine Antworten. Früh genug wird sich das schweigende Dunkel über das legen, was sie am liebsten wissen möchten.

Da möchte ich für sie da sein und sagen: »Es gibt nicht genug Dunkelheit in dieser Welt, um auch nur ein einziges kleines Licht zu verbergen.«

Und ich denke dann, dass es für jeden Menschen Kinderhände geben sollte, leichte, spielende Hände, über Stirn, über Wangen, wenn man schwer und müde auf einem Bett liegt, das nicht viel Ruhe bringt. Für uns alle sollte es Kinderstimmen geben, die reden und nachsinnen, über die Liebe, das Leben und den Tod, und darüber, ob der Mond Geschwister hat und welche Art von Musik Jesus wohl am liebsten hört und ob er gerne tanzt.

Nahe uns allen sollte es fliegende, federleichte Laufschritte von nackten Kinderfüßen geben – wie die Kleinen so sagen: »Nackig-füßig!«

Fünfzehn Jahre: Erwachsen – oder was?

Der Fünfzehnjährige ist noch nicht erwachsen, aber schon sehr nahe dran. Er experimentiert mit seinem eigenen Status als Erwachsener, und da ihm bewusst ist, dass seine eigene Reife und Erfahrung nicht ausreichen, sucht er Unterstützung in äußeren Zeichen. Fängt er z.B. mit dem Rauchen an (was er nicht tun sollte, siehe Seite 571), sitzt er vor dem Spiegel und übt und beobachtet, ob auch alles ganz natürlich aussieht, und er geht nicht eher vom Spiegel weg, bevor es wirklich natürlich – und d.h. »welterfahren« – aussieht. Was der Fünfzehnjährige tut, muss er in einer Weise tun, die bezeugt, dass er es schon immer getan hat, oder zumindest schon die letzten paar Jahre (seitdem er – hm! – »erwachsen« wurde). Bloß das Anzünden eines Streichholzes oder eines Feuerzeuges in der richtigen, spontanen Weise erfordert seinen Mann, d.h. eifriges Üben.

In gewissen Kreisen veranstalten die Fünfzehnjährigen Partys, bei denen sie in ihren Bestrebungen danach, erwachsen zu wirken, zu geradezu pathetischen Bemühungen greifen: Sie servieren einen Drink vor dem Essen, prosten und trinken Wein, es werden »Tischreden« gehalten usw. (Meiner Meinung nach sollten stärkere alkoholische Getränke zur Erwachsenenwelt gehören, und Wein und Bier sollten nur in ganz kleinen Mengen erlaubt sein – nur zu Hause, und erst, wenn das Kind 16 Jahre alt ist!)

Der Fünfzehnjährige trägt die Einsamkeit des Vierzehnjährigen in sich und auch das Gefühl, nicht dazuzugehören. Ihm fehlt auch die soziale Stütze, auf die man als Erwachsene/r zählen kann. Er muss mit Bitterkeit feststellen, dass er in vieler Hinsicht noch Mängel hat. Er ist unerfahren, oft naiv. Er weiß ganz einfach zu wenig. Und er ist allein – oder glaubt es zumindest – auf dieser Erde: Es gibt niemanden sonst, der so ist wie er. Deshalb wird er überaus erstaunt sein, wenn er jemanden findet, der ihm selbst ähnelt, der dieselben Idole hat, dieselben Interessen, der liest und denselben Schriftsteller schätzt, der dieselben Erfahrungen gemacht hat wie er und daraus dieselben Schlussfolgerungen gezogen hat. Begierig greift er nach jedem Zeichen eines Einklanges.

Der Fünfzehnjährige lernt es, seine Worte so zu wählen und sein Verhalten so anzupassen, dass er klüger und erfahrener erscheint, als er ist. Ein großer Teil seiner Erfahrungen ist noch in hohem Maße unverdaut, aber er möchte trotzdem abgeklärt und reif erscheinen. Entsprechend ernst und dramatisch wirkt er oft in seinen Äußerungen, wiewohl ihn weder Geduld noch Vernunft – auf der einen wie auf der anderen Seite – kennzeichnen.

Sein Image wird ihm wichtiger als je zuvor. Er ist entsetzt beim Gedanken, dass er ins Fettnäpfchen treten könnte und er begegnet jedem Gelächter und allem Hohn mit herausforderndem Trotz. Er will seiner Umgebung zu verstehen geben, dass er selbstverständlich keine Dummheit begangen hat, sondern dass es seine Absicht gewesen ist, das zu tun, was er gemacht hat, und zur Unterstreichung dessen treibt er es noch weiter und zeigt, dass er es noch schlimmer machen kann. Der Fünfzehnjährige steht mit einem Bein in dem Image, das er sich gibt, und mit dem anderen Bein in der Wahrheit über sich selbst. Je effektiver er die Wahrheit verbirgt, desto schwieriger wird es für andere, herauszubekommen, wie er eigentlich ist, denkt er, und damit hat er ja Recht; aber die Wahrheit über ihn selbst lässt ihm keine Ruhe. Der Fünfzehnjährige kann beträchtliche Komplexe entwickeln und dazu eine Unsicherheit, die umso mehr wächst, je mehr sie versteckt wird. Er kann sich wie ein verängstigtes, kleines Kind fühlen, der sich am liebsten hinter Mutters Rockzipfel verstecken möchte – aber wenn es dann jemandem gelingen sollte, hinter seine Fassade zu schauen und sein Innerstes mit Zärtlichkeit, Verständnis und Mitgefühl zu berühren, kann er auf einmal kehrtmachen und zur Tür hinausstürzen. Dem Fünfzehnjährigen ist es nicht mehr erlaubt, klein zu sein.

Ich glaube, wir können uns alle an Augenblicke erinnern, in denen wir nicht verstanden wurden. Sie tun weh. Der Fünfzehnjährige scheint solche Momente zu sammeln und er bewahrt sie verbittert in sich auf. Die glücklichen Stunden zählen nicht. Deren klares Licht ist in irgendeinem unpersönlichen Fotoalbum in der dunkleren Ecke der Seele erloschen. Was zählt und wehtut und blutet mit unnachlässiger Kraft, sind die Stunden, in denen er nicht verstanden und im Stich gelassen wurde und wird.

Der Fünfzehnjährige ist sehr betulich mit sich selbst. Seine Furcht gilt dem Merkmal, dass er gar nicht so besonders ist. Die Traumdeutung kann ihn interessieren, die Tiefenpsychologie auch, und den Existentialismus findet er ansprechend, wenn ihm diese Lehre nahe gebracht wird. In der Bibel findet er Bestätigungen seines Zustandes in jenen Schilderungen, die teils von Leiden, teils von Größe erzählen.

Im Alter von 15 Jahren ist der Mensch außerordentlich empfänglich. Philosophische Werke über die Kunst des Denkens und des Lebens, des Liebens und des Glaubens nimmt der Fünfzehnjährige mit so viel Interesse in sich auf, wie es vielleicht nie mehr der Fall sein wird, außer eventuell in der späteren Midlifecrisis. Seine Träume sind oft grandios. Er wird jemand werden. Er wird etwas Großes werden. Er wird berühmt werden. Er wird der Beste auf seinem Gebiet werden. Er wird auf der Titelseite aller Zeitungen erscheinen. Er wird erfolgreich sein!

Der Geschlechtstrieb des Fünfzehnjährigen ist oft stark. Er kann davon vorangetrieben werden, egal ob er es will oder nicht. Es ist nichts Außergewöhnliches, dass der Fünfzehnjährige sein sexuelles Debüt hat. Besonders die Mädchen in diesem Alter fühlen sich oft dazu gedrängt, es »durchzustehen« – weil sie glauben, dass alle anderen es schon getan haben.

Gefühlsmäßig ist der oder die Fünfzehnjährige selten reif genug, um eine sexuelle Beziehung zu handhaben. Lehrer, die Sexualkunde, und Pfarrer, die Konfirmanden unterrichten, bezeugen, dass die jungen Menschen die physiologischen Erklärungen nun satt haben: Der Penis wird in die Scheide geführt ... Was sie wirklich wissen wollen, ist alles, was mit den Gefühlen zusammenhängt. Zwar kann man lernen, eine Zigarette in der richtigen Weise zu halten, damit es natürlich aussieht, aber man kann nicht lernen, so zu *fühlen*, dass es natürlich aussieht!

Die fünfzehnjährigen Mädchen verlieben sich meistens in ältere Jungen und sie finden die gleichaltrigen Jungs uninteressant und kindisch. Die Jungen phantasieren oft über ältere Frauen: die Mutter, die Lehrerin oder die Mutter des Freundes. Es können sehr fortgeschrittene Phantasien sein – Phantasien, die in die Tat umgesetzt werden, wenn sich eine Gelegenheit bietet.

Der Fünfzehnjährige befindet sich in einer erforschenden Entwicklungsphase, aber er ist zusätzlich noch den Mühen der Veränderung ausgesetzt. Was er erforscht, ist sein eigenes Dasein als Erwachsener, das sich mit großen Schritten nähert. Er hat das Muster schon studiert. Nun passt er sich dem, was er gelernt hat, an.

Der Fünfzehnjährige bereitet sich darauf vor, die »Herde« zu verlassen und sein eigenes Leben zu führen. Er kann deshalb nicht mehr seine Eltern und den oder die Erwachsenen in der »Herde« als Alleinherrscher akzeptieren. Er tritt in Konkurrenz mit ihnen, rivalisiert und macht ihnen den Rang streitig. Konflikte sind unvermeidbar. Der Fünfzehnjährige kann nicht ohne weiteres akzeptieren, dass andere über ihn bestimmen – schließlich wird man schon bald von ihm erwarten, dass er dazu im Stande ist, über sich selbst zu bestimmen. Autoritäre Forderungen nach blindem Gehorsam führen dazu, dass der Jugendliche dagegen rebelliert.

Druckausübung vonseiten der Erwachsenen, Steuerung und strenge Kontrolle führen zu demselben Ergebnis; aber auch Gleichgültigkeit, Unachtsamkeit und Schweigen enden in einer Revolte. Der oder die Jugendliche wehrt sich gegen eine zu starke, gefühlsmäßige Abhängigkeit, weil er weiß, dass er in seinem Leben weiterkommen muss und soll. Die Konflikte können gedämpft werden und in glücklichen Fällen ganz und gar konstruktiv bleiben, wenn man als Erwachsener ständig vor Augen behält, dass der Jugendliche in der Tat weiterkommen und seinen eigenen Weg finden muss. Dann betonst du das Recht des Jugendlichen dazu, sein eigenes Leben zu führen – als Erwachsener, im Alter von 18 oder 19 Jahren (vermutlich wird er zu dem Zeitpunkt von zu Hause ausziehen; siehe »Die Kinder heiraten oder sie auf das Leben vorbereiten?«, Seite 363). Auf diese Weise zeigst du, dass du den Gedanken akzeptierst und auch von ihm fasziniert bist, wie anders alles sein wird, wenn er sein Leben in die eigene Hand nimmt:

Ich bin wirklich gespannt und freue mich darauf, zu sehen, was du alles schaffen und machen wirst, wenn du selbst entscheidest, wie du leben willst, was du sein wirst, welche Menschen dir gefallen werden ...« Die krasse Kehrseite dieser schönen Medaille sieht so aus: *»Aber solange du zu Hause wohnst, bestimme ich/ bestimmen wir!«* Je mehr und je eher man als Eltern die angenehmen und schönen Seite der Selbstständigkeit betont, je weniger braucht man später auf die Kehrseite hinweisen.

Der Fünfzehnjährige ist im Übrigen Experte darin, die Familie in ein Dilemma zu bringen. Er weigert sich vielleicht, mit aufs Land zu fahren, an einer Urlaubsreise teilzunehmen, bei Tante Augusta zu dinieren. Argumente, die darauf aufbauen, dass es zu seinem eigenen Besten sei, wenn er mitkäme, zeigen selten große Wirkung. Die Chance auf Erfolg ist etwas größer, wenn du stur darauf bestehst, dass du ihn mithaben willst, weil es dann viel lustiger wird, und außerdem kannst du versuchen, ihn davon zu überzeugen, dass er *gebraucht* wird, praktisch und konkret, damit das ganze Vorhaben überhaupt gelingen kann – dann wird er nachgeben. Denn wenn der Fünfzehnjährige wirklich unentbehrlich ist oder wenn er dazu gebracht werden kann, sich selbst als unentbehrlich zu betrachten, innerhalb der »Herde«, zu der er gehört, dann wird er auch als Führungsperson dastehen können Seite an Seite mit der oder den übrigen Führungspersonen in der Gruppe. Dann ist er nicht untergeordnet.

Geht es um das Mittagessen bei Tante Augusta, kann man ihn jedoch kaum davon überzeugen, dass er notwendigerweise mitkommen muss, damit es ein gelungener Besuch wird – also wird er sagen: »*Na und, bei ihr kann ich doch wohl ein anderes Mal kurz vorbeischauen.*« Die Eltern können argumentieren, bis ihnen die Köpfe qualmen. Wenn er nicht will, dann will er nicht. Gefühlsmäßig mag es überaus notwendig sein – das reicht ihm aber nicht.

Aber auf dem Lande kann er doch wohl unentbehrlich gemacht werden? Und auf einer Reise? Weniger feine Tricks müssen manchmal eingesetzt werden. »*Ich kann die Kartoffeln nicht anhäufeln. Ich weiß nicht einmal, was Unkraut ist und was nicht. Du musst mir also helfen. Du kannst ja wenigstens versuchen, mir das beizubringen.*«

»Das ist doch total leicht«, sagt der Fünfzehnjährige (der selbst keine Ahnung davon hat, wie man Kartoffeln anhäufelt). Stolz – und ein wenig befangen – nimmt er die führende Rolle gerne an, wenn man nur überzeugend genug ist.

Der Fünfzehnjährige ist meiner Meinung nach zu jung, um ihn mehr als einen Tag allein zu lassen, wenn die Familie sich woanders aufhält.

Zu der Bedeutung der sozialen Beteiligung – die notwendige Teamarbeit, die Zusammenarbeit mit den Erwachsenen – und zu den Arbeitsaufgaben des Jugendlichen zu Hause, siehe die Kapitel über den Dreizehn-, den Zwölf- und den Elfjährigen.

Für den Fünfzehnjährigen ist der Umgang mit Freunden so wichtig, dass man ihn unentbehrlich nennen kann. Also sollte man in puncto enger Freundschaft ermuntern und darin, sich nicht nur mit der Liebe und den dazugehörigen Träumen und Enttäuschungen zu beschäftigen.

Die Freundschaft ist etwas Beständiges oder kann etwas Beständiges werden, und sie ist für den Fünfzehnjährigen vor allem dienlich, weil sie ihm die Bestätigung bringt, dass er nicht allein ist. Es gibt andere wie ihn. Andere, die dieselben Gedanken hegen wie er. Andere, die so fühlen und dieselben Dinge schätzen wie er.

Er ist auch glücklich, wenn er mit seinen Freunden zusammen eine deutliche und gemeinsame Selbstständigkeit vertreten kann: als Punker vielleicht, oder überhaupt als »Besessener« oder »Spezialist« auf irgendeinem Gebiet. Hier kann er eine geteilte Führungsposition innerhalb einer neuen »Herde« testen. Diese sollte sich dann natürlich, meint er, so sehr wie möglich von der »Herde« der Eltern, seines »Milieus«, der Lehrer oder anderer Führungspersonen, die ihm den Rang am stärksten streitig machen, unterscheiden. Manchmal werden die Eltern nur mit mäßiger Begeisterung seine Bestrebungen betrachten können. Aber ich finde, man sollte versuchen, sich darauf zu beschränken, deren Form und nicht deren Inhalt zu bestimmen.

Hegst du z.B. den Verdacht, dass dein Fünfzehnjähriger das Haschischrauchen ausprobieren möchte, wenn er demnächst mit den Freunden einen Wochenendausflug machen wird, weil du vielleicht glaubst, dass diese Freunde Haschisch rauchen, solltest du es ihm nicht erlauben, mitzufahren. Du sorgst dafür, dass er die Gelegenheit nicht bekommt (du bestimmst die äußere Form). Gibst du ihm stattdessen die Erlaubnis, zu fahren, aber mit dem Vorbehalt: »*Dann musst du mir aber versprechen, dass du kein Haschisch rauchst*«, schiebst du die Verantwortung auf den Fünfzehnjährigen. Er würde die Gelegenheit bekommen, müsste sich selbst aber davon abhalten, sie zu nutzen (du bestimmst den Inhalt).

Diese letztgenannte Alternative ist nicht ganz fair. Sie ist einfach nicht gut, aus dem Grunde, weil sie den Fünfzehnjährigen – der natürlich früher oder später eine solche Gelegenheit nutzen wird – mit Schuld belastet. Er wusste, was er nicht machen durfte, aber er hat es trotzdem getan.

Die erste Alternative ist besser, weil es immer leichter ist, zu sagen »*Es geht nicht*« oder »*Die Alten lassen mich nicht*« – als »*Ich möchte nicht*«.

So wie die Freiheit zum Zwang werden kann, kann ein Verbot eine Erleichterung beinhalten. Auch als Erwachsene entschuldigen wir uns ja mit verhindernden Umständen, wenn wir an irgendetwas nicht teilnehmen möchten: »*Ich habe so viel zu tun*« oder »*Ich muss morgen früh aufstehen*« oder »*Ich fühle mich nicht richtig fit*«. Man braucht starke Nerven, um klipp und klar zu sagen: »*Ich möchte nicht.*« Denn was werden die Freunde, die Verwandte oder wer es auch sein mag, wohl denken? Sie werden sicherlich denken, dass wir sie nicht sonderlich mögen oder sie für nicht so wichtig halten. Ein Fünfzehnjähriger, der sagen kann: »*Ich darf nicht*«, braucht nicht sagen: »*Ich möchte nicht.*«

Was man dem Fünfzehnjährigen erlaubt, sollte er, meiner Meinung nach, so machen und tun dürfen, wie es ihm gefällt, ohne dass er sich dabei schuldig fühlen müsste. Die Form wird vorgegeben, aber über den *Inhalt* bestimmt er selbst.

Siehst du also deine Tochter in einer sehr intimen Umarmung mit Ole auf dem Bett in ihrem Zimmer, kannst du sagen: »*Wir essen in fünf Minuten, also ist es besser, wenn Ole jetzt nach Hause geht*«, und du machst die Tür wieder zu – aber du solltest den Inhalt nicht bestimmen: »*Wenn Ole hier ist, müsst ihr die Tür offen lassen.*«

Du gibst dem Jugendlichen eine Form, einen äußeren Rahmen, eine begrenzte Zeit, eine bestimmte Grenze vor. Innerhalb dieses Rahmens gewährt man dem Kind völlige Freiheit. Die Freiheit wird nicht von der gegebenen Form begrenzt. Ganz im Gegenteil glaube ich, dass die Freiheit dem Kind erst dadurch ermöglicht wird, indem man Formen setzt, weil es seine eigenen Grenzen noch nicht selbst setzen kann.

Für beide Geschlechter gilt, dass der Geschlechtstrieb in diesem Alter stark ist.

Für den Jungen sind Samenergüsse sowohl im Schlaf wie auch beim Onanieren nicht nur normal, sondern auch notwendig – sonst würde der Druck zu groß werden. Oftmals wird er sich wünschen, dass er im Boden versinken könnte: Er bekommt in den unpassendsten Momenten eine Erektion und hat keine Kontrolle darüber. Gedankenlose Andeutungen und scherzhafte Bemerkungen machen ihn schrecklich schüchtern, dasselbe gilt für eine forciert offene Haltung. Die Sexualität ist ein empfindliches Gebiet, und ich finde, man sollte sich als Erwachsener sehr diskret verhalten.

Natürlich solltest du sicherstellen, dass der Junge nicht glaubt, dass die Pornohefte, die er – offen oder heimlich – liest, ein wahres Bild der Sexualität darstellen. Und du solltest dir über deine eigene Einstellung Gedanken machen: Findest du, dass Sex etwas schwierig ist, ist es besser, dem Jugendlichen ein gutes Buch über das Thema in die Hand zu drücken oder zu dem Thema ganz und gar zu schweigen! Ich meine, dass es so besser ist, als zu versuchen, eine natürliche Haltung einzunehmen, die man in Wirklichkeit nicht hat.

Das Mädchen macht sich oft mehr Sorgen über ihre körperliche Entwicklung und ihre Menstruation als über ein Sexualleben, zu welchem sie in diesem Alter selten oder nie die Initiative ergreifen würde. (Damit ist nicht gesagt, dass sie sich davon abhalten kann, wenn die Lust, der Trieb, erst einmal geweckt worden ist.) Sie kann früh oder auch spät entwickelt sein – die Pubertät des Mädchens erstreckt sich über viele Jahre: Heutzutage fangen bei einigen Mädchen die Brüste schon im Alter von acht Jahren an zu wachsen und bei anderen erst, wenn sie 15 sind. (Früh Brüste zu bekommen heißt nicht, dass auch die Menstruation früh einsetzt.)

Für die, die sich sowieso schon einsam und als Außenseiter fühlen, ist es nicht angenehm, feststellen zu müssen, dass sie sich auch noch von ihrer Äußerlichkeit her verändern und von anderen unterscheiden. Du musst versuchen, dein Mädchen davon zu überzeugen, dass sich alles von allein regeln wird. Du kannst dabei zu deiner eigenen späten bzw. frühen Entwicklung Parallelen ziehen! Wie unbedeutend dir die Dinge, die der Fünfzehnjährigen Sorgen bereiten, auch erscheinen mögen, du musst versuchen, ihnen genauso viel Bedeutung beizumessen, wie es die jungen Mädchen tun, zumindest solange, wie das Gespräch darüber andauert.

Die Menstruation ist in den ersten zwei Jahren selten regelmäßig. Sie kann das eine Mal etwas reichlich – und schmerzhaft – und das nächste Mal viel leichter und spärlicher ausfallen. Sie kann auch manchmal ganz wegbleiben und das nächste Mal dann etwas früher kommen. Schwankungen sind normal; der Körper, die »Maschinerie«, ist noch nicht »eingefahren«. Egal wie die Entwicklung deiner Tochter verläuft, musst du auf deine eigene Einstellung dazu achten! Die Tatsache, dass das Mädchen bald eine erwachsene Frau sein wird, sollte mit Stolz und Freude begrüßt werden und nicht von der geringsten Spur der Scham oder der Verlegenheit überschattet sein.

Der erste Samenerguss des Jungen lässt selten bis zum Alter von 15 Jahren auf sich warten, aber er beginnt vielleicht erst dann – auch von der Menge her – wie das Ejakulat eines erwachsenen Mannes auszusehen. Die bisher klare Flüssigkeit wird milchiger, dicker und reichlicher. Und hoffentlich wird der Junge ganz stolz sein. Er ist jetzt ein Mann.

Zu dem Umgang des Jugendlichen mit Freunden, Übernachtungen, einem möglichen sexuellen Debüt siehe das Kapitel über den Dreizehnjährigen (Seite 566). Was dort gesagt wurde, gilt meiner Meinung nach prinzipiell auch für den Fünfzehnjährigen.

Die Freundschaft des Fünfzehnjährigen mit einem oder zwei Jugendlichen vom gleichen Geschlecht sollte auf jeden Fall ermuntert und unterstützt werden – wohingegen man den Umgang mit größeren Gruppen von Freunden sehr wohl etwas begrenzen kann. Wenn es für den Fünfzehnjährigen jetzt in seinen Beziehungen zu Freunden, zu seiner Familie, zur Schule, zur Gesellschaft überhaupt schief läuft, so dass er eventuell auf Randgebiete der Kriminalität stößt oder in Drogenkreisen landet, kann diese Zeit durchaus entscheidend dafür sein, wie seine Zukunft aussehen wird. Der Fünfzehnjährige, der auf die schiefe Bahn geraten ist, hat schon bald so viel Dreck am Stecken, dass es schwer ist, ihn wieder auf den richtigen Weg zu bringen.

Du solltest dann keine Bedenken haben, ihn aus diesem Umfeld herauszuholen. In einem frühen Stadium reicht vielleicht eine Woche oder ein Monat

– eine Zeit, in der du auch selbst das gewohnte Umfeld verlässt, um mit ihm zusammen zu sein unter solchen Bedingungen, unter denen beide für das gemeinsame Überleben einen wirklichen Einsatz leisten müssen! Zelten in der wilden Natur weit weg von allem und unter knappen Lebensbedingungen binden die Beteiligten enger aneinander als alles andere. So wird der Fünfzehnjährige, der auf Abwege geraten ist und sein inneres Gleichgewicht verloren hat, zu den Realitäten des Lebens zurückgeführt. Seine Lebenslust wird wieder erweckt. Der Trieb zum Überleben wird vorherrschend, wenn vielleicht auch nur für eine kurze Zeit, und er wird absolut unentbehrlich für sich selbst wie auch für andere sein. Damit bekommt er in seinen eigenen Augen wieder einen Wert; einen Wert, der bewahrt und behütet, aufgebaut und verteidigt werden muss. Es sind die Herdeninstinkte, die geweckt werden. Der Fünfzehnjährige kann einen in solch einer Weise zu seinem Vertrauten machen, dass man viel mehr Vertrauen bekommt, als man sich je zu wünschen gewagt hat. (Vergleiche den Vierzehnjährigen, der sich das Leben nehmen wollte, es versuchte, dann aber Angst bekam und es wieder aufgab und der danach davon erzählt, als würde er übers Wetter reden.)

Der Fünfzehnjährige ist nicht gerade ein Engel, wenn er danach strebt, so erwachsen zu erscheinen, wie er es eben noch nicht ist. Man sollte ihn auf keinen Fall abstempeln, nachdem er etwas in Vertraulichkeit offenbart hat: »*Tja, nach dem, was du mir erzählt hast, weiß ich nicht, ob ich dir jemals wieder vertrauen kann!*« Das einmal gesagte, erklärte, verstandene und/oder verurteilte Geheimnis, muss vergessen und nie wieder erwähnt werden.

Macht man sich trotzdem Sorgen, kann man ein vorbeugendes Gespräch führen! Dabei sollte man nicht von vornherein Vermutungen anstellen, sondern nur die Möglichkeit mit einkalkulieren: »*WENN es sich zeigen sollte, dass …*« – »*WENN du doch … tun solltest*« mit darauf folgender Stellungnahme und Instruktion. »*WENN sie auf der Party Alkohol trinken, finde ich, dass du gleich nach Hause gehen solltest. WENN du das Gefühl hast, dass du nicht nein sagen kannst, weil alle anderen trinken, dann entschuldige dich damit, dass du Kopfschmerzen hast oder was dir gerade so einfällt, und geh dann einfach.*«

Mit dieser Haltung sagst du nicht: »*Dir kann man ja nicht vertrauen*«, sondern: Man kann dem, was passieren könnte, nicht vertrauen; und du erklärst, was der Jugendliche tun kann, wenn es doch passieren sollte. Man muss auch nicht die Freunde verurteilen, aber man kann für sich – ganz privat – seine eigene Meinung über sie bilden. Auch der Jugendliche muss seine Freunde nicht verurteilen; auch er fühlt und denkt über sie, was er will, und hat das Recht dazu, dies auszudrücken. Du nimmst nur Abstand von einem Verhalten, das auf das Konto des Jugendlichen gehen kann, du gibst ihm Anweisungen und weist ihm einen Weg daraus.

Zu dem Schlafbedarf des Fünfzehnjährigen, zu seinem häuslichen Arbeitseinsatz und dessen Charakter siehe ab Seite 558 über den Zwölfjährigen.

Die Kinder, unser Reichtum

Und plötzlich ist mein ältestes Kind genauso groß wie ich. Na ja, nicht was das Alter betrifft und vielleicht (hoffentlich!) auch nicht in Bezug auf die seelische Reife, sondern nur was die Körpergröße angeht. Ich kann nicht mehr auf sie hinabsehen, wenn ich meine Wünsche äußere; ich sehe geradeaus, und ich kann nur sagen: Damit geht schon ziemlich viel Autorität verloren!

Klare Augen betrachten mich auf genau gleicher Höhe. Sie ist ein Teenager geworden, man kann fast zusehen, wie sie wächst, sie ist ein Mensch, den man nicht mehr mit sich schleppt; sie kann alleine gehen, und das in jeder Hinsicht.

Und ich fühle mich genauso sentimental, wie es jede Mutter zu allen Zeiten getan hat, wenn die Kinder ihnen aus den Händen wachsen, aus dem Schoß und in die Welt hinaus.

Ich weiß noch, wie sie auf der Arbeitsfläche in der Küche saß mit den Füßen im Abwaschwasser und mit ihrem Becher Boot spielte; und wie sie die Katze am Schwanz zog, als sie wieder einmal versuchte, sie zu ertränken. Ich weiß noch, wie ihr Vater nach Hause kam und erschrocken ausrief: »Lilian sitzt in der Küche auf dem Fußboden und isst Katzenfutter!«

Ich weiß noch, wie sie meine Hand nahm und »Komm!« sagte und mich in den Garten hinauszog, über den kleinen Hügel, der für sie der Himalaja war, hinweg und zu einer Stelle hinten im Garten, wo die Tannennadeln stachen und es nur so von Ameisen wimmelte, und sagte: »Sitz!« Und ich habe mich hingesetzt.

Ihre braunen Haare waren zu langen Zöpfen zusammengebunden und die Augen waren groß und kugelrund. Sie telefonierte und hörte sich neue, aufregende Stimmen im Hörer an, tagein, tagaus. Sie hüpfte in ihrem Gitterbett

stehend quer durchs Kinderzimmer, um zu ihrer Babyschwester zu gelangen, welche sie dann mit einer großen Dose Babycreme einschmierte. Sie war so schön pummelig, dass sie kleine Fettpolster an den Beinen hatte; und es gab kein Kleid zu kaufen, in das ihr runder Bauch hineinpasste.
Jetzt ist sie lang und schlank und wirft mit dem Basketball anstatt mit Nuckelflaschen; und wenn sie mal schimpft, dann nicht, weil sie ihre Windel voll hat, sondern weil ihre Mama den Plattenspieler zu laut gedreht hat. Verrückte Erwachsene!
Und in der tiefen Trauer, die uns alle traf, ist sie die eine, die stark blieb. Man empfindet Stolz über Kinder, die Liebe und Unterstützung geben können; Kinder, die nicht nur Forderungen stellen, sondern eines Tages Pflichten übernehmen und ihren Teil der Bürde tragen und das mit so viel Stärke.
Ich finde, es wird viel zu wenig darüber gesprochen, was für ein Segen die Kinder sind. Ich finde, es müsste viel mehr, viel öfter und mit viel lauterer Stimme gesagt werden, dass wir in unseren Kindern einen Reichtum und ein Glück haben, das in keiner Weise mit etwas anderem vergleichbar ist. Und das Allermerkwürdigste ist ja, dass wir es überhaupt nicht verdient haben. Kein Vater und keine Mutter sind so gut, so viel Hingabe und Liebe wert, wie sie von ihren Kindern bekommen. Kein Mensch ist so treu, so zuverlässig, so stark, so tüchtig und so gut, wie das Bild des Kindes von seinen Eltern es zeigt. Kein Mensch kann sich hinstellen und sagen: »Ich habe das Recht auf hundertprozentige Loyalität und untrügliche Liebe!«
Und trotzdem ist es genau das, was wir von unseren Kindern bekommen. Zwar werden wir gefordert, aber was wäre ein Leben ohne Forderungen? Was wir zurückbekommen, steht himmelhoch über unseren eigenen Anstrengungen.
Dort stand sie, die Kleine, damals, mit ihren kugelrunden, großen Augen und hat mich am Rockzipfel gezogen und gesagt »Komm!« und hat mich mit in den Wald geschleppt, obwohl ich eigentlich keine Zeit hatte. Damit hat sie mir eine Erinnerung von Glück und Nähe gegeben, eine Erinnerung, die ich ein Leben lang behalten werde.
Nun steht sie da, groß und stark, und sagt: »Es wird schon werden.«
Und das wird es.
Wo es Liebe gibt, gibt es immer ein Leben, das sich mit Kraft und Freude nach vorne kämpft.

Sechzehn Jahre: Die Integrität

Der Sechzehnjährige hat ein gutes Selbstvertrauen.

Wenn mit irgendetwas irgendetwas nicht stimmt (und das ist meistens der Fall), dann ist es bestimmt nicht der Sechzehnjährige, mit dem etwas nicht in Ordnung ist. Mit ihm ist selten oder nie etwas nicht in Ordnung, wenn er selbst darüber erzählen darf, was er im Übrigen nur zu gerne tut. Der Sechzehnjährige weiß Bescheid. Und das meiste weiß er besser als andere. Er akzeptiert nicht, dass jemand mit ihm schaltet und waltet, wie ihm beliebt, aber er selbst kann sehr wohl andere herumkommandieren. Es kommt nur selten vor, dass der Sechzehnjährige nachts schlecht schläft; er weiß, was er hat, sich selbst und seine Rechte.

Der Sechzehnjährige ist auf vielen Gebieten reif genug, um auf eigenen Füßen zu stehen, und er macht es gut. Die Persönlichkeit des Sechzehnjährigen ist nun deutlich ausgeprägt und die hervortretenden Züge bleiben stabil. Wie er jetzt ist, so wird er auch bleiben; es ist im Großen und Ganzen nur noch die abschleifende und mildernde Wirkung des Lebens, die ihn fortan verändern wird.

Ist er willensstark, wird er es auch bleiben. Ist er empfindlich und verabscheut er Gewalt, wird er auch in Zukunft so sein. Interessiert er sich sehr für Musik, wird er es immer tun, und mag er viel lesen, wird er auch damit weitermachen. Schreibt er viel, ist dies eine Ausdrucksform, die er auch in Zukunft nutzen wird, auch wenn die Produkte noch in der Schublade seines

Schreibtisches landen. Treibt er gerne Sport, wird das Bedürfnis danach, sich viel zu bewegen, bestehen bleiben. Mag er das Leben in der Natur, wird er es immer mögen; und wenn er gerne schwimmen geht, wird er immer eine Wasserratte bleiben. Seine Interessen werden Bestand haben. Wenn er ihnen nicht in Zukunft nachgehen kann, wird seine Sehnsucht danach in seinem Inneren verborgen bleiben.

Während der Fünfzehnjährige sich selbst auf dem Weg ins Erwachsenenalter erprobte, ist der Sechzehnjährige als erwachsener Mensch mit sich selbst im Reinen. In der Regel mag er keine Kompromisse. Der Sechzehnjährige weigert sich, seine Seele zu verkaufen, und seine Integrität ist ihm heilig. Er weiß, vielleicht wie nie mehr in seinem Leben, was es bedeutet, sich selbst treu zu sein. Mit seiner Unbestechlichkeit ist der Sechzehnjährige fast eine Bedrohung für den Erwachsenen, der sowohl zur einen wie auch zur anderen Seite ausgeschert ist und einen Weg beschritten hat, den er eigentlich nicht hätte gehen wollen, wenn er seinen innersten Überzeugungen treu geblieben wäre.

Ein Sechzehnjähriger, der physischen oder psychischen Übergriffen ausgesetzt wird, wird selten zurückweichen – sondern abgehärtet werden. Eine Enttäuschung, die sich in seinem Herzen einnistet, kann permanent werden, wie alles andere, was sich in diesem Alter »festsetzt«.

Ein Beispiel: Ein Sechzehnjähriger verhielt sich in der Schule ziemlich unmöglich, fühlte sich missverstanden und falsch benotet. Schließlich weigerte er sich, weiter in die Schule zu gehen. Man bat den Vater zu einer Besprechung und forderte ihn auf, den Jungen doch zur Vernunft zu bringen. Einer der anwesenden Lehrer fügte noch hinzu, dass es erschreckend sei, wie wenig Gefühle der Junge zeige. Man hielt ihn für unverbesserlich und schickte ihn zu einem Psychologen. Dem erklärten die Eltern, dass sie sich um den Verstand des Jungen Sorgen machten. Der Sechzehnjährige lauschte draußen vor der Tür, und als er dran war und hineingerufen wurde, weigerte er sich beharrlich, dem Psychologen gegenüber seinen eigenen Namen zu bestätigen. Das Resultat der ganzen Sache war, dass der Sechzehnjährige jetzt nur noch Misstrauen und Hass empfand: seiner Mutter gegenüber, seinem Vater gegenüber, dem Lehrer gegenüber, der gemeint hatte, der Junge müsse seine Gefühle zeigen, dem Psychologen gegenüber, der für die gesellschaftlichen Konventionen stand. Er brauchte zwanzig Jahre, um diesen Hass in Gleichgültigkeit umzuwandeln und eine Art Versöhnung zu erreichen!

Misstrauen wirkt zerstörend. Der Sechzehnjährige kann aus purem Trotz Negativerwartungen erfüllen.

Ein anderes Kind, das im Internat war, ging auf einen Schulball, lachte und vergnügte sich. Auf ihrem Zimmer im Schülerflügel des Gebäudes wurde sie danach von einer Aufsichtsperson angeschrieen: »*Wie viel hast du getrunken?*« Obwohl die Sechzehnjährige gar keine alkoholischen Getränke mochte und sehr wohl Spaß haben konnte, wenn sie nüchtern war, war sie von da an auf jedem Schulfest betrunken.

Der Sechzehnjährige hat die Schlussphase der erforschenden Entwicklungsperiode der pubertären Jahre erreicht. In seinen eigenen Augen ist er vollkommen, während ihm die Umgebung überaus hoffnungslos erscheint. Seine Welt aber ist aufregend und reich, und da er gerne tut, was er kann, um die Menschen in seiner Umgebung, die im Dunkeln umherirren, über das Licht, das einzig richtige Licht, dem man folgen sollte, aufzuklären, teilt er ihnen mit großer Begeisterung seine Erkenntnisse mit. Er ist charmant und eifrig, jedem das Neueste über gesundes Essen zu erklären, über alles, was sich in der »Szene« so tut, welche Musik gerade »in« ist usw. Man sollte sich natürlich mit angemessenem Interesse am Gespräch beteiligen!

Das glühende Engagement des Sechzehnjährigen bedeutet nicht, dass er bei dieser Überzeugung bleibt. Er kann problemlos von Samstag bis Montag einen Farbwechsel in seinen Ansichten durchleben, abhängig davon, mit wem er gerade den Sonntag verbracht hat. Und hat man am Samstag sehr wohl verstanden, warum er Globalisierungsgegner war, muss man jetzt genauso wohl verstehen, dass er ab Montag den Kapitalismus verteidigt. »*Was ist eigentlich los mit dir? – Du weißt ja gar nicht, was du willst!*«, ist eine unpassende Bemerkung, die den Sechzehnjährigen über die Verstocktheit des Erwachsenen schaudern lässt.

Der Sechzehnjährige betritt den wichtigsten aller Wege: den Weg der Lebenserfahrung. Er kann sich nur in geringem Maße die Erfahrungen anderer zunutze machen. Er muss seine eigenen machen.

Wir Erwachsene mögen alle von althergebrachten Weisheiten oder Sprichwörtern gehört haben: »*Morgenstund hat Gold im Mund*« – »*Untreue kommt einem meist teuer zu stehen*«. Manche glauben daran, ohne weiter darüber nachzudenken. Aber eines Tages machen wir eine Erfahrung, die bewirkt, dass wir plötzlich die volle Bedeutung verstehen, die sich hinter solch einem Spruch verbirgt. Das altbekannte Klischee, das banale Sprichwort bekommt für uns ein ganz neues, persönliches Gewicht. So ist der Sechzehnjährige. Um den vollen Inhalt zu begreifen, muss er von seinen eigenen Erfahrungen und den daraus folgenden Erkenntnissen getroffen werden. Er tendiert deshalb dazu, das zu verurteilen, von dem er noch keine Ahnung hat. *Wie kannst du als Erwachsener das Leben leben, das du lebst? Wie kannst du dich nur zu dem Job hinschleppen, den du gerade hast? Wie hältst du es nur aus, in dieser tristen und eingeschränktesten aller Welten zu leben?*

Meiner Meinung nach solltest du es ihm nicht erlauben, deine Lebensweise zu verurteilen. Du kannst bei ihm pure Verachtung wecken, wenn du zugibst, dass du auch selbst der Meinung bist, dein Leben sei nicht ganz gelungen. Du musst versuchen, für dein Leben geradezustehen, für die Person, die du nun mal bist, mit all deinen Niederlagen und all deinen Mängeln, ohne die Verantwortung von dir zu schieben.

Für den Sechzehnjährigen ist das Leben ein Bahnhof voller wartender Züge, und es ist seine Absicht, auf sie alle aufzuspringen. Für dich ist der letzte Zug vielleicht schon abgefahren – oder du hast jedenfalls das Gefühl.

Es ist schwierig, sich nicht verletzt zu fühlen, wenn der verurteilende Sechzehnjährigen nicht versteht, dass du gelitten hast, dass du nicht immer die Wahl hattest; aber es lohnt sich, ihm alles zu erzählen, ganz ehrlich – und dies durchaus mit einer Forderung nach Respekt. Es ist nicht unwahrscheinlich, dass er von dem, was man erzählt, Abstand nimmt – aber er hört zu. Was er da hört, kann der Grundstein einer Demut sein, die der Sechzehnjährige noch nicht besitzt.

Man kann und sollte von dem Sechzehnjährigen eine gewisse Arbeitsmoral fordern. Seine persönliche Moral gehört ihm, und von der sollte man meiner Meinung nach die Finger lassen (solange er nicht anderen damit schadet); aber er muss seine Aufgaben erledigen, sowohl zu Hause wie auch am Arbeitsplatz oder in der Schule. Die Argumente, die auf einen unwilligen Sechzehnjährigen wirken, sind nicht die gefühlsbetonten »*Bitte – tu es für mich!*«, sondern die, die an sein Bedürfnis nach Integrität und Freiheit appellieren. »*Wenn du nach deinen Vorstellungen leben willst, musst du eben auch persönlich für dich sorgen und einer Arbeit nachgehen. Erst dann bist du wirklich frei, um der Mensch zu sein, der du sein möchtest.*« Solche Erwägungen lassen den Sechzehnjährigen aufhorchen, weil er einsieht, dass Anarchie nicht gleichbedeutend mit Freiheit ist, dass innerer Reichtum nicht den Verfall des Körpers bedeuten muss usw.

In seinen eigenen Augen steht er nun als eine Führungsperson da (siehe das vorangegangene Kapitel über den Fünfzehnjährigen, der mit den Erwachsenen seiner »Herde« um eine führende Position konkurrierte) und als Führungsperson hat er nichts dagegen, auch mal einen guten Rat zu bekommen. Als Untergebener wollte er das aber noch nicht.

Zu Hause sollte er feste Aufgaben haben, die nach Absprache mit ihm selbst festgelegt wurden; und als Erwachsener solltest du von ihm erwarten, dass er dafür die Verantwortung übernimmt. Wenn er es nicht tut, könnte deine Reaktion so aussehen: »*Und du meinst, dass du dich in zwei Jahren allein zurechtfinden wirst?*« (oder wann man auch meint, dass er von zu Hause ausziehen solle).

Der Sechzehnjährige, salbungsvoll wie er ist, intensiv darin, alles voll und ganz auszuleben, ist nur selten deprimiert. Aber er ist kompromisslos, sowohl was die guten wie auch die weniger guten Seiten seines Charakters betrifft. Als Erwachsener fühlt man sich ab und zu dazu veranlasst, sein Verhalten in Frage zu stellen, und man sollte dann so konkret wie möglich sein, man sollte genau sagen, was man nicht akzeptieren kann, und ihm klar und direkt erklären, was man stattdessen erwartet. Es ist wichtig, ihn zu motivieren, aber bitte ohne dabei in gefühlsmäßiges Bekennertum zu verfallen.

Eine Mutter, die ihren Sohn abends nur schwer gehen lassen konnte, wurde »krank«, wenn er weggehen wollte. Und wenn er dann später wieder nach Hause kam, fand er einen Apfel und einen Zettel auf seinem Kopfkissen mit lieben Gute-Nacht-Wünschen von der Mama.

Der Sechzehnjährige kann solche sich widersprechenden Botschaften nicht ausstehen. Sie erzeugen in ihm Schuldgefühle, die er das ganze Leben lang mit sich herumschleppen könnte, und er versucht zu Recht, sie von sich zu weisen.

Zurück zu seinen weniger ansprechenden Charakterzügen: Man kann darüber sagen, was man will, aber sie treten deutlich hervor. Ist er ein Typ, der schmollt, wird er immer schmollen. Ist er willensstark mit einem feurigen Temperament, wird er Wutanfälle bekommen, bis sich die Decke hebt. Ist er dramatisch veranlagt oder hysterisch überempfindlich, kann er das ganz große Theater veranstalten, bei dem er verkündet, dass er die Absicht hat, sich aus dem Fenster zu stürzen und auf dem Kopfsteinpflaster zerschmettert zu enden, da es ja sowieso das ist, was sich alle wünschen.

Der Sechzehnjährige kann sehr provozierend sein, wenn er sich in seiner Integrität bedroht fühlt. Wenn man sein Verhalten nicht akzeptieren kann, sollte man es scharf verurteilen, ohne dabei den Sechzehnjährigen als Menschen abzulehnen.

Meiner Meinung nach ist der Sechzehnjährige völlig kompetent darin, sein Sexualleben und seinen Umgang mit Freunden nach eigenem Gutdünken auszuleben (solange man nicht wirklich ernsthafte Gründe hat, zu vermuten, dass er einen falschen Weg eingeschlagen hat).

Er kennt seine inneren Werte, er ist mental stark und reif genug, um dem Druck der Gleichaltrigen zu widerstehen. Ich habe diese Sache für mich persönlich ausgenutzt. Wenn eines meiner Kinder 16 Jahre wurde, haben wir es ganz traditionell gefeiert, nur wir beide, in einem Restaurant (mit Wein). Wir diskutierten dann Themen wie Sex, Liebe, das Erwachsensein, Verantwortung, Freiheit, Moral ... Und ich habe schließlich ein heiliges Gelübde abgelegt: »*Du sollst jetzt deinen eigenen Weg gehen und es im Prinzip allein schaffen. Du wirst selbst entscheiden, wann du ins Bett gehst – und wo! Ich werde dein Freund sein und nicht deine Mama, die dich herumkommandiert.*« Natürlich habe ich schon im Voraus auf dieses zu erwartende Paradies der fast totalen Freiheit hingewiesen, indem ich in den vorausgegangenen Jahren dann doch vieles mit einem klaren Nein abgelehnt habe – das der Teenager dann doch knurrend akzeptiert hat.

Normalerweise kann man dem Sechzehnjährigen sehr große Freiheit gewähren. Sollte seine Lebensführung etwas Gegenteiliges erforderlich machen, kann es notwendig werden, ihn für einige Zeit aus seinem gewohnten Umfeld zu entfernen, mit oder ohne erwachsener Begleitung – siehe den Fünfzehnjährigen in Schwierigkeiten auf Seite 588 f.

Der Sechzehnjährige verändert die Welt. Wendest du dich nicht von ihm ab, sondern gibst ihm Lebensraum, hat er sehr viel zu geben und ist ein faszinierender, selbst ernannter, kleiner Guru. Es ist nicht notwendig, ihn auf die Erde zurückzuholen. Das tut das Leben – und er selbst –, mit der Zeit.

Lied für einen Sohn

Hallo kleiner Junge, hallo mein Kleiner!
Der Feinste der ganzen Welt bist du,
eingekuschelt liegst du im Bettchen,
hörst das Lied deiner Reise, hört alle zu!

Sieh nur, wie schnell du bist!
Du kleiner Junge, der noch bei mir ist.
Ich sehe dich auf deiner Reise,
über Wiesen und Wälder
und wogende Felder
geht der Tanz – und du schläfst noch leise.

Sieh, kleiner Freund, sieh dich um,
mach deine himmelblauen Augen auf!
Sieh, wie sie stehen im Kreise krumm,
die Berge so hoch, mit Bäumen drauf.
Der Junge, er reitet,
es Spaß ihm bereitet.
Die Birken rasseln und biegen,
der Ritt ist wild,
die Luft ist so mild,
dass Märchenlieder dich wiegen.

Der Junge wird groß, die Welt ist so weit,
und selbst die Luft wird manchmal schwer.
Für Mama und Papa hat er nicht mehr die Zeit,
nur im Morgengrauen, da sehnt er sich sehr.
Kurz ist das Menschenleben,
der Junge will weiterstreben.
Hier gehen den Mädchen die Tränen aus,
Hör zu, mein Kleiner,
hier vergisst dich keiner,
komm wieder zurück, bleib noch zu Haus.

Komm, kleiner Junge, komm mein Kleiner!
Papa zeigt dir die ganze Welt.
Noch bist du geborgen und warm unter Decken,
höre dein Lied, wie es dir folgt übers Feld.
Schlaf noch ein Weile,
Die Gefahren lauern,
es fliegen schon Pfeile,
nimm Papas Hand,
komm, steige ans Land,
bleib noch bei uns eine Weile!

Jungs sind Jungs, oder nicht?
Etwas über Geschlechterrollen

Jungen und Menschen

Es war einmal eine Mutter, die an die Ebenbürtigkeit der Geschlechter glaubte. Oder sollten wir Ähnlichkeit sagen? Sie glaubte, dass ein Mann nur an bestimmten körperlichen Stellen ein Mann sei, und ebenso die Frau. Der Rest der Unterschiede sei frei erfunden, eine Folge alter Vorurteile.

»Auf in den Kampf!«, sagte sie sich. »Meine Kinder sollen jedenfalls gleichberechtigt erzogen werden!«

Und Kinder hatte sie viele. Eine Tochter nach der anderen bekam sie. Niemand konnte sie dabei ertappen, sich auch nur nach einem Jungen zu sehnen; ihr ging es um Menschen. Und die kleinen Mädchen haben mit Puppen gespielt, aber genauso viel mit Autos; sie bekamen Bälle zum Kicken und Baukästen zum Zusammenbauen; sie mussten abwaschen und Wäsche waschen, aber sie hämmerten auch Nägel und drehten Schrauben ein.

Und die Jahre vergingen. Dann wurde der erste kleine Junge geboren. Und die Mutter hat ihn zu sich ins Bett geholt, nachts wenn die anderen schliefen, und im Schutze der Dunkelheit murmelte sie selig: »Dass ich einen Jungen bekommen habe ... Dass ich endlich ...!«

Bald fing das aktive Alltagsleben an. Der Neugeborene bekam Puppen und Teddys in sein Bett gelegt. Sobald er dazu fähig war, wurden sie alle über die Gitterbettkante gehievt. Die Mutter dachte: »Na – ja, das wird sich schon von selbst regeln.«

Der Junge fing an zu krabbeln. Er stöhnte und prustete unter kolossalen Anstrengungen. Seine Schwestern versorgten ihn mit allem möglichen Kram, aber nichts interessierte ihn so viel wie das Krabbeln an sich. Bis er ein Auto entdeckte! Es war ein blaues Auto, aus Plastik, das einem Paket Cornflakes beigefügt gewesen war. Er riss das Auto geradezu an sich, drückte es auf den Fußboden und schob es vor sich her, während er ununterbrochen ein unverkennbares Geräusch von sich gab: »Brrrumm!«

Und dieses Baby, es war damals sieben Monate alt, hatte bewiesenermaßen noch nie ein Auto gesehen, noch weniger war es mit einem mitgefahren – mit Ausnahme der Nachhausefahrt von der Entbindungsklinik. Von dem Tag an waren Junge und Autos unzertrennlich.

Dann lernte er laufen. Zur Stütze und zum Spaß natürlich bekam er einen Puppenwagen, den er vor sich herschieben konnte; und die Mutter und die Schwestern haben Puppen in seinen Wagen gelegt. Sie schafften es kaum, die Puppen hineinzulegen, bevor der Junge sie schon wieder hinauswarf. Entweder musste der Wagen leer sein oder es mussten Autos drin sein. Die sollten natürlich nicht zugedeckt werden. In einer Art unverständlicher Verachtung entfernte er alles Weiche, alles Warme aus seinem Leben.

Als der zweite Geburtstag des Jungen sich näherte, kapitulierte die Mutter. Da es ja sowieso nur eine Sache im Leben gab, die ihn interessierte, kaufte sie ihm 25 kleine Autos für jeweils 50 Cent und hat ihm diese zu seinem Geburtstag geschenkt.

Ungefähr zur gleichen Zeit bekam der Junge einen kleinen Bruder. Es war eine erfahrene Mutter, die die beiden Brüder zusammenbrachte. Sie erwartete nichts Großes, als sie die erste Puppe in das Gitterbett des Babys legte. Aber – Wunder über alle Wunder! – nach und nach zeigte es sich, dass der neue kleine Junge sowohl Puppen als auch Autos mochte!

Hier endet die Geschichte. Fast. Wie bei allen Geschichten gibt es eine Moral, obwohl ich nicht weiß, ob ich sie formulieren kann ... Sie handelt von den Menschen, die um uns herum leben und die ihr Recht dazu haben, so zu leben, wie sie es wünschen. So zu sein, wie sie sind – ohne dass wir anderen so verdammt viel dazu sagen und so verzweifelt Vergleiche anstellen.

Und wenn wir von den männlichen und weiblichen Aspekten sprechen, dann gibt es wohl doch Unterschiede; es gibt sie sicherlich genauso sehr im Inneren wie im Äußeren.

Mensch muss man dann von selbst werden!

Wie immer man dazu steht, man kommt nicht drum herum, dass es die Natur so eingerichtet hat, dass es die Frau ist, die die Kinder austrägt und gebärt. Zu genau diesem Zweck wurde ihr Körper in einer ganz bestimmten Weise eingerichtet. Das neugeborene Mädchen trägt in sich eine Vorbereitung auf zukünftige Mutterschaften, und die Natur hat sicherlich auch für eine psychische Bereitschaft gesorgt, die in Übereinstimmung mit ihrer besonderen Aufgabe als Geschlechtswesen existiert.

Kleine Mädchen *sind* in der Regel beschützend, spielen mit Puppen, mögen das Hüten und Pflegen. Das heißt natürlich nicht, dass die kleinen Mädchen sich ausschließlich damit beschäftigen oder dass sie sich damit beschäftigen müssen. Es heißt nur, dass die Neigung zur Fürsorge, die sie so oft zeigen, ein Ausdruck ihrer Konstitution ist: Das Ei entsteht in der Frau, in ihrem Körper wird es, befruchtet, verbleiben und heranwachsen; der Körper der Frau übernimmt die Fürsorge, sie behütet und beschützt das Leben in ihr. Auch wenn das Kind bei der Geburt ihren Körper verlassen hat, ist es immer noch die Frau, die als stillende Mutter das Kind versorgt und sich seiner annimmt, die es, genau genommen, am Leben erhält.

Die *körperliche* Funktion des Mannes ist nicht darauf angelegt, in dieser Phase das Kind zu beschützen und zu versorgen: In seinem Körper gibt es keinen Platz für ein Kind. Er produziert keine Eier, die auf eine Befruchtung warten. Stattdessen ist es seine Aufgabe, zu befruchten, und das macht er gründlich – Millionen von Spermien produziert er und Myriaden davon landen auf unfruchtbarem Boden. Ich glaube, dass dieser Umstand, dass sich der Mann nicht immer die Zeit nimmt, um sich das Resultat anzuschauen – welche Körner fallen auf unfruchtbaren Boden und welche werden heranwachsen? –, seine Psyche prägt. Es liegt nicht in seiner Natur, zurückzubleiben und sich am »Brüten« zu beteiligen.

Es ist allgemein bekannt, dass es schwieriger ist, kleine (und große) Jungen dazu zu erziehen, Verantwortung für das Zuhause, die Hausarbeit, das Saubermachen usw. zu übernehmen, als kleine Mädchen. Es gibt natürlich Ausnahmen, aber hier beschäftigen wir uns unbeschwert mit Generalisierungen!

Nur ein Mann kann dastehen, verständnislos in ein Wohnzimmer blicken, in dem das totale Chaos herrscht, und sagen: »Besonders unordentlich finde ich es eigentlich nicht hier, oder?« Nur ein junger Mann kann ein Wohnzimmer gründlich sauber machen und dabei verwelkte Blumen in einer Vase und einen überlaufenden Aschenbecher auf dem Tisch hinterlassen und sagen: »O.K., Mama, jetzt können die Gäste kommen!« Wenn ich es so sagen darf, müssen Männer praktisch auf jeden überfüllten Papierkorb hingewiesen werden. Eine Gardine kann jahrelang schief hängen, ohne dass es den jungen Mann stört – während ein junges Mädchen sie im Vorübergehen zurechtrückt.

Manchmal dagegen kriegen Männer einen Rappel und starten das ganz große Reinemachen; sie räumen dazu das ganze Wohnzimmer leer und knöpfen sich noch den kleinsten Gegenstand vor. Und die übrigen Familienmitglieder müssen in den Garten oder zu den Nachbarn flüchten. Diese Anfälle von putzteuflischen Aktionen stellen eine Art von Schöpfung dar – nichts Erhaltendes. Dasselbe gilt fürs Kochen: Die Gentlemen kreieren grandiose Dinners – haben aber kein vergleichbares Interesse daran, die Familie routinemäßig und kontinuierlich am Leben zu erhalten. Und eine andere Person – die Frau – muss in der Regel die darauf folgenden Aufräumarbeiten in der Küche übernehmen …

Der Mann macht etwas und geht dann zum nächsten Projekt über. Er verfolgt es nicht weiter, sorgt nicht für die Erhaltung. Außer beim Auto natürlich, aber das ist ja ein Symbol der Männlichkeit – es steht für die Bewegungsfreiheit!

Wer meint, ich mache hier nur Witze, kann den erstbesten Mann testen! Kann er sich unterhalten, während er den Fußboden fegt? Wer sich um etwas kümmert, kann gleichzeitig etwas anderes tun: Mama fegt, während sie gleichzeitig das Mittagessen plant, während sie gleichzeitig einem Kind eine Frage beantwortet, während sie gleichzeitig aus dem Fenster schaut und den Nachbarn entdeckt, der etwas erkältet und rotnasig aussieht; ach, was ist mit dem denn los? Aber wer etwas erschafft, muss sich konzentrieren. Ein angesprochener Mann hört mit dem Fegen auf!

Wir kennen alle die erbärmlichen, alten Missverständnisse, wenn es um die Funktionen der Geschlechter geht: Die Frauen sollten aufgrund ihrer fürsorg-

lichen Dispositionen zur Pflege und zur Versorgung ans Haus, an den Herd und an die Kindern gefesselt sein und dabei die männliche oder zwittrige Seite ihres Körpers und ihrer Seele verdrängen. Sie sollten keine körperlich harten Arbeiten machen, keine »männlichen« Sportarten ausüben und sich auch nicht auf schöpferische Gebiete hervorwagen – sie sollten schweigen, warten, ins Nest gehen und brüten. Punkt. Und den Männern war es nicht erlaubt, die weibliche oder zwittrige Seite ihres Körpers und ihrer Seele zum Ausdruck zu bringen.

Nun sind die Grenzen fließend und es ist gut so. Unter Männern ist es heutzutage einigermaßen zulässig, zu weinen, Zärtlichkeit zu zeigen, für die Kinder zu sorgen und sauber zu machen. Der so genannte »Softie« gilt aber immer noch eher als Schlafmütze denn als Casanova. Auf der anderen Seite wird die Frau, die zugibt, dass sie Sex genießt, auch nicht immer gerne gesehen – aber das wird sich mit der Zeit wohl auch noch ändern!

Ein anderes, trauriges Missverständnis besteht darin, dass der Mann in irgendeiner Weise wie von selbst damit anfangen solle, seine schlummernden Talente für die Pflege und die Fürsorge auszuleben. Was er zumindest so lange nicht nötig hat, so lange die Frau sich um ihn (und um das Kind) kümmert. So begehen dann auch zahlreiche Mütter entsprechende Fehler bei der Erziehung von Jungen.

Wollen wir Frauen aber Männer haben, die – unserer Zeit entsprechend – ihren Teil der Verantwortung für die Hausarbeit und für die Versorgung der Kinder übernehmen, dann müssen wir unsere Söhne auch entsprechend erziehen. Was natürlich nicht der Fall ist, wenn manchen kleinen Machos schon ab dem Trotzalter erlaubt wird, mit ihrem entsprechenden Gehabe hausieren zu gehen. Die Mütter geben nach und verlangen für sich keinen Respekt – und verlangen auch für die so genannten Frauenbeschäftigungen keinen Respekt. Verwöhnte, kleine Jungen, an die keine Forderungen gestellt werden, entwickeln sich zu verwöhnten, großen Jungen, die an andere Forderungen stellen.

Wir sind alle zweigeschlechtlich: Männer mit weiblichen Zügen, Frauen mit männlichen Zügen. Ich stelle es mir so vor, dass die Natur uns so abgesichert hat. Wenn die Frau allein mit ihrem Kind in der Höhle sitzt (wir gehen einige tausend Jahre in der Zeitrechnung zurück), weil der Mann von der Jagd nicht mehr zurückkommt, dann muss sie selbst für ihre eigene und für die Existenz des Kindes sorgen können. Der Jäger liegt sozusagen in ihrem Inneren verborgen. Wird »er« gebraucht, tritt er hervor. In derselben Weise kann der Mann seine Frau verlieren. Sie kann sterben und ihn alleine mit dem Kind in der

Höhle zurücklassen. Dann wird es für ihn notwendig, auch als »Mutter« zu funktionieren – und auch er besitzt die Fähigkeit dazu, die bisher verborgen geblieben war.

Die geschlechtlichen Unterschiede binden uns an gewisse körperliche Funktionen. Das Interessante ist, dass wir alle – außer körperlichen Merkmalen – die Funktionen des anderen Geschlechts in uns tragen. Wir sind einfach Menschen, und das, was wirklich das Verborgene, das Latente, zum Hervortreten bringt, ist – so wie ich es sehe – letztendlich weder das elterliche Einwirken noch sind es die Trends der Zeit. Es ist die pure Notwendigkeit, zu überleben.

So, wie ein Mädchen heutzutage darauf vorbereitet werden muss, für sich selbst sorgen zu können – sie wird sicherlich nicht still sitzen und »brüten« können, während der Mann auf Beutejagd geht –, so muss auch der Junge dazu erzogen werden, für ein Zuhause zu sorgen. Denn er wird ja irgendwo wohnen müssen und sich selbst um seine Sachen kümmern müssen; er kann sich nicht länger darauf verlassen, dass eine andere Person dies für ihn macht.

Hier geht es um ein verändertes Kulturmuster, um neue Bedingungen unserer Existenz. Die Geschlechtsrollen werden weniger durch unsere Aufklärung in Frage gestellt und abgebaut als vielmehr aus Notwendigkeit. Und so ändert sich auch der Mensch – aus der Notwendigkeit heraus. Vielleicht werden wir eines Tages in unseren gegenseitigen Funktionen so weit entwickelt sein, dass der Mann die äußeren Züge der Frau und die Frau die äußeren Züge des Mannes annimmt, und wenn wir dann aufeinander treffen, müssen wir uns an die Hand nehmen und fragen: »Entschuldige – bist du eigentlich ein Samenverteiler oder ein Brüter?«

Ein Junge bei der Hausarbeit

Dies ist die Geschichte über einen Jungen, dem die Hausarbeit beigebracht werden sollte. Und darunter versteht man ja all die langweilige Arbeit im Haus, die gemacht werden muss und die in der Regel von der Frau des Hauses erledigt wird, da der Mann nichts sieht: »Hier ist es doch nicht besonders unordentlich, oder?« – »Abwaschen? Das lohnt sich doch nicht nur wegen der paar Teller.« – »Staub? Ich sehe keinen Staub …«.

Der Junge, der vor kurzem fünf Jahre alt geworden war, sollte also durch praktische Übungen die Kunst des Sehens erlernen; er sollte lernen, die Verantwortung für seine Aufgaben bei der Hausarbeit zu übernehmen. Die Mutter dachte eben, es sei das Beste, rechtzeitig damit anzufangen.

Dem Jungen wurde die Küche für eine ganze Woche aufgedrückt. »Jetzt trägst du die Verantwortung für die ganze Küche. Es muss hier sauber und ordentlich sein. Beim Kochen bekommst du Hilfe, aber alles andere musst du selbst erledigen, ohne Ärger zu machen und ohne dass jemand dir Bescheid geben muss. Dann werden wir sehen, ob du es schaffst!«

Der Junge – ein liebes Kind und von seiner eigenen Vorzüglichkeit überzeugt – nahm mit Begeisterung diese Herausforderung an, um seine Schwestern, die ihm im Alter und im Können überlegen waren, davon zu überzeugen, dass er sehr wohl (mindestens) genauso viel wie sie schaffen könne. Von seinem kleinen Bruder erwartete er automatisch, dass er ihn mit großen Augen bewundere. Der Kleine wurde also zum Küchenassistenten auserwählt, um gewissermaßen eine konstante Bewunderung zu gewährleisten.

Der erste Tag verlief – nach festgelegtem Plan – hinter geschlossener Tür. Der Junge trug ja die alleinige Verantwortung. Um die Mittagszeit war eine Konfrontation unumgänglich. Die Mutter öffnete entschuldigend die Tür zum allerheiligsten Raum, der Küche, und dort stand der Junge mit seinem kleinen Bruder an der Spüle, und sie spielten Schiff mit den Teetassen im Abwaschwasser, während der Schaum bedrohlich höher stieg. Sie sangen gemeinsam: »Segeln, segeln in der salzigen See …«

Am zweiten Tag kam der Junge schnell wieder aus der Küche heraus und teilte seiner Mutter mit, dass die Küche »fertig« sei. Die Mutter fand den Abwasch in den Schränken verstaut, mit Essensresten und allem Drum und Dran.

Am dritten Tag wurde der kleine Bruder von seiner Aufgabe als Assistent befreit. Es wurde vermutet, dass der Junge dann konzentrierter arbeiten könne. Mitten am Tage kam er herausgebraust, die Besteckkästen bei sich, die er in der Bade-

wanne abduschen wollte. »Die sind sooo eklig fettig!« Das Wasser lief und würde immer noch laufen, hätte die Mutter nicht schließlich die neue Handelsflotte aus Schwämmen und Zahnpastatuben versenkt.

Am vierten Tag hatte der Junge praktisch die halbe Woche ununterbrochen in der Küche verbracht, ohne einmal einen Sonnenstrahl oder auch nur den Schatten eines Spielkameraden gesehen zu haben. Die Mutter bekam allmählich ein schlechtes Gewissen. Dann kam er heraus und erklärte: »Jetzt ist die Küche aber fein, das kannst du mir glauben!« Und so war es. Vom Fußboden und halbwegs zur Decke glänzte die ganze Küche und er hatte ohne Mogeln gearbeitet. Die Mutter war gerührt und lobte ihn.

Am fünften Tag sagte der Junge: »Muss man das denn noch mal machen!«

Am sechsten und letzten Tag – am siebten ruhte selbst der Vater im Himmel – wurde schweigend und verbissen in der Küche gearbeitet. Man hörte ein Klirren und ein Poltern voller entschlossener Zielstrebigkeit. Strategisch erledigte der Junge nun die Arbeit in der Küche Stück für Stück. Es wurde nicht mehr gespielt. Es wurde gearbeitet. Mit Präzision und mit Verantwortung. Mit maskuliner Würde – wenn man mir diesen Ausdruck erlauben mag.

Der Junge holte sich sein Lob mit einer Miene, die sagte, dass er sich dieses verdient habe. Und damit war die Mission beendet. Der Junge hatte seine Hausarbeit gemacht.

Man könnte denken, er würde jetzt ins Freie hinausstürzen, um die schwere Arbeit zu vergessen, glücklich darüber, wieder frei zu sein! Aber nein. Ganz im Gegenteil. Er setzte sich mit seinem Mickey-Maus-Heft hin, warf aber immer wieder einen Falkenblick über den Rand des Heftes. Sobald sich jemand der Küche näherte, ging er misstrauisch hin und stellte sich neben die Tür.

Und dann kam es: »Was willst du hier? Wirst du jetzt alles wieder unordentlich machen? Musst du die Schranktüren anfassen? Mach da nicht alles wieder dreckig! Stelle alles wieder weg, wenn du fertig bist! Dass hier alle doch immer ein riesengroßes Chaos verursachen müssen ...«

Ja, doch, er hatte gelernt. Das kann man nicht anders sagen!

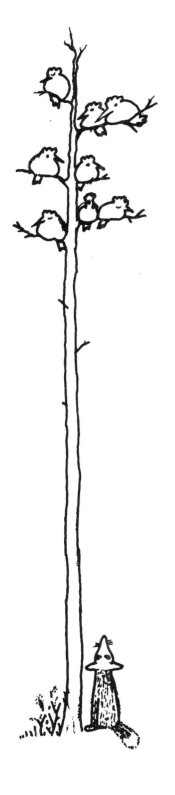

Fünfter Teil
Erziehung

Hier ist mein Geheimnis.
Es ist sehr einfach:
Man sieht nur mit dem Herzen gut.
Das Wesentliche ist für die Augen unsichtbar.
Antoine de Saint-Exupéry *(Der kleine Prinz)*

In diesem Teil liest du:

Eltern sein: Das Geschenk der Liebe 609

Wie man es macht. Richtlinien zu deiner Anregung 617
Autoritär oder liberal? Die goldene Mitte 618
Regeln: Einleitung und Konsequenzen 627
Die verdammte Schuld 640
Respekt 650
Ein verwöhntes Gör? 652
Grenzen 656
Strafe 659
Masturbation und Sex 663
Vertrauen 668
Hüte deine erwachsene Zunge 670
Die Stimme der Überzeugung 673
Zum guten Ende 682

Kinder und Gewalt 683
Wir weinen in unseren Herzen 687

Drei Tipps mit auf den Weg 691
1. Besser essen 691
2. Besser schlafen 709
3. Beschäftigung: So klappt es besser 733

Zwei Eltern um ein und dasselbe Kind 751

Geschwister 764
Nein, keine Eifersucht! 766

Einige Ratschläge zum Alltagsleben 784
Der böse und gemeine Paul 784
Das Geschenk 796

Märchen aus der zivilisierten Welt 798
Das tapfere Schneiderlein 798
Die Zweifachgeschichte vom Kalle 801
Isadora und der Mond. Ein kleiner Blick in die Kindheit 805

Epilog 807
Liebe, geliebte Kinder! 807
Die Erde 808

Register 810

Eltern sein: Das Geschenk der Liebe

Jedes Kind wird mit einem Zauberstab in der Hand geboren.

»Meine Tochter gibt meinem Leben einen Sinn«, berichtet eine bekannte Schauspielerin in einem Zeitungsinterview. Verträumt beschreibt sie, wie das Muttersein das Beste ist, was ihr je passiert ist.

»Es ist phantastisch! Früher zählte nur, was für mich wichtig war. Und plötzlich nimmt ein anderer Mensch die Priorität in meinem Leben ein. Ich kann mir gar nicht mehr vorstellen, einmal ohne sie gewesen zu sein.«

Natürlich hatte sie schon von Freunden gehört, wie phantastisch das Gefühl ist, ein Kind zu bekommen – das so etwas wie die ultimative Liebe sei. Trotzdem konnte sie es erst richtig verstehen, als sie selbst Mutter wurde. »Das ist er wirklich, der Sinn des Lebens.«

Das sind wahrlich große Worte. Der Sinn des Lebens. Schon seit allen Zeiten hat der Mensch den Sinn des Lebens gesucht. Und sollte die Antwort die ganze Zeit so schön naheliegend gewesen sein? Die meisten Menschen sind ja oder werden einmal Eltern. Sollte die Welt wirklich voller Menschen sein, die den Sinn des Lebens kennen, und wenn, warum tun sie es dann nicht jedem kund?

Aber das tun sie doch! Die meisten aller Eltern in der ganzen Welt – mit so wenigen Ausnahmen, dass sie kaum ins Auge fallen – sind, ohne mit der Wimper zu zucken, dazu bereit, diese Tatsache zu bestätigen: Ein Kind zu bekommen ist phantastisch, einfach umwerfend, alles verändernd. Es ist etwas unbeschreiblich Großes. Es ist wirklich der Sinn des Lebens.

Es ist aber so, dass man diesen Sinn des Lebens ganz persönlich erleben muss. Er lässt sich nicht vermitteln, nicht erklären. Es ist unmöglich, sich nur vorzustellen, wie es ist, ein Kind zu haben, wenn man es selber nicht erlebt hat.

Eltern beschreiben in blumigen Worten das erste, herzergreifende Lächeln der kleinen Lisa oder die phantastische Treffsicherheit des kleinen Kalle: Sieh nur, wie es ihm doch tatsächlich gelingt, seinen Finger direkt ins Auge des Hundes zu bohren! Man hört zu und lacht und freut sich mit den glücklichen Eltern, aber man versteht *das Wunder* nicht. Und man denkt sich vielleicht – um ganz ehrlich zu sein –, dass man selbst auf keinen Fall derart albern sein wird, wenn man ein Kind bekäme. Niemals! Eine Albernheit, die wie eine Schaumkrone auf einer riesigen Welle des Glücks schwimmt.

Wer noch kein Kind hat, versteht es nicht, weil er nicht fühlt, was all diese Eltern fühlen. Er kann es nicht fühlen, bevor er selbst mit seinem eigenen Kind auf dem Arm dasteht.

Gefühle kann man nicht mit Worten und Gedanken umschreiben. Alle Eltern sind von starken Gefühlen erfüllt und möchten sie gern zum Ausdruck bringen. Aber egal wie sehr sie es auch versuchen, Worte können Gefühle nicht identisch zum Ausdruck bringen. Gefühle lassen sich eben nicht im Verhältnis eins zu eins beschreiben, nicht zergliedern. Gefühle lassen sich nicht via Intellekt verstehen.

So ist die Antwort auf die ewige Frage nach dem Sinn des Lebens also eine Art des Fühlens, nicht des Denkens.

Aber was ist dies für ein Gefühl?

Es ist die Liebe.

Jedes Kind wird mit einem Zauberstab in der Hand geboren. Wenn der Zauberstab deines Kindes dich berührt, fällt der Sternenstaub der Liebe über dich herab. Ja, er wird dich vielleicht sogar von Kopf bis Fuß einhüllen, wenn du nahe genug dran bist. Du verwandelst dich in ein einziges, riesiges Gefühl der Liebe.

Diese Liebe ist der Stoff von einem Stern, den es schon immer gab. Du wirst ein Nachkomme des großen Liebessterns, der über der ganzen Welt, über der ganzen Menschheit leuchtet. Diesen Stern hat es schon immer gegeben, und es wird ihn immer geben, solange es auf der Erde Leben gibt. Solange Kinder auf unsere Welt kommen, wird er seinen Sternenstaub über die Herzen der Menschen streuen.

Die Liebe währt ewig. Der Mensch nicht. Die Liebe ist unzerstörbar.

Wenn dein Kind seinen Zauberstab hebt und der Staub der Liebe auf dich herunterrieselt, spürst du auf einmal, dass dieses instinktive Gefühl, das dich getroffen hat – und welches du selbst, persönlich, erleben musst, um zu begreifen, dass *dies* der Sinn des Lebens ist –, nicht nur dich betrifft. Wohin du auch schaust, gibt es Menschen, die genau dieses Gefühl mit dir teilen. Sie konnten es dir nicht erklären, bevor du selbst dazu im Stande warst, es zu begreifen, und du warst nicht dazu im Stande, zu verstehen, bevor du es an dir selbst erfahren hattest.

Plötzlich – ja, schließlich – ist diese Liebe, die du nur selbst erleben konntest, etwas, das du mit der ganzen Menschheit gemeinsam hast: Gemeinsam mit allen, die die Gnade, andere zu lieben, erlebt haben und erleben. Sie erkennen die Liebe in dir wieder, wie auch du die Liebe in ihnen wieder erkennst.

Auf einmal sprecht ihr alle eine gemeinsame Sprache, die Sprache eurer Seelen.

Wenn Leute dir zur Geburt deines Kindes gratulieren, meinen sie damit nicht die schlaflosen Nächte, die schmutzigen Windeln, die Verantwortung oder deine eventuellen, finanziellen Sorgen. Du tust ihnen ja nicht Leid! Sie gratulieren dir zur Liebe, zu deiner frisch erfüllten Mitgliedschaft im exklusiven Klub der zeitlosen und grenzenlosen Liebe, in dem wir alle die Antwort auf die Frage nach dem Sinn des Lebens erkennen können. Sie gratulieren dir zu deiner Liebe und die Liebe ist das Leben, dessen Sinn und dessen Ziel.

Überall siehst du die Bestätigung. Eltern, professionelle Helfer oder Bekannte – der Sternenstaub der Liebe rieselt auf sie alle herab und sie lachen vor Glück. Um jedes neugeborene Kind herum steht die Umgebung vereint in einem gemeinsamen, aufrichtigen Wohlwollen.

Deine Liebe zu deinem Kind ist deine ganz persönliche, aber sie ist auch Teil eines Ganzen. Deine Liebe wird erweckt, wenn dein Kind dich mit seinem Zauberstab berührt, aber diese Liebe gab es schon immer, so wie es immer diesen Sinn des Lebens gab.

Diese Liebe und das Leben sind ein und dieselbe Sache: eine einzige, universelle Seele, die ihr unendliches, herrliches und unauslöschliches Licht erstrahlen lässt. Und alle erkennen es. Die ewige Liebe der Seele bringt ein Lächeln auf jedes Gesicht, denn sie ist gut, schön und rein, und sie will nur Gutes.

Wenn wir uns heftig in jemanden verlieben und wir so etwas wie eine innere Umwälzung durchleben, bekommen wir einen Vorgeschmack von der unglaublichen Wirkung, die der Sternenstaub der Liebe auf uns haben wird, wenn wir Eltern werden.

> »Da unser altes Ich ... tot ist, werden wir echt und rein ... Wer wahrhaftig verliebt ist, wird ein neuer Mensch, fühlt sich leichter, zu allem bereit. Er ist nicht mehr gierig, kleinlich oder eifersüchtig, da das Einzige, das ihn interessiert, seine Liebe ist ... Gerade weil er das innerste Wesen des Lebens erblickt hat, scheut er keine Hindernisse mehr. Er hat das Gefühl, dass er jede Schwierigkeit, jeden Mangel an Verständnis, jeden Hass überwinden kann. Dieses Gefühl der Unverwundbarkeit überschattet aber nicht seine Vernunft. Ganz im Gegenteil; er ist geduldig, aufmerksam und erfinderisch.«
> (Francesco Alberoni, Ti amo, 1996)

Du lässt ein Leben hinter dir, das nie wiederkehren wird, und du vermisst es nicht. Die Zeit bleibt stehen und deutlich erscheint dir der Unterschied zwischen der Zeit vor dem Kind und der Zeit danach. Das Danach wird nie so werden wie das Davor und das Davor ist nur noch eine vage Erinnerung. »Es fällt mir schwer, mir ein Leben ohne sie vorzustellen ...«

Wenn ein Kind geboren wird, geht es nicht nur um die Geburt eines kleinen, neuen Menschenkindes. Denn auch bei den Eltern, bei allen, die das Kind mit seinem Zauberstab berührt, findet eine »Geburt« statt. Der Sternenstaub der Liebe sprüht vor Echtheit und Reinheit, vor Offenheit und Ehrlichkeit, vor Demut und Verantwortungsbewusstsein, vor Geduld, Aufmerksamkeit und Erfindungsreichtum.

Wer ein Kind in seine Obhut bekommt, erlebt die Gnade, noch einmal neu geboren zu werden, zu einem Leben, dessen Sinn so wunderbar (und) klar ist.

Diese Liebe ist ihr eigenes Geschenk. Sie macht sich selbst zum Geschenk für dich.

Du wirst sie in deinem Kind entdecken. Du wirst sie in dir selbst entdecken. Du wirst sie in jedem Gedanken, in jedem Gefühl antreffen, die erweckt werden von dem Sternenstaub der Liebe, der auf dich fällt, wenn das Kind dich mit seinem Zauberstab berührt.

Du wirst die Zeugnisse und die Beweise der Liebe sehen, wohin du dich auch wendest ... wenn du willst ... und du willst, denn es ist das große Geschenk der Liebe an dich: die Liebe *leben* zu wollen.

Du wirst sie suchen wollen, sie finden wollen, du möchtest sie ausdrücken, sie stärken, sie bestätigen, an ihr teilhaben, sie vervielfältigen, ihre Reichweite vergrößern, helfen, sie weiter zu verbreiten, an ihrem Siegeszug über die ganze Welt teilnehmen. Diesen Willen schenkt dir die Liebe.

Es ist dir nicht genug, zu wünschen und zu hoffen. »*Sicherlich wird sich jemand darum kümmern, dass es dem Kind gut geht, damit es einen guten Start ins Leben bekommt!*« Nein, du bist es selbst, die/der persönlich alles, was in deiner Macht steht, tun wird, um das Glück und das Wohlbefinden deines Kindes zu sichern.

Du würdest sogar dein eigenes Leben opfern, um das Leben deines Kindes zu retten.

Du willst einem anderen Menschen Gutes tun, nur das Beste, und dein Wille macht nicht bei der Sehnsucht und dem Wünschen Halt. Dein Wille ist die Absicht, deine Entscheidung. Er ist wie ein Streben, unabwendbar.

Er versetzt dich in die kraftvolle Handlungsbereitschaft der Liebe.

Deinen Willen, aus Liebe heraus zu handeln, holst du aus einer felsenfesten Überzeugung, einem *Glauben*, von dem du keine Ahnung hattest, dass du ihn in dir trägst. In dem Moment, in dem dein Kind dich mit seinem Zauberstab berührt, erwacht dein wahrer Glaube an die Liebe – nicht nur als ein herrlicher und wohltuender Gefühlszustand, den man manchmal erreichen kann, wenn man Glück hat, wenn man an Gott glaubt oder irgendwie sonst auf geheimnisvolle Weise den Zugang zum Glück findet, sondern als *der Glaube an die Liebe als eine höhere Macht.*

Wenn der Sternenstaub der Liebe auf dich herunterrieselt, fällt auch dir ein Teil ihrer seltsamen Macht zu. Du brennst vor Entschlossenheit und möchtest all deine Fähigkeiten nutzen. Es ist dein Wille, deine Absicht, dein Entschluss; denn diese Liebe handelt für dich. Sie ist eine unbändige Kraft, die stärkste von allen.

Diese Liebe bringt dich und dein Handeln hervor und du möchtest nichts lieber als ihr demütiges Werkzeug sein. Du stellst dich zu ihrer Verfügung.

Diese Liebe ist der Sinn des Lebens. Sie überwindet den Tod.
Ihre Macht ist unendlich.

»Früher zählte nur, was für mich wichtig war«, hat unsere Berühmtheit vorhin gesagt. Sie wollte nicht mehr Filmstar sein. Sie hatte überhaupt kein Interesse mehr an ihrem Ruhm. »Und plötzlich nimmt ein anderer Mensch die Priorität in meinem Leben ein.«

Vorher warst du das Zentrum deiner eigenen Existenz und hattest eigentlich nur eine Verantwortung getragen – die Verantwortung für dich selbst. Und nun stehst du da, als Mutter oder als Vater, und bist dazu bereit, einen anderen Menschen in deine Obhut zu nehmen und die Verantwortung für sein Leben zu tragen.

Der Gedanke lässt dich zittern und das Zittern mahnt dich zur Vorsicht, zum Vorausschauen und zur Nachdenklichkeit.

Aber *das Gefühl*, das in diesem phantastischen Anliegen steckt, das Gefühl, das in dir die Bereitschaft, deine Liebe zu leben, weckt, das du nun als Mutter bzw. Vater besitzt, erfüllt dich mit Freude, Stolz, Rührung – ja, mit Glück.

Mit deiner ganzen Seele bist du bereit zu lieben, wie du in deinem ganzen Leben noch nie geliebt hast: Mit einer Liebe, die nicht eigennützig ist, die weit über dein eigenes Dasein hinausreicht, die vollkommen dem Wohl eines anderen Menschen gewidmet ist. Der Sternenstaub der Liebe fällt auf dich herab, und in deinem Eifer und deiner Freude, in deinem Stolz und deiner fröhlichen Erwartung spürst du, dass du das Glück wirst erleben dürfen.

Das Glück des Elternseins entsteht und lebt in der ständigen Fürsorge für ein Kind, für einen anderen Menschen. Es ist ein Glück, das uneigennützig ist, weil es so viel größer ist als du als Einzelne oder Einzelner.

Du wirst dich dem eigentlichen Kern des Lebens nähern. Du wirst die Stimme der Liebe hören, ihre Zeichen sehen, ihr Werkzeug werden, in ihrer Welt wirken, in ihr *leben*.

Du wirst den Sinn deines Lebens erkennen, und das ist das Glück: deine Freude darüber, dass die Liebe, die so vollkommen uneigennützig ist, den Sinn des Lebens ausmacht.

Und das Wunder geschieht immer wieder. Ständig und immer wieder aufs Neue wird der Sternenstaub der Liebe auf dich herunterrieseln; wenn du dich nur nahe genug herantraust.

Ein kleiner Junge, drei Jahre alt, steht und beobachtet seinen Papa, der sonntags morgens auf der Couch liegt und einen so riesigen Kater hat, dass sein Kopf jeden Moment zu zerspringen droht. Er ist fahl im Gesicht und vollkommen außerstande, sich auch nur hinzusetzen.

»Papa, wie geht's dir heute eigentlich?«, wundert sich das Kind, besorgt.

Papa sagt, wie ihm zumute ist, obwohl er nicht die ganze Wahrheit erzählt: »Papa ist ein bisschen müde … ein bisschen krank.« – »Ach, ja, dann musst du dich ein bisschen ausruhen«, sagt der Kleine und tätschelt ihn an der Stirn. Und der Papa erinnert sich später an diese kleine Begebenheit, er erzählt gerne davon, freut sich immer wieder darüber und bewahrt sie sich in seinem Herzen auf.

Es war die Liebe, die dort vor ihm stand in Gestalt des kleinen Jungen. Es war die Liebe, die er sprechen hörte, und was sie zum Ausdruck brachte, waren Aufmerksamkeit, Mitgefühl, Zärtlichkeit und Wohlwollen. Es war die selbstlose Liebe, die ihm liebevoll seine Stirn streichelte.

Der kleine Junge hätte sich um seine eigenen Interessen kümmern können. Papa war ja zu Hause, endlich mal. Er hatte sicherlich versprochen, dass sie an diesem Sonntag zusammen etwas unternehmen wollten. Wie sie es ja sonst immer machten!

Der Junge hätte weinen und schreien können, er hätte an seinem Papa zerren und auf ihn einkloppen können, er hätte ihn an sein Versprechen erinnern, Forderungen stellen und ihn »bestrafen« können. Er hätte zu Mama laufen und jammern können, und Mama hätte aufstehen und ihren Mann überaus deutlich an seine Pflichten als Vater erinnern können. Leicht also hätte sich das Familienleben an diesem Sonntagmorgen in ein richtiges Schlachtfeld verwandeln können, mit Gebrüll und Geschrei, mit Klagen und Schlägen, Vorwürfen und hasserfüllten Angriffen – mit anderen Worten: Krieg wäre gewesen, wenn nicht die Liebe dazwischengetreten wäre.

Wenn es die Liebe nicht gegeben hätte, mit ihrer unglaublichen, stillschweigenden Macht, hätte Papa nicht glücklich lächelnd noch eine Weile auf der Couch schlafen können. Der kleine Junge hätte nicht glücklich lächelnd in aller Ruhe mit seinen Sachen weiterspielen können, und Mama, was sie auch gerade über die eine oder andere Sache gedacht haben mag, hätte nicht glücklich lächelnd feststellen können, dass im Hause der totale Frieden herrscht.

Überall geschieht das Wunder. Das Schwache besiegt das Starke. Das Schwache war nur augenscheinlich schwach. Das Starke war nur augenscheinlich stark.

Und nichts ist stärker als die Liebe. Nichts ist annähernd so stark. Die Liebe überwindet alles.

Die Liebe wird alles überdauern – für immer und ewig.

Wenn dein Kind geboren wird und dich mit seinem Zauberstab berührt, wirst auch du neu geboren.

Du wirst zum Glück geboren in dem Moment, in dem deine ewige Sehnsucht nach dem Glück sich in das Streben der Liebe selbst verwandelt.

Als Taufgeschenk bekommst du Aufmerksamkeit, Mitgefühl, Zärtlichkeit und Wohlwollen, die sich paaren mit dem *Willen*, ihnen unbegrenzten Ausdruck zu verleihen.

Du bekommst das Glück, die Welt mit deiner Liebe bereichern zu können, und je mehr du davon gibst – an dein Kind, an die Welt und auch zurück an die Liebe selbst –, umso mehr Liebe wirst du erhalten und umso näher wirst du deinem Glück kommen.

Du bekommst Zugang zur Liebe. Du bekommst die Befugnis, im Namen der Liebe zu handeln. Du erhältst die Fähigkeit, dein Kind im Glauben an die Macht der Liebe unterrichten zu können.

Nicht immer gelingt es uns, nach dem Gebot der Liebe zu leben. Nicht immer ist das Glück, das uns umgibt, für uns sichtbar und wir erkennen auch nicht immer die Zeugnisse der Liebe und ihren immer währenden Siegeszug. Das bedeutet aber nicht, dass es sie nicht gibt.

Es gibt die Liebe und das Glück. Wenn einmal dein kleines Kind seinen Zauberstab über dich erhebt, wirst du es für immer wissen. Nie wieder wirst du an der unendlichen Macht der Liebe – die sie auch über *dich* hat – zweifeln.

Die Liebe streut mit ihrem Sternenstaub Aufmerksamkeit, Mitgefühl, Zärtlichkeit und Wohlwollen über dich, und der Wille, diese Gefühle *zu leben*, wird dich nie wieder verlassen, solange du nur nahe genug dranbleibst.

Das ist das Geschenk der Liebe an dich.

Die seltsame Kraft des Wassers steht im Taoteking, Strophe 78 beschrieben. Genau dasselbe kann man über die Liebe sagen:

> *»In der ganzen Welt gibt's nichts Weicheres als Wasser,*
> *aber muss man gegen Hartes und Festes kämpfen,*
> *gibt es nichts, das die Kraft des Wassers überbieten könnte.*
> *In dieser Hinsicht kann man es mit nichts anderem vergleichen.*
> *Das Schwache überwindet das Starke.*
> *Das Weiche überwindet das Harte.*
> *Es gibt niemanden in der Welt, der das nicht weiß,*
> *aber keiner schafft es, danach zu leben.«*

Das Kind mit seinem Zauberstab wird dir zeigen, dass die Welt voller Menschen ist, die versuchen, genau das zu leben.

Wie man es macht.
Richtlinien zu deiner Anregung

Kinder zu erziehen ist eine Aufgabe.

Jede Aufgabe kann besser oder schlechter erledigt werden.

Man kann es sich aber auch heute leicht und damit morgen schwer machen.

Wenn du zum Beispiel in einem Büro arbeitest, könntest du am Ende des Tages einfach den ganzen Papierkram in den Papierkorb werfen und nach Hause gehen, denn der Schreibtisch wäre ja somit leer. Am nächsten Tag wären alle Aufgaben vom Vortag aber immer noch da und außerdem wären neue hinzugekommen. Nun müsstest du alles wieder aus dem Papierkorb hervorkramen. Und hätte ihn vorher jemand ausgeleert, dann wäre die Situation noch schlimmer und Panik würde sich einstellen … Natürlich *wäre* es noch machbar, auch dann die Situation wieder in den Griff zu bekommen, durch Erinnerungsschreiben, Mahnungen, durch aufgeregte Telefongespräche, aber vielleicht wäre deine Handlungsweise auch irreparabel.

Ungefähr so verhält es sich auch mit der Kindererziehung: Machst du es dir heute leicht, kann es morgen schwer werden und übermorgen vielleicht schon komplett unmöglich sein. Die Alternative besteht dann darin, dass es tagtäglich zwar etwas mühsam zugeht, du aber alles im Auge und unter Kontrolle hast, deinen Blick nach vorne gerichtet, in die Zukunft.

Autoritär oder liberal? Die goldene Mitte

Der arme Prinz Henrik von Dänemark bekam starken Gegenwind zu spüren, als er vor Jahren, gerade zum ersten Mal Papa geworden, erklärte, dass man Kinder seiner Meinung nach ungefähr so erziehen sollte wie Hunde.

Ein Standpunkt, dem sich auch heute viele Eltern anschließen können, weil sie meinen, dass Kinder, ebenso wie Hunde, so erzogen sein sollten, dass man sie in möblierten Zimmern »halten« könne. Denn es sei schließlich völlig inakzeptabel und auch kein Zeichen von Freiheit, Geborgenheit und Selbstständigkeit, wenn Kinder die Sitze in Bussen und Zügen kaputtschneiden, in Schulen und öffentlichen Gebäuden randalieren, zum Schulunterricht oder zur Arbeit kommen und gehen, wie sie gerade lustig sind, und den Erwachsenen sagen, dass sie sich verpissen sollen. Das »*Ich will nicht!*« eines kleinen Kindes darf nicht der Vorläufer vom »*Das ist mir doch scheißegal!*« des älteren Kindes sein.

Sehen wir uns doch Prinz Henriks »Hundeerziehung« einmal näher an:

Wie kann man einen Hund erziehen?

Man kann hart und autoritär sein und den Hund sogar bis zum »blinden Gehorsam« erziehen.

Was wird aus dem Hund?

Ein höriger Hund – aber auch ein Hund, der Angst vor Schlägen hat.

Und was passiert, wenn man den Hund gar nicht erzieht? Was wird dann aus dem Hund?

Ein freimütiger Hund. Bestenfalls. Aber auch ein unzuverlässiger Hund mit unvorhersehbaren Reaktionen. Ein unzuverlässiger Hund kann, wenn nicht sich selbst, dann anderen Schaden zufügen.

Eine autoritäre Erziehung, bis zum blinden Gehorsam, lässt sich nicht ohne Züchtigung praktizieren. Heute ist die körperliche Bestrafung in einigen Ländern per Gesetz verboten. Wenn es um kleine Kinder geht, ist es also verboten, eine solche Erziehung zu praktizieren. Das wäre kriminell. Und es fällt einem ja hoffentlich auch nicht schwer, von der autoritären Erziehung Abstand zu nehmen; denn in der Tat wünscht sich niemand, dass Kinder aus purer Angst gehorchen.

Es ist auch nicht schwer, die Laisser-faire-, also nichtexistente Erziehung abzulehnen. Niemand möchte, dass aus solchen Kindern potenzielle Tyrannen werden, die im Glauben, sie könnten tun und lassen, was sie wollen, anderen und sich selbst Schaden zufügen.

Es gibt einen goldenen Mittelweg, und ich glaube, dass die meisten Eltern heutzutage versuchen, sich an diesem Weg entlangzutasten.

Zum einen geht es dabei um die *Liebe*, und zwar mit allem, was dazugehört: die Kinder umarmen, mit ihnen Spaß haben, sie trösten, streicheln, ihnen zuhören, sie verstehen, sie *beschützen*. Zum anderen geht es um das *Beibringen gesellschaftlicher Normen* mit allem, was dazu gehört: helfen, lehren, zeigen, verhindern, dass sie etwas tun, ihnen etwas verbieten, sie *leiten*.

Die Aufgabe des Erziehers ist es, sein Kind zu schützen *und* es zu leiten.

Nicht nur das eine; und auch nicht nur das andere.

Einen Hund besitzt man. Ein Kind besitzt man nicht. Du erziehst deine Kinder, um sie in der bestmöglichen Weise auf ein Leben ohne dich vorzubereiten. Der Hund wird bei dir bleiben. Du bist sein Herrchen. Das ist der entscheidende Unterschied.

Trotzdem haben die meisten Hundehalter und die meisten Eltern etwas Grundlegendes gemeinsam: Sie wünschen, dass der Hund – und das Kind – aus Vertrauen heraus, und nicht aus Angst, gehorchen mögen.

Ist es notwendig, die Kinder in ihrem Tun an etwas zu hindern? Ihnen etwas zu verbieten? *Ja.*

Jede Gesellschaft hat ihre Normen. Die Menschen können sich in den Geschäften nicht einfach stehlen, was sie gerade haben wollen, oder einander auf der Straße abknallen oder das Zuhause der Familie in Brand setzen. Egal was die Menschen wollen oder nicht wollen, egal welche Motive sie haben mögen, gewisse Handlungen sind verboten. Es gibt Normen und Regeln, die wir alle befolgen müssen. Was der Mensch davon hat, sie zu befolgen? Die Mitgliedschaft in einer Gemeinschaft.

Was passiert, wenn der Mensch sich weigert, sie zu befolgen? Er wird aus der Gemeinschaft verwiesen.

Jeder Mensch in jeder Gesellschaft muss sich den dort allgemein gültigen Normen anpassen. Außerdem hat jedes Individuum seine eigenen persönlichen Normen: Eine Mutter weigert sich vielleicht zu tolerieren, dass ihr Kind mit dem Essen herummanscht. Einem Vater wird ganz schlecht bei dem bloßen Gedanken, sein Kind könnte auf dem Fahrersitz seines BMWs sitzen und an den ganzen Knöpfen herumhantieren.

Als Mutter oder als Vater musst du versuchen, an den Normen, an die du selbst glaubst, festzuhalten.

Ein Kind, das nicht mit seinem Essen spielen darf, wird nicht darunter leiden. Man kann mit anderen Sachen herummanschen. Auch das Kind, das im Auto nicht mit den Knöpfen herumspielen darf, wird darunter nicht leiden. Papa hat sicherlich andere Sachen zu bieten, die viele Knöpfe und Hebel besitzen.

Vielleicht äußern einige Menschen in deiner Umgebung ihre Einwände in Bezug auf deine persönlichen Normen, Normen, die du selbst befolgst und die du auch für das Kind geltend machst. Das Kind aber wird erst einmal alles, was seine Eltern für notwendig erachten, akzeptieren (wenn es den gesellschaftlichen Normen nicht zuwiderläuft), denn es *will* die Normen kennen lernen, die dort herrschen, wo es hineingeboren wurde, in eine Familie, aber auch in eine Gesellschaft.

Das Kind sucht Lebenserfahrungen in seinem unmittelbaren Umfeld, um dort überleben und leben zu können. Dieses Kind hätte genauso gut – als neugeborenes Menschenkind – in der Sahara oder in einem Iglu landen können und hätte sich dann ganz andere Normen aneignen müssen.

Das Kind sucht Kenntnisse über Normen und Regeln, indem es Fragen stellt. In der Regel stellen Kinder ihre Fragen (und auch wir Erwachsenen) mit ihren Handlungen.

»Mach, was du willst« wäre wahrlich keine Antwort. Die meisten kommen vielleicht unversehrt davon und hoffentlich, ohne sich selbst oder anderen zu schaden. Aber sie werden viel Zeit brauchen, und es wird unnötig schwer für sie sein, sich die geltenden Normen anzueignen, genau wie es für dich und mich unnötig schwer oder vielleicht sogar gefährlich wäre, wenn wir auf eigene Faust versuchen müssten herauszubekommen, welche Regeln im Autoverkehr geltend sind.

Die Erziehung des goldenen Mittelweges könnte man die Erziehung im gegenseitigen Vertrauen nennen.

Alle Kinder werden mit einem Urvertrauen geboren, einem Vertrauen, das schon vorhanden ist. Man muss dieses Vertrauen nicht erst aufbauen, sondern es nur bestätigen. Aber natürlich kann man es sich auch verscherzen.

Man könnte es mit dem Vertrauen vergleichen, das du und ich dem Fahrlehrer gegenüber verspüren würden, wenn wir uns zum ersten Mal neben ihn setzen, um das Autofahren zu erlernen. Wir hätten ihn nie zuvor gesehen, aber natürlich gingen wir davon aus, dass er uns wirklich das Fahren beibringt. Es ist ja seine Aufgabe, und für was sonst würde er hier neben uns sitzen? Er würde uns sehr verblüffen, wenn er uns ein ganz falsches Fahrverhalten beibringt oder vorschlagen würde, dass wir stattdessen Kaffee trinken gehen. Und der Fahrlehrer auf der anderen Seite muss daran glauben, dass wir eines Tages auch Auto fahren können. Sonst würde er uns nicht als seine Schüler annehmen, egal wie viel wir ihm dafür bezahlen.

Was beide Parteien vor Augen haben müssen, ist die Tatsache, dass du oder ich irgendwann *ohne* die Hilfe des Fahrlehrers Auto fahren werden. Es ist nicht Sinn der Sache, dass der Fahrlehrer und du oder ich für immer und ewig zusammen im Auto fahren.

Der »Laisser-faire-Fahrlehrer«, wenn wir uns ein solches Wesen einmal vorstellen, würde sagen: »Mach, was du willst. Fahre so, wie du meinst!« Daraufhin würde er seine Zeitung lesen oder einfach aus dem Wagen steigen und etwas anderes machen.

Der autoritäre Fahrlehrer wiederum würde uns wahrscheinlich erst gar nicht fahren lassen. Er würde selbst fahren. Da es für dich und mich aber notwendig ist, das Autofahren zu erlernen, würden wir versuchen müssen, in einem unbeobachteten Moment auf den Fahrersitz zu rutschen, um – ohne Erlaubnis – etwas Übung im Fahren zu bekommen, oder wir müssten uns mit ihm anlegen, um uns so das Recht zum Autofahren zu *erzwingen*.

Die autoritäre Erziehung baut *ausschließlich* auf das kindliche Vertrauen in den Erwachsenen – und nutzt es für ihre Ziele aus.

Die Laisser-faire-Erziehung, also die (missverstandene) freie Erziehung, baut *ausschließlich* auf das Vertrauen des Erwachsenen in das Kind.

Die Erziehung der goldenen Mitte baut auf *gegenseitiges* Vertrauen. Das bedeutet, dass der Erwachsene in die Fähigkeiten des Kindes Vertrauen haben muss. Und das Kind muss Vertrauen in die Fähigkeiten des Erwachsenen haben.

Die freie Erziehung entstand als Reaktion auf die autoritäre. Sie wollte den Kindern Freiheit, Respekt und ganz besonders Vertrauen schenken.

Sie wollte das Kind als Menschen, nicht als Eigentum sehen.

Sie wollte zuhören, ohne zu verdammen, und sie wollte verstehen.

Sie wurde missverstanden, insofern die Eltern es nicht nur in den Augen der Kinder, sondern auch für sich ablehnten, eine *führende* Rolle, die Rolle eines *Erziehers* zu übernehmen, die erforderlich ist, um den Kindern geltende Normen beizubringen.

Der Fahrlehrer – um bei dem Beispiel zu bleiben – sagt also nicht nur: »Mach, was du willst. Fahre so, wie du meinst!«, sondern auch: »Ich bin zwar Fahrlehrer, aber das heißt noch lange nicht, dass ich weiß, wie man Auto fährt.« Du und ich hätten uns logischerweise geweigert, ihm zu glauben. Würde er weiterhin behaupten, dass er eigentlich gar nicht fahren könne, würden wir ihn vielleicht zu einem Punkt treiben, an dem er sich dazu provoziert fühlen würde, uns seine Fähigkeiten zu zeigen: Mit Absicht würden wir vielleicht mit Vollgas auf einen Zebrastreifen zufahren, wo eine alte Frau gerade den Versuch unternimmt, die Straße zu überqueren, um ihn dazu zu zwingen einzugreifen. »Nein!«, müsste er sagen und auf die Bremse steigen. »Stopp! Du darfst die Frau doch nicht überfahren!«

Ungefähr so verhalten sich Kinder, deren Eltern sich weigern, Anweisungen zu erteilen.

Ob du es willst oder nicht, ob du es magst oder nicht, als Vater oder als Mutter bist du für dein Kind eine *Autorität*, was aber nicht heißt, dass du deinem Kind gegenüber autoritär sein musst. Schließlich kommst du erwiesenermaßen in dieser Welt zurecht, mit deinem Leben, in Übereinstimmung mit den geltenden Normen, Gesetzen und Verordnungen. *Du kannst* und *du weißt Bescheid.*

Schließlich geht es um die Kunst des Überlebens. Und kleine Kinder können nicht auf eigene Faust überleben. Sie erwarten Anweisungen von ihren Eltern, so wie du und ich sie ganz automatisch von unserem Fahrlehrer erwarten.

Kleine Kinder können nicht immer die Verantwortung für ihre Handlungen übernehmen. Das wissen wir alle. Es ist unsere Aufgabe, die Kinder zu schützen, aber auch sie zu leiten, ihnen etwas beizubringen, ihnen das Leben zu zeigen – so wie auch der Fahrlehrer die Aufgabe hat, seine Schüler *sowohl* vor Unfällen im Verkehr zu schützen *als auch* ihnen beizubringen, wie man dort vorankommt.

Stellen wir uns vor, dass Junior, das Kind, etwas vorhat, mit dem Senior, der Vater/die Mutter, nicht einverstanden ist. Senior ist überzeugt, dass Junior sich ganz anders verhalten müsse. Und nun muss Senior dafür die Verantwortung übernehmen. Er muss für seine Ansichten geradestehen.

»Ich will nicht«, sagt Junior.

»Doch, du musst«, sagt Senior dann, oder: »Nein, das darfst du nicht.«

Hier tritt Senior eventuell autoritär und vielleicht auch etwas unangenehm auf, und dies sowohl in seinen eigenen Augen wie auch in den Augen Juniors.

Hoffentlich weiß Senior, was er tut, und betrachtet sein Einschreiten wirklich als notwendig. Denn nur so kann er dafür geradestehen und auch den Preis dafür bezahlen, dass er als unangenehme Person auftreten muss.

Will er dagegen *nicht* die Verantwortung übernehmen und ist *nicht* dazu bereit, die Sache durchzustehen, egal was es ihn kostet, dann sollte er seine Meinung ganz für sich behalten. Er sollte davon Abstand nehmen, einzuschreiten, und stattdessen Junior das Recht dazu geben, selbst Entscheidungen zu treffen. Dann kann Junior tun, was er gerade möchte; und Senior muss ihn dafür respektieren.

Wenn Eltern die persönliche Verantwortung scheuen, die Hand in Hand mit der elterlichen, wegweisenden Autoritätsrolle einhergeht, versuchen sie es oft mit Appellen an die Vernunft des Kindes. Sie appellieren an seinen Selbsterhaltungstrieb. »*Denke doch mal daran, was für dich am besten ist!*«

Heutzutage haben viele Eltern eine solche Angst vor der persönlichen Verantwortung, dass sie sich dankbar in die Rationalität flüchten. Denn wenn du mit erklärenden Begründungen und mit Hilfe der vermeintlichen allgemeinen Vernunft ein Kind davon überzeugen kannst, dass es zweckmäßig ist, zu gehorchen, brauchst du nicht autoritär werden. Kannst du das Kind dann auch noch dazu bringen, dass es gehorchen *möchte* und auch das zu *wollen*, was *du* willst, dann kann keiner behaupten, dass du dein Kind zur Unterwerfung gezwungen hast. Die Verantwortung, die bei dir liegen sollte, wird so auf das Kind übertragen. Und du bist »frei«.

Das nennt man *Manipulation*.

Einer solchen Eigenverantwortung ausgesetzt, die ihm durch Manipulation übertragen wurde, kann der Junior den Senior dennoch in eine so prekäre Lage bringen, dass der Senior dem Junior autoritär Einhalt gebieten *muss*. »*Nein! Stopp! Du darfst doch nicht …*« Ist es wahrscheinlich, dass Junior den Senior so weit treiben wird? Schwer zu sagen.

Die autoritäre Erziehung hat viele Kinder unterdrückt, sie fürs ganze Leben gebrochen. Anderen hat sie nichts anhaben können; sie haben sich wie geschmeidige Äste gebeugt und sich wieder aufgerichtet, ohne auch nur einen »Kratzer« abzubekommen.

So werden auch einige Kinder »erzogen«, ohne dass erkennbar ist, dass sie Gegenstand einer Erziehung sind, ohne jemals das Wort »Nein« zu hören; und trotzdem werden sie keine kleinen Tyrannen. Sie schaden weder sich selbst noch anderen.

Wieder andere weigern sich, auch nur ein kleines Stückchen auszuweichen, bis der Fahrlehrer/die Eltern/die Gesellschaft sie zum Anhalten bringen: »*Nein! Stopp! Das darfst du nicht!*« Solche Kinder brauchen verzweifelt die erzieherischen Anweisungen, den elterlichen Widerstand. Denn für sie sind alle Mittel erlaubt – inklusive des Schadens, den sie sich selbst und auch anderen eventuell zufügen.

Die Führung zu übernehmen bedeutet oft genug, die Verantwortung zu tragen. Die Führungsposition abzulehnen bedeutet oft genug, die elterliche Verantwortung abzulehnen. Manche Kinder können die Verantwortung selbst tragen. Andere können es nicht oder weigern sich, es zu tun. Manche Menschen können sich sicherlich das Autofahren selbst beibringen; andere können es nicht oder wollen es erst gar nicht versuchen.

Eltern tragen die rechtliche Verantwortung für ihre Kinder, bis diese strafmündig werden. Tragen sie auch die moralische Verantwortung?

Sehen wir uns eine alltägliche – und unvermeidbare – Situation an!
Junior, das Kind, ist erwachsen geworden und möchte von zu Hause ausziehen. Senior, der Vater/die Mutter, weiß das natürlich. Senior bildet sich nicht ein, dass Junior für immer bei ihm bleiben wird. Alle Kinder sind zu allen Zeiten in die weite Welt hinausgezogen; so hat es Mutter Natur vorgesehen, und das wird von niemandem bezweifelt, auch nicht vom Senior. Was macht Senior jetzt? Nun, er erträgt den Gedanken wirklich nur schlecht. Er möchte Junior zu Hause behalten. Das wäre aber zu viel verlangt. Wie würde das denn aussehen? »*Du musst hier bleiben. Du wirst nirgendwo anders hinziehen.*« Oder milder ausgedrückt: »*Ich möchte, dass du hier wohnen bleibst.*« – »*Soll ich denn nie von zu Hause ausziehen*«, würde Junior fragen. »Nein«, sagt Senior, »ich lasse dich nicht gehen.«
Sowohl Senior wie auch Junior wissen, dass Juniors *Bestimmung* darin liegt, sich zu einer selbstständigen Person zu entwickeln, unabhängig sowohl von Seniors Schutz wie auch von seinen Anweisungen. Junior soll sein eigener Beschützer und Leiter werden.
(Um bei dem Beispiel noch etwas länger zu bleiben: Als wir uns ins Auto setzten, hatten sowohl du und ich wie auch der Fahrlehrer vor Augen, dass du und ich eines Tages das Auto ohne den Fahrlehrer im Verkehr lenken sollten.)
Junior stürzt aber auch nicht ohne weiteres zur Tür hinaus. Die Welt draußen ist groß, und Junior weiß nicht so richtig, wie er sich zurechtfinden soll.
(Du und ich sind ja auch vor der Fahrprüfung ziemlich nervös.)
Senior trifft nun die Entscheidung, beim Umzug Juniors nicht helfen zu wollen. Er denkt nicht daran, die Verantwortung dafür zu übernehmen. Er möchte ja nicht allein sein. Warum sollte er? Er möchte doch, dass Junior so lange wie möglich bei ihm zu Hause wohnen bleibt!

(Der Fahrlehrer denkt nicht daran, dir und mir bei der Fahrprüfung behilflich zu sein. Er hat nicht die Absicht die Verantwortung dafür zu übernehmen. Er wird keinen Termin vereinbaren. Ganz im Gegenteil möchte er die Fahrprüfung so lange wie möglich hinauszögern.)

Junior ist nun natürlich verunsichert und Senior nutzt seine Unsicherheit für sich aus. »Wo willst du denn hinziehen? Du wirst nicht für dich selbst sorgen können. Es ist besser, wenn du noch damit wartest.«

(Der Fahrlehrer sagt: »Du siehst doch selbst, wie nervös du bist. Warte lieber mit der Fahrprüfung. Du würdest sowieso durchfallen!«)

Senior schiebt die Verantwortung für den hinausgezögerten Auszug auf Junior. Und Junior entscheidet sich dafür, sich mit dem Auszug noch Zeit zu lassen. Aber tut er das, weil er selbst warten möchte oder weil Senior möchte, dass er wartet?

Sagen wir, beides trifft zu. Jedenfalls sieht es so aus, als wäre das Arrangement das Beste für Junior; er muss sich nun nicht darum kümmern, einen Wohnort zu finden; er bezahlt keine Miete, seine Wäsche wird gewaschen und sein Essen wird auf den Tisch gestellt.

Die Jahre vergehen.

Senior ist zufrieden, Junior ist dankbar, aber beide handeln sie nicht in Übereinstimmung mit Juniors Bestimmung, sich allein durchzuboxen. Eine Bestimmung, die letztendlich ihr Recht fordern wird.

(Irgendwann würden auch wir unsere Fahrprüfung ablegen wollen. Wir würden mit dem Fahrlehrer Ärger bekommen, dem es gelungen ist, die Fahrprüfung ein ganzes Jahr lang hinauszuzögern.)

Junior wird nun verschiedene Gründe vorbringen, die für seinen Auszug sprechen. Er hat eine Wohnung oder ein Zimmer gefunden. Er wird mit seiner Freundin zusammenziehen. Oder er hat in einer anderen Stadt Arbeit bekommen.

(»Nun habe ich 40 Fahrstunden gehabt. Ich habe jetzt die Absicht, meine Fahrprüfung abzulegen. Ich habe selbst einen Termin vereinbart!«)

Junior übernimmt selbst die Verantwortung für seinen Umzug. Senior greift bei dieser jetzt wohl unvermeidlichen Sache auf seine Vernunft zurück und wünscht Junior viel Glück. Aber er hat Junior in seinem vollkommen natürlichen Wunsch nach Unabhängigkeit in keiner Weise unterstützt.

Und was wäre, wenn Junior dem Senior keinen triftigen Grund für seinen Auszug präsentieren kann? Wenn er keine andere Wohnung gefunden hat, wenn er nicht mit seiner Freundin zusammenzieht und auch keine Arbeit in einer anderen Stadt gefunden hat? Wenn seine Bestimmung nach Selbstständigkeit schließlich einfach ihr Recht fordert und er entschlossen sagt: »*Ich will jetzt von zu Hause ausziehen*«?

Senior wird sich nicht freuen. »*Ach, wirklich! Ist es denn so schlimm, hier zu wohnen? Geht es dir hier nicht gut?*« – »*Doch*«, sagt Junior, »*das ist es nicht …*« – »*Nicht? Dann bin ich es wohl, mit dem du es nicht mehr aushältst?*«

Junior muss immer noch die Verantwortung für seinen Auszug allein tragen. Und jetzt muss er es tun, indem er von seinem eigenen Zuhause und von Senior *Abstand nimmt*. Er muss Senior »im Stich lassen«, Senior »verlassen«, seinen Willen gegen Seniors durchsetzen und damit eine nicht unbedeutende Menge an vermeintlicher Schuld auf sich nehmen.

(Es ist, als wenn du und ich nach bestandener Fahrprüfung ein schlechtes Gewissen unserem Fahrlehrer gegenüber haben müssten, weil wir ihn »im Stich gelassen« hätten.)

Vögel werfen ihre Jungen aus dem Nest, um sie zum Fliegen zu bringen. Sie werden vor die Wahl gestellt: fliegen oder sterben. Also fliegen sie.

Senior hätte in Übereinstimmung mit dem, was er nie wirklich bezweifelt hatte, handeln müssen – nämlich dass Junior natürlich eines Tages von zu Hause ausziehen würde. Und Senior hätte es seinem Kind ganz offenkundig zutrauen müssen, dass es allein zurechtkommen kann.

Wenn Junior Zweifel an seiner Fähigkeit haben sollte – »*Aber wo soll ich wohnen? Wie soll ich eine Arbeit finden? Was ist, wenn ich es nicht schaffe?*« –, hätte Senior in seiner Behauptung standhaft bleiben müssen: »*Du wirst es schon schaffen. Du glaubst es vielleicht nicht, aber es wird schon klappen.*« (Du *kannst* fliegen – wenn du wirklich musst.)

Mit dieser Einstellung hätte Senior seinen Junior unterstützt. Er hätte die Verantwortung für den Auszug Juniors mit ihm geteilt oder ganz übernommen. Und Junior hätte nicht die schmerzvolle Erfahrung machen müssen, sein bisheriges Leben in Frage zu stellen. Er hätte es auf ganz natürliche Weise verlassen können, um den eingeschlagenen Weg weiter zu gehen – ohne deswegen sein Zuhause oder Senior abzulehnen.

Und er hätte seine natürlichen Fähigkeiten eingesetzt. Er hätte Wege gefunden, das »Fliegen« zu erlernen, weil es notwendig gewesen wäre.

Anstatt Widerstand und vielleicht Misstrauen hätte Junior Seniors Unterstützung bekommen. Und er hätte keine Schuldgefühle haben müssen.

Die freie Erziehung wollte dem Kind Freiheit, Respekt und Vertrauen bringen. Sie wollte das Kind auf beste Weise auf ein selbstständiges Leben vorbereiten: selbstsicher zu sein, sich auf die eigenen Fähigkeiten verlassend und vertrauensvoll.

Das Ziel war es, die Kinder von Schuld und Angst zu befreien. Die Liebe der Eltern sollte Freiheit bedeuten, nicht Eigentum zu sein. Die freie Erziehung sah es als ihre Verantwortung an, zu helfen und zu leiten *im Interesse des Kindes*.
Missverstanden wurde sie.

Regeln: Einhaltung und Konsequenzen

Die Einführung in Normen und Regeln erfordert Anleitung. »*Fahre so!*« anstatt: »*Fahre so, wie du es meinst.*«

Gewisse Regeln sind allgemein gültig. Wer sie befolgt, wird in die gesellschaftliche Gemeinschaft aufgenommen. Wer sie bricht, wird aus der gesellschaftlichen Gemeinschaft verwiesen.

Die erste Gemeinschaft des Kindes ist die Familie, die »Herde«. Diese erste Gemeinschaft ist eine vorbereitende Gemeinschaft, stellvertretend für die Gesellschaft. Durch Normen und Regeln lernt das Kind in der Gemeinschaft zu leben, in die es hineingeboren wurde. Und wie das Kind selbst, muss auch die Welt erst klein sein, bevor sie groß werden kann.

Es ist in dieser Gemeinschaft, der Gemeinschaft mit dir, dass dein Kind die Normen lernt, die für dich persönlich gültig sind, und auf längere Sicht die Normen, die in der Gesellschaft allgemein gültig sind. Wenn du deinem Kind etwas erlaubst, was auch in einem größeren Zusammenhang erlaubt ist, bringst du deinem Kind eine Norm bei. Und wenn du deinem Kind etwas nicht erlaubst, was auch in einem größeren Zusammenhang nicht erlaubt ist, bringst du deinem Kind ebenfalls eine Norm bei.

Aber wenn du deinem Kind etwas erlaubst, was in einem größeren Zusammenhang nicht erlaubt ist, hinderst du dein Kind daran, sich eine geltende Norm anzueignen.

Wenn du also der Norm »*Du darfst nicht hauen*« huldigst, darfst du deinem Kind nicht erlauben, dich zu hauen. Wenn du die Norm – hier ist kein Problem zu geringfügig! – »*Du darfst nicht alle Kekse vom Teller nehmen*« vertrittst, darfst du dem Kind nicht erlauben, alle Kekse aufzufuttern, während du selbst keinen einzigen abbekommst.

Hier geraten häufig die Gefühle dazwischen: »*Was macht es schon, wenn mein Kleiner mal nach mir schlägt? Er ist doch noch so klein. Das tut doch nicht weh.*« – »*Was macht es schon, wenn meine Kleine alle Kekse nimmt? Sie mag sie doch so sehr. Es ist ja nicht so schlimm, wenn ich keine bekomme; ich kann mir doch neue kaufen.*«

Natürlich spielen Gefühle meistens eine Rolle. Aber Gefühle haben überhaupt nichts mit Normen zu tun, genauso wenig wie Routine und Gewohnheiten etwas mit der Liebe zu tun haben (siehe »ABC für kleine Menschenkinder« im 3. Teil des Buches, Seite 255 – 258).

Lässt du es zu, dass dein Kind dich haut, obwohl es gegen eine Norm ist, die du vertrittst, und lässt du es zu, dass dein Kind alle Kekse auffisst, obwohl es auch gegen eine von dir vertretene Norm verstößt, ist es genauso, als wenn der Fahrlehrer sagen würde: »*Fahren Sie nur bei Rot über die Ampel – es sind ja nur Sie und ich auf der Straße!*«

Das Erlernen von Normen und Regeln erfordert Anweisungen. Wird eine Norm oder eine Regel verletzt, müssen Konsequenzen folgen.

In der ersten Gemeinschaft, d.h. der vorbereitenden, muss dieses »Nachspiel« nicht sonderlich unangenehm ausfallen. Du unterbrichst das falsche Verhalten und zeigst dem Kind, wie man sich stattdessen verhält. Du nimmst die Hände des Kindes, die dich hauen, und lässt sie dich streicheln. Du nimmst dem Kind den letzten Keks wieder weg, legst ihn zurück auf die Platte, sagst, dass du auch einen Keks möchtest, und nimmst ihn dir dann selbst.

Wenn du hingegen nicht verhinderst, dass das Kind gegen die Normen, die für dich geltend sind, und damit gegen die Normen, die allgemein gültig sind, verstößt, wird das Kind draußen in der großen Welt seine Strafe bekommen. Sagst du mit deiner eigenen Handlung nicht »*nein*«, wenn dein Kind die anderen Kinder in der Sandkiste haut, werden sie »*nein*« sagen, indem sie dein Kind aus der Gemeinschaft verbannen: »*Geh woanders spielen. Wir wollen dich hier nicht haben.*«

Sagst du nicht »*nein*«, wenn dein Kind bei einem Besuch alle Kekse vom Teller nimmt, werden die anderen Gäste »*nein*« sagen, indem sie das Kind nicht mögen oder es als verzogen oder unartig abstempeln. Sie verbannen es sozusagen aus der Besucher-Gemeinschaft.

Als Eltern muss man versuchen, sich mit jeder normbildenden Situation auseinander zu setzen. Der Alltag ist voll davon. Denn alle Gemeinschaften haben Regeln, und wer diese Regeln nicht befolgt, wird von der Gemeinschaft ausgeschlossen. Dieses System wird allgemein und überall praktiziert. Ein Autofahrer, der ständig gegen die Verkehrsordnung verstößt, verliert seinen Führerschein. Er gehört nicht mehr zu den Autofahrern. Er darf nicht mehr auf die Straße. Das ist wie eine Verbannung. Ein Gewaltverbrecher wird ins Gefängnis gesteckt. Er darf sich nicht unter anderen Menschen draußen in der Gesellschaft bewegen. Er wird aus der Gesellschaft verbannt. Einer, der partout nicht arbeiten will, wird aus dem Arbeitsmarkt verbannt, denn niemand wird ihn einstellen wollen. Heulsusen und Petzer werden auf dem Schulhof gehänselt. Sie dürfen in der Clique nicht dabei sein. Man sagt, Kinder seien grausam. Erwachsene sind genauso grausam, aber unter eleganterem Vorzeichen. Nur die Konsequenz ist dieselbe: Denen, die sich nicht an die Normen halten, die eine Gemeinschaft teilt, droht die Verbannung.

Kinder werden geboren, um zu überleben und um zu lernen, wie man in der Gesellschaft, der sie angehören, lebt. Zu überleben und zu leben setzt eine Gemeinschaft voraus – eine Zugehörigkeit zu einer »Herde«. Ein kleines Menschenkind, von der »Herde« verlassen, aus der »Herde« verbannt, ist ein hilfloses, kleines Kind. Sein Überleben steht auf dem Spiel. *Kinder lassen sich dazu erziehen, eine Verbannung zu vermeiden.*

Kinder akzeptieren Kompromisse, geben nach, akzeptieren Verbote und halten sich daran: Sie möchten hauen, tun es aber doch nicht. Sie möchten die Süßigkeiten im Laden und alle Kekse vom Teller nehmen, tun es aber nicht. Sie möchten »*NEIN*« schreien, sagen aber »*ja*«. Sie bezahlen den Preis für eine der grundlegendsten Voraussetzungen des Lebens: die Aufnahme in eine Gemeinschaft.

Auch wir Erwachsenen machen laufend Zugeständnisse. Wir unterlassen es mindestens hundert Mal am Tag, einen Impuls in die Tat umzusetzen. Wir bitten den Chef nicht darum, zur Hölle zu gehen. Wir verprügeln nicht den mürrischen Busfahrer. Wir erstechen nicht unseren Lebenspartner. Wir werfen unsere Kinder nicht aus dem Fenster. Wir erschießen nicht unsere Gläubiger. Wir benehmen uns, kurz gesagt, in einer Weise, die von der Gruppe (der Gesellschaft), zu der wir gehören, akzeptiert wird. Und folglich ist die Strafe für einen Bruch mit den geltenden Regeln die Verbannung. Deshalb kannst du es als Mutter/Vater nicht zulassen, dass dein Kind dir etwas tut, wenn es nicht in Übereinstimmung mit einem allgemein akzeptierten Regelverhalten ist.

Beißt Lisa ihren Vater, muss er dieses Verhalten in Wort und Tat ablehnen und sagen: »*Du darfst andere Menschen nicht beißen.*« Papa würde Lisa daran hindern, die geltende Norm zu erlernen, wenn er es vermasselt und sagt: »*Das* macht doch nichts, dass sie mich beißt – ich weiß ja, dass sie mich trotzdem lieb hat.« Es geht hier aber nicht darum, was oder wen Lisa liebt, sondern darum, was sie *tut*. Ist es allgemein nicht erlaubt, zu beißen, darf Lisa nicht beißen. Als Repräsentant für die Gruppe/die Gesellschaft ist es Papas Pflicht, Lisa die geltenden Normen und Regeln beizubringen, die in dieser »Herde«, dieser Gesellschaft ihre Gültigkeit haben.

Wir haben in all diesen Fällen gesehen, dass die Gruppe oder die Gesellschaft mit Verbannung reagiert, wenn Gruppen- oder Gesellschaftsmitglieder sich nicht nach den geltenden Normen, Regeln und Verordnungen richten. Folglich solltest du als Repräsentant der Gesellschaft auch mit einer Verbannung reagieren, wenn dein Kind an einem nichtakzeptablen Verhalten festhält. Und genau dies liegt hinter der klassischen, elterlichen Aussage: »*Geh in dein Zimmer und komm erst wieder heraus, wenn du dich ordentlich benehmen kannst.*«

Hier jedoch nähern wir uns etwas Interessantem. In das Getriebe gerät so etwas wie gesellschaftspolitischer Sand. Denn in *der Beziehung zwischen Kindern und Eltern werden heutzutage häufig ganz andere Regeln empfohlen als die, die in der übrigen Gesellschaft geltend sind.*

Nehmen wir ein Beispiel. Ich bin mir sicher, dass du lächelnd die Situation wiedererkennen wirst!

In einem aktuellen Handbuch über Kinder in den ersten fünf Jahren gibt der Experte und Autor uns Tipps, wie der Schlafplatz für kleine Kinder am besten arrangiert werden kann. Das ganze wird das »*Mini-Zuhause*« des Kindes genannt. »*Der Sinn dieser ganzen Arbeit*«, schreibt der Autor, »*ist es, einen Platz zu schaffen, an dem das Kind sich gerne ausruht, spielt oder schläft. Wenn du also auch nur ein einziges Mal diesen Ort als Strafe benutzt, vermasselst du die ganze Sache.*« Der Autor rät: »*Schicke also nie das Kind in sein Zimmer, wenn es unartig war!*«

Jetzt steht Lisas Papa wie belämmert da. Lisa beißt und beißt. Sie benimmt sich auf eine Weise, die inakzeptabel ist, und es ist die Aufgabe des Papas, der erziehenden Person, solch inakzeptables Verhalten abzulehnen. Aber jetzt darf der Papa nicht mehr mit der Konsequenz reagieren, die in der Gesellschaft die allgemeine Reaktion auf inakzeptables Verhalten ist: die Verbannung.

Lisa beißt und Papa kocht vor Wut. Hauen darf er bekanntlich nicht, und Zurückbeißen kommt – um Gottes Willen! – überhaupt nicht in Frage. Durch ihr Verhalten fragt Lisa ja nach Normen, Regeln und Wissen, und sie würde es nie akzeptieren, wenn Papa darauf so reagieren würde, dass er ihre »Untaten« wiederholt. Und hoffentlich möchte Papa seinem kleinen Mädchen nicht wehtun; damit würde er sich eines Verbrechens schuldig machen.

Aber was kann er tun? In irgendeiner Weise muss er Lisa beibringen, dass man nicht beißen darf! Papa, der Erzieher, der Repräsentant der Gesellschaft und der Vermittler ihrer Normen, hat gelernt, dass er nicht sagen darf: »*Wenn du dich in einer Weise benimmst, die nicht akzeptabel ist, darfst du nicht dabei sein.*« Stattdessen soll er sagen: »*Wenn du dich in einer Weise benimmst, die in der Herde/in der Gruppe/in der Gesellschaft nicht akzeptabel ist, darfst du trotzdem dabei sein.*«

Was reine Lüge ist: Denn das Kind darf eben nicht dabei sein, wenn es gegen die Norm verstößt. Zu Hause vielleicht, aber in jedem anderen Zusammenhang nicht. Denn schon bald werden die Erfahrungen von zu Hause auf die Erfahrungen draußen in der Wirklichkeit stoßen. So betrügt Papa sein Kind, indem er es auf Kollisionskurs mit der größeren Gesellschaft bringt.

Ich komme noch einmal zurück auf das, was unser »Ratgeber« empfiehlt, und frage mich, was daran denn so schlimm ist, dass man unter keinen Umständen, nicht ein einziges Mal, das kleine Kind in sein Bett oder sein Zimmer verbannt? Das Handbuch warnt ausdrücklich: »*Wenn du auch nur ein einziges Mal das Bett als Strafe benutzt, vermasselst du die ganze Sache.*« Aber welche ganze Sache? Was wird denn vermasselt?

Warum werden für das Normen schaffende Zusammenspiel zwischen Eltern und Kindern ganz andere Regeln empfohlen als die, die in allen anderen Gruppen gültig sind? Ich glaube, dass der wahre Grund dafür darin liegt, dass *Kinder so früh wie möglich dazu gebracht werden sollen, ihrem Bedarf nach sozialer Beteiligung, nach gesellschaftlicher Gemeinschaft zu entsagen!*

Jede hoch industrialisierte Gesellschaft verbannt ihre nichtproduktiven Mitglieder in die Randgebiete. Sie dürfen nicht dabei sein. Sie nehmen nicht am Kampf ums Überleben teil. Sie werden davon ausgeschlossen: Kinder hier, alte Menschen dort, Kranke hier, Behinderte dort.

Kinder sind nicht produktiv. Kinder werden zur Seite geschoben, bis sie profitabel sind. Unter ideologischem Jubel werden die Kinder aus der »Herde«, aus der sozialen Gemeinschaft verbannt. Ihr Trieb nach sozialer Beteiligung wird lauthals verneint – nicht mit Bedauern, wie man vermuten könnte, sondern mit Begeisterung – und man macht eine Tugend aus der gesellschaftspolitischen »Notwendigkeit«: Es muss den Kindern in ihrer Kinderwelt so gut gehen, dass ihre Forderungen nach sozialer Beteiligung zum Schweigen gebracht werden. Sie sollen so weit manipuliert werden, dass sie selbst die unabwendbare Bestimmung des Menschen verneinen: nämlich den Wunsch, am Kampf der »Herde« um die Existenz teilzunehmen und dabei nützlich sein zu dürfen für das gemeinsame Überleben; und so wirklich *gebraucht* zu werden.

Kinder lassen sich erziehen, weil sie eine Verbannung vermeiden möchten, genau wie wir Erwachsenen laufend Zugeständnisse machen, um in unserer sozialen Gemeinschaft bleiben zu können. Aber in unserer Zeit, in unserer Kultur, mit unserem sozialpolitischen Gesellschaftssystem, bei der die Nichtproduktiven von der Gemeinschaft ausgeschlossen werden, soll die Verbannung für die Kinder nichts Negatives darstellen. Sie sollen dazu gebracht werden, ihre eigene Verbannung zu akzeptieren. Vorzugsweise sollen sie diese sogar selbst wollen. Die Kinder müssen so manipuliert werden, dass sie glauben, die Verbannung sei ein Segen und kein Fluch.

Folglich muss es in ihren Betten, in ihren Zimmern, so gemütlich sein – in ihrem kleinen *Mini-Zuhause* –, dass sie sich damit zufrieden geben, sich dort aufzuhalten, in ihren eigenen Kinderwelten, die es sogar innerhalb der vier Wände ihres Zuhauses gibt.

Kinder sollen demnach so viel und so lustiges Spielzeug bekommen, dass sie es vorziehen, damit zu spielen, anstatt zu versuchen, in die Welt der Erwachsenen einen Einblick zu bekommen, in den Kampf ums Überleben (soziale Beteiligung). Kinder müssen in ihrer therapeutisch zugerichteten Kinderwelt so viel Spaß haben, dass sie ihre eigene Bestimmung nicht mehr wahrnehmen: das Erforschen, das Beherrschen und die allmähliche Veränderung der Wirklichkeit.

Die Verbannung als Konsequenz eines Fehlverhaltens setzt eine Zugehörigkeit zu einer sozialen Gemeinschaft voraus.
Die Verbannung als Manipulation setzt voraus, dass das Kind von einer sozialen Gemeinschaft ausgeschlossen ist.

Um noch einmal zu verdeutlichen, was gemeint ist, wollen wir einen Vergleich ziehen.

Frau Schmidt fährt mit ihrem Auto im Straßenverkehr. Sie ist Autofahrerin und gehört damit zu der Gemeinschaft der Autofahrer/-innen. Verstößt sie gravierend gegen die Verkehrsregeln, darf sie nicht mehr dabei sein. Ihr wird der Führerschein abgenommen. Dies ist *eine Verbannung als Konsequenz eines Fehlverhaltens.* Möchte Frau Schmidt in Zukunft Auto fahren, muss sie die Verkehrsregeln befolgen. Nach einer gewissen Zeit der Strafe – Entzug des Führerscheins – bekommt sie ihn wieder. Sie darf wieder Auto fahren. Sie gehört wieder zur Gemeinschaft der Autofahrer/-innen. Ihre Verbannung ist aufgehoben.

Herr Meier ist auch Autofahrer, aber er darf nicht am öffentlichen Straßenverkehr teilnehmen. Das durfte er noch nie. Er darf nur auf einer besonderen Straße fahren. Dort fahren auch andere umher, die nicht am öffentlichen Verkehr teilnehmen dürfen. Herr Meier verfolgt mit seinen Autofahrten auch gar keinen wirklichen Zweck. Er fährt hauptsächlich zu seinem eigenen Vergnügen. Er kann sein Auto nicht als Transportmittel nutzen, da er die für ihn vorgesehene Straße nicht verlassen darf. Aber er hat trotzdem viel Spaß: Die Straße ist nämlich sehr schön und angenehm. Und selbst wenn er jemanden überfahren sollte – was ab und zu mal vorkommt –, darf er trotzdem weiterfahren. Der einzige Nachteil ist, dass er *nirgendwo* hinfahren kann. Herr Meier lebt in einem demokratischen Land, und die Straße, auf der er fährt, ist nicht mit Stacheldraht eingezäunt. Stattdessen wird er auf verschiedenste Weise davon überzeugt, dass seine Vergnügungsfahrten, bei denen er nicht von der Stelle kommt, der Teilnahme am wirklichen Straßenverkehr vorzuziehen sind, in dem er irgendwo hinfahren könnte und seine Autofahrten folglich einen Sinn hätten. Das also verstehe ich unter einer *Verbannung als manipulativer Maßnahme.* Herr Meier braucht keinen Führerschein. Sogar wenn er einen hätte, würde es niemandem einfallen, ihm diesen wegzunehmen. Er fährt einfach so, wie er möchte. Er ist kein Mitglied der Auto fahrenden Gemeinschaft.

Die Verbannung als Konsequenz eines Fehlverhaltens besagt: Verhältst du dich inakzeptabel, wirst du aus der sozialen Gemeinschaft verbannt. Verhältst du dich anständig, verbleibst du in deiner sozialen Gemeinschaft.

Die Verbannung als Mittel der Manipulation besagt: Du sollst auf deine Mitgliedschaft in einer sozialen Gemeinschaft verzichten wollen. Die Verbannung als Folge eines Fehlverhaltens hat für dich keine Gültigkeit, weil du schon verbannt bist!

So wie die Eltern von heute offensichtlich lernen sollen, dass die Verbannung als Strafe strengstens verboten ist, haben sie auch erfahren müssen, dass es nicht empfehlenswert ist, die Kinder im Haus mithelfen zu lassen. Wenn sie sich trotzdem zu Hause nützlich machen wollen, dann sollte man sie mindestens dafür extra belohnen.

Bis zum heutigen Tage bin ich allerdings noch nie auf einen Vater oder eine Mutter gestoßen, die nicht bei irgendeiner Gelegenheit mindestens ein Mal die Verbannung als Strafe genutzt haben. Das Benehmen des Kindes war so inakzeptabel und provozierend gewesen, dass es einfach keine andere Möglichkeit mehr gab. (Lisas Vater hatte schließlich die Nase voll davon, dass sein Kind mit dem Beißen nicht aufhören wollte, und brachte sie kurzerhand ins Bett, schloss die Tür und versuchte seine Wut in den Griff zu bekommen.)

Ebenso wenig bin ich auch nie auf Eltern gestoßen, die nicht bei irgendeiner Gelegenheit ihre Kinder zum Mithelfen »gezwungen« haben. Die aber oft in ihrem tapferen Versuch, ihr schlechtes Gewissen danach zu reduzieren, versucht haben, sich frei zu kaufen – mit Geld oder einer Extrabelohnung. Denn, wie wir alle wissen, sollen Kinder ja nicht arbeiten müssen.

Aber Kinder sollen doch wohl zumindest ihr eigenes Zimmer sauber machen, oder? Und ihr eigenes Bett machen?

Ja, das sollen sie. Aber das ist keine Arbeit. Das gehört in den eigenen, persönlichen Bereich. Und man braucht kein schlechtes Gewissen zu haben, wenn man die Kinder dazu »zwingt«, sich um sich selbst zu kümmern. *Was verboten ist, ist die soziale Beteiligung*!

Kinder sollen also nichts tun, was für andere in der »Herde« oder für die »Herde« insgesamt von Nutzen ist. Das heißt, man darf die Kinder nicht »brauchen«; und wenn man es doch macht, sollte man dabei ein schlechtes Gewissen haben.

Man kann darüber nur noch den Kopf schütteln!

Lass Herrn Meier doch mal richtig fahren, so dass er irgendwo hinkommt, und wenn es nur für eine Stunde am Tag ist! Schließe die therapeutische Hobbystrecke, auf der er nur zu seinem eigenen Vergnügen fahren darf, ohne dass es für ihn irgendeinen Sinn hat! Und fährt er nicht anständig, dann verbanne ihn aus der Gemeinschaft der Autofahrer, bis er sich endlich nach den Regeln richtet!

Das Zuhause ist immer noch ein Arbeitsplatz, einer der wenigen, die den Zutritt der Kinder erlauben. Das Zuhause ist ein Ort mit regem, wirklichem Verkehr. Dort sollte sich Herr Meier aufhalten. Die Arbeit dort bringt einen weiter, sie hat einen Zweck, nämlich das Überleben der Gemeinschaft. Man kocht, wäscht, macht sauber, backt, repariert; man erhält die Existenz, die Arbeit ist *notwendig*, nicht therapeutisch. Hier geht es um den Kampf ums Überleben, auch wenn die Vorzeichen etwas zivilisierter sind.

Bereits bei der eigentlichen Geburt, wie ich sie nenne, nachdem der traumatische Geburtsschock abgeklungen ist, zeigt das Kind erste Zeichen des menschlichen Triebes nach sozialer Beteiligung – und das schon im Alter von drei Wochen! Zu diesem Zeitpunkt legen wir den kleinen Herrn Meier dann auf eine Decke und er darf am Leben seiner Gemeinschaft teilhaben. Das ist die passive soziale Beteiligung.

Sieh mal, nun kann Herr Meier greifen und er nutzt jede Gelegenheit dazu! Er hat es aufs Lenkrad abgesehen, das ist doch klar! Aber ja, dann darf er das Lenkrad mal halten! Und wie klappt es nun mit dem Fahren? Es läuft bestens. Wir halten diskret das Lenkrad mit fest, damit er nicht in den Graben fährt.

Bald wird es Herrn Meier, inzwischen acht Monate alt, erlaubt, auf der Arbeitsfläche neben dem Herd zu sitzen und Würstchen in die Pfanne zu legen. Das ist die aktive soziale Beteiligung.

Herr Meier, ein Jahr alt, staubsaugt. Er ist nützlich. Wir bedanken uns für seine Hilfe. Wie lange hat er denn Staub gesaugt? Fünf Minuten. Hat es etwas gebracht? Das findet *er* ganz offensichtlich, denn nun spielt er ganz vergnügt eine Viertelstunde lang. Herr Meier macht Pause, nach getaner Arbeit.

Herr Meier, zwei Jahre alt, rasiert seinen Papa. Aber jetzt wird er wohl doch in den Graben fahren, oder? Aber nein, es ist überhaupt kein Problem. Papa hält das »Lenkrad« mit fest, Hand auf Hand. Papa hält Meier, Meier hält den Rasierer und so wird Papa rasiert. Das ist doch echte Teamarbeit! Danke für deine Hilfe, kleiner Meier! Herr Meier macht danach wie immer erst einmal Urlaub. Arbeit und Ruhe machen den menschlichen Rhythmus aus, auch bei den kleinen, zweijährigen Menschenkindern.

Drei Jahre alt und Einkaufen ist angesagt. Herr Meier trägt eine große Tüte Mehl durch den ganzen Laden. Danke! Nun ist das Einkaufen viel leichter geworden, mit einem so wertvollen Helfer. Herr Meier wird wirklich gebraucht.

Vier Jahre alt bewegt sich Herr Meier frei (aber unter ständiger Beobachtung) in der Nachbarschaft. Ganz bis zum Kiosk geht er, 50 Meter von seinem Zuhause entfernt, und dort kauft er die Zeitung für seine Familie. Kann die Frau vielleicht die Tür für ihn aufhalten? Herr Meier hat ja so viel zu tragen.

Danke schön, liebe Frau! Jetzt wird sich die Familie aber freuen. Dank ihm bekommen sie eine Zeitung.

Fünf Jahre alt bereitet Herr Meier das Frühstück zu und weckt behutsam seine Familie, die es wirklich braucht, dass man sich ein bisschen um sie kümmert.

Sechs Jahre und los geht's mit dem Frühjahrsputz! Puh! Es gibt so viel zu tun. Herr Meier übernimmt den Flur und das Badezimmer, dann müssen die anderen den Rest übernehmen. Wenn jeder seinen Teil der Last trägt, schaffen wir es leicht!

Sieben Jahre alt und Herr Meier ist mit dem Kochen dran. Gibt es heute wieder etwas Schönes? Spaghetti mit Spaghetti wird zum Spezialmenü des Herrn Meier. Ketchup zur Verfeinerung. Bitte schön und guten Appetit!

Acht Jahre alt und Herr Meier streicht die Wände. Alles zu seiner Zeit. Nun kann er die Sünden der Kindheit wieder gutmachen und die ganzen Finger- und Handabdrücke, die er an den Wänden hinterlassen hat, überstreichen. Herr Meier arbeitet hart und die Familie unterstützt ihn. Sie arbeiten gut! Sie werden von ihm gelobt. Herr Meier ist sehr zufrieden.

Neun Jahre alt und Herr Meier bereitet sich auf den Familienurlaub vor. Packen und überlegen. Was brauchen wir noch alles?

Zehn Jahre alt: Er kümmert sich um Oma, die kränklich und schwach ist. Er macht sauber, wäscht ab. Das ganze Wochenende lang. Arme Oma. Gut, dass sie Herrn Meier hat!

Elf Jahre und fast Teenager. Was macht er allein und was macht er noch mit den anderen zusammen? Ach, es gibt jeden Tag etwas zu tun; er hat drei feste Aufgaben: die Küche nach dem Essen, das allgemeine Aufräumen im Haus, das Staubsaugen im Wohnzimmer; und so geht es immer weiter, jeden Tag eine Aufgabe, am nächsten Tag eine andere usw. Ein laufendes Schema, gerecht zusammengestellt, er war ja bei der Planung selbst dabei.

Und was macht er mit den anderen zusammen? Kochen. Immer kochen; das mag Herr Meier. Erbsen pulen und dabei Sorgen loswerden. Kartoffeln pürieren und herumalbern. Frikadellen formen und Probleme lösen. Salat waschen und Fragen stellen. Brötchen backen und die Geschehnisse des Tages noch einmal durchgehen.

Mit der Familie zusammen.

Und sonst noch?

Alles, was verlangt wird, erforderlich und notwendig ist.

Die anderen kommen ohne Herrn Meier schlechter zurecht.

Als wenn er das nicht wüsste!

Und eines Tages fährt er weg, allein, mit seinem eigenen Auto; hinaus in die große, weite Welt.

Dann weiß er, wie man fährt.

Wie man es schafft.

Und er war schon immer nützlich.

Er ist immer gebraucht worden.

Der kleine Herr Meier war nie ein Hindernis.

Die Verbannung ist die logische Konsequenz eines inakzeptablen Benehmens und sie wird nichts anderes »vermasseln« als die Manipulation der Kinder.

Die Verbannung soll natürlich nur als letzter Ausweg eingesetzt werden. Menschen verlieren ja nicht ihren Führerschein, nur weil sie eine Handbreit von ihrer Fahrbahn abkommen. Menschen werden auch nicht im Gefängnis landen, nur weil sie jemandem die Zunge herausstrecken.

Eindeutig inakzeptables Verhalten kommt aber vor. Das Kind fragt *mit seiner Handlung* nach geltenden Regeln und Normen. Und was du als Erzieher/in – als Mensch – nicht tolerieren kannst, sollte auch beim Kind nicht toleriert werden; und wenn die gesunde Vernunft nicht ausreicht, muss man zur Verbannung greifen.

Kehren wir zum armen Papa von Lisa zurück, der außer sich vor Wut war und nun glaubte, er habe etwas Unverzeihliches getan: Er hat Lisa ins Bett geschickt.

Er hat richtig gehandelt, nur etwas verspätet. Es sollte nicht so weit kommen, dass die Gefühle der Ohnmacht sich in Wut verwandeln. In solchen Momenten liegt das Risiko einer Misshandlung verborgen, und so weit solltest du dich niemals treiben lassen, nicht einmal von einem Kind, das bis zum Äußersten versucht dich zu provozieren.

Und so verhält sich ein Papa, der die Besinnung nicht verlieren will:

Lisa beißt ihren Papa.

»Nein«, sagt Papa. »Es tut weh. Das darfst du nicht.«

Lisa beißt ihn wieder.

Papa nimmt ihren kleinen Kopf zwischen seine Hände und hindert sie daran, wieder zu beißen.

»Du darfst nicht beißen«, sagt er. »Es tut weh, und jetzt hörst du auf damit.«

Lisa beißt noch einmal.

»Lisa, man beißt nicht, das darfst du nicht«, sagt Papa, und jetzt nimmt er ihre Hand und streichelt sich selbst damit über die Wange: »So machen wir. Wir streicheln. Wir beißen nicht, wir streicheln. Ja, so, das ist schön, danke, Lisa!«

Er lässt ihre Hand los und sieht fröhlich aus. Aber Lisa gibt nicht nach. Sie beißt ihn wieder.

»Lisa, hör sofort damit auf!«

Aber Lisa beißt nur zu gerne. Jetzt provoziert sie ganz bewusst ihren Vater. Sie will gar nicht aufhören.

»Nein, so geht das aber nicht«, sagt Lisas Papa. »Dann musst du in dein Bett. Ich will nicht, dass du mich beißt. Ab ins Bett mit dir. Und du musst dort alleine bleiben, bis du mit dem Beißen aufhören kannst.«

Er trägt die wild strampelnde, schreiende und immer noch beißende Lisa hin zu ihrem Gitterbett und setzt sie hinein.

»Du darfst wieder herauskommen, wenn du mit dem Beißen aufhörst.«

Er geht hinaus und macht die Tür zu. Dort bleibt er stehen und wartet.

Lisa schreit. In dem Moment, in dem Lisa aufhört zu schreien – auch wenn es nur darum ist, um Luft zu holen –, macht er die Tür auf und fragt:

»Möchtest du jetzt wieder herauskommen?«

Seine Stimme ist freundlich, und doch fragt er laut und deutlich, um sicherzugehen, dass sie ihn hört.

Lisa antwortet, indem sie wieder zu schreien anfängt, und Papa macht die Tür wieder zu. Er wartet, bis wieder Ruhe einkehrt, und macht dann sofort die Tür wieder auf.

»Möchtest du jetzt wieder herauskommen?«

Nun schweigt Lisa schmollend. Sie guckt den Vater wütend an, aber sie schreit nicht mehr und gibt damit ihr Einverständnis.

Papa geht fröhlich zu ihr hin, hebt sie hoch und küsst sie, und *dann machen Lisa und Papa mit dem weiter, was sie angefangen hatten, bevor Lisa mit dem Beißen anfing.* Ohne mit der Wimper zu zucken, kehrt Papa zu seinem gewöhnlichen, freundlichen Ich zurück.

Lisas Auseinandersetzungen mit ihrem Vater bereiten sie auf die Gemeinschaft unserer Gesellschaft vor. Wenn Lisa z.B. alle Kinder, die bei ihr zum Spielen kommen, schubst und umstößt und Ermahnungen nicht ausreichend sind, um sie daran zu hindern, wird der Vater sie von der Gemeinschaft der Kinder ausschließen.

Ihr Schubsen, mit dem sie nicht aufhören will, hat zur Konsequenz, dass sie am Spielen nicht teilnehmen darf. Ihr Verhalten ist inakzeptabel und deshalb wird sie aus der Gemeinschaft verbannt. Sie darf wiederkommen und mitspielen, unter der Bedingung, dass sie nicht mehr die anderen Kinder schubst. Tut sie es dann doch, wird sie wieder verbannt.

Lisa zieht die Schlussfolgerung – vielleicht nicht beim ersten Mal, aber dann beim zweiten oder dritten, wenn sie genug Erfahrung gesammelt hat –, dass der Preis, den sie fürs Mitspielen bezahlen muss, darin besteht, dass sie nicht schubst. Sie wird den Preis bezahlen. Denn sie möchte nicht verbannt oder ausgeschlossen werden. Sie möchte dabei sein.

Lisas Verbannung ist die Konsequenz ihres inakzeptablen Verhaltens. Wenn Lisa ihr Verhalten ändert oder sich bereit erklärt, es zu ändern, dann ist dies eine Folge der Verbannung. Lisa hat eine Lektion gelernt. Sie hat sich eine Norm angeeignet: Man schubst die anderen nicht um.

Für diese Einsicht, für den Preis, den Lisa bezahlt, sollte sie mit Anerkennung belohnt werden; es muss ihr deutlich gemacht werden, dass sie *wirklich und herzlich akzeptiert wird*, weil ihr Verhalten jetzt akzeptabel ist.

Sollten die anderen Kinder sich weigern, mit ihr zu spielen, und sagen: »*Nein, Lisa darf nicht mitspielen, sie schubst immer*«, muss Lisas Papa sie verteidigen. »*Lisa schubst nicht mehr und nun spielt ihr wieder schön zusammen. Lisa wird nicht wieder jemanden schubsen.*«

Die Verbannung war eine Konsequenz und diente einem bestimmten Zweck: Lisa eine Norm beizubringen. Die Verbannung war keine Strafe.

Hätte Lisas Vater die Verbannung als eine Strafe gesehen, hätte er sie in ihrem Zimmer ihrem Schicksal überlassen. Dann hätte sie nichts anderes gelernt, als dass er wütend auf sie ist. Sie wäre sich ausgestoßen vorgekommen, verbannt *ohne Sinn und Zweck*, abgewiesen und verlassen. Sie wäre immer trauriger geworden, und nichts würde sich verändert haben, wenn Lisa und ihr Vater wieder zusammenkämen.

Und da Lisa dann immer noch keine Norm gelernt hätte, sondern nur bestraft – und mit Schuld belastet – worden wäre, würde auch ihr Verhalten inakzeptabel bleiben. Sie hätte weiterhin ihren Vater gebissen und sie hätte weiterhin ihre Spielkameraden umgeschubst – und dann vielleicht nicht nur

639

um zu erfahren, was passiert, wenn man dies oder jenes macht, sondern auch als Racheakt in einem Versuch, sich selbst wieder von der Schuld zu befreien.

Kleine Kinder gut zu erziehen heißt, dass man ihnen mit viel Liebe sachliche Anweisungen gibt – *ohne sie jemals zu erniedrigen, ohne sie niederzumachen oder sie zu unterdrücken.*

Die verdammte Schuld

In irgendeiner Weise hatte ich als Kind immer das Gefühl, dass ich an meinem eigenen Unglück (wie auch an dem anderer Menschen) selbst schuld war. Es war meine eigene Schuld, dass ich existierte. Ich hatte sogar ein schlechtes Gewissen wegen der Kosten, die meine Eltern tragen mussten, weil ich da war; und ich hatte volles Verständnis für sie, als sie sich scheiden ließen und mich verlassen haben, wobei sie alle elterlichen Verpflichtungen über Bord warfen – außer den finanziellen.

Psychologen wissen, dass Kinder oft – oder immer – die Schuld für die elterliche Scheidung bei sich suchen und sogar auf sich nehmen.

Was die Eltern so überzeugend zu erklären versuchen – *»Mama und Papa lieben sich nicht mehr so sehr, wir streiten uns viel zu viel, und wir werden viel glücklicher sein, wenn wir nicht mehr zusammen wohnen. Aber wir lieben dich beide genauso sehr wie immer!«* –, ist unverständlich, sogar für ziemlich große Kinder (die Grenze liegt bei etwa zwölf Jahren).

Kinder denken konkret. Und die von den Eltern genannten Ursachen für eine Trennung empfinden sie selten als hinreichend konkret. Sind denn Streitigkeiten so schlimm? Ein Kind streitet sich doch auch mit einem Schulfreund oder einem Spielkameraden, na und? Wechselt das Kind deswegen die Schule? Oder vermeidet es in Zukunft den Spielplatz?

Ich frage mich manchmal, ob es nicht besser wäre, ganz aus der Luft gegriffene, aber ganz konkrete, verständliche Ursachen für eine Scheidung zu erfinden: *»Papa bekommt einen so schlimmen Husten, weil er hier wohnt. Er wird* *bald woanders wohnen, wo er dann nicht so viel husten muss. Und dort kannst du ihn dann besuchen ...«*

In all meinen Jahren als Mutter, und besonders in den Jahren als allein erziehende Mutter, habe ich versucht, meine Kinder nicht mit Schuld zu belasten. Ich gehe so weit, dass ich *die Befreiung von der Schuld als das größte Geschenk betrachte, das man als Eltern seinem Kind machen kann.*

»*Warum bist du so traurig?*«, fragte mich einmal eine meiner Kleinen.

Ich antwortete, wie es war: »*Ich fühle mich so einsam.*«

»*Aber du hast doch uns!*«, sagte das Kind.

Ihr Trost war liebevoll, aber ihre Stimme hörte sich etwas besorgt an. Sie meinte nicht nur: »*Ist das nicht genug?*«, sondern auch: »*Haben wir dich so traurig gemacht?*«

Ich versuchte zu erklären, dass ich mich manchmal einsam fühlte, obwohl ich so wunderbare Kinder habe – einsam, weil ich keinen anderen Erwachsenen an meiner Seite hatte, jemanden, der mich lieben und das Leben mit mir teilen konnte. Aber ich merkte, dass meine Erklärung nicht ankam. Das Kind konnte mich nicht verstehen.

Später habe ich gelernt, dass Kinder erst im Alter von etwa 12 Jahren anfangen, hinter der Mutter (dem Vater, der es leitenden Person, dem Beschützer) den Menschen, das Individuum zu sehen; und es dauert dann noch viele Jahre, bevor das Kind – das nun selbst erwachsen ist – seine Mutter oder seinen Vater voll und ganz als Individuum betrachten kann.

Der besorgte Trost meiner Kleinen – »*Aber du hast doch uns*« – brachte mich dazu, fortan zu versuchen, mein »Privatleben« von meinem »Mutterleben« zu trennen. Ich wurde sachlicher. Ich vermied es, Bemerkungen zu machen wie: »*Ich halte es nicht aus – ihr seid hoffnungslos – warum könnt ihr mir nicht ab und zu mal helfen – ich halte es nicht mehr aus*« etc.

Stattdessen versuchte ich konkret zu denken, so wie sie. Was wollte ich von ihnen zu dem oder dem Zeitpunkt? Dass sie ruhig sind, vielleicht. Dass das Haus so aufgeräumt ist, dass man sich überallhin bewegen kann – keine halsbrechenden Stolperfallen. Oder dass ich für eine Weile mit meiner Schreibmaschine in Ruhe gelassen werde.

Ich habe auch, wenn ich mich einsam fühlte, nicht von ihnen verlangt, dass sie mich glücklich machen, mir neuen Lebensmut einflößen oder mir neue Kraft verleihen sollten. Solche Erwartungen wären unfair gewesen. Also musste ich mich an das Zumutbare halten und nur das verlangen und nichts anderes. Wenn sie meine Forderungen erfüllt hatten musste ich mit Anerkennung und Lob reagieren und meine persönlichen Sorgen für mich behalten.

Ich habe also selbst die Verantwortung für mein Wohlbefinden bzw. Nichtwohlbefinden auf mich genommen. Ich hielt es deswegen für richtig, weil die Kinder offensichtlich mehr oder weniger die Verantwortung für mein fehlendes Wohlbefinden auf sich nahmen.

Senior, aus unserem Beispiel von vorhin, weigerte sich, die Verantwortung für Juniors Auszug von zu Hause zu tragen oder sie mit ihm zu teilen, und ich meine, dass er schon durch sein passives Verhalten Schuldgefühle vermittelt hat. Sowohl er als auch Junior wussten, dass Junior einmal das elterliche Haus verlassen musste, aber Senior gab seinen eigenen Interessen den Vorrang vor Juniors.

Das ist keine Liebe zur Freiheit. Das ist Liebe, die schuldig macht. Junior muss sehr gute Gründe für seinen Auszug finden, wenn er die Sache mit einigermaßen gutem Gewissen durchstehen soll.

Warum ist die Schuld ein so wirkungsvolles Mittel der Unterdrückung? Warum werden Kinder – und auch die Eltern – so leicht zu Opfern der Schuld?

Vielleicht weil wir alle zur Abhängigkeit geboren werden. Dank unseren Eltern, dank Gott und dank dem Leben selbst, das uns mit Liebe geschenkt wurde, sind wir überhaupt hier und können hier existieren und überleben.

Alles richtig machen, immer unser Bestes geben, die Verantwortung auf uns nehmen, die uns die Liebe mit ihrem Geschenk des Lebens übertragen hat, sind unabwendbare, menschliche Selbstforderungen. Wir sind nie frei von Schuld und das wissen wir. Aber dem Leben, Gott und der Liebe etwas schuldig zu sein ist an sich keine Strafe; es macht uns nicht zu Schuldigen. Es ist die lebendige und liebende Herausforderung der Evolution. Solche »Schulden« können zurückgegeben werden, ehrenvoll und dankbar. Sich aber schuldig zu fühlen bedeutet auf der anderen Seite, dass man unfähig, dass man ungeeignet ist – ein Verlierer, ohne Macht und Initiative, versklavt vom Schuldgefühl.

Solche Schuldgefühle führen zur Selbstaufopferung. Was immer im Interesse derer ist, die die Macht haben und sie ausüben – egal wo man auch hinguckt.

Menschen, große oder kleine, die Schuld tragen, befinden sich »unten«. Sie können nicht für ihre Rechte kämpfen. Sie können keine Forderungen stellen. Sie sind nicht frei.

Ein Mann erzählte mir von seiner Ehe. Seine Frau traf die Entscheidungen im ehelichen Sexualleben und ihre Zuwendungen waren sehr rar. Nachdem er vergeblich an sie appelliert hatte, betrog er sie schließlich. Das führte aber dazu, dass er riesige Schuldgefühle entwickelte. Diese Schuld hinderte ihn daran, zum Thema Sex auch nur den kleinsten Wunsch zu äußern, und er hat nie wieder irgendwelche Forderungen an sie gestellt. Ihr miserables Sexleben wurde dadurch nur noch erbärmlicher.

Menschen, die sich in einer unterlegenen Position befinden, sind der Macht anderer ausgeliefert. Wer sich »unten« befindet, muss einen zähen Kampf kämpfen, um sich aus ihr zu befreien. Wir kennen alle Ausdrücke wie »*reinen Tisch machen*«, »*Versäumtes nachholen*«, »*die Rechnung begleichen*« oder »*das Kriegsbeil begraben*«. Wer ohne Grund angeklagt worden ist, kämpft für seine Rehabilitation. Schadensersatz wird gefordert. Ich habe jedenfalls noch nie gehört, dass jemand gesagt hat: »*Ach, das ist doch egal, ob sie glauben, dass ich schuld bin.*«

Der Mensch kann so vielen Sachen gegenüber gleichgültig sein, aber auf keinen Fall, wenn es um die Frage von Schuld geht.

Es kommt mir vor, als würde die autoritäre Erziehung heute häufig von einer Erziehung ersetzt, die mit Schuldgefühlen arbeitet. Sie ist mindestens genauso effektiv. Wenn du jemanden dazu bringen kannst, sich schuldig zu fühlen, endet dieser Jemand in einer unterlegenen Position. Und damit hat deine Macht freien Lauf. Junior, das Kind, muss kämpfen, um sich von der Schuld zu befreien, um sich aus der unterlegenen Position wieder aufzurichten.

Hier haben wir also eine Erziehungsmethode entdeckt, die zum Kind genauso erschreckend unfair ist, wie sie für den Erwachsenen angenehm und einfach ist: »*Wie kannst du, der nicht einmal in der Lage ist, sein Zimmer aufzuräumen, Babysitter sein?*«, sagt der Erwachsene zum 11-Jährigen. Der aber ist ein vorzüglicher Babysitter. Er wird dem Erwachsenen noch beweisen, dass er verdammt noch mal sowohl Babysitter sein als auch für sich selbst sorgen kann!

»*Wozu soll ich dir denn einen Wecker kaufen? Du stehst ja nicht einmal auf, wenn dich jemand weckt!*« – »*Warum hast du eigentlich ein eigenes Zimmer? Du kannst es ja nicht mal sauber und ordentlich halten!*« So bringt man ein Kind dazu, morgens aufzustehen und sein Zimmer aufzuräumen – durch erniedrigende Schläge unter die Gürtellinie und indem man dem Kind Schuld einflößt.

Und hat man erst damit angefangen, die Vermittlung von Schuldgefühlen als Erziehungsmittel zu nutzen, ist der Weg zu den wirklichen Grausamkeiten nicht mehr weit: »*Du wirst doch wohl verstehen können, dass Papa nicht mehr bei uns wohnen möchte – so wie du dich benimmst!*«

Das menschliche Streben, sich nach einer Erniedrigung wieder aufrichten zu wollen, ist so stark, dass man es fast mit einem Trieb gleichstellen könnte; und als solcher würde er sogar die Grenzen vernunftmäßigen Handelns überschreiten.

Eine Frau hat von einer Party mit guten Freunden erzählt. Einer der Freunde hatte sie plötzlich beschuldigt, Alkoholikerin zu sein. Sie protestierte. Und mindestens zehn ihrer Freunde protestierten auch. *»Du weißt doch ganz genau, dass du keine Alkoholikerin bist«*, sagte einer zu ihr, *»warum nimmst du es dir dann so sehr zu Herzen?«* Nichtsdestotrotz verbrachte sie den Rest des Abends damit, zu versuchen den Menschen, der behauptet hatte, sie sei dem Alkohol verfallen, zu einem Rückzieher zu bewegen. »Ich verstehe das nicht«, sagte sie zu mir. *»Warum war es so viel wichtiger, was er gesagt hatte, als das, was die zehn anderen sagten? Besonders da ich ja wusste, dass er im Unrecht war?«* Vielleicht war es gerade deswegen so wichtig, weil auch oder gerade eine falsche Behauptung Schuld vermitteln kann.

»Du bist feige«, sagt Nils zum kleinen Peter.

»Nein, ich bin nicht feige«, sagt Peter.

»Ach, nein? Dann beweise es!«, sagt Nils. »Binde dir deine Augen zu und gehe auf einem Seil über die Niagarafälle.«

»Das ist doch gar nicht möglich«, sagt Peter.

»Ach, nein? Dann bist du ja doch feige«, sagt Nils und nennt Peter für den Rest seines Lebens feige.

Es ist möglich, dass sich Peter in seiner Verbitterung und seinem Trotz irgendwann dazu entscheidet, wirklich mit verbundenen Augen auf einem Seil über die Niagarafälle zu gehen, nur um Nils zu beweisen, dass er nicht feige ist.

Ich erinnere mich selbst noch an einen meiner Lehrer, der mir sagte, es würde mir nie gelingen, durchs Abitur zu kommen. Es gab aber viel mehr Lehrer, die sagten, ich würde es ganz bestimmt schaffen. Doch ihre Meinung interessierte mich nicht. Nein, wen ich später aufsuchte, nachdem ich die Schule wechseln musste, was mich sehr viel Mühe gekostet hatte, und wen ich dann als frisch gebackene Abiturientin triumphierend begrüßte, war natürlich der Lehrer, der nicht an mich geglaubt hatte. Der war es, dem ich etwas beweisen wollte. Und er konnte sich nicht einmal an mich erinnern.

Die Schuld ist ein machtvolles Werkzeug.

Unterlegenheit ist gleich Machtlosigkeit.

Hohn, lächerlich gemacht zu werden und Schuldzuweisungen machen den Menschen klein und unterlegen. Und das Bedürfnis, sich als Folge einer Erniedrigung wieder aufzurichten – sei sie echt oder eingebildet –, treibt uns manchmal zu extremen Reaktionen, von denen wir eigentlich nie etwas wissen wollten.

Wenn wir schon mal dabei sind, die Zuweisung von Schuld in der Kindererziehung abzulehnen, will ich nun eine Liste von den zehn Sachverhalten aufstellen, die allerstrengstens verboten sind.

Es ist absolut verboten,
 1. das Kind zu verlassen,
 2. das Kind mit Schuld zu beladen,
 3. das Kind zu schlagen,
 4. dem Kind eine Antwort zu verweigern,
 5. sich am Kind abzureagieren,
 6. das Kind zu erniedrigen,
 7. das Kind lächerlich zu machen, es verachtend zu behandeln,
 8. Fehler beim Kind zu suchen,
 9. kein Verständnis für das Kind aufzubringen,
10. das Kind im Stich zu lassen.

… das Kind zu verlassen

Ein verlassenes Kind ist ein abgelehntes Kind. Es war nicht gut genug.

Im Falle einer Trennung kannst du die Katastrophe mildern, wenn du das Kind davon überzeugen kannst, dass die Trennung für *dich*, den Erwachsenen, notwendig ist und dass du sie wünschst und herbeiführst und dass du dafür geradestehst in deiner eigenen, ehrlichen Überzeugung. Man kann kein Kind davon überzeugen, dass eine Trennung *für das Kind* das Beste sei.

Kinder lieben ihre Eltern, und zwar deswegen, weil sie zu ihnen gehören. »Herden«-Mitglieder gehören zusammen. Von den Eltern verlassen, werden sie desorientiert (vergleiche mit der Basistheorie, in »Aus meinem Leben – Theorien zum Trost« im 4. Teil, Seite 405).

Wer sich um ein verlassenes Menschenkind kümmert, muss genauso behutsam, geduldig und liebevoll sein wie jemand, der sich um ein verlassenes Tierjunges kümmert. Und im Herzen des Kindes wird es für lange Zeit, vielleicht für immer, eine Sehnsucht nach genau diesen Menschen geben, zu denen es ursprünglich gehörte, weil es jene Menschen waren, in die es anfänglich und unerschütterlich sein Urvertrauen setzte.

… das Kind mit Schuld zu beladen

Die Zuweisung von Schuld ist deswegen so katastrophal, weil sie beim Kind und später beim Erwachsenen, wie folgende Beispiele zeigen, letztendlich ihre eigene Bestätigung sucht.

Erik, 28 Jahre, weiß sehr wohl, dass er das Portemonnaie, das auf seinem Arbeitsplatz gesucht wird, nicht geklaut hat, aber er wird rot und stottert, wenn man ihn danach fragt, und schließlich fängt er an, sich selbst zu fragen, ob er es nicht vielleicht doch genommen hat.

Agnes, 35 Jahre, lebt mit dem Gefühl, eine große Schwindlerin zu sein. Alle werden sie eines Tages durchschauen. Sie werden entdecken, dass sie die ganze Zeit nur versucht, sich besser zu machen, als sie eigentlich ist. Und dann wird niemand sie mehr mögen.

In unserer Gesellschaft sind Kinder ein Hindernis. Nur wenige Kinder wachsen auf, ohne mit Schuld belastet zu werden. »*Die anderen würden ohne mich nicht schlechter dran sein, sie wären vielleicht sogar besser dran.*«

... das Kind zu schlagen

Ein Kind zu schlagen ist eine Niederlage. Es bedeutet, nicht in der Lage gewesen zu sein, sich selbst zu beherrschen und nach einer anderen Lösung zu suchen. Die Verbannung mit Hilfe körperlicher Stärke ist immer besser als Schlagen. Ein fester Griff, so dass das Kind sich nicht rühren kann, wird manchmal notwendig sein, so, wie ein solcher Griff auch bei einem angetrunkenen Erwachsenen in der Kneipe notwendig werden kann. Festhalten ist nicht dasselbe wie schlagen.

Es gibt immer einen Lösungsweg, der verhindert, dass es zur Gewalt kommt, man muss ihn nur rechtzeitig finden. Und in deinem Herzen weißt du, dass dieser gewaltfreie Weg der richtige ist.

... dem Kind eine Antwort zu verweigern

»*Darüber werden wir reden, wenn du älter bist.*«
  »*Das verstehst du sowieso nicht.*«
  »*Frag nicht so viel.*«

Es gibt aber immer eine Antwort.

Man kann die Stirn in tiefe Falten legen und sagen: »*Ich werde darüber nachdenken*«, anstatt zu sagen: »*Ich weiß es wirklich nicht und ich habe jetzt überhaupt keine Lust, darüber zu sprechen.*« (Am nächsten Tag wird das Kind dich erwartungsvoll fragen: »*Hast du jetzt zu Ende gedacht?*« Und du stehst vielleicht etwas verwirrt da und hast vergessen, worum es eigentlich ging. Du kannst dann versuchen so auszusehen, als wüsstest du sehr wohl Bescheid: »*Ja ... hm*

... das habe ich. Aber bevor ich sage, was ich darüber denke, möchte ich noch ein paar Einzelheiten von dir erfahren ...«.)

Eine klare und überzeugende – und *überzeugte* – Antwort bedeutet Sicherheit und Anleitung.

Einem quengeligen Einjährigen gegenüber kannst du dich in der Tat einfach hinstellen und deutlich erklären: »*Festgebunden mit Kleister und Dosenfutter*«, und das Kind schweigt, zufrieden. Du hast deine ganze Seele in die Betonung und die Körpersprache gelegt und damit hast du deinem Kind eine akzeptable Antwort gegeben.

Es ist mehr die feste Überzeugung von etwas als die Wörter, die dem kleinen Kind den Weg weist.

... sich am Kind abzureagieren

Wir kennen alle den Ehemann, der sich an seinem Arbeitsplatz den Rücken krumm macht, demütig und dienstwillig; und zu Hause springt er mit seiner Frau nach seinem Gusto um, ganz wie er will. Er versucht, die Erniedrigungen, die er im Laufe des Tages erfahren hat, zu kompensieren, indem er seine Frau wie eine Fußmatte behandelt. Sein Kollege wiederum ist am Arbeitsplatz der King, verwandelt sich aber zu Hause in einen armen, kleinen Pantoffelhelden: »*Ja, liebe Else. Nein, liebe Else.*«

Sich an einem Kind abzureagieren heißt, dass du deine schlechte Laune am Kind auslässt, aber es heißt auch, dass du das Kind als Hilfsmittel oder als Kompensation für das benutzt, was dir im Leben an Schlechtem widerfährt, worunter du gerade zu leiden hast.

Es ist *nicht* die Aufgabe der Kinder, ihre Eltern glücklich zu machen.

Es ist die Aufgabe der Eltern, ihre Kinder in bester Weise auf ein Leben *ohne* Eltern vorzubereiten.

... das Kind zu erniedrigen

Ein Kind zu erniedrigen heißt, dass man ihm seinen Wert und seine Würde aberkennt. Auch diese Form von Illoyalität ist fehlendem Schutz gleichzusetzen.

Lästerst du über dein eigenes Kind, ist das ein Beweis deiner eigenen schlechten Moral. Das gilt auch für die, die professionell mit Kindern zu tun haben.

... das Kind lächerlich zu machen, es verachtend zu behandeln

Lächerlich gemacht und verachtet zu werden sind Erfahrungen, die sich in die Seele einbrennen. Sie sind Schläge unter die Gürtellinie, die ernsthaften Schaden anrichten können: »*Wie blöd bist du eigentlich, dass du immer genau das tust, was ich dir schon tausend Mal verboten habe?*« Was ist an dem Verhalten blöd? Es ist richtig oder falsch, aber nicht blöd. Selbst als Humor getarnt ist Hohn inakzeptabel.

Man kann sich aus tausend verschiedenen Gründen über ein Kind aufregen, so wie man sich auch aus tausenden von Gründen über einen Erwachsenen aufregen kann. Es gibt immer *Gründe*. Aber diese Gründe sollten mit Sachlichkeit erläutert werden.

... Fehler beim Kind zu suchen

Kinder werden schnell als »gestört«, »unnormal« oder »abweichend« eingestuft. Sie erfüllen nicht die Normen, sie werden beurteilt und abgestempelt nach den allerneuesten Launen der Psychiatrie.

Wie schlimm dürfen sich kleine Kinder eigentlich benehmen, bevor sie mit einer psychiatrischen Beurteilung rechnen müssen?

Wir haben vorhin Herrn Meier kennen gelernt, der mit dem Auto auf einer »geschlossenen Straße« gefahren ist (Seite 633). Hier stelle ich euch Herrn Kind vor, der auch ein Kind ist. Er sortiert in einer Spielzeugfabrik Murmeln je nach Farbe.

»Nun mag ich keine Murmeln mehr sortieren«, beklagt sich Herr Kind eines Tages. »Ich möchte etwas Vernünftiges machen, das auch sinnvoll ist.«

Oh, nein! Mit Herrn Kind stimmt etwas nicht, stellt der Aufsichtsrat des Unternehmens fest. Denn mit den Murmeln stimmt ja alles. Das Material ist von bester Qualität. Und die Arbeitsbedingungen in der Fabrik sind gut, die Luft ist sauber und die Wände sind schön angestrichen (Herr Kind war übrigens selbst dabei, als die Farbe ausgesucht wurde). Er bekommt jeden Tag gutes Essen, und die Kontrolleure um ihn herum haben eine Ausbildung im Murmelnsortieren und sie haben Erfahrung mit kleinen, murmelsortierenden Kindern.

Da Herr Kind in dieser Welt nichts anderes zu tun hat, als Murmeln zu sortieren – wenn er nicht auf den Straßen umherirren und zum Ausgestoßenen der Wohlfahrtsgesellschaft werden will, der uns allen Geld kostet –, ist es natürlich Herr Kind, mit dem irgendetwas nicht stimmt, wenn er sich jammernd und zähneknirschend über das sinnlose Murmelnsortieren auslässt. Vielleicht braucht er eine beruhigende Spritze. Und vielleicht eine chemische Kastration, damit er sich nicht am Personal vergreift? Und dann noch eine Tüte voll Murmeln in ganz neuen Farben, die er in aufregenden, neuen Mustern einsortieren kann.

Wird er besonders schwierig, müsste man wohl mal sein Gehirn unter die Lupe nehmen.

... kein Verständnis für das Kind aufbringen

Im Laufe der Jahre wirst du vom eigenen Kind viele haarsträubende und schmerzhafte Sachen zu hören bekommen. Dabei ist dein Verständnis wichtiger als deine Beurteilung. Die Hauptsache ist hier nicht, was du denkst, sondern das Vertrauen. Möchte das Kind deine Meinung hören, wird es danach fragen: »Was hältst du denn davon?«

Wenn es nicht fragt, solltest du dich damit zufrieden geben, es zu verstehen, *um jeden Preis* versuchen zu verstehen, auch wenn es dir Schmerzen bereitet – so kannst du es vermeiden, dein Kind mit Schuld zu belasten.

Menschen haben immer einen Grund für das, was sie sagen und was sie tun. Kinder haben nicht genug Erfahrung und ihnen fehlt die ausreichende Selbsterkenntnis, als dass sie mit einer analytischen Erklärung aufwarten könnten für das, was sie tun oder sagen. Aber sie haben immer einen Grund.

Ein nicht verstandenes Kind ist ein abgelehntes Kind und ein solches Kind schweigt.

... das Kind im Stich zu lassen

Hat man einem kleinen Kind gesagt, dass man zum Fenster hochwinken wird, muss man es auch tun, egal ob man weder Kind noch Fenster erkennen kann. War das, was man versprach, unüberlegt, muss man versuchen, auch das Unüberlegte zu erfüllen. Es ist allerdings besser, wenn man der Vernunft den Vortritt lässt: »Nein, das geht nicht«, als wenn man das Kind im Stich lässt, und anschließend mit Vernunft erklärt: »Leider hat es nicht geklappt.«

Es ist zwar anstrengender für dich, immer zwei Schritte vorauszudenken, aber es ist so viel härter für dein Kind, wenn du immer zwei Schritte hinterherhängst.

Respekt

»*Umarme mich*«, sagt Lars zu Karin, als sie eines Abends zu Bett gegangen sind. »*Ich bin so traurig.*«
»*Warum denn?*«, fragt Karin und legt ihr Buch weg.
»*Das weiß ich nicht. Das Gefühl ist einfach da.*«
»*Du hast doch gar keinen Grund, traurig zu sein.*«
»*Nee, vielleicht nicht, aber … magst du mich trotzdem in deine Arme nehmen?*«
»*Ach, hör auf!*«, sagt Karin und nimmt wieder ihr Buch. »*Du bist ja albern.*«

Respekt bedeutet zulassen und vertrauen.

Einen Menschen zu respektieren heißt, dass man ihm erlaubt, der zu sein, der er ist, das zu fühlen, was er fühlt, und das zu denken, was er denkt, und dass man von ihm als Menschen deswegen nicht Abstand nimmt.

Einen Menschen zu respektieren heißt, dass man daran glaubt, dass er die Fähigkeit zum selbstständigen Denken besitzt, dass er handelt, wie ihm zumute ist, und dass man seinen Wert und seine Würde anerkennt.

Hat Lars einen Grund, traurig zu sein, oder nicht?

Das ist egal. Es gibt keine objektive Wahrheit. Nach seiner eigenen Wahrheit ist Lars traurig.

Karin könnte zulassen, dass er sich so fühlt, wie er sich fühlt, und in ihrer Liebe könnte sie ihm dort begegnen, mit Respekt. Sie hätte ihn in die Arme nehmen können.

Der kleine Peter hat eine Vase kaputtgemacht.

Mama schimpft: »*So etwas tut man nicht. Heb jetzt die Scherben auf, die Vase kann sowieso nicht mehr repariert werden, und sie gefiel mir so sehr, Himmel noch mal, dass du auch nicht besser aufpassen kannst!*«

Peter fängt an zu weinen.

Mama umarmt ihn und tröstet ihn. »*So, so, kleiner Schatz, so, so.*«

Muss Peter getröstet werden, weil er eine Vase kaputtgemacht hat? Nein, deswegen nicht, aber weil er darüber traurig ist. Mama lässt seine Gefühle zu: Er ist traurig. Sie respektiert seine Traurigkeit. Sie nimmt von Peter nicht Abstand. Sie weist *ihn* nicht zurück; das, was er getan hat, lehnt sie ab, seine Handlung, nicht ihn. Indem sie ihn tröstet, zeigt sie ihm, dass sie ihn als würdigen Menschen anerkennt. Das Verhalten – Vasen kaputtzumachen – ist deswegen nicht richtig.

»*Du musst wirklich vorsichtig sein. Du musst hingucken, wo du hingehst. Du musst auf die Sachen um dich herum aufpassen.*«
»*Ja*«, schnieft Peter, »*ich werde es versuchen, Mama.*«

Ein Mann sagt über seine Frau: »*Sie würde ohne mich nie zurechtkommen.*« Dieselbe Frau sagt über ihren Mann: »*Er kann nicht mal die Verantwortung für sich selbst tragen.*« »*Sie kann nicht allein sein*«, versichert der Mann. »*Er ist viel zu abhängig*«, stellt die Frau fest. So kann man eine Ehe aufrechterhalten – ohne Vertrauen, ohne Respekt.

Und was passiert, wenn einer von beiden wirklich einmal allein eine Entscheidung treffen muss?

Wenn du nicht daran glaubst, dass der Mensch, den du liebst, allein zurechtkommen kann, wirst du ihn letztendlich daran hindern. Negative Erwartungen sind genauso selbst erfüllend wie positive.

»*Klein Ole würde es nicht einmal fünf Minuten ohne mich aushalten.*«
»*Pia wird sich nie trauen zu tauchen.*«
»*Lukas ist viel zu empfindlich, das würde nie gehen.*«
»*Annemarie kann nicht bei anderen übernachten.*«
»*Magnus würde so etwas nie schaffen.*«

Aber was würde geschehen, wenn du nicht da wärest und dem Kind gar keine andere Möglichkeit bliebe, sich so zu verhalten, wovon du glaubst, dass es dazu gar nicht imstande ist?

Lilian, gerade zwei Jahre, besucht einen großen Spielplatz. Dort gibt es eine Rutsche, die so hoch und so lang ist, dass weder Lilian noch ihre Mutter so etwas jemals gesehen haben. Kinder aller Altersgruppen drängeln und schubsen und wollen darauf rutschen. Auch Lilian geht die Treppe hoch. Oben am Ende der Treppe bleibt sie auf dem Bauch liegen, erschrocken und wie gelähmt. Vor ihr fängt die steile Rutschbahn an und sie scheint gar kein Ende zu nehmen. Lilian bekommt so viel Angst, dass sie zu weinen anfängt. Sie will nun wieder umdrehen, aber die Kinder hinter ihr drängeln und rufen ungeduldig: »*Sieh zu, rutsch runter! Los jetzt, rutsch!*«

Mama stürzt zu ihrer Rettung herbei. Aber die Treppe ist hoch, schmal und voller Kinder; auf diesem Wege wird sie nicht an Lilian herankommen. Von unten kommt sie auch nicht an sie heran. Deshalb klettert sie schnell am Gerüst, das die Rutsche hält, hoch und erreicht auf diese Weise ihre Tochter. Aber so kann sie Lilian nicht nach unten schaffen. Sie schafft es gerade einmal, sich selbst am Gerüst fest zu halten.

Jetzt gelingt es Mama, Lilian in eine sitzende Stellung zu bringen und sie am Arm fest zu halten. »*Rutsch jetzt, Lilian!*«, sagt sie. »*Mama hält dich!*«

Lilian ist vor Schreck käseweiß im Gesicht, aber Mama sieht keine andere Möglichkeit, sie von der Rutsche hinunterzubekommen. Vorsichtig zieht sie Lilian am Arm, aber als sie sich nicht weiter strecken kann, muss sie die Kleine loslassen und Lilian rutscht voller Fahrt den ganzen Weg nach unten. Lilian landet mit einem Plumps auf der Erde und kommt benommen wieder auf die Beine. Mama eilt herbei, besorgt und zum Trösten bereit, aber Lilian weint nicht. Es ist offensichtlich nichts passiert! Mama geht erleichtert zu einer Bank und setzt sich dort hin.

Nun fängt Lilian an, um die Rutsche zu kreisen. Sie geht auf sie zu, sie geht wieder von ihr weg, und sie beobachtet die Kinder, die dort hinuntersausen.

Und bevor ihre Mutter Gelegenheit hat einzugreifen, ist Lilian wieder die Treppe hochgeklettert und hat die Spitze von der Rutsche erreicht. Blass, aber gefasst setzt sie sich zurecht. Und da stößt sie sich kräftig mit den Händen ab. Sie rutscht sehr schnell, und – Plumps! – landet sie auf der Erde.

Lilian steht auf, ihr Gesicht strahlt vor himmlischer Freude, und sie läuft, so schnell sie kann, zu Mama und ruft: »Ich konnte! Ich konnte! Ich konnte!«

Vielleicht war es eher die Notwendigkeit als das Vertrauen der Mutter in Lilian, die der Kleinen zu ihrem Können verhalf. Aber es war Lilian, die es geschafft hat!

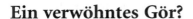

Ein verwöhntes Gör?

Wer ist verwöhnt?

Wer die guten Seiten des Lebens als gegeben hinnimmt, sie auf Dauer fordert, *sich aber trotzdem nicht darüber freut*, ist verwöhnt.

Onkel Jürgen kommt, um dem kleinen Ole zum Geburtstag zu gratulieren.

»*Wo sind meine Geschenke?*«, fragt Ole.

Onkel Jürgen reicht ihm sein Geburtstagsgeschenk.

»Hast du nur ein Geschenk mitgebracht?«
Ole packt das Geschenk aus und findet ein Auto.
»Das kannst du wieder mitnehmen. Ich habe schon Autos, die viel teurer und schöner sind.«

Verzogenheit ist keine angeborene Eigenschaft – etwas, was letztlich allen Eltern schmerzlich bewusst ist. Eltern passen diesbezüglich auch gern gegenseitig aufeinander auf: »Du verwöhnst ihn«, bekommt der Vater zu hören, der seinem Sohn drei Weihnachtsgeschenke statt zwei gekauft hat. »Du verwöhnst sie«, bekommt die Mutter zu hören, die darauf verzichtet, sich selbst ein neues Kleid zu kaufen, damit sie der Tochter eine teure Markenjeans kaufen kann.

Aber solange ein Kind sich über das, was es bekommt, freut, egal ob es um materielle Vorteile oder persönliche Fürsorge und Verständnis geht, wird er oder sie *nicht* verwöhnt.

Nikos Papa geht mit seinem Bruder zusammen einkaufen. *»Ich werde mal eine Dose braune Plätzchen kaufen«*, sagt der Papa, *»Niko mag sie so gerne.«* *»Du willst ihm doch nicht einfach so Kekse kaufen?«*, meint der Bruder. *»So verwöhnst du ihn aber!«* *»Wieso denn? Niko liebt nun mal diese braunen Plätzchen über alles.«* *»Ja, eben drum!«*, sagt sein Bruder.

Liegt der Bruder hier richtig oder falsch? Falsch. Vorausgesetzt, dass sich Niko wirklich über seine braunen Plätzchen freut.

Ein gutes Kriterium zur Einschätzung, ob man sein Kind verwöhnt, ist, wie man selbst zu der Sache steht.

Wenn Junior samstags Chips und Brause zum Fernsehen bekommt und sich darüber freut und wenn Senior ihm die Sachen mit Freude kauft, ist alles in Ordnung. Aber kauft Senior die Chips und die Brause für ihn, weil er weiß, dass sonst die Hölle los sein wird, dann stimmt etwas nicht. Dann ist das Angenehme im Leben zum Zwang geworden.

Wenn ich der Liebe meines Lebens 364 Mal im Jahr sein Frühstück ans Bett bringe und er am 365. Morgen, an dem ich keine Zeit oder keine Lust habe, sein Frühstück zu machen, ein saures Gesicht macht und fragt: »Und wo bleibt mein Frühstück?«, dann habe ich ihn wohl verwöhnt … Dann werde auch ich sauer und in Zukunft wird er wohl kein Frühstück mehr am Bett serviert bekommen. Hoffentlich werden wir über die Sache reden: *»Es macht mir keinen Spaß, dir dein Frühstück ans Bett zu bringen, wenn du dich nicht darüber freust.«*

Einem Kind kann man aber auf diese Weise keinen Vorwurf machen. Ein Kind darf nicht mit Schuldgefühlen beladen werden.

Gegen das Verwöhnen von Kindern gibt es keine andere Möglichkeit als die *Einschränkung*.

Onkel Jürgen aus dem obigen Beispiel steht nun in seinen Gefühlen verletzt auf dem Flur, und Ole sagt noch einmal zu seinem Vater: »*Ich will sein blödes Auto nicht. Ich habe schon viel teurere und schönere Autos.*« Sein Vater fängt jetzt in aller Ruhe an, die ganzen Autos des Jungen zusammenzusammeln. »*Wenn du das Auto, das Onkel Jürgen dir geschenkt hat, nicht haben willst, möchtest du sicherlich auch deine anderen Autos nicht mehr haben.*« – »*Doch! Doch! Ich will meine Autos haben.*« – »*Aber nicht das Auto von Onkel Jürgen?*« – »*Das ist ein blödes Auto. Das will ich nicht haben.*« – »*Wenn* du *das Auto von Onkel Jürgen nicht haben willst*«, sagt Papa, »*dann will* ich *nicht, dass du die anderen Autos behältst.*« Ole muss nun hingehen und sich bei Onkel Jürgen bedanken.

Oft wacht der Mensch erst dann über die Dinge, die er liebt, wenn er vor der Drohung, sie zu verlieren, steht.

Dem Verwöhnen wird am besten durch ein einfaches Leben vorgebeugt.

Ein kleiner Junge, der jeden Sonntag in den Vergnügungspark gehen darf, muss an seinem Geburtstag sowohl in den Vergnügungspark als auch in den Zoo, ins Kino *und* in ein Restaurant eingeladen werden, wenn er wirklich eine freudige Überraschung erleben soll.

Und was soll ein kleines Mädchen, das jeden Tag Limonade zum Essen trinkt, denn trinken, wenn mal gefeiert wird? Champagner?

Als Eltern muss man versuchen, zwischen den Notwendigkeiten und den Extras des Lebens zu unterscheiden. Die Extras, die fürs Überleben nicht notwendig sind, sollten dann auch wirklich als Extras *präsentiert* werden.

Wenn Nikos Papa mit den braunen Keksen nach Hause kommt, macht er eine große Sache daraus: »*Weißt du, was ich dir heute mitgebracht habe? Braune Superplätzchen!*«, singt er, »*toll was?*« Wirft er die Dose aber einfach auf den Küchentisch als etwas Gewöhnliches, wird Niko sie auch wie etwas Gewöhnliches betrachten. Und immer braune Kekse fordern.

Freut sich ein Kind nicht über ein schönes »Extra«, muss man ungerührt – und natürlich ohne Vorwürfe – das »Extra« wieder wegnehmen und danach die Reaktion des Kindes abwarten. Verwöhnt sein kann man nicht aus einem Kleinkind heraus*reden*.

Noch einmal zur Veranschaulichung zwei ganz unterschiedliche Beispiele:

»*Warum bekommen wir keine Pfannkuchen mehr?*«
»*Möchtest du denn gerne Pfannkuchen essen?*«
»*Ja! Die schmecken so gut! Ich bin total verrückt nach Pfannkuchen!*«
»*Dann werde ich wieder Pfannkuchen machen.*«

»*Ich werde heute ins Kino gehen*«, sagt ein älteres Kind. »*Alle meine Schulfreunde gehen mindestens einmal pro Woche ins Kino. Das will ich auch.*«

»Ach – ja? Ich lasse dich aber nicht ins Kino gehen, nur weil deine Schulfreunde ins Kino gehen. Ich erlaube dir ins Kino zu gehen, weil du daran Spaß haben sollst. Ins Kino gehen zu können ist nun mal kein Menschenrecht. Ins Kino zu gehen sollte einem Freude bereiten. Kinobesucher haben das Glück, hingehen zu können! Erst wenn du das begriffen hast, darfst du ins Kino gehen.«

Ein Wochenendvater hatte ein Verhältnis zu einer allein erziehenden Mutter, die ihm vorwarf, seinen Sohn zu verwöhnen. Er brachte immer ein Geschenk mit, wenn er seinen Sohn besuchte oder abholte. Selbst aber hatte sie immer Super-Markenklamotten für ihre Tochter mit, wenn sie von Reisen wieder nach Hause kam. Als der Mann sie darauf ansprach, sagte sie: »*Das ist ja etwas ganz anderes. Meine Tochter ist eben sehr modebewusst.*« Der Junge war sicherlich auch sehr »spielzeugbewusst«, also gab es doch keinen Unterschied. Ein Unterschied gab es vielleicht höchstens im Verhalten der Kinder: *Erwartete* der Junge ein Spielzeug und *erwartete* das Mädchen modische Klamotten? Wie reagieren sie, wenn die Eltern mit leeren Händen kommen?

Was über die Notwendigkeit des Lebens hinausgeht, soll Freude bereiten und nicht etwas sein, auf das man ein Recht hat.

Nichts zerstört unsere dankbare Freude am Leben mehr als die verzogene Idee, dass die guten Seiten des Lebens ein Anrecht sind, für das man nichts zu tun braucht.

Ein kleiner Junge wurde in einen Erlebnispark mitgenommen, in dem sich mittendrin ein kleiner Zoo befand. Es wurde eine riesige Fete daraus mit Karussell, Riesenrad und Autoskooterfahren, Loseziehen, Hotdogs, Waffeln und Eis … Beim nächsten Mal fiel der Ausflug etwas bescheidener aus. Der Erwachsene hatte sich gedacht, dass man einen Spaziergang macht und sich die Tiere im Park anguckt. Aber jetzt gab es Ärger, Geschrei und Geweine. Alles, was man beim letzten Ausflug gemacht hatte, musste nun wiederholt werden. Der Erwachsene wurde sauer, das Kind war enttäuscht und der Tag war hin.

Eine solche Situation lässt sich auf faire Weise leicht vermeiden, indem man im Voraus klar und deutlich mitteilt, was vorgesehen ist: »Heute werden wir im Erlebnispark jede Menge Sachen ausprobieren. Heute werden wir richtig viel Spaß haben! Aber so wird es nicht jedes Mal sein, wenn wir dort hingehen. Das können wir nur heute leisten, aber wir werden es auch so richtig auskosten!« Und beim nächsten Mal: »Wir gehen in den Erlebnispark, aber heute können wir nicht mit dem Karussell fahren und kein Eis und keine Waffeln kaufen. Heute werden wir uns die *Tiere* angucken! Das wird doch schön, nicht? Und weißt du was? Wir können noch einen Picknickkorb mitnehmen, denn heute werden wir gar kein Essen dort kaufen!«

Es macht keinen Spaß enge Grenzen zu setzen. Aber das Kind, das die Grenzen kennt, wird sich freuen, wenn diese ab und zu mal überschritten werden.

Ein Tipp:

Wenn man das Kind daran gewöhnt, sich zu bedanken, wenn etwas Schönes vorbei ist: »Danke für das Eis!« (man kann es dem Kind zuerst auch selbst sagen), kann man viele Szenen wie »Ich will noch ein Eis haben!« vermeiden. Der Dank hat eine magische Wirkung. Das Kind wird an eine – wenn auch vergangene – Freude erinnert und das Jammern hört auf.

»Ich will mehr Eis!«

»Das Eis ist jetzt aufgegessen! Danke fürs Eis!«

»Danke fürs Eis, Mama!«

Grenzen

Eltern müssen Grenzen setzen.

Es ist verlockend, dies nicht zu tun, denn man kann kaum vermeiden, dass man sich dabei ab und an von der unangenehmeren Seite zeigen muss; und es ist nie schön, einer geliebten Person gegenüber etwas Unangenehmes zu sagen.

Und wäre der Mensch nicht so erschaffen, dass er notwendigerweise seine eigenen Erfahrungen machen muss, sondern so, dass er einfach schon bei der Geburt alles »wüsste«, könnten sich die Kinder ihre eigenen Grenzen setzen; man bräuchte dann nur mit einem Kopfnicken sein Einverständnis signalisieren … Aber wie wir alle wissen, ist es nicht ganz so einfach.

Ein Vater kam zu mir und wollte wissen, ob ich eine vierzehnjährige Tochter habe. Ich hatte eine.

»Wie lange darf sie abends unterwegs sein?«, fragte er. »Sie ist abends gar nicht ›unterwegs‹«, lautete meine Antwort. »*An Wochentagen darf keines meiner Kinder nach dem Abendessen nochmals weggehen. Ausnahmsweise können sie bis 21 Uhr wegbleiben, wenn es etwas Besonderes gibt. Ansonsten darf sie an den Wo-*

chenenden bis 23 Uhr unterwegs sein, aber nie alleine. Und sie muss nach Hause gebracht oder von ihrem Bruder abgeholt werden.«

Seine eigene vierzehnjährige Tochter war allerdings bis kurz nach zwei Uhr nachts unterwegs und das auch ein paar Mal in der Woche. Sie ging in eine Disco, die erst um zwei Uhr zumachte. Nun wollte er also wissen, ob ich es für richtig halte, dass sie so lange unterwegs ist. Nein, das fand ich nicht.

»Würdest du es selbst schaffen, zweimal in der Woche bis nach zwei Uhr früh auf zu sein?« – »Nein, dann wäre ich völlig fertig.« – »Aber sie soll die Energie dafür aufbringen?«, sagte ich wütend. »Du lässt deine Tochter im Stich.«

Das war der Anfang einer großen Streiterei. Ich würde gar nichts kapieren, meinte der Vater. Erstens würde die Disco ja erst um zwei Uhr zumachen. Zweitens sei es ja zwischen ein und zwei Uhr immer am lustigsten. Es mache gar keinen Sinn, früh am Abend dort hinzugehen, hätte seine Tochter gesagt. Drittens durften alle anderen bis zwei Uhr bleiben. »*Aber dann ist ja alles vollkommen in Ordnung*«, war mein Kommentar. »*Warum fragst du mich dann überhaupt, wie meine Meinung dazu ist?*«

Offensichtlich war aber überhaupt nichts in Ordnung. Indem der Vater zu mir gekommen war und das Thema angeschnitten hatte, ließ er erkennen, dass er sich um seine Tochter Sorgen machte. Es gefiel ihm nicht, dass sie so lange unterwegs war. Er hätte viel dafür gegeben, wenn seine Tochter gesagt hätte: »*O.K., Papa, in Zukunft werde ich um zwölf nach Hause kommen. Es ist ja doch etwas spät für mich, wenn ich bis zwei Uhr früh unterwegs bin.*«

Aber solche Wunder geschehen einfach nicht.

Ich hätte das Mädchen vor die Wahl gestellt: »*Entweder kommst du um 23 Uhr nach Hause oder du darfst dort gar nicht hingehen.*« – »*Aber der Spaß geht doch erst nach Mitternacht los!*« – »*Dann gehst du eben nicht hin. Du kannst selbst entscheiden, ob du hingehen möchtest oder nicht, aber wenn du gehst, musst du um 23 Uhr zu Hause sein.*«

Es ist möglich, dass das Mädchen ausprobieren wird, was passiert, wenn sie dann doch bis zwei Uhr wegbleibt. In diesem Fall hätte ich sie die Konsequenzen tragen lassen: Dann würde es ihr verboten werden, überhaupt dort hinzugehen. Was ich natürlich nur so verhindern könnte, indem ich mit ihr zu Hause bliebe.

Wenn das Kind dies als einen Eingriff in seine Integrität auffassen würde, gäbe es natürlich andere Wege, um doch in die Disco zu gelangen. Sie könnte mich z.B. niederschlagen. Es ist aber eine Tatsache, dass Kinder – und Teenager – sich einem Befehl beugen, denn sie wollen ihre Grenzen kennen lernen. Wenn du ihnen also Bescheid gibst, Grenzen setzt, für allgemein gültige und persönliche Normen geradestehst, zeigst du dem Kind damit, dass du dich um sein Wohl kümmerst. Es ist deine Aufgabe als Mutter oder Vater, dein Kind durch Anweisungen und Schutz zu leiten – beides kraft deiner eigenen Erfahrung und deiner Liebe. Und die Kinder wissen das.

Der Vater befand sich in einem klassischen Dilemma. Er hatte seine eigene Meinung, wurde aber dazu überredet, etwas anderes für richtig zu halten. Er wurde unsicher. War es richtig oder falsch, zu erlauben, dass seine Tochter so lange unterwegs war? Und da alle anderen …?

Gibt es auch nur die geringste Unsicherheit, sollte man – meiner Meinung nach – dem Kind und sich selbst zuliebe *die eigene persönliche Auffassung annehmen, d.h. sich selbst respektieren,* und daran festhalten. Respektierst du dich selbst, wirst du den Respekt anderer gewinnen. Respekt bereitet den Weg des Vertrauens. »Ich kann meinem Papa vertrauen. Er weiß, was er tut, und er steht dafür gerade.«

Das Kind bei der Festsetzung von Grenzen vor eine Wahl zu stellen, mag vielleicht wie ein gemeiner Trick aussehen, aber es ist ein dankbarer Trick. »*Entweder kommst du um 23 Uhr nach Hause oder du gehst nicht hin.*« Das Mädchen wählt selbst, ob es bis 23 Uhr in die Disco geht oder gar nicht – da ist die Alternative 23 Uhr besser als gar nichts.

Sagt man dagegen: »*Ach so, die Disco macht erst um zwei Uhr zu – aber du musst trotzdem um 23 Uhr zu Hause sein, was sollen wir da machen?*«, stehen 23 und 2 Uhr einander gegenüber und dann erscheint zwei Uhr doch schöner als 23 Uhr. Protest ist die Folge.

»*Ich möchte die ganze Melone haben!*« – »*Du kannst entweder eine Scheibe von der Melone oder gar keine Melone haben.*«

»*Ich möchte eine ganze Flasche Brause!*« – »*Du kannst entweder ein kleines Glas Brause oder gar keine Brause haben.*«

»*Ich will aber die ganze Kindersendung sehen!*« – »*Entweder guckst du, bis wir mittagessen, oder du guckst gar nicht.*«

Und wählt das Kind den Verzicht, muss man natürlich auch dabei bleiben, unbekümmert, und darf sich dabei nicht vom schlechten Gewissen quälen lassen: »*Na gut, o.k., dann guck eben doch die ganze Sendung! Dann warten wir eben mit dem Mittagessen.*«

An der Strafe, die du auferlegst, und an der Grenze, die du festgesetzt hast, musst du festhalten, aber du kannst die Angelegenheit natürlich mit Worten beklagen, wenn du die Sache etwas mildern möchtest. Wenn du kein feuriges Temperament hast, musst du dich auch nicht mit donnernder Stimme durchsetzen – du musst nur ganz konkret sagen, was du nicht akzeptieren kannst und was du stattdessen erwartest. Damit wird ein bestimmtes, inakzeptables *Verhalten* abgelehnt und nicht das Kind selbst.

»*Es tut mir Leid, aber du hast deine Arbeit hier im Haus nicht gemacht. Und wenn du deine Aufgaben nicht erledigst, werden andere sie machen müssen und das ist ja nicht Sinn der Sache. Deshalb musst du jetzt bitte so lieb sein und stattdessen den Ofen sauber machen. Und dann hoffe ich, dass du in Zukunft deine Aufgaben erledigst. Sag mir bitte Bescheid, wenn du mit dem Ofen fertig bist!*« – »*Es war wirklich nicht so gut, dass du nicht auf die Zeit geachtet hast. Du bist zwei Stunden zu spät gekommen. Wie du sicherlich verstehst, kann ich nicht erlauben, dass du weggehst, wenn du nicht zur abgemachten Zeit nach Hause kommst. Dieses Wochenende wirst du also leider zu Hause bleiben müssen. Und danach wirst du vielleicht so lieb sein und in Zukunft rechtzeitig nach Hause kommen.*« – »*Ich habe erfahren, dass du deine Hausaufgaben nicht machst und dass du recht häufig zu spät zur Schule gekommen bist. Das sind ja keine schönen Neuigkeiten. Wie du verstehen wirst, bedeutet das, dass du abends früher ins Bett gehen musst, damit du morgens nicht so müde bist, und du kannst auch nicht so viel fernsehen wie sonst, weil du deine Hausaufgaben machen musst. Das ist schade, aber du musst jetzt jeden Abend um neun ins Bett und in der Woche gibt es abends kein Fernsehen und keine Computerspiele. Ich hoffe, ich habe mich klar genug ausgedrückt. Wenn du deine Hausaufgaben dann wieder in den Griff bekommen hast und wenn du rechtzeitig zur Schule gehst, dann können wir es wieder damit versuchen, dass du ins Bett gehst, wann du meinst, und dass du so viel fernsiehst, wie du für richtig hältst. Du kannst mir ja Bescheid sagen, wenn du meinst, dass du für einen neuen Versuch bereit bist!*« Und mit einem beklagenden Lächeln macht man dann den Fernseher aus, wenn ein kleiner Sonnenstrahl sich doch davor hinhocken sollte. Kinder beißen nicht. Jedenfalls nicht so doll, dass man davor Angst zu haben braucht!

Strafe

Wir Menschen lassen uns erziehen, *um in die Gemeinschaft aufgenommen zu werden* und dort zu bleiben. Wir sind Herdentiere; wir sind nicht geboren, um allein zu leben, und deshalb ist uns das praktische Überleben – eine Beute zur Strecke bringen und sie essen – einfach nicht genug.

Kinder haben einen langen Weg zu gehen, bevor sie die Normen, Regeln und Verordnungen verinnerlichen, die in der Kultur herrschen, in die sie zufälligerweise hineingeboren wurden. Durch praktische Erfahrungen lernen sie die geltenden Normen. Sie können sie nur zum Teil durch Worte erlernen. Das meiste von dem, was die Kinder selbst ausprobieren und testen, kann man als Fragen betrachten und ihre Fragen verlangen nach Antworten. Oftmals muss man diese Antworten mit blutendem Herzen immer wieder wiederholen.

Mein Sohn, der sonst immer pünktlich war, fing an, ständig zu spät zu kommen. Er konnte eine Viertelstunde, eine halbe Stunde oder gar eine ganze Stunde auf sich warten lassen. In unserer Gesellschaft gibt es eine Norm in Sachen Pünktlichkeit und der schließe ich mich auch persönlich an. Also fand ich sein Verhalten letztendlich inakzeptabel. Meine Ermahnungen zeigten keine Wirkung, und deshalb sah ich mich leider gezwungen, ihm zu zeigen, welche Konsequenzen es haben würde, wenn er wiederholt eine Norm nicht beachtete, die in der Gesellschaft, wie auch in unserer Familie und von mir selbst hochgehalten wurde.

Eines Tages fand er sich dann in einer einsamen und traurigen Situation wieder: Die ganze Familie war ins Restaurant gegangen – etwas, das er liebt –, und zwar ohne ihn. Er hätte um 16 Uhr zu Hause sein müssen und um 16.15 Uhr waren wir alle ohne ihn losgegangen. Seitdem ist er immer pünktlich gewesen. (Ich selbst übrigens hatte keine große Freude an unserem Restaurantbesuch!)

Ein Freund, der in einem arabischen Land aufgewachsen ist, erzählte mir von einem Diebstahl, den er als Teenager begangen hatte. Diebstahl wird in den islamischen Ländern als etwas sehr Ernstes betrachtet – der Koran schreibt schließlich vor, dass dem Dieb die rechte Hand abgehackt werden soll. Der Diebstahl wurde aufgedeckt. Der Vater des Jungen führte seinen Sohn mit sich in die Küche, in der unter einem Tontopf mit Maiskolben ein kleines Feuer brannte. Er nahm die Hände des Jungen, führte sie ans Feuer und hielt sie dort fest. »Ich kann nicht zulassen, dass mein ältester Sohn ein Dieb wird«, erklärte er. »Lieber verbrenne ich dir deine Hände, als dass du mit dem Stehlen weitermachst und ein anderer hackt sie dir ab!« Aber die Tränen liefen in Strömen seine Wangen hinunter.

Kinder sind keine Heiligen und wir Erwachsenen sind es auch nicht.

Als Mutter oder als Vater möchte man natürlich gerne glauben, dass das eigene Kind so gefestigt ist, um nicht zu stehlen, zu lügen, zu petzen, zu hauen, zu zerstören, zu hintergehen oder zu betrügen. Aber so ist es selten. Betrachtet man das weniger ansprechende Verhalten des Kindes aber als eine *Frage*, die eine Antwort sucht, ist das Entsetzen nicht so groß: »*Wie konntest du das nur* tun?!« (Der Dreizehnjährige auf Seite 570, der ganz konkret denkt, antwortet in Übereinstimmung mit der Wahrheit: »*Das war doch ganz einfach.*«)

Betrachtest du das inakzeptable Verhalten deines Kindes als eine Frage – »*Darf ich mich so verhalten?*« – kannst du dem Kind eine sachliche Antwort geben: »*Nein, so darfst du dich nicht verhalten.*« – »*Und was passiert, wenn ich es trotzdem mache?*«, erkundigt sich das Kind mit seinen Handlungen. »*Dann passiert dies und das*«, lautet deine Antwort, entweder in Form logischer Konsequenzen oder einer Strafe.

Es ist das inakzeptable Verhalten, das du damit ablehnst. Du lehnst nicht das Kind als Menschen ab.

Kinderpsychologische Untersuchungen haben gezeigt, dass alle Kinder irgendwann einmal einen Ladendiebstahl begehen. Die Tatsache, dass dieses Verhalten sehr verbreitet ist, bedeutet nicht, dass es deswegen akzeptabel ist. Das Stehlen kann nie als akzeptabel angesehen werden. Das Kind, das stiehlt, fragt nach einer geltenden Norm. Die Norm lautet: »Du darfst nicht stehlen. Du darfst nicht etwas nehmen, das einem anderen gehört. Du darfst nicht im Laden klauen.«

Eine Mutter wurde von der Polizei angerufen. Ihre Teenagertochter hatte ein Kleid anprobiert, hatte es dann unter ihrer Kleidung anbehalten und wollte damit aus dem Laden gehen. Eine Verkäuferin hatte sie beobachtet und erwischte sie auf frischer Tat. Die Polizei hat die Mutter angerufen, sie wurde gebeten hinzukommen, um das Kind zu identifizieren und abzuholen.

Die Mutter war aufgeregt und traurig. Sie sagte: »Warum tust du nur so etwas? Du weißt doch, dass du nicht stehlen brauchst. Hier, nimm das Geld und geh hin und kauf dir das Kleid.« Das war ja sehr lieb von der Mutter, aber das war falsch. So wurde das Mädchen ja in der Tat für das Stehlen belohnt: Sie bekam ein Kleid. Die Mutter war nett, aber sie hinderte das Kind daran, sich eine geltende Norm anzueignen.

Die Erfahrung, die das Mädchen machte, war, dass man sehr wohl stehlen kann. Entweder wird man dabei nicht erwischt und kann das Gestohlene behalten. Oder man wird erwischt – und darf trotzdem das Gestohlene behalten!

Kinder stehlen selten oder nie aus purer Not. Sie stehlen, weil sie wissen möchten, was dann passiert. Sie stehlen wegen der Aufregung; weil sie wissen, dass sie mit dem Verbotenen experimentieren. Sie wollen sowohl die Norm als auch die Konsequenzen testen.

Soll die Konsequenz oder die Strafe die gewünschte Wirkung zeigen – ein inakzeptables Verhalten soll in ein akzeptables geändert werden –, sollte man darauf achten, das Kind *nicht zu erniedrigen.*

Viele der gebräuchlichen Strafmethoden dieser Gesellschaft sind erniedrigend. Erniedrigungen führen – infolge der Angst und der Unterwerfung – schnell zu Hass. Und von dem Moment an ist die Strafe sinnlos geworden. Eine erniedrigende Strafe ist immer sinnlos.

Lotte, zwölf Jahre, klaut eine Uhr in einem Geschäft. Keiner dort bemerkt es, aber nach ein paar Tagen entdeckt die Mutter die neue Uhr an Lottes Arm. *»Wo hast du die Uhr her?«* Der Diebstahl ist aufgedeckt. Die Mutter zwingt Lotte dazu, ins Geschäft zurückzugehen und einzugestehen, dass sie die Uhr geklaut hat. Das ist eine erniedrigende Strafe.

Kein Erwachsener würde sich offen zu einem Diebstahl bekennen. Kein Erwachsener würde es auf sich nehmen, einem Geschäftsinhaber oder Verkäufer gegenüberzutreten, die gestohlene Uhr zurückzugeben und zu sagen: *»Diese Uhr habe ich hier gestohlen.«*

Wie Kinder können auch Erwachsene stehlen, bereuen und das Gestohlene zurückgeben. Aber es hört sich dann so an: *»Ich muss aus Versehen diese Uhr mit eingepackt haben ... es tut mir wirklich sehr Leid, aber hier haben Sie sie jedenfalls wieder.«* (Und die Reaktion beim Inhaber oder Verkäufer wird Dankbarkeit und Freude sein – über solche Ehrlichkeit ...)

Eine meiner Töchter stahl im Alter von sieben Jahren eine Puppe mit dazu passender Kleidung. Die Verkäuferin im Laden war sehr indigniert, als sie mich anrief. *»So eine Frechheit ... sowas hab ich ja noch nie erlebt ... und für so viel Geld ... wollte einfach aus dem Laden rennen ...«* usw. Ich war nicht sehr begeistert, versuchte mich aber zu beherrschen und unterbrach sie: *»Schicken Sie meine Tochter doch bitte nach Hause, um Geld zu holen, sie wird dann wiederkommen und die Puppe bezahlen.«*

Das Kind kam nach Hause. Ich sah mir die Sachen an, die sie gestohlen hatte: eine Puppe, wie sie sich eine gewünscht hatte, mit feinen Kleidern dazu. Ich hatte es mir nicht leisten können, ihr die Puppe zu schenken, und es tat mir Leid. Wir gingen zur Bank und haben das ganze Geld von ihrem Sparkonto geholt. Ihr zusammengespartes Vermögen machte in etwa die Summe aus, die die Puppe kostete. Sie ging dann zum Geschäft zurück und bezahlte.

Danach, als sie wieder zu Hause angekommen war, musste sie die Puppe mitsamt den feinen Kleidern in die Mülltonne werfen. Sie verlor die Puppe, die Kleider *und* dazu noch ihr ganzes Geld, das sie über so lange Zeit zusammengespart hatte. Aber sie musste nicht wie eine Diebin vor der Verkäuferin stehen; ihr gegenüber erfüllte sie ja ihre Pflichten. Für mich war es nicht angenehm, meine Tochter auf diese Weise zu bestrafen. Aber es hat seinen Zweck erfüllt.

Ein Lehrer erwischt einen Schüler, als er gerade in den Papierkorb pinkelt. Er bestraft den Schüler, indem er den ganzen Inhalt des Papierkorbes über ihn ausschüttet. Das ist eine erniedrigende Strafe. Über das verwerfliche Verhalten des Schülers mag man denken, was man will, trotzdem ist eine solche Strafe wirkungslos. Der Schüler wird danach wahrscheinlich jeden Papierkorb, an dem er vorbeikommt, voll pinkeln.

Eine nicht erniedrigende Strafe hätte die entgegengesetzte Wirkung: Der Lehrer erwischt den Schüler, wird wütend und sagt aufgeregt: »Was um Gottes Willen machst du denn da? Jetzt holst du bitte sofort einen Eimer und eine Feudel und machst alles wieder sauber! Und zur Strafe kannst du dann die anderen beiden Papierkörbe auch noch sauber machen. Sieh zu, dass du in die Gänge kommst!« Nun kommt ein anderer Lehrer den Flur entlang und sieht, was vor sich geht. »Was machst du denn da, Kleiner?«, fragt er. »Machst du etwa den Papierkorb sauber?« Bevor der Junge eine Antwort geben kann, sagt der erste Lehrer: »Ja, du weißt doch, die Papierkörbe sind alle so verschmiert. Paul ist so nett und macht sie jetzt sauber.« Der Lehrer beschützt Paul vor dem anderen Lehrer. *Die Würde eines anderen zu wahren ist das Gegenteil einer Erniedrigung.*

Der Lehrer ist nicht darauf aus, Paul zu erniedrigen, und will seinem Kollegen auch nicht die Möglichkeit geben, dies zu tun. Er möchte ausschließlich ein inakzeptables Verhalten – in den Papierkorb pinkeln – ablehnen, und er möchte Paul einen Weg zeigen, wie er seine »Sünde« wieder gutmachen kann: Er muss statt des einen Papierkorbes, in den er hineingepinkelt hatte, nun insgesamt drei Papierkörbe sauber machen. Paul pinkelt nicht mehr in Papierkörbe und außerdem schätzt er seinen Lehrer jetzt sehr. Aber das ist vielleicht eine andere Geschichte.

Masturbation und Sex

Ein abgelehnter Mensch lebt in einer Identitätsleere und fühlt sich zunichte gemacht.

Die Bedeutung einer Identitätsauflösung wurde mir klar, als ich für längere Zeit in einem fernen Land lebte, in der die Sprache und die Kultur mir bis zur Unverständlichkeit fremd waren. Ich lebte dort isoliert.

Schließlich musste ich gegen die Auflösung der Umrisse meiner Persönlichkeit ankämpfen. Es fing damit an, dass ich meinen Namen nicht mehr schreiben konnte. Die Buchstaben wollten mir einfach nicht mehr gelingen. Ich habe es immer und immer wieder versucht, aber ich schaffte es weder mit der automatisierten Gewohnheit noch mit aller Anstrengung. Am Ende war es mir nicht mehr möglich, meine eigene Unterschrift hinzubekommen.

Gegen Ende meines Aufenthaltes dort – bevor ich körperlich krank wurde, und es mir deshalb erlaubt wurde, nach Hause zu fahren – verbrachte ich Stunden damit, vorm Spiegel zu sitzen und mich selbst und meine Augen zu beobachten. Um mir meine eigene Existenz zu beweisen, berührte ich meinen Körper in der deutlichen, konzentrierten Weise, wie es kleine Kinder tun können. Ich sammelte meine Gerüche: Schweiß, Atem, Genitalien, Haut, Haare, Füße und Analbereich. Das Riechen ist einer unserer fünf Sinne und wichtig für die Aufnahme der Wirklichkeit.

Die Spiegelbeobachtungen ließen mich verstehen, warum Menschen oft nur Floskeln austauschen, wenn sie sich begegnen. Wir brauchen Bestätigung, ja, die tägliche Bestätigung, dass wir existieren, dass wir *sind*, dass wir wahrgenommen werden, einen Körper haben, dass wir da sind. Auch oberflächliche Begegnungen sind lebenswichtige Begegnungen.

Die Berührung meines eigenen Körpers und meine Suche nach dessen Gerüchen brachten mich zu der Überlegung, ob die Masturbation kleiner Kinder immer sexuell bedingt ist. Die Welt der Kinder ist konkret. Das Ich muss auch konkret sein, handgreiflich.

Häufiger Kontakt mit den Geschlechtsteilen und dem analen Bereich kann Trost, Einfühlsamkeit, kann Wärme der Vertrautheit bringen. Kindern in verändernden Entwicklungsphasen; Kindern, die Angst haben, verwirrt oder beunruhigt über irgendetwas sind; Kindern, die die »Handgreiflichkeit« ihres Körpers, ihres Selbst, ihrer Existenz suchen; Kindern, die unter einer Belastung stehen – sollte man, meiner Meinung nach, nicht die Hilfe verbieten, die sie sich selbst geben können.

Wenn du, verständlicherweise, daran Anstoß nimmst, kannst du das Kind taktvoll darum bitten, solche Sachen allein hinter verschlossener Tür zu machen. »Man berührt sich am Körper und am Po, wenn man allein ist. Man rülpst, pupst und popelt in der Nase, wenn man allein ist, und wenn man zur Toilette geht – was ja so schön ist –, macht man die Tür zu.«

Die Masturbation und die keimende Sexualität unter Kindern ist ein Problem nicht nur in vielen Familien, sondern auch in den Kindertagesstätten, wo die Erzieher/-innen sich fragen, wie man auf die Masturbation und die sexuellen Spiele der Kleinkinder reagieren soll. Hin und wieder diskutieren auch Experten die Frage, wie man sich auf diesem Gebiet am besten verhalten sollte. Aufklärungsunterricht für Kinder, meinen viele, wäre genau das Richtige!

Kinder aber brauchen keine Einweisung in die Sexualität, genauso wenig wie Säuglinge Unterricht in ihrer angeborenen Sensualität brauchen. Kinder nähern sich sorglos dem Begriff Sex, was Erwachsene selten tun. Ich weiß deshalb nicht, wer eigentlich wen unterrichten sollte ...

Tatsache ist, dass Kinder sich nun mal leicht hinters Licht führen lassen und leicht zu leiten sind, und deshalb lautet mein beherzter, alter Rat: Mach nicht viel Worte, wenn du die Kleinen bei sexuell angehauchten Spielen erwischst, sondern finde etwas Besseres, mit dem sie sich beschäftigen können!

Selbst wenn du persönlich eine positive und natürliche Einstellung zum Sex hast, selbst, wenn du vor deinen kleinen Kindern nackt herumläufst, mit ihnen zusammen badest und offen mit ihnen sprichst und auch erlaubst, dass sie sich selbst und auch deine behaarten Körperteile untersuchen, werden die Kinder doch im Laufe der Zeit verlegen werden. Im Alter von etwa drei Jahren rufen kleine Menschenkinder nach dem Feigenblatt.

Und wenn es so weit ist, werden all deine aufmunternden Ermutigungen zum »Natürlichen« ihnen schrecklich auf die Nerven gehen und das solltest du respektieren.

Umgekehrt kann es dir vielleicht manchmal schwer fallen, dich natürlich zu verhalten, wenn dein Kind plötzlich in eine totale Fixierung auf alles Sexuelle gerät. Im Alter von 3 bis 4 Jahren, von 6 bis 7 Jahren, von 11 bis 12 und in den Teenagerjahren kann ihr Interesse am Sexualverhalten in der ganzen Welt sehr wohl die Grenzen des Anstandes (und, was das betrifft, auch der Natürlichkeit) überschreiten. Du tust gut daran, dir das zu merken, bevor du anfängst, dir Sorgen zu machen, weil du die jungen Wilden zurückhältst, indem du ein gewisses Verhalten ablehnst und ein anderes, das du für akzeptabel hältst, vorziehst.

Ein junger Mann von zwölf Jahren z.B. kann durchaus weitreichende sexuelle Träume von seiner Mutter haben. Dann wäre es nicht nett von ihr, ihm eine Natürlichkeit abzuverlangen, die er ihr gegenüber zurzeit nicht präsentieren kann. Und so muss sie sich in jeder erdenklichen Weise zurückhalten, um seine Phantasien nicht noch zu ermutigen.

Ein junges Teenagermädchen – oder sogar noch jünger, da die sexuelle Ausbeutung in kommerzieller Hinsicht heutzutage so viel früher gefördert wird – kann ihren halbnackten Körper sowohl ihrem Vater wie auch männlichen Bekannten vorzeigen. Obwohl das Verhalten natürlich erscheint, sendet sie Signale aus, die eine Geschlechtsreife andeuten, der sie aber nicht gerecht werden könnte oder sollte, wenn ihre Signale aufgenommen und bis zur Handlung verfolgt werden würden. Rein körperlich wäre sie vielleicht schon reif genug, aber auf gefühlsmäßiger und sozialer Ebene ganz sicher nicht.

Ich habe oft umherwandelnde Höschen und nackte Brüste mit der Aufforderung verjagt: »Zieht euch an – es sind Männer im Haus!« Es sind dabei nicht die wilden Gelüste der Männer, denen man damit einen Dämpfer aufsetzt, sondern die kindlichen Interessen, die man wahrt.

Geht es um das Sexualleben der Erwachsenen, wird in der Regel davon ausgegangen, dass es »top secret« sei. Und deswegen solle das intime Beisammensein stattfinden, ohne dass die Kinder etwas davon mitbekommen. Mutter erstarrt förmlich, wenn ein kleines Kind hereinkommt, während die Eltern mitten im Geschlechtsverkehr sind, und der Vater zieht sich wie aus einer Kanone geschossen aus Mutter zurück und traut sich nicht, dem Kind in die Augen zu schauen. Sünde und Schuld muss der Mensch ertragen und damit sei die Sache gelaufen!

Es ist vollkommen in Ordnung, darum zu bitten, in Ruhe gelassen zu werden: »*Mama und Papa wollen erst zu Ende schmusen, dann kommen wir gleich zu dir. Mach bitte die Tür wieder zu.*« Zwei Eltern aber, die förmlich auseinander fliegen, sobald die Tür aufgeht, teilen mit ihrer Handlung dem Kind mit, dass das, was sie gerade tun, etwas Schamloses, Schmutziges und Falsches ist. Später können sie dann in noch so lyrischer Weise darüber berichten – wie wunderbar und schön es sei, wenn Mama und Papa sich ganz doll lieben und dann vielleicht sogar ein süßes kleines Baby kommt …

Steht das Gesprochene im Gegensatz zur Handlung, ist es immer die Handlung, in die das Kind seinen Glauben setzt.

Wird man beim Akt »erwischt«, muss man versuchen so auszusehen, als sei man nicht erwischt worden! Innehalten, aber nicht unterbrechen. Freundlich und ruhig bittet man darum, in Ruhe gelassen zu werden, und wenn das geklappt hat, wird weitergemacht.

Kleine Kinder bekommen leicht Angst. Wenn Mutter jammert, wird es ihr sicherlich irgendwo wehtun, und wenn Vater wie wild und mit verzerrter Miene rauf- und runterhüpft, kann er gefährlich wild erscheinen. Es ist eine Tatsache, dass sehr viele Kinder – bis zu ihren frühen Teenagerjahren – glauben, dass Liebe machen nur der Reproduktion dient oder dienen sollte. Und wirklich nur das. Man macht es auf keinen Fall nur zum Vergnügen.

Gegenüber ganz kleinen Kindern, die man nicht dazu bewegen kann, die Tür wieder zuzumachen, muss man versuchen, den Geschlechtsverkehr zärtlich schmusend im Beisein des Kindes zu beenden, und das Kind dabei auch mal lächelnd anschauen. Etwas wildere Übungen müssen dann eben auf später verschoben werden.

Teenager leben in einer Welt der Einsamkeit. Die Gruppe der Freunde erscheint geschlossen und mag Sicherheit vermitteln, aber tief im Innersten ist jedes Mitglied der Gruppe allein. Und auf dem unsicheren Weg zu einer erwachsenen, abgeklärten Identität bleiben die Jugendlichen noch lange allein.

Der junge Mensch fühlt sich nicht in dem Wissen geborgen, dass er – oder sie – wie alle anderen ist. Wenn du fünf Mal am Tag masturbierst, masturbieren alle anderen sicherlich nur ein Mal pro Woche. Masturbierst du ein Mal pro Woche, tun es die anderen sicherlich jeden Tag oder nur ein Mal im Monat. Du bist *anders*.

In derselben Weise, wie es ein kleines Kind faszinierend findet, dass Mama auch mal klein war, empfindet auch der Teenager eine Faszination und Erleichterung, wenn er/sie erfährt, dass auch Mama und Papa sich als Außenseiter, einsam und total blöd gefühlt haben. Es kann dir und deinem Teenager sehr viel geben, wenn du ihm oder ihr gegenüber deine Fehlschläge, beim Versuch als junger Teenager eine Art Sexualleben auf die Beine zu stellen, bekennen kannst. So kann alles, was es zum Thema »Du bist nicht allein« an Bekenntnissen gibt, dem jungen Menschen tröstlich sein. In den Kapiteln zu den verschiedenen Altersgruppen habe ich über die Sexualität und das eventuelle sexuelle Debüt des jungen Menschen geschrieben, siehe den 4. Teil von diesem Buch.

Dies kann eine gute Regel sein: *Nie in etwas, das gerade passiert, eingreifen, sondern das, was passiert, zeitlich begrenzen.* Nicht: »Ach, ihr spielt Doktor? Dann müsst ihr aber die Hosen wieder anziehen.« Sondern: »Ach, ihr spielt Doktor? Ja, ja! Aber wir müssen gleich das Mittagessen vorbereiten und dann müsst ihr beide in die Küche kommen. Ich rufe euch dann gleich.«

Nicht: »Ach, hier wird aber eng getanzt! Dann müsst ihr aber die große Lampe anlassen!« Sondern: »He, ihr tanzt hier ja schön eng! Noch ein Lied! Dann komme ich wieder und dann werden wir etwas anderes machen.«

Nicht: »*Ach so, ihr habt euch hinter verschlossener Tür versteckt! Aber wenn ihr auf dem Bett kuscheln wollt, dann muss die Tür aufbleiben. Und macht das Licht wieder an!*« Sondern: »*Ach, hier liegt ihr! Das tut mir aber Leid! Aber in fünf Minuten muss die-oder-der nach Hause gehen, denn dann müssen wir das-und-das machen.*« Damit schließt man die Tür, um nach fünf Minuten (oder zwei!) zurückzukommen, anzuklopfen und sich freundlich von dem-oder-der zu verabschieden.

Vertrauen

Eine gute Erziehung baut auf Vertrauen. Und in wen setzen wir unser Vertrauen? In die, die uns verstehen oder versuchen zu verstehen. Und in die, die nicht das Vertrauen, das man ihnen entgegenbringt, ausnutzen.

Wir alle wissen um die Bedeutung der Kommunikation: »*Wir müssen miteinander reden können.*« Kinder müssen ihre sprachlichen Fähigkeiten erst erlernen. Man sollte mit ihnen reden, viel und korrekt, und man sollte sie dazu anregen, sich verbal weiterzuentwickeln.

Was aber ist das Ziel von Sprache? Warum spricht der Mensch? Was ist Kommunikation? Was nutzt es mir, eine Million Wörter zu kennen oder gar dreizehn Sprachen zu sprechen, wenn ich mich nicht verstanden fühle?

Das Ziel der Sprache ist Verständnis. Zum Verständnis führen viele Sprachen. Nur eine davon ist die Sprache der Wörter. Andere Sprachen sind die des Körpers, des Blickes, der Mimik und der wortlosen Begegnungen. Die Sprache der Handlung ist vielleicht die deutlichste von allen.

Für das Kind hat die Handlung eine größere Bedeutung als die Wörter. Stehen die Wörter und die Handlung im Gegensatz zueinander, wird das Kind auf die Handlung hören.

»*Ich möchte, dass wir Freunde sind, du und ich*«, sagt Mias Mutter, als sie eines Tages von dem Gefühl geplagt wird, dass sie und ihre Teenagertochter immer weiter auseinander driften. Aber ihre Handlungen an genau diesem Tag sprechen eine andere Sprache: Sie ignoriert demonstrativ einen Freund von Mia, der zu Besuch kommt; sie stellt Mias Essen bereit, ohne selbst mit ihr zusammen zu essen; sie sieht missbilligend auf Mias Kleidung; und sie geht letztendlich weg, ohne sich von Mia zu verabschieden.

Ihr Verhalten sagt: »*Wir sind verschieden, du und ich. Du lebst in deiner Welt und ich lebe in meiner. Du verstehst mich nicht und ich verstehe dich nicht. Wir können uns nicht näher kommen.*«

Kinder hegen Misstrauen gegen die Erwachsenen, die durch Worte den Willen zum Verständnis erkennen lassen, dies aber durch ihre Handlungen widerlegen.

»*Ich werde mit dem Zug zu meinem Papa fahren*«, sagt die kleine Lone, zwei Jahre, zu einer Frau, die zu Besuch gekommen ist. »*I wär mim Tu tu mei Baba ahrn*«, klingt es in den Ohren der Frau. Was vollkommen unverständlich ist für jemanden, der nicht mit dem Kind vertraut ist. Die Frau ist entsprechend verwirrt. Was sagt das Kind? »*I wär mim Tu tu mei Baba ahrn!*«, wiederholt Lone stur. »*Ich verstehe dich nicht, mein Schatz. Was sagst du?*« »*I WÄR MIM TU TU MEI BABA AHRN!*« »*Nein, es tut mir Leid, ich verstehe nicht, was du sagst.*« Die kleine Lone verzichtet verzweifelt, wütend und enttäuscht darauf, sich weiter mit der Frau zu beschäftigen.

Aber was war denn hier das Wichtigste? Der Inhalt der Mitteilung? Oder die Tatsache, dass das Kind sich überhaupt der Frau mitteilt – etwas *mit ihr teilt*?

Man kann versuchen zu verstehen, obwohl man nichts begreift. »*Ach so, ist das wirklich wahr? – Das ist ja toll! – Oh, ja!*« Oder wenn das Kind sich traurig anhört: »*Ach – nein! Das ist ja wirklich nicht so schön. Oh – je, oh – je!*«

Du kannst immer *versuchen*, das zu verstehen, was dir unverständlich erscheint – auch wenn es um größere Kinder und Erwachsene geht.

Es ist einfacher, kleine Kinder in Grund und Boden zu reden, als sie ohne Worte zu verstehen.

Es kann vorteilhaft sein, sich daran zu erinnern, wenn man selbst kein verbaler Akrobat oder nicht sonderlich intellektuell veranlagt ist. Oder wenn man ein Kind hat, das nicht viel spricht (siehe den Abschnitt über meinen kleinen Sohn, Seite 455). Die Wörter Intelligenz und Intellekt stammen beide vom lateinischen intellego ab und es bedeutet »*Ich verstehe*«.

Vertrauen setzt Begegnungen voraus (davon wurden die allerersten auf Seite 79 im 1. Teil des Buches beschrieben). Kindern zu begegnen heißt, sie zu *sehen*. Kinder zu sehen heißt, dass man ihnen Bedeutung beimisst und dass man ihre Existenz mit Freude bestätigt.

Man kann nicht mit Erfolg einem Kind – oder einem Erwachsenen – vormachen, dass man ihm oder ihr eine gewisse Bedeutung beimisst, wenn man ihn oder sie buchstäblich nicht ansieht. Deshalb sollte man auch das Kind, das ins Wohnzimmer kommt, wahrnehmen. Sieh das Kind an! Sieh ihm in die Augen, wenn du mit ihm sprichst, und auch wenn das Kind mit dir spricht!

Achte auf das, was das Kind macht, das Gute wie auch das Schlechte. *»Es war wirklich toll von dir, dass du im Laden keine Süßigkeiten genommen hast! Ich habe gesehen, dass du daran gedacht hast, aber dann hast du es doch gelassen. Das finde ich richtig gut!«*

Die täglichen Begegnungen sind von massiver Bedeutung – nicht nur für den Säugling, der eine lebenswichtige Bindung sucht, sondern auch für den Teenager, der flatternd durchs Haus fliegt. *»Hör mal, mein Schatz, komm doch mal her, damit ich dich richtig ansehen kann, du hast mich heute noch gar nicht geknuddelt, wie geht es dir?«*

Im vierten Teil dieses Buches habe ich betont, wie wichtig diese Begegnungen sind, besonders in den verändernden Entwicklungsphasen. Und als Erwachsene wissen wir schließlich: Gerade, wenn es uns schlecht geht, wenn wir unausgeglichen, traurig, verwirrt, unsicher sind, wünschen wir uns am meisten, dass andere Menschen sich um uns kümmern. Wir möchten, dass sie uns *sehen*, bemerken, dass wir da sind, und uns eine gewisse Bedeutung beimessen.

Aber sind wir nicht auch selbst geneigt, uns gerade dann sehr schnell von der Außenwelt abzukapseln? Man findet sich selbst so abstoßend und wertlos, dass man denkt, es könne niemanden geben, der einen mag, da man sich nicht einmal selbst mag.

Kinder erklären oft, dass sie sich wünschen, dass jemand da ist, wenn sie von einem Ausflug in die anstrengende Außenwelt wieder nach Hause kommen. Was sie suchen, ist die *Begegnung*.

Hüte deine erwachsene Zunge!

Als Eltern bewegt man sich auf schwankendem Boden, wenn man seine Meinung, die man vom eigenen Kind hat, diesem gegenüber zu erkennen gibt. Alles, was gut ist, setzt sich fest. Alles, was schlecht ist, auch.

»Was findest du, soll ich mal werden?«, fragt deine Zwölfjährige. *»Hm – das weiß ich nicht so richtig.«* – *»Doch, sag etwas! Was findest du wirklich? Als was würde ich mich am besten eignen?«* – *»Na ja ... du kannst sehr gut mit Kindern umgehen ... du könntest z.B. Kinderkrankenschwester werden, oder Kinderärztin vielleicht.«*

Fünf Jahre später kommt das Kind zu dir und muss sich richtig quälen, um herauszubringen: »*Ich denke daran, auf die landwirtschaftliche Fachhochschule zu gehen.*« – »*Ja? Das hört sich ja gut an! Aber warum siehst du dabei so elendig aus?*« – »*Du hattest doch gesagt, ich solle Kinderkrankenschwester oder Kinderärztin werden.*«

Das, was man meinte – wenn auch mehr, um Interesse zu zeigen – und später vergaß, wurde zu einer ehrerbietigen Erwartung.

Die Kinder überhäufen dich mit Fragen. Die Kinder wollen wissen, was du von ihnen als Personen, von ihrem Aussehen und von ihrer Zukunft hältst. Ich habe gelernt, *nie eine negative Aussage zu treffen, egal ob laut oder leise.* Sie würde sich festsetzen wie eine Klette. Auf Fragen nach Berufswahl und Zukunft habe ich gelernt zu antworten: »*Du wirst etwas Gutes finden und es wird dir gut gehen. Aber du musst deinen eigenen Weg finden.*«

Ein paar von meinen Kindern saßen und unterhielten sich mit einer Freundin von mir. Sie beklagten sich darüber, dass ich zu viel Zeit für den Mann, den ich liebe, opfere. Würde sie nicht auch der Meinung sein, dass ich zu viel Zeit nur mit ihm verbringe? »Na – ja … vielleicht … ich weiß es nicht«, meinte sie. Sie könne es nicht so genau beurteilen, denn sie sei hier ja nur zu Besuch. Aber vielleicht hätten sie ja Recht. Als die Freundin gegangen war, servierten mir die Kinder ihre Meinung zu dem Thema: Sie hätte gesagt, dass ich viel zu viel Zeit für meinen Geliebten opfern würde! Ich wurde wütend, rief meine Freundin an und sagte ihr, sie solle mir ihre Meinung lieber direkt ins Gesicht sagen, als einen Umweg über meine Kinder zu gehen. Sie wiederum reagierte sehr erschrocken. Sie war der Meinung, es sei eben die Auffassung der Kinder gewesen, und sie selbst hatte meistens doch nur »Ach so« und »Na ja« gesagt. Sie hätte ja auch wirklich nicht wissen können, wie der Alltag bei uns zu Hause aussehen würde, und also auch keine Meinung dazu äußern können.

Kinder stellen Fragen. Sowohl große Kinder als auch Säuglinge. Ihre Fragen werden in der Regel in Form von Behauptungen gestellt. Und ob du es beabsichtigst oder nicht, werden deine erwachsenen Meinungen über das Kind sich als bleibende Erinnerung im Kopf des Kindes für immer festsetzen.

Einem Kind, das einen Freund, den Vater, die Mutter oder eines der Geschwister verpetzt, sollte widersprochen werden – so als würdest du seine »Frage« beantworten. Und es ist wohl nicht notwendig, zu erwähnen, dass du, als Erwachsene/r, nie über jemanden, den das Kind lieb hat, petzen oder lästern darfst.

Du solltest immer zu erkennen geben, dass du die Kritik des Kindes verstehst, aber du zeigst ihm auch einen Ausweg, eine Lösung: »*Es ist ja klar, dass du es nicht lustig fandest, dass der-oder-die dies-oder-das machte… Das verstehe ich sehr gut. Aber es wird sich schon wieder einrenken, glaub mir. Ihr werdet euch wieder vertragen, das weiß ich. Alles wird wieder gut werden.«* Was hier und jetzt geschieht, muss nicht für immer seine Gültigkeit behalten.

Ab und an können Kinder – wie wir Erwachsenen auch – unzufrieden sein und möchten, so wie wir, ihre Unzufriedenheit einfach einmal herauslassen. Aus dem Grund darf man sie aber nicht in die Schublade von unheilbar Unglücklichen stecken: *»Wie schrecklich! Der arme, kleine Junge hasst seine eigene Familie! Sollten wir vielleicht mit dem Jugendamt darüber sprechen?«* Genauso wenig sollte man Erwachsene zu Unrecht verurteilen: *»Wie schrecklich! Sie streiten sich! Sollten sie sich nicht lieber scheiden lassen?«*

Alle Eltern haben Erwartungen an ihre Nachkommen. Alles andere wäre merkwürdig. Aber in den Spuren elterlicher Ansprüche wandeln viele Tragödien. Besonders sportliche Ansprüche können tückisch sein.

Eltern können ihre Kinder diesbezüglich mit auf den ersten Blick ganz harmlosen Sprüchen unter Druck setzen: Sport ist ja so gesund und hält die Jugend auch von der Straße fern; das Kind kann mit dem Sportverein auf Reisen gehen, sich an Wettkämpfen beteiligen; es hält sich damit körperlich gut in Form und ist in seiner Freizeit immer beschäftigt. Um der guten Sache willen können Eltern dazu bereit sein, alles zu opfern – und ach, schon haben sie ihre Investitionen getätigt.

Kleine Sportler, die hart trainieren und es letztendlich doch nicht schaffen, die Erwartungen der Eltern zu erfüllen und ihre Leistungen ständig zu verbessern, werden den Eltern unweigerlich Enttäuschungen bereiten. Die Eltern gaben ihrem Kind aus ganzem Herzen ihre Unterstützung. Es kostete sie Zeit und Geld. Und ihre Investitionen brachten im Endeffekt keinen Gewinn. Und manch ein Kind, das auf dem Sportplatz – oder anderswo – von der Konkurrenz vertrieben wurde, hat sein Leben letztendlich mit Drogen kaputtgemacht. Apropos Konkurrenz: In den Nachrichten habe ich einmal den Bericht über einen Giftmord gehört. Ein Sohn hatte sich dazu entschlossen, seine Eltern umzubringen – lieber das, als zuzugeben, dass er bei seinem Studium versagt hatte.

Ich glaube, dass ein Kind, das seinen Eltern Enttäuschung bringt, sich selbst als mehr oder weniger lebensuntauglich betrachtet. Die Eltern kümmerten sich um ihren Nachwuchs. Sie gaben ihm Schutz und Anleitung. Das Kind sollte ein vollgültiges Mitglied der »Herde« werden, um sie danach zu verlassen, stark und dazu im Stande, ein eigenes Leben zu führen. Es sind die Starken, die überleben. Die Schwachen gehen zugrunde. Aber das Kind wurde kein vollgültiges Mitglied der »Herde«. Das Kind erfüllte die Erwartungen nicht. Die

Enttäuschung der Eltern, ausgesprochen oder nicht, wird zur Enttäuschung des Kindes. Das Kind verliert seine Selbstachtung. Und gibt am Ende verbittert auf: »*Ich war nicht gut genug.*«

Als Eltern haben wir Erwartungen. Wir müssen versuchen, sie in *Freude über das, was ist, umzukehren.* Wir sind hier, um unseren Kindern Unterstützung und Ermunterung zu geben – während wir uns gewissenhaft eine alles umfassende Offenheit bewahren. »*Du kannst dich ändern*«, müssen wir uns vor Augen halten und es auch unseren Kindern sagen. »*Es kann so vieles passieren. Mach es so, wie du möchtest, forme selbst dein Leben – aber lege dich nicht zu fest. Du wirst es schaffen, da glaube ich dran, und du wirst gut zurechtkommen – aber du musst es in deiner Weise tun.*«

Wenn es um Freizeitaktivitäten geht, bei denen der Einsatz der Eltern in irgendeiner Weise erforderlich ist, solltest du es dir gründlich vorher überlegen! Bist du wirklich dazu bereit, Zeit und Geld zu opfern – und bist du gleichermaßen darauf vorbereitet, dass das Kind eines Tages die Lust an der ganzen Sache verlieren wird?

Persönlich habe ich mich an das Prinzip gehalten: nur *eine* organisierte Freizeitbeschäftigung pro Saison, der dann aber auch die ganze Saison konsequent nachgegangen wird.

Die Stimme der Überzeugung

Um Anweisungen zu geben, Grenzen zu bestimmen und festsetzen zu können, musst du genau wissen, wo du stehst. Denn Kinder können dich sehr geschickt in die Enge treiben. Sie erwarten, dass du deine Rolle als Leiter und Beschützer auf dich nimmst – auch wenn du vielleicht in deinem ganzen Leben noch nie eine einzige Entscheidung getroffen hast.

Es wäre oftmals ganz angenehm, wenn andere die Grenzen festsetzen würden! Wenn dieses Buch z.B. festlegen würde, dass alle Siebenjährigen pro Woche drei Euro Taschengeld bekommen sollten, dass alle Zwölfjährigen um 21 Uhr zu Hause sein müssen und dass alle Kinder maximal fünf Stunden pro Woche fernsehen dürfen.

Nun gut, es werden Elternabende veranstaltet, an denen man sich über gemeinsame Normen und Regeln einigt. Das gibt einem sicherlich ein wenig Unterstützung; als Eltern kann man anschließend vielleicht das Argument zurückweisen, das Kinder bekanntlich gerne hervorkramen: »*Alle anderen dürfen aber auch…*«, und dagegenhalten: »*Nein, das dürfen sie nicht!*«

Aber das Problem ist damit nicht beseitigt. Eine gemeinsame Regel kann ebenso wie eine persönliche Regel gebrochen werden. Bei den Konsequenzen und bei der Einhaltung von Normen müssen die Eltern immer noch die Führung übernehmen.

Egal worum es geht, du musst – als Mutter oder Vater – genau wissen, was *du* selbst meinst, für was *du* stehst. Du musst deine eigene innere Einstellung respektieren und du musst von den Kindern Respekt erwarten.

Was macht man aber, wenn ein Kind eine Norm, die alle gemeinsam festgelegt haben, nicht einhält? Vielleicht wird ein neuer Elternabend veranstaltet – vielleicht; aber dann könnte durchaus schon die kindliche Würde auf dem Spiel stehen (siehe: Der Lehrer und Paul, der in den Papierkorb pinkelte, Seite 663).

Jeder Mensch hat seine eigene innere Stimme – daran glaube ich seit meiner Kindheit. Eine Stimme, die einem sagt, was richtig und was falsch ist; was man mag und was einem nicht gefällt; woran man glaubt und woran man nicht glaubt; was man will und was man nicht will. Diese innere Stimme kann unterdrückt werden – durch Vernunftgründe, die uns von außen verordnet werden, durch Besserwisserei der anderen, die uns energisch unterdrückt, und durch Angst und Unsicherheit.

Aber sie ist da. Es ist die Stimme unserer eigenen inneren Überzeugung. Und man sollte so weit wie möglich auf sie hören und auch danach leben. Mir kommt es vor, als würden die Kinder dieser Stimme bei den Erwachsenen lauschen und auch darauf hören. Auf die Stimme der Überzeugung hinter dem, was gerade passiert, hinter den Worten, die durch den Raum schwirren, hinter den Ausflüchten und der Unsicherheit, hinter den tadellosen Argumenten und der strengen Vernunft; hinter allem, was die Wahrheit überschattet. Die Kinder hören auf deine eigene Wahrheit – spüren das Licht hinter der Dämmerung: Wer bist du? Wofür stehst du? Was willst du?

»*Ich will nicht zu Papa*«, sagt Niklas düster.

»*Warum denn nicht?*«, wundert sich Mama.

»*Weil er die ganze Zeit am Lesen ist.*«

»*Wirklich?*«

»*Ja, er liest und liest nur*«, seufzt Niklas.

Mama macht sich Sorgen und erkundigt sich beim Vater. Hat er keine Zeit für den Jungen, wenn er da ist? »*Niklas sagt, du seiest ständig nur am Lesen!*«

»*Ich lese keine einzige Zeile, wenn er da ist!*«, ruft der Vater aus. »*Wie kann er so etwas nur behaupten?*«

Vielleicht »hört« Niklas, dass sein Vater eigentlich lieber lesen *möchte* oder dass er eigentlich ein schlechtes Gewissen hat, weil er es nicht tut. Der Vater ist nicht mit ganzem Herzen dabei, wenn er mit Niklas zusammen ist. Das schafft er einfach nicht, solange ein anderer Wunsch im Weg steht.

Es wäre sich selbst und auch Niklas ehrlicher gegenüber, wenn der Vater seinen inneren Wunsch, zu lesen, respektieren und ihm nachkommen würde: »*Nun lese ich eine Weile und du machst deine Arbeit fertig. Danach gehen wir raus.*«

Aber der Vater ist ein Wochenend-Papa, und er schiebt sich selbst und sein Alltagsleben zur Seite, nur um mit Niklas zusammen zu sein – mit der offensichtlichen, paradoxen Folge, dass Niklas nicht mit ihm zusammen sein möchte ...

Eine andere Geschichte aus dem Leben, und nicht einmal außergewöhnlich, lässt erahnen, dass Kinder schon als Neugeborene ihre Eltern in die Enge treiben und von ihnen fordern, dass sie deutlich zeigen, wo sie stehen:

Rolf war mit Karin zusammen und dann wurde Karin schwanger. Für Rolf bedeutete dies keineswegs die Erfüllung seiner schönsten Träume, aber Karin wollte das Kind. Darüber hinaus hatten sie ja schon so lange zusammengelebt, und es sei vielleicht an der Zeit, zu heiraten, meinte Karin.

Rolf murmelte und stotterte vor sich hin und dann wurde der Hochzeitstermin festgelegt. Rolf befiel eine seltsame Unruhe: Jetzt war also Schluss mit lustig! Nun sollte er heiraten, an ein Zuhause gebunden sein und außerdem noch Vater werden. Oh, nein! Aber wie sollte er drum herumkommen? Rolf heiratete Karin. Aber genau am Hochzeitstag gelang ihm noch ein geheimes Treffen mit einer Geliebten ...

Dann wurde das kleine Kind geboren.

Von dem Moment an, an dem die Kleine ihren Vater zum ersten Mal anblickte, verursachte sie jede Menge Sorgen. Sie bekam eine Kolik, merkwürdige Hautausschläge und plötzliche Fieberanfälle, sie hatte natürlich auch noch Schlafprobleme und entwickelte Allergien. So vieles war nicht in Ordnung, dass Rolf mit der Zeit zum »Stammkunden« des Kinderarztes und der Notaufnahme des Krankenhauses wurde.

Zwischendurch wurden Überlegungen geäußert, dass das Kind vielleicht entwicklungsgestört sei oder dass es einen wirklich ernsthaften, physischen Schaden habe.

Schließlich war Rolf so kaputt von den vielen schlaflosen Nächten und von der Unruhe und Sorge, die er übrigens mit Karin teilte, die genauso kaputt war wie er, dass er von seiner Arbeit unbezahlten Urlaub nahm.

Und dann ging es dem Kind auf einmal gut.

Als Rolf aber wieder zu arbeiten anfing, entstanden sofort neue Sorgen – merkwürdige Ausschläge, Fieberanfälle, andere Symptome. Die Ärzte steckten ihre klugen Köpfe zusammen. Rolf wanderte auf den Fluren vom Krankenhaus mit verschiedenen Diagnosevermutungen im Kopf umher, und die Unruhe wurde immer größer ...

Bis Rolf dann Urlaub nahm. Dann ging es dem Kind wieder gut.

Und so ging es immer weiter. Rolf ist seit der Geburt des Kindes nicht einmal in die Nähe eines geheimen Rendezvous gekommen. Er ist auch nicht mehr in die Kneipe gegangen. Er kommt von der Arbeit direkt nach Hause – auf dem kürzesten Weg zur Frau und zum Kind und mit dem Kopf voller Sorgen. Der gute, alte Rolf hatte keine Gelegenheit, auch nur für einen Moment zu vergessen, dass er Vater geworden ist!

Und ich glaube, dass es seine kleine Tochter ist, die ihn immer wieder nach Hause zieht. Sie zwingt ihn dazu, für das Leben, das er jetzt lebt, und für die Tochter, die er bekommen hat, geradezustehen. Die kleine Unruhestifterin sorgt nämlich andauernd dafür, dass ihr Vater an sie denken muss, sich um sie Sorgen macht und deshalb auch, so schnell er nur kann, nach Hause kommt – aber es geht ihr nie so schlecht, dass sie im Krankenhaus bleiben muss, denn dort würden ja andere als die (nun zusammengeschweißten) Eltern die Verantwortung übernehmen.

Ja, Rolf ist in der Tat Vater geworden – und ein richtiges Familientier!

Wir leben nicht immer so, wie wir eigentlich möchten, und es ist auch nicht immer möglich. Kleine Kinder dagegen scheinen die Auffassung zu haben, *dass man entweder für das Leben, das man führt, geradesteht – oder man verändert es.*

Bei älteren Kindern gilt, dass man seine Probleme nicht auf sie übertragen soll.

»*Du willst dich also wieder in der Stadt herumtreiben*«, sagt ein nicht sonderlich begeisterter Vater. »*Aber denkst du eigentlich auch mal daran, wie ich mich fühle?*«

»*Das ist doch wohl zum Teufel nicht mein Problem*«, sagt ein genauso wenig begeisterter Teenager.

Nicht schön, aber vielsagend.

»*Ja, geh nur aus. Amüsiere dich. Mach dir um mich keine Sorgen*«, sagt eine geplagte Mutter und hält sich den Kopf: »*Oh, schon wieder diese Migräne!*«

Es gibt übrigens Eltern, denen es bei der Zurückhaltung ihrer heiratslustigen Töchter gelungen ist, Blindheit zu entwickeln.

Ulf hat sich mit Lise verabredet.

»*Hast du etwas dagegen, dass ich ausgehe?*«, fragt er seine Mutter. »*Lise und ich wollten zusammen ins Kino gehen.*«

Die Mutter fängt leise an zu weinen.

»*Wirst du traurig, weil ich ausgehe?*«, fragt Ulf.

»*Nein, mein Freund, ich bin nur so schrecklich müde … Manchmal fällt es mir so schwer, allein zu sein.*«

Als Ulf spät in der Nacht nach Hause kommt, findet er ein frisch gebügeltes Hemd mit einem Zettel dran: »*Ziehe nächstes Mal, wenn du mit Lise ausgehst, dieses Hemd an! Es steht dir so gut.*«

Einen sichtbaren Feind kann man angreifen. Einem ausgesprochenen Widerstand kann man sich entgegenstellen. Aber Schuldgefühle sind wie ein schleichendes Gift – so wie Menschen, die nicht für ihr Leben geradestehen, fast immer unangreifbar sind.

Der Vater des Teenagers, der ausgehen wollte, ist nicht berechtigt, dem Jungen seinen Wunsch, auszugehen, abzuschlagen, nur weil er daran keinen Gefallen findet. Nach dem Motto: »*Wenn ich keinen Spaß habe, sollst du auch keinen haben.*«

Die Mutter, die Kopfschmerzen bekam, kann nicht sagen: »*Du bleibst hier. Du musst an mich denken und dafür sorgen, dass ich glücklich bin. Tust du das nicht, werde ich krank. Dann wirst du ein richtig schlechtes Gewissen bekommen. Und dann kannst du nur noch an mich denken.*«

Und Ulfs Mutter kann nicht sagen: »*Ich bin eifersüchtig. Ich hoffe, dass es mit dir und Lise nichts wird, damit ich dich noch für mich behalten kann.*«

Wäre das denn die Wahrheit? Nein, nicht die innere Wahrheit.

Keine Eltern hindern ihre Kinder daran, Spaß zu haben, glücklich zu sein und Freude in ihrem Leben zu erleben. Aber die eigene Unzufriedenheit ist eine Bürde, die einen selten in Ruhe lässt. Es ist schwer, sie unter Kontrolle zu halten, damit sie nicht andere trifft.

»*Wenn du etwas nennen solltest, das Eltern ihren Kindern unter keinen Umständen antun dürfen, was würdest du dann sagen?*«, fragte ich meine dreizehnjährige Tochter.

Sie überlegte eine Weile.

»*Sie dürfen nicht ihre Unzufriedenheit an den Kindern auslassen*«, antwortete sie. Und sie erklärte: »*Das Kind kann nichts dafür, wenn Mama oder Papa nicht glücklich ist.*«

»*Ist das das absolut Wichtigste, was man deiner Meinung nach nicht tun darf?*«

»*Ja.*«

Eltern müssen sich entscheiden, ob sie den Kindern erlauben auszugehen oder nicht. Sie müssen tiefer in sich hineinhorchen als bis zur eigenen Unzufriedenheit. Sie müssen dem eigenen innersten Willen folgen.

Wie lautet denn die innere Wahrheit? Lautet sie: »*Ich möchte ja, dass mein Kind Spaß hat. Meine eigenen Probleme muss ich selbst versuchen zu lösen. Es muss ja nicht so weit kommen, dass meine Probleme mein Kind belasten.*« Oder lautet sie in diesem Fall: »*Nein. Ich möchte nicht allein sein. Ich möchte, dass wir den heutigen Abend zusammen verbringen. Ich brauche das. Ich werde fragen, ob er oder sie zu Hause bleibt, damit ich mich mal darüber aussprechen kann, was mich so sehr belastet.*«

Egal was man dann im Nachhinein sagt oder tut, muss man für diese Entscheidung geradestehen und bei der inneren Wahrheit bleiben.

Der Mensch lebt sein eigenes Leben und seine eigene Wahrheit. Aber der Mensch ist ein bequemes, um nicht zu sagen, feiges Wesen. Denn wenn man die Verantwortung für das eigene Wohlbefinden auf jemand anderen – auf die Kinder, vielleicht? – schieben kann, lässt sich auch die Schuld am eigenen, fehlenden Wohlbefinden auf jemand anderen – auf die Kinder – abwälzen. Dann braucht man selbst nichts zu verändern. So wird die innere Stimme der eigenen Überzeugung übergangen – diese Stimme, die dann noch so fordernd nach unserer Aufmerksamkeit verlangen kann.

Als ich sechzehn Jahre alt war, war ich der Meinung, ich müsste die Welt vor dem Untergang retten oder zumindest meine Mutter, bei der ich zu Besuch war. Sie beklagte sich über den Abwasch. »*Du musst nur das machen, wozu du wirklich Lust hast*«, sagte ich. »*Der Mensch soll nur tun, wozu er Lust hat. Alles andere ist falsch.*« – »*Ach, so ist das?*« sagte meine Mutter. »*Ich habe keine Lust abzuwaschen. Aber wer macht es dann? Du vielleicht?*«

Ich fand sie hoffnungslos pedantisch. Ich las Sartre und die Existenzialisten und ich war ja so klug. Was ich nicht begriff, war die Tatsache, dass sich der Existenzialismus offensichtlich nicht auf den Abwasch anwenden lässt. Obwohl, eigentlich funktioniert das auch. Entweder sehe ich es als notwendig an, abzuwaschen; dann übernehme ich die Verantwortung dafür. Oder ich betrachte es nicht als notwendig, abzuwaschen. Was hindert mich in dem Fall daran, es zu lassen?

O.K., der Abwasch bleibt dann stehen. Aber wenn ich meinen Widerwillen, abzuwaschen, wirklich respektiere, kann ich diese Arbeitsleistung ja mit einem anderen tauschen. Ich kann auch warten, bis sich die Lust zum Abwaschen eventuell einstellt. Ich bin nicht unveränderlich; heute Abend habe ich vielleicht Lust dazu. Ich kann auch in einen Geschirrspüler investieren. Den müsste ich mir leisten, wenn ich es als wichtig betrachte, das Abwaschen ganz zu vermeiden. Dann muss ich eben Prioritäten setzen: auf die neue Couch oder den Wintermantel verzichten. Kinder können einen sehr geschickt in die Enge treiben und fragen: Was nun ist *dein wahres Ich*?

Ob du den Gedanken magst oder nicht, du bist in den Augen deiner Kinder eine Autorität. Als solche musst du versuchen, einigermaßen selbstständig und sicher aufzutreten. Du musst für dein Leben und deine Normen – auch in Bezug auf den Abwasch – geradestehen können.

»Du musst immer weg«, sagt der kleine Oskar klagend zu seiner Mama, die an einem Lehrgang teilnimmt und gerade losgehen möchte.

»*Ich möchte nicht, dass du gehst. Ich will, dass du zu Hause bleibst.*«

Mama horcht in sich hinein. Würde sie den Lehrgang fallen lassen können? Ja, natürlich könnte sie das. Sie bräuchte einfach nicht mehr hingehen. Möchte sie mit dem Lehrgang aufhören? Nein, sie möchte daran teilnehmen. Sonst hätte sie sich erst gar nicht dazu angemeldet. Muss sie an diesem Lehrgang unbedingt teilnehmen? Nein, das muss sie nicht. Er ist für ihre Arbeit nicht notwendig.

Warum dann geht sie hin? Weil sie Lust dazu hat. Kann sie das als Grund angeben, wenn Oskar nun möchte, dass sie zu Hause bleibt?

Mama macht sich Vorwürfe. Wenn Oskar will, dass sie zu Hause bleibt, und sie selbst am Lehrgang teilnehmen will, warum sollte ihr Willen dann wichtiger sein als Oskars?

Sie denkt etwas länger darüber nach. Was wäre, wenn sie den Lehrgang aufgibt: »*Dann bliebe ich zu Hause.*« Sie setzt sich in ihrem Gedankenexperiment auf die Bettkante bei Oskar und sagt – mit oder ohne Worten: »*Ja, jetzt hast du bekommen, was du wolltest. Ich bin zu Hause geblieben, obwohl ich eigentlich lieber gegangen wäre.*« Dieser Gedanke ist ihr unangenehm. Sie hat das Gefühl, dass sie an einem solchen Abend nicht besonders fröhlich sein würde.

Aber was hat das zu bedeuten? Nun melden sich mächtige Gefühlsregungen zu Wort. Empfindet sie so wenig für Oskar, dass sie ihn lieber verlässt, als zu

Hause zu bleiben, wenn er sie darum bittet? Liebt sie den Lehrgang mehr als ihr eigenes Kind?

Bleibt sie zu Hause, ist sie sicherlich nicht die Einzige, die in einer solchen Situation so handelt. Geht sie, ist sie auch nicht die Einzige, die daran Zweifel hat, ob sie das Richtige tut (der kleine Oskar schreit so, dass man es im ganzen Treppenhaus hören kann!).

Aber es ist richtig, zu gehen – wenn sie gehen *möchte*.

Es stimmt zwar, dass Oskar möchte, dass sie zu Hause bleibt, aber nur wenn sie es selbst wirklich möchte.

Würde sie gegen ihren eigenen, innersten Willen zu Hause bleiben, würde Oskar vermutlich nicht einmal besonders nett zu ihr sein. Entweder würde er ihr den Rücken kehren – im buchstäblichen wie im übertragenen Sinne –, und Mama würde denken: »Tja, warum nur bin ich eigentlich zu Hause geblieben? Es ist ihm ja sowieso egal.« Oder er würde ständig neue Forderungen an sie stellen, launenhafte oder schließlich unerfüllbare Forderungen. Wenn nicht an diesem Abend, dann vielleicht am nächsten, und am nächsten wieder.

Warum?

Oskar setzt Mama unter Druck, um sie dazu zu zwingen, *für das, was sie will, was sie ist und was sie tut, geradezustehen*. Er braucht sie als Leit- und Vorbild. Oskar kann Mama nicht respektieren, wenn sie sich nicht selbst respektieren kann. Und wie soll Oskar sich als Erwachsener selbst respektieren können, wenn nicht Mama als sein wichtigstes Vorbild *sich selbst respektiert*?

Mehr als alles andere ist Oskars Protest eine Frage. »*Willst du wirklich zu diesem Lehrgang gehen?*« Er sucht dabei eine Norm. »*Ist es o.k. das zu tun, was man wirklich will?*« Und er fragt sicherheitshalber noch: »*Ist es richtig, das zu tun, was man will, wenn andere dagegen sind?*«

Seine Mutter antwortet, indem sie zum Lehrgang geht: »*Ja, wenn man etwas wirklich will, soll man versuchen, es durchzuziehen, auch wenn andere dagegen protestieren.*«

Dass Oskars Protest kein Ausdruck seines innersten Willens ist, zeigt seine Reaktion der Mutter gegenüber, *wenn* sie zu Hause bleibt, ohne es eigentlich zu wollen. Er scheint vielleicht im ersten Augenblick zufrieden oder gleichgültig, aber nächstes Mal, wenn davon die Rede ist, dass die Mutter weggehen möchte, wird sich die Szene wiederholen.

Oskar bekam, was er »wollte« – jetzt belohnt er Mama doch nicht damit, dass er sie beim nächsten Mal gehen lässt. Ganz im Gegenteil, der kleine Oskar wird ihr dieselbe Frage nochmals stellen, denn er hat ja immer noch keine Antwort bekommen. Genauer ausgedrückt: Oskar *gibt sich mit der unehrlichen*

Antwort, die er beim ersten Mal bekam, nicht zufrieden: »Nein, wenn man etwas wirklich will, dann tut man es, obwohl jemand dagegen protestiert.«

Ich bin davon überzeugt, dass der kleine Oskar seine Mutter als seine Leiterin bestätigt sehen möchte, aber als eine *gute* Leiterin, eine *freie* Leiterin, die sich selbst gegenüber treu und ehrlich ist (und damit auch Oskar gegenüber). Er wünscht nicht, dass seine Mutter gegen sich selbst ankämpfen soll. Er wünscht nicht, dass sie sich unterdrücken lassen soll, unsicher und unentschlossen in ihren Lebensentscheidungen. Er wünscht, dass sie der Stimme ihrer eigenen inneren Überzeugung folgt. Damit wird Oskar es auch tun können – zuerst wird er die innere Stimme seiner Mama wahrnehmen, und später – wenn er ausreichend Kenntnisse über das Leben und sich selbst gewonnen hat – wird er seiner eigenen, inneren Stimme folgen können.

Bleibt die Mutter zu Hause, muss sie es deshalb wirklich wollen. Sie muss sagen können und auch meinen: *»Der Lehrgang ist mir egal. Er macht mir ja doch nicht so viel Spaß. Ich mag dort nicht mehr hingehen. Ich wollte sowieso aufhören. Ich bleibe lieber zu Hause und habe mit Oskar zusammen jede Menge Spaß.«*

Oskar wird sich davon überzeugen, dass sie sich zu ihrer Entscheidung bekennt. Geht sie, muss sie den Mut haben, sich *dazu* zu bekennen – einen Mut, den sie als Vorbild ihrem kleinen Oskar mit auf den Weg gibt. Und sie muss sagen können: »Nein, mein kleiner Schatz, heute ist Donnerstag und ich gehe heute zum Lehrgang. Und es ist gar nicht wahr, dass ich immer weggehe. Ich gehe nur weg, wenn ich es muss oder wenn ich möchte, und heute Abend *möchte* ich weggehen. Du kannst dann in der Zeit etwas machen, was *du* möchtest, und dann sehen wir uns, wenn ich wiederkomme.«

»*Nein, du darfst nicht gehen!*«, wird Oskar unserer Vermutung nach wohl schreien: »*Du darfst nicht!*« – »*Doch, ich darf. Und jetzt gehe ich, und wir sehen uns nachher, wenn ich wieder nach Hause komme.*« Und Oskar schreit so laut, dass man es im ganzen Treppenhaus hören kann. *Bekennt sich Mama nun wirklich zu dem, was sie tut?* Mit größter Wahrscheinlichkeit wird sich Oskar nur ein Mal so verhalten. Denn nun weiß er Bescheid. Was mehr und wichtiger ist: Er ist *zufrieden* mit der Antwort, die er bekommen hat.

Es ist die Reaktion des Kindes – zufriedene Akzeptanz oder beharrlicher Protest –, die zeigt, ob die Antwort zufrieden stellend war oder nicht.

Das Kind reagiert mit Zufriedenheit in dem Moment, in dem du, als elterliches Vorbild, deine innere, aufrichtige Überzeugung zum Ausdruck bringst. *Die Kinder sind die Träger der Liebe und sie suchen sie mit Beharrlichkeit bei uns Erwachsenen.*

Zum guten Ende

»Wenn ich Kinder hätte«, sagte ein Freund von mir, »würde ich mich entweder über sie freuen und freundlich zu ihnen sein oder ich würde total wütend auf sie sein.« Ich lachte und ich gab ihm Recht. Freundlichkeit und Freude – und kontrollierte Wut. Aber nicht *Irritation*.

Als Schriftstellerin habe ich die Bedeutung der Pause gelernt. Gönnt man sich hin und wieder eine Pause, bekommt man eine gute Rückenpolsterung und vermeidet den bitteren Geschmack.

Die Irritation ist der bittere Geschmack des Lebens. Die Irritation greift um sich, sie ist ansteckend und ätzend, sie vollbringt Großtaten des Elends und sie führt nirgendwo hin. Sie ist nur da, um die Freude zu vernichten.

Du kannst dir eine Pause gönnen. Du kannst dich für zehn Minuten in ein Zimmer einsperren. Du kannst dich aufs Bett legen. Du kannst eine Weile mit geschlossenen Augen einfach nur dasitzen.

Du *kannst* – und darfst – den Kindern sagen: »Jetzt möchte ich allein sein. Ich komme gleich.«

Kinder akzeptieren immer das, was für den Erwachsenen notwendig ist.
In guten wie in schlechten Zeiten.

Die einzige Pflicht des Menschen ist es, glücklich zu sein.
Albert Camus

Kinder und Gewalt

Kinder wenden Gewalt an. Sie tun es, um sich selbst zu testen, um ihren Bereich zu verteidigen, um sich Respekt zu verschaffen, um sich zu rächen, um sich zu verteidigen und um ihre Ohnmachtsgefühle loszuwerden.

Auch Kinder, die keinerlei Gewalt ausgesetzt werden, finden schon sehr früh dazu, selbst Gewalt anzuwenden. Sie beißen, sie schubsen und sie hauen. Im Alter von etwa drei Jahren benutzen sie dazu manchmal auch diverse Werkzeuge.

Ihre Absichten sind nicht immer gemein, wenn sie überhaupt jemals wirklich gemein sind. Die Kinder agieren (und reagieren) aus eigenem Interesse heraus.

Einjährige testen die Welt (Menschen, Tiere und auch Gegenstände) mit dem Mund, mit ihrem Geschmackssinn. Dreijährige, die ihren jüngeren Spielkameraden mit einem Stock auf den Kopf hauen, mögen den Ton, der dabei erzeugt wird. Es hört sich hohl an, und lustig!

Aber egal, welche Absicht auch dahinter steckt, du *musst ein solches Verhalten unterbinden*, wenn es anderen schadet oder schaden könnte.

Die ersten Angriffe kann man taktvoll als Unglücksfälle betrachten. »*Ach, ist er hingefallen? Dann musst du ihn mal knuddeln.*« – »*Hoppla, hast du sie gebissen? Dann musst du sie trösten.*«

Wiederholten Provokationen von einem wilden kleinen Raufbold muss danach mit ausgesprochen deutlichem Widerstand begegnet werden. »*Das macht man nicht. Das darfst du nicht!*« Wenn notwendig musst du dem Kind die Folgen seines Verhaltens zeigen und es verbannen.

Aber wichtig! Nicht das Kind dabei ablehnen: »*Pfui, wie böse du bist!*«, sondern das inakzeptable Verhalten – »*So etwas tut man nicht. Du darfst andere Menschen nicht hauen*«. Und darauf folgt eine Anweisung zu akzeptablem Verhalten, und zwar als Gegensatz zum inakzeptablen: »*Wir prügeln uns nicht! Wir umarmen uns.*« Die Umarmung schließt Frieden.

Der kleine Kampfhahn wird dann in der Regel sauer werden, aber ich bin immer überaus beharrlich und lege seine Arme um den Hals des Kindes, das er geschlagen hat und das nun traurig ist; und ich drücke die beiden Kämpfer für einen kurzen Moment aneinander (achte darauf, dass der kleine Kampfhahn nicht die Gelegenheit nutzt und sein Opfer beim Umarmen beißt!).

Kinder, die nach einer Schlägerei oder einem Streit dazu aufgefordert werden, sich zu umarmen, werden es letztendlich unaufgefordert tun. Es ist so rührend, ein kleines Kind zu sehen, wenn es ein anderes Kind umgestoßen hat und besorgt innehält, wenn das Opfer weint, und wie es dann hingeht und seine Arme um das unglückliche Kind legt. Die Gewohnheit einer Umarmung nach dem Streit gibt den Kindern ein Muster an die Hand, wie man eine Sache wieder bereinigt. Sie stehen nicht nur beschämt da. Persönlich habe ich bei meinen Kindern an dieser Umarmung nach dem Konflikt bis weit ins Teenageralter festgehalten. (Die »aufgezwungene« Umarmung wird auf Seite 788 näher erläutert.)

Das Problem, dass ein friedliches, kleines Kind, wenn es in die Schule kommt, Übergriffen und Hänseleien ausgesetzt wird, ist wohl bekannt. *»Schau einfach weg und tue so, als hättest du nichts gehört«,* könnte deine Aufforderung an dein Kind lauten, *»geh weg und kümmere dich nicht darum, was die anderen machen. Dann wird es ihnen sicherlich zu langweilig, und sie werden ein anderes Kind suchen, das sie ärgern können. Anstatt dich verletzt zu fühlen, solltest du dich selbst freundlich verhalten und eine entsprechend freundlichere Gesellschaft suchen.«*

Schon sehr früh sollte man den Kindern eintrichtern, dass *Gewalt mit Liebe bekämpft wird,* wobei man es dem Kind überlassen kann, wie es das macht. Und man sollte sich sicher sein, dass es das selber hinbekommt.

»Ich verlange nicht, dass du die Leute, die dich traurig und ängstlich machen, liebst«, könntest du sagen. *»Es wäre für dich am besten, wenn du sie meidest. Aber wenn du älter wirst, wirst du lernen, dass du auch deinen Feinden mit Freundlichkeit und Herz begegnen kannst. Du wirst sehen, dass genau das sie entwaffnen wird. Denn tief hinter ihrem gewalttätigen, unterdrückenden Verhalten verbergen sich traurige, ängstliche und einsame Herzen.«*

Falls du feststellen musst, dass dein Kind ständig das Opfer von Hänseleien ist, solltest du nicht zögern, auf verantwortungsvolle Weise zu reagieren: Wechsle die Schule! Es gibt kein Gesetz, das vorschreibt, dass ein Kind für immer auf einer Schule bleiben muss, wenn es sich dort unwohl fühlt, weil ein böses Spiel mit ihm getrieben wird. Der Freund der Ordnung wird dir vielleicht erklären wollen, dass ein Schulwechsel sowieso nichts ändert – *»das Problem folgt dem Kind«* –, aber ich kann dir versichern, dass das nicht stimmt. Und ich bin mir sicher, dass du auch bei deinem Kleinkind nie zulassen würdest, dass es einer unterdrückenden oder gar zur Gewalt neigenden Aufsichtsperson überlassen wird.

Tagesmütter oder Tagesväter haben oft mit einem Gewaltproblem zu kämpfen. Das Kind, das gerade neu in die Gruppe aufgenommen wurde, haut, und wer einstecken muss, sind fast immer die Kinder, die am allerfriedlichsten sind, übrigens oftmals die eigenen Kinder der Tagesmutter. Und sie versteht fast allzu gut, wie ich beinahe gesagt hätte, dass das neue Tageskind aus irgendeinem Grund unglücklich ist. Dieses Verständnis erzeugt bei ihr Hemmungen. Sie wehrt sich dagegen, einem kleinen Kind strenge Befehle zu erteilen, wenn es doch stattdessen vielmehr Liebe und Verständnis gebrauchen könnte.

Aber man muss sich weigern, Gewalttätigkeit zu akzeptieren. Am besten so früh wie möglich. Kinder können sich in der Tat gegenseitig umbringen. Ernsthafte und gefährliche Zwischenfälle sind in nicht wenigen Fällen in Kindertagesstätten zu verzeichnen.

Es kann notwendig werden, mit dem Kind unter vier Augen zu sprechen und ihm sehr ausführlich zu erklären: »*Du haust. Ich habe dich darum gebeten, damit aufzuhören. Aber du haust trotzdem. Nun sage ich dir etwas: Entweder wird hier bei uns gehauen oder es wird hier bei uns nicht gehauen. Du darfst selbst entscheiden. Wenn du meinst, dass hier bei uns gehauen werden soll, musst du wissen, dass ich viel größer bin als du, viel stärker bin als du und viel härter hauen kann. Du triffst die Entscheidung. Möchtest du, dass wir uns hauen, musst du es mir nur sagen. Ich bin bereit dazu, wenn du dazu bereit bist.*«

Kinder, die nach einer solchen Erklärung weiterhin provozieren, sind selten. Aber es gibt sie natürlich, und dann muss man zeigen, dass man es ernst meint. Man muss aus diesem Grund aber nicht schlagen. Es reicht vollkommen aus, wenn man das Kind fest am Arm packt und es mit festem Blick fest hält. »Verhalte dich ruhig, mein Freund, wenn du möchtest, dass *ich* mich ruhig verhalte.« Und dann ist es am besten, wenn man sich von der »Arena« fortbewegt, bevor das Kind überhaupt Zeit hat, irgendwelche Einwände hervorzubringen.

So wird das Kind die Korrektur seines Verhaltens zur Kenntnis nehmen, nicht nur wegen der Drohung, sondern vor allem, weil man als Erwachsene/r, zeigt, dass man aus demselben Stoff gemacht ist wie das Kind. Denn auch wir Erwachsenen tragen Gewaltimpulse in uns und würden schlagen können – wir halten uns aber zurück. Wir lehnen dabei nicht unsere eigene Persönlichkeit ab – sondern *das gewalttätige Potenzial*, das in uns steckt.

Das Kind kann eine solche Anweisung annehmen, ohne sich als Person abgelehnt zu fühlen. Obwohl es paradox klingen mag, erzeugt sie beim Kind Vertrauen zum Erwachsenen: Das Kind fühlt sich verstanden.

Ein sehr aggressiver Sechsjähriger war mit seinem Vater bei uns zu Besuch. Meine Kleinkinder waren im Haus und so auch das zwei Monate alte Baby. Der Junge fing sofort an, meine Kinder anzugreifen. Der Vater hat ihm ein oder zwei Mal gesagt, dass er sich benehmen solle, hat aber nichts unternommen, um sicherzustellen, dass der Junge auch tatsächlich sein Verhalten korrigiert. Er hat weiter seine Zeitung gelesen.

Ich selbst hatte Herzklopfen. Der Junge fuchtelte mit einem Messer vor meinen Kindern herum und drohte damit, ihnen mit einem Verlängerungskabel, das er gefunden hatte, die Luft abzuschnüren. Schließlich hat er das Baby gepackt und ist damit in Richtung Balkontür marschiert – wir wohnten im 8. Stock – und erklärte dabei, dass er das Baby vom Balkon schmeißen wolle, weil es einfach total *lächerlich* sei. Ich habe ihm das Baby weggenommen und ihn gebeten, mir in die Küche zu folgen.

Dort angekommen habe ich meine Hände um seinen Hals gelegt. »*Wenn du dich nicht wie ein Mensch benehmen kannst, werde ich dich erwürgen, mein kleiner Freund*«, habe ich zu ihm gesagt. Der Junge hat gemerkt, dass ich es ernst meinte; auf jeden Fall hat er es geglaubt. Wild schreiend ist er zu seinem Vater gelaufen, um Schutz zu suchen. Er hat aber nicht erzählt, womit ich ihm gedroht hatte – und er hat seine Angriffe auf meine Kleinen abgestellt.

Dieses Kind war äußerst unausgeglichen und im Konflikt mit allem und jedem. Ich kannte seinen Hintergrund, der sehr tragisch war. Aber seine Vergangenheit gab ihm ja nicht das Recht, sich inakzeptabel zu verhalten.

Kinder – wie Erwachsene – haben Gründe für ihre Taten. Die Tatsache, dass der Grund verständlich ist, macht aber kein abscheuliches Verhalten entschuldbar.

Selbstverständlich soll es den Kindern erlaubt werden, ihre Wut, ihre Ohnmachtgefühle und ihre Bitterkeit herauszulassen, aber eben nicht, indem sie sich selbst oder andere verletzen. Sie müssen einfach, egal welche Gründe sie für ihren Zorn auch haben mögen, ebenso wie wir Erwachsenen lernen, ihre Wut mit der Stimme zum Ausdruck zu bringen und nicht mit den Fäusten oder gar mit Waffen. Sie müssen auch lernen Gegenstände zu hauen anstatt Menschen.

So einfach ist das.

Und wir sind da, um es ihnen beizubringen.

Auf die Spitze getriebene Situationen wie die eben beschriebene mit dem sechsjährigen Jungen müssen natürlich später von einer freundlichen und liebevollen Behandlung gefolgt werden, bei der man am Ende seine *aufrichtige Anerkennung* darüber zeigt, dass das Kind nun sein inakzeptables Verhalten abgelegt hat und stattdessen ein akzeptables und richtiges Verhalten angenommen hat.

Kinder sollen meiner Meinung nach keine Gewaltfilme sehen, keine Computerkriegsspiele oder überhaupt Kriegsspielzeug bekommen. Fängt im Kino oder im Fernsehen eine brutale Gewaltszene an, kann man ohne Bedenken die Augen des Kindes zuhalten. Bei eventuellem Protest wird das Kind vor die Wahl gestellt: Entweder muss das Kind die Zensur akzeptieren oder es gibt gar keinen Film.

Gewisse Dinge wird es in dieser Welt immer geben. Gewalt gibt es überall. Wir müssen sie nicht noch zum Bleiben einladen.

*Das Wasser, das fortgelaufen ist,
kehrt nie zur Quelle zurück.
So kommt auch die Stunde nicht wieder,
die vergangen ist.*
Ovid, aus Ars amandi

Wir weinen in unseren Herzen

Wieder einmal ist es passiert: Drei sechsjährige Jungen – ihre Spielkameraden – haben ein fünfjähriges Mädchen umgebracht. Der Polizei zufolge sind sie immer wieder auf sie gesprungen, bis sie nicht mehr geschrien hat, und dann haben sie das kleine Mädchen mit einem Stein totgeschlagen.

»*Dies ist ein schrecklicher, unglücklicher Ausnahmefall*«, meinte ein Psychotherapeut dazu. »*Ich habe noch nie von derartigen Übergriffen gehört*«, sagte ein Kinderpsychologe und fügte hinzu: »*Es ist sehr, sehr außergewöhnlich.*«

Aber so außergewöhnlich ist es gar nicht. Seit den 80er-Jahren steigt die Zahl der Kinder, die kleine Kinder umgebracht haben, ständig an. Zwei Zehnjährige zum Beispiel haben ein fünfjähriges Kind vom 14. Stock heruntergeschubst, weil der Kleine sich weigerte, für sie Süßigkeiten zu klauen. Ein sechsjähriger, behinderter Junge musste mit seinem Leben bezahlen, weil er seine Chips nicht abgeben wollte. Und was hatte der kleine, zweijährige James verbrochen? Er ging seinen jungen Mördern auf die Nerven, weil er nicht mit dem Schreien aufhörte. Sie bekamen deswegen »Lust« dazu, den kleinen Schreihals mit Ziegelsteinen zu bewerfen und danach seine kleine Leiche auf die Eisenbahnschienen zu legen. Ohne Zögern ging ein Fünfzehnjähriger kurz darauf los und erwürgte einen kleinen Sechsjährigen, »inspiriert«, wie er erklärte, vom Mord an dem kleinen James.

Auch Schulmassaker erzählen ihre eigene grausige Geschichte. Kinder tragen Handfeuerwaffen und Messer bei sich, wenn sie zur Schule gehen. Um nur ein Beispiel zu nennen: Zwei Teenager erschossen zwölf Schulkameraden; sie hatten ursprünglich vorgehabt, jeden Einzelnen im ganzen Schulgebäude zu töten.

Auch das Zuhause ist kein sicherer Ort. Teenager bringen ihre Eltern um. Und ein Fünfzehnjähriger hat seinen zehnjährigen Bruder erschossen – einfach so, ohne Grund, wie es verlautete.

Wo soll denn die Geschichte der Kindergewalt bloß enden?

Sie wird immer und immer weitergehen. Leider, so glaube ich, sind wir jetzt nur am Anfang angelangt. Kinder bringen Kinder um. Wir müssen lernen, damit zu leben.

Die Schuld wird – selbstverständlich – auf die Eltern gelegt. Sicherlich sind sie Alkoholiker und unverantwortlich obendrein. Egal wie es passiert ist, auf jeden Fall sind die Eltern bei der Aufsicht ihrer Kinder gescheitert! Entsprechend aufgeregt schieben wir auch die Schuld auf Gewalt verherrlichende Filme und Videospiele, die wir zwar alle verabscheuen, aber trotzdem nicht verbieten. Und schließlich behaupten wir, das alles ließe sich nun mal nicht ändern, denn Gewalt und Brutalität habe es schon immer gegeben. Pathetisch heißt es dann: Das Böse im Menschen ist unauslöschlich.

Aber wir weinen in unseren Herzen. Denn alles in allem waren die Kinder doch immer gut. Seit ewigen Zeiten waren die Kinder unschuldig. Kinder können keine bösen Absichten haben.

Die Mörder des kleinen James wurden als »gemein und bösartig« eingestuft. So beschrieb sie der Richter. Aber werden nicht alle Kinder mit einer reinen Seele geboren?

Kinder, sagen wir uns, kann man nicht mit Verantwortung belasten, weil sie keine Verantwortung tragen sollten. Wir Erwachsenen sollten das für sie übernehmen. Und genau das haben wir getan. Oder eher – genau das haben wir uns geweigert zu tun. Wir haben unsere Kinder verlassen. Wir leben nicht mehr mit ihnen zusammen. Wir überlassen sie der Gesellschaft anderer Kinder und, wenn nötig, professioneller Aufsichtspersonen, die – per Definition – gleichgültig sind. Wir haben die Aufsicht einer kollektiven, sozialen Sicherheit überlassen. Dazu gehören wir als Eltern auch. Sobald wir uns dazu bereit erklären, unserer elterlichen Verantwortung – unserer leitenden und erziehenden Verantwortung – zu entsagen, werden wir auf die Funktion von Wächtern der allgemeinen Aufsicht reduziert. Die Aufgabe solcher Aufsichtspersonen ist es, dafür zu sorgen, dass die Kinder nicht verschwinden. Es wäre optimal, wenn sie auch verhindern würden, dass die Kinder sich gegenseitig prügeln, aber die Crashkurse zu diesem Thema stecken noch in den Kinderschuhen.

»Wo waren die Erwachsenen?«, fragte sich die Kinderpsychologin, schockiert, nach dem Mord an dem kleinen fünfjährigen Mädchen. Tja, die Aufsicht hat gerade weggeschaut. Oder: Die Aufsicht machte gerade Kaffeepause. Die Aufsicht war in dem Moment nicht da.

Was wir am erschreckendsten finden, ist die Tatsache, dass die Kinder, die einen Mord begangen haben, anscheinend nicht verstehen, was sie getan haben. Sie zeigen keine Reue. Sie zeigen kein besonderes Mitgefühl. Sie bekommen es erst mit der Angst zu tun, wenn sie einsehen müssen, welche Konsequenzen ihre Untaten für sie selbst haben. Sie verspüren keine Hemmungen, wenn sie Spielkameraden, Kleinkinder oder Säuglinge umbringen. Es gibt keinen Alarm in ihren Herzen, der sich bei Mord einschaltet und laute Warnsignale und rotes, blinkendes Licht aussendet. Es gibt keine Barriere in ihren Köpfen, die laut aufschreit: »STOPP! Du darfst nicht hauen! Du darfst anderen nicht wehtun!«

Doch wie viele Eltern haben in den letzten drei oder vier Jahrzehnten diese Worte ihren kleinen Kindern gegenüber ausgesprochen, laut und deutlich? Wie viele Eltern waren tatsächlich da, um diese Worte auszusprechen, als sie nötig waren? Wie viele Eltern haben die kleinen, hauenden Hände zurückgehalten und sie daran gehindert, noch einmal zuzuschlagen? Wie viele Eltern haben unerbittlich der kleinen Hand das Streicheln beigebracht und somit Böses gegen Gutes eingetauscht?

Kleine Kinder wenden schon früh in ihrem Leben Gewalt an. Im Alter von acht Monaten können sie ihre geliebte Mutter oder ihren geliebten Vater mitten ins Gesicht schlagen. Selten, oder nie, schlagen sie aus böswilliger Absicht heraus. Sie agieren und reagieren aus eigenem, gegenwärtigem Interesse heraus. Aber egal, welche Absicht sie haben mögen, ein Verhalten, das andere verletzt oder verletzen kann, muss sofort unterbunden werden.

Es ist der einzige – und so einfache – Weg!

Wer wird der Gewalt ein Ende setzen? »Es ist die Aufgabe der Erzieherinnen im Kindergarten, der Schullehrer, der Betreuer bei den Freizeitaktivitäten, etwas dagegen zu tun«, sagen die Eltern in der Hoffnung auf bessere Betreuung. »Es ist die Aufgabe der Eltern, ihre Kinder zu erziehen«, erklären die Erzieherinnen, die Lehrer, die Betreuer – was sehr verständlich ist. Und inmitten dieses Zirkus von lauter Nichtverantwortlichen steht das Kind.

Ein Kind, allein und noch auf die Sandkiste angewiesen. Ein Kind, das lernen muss, sich zurechtzufinden, so gut es nur kann, während es unaufhörlich den Gesetzen des Dschungels ausgesetzt ist.

Jemand muss mit den Kindern leben, solange sie klein sind. Ich sage nicht »beaufsichtigen«, »zusammen sein mit«, »darum kümmern« oder gar »zu Hause bleiben bei«. Ich sage *mit den Kindern leben*, denn nichts weniger ist genug. Es ist im wirklichen Leben, im wilden Kampf ums Leben selbst – in dem Kampf, der uns hier und jetzt und für immer beschäftigt –, dass wir unserer Bestimmung als Eltern gerecht werden können. Nur im wirklichen Leben können wir unseren Kindern das menschliche Zusammenleben beibringen. Und nur dort können wir ihnen beibringen, wie sie nach und nach allein zurechtkommen können und wie sie es auf eine positive Weise tun können – ohne Unterwerfung anderer, ohne das Leben anderer kaputtzumachen. Das weiß jedes Säugetier. Aber wir Menschen haben unsere eigenen Gesetze gemacht. Wenn wir auf die Jagd gehen, bleiben unsere Kinder in der Spielstube für Jägerkinder. *»Ihr könnt nicht mitkommen, ihr Lieben, aber wir kommen wieder, sobald wir den Kampf ums Überleben für heute beendet haben. Viel Spaß, ihr Kleinen! Und bringt euch bitte nicht gegenseitig um, o.k.?«*

Nur in einem gemeinsamen Leben, im gemeinsamen Kampf ums Überleben können wir unseren Kindern Moral, Rücksicht anderen gegenüber, Hilfsbereitschaft und Mitgefühl in einer Weise beibringen, die sie auch wirklich annehmen und verinnerlichen können. Sie werden es in der Kindertagesstätte nicht lernen, egal wie kinderfreundlich sie auch gestaltet sein mag. Nur im gemeinsamen Alltagsleben, in dem die Menschen emotional aneinander gebunden und ganz konkret voneinander abhängig sind, können enge Beziehungen entstehen. Und nur durch diese engen Beziehungen können wir über die Oberflächlichkeit hinauskommen.

Oberflächliche Beziehungen machen oberflächliche Menschen. Wenn jemand dich ärgert, bring ihn um! Wen kümmert es?

Jemand muss mit den Kindern leben, solange sie klein sind.

Drei Tipps mit auf den Weg

1. Besser essen

Es gibt kein Kind auf dieser Erde, das freiwillig hungern würde.

Eine nicht unbedeutende Manipulation liegt hinter der in vieler Hinsicht eigenartigen Esskultur, die in der westlichen Welt vorherrschend ist. Die Lebensmittelindustrie ist dabei von enormer Bedeutung. Sehr viel Geld geht da hindurch, und wie bekannt kostet es auch noch eine Menge Geld, den Überfluss, den wir uns körperlich aufbürden, wieder loszuwerden.

Man kann an allem Geld verdienen. Eigentlich könnte man es eher »konsumieren« nennen, als dass wir essen. Kleine Kinder sollen zum Essen »angeregt« werden, heißt es, mit farbenfrohen Gerichten, hübsch dekorierten Tischen, lustigem Kindergeschirr aus Plastik usw. Sie sollen schon früh eine Esskultur kennen lernen, die vielleicht doch nicht ganz so gesund ist. Man müsse ihnen beibringen, dass das Essen für so vieles anderes steht als für das reine Überleben – Zusammensein, Gemütlichkeit, Trost, Konsum ... und was einem sonst noch so einfällt.

Und natürlich ist es ein Genuss, zu essen. Aber der bei weitem größte Genuss ist die Sattheit, die folgt, wenn man den verspürten Hunger gestillt hat. *Ohne Hunger kein Sattsein*. Und ohne Hunger wird der Genuss beim Essen zu etwas Künstlichem.

Der gute, herzhafte Hunger ist in unserer Kultur ganz und gar verschwunden. Wir haben kaum noch Hunger. Wir verspüren Lust auf etwas Kleines – und diese Essenslust wird sofort gestillt: mit einem Sandwich, einem Schokoladenriegel, einem Stück Kuchen, einem Eis, einer Banane.

Die Portionen beim Mittagstisch sind folglich nicht besonders groß, aber sie sind reich an Proteinen und auch noch teuer: Ein halbes Hähnchen mit einem Häufchen Pommes für jeden anstatt – wie noch in meiner Kindheit – einen Hähnchenschenkel und sechs Kartoffeln für jeden.

Die Probleme beim Essen entstehen dann, wenn die kleinen Kinder keinen Hunger mehr verspüren. Sie sind noch zu jung, um zu begreifen, wofür die Mahlzeiten sonst noch stehen. Sie betrachten das Essen noch als ein Mittel zum Überleben. Ein hungriges Kind isst das, was serviert wird, egal ob die Serviette farblich zur Tischdecke passt oder nicht. Ein sattes Kind hat kein Interesse am Essen, und egal wie sehr man auch bittet und drängelt und es »anregt«, es bringt alles nichts. Es ist ein leerer Magen, der den Unterschied macht!

Aber auch wenn der kleine Magen sehr leer sein mag, kann man selbstverständlich nicht erwarten, dass ein kleines Kind genauso viel isst wie ein Erwachsener.

Im Abschnitt »*Etwas über die Persönlichkeit*«, Seite 426, haben wir die verschiedenen Körpertypen behandelt. Die Bohnenstange, der leptosome Typ, hat in der Regel eine gute Gesundheit und eine gute Kondition, aber in der Regel wird gerade sie – oder er – als »*Essensverweigerer*« bezeichnet. Diese Kinder sehen schwächlich aus, auch wenn sie es nicht sind. Sie haben kein besonderes Interesse am Essen; ein Zustand, der bis zum Teenageralter andauern kann. »*Du isst ja gar nichts!*«, heißt es dann immer.

Sehen wir uns mal an, was Michael, drei Jahre alt, so verdrückt – an einem solchen Tag, an dem seine Mutter behauptet, »er würde nichts essen«.

Morgens bekommt er eine Flasche mit flüssigem Milchbrei. Er trinkt nur die Hälfte davon. Ungefähr eine Stunde später isst er eine halbe Scheibe Brot. Dazu trinkt er ein halbes Glas Saft. Den Rest lässt er stehen.

Vormittags bekommt er einen Apfel, aber er beißt nur ein paar Mal davon ab. Man kann vielleicht sagen, dass er ein Viertel Apfel gegessen hat.

Das Mittagessen wird serviert: Wurst und Kartoffeln. Der kleine Michael isst eine einzige Kartoffel, ein halbes Wienerwürstchen und einen Löffel Erbsen. Zu dieser Mahlzeit hat er nichts getrunken. Er hatte keinen Durst. Aber am Nachmittag trinkt er ein Glas Milch, das er fast leer macht, und dazu isst er drei Kekse. Später während eines Spazierganges kauft Mama ihm ein Eis.

Abends gibt es die warme Mahlzeit der Familie. Michael isst zwei Frikadellen und etwa zwei Esslöffel Kartoffelpüree. Den Rest lässt er stehen. Aber er bekommt noch einen Nachtisch: einen halben Eierpfannkuchen. Mehr möchte er nicht. Er trinkt ein halbes Glas Milch zu dieser Mahlzeit.

Bevor er ins Bett soll, bekommt er ein Glas Apfelsaft. Er trinkt gut einen Deziliter.

Der kleine Michael wiegt 15 Kilo. Seine Mama wiegt 60 Kilo, also vier Mal so viel. Würde sie von der folgenden Nahrungsmenge überleben können?: Morgens: Zwei große Schüsseln voll Milchbrei, zwei Schnitten Brot und zwei Glas Saft. Vormittags: Einen Apfel. Mittags: Zwei Würstchen, vier Kartoffeln, vier Esslöffel Erbsen. Nachmittags: Vier Glas Milch, zwölf Kekse, vier Eis.

Abends: Acht Frikadellen, acht Esslöffel Kartoffelpüree. Nachtisch: Zwei Eierpfannkuchen und zwei Glas Milch. Vor dem Schlafengehen: Fast einen halben Liter Apfelsaft.

Sehr wahrscheinlich würde Michaels Mutter überleben. Es ist möglich, dass sie sogar ein bisschen runder werden würde ...

Bevor ich es besser wusste, hatte ich selbst Probleme mit dem Essen. Eine meiner Kleinen – die Kleine, die bei der Geburt am wenigsten von allen gewogen hatte – hat als Baby kolossal viel gegessen. Ich weiß noch, dass wir irgendwo zu Besuch waren, als sie etwa neun Monate alt war und die Gastgeber große Augen machten. Auf dem Teller der Kleinen war ein ganzes, großes Glas Babynahrung aufgehäuft: Schinken mit Gemüse, dazu ein großer Berg Kartoffelpüree und noch ein Gläschen Gemüsepüree. Das Kind hat in null Komma nichts alles verschlungen.

Einige Monate später hatten wir den Salat. Ihr ganzes, zweites Lebensjahr war nur noch Elend, was das Essen betrifft. Ich weinte und bettelte und bat. Mein Kind weigerte sich zu essen. Damals habe ich einfach nicht kapiert, dass ihr Appetit drastisch abgenommen hatte.

Es stellte sich heraus, dass dieses Kind eine kleine Bohnenstange war, ein typischer Leptosom eben, und sie ist es immer noch. Jetzt ist sie eine wunderschöne Frau, groß und schlank. Und heutzutage *liebt* sie das Essen.

Ein sechsmonatiger Aufenthalt in einem arabischen Land und das Leben dort gaben uns – damals waren die Kinder noch klein – einen Einblick in eine ganz andere Lebensweise. Ich habe dort viel Stoff zum Nachdenken bekommen. Danach haben wir auch keine Essprobleme in der Familie gehabt.

Im Dorf, in dem wir unter fast mittelalterlichen Verhältnissen lebten, wurde drei Mal am Tag Essen serviert. Das Frühstück war minimal: eine Scheibe Brot mit einem kleinen Häufchen frittiertem Gemüse dazu, *Tameya* – wie eine Frikadelle, nur ohne Fleisch. Es gab Tee für die Erwachsenen und Wasser für die Kinder. Es war sieben Uhr morgens. Nach dieser Mahlzeit musste man dann fünf Stunden aushalten bis 13 Uhr. Es gab keine Zwischenmahlzeiten. Und auch das Wasser war knapp. Die letzte Stunde zwischen 12 und 13 Uhr haben unsere Mägen so vor Hunger geknurrt, dass ich meinte, das ganze Dorf müsste es hören können.

Um 13 Uhr wurde Reis serviert, abgemessen nach dem Bedarf des Einzelnen in reichlichen, aber begrenzten Portionen. Dazu bekamen wir eine Sauce aus Zwiebeln und Tomaten. Zusätzlich wurde serviert, was gerade vorrätig war: Erbsen, Möhren oder auch gar nichts. Ein, höchstens zwei Mal die Woche, wurde zu dieser Mahlzeit ein kleines Stück Fleisch für jeden serviert; es bestand zum größten Teil aus sehnigem Fett.

Nach dieser Mahlzeit waren wir alle vollkommen euphorisch, fast »high«. Kein Rausch vom Wein oder von anderen stimulierenden Stoffen kann den Menschen so selig machen wie eine sättigende Mahlzeit nach wirklichem Hunger.

Die Abendmahlzeit wurde um 18 Uhr serviert. Auch dann war die fünfte Stunde, also die letzte vor dem Essen, eine harte Prüfung. Nun bekamen wir Reste der Hauptmahlzeit und dazu Fladenbrot. Der Reis war jetzt kalt, hat aber trotzdem himmlisch geschmeckt. Wenn die Ziege gerade Milch gab, wurde warme Milch mit Brotstückchen serviert. Manchmal gab es Obst, eine oder zwei Orangen oder ein paar kleine Bananen für jeden.

Noch nie in meinem Leben hatte ich erfahren, was es heißt, wirklich Hunger zu haben, und wie schön es ist, diesen Hunger dann stillen zu können. Nun konnte ich miterleben, wie meine wählerischen, schwedischen Kinder gierig und selig etwas in sich hineinstopften, was sie zu Hause kaum angerührt hätten: kalte, fettige Fleischstreifen und harten, kalten Reis.

Zurück in Schweden haben wir uns erst einmal richtig schön satt gegessen und das Manna des Himmels hemmungslos genossen. Aber schon nach drei Tagen waren wir zurück in dem alten Trott: Wir hatten keinen richtigen Hunger, erlebten keine richtige Sattheit, keine besondere Freude am Essen. Stattdessen verspürten wir den anhaltenden Wunsch nach etwas Leckerem, etwas Spannenderem, etwas Einfacherem ...

Ich versuchte darauf, einen Mittelweg zu finden, und den haben wir beibehalten. Essen bedeutet viel. Es bedeutet das Leben. Essen ist notwendig, aber Essen ist nicht selbstverständlich. Diese Einstellung wollte ich meinen Kindern erhalten.

Essen gibt es nicht in unbegrenzten Mengen – was da ist, muss für alle reichen. Man kann nicht einfach immer mehr und immer mehr kaufen. Und Milch ist kein Wasser; möchte man den Durst stillen, sollte man es mit Wasser tun.

Obst gibt es nirgendwo kostenlos. Obst ist Essen und sollte als Essen betrachtet werden. Eine Mahlzeit ist keine Andacht, kann aber eine werden, wenn der Hunger groß genug ist. Das Reden verstummt automatisch, wenn das Essen auf den Tisch kommt – und man erreicht die großen Höhen nach der Mahlzeit, wenn der Hunger gestillt worden ist.

Mit Essen soll man nicht spielen; das Essen – das Überleben – verlangt eine würdige Dankbarkeit und Freude.

Für all das ist der herzhafte Hunger die Voraussetzung. Ohne ihn werden Essprobleme entstehen. Mit dem Hunger und mit der darauf folgenden, echten Sattheit werden alle Essprobleme behoben.

Ein solcher, herzhafter Hunger kann nicht entstehen, wenn man zwischen den Mahlzeiten isst, d.h. öfter als etwa alle vier Stunden. Der kleinste Keks, ein Stückchen Obst oder ein paar klitzekleine Süßigkeiten können diesen Rhythmus schon zerstören. Es ist der Rhythmus, den der Mensch schon als Säugling sucht.

Nach beendeter Mahlzeit wird das Essen weggestellt. Das sollte selbstverständlich sein. Kleine Leckerbissen sollten auf keinen Fall nur so »zum Abholen« herumstehen!

Messer und Gabel sind nicht die einfachsten Essinstrumente. Das sind chinesische Essstäbchen übrigens auch nicht. Genau wie beim Topftraining (wenn überhaupt trainiert wird) kann man dem Kind die Voraussetzungen geben – das Messer und die Gabel – und dann kann man in aller Ruhe die richtige Anwendung dieser Instrumente abwarten. Sie kommt von ganz allein.

Zweijährige wissen beispielsweise, dass man am Tisch sitzen bleibt, bis man mit dem Essen fertig ist. So machen es die Erwachsenen. Aber was sagt ihnen, dass man immer und nur am Tisch sitzt, bis alle fertig sind? (Siehe die Untersuchung des Herdes auf Seite 346f.; der Untersuchende kann sehr wohl mit einem Herd umgehen, aber nicht nur so, wie man damit umgehen sollte …). So kann ein fünfjähriges Kind wunderbar mit Messer und Gabel essen, aber es kann sich genauso gut mit einem Würstchen beschäftigen wie mit einer Knetwurst.

Die Tischmanieren kommen von selbst. Verliere die Hoffnung nicht! Sei ein gutes Vorbild, das hat den besten Lehreffekt, zusammen mit einer lockeren Einstellung. Die Übung macht den Meister.

Ein allgemeines Problem sind Kleinkinder, die zwischen dem Esstisch und ihren anderen Aktivitäten hin und her eilen. Auch wenn man gutmütig bis zum Heiligenschein ist, wird man trotzdem irgendwann genervt sein.

Hier sind einige Verhaltensbeispiele:

Mit einem Jahr: Ein kleines Mädchen wird in einen Hochstuhl an den Tisch gesetzt und isst auch schön die ersten drei Löffel voll. Dann aber ist es lustig, sich im Stuhl andersherum hinzusetzen, aufzustehen und gefährliche Balanceakte vorzuführen oder zu versuchen, aus dem Stuhl herauszuklettern, um der ganzen Sache zu entkommen.

Mit zwei Jahren: Die Kleine geht vom Tisch und setzt sich auf den Fußboden hin und spielt. Sie kommt nach freundlicher Aufforderung brav zurück und isst noch einen Löffel voll, kehrt dann aber zu ihrem Spiel zurück.

Mit drei Jahren: Die Kleine schiebt ihren Teller von sich, kippt die Milch um, schiebt sich auf dem Stuhl sitzend mit den Füßen vom Tisch weg und sagt: »Blöde Mama!« Oder grinst und »verliert« den Löffel fünfzehn Male hintereinander.

Mit vier Jahren: Die Kleine möchte etwas anderes essen, das sie in der Speisekammer selbst zusammenstellt, oder sie will gar nichts essen und haut einfach ab.

Mit fünf Jahren: Die Kleine will alle Erbsen für sich allein, findet, dass etwas eklig schmeckt, bekommt Bauchweh und ihr ist so übel.

Jeder kann diese Auflistung für sich fortsetzen ... es kommt auf dem Papier ganz lustig rüber, auch wenn es nicht immer so ist.

Offen gesagt kannst du kaum Tischmanieren von deinem Kind erwarten, bevor es etwa fünf Jahre alt ist. Dann kannst du die Tatsache ausnutzen, dass das Kind gerade in diesem Alter eine Lilie des Friedens ist und dass die Worte der Eltern noch Gesetz sind.

Dasselbe Kind kann sich dann im Alter von sechs Jahren bei Tisch total unmöglich benehmen. Hältst du es nicht aus, musst du es auch nicht tolerieren: »Entweder isst du ordentlich, wenn du mit uns am Tisch sitzt, oder du musst allein essen.« So stellt deine Botschaft keine Drohung und keine Strafe da, sondern nur eine Feststellung von Tatsachen. Wenn sein Verhalten inakzeptabel ist, weigerst du dich, dich mit ihm zu befassen. Aber solange das Kind anderen nicht schadet, muss man es ja nicht daran hindern, dass es sein (für Erwachsene) inakzeptables Verhalten für sich allein beibehält.

Wie gesagt: Vor dem fünften Geburtstag kann man keine Tischmanieren verlangen, aber man sollte dem Kind natürlich Anerkennung zeigen, wenn es sich in dieser Hinsicht Mühe gibt.

Hier können wir auch einen Vergleich mit dem Topftraining (keine Anweisung, keine Steuerung) anstellen. Wenn und falls ein kleines Kind etwas in den Topf macht, ist es gut und schön – aber das Kind ist deswegen nicht lieb oder tüchtig. Es ist eine natürliche Angelegenheit für den Menschen, seinen Gang zur Toilette selbst zu kontrollieren. Dasselbe gilt für die Nahrungsaufnahme. Isst das kleine Kind ordentlich – oder richtiger ausgedrückt: so, wie die Erwachsenen es in der herrschenden Kultur für angemessen ansehen –, handelt es ihrer Meinung nach richtig, aber es verrät damit kein persönliches Talent, für das man es loben sollte. *»Oh, du bist aber artig, so schön wie du isst!«* Wie gesagt: Die beste Garantie für gute Tischmanieren ist immer noch der Hunger.

Richtig hungrige Kinder sitzen still am Essenstisch, sie essen anständig – auch wenn sie eventuell mit den Händen essen; sie kippen nichts um, machen nicht alles schmutzig und sie reden nicht.

Halbhungrige Kinder dagegen stillen schnell ihren Hunger und spielen dann mit dem Essen herum, denn Essen ist ja etwas Lustiges: interessante Konsistenzen, ansprechende Farben, faszinierende Mischungen und unbegrenzte Möglichkeiten. Und ich kann sie verstehen. Die Erforschung des Essens und das Spielen mit dem Essen sind ein bedeutender Zweig des Baums der Erkenntnis über die stetig wachsende Welt. Kannst du es nicht verkraften, dass dein Kind mit dem Essen spielt, ist es auch o.k.. Du brauchst dann nur das kleine Kind von seinem Hochstuhl hinunter auf den Fußboden zu setzen, sagst ihm im Namen des Kindes »danke fürs Essen« und räumst den Tisch ab. Und gibst dem Appetit nun eine Chance, bis zur nächsten Mahlzeit wieder richtig groß zu werden!

Es ist immer eine gute Idee, das Ende einer Mahlzeit deutlich zu markieren. Indem du es stellvertretend für sie machst, bringst du den Kindern bei, wie sie sich entschuldigen, wenn sie vorzeitig den Tisch verlassen müssen, und/oder wie sie sich bei dem, der die Mahlzeit gekocht hat, bedanken. So herrscht in ihren kleinen Köpfen kein Zweifel daran, wann eine Mahlzeit zu Ende ist, und es gibt auch keine Überfälle auf den Kühlschrank oder die Speisekammer schon fünf Minuten später, nachdem das Kind vom Tisch aufgestanden ist.

Ich möchte noch hinzufügen, dass du nichts »kaputtmachst«, wenn du deinem Kind erlaubst, mit dem Essen zu spielen. Es bedeutet nicht gleich, dass du damit deine elterlichen Erziehungsbemühungen über Bord geworfen hast. Schon früh können die kleinen Kinder zwischen Spiel und »Arbeit« unterscheiden – und ordentlich zu essen und es allein in der korrekten Weise hinzubekommen gehören für sie zum Bereich Arbeit. Sie werden es lernen. Ihre Tischmanieren werden mit der Zeit besser. Und je mehr Erfahrungen sie über das Verhalten der Erwachsenen bei Tisch sammeln (und je hungriger sie sind), umso weniger werden sie mit dem Essen herumspielen.

Achten solltest du dabei nur auf deine eigene, individuelle Reaktion. Man kann nie wissen, wo die eigenen Grenzen sind, bevor man nicht täglich mit

Kleinkindern am Esstisch konfrontiert worden ist. Haben die Kleinen die Grenze dessen, was du akzeptieren kannst, erreicht, musst du dir über deine Motive und deine Gefühle klar werden und dann musst du dementsprechend handeln! Dies ist der einzige Weg, um den Kindern zu zeigen, wo die Grenzen sind.

Hier folgen ein paar lehrreiche Situationen am Mittagstisch:

Pelle, elf Monate, sitzt auf dem Schoß seines Vaters und wird gefüttert. Er sträubt sich, spuckt das Essen wieder aus, sitzt unruhig, dreht den Kopf weg und weigert sich, den Mund aufzumachen. Papa ist geduldig und lockt Pelle mit kleinen Tricks zum Essen: »*Hier, schau mal, jetzt kommt das Flugzeug, brrrrruuummm … genau in den Mund hinein!*«

Wenn die Mahlzeiten sich aber von einer Stunde auf anderthalb ausdehnen, verliert Papa seine Geduld. Er setzt Pelle in den Kinderstuhl, stopft Kissen um ihn herum und das Kind muss nun selbst essen.

Das Essen ist interessant. Pelle steckt seine Fäustchen hinein. Papa stopft zwischendurch einen Löffel voll in den kleinen Mund. Pelle hat auch einen Löffel.

Pelle isst eine Weile. Dann dreht er den Teller auf den Kopf. Papa dreht ihn wieder zurück, sammelt das Essen auf und hält den Teller fest. In regelmäßigen Abständen kann Papa einen Löffel voll in Pelles Mund hineinstopfen, solange der Kleine selbst seine Versuche macht. Wenn Pelle selbst nichts mehr isst, betrachtet Papa die Mahlzeit als beendet.

Er nimmt den Teller weg, wischt Pelles Mund und Hände sauber, sagt stellvertretend für seinen Sohn danke fürs Essen und hebt ihn von seinem Stuhl hinunter.

Stine, anderthalb Jahre, sitzt in ihrem Hochstuhl und isst ohne Hilfe. Nach nur wenigen Löffeln findet sie es langweilig und möchte stattdessen aufstehen. Das scheint gefährlich, und Mama hält eine Hand bereit, fasst Stine aber nicht an. Die Eltern essen in Ruhe weiter.

Stine setzt sich nun mit etwas Mühe umgekehrt herum in den Stuhl und kann folglich nicht weiter essen. Papa dreht den Stuhl – mit Stine – um, ohne Kommentar. Stine isst nun ein paar Bissen mehr, teils mit dem Löffel, teils mit ihren kleinen Händen. Sie möchte etwas trinken, kippt aber den Milchbecher um. Mama macht ihr keine Vorwürfe, sondern nimmt den Becher und stellt ihn – wieder aufgefüllt – außerhalb von Stines Reichweite. Stine protestiert wütend. Mama holt den Becher wieder heran und Stine darf ihn wieder nehmen und halten. Aber Mama hält noch mit fest. Dann wird der Becher wieder weggestellt. Beim dritten Mal darf Stine allein trinken. Diesmal stellt sie nach dem Trinken den Becher mit vorsichtiger Eleganz weg. »*Du hast es ja ganz alleine geschafft!*«, lobt Mama. »*Das ist super!*«

Nun steht Stine wieder auf, wackelt bedrohlich hin und her, woraufhin sie sich wieder andersherum hinsetzt, d.h., jetzt sitzt sie wieder richtig. Papa wiederholt das Manöver von vorhin und Stine sitzt wieder richtig am Tisch.

Das Essen geht weiter. Solange Stine von sich aus etwas isst, betrachten die Eltern die Mahlzeit als noch nicht beendet, auch wenn sie zwischendurch etwas anderes macht. Wenn sie nicht mehr selbst isst, sondern nur noch andere Sachen im Sinn hat und sich auch nicht mehr füttern lässt, wird die Mahlzeit beendet. Stine darf den Tisch verlassen. Sie wird heruntergehoben, die Eltern sagen in ihrem Namen danke fürs Essen und ihr Teller wird weggenommen. Nun kommt Stine ein paar Mal an den Tisch zurück. Sie wird nicht auf den Schoß genommen. Dagegen bekommt sie einen kleinen Happen von Mamas und Papas Essen direkt in den Mund gesteckt. Wenn die Mahlzeit für alle beendet ist, gibt es nichts mehr.

Magnus, zwei Jahre, dreht sich nicht nur im Stuhl hin und her, sondern klettert auch raus und wieder hoch, fünf oder sechs Mal hintereinander. Er ist ein guter Esser, aber seine Hände und sein Mund sind dabei ziemlich voll geschmiert und den Schmierkram nimmt er mit auf seinen Ausflügen vom Tisch weg. Seine Familie ist davon nicht sonderlich begeistert.

Ein zweijähriges Kind ist schon ziemlich groß, sehr charmant und unweigerlich sehr kompetent in vielen Bereichen seines Lebens. Man könnte sehr wohl glauben, dass es für Erziehungsmaßnahmen empfänglich sein müsste. Das Ergebnis ist aber leider oft, dass das Kind damit die Hälfte oder gar seinen ganzen Charme verliert. Das zweijährige Kind ist ein *freier* Mensch – und noch sind es die Erwachsenen, die sich nach seiner (notwendigen) Bewegungsfreiheit richten müssen.

Aus diesem Grund sollte man aber die Routine nicht ändern. Man isst, wenn das Essen auf den Tisch kommt. Auch der zweijährige Magnus muss essen, wenn Essenszeit ist, und das tut er auch – im eigenen Interesse. *Wie* er isst, ist hauptsächlich für die Eltern ein Problem und – meine ich – ein Problem, das erst viel später gelöst werden sollte.

Magnus' Eltern wappnen sich mit feuchten Lappen am Tisch. Jedes Mal, wenn Magnus hinunterklettern will, werden seine Hände und sein Gesicht einigermaßen sauber gewischt. Er lässt sich ohne Einwände sauber machen, solange seine Bewegungsfreiheit nicht eingeschränkt wird.

Wenn die Mahlzeit sich – für die Erwachsenen – dem Ende nähert, sagen sie es ihm, falls er gerade einen Ausflug macht: »*Möchtest du noch etwas essen, Magnus? Wir räumen gleich den Tisch ab!*« Kommt er nicht zurück, ist er schon satt. Kommt er, darf er noch zu Ende essen.

Während solcher Mahlzeiten, bei denen Magnus in der Wohnung herumläuft, anstatt zu essen, schließen die Eltern aus seinem Verhalten, dass er nicht ausreichend hungrig gewesen ist, und sie sorgen dafür, dass es bis zur nächsten Mahlzeit keinen Keks, kein Obst oder keine anderen Snacks in Reichweite des kleinen »Essensverweigerers« gibt.

Über das Trotzkind, das alles in Frage stellt, inklusive das Essen und die Mahlzeiten, siehe »Das Trotzalter: Ich will, ich will nicht!«, Seite 459.

Emma, drei Jahre, wandert auch gerne zwischen dem Tisch und seiner nächsten Umgebung hin und her, aber ihre Eltern verlangen nun allmählich, dass sie auf ihrem Platz sitzen bleiben soll. Ein Mal ist kein Mal, denken sie und rufen Emma freundlich zurück: »*Komm jetzt bitte und iss deinen Teller leer, Schätzchen!*« Ausflug Nummer zwei veranlasst die Frage: »*Bist du fertig mit dem Essen? Möchtest du jetzt gar nichts mehr essen?*« Darauf kehrt Emma zurück an den Tisch und setzt ihre so genannte Mahlzeit fort.

Dreijährige können beispielsweise Erbsen essen wie niemand sonst: Alle Erbsen werden auf die Zacken der Gabel aufgefädelt, was mindestens fünf Minuten dauert. Dann wird das Kartoffelpüree geglättet und mit dekorativen Mustern verziert. Der Reis wird am Rande des Tellers angehäuft, wie ebenmäßige Schneewehen. Die Frikadelle wird mit der Hand gegessen, während die Tomate ausgesaugt und die leere Schale dann gegen die Zähne gepresst wird – zu einem schönen, roten Lächeln. Und auf einmal blubbert die Tomatenschale auf, zur allgemeinen oder zumindest zur Belustigung des Dreijährigen.

Essen ist sicherlich eine wichtige Angelegenheit, aber es muss deswegen doch nicht immer zu einer bierernsten Sache werden. Ich bin nicht der Meinung, dass Kinder geringschätzig mit dem Essen herumspielen dürfen – es auf den Fußboden werfen, Milch aus dem Mund sprühen, ihre Wangen bis zum Platzen voll stopfen, um ganze Fontänen von Erbsen hervorzusprudeln –, aber mit der Zurechtweisung bei solchem Verhalten habe ich immer gewartet, bis die Kinder mindestens vier Jahre alt waren.

Emma unternimmt nun ihren dritten Ausflug. Sie wird jetzt deutlich gewarnt. »*Du musst beim Essen auf deinem Platz sitzen bleiben. Komm und setze dich auf deinen Stuhl, sonst nehme ich dein Essen weg. Emma, jetzt nehme ich dein Essen weg!*« – die Worte werden durch die Handlung bestätigt. Emma hat ihre Chance bekommen, eine Entscheidung zu treffen: Mehr essen oder nicht mehr essen. Als sie nicht sofort an den Tisch zurückkam, traf sie die Wahl, nicht mehr zu essen. Ihre Entscheidung wird von Mama und Papa bestätigt, die sich in ihrem Namen fürs Essen bedanken.

Aber nun wird der Nachtisch serviert. Im Alter von drei Jahren ist Emma noch zu klein, um eine Wahl zu treffen zwischen dem, was sie sehen kann, und dem, was sie nicht sehen kann. »*Wenn du dein Essen nicht aufisst, bekommst du keinen Nachtisch*«, ist hier also nicht angebracht. Für Emma ist das hier und jetzt gültig. Was man nicht sehen kann, gibt es vielleicht gar nicht. Zum Nachtisch wird also erst Stellung bezogen, wenn er da ist. Der kleinen Emma den Nachtisch zu verweigern mit der Begründung: »*Nein, du bekommst keinen Nachtisch, weil du nicht aufgegessen hast*«, ist deshalb ziemlich gemein.

Dagegen kann man Emma eine kleinere Portion vom Nachtisch geben, entsprechend dem, was sie vom Hauptgericht gegessen hat. Sonst wird sie nämlich schon bald zwei und zwei zusammenzählen können. Sie bekommt also, wenn sie vom Nachtisch noch mehr verlangt, nichts mehr: »Nein, jetzt ist Schluss.«

Danach folgt wieder ein Dankeschön fürs Essen im Namen Emmas.

Emil, vier Jahre, beklagt sich. »Ich mag nicht ... ich bin schon satt ...« Sein Vater beginnt das Essen in kleine Häufchen aufzuteilen. »*Wenn du das hier aufisst, kannst du den Rest liegen lassen.*« – »*Zwei kleine Löffel voll noch, dann ist gut.*«

Emil, der sich viel zu oft beklagt: »*Ich WILL das nicht haben ...*«, muss lernen, es anders zu sagen. »*Danke, aber ich bin schon satt*« – das hört sich schon besser an (besonders in Omas Ohren).

»*Ich bin so müde, so mü-ü-de*«, klagt Emil eines Tages, als er am Tisch besonders unwillig ist. Sein Vater sagt ruhig: »*Wenn du so müde bist, dass du es nicht mehr schaffst, etwas zu essen, ist es wohl am besten, wenn du ins Bett gehst.*« Er macht Anstalten zum Aufstehen, um den Jungen an die Hand zu nehmen und ihn tatsächlich ins Bett zu bringen. Aber Emil hört auf sich zu beklagen und fängt ganz schnell zu essen an.

Am nächsten Tag isst Emil überhaupt nichts vom Hauptgericht, nicht einmal die kleine Portion von zwei oder drei Löffeln, die ihm der Vater zurechtgemacht hat. Der Nachtisch kommt auf den Tisch, aber Emil bekommt nichts davon. Sein Teller mit dem unberührten Essen steht noch vor ihm auf dem Tisch.

Emil schreit ärgerlich auf. Sein Vater sagt: »*Es tut mir Leid, aber wenn du dein Hauptgericht nicht aufisst, dann bekommst du auch keinen Nachtisch. Wenn man nicht aufisst, hat man ja keinen Hunger.*« – »*Aber ich habe Hunger!*«, brüllt Emil. »*Ach so?*«, sagt der Vater. »*Dann iss das Essen auf, das ich dir hingestellt habe und hinterher bekommst du deinen Nachtisch, wenn du noch etwas haben möchtest.*«

Wenn Emil nun vor Wut über dieses Ultimatum schreit, weil er es als Verrat betrachtet, hält sein Vater an dem fest, was von Anfang an geltend gewesen ist. *»Schade, aber dann gibt es eben keinen Nachtisch.«*

In der Schule, in der die Kinder in einer schrecklichen Eile und unter alles anderem als andächtigen Verhältnissen essen, werden viele der angeeigneten, guten Tischmanieren wieder fallen gelassen. Die Kinder können sie regelrecht vergessen.

Nachdem du wiederholt deine Schulkinder darauf aufmerksam gemacht hast, dass es passender ist, wie ein normaler Mensch zu essen, der nicht beide Ellbogen auf dem Tisch liegen hat und der nicht wie eine Maschine das Essen in sich hineinschaufelt, und die Kinder trotz Warnungen an ihrem unpassenden Essverhalten festhalten, kannst du dein Ansinnen erst einmal begraben und selbst die Tischmanieren der Kinder übernehmen, bloß in noch etwas schlimmerer Form! Diese Methode verfehlt selten ihre Wirkung – wenn sie nur mit einem Augenzwinkern durchgeführt wird, *ohne Hohn* und *ohne Zynismus*!

Die Tischmanieren haben sich leider nicht herausgebildet, um immerfort so zu bleiben, wie sie sind. Man muss das Kind ständig, aber diskret, daran erinnern, bis das Verhalten zu einer festen Gewohnheit geworden ist.

Eine kleine Fünfjährige kann beispielsweise Tag für Tag ihre Stiefel auf dem Flur schön da hinstellen, wo sie hingehören, ohne dass man sie erst daran erinnern muss. Aber der Tag wird kommen, an dem die Stiefel irgendwo auf dem Flur herumliegen. »Stelle deine Stiefel richtig hin, mein Schatz!« Kritik wird notwendig. Aber eine gute, diskrete Kritik ist eine Kritik ohne Seufzer und ohne Stöhnen; sie gibt dem Kind nur eine Information, *so als wenn diese vorher noch nie vermittelt worden wäre*. Die gute Kritik ist ein freundliches Erinnern.

Anstatt genervt aufzuschreien: »Jetzt musst du aber wirklich dein Essen selbst klein schneiden, ich weiß, dass du es schon längst kannst!«, kann man den lächelnden Weg gehen, der sanft und freundlich ist und der dem Ziel besser dient:

»Soll ich dir beibringen, wie man das Essen klein schneidet?«, fragt Mama den kleinen Patrik, sechs Jahre alt. Sie legt ihre Hände über Patriks, die das Messer und die Gabel halten, und so fangen sie an, zusammen das Essen klein zu schneiden.

»Aber ich *kann* schon alleine!«, ruft Patrik aus und zeigt es ihr.

»Ja, sieh mal einer an, du kannst es ja!«, sagt Mama fröhlich überrascht, als wenn sie von diesem Talent des Jungen noch gar nicht gewusst hätte.

Was Tischmanieren – und Erziehungsmaßnahmen überhaupt – angeht, kann man seine Ziele leichter und besser erreichen, wenn man sich statt des Begriffs »Forderung« den Begriff »*Anleitung*« hinter die Ohren schreibt.

Die Angst vor Übergewicht ist ein Gespenst, das sich heutzutage schon dem Neugeborenen zeigt. Das Schönheitsideal ist eine magere Gestalt. Dies trifft auch auf die armen Säuglinge zu, die nicht »zu viel« essen dürfen.

Kleine Kinder haben genau wie Erwachsene ihr Wohlfühlgewicht. Übertriebene Fettleibigkeit ist für niemanden angenehm, aber es sind nie die Essgewohnheiten im ersten Lebensjahr, die an diesem Drama schuld sind. Fettleibigkeit entsteht niemals durch Muttermilch oder zuckerfreien Muttermilchersatz.

Das zweite Lebensjahr ist der böse Schurke im Drama um die Essgewohnheiten; dann kommen Kekse, Kuchen und Säfte mit auf den Speisezettel, was nicht der Fall sein sollte. Aber da der Appetit des Kindes so stark abnimmt, passiert es leicht, dass man sich sagt: »*Wenn sie ein Milchbrötchen isst, bekommt sie wenigstens etwas in den Bauch.*«

Der Mensch ist ein Bequemlichkeitstier mit Sinn für die guten Sachen im Leben. Wenn eine Platte voll duftender Milchbrötchen vor mich auf den Tisch gestellt wird, weiß ich nicht, ob ich sie gegen eine Schüssel Kohlsuppe tauschen würde. Es ist offensichtlich, dass unser süßer Zahn angeboren ist. Die Muttermilch ist ja sehr süß.

Es wird mancherorts behauptet, dass Nahrungsverweigerung im Alter von etwa drei Jahren ganz normal ist. Eine solche Nahrungsverweigerung kommt aber verständlicherweise nicht in solchen Ländern vor, in denen es keinen Überfluss an Nahrung gibt. Deswegen können wir nicht bestimmte Altersgruppen und Entwicklungsstadien als »nahrungsverweigernd« klassifizieren.

Essen steht fürs Überleben. Alles andere, wofür das Essen stehen mag, ist etwas, das wir Erwachsene in Übereinstimmung mit unserer Kultur den Kindern aufdrücken. Wenn das Kind nicht sofort unsere Esskultur annimmt, ist dies nichts anderes, als dass ein kleiner, neu hinzugekommener Mensch seine Zeit braucht, um sich der herrschenden Kultur anzupassen.

Welche Sorgen du mit deinen Kindern beim Essen auch haben magst, du kannst versuchen, dem Problem mit dem folgenden, grundlegenden Programm Herr zu werden. Du kannst es als eine kleine Kur – oder auch als festgelegten Kostplan – betrachten.
1. Der Tag wird aus dem Prinzip heraus geplant, dass Kinder – wie auch Erwachsene – etwa alle vier Stunden essen sollten. Die Mahlzeiten werden in ungefähr Übereinstimmung damit festgelegt.
2. Alle Zwischenmahlzeiten werden gestrichen, auch Obst kann als Nachtisch serviert werden. Gestrichen werden auch selbst gepresste Säfte als »Drink« vor dem Essen, das Butterbrot als Zubehör zum Brei, zum Müsli, zur Quarkspeise oder zum Yoghurt.
3. Zwischen den Mahlzeiten wird nichts serviert, dagegen umso mehr zu den Mahlzeiten. Zurzeit herrscht die Meinung, dass man lieber oft und wenig essen sollte anstatt viel und selten. Daran glaube ich überhaupt nicht. Weil dann der Hunger verschwindet. Auch die Gefahr, übergewichtig zu werden oder Karies zu bekommen, nimmt zu. Außerdem zeigt schon der Säugling aus eigenem Antrieb die Neigung zur Einschränkung der Mahlzeiten, um dann viel, aber selten zu essen – etwa alle vier Stunden.
4. Die Mahlzeiten sollten in ihrer Bedeutung nicht unnötig dramatisiert werden! Der Aufwand, der von manchen Erwachsenen getrieben wird, betont die Interessen und Vorlieben der Erwachsenen, nicht des Kindes. Es kommt dann leicht zu gefährlichen Missverständnissen. Deckt man den Tisch wie eine Tafel für hundert Gäste und macht man sich sehr viel Mühe beim Kochen, ist man natürlich nicht gerade erfreut, wenn das Kind nicht essen will. Eine möglichst einfache Zubereitung sowie ein möglichst einfaches Servieren erlauben es kleinen Kindern, in aller Ruhe so viel zu essen, wie sie mögen, ohne dass man selbst Gefahr läuft, sich verletzt zu fühlen.
5. Der Speiseplan wird vereinfacht.
Man kann sehr wohl tagein, tagaus dasselbe Menü servieren. Man muss nicht bei jeder einzelnen Mahlzeit das Kind zum Essen »anregen«, indem man ständig neue, spannende Kreationen auf den Tisch bringt. Kinder sind Gewohnheitstiere. Halte an einem Menü aus einfacher Basiskost fest; und zusätzlich gibt man dem Kind nach und nach dasselbe zu essen wie der übrigen Familie!
6. Wenn das Kind ein Jahr alt geworden ist, kannst du ihm alles anbieten und solltest es auch tun. Aber ohne Zwang!
Dein Kind überlebt mit den Grundnahrungsmitteln seines Kostplanes, die du ihm regelmäßig gibst. Der Rest sollte dem Kind überlassen werden. Ein-

jährige, die ohne Zwang beim Essen alles probieren dürfen, können mit großer Begeisterung kleine Heringsgourmets, Zwiebelliebhaber oder Krebsesser werden … alles ist möglich. Außer dem zuckerfreien Milchbrei sollte – meiner Meinung nach – nach dem ersten Geburtstag keine spezielle Kindernahrung mehr serviert werden.

7. Hier eine Warnung vor Diäten und Fastenkuren!
Befürchtest du, dass dein Kind irgendetwas nicht verträgt, musst du versuchen, die Sache in Übereinstimmung mit deiner inneren, instinktiven Alarmglocke zu beurteilen, und dich nicht nach allgemeinen Warnhinweisen oder vagen Vermutungen richten! Fühlst du instinktiv, dass etwas nicht in Ordnung ist, dann wird auch die Diagnose des Arztes zur Bestätigung von etwas, was du schon wusstest. Bis dahin solltest du jede Unruhe um das Essen vermeiden und davon ausgehen, dass alles in Ordnung ist – oder zumindest bald sein wird.
Kleinkinder bekommen leicht Durchfall. Blaubeeren in jeder Form und dünner Tee mit einer Spur Honig können die üblichen Milchmahlzeiten ersetzen. Ansonsten sollte das Kind dieselbe Nahrung wie sonst auch bekommen. Und sehr viel Wasser trinken!
Kinder mit Durchfall fasten zu lassen hat nach meinen Erfahrungen eher eine verlängernde Wirkung, als dass es den Durchfall stoppt. Wenn ein Kind plötzlich eine ganz andere Nahrung serviert bekommt, wird es verwirrt und unruhig. Schon diese Tatsache kann Durchfall verursachen.
Anhaltender Durchfall *kann* von der Qualität des Leitungswassers in eurem Gebiet verursacht werden. Versuche es mit Mineralwasser oder einem Filterungssystem!
Kleine, harte Bäuche werden weicher, wenn man dem Kind Pflaumen und anderes Obst gibt. Auch Getreidebrei (aber ohne Kuhmilch!) und Vollkornbrot – anstatt Weißbrot – haben einen positiven Einfluss auf die Verdauung.

8. Lerne »Nein« zu sagen!
Die Küche bleibt zwischen den Mahlzeiten »geschlossen«. Ein kleines Kind, das, um etwas zum Essen zu bekommen, weint, ist sicherlich herzzerreißend. Aber ein kleines Kind, das keinen Hunger kennt, geht davon aus, dass die erste »Lust« auf etwas dasselbe wie Hunger ist. Diese »Lust« kann auch ein Glas Wasser stillen. Der Hunger aber ist ein kostbares Juwel und man sollte ihn für das wunderbare Erlebnis des Sattwerdens am Essenstisch aufbewahren.

Teenager haben viele Ähnlichkeiten mit den Säuglingen: Sie schlafen wie Murmeltiere, sind fast unmöglich wach zu bekommen und essen praktisch alles in unbegrenzten Mengen. Die Essgewohnheiten eines Teenagers können, milde ausgedrückt, etwas sonderbar sein, und das sollte man auch zulassen, solange die übrige Familie nicht darunter leiden muss. Wenn man mit Teenagern zu tun hat, ist es fast unmöglich, Regeln fürs Essen festzulegen; man muss versuchen, nach Rücksprache mit dem Jugendlichen gewisse Abmachungen zu treffen.

Früher hieß es einmal: »Wer nicht arbeitet, muss auch nicht essen.« Heute könnte es heißen: »Wer sein Brot nicht selbst backen kann, bekommt kein Butterbrot.« Es gibt keinen Grund, den gierigen Teenager außerhalb der festgelegten Mahlzeiten zu bedienen. Und auch der Teenager sollte an der Zubereitung des Essens teilnehmen – und regelmäßig selbstständig für die Mahlzeiten der ganzen Familie, inklusive des Abwaschs, die Verantwortung übernehmen.

Teenagermädchen, und in seltenen Fällen auch Jungen, können magersüchtig werden.

Die Anorexie ist krankhaftes Hungern und kann zum Tode führen. Das Mädchen ist auf Gewichtsreduzierung, oder richtiger gesagt, auf einen Komplex in Bezug auf ihren Körper fixiert. Sie kocht zwar gerne für die übrige Familie, isst aber selbst nichts.

Ihre neurotische Fixierung sagt sehr viel darüber aus, wie empfindlich junge Menschen ihrem eigenen Körper gegenüber sind – ein »neuer« Körper, der den Außenstehenden ganz vertraut erscheint. Für das Mädchen, das bald erwachsen sein wird, kann der eigene Körper sehr fremd und fast feindlich erscheinen; ein Gefühl, das bekämpft werden muss.

Vorbeugend sollte man schon möglichst früh immer wieder darauf hinweisen, dass es keine gute Idee ist, eine Abmagerungskur zu machen, und dass man als Mutter oder als Vater eine solche nie zulassen würde, bevor der Körper ausgewachsen ist, und das ist er erst, wenn das Kind achtzehn Jahre alt geworden ist.

Wenn es um Teenager geht, ist das Schlimmste, was man machen kann, den Körper des oder der Jugendlichen zu kommentieren, wenn es nicht ausschließlich *in positiven Wendungen* geschieht. Das Wort des Erwachsenen ist in dieser Hinsicht noch Gesetz. Das Kind saugt förmlich jede kleinste, negative Bemerkung ein, beißt sich daran fest und sieht das Positive nicht mehr.

Den bekümmerten Kommentaren des Kindes muss inzwischen mit Respekt begegnet werden. »Meine Beine sind so dick. Ich sehe total blöd aus. Sie nennen mich ›Bombe‹!« – »Ja? Findest du denn auch, dass deine Beine so dick sind?« – »Ja. Findest du es etwa nicht? Sag es mir ganz ehrlich. Findest du nicht, dass sie zu dick sind?« – »Nein, das finde ich wirklich nicht. Ich finde, sie sind genau richtig, so wie sie sind.«

Man schaut gründlich nach, ernst und interessiert, wendet und dreht das Mädchen und ihre Beine und studiert das Ganze, als wäre es eine überaus wichtige Angelegenheit, auch wenn man vielleicht selbst nicht begreifen kann, worüber sie sich so große Sorgen macht!

»Nein, ganz ehrlich, ich finde, sie sind genau, wie sie sein sollen. Aber ich kann mich noch genau daran erinnern, wie ich mich als Fünfzehnjährige gefühlt habe. Du hättest mich sehen sollen! Meine Waden waren wie Schinken! Ich machte jeden Abend Beingymnastik, um dünnere Beine zu bekommen. Und es hat überhaupt nichts gebracht. Ich fand, ich sah so komisch aus, dass ich mich nicht mehr getraut habe, einen kurzen Rock anzuziehen. Aber, na ja, es ist wieder vorübergegangen … als ich ausgewachsen war, mit ungefähr achtzehn.«

Türmen sich, wenn es ums Essen oder Nichtessen der größeren Kinder geht, wirklich größere Probleme auf, kann man immer auf die gute, alte Patentkur zurückgreifen, die das Ziel hat, den Überlebenstrieb wieder zum Leben zu erwecken, während man alle Komplexe, jede Selbstzentrierung und auch jede Gleichgültigkeit hinter sich lässt.

Für eine Weile bricht man mit dem Kind zusammen aus der gewohnten, behaglichen Umgebung auf und sucht ein einfaches, primitives Dasein, vielleicht auf einer Campingtour oder bei einem Aufenthalt in einer spartanischen, abseits gelegenen Hütte, bei einer Bergwanderung oder Ähnlichem. Die Idee ist, eine Umgebung aufzusuchen, in der *der Kampf ums Überleben* deutlich, notwendig und gemeinsam für euch beide wird. Eine solche Reise bringt die kleine »Herde« näher zusammen, sie bringt etwas Abstand zu den Problemen des Kindes und sie bringt deinem Teenager die elementare Freude an der Befriedigung seiner Grundbedürfnisse zurück.

Essen heißt leben und essen wollen heißt leben wollen.

Wer unter einer tiefen Depression leidet, hat keine Lust zu essen oder zu leben. Kinder können schrecklich unglücklich sein, ohne dass man immer gleich etwas daran ändern kann. Eine gewisse Trauer muss der Mensch tragen. Eine unglückliche oder zerbrochene Liebe eines Teenagers beispielsweise ist etwas so Schreckliches, dass ein Selbstmord bedrohlich nahe rücken kann. Dein herzliches Mitgefühl eliminiert den Schmerz nicht, aber es macht ihn möglicherweise erträglicher.

Das Lachen ist die beste Medizin. Alles, was überhaupt die Andeutung eines Lächelns hervorrufen kann, ist einen Versuch wert. Wenn dein tief unglückliches Kind sich mit all seinen düsteren Gefühlen wie mit schweren Ketten und Eisenkugeln an den Beinen und mit den Mundwinkeln bis zur eingefallenen Brust hängend nach Hause schleppt, kannst du z.B. seelenruhig abwartend ganz still in einem Sessel sitzen – mit einem falschen Bart an der Oberlippe. Und wer lachen kann, kann auch essen!

Frische Luft ist eine andere gute Medizin. Kleine Kinder müssen nach draußen und das müssen große Kinder auch. Aber Kinder können genauso träge wie die Erwachsenen sein. »Warum soll ich denn rausgehen, da ist doch sowieso nichts los.« Ein deprimierter Erwachsener begibt sich selten nach draußen – er oder sie muss hinaus*gezogen* werden, und die Freunde, die das schaffen, haben wirklich ein dickes Lob verdient.

Ältere Kinder, die traurig sind, muss man manchmal nach draußen locken: »Komm doch bitte mit, sei so lieb, ich kann nicht alles allein tragen, ich schaffe es nicht allein, du weißt viel besser, wo ich was finde.« Dabei berücksichtigt man auch die Tatsache, dass Kinder – besonders traurige Kinder – das Gefühl haben müssen, dass man sie *braucht*.

Auch guter und ausreichender Schlaf hilft.

Betrübte Kinder neigen wie betrübte Erwachsene dazu, viel zu lange aufzubleiben, neigen dazu, herumzulungern und werden Tag für Tag immer trister und appetitloser.

Wenn es im Zimmer kühl ist, können sie besser schlafen. Lüfte vor dem Zu-Bett-Gehen gründlich aus oder lass ein Fenster die ganze Nacht auf (das Bett muss so stehen, dass das Kind keinen Zug abbekommt).

Und wie immer ist – auch in dem Drama, das wir »Appetitlosigkeit« nennen – deine elterliche Besorgnis vielleicht der schlimmste Feind deines Kindes.

Alles hat seine Zeit.

2. Besser schlafen

In der Dunkelheit der Nacht ist jeder Schrei eines jeden Kindes eine Frage.

Kleine Kinder, die ständig nachts schreien, fragen immer wieder nach: »*Werde ich überleben? Kann ich mich trauen zu schlafen?*« Bis es dir gelingt, ihnen eine Antwort zu geben, mit der du ihnen vollkommene Geborgenheit sicherst. Denn genau wie du und ich – ja, wir alle, die wir aus Fleisch und Blut sind – müssen auch die ganz Kleinen sich sicher fühlen, um gut schlafen zu können.

Kleine Kinder wissen, dass sie hilflos sind. Sie können den Wolf nicht aufspüren und ihn erlegen. Sie brauchen uns, damit ihr Weiterleben gesichert ist – und damit sie nachts beruhigt schlafen können. Es ist unsere Aufgabe als Erwachsene, ihnen die Antwort zu geben: »*Ja, ihr werdet überleben. Ihr könnt ruhig schlafen.*«

Ein gesundes, zwei Monate altes Kind mit normalem Gewicht ist durchaus dazu im Stande, eine ganze Nacht durchzuschlafen, ohne eine kleine Nachtmahlzeit (oder auch drei, oder dreißig …) zu bekommen.

Hier eine ungefähre Richtlinie:

1 Monat alt = sechs Stunden Schlaf am Stück
2 Monate   = acht Stunden
3 Monate   = zehn Stunden
4 Monate   = 12 Stunden

Aus meinen Erfahrungen mit den Kleinen habe ich gelernt:

Um sich wohl zu fühlen, brauchen 1 Monat alte Babys ca. 16,5 Stunden Schlaf; 2 Monate alte Babys ca. 16 Std.; 3 – 4 Monate alte Babys ca. 15,5 Std.; 5 – 6 Monate alte Babys ca. 15 Std.; 7 – 8 Monate alte Babys 14,5 Std.; 9 –11 Monate alte Babys ca. 14 Std. und 12 Monate alte Babys ca. 13,5 Stunden Schlaf pro Tag.

Abweichungen sind selten.

Guter und ausreichender Nachtschlaf ist nicht hauptsächlich eine Frage der nächtlichen, elterlichen Ruhe. Guter und ausreichender Nachtschlaf ist hauptsächlich eine Frage der nächtlichen Ruhe des Kindes.

Fälschlicherweise wird den Eltern dazu geraten, das kleine Kind umherzutragen und/oder mit ihm zusammen zu schlafen, um es so zu trösten und ihm

Geborgenheit zu vermitteln (wobei das während der »Baby-Flitterwochen« vollkommen o.k. ist, also bis zur *eigentlichen Geburt*, wie ich sie nenne). Also wird getragen und getröstet, Nacht für Nacht; aber offensichtlich vermittelt das dem Kind keine Geborgenheit – das Kind fühlt sich trotzdem nicht so geborgen, dass es schlafen kann.

Ich bin darüber erstaunt, dass diese ständige Wiederholung der Frage vonseiten des Kindes »*Werde ich überleben? Kann ich ruhig schlafen? Kommt der böse Wolf?*« nicht dazu führt, dass man versucht, ihm eine andere Antwort zu geben als die *offensichtlich falsche*. Wenn es wirklich geborgenheitsfördernd wäre, das Kind umherzutragen und es zu trösten, müsste es anschließend doch auch gut einschlafen können und bräuchte keine Fragen mehr zu stellen. Warum fühlt sich das Baby nicht geborgen? *Weil die Handlung die Absicht verfehlt.*

Die Handlung sagt: »*Gefahr droht! Du bist hier nicht geborgen! Armes, kleines Kind, vielleicht wirst du nicht überleben! Alles, was ich tun kann, ist, dich zu beschützen, dich an mich zu halten und dich mit meinem Körper zu schützen. Ohne diesen Schutz wärest du ja hilflos. Du wärest ein leichtes Opfer für den Wolf.*«

Nun wollen wir den kleinen Oskar, fünfeinhalb Monate alt, kennen lernen!

Oskar hat noch nie eine ganze Nacht durchgeschlafen. Er benutzt Mamas Brustwarze als Schnuller. Er wacht alle 20, 45 oder 60 Minuten auf; weint, nuckelt und schläft wieder ein; wacht auf, schreit, nuckelt usw. Seine Mutter leidet seit fünfeinhalb Monaten – seit Oskar da ist – unter Erschöpfung.

Jetzt können die Eltern einfach nicht mehr. Und außerdem machen sie sich Sorgen um den Kleinen. Denn er müsste doch logischerweise aus demselben Stoff gemacht sein wie sie und auch dringend seinen Schlaf brauchen.

Sie entscheiden, dass es mit den schlaflosen Nächten nun endlich vorbei sein soll und legen einen Tag fest, an dem die »Durchschlaf-Kur« beginnen soll. Sie fühlen sich etwas schurkenhaft in diesem Komplott, von dem Oskar natürlich nichts mitbekommt.

Um 19 Uhr am letzten Tag vor der Kur bekommt Oskar eine überwältigende Mahlzeit. Er schläft nach der Abendmahlzeit normalerweise schnell ein, um dann wieder um 21 Uhr aufzuwachen und die ganze Nacht hindurch immer mal wieder Theater zu machen.

Mama bindet Oskar eine extradicke Windel um. Sie hat den Kinderwagen hereingeholt und legt ihn dort auf den Bauch ohne Kissen zum Schlafen. Sie gibt ihm einen Gute-Nacht-Kuss und schaukelt ihn im Wagen. Und Oskar schläft schön ein.

Mama und Papa versuchen die ganze Angelegenheit mit etwas Humor zu bewältigen und sie haben einander schriftlich verschiedene Wachen über die ganze Nacht verteilt aufgedrückt.

Um Punkt 21 Uhr wacht Oskar auf. Er hebt den Kopf, verblüfft darüber, dass Mamas Brust nicht da ist. Der erste Schrei kommt sofort.

Papa schiebt die erste Wache und fängt umgehend damit an, den Kinderwagen hin- und herzurollen. Er schiebt ihn »in großen Zügen« vor und zurück, also in der vollen Länge seines Armes (Papa hat heimlich diese Technik eingeübt). Jedes Ziehen wird mit einem sanften, aber deutlichen Ruck beendet und der Takt ist ziemlich schnell und rhythmisch.

Oskar ist so erstaunt darüber, dass er mit dem Schreien aufhört. Aber schon bald nimmt er einen neuen Anlauf. Er versucht, sich auf die Arme hochzustemmen, schafft aber nicht, das Gleichgewicht zu halten, weil der Kinderwagen sich ziemlich schnell hin- und herbewegt.

Oskars Vater sagt nichts, zieht und schiebt nur den Wagen. Der Junge sieht ihn nicht, da es im Zimmer dunkel ist. Nur ein wenig Licht kommt von der Tür zum Flur herein, die Papa einen Spaltbreit aufgelassen hat.

Oskar protestiert zwanzig Minuten lang ziemlich heftig. »Was ist hier eigentlich los?« – sogar bei fünfeinhalb Monate alten Babys sind die Gewohnheiten schon ziemlich festgefahren. Aber er protestiert nicht ununterbrochen. Ab und zu legt er seinen Kopf hin und schweigt, und sein kleiner Körper entspannt sich. Wenn das passiert – aber bevor Oskar einschläft –, verlangsamt Papa das Rollen des Wagens und hält schließlich an. Startsignal für Oskar, um erneut loszulegen. Und Papa fängt wieder an, den Wagen zu rollen usw. usw. Bis Oskar schläft.

Oskars Eltern haben sich geeinigt, dass sie dem Kleinen keinen Schnuller geben möchten. Sie sind der Meinung, er würde nur enttäuscht werden, wenn er etwas zum Saugen bekäme und es würde keine Milch herauskommen. Also ist es besser, ihn von vornherein wegzulassen.

Knapp eine Stunde schläft der junge Mann. Dann hat Mama die Wache übernommen. Nun ist Oskar richtig verärgert. Mama hat Mitleid mit ihm, aber sie merkt, dass sein Geschrei eher von einer wütenden und fragenden Art ist. »Was soll das jetzt?«, scheint er zu fragen.

Mama sagt nichts und hütet sich davor, Oskar zu berühren. Sie zieht und schiebt unverdrossen weiter. Immer noch im rhythmischen Takt, mit einem sanften Ruck am Ende jeder Bewegung. Sie muss dies 45 Minuten lang machen. Als Oskar sich, wie es scheint, endlich zum Schlafen entschieden hat, zieht sie den Wagen immer langsamer und vorsichtiger und hört dann ganz auf – nur um zu hören, wie Oskar sich im Wagen dreht und wendet und einen neuen Anlauf nimmt. Mama seufzt und auch sie nimmt einen neuen Anlauf.

Oskar ist jetzt richtig in Stimmung und will nicht nachgeben. Jetzt ist es ihm gelungen, sich auf den Rücken zu drehen. Mama unterbricht und dreht den Kleinen ganz schnell wieder auf den Bauch, sie streckt seine Beine aus, legt seine Arme seitlich vom kleinen Kopf, dreht den Kopf auf die rechte Seite und beendet die »Diskussion«, indem sie mit ihrer Hand den kleinen Rücken leicht drückt. Darauf macht sie sofort mit dem Schieben des Kinderwagens weiter. Schließlich, nachdem der Wagen mal wieder zum Stillstand gekommen ist, schläft Oskar ein.

Die ganze Sache hat eine Dreiviertelstunde gedauert und Mama ist total kaputt. Es ist nun kurz nach 23 Uhr.

Frieden herrscht bis 1 Uhr nachts. Papa schläft tief, aber Mama gibt ihm einen Stups. Jetzt ist er wieder dran.

Wie ein Schlafwandler vollendet Papa seine Aufgabe. Diesmal geht es schneller. In weniger als einer Minute, nachdem Papa mit dem Rollen angefangen hat, ist Oskar wieder ruhig. Und nach nur insgesamt zehn Minuten schläft auch Papa wieder.

Oskar schläft bis 2.30 Uhr. Nun ist Mama an der Reihe und schiebt und zieht 20 Minuten lang. Sie ist dem Umfallen nahe, so erschöpft ist sie.

Die nächste Runde startet gnadenlos um 4 Uhr, die »Wolfsstunde«. Oskar ist nun mehr missvergnügt als fordernd, eher matt als wütend. Papa möchte ihm am liebsten einen Kuss auf die kleine Wange geben, aber er lässt es lieber bleiben, um keine Assoziationen zur mütterlichen Brust und zum Trinken auszulösen. Papa muss den Kinderwagen bis 4.45 Uhr hin- und herfahren. Aber in dieser Zeit döst Oskar mehrmals, um letztendlich einzuschlafen.

Nun herrscht Ruhe bis acht Uhr morgens.

Am folgenden Tag ist Oskar genauso fröhlich und liebevoll wie sonst auch, während seine Eltern überrascht und etwas schamvoll alles andere als das erwartet hatten.

Die zweite Nacht ist nicht ganz so herausfordernd.

Oskar wird wie gewöhnlich um 21 Uhr wach und meint, es sei nun Zeit für Mamas Brust, aber schnell findet er sich in einer etwas anderen Realität wieder. Papa zieht ihn im Kinderwagen hin und her. Oskar gibt nach 20 Minuten Quengeln auf und schläft bis 1 Uhr.

Mama ist dran, gerade als sie in einen tiefen Schlaf gefallen ist, und schleppt sich zum Kinderwagen. Fast eine halbe Stunde lang muss sie ihn hin- und herschieben, aber diesmal fängt Oskar nur an zu weinen, wenn sie den Wagen immer wieder versuchsweise zum Stillstand bringt. Sobald sie weiterfährt, ist er ruhig und schläft schließlich weiter. Die Mühe hat sich gelohnt: Nun schläft er bis 4 Uhr.

Diese Runde wird leicht für Papa, der nur zehn Minuten ziehen und schieben muss. Darauf tritt der friedliche Morgenschlaf ein.

Um 7 Uhr erwacht der kleine Oskar, frisch und munter zu einem neuen Tag, pünktlich nach dem angestrebten Plan der Eltern.

Die dritte Nacht wird nur ein einziges Mal durch eine Frage von Oskar unterbrochen, und er bekommt die sofortige, konsequente Antwort, ohne Worte, nur durch Handlung: »Nachts musst du schlafen. Du kannst ruhig weiterschlafen.« Außer 15 Minuten, die Oskar diese Nacht wach ist, schläft er insgesamt zwölf Stunden.

Die vierte Nacht ist still. Oskar schläft und seine Eltern schlafen. Der Kinderwagen steht vor ihrem Schlafzimmer. Und dort bleibt er sicherheitshalber noch eine Woche lang stehen. Aber Oskar wacht nachts nicht mehr auf. Oder er schläft, wenn er mal kurz wach wird, von ganz allein wieder ein.

Als die Woche vorüber ist, zieht Oskar mit seinem Gitterbett ins Kinderzimmer um und auch dort ist er nun ein guter, kleiner Schläfer.

Nach zwei Wochen bekommt er zwar einen kurzen Rückfall, aber Papa hebt ihn dann schnell in den Kinderwagen und schiebt ihn hin und her, bis der Kleine wieder schläft – wie zur »Kurzeit«.

Line, neun Monate alt, schläft mal durch, mal macht sie ein nächtliches Theater. Ihre Eltern wissen nie genau, wie die Nächte verlaufen werden. Sie haben sich deshalb noch nicht getraut, sie einem Babysitter zu überlassen. Sie haben sie in jeder denkbaren Weise getröstet, sie getragen, sie haben gehofft und die Hoffnung wieder verloren. Als Line acht Monate alt wurde, verschlimmerte sich das Problem und seitdem ist sie keine Nacht ruhig gewesen.

Line hat ihr Gitterbett im elterlichen Schlafzimmer stehen, aber schläft meistens bei Mama und Papa im Ehebett. Als die Eltern einen Kurplan machen und einen Tag festlegen, ab dem es mit den unruhigen Nächten vorbei sein soll, entscheiden sie sich dafür, auch Lines Bett aus ihrem Schlafzimmer zu räumen.

Am festgelegten Tag wird Lines Bett morgens ins kleine Gästezimmer gestellt, das auch als Arbeitszimmer genutzt wird. Line darf eine Weile an diesem neuen Ort in ihrem Bett sitzen und mit ein paar neuen, interessanten Spielsachen spielen: einer Schublade aus der Küche, deren Inhalt ihr noch unbekannt ist.

An diesem Tag ist Line sehr viel an der frischen Luft, und sie bekommt extra viel zu essen, besonders am Abend. Und danach wird das abendliche Baden besonders gemütlich gestaltet.

Um 19.30 Uhr bringt Mama Line ins Bett. »*Schlaf schön! Gute Nacht, kleiner Schatz! Träum was Schönes! Aber wo ist denn der Teddy? Ach, hier ist er ja. Gute Nacht, lieber Teddy!*« Weiter kommt Mama in ihrem Vorhaben nicht, denn nun begreift die kleine Line, dass sie das Opfer eines schrecklichen Verrates geworden ist. Sie haben tatsächlich vor, sie hier einfach allein zu lassen!

Sie fängt an zu schreien. Sie zieht sich an den Gitterstäben hoch und schreit wie am Spieß. »Na, na, ist doch gut«, sagt Mama. Sie geht zum Bett hin und umarmt Line, hebt sie aber nicht hoch. »*So, so, beruhige dich, meine Kleine. Es ist ja alles in Ordnung*«, sagt sie mit einer Stimme, die so laut und so fest ist, dass sie Lines Geschrei übertönt. »*So, ja, nun soll Line schlafen.*«

Sie legt Line wieder hin. Line protestiert wieder und stellt sich nochmals hin. Ihr Schrei ist eine Frage: »*Meinst du es denn wirklich ernst, dass ich hier in diesem Raum schlafen soll? Ganz alleine? Ist das nicht gefährlich?*« Mit ruhigen Händen legt Mama Line wieder hin. »*Nun soll Line schlafen*«, sagt sie ruhig. »*Alles ist in Ordnung und wir sehen uns dann morgen früh. Gute Nacht, Line!*«

Dann geht sie aus dem Zimmer, ohne die Besorgnis zu zeigen, die sie natürlich dem schreienden Kind gegenüber empfindet. Sie macht das Licht in Lines Zimmer aus, aber lässt die Tür einen Spalt weit offen.

Line schreit. »*Gute Nacht, meine Kleine*«, sagt Mama laut vor der Tür, ihre Stimme ist ruhig und überzeugend. »*Schlaf jetzt schön. Bis morgen früh!*« Dann hantiert sie in der Küche herum: Sie macht das Radio an, öffnet und schließt verschiedene Schranktüren, räuspert sich, zieht eine Schublade heraus, lässt den Wasserhahn laufen etc.

Line schreit immer noch, aber nicht so eindringlich wie vorhin und nicht mehr ohne Unterbrechungen. Hin und wieder kommt ein ganz herzzerreißender Aufschrei, und Mama geht bis zur Tür – aber nicht so weit, dass Line sie sehen kann. Sie wiederholt laut, überzeugend und freundlich ihre unverdrossenen Worte: »*Gute Nacht, Schatz. Schlaf schön! Bis morgen früh!*«

Wie der kleine Oskar braucht auch Line drei Nächte, bis sie ihre Frage – »Kann ich mich trauen, hier ruhig zu schlafen?« – als mit einem klaren *Ja* beantwortet betrachten kann.

Wenn ein Kind, so wie Line, wild protestiert, gibt es keinen Grund, das Leiden noch zu verlängern. Das Beste, was du tun kannst, ist, dem Kind klar Bescheid zu geben: Nachts wird geschlafen! »*Gute Nacht, schlaf jetzt schön!*« Und du unterstreichst deine Worte, indem du das Zimmer verlässt, schnell und ohne Zögern.

Kleine, unglückliche Kinder, die einfach da liegen und einen mit großen Augen betrachten, ohne zu schreien, und die so aussehen, als wären sie von der ganzen Welt verlassen (oder würden gerade verlassen), brauchen einen etwas milderen Übergang. Man sagt ihnen lieb gute Nacht und geht dann eine Weile im Zimmer umher und tut so, als wäre man sehr beschäftigt. Das Rollo wird heruntergezogen, ein paar Sachen werden zurechtgerückt, etwas wird angefasst, geordnet, und man redet dabei die ganze Zeit ruhig vor sich hin: »*Und das legen wir hierhin, ja, und das gehört dahin, so, ja, und der kleine Teddy soll doch wohl auch jetzt schlafen, ja, und dann müssen wir noch den Stuhl richtig hinstellen, so. Das ist schön.*«

Lenke die Aufmerksamkeit nicht auf den seelischen Zustand des Kindes, indem du es besorgt anschaust, sondern tue stattdessen so, als wäre alles vollkommen in Ordnung – und dass es das schon immer war und sein wird. Wer hat Angst vor dem bösen Wolf? Du ganz bestimmt nicht!

Schließlich betrachtet man das ganze Zimmer und sieht dabei ganz fröhlich aus: Hier ist ein sicherer Ort. Und man gibt dem Kind einen letzten Gute-Nacht-Kuss: »*Schlaf jetzt schön. Bis morgen früh. Gute Nacht!*«

Ohne eine Reaktion abzuwarten und ohne dir das Herz vor Mitleid mit dem kleinen, traurigen Kind, das dich so flehentlich ansieht, zerreißen zu lassen, verlässt du das Zimmer. Und man rumort, selbst wenn das kleine Kind ganz still ist, noch vor der Tür etwas herum und sagt hin und wieder ruhig und freundlich und sanft: »*Gute Nacht, kleiner Schatz. Schlaf jetzt schön. Bis morgen früh!*«

Eine Kur dieser Art dauert selten mehr als drei Nächte. Die Voraussetzung ist natürlich, dass man *konsequent* ist.

Die drei Nächte sind nicht angenehm, besonders nicht die erste. Es ist unmöglich, bei einem kleinen Kind, das herzzerreißend weint, nicht zögerlich zu werden. Es kann hilfreich sein, daran zu denken, dass das Kind so schrecklich weint, weil man selbst dem Kleinen beigebracht hat, dass es gefährlich ist, nachts allein zu sein, ohne den körperlichen Schutz eines Erwachsenen. Es kann auch hilfreich sein, daran zu denken, dass man nun eine Wahl treffen muss – entweder drei schwierige Nächte oder hunderte davon …

In Verbindung mit einer solchen Kur sollte man den Schnuller abschaffen! Er muss sowieso weg (siehe Seite 226 und 311f.), und die Kur droht zu misslingen, wenn man ständig hineinspringen muss, um den Schnuller wieder in den Mund des Kindes zu schieben – das Kleine lernt übrigens ganz schnell, das Ding zu »verlieren«. Der Schnuller ist nicht schlaffördernd, eher störend.

In einer neuen Situation wie dieser kann eine andere Art des Weinens entstehen und man wird dadurch beunruhigt. Es hört sich an, als sei wirklich etwas nicht in Ordnung. Man sollte dennoch hart bleiben und nicht hineingehen, bevor das Kind still ist – nachdem man vor der Tür beruhigend gesprochen hat und man ganz sicher ist, dass er oder sie schläft. Erst dann kann man nachschauen, ob das Kind vielleicht ein großes Geschäft in seine Windel gemacht hat, ob es sich fiebrig anfühlt oder worüber man sich sonst Sorgen gemacht hat.

Die Windel kann bei dem schlafenden Kind im Bett gewechselt werden, ebenso wie man es auch wieder in die richtige Position hinlegen kann. Wird das Kleine wach, wiederholt man einfach die Gute-Nacht-Zeremonie und verlässt wie gehabt das Zimmer. Ebenso wenn das Kind sich im Bett wieder hinstellen sollte und sich nicht alleine hinlegen kann. Dann muss man hineingehen und es wieder hinlegen. Auch daraufhin geht man sofort wieder heraus, mit demselben, alten, unverdrossenen »*Gute Nacht! Schlaf schön, mein Schatz. Bis morgen früh!*« – zum vierten Male.

Am wichtigsten ist, dass man die Angelegenheit immer im Auge behält. Es ist ja keine Kunst, ein kleines Kind ins Bett zu bringen, die Tür und auch die Ohren zuzusperren und es dann einfach schreien zu lassen. So gemein muss man aber nicht sein. Es ist *die sofortige Antwort*, es sind die vertrauten, beruhigenden Geräusche und die ewig sichere, ruhige Stimme außerhalb der Tür, die dem Kind sagen, dass »der Wolf nicht kommt«, und es zur Ruhe kommen lässt. Es sollte keine echte *Angst* entstehen.

Nur stillschweigend abzuwarten und zu hoffen, dass das Baby endlich von allein einschläft, während der/die Erwachsene höchstens alle fünf Minuten auftaucht, aber nichts macht – nach der so genannten »kontrollierten Schrei-Methode« –, ist nicht zu befürworten. Keine Forschungsergebnisse, die »beweisen«, dass das hysterische Schreien des kleinen Kindes unschädlich ist, wird mich jemals davon überzeugen, dass es richtig wäre, die Babys einfach der Hoffnungslosigkeit zu überlassen.

Oft wird diese »Methode« funktionieren, weil die Kleinen letztendlich einsehen, dass es keinen Zweck hat, verängstigte Fragen zu stellen, die sowieso nie beantwortet werden. Mit der Zeit und ihrer Erfahrung werden sie resigniert daran glauben, dass nichts Böses passiert, während man schläft. Aber sie werden keine innere Ruhe finden.

Ich betrachte eine derartige Passivität vonseiten der Erwachsenen als ein Versäumnis, die elterliche Verantwortung auf sich zu nehmen. Wir sind da, um unseren Kindern zu helfen, sie zu leiten und ihnen Sicherheit zu geben – nicht um auf dusselige Art und Weise von ihnen zu erwarten, dass sie unsere Probleme für uns lösen!

Einige Kinder können so durchdringend schreien, dass weniger ausgeglichene Nachbarn sich dazu veranlasst fühlen, sich zu beschweren. Um dieses Problem zu umgehen, führte ein Bekannter von mir die »Durchschlaf-Kur« im Ferienhaus der Familie – mitten im Walde – durch. Die »Kur« ist also in keiner Weise an eine vertraute Umgebung gebunden, sie funktioniert überall, wenn nur Mama und/oder Papa sich persönlich darum kümmern.

Übrigens funktioniert die »Kur« notfalls auch unter der Leitung einer anderen Person als Mama oder Papa, wenn die Eltern selbst nicht die Nerven haben, sie durchzustehen. Die Alternative einer fremden Person in einer fremden Umgebung (ohne die beruhigende elterliche Bestätigung) ist aber nicht empfehlenswert. Das Kind in eine Klinik zu geben, damit es schlafen lernt, ist nutzlos. Das Problem wird immer noch da sein, wenn das Kind wieder nach Hause kommt.

Kinder, die gut durchgeschlafen haben, können plötzlich Nacht für Nacht wieder aufwachen. Vor allem im Alter von etwa acht Monaten und 18 Monaten ist die Neigung dazu sehr groß. Eine gute Regel besagt: Ein Mal ist kein Mal, aber zwei Mal sind eine schlechte Gewohnheit!

Ein kleines Kind, das traurig ist, weil es einen bösen Traum hatte oder einfach beunruhigt ist, muss natürlich getröstet werden. Ich halte nichts davon, dass man erst einmal abwartet, ob es sich von allein wieder beruhigt; man sollte lieber *sofort* hineingehen.

Gehst du dann hinein, sofort beim ersten Geschrei, musst du daran denken, dass du das Kind *beruhigen* willst und nicht seine Beunruhigung noch verstärken! Dein kleines Kind hat vor irgendetwas Angst bekommen oder fühlt sich aus irgendeinem Grund unwohl. Kleine Kinder können nicht sagen, was los ist. Sie stellen Fragen. Wir, die Eltern, sind da, um ihnen Antworten zu geben. Deshalb musst du eine Haltung einnehmen, die dem Kind zeigt, dass *alles o.k.* ist.

Nimmt man das Kind aus seinem Bett hoch, macht das Licht an und tröstet es übermäßig, teilt man dem kleinen, erschrockenen Kind mit dieser Handlung – als Retter vor dem Bösen anstatt als Friedensbringer – mit: *»Du hast vollkommen Recht! Hier ist es sehr gefährlich! Ich kann dich keine Sekunde hier allein lassen! Die Dunkelheit ist erschreckend und das Bett auch! Das ganze Zimmer ist voller Gefahren! Wir müssen sofort hier raus und uns in Sicherheit bringen!«*

Macht man aber kein Licht an und nimmt das kleine Kind nicht hoch, macht man damit keine große Sache aus der kindlichen Unruhe und drückt mit dieser Handlung, indem man das Kind in seinem Bett beruhigt, aus: *»Du hast Angst bekommen, aber alles ist gut. Es passiert nichts. Du kannst ruhig schlafen.«* Geht man sofort hinein, ohne abzuwarten, ob das Kind sich selbst wieder beruhigt, sagt man mit dieser Handlung außerdem: *»Ich bin immer in deiner Nähe. Ich wache über dich. Ich bin hier, und ich weiß, was los ist. Ich lasse den Wolf nicht herein. Du kannst ruhig schlafen!«*

Hat man das Kind erst einmal getröstet, sollte man nicht wieder hineingehen, wenn das Kind weiter weint oder nach einer Weile wieder damit anfängt. Stattdessen bleibt man nun vor der Tür stehen und redet beruhigend, sagt »Gute Nacht« und so weiter – wie gehabt.

Früher oder später – in der Regel sobald sie aus dem Bett herauskommen können (behalte also das Gitterbett so lange wie nur möglich!) – kommen alle

Kleinkinder nachts ins Bett der Eltern gewandert und kuscheln sich dort mit ein. Es gibt viele Familien, in denen Mama und Papa abends im Ehebett und die Kinder in ihren Betten einschlafen, und morgens wachen die Kinder im Ehebett auf – oder die Eltern liegen in den Betten der Kinder. Und keiner weiß genau, wie das nur geschehen konnte.

Vielleicht hast du nichts dagegen, dass diese kleinen Nachtschleicher ab und zu (oder immer) nachts zu Besuch kommen. Du kannst mit dir selbst abmachen, ob es so bleiben soll oder nicht. Fühlst du dich aber auch nur im Geringsten dadurch gestört oder in irgendeiner Weise eingeschränkt, musst du etwas dagegen tun. Es ist nämlich nicht fair den Kleinen gegenüber, wenn sie bei dir negative Gefühle hervorrufen. Sie möchten dir ja auf keinen Fall lästig sein.

Prinzipiell halte ich nichts davon, dass kleine Kinder im Bett der Eltern schlafen. Die nächtlichen Wanderungen stören in jedem Fall ihre Nachtruhe, und ein zusammenhängender Nachtschlaf ist ja eigentlich das, was man beim Kind wie auch bei sich selbst anstrebt. Die Folgen des nächtlichen Hin und Her können sich auf Dauer als etwas schwierig gestalten. Das Kind kann sich zum Beispiel weigern zu akzeptieren, dass du auch nur eine Nacht wegbleibst. Niemand möchte, dass es dazu kommt.

Wenn du dich also dafür entscheidest, diese Nachtwanderungen zu beenden, musst du eine kleine »Anti-Nachtschleicher-Kur« durchführen. Dabei musst du drei Nächte lang Wache halten und deine Kleinen abfangen, wenn sie halb schlafend angewackelt kommen. Du machst sie vorsichtig wach und erklärst, dass sie in ihren eigenen Betten schlafen sollen.

Einige wenige Gastspiele in deinem Bett kannst du vielleicht zulassen. Es besteht aber immer die Gefahr, dass man beim nächsten Mal, wenn man das Kind nicht gleich wieder in sein Bett verfrachtet, einfach weiterschläft und nichts bemerkt. Bevor man es richtig mitbekommt, ist die Gewohnheit schon wieder da. Und wenn man dann einen Abend weggeht oder auch verreist, kriegt man anschließend zu hören: »Ich konnte nicht schlafen, weil du nicht da warst.«

Der kindliche Nachtschlaf sollte aber nicht von dir abhängig sein – auch nicht von deinem Bett. Der kindliche Nachtschlaf sollte nur vom Kind und von seinem eigenen Bett abhängig sein. Denn jeder braucht nun mal seinen Schlaf.

Ein nicht außergewöhnliches Problem sind die Gute-Nacht-Zeremonien, die sich bis in die Ewigkeit hinziehen können. Wir haben die Sache schon auf Seite 454 behandelt.

Besonders Zweijährige können extrem ritualgebundene Muster beim Zu-Bett-Gehen entwickeln, wobei dies nach meinen Erfahrungen nur beim *nicht gebrauchten Kind* zu einem echten Problem wird, d.h. beim nicht sozial beteiligten Kind.

Zweijährige, die beim Kampf ums Überleben der »Herde« nicht nützlich sein dürfen, leiden unter einem Gefühl der Bedeutungslosigkeit, der Sinnlosigkeit, welche sie dann zu kompensieren versuchen. Mit ihren pingelig verfolgten Ritualen versuchen sie ein Gefühl der Kontrolle über ihr Leben aufrechtzuerhalten – das Leben scheint somit wieder sinnvoll. Rituale dieser Art sollten deshalb *auf keinen Fall* gefördert werden. Eher sollte man sie als ein Warnsignal betrachten.

Wir müssen versuchen, *alle* kleinen Kinder täglich in sinnvoller Weise mit Aufgaben zu beschäftigen – auch wenn es sich nur um bedeutungslose Kleinigkeiten handelt –, damit sie in ihrem Herzen wissen, dass wir sie tatsächlich und konkret, nicht nur gefühlsmäßig, *brauchen.*

Selbst ganz kleine Kinder sollten – wie du und ich und jeder Mensch – in seinem tiefsten Inneren wissen, *dass die anderen ohne ihn/sie schlechter dran sind* (siehe »Unsere Gedanken waren schon richtig – aber dann lief alles schief«, die Einleitung des zweiten Teiles, Seite 95).

Oft wird vor dem Zu-Bett-Gehen der Kinder eine allmähliche Verlangsamung der kindlichen Aktivitäten (gar über Stunden) empfohlen; und dazu noch eine Teilnahme vonseiten der Erwachsenen an den lang gezogenen Ritualen: Dieselben Geschichten sollten jeden Abend gelesen werden, dieselben Zeremonien sollten bis zum kleinsten Detail wiederholt werden.

Persönlich stehe ich diesen beiden Empfehlungen äußerst skeptisch gegenüber; der letztgenannten aus Gründen, die aus dem oben Genannten hervorgehen, der erstgenannten aus folgendem Grund: Eine ruhige, so genannte Verlangsamung dämpft die Erlebnisse des Tages, verdünnt ihn sozusagen gegen Abend. Ich vermute hier eine Manipulation: Das Kind soll dazu gebracht werden, *von sich aus den Wunsch zu äußern, ins Bett gehen zu wollen,* ganz aus eigener Initiative.

Es ist natürlich viel einfacher für den Erwachsenen, wenn das Kind selbst die Verantwortung fürs Zu-Bett-Gehen übernimmt, aber es ist einfacher für das Kind und ihm gegenüber auch anständiger, wenn der Erwachsene die Sache in die Hand nimmt. Ein fröhlicher Mensch schläft außerdem viel besser als ein »verlangsamter« Mensch. Anstelle einer Verlangsamung der Aktivitäten sollte man meiner Meinung nach lieber *die kleinen Kinder zum Lachen bringen, bevor sie schlafen gehen.* Gern mit viel Albernheit, Kitzeln, Spaßmacherei, Dussligkeit – habt einfach Spaß! Solange sie darüber lachen können.

Der Tag nimmt mit dem Lachen ein schönes Ende. Der Tag wird damit ein glücklicher und auch der Schlaf wird dementsprechend. Auch ein Erwachsener kann es als trist empfinden, nach einem normalen, vielleicht etwas trüben Tag ins Bett zu gehen. Hat man am Abend noch Spaß gehabt, hat der Tag wenigstens *etwas Schönes* gebracht!

Es ist übrigens auch einfacher, ein fröhliches und glückliches Kind in seinem Bett zu hinterlassen und ihm gute Nacht zu wünschen, als ein weinerliches Kind, das überhaupt nicht froh ist, die Gemeinschaft zu verlassen.

Wie wir alle wissen, gehen ja viele Eltern auch gar nicht wieder weg. Sie legen sich zu ihren Kindern ins Bett und schlafen schließlich selbst ein. Aber es ist in meinen Augen nicht ganz gerecht dem Kind gegenüber, ihm nicht zuzutrauen, dass er oder sie allein einschlafen kann. Nach allem, was noch gesagt und getan worden ist, sollte der kindliche Schlaf den Kindern überlassen werden.

Kinder, die sehr viel Ausdauer haben und die spüren, dass sie mit ihren verschiedenen Tricks nicht weiterkommen, können sich mit Absicht wach halten, oder schließlich echte Einschlafprobleme bekommen. Sie teilen nachdrücklich mit: »Ich kann nicht schlafen!«

Man kann sich eine Weile auf die Bettkante setzen und den Vorschlag machen: »Denk an etwas Schönes! Dann wirst du schon schlafen. Weißt du, an was ich immer gedacht habe, als ich klein war und nicht schlafen konnte? An dies ... und an das ... und jenes. Nun wollen wir mal sehen, was für schöne Sachen du dir ausdenken wirst, und dann kannst du mir morgen davon erzählen!«

Danach geht man mit einem Lächeln hinaus, ohne irgendwelche Einwände zuzulassen (und vergisst nicht, am nächsten Morgen interessiert nachzufragen!).

Größeren Kindern und Teenagern, die nicht schlafen können, kann man helfen, indem man sich ein wenig mit ihnen unterhält und dabei eine Tasse warmer Milch mit Honig oder Kräutertee oder andere alte Hausmittel, die beruhigend wirken, serviert. Die Hauptsache ist, dass man immer eine Erklärung bereithat: »Du bist einfach übermüdet. Du musst dich nur entspannen, den Kopf leer machen. Lies ein bisschen oder denke an etwas, das dir gut gefällt.«

Eine zärtliche Berührung – ein Streicheln der Wange, ein Küsschen auf die Stirn, Händchenhalten – ist die beste Medizin für Menschen jeden Alters. Zärtlichkeit ist das beste Schlafmittel der Welt.

Jedenfalls erreicht sie einen guten zweiten Platz, hinter dem Lachen!

Stillen – Marie und Samuel: Eine E-Mail-Korrespondenz

3. Januar 2002

Liebe Anna:

Ganz ehrlich, wie funktioniert eigentlich die freie Stillmethode? Ist es Sinn der Sache, dass man 23 Stunden am Tag nur noch am Stillen ist? Ich bin von dieser freien Fütterungsmethode etwas verwirrt. Man hat mir gesagt, dass nach vier bis sechs Wochen eine Art zeitliches Muster bei den Mahlzeiten erkennbar sein würde, aber bis heute habe ich keine Spur davon entdecken können.

Mein kleiner Samuel wird bald sechs Wochen alt und er hat seit seiner Geburt einen riesigen Appetit gehabt. Ich habe das Gefühl, dass ich ihn nur noch stille.

Ab und an schläft er zwei Stunden am Stück – was für ein Glück! Worüber ich mir jedoch immer mehr Sorgen mache, ist, dass er während des Trinkens sehr unruhig wird. Er lässt die Brustwarze los, schiebt sich mit dem Bauch voran nach oben, und gleichzeitig wird er unglücklich, weil die Brustwarze nun verschwunden ist! Dies passiert meist gegen Ende der Mahlzeit, nie am Anfang, da ist er immer sehr konzentriert und trinkt sehr gut. Ich glaube fast, dass er irgendwie Bauchschmerzen bekommt. Vielleicht eine Kolik? Könntest du mir einen Rat geben, wie ich ihm am besten helfen kann? Ich halte mich selbst fern von Milch und anderen Nahrungsmitteln, die meine (und seine) Verdauung negativ beeinflussen könnten.

Nun muss ich aber ganz schnell hin und Samuel vor dem Untergang der Welt retten.

Liebe Grüße, Marie

5. Januar 2002

Liebe Marie:

O nein, es ist *nicht* sinnvoll, 23 Stunden am Tag zu stillen! Die »Baby-Flitterwochen« sind vorbei, und es ist an der Zeit, die Tage (und die Nächte) zu strukturieren. Zu erwarten wäre, dass der kleine Samuel mit weniger Mahlzeiten immer mehr trinkt, und so soll es ja auch sein!

Mein so genanntes Standardmodell sieht so aus: Eine Mahlzeit von der Dauer von 1,5 Stunden – inklusive Trinken, nochmals Trinken, Wickeln, Gespräch und anderer Unterhaltung; dann die zweite Brust, Bäuerchen und noch einen Schluck – gefolgt von 2,5 Stunden Schlaf. Das ist das Prinzip.

Vermutlich hat Samuel schon Energie genug, um zwei Stunden am Stück wach zu bleiben, zumindest manchmal. Also könnte er zwischen manchen Mahlzeiten 2 Stunden anstatt 2,5 Stunden schlafen.

Nachts müsste er nicht 2 Stunden am Stück schlafen, sondern 6 oder 6,5 Stunden! Das wird er auch schaffen, wenn du nur dafür sorgst, dass er tagsüber länger wach bleibt und dass er so viel zu trinken bekommt, wie er überhaupt hinunterkriegen kann. Wenn er 8 Wochen alt wird, sollte er 8 Stunden am Stück schlafen können, und auch das wird er schaffen (und mit 3 Monaten 10 Stunden, mit 4 Monaten 12 Stunden). Die Voraussetzungen hierfür sind:

1. Er ist ein normalgewichtiges, gesundes Baby.
2. Die Eltern nehmen die Sache in die Hand, und wenn nötig, helfen sie ihm in seinem Bett zur Ruhe zu kommen.

Das mit der Kolik kannst du getrost vergessen! Ich kann dir versprechen, dass er davon nicht gequält wird. Aber er ist eben kein Neugeborener mehr, wie du vielleicht noch denken magst ... Solange du ihm rund um die Uhr zu jeder Zeit deine Brust anbietest, wird er nicht hungrig genug werden, um ordentlich zu trinken (außer in den ersten Minuten, wie du schon bemerkt hast), und deshalb ist es unvermeidbar, dass er sich irgendwann weigert, weiter zu trinken. Nur der Hunger kann ihn zum Trinken bringen. Deshalb: Strukturiere seine Mahlzeiten! Lege einen Plan schriftlich fest – die Mahlzeiten sollten in einem Abstand von ungefähr 4 Stunden beginnen – und mach ab jetzt die Uhr zu deinem besten Freund!

Zwischen den »Mahlzeiten« (mit allem Drum und Dran) sollte er also 2,5 oder auch mal nur 2 Stunden schlafen, und um ihn darin zu unterstützen, legst du ihn auf seinen Bauch in den Kinderwagen und rollst ihn vor und zurück, in schnellen und rhythmischen Zügen, bis der kleine Samuel wieder ruhig ist und schlafen kann!

Ich umarme dich!
Anna

7. Januar 2002
Liebe Anna:
Ach, ich bin so überglücklich, dass du mir geantwortet hast! Es war ein Gefühl, als fiele ein dicker Stein von meiner Brust(!), als du mir geschrieben hast, ich müsse alles strukturieren. Und vielen, vielen Dank, dass du mir beschrieben hast, wie!

Eine Frage: Unser Kinderwagen ist eigentlich nicht so konzipiert, dass Samuel flach darin liegen kann, und er eignet sich auch nicht so gut zum heftigen Hin- und Herrollen. Wäre es ganz falsch, ihn in meine Arme zu nehmen, und ihn dort – fest an mich gedrückt – in den Schlaf zu wiegen? Sonst habe ich nämlich Angst, dass es ein Schreien ohne Ende wird.

8. Januar 2002
Liebe Marie:

Es ist *keine* gute Idee, den kleinen Samuel in deinen Armen zu halten und ihn so in den Schlaf zu wiegen, denn sobald du ihn hochnimmst, wird er denken, dass nun Essenszeit ist. Deine Anwesenheit bedeutet für ihn, dass es etwas zu futtern gibt, und auch, dass man aufbleiben und wach sein kann. Ein flacher und geräumiger Kinderwagen wäre also die beste Investition für dich!

Das »Baby-Rollen« mit dem Kinderwagen lässt sich nicht vermeiden; und mit der richtigen Technik kann man selbst hysterisch schreiende Babys innerhalb von weniger als zwei Minuten beruhigen.

Mein zweitbester Tipp: Leg Samuel auf seinen Bauch oder auf die Seite, lege eine Decke über ihn und mache den Raum so dunkel wie möglich. Dann setzt du dich neben ihn und »knuffst« ihn in den Schlaf. Das heißt, du findest eine Methode, bei der du ihn mit der einen Hand hin- und her»schaukelst«, während du ihn mit der anderen Hand – mit einem leichten Druck gegen den Rücken – fest hältst. Der kleine Körper soll bei jedem Popo-Knuff ein wenig wackeln, in einem rhythmischen Takt – nicht heftig, hart oder gar gewaltsam, sondern weich, fest und entschlossen. Bald wirst du herausfinden, wie es am besten funktioniert, und ihm so zum Schlaf verhelfen. Wichtig ist, dass er dich beim Knuffen nicht sehen kann (vorzugsweise kann er überhaupt nichts sehen), und selbstverständlich sollte auch sein, dass du nicht mit ihm sprichst. (Zur Knuff-Methode siehe auch Seite 140f.)

Hier bekommst du noch einen Vorschlag, wie ein geeigneter Zeitplan aussehen könnte. Aber überlege auch selbst, wie dein/euer Plan am besten aussehen könnte!

5.00 – 6.30 Uhr Die erste Mahlzeit nach dem Standardmodell: Trinken (ohne jegliche Unterbrechungen), Bäuerchen, wenn er nicht mehr trinken will, danach noch einen Schluck aus derselben Brust; insgesamt 20 Minuten. Wickeln. Gespräch: Du hältst ihn vor dir, mit seinem Kopf in deinen Händen, und suchst Augenkontakt. Hierbei geht es nicht ums Essen (und zu diesem

Zeitpunkt wird er sowieso keinen so großen Hunger mehr haben). Rede mit ihm, schau, wie er dich nachahmt, achte darauf, dass das Licht auf dein Gesicht fällt, und versuche seine Aufmerksamkeit zu behalten. Er darf nicht einschlafen. Mache weiter, so lange, wie ihr es nur schafft (inkl. Wickeln ungefähr 45 Minuten). Natürlich darfst du ihn dabei gerne umhertragen und ihm die Welt zeigen. Aber Vorsicht – es darf kein Hauch eines Eindrucks von »Trösten« entstehen! Er kann sich Lampen, Fenster und auch draußen alles anschauen, Farben, Blumen, du weißt schon.

Wenn du überhaupt keinen Enthusiasmus mehr bei ihm entdecken kannst, setzt du dich dorthin, wo du ihn immer stillst, und servierst ihm nun die zweite Brust. Dies sollte ihn wieder aufleben lassen und er müsste nochmals richtig schön trinken. Bäuerchen; er darf immer noch nicht einschlafen, sei also nicht zu »nett« zu ihm, während er seine Bäuerchen macht! Dann wird die zweite Brust noch ein letztes Mal angeboten. Schließlich, nach anderthalb Stunden, ist die Mahlzeit zu Ende und der Kleine war die ganze Zeit hellwach – achte drauf, dass nicht zwischendurch gedöst wird! Nun folgt der Schlaf: 2,5 Stunden. Wenn er zu früh aufwacht, musst du ihn zum Weiterschlafen bringen, aber nimm ihn nicht hoch, bevor die nächste Mahlzeit dran ist. Wenn es so weit ist, legst du ihn an die Brust, egal ob er schon wach ist oder nicht.

9.00 – 10.30 Uhr Die 2. Mahlzeit. Wie oben. Schlaf: 10.30–13.00 Uhr.
13.00 – 14.30 Uhr Die 3. Mahlzeit. Wie oben. Schlaf bis 17.00 Uhr.
17.00 – 18.30 Uhr Die 4. Mahlzeit. Wie oben. Schlaf bis 21.00 Uhr.
21.00 – 22.30 Uhr Die 5. und letzte Mahlzeit.

Diese Strukturierung würde einen Nachtschlaf von 22.30–5.00 Uhr bedeuten, d.h. 6,5 Stunden. Dank dem vielen Essen, das er im Laufe des Tages bekommen hat – 4 Runden bei jeder Mahlzeit – und den vielen, wachen Stunden: 5 x 1,5 Stunden = 7,5 Stunden, wird der kleine Samuel es sehr wohl schaffen, 6,5 Stunden ohne Essen auszukommen. (Kleine Menschen von seiner Größe brauchen 16–17 Stunden Schlaf pro Tag.)

Nein, es ist wirklich nicht Sinn der Sache, dass du 23 Stunden am Tag stillst! Wenn du einen Plan wie diesen einführst, bekommst du im Laufe des Tages 4 x 2,5 Stunden freie Zeit und eine Nachtruhe von 6,5 Stunden, während der Kleine schläft. Damit lässt es sich sehr gut leben! Vor allem, wenn man bedenkt, dass er nach weiteren 3–4 Wochen schon 8 Stunden am Stück schlafen können wird.

Wie du verstehen wirst, wird es nicht der kleine Samuel sein, der ein solches Schema einführt. Das musst *du* für ihn tun. Er wird es – da bin ich ganz sicher – mit Freude annehmen, weil kleine Kinder – genau wie wir alle – gerne wissen wollen, »wie der Hase läuft«. Alle Menschen dieser Welt (große wie kleine) fühlen sich mit einer einigermaßen festen Routine am wohlsten.

Um zu erfahren, was los ist, wird Samuel Fragen stellen müssen, und da er sie noch nicht wörtlich formulieren kann, wird er seine Fragen in Form von Schreien hervorbringen. Deshalb solltest du sein Schreien als *Fragen* betrachten, die eine sofortige und klare Antwort von dir (d.h. in deinen Handlungen) verlangen; sein Schreien ist *kein* Ausdruck dafür, dass er krank oder traurig ist. Denn mit ihm ist alles vollkommen in Ordnung. Er möchte nur Bescheid wissen. Er ist programmiert zu lernen, wie er in dieser Welt zurechtkommen kann. Letztendlich ist es eine Frage des Überlebens.

Falls und wenn du dich dafür entscheidest, die Sache in deine Hand zu nehmen, startest du mit einer 3-Tage-Kur, während der du die festgelegten Zeiten haargenau befolgst und nur kleine Abweichungen von höchstens 15 Minuten in beide Richtungen zulässt. Damit entscheidest du, wann Samuel schlafen, wach sein bzw. essen soll. Am dritten Tag wirst du deutlich spüren, wie er auf diese Kur positiv reagiert, und im Laufe der darauf folgenden Woche, während sich alles weiter festigt, wird er dich staunen lassen, indem er sich als dein kleiner Meister der Pünktlichkeit entpuppt!

9. Januar 2002

Liebe Anna:

Kann ich Samuel auch knuffen, wenn er auf der Seite liegt, oder ist es am besten, wenn er auf dem Bauch liegt? Ich habe es in der Bauchlage ausprobiert und es hat beim ersten Mal schon gut geklappt. Ich konnte ihn danach sogar auf den Rücken drehen, ohne dass er wach wurde. Es scheint, dass er sich auf dem Bauch am wohlsten fühlt.

Und nun die große Neuigkeit: Wir haben mit der Kur angefangen! Gestern war der erste Tag, wir haben uns dann durch die Nacht gekämpft und nun beginnt gerade der zweite Tag. Ich bin konsequent gewesen und nicht im Geringsten vom Plan abgewichen.

Ich muss schon sagen, dass es sehr hart ist, wenn er richtig traurig wird. Dann knuffe ich ihn – ich probiere alle möglichen, rhythmischen Knuff-Methoden aus – es ist nicht einfach! Ich fühle mich richtig barbarisch, wenn ich ihn nicht sofort beruhigen kann, aber ich tue mein Bestes. Ich wiege ihn in seinem Bett und halte meine andere Hand gegen seinen Rücken, und ich achte darauf, dass er mich nicht sieht, und ich sage keinen Ton. Es funktioniert gut – aber nur für kurze Zeit. Nach wenigen Minuten fängt er an, seine kleinen Arme zu bewegen und sie hin und her zu drehen; dann wird er schon wieder wach und wir müssen nochmals von vorn anfangen. So haben wir einige seiner Schlafphasen am Tage überstanden, und ich hoffe, dass es mit der Zeit besser wird.

Er möchte wach bleiben, wenn er schlafen soll, und schlafen, wenn er wach bleiben soll ... Nach dem Stillen (während er gewickelt wird) ist er todmüde, und ich muss mich anstrengen, um ihn wach zu halten. Hast du vielleicht einen Tipp hierzu?

Heute früh um 5 Uhr hat er noch geschlafen und ich musste ihn wecken!! Es fiel mir gar nicht leicht, aber ich sehe ein, dass es der richtige Weg ist.

10. Januar 2002
Liebe Marie:
Meine Güte, du hast schon mit der Kur angefangen? Das sagt mir, dass du ausreichend motiviert bist! Denn wie du schon spürst, ist es harte Arbeit, das Chaos in Ordnung zu verwandeln. Ein solches Unterfangen erfordert zweifelsfrei Entschlossenheit und Konsequenz! Aber sei versichert: Sobald der kleine Samuel anfängt zu begreifen, wird er in schönster Weise darauf »ansprechen«. Auf dem Weg dorthin wird er dir aber noch einige hundert »Fragen« stellen müssen ...

Wie ich verstehe, hast du eine Knuff-Methode gefunden, die funktioniert. Sehr gut! Das Ziel ist es, ihn in weniger als zwei Minuten zur Ruhe bringen zu können. Sei geduldig mit dir selbst! Am Anfang kannst du keine sofortigen – oder bleibenden – Resultate erwarten! Zwei Minuten dauern ja doch ganz schön lange. Und er braucht diese Zeit, um deine Botschaft annehmen zu können. Deshalb solltest du deine Vorgehensweise nicht zu schnell ändern (am besten gar nicht). Es gibt immer eine schaukelnde oder wiegende Methode, die das Kind zur Ruhe bringt; es geht nur darum, die richtige zu finden und sie geduldig einzusetzen – und so weit bist du ja anscheinend schon gekommen. Super!

Der kleine Samuel wurde kurz nach dem Einschlafen wieder wach, weil er eine neue (dieselbe) Frage stellen musste, und das Einzige, was du tun kannst – und getan hast –, ist, ihm eine neue (dieselbe) Antwort zu geben. Immer und immer wieder, bis er sie akzeptiert. Und deine Aussage lautet, aus Wörtern in Handlung umgesetzt: »*Schlaf nur weiter, mein Schatz. Du musst ein bisschen länger schlafen (d.h., bis ich dich wieder aus deinem Bett hole, und nicht, wenn du schreist, um herausgeholt zu werden). Ich wahre hier deine Interessen, ich garantiere für deine Sicherheit, ich verspreche dir, dass du friedlich schlafen kannst, nichts Böses wird dir passieren, kein Ungeheuer wird dich holen! Alles ist vollkommen in Ordnung!*« Außerdem macht er sich selbst mit seinem Schreien Angst; er kann sich da richtig hineinsteigern! Deshalb ist es so wichtig, dass du es schaffst, ihn innerhalb von zwei Minuten zu beruhigen.

Du bist aber trotzdem nicht barbarisch, wenn du es nicht sofort und immer schaffst. Den Menschen (auch den kleinen Babys) muss es erlaubt sein, zu reagieren und – ganz offen gesagt – auch manchmal nur schlecht drauf zu sein. Deine sorgfältige Einhaltung des Planes wird dich *wissen* lassen, dass er bei jeder einzelnen Mahlzeit das bekommt, was er braucht. Wenn er trotzdem anfängt, zu weinen, zu nölen und seine Enttäuschung zu zeigen, weil er nicht gleich schlafen kann, dann lass ihn (für eine kleine Weile)! Solche Unzufriedenheit zu zeigen sollte man keinem verweigern. Der Punkt ist, dass, falls und wenn er weint, er es nicht tun sollte, weil ihm irgendetwas *fehlt*. Und weil du jedes seiner Bedürfnisse bei jeder »Mahlzeit« befriedigst, kann das nicht passieren. Und deshalb wirst du dich auch sicher genug fühlen, um von ihm zu verlangen, dass er sich beruhigt und still ist, damit er schlafen kann.

Nach dem Stillen todmüde – der arme Kerl! Na ja, er war ja an kleine Nickerchen und kleine Trinkmengen gewöhnt, und das rund um die Uhr. Ein solches Muster gefällt eben kleinen »Flitterwochen-Babys« (in den ersten drei bis vier Lebenswochen).

Es ist wahr, dass die meisten drei bis vier Wochen alten Babys von sich aus ihre Mahlzeitenintervalle verlängern – sie trinken immer mehr und seltener –, und dementsprechend schlafen sie länger zwischen den Mahlzeiten. Aber nicht alle Babys tun das. Wie Samuel bleiben viele von ihnen beim Stehaufmännchenspiel, und das 24 Stunden am Tag in der Meinung, dass es so sein soll! Und schon bald entsteht das Elend, weil sie auf Dauer – ganz wie ihre liebenden Eltern – einfach nicht genug Kraft haben, um das undurchschaubare Chaos zu verkraften.

Wenn er also wach sein soll, musst du versuchen, ihn mit allen Mitteln munter zu halten! Er wird sich bald an die neue Ordnung gewöhnen. Nächstes Mal, schon bei der nächsten Mahlzeit, wird er mehr Hunger haben und noch besser essen, was ihm Kraft und Energie geben wird. Und er schafft es dann, länger wach und munter zu bleiben. Schon bald wird er seinen neuen Rhythmus gefunden haben! Halte ihn hoch, in einer aufrechten Stellung, und gehe mit ihm umher. Sporne ihn dazu an, sich verschiedene Sachen anzuschauen, rede mit lauter Stimme mit ihm und fordere seine Aufmerksamkeit! Sollte er anfangen zu weinen, übertönst du sein Weinen, indem du noch lauter und noch glücklicher redest. Achte hier darauf, ihn *nicht* zu trösten – er könnte sonst das Gefühl bekommen, dass etwas nicht in Ordnung ist. Lege ihn flach auf seinen Rücken und mache jede Menge Blödsinn mit ihm: Blubbere und puste auf seinen kleinen Bauch und auf seine Wangen, »kneife« seine kleinen Händchen, »beiße« ihn in die Füßchen und kitzle ihn … Strenge dich richtig an, wie beim Sport: Bringe ihn zum Lachen, egal wie, und du wirst einen Sieg errungen haben! Finde neue Aktivitäten, um so seine Neugier wieder zu wecken: Höre Musik, tanze dazu, lass ihn sich selbst im Spiegel bewundern, mache lustige Gesichter, die er nachahmen kann, singe, rede, mache das Licht an und aus, schaukle ihn in deinen Armen – alles, was dir nur einfällt und ihm Freude bereitet. Es ist harte Arbeit, ich weiß, aber glaube mir: In nur ein bis zwei Tagen wird deine Mühe nur noch eine schwache Erinnerung sein.

Dank seiner regelmäßigen Schlafphasen von zwei bis zweieinhalb Stunden zwischen den Mahlzeiten wird sein Erschöpfungszustand nach dem Stillen verschwinden und dein kleiner Samuel wird der pure Sonnenschein sein.

10. Januar 2002
Liebe Anna:
Kann jemand motivierter sein als ich, die ich seit 6 Wochen immer nur 2 Stunden am Stück geschlafen habe und zwischendurch mal ein kleines Nickerchen machen konnte?
Ich glaube nicht!
Offensichtlich habe ich gerade noch rechtzeitig für uns alle drei mit der Kur angefangen. Am Anfang war mein Mann etwas skeptisch, aber er spürt nun schon die Vorteile, die es hat, eine ausgeruhte Frau zu haben. Samuel hatte in seinen ersten 6 Wochen nicht viel geweint, denn sobald er den Mund aufmachte, bekam er etwas zu essen … Ich glaube, dass mein großes Männlein deshalb der Meinung war, dass es in der ersten Kurnacht viel zu viel Krach gab.

Letzte Nacht hat Samuel von 23.00 bis 4.30 Uhr geschlafen! Fünfeinhalb Stunden. Einfach phantastisch! Das ist der Beweis dafür, dass wir auf dem richtigen Weg sind. Nach der ersten Mahlzeit, mit allem Drum und Dran, sind wir beide wieder eingeschlafen und schliefen wie die Murmeltiere 2 Stunden und 15 Minuten lang! Nach der zweiten Mahlzeit war er nicht gerade davon überzeugt, dass er wieder schlafen müsse, aber ich brauchte ihn nur kurz in seinem Bett knuffen und schon ist er eingeschlafen. Ich brauchte nicht einmal die andere Hand auf seinen Rücken legen. Nun nähern wir uns der dritten Mahlzeit, und nach 2 Stunden und 20 Minuten schläft er immer noch tief!

Es funktioniert wie ein Uhrwerk! Macht er es nicht wunderbar, mein Kleiner? Ich muss sagen, ich war wirklich auf Schlimmeres eingestellt. Anna, ich werde dir für immer dankbar sein!

So, nun ist es Zeit, ihn zu wecken (umgekehrte Rollen, denn sonst hatte Samuel ja immer mich wach gemacht!).

12. Januar 2002
Liebe Marie:
Jetzt bin ich aber neugierig! Schreib mir doch bitte einen ausführlichen Bericht!

12. Januar 2002
Liebe Anna:
Uns geht es gut! In der dritten Nacht schlief Samuel 4 Stunden und 45 Minuten am Stück. Gestern Abend schlief er um 22.30 Uhr ein und wurde um 3.30 Uhr wieder wach – um schnell wieder einzuschlafen, von ganz allein! Er wird nun nicht mehr hysterisch und schafft es sogar von selbst, wieder zurück in den Schlaf zu finden. Unglaublich, aber wahr!

Tagsüber klappt es auch gut. Es ist nur so, dass er aus irgendeinem Grund seine innere Uhr auf 15 Minuten vor den Aufwachzeiten »gestellt« hat und mir oft zuvorkommt, der kleine Schurke. Aber da es nur innerhalb der erlaubten 15 Minuten Abweichung passiert, vermute ich, dass es o.k. ist. Jetzt kann ich mich auch schon drauf verlassen, dass er wirklich schläft (wenn er schlafen soll), wenn wir beispielsweise einkaufen gehen. Und es ist gut, zu wissen, dass er in der Zeit keinen Hunger bekommen wird.

Die Erschöpfungszustände nach den Mahlzeiten haben sich jetzt in *große* Müdigkeit verwandelt. Was sicherlich auch zeigt, wie gut wir hier vorankommen. Wir waren gerade einkaufen (während seiner Schlafphase) und ich habe ihn danach in sein Bett gehoben; und bis jetzt hat er keinen Ton von sich gegeben. Dabei musst du wissen, dass er die Augen aufhatte, als ich ihn hinübertransportiert habe.

Anna, diese ganze Sache macht mich schon so glücklich!

6. Februar 2002

Ich wollte dir nur erzählen, dass hier alles super ist. Samuel macht sich prächtig und ich bin so stolz auf ihn. Ich habe mich mit ein paar anderen Müttern getroffen, eine hat ein 4 Monate altes Baby und eine ein 9 Monate altes. Beide Babys wachen für gewöhnlich jede Nacht mehrmals auf und ebenso wie ich stillen die Mütter ihre Babys rund um die Uhr. Ich war so stolz, als ich erzählen konnte, dass mein kleiner, 2 Monate alter Samuel schon 6 Stunden (und 15 Min.) am Stück schläft. Nun vermute ich, dass du findest, es wäre an der Zeit, die 6 Stunden auf 8 zu bringen? Wenn er um 22.30 Uhr ins Bett gebracht wird und dann 8 Stunden lang schläft, sind wir bei 6.30 Uhr. Und wie machen wir dann weiter? Eine der anderen Mütter sagte mir, dass sie dein Buch gelesen hat und auch das Knuffen ausprobiert hat, aber bei ihrem kleinen Sohn hat es nicht funktioniert. Ich habe mir überlegt, ob sie daran gescheitert ist, dass sie nicht motiviert genug war. Ich erinnere mich noch genau an eine Situation – ich glaube, es war in der zweiten Kurnacht –, als ich kurz davor war, die ganze Sache aufzugeben. Dann habe ich mir vor Augen geführt, in was ich zurückfallen würde, und ich habe eingesehen, dass ich keine Wahl hatte. Ich musste weiterknuffen, als würde mein Leben davon abhängen!

7. Februar 2002

Liebe Marie:

Oh, ja, der kleine Samuel macht es hervorragend! Und du auch! Du hast auf deine Vernunft gehört und wolltest dem kleinen Samuel nur das Beste. Und die ganze Kur hindurch hast du dich richtig verhalten. Deine Belohnung ist sein offensichtliches Wohlbefinden. Ich bin stolz auf dich!

Du hast ja so Recht. Viele Menschen lesen mein Buch und geben meiner Methode eine halbherzige Chance. Irgendwie erwarten sie, dass das Baby motivierter sein müsste ... Dabei ist klar, dass ein bisschen Herumexperimentieren nicht ausreicht. Ich ziehe dann meistens den Vergleich zu einer Schlankheitskur: *»Die Bananen-Kur, aha! O.K., ich werde eine Banane essen und dann schauen, ob ich schlanker werde. – Siehst du? Es funktioniert überhaupt nicht!«*

Wenn du bei der abendlichen Schlafenszeit von 22.30 Uhr bleibst und dann den Nachtschlaf um 2 Stunden verlängerst – wie du geschrieben hast –, werdet ihr um 6.30 Uhr aufstehen. Dein Ziel sollten nun 5 Mahlzeiten sein. Dabei sollte der Kleine jedes Mal anderthalb bis zwei Stunden wach bleiben. Die Mahlzeiten können z.B. zu den folgenden Zeiten anfangen: 6.30; 10.00; 14.00; 18.30; 21.00 Uhr.

Denke dir einen Plan sorgfältig aus und lege dich dann darauf fest! Ist der neue Plan erst einmal zu Papier gebracht, wirst du dich nicht dazu verleitet fühlen, ihn wieder zu ändern, sobald irgendetwas nicht sofort klappt. Samuel wird seine Zeit brauchen (eine Woche), um die Neuigkeiten zu kapieren, und hin und wieder muss er mal ein paar »Fragen« stellen.

Ich vermute, dass dein Kleiner keinen Schnuller nimmt? Tut er es doch oder tat er es bisher, dann schmeiße ihn sofort weg! Er wird ihn nach nur einer Nacht schon vergessen haben. Und ab dem Zeitpunkt wirst du eine Sorge weniger haben. So einfach ist das.

12. Februar 2002
Liebe Anna:
Ich habe einen neuen Plan gemacht und wir haben ihn heute Morgen eingeführt.

Mein kleiner Samuel wurde um 4.45 Uhr wach, wie immer, und wunderte sich, ob es wirklich schon Zeit für eine neue Mahlzeit ist. Schließlich habe ich ihn davon überzeugen können, dass er lieber bis 6.30 Uhr weiterschlafen möchte! Die erste Schlafphase am Tag habe ich auf 2,5 Stunden festgelegt und die anderen jeweils auf 2 Stunden. Meistens schläft er wie ein kleines Murmeltier nach der ersten Morgenmahlzeit, alles inklusive, und das hat er auch heute gemacht.

Aber – hallo! Da sind wir wieder, einen Tag später, und bisher funktioniert alles einwandfrei. Er ist gestern wieder um 22.30 Uhr eingeschlafen, wurde um 5.45 Uhr kurz wach, und schlief dann weiter bis 6.35 Uhr. Den Tag über hat alles gut geklappt.

PS: Ich weiß gar nicht, wie ich mich ausdrücken soll – am liebsten würde ich ihn nur noch abknutschen, weil er so ein toller Schatz ist!

18. Februar 2002
Liebe Anna:
Wie Recht du hast! Alles läuft wie am Schnürchen. Samuel schläft und ist wach, wenn er es sein soll – und offensichtlich passt ihm unser Zeitplan ausgezeichnet. Er ist immer glücklich und zufrieden. Er hat jetzt ein neues Hobby gefunden: Er knabbert und lutscht an seinen kleinen Händchen. Sie scheinen sehr lecker zu sein!

Letztes Wochenende waren wir am Strand und haben es alle richtig genossen. Samuel verhielt sich einfach super. Alles war total problemlos. Dort habe ich aber eine andere Mutter mit zwei kleinen Kindern beobachten können, das eine war ein paar Monate älter als Samuel und das andere etwa 2 Jahre alt. Sie wiegte das Jüngste in ihren Armen in den Schlaf (es hat eine Ewigkeit gedauert). Danach hob sie das größere Kind in ihre Arme, und hat mit ihm dasselbe gemacht!!! Ihr armer Rücken, kann ich nur sagen. Ich brauchte nur Samuel in den Kinderwagen zu legen und ihn kurz über den Rasen hin- und herzurollen. In null Komma nichts war er eingeschlafen.

Mein Mann bemerkte auch den Ärger, den die andere Mutter mit ihren Kindern hatte, und sagte zu mir: »Was für ein Glück, dass du mit Anna Kontakt bekommen hast, denn sonst würden wir in derselben Situation sein.«

Oh, wie ich mich schon auf dein Buch, das ich demnächst erhalte, freue!
Deine dir für immer dankbare

Marie

3. Beschäftigung: So klappt es besser

Auf kleine Kinder, die Schwierigkeiten haben, sich selbst zu beschäftigen, trifft eine oder mehrere der folgenden Beschreibungen zu:

1. Das kleine Kind wird in keiner Weise für andere nützlich gemacht.
2. Das kleine Kind wird ständig aktiviert, bis es ohne Anregung nur noch passiv ist.
3. Das kleine Kind ist stark an eine erwachsene Person gebunden, die es für hilflos erklärt hat.
4. Das kleine Kind wird in seiner Bewegungsfreiheit stark eingeschränkt.
5. Das kleine Kind langweilt sich nur und es ist gar nicht fröhlich – sein Leben hat an Glanz verloren.

1. Das kleine Kind wird in keiner Weise für andere nützlich gemacht.

Es erfordert so wenig, um Kindern das Gefühl zu geben, dass sie gebraucht werden. Der kleinste Einsatz – »Könntest du mir bitte meinen Schuh geben? Tausend Dank!« – gibt dem Kind das Gefühl, dass *die anderen ohne das Kind schlechter zurechtkommen*, und dieses Gefühl ist für die Zufriedenheit der kleinen Kinder genauso wichtig wie für uns Großen.

Kinder, die Probleme damit haben, sich allein zu beschäftigen, sind fast immer Kinder, denen in keiner Weise das Gefühl vermittelt wurde, nützlich zu sein. Und Kinder sind aus demselben Stoff wie wir Erwachsenen gemacht, aus Fleisch und Blut und menschlichen Bedürfnissen. Kein Mensch kann es ertragen, immer Urlaub zu machen, immer nur das zu machen, wozu er Lust hat, sich immer zu erholen und in alle Ewigkeit nur »Spaß« zu haben. Es gibt nur wenige Erwachsene, die sich nach einem langen Urlaub nicht darauf freuen, wieder zur Arbeit zu gehen.

Die Arbeit sucht ihre Erholung; die Anstrengung sucht ihre Entspannung.

Ein erwachsener Mensch, der ein gutes Tagewerk vollbracht hat, muss nicht dazu stimuliert werden, sich zu entspannen. Wir brauchen nicht erst die Kunst des Erholens erlernen, wir müssen keine Kurse in der Fähigkeit zum Ausruhen belegen. Kein nützlicher Erwachsener muss angeleitet und dirigiert werden, um schöne Hobbys zu finden, die seine Freizeit sinnvoll machen. Das braucht ein Kind auch nicht, wenn es nur nützlich sein darf.

Was kann dein Kind machen? Was möchte dein Kind machen? Was macht dein Kind gerne?

Wenn man sich etwas überlegt, was das Kind machen könnte, muss dies nicht an sich schon etwas Sonderbares sein. Aber das Wichtigste dabei ist, dass das Kind *mit dem Erwachsenen zusammen* arbeitet. Und *die Arbeit, die gemacht wird, ist notwendig* (oder erscheint zumindest so). Die Arbeit ist »echt«, nicht nur so »zum Spaß«.

Diese Arbeit, die, wenn auch nur in geringem Maße mit anscheinend bedeutungslosen Einsätzen des Kindes ausgeführt wird, muss *jeden Tag mindestens ein Mal* gemacht werden, systematisch geplant, damit sie nicht im Alltagstrubel wieder in Vergessenheit gerät. Die Arbeit muss *die Regel* sein, nicht die Ausnahme.

Dazu kommt noch all die soziale Beteiligung, zu der das Kind selbst die Initiative ergreift. Alle Kinder wollen helfen, dabei sein; man muss nur den goldenen Augenblick ergreifen und festhalten, solange er noch andauert. Und nach jedem Einsatz, der für die ganze »Herde« von Nutzen gewesen ist, für jemanden anderen als das Kind selbst – und darum geht es ja letztendlich im gemeinsamen Kampf ums Überleben –, macht das Kind erst einmal »Urlaub« und entspannt sich. So einfach ist das: Ist ein Mensch nützlich gewesen, kann er sich im Nachhinein hervorragend selbst vergnügen!

Findest du, dass es übermäßig lange dauert, abzuwaschen, wenn dein Kind daneben auf einem Stuhl steht und mit der Abwaschbürste herumplanscht, und findest du, dass das Bettenmachen sinnlos wird, wenn das kleine Kind auf der anderen Seite vom Bett steht und an der Tagesdecke zieht, und findest du, dass es ein schrecklicher Schweinkram ist, wenn das Kind beim Fensterputzen hilft, dann musst du bedenken, dass die Zeit und die Mühe, die du investierst, und die freundliche Geduld, die du dafür aufbringst, ihre Belohnung erhält: *Nach getaner Arbeit* – und während du schnell den Rest erledigst – *wird das Kind glänzend allein spielen können*, und du vermeidest so die triste, jammernde Quengelei, die für das Kind, das unzufrieden ist und nicht mithelfen darf, kennzeichnend ist.

Ab dem Trotzalter muss man versuchen, dafür zu sorgen, dass das, was man gesagt hat, auch durchgeführt wird. An dieser Beharrlichkeit sollte man über die Jahre hinweg festhalten. Hast du deinem Kind eine Anforderung gegeben, ihm eine Aufgabe zugeteilt, muss diese Aufgabe erledigt werden. Der Einsatz des Kindes muss *notwendig* sein – oder zumindest so erscheinen.

Stets aber sollte man bei der Aufgabenstellung die Sache im Griff haben. »*Hebe bitte die Klötze da auf!*« ist deshalb besser als das allgemeine »*Jetzt musst du aber dein Zimmer aufräumen!*« Fragt man, anstatt eine Forderung zu stellen – »*Möchtest du deine Klötze aufheben?*« –, muss man gegebenenfalls auch das eventuelle »*Nein, das will ich nicht*« des Kindes respektieren.

Fragen können eine gute Alternative zur Forderung sein. Der Alltag wimmelt nur so von Situationen, in denen man es einfach nicht schafft, konsequent zu sein und das zu tun, was man eigentlich sollte. Fragt man also, anstatt eine Forderung zu stellen, kann man – wenn das Kind mit einem Nein antwortet – die Sache auf sich beruhen lassen und dabei selbst das Gesicht wahren, d.h., ohne dass man das Kind daran zweifeln lässt, dass man für das, was man sagt oder tut, auch geradesteht.

»*Möchtest du deine Klötze jetzt aufheben?*« – »*Nein!*« – »*O.K., dann machen wir es eben später.*«

Das, was gemacht wird, muss, auch wenn der Einsatz des Kindes dabei noch so klein und bedeutungslos oder gar eher hindernd erscheint, zu Ende gebracht werden. Der Erwachsene und das Kind arbeiten gleich lange oder bis die Arbeit des Kindes beendet ist.

Die Aufgaben, die du deinem Kind zuteilst, müssen und sollten nicht besonders umfassend sein. Du stellst kleine Forderungen, aber umso mehr sollte dir daran liegen, dass sie dann auch erfüllt werden. Das Kind kann dann mit Selbstvertrauen zu sich selbst sagen: »*Ich kann das.*«

Die Zwillinge Ole und Lise streichen mit ihrem Vater zusammen eine Wand. Sie sind acht Jahre alt und vollkommen dazu im Stande, nach ein paar elementaren Anweisungen die Wand zu streichen. Sie streichen drauflos und haben viel Spaß daran.

Nach einer Weile werden sie etwas müde. Andere Sachen scheinen verlockender, und die Arbeit dauert länger, als sie gedacht hatten. Sie lassen die Malerrollen und Farbeimer zurück und verschwinden einfach.

Da steht der Vater und hat das vage Gespür, dass irgendetwas nicht so ist, wie es sein sollte – aber man soll ja seine Kinder nicht dazu »zwingen«, mitzuhelfen. Mehr oder weniger missvergnügt setzt er deshalb die Arbeit allein fort. Wenn es aber wirklich existenziell notwendig – fürs Überleben der Familie – gewesen wäre, dass diese Wand gestrichen wird und dass sie jetzt gestrichen wird, dann hätte der Vater ohne Zögern seine Kinder zurückgerufen und sie daran erinnert, dass es eine lebensnotwendige Arbeit ist, die gemacht werden muss, und dass sie zu Ende gebracht werden soll. Sie hätten das Spielen auf später verschieben müssen.

Nun ist die Malerarbeit aber für die weitere Existenz der Familie nicht unbedingt notwendig. Deshalb zögert der Vater und lässt die Kinder die Arbeit als eine Art Spiel betrachten, etwas, das sie tun können, solange sie dazu Lust haben. Folglich haben Ole und Lise auch nicht das Gefühl, dass sie gebraucht werden. Sie dürfen mitmachen, weil Vater so nett ist und es ihnen erlaubt – nicht weil es *notwendig* ist, dass sie ihren Teil der Last tragen und alles tun, was in ihrer Macht steht, um die gemeinsame Existenz ihrer »Herde« zu sichern.

Papa sollte deshalb ohne Zögern von den Kindern verlangen, dass sie die Arbeit mit ihm zusammen zu Ende führen – *um ihrer selbst willen*, damit sie in ihrem tiefsten Inneren wissen, dass sie gebraucht werden (die anderen kommen ohne mich schlechter zurecht!).

Die kleine Geschichte vom Herrn Meier (Seite 633 ff.) kann dir vielleicht zu diesem Thema zusätzliche Anregungen geben!

2. Das kleine Kind wird ständig aktiviert, bis es ohne Anregung nur noch passiv ist.

Das überaktivierte und überstimulierte Kind sitzt letztendlich da und wartet darauf, dass es Manna vom Himmel regnet: Heute muss es noch viel lustiger sein als gestern, übermorgen noch viel lustiger, damit das Kind es überhaupt annimmt ... Eine Art intellektueller Verwöhnung.

Zuerst sollte man das Spielzeug des Kindes durchforsten! Lieber nur einen einzigen Haufen Legosteine oder Holzklötze und nichts anderes, oder Papier und Stifte und nichts anderes, als eine komplette, pädagogische Sammlung von Spielsachen, die ständig zur Verfügung steht. Man kann den ganzen Kram für eine Weile im Schrank verschwinden lassen! Um dann nach und nach die Sachen sorgfältig und nur einzeln wieder vorzuholen.

Wenn man aufhört, alles nur für das Kind zu arrangieren, wenn man nicht ständig mit neuen, lustigeren Sachen aufwartet, nicht ständig Neues kauft, keine ausführlichen Planungen für den Ablauf des Tages mit dem Kind anstellt, wird eine Erscheinung auftreten, die ich *die leere Zeit* nenne.

»Was soll ich nur machen?«, fragt das Kind. – *»Ja, was wirst du jetzt machen?«*, lautet die fragende, interessierte Antwort.

Dann geschieht etwas.

Kleine, passiv gewordene Kinder brauchen einen kleinen, anregenden Schubs. Sie brauchen deine Ermutigung, um ihr eigenes Können, ihre eigene Initiative und ihre eigene Phantasie wieder nutzen zu können. Der Schubs besteht einfach aus *deinem Vertrauen in dein Kind*. Gehst du z.B. mit deinem kleinen Mädchen zu einem Spielplatz und setzt dich auf eine Bank – ohne der Kleinen dabei zu helfen, die Rutsche zu erklimmen, ohne ihr beim Schaukeln Anschwung zu geben, ohne überhaupt etwas anderes zu unternehmen, als einfach dazusitzen und vielleicht eine Zeitung zu lesen –, dann entsteht *die leere Zeit*. Nach einer Weile setzt sich das Kind in Bewegung. In ihrem eigenen Tempo. Du wirst beobachten können, wie sie eigene Ideen bekommt und ihre Lust am Spielen wieder findet – und damit ist die Passivität gebrochen.

Genauso geht man vor, wenn man das kleine Kind ohne weitere Arrangements in den Garten schickt oder am Strand spielen lässt oder an anderen Orten draußen, wo man das Kind unter Aufsicht hat, aber selbst für das Kind nicht sichtbar ist.

Die Kleine bleibt zuerst stehen, trist, schlapp und ohne Eigeninitiative – sie protestiert vielleicht zuerst, weil sie allein gelassen wurde, aber wenn der Protest den Erwachsenen nicht dazu veranlasst, herbeigestürzt zu kommen, um das kleine Kind zu »retten«, wird die Kleine letztendlich die Sache selbst in die Hand nehmen: Sie sieht sich um, erforscht dies und jenes – und kann sich schließlich dabei vortrefflich amüsieren.

Es ist wichtig, dass man dann das Kind wieder hereinholt oder sich ihm anschließt, *bevor* es genug hat und traurig wird! Du solltest also diese Zeit, die das Kind mit sich allein verbringt, beenden, während dein Kind noch Spaß daran hat. Wartest du aber, bis die Kleine aus irgendeinem Grund weint, und holst sie erst dann wieder herein, »erzählt« deine Handlungsweise, dass du offensichtlich einen Fehler gemacht hast und dass es gefährlich ist, allein zu sein: Hier draußen kann ja alles Mögliche passieren und das möchte man auf keinen Fall noch einmal riskieren. (Es geht nicht darum, dass wirklich etwas passieren kann, wie wir alle wissen. Aber wir sollten kleinen Kindern keine Angst vor dem »bösen Wolf« machen.)

Unterbrichst du stattdessen das Spielen allein, während das Kind fröhlich ist, lautet deine Aussage, dass alles in Ordnung ist – und am nächsten Tag kann das kleine Kind einen neuen, kleinen Ausflug starten.

Achtung! Kinder unter fünf Jahren sollte man nicht länger ohne Aufsicht lassen. Die Sache sieht anders aus, wenn man einen eingezäunten Hof oder Garten hat, aber auch in diesem Falle sollte man alle paar Minuten nach dem Kind schauen, ohne es dabei zu stören.

Wenn dein kleines Kind immer an dir »klebt«, kannst du es kurieren, indem du ihm mit der so genannten leeren Zeit die Chance gibst, seine kindliche Fähigkeit zur Eigeninitiative zu entdecken und zu nutzen.

Kommt das Kleine angetrottet – oder angekrabbelt – und zieht an deinem Rockzipfel (oder an deiner Hose), unzufrieden und jammernd, kannst du das Kind erst einmal an dem, was du gerade machst, teilhaben lassen (soziale Beteiligung). Du kannst dich aber auch auf den Fußboden setzen, hinunter auf die Höhe deines Kindes, es umarmen und dort einfach sitzen bleiben, *so lange, wie das Kind es möchte.*

Schließlich wird das Kind sich in Bewegung setzen, etwas finden, das es machen kann, und zu Fuß oder krabbelnd wieder seine eigenen Wege gehen.

Wahrscheinlich wird dein kleines Kind, nach kurzer Zeit gelangweilt, verunsichert und fordernd wieder angelaufen kommen, wieder an dir »kleben«, jammern und hochgenommen werden wollen (meistens, um dann nur auf deinem Arm herumzuhängen, ohne eigentlich Freude daran zu haben). Dann wiederholst du einfach die Prozedur: Setze dich wieder unten hin und bleibe dort sitzen, stehe deinem Kind zur Verfügung, bis es selbst – nicht du! – die Begegnung beendet.

Und das, was dort auf dem Boden stattfindet, wenn man da sitzt und nur da ist, das Kind aber nicht trägt, während es dennoch seine Begegnung, seine Umarmung, seine Mama oder seinen Papa für eine Weile ganz für sich bekommt – genau das ist *die leere Zeit*.

Danach wird das Kind wieder aktiv.

3. Das kleine Kind ist stark an eine erwachsene Person gebunden, die es für hilflos erklärt.

»Du bist hilflos, du brauchst ständig meinen Schutz, ohne mich wirst du nicht zurechtkommen, die Gefahren drohen überall« – so in etwa lautet die Aussage deiner Handlung, wenn du das Kind ständig und immer wieder herumträgst und »tröstest«.

(Auf Seite 709 f. haben wir dieses Thema behandelt, als es um die Schlafprobleme von Kleinkindern ging, die das Gefühl hatten, dass es gefährlich ist, allein zu sein, und nicht die innere Geborgenheit empfanden, dass sie sich trauten zu schlafen.)

Das Spielen allein am Morgen ist eine angenehme Sache für den Erwachsenen, der etwas länger schlafen oder den Tag in seinem eigenen Rhythmus beginnen kann, mit ungestörtem Frühstück wie auch mit ungestörten Gedanken. Aber das Spielen allein ist auch eine äußerst nützliche Sache für das Kind, das bis zur Hilflosigkeit und Angst an den Erwachsenen gebunden worden ist.

Wie schon erwähnt (siehe »*Das Spielen allein am Morgen*«, Seite 272 und »*Elf Monate – ein Jahr. Gute Gewohnheiten werden beibehalten*«, Seite 380) fördert das Spielen allein die kindliche Selbstständigkeit und die allgemeinen Fähigkeiten des Kindes, es regt das Kind dazu an, eigene Initiativen zu ergreifen, und konfrontiert es mit Erfolgen und auch mit Misserfolgen. Kleine Kinder, die regelmäßig allein spielen, lernen selbstständig die Gegenstände und auch die mit ihnen verbundenen Schwierigkeiten zu handhaben und die Dinge nach eigenen, wachsenden Fähigkeiten zu bearbeiten, ohne Steuerung oder Hilfe vonseiten des Erwachsenen. Daraus entstehen der Glaube an das eigene Können, die Freude daran und der Stolz. (All das sollte natürlich nicht überschätzt oder zerstört werden, indem das Spielen auf Betreiben des Erwachsenen in

Verbannung ausartet; siehe »*Wie man es macht. Richtlinien zu deiner Anregung*«, Seite 617)

Das Spielen allein am Morgen ist eine Sache, bei der viele Eltern zu spät merken, dass sie es schon längst hätten einführen sollen. Babys sind ja so toll, wenn sie (erst) morgens um 6 Uhr aufwachen, wenn sich alle (hoffentlich) wieder schlafen legen können; Einjährige sind dann auch so süß, nur schlafen sie nicht wieder ein ... Zweijährige sind in jeder Hinsicht wunderbar, aber um 6.30 Uhr am Sonntagmorgen möchte man sie am liebsten auf dem Markt verkaufen, um noch eine Stunde länger schlafen zu können.

Das Kind beginnt mit dem Spielen allein in einem Alter von drei bis vier Monaten, und es ist natürlich am klügsten, danach an dieser Eigeninitiative festzuhalten. Hat man mittlerweile die Chance verpasst, als sie da war, kann man auch zu einem späteren Zeitpunkt das Spielen allein einführen (vorausgesetzt, dass das kleine Kind einen regelmäßigen, festen Nachtschlaf hat).

Gehe Schritt für Schritt nach folgendem Programm vor:

1. Zum Spielen allein sollte das kleine Kind ein eigenes Zimmer haben, zu dem man die Tür zumachen kann, oder auch nur eine kleine Zimmerecke, die sich abschirmen lässt. Sorge dafür, dass du das Kind beim Spielen beobachten kannst, ohne dass es dich sieht.
2. Die soziale Beteiligung wird systematisiert: Das Kind sollte tagsüber bei einer oder mehreren Gelegenheiten nützlich sein dürfen. Dabei kann man auf Spielzeug ganz verzichten. Die nützlichen Gegenstände des Alltages werden das Spielzeug ersetzen.
Das eigentliche Spielzeug wird für das Spielen allein aufgehoben.
3. Plane eine »Kur« von einer Woche. In dieser einen Woche musst du zusehen, dass du früh aufstehst und gleich guter Laune bist!
4. Besorge pädagogisches Spielzeug oder sortiere und ergänze das vorhandene – fünf oder sechs Teile –, dem Alter des Kindes angepasst. Dazu kommt noch mindestens ein Teil, das Geräusche machen kann. (Zeige dem Kind dieses Spielzeug vorher nicht.) Im Übrigen: Gebrauche deine Phantasie!
Mein Vorschlag (für Kinder im Alter von acht bis neun Monaten im Gitterbett – wenn das kleine Kind schon sitzen kann – bis zum Alter von etwa zwei Jahren): ein Holzstab, auf den man Ringe stecken kann, ein Steckkasten mit Deckel und verschiedenen Löchern und Holzfiguren, die in die dazupassenden Löcher gesteckt werden können, ein Hammerbrett mit Hammer, ein Set Plastikbecher, die man ineinander oder aufeinander stecken kann, Holzklötze, Duplo- und Legosteine, kleine Autos, bei denen die Türen und die Motorhaube aufgemacht werden können, eine kleine Trompete oder ein

Xylophon und – was immer sehr geschätzt wird – eine Mundharmonika (besser eine gute Qualität), eine Spieluhr, die das Kind selbst aufziehen kann, eine Figur, die quiekt, wenn man sie drückt, eine kleine Puppe mit Kleidung, die das Kind an- und ausziehen kann, ein Zeichenblock mit dicken (ungiftigen) Buntstiften (wenn du dir um die Wände nicht allzu große Sorgen machst), ein Comicheft oder eine Zeitschrift, die zerrissen oder zerschnitten werden darf (gegebenenfalls auch eine stumpfe Kinderschere für die etwas größeren Kinder, wobei du bedenken solltest, dass sie manchmal gerne ihre Frisur etwas »verbessern« möchten), alte Lockenwickler oder andere Kleinigkeiten, die niemand mehr braucht, ein Kartenspiel mit einem Gummiband drum herum, (als »Überraschungstüte«) einen kleinen Beutel aus Papier oder Stoff, gut zusammengeschnürt, in dem das neugierige, kleine Kind ein paar interessante Sachen entdecken kann: alte Gardinenringe, einen Backpinsel, alte Fotos von der Familie, die man nicht fürs Fotoalbum braucht, kleine Schellen oder Glöckchen vom letzten Weihnachtsfest, eine Flöte, eine kleine Taschenlampe u.a. Und eventuell noch eine Brotkruste zum Knabbern!

Der Tag ist gekommen: Nimm das Kind am besten erst gar nicht aus dem Bett heraus. Sag glücklich und fröhlich guten Morgen und beginne den Tag damit, die Gardinen aufzuziehen (sofern vorhanden), eine Lampe anzumachen, das Bettzeug zu verstauen. Wickle das Kind im Bett und gib ihm seine Frühstücksflasche – auch im Bett.
Präsentiere dann voller fröhlicher Erwartung und mit viel Enthusiasmus die neuen oder ausgewählten Spielsachen! Das Spielzeug wird ins Bett hineingelegt, du winkst deinem Kind fröhlich zum Abschied zu und verlässt den Raum.
Unterbreche das alleinige Spielen, *bevor* das Kind quengelig wird. Am ersten Tag nach 5 bis 10 Minuten, allerhöchstens 15 Minuten.
Dann wird das ganze Spielzeug weggepackt, es sollte über den restlichen Tag nicht zur Verfügung stehen und auch nicht sichtbar sein.
Die Dauer des Spielens allein wird über diese erste Woche allmählich verlängert. Du musst aber das Spielen immer unterbrechen, solange dein Kind noch vergnügt ist. Heimliches Beobachten! Wird das Kind mitten im Spiel traurig oder wütend, dann warte so lange wie möglich, bis du eingreifst. Vielleicht gelingt es dem Kind ja noch, das Problem selbst zu lösen!
Zu einem gewissen, festgelegten Zeitpunkt gehst du dann hinein und unterbrichst das Spielen, während das Kind noch guter Dinge ist. Dabei machst du

eine große Sache aus eurem Wiedersehen – damit das Kind merkt, dass alles in Ordnung ist, dass alles so ist, wie es sein soll! Die Aussage deiner Haltung lautet: Ein solches, Spielen allein ist zu allen Zeiten praktiziert worden und es ist genauso natürlich wie das Atmen.

Die kleinste Spur von Unruhe, ein fragender Blick oder eine unsichere Stimme geben dem Kind das Gefühl einer drohenden Gefahr.

Größere Kinder, die aus dem Bett klettern können, aber noch zu klein sind, um auf die schläfrige Mama oder den müden Papa Rücksicht zu nehmen, können das Spielzeug – und das Frühstück – im Kinderzimmer auf einem Tisch serviert bekommen. Der Tisch sollte niedrig sein, denn Kinder arbeiten gerne im Stehen oder auf den Knien, d.h., sie kommen leicht ohne Stühle aus.

Die Spielzeugsammlung wird nun um einfache Puzzles, die eine ebene Fläche erfordern, erweitert und mit einem Kreisel – sehr beliebt – und vielleicht einem Malkasten mit einem Becher Wasser dazu.

Auch für größere Kinder gilt, dass das Spielzeug nur beim Spielen allein zur Verfügung stehen sollte. Damit bleibt es attraktiv, und auch die soziale Beteiligung, die über den Tag verteilt stattfindet – mit darauf folgenden, spontanen Freizeitbeschäftigungen –, bleibt attraktiv.

Das Spielzeug muss natürlich täglich mit neuer Begeisterung präsentiert werden, es muss geordnet und komplett sein, eben wie neu, so dass man wirklich Lust bekommt, damit zu spielen! Kein Kind lässt sich von einer großen Spielzeugkiste, in der die Sachen kunterbunt durcheinander liegen, anregen.

Wenn alles für das Spielen allein vorbereitet ist, teilst du deinem Kind deutlich mit, dass du noch ein wenig schlafen möchtest und verabschiedest dich bis zum Vormittagsbrei – oder was dann auf dem Programm stehen mag. Dann verlässt du das Kinderzimmer.

Nach einer Weile wird das Kind angetrottet kommen, um zu sehen, was du machst. Dann gilt es tief zu »schlafen« und richtig langweilig zu erscheinen! Du antwortest nicht, wenn du angesprochen wirst, und stehst natürlich nicht stöhnend auf, um das zu tun, was du eigentlich nicht wolltest; nämlich das Kind zu unterhalten, obwohl es sich ja sehr wohl allein unterhalten kann.

Kleine Kinder können einen Schreck bekommen, wenn man ganz bewegungslos daliegt – sie vermuten instinktiv, dass etwas Schlimmes passiert sein könnte. Deshalb sollte man einen »hörbaren« Schlaf vortäuschen. Stöhnen, schnarchen, sich umdrehen, das Kissen zurechtrücken, aber nicht die Augen aufmachen, nichts sagen, nicht »aufwachen«!

In Ermangelung einer besseren Unterhaltung wird das Kind bald wieder in sein Zimmer zurückkehren.

Das Spielen allein wird immer zu einer bestimmten Zeit unterbrochen; man sollte nicht warten, bis das Kind mit Weinen oder Zähneknirschen mitteilt, dass es sich langweilt und sich verlassen fühlt. Damit wäre nämlich ganz und gar Schluss mit dem Spielen allein; das Kind würde sich weigern, allein zu bleiben, und du hättest dich nur selbst damit bestraft. Es ist auch sehr wichtig, dass du dich immer – bevor du das Kind allein lässt – *vergewisserst, dass es sich nicht in irgendeiner Weise verletzen kann*, falls du wirklich wieder einschlafen solltest. Steckdosen, Rolllädenbänder, lose Kleinteile können gefährlich, ja, sogar *lebensgefährlich* sein.

4. Das kleine Kind wird in seiner Bewegungsfreiheit stark eingeschränkt.

Ein Kind, das ständig »*bäh – bäh!*«, »*pfui!*«, »*gucken, aber nicht anfassen*« und »*lass das!*« zu hören bekommt und das vielleicht zusätzlich angeschnallt oder ins Laufgitter gesetzt wird, verliert am Ende den Mut und die Lust dazu, etwas Neues auszuprobieren, an dem es wahrscheinlich doch nur wieder scheitern würde.

Ab dem Alter, in dem die kleinen Kinder etwas greifen und halten können, sollten sie immer etwas in den Händen haben. Stattdessen bekommen sie leider oft einen Schnuller in den Mund gesteckt, die Händchen hängen unbeschäftigt herunter und der Blick verliert seinen Glanz.

Kleine Kinder sollten nicht in ihrer Entwicklung gehemmt werden – es sollte ihnen erlaubt werden, in dieser Welt voranzukommen; deswegen sind sie doch geboren worden.

In den Abschnitten zu dem sechs bis sieben Monate alten Kind – »Der Forscher«, »Der Arbeiter« – und in dem Abschnitt »Drei Tipps mit auf den Weg« auf den Seiten 322 ff., und 691 ff. findest du Vorschläge, wie du in einer positiven Weise dein Kind mit der Welt, in die es hineingeboren wurde, vertraut machen kannst, ohne es in irgendeiner Weise zu behindern. Dieselben Methoden funktionieren übrigens auch bei älteren Kindern.

Was man zur gegebenen Zeit versäumt hat, kann immer zu einem späteren Zeitpunkt nachgeholt werden. Ein Kind wird nicht darunter leiden, wenn es für eine Zeit lang so behandelt und betrachtet wird, als sei es jünger, als es tatsächlich ist. Ganz im Gegenteil, dies ist eine gut geeignete Medizin, wenn etwas schief gelaufen ist.

Der Mensch schaltet sich seelisch und intellektuell auf Sparflamme, wenn er sich in einer Krise befindet. Ist man beispielsweise krank oder fühlt man sich allgemein unglücklich, hat man ja auch das Gefühl, dass man klein und hilflos ist und kaum die Anforderungen, die an einen gestellt werden, bewältigen kann. Dasselbe gilt für kleine Kinder. Probleme mit Kindern können oft gelöst werden, indem man das Kind »zurückversetzt« – und es eine Weile wie ein wirkliches, kleines Baby behandelt, ernsthaft und mit großer Vorsicht, sehr zärtlich und ohne Forderungen. Bringt man einem Kleinkind sanft und geduldig bei, wie man mit den verschiedenen Sachen, mit denen es konfrontiert wird, korrekt umgeht, kann man dem Kind auch die Bewegungsfreiheit zugestehen, die eine Voraussetzung dafür ist, dass das Kind sich allein beschäftigen kann.

5. Das kleine Kind langweilt sich nur und es ist gar nicht fröhlich – sein Leben hat an Glanz verloren.

Kleine Kinder, die sich langweilen, haben nicht die geringste Lust, sich auf eigene Faust zu beschäftigen, und das ist ja auch kein Wunder. Auch wir Erwachsenen sind nicht gerade voller Tatendrang oder begeistert, wenn das Leben mal nicht so glänzend erscheint.

Kleine Kinder, die ihre Lebenslust verloren haben, können eine gute Anregung gebrauchen, aber bitte auf *menschliche und nicht auf pädagogische Weise*. Vielleicht kann man es so arrangieren, dass ein anderes oder mehrere Kinder zu Besuch kommen, nicht damit sie völlig isoliert mit deinem Kleinen spielen, sondern damit ihr alle zusammen etwas machen könnt, etwas in Richtung soziale Beteiligung! Vielleicht kann man sich auch in dem eigenen, etwas tristen Zuhause umsehen und irgendwelche Veränderungen in Angriff nehmen?

Es erfordert so wenig, um kleine Kinder zu vergnügen ... Der Baum ist so schön, die Blätter ganz rau, eine kleine Ameise krabbelt über den Weg ... Es regnet! Das fühlt sich richtig drollig an! Und sieh doch einmal, was alles unter diesem Stein ist!

Es passiert viel zu leicht, dass man als Erwachsene/r die aufregenden, schönen, herrlichen Dinge im Leben als gegeben hinnimmt. Mit aufgebender Miene gibt man dem Kind dann ein Eis: »Hier hast du dein Eis«, leiert man herunter, anstatt der Gelegenheit etwas Glanz zu verleihen: *»Guck mal, was ich hier* *für dich habe – ein Eis!*« Wir vergessen, uns mit dem Kind zusammen zu freuen – denn Kinder bekommen ja so oft dies oder jenes –, und rauben damit letztendlich dem Kind die Freude daran. Was für den Erwachsenen selbstverständlich (und langweilig) ist, wird auch bald für das Kind selbstverständlich (und langweilig) sein.

Verwöhnte Gören – entschuldige meinen Ausdruck – wurden in dem Abschnitt »Wie man es macht. Richtlinien zu deiner Anregung«, Seite 617 behandelt. Kinder, die sich langweilen, sind insofern verwöhnt, als sie die Freude an den guten Sachen im Leben verloren haben – vielleicht aber haben sie sie nur noch nie richtig kennen gelernt?

Viel zu schnell gewöhnt sich der Mensch – der große wie auch der kleine – an die guten Seiten des Lebens. Dagegen werden wir uns nie an das Schlechte gewöhnen. Das wird uns immer aufregen, uns langweilen oder uns beständig ärgern. Eine merkwürdige und traurige Einrichtung!

Es wäre aber unmenschlich, zu verlangen, dass der/die Erwachsene ständig fröhlich sein soll, immer in Form, immer begeisterungsfähig, damit er/sie ständig die kleinen, sich langweilenden Kinder herausfordern kann. Vieles ist schon gewonnen, wenn man den Alltag strukturiert – siehe den folgenden Abschnitt »*Susi und ihre Mutter, ein alltägliches Beispiel*«.

Genügend Schlaf, eine feste Routine, viel frische Luft, systematisierte soziale Beteiligung und mindestens einmal am Tag richtig schön lachen – auch wenn es durch Kitzeln hervorgelockt werden muss – werden selbst den härtesten Fall von Lebensüberdruss kurieren.

Susi und ihre Mutter, ein alltägliches Beispiel

Susis Mutter betrachtet sich selbst als eine Art Spieltante. Wenn die kleine Susi sich an Mamas Rockzipfel hängt, während die Mutter gerade Geschirr abwäscht, unterbricht sie ihre Arbeit und setzt sich mit Susi hin, um ein Puzzle zu legen. Ist die Mutter vielleicht gerade nicht so gut gelaunt, sagt sie: »Nein, ich habe jetzt keine Zeit zum Spielen. Ich muss jetzt abwaschen.« Sie lässt Susi nicht am Abwasch teilhaben. Sie hebt das Kind nicht hoch und setzt es auf die Arbeitsfläche, und sie gibt ihr auch keine Abwaschbürste in die kleine Hand und auch keinen Becher und sie dreht auch nicht den Wasserhahn mit ihr zusammen auf. Sie gibt in Susis Welt immer nur ihr Gastspiel, in einer Kinderwelt, die von ihrer eigenen streng getrennt ist.

Susi kann auch ohne die Hilfe ihrer Mutter spielen. Geht es aber um eine soziale Beteiligung, ist für die Kleine der mütterliche Beistand Voraussetzung.

Susi ist ein anhängliches, unzufriedenes kleines Mädchen, das sich nicht sehr lange allein beschäftigen kann. Denn sie hat keine »Arbeit«, von der sie eine verdiente Pause machen kann. Sie hat auch keine für die Erwachsenen (für die »Herde«, für ihre Mutter) gültige Wirklichkeit, die sie in ihrem Spiel verarbeiten kann.

Susis Mutter hat sich dafür entschieden, zu Hause bei ihrer Tochter zu bleiben, auch nach dem Mutterschutz. Sie ist der Meinung, dass Susi sie in den ersten Jahren zu Hause braucht. Für diese Entscheidung wird sie nun von der Gesellschaft bestraft, indem auch sie aus der sozialen Gemeinschaft verbannt wird.

Das Interessante, und auch das Traurige, dabei ist, dass es in der Gesellschaft keinen Platz für Susis Mutter gibt, *außer wenn sie darauf verzichtet, ihr Leben mit ihrer Tochter zusammen zu leben.*

Ihre eigene soziale Beteiligung setzt voraus, dass sie darauf verzichtet, Susi die soziale Beteiligung zu geben, welche das Kind aus einem angeborenen und unabwendbaren Trieb heraus braucht und welche sie in ihrer Pflicht als Mutter in bestmöglicher Weise versuchen müsste zu befriedigen.

Folglich verzichtet Susis Mutter, um es sich selbst zu ermöglichen, mit ihrem Kind zusammen zu sein, auf die eigene, soziale Gemeinschaft. Damit endet sie in einer Art verlängertem Mutterschutz, in der Isolation. Mehr oder weniger permanent befindet sie sich in einer Gastrolle in der Kinderwelt ihrer Tochter, sozial abgekapselt von der übrigen Gesellschaft, die das Familienleben vom Arbeitsleben streng getrennt hat.

Ihre eigene Arbeit, die notwendig für die Existenz der kleinen »Herde« ist, erledigt Susis Mutter, so schnell sie nur kann, während Susi schläft. Im Übrigen widmet sie Susi ihre ganze Zeit. Sie spielt mit ihr, sie geht mit ihr spazieren, sie kauft ihr Spielzeug, sie nimmt mit ihr an allen Aktivitäten für Kinder, die von der Gemeinde angeboten werden, teil. Zu Hause trägt sie die kleine Susi umher, tröstet sie, wiegt und singt sie in den Schlaf. Und sie schläft mit ihr zusammen in einem Bett.

Privat hat sie ihr eigenes Leben aufgegeben. Sie trifft sich mit niemandem. Sie geht abends nie aus. Sie steht voll und ganz zu Susis Verfügung.

Trotzdem ist Susi nicht zufrieden. Oder sind alle Kinder so fordernd?, fragt sich ihre Mutter. Und warum ist sie selbst so unzufrieden? Warum findet sie, dass alles so außerordentlich mühsam ist? Warum ist es so schwierig? So langweilig? Dabei ist es doch genau das, was sie wollte. Sie hat sich doch selbst dazu entschieden, bei ihrem Kind zu Hause zu bleiben?

Immer und immer wieder fragt sie sich, was nicht in Ordnung ist, und wird selbst zu ihrem eigenen, strengsten Richter: Sicherlich schenkt sie Susi zu wenig Aufmerksamkeit, denkt sie. Das wird es wohl sein. Sie liebt ihre Tochter wahrscheinlich nicht genug. Sie macht nicht genug, um ihre kleine Susi glücklich zu machen. Sie ist wohl eine schlechte Mutter. Sie muss mehr tun für ihre Kleine, sie viel mehr lieben, noch mehr mit ihr spielen und ihr noch mehr Aufmerksamkeit schenken … Aber wie?

Eines Tages unterzieht Susis Mutter ihr Dasein einer gründlichen Überprüfung. Sie trifft den Entschluss, den Alltag so einzurichten, wie sie ihn haben will. Sie entscheidet sich dafür, ein Dasein aufzubauen, bei dem ihr eigener Wille Ausgangspunkt des Geschehens ist. Ein Leben, das für sie selbst notwendig ist – oder ihr zumindest so erscheint – und in dem für die kleine Susi auch noch genügend Platz ist.

Eines Abends setzt sie sich hin und denkt über ihre Entscheidung nach. Es gibt zwei Voraussetzungen: Sie will zu Hause bleiben und sie möchte ihren Alltag nicht von Susis trennen.

Sie muss mit dem, was sie nun unternimmt, kein Geld verdienen. Nichtsdestotrotz müssen diese Aktivitäten für sie notwendig sein – oder so erscheinen.

Susis Mutter legt fest, dass sie anfangen möchte zu malen. Sie wollte schon immer gerne zeichnen und malen, es ist nur nie etwas daraus geworden. Langsam steigt die Begeisterung in ihr hoch, während sie dasitzt und Pläne schmiedet. Für jeden Tag legt sie eine bestimmte Zeit fürs Malen fest. Egal ob sie an der Leinwand oder auf dem Zeichenblock etwas zustande bringt oder nicht, will sie sich täglich für diese bestimmte, begrenzte Zeit damit beschäftigen, es einfach versuchen. So will sie sich selbst – und auch Susi – davon überzeugen, dass das Malen kein Hobby ist, mit dem man sich beschäftigt, wenn man gerade Zeit und Lust hat, sondern eine Tätigkeit, *die für die Existenz der Familie notwendig ist.*

Was will sie noch? Sie möchte sich mit anderen Menschen treffen. Wie oft? Und wie? Einen Abend pro Woche? Oder zwei?

Und was möchte sie für Susi? Sie soll sich mit anderen Kindern treffen. Wie kann das arrangiert werden? Susis Mutter überlegt und plant und macht einen ersten Entwurf, der noch strukturiert werden muss, bis er etwas Gestalt annimmt, was ihr – und auch Susis – Leben künftig ausmachen soll.

Der neue Alltag nimmt Form an.

Susis Mutter macht einen Tauschplan mit zwei Freundinnen, die auch Kinder haben. Alle bekommen so zwei freie Abende pro Woche. Bemerkenswerterweise lässt Susi, die sonst ihre Mutter kaum aus den Augen lassen wollte, Mama gehen, ohne zu protestieren, und dazu ist sie damit einverstanden, bei den anderen Kindern zu übernachten – weil diese Abmachung *für ihre Mutter notwendig ist* (erscheint).

Zu Hause beginnt der Tag mit dem gemeinsamen Frühstück, danach spielt Susi alleine. Nur zu diesem Zeitpunkt im Laufe des Tages spielt sie mit ihrem Spielzeug. Susis Mutter bekommt ein paar Stunden für sich.

Man trifft sich zu einer festgelegten Zeit zu einer Mahlzeit am Vormittag wieder und danach gehen beide spazieren.

Die Zeit draußen gehört Susi. Mama steht zu ihrer Verfügung, als Werkzeug und als Spielkameradin. Sie gehen Treppen hoch und wieder hinunter, was Susi zurzeit besonders interessant findet, sie trampeln in Pfützen herum, sie geben sich abwechselnd Schwung beim Schaukeln auf dem Spielplatz. Sie sehen sich Bäume an, spielen im Sand und begrüßen manchmal einen Hund oder zwei. Das Tempo wird von Susi bestimmt, die ohne Buggy unterwegs ist. Die Welt gehört ihr. Ihre Mutter bietet ihr die Welt an, öffnet ihr neue Möglichkeiten und erlaubt ihr, sie auszutesten.

Nach ungefähr einer Stunde gehen sie wieder nach Hause, denn jetzt ist es für Mama Zeit zum Arbeiten. Nichts darf dazwischenkommen. Das Malen ist lebensnotwendig. Es darf unter keinen Umständen in Frage gestellt werden. Susi wird lernen, diese Arbeit, die gemacht werden muss und soll, zu respektieren.

Susi kommt hin und wieder und schaut, was Mama macht. Manchmal möchte sie auch mithelfen. Dann darf sie eine Weile die Staffelei halten; Mama sieht so aus, als sei dies sehr wichtig. Sie bedankt sich sehr für die Hilfe, wenn Susi meint, dass sie ihre Aufgabe zu Ende gebracht hat. Susi darf auch ab und an einen Pinsel sauber machen, richtig gründlich – wie Mama es auch immer macht und mit Mamas Hand um die ihre. Es ist eine schwierige und verantwortungsvolle Aufgabe, die Mama natürlich niemals allein so gut hinbekommen hätte.

Um soundsoviel Uhr ist die Arbeitszeit vorbei.

»*Jetzt sind wir fertig!*«, teilt Mama mit und markiert damit deutlich den Übergang: Jetzt ist es Zeit zum Essen. Aber erst wird gekocht. Susi hilft mit. Sie sitzt auf der Arbeitsfläche und hat die Funktion des Handlangers. Mama nimmt ihre Leistungen sehr ernst und bedankt sich gründlich dafür.

Dann essen sie. Nach dem Essen räumt Mama auf. Sobald Susi Anzeichen macht, mithelfen zu wollen, zieht Mama Nutzen aus ihrer Beteiligung an den verschiedenen Aufgaben. Nach getaner Arbeit erholt sich Susi und spielt eine Weile allein.

Eine Aufgabe war beispielsweise, einen Schneebesen wegzulegen. Sie legt den Schneebesen ordentlich in die von Mama gezeigte Schublade. Mama bedankt sich: »*Ausgezeichnet! Danke schön!*« Dann holt Susi den Schneebesen wieder aus der Schublade, schleppt einen Stuhl an die Spüle und möchte, dass Mama ihr dabei hilft den Wasserhahn aufzudrehen. Mama hilft ihr und Susi rührt mit dem Schneebesen im Wasser. Mit dem Schneebesen und anderen Sachen – mit der Abwaschbürste, dem Wischlappen und einer Tasse – vergnügt Susi sich eine halbe Stunde lang, bis sie schließlich selbst in die Spüle klettert. Mama lässt ihr den Spaß. Ihre Tochter ist zufrieden und Mama auch.

Das Wichtigste war nicht, dass der Schneebesen in der Schublade liegen blieb, sondern dass Susi ihn wirklich dort *hineinlegte*, wie es ihre Aufgabe war. Als sie ihn danach wieder hervorholte, um damit zu spielen – die Wirklichkeit zu bearbeiten –, hat sie sich selbst beschäftigt. Sie hat frei gespielt.

Das Spielen der Kinder sollte nie gesteuert oder angeleitet, höchstens einmal erleichtert werden, wenn es notwendig sein sollte.

»*Komm, meine Kleine*«, sagt Susis Mama dann und hebt ihr durchnässtes Kind aus der Spüle, trocknet sie ab und zieht ihr trockene Sachen an. »*Jetzt wollen wir mal schauen, was jetzt zu tun ist. Wir wollen Wäsche waschen! Das wird bestimmt lustig! Hast du diesen dreckigen Pullover gesehen? Hier ist ein großer Fleck und da ist noch einer. Den kannst du bitte tragen.*«

Es folgt eine große Expedition in den Keller, wo die Waschmaschine steht. Die Arbeit ist wichtig. Susis Hilfe wird gebraucht. Susi ist nützlich – sie trägt Mamas Pullover und stopft ihn in die Waschmaschine. Ihre Hilfe ist notwendig für Mama; *die anderen kommen ohne mich schlechter zurecht.*

An manchen Abenden entspannen sich die beiden, Mama und Susi, sie sehen fern, spielen und schmusen – nicht, weil es für Mama notwendig ist, damit sie nicht als schlechte Mutter dasteht, sondern weil Mama es gerne möchte und es wirklich *mag*. Und an anderen Abenden amüsieren sie sich getrennt – nach dem festgelegten Tauschplan – mit ihren jeweiligen Freundinnen und Freunden.

Und manchmal gehen sie zusammen aus, besuchen Leute oder bekommen selbst Besuch – und *das alles gemeinsam*.

Nun legt Mama Susi immer in ihrem eigenen Zimmer schlafen. Sie tut es, als sei es die natürlichste Sache der Welt: *Nachts wird geschlafen*, und jeder schläft für sich allein, damit sie genügend Kraft bekommen für die Arbeit, die am nächsten Tag erledigt werden muss: all das, was notwendigerweise gemacht werden muss, all das, was man zusammen macht, und all das, was man getrennt macht – und auch all das, was man nur aus purem Vergnügen macht!

Das Letzte, was Susi täglich vor dem Einschlafen macht, ist lachen, perlend und lebensfroh.

Susis Mutter lässt keinen Tag verstreichen, ohne dass dieses Lachen seine Perlen über ihn gestreut hat.

Die Frau an den Herd, bei den Kindern?
Ja!
Der Mann an den Herd, bei den Kindern?
Ja!
Und vor allem die ganze Arbeit an die Familie.
An die ganze Familie.

Zwei Eltern um ein und dasselbe Kind

Es ist eine komplizierte Tatsache, dass es immer zwei Eltern um ein und dasselbe Kind gibt.

Solange die Eltern alles in Ruhe besprechen können und auf freundliche Weise eine gemeinsame Haltung erreichen können, ist alles schön und gut.

Aber gibt es Sand im Getriebe der elterlichen Beziehung, gibt es jede Menge Details im Bereich der Kindererziehung, die den Kurs auf Kollision bringen können. Papa findet vielleicht, dass das Kind anständig mit seinem Essen umgehen soll, während Mama findet, das sei nicht so wichtig – noch nicht. Oder Mama schimpft und fordert Gehorsam, während Papa das Kind in Schutz nimmt – und hoppla, schon ist das Kind zum hin und her geworfenen emotionalen Spielball der Eltern geworden.

Geht die elterliche Beziehung dann zu Bruch, wird das Kind vielleicht bei Mama bleiben und darf soundso oft Papa besuchen (und wenn das Kind danach wieder bei Mama ist, meint sie: »*Die Kleine verhält sich ja ganz anders als sonst! Was hat er bloß mit ihr angestellt?*«).

Irgendwann tritt vielleicht ein neuer Mann in das Leben und das Zuhause der Mama ein und Papa Nummer zwei erscheint auf der Bildfläche. Egal ob er vage oder auch ganz klare Vorstellungen von der Kindererziehung hat – er hat seine eigenen Vorstellungen. Und dann bekommen er und Mama vielleicht ein gemeinsames Kind.

Und auch Papa heiratet vielleicht wieder und bekommt ebenfalls ein weiteres Kind.

Damit ist die heutzutage nicht ungewöhnliche Gegebenheit entstanden, dass das Kind zwei Mamas, zwei Papas und ein oder mehrere Halbgeschwister bekommen hat. Auch Großeltern nehmen vielleicht in doppelter Besetzung ihre Interessen in Bezug auf ihre Enkel wahr, und das jeweils mit *ihrer* Auffassung von Kindererziehung. Und mitten in diesem Durcheinander steht eine hauptverantwortliche Mutter oder ein Vater, und ihr oder ihm ist es jetzt vollkommen klar geworden, dass das A und O der Kindererziehung die *Konsequenz* ist.

Wie soll ein Kind aber eine konsequente Erziehung bekommen, wenn der eine Elternteil andauernd etwas erlaubt, was der andere Elternteil ständig verbietet, oder wenn der andere Dinge unterlässt, die man selbst für überaus notwendig hält? Wenn die Eltern sich gegenseitig ständig den Teppich unter den Füßen wegziehen?

Sind dann noch neue Partner mit genauso vielen eigenen Anschauungen zum Thema Kindererziehung dazugekommen, dann ist es nicht verwunderlich, wenn die arme Mutter oder der arme Vater verunsichert wird.

Zwei Eltern, die unter demselben Dach leben, sollten in jedem Fall dieselben Prinzipien und Richtlinien bei ihrer Erziehungsmethode anstreben. Wenn also Papa das Kind um 19 Uhr zu Bett legt, ist es nicht Sinn der Sache, dass Mama das Kind wieder hochnimmt und meint: »*Sie braucht doch erst um 20 Uhr ins Bett!*« Papa, der – in diesem Fall – den ganzen Tag nicht zu Hause war, glaubt, dass das Kind wie üblich um 19 Uhr ins Bett gebracht werden soll. Aber Mama, die den ganzen Tag mit der Kleinen zu Hause gewesen ist, weiß, dass sie außergewöhnlich spät und außergewöhnlich lange ihren Mittagsschlaf gemacht hat; deshalb wird sie sowieso vor 20 Uhr nicht schlafen können. Dies ist aber etwas, das unter den Eltern besprochen werden sollte – *vor* dem Zu-Bett-Bringen des Kindes. Diese kleine Bettgeschichte hat einen symbolischen Wert.

Als Mutter bzw. Vater kann man nicht einfach unterbrechen und das, was der andere Elternteil gerade macht, in Frage stellen oder ganz über Bord werfen.

Dann ist es schon zu spät. Dies muss vorher – oder auch nachher – geklärt werden, und diese Abmachung trifft man besser ohne das Kind als Zeugen, weil es die Meinungsverschiedenheiten als Unsicherheit bei den Eltern auffassen könnte und sie so als Bedrohung für seine eigene Sicherheit und seine Existenz sieht.

Geht es um zwei Elternteile, die getrennt leben, ist die Situation eine ganz andere.

Das Problem der konsequenten Erziehung ist dann weniger ein Problem für das Kind als vielmehr für die Eltern. Das Kind hat eine sehr sachliche Einstellung. Es erfasst die Lage sehr schnell – was hier Gültigkeit hat und was dort geltend ist. Dass man bei Papa zu Bett gehen darf, wenn man dazu Lust hat, heißt nicht, dass man bei Mama dasselbe tun darf, und umgekehrt. Es ist nicht »viel anders«, als dass Papa kurze Haare und dunkle Möbel hat und Mama lange Haare und helle Möbel. An unterschiedlichen Orten herrschen eben unterschiedliche Verhältnisse und Regeln.

Ein und dasselbe Kind kann bei seiner strengen Großmutter demonstrativ artig auf der äußersten Kante vom Stuhl sitzen, während es bei seinem lustigen Opa wild umhertobt.

»So benimmt er sich nie, wenn er bei mir ist«, sagt eine Mutter verblüfft, als sie erfährt, dass der Junge laut und unbändig ist, wenn er bei seinem Papa ist. Natürlich fragt sich die Mutter, ob dieses für sie fremde Verhalten darauf hindeutet, dass der Junge sich bei seinem Vater nicht wohl fühlt und dass er sich aus Protest schlecht benimmt. Eine wahrscheinlichere Erklärung für sein Verhalten ist, dass er bei Papa wild sein und Blödsinn machen *darf*. Entsprechend reagiert der Junge mit verwirrter Miene, als Mama ihn fragt: »*Geht es dir nicht so gut bei Papa?*« – »*Doch klar, es ist richtig toll bei ihm.*« – »*Aber warum machst du dann so viel Unsinn?*« – »*Tue ich das?*«

Während die Persönlichkeit dem Kind folgt, wird das Verhalten der Umgebung angepasst.

Was man als Mutter oder Vater als Folge einer inkonsequenten Erziehung befürchtet, ist ja meistens, dass die Persönlichkeit des Kindes darunter leiden könnte. Aber die Persönlichkeit gehört dem Kind ganz allein. Und ich glaube nicht, dass die Erziehung in nennenswertem Maße die Persönlichkeit beeinflussen kann, und wenn sie es doch geringfügig vermag, dann nie dauerhaft.

Das *Verhalten* des Kindes wird dagegen von den gerade vorherrschenden Verhältnissen bestimmt und von der Erziehung, die dort gerade praktiziert wird, wo sich das Kind aufhält. Das Verhalten folgt nicht dem Kind, wenn es das Kind nicht für notwendig befindet.

Tante Emma lobt ihre Nichte, die zu Besuch gekommen und so wohlerzogen ist. »*Du bist ja so ein liebes Mädchen, mein kleiner Schatz! Du bist wirklich einzigartig.*« Nach dem Mittagessen bedankt sich das Kind für die schöne Mahlzeit. Darauf schlägt Tante Emma die Arme über dem Kopf zusammen und meint: »Aber, liebes Kind, du brauchst dich doch nicht zu bedanken!« Die Folge ist, dass das Kind sich nicht mehr die Mühe machen wird, sich zu bedanken. (»Ach so, hier bedankt man sich nicht fürs Essen!«) Und schon bald hat Tante Emma keinen Grund mehr, ihre Nichte für ihr wohlerzogenes Verhalten zu loben.

Das Kind ist also nicht artig, nur weil es gelernt hat, sich artig zu benehmen. Das Kind wird auch nicht unartig, wenn man nicht länger von ihm fordert, dass es artig ist; es hört bloß auf, sich artig zu verhalten.

Die Auffassung, dass das Verhalten gewissermaßen dem Kind folgt und ein Ausdruck der kindlichen Persönlichkeit sei, bewirkt, dass viele Erwachsene es unterlassen, erzieherisch auf das Kind einzuwirken. »Das ist Sache der Mutter, des Vaters, der Tagesstätte.« Sie unterlassen damit, dem Kind klar zu machen, welche Regeln *hier* vorherrschend sind.

Das Kind wird – auf seine Methode – trotzdem herausbekommen, was gültig ist. Und diese Methode, die es dann praktiziert, ist, wie wir alle wissen, nicht immer sehr angenehm (»Was passiert wohl, wenn ich auf den Fußboden spucke?« – »Darf ich dem Hund mein Butterbrot geben?« – »Lässt sie es sich gefallen, wenn ich sie blöde Ziege nenne?« – »Kann ich mich einfach weigern, ihre Anweisungen zu befolgen?«). Worauf die Erwachsenen *das Kind* als unangenehm abstempeln – ohne eine Antwort auf die Fragen, die das Kind in Form von diesen Provokationen zum Ausdruck bringt, zu geben und ohne zu zeigen, was *hier* geltend ist.

Natürlich soll man als hauptverantwortliche Erziehungsperson nicht alles vom anderen Elternteil hinnehmen und auch nicht von eventuellen, neu hinzugekommenen »Eltern«. Man sollte nicht erwarten, dass das Kind sein Verhalten einfach nur anpassen wird. Man muss einem Kind ja auch Schutz gewähren. An erster Stelle kommt immer die Freude des Kindes, seine Lebenslust.

Aber das Problem für viele der allein stehenden Mütter, mit denen ich gesprochen habe, ist selten, dass die Kinder traurig, deprimiert oder unglücklich wirken, wenn sie von ihrem Papa wieder nach Hause zurückkehren. Stattdessen ist es die unterbrochene Routine, die stört. Das Kind ist übermüdet, erschöpft, schreit nach Süßigkeiten – und man stellt entsprechende Schlussfolgerungen an: Sicherlich hat das Kind von seinem Vater regelrechte Berge von Süßigkeiten bekommen; oder das Kind isst wie ein Wolf (es hat hungern müssen); es hat einen roten Po (es ist nicht richtig gewaschen worden); es kam zu spät zur Schule (der Vater nimmt seine Verantwortung nicht ernst) etc. Auf jeden Fall ist die Routine unterbrochen und die Folgen sind unangenehm. Um nach einer Übermüdung das Gleichgewicht wieder zu finden, kann es z.B. zwei bis drei Tage dauern, die nicht gerade angenehm sind.

Aber eine unterbrochene Routine sollte nicht zu Misstrauen führen. Die Kinder passen sich den geltenden Normen an – oder auch den fehlenden Normen.

Man muss Vertrauen darin haben, dass der andere Elternteil dazu fähig ist, für sein Kind zu sorgen und die Verantwortung dafür zu übernehmen.

Nur wenn das Kind offensichtliche Zeichen von Angst, Depression oder tiefer Unruhe aufweist, hat man Grund – und auch die Pflicht – zum Eingreifen (siehe auch »Wenn etwas schief läuft: Das Neugeborene ist unglücklich«, Seite 168).

Ein kleines Kind, das schreit: »*Ich will nicht zu Papa!*«, wird wahrscheinlich seine Mutter testen wollen. »*Möchtest du, dass ich zu Papa gehe?*«, lautet die Frage hinter dem Protest.

Gibt das Kind nach, wenn die Antwort lächelnd und spaßig ist: »Doch, du willst doch zu Papa, du spinnst ja nur ein bisschen«, oder wenn die Antwort nur eine kleine, ruhige Richtigstellung ist: »Doch, es wird bestimmt lustig, du wirst schon sehen«, dann wurde die Frage nur der Form wegen gestellt und die Sache ist damit erledigt: Mama hat ihre Bestätigung gegeben.

Aber ein kleines Kind, das mit seinen Fragen sehr beharrlich und ausdauernd ist, kann den Widerstand der Mutter und die Streitigkeiten der Eltern spüren, und es fordert eine entsprechend klarere, *befreiende* Antwort. In dem Fall ist die Frage, die hinter dem Protest steht, ernster.

Wehrst du dich als Mutter – offen oder verdeckt – gegen ein Zusammenkommen deines Kindes mit seinem Vater, bringst du das Kind dadurch in eine Konfliktsituation. Ob es dir nun gefällt oder nicht, dass das Kind seinen Vater besucht, du musst um jeden Preis versuchen, diese Tatsache zu akzeptieren – *deines Kindes wegen.*

Ein Kind, das beharrlich nach Antworten verlangt, wird nicht aufhören zu protestieren, bevor die Mutter es davon überzeugt hat, dass sie *selbst* möchte, dass das Kind seinen Vater besucht. »*Doch, mein Kind, du gehst zu Papa. Du wirst viel Spaß haben, das weiß ich. Und ich werde in der Zeit etwas machen, das mir Spaß macht. Und danach sehen wir uns wieder. Ich möchte, dass du zu Papa gehst, verstehst du, und es wird alles gut werden.*«

Ein beharrlich fragendes Kind wird selten oder nie mit Argumenten zufrieden sein, die nur das Wohl des Kindes (oder Papas) hervorheben.

Alex, vier Jahre, schreit wie am Spieß. Er will auf keinen Fall zu seinem Papa.

Seine Mutter nimmt ihn eine Weile auf den Schoß und redet mit ihm über dies und jenes. Sie vermutet, dass Alex sie deshalb nicht verlassen will, weil er das Gefühl hat, heute zu wenig mit ihr zusammen gewesen zu sein. Nach einer längeren Phase des Zusammenseins, des Redens und des Schmusens fragt sie ihn schließlich: »*Und freust du dich darauf, Papa zu besuchen?*« – »*Oh, ja!*«, sagt der Kleine. »*Und mein Teddy kommt heute wieder mit.*« Alex hatte seine Mutter schon im Voraus vermisst, er brauchte ihre Nähe. Nun ist seine Sehnsucht nach ihr befriedigt worden und er ist bereit für neue Abenteuer.

Lisa, auch vier Jahre alt, will wirklich nicht zu ihrem Vater. In der Nacht vor dem geplanten Besuch nässt sie ein. Sobald die Sache angesprochen wird, fängt sie an, laut zu weinen, und schreit wie wild, als sie angezogen werden soll. Als der Vater kommt, um sie abzuholen, muss er sie auf den Arm nehmen und sie festhalten, um sie mitnehmen zu können.

Bei einem solchen Protest muss man unerbittlich eingreifen, um das Kind zu schützen. Der Vater muss ein anderes Mal wiederkommen. Er muss sehr behutsam vorgehen; beispielsweise kann er Lisa dazu überreden, einen kleinen Spaziergang mit ihm zu machen, und nach und nach kann er die Zeit, die sie zusammen verbringen, verlängern, bis die Kleine von sich aus sagt, dass sie mit ihm nach Hause gehen möchte.

Geschiedene Väter, deren Kinder bei ihren Müttern leben, und geschiedene Mütter, deren Kinder bei ihren Vätern leben, müssen unweigerlich in einer wichtigen Hinsicht zurückstecken: Sie verlieren den Alltagskontakt zu ihrem Kind. Der Alltag kennzeichnet die gemeinsame Existenz, den Kampf um diese Existenz mit dem gemeinsamen Ziel, zu überleben. Das Mitglied der »Herde«, der Familie, das weggegangen ist zu einem anderen Ort, gehört nicht mehr zur »Herde«. Er oder sie wird zum Gast in der alten »Herde«.

Als Gast kann ihm oder ihr sogar mit Misstrauen begegnet werden. Wie bei einem unerwünschten, fremden Gast verhält sich das Kind erst einmal abwartend, weil es das Territorium seiner »Herde« schützen möchte.

Es ist überaus wichtig, dass der weggezogene Elternteil so bald wie möglich das Kind in die neue »Herde« mit hineinbringt, zu der er oder sie jetzt gehört – oder die er oder sie allein ausmacht. So funktioniert es besser, als wenn das Kind in seiner eigenen »Herde« besucht wird. Nur so kann sich das Kind ein Bild von den Lebensumständen in der neuen »Herde« machen, und da der Elternteil kein Gast ist, sondern dazugehört, kann das Kind *dort* zu diesem Elternteil gehören und sich ihm oder ihr anschließen.

Dagegen kann ein Kind *nicht* zu einem Besucher »gehören« (siehe »Aus meinem Leben – Theorien zum Trost«, im 4. Teil dieses Buches über die Theorie des unentbehrlichen, menschlichen Zentrums, Seite 405).

Was das Kind in seinem zweiten Zuhause vor allem braucht, sind nicht ein eigenes Zimmer und jede Menge Sachen, die ihm gehören, sondern die Teilnahme an einer Wirklichkeit, die für den Erwachsenen dort gültig ist. Das Kind sollte die Freuden und Sorgen des Alltagslebens in der neuen »Herde« miterleben dürfen, und es sollte ihm erlaubt werden, zu helfen und gebraucht zu werden im gemeinsamen Kampf ums Überleben – auch wenn es nur in kleinster und fast unbedeutender Weise geschieht.

Väter mögen in der Regel den Gedanken nicht, dass sie zu so genannten Wochenendvätern werden sollen. Sie mögen nicht diejenigen sein, die mit ihren Kindern in den Vergnügungspark und in den Zoo und in Restaurants gehen und immer alles bezahlen. Ich glaube, ihr Widerwille entsteht, weil sie wissen, dass dies nicht das »wirkliche« Leben ihrer Kinder ist. So wird der Kampf um die Existenz nicht geführt. So lebt keine richtige »Herde«.

Soll das Kind weiter auf seinen Vater als Leiter und Beschützer zählen können, ist es erforderlich, dass *der Vater das Kind mit in die Wirklichkeit nimmt, die für ihn selbst gültig ist*. Und es ist besser, mit dem kleinen Sohn oder der kleinen Tochter übers Wochenende zelten zu fahren und gemeinsam ums Überleben zu kämpfen, als sich im Vergnügungspark zu amüsieren!

»*Warum hast du* mir *gar nichts davon erzählt?*«, fragt so mancher fortgezogene Vater (oder Mutter) das Kind, wenn sich etwas ereignet hat und er (oder sie) es erst viel später und indirekt erfahren hat. Wohingegen sich die Kinder fast ohne Ausnahme an die Mitglieder der alltäglichen »Herde« wenden werden.

Bewegt sich das Kind außerhalb seiner alltäglichen »Herde«, muss man es fortwährend darauf aufmerksam machen, dass es sich auch in der neuen »Herde« auf Schutz und Anleitung verlassen kann – und doch scheint es für ein Kind sehr schwirig zu sein, unaufgefordert die Angebote vonseiten der neuen »Herde« anzunehmen und sie zu nutzen. Das Kind nimmt von sich aus selten solche Interessen außerhalb der eigenen »Herde« wahr. Es ist weder Gleichgültigkeit noch abgekühlte Liebe, die dahinter stecken, sondern ausschließlich das Zugehörigkeitsgefühl des Kindes zur eigenen Herde. Deshalb liegt es am fortgezogenen Elternteil, mit Kraft und Ausdauer – und bei sehr kleinen Kindern ganz und gar einseitig – selbst für den Fortbestand der Beziehung zwischen sich und dem Kind zu kämpfen, ohne zu erwarten, dass das Kind etwas dazu beiträgt, und ohne sich verletzt zu fühlen, wenn das Kind es nicht tut.

Auch ziemlich große Kinder, bis ins Teenageralter, muss man daran erinnern, dass man noch existiert, wenn man nicht mit ihnen zusammenlebt. Ein täglicher Kontakt per Telefon, wenn auch nur ein kurzes Gespräch, oder ein paar Zeilen per E-Mail oder Brief einige Male pro Woche bewahren dir einen Platz im Alltagsbewusstsein deines Kindes.

Beim Zusammentreffen eines fortgezogenen Elternteils mit seinem Kind ist die *Regelmäßigkeit* das Wichtigste. Es kann viel Zeit zwischen den Besuchen vergehen, aber sie sollten regelmäßig stattfinden. Auch sehr kleine Kinder spüren diese und wissen damit, was sie erwarten können – im Gegensatz zu zufällig auftretenden Kontakten. Ein unregelmäßiger Kontakt kann sehr gemütlich und auch ergiebig sein, aber erst durch die Regelmäßigkeit kann die Beziehung ausgebaut werden und *sich weiterentwickeln*. Als Erwachsene verhalten wir uns ja auch anders einem Freund gegenüber, von dem wir wissen, dass man ihn in regelmäßigen Abständen wieder sehen wird, als einem Menschen gegenüber, den man vielleicht nie wieder sehen wird.

Die Besuche sollten auf realistische Weise geplant und *festgelegt* werden.

Lieber jeden Monat ein Wochenende, als drei Wochenenden in einem Monat und im nächsten keines. Und soll es drei Besuchswochenenden in einem Monat geben und keines im darauf folgenden Monat, sollte man auch hier eine laufende Regelmäßigkeit einrichten: alle zwei Monate drei Wochenendbesuche und alle zwei Monate keine Wochenendbesuche.

Vater oder Mutter zu sein ist eine Verpflichtung, die man auf sich genommen hat. Finden die Besuche immer seltener statt, um schließlich ganz wegzufallen, kann das Kind nichts anderes tun, als zu der Schlussfolgerung zu kommen, dass es abgelehnt worden ist. Es war nicht gut genug.

Die Erörterungen darüber, was für das Kind das Beste sei, sind unendlich und heftig. Es wird aber selten über die Bedürfnisse der Eltern gesprochen. Für das Kind ist es natürlich genauso schön, erfreulich und ermunternd wie für alle anderen auch, die simplen Worte zu hören: *»Ich möchte dich bei mir haben.«*

Die Diskussionen um das Sorgerecht haben sich lange ausschließlich damit beschäftigt, was für das Kind (vermutlich) das Beste sei. Seltener kommt vor, dass Eltern sich trauen – wenn es ihnen gerichtlich überhaupt möglich gemacht wird –, für das geradezustehen, wofür sie wirklich kämpfen und worum der Streit sich in Wirklichkeit dreht: *»Ich will dich bei mir haben. Deshalb beantrage ich das Sorgerecht.«* Stattdessen versteckt man sich: »Ich glaube, es wird das Beste für dich sein, wenn ...«

Ich will nicht sagen, dass man seine Kinder heiraten sollte – also ist der folgende Vergleich nicht ganz treffend. Aber mir wäre es lieber, wenn ein Mann mir einen Heiratsantrag mit den Worten »Ich will dich bei mir haben« machen würde, als wenn er versuchen würde, mich mit einer endlosen Erklärung davon zu überzeugen, dass es wahrscheinlich für mich das Beste sei, wenn ich bei ihm wäre und nicht bei dem Mann, mit dem ich bisher verheiratet war.

Das »mitgeheiratete« Kind eines neuen Partners führt oft zu neuen Problemen, und zwar zusätzlich zu den Problemen, die der geheiratete oder hinzugezogene Partner schon selbst in seiner oder ihrer Funktion als Erzieher für das oder die Kinder, die schon da waren, hatte. Es gibt hier keine Patentlösung. Kollisionen sind in der Regel unvermeidbar. Weise Menschen sind geduldig und warten erst einmal den Verlauf der Dinge ab.

Niemand kann sich selbst dazu zwingen, jemanden zu lieben, den er oder sie nicht kennt. Wie unbekannte Menschen sind auch Kinder fremd – am Anfang, und vielleicht noch für lange Zeit. So kann niemand ein Kind dazu zwingen, eine neue Person zu lieben, die plötzlich auftaucht und bei ihm wohnen und leben wird. Es dauert seine Zeit, bevor eine »Herde« seine Mitglieder umgruppiert hat und wieder homogen wird. Und die Liebe kommt oder sie kommt nicht.

In jedem Fall können eine Zusammengehörigkeit und eine Gemeinschaft entstehen, vorausgesetzt dass man als Erwachsene/r dies möglich macht, anstatt sich passiv (und kritisch) zu verhalten. Die beste Methode, dies zu erreichen, ist das gemeinsame »Arbeiten« – auch wenn es nur in einer sehr einfachen Form stattfindet.

Praktisch durch das ganze Buch hindurch habe ich von der großen Bedeutung der sozialen Beteiligung gesprochen. So viel möchte ich hier noch betonen: Die Gemeinschaft wird im Takt mit dem Umfang heranwachsen, in dem das Kind gebraucht wird, in faktischer und konkreter Weise.

Es ist nicht ausreichend, gefühlsmäßig gebraucht zu werden, und das schon gar nicht in einer Beziehung, die von niemandem ausgesucht wurde und die deshalb keine Wurzeln in einem gefühlsmäßigen Zusammensein hat.

Der zurückgebliebene Elternteil, der glücklich eine neue Familie gebildet hat, kann in einen Loyalitätskonflikt mit dem Fortgezogenen geraten.

Geschieden werden die meisten Menschen schließlich, weil sie unüberbrückbare Meinungsverschiedenheiten haben, vielleicht gerade in Sachen Kindererziehung. Heiratet man dann einen neuen Partner, der die eigenen Anschauungen und Prinzipien teilt und der außerdem viel lieber, fröhlicher und zärtlicher erscheint, als es der frühere Partner jemals war, kann es leicht passieren, dass man dem Ex am liebsten sagen würde, er oder sie solle sich zum Teufel scheren. Nun hat man ein wahres und vollkommenes Familiengefühl, wie man es sich schon immer gewünscht hatte! Der neue Partner ist ein idealer Vater (oder eine ideale Mutter), die Kinder lieben ihn oder sie und möchten Papa bzw. Mama zu ihm oder ihr sagen. Alles ist die reinste Idylle, und man könnte sich wünschen, dass der biologische Elternteil einfach aufhört zu existieren. Aber im Hintergrund steht der biologische Vater bzw. die biologische Mutter und fordert sein oder ihr Besuchsrecht – oder fordert *nicht* das Besuchsrecht.

Wie die Situation auch aussehen mag, es gibt – ob es einem gefällt oder nicht – eine besondere Loyalität, die man berücksichtigen muss, und das ist die Loyalität den Kindern gegenüber. Es ist im Interesse der Kinder, dass man trotz allem – egal wie man zu dem früheren Partner steht – den Kontakt zwischen dem Kind und dem fortgezogenen Elternteil *ermöglicht*. Du musst die Interessen deiner Kinder wahren, bis sie es selbst tun können. Das gehört zu den Aufgaben, die du als Mutter oder Vater hast.

Wenn die Kinder dazu bereit sind, ihren biologischen Elternteil einfach gegen einen neuen auszutauschen, muss man versuchen zu verstehen, dass dies nur vorübergehend der Fall ist und dass dies wegen der liebevollen Atmosphäre, der erneuerten Vollkommenheit der »Herde« geschieht. Das Mitglied, das die »Herde« verließ, war ja wirklich keine Bereicherung – die Kinder sehen schließlich, wie du deine Wahl getroffen hast: Du ziehst den neuen Partner dem alten – dem Vater oder der Mutter der Kinder – vor.

Die Begeisterung der Kinder kann dir rührend vorkommen, trotzdem darfst du nicht akzeptieren, dass sie in Wort und Handlung freiwillig erklären, dass sie auf ihren ursprünglichen Vater – oder Mutter – verzichten. Den Kindern fehlt es an erfahrungsmäßiger Urteilskraft, die du als Erwachsene/r besitzt, und es fehlt ihnen die vernunftbezogene Distanz. Du hast deine Wahl getroffen. Deine Wahl ist aber nicht die Wahl deiner Kinder.

Kein Kind möchte tief in seinem Herzen einen Elternteil verlieren.

Den Kontakt zwischen deinen Kindern und deinem Ex zu ermöglichen heißt nicht, dass du ihn auch aufrechterhalten musst. Ich will also nicht sagen, dass du die Verantwortung dafür tragen müsstest. Es ist nicht Sinn der Sache, dass du – und dies geschieht leider oft – mit einem uninteressierten Vater herumdiskutieren musst. Du bist ja wahrhaftig nicht seine Mutter. Du bist nicht dazu verpflichtet, seine Interessen zu wahren.

Den Kontakt zu ermöglichen heißt dagegen, dass man ihn nie verhindert, nie erschwert, dass man die getroffenen Abmachungen immer einhält, dass man das Kind oder die Kinder nie darum betrügt – *denn es sind in der Tat die Kinder, die um ihr Recht betrogen werden*, nicht der Vater.

Den Kontakt zwischen einem Kind und einem uninteressierten Vater – einem vielleicht praktisch nicht existenten Vater – als Möglichkeit zu erhalten bedeutet, dass man tausend Erklärungen bereithalten muss, und zwar jedes Mal, wenn das Kind danach fragt, warum der Papa nicht von sich hören lässt. Es ist ein Muss, *um das Kind vor der Einsicht zu schützen, dass es vom Vater abgelehnt worden ist.*

Das bedeutet, dass man über den früheren Partner nicht schlecht reden darf, egal wie sehr man ihn oder sie verabscheut.

Es bedeutet auch, dass man sich nicht einverstanden damit erklärt und sich auch noch anschließt, wenn das Kind selbst über den biologischen Elternteil schlecht redet. »Mama ist immer so wütend. Sie schimpft immer nur mit mir.« – »Sie ist sicherlich nicht wütend auf dich. Sie hat sich bestimmt über irgendetwas *anderes aufgeregt.*« Man muss versuchen, es so erscheinen zu lassen, als sei alles o.k., auch wenn man innerlich kocht. Es ist nicht die immer wütende Mutter, der gegenüber man loyal zu sein hat, sondern das Kind. Das Kind erträgt es nicht, seine Mutter ablehnen zu müssen. Das Kind erträgt es auch nicht, einen wenn auch noch so desinteressierten Vater ablehnen zu müssen.

Auch wenn der andere Elternteil den Kontakt ganz und gar schleifen lässt, musst du versuchen, diesen Kontakt als Möglichkeit weiterexistieren zu lassen – bis sich dein Kind eines Tages seine eigene unverfälschte Meinung bilden kann. Das ist das Ziel.

Es ist viel wert, wenn der Tag einmal kommt und man ohne Schuld dastehen und sagen kann: »*Ich habe dir nie den Kontakt zu deinem Vater/deiner Mutter verboten. Ich habe dir auch nie gesagt, was du von ihm/ihr halten sollst. Du durftest dir deine eigene Meinung bilden.*«

In unserem Zeitalter ist das gemeinsame, »geteilte« Sorgerecht bei Scheidungen allgemein üblich geworden. Man hat es sich in der Praxis so vorgestellt, dass das Kind abwechselnd gleich lange bei der Mutter und beim Vater leben soll. Das Kind sollte bei beiden jeweils gleich viel Spielzeug und gleich viel Kleidung haben, alles in doppelter Ausführung sozusagen, von der Zahnbürste bis zur Adresse. Die getrennten Eltern sollten »gleich viel Eltern« sein. Was dann nur noch fehlt, ist, dass man das Kind in zwei Teile trennen könnte!

Hier muss ich unweigerlich an König Salomo denken, der einen Streit zwischen zwei Frauen schlichten musste. Sie pochten beide auf ihr Recht auf ein und dasselbe Kind. Sie behaupten beide, sie seien die Mutter des Kindes. König Salomo hob sein Schwert hoch und machte sich bereit, das Kind in zwei Stücke zu teilen. Da bat ihn die eine Frau darum, das Leben des Kindes zu verschonen. Weinend erklärte sie, sie würde auf das Kind verzichten, wenn es nur weiterleben dürfe. Ihr sprach Salomo das Kind zu. Da sie sich mehr um das Kind sorgte als um sich selbst, musste sie die echte Mutter sein.

Das gemeinsame Sorgerecht wird von humorvollen – oder auch verbitterten – Eltern als vollauf funktionsfähig bezeichnet, solange sie sich nicht scheiden lassen. Tauchen aber nach einer Trennung Probleme auf – und sie werden auftauchen –, dann wird es nicht leichter, eine Lösung zu finden, nur weil das Sorgerecht gemeinsam ist. Festgelegte, schriftliche Abmachungen scheinen letztendlich immer noch notwendig zu sein. In komplizierten Fällen kann eine Familientherapie sich als sehr nützlich erweisen. Die Anwesenheit einer dritten Person macht die Diskussionen oft überhaupt möglich, auch zivilisierter und konstruktiver.

Mit dem gemeinsamen Sorgerecht haben die Eltern einander gegenüber gewisse rechtliche und moralische Verpflichtungen. Ein Elternteil kann beispielsweise nicht bis ans andere Ende der Welt auswandern ohne das Einverständnis des anderen Elternteils. Aber das gemeinsame Sorgerecht muss keine genau aufgeteilten Aufenthalte des Kindes bei den jeweiligen Elternteilen mit sich führen, und schon vielen ist klar geworden, dass diese Lösung eher für die Eltern als für das Kind von Vorteil ist.

Wenn das gemeinsame Sorgerecht ausgesprochen wird, sollten die Eltern sich überlegen, ob sie es vielleicht andersherum arrangieren könnten: Das Kind (die Kinder) bleibt in seinem Zuhause, während Mama und Papa abwechselnd einziehen und eine bis zwei Wochen oder auch einen Monat am Stück dort mit dem Kind zusammen leben. In dieser Situation würde die kindliche »Herden«-Zugehörigkeit die erste Priorität bekommen. Denn, wie wir wissen, besteht die »Herde« nicht nur aus Menschen, sondern auch aus der Umgebung, unserer irdischen Festung. Und findest du jetzt an dieser Vorstellung vom Hin- und-her-Pendeln keinen Gefallen, tja, dann wirst du verstehen können, wie sich ein hin und her pendelndes Kind fühlen muss.

Das »geteilte« Kind muss unbedingt seinen Schwerpunkt bei *einem* Elternteil haben.

Man kann kein kleines Affenjunges zwischen zwei Affenherden platzieren und dabei die Mutter in der einen Herde und den Vater in der anderen Herde unterbringen, und dann erwarten, dass das Affenjunge sich fröhlich und munter von einer Herde zur anderen hin und her bewegt. Auch das Menschenkind ist beim Aufbau und bei der Erhaltung seiner grundlegenden Zugehörigkeit von einer »Herde« und ihrer Anleitung und ihrem Schutz abhängig.

Das Kind kann aber von diesem festen Punkt aus Ausflüge unternehmen, viele und sogar lange Ausflüge; doch der feste Ausgangspunkt darf *nur eine Herde* sein, und wirklich nur eine! Der Aufenthalt in dieser Herde muss *zeitlich gesehen* vorrangig sein.

Ungefähr gleichmäßig verteilte Aufenthalte, bei denen das Kind nicht geradezu in der Luft hängt, erreicht man am ehesten, wenn das Kind beispielsweise zwei Wochen bei der Mutter lebt und dann eine Woche beim Vater, oder umgekehrt, und immer in einem festen, regelmäßigen Rhythmus.

Erst im Alter von etwa zwölf Jahren – wenn das Kind die eigene Fähigkeit zum Überleben einigermaßen in den Griff bekommen hat – wird die Abhängigkeit von den Hilfeleistungen und dem Schutz der »Herde« immer geringer.

Ältere Kinder können zwischen mehreren »Herden« wechseln, zu denen sie gefühlsmäßige Bindungen – in einer Art gemeinsamen Ursprungs – aufgebaut haben, solange sie in regelmäßigen Abständen zu der eigenen »Herde«, bei der ihre Zugehörigkeit bestätigt wird, zurückkehren dürfen. Aber die Aufenthalte dort müssen zeitlich gesehen nicht mehr den Vorrang behalten.

Wen liebst du am meisten?

»Überleg doch mal, kleiner Schatz. Was hat Papa gesagt?«
»Gar nichts.«
»Hat er nicht gesagt, dass du und er bei Monica wohnen werdet?«
»Das weiß ich nicht.«
»Aber er hat dir doch erzählt, dass er und ich uns scheiden lassen, oder?«
»Das weiß ich nicht.«
»Du lieber Himmel! Hörst du überhaupt zu, wenn er mit dir spricht?«
»Was?«
Mama beißt die Zähne zusammen.
»Einmal hatte er gesagt, dass ich mit Monicas Hund spazieren gehen kann«, sagt das Kind, »aber als wir dann da waren, durfte ich doch nicht.«
(Ach so, sie hat also auch einen Hund …)
»Magst du deinen Papa?«, fragt Mama.
»Ja, klar.«
»Liebst du Papa?«
»Ja, klar.«
»Liebst du auch Mama?«
»Ja, klar.«
»Und Monica?«
»Ja, ich denke schon.«
»Wen liebst du am meisten?«
»Was?«
»Am meisten? Wen liebst du am meisten?«
»Micky.«
Mama ist erstaunt.
»Wer ist denn Micky?«
»Mein Hamster im Kindergarten«, sagt das Kind.

»Man kann nicht vorsichtig genug sein bei der Wahl seiner Eltern.«

Henrik Pontoppidan, aus *Lykke-Per (Der glückliche Per)*

Geschwister

*Wenn Gott mir einen einzigen Wunsch gewährte,
würde ich allen Kindern Geschwister geben.*

Eine Freundin von mir saß eines Abends bei mir zu Hause und erzählte. Ein junger Mann in unserem Freundeskreis wünschte sich sehnlich ein Kind. »*Nicht eines*«, hatte sie zu ihm gesagt, »*dann musst du schon zwei bekommen.*« Und sie erzählte mir von ihrer Kindheit. Sie war Einzelkind gewesen.

»*Alles drehte sich nur um mich. Ich stand unter einem schrecklichen Druck. Ich habe so von einem Bruder oder einer Schwester geträumt. Wäre noch ein Kind da gewesen, hätte ich mich vielleicht ab und an verkriechen können.*« – »*All das, was ich nicht verstanden habe*«, sprach sie weiter, »*all das, worüber ich nachdachte und mir Sorgen machte – nie war jemand da, mit dem ich – in meiner eigenen Weise – darüber hätte reden können. Man kann einfach nicht mit seinen Eltern über alles reden! Und wer ist sonst noch da? Außenstehende haben mich ja noch weniger verstanden.*« Sie fügte hinzu: »*Ununterbrochene Aufmerksamkeit ist unglaublich belastend. Aufmerksamkeit ist nicht dasselbe wie Liebe.*«

Kein Mensch schafft es, das Zentrum zu sein, um das die Welt sich dreht. Wo ist die Grenze zwischen der bejahenden Liebe und der Liebe, die zu einer schweren Kette wird? Wann werden sich interessierte Fragen wie ein Verhör anhören? Die aufmerksame Nähe, wann wird sie zur Aufsicht?

Es ist interessant – und erschreckend –, dass Beruhigungsmittel öfter an Einzelkinder mit zwei zusammenlebenden Eltern verschrieben werden als an Kinder mit nur einem Elternteil und/oder Geschwister.

»*Ihre Kinder tun mir Leid*«, haben Menschen über mich und meine Kinder gesagt. »*Sie kann ja gar nicht Zeit für sie alle haben. Jedes einzelne Kind aber braucht doch ihre ganze Aufmerksamkeit.*«

Meine Freundin, nun Mutter von sieben Kindern, bekommt andauernd dieselbe Frage gestellt: »*Hast du wirklich genug Liebe für sie alle?*«

Aber die Liebe ist keine Torte, die dem Menschen zur Taufe in einer gewissen Größe geschenkt wird und von der man sich dann nach und nach Stücke abschneiden kann, über Jahre hindurch, bis nichts mehr da ist. Die Liebe wächst mit jedem Kind.

Glaub mir: Man nimmt nicht dem ersten Kind die Hälfte der Liebe zu ihm wieder weg und schenkt sie dem zweiten. Ganz im Gegenteil wird man durch immer mehr Liebe bereichert. Ganz neue Gefühle erwachen. Das neue Kind öffnet eine neue Tür zu deinem Herzen, die noch nie geöffnet worden ist. Und es gibt unendlich viele Türen.

Man begegnet jedem Kind mit einer neuen Flut der Liebe, die nie freigesetzt worden wäre, wenn nicht genau dieses besondere, wunderbare Kind geboren worden wäre.

In dieser Zeit der übersteigerten Liebesforderung, in der »die Liebe« (eigentlich die »Freizeitaufmerksamkeit«) den Kindern ein Ersatz für ihre Verbannung von der sozialen Beteiligung sein soll (siehe »Unsere Gedanken waren schon richtig, aber dann lief alles schief«, Seite 94), hat man mühevoll versucht, den Eltern Folgendes einzureden:

1. Eifersucht unter Geschwistern ist unvermeidbar.
2. Seinem Kind ein Geschwisterchen zu geben ist, als wenn man ihm einen Rivalen aufzwingen würde. Es ist, als würde man sich selbst noch einen Ehepartner neben dem, den man schon hat, anschaffen und auch noch erwarten, dass der erste Partner den zweiten mit offenen Armen willkommen heißt.
3. Dem ersten Kind wird die Liebe mitsamt Copyright und Monopol geraubt.

Die Gesellschaft befindet sich ja auch wirklich in einem schwierigen Dilemma! Auf der einen Seite sollten die Menschen überhaupt keine Kinder bekommen, sondern sich von ganzem Herzen der Produktion und dem Konsum widmen. Auf der anderen Seite muss der Zuwachs an Kindern gesichert werden, damit wir unsere Renten bekommen können; und die Menschen bekommen viel zu wenig Kinder.

Hier in Schweden – wie in den meisten hoch entwickelten Ländern – werden immer weniger Kinder geboren, aber immer mehr Frauen gebären. Mehr Kinder als jemals zuvor sind heutzutage Einzelkinder.

Es wird so viel darüber geredet, was Eltern für ihre Kinder tun sollten – den eigenen Nachtschlaf opfern, trösten und sich mehr kümmern, sich aktiv an der Arbeit des Kindergartens und der Schule beteiligen, Elternkurse belegen, sich engagieren, lesen und lernen, und allem voran: die Freizeit der Kinder bis zum Bersten mit allen möglichen anregenden (stressenden und teuren) Sachen und Aktivitäten voll stopfen.

In all meiner Demut meine ich, es wäre besser, dem Kind einen Bruder oder eine Schwester zu geben. Ein Bruder oder eine Schwester ist ein Geschenk fürs Leben, das kaum mit etwas anderem zu vergleichen ist. Dort gibt es einen Menschen der eigenen Generation mit demselben Hintergrund, demselben Ursprung und denselben grundlegenden Lebenserfahrungen.

Keine Liebe ist so voller Geborgenheit und so dauerhaft wie die Liebe unter Geschwistern, die sich nahe stehen.

Deine Aufgabe als Mutter oder Vater ist es, deine Kinder so gut, wie du nur kannst, auf ein Leben ohne dich vorzubereiten. Einer der besten Wege dorthin ist es, deinem Kind ein Geschwisterchen zu geben.

Nein, keine Eifersucht!

Steif und fest wird heutzutage behauptet, dass Geschwister geradezu gesetzmäßig aufeinander eifersüchtig sein müssen. Sie würden sich streiten müssen und kämpfen, sich gegenseitig um die guten Sachen im Leben beneiden, sie würden sich im Grunde – ob sie es zugeben oder nicht – gegenseitig nach dem Leben trachten. Sie sind Rivalen, Punktum!

Man könnte genauso gut behaupten, dass Ehepartner sich streiten und prügeln müssen, dass Freunde sich um die Güter des Lebens beneiden müssen, dass Arbeitskollegen sich gegenseitig nach dem Leben trachten müssen, dass Nachbarn rivalisieren müssen; und dass etwas anderes nicht zu erwarten wäre: Diese Form von Menschenfeindlichkeit sei einfach unauslöschbar.

Die Menschen haben zu allen Zeiten – bis auf heute! – gewusst, dass Geschwister füreinander eine Freude sind. Wie oft Eltern auch zu hören bekommen, dass die Eifersucht unter Geschwistern unvermeidbar ist, werden sie trotzdem alles daran setzen, sie zu vermeiden. Sie glauben offensichtlich immer noch, dass die Eifersucht nicht notwendigerweise wie eine dunkle Wolke über dem Familienleben hängen muss. Und sie haben Recht.

Das, was Geschwister verbindet, wird immer größer sein als das, was sie trennt. Was sie vor allem verbindet, ist die Tatsache, dass sie in derselben Gemeinschaft wohnen und leben. Sie gehören derselben »Herde« an.

Ein oder mehrere erwachsene Mitglieder der »Herde« tragen die Verantwortung für die Anweisungen und den Schutz der jüngeren Herdenmitglieder im gemeinsamen Kampf um die Existenz. Ihr Ziel ist es, dass die Kinder eines Tages ihr Zuhause, die »Herde«, verlassen können und dazu im Stande sind, für sich selbst zu sorgen.

Bekanntermaßen gibt es sozialpolitische Vorstellungen, die die Familie als Ganzes in Frage stellen. Aber die Menschen gründen weiterhin ihre Familien, auch wenn sie dabei finanziell gesehen Verluste machen. Diese Beharrlichkeit ist kaum eine Folge ihres sturen Konservativismus, sondern sie entsteht aus einem ganz natürlichen Bedürfnis heraus. Der Mensch ist eben ein Herdentier. Die »Herde« bedeutet für uns Zugehörigkeit. Die »Herde« macht auch unser Territorium aus.

Der Zusammenhalt innerhalb der »Herde« geht aus *dem gemeinsamen Ursprung* und/oder aus einem starken, *gemeinsamen Ziel* hervor, für welches alle gemeinsam ihren Einsatz leisten.

Eine oder beide dieser Voraussetzungen müssen vorhanden sein, wenn die »Herde« ein Territorium ausmachen soll, welches von den Mitgliedern beschützt wird. Die »Herde« darf aber nicht größer sein, als dass sie für alle noch überschaubar bleibt. (Eine Wohngemeinschaft, in der die Mitglieder keinen gemeinsamen Ursprung haben und auch kein gemeinsames Ziel in ihrem Zusammenleben verfolgen, macht keine »Herde« aus und wird sich deshalb in der Regel wieder auflösen.)

Geschwister gehören derselben »Herde« an und sie bewachen dasselbe Territorium.

Eltern haben in der Regel Schwierigkeiten, Streitigkeiten unter Geschwistern zu tolerieren – egal wie oft die Experten auch behaupten mögen, sie seien unvermeidbar. Diese fehlende Toleranz wird höchstwahrscheinlich von dem Wissen, das genauso alt ist wie die Menschheit selbst, herrühren, dass nämlich die »Herde« zusammenhalten muss. Erst dann wird das Leben sinnvoll und authentisch. Außerdem muss der Zusammenhalt der »Herde« stark sein, falls eine Bedrohung von außen auftreten sollte. *Vereint sind wir stark – getrennt sind wir verloren.*

Droht eine Gefahr, stehen die Herdenmitglieder auf und bilden eine gemeinsame Front. Sie mobilisieren sich, wenn es erforderlich wird.

Pauline, die in einer sehr armen Gegend aufgewachsen ist, erzählt: »Wir lebten praktisch auf der Straße. Alle Kinder trieben sich auf der Straße herum, und manchmal haben wir uns geprügelt, dass die Fetzen nur so flogen. Aber kam eine andere Bande von Kindern aus einer anderen Straße, haben wir Schulter an Schulter gegen sie zusammengehalten. Wir wären füreinander gestorben.«

Droht keine Gefahr, muss diese Bereitschaft trotzdem vorhanden sein. In dieser Bereitschaft – und um sie zu bewahren – suchen die Mitglieder der »Herde« ständig die Bestätigung, dass sie dazugehören, und geben sich gegenseitig Beweise dieser Zugehörigkeit. Die »Herde« verfolgt die Aktivitäten der einzelnen Mitglieder. Man hält einander unter einer gewissen Kontrolle. Niemand darf zu lange wegbleiben. Die Ausflüge von der »Herde« dürfen nicht zu weitläufig sein (»Du bist ja nie zu Hause!«). Alle müssen ihre Ressourcen mobilisieren können, falls ihr Einsatz erforderlich wird. Ursprünglich ging der Kampf einmal um den Lebensraum, aber auch um ein sinnvolles Leben. Dass Eltern bei Streitigkeiten unter Geschwistern dagegen angehen, ist sozusagen auch ein Ausdruck dafür, dass sie sich um die Überlebenschancen ihrer Herde und um die Aussicht auf ein gutes Leben kümmern. Vor diesem Hintergrund wäre Geschwistern also überhaupt nicht damit gedient, sich gegenseitig zu bekämpfen. Das tun sie aber doch.

Die Zugehörigkeit zur »Herde« wird hauptsächlich auf folgende Weise bestätigt:
1. Der gemeinsame Ursprung, die Zusammengehörigkeit, werden betont, indem das Territorium markiert wird: »Wir gehören zusammen.«
2. Das gemeinsame Ziel (das Überleben, der gemeinsame Kampf um die Existenz) wird betont, indem alle Herdenmitglieder an der Arbeit beteiligt werden: »Wir brauchen einander.«

Wir gehören zusammen: Ich sehe dich, ich kümmere mich um dich, ich berühre dich, ich beschütze dich, du bist mein, ich bin dein.

Wir brauchen einander: Ich brauche dich. Ich nehme deine Hilfe an. Ich zähle auf dich. Ich komme ohne dich schlechter zurecht. Dein Können ist mein Können. Mein Können ist dein Können.

Je deutlicher (und je öfter) die Zugehörigkeit unter den Herdenmitgliedern bestätigt wird, umso stärker wird die Zusammengehörigkeit erlebt und umso positiver – lebenskräftiger – wird ihr Zusammenhalt.

Und umso geringer wird die Eifersucht.

Eifersucht deutet auf eine Unsicherheit in Bezug auf die Zugehörigkeit hin. Die Bestätigungen fallen zu mager aus oder werden falsch eingesetzt.

Wenn dem ersten Kind seine Zugehörigkeit zur »Herde« dadurch bestätigt wird, dass die Mutter ständig anwesend ist, und diese ständige Anwesenheit bei der Ankunft des zweiten Kindes reduziert wird, um dann nur einen Teil der bisherigen auszumachen, oder – oh, Schreck – auf gar keine Anwesenheit der Mutter (das Kind wird von der »Herde« in eine Tagesstätte, zu Verwandten o. Ä. verbannt), dann wird das erste Kind einen Angriff gegen die drohende Gefahr, die die Bestätigung seiner Zugehörigkeit schon verringert hat, starten, nämlich gegen das neue Kind. Das ständige Zusammensein mit dem Kind gibt ihm also noch keine starke Bestätigung seiner Zugehörigkeit.

Zwei Ehepartner können beispielsweise Tag und Nacht miteinander verbringen, ohne deswegen ein Zusammengehörigkeitsgefühl zu verspüren. Wenn sie sich gegenseitig nicht mehr berühren, haben sie auch damit aufgehört, ihr Territorium zu markieren. Der eine Partner weiß immer, was der andere tut; die

Kontrolle ist da, aber sie ist nicht in der Zugehörigkeit verankert. Verständlicherweise wird die Kontrolle von beiden Seiten als eine Art Überwachung empfunden und sie fühlen sich beide unfrei. (Aber eifersüchtig können sie immer noch sein!)

Die Zugehörigkeit unter Eltern und Kindern lässt sich durch konkrete *Begegnungen* besser erreichen als durch permanentes (passives) Zusammensein und natürlich auch noch durch *die soziale Beteiligung* (siehe das Gleichnis vom Beduinenlager im Abschnitt »Das seelische Wohlbefinden«, Seite 172).

Begegnungen bestätigen die Zugehörigkeit sehr deutlich und danach streben auch die Eltern.

Evas Mutter sagt z.B. jedes Mal »Hallo, mein Schatz!«, wenn sie Eva in ihrem großen Haus begegnet, auch wenn nur ein paar Minuten seit der letzten Begegnung vergangen sind.

Magnus' Vater ist kaum zur Tür hereingekommen, wenn er den Jungen ruft, ihn knuddelt und hoch in die Luft schwingt.

Wenn Magnus seinem Vater *nicht* entgegenkommen würde – nicht einmal wenn der Vater ihn ruft –, würde Magnus' Vater sofort wissen, dass etwas nicht in Ordnung ist. Nichts wäre ihm in dem Moment wichtiger, als Magnus aufzusuchen und ihm seine Zugehörigkeit, die der Junge anscheinend bezweifelt, zu bestätigen. Findet er dann Magnus schweigend in einer Ecke sitzend – und vielleicht gibt der Junge zu, dass er sich einsam, verlassen oder ausgestoßen fühlt; alles Folgen des *fehlenden* Zugehörigkeitsgefühls –, unternimmt der Vater große Anstrengungen, um eine Begegnung zustande zu bringen, um die Zweifel des Jungen zu beseitigen und ihm klar zu machen, zu wem und wohin er gehört.

Thomas, sechzehn Jahre, kann nicht zur Last gelegt werden, dass er seinen Eltern zu viel Liebe entgegenbringt. Er streitet sich ständig mit ihnen, weigert sich manchmal, überhaupt mit ihnen zu reden, und bittet sie, wenn sie ihn ansprechen, sich doch gefälligst zum Teufel zu scheren. Sicherlich gibt oder bekommt er niemals einen Liebesbeweis. Würde man ihn fragen, könnte er tausend Fehler der Eltern auflisten, aber nicht eine einzige gute Seite.

Wenn aber ein Freund von außerhalb, ein Nichtmitglied der »Herde« dabei ist, möchte er eine Bestätigung seiner Zugehörigkeit haben. Dann wird es plötzlich sehr wichtig, dass Mama oder Papa – wer nun gerade zu Hause ist – kommt und ihn begrüßt und *anerkennt*. In dieser Situation kann Thomas sowohl Küsse als auch Umarmungen akzeptieren – als Kennzeichnung seines Territoriums.

Dagegen wird er stinksauer, wenn die Eltern im Wohnzimmer vor dem Fernseher sitzen bleiben, ohne aufzustehen und ihm zu *begegnen*, wenn er einen Freund mit nach Hause bringt. Normalerweise sagt er selbst nicht einmal hallo zu seinen Eltern, wenn er nach Hause kommt, sondern verschwindet einfach in seinem Zimmer.

Ich habe zufälligerweise beobachtet, wie die Eltern nicht darauf reagierten, als er nach Hause kam, und ihm nicht entgegenkamen. Wir hatten über sein schreckliches Verhalten gesprochen, und sie sagten, sie hätten einfach keine Lust mehr, sich darüber aufzuregen.

Da kam Thomas mit seinem Freund zur Tür herein und blieb abwartend stehen. Er gab also den Eltern, die sein Nach-Hause-Kommen ignoriert hatten, noch eine Chance: Sie hatten den Freund vielleicht noch nicht bemerkt? Als die Eltern immer noch nicht reagierten, machte er wütend kehrt, um mit dem Freund zusammen in sein Zimmer zu gehen, aber ich bekam gerade noch mit, wie der Kumpel ironisch bemerkte: »Waren das Leute, die du kennst?«

Die Eltern hatten sich geweigert, Thomas' Zugehörigkeit zur »Herde« zu bestätigen, und der Freund konnte es nicht lassen, über ihn zu lästern, weil er ausgestoßen, nicht anerkannt, abgewiesen worden war – abgelehnt als vollgültiges Herdenmitglied.

Der Kampf um die Existenz findet heute nur noch selten gemeinsam für alle Mitglieder einer »Herde« statt. Das Streben der Kinder wie auch der Älteren und anderen »Nichtproduktiven« nach sozialer Beteiligung wird in unserer modernen Gesellschaft abgewiesen. Oft werden die Kinder schon innerhalb der eigenen vier Wände ihrer Familien von dem getrennt, was für die Erwachsenen notwendig ist, und sie leben schon dort in ihrer eigenen kleinen Welt – in ihrem kleinen »Mini-Zuhause« (siehe »Wie man es macht«, Seite 617).

Wenn die Überlebensumstände nicht für alle Herdenmitglieder gleichsam gültig sind, werden die Zugehörigkeit, die Zusammengehörigkeit und der Zusammenhalt geschwächt. Wer nicht gebraucht wird, ist eher ein Hindernis als ein Nutzen.

Eifersucht kann deshalb entstehen, weil die Kinder in einer Geschwistergruppe erleben, dass sie nur gefühlsmäßig gebraucht werden und nichts ausrichten können, was im gemeinsamen Kampf um die Existenz von Nutzen ist. Werden sie nicht praktisch und konkret gebraucht, entwickeln sie auch nicht das Gefühl, dass »*die anderen ohne mich schlechter zurechtkommen*«. Die soziale Beteiligung ist, auch wenn sie noch so gering ausfällt, eine bedeutungsvolle Bestätigung der Zugehörigkeit.

Ein zweijähriges Kind, das Würstchen in die Pfanne legen darf – das sich am Kochen beteiligen darf –, wird nach seinen Fähigkeiten eingesetzt, seine Hilfe wird gebraucht, und es wird weniger eifersüchtig auf seine Schwester oder seinen Bruder sein als ein Kind, das keine Würstchen in die Pfanne legen darf.

Kinder in so genannten unterentwickelten Kulturen, die sich um ihre kleineren Geschwister kümmern, tun dies nicht, weil sie netter sind als unsere Kinder oder tüchtiger oder artiger oder unterdrückter oder unwissender, sondern weil es im gemeinsamen Kampf ums Überleben notwendig ist, dass sich alle gegenseitig helfen.

Würden sie einen Anfall von »unvermeidbarer« Eifersucht bekommen, könnten sie das Baby in die erstbeste Gasse zu den Ratten hinwerfen oder es zumindest seinem eigenen Schicksal überlassen, sobald die Eltern außer Sichtweite sind. Aber das tun sie nicht.

Dagegen hat ein kleines Kind in unserer Nachbarschaft erklärt, dass er das Baby seiner Familie in die Mülltonne werfen wolle ... Die Eltern lachten über den vermuteten Witz. Später fanden sie die Wiege des Babys leer. Ganz richtig: Das Baby wurde wieder gefunden – wohlauf –, und zwar im Abfalleimer!

Auch auf Ausflügen außerhalb der »Herde« kennzeichnen die Menschen ihr Territorium. Es kann beispielsweise ganz lustig sein, sich selbst oder andere bei einem Restaurantbesuch zu beobachten. Wir verschieben die Gabel und das Messer ein wenig, berühren die Serviette, stellen uns das Glas zurecht, drehen den Teller, und erst dann können wir sagen: »So, nun ist es mein Platz.«

Auch beim Einkaufen eignet man sich verschiedene Waren demonstrativ an: Wenn ich diesen Pullover kaufen soll, dann soll er auch mir gehören. Man dreht und wendet ihn, fühlt – und auch das, was man eigentlich gar nicht kaufen will, wird berührt und befühlt. Die Ermahnung an die Kinder: »Nur gucken, aber nicht anfassen!«, wird von sehr wenigen Erwachsenen vorgelebt!

Zärtlichkeitsbeweise unter Eltern und ihren Kindern sind natürlich Ausdruck ihrer Liebe, aber auch ihrer Zusammengehörigkeit. Man gibt sich untereinander »Erkennungszeichen«: »*Du gehörst zu mir!*« Man umarmt sich, küsst sich und bestätigt damit: »*Wir gehören zusammen!*« Geht man mit anderen Menschen durch die Stadt, geht man neben dem, zu dem man gehört; man signalisiert den »Besitz«.

Am deutlichsten wird die Zugehörigkeit im eigenen Zuhause gezeigt:

»*Ich möchte zu Hause sein, wenn meine Kinder von der Schule nach Hause kommen.*«

»*Ich möchte, dass Mama oder Papa zu Hause ist, wenn ich von der Schule nach Hause komme.*«

Warum gerade dann? Weil die Herdenmitglieder am deutlichsten eine Bestätigung ihrer Zugehörigkeit suchen, wenn sie gerade von einem Ausflug nach Hause zurückkehren. Nach Hause zu kommen bedeutet mehr, als nur einen Ort zu haben, zu dem man hingehen kann, es ist mehr als das buchstäbliche Nach-Hause-Zurückkehren. Nach Hause zu kommen heißt, dass man Geborgenheit sucht und findet, den eigenen Platz in dieser Welt. Das Zuhause ist der Ort, wo man hingehört. Es bedeutet, dass man an der Zugehörigkeit der dortigen »Herde« teilhat.

Somit ist es erforderlich, dass Thomas' Eltern – egal welche Streitigkeiten sie mit ihm haben mögen – wenigstens nach außen hin seine Zugehörigkeit bestätigen. Sie müssen die Situation schnell erfassen und reagieren, in den Hausflur hasten und den Jungen begrüßen. Sie müssen sich neben ihn stellen und mit Thomas zusammen den Gast begrüßen. Und sie sollten die Begrüßung damit abschließen, dass sie Thomas berühren; so wird seine Zugehörigkeit ganz konkret unterstrichen. Danach können sie wieder zu ihren eigenen Vorhaben übergehen.

Als Thomas' Eltern genau dies machen, lautet der Kommentar eines anderen Freundes: »*Tolle Eltern hast du da!*«

Der kleine *Anton* wird bald einen Bruder oder eine Schwester bekommen. Seine Eltern machen keine große Sache daraus. Es ist die natürlichste Sache der Welt, dass Babys ab und an geboren werden, sagt ihre Haltung aus.

Eines Tages streichelt Mama ihren Bauch: »*Hast du gesehen, was für einen großen Bauch ich habe? Dort drinnen wächst ein Baby!*« Ihre Stimme beinhaltet keine Fragen (»*Was hältst du davon? Wirst du jetzt unruhig? Wirst du eifersüchtig werden?*«) und auch keinen Appell (»*Kleiner Schatz, so ist es nun einmal. Ich habe ein Baby im Bauch und das lässt sich nicht ändern. Kannst du nicht versuchen, dich darüber zu freuen? Ich wäre dann so erleichtert!*«). Wenn der kleine Anton Fragen hat, werden sie beantwortet. Ansonsten werden keine weiteren Informationen gegeben.

Man kann sich ja auch selbst denken, wie man reagieren würde, wenn man vorher noch gar keine Ahnung hatte, woher die kleinen Babys kommen und dann plötzlich mit einem dicken Bauch konfrontiert wird, in dem angeblich ein Baby wächst. Man würde erst einmal eine Weile brauchen, um die Neuigkeiten zu verdauen.

Gegen Ende der Schwangerschaft fangen die Eltern an, das Zuhause auf die Ankunft des neuen, kleinen Kindes hin einzurichten. Der kleine Anton beobachtet sie dabei. Als die Wiege im Schlafzimmer aufgestellt wird, fragt er vielleicht: »*Soll das Baby da schlafen?*« – »*Ja*«, antwortet Papa. »*Findest du, dass es so gut ist? Oder sollen wir die Wiege lieber weiter zur Ecke hinschieben?*« Der kleine Anton äußert seine Meinung dazu, der Papa richtet sich danach und bedankt sich bei ihm. »*Das ist schön. So steht sie wirklich gut. Danke, dass du geholfen hast!*«

Die Zeit ist gekommen, um zum Krankenhaus zu fahren. Es ist mitten in der Nacht. Mama weckt Anton auf und sagt ihm auf Wiedersehen. Sie sagt ihm, dass sie nun ins Krankenhaus fährt, um dort Hilfe zu bekommen, damit das Baby aus ihrem Bauch herauskommen kann. Sie wird einige Tage wegbleiben, und wenn sie wiederkommt, bringt sie das Baby mit. Und während sie weg ist, wird die und die Person bei Anton bleiben, und Papa natürlich, so wie sonst auch. Wir vermuten, dass Papa außerhalb des Hauses arbeitet und dass ein anderer – ein Verwandter oder ein Freund – tagsüber auf den kleinen Anton aufpasst, während Mama im Krankenhaus ist. Dies ist meiner Meinung nach die beste Lösung. Anton bleibt zu Hause und »bewacht das Territorium«. Während sie weg ist, hat er die Sachen seiner Mutter um sich, d.h. all das, was er mit ihr verbindet. Er weiß, dass sie zurückkommen wird. Während ihrer Abwesenheit wird er die Stellung halten. Die »Herde«, das Zuhause, bleibt unverändert und wartet auf die Rückkehr der Mutter nach ihrem Ausflug.

Wenn Anton während des Krankenhausaufenthaltes seiner Mutter dagegen außerhalb der »Herde« untergebracht wird, ist er derjenige, der einen Ausflug macht, und es ist Anton, der wieder nach Hause zurückkommt.

Entweder kommt er dann vor der Mutter nach Hause – sie ist noch im Krankenhaus und kann ihn nicht empfangen und seine Zugehörigkeit bestätigen, was für ihn verwirrend ist. Die »Herde« hat sich während seiner Abwesenheit verändert. Oder die Mutter ist mit dem kleinen neuen Baby schon nach Hause gekommen, was für ihn ebenfalls verwirrend sein wird. Die »Herde« hat sich verändert, sie ist um ein kleines, neues Mitglied erweitert worden, das auch noch nicht so gut die Zugehörigkeit Antons bestätigen kann. Und Anton war bei der Veränderung nicht dabei.

Wenn der kleine Anton mit ins Krankenhaus kommt, um seine Mutter zu besuchen und das kleine, neue Baby zu sehen, ist es nicht nur möglich, sondern auch wahrscheinlich, dass er nicht die Begeisterung beim Anblick seines neuen Geschwisterchens zeigt, auf die die Eltern doch so gehofft hatten. Wahrscheinlich wird er sich, wenn nicht verwirrt, dann doch ziemlich desinteressiert und abwesend verhalten. Das Baby kann ihn eine kurze Weile interessieren, aber auf der Entbindungsstation gibt es so viele Babys.

Bei seinem Besuch im Krankenhaus befindet sich Anton außerhalb seiner »Herde«. Außerhalb des eigenen Territoriums kann er den Bereich der »Herde« nicht markieren. Er sieht das Baby nicht als ein neues Herdenmitglied an.

Je kleiner das »größere« Geschwisterchen ist, umso wichtiger ist es, dass die Aufnahme des neuen Babys in die bestehende »Herde« zu Hause geschieht.

Anton ist nur zweieinhalb Jahre alt, und wenn ich sein Vater wäre, würde ich ihn beim Abholen der Mutter aus dem Krankenhaus nicht mitnehmen, sondern es so arrangieren, dass er zu Hause bleiben kann. Mit einem solchen Arrangement wird das Baby nicht zu etwas, dass man irgendwo abholt (»*Wann soll es dort wieder hingebracht werden? Irgendwo muss es doch seine eigene ›Herde‹ haben. Wo gehört es hin? Ins Krankenhaus?*«).

Stattdessen wird das Baby, wenn es zu Hause ankommt, zu etwas, das in der »Herde« *empfangen* wird. Es ist nie woanders gewesen (außer in Mamas Bauch). Es gehört nirgendwo anders hin.

Am ersten Tag passiert also Folgendes:

Die Mutter kommt von ihrem Ausflug zurück.

Die »Herde« ist wieder komplett. Die Zugehörigkeit wird bestätigt. Die Ordnung ist wieder hergestellt.

Ein neues Mitglied wird von der »Herde« empfangen.

Sämtliche Mitglieder der »Herde« machen sich mit dem neuen Mitglied bekannt, erforschen und untersuchen es – nehmen es an.

Das neue Herdenmitglied wird in die Gemeinschaft aufgenommen.

Der letzte Punkt sollte eigentlich nicht mit auf die Liste, denn das neue Mitglied wird nicht an einem einzigen Tag in die Gemeinschaft aufgenommen (siehe das Gleichnis vom Beduinenlager, ab Seite 172), aber die »Annahme« des Babys ist ein Ausdruck des guten Willens, der Bereitschaft, des Willkommenheißens – die alten Herdenmitglieder zeigen so, dass sie das neue, kleine Mitglied *akzeptieren*.

Aber nun wollen wir nicht den Ablauf der Geschehnisse vorwegnehmen.

Sagen wir, dass Papa die Mama und das Baby abholt. In der Zeit ist Anton zu Hause und wartet gemeinsam mit jemandem, der sich um ihn kümmert.

Diese Person macht eine große Sache daraus, dass Mama gleich nach Hause kommen wird. Zusammen können sie ihr Bett für sie machen, ihren Morgenmantel schön hinhängen, eine Vase mit Blumen an ihr Bett stellen, sich überhaupt mit Sachen beschäftigen, die mit der Mutter zu tun haben. So also bereitet Anton sich darauf vor, seine Mama zu empfangen.

Sobald die kleine Truppe ankommt, geht Mama zu Anton, und sie sorgt für eine ganz überwältigende Begegnung mit ihm, eine richtige Heimkehr.

Das Baby – sagen wir, es ist ein Mädchen – wird währenddessen diskret im Hintergrund gehalten. Der große Augenblick kommt früh genug, der unvergessliche Augenblick, wenn Anton seiner kleinen Schwester begegnen wird – aber noch nicht.

Das Beste ist natürlich, wenn die Neugeborene im Krankenhaus oder auf dem Nachhauseweg im Auto, eben so spät wie möglich, noch gefüttert worden ist, damit sie jetzt schläft.

Mutters und Antons Wiedersehen ist von Freude geprägt, keine Unruhe ist zu spüren, weder offensichtlich noch versteckt (»*Jetzt wird alles gut, jetzt ist Mama wieder zu Hause!*«). Es war nichts Ungewöhnliches daran, dass Mama weg war. Jeder macht so seine Ausflüge von der »Herde« – und kehrt dann wieder zurück. Alles ist, wie es sein soll.

Entweder sieht Mama nun selbst, oder jemand flüstert ihr ins Ohr, dass Anton geholfen hat, ihr Bett zu machen, den Morgenmantel schön hinzuhängen, oder was nun gemacht worden ist. Mama freut sich riesig darüber. Mama ist so froh, wieder zu Hause zu sein, und kann sich nun dort richtig wohl fühlen!

Alles ist wie gewohnt. Die »Herde« ist wieder vereint.

Jetzt ist die Zeit gekommen um Anton die kleine Neue vorzustellen.

Mama setzt sich vor ihm in die Hocke und erzählt ihm, dass es etwas gibt, das sie ihm zeigen möchte. Es ist sehr spannend.

Sie holt das Baby. Die kleine Neugeborene wird vor Anton auf eine Decke auf den Fußboden gelegt.

Dies ist der Moment für Antons »Inbesitznahme« von seiner kleinen Schwester – er soll das kleine, neue Herdenmitglied kennen lernen und anerkennen, und diesen Augenblick sollte er ganz für sich haben.

In diesem Moment können durchaus viele Leute gegenwärtig sein, aber alle sollten jetzt ganz still sein. Es ist ein großer Moment und Anton sollte nicht gestört werden. Es ist vielleicht am sichersten, wenn man sich im Voraus vergewissert, dass sich jetzt alle still und abwartend verhalten werden.

Damit Anton die kleine Schwester annehmen kann, muss ihm erlaubt werden, sie anzufassen – sie zu erforschen, sie zu untersuchen, sich sozusagen an sie heranzufühlen. Nur auf diese Weise kann er sich mit dem neuen, kleinen Herdenmitglied vertraut machen, nur so wird das Baby etwas, das zu ihm gehört. Und es sollte ihm ermöglicht werden, dies in seiner eigenen Weise zu tun, ohne Eingreifen, ohne Steuerung.

Sehr kleine Kinder beginnen ihre Untersuchung damit, dass sie einen Finger ins Auge des Babys stecken. Die Augen sind Spiegel der Seele …

Es erfordert starke Nerven der Umstehenden, aber Babys besitzen die instinktive Fähigkeit, die Augen zuzumachen. Neugeborene sind nicht so empfindlich, wie es einem erscheint.

Danach steckt das Kind denselben Finger in den Mund des Babys. Der kleine Anton steckt seinen Finger ziemlich weit hinein (wieder werden starke Nerven gebraucht) und das Baby reagiert verständlicherweise sehr heftig. Anton respektiert ihre Reaktion. Er zieht seinen Finger sofort zurück. Aber gleich ist er wieder da, im Mund des Babys.

Dieses Mal steckt er den Finger nicht so weit in den kleinen Mund hinein – und lässt das Baby daran saugen …

Es entsteht eine Pause.

Jetzt kommt der erste Augenkontakt zwischen den beiden Kleinen.

Was sagen sie einander …?

Danach werden die Hände und Füße des Babys interessant, und auch das, was sich unter der Kleidung befindet. Der kleine Anton möchte das Baby ausziehen. Sein Papa hilft ihm dabei. Nach einer eingehenden Untersuchung kommt der ergreifende Moment: Das ältere Kind nimmt das Baby an sich, ganz buchstäblich.

Anton versucht seine kleine Schwester hochzuheben, sie auf seinen Arm zu nehmen und ihr Schutz zu geben. (Ein starker Beschützerinstinkt wird schon bei einem Einjährigen spürbar, wenn er in dieser Weise mit einem Neugeborenen konfrontiert wird. Außerhalb seiner »Herde« kann dasselbe einjährige Kind völlige Gleichgültigkeit zeigen.)

Nun hilft Mama ganz diskret. Die »Inbesitznahme« findet ja auf dem Fußboden statt und Anton sitzt auf seinen Knien, womit das Risiko gering ist, dass das Baby fällt und sich wehtut. Aber eine helfende Hand ist notwendig.

Anton sitzt ganz still mit dem Baby auf dem Schoß. Es gehen Engel durch den Raum. Ich habe eine solche Szene nie beobachten können, ohne dabei Tränen in die Augen zu bekommen. Ich glaube, es geht jedem so.

Aber dann muss man schnell sein! Wenn Anton die Annahme des Babys als neues Herdenmitglied zum Ausdruck gebracht hat, wird er die Kleine schnell wieder loslassen, und das oft auf fahrlässige Weise. Der selige Moment ist vorüber, das Leben geht weiter. Jetzt hat Anton andere Sachen vor. Die Herde ist um ein Mitglied größer geworden. Das ist doch überhaupt nichts Außergewöhnliches!

Dann kehrt wieder der Alltag ein. In der ersten Zeit mit dem kleinen Baby – während der »Baby-Flitterwochen« – wäre es sicherlich am schönsten, wenn Papa oder eine andere Person im Haus sein könnte, um die Interessen von Anton zu wahren, wenn Mama es gerade nicht kann. Es können Krisensituationen entstehen, wenn die unterschiedlichen Interessen der beiden kleinen Kinder kollidieren, und das werden sie hin und wieder tun, da es unmöglich ist, den Tag zu organisieren, bevor die Ess- und Schlafenszeiten des Babys regelmäßiger werden. Falsch wäre es, jetzt das ältere Kind von seinem Zuhause zu entfernen.

Mama kann in der »Herde« (zu Hause) ersetzt werden, aber wenn sie da ist, kann und wird Anton ihre Aufmerksamkeit suchen. Wenn sie nicht da ist, wird er mit gutem Willen zu ihrem Stellvertreter gehen. Es ist also besser, wenn Mama mit dem Baby in ein anderes Zimmer verschwindet und damit nicht mehr zugänglich ist, als wenn sie sich neben ihn hinsetzt und das Baby stillt und ihn dann auf die Ersatzperson verweist. Ist Mama außer Sichtweite, wird er *von selbst* zum Stellvertreter gehen.

Mama sollte deutlich zu erkennen geben, dass sie nun verschwindet, und sagen, dass sie gleich wiederkommt. Und wenn sie zurückkommt, sollte sie Anton im ganz großen Stil – oder wenigstens im kleinen – wieder begegnen, um zu zeigen, dass sie wieder zu seiner Verfügung steht.

Die andere erwachsene Person kann beispielsweise mit Anton hinausgehen – und wird Mama berichten können, dass er die ganze Zeit richtig fröhlich war, obwohl er vor dem Losgehen anhänglich und quengelig gewesen ist. (Während er draußen ist, kann er nicht die mütterliche Bestätigung seiner Zugehörigkeit suchen.)

Die andere erwachsene Person kann auch für die soziale Beteiligung Antons sorgen. Der Kleine kann ganz intensiv und tüchtig arbeiten, beim Kochen helfen, Wäsche in die Waschmaschine stopfen oder was auch gerade für die gemeinsame Existenz der »Herde« notwendig ist – aber sobald Mama auftaucht, wird er sofort seine Arbeit unterbrechen. Und dies ist eine kleine klassische Situation. Mama wird enttäuscht sein und sagen: *»Aber Anton, du hast gerade so schön gearbeitet, willst du nicht weitermachen?«* Aber der kleine Anton will seine Mutter, die gerade zurückgekehrt ist, in Empfang nehmen und seine Zugehörigkeit zu ihr zeigen.

Jedes einzelne Wiedersehen ist eine *Begegnung* – oder sollte es zumindest sein. Danach kann das Leben wieder seinen gewohnten Gang gehen.

Es ist leider nicht immer möglich, in der ersten Zeit nach der Ankunft des Babys die Hilfe einer anderen, erwachsenen Person zu bekommen. Wird es erforderlich, muss man den Laden alleine schmeißen, und es geht dann, weil es gehen muss. Man wird etwas Phantasie und einige Bestechungen brauchen. Ab und zu ist es das ältere Kind, das warten muss. Andere Male wird das Baby warten müssen. Man lernt zu stillen, während man etwas erledigt, was für das ältere Kind notwendig ist. Du wirst ein zusätzliches Paar Arme und Augen im Nacken entwickeln, bevor du damit durch bist. Notwendigkeit ist die Mutter des Erfindungsreichtums!

In solchen chaotischen Momenten ist es wichtig, dass du versuchst, deine enge Bindung zu deinem »Anton« zu zeigen, und ihn spüren lässt, dass er Teil eines Teams ist. Es ist die »Herde« – und nicht nur du –, die für den Neuankömmling sorgt.

Das kleine Baby ist neu hinzugekommen. Als »alte« Herdenmitglieder sind Mama und Anton gleichgestellt. Sie gemeinsam kümmern sich um das neue Baby. *Das Baby wird in etwas schon Vorhandenes eingegliedert.* Es ist also nicht Sinn der Sache, dass die Mutter zwischen dem Baby und dem älteren Kind hin- und herstürzt und versucht sich in zwei zu teilen, um für zwei kleine, getrennte »Herden« zu sorgen.

Der kleine Anton hat das Baby »annektiert«, es akzeptiert; und damit ist die Kleine zu einem Teil von Antons Alltagsbewusstsein geworden, und sie muss nicht von ihm fern gehalten werden, so als würde sie gar nicht existieren.

Zwar ist es die Mutter, die die Milch in der Brust hat und die deshalb für das Überleben des Babys steht. Im Übrigen sollten sich aber alle Herdenmitglieder gleichermaßen um das Baby kümmern. Mama kann genauso gut Anton fragen, wie auch Anton seine Mutter fragen kann: *»Schläft das kleine Baby jetzt?«* Zusammen sind Anton und Mama mit diesem für beide Unbekannten, mit dem kleinen, neuen Baby, konfrontiert worden.

»Hör mal, jetzt schreit dein Schwesterchen wieder!«, sagt Mama. »Ein hungriges, kleines Ding, jetzt hat sie schon wieder Hunger! Nur essen und essen! Aber wo haben wir etwas zu essen für sie?« – »Da!«, sagt Anton und berührt Mamas Brust. »Ach ja! Super! Da ist ja immer was drin«, erinnert sich Mama.

Es ist nicht so, dass du dich selbst als hilflos darstellen solltest, aber du kannst deine Neugier mit dem älteren Kind teilen! Die Idee ist, dass du dich in der gleichen Weise überraschen lässt wie das ältere Kind; du wunderst dich zusammen mit ihm über dies und jenes und ihr helft einander.

So wird man miterleben, wie das staunende ältere Kind die immer größer werdenden Fähigkeiten des Babys begeistert entdeckt: *»Guck mal! Sie kann sitzen!« – »Sie hat das genommen, guck doch Mama, sie kann das fest halten!«*

Es sind schöne Augenblicke, so fern von Eifersucht, wie etwas nur sein kann. Darüber kann man sich wirklich nur freuen. Und man sollte selbstverständlich die staunende Begeisterung mit dem »Großen« teilen, obwohl man schon mehrmals gesehen hat, wie das Baby sowohl greifen wie auch sitzen kann.

Das ältere Kind wird je nach Fähigkeit seinen kleinen Bruder oder seine kleine Schwester schützen und ihm oder ihr etwas zeigen wollen. Das erste Kind hat ja erwiesenermaßen schon etwas mehr Kompetenz, um hier im Leben zurechtzukommen, und es hat seine eigenen, wertvollen Erfahrungen gemacht.

Wird die Zugehörigkeit des Erstgeborenen durch Begegnungen und Berührungen deutlich und alltäglich und durch die soziale Beteiligung, bei der das Kind spürt, dass es *gebraucht* wird, bestätigt, wird die Eifersucht kein Problem werden. Ganz im Gegenteil wird das ältere Kind seine verantwortungsvolle Bürde von Anleitung und Schutz auf sich nehmen in der Eigenschaft als älteres Herdenmitglied.

Es ist nicht ungewöhnlich, dass kleine Kinder in ihrer Mühe als Geschwister fast zu weit gehen. Ich hatte eine kleine »große Schwester« von fünf Jahren, und sie musste hin und wieder daran erinnert werden, dass ihre kleinen Geschwisterchen von zwei und drei Jahren in der Tat *meine* Kinder waren … oder zumindest *auch* meine Kinder!

(Man kann einem Vorschulkind nicht die alleinige Verantwortung für ein Geschwisterchen übertragen. Innerhalb der »Herde« geht es schon, wenn man selbst zu Hause ist, aber nicht, wenn man das Zuhause verlässt. Persönlich setze ich die Grenze bei etwa zehn Jahren. Dann kann das ältere Kind auch mal allein auf das Baby aufpassen oder woanders Babysitter sein. Nach gründlicher Einweisung und einer kleinen Prüfung, was er oder sie tun würde, wenn etwas passieren sollte, kann man ihn oder sie mit dem Baby allein lassen.)

Der kindliche Beschützerinstinkt ist sehr stark. Es gibt keinen Grund, warum man das Kind nicht darin bestärken sollte. »*Armes Baby – jetzt kommt sie an die Rassel dort auf dem Fußboden gar nicht mehr heran! – Ach, guck, wie sie versucht dort hinzukommen.*« Mehr braucht man gar nicht sagen und schon wird das ältere Kind dem Jüngeren zur Hilfe eilen.

Drei kleine Jungen bekamen einen kleinen Bruder. Die Familie hatte nicht sehr viel Platz. Es kam zu Streitigkeiten. »*Wir haben gar keinen Platz für ihn*«, sagten die Brüder. »*Oh, wie schade*«, sagten die Eltern. »*Dann wird er wohl auf dem Dachboden schlafen müssen.*« Auf dem Boden war es kalt und es zog immer und das wussten die drei Brüder.

Schweigen. Dann bekamen die drei kleinen Brüder Tränen in die Augen. »*Nein, nein, nicht auf den Dachboden! … Er kann hier schlafen … hier ist doch Platz genug für ihn!*« Sie fanden schnell eine praktische Lösung und der kleine, neue Junge wurde in die »Bruderschaft« aufgenommen.

Zu allem, was dein großer »Anton« für das Baby tun kann (was du selbst an und für sich sowohl schneller als auch besser erledigen könntest), kannst du deinen Erstgeborenen anregen, indem du an seine Fähigkeiten appellierst. Aber stelle keine Forderungen an ihn. »*Hol doch mal bitte eine Windel!*« wird umformuliert in: »*Kannst du eine Windel holen?*« (»*Kannst du*« hat eine viel bessere Wirkung als »*Würdest du bitte ...*«.)

Eine Forderung muss immer erfüllt werden. Oder sie darf erst gar nicht gestellt werden. Eine Frage dagegen kann mit einem *Ja* oder einem *Nein* beantwortet werden. Das ältere Kind wird nicht zu etwas gezwungen, was es vielleicht gar nicht tun möchte.

Das ältere Kind, dein »großer Anton«, wird – im gemeinsamen Kampf um die Existenz – je nach Fähigkeiten zu Aufgaben herangezogen, auch wenn das Können gering und der Einsatz anscheinend ohne Bedeutung ist. Das Baby ist ja eine gemeinsame Angelegenheit der »Herde«. Damit beinhaltet die gemeinsame Aktivität um das Baby eine soziale Beteiligung des älteren Kindes. Das ältere Kind wird *gebraucht*.

Ein Kind, das gebraucht wird, lebt nicht allein von der Liebe seiner Umgebung, sondern auch vom eigenen Selbstwertgefühl: »*Die anderen kommen ohne mich schlechter zurecht.*« (Umgekehrt können Kinder, die in reichlichem Maße Liebe und Aufmerksamkeit bekommen, die aber nie zur Erledigung gemeinsamer Aufgaben herangezogen werden, die nie praktisch und konkret gebraucht werden, das Leben als sinnlos erleben und ihre eigene Existenz als unnötig oder gar als hindernd für die anderen Herdenmitglieder empfinden: »*Die anderen kommen ohne mich genauso gut zurecht*« oder gar »*Die anderen würden ohne mich besser zurechtkommen*«. Sie bekommen das Gefühl, ihr Leben sei vollkommen ohne Sinn.)

Johannes, zehn Jahre, hat einen Vater, der Seemann und deshalb nur gelegentlich zu Hause ist. Johannes' Mama fühlt sich oft einsam, besorgt und ratlos. Sie braucht Schutz, stellt der Junge deutlich fest. Sie schafft es nicht ganz, die Rolle des Vaters als Leiter der »Herde« zu übernehmen, wenn er weg ist (und wenn er da ist, teilt sie die leitende Rolle kaum mit ihm). Stattdessen übernimmt Johannes den Part seines abwesenden Vaters. Er schläft im Ehebett auf Papas Seite, er sitzt am Frühstückstisch auf Papas Platz, er sieht fern in Papas Sessel und er spielt nicht sehr oft draußen. Aber wenn der Papa nach Hause kommt, macht Johannes Urlaub von seiner selbst auferlegten Verantwortung. Dann zieht er sich in sein eigenes Zimmer zurück, wählt in der Wohnung andere Aufenthaltsplätze und spielt draußen mit seinen Freunden, sooft er nur kann.

Wenn ein älteres Kind seinem jüngeren Bruder oder seiner jüngeren Schwester hilft, ist es ein Ausdruck von Herdenzugehörigkeit, und das kleine Kind bestätigt diese Zugehörigkeit, indem es für seinen großen Bruder oder für seine große Schwester kleine Aufgaben übernimmt oder indem es ihnen seine Wertschätzung zeigt. Dies kann von den Erwachsenen unterstützt werden.

Mama ermuntert die kleine Lisa dazu, all das zu machen, was sie für ihren großen Bruder Patrik machen kann: Sie deckt ab und zu den Tisch für ihn, sie bringt ihm seine frisch gewaschenen Pullover, legt Sachen, die ihm gehören, auf seinen Tisch. Wenn Patrik nicht bemerkt, dass die Kleine dies und jenes für ihn getan hat, erzählt es ihm die Mutter, damit er Lisa seine Anerkennung zeigen kann. »*Lisa hat die Milch für dich eingeschenkt!*« – »*Hast du, Lisa?*«, sagt Patrik, »*oh, ich danke dir! Das war wirklich nett von dir.*« Und wenn Patrik sich wehgetan hat und weint oder wenn er einen kleinen Kratzer am Finger bekommen hat, schickt die Mutter erst einmal Lisa zu ihm. »*Patrik ist traurig!*«, sagt Mama. »*Tröste Patrik, damit er wieder fröhlich wird.*«

Oft wird schon innerhalb der eigenen vier Wände einer Familie eine separate Kinderwelt errichtet, getrennt von der Welt der Erwachsenen. Die Kinder werden aus der sozialen Gemeinschaft der »Herde« ausgeschlossen. D.h., sie nehmen nicht an dem teil, was *für die Erwachsenen* notwendig ist; sie bekommen keine soziale Beteiligung.

Jede »Herde«, ob groß oder klein, bewacht ihr Territorium. In Familien, in denen Geschwister miteinander konkurrieren, streiten, sich in verschiedenster Weise bekämpfen, behaupten sie ihr eigenes Territorium den anderen Geschwistern gegenüber. Sie haben nicht das Gefühl, dass sie alle zu demselben Territorium gehören. Sie verhalten sich ungefähr so wie Nachbarn, die miteinander Streit haben: »*Dies ist unser Fahrradständer. Hier dürft ihr eure Fahrräder nicht hinstellen.*« – »*Dies ist mein Zimmer. Hier darfst du nicht herein.*«

Separate Kinderwelten bereiten den Weg für die Eifersucht.

Wird für das erstgeborene Kind innerhalb der eigenen vier Wände der Familie eine separate Kinderwelt errichtet – das Kind wird nicht an gemeinsame Aufgaben und Pflichten herangeführt, wird nicht *gebraucht*, sondern auf Spielzeug und Therapie verwiesen (siehe Herrn Meier, Seite 633) –, wird in der Regel dasselbe mit dem zweiten Kind gemacht. Und schon hat man zwei kleine »Herden«, zwischen welchen die Erwachsenen als Besucher von außen, als »Nichtmitglieder«, hin und her pendeln müssen.

Das Gastspiel der Erwachsenen in den beiden Kinderwelten wird zu einem konkurrierenden Faktor zwischen den Kindern. Die Erwachsenen müssen beiden kleinen »Herden« gleich viel »Besuche« abstatten, sonst wird die eine »Herde« der anderen gegenüber geschwächt.

Hier erscheint die »Millimetergerechtigkeit« auf der Bildfläche. Und damit tauchen die Raufereien und Streitigkeiten auf. »*Er hat damit angefangen!*« (»*Er hat meine ›Herde‹ angegriffen. Ich musste mein Territorium verteidigen.*«) Ich antworte dann in der Regel: »*Das Interessante ist nicht, wer angefangen hat, sondern wer aufhört.*«

Das Wichtigste unter Mitgliedern *desselben* Territoriums, *derselben* »Herde« ist, dass man sich wieder verträgt, egal wer Recht oder Unrecht hat. Alle streben das gemeinsame und essenzielle Ziel des Zusammenhaltes an. Dagegen scheint zwischen zwei verschiedenen Territorien wirklich entscheidend zu sein, wer die Streitigkeiten angefangen hat.

Kinder lassen sich überaus ungern als Angreifer darstellen, und sie erklären mit großem Eifer die Berechtigung ihrer Selbstverteidigung, was mich daran glauben lässt, dass der Mensch im Grunde genommen kein Angreifer, kein Streit suchendes und aggressives Wesen ist, sondern ein Wesen, das sich einen berechtigten Lebensraum sucht und ihn verteidigt.

Geschwister sollten nicht untereinander konkurrieren. Sie sollen zusammen arbeiten, leben, wirken und gebraucht werden – innerhalb desselben Territoriums.

Alles, was ihren gegenseitigen Zusammenhalt stärkt, sollte von den Erwachsenen unterstützt werden, und alles, was den Zusammenhalt bedroht, sollte bekämpft werden. Dies liegt in der Verantwortung des Erwachsenen als Schützer und Leiter der »Herde«. Folglich bin ich, wie du schon erkannt haben wirst, nicht der Meinung, dass Geschwister ihre eigenen Zimmer mit eigenem Schreibtisch, eigenen Bücherregalen, Stereoanlagen etc. haben sollten. (Doch sollten die Kinder beim Einsetzen der Pubertät etwa im Alter von elf Jahren geschlechtlich aufgeteilt werden.) Das eigene Zimmer, das eigene »Mini-Zuhause« (siehe Seite 770) wird zu leicht zum eigenen Territorium.

Einsamkeit ist etwas, was man meiner Meinung nach in der Familie suchen sollte, wenn man sie braucht – und nicht etwas, bei dem man versuchen muss auszubrechen, wenn man sie nicht länger erträgt.

Das jüngste Kind sollte nicht in ein eigenes Zimmer ziehen, wenn es das elterliche Schlafzimmer verlässt, sondern bei einem älteren Geschwister einziehen. Früher oder später wird das Kleine dann die Sachen des älteren Kindes untersuchen wollen und die territoriale Fixierung erwacht: »*Sie macht meine Sachen kaputt! Sie nimmt meine Sachen!*« Dann kann man fragen, nicht herausfordernd, sondern mit aufrichtigem Interesse: »*Und was kannst du dagegen machen?*« Das ältere Kind wird eine Lösung finden. (Die natürlich nicht darin bestehen sollte, das kleine Kind aus dem Zimmer zu verbannen.)

Die Eifersucht unter Geschwistern ist vor allem eine Folge der Trennung des Familienlebens von dem Arbeitsleben und von der Abkapslung des Gefühlslebens vom Kampf ums Überleben. Die erwachsenen Mitglieder der »Herde« führen den Kampf ums Überleben hauptsächlich außerhalb der »Herde«. Die Kinder sind davon ausgeschlossen.

Sogar innerhalb der »Herde«, zu Hause, verweigern die Erwachsenen – unter dem Einfluss einer gesellschaftspolitisch propagierten Ideologie – den Kindern die soziale Beteiligung. Die Kinder werden dort (oder überhaupt irgendwo) nicht gebraucht. Es wird ihnen nicht erlaubt, je nach Fähigkeit und Willen ihren Teil der Last zu tragen. Kinder sollen nicht mithelfen, sagt die Ideologie; die Erwachsenen sollen Servicekräfte ihrer eigenen Kinder sein. Kinder dürfen nicht zur Bewältigung gemeinsamer Aufgaben eingesetzt werden – denn Kinder haben einen negativen Einfluss auf die Produktion, sie sollten unter allen Umständen von der sozialen Gemeinschaft ausgeschlossen werden.

Experten, die die Geschwistereifersucht als etwas Unvermeidliches und etwas, das man einfach akzeptieren muss, darstellen, unterstützen und verteidigen eine Gesellschaftsordnung, die verheerende Folgen für die Kinder hat.

Eifersucht unter Geschwistern ist unnötig und unerwünscht, und soviel ich weiß, versuchen alle Eltern ihr entgegenzuwirken, sind sich instinktiv darüber im Klaren, dass sie falsch ist.

Deinem Kind ein Geschwisterchen zu geben bedeutet ihm oder ihr, einen Freund zu schenken. Es ist eine Tat der Liebe. Das Erstgeborene wird durch die Liebe zu vielen bereichert.

Einige Ratschläge zum Alltagsleben

Geschwister sind wie eine Gesellschaft in Miniatur. Wie sie in ihrer ersten »Herde«, dieser ersten kleinen Gesellschaft, zusammenleben, ist zwar nicht entscheidend für ihr späteres Leben, aber doch musterbildend für das Zusammenleben in ihrer eigenen, zukünftigen »Herde«.

So können etwa Geschwister, die ihre Konflikte mit Gewalt lösen, später einmal Erwachsene werden, die ebenfalls dazu neigen, ihrer Konflikte gewaltsam Herr zu werden.

Geschwister, die feindselig ihr Territorium innerhalb der eigenen »Herde« bewachen, können Erwachsene werden, die feindselig ihren Bereich innerhalb der eigenen Familie beanspruchen.

Geschwister, die sich gegenseitig um Vorteile beneiden, können Erwachsene werden, die immer nur hinter dem her sind, was die anderen haben.

Der kleine Bruder, dem es erlaubt wird, seine Schwester brutal zu schlagen – weil sich »Geschwister nun mal prügeln!« –, kann ein Ehemann werden, der seine Frau misshandelt.

Die kleine Schwester, der es erlaubt wird, ihrem Bruder zu verbieten, ihre Sachen anzufassen und in ihr Zimmer zu kommen, kann eine Ehefrau werden, die sich weigert, ihrem Mann zu erlauben, ihr nahe zu kommen.

Brüder und Schwestern, denen erlaubt wird, sich gegenseitig um die guten Seiten des Lebens zu bringen, können Erwachsene werden, die ihren Freunden verwehren, im Leben erfolgreich zu sein.

Der böse und gemeine Paul

Es war einmal ein kleiner Junge, der Paul hieß. Schon von Geburt an war er bösartig. Er schrie und schrie und nachts schrie er am allermeisten.

Die armen Eltern seufzten: »*Wenn wir doch nur wüssten, was wir tun sollen!*«

Der kleine Paul wuchs und wurde immer größer, und so auch seine Boshaftigkeit. Er zerschlug Tassen und Gläser, er bekam hysterische Anfälle, er verbat seiner Mutter, zur Toilette zu gehen, er zog den Hund am Schwanz und er schlug seinen armen Vater mit dem Besen auf den Kopf. Er wurde immer und immer böser und gemeiner.

Die Eltern litten darunter und seufzten: »*Wenn wir doch nur wüssten, was wir tun sollen!*«

Der kleine Paul kam in den Kindergarten. Dort hat er allen möglichen Ärger gemacht, so, wie man es bei einem Kind erwartet, das boshaft und gemein ist. Er war ein schlechter Verlierer und musste immer der Beste, der Erste und der Größte sein. Seine Erzieherin bekam vor Kummer schon graue Haare; doch der kleine Paul prügelte sich weiter mit jedem, der ihm über den Weg lief, und die armen Eltern waren sehr verlegen: »*Wenn wir doch nur wüssten, was wir tun sollen!*«

Paul wurde eingeschult, aber dort war er noch boshafter als zuvor. Er weigerte sich still zu sitzen, er sabotierte den Unterricht und warf den Computer, der in der Klasse stand, auf den Fußboden. Auf dem Flur füllte er die Stiefel seiner Klassenkameraden mit Wasser, knotete ihre Jacken zusammen, seine Bücher machte er kaputt und er schimpfte die Lehrerin »*blöde Hexe!*«

Die armen Eltern saßen beim Schuldirektor und wrangen ihre Hände: »*Wenn wir doch nur wüssten, was wir tun sollen!*«

Der kleine Paul wurde größer. Schon lange ging er auf eine Sonderschule – wenn er überhaupt in die Schule ging. Viele Ärzte und kluge Köpfe hatten sich Paul angesehen und viele schwierige Worte lasteten auf seinem Kopf.

Provokationsreaktionen aus einer Tendenz zu hyperaktivem Verhalten heraus war nur einer der Ausdrücke, an die sich Pauls unglückliche Eltern gewöhnen mussten. In ihrer Not wandten sie sich an einen weiteren Kinderpsychologen, der ein Fachmann für Kindererziehung sein sollte. »*Lassen Sie ihn nur. Er muss sich austoben!*«, sagte der. Also durfte Paul sich austoben. Es wurden mit der Zeit zu Hause viele neue Möbel gebraucht und Pauls Vater war allmählich am Rande eines Bankrotts.

Die Jahre vergingen. Paul lernte ein Mädchen kennen. Ach, wie nett er auf einmal wurde. Er war plötzlich ein ganz anderer Mensch. Die Eltern strahlten vor Freude. Aber kaum hatte Paul geheiratet, da erschien sein gemeines Ich wieder an der Oberfläche. Er schimpfte und wütete und seine Frau durfte keinen Ton sagen. Stattdessen weinte sie: »*Wenn ich doch nur wüsste, was ich tun soll!*«

Dann wurden Pauls Eltern krank, ja, sie wurden so krank, dass sie im Sterben lagen. Aber Paul, boshaft wie immer, weigerte sich, sie zu besuchen. Zu seiner Frau sagte er: »*Sie haben mich sowieso nie richtig gemocht. Genau wie du!*« Aber seine alten Eltern hörten ihn und riefen aus: »*Aber wir haben doch alles für dich getan, Paul!*« – »*Nein*«, fauchte Paul, gemeiner und boshafter denn je. »*Was haben wir denn nicht getan?*«, sagten die Eltern.

Jetzt trieb Paul seine Gemeinheit endgültig auf die Spitze: »*Ihr habt mir nie beigebracht, mit anderen zusammenzuleben!*«, rief er, so böse er nur konnte.

Was muss gestärkt werden?	Was muss verhindert werden
Zusammenhalt	Territoriale Fixierung
Schutz und Hilfe	Prügeleien
Verantwortung	Eifersucht
Zusammenarbeit	Ärger
Zärtlichkeit	Petzen
Fürsorglichkeit und Verständnis	Illoyalität
Aufrichtigkeit	Neid
Rücksichtnahme	Rücksichtslosigkeit

Die **territoriale Fixierung** haben wir im vorangegangenen Abschnitt erläutert. Sie wird verhindert, indem man vermeidet, innerhalb der eigenen vier Wände der Familie separate, kleine Kinderwelten zu errichten, in denen die Kinder von den Tätigkeiten, die für die Erwachsenen wichtig sind, fern gehalten werden.

Nutze die Kinder je nach ihrem Willen und ihren Fähigkeiten! *Brauche* sie, jedes einzelne von ihnen, in irgendeiner Weise, und das jeden Tag, brauche sie ganz praktisch und konkret, nicht nur gefühlsmäßig! Zwei Geschwister, die gebraucht werden, und wenn es auch nur für anscheinend kleinere Aufgaben ist, die für andere nützlich sind – »*die anderen kommen ohne mich schlechter zurecht*« –, werden gegenseitig nicht konkurrieren.

Die Kinder sollten ein Zimmer teilen. Man sollte kein Schloss an der Tür oder Zettel mit der Aufschrift »Zutritt verboten« akzeptieren (obwohl du, als Mutter oder Vater, diese Aufforderung respektieren solltest, gilt das nicht unter Geschwistern) und man muss alle Arten von Verbannung oder des Ausschlusses von irgendjemandem ablehnen.

1. »Sie darf nicht in meinem Zimmer sein«, sagt der Bruder.
»Doch, das darf sie«, sagt Mama. »Wenn deine Schwester hier nicht sein darf, dann darfst du auch nicht hier sein. Dann kannst du kein eigenes Zimmer haben.«

»Aber sie nimmt immer meine Sachen!«

»Und was gedenkst du dagegen zu tun? Deiner kleinen Schwester muss erlaubt sein, hier hereinzukommen, und du möchtest nicht, dass sie deine Sachen kaputtmacht. Also, löse das Problem. Was kannst du dagegen machen?«

2. »Er darf nicht hier sein, wenn wir spielen«, sagt die Schwester.

»Doch, das darf er. Wenn er hier nicht sein darf, wenn ihr spielt, dann dürft ihr gar nicht spielen. Ihr müsst ja nicht mit ihm spielen, aber ihr dürft ihn nicht hinauswerfen.«

3. »Ich will nicht frühstücken, wenn sie hier sitzt und so einen Schweinkram macht!«, sagt der Bruder.

»Dann lässt du das Frühstück eben ausfallen.«

4. »Wenn er meine Kugelschreiber noch einmal nimmt, haue ich ihn!«, sagt die Schwester.

»Gib ihm einen und lege die anderen weg.«

»Nein, das will ich nicht! Er kriegt keinen einzigen!«

»Dann brauchst du auch keine Kugelschreiber für dich allein zu haben. Gib sie alle mir, bitte!«

»Nein!«

»Gib ihm nur einen Kugelschreiber, die übrigen kannst du dann für dich behalten.«

Bleibt das Kind hartnäckig bei seiner Meinung, musst du versuchen, standhaft zu bleiben, damit das Kind begreift, dass du es ernst meinst.

Hart zu sein ist eine unangenehme, aber notwendige Kunst, die man als erziehende Person leider erlernen muss.

Unter den Unannehmlichkeiten, von denen man sich – in dem Moment, in dem man es nicht schafft, hart zu bleiben – selbst verschont, wird dann im Nachhinein das Kind leiden müssen.

Prügeleien unter Geschwistern sollten nicht akzeptiert werden. Eine Moral, die hier differenziert, darf es nicht geben: dass man also jemanden, der kleiner ist, nicht hauen darf, dass man jemanden, der sich nicht verteidigen kann, nicht hauen darf, dass man fair kämpfen muss, z.B. nicht unter die Gürtellinie oder ins Gesicht hauen, dass Mädchen sich nicht prügeln usw.

Geschwister sollen sich überhaupt nicht prügeln.

»Hört auf, euch zu prügeln! Das dürft ihr nicht! Hört sofort auf damit!«

»Er ist ein gemeiner …«
»Sie ist genauso …«
»Das ist mir egal. Ihr dürft einander trotzdem nicht schlagen.«
»Sie hat damit angefangen!«
»Er ist bescheuert, er …«
»Das ist mir auch egal. Ihr dürft euch *nicht schlagen*. Schließt wieder Frieden, umarmt euch!«
»Nein!«
»Ich werde ihn nicht umarmen!«
»Doch, das wirst du. Ihr seid Geschwister und ihr gehört zusammen. Ihr mögt euch und ihr braucht einander, und das wisst ihr. Nun knuddelt euch, umarmt euch und spürt, dass ihr zusammengehört. Nachher könnt ihr darüber reden. Aber prügeln dürft ihr euch auf keinen Fall.«
Ist eine erzwungene Umarmung denn wirklich etwas wert?
Ja. Sie bestätigt die Zusammengehörigkeit. Sie bricht die Feindlichkeit. Sie ist stärker als ein »Entschuldigung«, weil sie körperlich ist. Die Umarmung ist Kennzeichnung des Territoriums – »*Wir gehören zusammen*« –, und sie ist eine Berührung im tieferen Sinne des Wortes, ein Ausdruck des guten Gefühls.
Auch das Schlagen ist eine Berührung. Die Umarmung neutralisiert den Schlag. Eine positive Berührung tritt anstelle der negativen Berührung. Die Umarmung bringt außerdem eine Alternative, zeigt einen Ausweg. Der Vorwurf und das Verbot: »Hört auf, euch zu prügeln!«, wird danach nicht in der Luft hängen bleiben und so wird die nachfolgende Stimmung nicht von Feindlichkeit geprägt sein.
Auch Kinder, die nicht daran gewöhnt sind, einander nach einem Konflikt zu umarmen, akzeptieren eine Aufforderung zum Knuddeln. Die Erleichterung danach ist deutlich erkennbar. *Kinder wünschen Frieden.*
Gewalt muss mit Liebe bekämpft werden – zur Not auch mit einer aufgezwungenen Liebe, damit wir die negativen Gefühle vergessen.
Alle Geschwister lieben einander. Alle Kinder wünschen sich, miteinander in Frieden zu leben.

Eifersucht ist ein Gift und als Gegengift gibt es kaum etwas anderes als die Vernunft. Ich habe eines meiner Kinder gefragt, ob sie jemals auf ihre Geschwister eifersüchtig gewesen ist. »*Ja*«, antwortete sie »*es ist vorgekommen. Aber dann denke ich an etwas, das nur ich habe, etwas, das die anderen nicht haben. Es gibt immer etwas, für das ich auf mich selbst eifersüchtig wäre, wenn ich eine andere Person wäre.*«

Kinder denken konkret und die Vernunft lässt sich von konkreten Vorstellungen und Bildern beeinflussen. Als Mutter oder Vater kannst du erzählen, auf was du selbst eifersüchtig bist, was du selbst als ungerecht empfindest. Der Blick des eifersüchtigen Kindes reicht selten weiter als bis zur eigenen Person, und jeder Versuch, seinen Begriffshorizont zu erweitern oder seine Auffassungen aus einer anderer Perspektive zu beleuchten, gibt der Vernunft einen weiteren Spielraum.

»Ich verstehe sehr wohl, dass du eifersüchtig bist. Das wäre ich auch. Aber es gibt nicht viel Gerechtigkeit in dieser Welt. Es gibt Millionen von Menschen, die nur von Wasser leben müssen und vor Hunger sterben, weil sie zufälligerweise in einem bestimmten Land zur Welt gekommen sind. Es gibt andere Menschen, die keinen einzigen Tag in ihrem Leben arbeiten müssen, und trotzdem sind sie reich.«

»Ich mache es, so gut ich nur kann, aber es kann nicht immer ganz gerecht sein. Ihr beide seid ja nun mal nicht genau gleich. Also kann alles auch nicht immer ganz gleich sein. Oder wollt ihr etwa total gleich sein?«

»Und ich bin eifersüchtig auf meinen Bruder. Ich würde gern genauso viel reisen können wie er. Aber auf der anderen Seite habe ich so vieles, was er nicht hat. Euch, zum Beispiel.«

Gerechtigkeit wird so von der erziehenden Person als etwas, nach dem man streben sollte, dargestellt, aber auch als etwas, das man nie ganz erreichen kann.

Und die Eifersucht wird als etwas dargestellt, das einen kaputtmachen kann; etwas, das die eigene Freude am Leben zerstört.

»Wenn du auf deine Schwester eifersüchtig bist, weil sie einen neuen Mantel bekommt und du nicht, musst du versuchen, dich mit ihr über ihren neuen Mantel zu freuen, ihretwegen! Dann hat sie viel mehr davon. Nächstes Mal bist du wieder dran und deine Schwester bekommt nichts, und dann wirst du dich auch viel mehr über das, was du bekommst, freuen können, wenn sie sich mit dir freut.«

Do ut des – ich gebe, damit du auch gibst – war eine Formel der Gegenseitigkeit im römischen Recht.

Streit und Ärger sind wie die Wortgefechte der Erwachsenen: Zum Teil sind sie nützlich, aber zum Teil sind sie nur ätzend und zerstörend.

Streitigkeiten unter Geschwistern, die den Zustand der Dinge zum Besseren verändern können, sollten natürlich nicht verhindert werden, aber gut streiten zu können ist wirklich eine Kunst. Prügeleien tun weh, genauso, wie Streitigkeiten verletzen.

Oft gibt es Ärger um einen bestimmten Gegenstand. Man kann ältere Kinder dazu auffordern, dem jüngeren Kind einen bestimmten Gegenstand auszuleihen, und umgekehrt. Man kann die Kinder dazu bewegen, die Sache abwechselnd für sich zu haben. Man kann auch noch so einen Gegenstand besorgen, was eine schlechte Lösung ist. Wenn die Kinder immer genau die gleichen, eigenen Sachen bekommen, besteht die Gefahr, dass sich die Kinder übertrieben darauf fixieren, dass immer alles gleich verteilt ist, was wahrscheinlich mit der Zeit absurd und auch ganz unmöglich werden wird. Und früher oder später sitzt dann doch jedes Kind für sich auf seinem eigenen Territorium und bewacht es mit Feindseligkeit. Dann sollte man lieber gleich alle Kinder in derselben »Herde« unterbringen und alle Streitigkeiten verwerfen: »Wenn ihr euch darüber nicht einig werden könnt, nehme ich es wieder weg.«

Und auf einmal einigen sich die Kinder und finden bald eine Lösung. Sie stehen vor der Wahl, den Gegenstand zu teilen oder ihn gar nicht zu haben. Dann werden sie einsehen, dass ein geteilter Gegenstand besser als gar keiner ist. Es kann auch vorkommen, dass sie dann gemeinsam beschließen, sich gegen den Erwachsenen aufzulehnen. Ihre Wut wird vereint gegen die erziehende Person gerichtet, und darin sind sie sich rührend einig ... Meine Kinder dürfen lieber mal auf mich sauer sein und dabei untereinander zusammenhalten, als dass sie aufeinander sauer sind und mich dabei total toll finden!

»*Entweder sitzt ihr still im Auto oder ich halte an. Dann fahren wir eben nicht weiter.*« (Der Gegenstand, die Autofahrt, droht zu verschwinden).

»*Ich habe den Kuchen gemacht, damit ihr euch darüber freut, nicht, damit es Ärger gibt. Streitet ihr euch um den Kuchen, werde ich ihn wieder wegnehmen.*«

»*Da ihr anscheinend so viel Energie zum Streiten aufzubringen vermögt, könnt ihr eure Kräfte doch auch mal für etwas Nützliches einsetzen. Du kannst den Ofen sauber machen und du kannst die Toilette schrubben. Nein? Dann macht ihr doch bitte einen besseren Vorschlag. Lasst mich hören!*«

Der Streit sollte immer ein Nachspiel haben: »*Du bist ja immer noch so schlecht gelaunt. Habt ihr euch denn nicht wieder vertragen?*« – »*Doch, aber ...*« – »*Aber was?*« – »*Sie ist so gemein!*« – »*Dann geh zu ihr und sag ihr das. Sag ihr, was deiner Meinung nach so gemein ist, und sag ihr, wie du meinst, dass sie es anders machen könnte.*«

Petzen kann ein bedeutendes Problem sein. Aber was genau ist Petzen? Darf ein Bruder angelaufen kommen und erzählen, dass seine Schwester angefangen hat zu rauchen? Oder darf eine Schwester erzählen, dass ihr Bruder vom Dach gefallen ist, obwohl es verboten war, dort hinaufzuklettern?

Man muss versuchen, zwischen einem Petzen, das dem anderen eigentlich Gutes will, und einem Petzen, das zum Ziel hat, den anderen zu verleumden, zu unterscheiden. Der Bruder, der vom Dach gefallen ist, braucht Hilfe, egal ob das, was er getan hat, richtig oder falsch war. Die Schwester, die mit dem Rauchen angefangen hat, ist dabei, sich selbst Schaden zuzufügen – auch sie braucht Hilfe.

Also musst du sagen: »*Wenn jemand Hilfe braucht, darf man erzählen, was passiert ist, auch wenn derjenige etwas Falsches oder Verbotenes gemacht hat.*«

Ansonsten sollte man kein Petzen zulassen.

1. »*Bruder telefoniert aber die ganze Nacht!*«, sagt Schwester.
   »*Das ist nicht dein Problem.*«
   In Zukunft kann man das Telefon und die Nächte vielleicht besser im Auge behalten. Man muss dem Bruder gar nichts sagen. Er darf gerne glauben, dass man herausbekommen hat, was er macht, dass man aber so diskret ist, ihn nicht zurechtweisen zu wollen. Die Schwester soll also nicht dafür belohnt werden, dass sie gepetzt hat. Stellt sie triumphierend fest, dass man das Telefon woanders hingestellt hat, muss man einen anderen Grund dafür erfinden: Du brauchst das Telefon im Schlafzimmer, oder du ziehst den Telefonstecker nachts immer heraus, weil jemand ständig anruft, nur um zu stören, oder was dir gerade so einfällt.
2. »*Schwester hat ihr Butterbrot weggeschmissen.*«
   »*Du darfst deine Schwester nicht verpetzen.*«
   »*Aber sie darf ihr Brot nicht wegschmeißen, oder?*«
   »*Ich erziehe deine Schwester, nicht du.*«
   »*Aber du siehst ja gar nicht, was sie alles macht.*«
   »*Ich sehe auch nicht immer alles, was du machst. Möchtest du vielleicht, dass deine Schwester dich verpetzt?*«
3. »*Bruder hat Schwester gehauen!*«
   »*Wenn das stimmt, kannst du mir erzählen, dass sich deine Schwester wehgetan hat. Aber du darfst nicht erzählen, dass Bruder sie gehauen hat.*«
   »*Aber er hat sie doch gehauen!*«
   »*Ja, aber das ist Petzen. Du darfst nur erzählen, was passiert ist, aber du darfst nicht erzählen, wer es getan hat.*«

Illoyalität wird verhindert, indem man selbst als gutes Beispiel vorangeht.

Man spricht nie schlecht über das eine Kind, während ein anderes mithört; man beklagt sich nicht über das eine Kind beim anderen und *auch nicht bei anderen Erwachsenen!* Man nimmt angegriffene Familienmitglieder, über die von anderer Seite gelästert wird, immer in Schutz, damit das negative Bild nicht bestehen bleibt, sondern durch Abstandnahme, Verständnis und auch Versöhnung aufgelöst wird.

»*Mein Jüngster ist ein richtiges Kuckuckskind*«, sagte mir eine Bekannte, während sie mich in ihrem neuen Zuhause herumführte, »*er gehört hier einfach nicht dazu.*« Verantwortungslos! Ein Kind, das gebraucht wird, gehört immer dazu – egal wie verschieden die einzelnen Persönlichkeiten sind und egal ob man sich liebt oder nicht.

1. »*Sie ist total bescheuert und das werde ich ihrem Freund auch erzählen!*«, sagt der Bruder.
   »*Ich verbiete es dir, so über deine Schwester zu reden. Ich würde nie so etwas über dich sagen.*«
2. »*Ich war es nicht! Er hat es genommen!*«, sagt die Schwester.
   »*Indem du deinem Bruder die Schuld gibst, wirst du mich nie dazu bringen, zu glauben, dass du es nicht genommen hast. Du musst mich davon überzeugen, dass du es nicht genommen hast.*«
   »*Aber das gelingt mir vielleicht nicht.*«
   »*Aber deinem Bruder die Schuld geben, das gelingt dir? Tue das nie wieder!*«
3. »*Es ist wirklich total blöd, dass die Kleine immer nur Ärger macht. Das findet die große Schwester auch. Wir haben jetzt abgemacht, dass wir mit ihr überhaupt nichts mehr zu tun haben wollen.*«
   »*Hör zu, du musst es deiner kleinen Schwester sagen und versuchen, mit ihr die Sache zu regeln. Aber du darfst nicht über deine kleine Schwester mit deiner großen Schwester lästern, und ihr dürft nicht hinter ihrem Rücken entscheiden, dass ihr mit ihr nichts mehr zu tun haben wollt.*«

Neid ist eine Art seelischer Geiz, der am besten mit der guten, alten Waffe »*Gemeinsame Freude ist doppelte Freude*« bekämpft wird. Und auch hier ist das eigene, gute Vorbild entscheidend.

Du, als Erwachsene/r, musst versuchen, dich wirklich über und mit deinen Kindern zu freuen, wenn sie bei irgendetwas erfolgreich waren. Die Tatsache, dass du dir wünschen würdest, sie hätten bei etwas anderem, das dir selbst viel wichtiger erscheint, Erfolg gehabt – oder dass sie etwas erfolgreicher gewesen wären (d.h. so, wie du es selbst gemacht hättest) –, ist irrelevant. Wenn sie sich mit Mühe und Begeisterung angezogen haben und das Ergebnis schrecklich ist oder ihr Zimmer ummöbliert haben und es wie ein Labyrinth aussieht, wenn sie all ihr Geld für etwas ausgegeben haben, das du für vollkommen idiotisch hältst, dann freue dich – trotz allem – mit ihnen und über sie. Denn so ermöglichst du es den Geschwistern, sich ebenso miteinander zu freuen.

»Warum bekommt Schwester immer ein so gutes Zeugnis? Das ist nicht fair!«

»Es ist doch schön, dass sie gute Noten bekommt, oder nicht? Sie freut sich darüber. Deswegen freue ich mich, nicht wegen der Noten. Ich freue mich auch über das, was du kannst und tust. Weil du daran Freude hast.«

»Ich wünschte, sie wäre durchgefallen.«

»Das glaube ich dir nicht. Wenn sie wirklich durchfiele, würdest du aus dem Grunde auch nicht glücklicher werden. – Wenn zwei Menschen am Tisch sitzen und essen und der eine nicht satt wird, nützt es ihm wenig, wenn der andere auch nicht satt wird. Es ist nicht leicht, sich darüber zu freuen, dass der andere satt wird, wenn man selbst nicht satt wird, aber es wäre auch nicht schön, dazusitzen und satt zu sein, wenn der andere noch Hunger hätte. Du musst versuchen, zufrieden mit dir selbst zu sein, ohne den anderen etwas wegzunehmen. Es gibt genug Freude für alle, auch für dich; und ich werde mich mit dir freuen.«

Rücksichtslosigkeit ist oft pure Unbedachtheit. Das ältere Kind reißt dem jüngeren etwas aus der Hand: »*Das darfst du nicht haben!*« – »Nimm es ihm vorsichtig weg, bedanke dich bei ihm und dann gibst du ihm etwas anderes in die Hand.«

Das ältere Kind schlägt die Tür vor der Nase des jüngeren zu: »*Du darfst jetzt nicht hereinkommen!*« – »Erzähle ihm, dass du gleich wiederkommst und sieh fröhlich aus. Du machst ja die Tür zu, weil du etwas alleine machen möchtest, und nicht, weil er dir irgendetwas getan hat, okay?«

Bruder will die ganze Flasche Brauselimonade austrinken: »*Schwester ist ja nicht da. Dann hat sie eben Pech gehabt!*« – »Denke auch an sie und bewahre etwas für sie auf. Dann wird sie nächstes Mal auch an dich denken.«

Schwester ärgert Bruder: »*Du traust dich nicht einmal, zu tauchen! Du hast ja vor allem Angst. Du bist ein Feigling!*« – »Dann bringe es ihm, doch bei. Du kannst es ja schon. Du bist doch schon so mutig, dann helfe doch auch ihm, mutiger zu werden! Oder hör auf damit, ihn zu verhöhnen, weil er etwas nicht kann.«

Zusammenhalt unter Geschwistern wird gestärkt durch Aktivitäten, die die Gemeinschaft betonen, eine Gemeinschaft, die im gemeinsamen und im konkreten Zusammensein, in derselben »Herde«, ihre Wurzeln hat.

Alle gehören zusammen – egal ob sie sich lieben, egal ob sie »zusammenpassen«.

In vielen Kulturen schlafen Geschwister zusammen, nicht nur in demselben Raum, sondern in ein und demselben großen, gemeinsamen Bett. Dort wird das gemeinsame Territorium spürbar deutlich.

Geschwister können alles teilen, was sich überhaupt teilen lässt – Möbel, ein Fahrrad, sogar Kleidung. Auch wenn man jedem Kind sein eigenes Exemplar von allen Sachen kaufen *könnte*, sollte man darauf verzichten, wegen des Zusammenhaltes.

Nicht einmal unter Geschwistern, die sich ständig in die Wolle kriegen, habe ich jemals ein Kind getroffen, das seinen Bruder oder seine Schwester gegen mehr materielle Güter eintauschen würde – wenigstens nicht, nachdem sie es sich genau überlegt hatten. Das immer wiederkehrende Thema »zusammen« steht eben unter der Voraussetzung: »Entweder zusammen oder gar nicht« – und so lässt sich auch aufkeimendem Protest der Stachel nehmen: *»Ihr bekommt ihn gemeinsam«* – *»Ihr müsst ihn gemeinsam kaufen«* – *»Ihr dürft es zusammen machen«*.

Ich bin der Meinung, dass man sich nicht mit dem Hinweis, sich aus finanziellen Gründen etwas einschränken zu müssen, zu entschuldigen hat, wenn man sich weigert, für etwas Geld auszugeben. Nach dem Motto: »Ich kann es mir einfach nicht leisten, weil wir so viele sind.« Die Kinder könnten dann auf den Gedanken kommen, dass die Eltern finanziell viel besser zurechtkommen würden, wenn die Kinder nicht da wären. Stattdessen muss man versuchen, die guten Seiten der Sache hervorzuheben, und solche gibt es immer: *»Ja, man wird nicht satt, wenn man euch so anschaut, aber man wird glücklich dabei ...«*

»Alle anderen dürfen ...« habe ich eigentlich nie in meinem Haus zu hören bekommen. Aber nicht jedes Kind hat so viele Geschwister wie meine. Und es gibt immer ein liebevolles Argument: *»Alles, was es für Geld zu kaufen gibt, ist erschwinglich, wenn man nur wirklich an der Sache arbeitet. Aber man kann sich nie eine Schwester oder einen Bruder kaufen – einen Freund von Geburt an und fürs ganze Leben.«*

Wenn du nicht an das Gute im Menschen glaubst, bekommst du die Gelegenheit, deine Auffassung zu revidieren, wenn du das Zusammenleben einer Geschwistergruppe beobachten und vielleicht sogar daran teilhaben kannst. Geschwister zeigen einander Zärtlichkeit, Verständnis und Rücksichtnahme. Sie helfen und schützen einander. Sie suchen die Wahrheit und sind nicht darauf aus, einander zu belügen, zu betrügen oder sich im Stich zu lassen. Sie lernen voneinander und zeigen dem anderen, wie es geht, mit oder gegen das Einverständnis der Erwachsenen! – und nach außen hin halten sie zusammen, wenn es notwendig wird (und das wird es) – auch den Eltern gegenüber. Sie übernehmen Verantwortung füreinander. Sie denken aneinander. Sie fragen nacheinander. Sie kümmern sich umeinander. Das Zusammensein von kleinen Geschwistern ist überwiegend von Verständnis, Hilfsbereitschaft und Zärtlichkeit geprägt.

Ältere Kinder können diesbezüglich hin und wieder eine Aufmunterung gebrauchen. Man gibt sie ihnen, indem man die Erwartung zum Ausdruck bringt, dass sie füreinander tun sollten, was Menschen, die einander lieben, füreinander tun. Und man sollte auch seine Anerkennung zeigen, *wenn* sie es tun – auch und obwohl man es für selbstverständlich hält. Man weist sie eben immer wieder auf das Prinzip der Gegenseitigkeit hin.

»*Warte – lass sie mal versuchen!*«, muss man manchmal sagen, wenn ein kleines Kind versucht, einem größeren zu »helfen«. Wenn es dir gelingt, deine Kinder dazu zu bringen, dass sie auch bei den kleineren Dingen des Alltags Verständnis, Fürsorge und Rücksichtnahme aufeinander zeigen, erreichst du damit eine immer stärkere Geschwisterbindung.

Der alte Herdeninstinkt stellt auch seine Forderungen. Geschwister sollten wissen, wo sich alle befinden und wann sie wieder nach Hause kommen, und sie sollten sich voneinander verabschieden, wenn sie gehen, und sich begrüßen, wenn sie wieder zurückkommen.

Der Mensch gewöhnt sich schnell an das Gute im Leben, als wäre es sein Recht. Er gewöhnt sich aber nie an das Schlechte … Den guten Taten unter Geschwistern sollte also genauso viel Aufmerksamkeit geschenkt werden, wie den schlechten, und am besten noch mehr! Damit die Geschwister gerade das Gute als das Bedeutendere *sehen*, was es ja wahrhaftig ist.

Liebe ist nicht dasselbe wie ununterbrochene Aufmerksamkeit.

Engagement lässt sich nicht in Zeit messen. Kinder in großen Familien fühlen sich selten vernachlässigt – wie paradox es auch klingen mag.

Wie stellen die Großfamilieneltern ihre Gemeinsamkeit mit jedem ihrer Kinder her?

- Sie **berühren** jedes einzelne ihrer Kinder jeden Tag – knuddeln es, streicheln es.
- Sie **ermuntern** jedes einzelne ihrer Kinder jeden Tag – loben es, zeigen ihm Anerkennung, bedanken sich bei ihm für etwas, bemerken einen geleisteten Einsatz oder einen Versuch.
- Sie zeigen besonderes **Interesse** für jedes einzelne ihrer Kinder jeden Tag – bei etwas, das nur für dieses eine Kind gilt.

»*Komm mal her, ich möchte mit dir reden*« bedeutet also nicht immer, dass eine Moralpredigt ins Haus steht, sondern genauso oft, oder noch öfter, dass man dem Kind sein Vertrauen schenkt: »*Wie hat es mit deinem Projekt geklappt? Was musstest du machen?*« – »*Was hat er gesagt, als du mit ihm darüber gesprochen hast?*« – »*Du hattest dir wegen diesem oder jenem Sorgen gemacht. Wie ist es dir dabei ergangen?*«

Die Eltern halten ihre Kinder, indem sie sich für jedes einzelne besonders engagieren, fest und lassen keinen Tag vergehen ohne eine *Begegnung*.

Sie brauchen ihre Kinder und nutzen sie, jedes einzelne von ihnen in irgendeiner Weise jeden Tag, für gemeinsame Aufgaben, in der Regel nach einer gemeinsamen Absprache, oft in Teamarbeit. Sie folgen dem Stern der Notwendigkeit – der in großen Familien mit einer besonderen, positiven Kraft leuchten kann, frei von Klagen und Ärgernissen.
Sie lachen.

Das Geschenk

Das Jahr nähert sich dem Ende und Weihnachten steht vor der Tür. Vor uns in der tiefsten Dunkelheit des Winters liegen die Feiertage – das Fest des Lichts und der Wärme, das die Familie enger zusammenrücken lässt und den Kindern Freude bringt; aber es ist auch das unerbittliche Fegefeuer der Einsamkeit und der Angst für die, die keine Gemeinschaft und nichts, was sie ihr Eigenes nennen können, besitzen.

Lass mich dazu von einem kleinen Ereignis erzählen:

Mit meinen vier jüngsten Kindern war ich in der Stadt zum Einkaufen. Das Einkaufszentrum war voller strahlender Lichter. Es war mit Waren überfüllt und zum Bersten voll mit Menschen, die Weihnachtsgeschenke besorgten.

Unsere Einkaufsliste war lang. Für mich, die immer Schwierigkeiten hat, etwas auszuwählen, war es wie immer eine Qual, und es dauerte Stunden, bevor wir endlich wieder draußen waren, mit Paketen und Tüten beladen.

Wir setzten uns auf eine kleine, niedrige Mauer, um uns vor dem Nachhauseweg ein wenig zu erholen. Vor uns lag eine kleine, winterlich vereiste Parkanlage. Dort sprudelte im Sommer das Wasser im Springbrunnen, dort waren Bänke und Blumenbeete; aber nun war es dort ganz kahl. Trotzdem hatte sich eine kleine Gruppe von Menschen dort versammelt. Nicht alle waren nüchtern. Nicht alle waren gut angezogen. Nicht alle sahen aus, als hätten sie neulich gebadet. Aber alle sahen sie die Kinder freundlich an.

Nach einer Zeit des Zögerns näherte sich uns ein Mann: »*Das sind aber liebe*

Kinder«, sagte er. Sein Atem stand wie weiße Wolken um ihn, als Kontrast zu seinem rotfleckigen Gesicht. Er war betrunken.

Er setzte sich zu den Kindern in die Hocke. »*Jetzt wollen wir zusammen singen*«, sagte er. »*Wir wollen ›Mäh, mäh, kleines Lamm‹ singen.*« Und er fing an zu singen. Dann kam das Lied vom kleinen Lasse, und danach wieder *Mäh, mäh, kleines Lamm*, und dann noch ein paar Mal der kleine Lasse. Die Kinder fühlten sich ganz schüchtern, aber sie sangen mit. Sie standen nun da mit gebeugten Köpfen und guckten verzagt auf den vor ihnen hockenden Mann, der so kleiner war, als sie es waren.

»*Jetzt wollen wir um den Weihnachtsbaum tanzen*«, schlug er vor. »*Alle halten sich an den Händen! Es ist doch egal, dass es noch gar nicht Weihnachten ist. Wir können die Straßenlaterne dort benutzen. Sie kann unser Weihnachtsbaum sein.*« Die Kinder hielten sich an den Händen, und bildeten mit dem Mann zusammen einen Kreis. Sie waren immer noch etwas schüchtern, wie sie es immer gegenüber Fremden sind, aber sie gingen schön um die Laterne herum mit dem Mann, der versuchte, aus den vergessenen Tiefen der Erinnerung das Lied, das wir immer am Heiligabend zu Hause im Wohnzimmer singen, hervorzukramen. Die Kinder konnten sich auch nicht richtig daran erinnern. Spröde und ungleichmäßig stiegen die hellen Stimmen in die kalte Winterluft hinauf. Aber der Mann lächelte und blinzelte, und er trampelte hin und wieder, um den Takt anzugeben.

Dann wurde er müde und setzte sich am Parkrand wieder hin. Die Kinder sammelten sich zögernd ein Stückchen von ihm entfernt und betrachteten ihn. Ich stand auf und sagte, dass wir uns nun lieber auf den Nachhauseweg machen sollten.

Die Kinder gingen dann hin und sie umarmten eines nach dem anderen den Mann.

Wenn ich verblüfft war, dann wurde der Mann von dieser Geste förmlich überrumpelt, fast überwältigt. Er sah sie an, eines nach dem anderen, und er bekam Tränen in die Augen. »*Gott segne euch!*«, rief er aus. »*Gott segne euch, kleine Kinder!*«

Märchen aus der zivilisierten Welt

Das tapfere Schneiderlein

Es war einmal ein Schneiderlein, das in einem Land lebte, das Kapitalien hieß. In diesem Land herrschte der König Materialismus.
Eines Tages stattete der König Materialismus dem tapferen Schneiderlein einen Besuch ab. Und siehe, das war ein seltsam schöner Besuch!
»Hör, mein guter Schneider«, sagte König Materialismus, »wir bringen allen Untertanen unseres Königreiches eine frohe Botschaft. Wir haben die neue Fabrik ›Multi‹ fertig gestellt! Dort wirst du Arbeit bekommen, und in dieser Fabrik kannst du hunderte von Anzügen nähen, und das viel schneller, als du jetzt einen einzigen Anzug nähen kannst!«
Von dem Tag an arbeitete das tapfere Schneiderlein in der Fabrik »Multi«. Und tatsächlich, Jacken und Hosen kamen in einer endlosen Reihe zum Vorschein, ja, wie an einem Fließband! Das Schneiderlein hatte von morgens bis abends genug zu tun und gutes Geld verdiente er obendrein.
»Nun kannst du es dir auch leisten, in einem besseren Haus zu wohnen!«, sagte König Materialismus. »Hast du gesehen, dass unser ›Multi‹-Konzern auch Häuser herstellt? Wunderschöne, moderne Häuser, die für einen Mann, der so hart arbeitet wie du, genau das Richtige sind!«
Und das Schneiderlein kaufte sich ein Haus und er zog dort mit seiner Frau, seinen Kindern und seiner alten Mutter, die nicht mehr gut hören konnte, ein. Und er arbeitete weiter bei »Multi«, so froh und vergnügt, wie man nur

sein kann. Denn nun gab es ja wirklich etwas, für das es sich lohnte, hart zu arbeiten – ein wunderschönes Haus!

»Ich finde, du solltest dir nun schicke Möbel für dein neues Zuhause anschaffen«, sagte König Materialismus. »Hast du die schönen Möbel gesehen, die von ›Multi‹ fabriziert werden?« Und du meine Güte! Das Haus wurde nun richtig elegant eingerichtet! Die Frau lächelte stolz und zufrieden und die alte Oma saß vergnügt strickend in ihrem Sessel. Die Kinder setzten sich vorsichtig auf die Kante des neuen Samtsofas.

»Nun kannst du es dir auch leisten, etwas besser zu essen!«, meinte König Materialismus. »Hast du gesehen, welche feinen Fertiggerichte ›Multi‹ produziert? Besser als das, was dir in den feinsten Restaurants angeboten wird! Ja, wir essen sie auch, zu Hause in unserem Schloss. Was Besseres gibt es nicht!«

Das Leben der Familie war inzwischen richtig teuer geworden! Das tapfere Schneiderlein arbeitete, so viel er nur konnte, aber auf einmal reichte das Geld einfach nicht mehr. War das nicht merkwürdig?

»Ich muss auch noch bei ›Multi‹ Arbeit suchen«, sagte da seine Frau. »Dann haben wir mehr Geld!«

»Aber wer soll sich dann um die Kinder kümmern?«, fragte das tapfere Schneiderlein. »Und wer soll sich um Oma kümmern? Sie hört doch so schlecht!« – »Darum werden wir uns schon kümmern«, sagte König Materialismus. »Darum brauchst du dir gar keine Sorgen zu machen!«

Und König Materialismus hielt Wort. Er steckte die kleinen Kinder in eine Tagesstätte und die alte Oma kam in eine Pflegeinstitution für ältere Menschen; und alles war schön und gut.

»Nun, wo sowohl du als auch deine Frau bei ›Multi‹ arbeitet, solltet ihr euch ein Auto kaufen«, sagte König Materialismus. »Hast du die schönen Autos gesehen, die bei ›Multi‹ hergestellt werden?«

»Aber wir brauchen doch gar kein Auto!«, antwortete das tapfere Schneiderlein. Er war der Meinung, es sei schon teuer genug, all das zu bezahlen, was sie sich bereits gekauft hatten.

»Ihr braucht doch ein Auto, wenn ihr die alte Oma besuchen wollt, oder?«, sagte König Materialismus. »Und abends, wenn die Kinder abgeholt werden müssen – es geht viel schneller und bequemer mit einem Auto!«

Und dann kaufte sich das tapfere Schneiderlein eben ein Auto.

Und das Schneiderlein schuftete und schuftete, und seine Frau schuftete und schuftete, und die Tage wurden immer länger und anstrengender, und die Nacht kam ihnen wie eine Befreiung vor.

Aber eines Tages setzte sich das tapfere Schneiderlein hin, seufzte tief und weinte. »Ich arbeite und arbeite«, weinte er, »aber ich habe nie Zeit, mich mit jemandem zu unterhalten. Und abends nach der Arbeit bin ich so erschöpft, dass ich mir wünsche, bloß nicht noch meine Mutter besuchen und meine Kinder abholen zu müssen. Ich bin so erschöpft, dass ich einfach nur noch schlafen will. Das kann doch so nicht richtig sein, oder?«
»Aber, mein lieber Schneider«, sagte König Materialismus besorgt, »bist du nicht zufrieden? Du, dem es doch so gut geht?«
Und so kam es, dass das Schneiderlein eines Tages krank wurde. Da lag er nun in seinem Bett, einsam und betrübt, und vermisste seine alte, halbtaube Mutter und seine lärmenden, kleinen Kinder; und er vermisste seine Frau. Aber sie musste arbeiten, den ganzen Tag lang und abends noch dazu, denn das Haus und die Möbel und die Kleidung und das Essen und das Auto mussten ja abbezahlt werden.

Und dann ging es dem Schneiderlein immer schlechter. Schließlich war er so krank, dass er den Verstand verlor. »Du hast mich betrogen, König Materialismus!«, rief er aus. »Mein Haus kann nicht mit mir reden, meine Möbel können nicht bei mir am Bett sitzen, mein Essen kann mich nicht trösten, meine Kleidung kann mir nichts vorlesen und mein Auto kann nicht meine Hand halten. Du hast mich betrogen und mir alle meine Lieben weggenommen, und du hast mich dazu gebracht, dass ich mich zugrunde geschuftet habe, nur wegen all dieser DINGE!!!«
Dann starb das tapfere Schneiderlein. Und das war vielleicht ganz gut so, denn nun konnte seine Frau einen anderen und klügeren Mann heiraten.

Die Zweifachgeschichte vom Kalle

Gesellschaft A:

In der Gesellschaft A gibt es gute Kindergärten, die für alle Kinder Platz haben. Von seiner Geburt an ist Kalle von engagierten und sachkundigen Pädagogen behütet worden. Kalles Mutter arbeitet aktiv gegen seine Abhängigkeit von ihr an, um so seine Selbstständigkeit zu stärken.
Kalle empfindet große und echte Zuneigung für seine Erzieherinnen im Kindergarten und auch später im Hort. Diese Personen sind für ihn nicht privat, aber zugänglich.
In der Schule der Gesellschaft A bekommt Kalle einen sehr individuellen Unterricht. Schulpsychologen und Schulberater stehen zu seiner Verfügung, um sich um seine besonderen Probleme zu kümmern. Auch diesen Personen gegenüber empfindet Kalle aufrichtige Zuneigung. Aber auch hier ist niemand einmal privat zu sprechen.
Eines Tages setzt sich Kalle die Idee in den Kopf, dass niemand ihn wirklich mag. Die Menschen mögen ihn nur innerhalb des Rahmens ihres persönlichen Fachgebietes.
Kalles Mutter, die auf politischer Ebene gerade damit beschäftigt ist, erstens die Kernfamilie aufzulösen und zweitens das Recht aller Kinder auf Abend- und Wochenendplätze in den Institutionen durchzusetzen, fordert Kalle dazu auf, endlich selbstständiger zu werden. Sie meint, dass es langsam Zeit wird, dass er seinen Ehrgeiz auf eine sinnvolle Ausbildung richtet.

Kalle lernt in der **Gesellschaft A**, *dass*
- *der Mensch seinen Wert durch seine berufliche Tätigkeit erlangt;*
- *Engagement und Verantwortung sich auf die Arbeitszeit begrenzen;*
- *Freiheit gleichgestellt mit finanzieller und emotionaler Unabhängigkeit ist;*
Wenn Kalle auf der Straße an einem sterbenden Menschen vorübergeht, denkt er nur, dies gehöre zum Fachgebiet eines anderen. Wenn Kalle Zeuge einer hungernden Welt wird, fällt auch das unter die Verantwortung anderer.

Kalle beendet seine Ausbildung und sucht Arbeit. Es existieren nun schon kiloweise Akten und Zeugnissen von verschiedenen Institutionen und Schulen,

alles wird überprüft, und es werden Persönlichkeitstests gemacht, mit denen insgesamt 18 Chefs die endgültige Entscheidung zwischen sich hin und her schieben, bevor Kalle endlich eine Anstellung bekommt.
Auf politischem Gebiet arbeitet Kalle aktiv in Sachen höhere Löhne und niedrigere Steuern.
Die Kernfamilie ist nun in der Gesellschaft A endgültig abgeschafft. Kalles emotionale Bedürfnisse werden zufrieden gestellt durch
- *seine berufliche Tätigkeit (sein Engagement wird belohnt, seine Gefühle beziehen sich auf Beruf und Politik, Liebe ist käuflich);*
- *seinen Konsum (tiefe Ohrensessel, Designerklamotten, Rauschmittel).*

Kalle bezahlt sich seinen Weg durchs Leben.
Kalle hat nicht viele Freunde. In der Gesellschaft A sucht man nicht die Hilfe anderer bei praktischen Alltagsproblemen (man ist unabhängig), man braucht einander auch nicht in psychischen Angelegenheiten (dafür gibt es die Experten).
Aber Kalle wird ein ausgezeichneter Konsument. Er kauft sich alles, von dem er meint, dass er es braucht: Haus, Auto, Kleidung, Waschmaschine, Rasenmäher, Ledersofas, Garten, Mikrowelle, Kochtöpfe und Pfannen und TV, PC, DVD etc.
Später, nach Beendigung seines Berufslebens, das Kalle seinen Wert verlieh, bricht die große Einsamkeit über ihn herein. Diese versucht er dadurch zu bekämpfen, indem er
- *in Geschäften einkauft, in denen ihn jemand kennt;*
- *Ärzte aufsucht, um Gespräche zu führen, bei denen das Interesse auf seine Person gerichtet ist.*

Als alter Mann endet Kalle wieder in einer speziellen Institution. Dort darf er an gemütlichen und lustigen Therapien teilnehmen.
Eines Tages macht Kalle diskret seine Augen zu und stirbt.

Kalles ethische Kriterien in der **Gesellschaft A** *waren:*
- **Freiheit** ... *auch als Einsamkeit zu bezeichnen (Konsum als Kompensation).*
- **Unabhängigkeit** ... *auch als Verantwortungsfreiheit zu bezeichnen (andere tragen immer die Verantwortung).*
- **Öffentliches Engagement** ... *auch als persönliche Gleichgültigkeit zu bezeichnen (abstrakte Vorstellungen contra konkrete Handlungen).*

Gesellschaft B:

In der Gesellschaft B liegt die Verantwortung für Kalle bei seinen Eltern.
Kalles Eltern sind geschieden. Trotzdem betrachten sie Kalles Abhängigkeit von ihnen als etwas ganz Natürliches und Selbstverständliches. Sie sind auch der Meinung, dass sie selbst von Kalle abhängig sind.
In der Gesellschaft B ist der größte Wert im Leben das Leben selbst.
Im Hochhaus, in dem Kalle wohnt, leben z.B. auch ein Rentner, der verwitwet ist, eine allein erziehende Mutter mit drei Kindern und ein junger Student. Kalles Eltern haben diese drei Wohnparteien darum gebeten, abwechselnd auf Kalle aufzupassen. Tagsüber, wenn sie beide ihrer Arbeit nachgehen, denken sie oft an Kalle. Sich Sorgen zu machen gehört eben zur Verantwortungsübernahme. Und sie meinen auch, dass diese Besorgnis ein ganz natürlicher Teil ihrer Liebe zu ihrem Sohn ist.
Wenn Kalle tagsüber beim Rentner ist, hört er Geschichten aus früheren Zeiten. Er schaut sich mit dem Rentner zusammen alte Fotos an, sie gehen spazieren und besuchen kranke, alte Tanten. Im Übrigen darf Kalle unter Aufsicht sich selbst beschäftigen, sowohl drinnen wie auch draußen.
Wenn Kalle den Tag bei der allein erziehenden Mutter, die bei ihren Kindern zu Hause ist, verbringt, lernt er Abwaschen, Kochen und das Baby zu beaufsichtigen. Die Kinder haben nicht viel Spielzeug, deshalb erfinden sie oft ganz neue Spiele, machen Reime, Wettkämpfe und singen Lieder.
Beim Studenten darf Kalle teils in aller Stille zeichnen und lesen und teils wird wild getobt – wenn der Student nach dem Studieren Zeit dafür hat. Kalle trifft viele junge Menschen, geht im Wald mit dem »Studi« joggen, geht mit in dessen Stammcafé und lauscht gern ihren wilden Diskussionen.
Alle Erwachsene in Kalles Welt sind privat zugänglich. Und Kalle ist auch für sie zugänglich.
In der Gesellschaft B geht es bei der Kinderaufsicht nie um Geld. Kalles Eltern empfinden deshalb große Dankbarkeit den drei Kinderhütern gegenüber und tun gerne etwas für sie.
So fährt Kalles Vater den Rentner, wenn der irgendwo hinmöchte. Kalles Mutter lädt ihn jeden Sonntag zum Mittagessen ein und vor den Feiertagen putzen die Eltern zusammen die Wohnung des Rentners.
Kalles Mutter wäscht die Wäsche des Studenten und sein Vater borgt ihm sein Auto. Beide laden ihn öfters zum Essen ein und haben immer ein offenes Ohr für ihn. Außerdem stellen sie dem Studenten den Videorecorder bzw. ihren Computer zur Verfügung.

Für die allein erziehende Mutter fungieren Kalles Eltern oftmals abends oder am Wochenende als Babysitter, und wenn sie an einem Lehrgang teilnimmt oder in Urlaub fährt, wohnen ihre Kinder bei Kalle.

Kalle lernt in der **Gesellschaft B**, dass
- *Zusammenarbeit wichtiger ist als Profit;*
- *Alleinsein etwas Selbstgewähltes ist;*
- *Verantwortungsbewusstsein und Engagement für jeden Menschen persönlich von großer Bedeutung sind, und dies in privater, sozialer wie auch globaler Hinsicht.*

In der Gesellschaft B ist die Schule ein Ort des Lernens, kein Ersatz für das Zuhause der Kinder. Man vertritt die Auffassung, dass Wissen Macht ist. Das seelische Wohlbefinden Kalles liegt in den Händen seiner Familie und seiner Freunde.

In der **Gesellschaft B** *gelten folgende Anschauungen:*
- *Die Arbeit ist eine Notwendigkeit und eine Freude zugleich, aber sie ist nicht die einzige Aufgabe im Leben eines Menschen.*
- *Der Hunger nach Profit gilt als böses Geschwür an der Seele des Menschen und am politischen Rückgrat der Gesellschaft.*
- *Die Kinder sind das Wertvollste, das es gibt.*

Kalle wird kein guter Verbraucher. Er fragt lieber seine Nachbarn und seine Freunde, anstatt selber alles zu kaufen. Er borgt sich Stühle und Tische, wenn er zu einer Party einlädt. Er teilt sich ein Auto mit vier anderen. Er gibt zur Urlaubszeit seine Wohnung einem anderen. Er teilt auch die Haushaltskasse und das Essen mit anderen.

Kalle, der nie vom »König Materialismus von Kapitalien« gehört hat, wird aller Wahrscheinlichkeit nach kein egoistischer Profitjäger werden, da er davon überzeugt ist, dass das Wohlergehen aller Menschen ein persönliches Anliegen aller Menschen ist. Und so wird er bis an sein Lebensende davon überzeugt sein, dass alle Menschen die Möglichkeit haben, sich für das Allgemeinwohl einzusetzen, dass man dies tun kann, ohne sich dabei profilieren zu wollen, dass man für andere Menschen da sein kann, wenn sie jemanden brauchen und wenn sie Not leiden.

Isadora und der Mond

Ein kleiner Blick in die Kindheit

Sie ist klein und süß, und sie hat sehr große, vertrauensvolle Augen. Ihr Mund sieht aus, als wurde er von Amor selbst gemeißelt. Mit ihrem hübschen Gesicht umrahmt von langen Haaren, die fast bis zu ihrer Taille reichen, sieht sie aus wie eine kleine Fee.
Aber sie grinst schelmisch: »Ich bin in Würglikeit ein Junge!«
Sie sagt nicht Wirklichkeit, sondern »Würglikeit«.
Sie hat ihre festen Vorstellungen von unserer großen Welt; sie ist schon fünf und weiß praktisch fast alles. Die Sonne geht auf und sie geht unter hinter dem See in ein Bett aus Baumkronen. Der Mond geht auf und passt auf uns auf, wenn wir nachts mit dem Auto unterwegs sind.
»Wenn du stirbst, Mama, wirst du ein Baby werden«, sagt sie. »Und dann werde ich auf dich aufpassen.«
»Und weißt du, was das Frechste ist, was man machen kann?«, fragt sie mich. Ich weiß es nicht, obwohl ich da so meine Theorien habe.
»Das Frechste, was man machen kann, ist, sich zu prügeln!«, sagt Isadora.
»Und weißt du, was das Allerfrechste ist, was man machen kann?« Nein, das weiß ich auch nicht.
»Das ist, wenn man lügnert«, sagt Isadora, äußerst empört.
Und dann kommt's: »Aber weißt du, was am allermeisten Frechsten ist, was man machen kann? Das ist stohlen!«
Ich versuche ein ernstes Gesicht zu wahren. »Da hast du Recht«, sage ich zustimmend. »Es ist wirklich frech, etwas wegzunehmen von anderen, was ihnen gehört.« (Der Satzbau und die Grammatik werden ein wenig lockerer, wenn man sich mit gewissen Leuten unterhält.) Zwei Minuten später ruft sie aus dem Hof vor unserem Haus: »Mama, Mama, guck mal, was ich gestehlt hab! Einen Ball!« – »Aber, Isadora, bring den Ball sofort wieder zurück ...« – »Es ist aber meiner!«, lügt sie ganz selbstverständlich und locker. Ach – »lügnert« heißt es ja.
»Isadora!«
Aufgeregt kommt der Ballbesitzer in den Hof gestürzt, auf der Suche nach seinem Besitz. Isadora begrüßt ihn, indem sie ihm gegen seine kleinen Beine tritt. Mit einem Schlag hat sie alle drei Kardinalfehler begangen.
Sie kommt nach Hause und umarmt mich.
Ach, wenn ich doch nur wüsste, was das Allerfrechste ist, was man machen kann ...!

Wir sind schon seit Stunden mit dem Auto unterwegs Richtung Heimat im nördlichen Schweden. Isadora muss zu ihrer großen Überraschung feststellen, dass der Mond auch am Tage am Himmel zu sehen ist. Eine schwache Mondsichel am blauen Himmel folgt uns den ganzen Weg entlang.
»Aber, du kleiner Mann im Mond, ich singe doch nur abends für dich.«
Isadora wartet die Abenddämmerung ab. Der blaue Himmel wird immer dunkler und dann langsam schwarz. Der Mond wird heller, und die Sterne nehmen ihre Plätze im nächtlichen Amphitheater ein, um zu hören, wie Isadora für den Mond ihr Lied singt.
»Kleiner Mann im Mond, wie lieb von dir, dass du uns den ganzen Weg nach Hause begleitest, und bitte grüße den kleinen Wellensittich von mir, denn er war so klein und so müde und ist gestorben, und bitte grüße Pelle, den kleinen Frosch, der nicht fressen wollte, und wenn dir mal kalt wird, darfst du zu mir nach Hause kommen und bei mir im Bett schlafen, bei mir, Isadora, und ich werde für dich singen ...«
Eine ganze Stunde lang singt Isadora für den Mond. Sie dreht den Kopf dabei von einer Seite zur anderen und ihr Blick ist voller Zärtlichkeit.
Als sie aufhört zu singen, sagt sie: »Das war's!«
Wir steigen aus dem Auto aus. Und nun steht der Mond – selbstverständlich – still.
»Jetzt sind wir zu Hause!« *Und sie begrüßt ihre Freunde:* »Hallo Wasser im See, hallo Wald, hallo Haus ...«
Ganz klein und ganz schrecklich müde gähnt sie – aber ihren Snoopy hat sie nicht vergessen, sie geht hinein und holt ihn aus ihrem Bett, in dem er ganz verlassen gelegen hat. Isadora hält ihn hoch ins Mondlicht.
»Sag gute Nacht zum lieben Mond, Snoopy! Er hat uns den ganzen Weg nach Hause begleitet!«

Epilog

Liebe, geliebte Kinder!

Diese letzten Zeilen möchte ich direkt an euch richten; an jeden von euch und an euch alle.

Keiner weiß, wie die Welt aussehen wird, wenn ihr – die ihr noch nicht erwachsen seid – in sie hinaustreten werdet. Keiner weiß, was für eine Welt eure Kinder und Enkelkinder erleben werden. Keiner weiß, wie die Menschen sein werden, die auch diese Zeit, in der wir leben, überlebt haben, eine Welt, die bedroht ist, weil man sie zerstört.
    Aber es gibt Hoffnung. Wir Menschen sind unsere eigene, größte Hoffnung. In kritischen Zeiten, in Augenblicken der Notwendigkeit halten wir zusammen und sind gemeinsam stark. Wir nutzen unser Können und unsere Fähigkeiten sind unendlich.
    Frei zu denken, zu handeln und zu leben, in Übereinstimmung mit deiner eigenen, inneren Überzeugung – das ist das höchste Ziel; das ist Freiheit.
    Die eigene Seele zu verkaufen ist der Tod.
    Und, mit den Worten Jesu: Die größte aller Sünden ist es, einen Mitmenschen an Körper und Seele zu peinigen.
    Wie ich an euch geglaubt habe und immer noch glaube, möchte ich, dass ihr an euch selbst glaubt, und mit diesem Glauben werdet ihr Berge versetzen. Unerschrocken, ohne Illusionen, sondern voller Liebe, sollt ihr den Berg, den man die Unüberwindbarkeit nennt, besiegen.
    Hört auf das Erbarmen in euren Herzen und bewahrt euch eure Lebenslust, die in euch steckt!
    Bewahrt euch eure Freude, euer Lachen!
    Denn darin liegt die Liebe zum Leben und zum Mitmenschen.

Sucht eure Freude mit größter Beharrlichkeit, wenn sie am verborgensten erscheint. Sie ist da, ganz nahe bei euch, in euch.

Die Prüfungen des Lebens sind nicht verkehrt. Und unter schweren Bürden werdet ihr durchhalten und euren eigenen Weg finden.

In schlechten Zeiten werdet ihr mit dem Leben kämpfen. Wenn ihr damit wachst, habt ihr einen Sieg errungen.

Lasst euch nie unterdrücken oder abstempeln, lasst euch nie zum Schweigen bringen. Verkauft eure Seelen nicht.

Liebt den Menschen.
    Säet und erntet.
    Greift zu. Lebt!

Ihr habt das Recht auf einen Platz auf dieser Erde.
    Kämpft dafür mit Liebe!

Mama

Die Erde

Die Erde
die Erde der Menschen
jenseits der Mondsichel im Universum
hinausgeschleudert ins All
kaum mehr als ein funkelndes Staubkorn in der Ewigkeit:
So klein, so still, so arm an Bedeutung

Hört ihr das Leben
das wimmelnde, starke, verzweifelte Leben
das hoffnungsvolle, überwältigende, lachende Leben
auf der Erde?

Hier strecken sich die Wälder, endlos grünend, voller Duft
hier steigen die lockenden Rufe der Vögel
und sammeln sich die Tiere am Wasser
hier brennt die Sonne zerstörend heiß
oder streichelt das Feld mit Fruchtbarkeit
hier prasselt der Regen hart und schonungslos
auf den aufgeweichten Lehm
hier stürmen die Ozeane, hier glühen die Blumen
hier wird der kreisgebundene Kampf um den Platz zum Leben geführt
und hier sind die Menschen!

Die Erde der Menschen
jenseits der Mondsichel im Universum
die Erde der Freude und des Leides
der Gemeinschaft und der Einsamkeit
die Erde der Menschen

Hier ist euer Zuhause, hier lebt ihr
hier schuftet ihr und leidet
hier tragt ihr eure stillschweigende Sehnsucht
hier ist euer Zuhause, euer.

Ihr Menschen – ihr Kinder
geboren zum Leben
auf dem Planeten Erde.

Register

A

Abendkolik, siehe Kolik
Abendquengelei 151, 153, 160, 215, 220, 222–223, 237, 242, 262
Abends weggehen
– Eltern 553, 746, 804
– Jugendliche 596, 656, 659
Ablehnung 46, 163, 178, 180–182, 187, 219, 446, 540, 629, 683, 761
Achtmonatsangst (Fremdeln) 309, 335, 356, 361
Aggressivität 360, 362, 436, 464, 477, 501, 519, 522, 526, 685, 782
Alkohol 30, 97, 177, 183, 365–366, 386, 581, 589, 594, 597, 694, 581
– während Schwangerschaft und Stillzeit 29
Alleinerziehende 90–92, 104, 290, 364–365, 552, 641, 655, 754, 803–804
Alltag 16–17, 19, 92, 94, 101–102, 112–113, 115, 172, 190, 205, 214, 229, 232, 236, 255, 259, 279, 289, 324, 341, 369, 510, 564, 628, 671, 675, 690, 734–735, 740, 747, 756–757, 776, 778, 802
– geregelter 17, 89, 101, 229, 233–234, 259, 295, 298, 300, 391, 409, 745, 747–748

– kindlicher 358, 362, 426, 439, 453, 599, 784
– unstrukturierter 229, 259, 291–292, 294, 391
Angst 41, 44, 49, 59, 84, 86, 104, 106–107, 109–110, 119–120, 125, 127–129, 131, 135–136, 148, 156, 168–169, 181–182, 188, 200–202, 208, 218, 252, 282, 291, 303, 315, 360, 399–400, 543–544
– der Eltern 406, 623
– der Erwachsenen 357, 363, 398
– des Kindes 360, 362–363, 369, 386, 398–399, 414, 434, 520, 664, 666, 717–718, 754
Anleitung des Kindes 110, 150, 162, 260, 294, 296, 326–327, 409, 463, 490, 529, 627, 647, 672, 703, 757, 762, 779
Anorexie 706
Antibiotika 194
Appetit 139, 181, 320–321, 385, 408, 439, 447, 693, 697, 703, 708, 722
Arbeit (siehe auch: soziale Beteiligung) 19, 92, 96, 143, 167, 179, 191, 234, 252, 256, 260, 302–303, 324–325, 363–364, 675, 734
– in der Familie 16, 88

– zu Hause 103, 166, 233, 236, 258, 279–280, 284, 634, 659
Atmung 37, 41, 46, 53, 59, 72, 132–133, 194, 197
Aufenthalt im Freien 382, 389
Aufklärung, sexuelle 507, 604, 665
Aufräumen 476–479, 502, 525, 542, 563, 636, 643, 735
Aufrichtigkeit 562
Ausziehen von Zuhause 371, 584, 596, 624–626, 642
Auszug aus dem Schlafzimmer 307, 309–310, 713–714, 782
Autoritäre Erziehung, siehe Erziehung
Autorität 365–366, 369, 435, 540, 571, 576, 590, 622–623, 679, 696, 706

B
Baby-Flitterwochen 105, 113, 118, 143, 191, 213, 710, 722, 776
Babyausstattung 69
Babysitting 643, 714, 779, 804
Baden 89, 94, 151, 194, 222–224, 245–246, 248, 269, 297, 312–316, 339, 457, 475–476, 479, 714
Bäuerchen 73–74, 80, 82–84, 89, 114, 124, 147, 213, 215, 219–220, 223, 275, 283, 286–287, 722, 724–725
Beduinenlager 172–174, 176–177, 180–182, 184, 190, 214, 230, 278–280, 289, 330, 769, 774
Begegnung 79, 157–158, 160–161, 184, 211, 333, 513, 562, 664, 668, 670, 769, 777, 779
– echte 79, 157, 255, 334, 508, 774

– liebevolle 82–83, 150, 154, 297, 334, 490, 521, 528, 543
– soziale 163, 210–211, 223, 227, 236, 239, 246, 258, 286, 333, 400, 508, 536, 554, 570, 669–670, 739, 769, 796
Behinderung 29, 203, 205
beißen 492, 629–631, 634, 638, 659, 683
Benehmen 179, 316, 409, 428, 467, 498, 512, 515, 520, 629–630, 634, 637, 648, 685–686, 696, 753
Beruhigung des Säuglings 59, 84, 129, 131, 141, 152, 199, 214, 217–219, 224, 309, 361, 724, 728
Beruhigungsmittel 177, 764
Beschäftigung des Kindes 101, 245, 262, 275, 279, 297, 325, 328, 330, 480, 502, 733
Beschützerinstinkt 155, 776, 779
Besorgnis 39, 125, 161, 169, 207, 271, 363, 376, 387, 433, 568, 708, 715, 803
Bindung 161–162, 178, 517
– negative 175, 177, 179, 181–182, 184, 364, 372
– persönliche 157, 161, 185, 410, 501, 520, 529, 778
– positive 172, 174, 177–183, 185–187, 210–211, 406, 555–556, 670, 795
– primäre 162, 177, 185, 187, 410
– seelische 161, 163, 363, 549, 762

D
Depressionen 577
– bei Erwachsenen 173, 175–177, 181, 185, 556

– bei Kindern 183
– bei Säuglingen 173, 175–178, 183–184, 434, 436, 440–441, 575, 708, 754
Diät 63–64, 200, 705
Diebstahl 536, 660–662, 687
Doktorspiele 667
Dösen 134, 188–189, 219
draußen, siehe Aufenthalt im Freien
Drei-Monats-Kolik (siehe auch: Kolik) 132, 215
Drogen 97, 177, 588, 672
Drohungen 535, 561
Durchfall 201, 705

E
Einnässen 376–378
Einsamkeit 90–92, 97, 173, 176–178, 181, 211, 405, 434, 441, 471, 521, 539, 541, 543–544, 553, 564, 574, 582, 667, 782, 796, 802
Einzelkinder 364, 764–765
Eltern, Rolle 353, 370, 372, 561, 673, 780
Elternabende, siehe Schule
Embryo 24–25, 29
Empfindlichkeit/Überempfindlichkeit 199, 356, 434, 441, 577
Entspannung 33, 37, 41, 130, 527, 553
Enttäuschung 81, 159, 185–186, 189, 205, 226, 273, 339–343, 348–352, 373, 387, 541, 548–549, 585, 593, 672–673, 728
Entwicklung 16, 85, 143, 192, 197, 202, 256, 271, 292, 302, 309, 358, 405–409, 414–419, 421–422, 430, 432, 520, 526, 560, 743

– harmonische 552
– körperliche 79, 383, 519, 587–588
– störungen 201–202, 675
Entwicklungsphase 417, 444
– beherrschende 420–422, 432, 453, 548, 559–560
– erforschende 423, 432, 506, 514, 526, 534, 541, 559–560, 569, 577, 583, 594
– verändernde 422, 424, 433–434, 459–460, 489, 499, 520, 526, 552, 560, 664, 670
Entwicklungsstadien 290, 425, 514, 520, 703
– Arbeiter 305, 322, 326–329, 508, 515, 743
– Charmeur 305, 322, 332–335
– Forscher 305, 322–329, 339, 347, 743
– Magier 532–533, 535
Erniedrigung 640, 643–645, 647, 662–663
Erstickungsgefahr, siehe Gefahren
Ertrinkungsgefahr, siehe Gefahren
Erwartungen 95, 156, 345, 358, 570, 641, 672–673
– negative 190, 218, 319, 542, 651
– positive 182–183, 651
Erziehung 341, 363, 366–367, 607, 623, 753
– durch gegenseitiges Vertrauen 668
– durch Schuldgefühle 643, 645
– freie 621, 626–627
– gesellschaftspolitischer Einfluss 416, 783
– im gegenseitigen Vertrauen 620–621
– inkonsequente 753

- konsequente 751–752
- nichtexistente 618, 621

Essen, siehe Nahrung

F

Familie 97, 99–100, 103, 170–171, 364, 451, 454, 515, 528, 539, 552, 556, 588, 627, 750, 759, 766, 770, 779, 781, 796
- große Familie 795
- Kernfamilie 43, 801–802
- Struktur 43, 364
- Territorium 756, 767–769, 771, 773–774, 781–782, 784, 786, 788, 790, 794

Farbenauffassung des Neugeborenen 72, 147, 159

Fasten 201, 705

Fehlgeburt, siehe Schwangerschaft

Fettleibigkeit, siehe Gewicht

Fieber 356, 675–676
- Fieberkrämpfe 356

Flaschennahrung, siehe Nahrung

Fötus, siehe Embryo

Freizeitaktivitäten 673, 689

Fremdeln (siehe auch: Achtmonatsangst) 309, 335, 356–358, 361

Freude 27, 43, 49, 57, 79, 90, 92, 111, 118, 155–157, 176, 182, 184, 186, 190, 229, 279, 297–298, 340, 350, 357, 385, 393, 430, 448–450, 452–453, 500, 503, 553, 577, 588, 652, 655, 669, 673, 677, 682, 707, 745, 754, 766, 775, 789, 792–793, 796, 804, 807–808
- Lebensfreude 111, 393, 452

Freunde, Freundschaften 366, 415, 428, 437, 506, 519, 521, 525, 528, 536, 538, 541, 546–547, 559, 561, 570–571, 576, 579, 585–586, 588–589, 596, 667, 770
- Geschwister als Freund 794
- Kind als Freund 44, 301, 308, 366, 380, 395, 435, 441, 499–500, 505, 512, 529, 542–543, 546–547, 549, 561, 563, 567, 570, 597, 668

Frische Luft, siehe Aufenthalt im Freien

Frühgeburt, siehe Geburt, Schwangerschaft

Füttern
- mit dem Löffel 263, 265–266, 293
- Standardmodell 84–85, 117–119, 143, 145–148, 150, 157, 184, 210–211, 213, 220–221, 228, 243, 245, 280–281, 284, 295–297, 722, 724
- zur Überwindung der Überlebensangst 66, 68, 106, 111, 127, 146, 157, 215–216

G

Geborgenheit 90, 110–111, 132, 156, 161, 179, 260, 522, 556, 570, 709–710, 766, 772

Geburt 27, 34–36, 42, 46–47, 51–52, 54–56, 58, 60–62, 64, 66, 76, 87, 92, 104, 112, 133, 139, 146, 176, 302, 356, 363, 635
- »eigentliche« 139–140, 149–150, 153, 160–161, 216, 227, 231, 259, 302, 356, 410, 635, 710
- Atmung 37–38, 41, 49, 53, 55
- Entspannung 37
- Verlauf 35–41, 45, 48–58, 60
- Vorbereitung 46–47, 51–52

Gefahren 110, 155, 339
- Chemikalien und Medikamente 336
- Ersticken 319–320
- Ertrinken 225, 313, 502
- Fenster 336, 377
- Küche 328–329, 338
- Strom 337
- Verbrennung 338
- Verkehr 502, 509
- Zigaretten 337–338

Gehör beim Neugeborenen 81
Gehreflex 198
Gemeinschaft
- Arbeitsgemeinschaft 167, 326
- emotionale 43, 167, 170
- Kinderwelt 100, 166–167, 235, 257, 280, 392, 632, 746, 781, 786
- soziale 100–102, 104, 149, 151–152, 163–167, 170, 185, 233, 259, 279, 282, 290, 302, 327–328, 330–331, 334, 353–354, 364, 369, 392, 410, 453–454, 555, 631–633, 746, 759, 774, 781, 783, 793
- wahre 27, 44, 91

Gerechtigkeit 435, 553, 782, 789
Geschenke 652–654, 796
Geschlechterrollen 599, 602–603
Geschlechtsreife 561, 666
Geschlechtstrieb 583, 587
Geschwister 209, 310, 365, 406, 515, 751, 764, 766–767, 771, 774, 779, 782, 784, 786, 788, 793–795
- Eifersucht 765–766, 770, 783–784, 788
- Neid 793
- Rücksichtslosigkeit 793

- Streit 767–768, 781–782, 784, 787, 789–790, 793

Gesellschaftliche Gemeinschaft 627–629, 631–632, 639, 659
Gespräch 79, 83, 157, 211, 505, 527, 548, 589, 724
Gewalt 362, 522, 540, 683–684, 687–689
- Bekämpfung 684–685, 788
- durch Erwachsene 646, 684
- Filme 686, 688
- innerhalb der Familie 560
- unter Kindern 684, 784

Gewicht 25, 703
- Abnahme nach der Schwangerschaft 63
- Geburtsgewicht 30, 59
- Normalgewicht 138, 141
- Unter/Übergewicht 29–30, 320–321, 703–704, 706
- Zunahme des Kindes 68, 178, 261, 306, 320–321, 385
- Zunahme während der Schwangerschaft 29

Gewissen 15, 97, 143, 165, 280, 389, 407, 466, 510, 513, 516, 534, 553, 634, 658, 675
Gott 199, 613, 642
Greifreflex 197
Grenzen 271, 341, 423, 467, 473, 522, 534, 536, 559, 570, 572, 587, 656–658, 673, 697–698
Gute-Nacht-Zeremonie, siehe Schlafen

H

Hänseleien 684

Harmonie 26, 180, 325, 408, 436, 452, 499, 547
Haschisch 586
Hass 108, 189, 362, 526, 552, 593, 662
hauen 491, 628, 631, 683, 685–686, 689, 787
Hausarbeit 281, 601, 603, 605–606
Hautausschlag 193, 301
Herde 101–104, 109–113, 150, 155–157, 161–172, 176, 182, 185, 231–235, 255–257, 279–282, 289, 294, 306, 327–328, 367, 370–372, 390–392, 398, 409–415, 469, 500–501, 505–506, 509, 517, 521, 563, 584–586, 589, 595, 627–634, 645, 659, 672, 695, 707, 720, 734–736, 746, 756–762, 766–784, 790, 793, 795
Hoden 196, 576
Höflichkeit 335
Hohn 435, 456, 582, 644, 648, 702
Humor 189, 206, 434, 490, 497–498, 537, 543, 547
Hygiene 71, 122, 248, 265, 338–339, 451, 562
hysterisches Verhalten 128, 130–131, 154, 214, 436, 464, 470–472, 475, 483, 575, 596, 717, 724, 784

I
Identität 567, 663, 667
– Auffassung 566
– Auflösung 663
– das Ich 357, 359–360, 372, 521
Illoyalität
– der Eltern 647
– unter Geschwistern 791

Infektionen bei Neugeborenen 73, 122, 193–194

J
Jugendliche, siehe Pubertät, Teenager

K
Kinderfeindlichkeit 101
Kindergarten, siehe Tagesstätten
Kinderschutz 560
Kinderwelt (siehe auch: Gemeinschaft) 257, 280, 369, 781
Kindesmissbrauch 560–561
Klammer-Reflex 198
Knuffen als Methode 140–141, 214, 724, 726, 730–731
Kolik 66, 107, 127–128, 132, 146, 190, 200, 214–221, 675, 722–723
Komplexe 424, 568, 582
Konsequenz (siehe auch: Erziehung, konsequente) 627–630, 639, 657, 660–661, 674, 689
Körperbau 59, 438–442, 692–693
Körperschaft 26
Korsett 62, 64
Kriegsspielzeug 686
Kuscheltiere 159, 276, 310, 380, 387, 470–473, 491

L
Lachen 189, 206–207, 297, 390, 399, 434, 436, 490, 508, 516, 521, 543, 577, 708, 721, 729, 745, 750, 807
Langeweile 261–262, 306, 386
Lebenslust 67, 158, 175, 178, 189, 381, 417, 435–436, 444, 577, 589, 744, 754, 807

Lebensphasen, siehe Entwicklungsphasen
Liebe 16, 43, 95, 98, 100–101, 104, 108, 156–157, 162, 167, 171–172, 183, 189–190, 211, 255–258, 260, 280, 297, 299–300, 331, 334–335, 362–363, 369, 371, 449, 464, 517, 521–522, 609–616, 619, 627–628, 640, 642, 658, 681, 684, 759, 764–765, 795
– diktatorische 465
– Geschwisterliebe 766
– kompensatorische 104, 163–165, 167, 231–232, 354, 364, 765, 780
– Mangel an Liebe 99
– missverstandene 101
– unglückliche 708
– zur Gewaltbekämpfung 788
Lob 273, 282, 315, 332, 376, 401, 430, 456, 491, 497, 502, 508, 555, 641, 697, 699, 708, 753, 795
Loyalität 172, 512, 529, 539, 560, 578, 759
Lügen 430–431, 513, 535, 542, 561, 631

M

Mahlzeiten (siehe auch: Nahrung) 63, 66, 68, 83–85, 102, 106, 111, 114–125, 127, 130, 136, 140, 145–148, 150, 157, 184, 210–213, 216–217, 219–221, 228, 240–243, 245, 247, 263, 265–268, 280–281, 284–285, 293, 295–297, 320, 333, 385–386, 447, 486, 636, 653, 693–697, 702–704, 711, 722, 724, 739, 741–742, 748

– Abendmahlzeit 151, 153
– Nachtmahlzeit 83–84, 118–119, 125, 138, 142–144, 149–150
– Zwischenmahlzeit 73
Manipulation 407, 623, 632–633, 637, 691, 720
männlich, siehe Geschlechterrollen
Masturbation 547, 553, 587, 663–664
Mekonium 76
Menstruation 587–588
Misshandlung 637
Misstrauen 189, 197, 294, 340, 406, 434, 461, 519, 542, 593, 626, 669, 754, 756
Moral, moralisch 513, 535, 542, 571, 595, 600, 624, 647, 690, 762, 787
Muttermale 193
Mutterschutz 100, 163, 746

N

Nabel 24, 70, 77, 81–82, 196–197, 222, 359
nach Hause kommen 69, 73, 774
Nahrung 66, 68, 71, 73, 80, 83, 106, 111, 117–120, 122, 126–127, 143, 145–148, 150, 157, 184, 210–211, 213, 216, 220–221, 228, 243, 245, 263–266, 280–281, 283–285, 287, 293, 295–297, 316–317, 320, 384, 692–693, 701–704, 722, 724
– beim Erwachsenen 188
– des Neugeborenen und Säuglings 67, 105–107, 109, 112–116, 119–120, 122, 126, 135, 139–140, 146, 156, 200, 207–208, 211, 213, 215–217, 221, 227, 237, 242
– feste 116, 216, 263–266, 285, 287,

292, 294, 297, 316–318, 385, 564, 704
– Probleme 319
– Temperatur 264, 266
– verweigern 126–128, 130, 136, 297, 373, 703
– Zusammenstellung 265, 317, 320, 385, 704
Neid 792
Normen 92, 492, 619–622, 627–631, 637, 639, 648, 658–661, 673–674, 679–680, 754

O

Ohnmachtsgefühl
– bei Erwachsenen 16, 446, 463–464, 466, 637
– bei Kindern 396–397, 463–464, 529
Onanie 553, 587
Ordnung 275, 437, 440, 471, 515, 567, 727–728, 774
Orgasmus 34, 46, 553

P

Panik 83, 124, 128, 130–131, 135, 156, 217–219, 293, 314, 398, 433
Persönlichkeit 427
– ausgeglichene 408
– der Mutter 18
– des Kindes 248, 256, 261, 300–301, 303, 309, 425–429, 432–434, 439, 441, 459, 475–476, 528, 558, 566, 578, 592, 692, 753
Persönlichkeitstypen 434–441, 475, 487–489, 539, 552–553

petzen 515, 790–791
Pflege des Neugeborenen, siehe Säuglingspflege
Phantasien 430, 546, 553, 583
Pornographie, siehe Sexualität
Probleme beim Essen, siehe Nahrung, Nahrungsverweigerung
Provokationen 462, 464, 467, 470, 683, 754, 785
Prügel, siehe Schläge
Psychopharmaka 371
Pubertät 417, 521, 529, 554, 559–560, 563, 568–569, 577, 587, 782

R

Rauchen, siehe Schwangerschaft und Stillen
Reflexe, siehe Saugreflex
– bedingte 35–36, 38, 40–41, 51, 54
– beim Säugling 197–198
Regelblutung, siehe Menstruation
Regelmäßigkeit, siehe Routine
– von Besuchen bei getrennt lebenden Eltern, siehe Routine
Reife 408, 417, 466, 498
– körperliche 375, 417
– mangelnde 529, 571, 581
– psychische 368, 459, 461, 463, 467, 472, 499, 517
Respekt 133, 308, 329, 351, 355, 366, 368–369, 539, 554, 561, 563, 570, 595, 603, 621, 626, 650–651, 658, 674, 707
Rockzipfelkind, siehe Umklammerung
Routine, siehe Alltag

817

- Mangel an Routine, siehe Alltag
- mangelnde, siehe Alltag
Rücksicht 444, 460, 505, 513, 690

S

Säugling 68, 80, 111, 122, 152, 172, 191, 212, 255, 279
- Entwicklung 149, 185, 233, 260, 400
- Tagesablauf 267, 294

Säuglingspflege 76–77, 82–83, 93, 105, 141–142, 193, 251, 265, 319

Säuglingstod 29, 72, 132

Salz 317

Samenerguss 46, 553, 588

Saugen 66–67, 74, 79–81, 84, 107, 113–116, 120, 122, 126, 128, 130, 197–198, 219, 311

Saugreflex 113, 128, 130, 198, 218

Scheidung, Trennung 18–19, 182–183, 187, 291, 326, 371, 406, 414, 640, 645, 756–763

Schema für den Tagesablauf eines Einjährigen 382

Schema für den Tagesablauf eines Säuglings 236, 243–244

schimpfen 347, 542

Schlafen 74, 80, 84, 119, 131–137, 139–140, 142–150, 152, 211, 220, 222, 236, 238–240, 242–247, 267–268, 271–272, 285, 288, 296, 309–310, 381–384, 388–392, 474, 479, 486–487, 489, 491, 493, 500, 599, 659, 692, 701, 709, 714, 717, 719–721, 725, 731, 740, 752
- alleine 83, 383, 750
- Bedarf 709

- Bedarf des 3–4 Monate alten Säuglings 262, 266, 268
- Bedarf des Achtjährigen 534
- Bedarf des Einjährigen 382
- Bedarf des Fünfzehnjährigen 590
- Bedarf des Säuglings 82, 117, 138, 140, 237
- Bedarf des Zwölfjährigen 562
- durchschlafen 142–143, 145, 266, 271, 356, 711, 714
- Haltung 147–148, 153, 195–196
- Haltung des Neugeborenen 81
- im Bett der Eltern 465, 709, 714, 719, 746
- im Zimmer der Eltern 84
- muster 139
- verweigern 145–146, 149, 151–152
- während der Schwangerschaft 28, 46, 60

Schlafenszeit 83, 135, 211, 288, 731, 777

Schlafkur 145, 711, 714, 716–719

Schlafmittel 204, 721

Schlafplatz 137–138, 175, 275, 277, 630

Schlafprobleme 372, 439, 675, 721, 739
- bei Teenagern 721

Schläge unter die Gürtellinie 435, 548, 561, 643, 648

Schlagen 646

Schlägereien, siehe Streit

schmusen 161, 192, 354, 443, 528, 750, 755

Schnuller 71, 80–81, 94, 121–122, 149, 226, 256, 269, 309, 311–312, 321, 361, 711–712, 716, 732, 743

schreien 16–17, 66, 78, 84, 109, 119–120, 127–131, 141, 151, 160, 207–213, 216–217, 221, 383, 446, 468, 638, 681, 687, 709, 711, 714–715, 717, 724, 726, 728
schubsen 639, 683, 687
Schularbeiten 409, 529, 659
Schuldgefühle 181–182, 186, 189–190, 204, 232, 463, 503, 552, 560, 596, 626, 642, 653, 677
Schule 96, 100, 528, 593, 688, 702, 801, 804
– probleme 547–548, 588, 659, 684
– Schulreife 529
Schwangerschaft (siehe auch: Geburt) 21–35, 41–43, 46
– die »umgekehrte« 139, 234, 301, 308, 356
– Infektion 32
– Symptome beim Mann 45
– Test 21
– Vergiftung 32
Selbstmord 175, 575, 577, 708
Selbstrespekt 368, 557, 559
Selbstständigkeit 256, 307, 309, 318, 371, 521–522, 528, 547, 554, 566, 584, 586, 626, 739
Selbstvertrauen 96, 278, 340, 373, 394, 449, 452–453, 456, 461, 592, 736
Sexualität 67, 587, 665, 667
– der Erwachsenen 666
– Entwicklung 587, 664
sexuelle Aufklärung (siehe auch: Aufklärung, sexuelle) 507, 604
Sorgerecht 758, 761
– gemeinsames 761–762
– geteiltes 414, 758, 761

soziale Beteiligung 102, 140, 152, 164–166, 170, 191, 223, 231–234, 255–257, 261, 278–282, 284, 286, 288–290, 296–297, 307, 326, 352, 369, 382, 389, 563, 632, 634–635, 734, 740, 742, 744–746, 769–770, 777, 779–781, 783
Spielen 102, 165, 257, 274, 313, 386, 392–393, 407, 410, 460, 526, 532, 562, 601, 736–737, 745, 749
– allein 232, 246–248, 257, 272–273, 275, 277–278, 283, 295, 333, 381, 385–388, 735, 738–743
– mit dem Essen 697, 700
Spielkameraden 639–640, 683, 687, 689
Spielzeug 102, 257, 273, 275, 325, 330, 386–387, 407, 452, 632, 737, 740–742, 761
Sport 576, 593, 672, 729
Sprachentwicklung 191–192, 432, 507, 668
Stillen 63, 65–67, 71, 73–74, 78–80, 84–85, 88, 112–113, 115–116, 120–121, 126, 128, 149, 179, 196, 211, 215, 226, 250–251, 264, 321, 722
– freie Stillmethode 722
Storchenbiss 193
Strafen 370, 463, 542, 614, 663
Streit 369, 435, 438, 464, 496, 499, 518, 522, 539, 566, 655, 683–684, 761, 766, 769, 772, 779, 781–782, 789–790, 792
– zwischen Partnern 45, 365, 434, 640, 755
Stuhlgang, siehe Verdauung

T
Tagesmutter 369, 494, 685
Tagesstätten 96, 99–100, 358, 369, 372, 413, 664, 685, 690, 768, 799
Taschengeld 552, 673
Teenager (siehe auch: Pubertät) 368, 520, 528, 555, 562, 569, 590, 597, 636, 657, 660–661, 665–668, 670, 684, 688, 692, 706–708, 757
Tod 30, 133, 173, 203, 205–207, 362, 507, 523, 574–575, 613, 706
Topftraining 373, 375, 695
Trauer 29, 90, 188, 371, 523, 548, 708
Träume 133, 271, 384, 553, 583
Trost, trösten 100, 103, 108, 129, 183, 226, 232, 321, 405, 492, 544, 568
Trotzphase 459–492

U
Überhitzung 265
Überlebensangst 66, 68, 82–83, 105–108, 111, 113–114, 117, 120, 126–129, 131–132, 143, 145–146, 148, 151, 157, 160–161, 190, 200–201, 208–209, 215–218, 221, 242, 261, 309
Überlebenstrieb 119, 150, 168, 177, 209, 578, 707
Übermüdung, siehe Schlafen
Umklammerung 738
Unabhängigkeit 307, 520–521, 625, 802
– der Frau 97
Unfälle 324, 338–339, 347, 375–376, 395, 502, 552, 622
Unsicherheit 18, 20, 100, 125, 212, 295, 299, 357, 406, 424, 502, 547, 552, 575, 582, 658, 752, 768
Unzufriedenheit 227, 232, 260, 289–290, 331, 418–420, 422, 424, 460–461, 463, 566, 672, 677, 728
Urvertrauen 162, 176–177, 183, 185–186, 221, 367, 620, 645

V
Vater 25, 43–44, 47, 86–89, 91
Veliebtheit, verlieben 305, 332–333, 415, 526, 546, 553, 583, 611
Verantwortung 214, 294, 370, 461, 603, 613, 624, 678, 688, 801–802, 804
– der Eltern 27, 43–44, 58, 88, 90, 155–156, 169, 212, 221, 229–230, 312, 372, 483, 529, 561, 586, 595, 622–626, 642, 688, 717, 754, 766, 782, 803
– des Kindes 366, 370, 409, 451, 464, 478, 501, 508, 512, 515–516, 529, 536, 559, 562, 596, 601, 605–606, 622–623, 625–626, 706, 720, 779, 795
Verbannung als Konsequenz 446, 492, 629–630, 632–633, 637, 639
Verbote 370, 394, 476, 619, 629, 657, 661
Verdauung 178–179, 374, 439, 705, 722
Verständnis 90, 176, 335, 361, 455, 460, 539, 544, 546–547, 582, 645, 649, 653, 668–669, 685, 792, 794–795
– fehlendes 455, 535
Vertrauen 30, 44, 109, 145, 161–163, 176–177, 184–186, 188, 212, 218,

221, 248, 259, 278, 297, 306, 351, 355, 366–367, 372, 383, 429, 436, 464, 470, 477, 514, 529, 542–543, 552, 560, 589, 619–621, 626, 649–652, 658, 668–669, 685, 737, 796
Vertraulichkeit   529, 549, 589
verwöhnen   209, 251, 340, 465, 548, 603, 652–655, 745
Verzweiflung   91, 107, 110, 116, 129–130, 152, 157, 183, 188–189, 203–205, 221, 229, 341, 436, 475–476, 491, 542
Vitamine   32–33, 206, 336
Voraussicht   110, 371, 540
Vorbilder   42, 406, 680–681, 695, 792
Vorurteile   381, 599

W

Wärmepickel   193
weiblich, siehe Geschlechterrollen
weinen   60, 86, 118–119, 130, 145, 147, 160, 169, 356, 434, 475, 527, 716
Wickeln   71–72, 80, 85, 88–89, 107, 137, 390, 447
Wickeltisch   69, 85, 225, 259, 287

Wochenendvater   655, 675
Wortverständnis, siehe Sprachentwicklung
Würde   447, 513, 549, 557, 606, 647, 650, 663, 674
Wutanfälle   463–464, 471–472, 596

Z

Zähneputzen   33, 501
Zärtlichkeit   27, 154, 156, 161, 184, 190, 211, 297, 436, 521, 539, 568, 582, 614–615, 721, 771, 794–795
Zu Hause   96, 109–110, 160–161, 165, 170–171, 325, 405, 409–410, 521, 528, 555–556, 604, 630–632, 635, 688, 751, 756, 762, 766, 770–773, 777, 779, 782
– als Basis   566
Zucker   63, 265, 318, 320–321, 385, 501, 703, 705
Zusammenarbeit, siehe soziale Beteiligung
Zusammengehörigkeit   108, 157, 554, 759, 768, 770–771, 788
Zusammenhalt   43, 170, 406, 448, 767–768, 770, 782, 790, 793–794